Das Strafbefehlsverfahren

Schriften zum Strafrecht und Strafprozeßrecht

Herausgegeben von Manfred Maiwald
und Carsten Momsen

Band 137

PETER LANG
Lausanne - Berlin - Bruxelles - Chennai - New York - Oxford

Adja Lea Niang

Das Strafbefehlsverfahren

Risiken für Fehlentscheidungen – Anwendung in der Praxis – Besonderheiten in Wirtschafts- und Steuerstrafverfahren

PETER LANG
Lausanne - Berlin - Bruxelles - Chennai - New York - Oxford

Bibliografische Information der Deutschen Nationalbibliothek
Die Deutsche Nationalbibliothek verzeichnet diese Publikation in der Deutschen Nationalbibliografie; detaillierte bibliografische Daten sind im Internet über http://dnb.d-nb.de abrufbar.

Zugl.: Berlin, Freie Univ., Diss., 2023

D 188
ISSN 0938-6181
ISBN 978-3-631-89711-9 (Print)
E-ISBN 978-3-631-90066-6 (E-PDF)
E-ISBN 978-3-631-90067-3 (EPUB)
DOI 10.3726/b20758

Verlegt durch:
Peter Lang GmbH, Berlin, Deutschland

info@peterlang.com http://www.peterlang.com/

Vorwort und Danksagung

Diese mit summa cum laude bewertete Arbeit hat der Freien Universität Berlin als Dissertation vorgelegen und soll einen Beitrag zur Fehlurteilsforschung in verkürzten Strafverfahrensarten leisten. Die Promotion wurde im Oktober 2019 begonnen, das Manuskript im Mai 2021 abgeschlossen und im Juni 2021 offiziell eingereicht. Literatur und Rechtsprechung wurden bis März 2021 berücksichtigt.

Das Erstgutachten erstellte Herr Prof. Dr. Carsten Momsen, dem ich an dieser Stelle meinen ganz besonderen Dank aussprechen möchte. Er war mir während der gesamten Promotion und meiner Zeit als Mitarbeiterin an seinem Lehrstuhl stets Freund und Lehrer und unterstützte mich bei der Erstellung dieser Dissertation in jedem meiner Anliegen vorbehaltlos. Er hatte immer ein offenes Ohr und einen voranbringenden Ratschlag. Mein herzliches Dankeschön dafür.

Frau Prof. Dr. Kirstin Drenkhahn danke ich für die Erstellung des Zweitgutachtens.

Ein besonderer Dank gebührt auch den an meinen Befragungen teilnehmenden Strafverteidigerinnen und Strafverteidigern sowie den teilnehmenden Richterinnen und Richtern für ihre Bereitschaft, sich hierfür Zeit zu nehmen. Dies gilt insbesondere auch für die Staatsanwältinnen und Staatsanwälte, die bereit waren, an den Experteninterviews teilzunehmen. Sie ermöglichten einen besonders wertvollen Einblick in die Praxis.

Ein weiterer Dank gebührt der Friedrich-Naumann-Stiftung für die Freiheit, die diese Arbeit mit Mitteln des Bundesministeriums für Bildung und Forschung förderte.

Meiner sehr guten Freundin Frau Richterin Ulrike Kiworr möchte ich für ihre Unterstützung während meines Referendariats und dafür danken, dass sie diese umfangreiche Arbeit Korrektur gelesen und wertvolle Hinweise gegeben hat.

Zu guter Letzt bedanke ich mich auch an dieser Stelle ganz besonders bei meinen Eltern, für die bedingungslose und liebevolle Unterstützung in allem.

Berlin, den 22.01.2023

Inhaltsverzeichnis

Abkürzungsverzeichnis

Bezüglich der verwendeten Abkürzungen wird auf *Kirchner*, Abkürzungsverzeichnis der Rechtssprache verwiesen.

Tabellenverzeichnis

Grafikenverzeichnis

Einleitung

Angesichts der hohen Arbeitsbelastung der Justiz, aber auch aus Gründen der Verhältnismäßigkeit bedarf es verkürzter Verfahrensformen.[1] Eine der wichtigsten hierbei ist das Strafbefehlsverfahren. 11,1 % der 2019 von der Staatsanwaltschaft erledigten Verfahren endeten mit dem Antrag auf Erlass eines Strafbefehls, was über 500.000 Fällen entsprach.[2] Trotz des erwünschten Beschleunigungseffekts berichten viele Strafverteidiger von erheblichen Problemen, die für den Angeklagten beim praktischen Umgang mit dem Strafbefehl entstehen. Diese reichen von Schwierigkeiten, den Strafbefehl zu verstehen hin über fehlende Möglichkeiten zur Einflussnahme auf das Verfahren. Es zeigt sich zudem, dass das Strafbefehlsverfahren bereits in seiner gesamten Konzeption eine Fülle an Schwachstellen beinhaltet, die Fehlentscheidungen begünstigen. Zum Teil sind diese im Gesetz zwingend angelegt, zum Teil entstehen sie durch die praktische Handhabung.

In der Literatur wurde dem Strafbefehlsverfahren seit langer Zeit wenig Aufmerksamkeit geschenkt, obwohl es in der Praxis eine erhebliche Rolle spielt, vielfach sogar als unentbehrlich[3] bezeichnet wird. Umso wichtiger ist es daher, dass die Verfahrensgrundsätze und -rechte der Betroffenen bei dieser unverzichtbaren Anwendung des Strafbefehls nicht untergraben werden.

In dieser Arbeit sollen die strukturellen Schwächen des Verfahrens und die Ursachen für Fehlentscheidungen, aber auch seine Potentiale identifiziert und untersucht werden.

Zurückgegriffen wird dabei unter anderem auf Erkenntnisse, die im Zusammenhang mit dem Rechtsberatungsprojekt für Strafbefehlsempfänger, das von der Vereinigung Berliner Strafverteidiger e.V. in Zusammenarbeit mit der Law Clinic der Freien Universität Berlin angeboten wird[4], gewonnen wurden. Hierbei handelt es sich um ein kostenloses Beratungsangebot, das Strafbefehlsempfängern dabei helfen soll, ihre Rechte wahrzunehmen, was ihnen durch das schriftliche Verfahren oftmals erschwert wird. Unterstützt wird das Projekt

---

1 Vgl. auch *AE-ASR*, GA 2019, 1, 7.

2 *Statistisches Bundesamt*, Fachserie 10, Reihe 2.6, 2019, Tabelle 2.2.1.1 und 2.2.1.2 (Deutschland), siehe 2. Teil B. I. 1. a), IV., Tabelle 1.

3 BVerfG NJW 1954, 69; Meyer-Goßner/Schmitt/*Schmitt* Vor § 407 Rn. 1; MüKoStPO/*Eckstein* § 407 Rn. 9; *Roxin/Schünemann*, Strafverfahrensrecht, § 68 Rn. 2; zu weiteren Positionen *Böttcher*, in: FS Odersky, 299, 314.

4 https://www.strafbefehlsberatung.de/, zuletzt abgerufen am 11.02.2021.

vom Vorstand der Rechtsanwaltskammer Berlin; auch wurde Interesse an einer Unterstützung durch die Sozialen Dienste der Justiz bekundet, da diese zum Teil häufig mit Strafbefehlen konfrontiert werden. Das Beratungsgespräch wird durch Rechtsanwältinnen und Rechtsanwälte mit Unterstützung von Studentinnen und Studenten geführt. Neben der Gemeinwohlorientierung soll das Projekt eine rechtspolitische Diskussion befördern und Änderungsbedarf aufzeigen. Letzterer wird in dieser Arbeit unter anderem unter Berücksichtigung der Auswertung des gesammelten empirischen Materials nun wissenschaftlich aufbereitet.

Ein Praxisbezug wird auch durch eine begleitende und als qualitative Studie von beschränktem Umfang ausgestaltete empirische Untersuchung hergestellt, deren Gegenstand die jeweilige subjektive Erfahrung ist, die mit der Anwendung und dem Ablauf der Strafbefehlsverfahren gesammelt wurde. Die Untersuchungsgruppen waren bei den schriftlichen Befragungen Strafrichter am Amtsgericht Tiergarten und Berliner und Bremer Strafverteidiger sowie bei den Experteninterviews Berliner Staatsanwälte.

Ziel dieser Arbeit ist es, Optimierungspotential des Strafbefehlsverfahrens aufzuzeigen, um die Anfälligkeit für Fehlentscheidungen zu reduzieren, ebenso wie etwa die Gefahr, dass die Empfänger verurteilt werden, ohne die Bedeutung und Tragweite eines Strafbefehls in Gänze zu erfassen.

1. Teil: Das Strafbefehlsverfahren

Das Strafbefehlsverfahren ist im ersten Abschnitt des sechsten Buches der Strafprozessordnung unter den „Besonderen Arten des Verfahrens“ in den §§ 407–412 StPO geregelt. Es handelt sich hierbei um eine Verfahrensart, bei der der Richter auf Antrag der Staatsanwaltschaft einen schriftlichen Strafbefehl erlassen kann, der, soweit der Angeklagte hiergegen nicht binnen zwei Wochen Einspruch einlegt, rechtskräftig wird und einem Urteil gleichsteht. Es erfolgt mithin eine schriftliche Verurteilung[5] ohne Hauptverhandlung.

Das Strafbefehlsverfahren ist neben den Opportunitätseinstellungen, wie etwa der Einstellung gegen Auflagen und Weisungen gemäß § 153a StPO, und dem in den §§ 417 ff. StPO geregelten beschleunigten Verfahren eine vereinfachte Erledigungsform.[6]

Die richterliche Entscheidung ergeht, anders als im regulären Verfahren, lediglich aufgrund des durch die Ermittlungen zusammengetragenen Akteninhalts.[7] Das Gericht hat die Entscheidungsgrundlage in tatsächlicher sowie rechtlicher Hinsicht zwar umfassend zu würdigen[8], allerdings bleibt eine dem regulären Verfahren vergleichbare Erforschung des Sachverhaltes im Rahmen einer Hauptverhandlung[9] aus. Daher wird das Strafbefehlsverfahren auch als summarisch[10] bezeichnet.

---

5 Vgl. SK-StPO/*Weßlau/Degener* Vor §§ 407 ff. Rn. 2.

6 SK-StPO/*Weßlau/Degener* Vor §§ 407 ff. Rn. 2.

7 BVerfG NJW 1984, 604, 605; *Meyer-Lohkamp*, StraFO 2012, 170, 171.

8 BGH NJW 1980, 2364.

9 BGH NJW 1963, 260, 261; BGH NJW 1978, 2519.

10 BVerfGE 3, 248, 253 = NJW 1954, 69; NJW 1984, 604, 605; BGH NJW 1978, 2519; NJW 1980, 2364; zur Zulässigkeit des summarischen Verfahrens vgl. EGMR NJW 1993, 717; *Wolter*, GA 1989, 397; KK-StPO/*Maur* Vor § 407 Rn. 1; Meyer-Goßner/Schmitt/*Schmitt* Vor § 407 Rn. 1; SSW-StPO/*Momsen* § 407 Rn. 1; *Ranft*, JuS 2000, 633; SK-StPO/*Weßlau/Degener* Vor §§ 407 ff. Rn. 2 weisen darauf hin, dass diese Bezeichnung irreführend sei, soweit man davon ausgehe, dass die Sachverhaltsfeststellung nicht den regelmäßigen Gewissheitsanforderungen zu entsprechen brauche; krit. zu diesem Begriff auch *Maleika*, Freiheitsstrafe und Strafbefehl, S. 89 f.; *Fezer*, ZStW 106 (1994), 1, 20; *Müller*, Das Strafbefehlsverfahren, S. 130 f.; krit. auch KMR/*Metzger* Vor § 407 Rn. 18; *Hutzler*, Ausgleich struktureller Garantiedefizite, Rn. 132 f. betont dabei, dass sich der Begriff nur auf den Wegfall von Verfahrensteilen und Förmlichkeiten beziehe und nicht mit der Entscheidung an sich in Verbindung gebracht werden solle; ähnlich MüKoStPO/*Eckstein* § 407 Rn. 11.

Aufgrund seiner reinen Schriftlichkeit begegnet das Verfahren rechtsstaatlichen Bedenken. Durch das Fehlen der Hauptverhandlung werden die Grundsätze der Mündlichkeit[11] und der Unmittelbarkeit der Beweisaufnahme ebenso durchbrochen[12], wie der Grundsatz der Öffentlichkeit.[13] Und obwohl die einseitige Straffestsetzung ohne Hauptverhandlung und Urteil erfolgt[14], steht die Verurteilung durch einen Strafbefehl einer Verurteilung im ordentlichen Verfahren gleich[15]. Zwar bleibt die Entscheidung vorläufig, bis die Möglichkeit eines Einspruchs aufgrund des Ablaufs der zweiwöchigen Frist nicht mehr besteht; dann allerdings tritt die volle Wirkung eines Urteils ein, sodass der Strafbefehl auch vollstreckt werden kann.[16]

A. Der Ablauf des Strafbefehlsverfahrens im Überblick

I. Die amtsgerichtliche Zuständigkeit

Das für den Erlass des Strafbefehls zuständige Gericht ist gemäß § 407 Abs. 1 Satz 1 StPO das Amtsgericht mit seinen beiden Spruchkörpern, also dem Strafrichter als Einzelrichter im Sinne von § 25 GVG und dem Schöffengericht.[17] Letzteres ist faktisch aber nur in den Fällen von § 408a StPO zuständig, wenn der Strafbefehlsantrag nach Eröffnung der Hauptverhandlung vor dem Schöffengericht gestellt wird.[18] Grund hierfür ist die Neufassung des § 25 GVG durch das RpflEntlG von 1993[19], der seitdem regelt, dass der Strafrichter für Vergehen mit einer erwarteten Freiheitsstrafe von bis zu zwei Jahren zuständig ist. Da aber eine höhere Freiheitsstrafe als ein Jahr durch einen Strafbefehl nicht

---

11 Graf StPO/*Temming* § 407 Rn. 1; *Heinz*, in: Geisler (Hrsg.), Das Ermittlungsverhalten der Polizei und die Einstellungspraxis der Staatsanwaltschaften, S. 125, 176.

12 SSW-StPO/*Momsen* § 407 Rn. 1.

13 *Ranft*, JuS 2000, 633; vgl. MüKoStPO/*Eckstein* § 407 Rn. 11; *Hutzler*, Ausgleich struktureller Garantiedefizite, Rn. 142, 150, 155.

14 Meyer-Goßner/Schmitt/*Schmitt* Vor § 407 Rn. 1.

15 KK-StPO/*Maur* Vor § 407 Rn. 4.

16 Meyer-Goßner/Schmitt/*Schmitt* Vor § 407 Rn. 2; vgl. Graf StPO/*Temming* § 407 Rn. 1 zur Vorläufigkeit; vgl. SSW-StPO/*Momsen* § 407 Rn. 1.

17 SSW-StPO/*Momsen* § 407 Rn. 10.

18 Meyer-Goßner/Schmitt/*Schmitt* § 408 Rn. 6; i.R.d. eigens durchgeführten Experteninterviews, dazu unter 2. Teil A. III. 2. i. (Frage 44), gab auch Staatsanwalt B5 an, nie einen Strafbefehl beim Schöffengericht zu beantragen und dass dessen Zuständigkeit eigentlich nur Sinn mache, wenn beim Schöffengericht angeklagt und dann ins Strafbefehlsverfahren übergegangen würde.

19 Eingeführt am 11.1.1993, BGBl. 1993 I, S. 50.

verhängt werden kann (§ 407 Abs. 2 Satz 2 StPO), liegt sein Erlass in aller Regel in der einzelrichterlichen Zuständigkeit.[20]

Wird Einspruch gegen den Strafbefehl eingelegt, so wird eine Hauptverhandlung vor demselben Richter anberaumt, der diesen erlassen hat. Eine Rollentrennung findet hier nicht statt. Dies wirft die Frage auf, ob das Strafbefehlsverfahren bereits an diesem Punkt ein größeres Risiko für Fehlentscheidungen birgt als das reguläre Verfahren; aber auch im Normalverfahren ist derselbe Richter sowohl für die Entscheidung im Zwischenverfahren nach § 203 StPO, als auch für die Entscheidung in der Hauptverhandlung zuständig, sodass es sich zunächst nicht um ein spezifisches Risiko des Strafbefehlsverfahrens handelt. Dennoch bleibt dies mit Blick auf den in Art. 101 Abs. 1 Satz 2 GG verbürgten gesetzlichen Richter nicht gänzlich unproblematisch, weil dieser Verfahrensgrundsatz auch eine Unvoreingenommenheit des Richters gegenüber der Anklage gewährleistet, welche in den §§ 22 ff. StPO eine prozessuale Stütze findet.[21] Gerade beim verkürzten Verfahren, in dem – anders als beim regulären Verfahren – in der Hauptverhandlung Abstriche bezüglich der Einbringung von Beweisen gemacht werden[22] und so unter Umständen eine geringere Aufklärung geleistet wird, könnte dieser Umstand Fehlentscheidungen im Strafbefehlsverfahren jedoch stärker begünstigen als im Normalverfahren.[23]

II. Der Verfahrensablauf

Dem Strafbefehl hat stets ein reguläres Ermittlungsverfahren gemäß der §§ 158 ff. StPO vorauszugehen.[24] Dieses wird in der Regel durch die Polizei

---

20 LG Stuttgart wistra 1994, 40; Meyer-Goßner/Schmitt/*Schmitt* § 407 Rn. 1, § 408 Rn. 5; *Maleika*, Freiheitsstrafe und Strafbefehl, S. 6; zudem komme es bzgl. der Zuständigkeit des Strafrichters auf die Bedeutung der Sache nicht mehr an, SSW-StPO/*Momsen* § 407 Rn. 10; KK-StPO/*Maur* § 407 Rn. 1; für eine ausschließliche Zuständigkeit des Strafrichters bei erwarteter Freiheitsstrafe von unter zwei Jahren OLG Oldenburg NStZ 1994, 449 f.; diese Entscheidung abl.: *Hohendorf*, wistra 1994, 294 f.; *Fuhse*, NStZ 1995, 165, 167 nimmt entgegen der h.M. aber keine ausschließliche Zuständigkeit an; auf die Bedeutung der Sache weiterhin abstellend auch *Hohendorf*, NJW 1995, 1454, 1458; so auch *Siegismund/Wickern*, wistra 1993, 136, 137.

21 BVerfG NJW 2005, 3410, 3411 f.; BeckOK StPO/*Cirener* § 22 Rn. 1.

22 Dazu siehe unter 2. Teil C. V. 2.

23 Siehe dazu unter 2. Teil C. II. 1. c).

24 *Maleika*, Freiheitsstrafe und Strafbefehl, S. 152; *Hutzler*, Ausgleich struktureller Garantiedefizite, Rn. 167, 174; *Eser*, JZ 1966, 660, 661; vgl. *Burkhard*, Der Strafbefehl im Steuerstrafrecht, S. 49 f.

geführt und die Akte nach Abschluss der Ermittlungen an die Staatsanwaltschaft geleitet[25], welche dann entscheidet, auf welchem Weg die weitere Verfahrenserledigung erfolgen soll. Bei dem Zustandekommen eines Strafbefehls sind mithin zum einen die klassischen Ermittlungsorgane beteiligt, zum anderen unterscheidet sich das Ermittlungsverfahren vor einem Strafbefehlsantrag zumindest theoretisch nicht von demjenigen im Regelverfahren. Auch wenn die Polizei oder die Staatsanwaltschaft ab einem bestimmten Zeitpunkt erwartet, dass das Verfahren durch Strafbefehl abgeschlossen werden kann, darf sich dies nicht auf die Art und Intensität der Ermittlungen auswirken.[26] Diesen Ablauf schilderten auch die im Rahmen der eigens durchgeführten Experteninterviews befragten Berliner Staatsanwälte.[27] Die Antworten schilderten das Prozedere, dass der Staatsanwalt die Akte in aller Regel[28] erstmals nach Abschluss der polizeilichen Ermittlungen zu sehen bekommt[29] und anhand des Akteninhalts seine Abschlussentscheidung trifft oder gegebenenfalls noch weitere Ermittlungen verfügt. B1 betonte dabei, dass ein Strafbefehl ebenso wie eine Anklage zustande käme. Anders als bei der allgemeinen Kriminalität ermittelte die Staatsanwaltschaft bei den großen Verfahren und im Bereich der Wirtschaftsstrafsachen auch überwiegend selbst. Auf Nachfrage gab er dann an, dass in den allgemeinen Verfahren eine Überprüfung der polizeilichen Arbeit nur in Form der Prüfung des Akteninhalts stattfände. Die Entscheidung über einen Strafbefehl machte er persönlich in erster Linie von der Straferwartung abhängig, nie hingegen von dem Umstand, ob der Beschuldigte bestreitet oder nicht, weil er dem Angeklagten immer noch die Chance geben wollte, die Sache ohne Hauptverhandlung „über sich ergehen zu lassen". B2 gab an, dass im Falle eines hinreichenden Tatverdachts und der Eignung des Falles für einen Strafbefehl ein entsprechender Antrag gestellt würde, den das Gericht

25 *Maleika*, Freiheitsstrafe und Strafbefehl, S. 14.

26 *Müller*, Das Strafbefehlsverfahren, S. 58; für die Schweiz: *Thommen*, Kurzer Prozess – fairer Prozess?, S. 61 ff.; vgl. *Hutzler*, Ausgleich struktureller Garantiedefizite, Rn. 167, 174.

27 Siehe zu den Experteninterviews unter 2. Teil A. III., zu Frage 3 dort 2. a).

28 B2 schilderte ergänzend, dass die StA Verfahren im Ermittlungsverfahren nur dann schonmal zu sehen bekäme, wenn z.B. Maßnahmen erforderlich wären, bei denen StA oder Ermittlungsrichter benötigt würden oder Zeugen nicht erschienen, die geladen werden müssen. Entsprechendes gab auch B3 bei Frage 8 an.

29 Dies gaben B1, B2, B3 ausdrücklich für leichtere Delikte, B4 mit dem Hinweis, dass dies entgegen dem gesetzlichen Auftrag stattfände und B6 ausdrücklich an, bei B5 ergab sich dies zweifelsfrei aus dem Kontext.

dann unterschreiben könnte. Die Eignung eines Falles hinge dabei nicht davon ab, ob der Beschuldigte sich zuvor geäußert hätte.[30] Es würde auch zuvor einen Auszug aus dem Bundeszentralregister eingeholt (so auch B6), wobei hieraus aber selten Rückschlüsse auf frühere Einsprüche gegen früherer Strafbefehle gezogen würden und dies auch nicht bestimmend für einen Strafbefehl wäre.[31] Auf die Nachfrage, inwiefern polizeiliche Ermittlungen überwacht würden, gab B2 an, dass aufgrund des Umstandes, dass Staatsanwälte die meisten Fälle tatsächlich erst mit polizeilichem Schlussbericht erstmalig zu sehen bekämen, gar keine Möglichkeit bestünde, auf das Ermittlungsverfahren Einfluss zu nehmen. B6 antwortete zudem, dass man sich in vielen Fällen für einen Strafbefehl entschiede, einfach um eine Hauptverhandlung zu vermeiden und das Verfahren schneller und kostengünstiger zu gestalten.

Da gemäß § 409 Abs. 1 Satz 1 Nr. 6 StPO im Strafbefehl auch die konkrete Rechtsfolge beantragt werden muss, sind alle für die Rechtsfolge relevanten Umstände erschöpfend zu ermitteln, vgl. auch Nr. 14 f. RiStBV.[32] Dennoch wird teilweise eine weniger intensive Beweisaufnahme beim Strafbefehlsverfahren vermutet.[33] Dies könnte womöglich damit zusammenhängen, dass auch für den späteren Erlass eines Strafbefehls das Vorliegen eines hinreichenden Tatverdachts genügt, sodass es dazu kommen könnte, dass nur auf einen solchen hin ermittelt wird.[34] Eine Studie von Meinberg hingegen ergab, dass Strafbefehlen regelmäßig ein aufwändiges Ermittlungsverfahren vorausgehe, das auf eine klare Sach- und Rechtslage oder eine unbedeutende Fallgestaltung hindeute und die Fälle bei der Abschlussverfügung überwiegend – sowohl in objektiver als auch in subjektiver Hinsicht – aufgeklärt seien.[35]

Dennoch ist jedenfalls das abstrakte Risiko einer mangelhaften Aufklärung bei – zunehmenden – verkürzten Verfahrenserledigungen[36] durchaus nicht

---

30 Angabe bei Frage 7.

31 Antwort auf Frage 19.

32 *Hutzler*, Ausgleich struktureller Garantiedefizite, Rn. 175.

33 *Hutzler*, Ausgleich struktureller Garantiedefizite, Rn. 90.

34 Vgl. auch *Enescu*, BJCLCJ 2019, 3, 18: Die Voruntersuchung sei nur ausreichend, um anzuklagen, nicht, um eine Schuld zu beweisen; zudem seien im Vergleich zu einem Urteil auch die Prüfungsvoraussetzungen im beschleunigten Verfahren verringert, *Riklin*, in: FS Jung, 761, 766.

35 *Meinberg*, Geringfügigkeitseinstellungen von Wirtschaftsstrafsachen, S. 192, 205.

36 Vgl. *Heinz*, in: Geisler (Hrsg.), Das Ermittlungsverhalten der Polizei und die Einstellungspraxis der Staatsanwaltschaften, S. 125 ff. zur zunehmenden prozessualen Entkriminalisierung durch die StA.

abzusprechen, gerade mit Blick auf den Umstand, dass es für den Erlass eines Strafbefehls genügt, wenn sich aus den Akten bereits ein hinreichender Tatverdacht ergibt. Dass allerdings der Bericht der Polizei manchmal eine Empfehlung für oder gegen einen Strafbefehl enthält, ist nach den eindeutigen Angaben der im Rahmen von Experteninterviews befragten Berliner Staatsanwälte nicht gegeben.[37]

Eine Begründung der Entscheidung für die Beantragung eines Strafbefehls durch die Staatsanwaltschaft ist des Weiteren nicht erforderlich, vgl. § 409 StPO, wodurch sie hierbei relativ freie Hand hat. Da auch eine Überprüfung dieser Entscheidung nicht erzwungen werden kann[38], erfolgt diese wichtige Weichenstellung fernab gerichtlicher Kontrolle. Sofern die Staatsanwaltschaft sich etwa für das Strafbefehlsverfahren entscheidet (zu den Kriterien sogleich), hat der Angeschuldigte keine Möglichkeit, ein Anklageverfahren herbeizuführen und muss selbst bei Einlegung des Rechtsbehelfs Abstriche hinnehmen.[39]

In diesem Zusammenhang wird beispielsweise auch die Versagung des rechtlichen Gehörs vor der richterlichen Entscheidung zugunsten eines Strafbefehls relevant. Denn der Richter muss den Angeklagten gemäß § 407 Abs. 3 StPO nicht nach § 33 Abs. 3 StPO zuvor anhören, weshalb es von erheblicher Bedeutung ist, dass der Beschuldigte bereits im Ermittlungsverfahren nach § 163a Abs. 1 Satz 1 StPO angehört und ihm auf diese Weise zumindest eine Möglichkeit – wenn auch nicht vor dem Richter – eingeräumt wird, sich zu den erhobenen Vorwürfen zu äußern.[40] Problematisch ist hierbei allerdings, dass es bei einfachen Sachen, wie sie bei Strafbefehlen eigentlich gegeben sind, gemäß § 163a Abs. 1 Satz 2 StPO ausreicht, wenn dem Beschuldigten die Gelegenheit gegeben wird, sich schriftlich zu äußern. Der Beschuldigte erhält zu diesem Zweck von der Polizei ein Schreiben, in dem ihm stichwortartig und ohne detaillierte Angaben vorgeworfen wird, eine Straftat begangen zu haben. Er kann dann, ohne den Stand der Ermittlungen zu kennen, schriftlich auf einem beigefügten Äußerungsbogen Stellung beziehen. Es wird darauf hingewiesen, dass sämtliche Angaben freiwillig sind, gerade auch solche zu beruflichen oder wirtschaftlichen Verhältnissen, ohne dass erläutert wird, dass diese Angaben für eine korrekte Sanktionsbemessung erforderlich sind. Sofern sich

---

37 Siehe zu den Experteninterviews unter 2. Teil A. III., zu Frage 21 dort 2. c).

38 Vgl. *Müller*, Das Strafbefehlsverfahren, S. 323.

39 Siehe dazu unter 2. Teil C. V. 2.

40 *Maleika*, Freiheitsstrafe und Strafbefehl, S. 14; *Vivell*, Strafbefehlsverfahren nach § 408a, S. 73 f.

der Beschuldigte nicht innerhalb von zwei Wochen zum Vorwurf äußert, wird davon ausgegangen, dass sich der Beschuldigte nicht äußern will.[41]

Es wird sich zeigen, dass im Zusammenhang mit dem rechtlichen Gehör bei Strafbefehlen erhebliche Probleme bestehen.[42]

Sofern sich die Staatsanwaltschaft für das Strafbefehlsverfahren entschieden hat, stellt sie bei dem zuständigen Richter einen (außer bei § 408a StPO) schriftlichen Antrag auf Erlass eines Strafbefehls, § 407 Abs. 1 Satz 2 StPO.[43] Die befragten Staatsanwälte B3 und B5 schilderten im Rahmen der Experteninterviews, dass der Strafbefehlsantrag so formuliert werde, dass der Richter „dann einfach gegenzeichnen" kann (B3) beziehungsweise der Strafbefehl „ein Unterschriftsfeld für den Richter vorsieht" (B5).[44] Erforderlich für die Entscheidung zugunsten eines Strafbefehls ist wegen der Gleichstellung mit der öffentlichen Klage, § 407 Abs. 1 Satz 4 StPO, zunächst ein hinreichender Tatverdacht[45] im Sinne der §§ 170 Abs. 1, 203 StPO.[46] Weiterhin muss die Staatsanwaltschaft eine Hauptverhandlung nach dem Ergebnis der Ermittlungen für nicht erforderlich erachten. Dies kann dann der Fall sein, wenn die sich aus dem Akteninhalt ergebenden Umstände einen hinreichenden Tatverdacht[47] begründen und der Richter bereits daraus einen Schuldspruch fällen und die Rechtsfolgen aussprechen kann.[48] Im Gegensatz dazu ergibt sich aus Nr. 175 Abs. 3 Satz 1 RiStBV, wann die Staatsanwaltschaft von der Stellung eines Strafbefehlsantrags absehen soll, nämlich dann, wenn „die vollständige Aufklärung aller für die Rechtsfolgenbestimmung wesentlichen Umstände oder Gründe

41 Ein entsprechendes Schreiben ist im Anhang abgedruckt.

42 Siehe dazu unter 2. Teil C. I. 3.

43 Nach Nr. 176 Abs. 1 RiStBV hat der StA den Strafbefehl zur Vereinfachung und Beschleunigung des Geschäftsgangs so zu formulieren, wie der Richter ihn dann erlässt, vgl. dazu *Ranft*, JuS 2000, 633.

44 Antwort auf Frage 3, siehe 2. Teil A. III. 2. a).

45 Strittig ist, ob hier der Verdachtsgrad der vollen richterlichen Überzeugung notwendig wäre, dazu siehe unter 2. Teil C. I. 1.

46 OLG Karlsruhe NJW 1977, 62, 63; Meyer-Goßner/Schmitt/*Schmitt* Vor § 407 Rn. 1; Graf StPO/*Temming* § 407 Rn. 1; *Preuß*, ZJS 2017, 176, 178.

47 Zum hinreichenden Tatverdacht siehe MüKoStPO/*Kölbel* § 170 Rn. 14 ff.

48 SK-StPO/*Weßlau/Degener* Vor §§ 407 ff. Rn. 3; vgl. BT-Drs. 10/1313, S. 34, wonach die Nichterforderlichkeit der Hauptverhandlung gegeben sei, wenn keine wesentliche Abweichung vom Ermittlungsergebnis zu erwarten, Strafzumessungsaspekte für die Sanktionsbemessung ausreichend aufgeklärt seien und der Akteninhalt die Gewinnung einer Überzeugung ermögliche.

der Spezial- oder Generalprävention[49] die Durchführung einer Hauptverhandlung geboten erscheinen lassen."[50] Eine Hauptverhandlung ist insbesondere dann nicht erforderlich, wenn in ihr keine wesentliche Abweichung vom Ermittlungsergebnis zu erwarten ist, nicht jedoch schon dann, wenn ein Einspruch zu erwarten ist.[51]

Der Richter hat nach der Antragsstellung mehrere Möglichkeiten, über diesen zu entscheiden. Gemäß § 408 Abs. 2 Satz 1 StPO kann er den Erlass eines Strafbefehls ablehnen, wenn er den Angeschuldigten für nicht hinreichend verdächtig erachtet. Andernfalls kann er den Strafbefehl wie von der Staatsanwaltschaft beantragt erlassen und ihn dem Angeklagten zustellen[52], § 408 Abs. 3 Satz 1 StPO. Eine Hauptverhandlung beraumt er in den drei in § 408 Abs. 3 Satz 2 StPO aufgezählten Fällen an, nämlich, wenn er entweder Bedenken hat, ohne eine solche zu entscheiden, etwa weil er Zweifel an der Schuldfähigkeit des Angeschuldigten[53] oder am Tatnachweis hegt[54] oder wenn er von der rechtlichen Beurteilung der Staatsanwaltschaft abweichen will oder aber wenn er eine andere als die beantragte Rechtsfolge festsetzen will und die Staatsanwaltschaft auf ihrem Antrag beharrt. Dem Richter steht es nämlich nicht zu, einen Strafbefehl zu erlassen, der von dem Antrag in irgendeiner Form abweicht.

Falls der Richter eine derartige Änderung vornehmen möchte, hat er die Akten mit seiner Stellungnahme der Staatsanwaltschaft zurückzugeben mit der Folge, dass diese ihren Antrag entsprechend ändert oder der Richter anderenfalls die Hauptverhandlung anberaumt.[55]

Für den Fall, dass die Staatsanwaltschaft eine Freiheitsstrafe bis zu einem Jahr beantragt hat und der Richter diesem Antrag entsprechen will, hat er dem Angeschuldigten gemäß § 408b StPO einen Pflichtverteidiger zu bestellen, sofern dieser nicht bereits verteidigt ist.

---

49 Gesichtspunkte der Generalprävention und Spezialprävention sprächen gegen das Strafbefehlsverfahren, KMR/*Metzger* Vor § 407 Rn. 13; grundlegend zu diesen Strafzwecktheorien *Hörnle*, Straftheorien, S. 22 ff.

50 So auch BT-Drs. 10/1313, S. 34; Meyer-Goßner/Schmitt/*Schmitt* § 407 Rn. 9; *Preuß*, ZJS 2017, 176, 178; KMR/*Metzger* Vor § 407 Rn. 13.

51 BT-Drs. 10/1313, S. 34; KK-StPO/*Maur* § 407 Rn. 4.

52 SK-StPO/*Weßlau/Degener* Vor §§ 407 ff. Rn. 3.

53 BerlVerfGH NStZ-RR 2000, 143 f.; MüKoStPO/*Eckstein* § 408 Rn. 23; BeckOK StPO/*Temming* § 408 Rn. 9.

54 BeckOK StPO/*Temming* § 408 Rn. 9.

55 SK-StPO/*Weßlau/Degener* Vor §§ 407 ff. Rn. 3; *Ranft*, JuS 2000, 633, 636.

Nachdem der Strafbefehl erlassen wurde, steht dem Angeklagten die Möglichkeit zu, Einspruch einzulegen und, wenn dieser zulässig ist, auf diese Weise eine Hauptverhandlung zu erzwingen, § 411 Abs. 1 Satz 2 StPO. Der Einspruch kann gemäß § 410 Abs. 2 StPO auch (zum Beispiel auf die Tagessatzhöhe, § 411 Abs. 1 Satz 3 StPO) beschränkt[56] eingelegt werden. Ist der Einspruch unzulässig, wird er gemäß § 411 Abs. 1 Satz 1 StPO durch Beschluss verworfen. Auch für den Fall, dass der Angeklagte in der Hauptverhandlung nicht erscheint, bestimmt § 412 StPO, dass der Einspruch verworfen wird.[57]

Die Klage beziehungsweise der Antrag auf Erlass eines Strafbefehls kann von der Staatsanwaltschaft bis zum Erlass des Strafbefehls begründungslos nach § 156 StPO zurückgenommen werden.[58] Ab Erlass des Strafbefehls ist § 411 Abs. 3 Satz 1 StPO für eine Rücknahme maßgeblich.[59] Sobald die Hauptverhandlung begonnen hat, ist für die Klagerücknahme die Zustimmung des Einspruchsführers notwendig, § 411 Abs. 3 Satz 2 i.V.m. § 303 StPO.[60] Infolge der Rücknahme wird das Verfahren zurück in den Stand des Ermittlungsverfahrens versetzt, sodass die Staatsanwaltschaft eine neue Abschlussverfügung treffen muss[61] – ein Strafklageverbrauch tritt nicht ein[62].

Die Rücknahme des Antrags auf Erlass eines Strafbefehls[63], der nach § 407 Abs. 1 Satz 4 StPO die öffentliche Klage ersetzt, stellt einen Eingriff der Staatsanwaltschaft in die gerichtliche Verfahrensherrschaft dar, zu dessen Rechtfertigung Effizienzaspekte angeführt werden[64], wie etwa das Argument, dass man

---

56 Meyer-Goßner/Schmitt/*Schmitt* § 410 Rn. 4; SK-StPO/*Degener* § 410 Rn. 8; *Ranft*, JuS 2000, 633, 637.

57 SK-StPO/*Degener* § 412 Rn. 1.

58 In § 156 StPO ist das Immutabilitätsprinzip verankert, wonach die öffentliche Klage nach Eröffnung des Hauptverfahrens nicht mehr zurückgenommen werden kann und für die Staatsanwaltschaft unabänderlich ist, vgl. BGH NJW 2000, 3293; siehe dazu auch MüKoStPO/*Teßmer* § 156 Rn. 1.

59 *Pfeiffer*, StPO § 411 Rn. 7; KK-StPO/*Maur* § 411 Rn. 22.

60 MüKoStPO/*Eckstein* § 411 Rn. 45; *Müller*, Das Strafbefehlsverfahren, S. 92 f.

61 Radtke/Hohmann/*Alexander* § 411 Rn. 23; KK-StPO/*Maur* § 411 Rn. 25 f.

62 H.M. RGSt 61, 98, 99; 63, 266, 268; LR/*Gössel* § 411 Rn. 48; KK-StPO/*Maur* § 411 Rn. 27.

63 Zu beachten ist, dass die StA nur den Erlassantrag, nicht den Strafbefehl selbst zurücknehmen kann, da schon sein Erlass nicht in ihre Kompetenz fällt, § 407 Abs. 1 Satz 1 StPO; SK-StPO/*Degener* § 411 Rn. 18; der Einspruch muss dabei zulässig eingelegt worden sein, OLG Karlsruhe NStZ 1991, 602; KK-StPO/*Maur* § 411 Rn. 22; Meyer-Goßner/Schmitt/*Schmitt* § 411 Rn. 8; KMR/*Metzger* § 411 Rn. 19; abl. *Mayer*, NStZ 1992, 605 f.

64 LR/*Gössel* § 411 Rn. 36.

dem Gericht dadurch, dass die Fällung und Ausfertigung eines Urteils entfallen, Mühe und Zeitaufwand erspare.[65]

Legt der Angeklagte gegen den erlassenen Strafbefehl hingegen keinen Rechtsbehelf ein, so erwächst der Strafbefehl ohne Hauptverhandlung gemäß § 410 Abs. 3 StPO in Rechtskraft und steht einem Urteil gleich.

Den Ausgang des Verfahrens bekommt der Staatsanwalt, der den Strafbefehl beantragt hat, am Ende mitgeteilt (Antwort aller interviewten Staatsanwälte auf Frage 4). Jeder Terminvermerk der an Sitzungstagen vertretenden Kollegen würde gesehen (B1) und mit Rechtskraft der Entscheidung die Akte vom Gericht zurückerhalten (B2, B3, B4 unter dem Vorbehalt, dass der entsprechende Staatsanwalt nicht inzwischen die Position gewechselt hat oder er den Strafbefehl in Vertretung eines anderen Kollegen beantragte, B6), da die Staatsanwaltschaft zugleich Vollstreckungsbehörde wäre und die Sache dann – nach Entscheidung über die Asservate (B1[66], B2) – an die entsprechende Vollstreckungsabteilung geschickt würde (B2, B3, B4, B6).[67]

Wie bereits erwähnt hat der Angeschuldigte wegen § 407 Abs. 3 StPO, anders als im regulären Verfahren vor der richterlichen Entscheidung, keinen Anspruch darauf, gehört zu werden, um Einwendungen gegen den Erlass eines Strafbefehls vorzubringen (vgl. § 201 Abs. 1 Satz 1 StPO für das Normalverfahren), obwohl Art. 103 Abs. 1 GG und Art. 6 EMRK gerade dies gewährleisten.[68] Erst mit Einlegung des Einspruchs kann der Beschuldigte erstmals gegenüber dem Richter seine eigene Auffassung darlegen, sofern er nicht schon im Ermittlungsverfahren vernommen wurde. Letzteres ist, wie erwähnt, nicht immer der Fall. Denn aufgrund von § 163a Abs. 2 Satz 2 StPO besteht die Möglichkeit, dem Beschuldigten lediglich die Gelegenheit einer schriftlichen Äußerung einzuräumen, die aber nicht von jedem Beschuldigten wahrgenommen wird beziehungsweise werden kann.[69]

Dadurch, dass keine Hauptverhandlung stattfindet, sind auch diejenigen Verfahrensgrundsätze ausgehebelt, die erst in dieser zur Geltung kommen: Die Mündlichkeit, die Unmittelbarkeit sowie die Öffentlichkeit finden in einem rein schriftlichen Verfahren ohne Beweisaufnahme durch den Richter keine

---

65 BT-Drs. 7/551, S. 95; *Müller*, Das Strafbefehlsverfahren, S. 93 fordert zudem, dass dies aber auf die Fälle beschränkt werden solle, in denen sich nachträglich die Stellung des Antrags auf Erlass eines Strafbefehls als unbegründet erweist.

66 Angabe bei Frage 25.

67 Siehe unter 2. Teil A. III. 2. a).

68 Siehe dazu unter 2. Teil C. I. 3.

69 Etwa aufgrund sprachlicher Schwierigkeiten, vgl. hierzu unter 2. Teil C. IV. 1. a) cc).

Anwendung.[70] Mit Einlegung des Einspruchs kann zwar eine Hauptverhandlung erzwungen werden, allerdings setzt dies gerade das Aktivwerden des Angeklagten voraus. Hier stellt sich die Frage, ob die Einhaltung der Verfahrensgrundsätze davon abhängig gemacht werden darf. Der Angeschuldigte ist damit deutlich schlechter gestellt als im regulären Zwischen- und Hauptverfahren. Gerade die fehlende anfängliche Anhörung könnte mit dem Ziel des Strafbefehlsverfahrens, nämlich der Verfahrensbeschleunigung, konfligieren, wenn der Angeklagte eben aus dem Umstand heraus, sich bisher nicht geäußert zu haben, Einspruch einlegt.

Hier zeigt sich eine Fehleranfälligkeit des Verfahrens, die schon mit der einseitig durch Polizei und Staatsanwaltschaft festgelegten Entscheidungsgrundlage beginnt. Auch die fehlende Kontrolle durch die Öffentlichkeit und die fehlende eigene Wahrnehmung der Beweistatsachen durch den Richter wirft – hier zunächst rein theoretisch – die Frage auf, ob die Entscheidung nicht anders ausfällt, als wäre aufgrund einer Hauptverhandlung entschieden worden.[71]

B. Der Anwendungsbereich

I. Beschränkung auf Vergehen

In § 407 Abs. 1 Satz 1 StPO ist explizit bestimmt, dass sich die Anwendung des Strafbefehlsverfahrens auf Vergehen beschränkt.[72] Solche sind gemäß § 12 Abs. 2 StGB rechtswidrige Taten, die im Mindestmaß mit einer geringeren Freiheitsstrafe als einem Jahr oder mit Geldstrafe bedroht sind. Ein Verfahren zum Beispiel wegen Raubes gemäß § 249 Abs. 1 StGB, der im Mindestmaß ein Jahr Freiheitsstrafe vorsieht, mit einem Strafbefehl zu erledigen, scheidet also aus. Die Möglichkeit einer geringeren Bestrafung gemäß § 249 Abs. 2 StGB ist wegen § 12 Abs. 3 StGB, der bestimmt, dass Milderungen, die für minder schwere Fälle vorgesehen sind, für die Einteilung außer Betracht bleiben, irrelevant.

Bei welchen Vergehen das Strafbefehlsverfahren im konkreten Fall zur Anwendung gebracht werden kann, ist weiter durch die in § 407 Abs. 2 StPO vorgesehenen Rechtsfolgen festgelegt.[73] Maßgeblich ist zunächst der in den

---

70 *Ranft*, JuS 2000, 633; vgl. MüKoStPO/*Eckstein* § 407 Rn. 11; SSW-StPO/*Momsen* § 407 Rn. 1 bzgl. der Mündlich- und Unmittelbarkeit.

71 Mehr zu diesen Fehleranfälligkeiten unter 2. Teil C., insb. II. e).

72 SSW-StPO/*Momsen* § 407 Rn. 11; KK-StPO/*Maur* § 407 Rn. 2; LR/*Gössel* § 407 Rn. 1.

73 LR/*Gössel* § 407 Rn. 1; zu den zulässigen Rechtsfolgen siehe unter D.

einzelnen Tatbeständen des Besonderen Teils des Strafgesetzbuches angeordnete Strafrahmen; denn durch Strafbefehl erledigt werden dürfen nur Verfahren, die in die Kompetenz des Amtsgerichtes nach §§ 24, 25 GVG fallen.[74]

Die Fälle dürfen gemäß § 407 Abs. 1 StPO zudem keine Hauptverhandlung erforderlich machen, sie müssen also einfach gelagert, das heißt unkompliziert und überschaubar sein und eine klare Beweislage aufweisen.[75] Wann die geforderte Einfachheit und Klarheit vorliegt, kann schwierig zu beurteilen sein, zumal bereits die Bestimmung dieser Begriffe problematisch ist.[76]

Angewandt wird das Strafbefehlsverfahren aber nicht nur zur massenhaften Erledigung einfach gelagerter Bagatellkriminalität[77], vielmehr ist es auch auf die Fälle mittlerer Kriminalität ausgeweitet worden.[78] Damit wird das Verfahren auch bei solchen Sachverhalten eingesetzt, die nach der ursprünglichen Konzeption dem Regelverfahren vorbehalten bleiben sollten.[79] Zwar ist das Verfahren auf Vergehen beschränkt, allerdings kann auch bei einem Vergehen eine (zur Bewährung ausgesetzte) Freiheitsstrafe erforderlich sein, womit der Bereich der leichteren Kriminalität verlassen wird. In solchen Fällen wird auf das reguläre Verfahren verzichtet, und ein Verfahren angewandt, in dem die Verfahrensgrundsätze des rechtlichen Gehörs, der Mündlichkeit, Öffentlichkeit und Unmittelbarkeit nur auf Einspruch des Angeklagten hin gewahrt werden. Diese Erledigungsart birgt bei solchen Sachverhalten ein höheres Risiko für den Angeklagten, Fehlentscheidungen zu unterliegen.

---

74 LR/*Gössel* § 407 Rn. 3 f.

75 *Hutzler*, Ausgleich struktureller Garantiedefizite, Rn. 416; SK-StPO/*Weßlau*/*Degener* Vor §§ 407 ff. Rn. 8; Radtke/Hohmann/*Alexander* § 407 Rn. 1; *Müller*, Das Strafbefehlsverfahren, S. 143 f.

76 *Hutzler*, Ausgleich struktureller Garantiedefizite, Rn. 419 f.: Zudem könne sich eine vermeintlich einfache Sache bei näherem Hinsehen als unerwartet komplex erweisen und umgekehrt.

77 Der Begriff ist allerdings nicht trennscharf, vgl. *Hohendorf*, NJW 1987, 1177, 1178; zum Begriff i.R.d. Eigentums- und Vermögensdelikte *Priebe*, Zur Kodifizierung der Bagatellkriminalität, S. 14 ff.; zum Bagatellprinzip ausf. *Kunz*, Das strafrechtliche Bagatellprinzip; hier ist damit jedenfalls die unterste Kriminalitätsstufe gemeint.

78 BeckOK StPO/*Temming* § 407 Rn. 3; SSW-StPO/*Momsen* § 407 Rn. 1; Graf StPO/*Temming* § 407 Rn. 3.

79 Siehe dazu unter F.

II. Die Anwendungshäufigkeit bei einzelnen Delikten

Das Strafbefehlsverfahren ist im Grundsatz auf jedes Vergehen anwendbar. Dies zeigen auch die aktuellen differenzierteren Statistiken aus Baden-Württemberg.[80] Bereits die Statistik von 1998 ließ erkennen, dass Vergehen, bei denen es zu keiner Verurteilung durch ein Strafbefehlsverfahren kam, die Ausnahme darstellten.[81] Nach dieser Statistik[82] sind die Delikte, bei denen die Verurteilung im Strafbefehlsverfahren überdurchschnittlich häufig vorkommt, aus dem Bereich der Vermögensdelikte die Entziehung elektrischer Energie (§ 248c StGB) und das Erschleichen von Leistungen (§ 265a StGB)[83], bei den Urkundsdelikten die Fälschung technischer Aufzeichnungen (§ 268 StGB) und der Missbrauch von Ausweispapieren (§ 281 StGB), aus dem Bereich der Straftaten gegen die öffentliche Ordnung der Hausfriedensbruch (§ 123 StGB) und das Vortäuschen einer Straftat (§ 145d StGB), weiterhin auch die Beleidigung (§ 185 StGB)[84] und die fahrlässige Körperverletzung (§ 229 StGB)[85]. Im Umweltstrafrecht wurde der Strafbefehl häufig auf den unerlaubten Umgang mit Abfällen (§ 326 Abs. 1 StGB) und Sachbeschädigungsdelikte wie die Sachbeschädigung (§ 303 StGB)[86], die gemeinschädliche Sachbeschädigung (§ 304 StGB) und die Zerstörung von Bauwerken (§ 305 StGB) angewandt, im Bereich des strafbaren Eigennutzes auf die unerlaubte Veranstaltung eines Glücksspiels (§ 284 Abs. 1, 2, 4 StGB) und die Beteiligung am unerlaubten Glücksspiel (§ 285 StGB). Auch bei Delikten wie der Fischwilderei (§ 293 StGB) sowie im Nebenstrafrecht wurde vermehrt im Wege des Strafbefehlsverfahrens erledigt. Im Bereich des Nebenstrafrechts sind Verstöße gegen das Lebensmittel- und Bedarfsgegenständegesetz, gegen das Tierschutzgesetz, die Abgabenordnung und das Pflichtversicherungsgesetz zu nennen, ebenso wie Aufenthaltsdelikte

---

80 *Statistisches Landesamt Baden-Württemberg*, Strafverfolgungsstatistik, Verurteilungen durch Strafbefehl/Urteil zu Freiheitsstrafe bis einschl. 1 Jahr auf Bewährung, 2019; *Statistisches Landesamt Baden-Württemberg*, Strafverfolgungsstatistik, Verurteilungen durch Strafbefehl/Urteil zu Geldstrafe nach Anzahl der Tagessätze, 2019, Quellen unveröffentlicht.

81 Zur Aufzählung siehe *Heinz*, in: FS Müller-Dietz, 271, 295 f.

82 *Statistisches Landesamt Baden-Württemberg*, Strafverfolgungsstatistik 1998, ausgewertet von *Heinz*, in: FS Müller-Dietz, 271, 295 f.

83 Bzgl. § 265a StGB: KMR/*Metzger* Vor § 407 Rn. 11; SK-StPO/*Weßlau/Degener* Vor §§ 407 ff. Rn. 7; *Huber*, JuS 2019, 666, 667.

84 KMR/*Metzger* Vor § 407 Rn. 12.

85 KMR/*Metzger* Vor § 407 Rn. 12 nennt diese bei Bau- und Betriebsunfällen.

86 KMR/*Metzger* Vor § 407 Rn. 12.

und § 21 Abs. 1 Nr. 2, Abs. 2 StVG – überall lag die Quote aller Verurteilungen durch Strafbefehl ohne Einspruch bei über 80 %.[87]

Häufig genannt werden bezüglich der Anwendungshäufigkeit des Strafbefehlsverfahrens vor allem auch die Verkehrsdelikte[88], hier unter anderem das Fahren ohne Fahrerlaubnis (§ 21 StVG), die Trunkenheit im Verkehr (§ 316 StGB), das unerlaubte Entfernen vom Unfallort (§ 142 StGB), sowie in selteneren Fällen die Gefährdung des Straßenverkehrs (§ 315c Abs. 1 Nr. 1a StGB).[89] Strafbefehle werden auch häufig im Bereich der Vermögensdelikte[90], insbesondere beim Betrug[91], aber auch bei den Eigentumsdelikten[92] hier vor allem den Ladendiebstählen[93], beantragt. Auch bei den einfachen Betäubungsmitteldelikten[94] und vor allem in Steuerstrafsachen[95], aber auch bei einfachen Straftaten nach dem Aufenthaltsgesetz sowie bei mittlerer Wirtschaftskriminalität, Korruptions- und Umweltstrafverfahren[96] findet das Strafbefehlsverfahren vermehrt Anwendung.

Aufgezählt werden weiterhin Verfahren, in denen es um fahrlässige Brandstiftung, Nötigung, Streitigkeiten unter Nachbarn oder in der Familie, vorsätzliche Körperverletzung, kleinere Insolvenzdelikte, Delikte des Nebenstrafrechts, Umweltstraftaten, Straftaten nach dem Lebensmittel-, Wein-, und Naturschutzrecht oder auch ärztliche Kunstfehler geht.[97]

---

87 *Statistisches Landesamt Baden-Württemberg*, Strafverfolgungsstatistik 1998, ausgewertet von *Heinz*, in: FS Müller-Dietz, 271, 295 f.

88 KMR/*Metzger* Vor § 407 Rn. 11 f.; SK-StPO/*Weßlau/Degener* Vor §§ 407 ff. Rn. 7; *Böttcher*, in: FS Odersky, 299, 309; KK-StPO/*Maur* § 407 Rn. 4.

89 *Huber*, JuS 2019, 666, 667.

90 KK-StPO/*Maur* § 407 Rn. 4.

91 *Huber*, JuS 2019, 666, 667 nennt den sog. „Tankbetrug"; KMR/*Metzger* Vor § 407 Rn. 12 nennt den Betrug zum Nachteil des Sozialhilfeträgers oder der Arbeitsverwaltung und den kleinen Warenkreditbetrug.

92 *Böttcher*, in: FS Odersky, 299, 309.

93 *Huber*, JuS 2019, 666, 667; KMR/*Metzger* Vor § 407 Rn. 11; SK-StPO/*Weßlau/Degener* Vor §§ 407 ff. Rn. 7.

94 KMR/*Metzger* Vor § 407 Rn. 11; SK-StPO/*Weßlau/Degener* Vor §§ 407 ff. Rn. 7; *Böttcher*, in: FS Odersky, 299, 309.

95 Siehe hierzu *Burkhard*, StraFo 2004, 342; wo auch die Finanzbehörde Strafbefehle beantragen kann, §§ 386 Abs. 2, 399 Abs. 1, 400 AO, MüKoStPO/*Eckstein* § 407 Rn. 18; siehe dazu unter 3. Teil E.

96 KMR/*Metzger* Vor § 407 Rn. 13, Rn. 11 bzgl. Straftaten nach dem Aufenthaltsgesetz; SK-StPO/*Weßlau/Degener* Vor §§ 407 ff. Rn. 7 (Ausländergesetz).

97 KMR/*Metzger* Vor § 407 Rn. 12.

Auch die aktuellen Erledigungsstatistiken der Staatsanwaltschaft für ganz Deutschland[98] zeigen, dass sich die Anwendung des Strafbefehlsverfahrens nicht auf bestimmte Vergehen beschränkt, aber ein erheblicher Anteil der Strafbefehle im Bereich der Verkehrsstraftaten beantragt wird. 2019 liegt die Antragsquote hier bei knapp über 40 %. Ein Viertel der Anträge werden wegen Betrugs- und Untreuefällen gestellt. Danach kommen mit 14 % Diebstähle und Unterschlagungen, gefolgt von Straftaten nach dem BtMG mit 9 %. 6 % der Anträge auf Erlass eines Strafbefehls ergehen im Bereich vorsätzlicher Körperverletzungen. Auf Wirtschafts- und Steuerstrafsachen sowie Geldwäschedelikte fallen 3 %. Den kleinsten Teil machen Aufenthaltsdelikte (2 %) und Straftaten gegen die sexuelle Selbstbestimmung (1 %) aus.

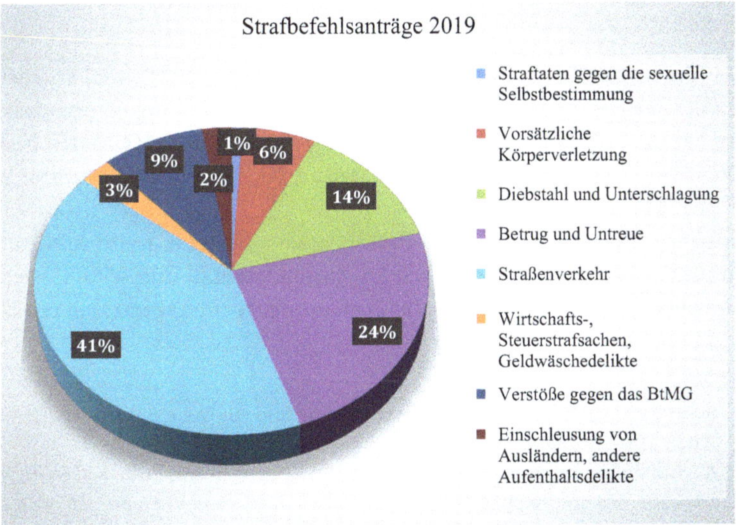

Grafik 3 Strafbefehlsanträge 2019
Zu Tabelle 2, siehe 2. Teil B. IV. m. N.

Im Jahr 2019 werden innerhalb der Straßenverkehrsdelikte 20,5 % durch Strafbefehl erledigt, innerhalb der Betrugs- und Untreuefälle sind es 11 %,

98 *Statistisches Bundesamt*, Fachserie 10, Reihe 2.6, 2019, Tabelle 3 (Deutschland), siehe 2. Teil B. IV., Tabelle 2 m.N.

innerhalb der Diebstähle und Unterschlagungen 10,3 %. Die Strafbefehlsanträge, die auf Freiheitsstrafe lauten, machen davon jeweils weniger als 1 % aus.

Auch die Strafbefehle, zu denen im Rahmen des Rechtsberatungsprojekts Beratungen in Anspruch genommen wurde, bewegten sich im Wesentlichen im Rahmen dieser Delikte.[99]

III. Anwendungsbeschränkung in Sonderfällen

Ausnahmen beziehungsweise Beschränkungen der Anwendung des Strafbefehlsverfahrens gibt es, wenn beispielsweise der Aufenthalt des Beschuldigten unbekannt ist oder sich die Verfolgung eines Falles nicht nach Erwachsenenstrafrecht richtet.

1. Verfahren gegen Abwesende

Gegen Abwesende[100] kann kein Strafbefehl erlassen werden[101], weil es regelmäßig an der Zustellung scheitert.[102] Eine öffentliche Zustellung ist unzulässig.[103] Sofern der Beschuldigte allerdings einen Zustellungsbevollmächtigten bestellt, §§ 116a Abs. 3, 127a Abs. 2, 132 Abs. 1 Satz 1 Nr. 2 StPO, ist der Erlass eines Strafbefehls möglich.[104]

Gemäß § 276 StPO gilt der Beschuldigte als abwesend, wenn sein Aufenthalt unbekannt ist oder wenn er sich im Ausland aufhält und seine Gestellung vor das zuständige Gericht nicht ausführbar oder nicht angemessen erscheint.

---

99 Siehe die Einleitung zur Projektbeschreibung und zur Auswertung der erhobenen Daten unter 2. Teil A. II.

100 Ausführlicher zum Strafbefehlsverfahren gegen Abwesende KK-StPO/*Maur* § 407 Rn. 35 f.; *Blankenheim*, MDR 1992, 926; LR/*Gössel* Vor § 407 Rn. 45 ff.; krit. MüKoStPO/*Eckstein* § 407 Rn. 25.

101 SSW-StPO/*Momsen* § 407 Rn. 30 m.w.N.; KK-StPO/*Maur* § 407 Rn. 35; a.A. BeckOK StPO/*Temming* § 407 Rn. 23, der die öfftl. Zustellung für zulässig erachtet; so auch LG München MDR 1981, 71 f.

102 Meyer-Goßner/Schmitt/*Schmitt* § 407 Rn. 4; vgl. SK-StPO/*Degener* § 407 Rn. 30.

103 Meyer-Goßner/Schmitt/*Schmitt* § 407 Rn. 4.; LG Köln MDR 1982, 601; z.T. wird die Unzulässigkeit aus Art. 103 Abs. 1 GG hergeleitet, OLG Düsseldorf NJW 1997, 2965, 2966; Radtke/Hohmann/*Alexander* § 407 Rn. 29; *Blankenheim*, MDR 1992, 926, 927; a.A. SSW-StPO/*Momsen* § 407 Rn. 30, demzufolge dies nicht durch Art. 103 Abs. 1 GG verboten sei, da dem Verfahren insges. keine rechtsstaatlichen Bedenken entgegenstünden; vgl. auch *Schmid*, MDR 1978, 96, 98.

104 Meyer-Goßner/Schmitt/*Schmitt* § 407 Rn. 4; KK-StPO/*Maur* § 407 Rn. 35; Joecks StPO § 407 Rn. 7; vgl. KMR/*Metzger* § 407 Rn. 4.

Nr. 175 Abs. 2 RiStBV bestimmt für den Fall der Abwesenheit, dass das Verfahren vorläufig einzustellen oder, sofern der Strafbefehlsantrag schon gestellt wurde, eine vorläufige Einstellung nach § 205 StPO zu beantragen ist.

2. *Verfahren gegen junge Beschuldigte*

Strafverfahren gegen jugendliche Beschuldigte, also solche, die zwischen 14 und einschließlich 17 Jahre alt sind (§ 1 Abs. 2 JGG), können aus Erziehungsgründen[105] gemäß §§ 79 Abs. 1, 104 Abs. 1 Nr. 14 JGG nicht im Wege des Strafbefehlsverfahrens erledigt werden.[106] Hier ist vielmehr das vereinfachte Jugendverfahren nach den §§ 76 bis 78 JGG anzuwenden[107] oder von der Verfolgung nach § 45 JGG abzusehen.[108]

Bei Heranwachsenden, also solchen Tätern, die 18, aber noch nicht 21 Jahre alt sind, § 1 Abs. 2 JGG, hängt die Anwendbarkeit des Strafbefehlsverfahrens davon ab, ob gemäß § 105 Abs. 1 JGG im Einzelfall Erwachsenenstrafrecht angewandt wird, §§ 79 Abs. 1, 109 Abs. 2 Satz 1 JGG; ob dies der Fall ist, muss die Staatsanwaltschaft hier aufgrund ihrer Ermittlungen entscheiden.[109] Im Falle der Anwendung des Erwachsenenstrafrechts ist für den Erlass des Strafbefehls gemäß § 108 Abs. 2 JGG in der Regel der Jugendrichter zuständig.[110] Die Festsetzung einer Freiheitsstrafe durch Strafbefehl scheidet gegen einen Heranwachsenden allerdings aus, § 109 Abs. 3 JGG.

Falls ein Strafbefehl entgegen den §§ 79 Abs. 1 JGG, 109 Abs. 2 Satz 1 JGG gegen einen Jugendlichen erlassen wurde, ist dieser dennoch wirksam.[111] Dieser

---

105 *Streng*, Jugendstrafrecht, Rn. 201: Denn das schriftliche Verfahren sei weder für Persönlichkeitsdiagnosen noch zur Einsichtsgewinnung bei dem Jugendlichen geeignet.

106 Radtke/Hohmann/*Alexander* § 407 Rn. 30; Meyer-Goßner/Schmitt/*Schmitt* § 407 Rn. 3.

107 *Ostendorf/Drenkhahn*, Jugendstrafrecht, Kap. IV. 5. Rn. 151; *Schaffstein/Beulke*, Jugendstrafrecht S. 273, 275 f.

108 KK-StPO/*Maur* § 407 Rn. 23.

109 KMR/*Metzger* Vor § 407 Rn. 40; *Bartels*, Das Strafbefehlsverfahren bei Heranwachsenden, S. 68; Eisenberg/Kölbel JGG § 109 Rn. 7, 57; zum Strafbefehl gegen Heranwachsende siehe auch *Pfeiffer*, StPO § 407 Rn. 1.

110 KMR/*Metzger* Vor § 407 Rn. 41; *Pfeiffer*, StPO § 407 Rn. 1; LR/*Gössel* Vor § 407 Rn. 52; oder auch der Vorsitzende des Jugendschöffengerichts, § 108 Abs. 3 JGG i.V.m. § 30 Abs. 2 GVG.

111 Eisenberg/Kölbel JGG § 79 Rn. 6; KK-StPO/*Maur* § 407 Rn. 26; Meyer-Goßner/Schmitt/*Schmitt* § 407 Rn. 3.

Mangel kann dadurch geheilt werden, dass die Sache infolge eines Einspruchs an das Jugendgericht abgegeben und eine Hauptverhandlung anberaumt wird.[112]

Die Anwendbarkeit des Strafbefehlsverfahrens auch auf Heranwachsende ist allerdings problematisch. Zum Teil wird zurecht auch gefordert, die Anwendung des Verfahrens in diesen Konstellationen auszuschließen.[113] Denn die Entscheidung, inwiefern die Voraussetzungen des § 105 Abs. 1 JGG vorliegen, sind in einem rein schriftlichen Verfahren nicht zuverlässig festzustellen.[114] Für eine Gesamtwürdigung der Persönlichkeit des Täters und die Einschätzung seiner sittlichen und geistigen Entwicklung (§ 105 Abs. 1 Nr. 1 JGG) ist – vergleiche auch die Entscheidung über eine kurze Freiheitsstrafe nach § 47 StGB[115] – ein persönlicher Eindruck unentbehrlich.[116]

Die derzeitige Rechtslage, nach der ein entgegen §§ 79 Abs. 1, 109 Abs. 2 Satz 1 JGG erlassener Strafbefehl dennoch wirksam ist und der Heranwachsende erst durch die Einlegung eines Einspruchs selbst aktiv darauf hinwirken muss, dass in seinem Fall Jugendstrafrecht angewandt wird[117], ist insofern besonders problematisch, als das Strafbefehlsverfahren risikoreicher als das Normalverfahren ist[118] und diese Risiken auf diese Weise dem Heranwachsenden zusätzlich aufgebürdet werden. Denn der Strafbefehl ergeht in einem rein schriftlichen Verfahren ohne eine aufklärende Hauptverhandlung und ist

---

112 BayObLG NJW 1957, 838; Meyer-Goßner/Schmitt/*Schmitt* § 407 Rn. 3; Radtke/Hohmann/*Alexander* § 407 Rn. 30.

113 SK-StPO/*Weßlau/Degener* Vor §§ 407 ff. Rn. 26; *Ostendorf/Drenkhahn*, Jugendstrafrecht, Kap. IV. 5. Rn. 153; zu den Alternativen *Bartels*, Das Strafbefehlsverfahren bei Heranwachsenden, S. 201 ff.

114 BT-Drs. 12/1217, S. 69; MüKoStPO/*Eckstein* § 407 Rn. 24; *Meurer*, JuS 1987, 882, 883; *Schorn*, Das Strafbefehls- und Strafverfügungsverfahren, S. 41 ff.; *Müller*, Das Strafbefehlsverfahren, S. 273; *Vivell*, Strafbefehlsverfahren nach § 408a, S. 70; *Maleika*, Freiheitsstrafe und Strafbefehl, S. 12; *Ostendorf/Drenkhahn*, Jugendstrafrecht, Kap. IV. 5. Rn. 151.

115 *Müller*, Das Strafbefehlsverfahren, S. 274; siehe dazu auch die Argumentation unter 2. Teil C. III. 1. a).

116 *Müller*, Das Strafbefehlsverfahren, S. 321 f.; zu einer insofern mangelhaften praktischen Handhabung des Strafbefehlsverfahrens *Blankenburg/Sessar/Steffen*, Die StA im Prozeß strafrechtlicher Sozialkontrolle, S. 104 f., 246.

117 *Müller*, Das Strafbefehlsverfahren, S. 273 m.w.N.; *Böhm/Feuerhelm*, Einführung in das Jugendstrafrecht, S. 53.

118 Siehe 2. Teil.

daher anfälliger für Fehler, die nur dann behoben werden können, wenn der Angeklagte sich – gegebenenfalls mit Hilfe eines Verteidigers – dagegen wehrt.

Insbesondere dann, wenn der Heranwachsende nicht vor nicht allzu langer Zeit straffällig wurde und daher vorher eine Gesamtwürdigung im Sinne des § 105 Abs. 1 JGG aufgrund eines persönlichen Eindrucks vorgenommen werden konnte, kann bei der Entscheidung im summarischen Verfahren auf eine solche nicht einmal unterstützend zurückgegriffen werden. Dementsprechend sollte gerade beim Erlass von Strafbefehlen gegen Heranwachsende, die erstmals strafrechtlich auffällig werden und bei denen die Einschätzung nach § 105 Abs. 1 JGG zuvor noch nicht anhand eines persönlichen Eindrucks getroffen wurde, besondere Zurückhaltung geboten sein.[119]

Dennoch besteht vielmehr der Verdacht, dass in der Praxis bei der Staatsanwaltschaft eine Neigung dazu besteht, die Anwendbarkeit von Erwachsenenstrafrecht zu bejahen, um eine Erledigung im Wege des Strafbefehlsverfahrens zu ermöglichen.[120] Dies würde eine missbräuchliche Anwendung[121] des Verfahrens darstellen, im Rahmen derer zudem gegen den Grundsatz vorrangiger Anwendung des Jugendstrafrechts bei verbleibenden Zweifeln über den Entwicklungsstand des Heranwachsenden[122] verstoßen würde.

Diese Sonderkonstellation soll hier aber nicht weiter vertieft werden[123], wenngleich eine Anwendung des Strafbefehlsverfahrens auf Heranwachsende aus den genannten Gründen nicht befürwortet werden kann. Die spezifischen Risiken des Strafbefehlsverfahrens realisieren sich bei seiner Anwendung auch hier, allerdings mit der zusätzlichen Gefahr, dass § 105 Abs. 1 JGG umgangen und damit gerade auch jüngeren, unerfahreneren Beschuldigten das Risiko einer Fehlentscheidung aufgebürdet wird.

---

119 Gercke u.a. StPO/*Brauer* § 407 Rn. 29; LR/*Gössel* Vor § 407 Rn. 52; Eisenberg/Kölbel JGG § 109 Rn. 7, 58.

120 Eisenberg/Kölbel JGG § 105 Rn. 11, § 109 Rn. 59; vgl. *Schaffstein/Beulke*, Jugendstrafrecht S. 281; diesen Verdacht bestärkte eine Aktenanalyse, die zeigte, dass bei der Entscheidung vor allem auf das Alter abgestellt wurde, *Bartels*, Das Strafbefehlsverfahren bei Heranwachsenden, S. 124 ff., 234; *Heinz*, in: FS Müller-Dietz, 271, 294 f.; *Albrecht*, Jugendstrafrecht, S. 332.

121 *Ostendorf/Drenkhahn*, Jugendstrafrecht, Kap. IV. 5. Rn. 152.

122 *Böhm/Feuerhelm*, Einführung in das Jugendstrafrecht, S. 52; *Müller*, Das Strafbefehlsverfahren, S. 274; Eisenberg/Kölbel JGG § 109 Rn. 7.

123 Siehe ausführlich *Bartels*, Das Strafbefehlsverfahren bei Heranwachsenden, S. 68 ff.

3. *Sonstige Verfahrenskonstellationen*

Wird ein Strafverfahren gegen einen inhaftierten Beschuldigten geführt, kann es dennoch durch Strafbefehl abgeschlossen werden.[124] Allerdings bestimmt Nr. 175 Abs. 4 RiStBV, dass in solchen Fällen zu prüfen ist, ob das beschleunigte Verfahren nach § 417 StPO eine raschere Erledigung ermöglicht. Da dieser Vorrang des beschleunigten Verfahrens dem Beschleunigungsgrundsatz entstammt, kann aber auch das Strafbefehlsverfahren vorrangig anzuwenden sein, wenn beispielsweise eine Absprache[125] zwischen allen Verfahrensbeteiligten stattgefunden hat.[126]

Eine Entschädigung des Verletzten im Wege des Adhäsionsverfahrens nach § 403 StPO ist nur im Rahmen einer Hauptverhandlung möglich, weshalb es nicht angewandt werden kann, wenn der Strafbefehl mangels Einspruchs rechtskräftig wird.[127] Sofern aber eine Hauptverhandlung stattfindet, sei es, infolge eines Einspruchs oder infolge einer Ablehnung des Strafbefehlsantrages nach § 408 Abs. 2 Satz 2 StPO, ist die Geltendmachung von Schadensersatz- und Schmerzensgeldansprüchen im Wege des Adhäsionsverfahrens möglich.[128]

Durch den Ausschluss des Adhäsionsverfahrens im Strafbefehlsverfahren erfährt der Verletzte den Nachteil, dass er zivilrechtliche Ansprüche in einem gesonderten Zivilrechtsstreit einklagen muss, was für ihn höhere Kosten verursacht[129] und ihm die Beweislast aufbürdet[130] – zudem entspricht eine mehrfache

---

124 Meyer-Goßner/Schmitt/*Schmitt* § 407 Rn. 2.

125 Siehe dazu 3. Teil B. IV.

126 Radtke/Hohmann/*Alexander* § 407 Rn. 28.

127 BGH NJW 1982, 1047, 1048; KK-StPO/*Maur* § 407 Rn. 30; *Granderath*, NStZ 1984, 399, 400; *Metz*, JR 2019, 67, 72 ff., 74 f.; für eine Eröffnung dieser Möglichkeit *Sommerfeld*, ZRP 2008, 258 ff.; für die bereits bestehende Zulässigkeit nach geltendem Recht *Sommerfeld/Guhra*, NStZ 2004, 420, 424.

128 MüKoStPO/*Eckstein* § 407 Rn. 23; LR/*Gössel* Vor § 407 Rn. 44; KK-StPO/*Zabeck* § 403 Rn. 12; der im Rahmen der Experteninterviews befragte Berliner Staatsanwalt (dazu siehe unter 2. Teil A. III.) B6 wies darauf hin, dass etwa bei Betrugstaten durch die neuen Gesetze auch die Möglichkeit bestünde, bereits im Strafbefehl eine Einziehung vorzunehmen, sodass man zugleich den zivilrechtlichen Ausgleich schaffte (Frage 12/13).

129 Vgl. *Heger*, JA 2007, 244, 247.

130 *Peter*, Verbesserung der Stellung des Opfers im Strafverfahren, S. 266 f.; MüKoZPO/*Prütting* § 286 Rn. 100 ff.

Inanspruchnahme der Justiz auch nicht dem Ökonomisierungsgedanken des Strafbefehlsverfahrens.[131]

C. Die Ziele und Zwecke

Das Strafbefehlsverfahren dient – wie erwähnt – primär der Wirtschaftlichkeit von Strafverfahren. Fälle, die weniger kompliziert gelagert sind, bedürfen ihrer Erledigung keines großen Aufwandes und sollen unkompliziert geklärt werden.[132] Viele halten das summarische Verfahren für unentbehrlich[133] beziehungsweise für das – neben den §§ 153 und 153a StPO – wichtigste Rechtsinstitut im Strafverfahren, um diese ökonomische Erledigung herbeiführen zu können[134]. Verfolgt werden neben den staatlichen Interessen aber auch die Interessen des Beschuldigten.

I. Die staatlichen Interessen

Zum einen sind bezüglich derjenigen Ziele und Zwecke, die im staatlichen Interesse stehen, Gründe der Verfahrensökonomie anzuführen.[135] Ohne den Aufwand, den eine Hauptverhandlung erfordert (vgl. §§ 212 ff., 226 ff. StPO), ist ein Verfahren schneller und effizienter zum Abschluss zu bringen.[136] Die auf diese Weise erreichte verkürzte Verfahrensdauer liegt dabei auch im Sinne des Beschleunigungsgrundsatzes[137].

In dem Zusammenhang spielt auch die Ressourcenentlastung[138] eine große Rolle, denn die Erledigung im Wege des Strafbefehlsverfahrens entlastet die Gerichte spürbar.[139]

---

131 *Hutzler*, Ausgleich struktureller Garantiedefizite, Rn. 334 f., die zutreffend vorträgt, dass Voraussetzung für das Strafbefehlsverfahren gerade ein einfacher Sachverhalt mit klarer Beweislage sei, sodass – anders als in den Materialien zum Opferschutzgesetz behauptet – eine Beurteilung der Zivilansprüche eigentlich auch im Strafbefehlsverfahren möglich sein sollte.

132 SSW-StPO/*Momsen* § 407 Rn. 1; vgl. Gercke u.a. StPO/*Brauer* § 407 Rn. 1.

133 BVerfG NJW 1954, 69; Meyer-Goßner/Schmitt/*Schmitt* Vor § 407 Rn. 1; MüKoStPO/*Eckstein* § 407 Rn. 9; *Roxin/Schünemann*, Strafverfahrensrecht, § 68 Rn. 2; zu weiteren Positionen *Böttcher*, in: FS Odersky, 299, 314.

134 BT-Drs. 12/1217, S. 42; Gercke u.a. StPO/*Brauer* § 407 Rn. 1; SSW-StPO/*Momsen* § 407 Rn. 1.

135 *Ranft*, JuS 2000, 633; vgl. *Roxin/Schünemann*, Strafverfahrensrecht, § 68 Rn. 2.

136 Vgl. *Ranft*, JuS 2000, 633.

137 Vgl. dazu BVerfG NJW 2003, 2897 f.; NStZ 2006, 680, 681; NStZ 2004, 335, 336 ff.; MüKoStPO/*Kudlich* Einl. Rn. 155 f.

138 *Putzke/Putzke*, JR 2019, 319; *Esser*, StV 2007, 235; SSW-StPO/*Momsen* § 407 Rn. 1.

139 *Ranft*, JuS 2000, 633; siehe zur Entlastungsquote durch rechtskräftige Strafbefehle unter 2. Teil B. II. 2. d), IV., Tabelle 1, 5 m.N., Grafik 9.

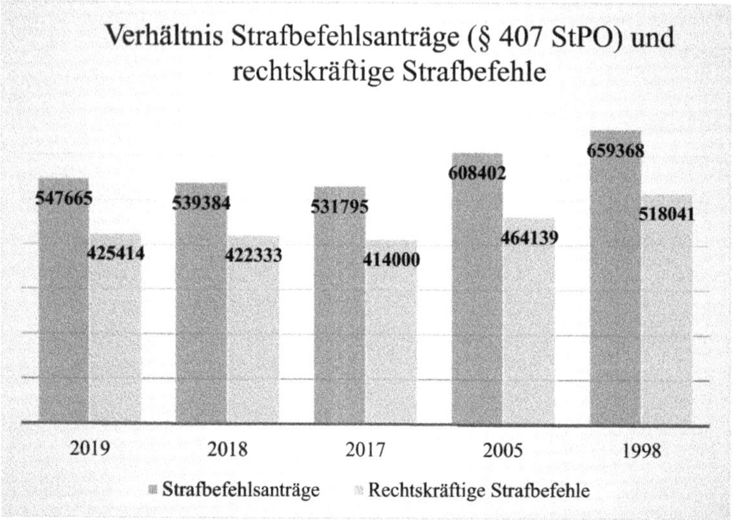

Grafik 9 Verhältnis Strafbefehlsanträge (§ 407 StPO) und rechtskräftige Strafbefehle[140]

Zu Tabelle 1 und Tabelle 5, siehe 2. Teil B. IV. jeweils m. N.

Diese wären völlig überfordert, wenn jedes Verfahren einer Hauptverhandlung und eines Urteils bedürfe.[141] Die Erledigungsstatistik der Staatsanwaltschaft[142] zeigt für das Jahr 2019, dass 547.665 Anträge auf Erlass eines Strafbefehls gestellt wurden. Ein großer Teil der anfallenden Verfahren bewegt sich mithin im Spektrum der Vergehen und in der Bagatellkriminalität[143], das heißt im

140 Die Quote der rechtskräftigen Strafbefehle wurde errechnet durch die Anzahl der Strafbefehlsanträge nach § 407 StPO, abzgl. der Verfahren, bei denen statt Strafbefehlserlass nach § 408 Abs. 3 StPO eine Hauptverhandlung anberaumt wurde, ebenso abzgl. der Fälle, in denen Einspruch gegen den von der StA oder des Finanzamts erlassenen Strafbefehl eingelegt wurde und Verfahren, die durch Zurücknahme des Strafbefehlsantrags nach § 411 Abs. 3 StPO erledigt wurden, sowie zzgl. der zurückgenommenen Einsprüche gegen die Strafbefehle von der StA und den Finanzbehörden (Berechnung vgl. *Heinz*, in: FS Müller-Dietz, 271, 303 f.).

141 Meyer-Goßner/Schmitt/*Schmitt* Vor § 407 Rn. 1.

142 *Statistisches Bundesamt*, Fachserie 10, Reihe 2.6, 2019, Tabelle 2.2.1.1 und 2.2.1.2 (Deutschland), siehe 2. Teil B. I. 1. a), IV., Tabelle 1 m.N.

143 In der Praxis wird das Strafbefehlsverfahren aber auch auf die mittlere Kriminalität angewandt, BeckOK StPO/*Temming* § 407 Rn. 3; Graf StPO/*Temming* § 407 Rn. 3; SSW-StPO/*Momsen* § 407 Rn. 1.

strafbefehlsfähigen Bereich. Würden diese Fälle nun vom Strafrichter[144] verhandelt werden, müssten monatlich etwa 44.948 zusätzliche Fälle verhandelt werden. Verteilt auf die 638 in Deutschland befindlichen Amtsgerichte[145] wäre dies eine monatliche Mehrbelastung insbesondere für die Strafrichter – je nach Größe des Amtsgerichts, die sehr unterschiedlich ausfallen kann – von durchschnittlich etwa siebzig Fällen pro Amtsgericht.

Aber auch für die Staatsanwaltschaft tritt eine Entlastung ein; durch den Wegfall der Hauptverhandlung muss sie dort insbesondere keine Sitzungen vertreten.[146] Zudem ist auch die abstrakte Gefahr zu befürchten, dass das Ermittlungsverfahren dadurch deutlich in unzulässiger Weise beschleunigt wird, dass nur auf den erforderlichen hinreichenden Tatverdacht hin und nicht erschöpfend ausermittelt wird.[147]

Dadurch, dass weder Hauptverhandlung noch Urteil erforderlich sind[148], werden also Arbeitskraft, Zeit und Kosten eingespart[149].

Das staatliche Interesse an der Erledigung im vereinfachten Verfahren zeigt sich auch in Nr. 175 Abs. 3 RiStBV, wonach ein Strafbefehl stets zu erwägen und bei Vorliegen der Voraussetzungen auch beantragt werden soll. Ein Interesse des Staates an einer zügigen Erledigung der Verfahren ist grundsätzlich auch notwendig.

Allerdings steht es der Staatsanwaltschaft frei, die Verfahrensart zu wählen, ohne dass der Beschuldigte, anders als im Normalverfahren nach § 201 Abs. 1 StPO hierauf Einfluss nehmen kann. Dies birgt das Risiko, dass Konflikte mit dem Ziel des Strafverfahrens, nach dem die Erforschung der Wahrheit[150] unter Beachtung rechtsstaatlicher Grundsätze weit im Vordergrund

---

144 Wie oben aufgezeigt, bewegen sich die strafbefehlsgeeigneten Fälle i.d.R. in der Zuständigkeit des Strafrichters, da das Schöffengericht nur in den Fällen von § 408a StPO zuständig ist. Letztere Fälle sind aber nicht annähernd so häufig wie Anträge nach § 407 StPO, siehe 2. Teil B. IV., Tabelle 5 m.N.

145 Statista 2020, https://de.statista.com/statistik/daten/studie/37313/umfrage/anzahl-der-gerichte-in-deutschland-nach-gerichtsart/, zuletzt abgerufen am 11.02.2021.

146 *Ranft*, JuS 2000, 633.

147 *Hutzler*, Ausgleich struktureller Garantiedefizite, Rn. 90; siehe zum Streit um den erforderlichen Verdachtsgrad unter 2. Teil, C. I. 1.

148 Meyer-Goßner/Schmitt/*Schmitt* Vor § 407 Rn. 1.

149 *Huber*, JuS 2019, 666; *Ranft*, JuS 2000, 633; vgl. *Müller*, Das Strafbefehlsverfahren, S. 138 f.

150 BVerfG NStZ 1987, 419; *Eisenberg*, Beweisrecht der StPO, Rn. 1 f.; vgl. *Meier*, Strafrechtliche Sanktionen, S. 3 f.

steht, auftreten können. Die Gefahr läge hier darin, dass die Entscheidung des Staatsanwalts zugunsten des Strafbefehlsverfahrens von seinem Interesse an einer schnellen Erledigung und an der Vermeidung einer aufwändigen Aufklärung des Falles im Rahmen einer Hauptverhandlung beeinflusst wird und er dem Ergebnis der Ermittlungen eine Endgültigkeit beimisst, die sie im Einzelfall nicht verdient.[151]

II. Die Interessen des Beschuldigten

Ein verkürztes Strafverfahren liegt ebenfalls im Sinne des Beschuldigten und im Falle eines Strafbefehls kann sein Fall kostensparend, ohne Zeitverlust und ohne Aufsehen erledigt werden.[152]

Da mangels Hauptverhandlung zum Beispiel keine Kosten für die Ladung von Zeugen und Sachverständigen anfallen, zeigt sich hier eine spürbare Ersparnis.[153] Die Urteilskosten reduzieren sich gemäß Anlage 1 (§ 3 Abs. 2) zum GKG, KV Nr. 3118 im Falle eines Strafbefehlsverfahrens auf die Hälfte.

Für den Beschuldigten kann außerdem von erheblicher Bedeutung sein, das Verfahren nicht vor der Öffentlichkeit führen zu müssen, weil er dadurch möglicherweise an einen medienwirksamen Pranger gestellt würde.[154] Der Beschuldigte bleibt für die Öffentlichkeit anonym, muss seine persönlichen Verhältnisse nicht offenlegen und entgeht der psychischen wie auch physischen Belastung, die ein Hauptverfahren mit sich bringt.[155] Insofern kann das Strafbefehlsverfahren im Sinne aller Beteiligten sein.

Seine im Gegenzug zum Normalverfahren schwächere Prozessstellung[156] erschwert allerdings die aktive Durchsetzung des Verteidigungsinteresses des Beschuldigten. Er kann beispielsweise auch selbst nicht beantragen, dass sein Fall im Wege des Strafbefehlsverfahrens erledigt wird – dies kann lediglich

---

151 Zum Missbrauchspotential siehe unter 2. Teil C. II. 2. a).

152 BVerfG NJW 1969, 1103, 1104; BT-Drs. 10/1313, S. 13; BT-Drs. 12/1217, S. 42; Gercke u.a. StPO/*Brauer* § 407 Rn. 1; KK-StPO/*Maur* Vor § 407 Rn. 3; vgl. *Ranft*, JuS 2000, 633; vgl. Meyer-Goßner/Schmitt/*Schmitt* Vor § 407 Rn. 1.

153 *Ranft*, JuS 2000, 633.

154 *Huber*, JuS 2019, 666, 667; *Ranft*, JuS 2000, 633; vgl. *Blankenburg/Sessar/Steffen*, Die StA im Prozeß strafrechtlicher Sozialkontrolle, S. 292 ff.; *Trentmann*, in: Liesem/Rademacher (Hrsg.), Macht der Strategischen Kommunikation, 175, 182.

155 *Vivell*, Strafbefehlsverfahren nach § 408a, S. 241; vgl. zur physischen und psychischen Belastung *Neumann*, NJW 1984, 779, 780.

156 Dies begründet sich u.a. im fehlenden rechtlichen Gehör (2. Teil C. I. 3.) und im gekürzten Beweisantragsrecht in der Hauptverhandlung (2. Teil C. V. 2.)

angeregt werden.[157] In Wirtschaftsstrafverfahren verhält es sich mit der Durchsetzung seiner Interessen und der Erwirkung einer Erledigung durch Strafbefehl aber im Gegensatz zu anderen Verfahren, in denen der Beschuldigte nicht verteidigt ist, regelmäßig so, dass die Verteidigung aktiv auf ein Strafbefehlsverfahren hinwirkt, wenn beispielsweise eine Einstellung nach §§ 153, 153a StPO nicht gelingt.[158]

Problematisch kann auch sein, dass das Interesse des Beschuldigten unter Umständen nicht nur so weit geht, wie die Sachverhaltsfeststellung und die daraufhin getroffene Entscheidung korrekt sind. Sein Wunsch, eine öffentliche Hauptverhandlung um jeden Preis zu vermeiden, kann dazu führen, dass er sich sogar sehenden Auges einer zu hohen Strafe unterwirft, indem er entweder auf einen Einspruch verzichtet oder aber im Gegenzug für die Beantragung eines Strafbefehls ein Geständnis ablegt.[159] Insofern ist das Strafbefehlsverfahren auch unter dem Aspekt der Vermeidung einer Hauptverhandlung nicht durchweg positiv für den Beschuldigten.

D. Die zulässigen Rechtsfolgen

Im Vergleich zum regulären Verfahren sind die Rechtsfolgen, die im verkürzenden Strafbefehlsverfahren verhängt werden können, beschränkt. Zulässig sind nur die in § 407 Abs. 2 StPO abschließend aufgezählten Sanktionen.[160] Die Beschränkung der Straffestsetzung beim Strafbefehl ist mit Blick auf das dortige Ausreichen eines hinreichenden Tatverdachts und die damit im Gegensatz

---

157 Siehe dazu unter 2. Teil C. I. 5.

158 Mehr zum Verhältnis der Erledigungsformen siehe unter 3. Teil D. II. 2., 3.

159 In der Studie von *Bussmann/Lüdemann*, Klassenjustiz oder Verfahrensökonomie?, S. 74 schilderten Verteidiger Fälle, in denen der Angeklagte jede Summe zu zahlen bereit war, um kein öfftl Aufsehen zu erregen; in einer anderen Studie gaben 30,3 % der Strafverteidiger an, i.R.e. Absprache einer für zu hoch gehaltenen Strafe zugestimmt zu haben, *Altenhain/Dietmeier/May*, Absprachen in Strafverfahren, S. 112, zu den Gründen S. 114 f.; vgl. auch unter 2. Teil C. II. a).

160 Allerdings ist der Strafbefehl nicht nichtig, wenn eine andere Rechtsfolge angeordnet ist, solange diese grds. zulässig ist, OLG Karlsruhe NStZ 2000, 41; KK-StPO/*Maur* § 407 Rn. 7; Graf StPO/*Temming* § 407 Rn. 14; SSW-StPO/*Momsen* § 407 Rn. 14; Meyer-Goßner/Schmitt/*Schmitt* § 407 Rn. 10; eine Nichtigkeit komme höchstens in Betracht, wenn ein besonders gravierender Mangel vorliegt, BGH NJW 1981, 133; *Rau/Zschieschack*, JuS 2005, 802, 803; so auch *Schorn*, Das Strafbefehls- und Strafverfügungsverfahren, S. 72 m.w.N.; vgl. auch *Vent*, JR 1980, 400, 401 f., der darauf hinweist, dass solche Extremfälle eher theoretischer Natur seien; a.A. *Schmidt*, Lehrkomm. StPO II § 409 Rn. 8.

zum Normalverfahren, in dem für eine Verurteilung die richterliche Überzeugung notwendig ist, geringere Anforderung[161] zwingend. Denn von den zulässigen Rechtsfolgen hängt maßgeblich ab, welchen Anwendungsbereich das Verfahren hat.[162]

I. Die Hauptstrafen

Die erste vorgesehene Hauptstrafe und die in der Praxis am weitaus häufigsten durch Strafbefehl verhängte Strafe[163] ist die in § 407 Abs. 2 Satz 1 Nr. 1 Var. 1 StPO genannte Geldstrafe im Sinne von § 40 StGB.

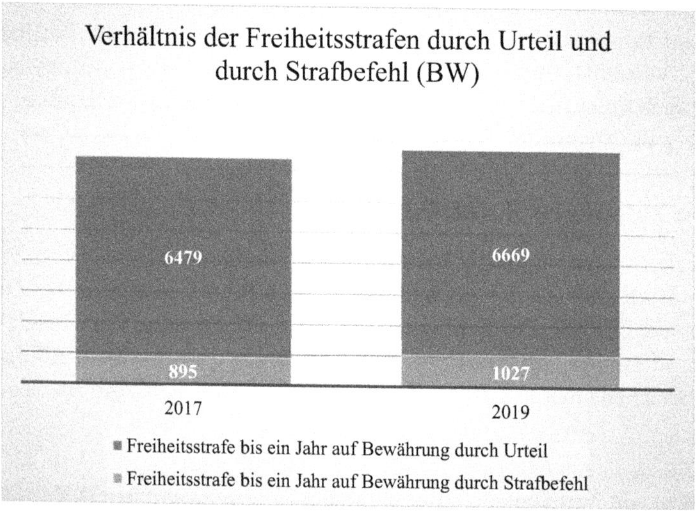

Grafik 10 Verhältnis der Freiheitsstrafen durch Urteil und durch Strafbefehl (BW)
Zu Tabelle 6, siehe 2. Teil B. IV. m. N.

161 BeckOK StPO/*Temming* § 407 Rn. 1; siehe dazu auch unter 2. Teil C. I. 1.
162 Vgl. *Berz*, in: FS Blau, 51, 53.
163 Vgl. 2. Teil B. II., 3., 4., IV., Tabelle 6, 8 jeweils m.N.

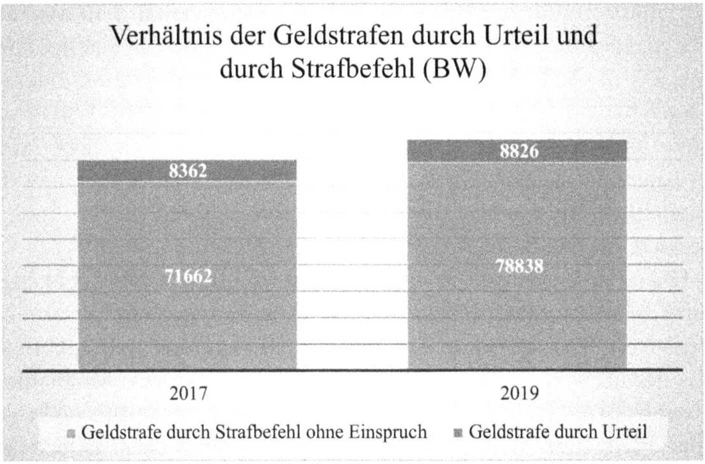

Grafik 11 Verhältnis der Geldstrafen durch Urteil und durch Strafbefehl (BW)
Zu Tabelle 6, siehe 2. Teil B. IV. m. N.

Auch bei der Festsetzung im Strafbefehlsverfahren gelten die in den §§ 40 Abs. 1 Satz 2 und 54 Abs. 2 Satz 2 StGB festgelegten Höchststrafen von bis zu 360 Tagessätzen bei einer Einzelstrafe und bis zu 720 Tagessätzen bei einer Gesamtgeldstrafe.[164] Ebenfalls möglich ist eine Verhängung nach den §§ 47 Abs. 2 und 49 Abs. 2 StGB.[165]

Zahlungserleichterungen nach § 42 StGB müssen bereits im Antrag konkret bezeichnet sein.[166] Eine erlittene Untersuchungshaft wird gemäß § 51 Abs. 1 Satz 1 StGB auch auf eine im Strafbefehl angeordnete Geldstrafe angerechnet; hier muss die Staatsanwaltschaft nur dann einen gesonderten Antrag stellen, wenn diese Anrechnung gerade nicht stattfinden soll.[167] Die Aufführung einer Gesamtsumme kann im Einzelfall sinnvoll sein, ist aber nicht zwingend vorgeschrieben.[168]

164 Vgl. Meyer-Goßner/Schmitt/*Schmitt* § 407 Rn. 11.
165 Meyer-Goßner/Schmitt/*Schmitt* § 407 Rn. 11; SSW-StPO/*Momsen* § 407 Rn. 18.
166 LR/*Gössel* § 407 Rn. 20; Meyer-Goßner/Schmitt/*Schmitt* § 407 Rn. 13.
167 SSW-StPO/*Momsen* § 407 Rn. 18; KK-StPO/*Maur* § 407 Rn. 9.
168 BeckOK StPO/*Temming* § 407 Rn. 17; SSW-StPO/*Momsen* § 407 Rn. 18; a.A. Meyer-Goßner/Schmitt/*Schmitt* § 407 Rn. 11.

Bei der Bestimmung der Höhe der Tagessätze sind gemäß § 40 Abs. 2 Satz 1 StGB die persönlichen und wirtschaftlichen Verhältnisse des Täters zu berücksichtigen. Die der Bemessung zugrunde zu legenden Einkünfte des Täters sowie die anderen hierfür relevanten Faktoren können nach § 40 Abs. 3 StGB von der Staatsanwaltschaft geschätzt werden, sofern sie nicht zuvor erschöpfend ermittelt worden sind, was nach Nr. 14 Abs. 1 RiStBV eigentlich vorgesehen ist. Auf die Möglichkeit einer Schätzung und die damit einhergehende Problematik insbesondere für den Beschuldigten ist noch zurückzukommen.[169]

Die Höhe der Geldstrafe ist für das Strafbefehlsverfahren nicht begrenzt und kann im selben Maße verhängt werden wie im regulären Verfahren. Eine Geldstrafe von 360 oder sogar 720 Tagessätzen liegt aber weit außerhalb des Bereichs der leichten Kriminalität. Zu beachten ist, dass die Möglichkeit der Ersatzfreiheitsstrafe (§ 43 StGB) besteht, wenn die Geldstrafe nicht gezahlt wird; diese tritt kraft Gesetzes ein und muss im Strafbefehl nicht beantragt werden.[170] Diese Ersatzfreiheitsstrafe kann entsprechend der zulässigen Tagessatzanzahl bis zu zwei Jahre betragen, auch wenn die Entscheidung in einem verkürzten Verfahren getroffen wird. Bereits hier wird das Ausmaß der Nichtbeschränkung der Höhe der Tagessätze besonders deutlich.

Ebenfalls verhängt werden kann gemäß § 407 Abs. 2 Satz 1 Nr. 1 Var. 2 StPO die wenig praxisrelevante[171] Verwarnung mit Strafvorbehalt[172] im Sinne des § 59 StGB. Bei dieser Sanktion wird die Schuld des Täters zwar festgestellt[173], die Verhängung der bestimmten Geldstrafe hingegen ausgesetzt; der Täter bleibt während der Bewährungszeit von Vollstreckung und Verurteilung verschont.[174] Nach § 59 Abs. 1 StGB kann die Verwarnung bei Geldstrafen von bis zu 180 Tagessätzen ausgesprochen werden. Zugleich hat über die Bewährungszeit und die Auflagen ein Beschluss nach § 268a i.V.m. § 59a StGB zu ergehen.[175] Eine Einstellung nach den §§ 153 oder 153a StPO ist gegenüber der Verwarnung mit

---

169 Siehe unter 2. Teil C. II. 2. d), e).

170 OLG Bremen NJW 1975, 1524; KK-StPO/*Maur* § 407 Rn. 10; auch wenn das Fehlen eines Hinweises keine rechtlichen Folgen habe, empfehle er sich, LR/*Gössel* § 407 Rn. 19.

171 OLG Düsseldorf NStZ 1985, 362 spricht von Ausnahmecharakter der Regelung; *Vivell*, Strafbefehlsverfahren nach § 408a, S. 67.

172 Deren Wesen ist allerdings streitig, gilt etwa *Maleika*, Freiheitsstrafe und Strafbefehl, S. 9 zufolge nicht als Hauptstrafe.

173 LG Frankfurt a.M. NJW 2005, 692, 696; BT-Drs. 16/3038, S. 58.

174 Lackner/Kühl/*Kühl* StGB § 59 Rn. 1; Sch/Sch/*Kinzig* StGB § 59 Rn. 1.

175 KK-StPO/*Maur* § 407 Rn. 11.

Strafvorbehalt aber oft vorzugswürdig, um einen Eintrag in das Bundeszentralregister zu vermeiden.[176]

Gemäß §§ 59 Abs. 1, 59c StGB kann die Verwarnung mit Strafvorbehalt auch im Rahmen der Bildung von Gesamtstrafen erfolgen; § 59 Abs. 2 StGB bestimmt, dass daneben Einziehung oder Unbrauchbarmachung möglich sind, nicht hingegen Maßregeln der Besserung und Sicherung.[177]

Als Rechtsfolge des Strafbefehls kann gemäß § 407 Abs. 2 Satz 1 Nr. 1 Var. 8 StPO auch eine Geldbuße gegen eine juristische Person oder Personenvereinigung[178] festgesetzt werden. Diese bestimmt sich nach § 30 OWiG und findet gemäß § 30 Abs. 4 Satz 1 OWiG im verbundenen Verfahren statt, bei dem sowohl gegen Täter der Anknüpfungsstat als auch gegen den Verband vorgegangen wird.[179] Im Antrag muss angegeben werden, in welcher Höhe die Geldbuße verhängt werden soll; allerdings ist das Gericht hieran nicht zwingend gebunden.[180]

Das Gericht kann auch von Strafe absehen, § 407 Abs. 2 Satz 1 Nr. 3 StPO[181], wenn dies nach § 60 StGB oder der einschlägigen Norm des Nebenstrafrechts oder des Besonderen Teils[182] des Strafgesetzbuchs möglich ist.

Der Täter wird zwar schuldig gesprochen, aber auf die Festsetzung der Strafe verzichtet.[183] Die Praxisrelevanz dieser Sanktion ist, ebenso wie die der Verwarnung mit Strafvorbehalt, jedoch sehr gering, da, sofern ein Absehen von Strafe möglich ist, aus Gründen der Einfachheit nach § 153b StPO (Absehen von der

---

176 KK-StPO/*Maur* § 407 Rn. 11; SSW-StPO/*Momsen* § 407 Rn. 19.

177 SSW-StPO/*Momsen* § 407 Rn. 19 f.; KK-StPO/*Maur* § 407 Rn. 12.

178 Die Verbandsgeldbuße ist nicht mehr nur Nebenfolge, sondern eine selbstständige Sanktion: BGH NJW 2001, 1436, 1438; BT-Drs. 12/192, S. 33; BeckOK OWiG/*Meyberg* § 30 Rn. 15; missverständlich BayObLG NStZ-RR 2004, 148, 149.

179 SSW-StPO/*Momsen* § 407 Rn. 29.

180 SSW-StPO/*Momsen* § 407 Rn. 29; a.A. Meyer-Goßner/Schmitt/*Schmitt* § 407 Rn. 19.

181 Der frühere Streit, ob auch im Strafbefehlsverfahren von Strafe abgesehen werden kann, wurde durch die Einführung des RPflEntlG beendet, Graf StPO/*Temming* § 407 Rn. 15; siehe zum Streitstand *Mansperger*, NStZ 1984, 258, der sich zudem für die Rechtsfolge im Strafbefehlsverfahren aussprach; dafür auch *Müller*, Das Strafbefehlsverfahren, S. 320 f.; ebenso *Kirch*, Das Strafbefehlsverfahren nach dem StVÄG 1987, S. 84 ff.

182 Graf StPO/*Temming* § 407 Rn. 15 mit einer Aufzählung der in Betracht kommenden Normen.

183 BT-Drs. 12/3832, S. 42.

Verfolgung bei möglichem Absehen von Strafe) eingestellt wird.[184] Allerdings kann, wenn das Ermittlungsverfahren bereits erhebliche Kosten verursachte, ein Bedürfnis für die Erledigung durch einen Strafbefehl bestehen, da in diesem, anders als bei § 153b StPO, dem Beschuldigten gegebenenfalls die Kosten in Rechnung gestellt werden können; unter Umständen erscheint auch die Festsetzung einer Sicherungsmaßregel (§§ 69, 69a StGB) als geboten.[185]

Durch die Einführung des § 407 Abs. 2 Satz 2 StPO durch das RPflEntlG von 1993[186] ist auch die Verhängung einer Freiheitsstrafe im Strafbefehl möglich[187], wenn diese höchstens ein Jahr beträgt, zur Bewährung ausgesetzt wird und der Angeschuldigte einen Verteidiger hat. Fehlt letzterer, hat das Gericht ihm gemäß § 408b StPO einen solchen zu bestellen.

Mit der Festsetzung der Freiheitsstrafe und ihrer Aussetzung zur Bewährung muss ein Bewährungsbeschluss gemäß den §§ 268a Abs. 1 StPO, 56a ff. StGB ergehen.[188]

Delikte, die mit einer Freiheitsstrafe von bis zu einem Jahr geahndet werden, lassen sich in aller Regel bereits zur mittleren Kriminalität zählen. Von allen Fällen, die durch Strafbefehl erledigt werden können, sind solche, bei denen eine Freiheitsstrafe beantragt wird, die schwerwiegendsten. Die Statistiken zeigen, dass grundsätzlich in allen Deliktsbereichen Freiheitsstrafen durch Strafbefehl beantragt werden. Die prozentual gesehen meisten Freiheitsstrafen innerhalb eines Deliktsbereichs werden im Bereich der Straftaten gegen die sexuelle Selbstbestimmung (2019 waren es hier 0,4 %, also 349 Fälle) beantragt, gefolgt von den Wirtschafts-, Steuerstrafsachen und Geldwäschedelikten (0,3 %, 403 Fälle). Die größte Anzahl an Freiheitsstrafen hingegen wird bei den Betrug- und Untreuesachen beantragt (798 Fälle), gefolgt von vorsätzlichen Körperverletzungsdelikten (662 Fälle) sowie den Straßenverkehrsdelikten (461 Fälle) und den Diebstählen und Unterschlagungen (458 Fälle).[189]

---

184 KK-StPO/*Maur* § 407 Rn. 18; *Siegismund/Wickern*, wistra 1993, 81, 93.

185 Graf StPO/*Temming* § 407 Rn. 15; *Siegismund/Wickern*, wistra 1993, 81, 93.

186 Eingeführt am 11.1.1993, BGBl. 1993 I, S. 50; dazu auch *Meyer-Goßner*, NJW 1993, 498, 500 f.

187 BGBl. 1993 I, S. 51; abl. SK-StPO/*Degener* § 407 Rn. 22; zur Kritik siehe 2. Teil C. III. 1., 2.

188 SSW-StPO/*Momsen* § 407 Rn. 15.

189 *Statistisches Bundesamt*, Fachserie 10, Reihe 2.6, 2019, Tabelle 3 (Deutschland), siehe 2. Teil B. IV., Tabelle 2 m.N.

Grafik 4 Verhältnis von Freiheits- und Geldstrafen bei Strafbefehlen (ausgewählte Deliktsgruppen) 2019
Zu Tabelle 2, siehe 2. Teil B. IV. m. N.

Bei der Beantragung eines Strafbefehls, der auf Freiheitsstrafe lautet, ist nach § 408b StPO eine gerichtliche Pflichtverteidigerbestellung nötig, sofern der Angeschuldigte noch nicht verteidigt ist. Zwar steht der verteidigte Angeschuldigte in Hinblick auf die Wahrung seiner Rechte in aller Regel besser als der nicht verteidigte, allerdings ist fraglich, ob eine Pflichtverteidigung unter diesen Voraussetzungen ausreicht, um die Risiken des Verfahrens zu kompensieren, insbesondere wenn es um weitreichendere Folgen wie Freiheitsstrafen geht, bei denen ein Bewährungswiderruf droht. Diese Rechtsfolge ist weniger dazu geeignet, in einem summarischen Verfahren festgesetzt zu werden. Denn der Richter kann sich mangels zuvor gewährtem rechtlichen Gehör keinen persönlichen Eindruck von dem Angeschuldigten machen und muss seine Prognoseentscheidung auf einer anderen Entscheidungsgrundlage treffen, als es bei einer Hauptverhandlung der Fall ist.[190] Anders als beim Regelverfahren ist

190 Siehe unter 2. Teil C. III. 1. a) aa).

beim Strafbefehlsverfahren zwar bei jeder beantragten Freiheitsstrafe eine Verteidigung erforderlich, und nicht nur dann, wenn die erwartete Strafe eine Freiheitsstrafe von mindestens einem Jahr beträgt[191], sodass ein Fall notwendiger Verteidigung nach § 140 Abs. 2 StPO vorliegt; allerdings ist fraglich, ob das verkürzte Verfahren aufgrund seiner defizitären Einhaltung der Verfahrensgrundsätze für die Erledigung derartiger Fälle überhaupt geeignet ist.[192] Denn insbesondere auch durch diese Rechtsfolge ist eine Beschränkung auf die Bagatellkriminalität nicht mehr gegeben.[193]

II. Die Nebenstrafe

Die Nebenstrafe, die gemäß § 407 Abs. 2 Satz 1 Nr. 1 Var. 3 StPO im Strafbefehl festgesetzt werden kann, ist das Fahrverbot nach § 44 StGB beziehungsweise § 25 StVG i.V.m. § 21 Abs. 1 Satz 2 OWiG.[194] Die Dauer einer vorläufigen Entziehung der Fahrerlaubnis (§ 111a StPO) ist nach § 51 Abs. 5 StGB anzurechnen; gemäß § 409 Abs. 1 Satz 2 StPO ist mit der Anordnung eine Belehrung nach § 268c Satz 1 StPO zu verbinden.[195] Das Fahrverbot kann auch neben einer Freiheits- oder Geldstrafe oder der Entziehung oder Unbrauchbarmachung angeordnet werden, allerdings nicht neben einer Verwarnung mit Strafvorbehalt, § 59 Abs. 3 StGB.[196] Früher war diese Rechtsfolge lediglich im Zusammenhang mit Verkehrsstraftaten interessant. Seit 2017[197] wurde ihr Anwendungsbereiche allerdings erweitert, sie kann heute auch dann angeordnet werden, wenn das begangene Delikt kein Verkehrsdelikt ist.

---

191 OLG München NJW 2006, 789, 790; OLG Düsseldorf NStZ 1995, 147, 148; OLG Karlsruhe NStZ 1991, 505 f.; BayObLG NStZ 1990, 142 f.; LG Koblenz StV 2009, 237; Meyer-Goßner/Schmitt/*Schmitt* § 140 Rn. 23a m.w.N.; BeckOK StPO/*Krawczyk* § 140 Rn. 24; noch zwei Jahre: BGH NJW 1954, 1415; anders auch OLG Köln StV 1986, 238: bei mehr als sechs Monaten; von dem Erfordernis einer Pflichtverteidigung bei einer Freiheitsstrafe unabhängig von deren Dauer ausgehend MüKoStPO/*Thomas/Kämpfer* § 140 Rn. 28, 30; *Herrmann*, StV 1996, 396, 400.

192 Siehe dazu unter F. IV. 3., 4., 2. Teil C. III.

193 Vgl. *Hutzler*, Ausgleich struktureller Garantiedefizite, Rn. 384.

194 Radtke/Hohmann/*Alexander* § 407 Rn. 16; KMR/*Metzger* § 407 Rn. 11.

195 KK-StPO/*Maur* § 407 Rn. 13.

196 KMR/*Metzger* § 407 Rn. 11; KK-StPO/*Maur* § 407 Rn. 12; Radtke/Hohmann/*Alexander* § 407 Rn. 16.

197 Gesetz zur effektiveren und praxistauglicheren Ausgestaltung des Strafverfahrens vom 17. August 2017, BGBl. 2017 I, S. 3202.

III. Die Nebenfolgen

Als Nebenfolgen sind nach § 407 Abs. 2 Satz 1 StPO die Einziehung (Var. 4), die Vernichtung (Var. 5) und die Unbrauchbarmachung (Var. 6) nach § 74d Abs. 1 Satz 2 StGB durch Strafbefehl zulässig.

Die Einziehung ist gemäß der §§ 73 ff. StGB von Taterträgen, gemäß §§ 74 ff. StGB auch von Tatprodukten, Tatmitteln und Tatobjekten möglich; bei Betäubungsmitteln kann auf § 33 BtMG, bei Waffen auf § 54 WaffG zurückgegriffen werden.[198] Die Anordnung einer Einziehung ist gemäß § 432 Abs. 1 Satz 1 StPO auch dem Einziehungsbeteiligten (§ 424 Abs. 1 StPO) zuzustellen, soweit er am Verfahren beteiligt war.[199]

Nach § 407 Abs. 2 Satz 1 Nr. 1 Var. 7 StPO kann auch die Bekanntgabe der Verurteilung angeordnet werden, wenn dies nach materiellem Recht (z.B. §§ 103 Abs. 2, 165, 200 StGB) zulässig ist[200], wenn also insbesondere der regelmäßig notwendige Antrag des Verletzten vorliegt[201].

Es können gemäß § 407 Abs. 2 Satz 2 Nr. 2a StPO auch Maßnahmen nach § 20 TierSchG getroffen, also das Halten oder Betreuen von Tieren jeder oder bestimmter Art oder auch der berufsmäßige Umgang mit ihnen verboten werden.[202]

IV. Die Maßregel der Besserung und Sicherung

In § 407 Abs. 2 Satz 1 Nr. 2 StPO ist als zulässige Rechtsfolge des Strafbefehls auch die Entziehung der Fahrerlaubnis im Sinne der §§ 69 ff. StGB vorgesehen. Die Sperre der Neuerteilung (§ 69a Abs. 1 Satz 1 StGB) darf danach aber höchstens zwei Jahre betragen und gilt ab Verkündung des Urteils, hier also ab Erlass des Strafbefehls.[203] Ein kalendarischer Endtermin darf nicht bestimmt sein[204], eine Beschränkung der Sperre nach § 69a Abs. 2 StGB ist jedoch zulässig[205].

---

198 SSW-StPO/*Momsen* § 407 Rn. 23; KK-StPO/*Maur* § 407 Rn. 14.

199 KK-StPO/*Maur* § 407 Rn. 14.

200 KK-StPO/*Maur* § 407 Rn. 15.

201 Gercke u.a. StPO/*Brauer* § 407 Rn. 19.

202 Anwendbar sind die §§ 17 ff. TierSchG, SSW-StPO/*Momsen* § 407 Rn. 23; Gercke u.a. StPO/*Brauer* § 407 Rn. 22.

203 MüKoStGB/*v.Heintschel-Heinegg/Huber* § 69a Rn. 40; SSW-StPO/*Momsen* § 407 Rn. 24.

204 BayObLG NJW 1966, 2371; SSW-StPO/*Momsen* § 407 Rn. 24; KK-StPO/*Maur* § 407 Rn. 17.

205 LR/*Gössel* § 407 Rn. 30.

Wenn die Entziehung als Maßregel nach Art der Tat an sich angemessen und geboten erscheint, aber nicht angeordnet wird, ist dies gemäß §§ 409 Abs. 1 Satz 3 i.V.m. 267 Abs. 6 Satz 2 StPO im Strafbefehlsantrag und später im Strafbefehl zu begründen.[206]

Die Rechtsfolgen in § 407 Abs. 2 StPO können zudem kombiniert werden[207], wobei die Verhängung nebeneinander nur bei entsprechender materiellrechtlicher Zulässigkeit möglich ist.[208]

Der Antrag der Staatsanwaltschaft kann sich auch gegen mehrere Beschuldigte richten; dann steht im Ermessen des Richters, ob die Rechtsfolgen gegen jeden einzeln oder gemeinsam ergehen.[209]

E. Die Rechtsbehelfe

Ist der Strafbefehl erlassen worden, sieht das Gesetz vor, dass sich der Angeklagte hiergegen nur mittels Einspruchs zur Wehr setzen kann, § 410 Abs. 1 StPO. Einen Rechtsbehelf gegen die Wahl des Verfahrens durch die Staatsanwaltschaft gibt es nicht. Zwar ist es auch im Regelverfahren nach § 210 Abs. 1 StPO nicht möglich, gegen den Eröffnungsbeschluss Rechtsbehelf einzulegen, allerdings hat der Angeschuldigte im Regelverfahren vor der Entscheidung über die Eröffnung der Hauptverhandlung zumindest die Möglichkeit, sich gegenüber dem Richter zu äußern und so unter Umständen die richterliche Entscheidung zu beeinflussen, § 201 Abs. 1 Satz 1 StPO. Zwar sieht das Strafbefehlsverfahren ein solches förmliches Zwischenverfahren auch nicht vor, dennoch fehlt eine entsprechend vergleichbare Möglichkeit hier völlig.

Wird ein Einspruch mangels Zulässigkeit durch Beschluss verworfen, kann hiergegen gemäß § 411 Abs. 1 Satz 1 StPO die sofortige Beschwerde nach § 311

---

206 SSW-StPO/*Momsen* § 407 Rn. 24; KK-StPO/*Maur* § 407 Rn. 17.

207 SSW-StPO/*Momsen* § 407 Rn. 26; in § 407 StPO nicht erwähnt, aber nach § 63 Abs. 2, 64 OWiG, Nr. 280 RiStBV zulässig ist ebenfalls die Verhängung einer Geldbuße wegen einer Ordnungswidrigkeit im Strafbefehl, wenn diese in Tatmehrheit mit einer Straftat steht – die Einbeziehung der Ordnungswidrigkeit richtet sich dann nach den §§ 42 und 64 OWiG, BeckOK StPO/*Temming* § 407 Rn. 21; so auch Gercke u.a. StPO/*Brauer* § 407 Rn. 33; *Ranft*, JuS 2000, 633, 634.

208 *Preuß*, ZJS 2017, 176, 179; *Meurer*, JuS 1987, 882, 883; Meyer-Goßner/Schmitt/*Schmitt* § 407 Rn. 23.

209 BeckOK StPO/*Temming* § 407 Rn. 22; SSW-StPO/*Momsen* § 407 Rn. 27; vgl. *Krüger*, NJW 1969, 1336 f.

StPO eingelegt werden.[210] Für den Fall, dass der Richter über die auf die Höhe der Tagessätze beschränkte Einspruchseinlegung durch Beschluss entscheidet, kann gegen diesen Beschluss ebenfalls sofortige Beschwerde eingereicht werden, § 411 Abs. 1 Satz 3 StPO.

Der Staatsanwaltschaft steht das Mittel der sofortigen Beschwerde für den Fall zu, dass der Vorsitzende des Schöffengerichts sich für unzuständig hält und die Sache an den Strafrichter abgibt, § 408 Abs. 1 Satz 1 StPO.

I. Der Einspruch des Angeklagten

Der Einspruch ist – nach einer nur gegebenenfalls erfolgten Vernehmung im Ermittlungsverfahren nach § 163a StPO[211] – die erste formelle Möglichkeit des dann Angeklagten, auf das Strafverfahren Einfluss zu nehmen. Durch die Möglichkeit, das schriftliche Strafbefehlsverfahren in eine mündliche und öffentliche Hauptverhandlung überzuleiten, soll insbesondere sein Recht auf rechtliches Gehör aus Art. 103 Abs. 1 GG und Art. 6 EMRK gesichert sein.[212] Ob dies mit Blick auf § 407 Abs. 3 StPO, wonach der Angeschuldigte vor Erlass des Strafbefehls nicht durch das Gericht gehört werden muss, tatsächlich auch der Fall ist, ist fraglich, denn das rechtliche Gehör muss bereits vor der richterlichen Entscheidung gewährt werden[213]. Jedenfalls ist die Erlangung rechtlichen Gehörs, anders als im Regelverfahren, im Strafbefehlsverfahren davon abhängig, dass das Angeklagte von sich aus aktiv wird und Einspruch einlegt[214], was für ihn deutlich nachteilhafter ist.

Der Einspruch zeitigt zwar einen Suspensiv-, aber keinen Devolutiveffekt und ist somit kein Rechtsmittel, sondern nur ein Rechtsbehelf.[215] Dennoch sind

---

210 BT-Drs. 10/1313, S. 38; MüKoStPO/*Eckstein* § 411 Rn. 8; *Meyer-Goßner*, NJW 1987, 1161, 1168; a.A. vor der Neuregelung *Müller*, Das Strafbefehlsverfahren, S. 88 f. m.w.N., wonach in dem Fall die einfache Beschwerde nach § 304 StPO möglich sei.

211 Siehe zu § 163a Abs. 2 S. 1 StPO oben unter A. II.; ein Strafbefehl wird auch nicht unwirksam, wenn diese Anhörung unterbleibt, Meyer-Goßner/Schmitt/*Schmitt* § 407 StPO Rn. 24; *Oske*, MDR 1968, 884, 886.

212 BVerfG NJW 1954, 69; vgl. BVerfG NJW 1969, 1103, 1104; a.A. *Eser*, JZ 1966, 660, 664.

213 *Maleika*, Freiheitsstrafe und Strafbefehl, S. 144; vgl. *Eser*, JZ 1966, 660, 664, 666; vgl. BVerfGE 9, 89, 96 = NJW 1959, 427 f.; BVerwG NJW 1961, 891, 892; NJW 1549; OLG Stuttgart NJW 1963, 1161; *Müller*, Das Strafbefehlsverfahren, S. 280 f.; ausführl. dazu unter 2. Teil C. I. 3.

214 Vgl. *Enescu*, JLS 2020, 125, 133 f.

215 *Preuß*, ZJS 2017, 176, 182; KMR/*Metzger* § 410 Rn. 1; *Huber*, JuS 2019, 666, 668; Graf StPO/*Temming* § 410 Rn. 1.

die allgemeinen Vorschriften über Rechtsmittel, soweit sie sich nicht auf diejenigen der Staatsanwaltschaft beziehen, nach § 410 Abs. 1 Satz 2 StPO auf ihn anwendbar.[216]

1. Die Voraussetzungen

a) Die Einspruchsberechtigung

Berechtigt, Einspruch einzulegen, ist nach § 410 Abs. 1 Satz 1 StPO zunächst der Angeklagte. Über die Verweisung in § 410 Abs. 1 Satz 2 StPO können auch die dort genannten Personen Einspruch einlegen. Gemäß § 297 StPO ist dies der Verteidiger, nach § 298 StPO der gesetzliche Vertreter.[217] Letzterer kann diesbezüglich, anders als der Verteidiger, sogar gegen den Willen des Angeklagten agieren.[218]

Einspruchsberechtigt sind weiterhin die im Sinne von § 427 Abs. 1 StPO Einziehungsbeteiligten, die Nebenbeteiligten, die von einer Vernichtungs- oder Unbrauchbarmachungsanordnung betroffen sind, vgl. §§ 439 i.V.m. 427 Abs. 1 StPO, sowie die juristische Person oder Personenvereinigung (§§ 444 Abs. 2 Satz 2 i.V.m. 427 Abs. 1 StPO).[219] Falls der Strafbefehl nur eine Ordnungswidrigkeit enthält, kann auch der hiervon Betroffene Einspruch einlegen[220], sowie jeder, gegen den eine in § 407 Abs. 2 StPO nicht genannte Rechtsfolge festgesetzt wird[221]. Insofern bestehen gegenüber der Rechtsmitteleinlegung im regulären Verfahren keine Besonderheiten.

Nicht berechtigt, Einspruch einzulegen, ist dagegen mangels Beschwer die Staatsanwaltschaft.[222]

---

216 KK-StPO/*Maur* § 410 Rn. 1.

217 *Ranft*, JuS 2000, 633, 637; KK-StPO/*Maur* § 410 Rn. 2.

218 Radtke/Hohmann/*Alexander* § 410 Rn. 2; KK-StPO/*Maur* § 410 Rn. 2.

219 Vgl. KMR/*Metzger* § 410 Rn. 3; MüKoStPO/*Eckstein* § 410 Rn. 7; der Strafbefehl wird gem. § 432 Abs. 1 StPO auch dem Einziehungsbeteiligten zugestellt; Normen geändert durch das Gesetz zur Reform der strafrechtlichen Vermögensabschöpfung vom 13.04.2017, BGBl. 2017 I. S. 872; BT-Drs. 10/1313, S. 37 (noch die a.F.: § 427 Abs. 1 StPO n.F. = § 433 Abs. 1 StPO a.F., § 439 StPO n.F. = § 442 StPO a.F.).

220 KK-StPO/*Maur* § 410 Rn. 2.

221 KMR/*Metzger* § 410 Rn. 3.

222 *Müller*, Das Strafbefehlsverfahren, S. 81; vgl. LR/*Gössel* § 410 Rn. 3.

b) Zuständigkeit und Form

Zuständig für die Entscheidung über einen Einspruch ist gemäß § 410 Abs. 1 Satz 1 StPO derselbe Richter, der den Strafbefehl zuvor erlassen hat, also der iudex a quo[223]. Dieser Umstand ist, wie sich noch zeigen wird, mit Blick auf eine mögliche Voreingenommenheit nicht unproblematisch.[224]

Der Einspruch ist nach § 410 Abs. 1 Satz 1 StPO schriftlich oder zu Protokoll der Geschäftsstelle einzulegen. Dieser Voraussetzung ist genügt, wenn er fernschriftlich[225] eingelegt wurde, zum Beispiel durch ein Telefax[226] oder durch elektronische Dokumente nach Maßgabe der §§ 32a ff. StPO[227]. Eine telefonische Einlegung ist hingegen unzulässig.[228] Solange der Einspruchsführer erkennbar ist, schadet eine fehlende Unterschrift nicht.[229]

Der Einspruch muss nicht, kann aber begründet werden.[230]

Nach § 184 GVG ist der Einspruch in deutscher Sprache einzulegen.[231] Allerdings könnte man daran zweifeln, ob dies nach europäischem Recht auch dann gelten muss, wenn der Beschuldigte die deutsche Sprache nicht oder nicht ausreichend beherrscht.[232] Denn unter anderem heißt es im Erwägungsgrund 17 der Richtlinie 2010/64/EU des Europäischen Parlaments und des Rates vom 20. Oktober 2010 über das Recht auf Dolmetscherleistungen und Übersetzungen in Strafverfahren[233]: „Diese Richtlinie sollte gewährleisten, dass es unentgeltliche und angemessene sprachliche Unterstützung gibt, damit verdächtige oder beschuldigte Personen, die die Sprache des Strafverfahrens nicht sprechen

---

223 MüKoStPO/*Eckstein* § 410 Rn. 4; *Müller*, Das Strafbefehlsverfahren, S. 87.

224 Siehe dazu unter 2. Teil C. II. 1. c).

225 BGH NJW 1982, 1470.

226 BVerfG NJW 2002, 3534; MüKoStPO/*Eckstein* § 410 Rn. 11.

227 MüKoStPO/*Eckstein* § 410 Rn. 11.

228 So die h.M.; zwar ließ BGH NJW 1980, 1290 dies für den Einspruch gegen einen Bußgeldbescheid ausreichen, für die StPO könne dies jedoch nicht gelten, BGH NJW 1981, 1627; OLG Zweibrücken StV 1982, 415; *Preuß*, ZJS 2017, 176, 185; Meyer-Goßner/Schmitt/*Schmitt* § 410 Rn. 1; Radtke/Hohmann/*Alexander* § 410 Rn. 6; KK-StPO/*Maur* § 410 Rn. 4; AlternK-StPO/*Loos* § 410 Rn. 5; *Ranft*, JuS 2000, 633, 637.

229 BVerfG NJW 2002, 3543; KK-StPO/*Maur* § 410 Rn. 6.

230 *Ranft*, JuS 2000, 633, 637; KK-StPO/*Maur* § 410 Rn. 6; *Preuß*, ZJS 2017, 176, 185; Meyer-Goßner/Schmitt/*Schmitt* § 410 Rn. 1.

231 KMR/*Metzger* § 410 Rn. 4; zur Problematik siehe unter 2. Teil C. IV. 1. a) cc).

232 Die Rspr. des EuGH für nicht eindeutig haltend KK-StPO/*Maur* § 410 Rn. 3; *Zündorf*, NStZ 2017, 41, 42.

233 ABl. 2010 L 280/3.

oder verstehen, ihre Verteidigungsrechte in vollem Umfang wahrnehmen können und ein faires Verfahren gewährleistet wird." Der EuGH urteilte, dass die Art. 1–3 dieser Richtlinie einer nationalen Rechtsvorschrift, die regelt, dass der Einspruch gegen einen Strafbefehl in der Verfahrenssprache einzulegen ist, auch wenn er diese Sprache nicht beherrscht, nicht entgegenstehen[234], vorausgesetzt die zuständigen nationalen Behörden sind nicht gemäß Art. 3 Abs. 3 der Richtlinie der Auffassung, dass der Einspruch im konkreten Verfahren ein wesentliches Dokument darstellt.[235] Fraglich bleibt dabei, wann ein Einspruch kein wesentliches Dokument sein soll.[236]

Jedenfalls dann, wenn der Angeklagte verteidigt ist, stellt sich dieses Problem aber nach der Ansicht der Rechtsprechung des BGH nicht, da fremdsprachige Schreiben in diesem Fall unbeachtlich seien, zumal die Entscheidung des EuGH nur den Nichtverteidigten betreffe.[237]

c) Die Einspruchsfrist

Die Frist zur Einspruchseinlegung beträgt zwei Wochen, § 410 Abs. 1 Satz 1 StPO, und ist nach § 43 StPO zu berechnen.[238] Vor dem Strafverfahrensänderungsgesetz von 1987 war die Frist für die Einlegung nur eine Woche lang.[239] Heute ist sie eine Woche länger als bei Rechtsmittelsachen (§§ 314 Abs. 1, 341 Abs. 1 StPO) und an die Einspruchsfrist bei Bußgeldsachen (vgl. § 67 Abs. 1 Satz 1 OWiG) angepasst. Die Verlängerung der Frist sollte eine Einschränkung von Wiedereinsetzungsanträgen bewirken, die bei Einsprüchen gegen Strafbefehle besonders häufig seien.[240]

Im Strafbefehlsverfahren ist eine ausreichend lange Frist von besonderer Bedeutung. Denn der Beschuldigten kann das ihm verbürgte rechtliche Gehör unter Umständen nur durch eine Einspruchseinlegung binnen des vorgegebenen Zeitraums erlangen. Auch die Verfahrensgrundsätze der Mündlichkeit,

---

234 So auch MüKoStPO/*Eckstein* § 410 Rn. 13.

235 EuGH NJW 2016, 303, 305 = StV 2016, 205, 207 f.; krit. hierzu *Brodowski*, StV 2016, 210.

236 KK-StPO/*Maur* § 410 Rn. 3; dem EuGH zust. *Kulhanek*, JR 2016, 208 f.; krit. *Brodowski*, StV 2016, 210.

237 Vgl. EuGH StV 2016, 205, 208 = NJW 2016, 303; BGH NStZ 2017, 601, 602; NStZ-RR 2018, 57, 58; zust. KK/*Maur* § 410 Rn. 3.

238 KK-StPO/*Maur* § 410 Rn. 3; *Ranft*, JuS 2000, 633, 637; *Preuß*, ZJS 2017, 176, 185.

239 Dazu noch *Müller*, Das Strafbefehlsverfahren, S. 87; geändert mit BGBl. 1987 I, S. 477; zur Begründung siehe BT-Drs. 10/1313, S. 37.

240 BT-Drs. 10/1313, S. 37; KK-StPO/*Maur* § 410 Rn. 3.

Öffentlichkeit und Unmittelbarkeit hängen von der Einlegung des Rechtsbehelfs ab. Je kürzer die Frist ist, umso größer ist das Risiko für den Angeklagten, einem rechtskräftigen (gegebenenfalls fehlerhaften) Strafbefehl zu unterliegen, ohne, dass diese Verfahrensrechte tatsächlich zum Tragen kamen.

Die Frist beginnt grundsätzlich mit dem Tag der Zustellung des Strafbefehls, für Angeklagte, die die deutsche Sprache nicht beherrschen, mit der Zustellung der Übersetzung in die für sie verständliche Sprache.[241]

Im Falle einer Fristversäumnis ist bei Vorliegen der Voraussetzungen der §§ 44, 45 StPO eine Wiedereinsetzung in den vorigen Stand möglich.[242] An diesen außerordentlichen Rechtsbehelf[243] dürfen dabei keine zu hohen Anforderungen gestellt werden, weil der Angeklagte vor Erlass des Strafbefehls nicht gehört wird, § 407 Abs. 3 StPO; auch eine urlaubsbedingte Abwesenheit etwa soll in der Regel eine Wiedereinsetzung ermöglichen.[244]

Die Anforderungen an eine Wiedereinsetzung zu senken kompensiert jedenfalls zum Teil das Risiko, dass der Angeklagte ungewollt ohne die Gewährung rechtlichen Gehörs oder eine mündliche, öffentliche und unmittelbare Hauptverhandlung einer rechtskräftigen urteilsgleichen Entscheidung unterliegt, allerdings ist wiederum fraglich, ob nicht bereits die Einspruchsfrist selbst verlängert werden müsste. Der EuGH bezeichnete die Frist von zwei Wochen als besonders kurz.[245] Darauf, ob sie auch *zu* kurz ist, ist noch genauer einzugehen.[246]

d) Beschränkbarkeit des Einspruchs

Der Einspruch muss sich nicht gegen den gesamten Inhalt des Strafbefehls richten, sondern kann auf bestimmte Beschwerdepunkte beschränkt werden,

---

241 Vgl. EuGH NZV 2017, 530 m.Anm. Sandherr; § 37 Abs. 3 StPO entspr., LG Aachen, Beschl. v. 13.11.2017–66 Qs-605 Js 1847/15-10/16; LG Stuttgart NStZ-RR 2014, 216; LG Freiburg, Beschl. v. 17.06.2016–3 Qs 127/15; KMR/*Metzger* § 410 Rn. 5; a.A. *Seifert*, StV 2018, 123 Fn. 5, da § 44 S. 2 StPO gerade auf solche Fälle anwendbar sei, aber eine erfolgte Zustellung voraussetze; a.A. LG Stuttgart NJW-Spezial 2016, 730 (Wiedereinsetzung möglich).

242 *Ranft*, JuS 2000, 633, 637; *Preuß*, ZJS 2017, 176, 185; siehe dazu KMR/*Metzger* § 410 Rn. 6.

243 OLG Karlsruhe, Beschl. v. 29.12.2014–2 Ws 427–430/14; KK-StPO/*Maul* § 44 Rn. 1.

244 KK-StPO/*Maur* § 410 Rn. 8; vgl. LR/*Gössel* § 410 Rn. 25; zur Wiedereinsetzung siehe 2. Teil C. IV. 1. a) aa) (3).

245 EuGH NJW 2016, 303, 304 = StV 2016, 205, 208.

246 Siehe dazu unter 2. Teil C. IV. 1. a) aa).

§ 410 Abs. 2 StPO. Bei der Beschränkung gelten die Grundsätze, die auch für die Beschränkung einer Berufung (§ 318 StPO) gelten.[247] Anzuwenden ist die sogenannte Trennbarkeitsformel, sodass der Einspruch nur auf solche Beschwerdepunkte beschränkt werden kann, die unabhängig von dem nicht angegriffenen Teil der Entscheidung selbstständig beurteilt werden können.[248] Die Beschränkung kann damit in vertikaler Hinsicht, also auf eine von mehreren selbständigen Taten bezogen, oder auch in horizontaler Hinsicht, das heißt den Rechtsfolgenausspruch oder seine Teile betreffend, stattfinden.[249]

In § 411 Abs. 1 Satz 3 StPO ist die Beschränkung auf die Tagessatzhöhe normiert. Der Angeklagte kann hierbei zugleich oder später erklären, dass er mit einer Entscheidung ohne Hauptverhandlung durch Beschluss einverstanden ist.[250] Die Möglichkeit der Entscheidung durch richterlichen Beschluss kann an dieser Stelle dazu beitragen, viele überflüssige Hauptverhandlungen zu vermeiden, in denen lediglich um die Tagessatzhöhen gestritten würde.[251] Außerdem stellt sie den Angeklagten insofern besser, als von der im Strafbefehl getroffenen Entscheidung dann nicht zu seinem Nachteil abgewichen werden kann.

e) Rücknahme des Einspruchs

Entsprechend der Möglichkeit, ihn zu beschränken, kann der Einspruch unter den gleichen Formerfordernissen wie die Einlegung zurückgenommen werden, §§ 410 Abs. 1 Satz 2 i.V.m. 302 Abs. 1 Satz 1 StPO.[252] Die weiteren Voraussetzungen hierzu regelt § 411 Abs. 3 StPO: Danach muss die Zurücknahme zwischen der Einspruchseinlegung und der Verkündung des Urteils erfolgen, Satz 1. Nach Beginn der Hauptverhandlung ist für die Rücknahme die Zustimmung der Staatsanwaltschaft nötig, §§ 411 Abs. 3 Satz 2, 303 StPO.[253]

---

247 BT-Drs. 10/1313, S. 37; *Ranft*, JuS 2000, 633, 637; *Preuß*, ZJS 2017, 176, 185; KK-StPO/*Maur* § 410 Rn. 10 ff.

248 MüKoStPO/*Eckstein* § 410 Rn. 23; Graf StPO/*Temming* § 410 Rn. 6.

249 *Preuß*, ZJS 2017, 176, 185; Graf StPO/*Temming* § 410 Rn. 6; KMR/*Metzger* § 411 Rn. 21; so auch schon *Burkhard*, Der Strafbefehl im Steuerstrafrecht, S. 222 f.; a.A. noch *Müller*, Das Strafbefehlsverfahren, S. 89 f.

250 Meyer-Goßner/Schmitt/*Schmitt* § 411 Rn. 2a, § 410 Rn. 4.

251 KK-StPO/*Maur* § 411 Rn. 9a.

252 Radtke/Hohmann/*Alexander* § 410 Rn. 8; Meyer-Goßner/Schmitt/*Schmitt* § 410 Rn. 2; Joecks StPO § 410 Rn. 6; zum Streit, ob eine Einspruchsrücknahme auch nach einer Rückverweisung durch das Rechtsmittelgericht zulässig ist *Müller*, Das Strafbefehlsverfahren, S. 94 m.w.N.

253 MüKoStPO/*Eckstein* § 411 Rn. 45.

Wenn der Einspruch eingelegt und eine Hauptverhandlung bereits begonnen wurde, ist die verfahrensverkürzende Wirkung des Strafbefehlsverfahrens praktisch kaum noch gegeben. Dadurch, dass mit der Zurücknahme des Einspruchs der Strafbefehl aber rechtskräftig wird[254], kann dem Gericht und der Staatsanwaltschaft auch in diesem Stadium zumindest noch der Aufwand der weiteren Fortführung des Verfahrens und insbesondere die richterliche Ausfertigung des Urteils erspart werden.

Da der Angeklagte die Möglichkeit hat, seinen Einspruch zurückzunehmen, ist für ihn die Einlegung des Rechtsbehelfs zudem nicht mit einer Endgültigkeit verbunden, die ihn möglicherweise von einem Einspruch abhalten könnte. Denn insbesondere, weil die Hauptverhandlung für ihn ungünstiger ausgehen kann, hat er so die für ihn positive Möglichkeit, sich rechtliches Gehör zu verschaffen, ohne gleichzeitig den Ausgang des Geschehens gänzlich aus der Hand zu geben – im Falle einer drohenden Verschlechterung[255] kann er durch die Rücknahme des Einspruchs die Geltung des Strafbefehls wieder aufleben lassen und sich mit diesem abfinden.[256]

2. *Die Besonderheiten der auf den Einspruch folgenden Hauptverhandlung*

In dem auf den Einspruch folgenden Verfahren ergeben sich gegenüber dem regulären Verfahren einige Besonderheiten, insbesondere mit Blick auf die Hauptverhandlung. In dieser soll dem Angeklagten rechtliches Gehör gewährt und weiteren Verfahrensgrundsätzen Rechnung getragen werden. Die Hauptverhandlung gleicht derjenigen im Normalverfahren aber nicht uneingeschränkt.

a) Allgemeines

Grundsätzlich gelten aber auch hier zunächst die Vorschriften über die Hauptverhandlung, also die §§ 213 ff. StPO[257] für die Vorbereitung und die §§ 226 ff. und 234 ff. StPO für die Durchführung.[258] Die Verlesung der Anklage im Sinne

---

254 MüKoStPO/*Eckstein* § 411 Rn. 62; KK-StPO/*Maur* § 411 Rn. 32.

255 Auf die das Gericht aus Fairnessgründen hinzuweisen habe, *Preuß*, ZJS 2017, 176, 184; vgl. OLG Hamm NJW 1980, 1587, das einen solchen Hinweis allerdings nicht für erforderlich hält; so auch KK-StPO/*Maur* § 411 Rn. 35.

256 Vgl. MüKoStPO/*Eckstein* § 411 Rn. 50.

257 *Preuß*, ZJS 2017, 176, 183; Meyer-Goßner/Schmitt/*Schmitt* § 411 Rn. 3.

258 Radtke/Hohmann/*Alexander* § 411 Rn. 11 f.

von § 243 Abs. 3 Satz 1 StPO durch den Sitzungsvertreter der Staatsanwaltschaft wird durch die Verlesung des Strafbefehlsantrags ersetzt, wobei auf die Verlesung der Rechtsfolgen verzichtet wird, da das Gericht an die beantragte Strafhöhe nicht mehr gebunden ist, § 411 Abs. 4 StPO.[259] Der Strafbefehlsantrag ersetzt die Anklage, der Strafbefehl den Eröffnungsbeschluss.[260]

b) Verwerfung des Einspruchs wegen Unzulässigkeit durch das Gericht

Zu Beginn wird geprüft, ob der Einspruch form- und fristgerecht[261] eingelegt wurde. Ein unzulässiger Einspruch führt nicht zur Durchführung einer Hauptverhandlung, sondern wird nach § 411 Abs. 1 Satz 1 StPO durch Beschluss verworfen. Gegen diesen Beschluss kann der Angeklagte sofortige Beschwerde einlegen.

Rechtsfolge einer Verwerfung ist nach § 410 Abs. 3 StPO die Rechtskraft des Strafbefehls.[262] Bei Zweifeln darüber, ob die Frist eingehalten wurde, muss der Einspruch als fristgerecht eingelegt behandelt werden.[263]

Wird ein verspätet eingelegter oder sonst unzulässiger Einspruch nach § 411 Abs. 1 Satz 1 StPO verworfen, geschieht dies zudem ohne Kostenentscheidung[264]; § 473 StPO ist hier nicht anwendbar, da es sich bei dem Einspruch nicht um ein Rechtsmittel handelt[265]. Vielmehr gilt § 465 StPO.[266] Zwar hat der

---

259 Radtke/Hohmann/*Alexander* § 411 Rn. 12; vgl. KK-StPO/*Maur* § 411 Rn. 9; vgl. *Ranft*, JuS 2000, 633, 638; vgl. *Preuß*, ZJS 2017, 176, 183.

260 BGH NJW 1970, 1694; BGH NJW 1970, 2222 f.; *Preuß*, ZJS 2017, 176, 183; Meyer-Goßner/Schmitt/*Schmitt* § 411 Rn. 3; a.A. KK-StPO/*Maur* § 408 Rn. 25: Die Terminverfügung habe die Wirkung des Eröffnungsbeschlusses; a.A. AG Eggenfelden NStZ-RR 2009, 139, 140; a.A. auch noch *Wernicke*, Zur Konstruktion des amtsrichterlichen Strafbefehls, S. 7 f.

261 *Preuß*, ZJS 2017, 176, 183; bei der Frage, ob die Frist eingehalten wurde, ist das Gericht zudem besonderer Sorgfalt verpflichtet, BVerfG, Beschl. v. 05.10.2020–2 BvR 554/20; BVerfG NJW 2001, 1563; KK-StPO/*Maur* § 411 Rn. 2.

262 *Huber*, JuS 2019, 666, 668.

263 BayObLG NJW 1966, 947; *Pfeiffer*, StPO § 411 Rn. 1; KK-StPO/*Maur* § 411 Rn. 2.

264 *Preuß*, ZJS 2017, 176, 182; Meyer-Goßner/Schmitt/*Schmitt* § 411 Rn. 1.

265 BT-Drs. 10/1313, S. 38; Radtke/Hohmann/*Alexander* § 410 Rn. 14; Meyer-Goßner/Schmitt/*Schmitt* § 411 Rn. 1; so aber OLG München, NStZ 1988, 241, mit abl. Anm. *Mertens*, NStZ 1988, 473.

266 Streit besteht bei beschränkter Einspruchseinlegung, KK-StPO/*Maur* § 410 Rn. 14; die wohl h.M.: OLG Stuttgart NStZ 1989, 589; LG Hamburg MDR 1993, 374; *Mertens*, NStZ 1988, 473; Radtke/Hohmann/*Alexander* § 410 Rn. 14; a.A. *Reisser*, MDR 1990, 880, 881 ff., der in der Anwendung von § 465 Abs. 1 StPO im Falle eines

Angeklagte wenig Anreiz dazu, seinen Einspruch zu beschränken, wenn auch bei Erfolg in diesem Falle die vollen Kosten getragen werden[267], aber so besteht nach § 465 Abs. 2 StPO unter Umständen die Möglichkeit, eine Kostenteilung vorzunehmen, wenn die Höhe der Tagessätze ohne Verschulden des Angeklagten nicht ausreichend ermittelt wurde.[268]

Falls eine verspätete Einlegung übersehen wurde, die Hauptverhandlung aber trotz Unzulässigkeit des Einspruchs durchgeführt und dies erst in der Rechtsmittelinstanz festgestellt wird, hebt das Rechtsmittelgericht das angefochtene Urteil auf und verwirft den Einspruch.[269]

Da die Durchführung der Hauptverhandlung, anders als im regulären Verfahren, von der Einlegung eines zulässigen Einspruchs abhängt, ist es von besonderer Bedeutung, dass der Angeklagte bei der Einlegung alle Voraussetzungen erfüllt. Ansonsten bleibt ihm das rechtliche Gehör verwehrt. Insofern ist das Strafbefehlsverfahren durch die Verwerfungsmöglichkeit des Gerichtes risikobehaftet, weil insbesondere dem nicht verteidigten Angeklagten bei der Einspruchseinlegung aufgrund fehlender Erfahrung Fehler unterlaufen können, die dazu führen, dass der ihm zugestellte Strafbefehl rechtskräftig wird, obwohl er sich dagegen zur Wehr setzen wollte.

c) *Die Vertretung des Angeklagten*

Der Angeklagte muss in der auf den Einspruch folgenden Hauptverhandlung nicht selbst erscheinen, sondern kann sich entgegen § 230 Abs. 1 StPO[270] von seinem Verteidiger vertreten lassen, § 411 Abs. 2 Satz 1 StPO. Hierzu genügt aber nicht die einfache Mandatierung; vielmehr ist eine schriftliche Vertretungsvollmacht im Sinne des § 234 StPO notwendig.[271] Zwar kann das persönliche

---

erfolgreichen, auf die Rechtsfolgen beschränkten Einspruchs einen Verstoß gegen Art. 19 Abs. 4, 3 Abs. 1 GG sieht.

267 LR/*Gössel* § 410 Rn. 1; KK-StPO/*Maur* § 410 Rn. 14a.

268 LG Bremen StV 1991, 479; LG Moosbach StV 1997, 34 f.; Radtke/Hohmann/*Alexander* § 410 Rn. 14; a.A. für den Fall, dass der Beschuldigte im Ermittlungsverfahren keine Angaben zu seinen wirtschaftlichen Verhältnissen machte, MüKoStPO/*Grommes* § 465 Rn. 12.

269 BGH NJW 1960, 109; OLG Bamberg NStZ-RR 2019, 93, 94; vgl. BayObLG NJW 1980, 2367; *Ranft*, JuS 2000, 633, 637; zum späteren Bemerken der Unzulässigkeit KMR/*Metzger* § 411 Rn. 5 ff.

270 *Preuß*, ZJS 2017, 176, 183; § 230 StPO gelte im Strafbefehlsverfahren aber grds., KK-StPO/*Maur* § 411 Rn. 10.

271 Graf StPO/*Temming* § 411 Rn. 5; eine Verteidigungsvollmacht allein genügt nicht, OLG Saarbrücken NStZ 1999, 265, 266; so auch *Preuß*, ZJS 2017, 176, 183; der

Erscheinen des Angeklagten angeordnet und er bei Nichterscheinen vorgeführt werden; die Vertretungsmöglichkeit besteht aber sogar dann, wenn der Richter das persönliche Erscheinen gemäß § 236 StPO angeordnet hat.[272] Der Erlass eines Vorführungs- oder Haftbefehls wird in einem solchen Fall in der Regel unverhältnismäßig sein.[273]

Der Angeklagte kann sich außerdem nicht nur in der erstinstanzlichen Hauptverhandlung nach einem Einspruch, sondern im gesamten Verfahren vertreten lassen, also auch von der Berufungshauptverhandlung bis zur Hauptverhandlung nach Urteilsaufhebung und Zurückverweisung durch das Revisionsgericht.[274]

Diese weitgehende Vertretungsmöglichkeit hat für den Angeklagten zwar den Vorteil, dass er sich von der Hauptverhandlung fernhalten kann und dadurch nicht persönlich in den Blick der Öffentlichkeit gerät.[275] Allerdings ist hierbei problematisch, dass der Angeklagte weiterhin keinen Kontakt zum Richter hat und sich dieser kein persönliches Bild vom Angeklagten machen kann. Der Angeklagte wird immer noch nicht persönlich angehört. Zwar setzt das rechtliche Gehör nicht zwingend voraus, dass dies der Fall ist – auch eine Anhörung des Verteidigers genügt grundsätzlich.[276] Allerdings ist gerade mit Blick auf die Tatsache, dass im Strafbefehlsverfahren nach dem Einspruch erstmals eine richterliche Entscheidung ergeht, vor der sich der Betroffene vor dem Richter äußern kann, fraglich, ob diese Anhörung nicht stets persönlich erfolgen müsste.[277]

Pflichtverteidiger nach § 408b StPO ist nicht automatisch Vertreter, *Schellenberg*, NStZ 1994, 570, 571.

272 OLG Celle NJW 1970, 906, 907; OLG Düsseldorf StV 1985, 52; OLG Düsseldorf NStZ-RR 1998, 180; OLG Dresden StraFO 2005, 299; *Preuß*, ZJS 2017, 176, 183; *Pfeiffer*, StPO § 411 Rn. 5; MüKoStPO/*Eckstein* § 411 Rn. 28 m.w.N.; *Schmuck/Leipner*, StraFo 2012, 95, 97; *Küper*, NJW 1969, 493.

273 KG NJW 2007, 2345; NStZ-RR 2014, 378 (zur Ausnahme); LG Essen StraFo 2010, 28; Meyer-Goßner/Schmitt/*Schmitt* § 411 Rn. 4.

274 OLG Dresden StraFO 2005, 299; Radtke/Hohmann/*Alexander* § 411 Rn. 14; Joecks StPO § 411 Rn. 5; Meyer-Goßner/Schmitt/*Schmitt* § 411 Rn. 4; SK-StPO/*Degener* § 411 Rn. 10.

275 Vgl. MüKoStPO/*Eckstein* § 411 Rn. 26.

276 Maunz/Dürig/*Remmert* GG Art. 103 Abs. 1 Rn. 65.

277 Siehe dazu unter 2. Teil C. V. 3.

d) Verwerfung wegen Ausbleibens des Angeklagten

Ist bei Beginn eines Hauptverhandlungstermins weder der Angeklagte noch ein Verteidiger mit nachgewiesener Vertretungsvollmacht erschienen und das Ausbleiben nicht genügend entschuldigt[278], so hat das Gericht den Einspruch des Angeklagten ohne Verhandlung zur Sache zu verwerfen, §§ 412 i.V.m. 329 Abs. 1 Satz 1 StPO.[279] Da dem Angeklagten die Möglichkeit eingeräumt wurde, eine mündliche Verhandlung durch die Einlegung eines Einspruchs zu erzwingen, bestehen an dieser Stelle keine verfassungsrechtlichen Bedenken, den Einspruch gerade infolge eines unentschuldigten Ausbleibens zu verwerfen.[280]

Als Rechtsbehelfe gegen dieses Verwerfungsurteil gibt es zum einen gemäß der §§ 412 i.V.m. 329 Abs. 7 StPO die Wiedereinsetzung in den vorigen Stand im Sinne der §§ 44, 45 StPO und, da es sich um ein Urteil des Amtsgerichts handelt, die regulären Rechtsmittel, also die Berufung (§ 312 ff. StPO)[281] und die Sprungrevision (§ 335 StPO).[282] Erfolg haben diese Rechtsmittel in dieser Konstellation allerdings nur, wenn durch sie nachgewiesen werden soll, dass die Voraussetzungen des § 412 StPO nicht vorlagen.[283]

§ 315 StPO zeigt zudem, dass Wiedereinsetzungsantrag und Berufung nebeneinander erfolgen können. Da durch den Antrag auf Wiedereinsetzung in den vorigen Stand die Vollstreckung einer gerichtlichen Entscheidung nicht gehemmt wird, § 47 StPO, kann es sinnvoll sein, beide Rechtsbehelfe zu bemühen; zudem könnte ansonsten auch im Falle des Misserfolgs des Wiedereinsetzungsantrags die Berufungsfrist abgelaufen sein.[284]

Insofern bleiben dem nicht rechtskräftig Verurteilten jedenfalls im Nachhinein weitere rechtliche Überprüfungsmöglichkeiten der richterlichen Entscheidung in der Hauptverhandlung. Insbesondere in der Berufungsinstanz,

---

278 Ob der Angeklagte genügend entschuldigt, klärt das Gericht im Freibeweisverfahren (zum Begriff siehe KK-StPO/*Krehl* § 244 Rn. 8, 16 f. m.w.N.), BayObLG NJW 1998, 172; *Ranft*, JuS 2000, 633, 638; zum Verschulden LG Braunschweig, Urt. v. 12.02.2020–5 Ns 301/19.

279 *Ranft*, JuS 2000, 633, 638; *Preuß*, ZJS 2017, 176, 183; dazu auch *Busch*, JZ 1963, 457 ff.; *Müller*, Das Strafbefehlsverfahren, S. 96 f., zudem sei der Umstand, dass der Beschuldigte in dem Fall kein rechtliches Gehör erhalte, nicht zu beanstanden, da die Situation wie bei einem rechtskräftig gewordenen Strafbefehl sei.

280 *Burkhard*, Der Strafbefehl im Steuerstrafrecht, S. 233.

281 Zur Zurückverweisung durch das Berufungsgericht siehe *Werny*, NJW 1988, 187 f.

282 *Ranft*, JuS 2000, 633, 638.

283 Vgl. OLG Oldenburg, Urt. v. 04.11.2019–1 Ss 136/19; *Ranft*, JuS 2000, 633, 638; *Preuß*, ZJS 2017, 176, 183.

284 *Ranft*, JuS 2000, 633, 638.

die nach den allgemeinen Regeln durchgeführt wird[285], kann durch die neue Beweisaufnahme das durch das defizitäre Beweisrecht der ersten Hauptverhandlung (dazu sogleich) gefundene möglicherweise unrichtige Ergebnis gegebenenfalls korrigiert werden. Dennoch muss zu diesem Zweck eine weitere Instanz in Anspruch genommen werden, was mit nicht unerheblichem Mehraufwand für den Angeklagten verbunden ist.

e) Die vereinfachte Beweisaufnahme

Das Gericht ist in der auf den Einspruch folgenden Hauptverhandlung zwar an den im Strafbefehlsantrag bezeichneten Prozessgegenstand gebunden, nicht aber an den bisherigen Ermittlungsumfang oder die rechtliche Beurteilung der Tat; es entscheidet gemäß §§ 261, 264 Abs. 2 StPO allein aus seiner freien, aus dem Inbegriff der Hauptverhandlung gewonnenen Überzeugung.[286]

Ein besonders wichtiger Unterschied zu der durch die Erhebung der öffentlichen Klage nach den §§ 170 Abs. 1, 199 Abs. 1 StPO regulär eingeleiteten Hauptverhandlung besteht in der Beweisaufnahme. Über § 411 Abs. 2 Satz 2 StPO ist sie wie im beschleunigten Verfahren nach § 420 StPO vereinfacht.[287]

Insbesondere der Umgang mit Beweisanträgen bestimmt sich lediglich am gerichtlichen Aufklärungsgebot des § 244 Abs. 2 StPO[288] und bleibt damit hinter dem formellen Beweisantragsrecht der Absätze 3 bis 5 zurück[289].

Der Regelung des § 420 Abs. 4 StPO wird vor allem mit Blick auf diesen zuletzt genannten Umstand vorgeworfen, rechtsstaatliche Einbußen herbeizuführen[290]: Bereits der Gesetzesbegründung[291] zufolge scheine die Einhaltung

---

285 Allerdings ist streitig, ob § 420 StPO auch in der Berufungsinstanz gilt, dagegen OLG Hamburg StV 2000, 299, 301; OLG Stuttgart StV 1998, 585, 587; *Vivell*, Strafbefehlsverfahren nach § 408a, S. 105, 238 f.; *Maleika*, Freiheitsstrafe und Strafbefehl, S. 32; *Schlothauer*, StV 1995, 46 f.; LR/*Gössel* § 411 Rn. 22, § 420 Rn. 5, aber nur bzgl. § 420 Abs. 4 StPO.

286 *Ranft*, JuS 2000, 633, 638.

287 *Preuß*, ZJS 2017, 176, 183; Meyer-Goßner/Schmitt/*Schmitt* § 411 Rn. 7; KK-StPO/*Maur* § 411 Rn. 19; krit. dazu *Scheffler*, NJW 1994, 2191, 2193 f.

288 *Preuß*, ZJS 2017, 176, 183; krit. dazu *Herdegen*, NJW 1996, 26, 28; *Wächtler*, StV 1994, 159, 160; *Dahs*, NJW 1995, 553, 556 f.; *Loos/Radtke*, NStZ 1996, 7, 11; *Ranft*, JuS 2000, 633, 639.

289 BT-Drs. 12/6853, S. 36; KK-StPO/*Graf* § 420 Rn. 7; MüKoStPO/*Putzke/Scheinfeld* § 420 Rn. 22; BeckOK StPO/*Temming* § 420 Rn. 5; *Schlothauer*, StV 1995, 46.

290 *Ranft*, JuS 2000, 633, 639.

291 Hiernach darf der Richter „einen Beweisantrag auch dann ablehnen, wenn er den Sachverhalt für genügend geklärt hält und der Auffassung ist, daß die Vernehmung

der Aufklärungspflicht nämlich nicht mehr gesichert, wenn der Richter nicht an die Ablehnungsgründe der §§ 244 Abs. 3[292] und 245 StPO gebunden sei.[293] Durch diese vereinfachte Ablehnungsmöglichkeit würde auch nicht nur die Amtsaufklärungspflicht aus § 244 Abs. 2 StPO, die durch Art. 6 Abs. 3d EMRK (wonach der Angeklagte das Recht hat, Fragen an Belastungszeugen zu stellen oder stellen zu lassen und die Ladung und Vernehmung von Entlastungszeugen unter denselben Bedingungen zu erwirken, wie sie für Belastungszeugen gelten) konkretisiert wird, bedroht, sondern auch die Berücksichtigung der Unschuldsvermutung aus Art. 6 Abs. 2 EMRK und des Rechts auf ein faires Verfahren; zudem liege auch ein Verstoß gegen das Verbot der Beweisantizipation vor.[294] Das aus der Praxis stammende Beweisantragsrecht sollte aber gerade Fehlentscheidungen durch Beweisantizipation (Vorurteil des Richters) vorbeugen.[295] Des Weiteren wird das Beweisantragsrecht auch aus Art. 103 Abs. 1 GG geleitet[296], sodass es bei fehlender gerichtlicher Berücksichtigung zu einem Verstoß auch hiergegen kommen kann. Auch der verfassungsrechtliche Grundsatz des fairen Verfahrens beinhaltet das Recht, durch die Stellung von Beweisanträgen Einfluss auf die Sachverhaltsfeststellungen zu nehmen.[297]

---

eines Zeugen an der bereits vorliegenden Überzeugung des Gerichts nichts ändern würde.“, BT-Drs. 12/6853, S. 36.

292 § 244 Abs. 3–5 StPO gilt nicht, *Preuß*, ZJS 2017, 176, 183; KK-StPO/*Maur* § 411 Rn. 20.

293 *Ranft*, JuS 2000, 633, 639.

294 *Ranft*, JuS 2000, 633, 639.

295 *Ranft*, JuS 2000, 633, 639 f.; *Wessels*, JuS 1969, 1 ff.

296 BVerfG NJW 1978, 413; NJW 1979, 413 f.; NJW 1981, 1719, 1721; NJW 1984, 1026; NJW 1997, 999, 1000; Dreier GG/*Schulze-Fielitz* Art. 103 I Rn. 67; Sachs GG/*Degenhart* Art. 103 Rn. 28 f.; *Frohn*, GA 1984, 554, 563; *Kudlich*, JuS 1997, 507; *Jahn*, in: FS Hassemer, 1029, 1035 ff.; *Knauer*, StraFo 2012, 473; *Rüping*, ZStW 91 (1979), 351, 354; *Spiekermann*, Der Missbrauch des Beweisantragsrechts, S. 47; *Börner*, Legitimation durch das Strafverfahren, S. 482 f.; Alsberg/*Dallmayer*, Der Beweisantrag im Strafprozess, Rn. 38; vgl. KK-StPO/*Krehl* § 244 Rn. 67; Meyer-Goßner/Schmitt/*Schmitt* § 244 Rn. 29; *Pohlreich*, Das rechtliche Gehör im Strafverfahren, S. 136.

297 Vgl. BVerfG NJW 1981, 1719, 1721 ff.; NJW 1986, 767, 771; NJW 1997, 999, 1000; NJW 2004, 209, 211; NStZ 2004, 214; *Gusy*, StV 2002, 153, 159; *Jahn*, in: FS Hassemer, 1029, 1038 f.; *Spiekermann*, Der Missbrauch des Beweisantragsrechts, S. 47 f.; wobei die Ablehnung eines Beweisantrags am speziellen Art. 103 Abs. 1 GG zu messen sei, *Pohlreich*, Das rechtliche Gehör im Strafverfahren, S. 137.

Es gibt Stimmen, die dafür plädieren, § 420 StPO mit Blick auf derartige Bedenken nur beim Vorliegen einer klaren Beweislage im Sinne des § 417 StPO anzuwenden.[298]

Neben dem eingeschränkten Beweisantragrecht aus § 420 Abs. 4 StPO sieht § 420 Abs. 1–3 StPO im Gegensatz zu den regulär geltenden § 251 ff. StPO zudem weitreichendere Verlesungsmöglichkeiten vor.[299] Die ansonsten zwingenden Vorschriften über die Unmittelbarkeit der Beweisaufnahme (insbesondere die §§ 250 ff. StPO) werden an dieser Stelle mithin (zum Teil) disponibel.[300] Nach § 420 Abs. 1 StPO darf die Zeugen-, Sachverständigen- oder Mitbeschuldigtenvernehmung durch Verlesung von Protokollen über eine frühere Vernehmung sowie von Urkunden, die eine von ihnen erstellte Äußerung enthalten, ersetzt werden. § 420 Abs. 2 StPO sieht vor, dass Erklärungen von Behörden und sonstigen Stellen über ihre dienstlichen Wahrnehmungen, Untersuchungen und Erkenntnisse sowie über diejenigen ihrer Angehörigen verlesen werden dürfen – auch dann, wenn die Voraussetzungen des § 256 StPO nicht vorliegen. § 420 Abs. 3 StPO macht die Verlesung zwar von der Zustimmung des Angeklagten, des Verteidigers und der Staatsanwaltschaft, soweit sie in der Hauptverhandlung anwesend sind, abhängig. Sofern kein Verteidiger anwesend ist, besteht für den Angeklagten aber das Risiko, zum Verfahrensobjekt zu werden, wenn er eine solche Zustimmung abgibt, ohne sich ihrer Tragweite tatsächlich bewusst zu sein.[301] Denn ohne entsprechende Kenntnisse ist ihm eine aufgeklärte und damit selbstbestimmte Verteidigung im Prozess unter Umständen nicht möglich.

In der Verlesung und Verwertung solcher Beweissurrogate zum Nachteil des Angeklagten, obwohl er den Inhalt bestreitet, wird auch eine vielfache Verletzung der Amtsaufklärungspflicht gesehen, denn sofern der Angeklagte die schriftlich niedergelegte Zeugenaussage bestreitet, habe er aus § 244 Abs. 2 StPO, Art. 6 Abs. 3d EMRK ein Recht darauf, sie durch Gegenüberstellung in der Hauptverhandlung zu erschüttern.[302] Hinsichtlich der Grundsätze der Mündlichkeit, Unmittelbarkeit, Öffentlichkeit und des rechtlichen Gehörs (Art. 103 Abs. 1 GG; 6 Abs. 1 Satz 1 EMRK) ist vor allem die Möglichkeit, die

298 Gercke u.a. StPO/*Brauer* § 407 Rn. 10; a.A. KMR/*Metzger* § 411 Rn. 11.

299 *Preuß*, ZJS 2017, 176, 183; KK-StPO/*Maur* § 411 Rn. 20.

300 *Ranft*, JuS 2000, 633, 638.

301 *Ranft*, JuS 2000, 633, 639.

302 *Ranft*, JuS 2000, 633, 639 ist zudem der Ansicht, dass auch bei einer Zustimmung eines inhaltlich bestreitenden Angeklagten eine Revisionsrüge auf die Verletzung des § 244 Abs. 2 StPO gestützt werden können müsse.

Verlesung nach § 249 Abs. 2 StPO durch das Selbstleseverfahren ersetzen zu können, problematisch, wenn kein Verteidiger dabei solchen anwesend ist.[303] Denn auch hier ist dem auf sich selbst gestellten Angeklagten eine effektive Verteidigung mangels entsprechender juristischer Kenntnisse regelmäßig nicht möglich.

Die §§ 251 Abs. 1 Nr. 2–3, Abs. 2 Nr. 1 und 2, Abs. 3, Abs. 4, 252, 253 StPO bleiben hingegen unberührt.[304]

Durch das eingeschränkte Beweisantragsrecht besteht abstrakt die Gefahr, dass der Sachverhalt nicht korrekt ermittelt und darauf basierend eine fehlerhafte Entscheidung getroffen wird. Zudem ist fraglich, ob die Einschränkung der Verteidigungsmöglichkeiten des Angeklagten mit der schnelleren Durchführbarkeit der Hauptverhandlung zu rechtfertigen ist. Denn unter diesen Umständen läuft das Antragsrecht gänzlich leer[305], was für den Angeklagten ausgesprochen nachteilig ist.[306] Zudem wird hierdurch auch sein Recht auf ein faires Verfahren aus Art. 6 Abs. 3c EMRK verletzt, das das Bestehen einer effektiven Verteidigungsmöglichkeit gewährleistet[307]. Auch das Recht auf rechtliches Gehör ist dadurch tangiert, dass sich der Richter mit den Beweisanträgen nicht eingehend auseinandersetzen muss. Gerade die vereinfachte Beweisaufnahme birgt für den Angeklagten somit das große Risiko, einer fehlerhaften Entscheidung zu unterliegen, weil er keine förmliche Möglichkeit hat, auf die Sachverhaltsfeststellung durch das Stellen von Beweisanträgen lenkend Einfluss zu nehmen. Es ist für ihn nachteilhaft, erst in Berufung gehen zu müssen, bevor er ein förmliches Recht auf Beweisantragsstellung hat.

Im Gegensatz zum regulären Verfahren liegt hier eine bedeutende Schwachstelle des Strafbefehlsverfahrens.[308]

f) Kein Verbot der reformatio in peius

Nach Anberaumung der Hauptverhandlung gilt das Verbot der Schlechterstellung, wie es für die Berufung und die Revision in den §§ 331 und 358 Abs. 2 StPO geregelt ist, im Strafbefehlsverfahren nach dem Wortlaut des § 411 Abs. 4 StPO nicht.[309] Begründet wird dies damit, dass das bisherige Verfahren lediglich

303 *Ranft*, JuS 2000, 633, 639, dies sei grds. als rechtsfehlerhaft zu beurteilen.

304 KK-StPO/*Maur* § 411 Rn. 19; vgl. MüKoStPO/*Eckstein* § 411 Rn. 36.

305 Vgl. *Neumann*, StV 1994, 273, 276.

306 SK-StPO/*Weßlau/Degener* Vor §§ 407 ff. Rn. 23 f.

307 MüKoStPO/*Gaede* Art. 6 EMRK Rn. 168 f.

308 Zu all diesen Punkten genauer unter 2. Teil C. V. 2.

309 OLG Stuttgart StV 2007, 232 f.; *Dinter/David*, JA 2012, 281, 284; *Preuß*, ZJS 2017, 176, 184; Meyer-Goßner/Schmitt/*Schmitt* § 411 Rn. 11; *Ostler*, NJW 1968, 486,

summarischen Charakters war[310] und der Beschuldigte im Strafbefehlsverfahren nicht besser stehen solle, als wenn gegen ihn direkt Anklage erhoben worden wäre.[311] Allerdings muss das Gericht wegen des Grundsatzes des fairen Verfahrens dem Angeklagten einen Hinweis erteilen, wenn es erwägt, die Rechtsfolgen gegenüber dem Strafbefehl zu verschärfen, um dem Angeklagten die Möglichkeit einzuräumen, seinen Einspruch zurückzunehmen.[312]

Umstritten ist, ob dieses Verbot auch dann gilt, wenn der gesetzlicher Vertreter nach den §§ 410 Abs. 1 Satz 2 i.V.m. 298 StPO Einspruch eingelegt hat.[313] Hierfür spräche, dass der Angeklagte schützenswert ist, wenn gegen seinen Willen in eine Hauptverhandlung übergegangen wird.[314] Dagegen spricht jedoch, dass § 411 Abs. 4 StPO nur in Hinblick auf die Besonderheiten des Strafbefehlsverfahrens gerechtfertigt ist; bei der Verweisung in § 410 Abs. 1 Satz 2 StPO auf § 298 StPO sind die Unterschiede zwischen Urteils- und Strafbefehlsverfahren nicht bedacht worden.[315]

Einen Sonderfall, in dem das Verbot der reformatio in peius jedoch stets gilt, stellt § 411 Abs. 1 Satz 3 StPO dar: Wenn der Angeklagte seinen Einspruch auf die Höhe der Tagessätze beschränkt, kann hier keine nachteiligere Entscheidung getroffen werden.

Der Gedanke, dass in der Hauptverhandlung eine höhere Strafe verhängt werden können soll, ist vor dem Hintergrund, dass bisher lediglich auf Grundlage der schriftlichen Darstellungen von Polizei und Staatsanwaltschaft

---

487 hält eine Strafschärfung nur für zulässig, wenn sich ggü. dem im Strafbefehl angenommenen Sachverhalt auch Erschwerungen ergaben; ebenso *Roxin/Schünemann*, Strafverfahrensrecht, § 68 Rn. 12; krit. dazu *Esser*, StV 2007, 235 ff.; *Müller*, Das Strafbefehlsverfahren, S. 95 f. fordert, dass eine Verschlechterung an objektiv nachvollziehbare Gründe und einen nachträglich erschwerten Sachverhalt gebunden werden sollte.

310 *Ranft*, JuS 2000, 633, 637.

311 KK-StPO/*Maur* § 411 Rn. 34; KMR/*Metzger* § 411 Rn. 31.

312 *Preuß*, ZJS 2017, 176, 184; vgl. OLG Hamm NJW 1980, 1587, das einen Hinweis allerdings nicht für erforderlich hält; so auch KK-StPO/*Maur* § 411 Rn. 35.

313 Zum Streitstand *Preuß*, ZJS 2017, 176, 184; dagegen KMR/*Metzger* § 411 Rn. 32 m.w.N.

314 KK-StPO/*Maur* § 410 Rn. 2; LR/*Gössel* § 410 Rn. 4; a.A. Meyer-Goßner/Schmitt/*Schmitt* § 411 Rn. 11.

315 Zudem sei auch die Ansicht, die den Einspruch des Vertreters zu Lasten des Angeklagten strafmildernd berücksichtigen möchte nicht überzeugend, weil sie außer Acht lasse, dass es bei § 411 Abs. 4 StPO nicht darum gehe, ob der Einspruch zu Lasten oder zu Gunsten eingelegt werde, KK-StPO/*Maur* § 410 Rn. 2.

entschieden wurde, nachvollziehbar. In der Hauptverhandlung kann sich durchaus abweichendes bezüglich der Sachverhaltsfeststellung oder der die Strafzumessung betreffenden Umstände ergeben. Problematisch ist hierbei allerdings, dass der Angeklagte, wie soeben aufgezeigt, keine rechtlich abgesicherte Möglichkeit hat, durch die Stellung von Beweisanträgen effektiv auf die Beweisaufnahme Einfluss zu nehmen. Somit erleidet der Angeklagte an dieser Stelle gleich zwei Nachteile: Die Gefahr, dass das Urteil aufgrund der getroffenen Feststellungen für ihn ungünstiger ausfällt als der Strafbefehl, wird erhöht durch die unter Umständen verwehrte Möglichkeit, diese Feststellungen gegebenenfalls zu berichtigen. Dadurch besteht die Gefahr, dass der Angeklagte aus Angst vor einer Verschlechterung auf die Einlegung eines Einspruchs verzichtet, auch wenn dieser berechtigt wäre.

g) Zwischenergebnis

Das Einspruchsverfahren, das dem Angeklagten die Möglichkeit einräumen soll, seine Verfahrensrechte wahrzunehmen und zu seinem Recht zu gelangen, birgt viele Schwierigkeiten. Eine hiervon stellt die Ausgestaltung der auf den Einspruch folgenden Hauptverhandlung dar. Anders als im Regelverfahren besteht hier ein erhöhtes Risiko, Fehlentscheidungen zu unterliegen. Der Angeklagte kann sich mangels Beweisantragsrechts unter Umständen nur eingeschränkt verteidigen. Dieses Risiko muss er neben der Gefahr der Verschlechterung in seine Überlegung, ob er Einspruch einlegt, einfließen lassen, was ihn hiervon abhalten könnte. Das Strafbefehlsverfahren soll eine beschleunigende Wirkung entfalten, allerdings ist es gerade aufgrund der Tatsache, dass vorher nur summarisch geprüft wurde, besonders problematisch, in der Tatsacheninstanz Abstriche bei der Sachverhaltsaufklärung durch die Abschaffung des förmlichen Beweisantragsrecht zu machen. Zudem muss der Angeklagte auch nicht persönlich erscheinen, was unter Umständen für ihn nachteilhaft ist. Insgesamt zeigt sich an dieser Stelle dringender Reformbedarf.[316]

II. Die sofortige Beschwerde der Staatsanwaltschaft

Gegen den Strafbefehl selbst hat die Staatsanwaltschaft grundsätzlich keinen Rechtsbehelf; dies erscheint aus dem Grunde sachgerecht, als ein Strafbefehl ohnehin nur wie von ihr beantragt erlassen werden kann.[317] Wenn der Strafbefehl rechtskräftig geworden ist, kann sie aber unter Umständen die

316 Siehe zu konkreten Vorschlägen unter 4. Teil D.

317 SK-StPO/*Degener* § 408 Rn. 16; KK-StPO/*Maur* § 408 Rn. 16.

Wiederaufnahme des Verfahrens nach § 79 BVerfGG und §§ 359 ff. StPO beantragen, auch zugunsten des Verurteilten, §§ 373a Abs. 2, 365, 296 Abs. 2 StPO.[318]

Für den Fall, dass der Strafbefehl mangels hinreichenden Tatverdachts jedoch nicht erlassen wurde, § 408 Abs. 2 StPO, steht der Staatsanwaltschaft die sofortige Beschwerde nach §§ 408 Abs. 2 Satz 2 i.V.m. 210 Abs. 2 StPO zu.[319] Insofern ist das Verfahren an dieser Stelle entsprechend dem Regelverfahren ausgestaltet, in dem die Staatsanwaltschaft gegen die Ablehnung ihres Antrags auf Eröffnung des Hauptverfahrens ebenfalls sofortige Beschwerde einlegen kann; dem Beschuldigten hingegen fehlt es hierfür an der Beschwer.[320]

Die sofortige Beschwerde steht der Staatsanwaltschaft auch für den Fall zu, dass der Vorsitzende des Schöffengerichts die Zuständigkeit des Strafrichters für begründet hält und die Sache durch Vermittlung der Staatsanwaltschaft an diesen abgibt, § 408 Abs. 1 Satz 1 StPO, sowie für den Fall, dass das Gericht den Einspruch des Angeklagten gemäß § 411 Abs. 1 Satz 1 StPO i.V.m. § 311 StPO als verspätet oder unzulässig verwirft[321].

Weicht der Strafbefehl inhaltlich von dem, was beantragt wurde, ab, steht der Staatsanwaltschaft zunächst keine Möglichkeit offen, hiergegen vorzugehen; angesichts ihrer Aufgabe, Gerechtigkeit und Objektivität der Rechtspflege zu wahren (vgl. §§ 160 Abs. 2, 296 Abs. 2 StPO), wird aber erwogen, schon vor Rechtskraft in den Grenzen von § 411 Abs. 3 StPO bei Beschwer eine Beschwerde nach den §§ 210 Abs. 2 oder 304 ff. StPO zuzulassen.[322]

Die sofortige Beschwerde ist in schriftlicher Form bei dem Richter, der – im Falle einer Ablehnung – den Antrag nicht erließ, oder zu Protokoll der Geschäftsstelle einzulegen, § 306 Abs. 1 StPO. Die Frist beträgt gemäß § 311 Abs. 2 StPO eine Woche nach Bekanntmachung (§ 35 StPO) der Entscheidung. Zuständiger Spruchkörper ist nach den §§ 1 StPO, 73 Abs. 1, 76 Abs. 1 Satz 1 GVG die Große Strafkammer des Landgerichts.[323] Mangels Zuständigkeit (nach § 407

318 MüKoStPO/*Eckstein* § 410 Rn. 41.

319 Meyer-Goßner/Schmitt/*Schmitt* § 408 Rn. 9; KMR/*Metzger* § 408 Rn. 18; aufgrund der expliziten Nennung der Norm in § 408 Abs. 2 S. 2 StPO ist eine Analogie zu § 210 Abs. 2 StPO entbehrlich, vgl. zur Analogie noch LG Dortmund NJW 1957, 1731; *Müller*, Das Strafbefehlsverfahren, S. 81, 84; *Naucke*, JZ 1967, 371, 374 f.

320 *Müller*, Das Strafbefehlsverfahren, S. 81.

321 *Preuß*, ZJS 2017, 176, 182.

322 MüKoStPO/*Eckstein* § 410 Rn. 42; vgl. *Burkhard*, Der Strafbefehl im Steuerstrafrecht, S. 211 für § 210 Abs. 2 StPO; abl. KK-StPO/*Maur* § 408 Rn. 18; abl. auch *Müller*, Das Strafbefehlsverfahren, S. 82.

323 *Müller*, Das Strafbefehlsverfahren, S. 84.

Abs. 1 StPO steht diese dem Amtsgericht zu) kann sie den Strafbefehl aber nicht selbst erlassen; denn der Amtsrichter hat bis zu diesem Zeitpunkt nur über die eröffnungsbeschluss- und noch nicht über die urteilsersetzende Funktion des Strafbefehls entschieden.[324]

III. Die Wiederaufnahme des Verfahrens

Die Möglichkeit, ein bereits abgeschlossenes Verfahren erneut zu bearbeiten, ist die Ausnahme. Bei Vorliegen der Voraussetzungen der §§ 359 ff. StPO ist aber auch nach eingetretener Rechtskraft eine Wiederaufnahme des Verfahrens möglich. Bei der Wiederaufnahme handelt es sich um einen außerordentlichen Rechtsbehelf.[325] Diese Möglichkeit soll einen Ausgleich zwischen Rechtsstaatsprinzip und Rechtsfrieden schaffen; die Rechtskraft soll Rechtssicherheit herbeiführen, was im Falle einer fehlerhaften Entscheidung aber der materiellen Wahrheit und damit auch der Einzelfallgerechtigkeit entgegenstehen kann[326,327]

In § 373a StPO ist ein besonderer Wiederaufnahmegrund für das Strafbefehlsverfahren geregelt. Im Falle eines durch rechtskräftigen[328] Strafbefehl abgeschlossenen Verfahrens kann eine Wiederaufnahme des Verfahrens zuungunsten des Verurteilten auch dann erfolgen, wenn neue Tatsachen oder Beweismittel beigebracht sind, die allein oder in Verbindung mit den früheren Beweisen geeignet sind, die Verurteilung wegen eines Verbrechens zu begründen. Diese zusätzliche Wiederaufnahmemöglichkeit wird mit der summarischen Natur des Verfahrens gerechtfertigt, da die Erfassung des Sachverhalts

---

324 *Müller*, Das Strafbefehlsverfahren, S. 84; a. A. *Pick*, JR 1927, 246, 248 f.

325 *Rieß*, NStZ 1994, 153, 156.

326 Vgl. BVerfG MDR 1975, 468, 469; BGH NJW 2003, 1261, 1262.

327 BeckOK StPO/*Singelnstein* § 359 Rn. 1.

328 Zum früheren Streit (geklärt durch § 410 III StPO) über den Umfang der Rechtskraft und zur Entwicklung der Rechtsprechung ausf. *Kirch*, Das Strafbefehlsverfahren nach dem StVÄG 1987, S. 57 ff. m.w.N.; zur Position der Rechtsprechung siehe BGH NJW 1978, 2519 m.w.N.: beschränkte Rechtskraftwirkung, da nur summarische Prüfung – Verfolgung unter einem nicht berücksichtigten, die Strafbarkeit erhöhenden Gesichtspunkt zulässig; so auch BVerfG NJW 1954, 69 m.w.N.; nicht mehr aufrecht erhalten von BVerfG NJW 1984, 604, 605, aber offen gelassen, wo die Grenzen der Rechtskraft verlaufen; krit. dazu *Groth*, MDR 1985, 716 f.; zur Rechtskraft und ihrer Wirkung KMR/*Metzger* § 410 Rn. 15 f.; für eine beschränkte Rechtskraft *Kleinknecht*, JR 1977, 479; die Entscheidung ist auch vollstreckbar, §§ 409 I 1 Nr. 7, 449 StPO.

vor Strafbefehlserlass fehleranfällig sei[329] und sich im Nachhinein herausstellen könne, dass entgegen der bisherigen Annahme doch ein Verbrechen vorliegt[330].

Eine Wiederaufnahmemöglichkeit zu seinen Gunsten ist für den Verurteilten natürlich positiv, allerdings ist fraglich, ob eine Wiederaufnahme auch zu seinen Ungunsten unter erleichterten Bedingungen, wie § 373a StPO es vorsieht, möglich sein sollte. Immerhin steht der rechtskräftige Strafbefehl einem Urteil gleich, § 410 Abs. 3 StPO.[331] Auch wenn die Entscheidung zugunsten des Strafbefehlserlasses auf einer Grundlage getroffen wurde, die nicht erneut in einem Hauptverfahren aufgearbeitet und kritisch überprüft wurde, so sieht diese Norm gerade vor, dass der Strafbefehl eine urteilsgleiche Wirkung entfalten soll. Diese beinhaltet eben auch die Rechtskraft der Entscheidung, die grundsätzlich nicht mehr durchbrochen werden soll. Die Rechtskraft ist für den Verurteilten nämlich vor allem dann positiv[332], wenn ein für ihn günstiges Urteil gefällt wurde. Denn auch bei einem sehr (beziehungsweise zu) milden rechtskräftigen Urteil darf der Verurteilte grundsätzlich auf die Endgültigkeit der Entscheidung vertrauen. Durch § 373a StPO ist der durch Strafbefehl Verurteilte somit schlechter gestellt als er bei einer Verurteilung im regulären Verfahren stünde, und das, obwohl er zudem unter erleichterten Bedingungen verurteilt werden konnte. Dies ist jedenfalls mit Blick auf den Gedanken der Rechtssicherheit[333] problematisch und soll an späterer Stelle genauer beleuchtet werden.[334]

F. Die historische Entwicklung

Das Strafbefehlsverfahren wird heutzutage auch in Fällen mittlerer Kriminalität angewandt, allerdings ist fraglich, ob diese Entwicklung und auch die durch die Anwendung des Strafbefehlsverfahrens heute verfolgten Zwecke vor dem Hintergrund seiner ursprünglichen Einführung intendiert waren. Für diesen Fall wäre zu erwägen, ob eine Abweichung von den intendierten Zwecken

329 BVerfG NJW 1954, 69 f.; NJW 1984, 604, 605; *Mitsch*, NZV 2013, 63, 66.

330 *Ranft*, JuS 2000, 633, 640.

331 Aufgrund dieser Gleichstellung wird die Vorschrift z.T. für ungerechtfertigt gehalten, *AE-ASR*, GA 2019, 1, 106; gegen § 373a StPO auch *Hutzler*, Ausgleich struktureller Garantiedefizite, Rn. 260, 266.

332 Vgl. SK-StPO/*Frister* § 373a Rn. 5; *AE-ASR*, GA 2019, 1, 106.

333 Vgl. BeckOK StPO/*Singelnstein* § 359 Rn. 1.

334 Siehe unter 2. Teil C. IV. 2. b).

bereits ein Fehlentscheidungsrisiko erhöht, weil das Instrument in einigen Bereichen gegebenenfalls gar nicht geeignet ist.

Bevor die zum Teil bereits angesprochenen Schwächen und Fehlentscheidungsrisiken des Strafbefehlsverfahrens vertieft werden, soll daher seine historische Entwicklung in den Blick genommen werden. Hierbei sollen die wesentlichen Umstände, aus denen sich das Verfahren entwickelt hat, sowie die Gründe für die im Laufe der Zeit vorgenommenen Änderungen aufgezeigt werden.[335] Als Quellen dienten für die Abschnitte I und II vor allem die Werke von Elobied (2010)[336] und Müller (1993)[337].

I. Der Strafbefehl im Preußischen Recht

Die Ursprünge des heutigen Strafbefehlsverfahrens begannen vor gut 175 Jahren im Preußischen Recht mit dem Gesetz betreffend das Verfahren in den bei dem Kammergericht und dem Kriminalgericht zu Berlin zu führenden Untersuchungen vom 17. Juli 1846[338.339] Hier war in den §§ 122 ff. der damals noch als „Mandatsverfahren" bezeichnete[340] Vorgänger des Strafbefehlsverfahrens geregelt.

---

335 An dieser Stelle kann allerdings nicht jede der zahlreichen Erwägung und Änderungen dargestellt werden, für eine detaillierte Darstellung siehe *Elobied*, Die Entwicklung des Strafbefehlsverfahrens.

336 Die Entwicklung des Strafbefehlsverfahrens von 1846 bis in die Gegenwart.

337 Das Strafbefehlsverfahren (§§ 407 ff. StPO).

338 *Müller*, Das Strafbefehlsverfahren, S. 214: Es handele sich hierbei erstmals um eine auf den Ideen von Aufklärung und Liberalismus beruhenden Kodifikation, die aber weniger aus einer veränderten (liberalen) Anschauung entstanden sei, sondern auf pragmatischen Erwägungen beruhe; vgl. auch *Hepp*, GS 3, 271, 286.

339 *Mayer*, GS 96, 397, 401; *Mayer*, GS 99, 36, 38 f.; *Elobied*, Die Entwicklung des Strafbefehlsverfahrens, S. 5 f.; *Kirch*, Das Strafbefehlsverfahren nach dem StVÄG 1987, S. 10; *Müller*, Das Strafbefehlsverfahren, S. 209 sieht den Ursprung bereits im Reglement vom 03.03.1797 für Neu-Ostpreußen und dessen Vorgängerregelung – allerdings lag die Strafgewalt hier noch bei der Polizei, sodass ein wesentlicher Unterschied bestand.

340 *Müller*, Das Strafbefehlsverfahren, S. 218 f., auch zum Wortlaut des § 122; *Schaal*, in: GS Meyer, 427, 432; zum Ursprung der Bezeichnung siehe *Elobied*, Die Entwicklung des Strafbefehlsverfahrens, S. 6 Fn. 6 m.w.N.; SK-StPO/*Weßlau/Degener* Vor §§ 407 ff. Rn. 10.

Gesetz, betreffend das Verfahren in den bei dem Kammergericht und dem Kriminalgericht zu Berlin zu führenden Untersuchungen, vom 17. Juli 1846:

§ 122. Beruht die Anklage wegen eines Polizeivergehens auf der Anzeige eines Beamten, welcher die That aus eigener amtlicher Wahrnehmung bekundet, und wird nicht etwa der Angeschuldigte dem Polizeirichter zugleich vorgeführt, in welchem Falle stets das ordentliche Verfahren nach §§ 155. u. f. eintreten muß: so setzt der Polizeirichter auf Grund der Anklage die Strafe fest und macht sie dem Angeschuldigten durch eine schriftliche Verfügung mit dem Bedeuten bekannt, dass wenn er durch diese Straffestsetzung sich beschwert finden sollte, er zur Ausführung seiner Verteidigung sich in einem, sogleich in der Verfügung, und zwar auf mindestens 10 Tage hinaus, zu bestimmenden Termine vor dem Polizeirichter zu stellen, im Falle seines Nichterscheinens in diesem Termin aber die Vollstreckung der Strafe zu gewärtigen habe.

§ 123. In dieser Verfügung (§ 122) muß angegeben sein: 1) die Beschaffenheit des Vergehens, so wie die Zeit und der Ort seiner Verübung; 2) der Name des Beamten, welcher das Vergehen angezeigt hat, und 3) die Straffestsetzung unter Anführung der Strafvorschrift, auf welche dieselbe sich gründet. Die Verfügung muß zugleich für den Fall, wenn der Angeschuldigte bei der Straffestsetzung sich nicht beruhigen zu können glaubt, die Aufforderung an denselben enthalten, die zu seiner Verteidigung dienenden Beweismittel in dem anberaumten Termine mitzubringen oder solche dem Richter so zeitig vor dem Termine anzuzeigen, daß sie noch zu demselben herbeigeschafft werden können.

§ 124. Erscheint der Angeschuldigte in dem Termine persönlich oder durch einen zulässigen Bevollmächtigten, so ist nach Vorschrift der §§ 115. bis 121. zu verfahren; erscheint er nicht, so hat der Richter einen Vermerk hierüber aufzunehmen.

§ 125. Der Angeschuldigte kann auf Restitution antragen, wenn er durch unabwendbare Umstände verhindert worden ist, persönlich in dem Termine zu erscheinen. Das Restitutionsgesuch muß binnen zehn Tage nach dem Termine bei dem Polizeirichter angebracht werden, und die Angabe der Hinderungsgründe mit der erforderlichen Bescheinigung enthalten. Auf unbescheinigte Hinderungsgründe darf der Richter keine Rücksicht nehmen. Erst nach Ablauf dieser Frist ist die Strafe zu vollstrecken.

§ 126. Findet der Polizeirichter das Restitutionsgesuch begründet, so ist ein naher Termin zur Verhandlung der Sache anzuberaumen und nach den Vorschriften der §§ 115. bis 121. zu verfahren. Bleibt der Angeschuldigte in diesem Termin abermals aus, so ist die Strafe, ohne weitere Zulassung eines Rechtsmittels, zur Vollstreckung zu bringen.

§ 127. Findet der Richter das Restitutionsgesuch nicht begründet, so weiset er dasselbe durch eine Resolution zurück, gegen welche dem Angeschuldigten die Beschwerde an die im § 119. bezeichnete Deputation offen steht; diese Beschwerde muß aber binnen 24 Stunden nach Zustellung der Resolution bei dem Polizeirichter angebracht werden. Wird von der Deputation für die Zulassung der Restitution entschieden, so geht die Sache zur Verhandlung in erster Instanz an den Polizeirichter zurück.

§ 128. Zur Entscheidung über das Restitutionsgesuch und über die Beschwerde gegen die dasselbe zurückweisende Resolution bedarf es der vorgängigen Anhörung des Polizeianwaltes nicht.[341]

Davor gab es zwar auch schon vereinfachte Verfahren[342], bei denen teilweise auch ein Urteil in Abwesenheit des Angeklagten gefällt werden konnte, allerdings bestanden hier keine großen Ähnlichkeiten zum Strafbefehlsverfahren.[343]

Nachdem das Mandatsverfahren anfangs nur für die Polizeirichter in Berlin galt, wurde es am 01. Januar 1849 durch die preußische Verordnung über die Gerichtsorganisation und den Strafprozess auf alle Verfahren vor dem Einzelrichter in ganz Preußen ausgedehnt.[344] Später fand sich das preußische Mandatsverfahren sogar in fast allen Bundesländern wieder.[345]

Der Anwendungsbereich des ursprünglichen Mandatsverfahrens beschränkte sich auf die leichteste Form der Zuwiderhandlung, nämlich die Polizeivergehen in Form von Übertretungen; auf Vergehen und Verbrechen war es hingegen nicht anwendbar.[346] Der Sanktionsrahmen bei Polizeivergehen

---

341 Übernommen aus *Elobied*, Die Entwicklung des Strafbefehlsverfahrens, Anhang I, S. 223 f.; mit nahezu gleichem Wortlaut ist das Mandatsverfahren auch später in den §§ 171 ff. der Verordnung vom 3. Januar 1949 geregelt, abgedruckt bei *Häberlin*, Sammlung der neuen deutschen Strafprozessordnungen, S. 194 ff., 226 f.

342 Dazu genauer *Müller*, Das Strafbefehlsverfahren, S. 175 ff. m.w.N.; vgl. *Mayer*, GS 96, 397, 399 ff.; vgl. *Mayer*, GS 98, 330, 331 ff. vgl. *Mayer*, GS 99, 36, 41.

343 Den sachlichen Unterschied betont auch *Müller*, Das Strafbefehlsverfahren, z.B. S. 177 f., 195; aus diesem Grunde wird an dieser Stelle auf eine umfangreichere Darstellung verzichtet, ausf. hierzu *Müller*, Das Strafbefehlsverfahren, S. 167 ff., *Erbe*, Zum Wesen des Strafbefehls, S. 27 ff.

344 *Müller*, Das Strafbefehlsverfahren, S. 220 f.; *Vivell*, Strafbefehlsverfahren nach § 408a, S. 26.

345 *Kirch*, Das Strafbefehlsverfahren nach dem StVÄG 1987, S. 12; *Vivell*, Strafbefehlsverfahren nach § 408a, S. 28 m.w.N. zu den jeweiligen Gesetzen; *Müller*, Das Strafbefehlsverfahren, S. 227 f.

346 *Müller*, Das Strafbefehlsverfahren, S. 218; *Vivell*, Strafbefehlsverfahren nach § 408a, S. 27; wobei der Begriff der Polizeivergehen nicht randscharf war, *Elobied*,

lag zu der Zeit bei bis zu 150 Talern oder einer Freiheitsstrafe von bis zu sechs Wochen.[347] Voraussetzung für das Verfahren war die Anzeige eines vereidigten Beamten, dessen Aussagen man offenbar eine höhere Beweiskraft zusprach als denen von Normalbürgern.[348]

Der Richter hatte damals nicht die Kompetenz, die Erledigung eines Falles im Wege des Mandatsverfahrens infolge einer solchen Anzeige durch die Anberaumung einer Hauptverhandlung abzuwenden, wie es heute der Fall ist.[349]

Anfangs war bei der Einführung des Mandatsverfahrens nicht primäre Erwägung, ein vereinfachtes Verfahren für unbedeutende Delikte zu generieren oder die Entlastung der Gerichte herbeizuführen; die Schaffung des Mandatsverfahrens geschah zunächst vielmehr anlässlich der Kritik an der Administrativjustiz der Polizeibehörden.[350] Erst später wurde das Mandatsverfahren von der Intention getragen, geringfügige Sachen in einem vereinfachten Verfahren

---

Die Entwicklung des Strafbefehlsverfahrens, S. 6 f. m.w.N.: z.T. wurde lediglich ein Zuständigkeitsproblem gesehen; daher sei es, wenn Zuständigkeitsregeln fehlten, zur Kompetenzstreitigkeit zwischen Polizei und Justiz gekommen, *Bielitz*, Verfassung und Verwaltung der Polizei in Preußen, § 12; zum Polizeistrafrecht im 19. Jh. siehe *Mattes*, Untersuchungen Bd. I, S. 92 ff.

347 *Vivell*, Strafbefehlsverfahren nach § 408a, S. 27, die Freiheitsstrafe sei aber nur in Form des Polizeigefängnisses zulässig gewesen, die damals mildeste von vier Arten der Freiheitsstrafe.

348 *Mayer*, GS 99, 36, 40; vgl. *Thuma*, Das Strafbefehlsverfahren im geltenden und künftigen Recht, S. 22; *Vivell*, Strafbefehlsverfahren nach § 408a, S. 27; *Müller*, Das Strafbefehlsverfahren, S. 219: Dies zeige, dass man um die Gefahren eines schriftlichen Verfahrens durchaus wusste und so versuchte, diese auszugleichen; dieser Aspekt ist auch heute noch von hoher Relevanz: Beamten im Zeugenstand wird auch heute noch (unbewusst) durchaus eine größere Glaubwürdigkeit beigemessen (*Eisenberg*, Beweisrecht der StPO, Rn. 1455), sodass dies kein rein historisches Problem ist. Insbesondere beim summarischen Strafbefehlsverfahren, bei dem der Erlass auf einer Entscheidungsgrundlage basiert, die durch die Beamten der Polizei und Staatsanwaltschaft ermittelt wurde, spielt dieser Punkt eine Rolle. Das Strafbefehlsverfahren verzichtet zwar auf mündliche Zeugen, allerdings werden schriftliche Äußerungen angebracht, was für den Beschuldigten aber nicht unbedingt nachteilhaft sein muss.

349 *Müller*, Das Strafbefehlsverfahren, S. 219 f.; *Vivell*, Strafbefehlsverfahren nach § 408a, S. 27.

350 *Elobied*, Die Entwicklung des Strafbefehlsverfahrens, S. 25; *Müller*, Das Strafbefehlsverfahren, S. 215; *Hüls*, Polizeiliche und staatsanwaltschaftliche Ermittlungstätigkeit, S. 147.

zu erledigen, da bei geringfügigen Delikten der Aufwand und die Kosten eines ordentlichen Verfahrens nicht mehr gerechtfertigt seien.[351]

Auch wenn der Richter die Verfahrensart nicht beeinflussen konnte, war er aber bezüglich der Strafbemessung nicht an den Antrag gebunden; vielmehr konnte er hiervon abweichen, ohne dass dem Polizeianwalt gegen die abweichende Entscheidung ein Rechtsbehelf zustand.[352]

Der Einspruch des Angeklagten gegen eine ergangene Verfügung konnte, anders als heute, nur mündlich und durch den Angeklagten oder seinem Vertreter persönlich vor dem Richter eingelegt werden.[353]

Durch Gesetz vom 03. Mai 1852 erfuhr das Mandatsverfahren, dort in den Art. 122 ff. geregelt, diverse Änderungen: Zum einen wurde das Verfahren zum Regelverfahren nicht mehr nur für die polizeilichen, sondern sämtliche Übertretungen.[354] Außerdem erhielt der Richter eine eigene Prüfungskompetenz und die Notwendigkeit einer amtlichen Anzeige entfiel, sodass sich der Richter zur Überzeugungsbildung auch jedes anderen Beweismittels bedienen konnte[355]; weiterhin konnte der Einspruch nunmehr auch schriftlich eingelegt werden und auch die reformatio in peius wurde ausdrücklich zugelassen.[356]

> Gesetz, betreffend die Zusätze zu der Verordnung vom 3. Januar 1849 über die Einführung des mündlichen und öffentlichen Verfahrens mit Geschworenen in Untersuchungssachen, vom 3. Mai 1852:
>
> Artikel 122. Wenn weder der Beschuldigte vorgeführt wird, noch die Verhaftung desselben erforderlich ist, so kann der Polizeianwalt bei dem Polizeirichter den Antrag stellen, dass die verwirkte Strafe ohne vorgängige Hauptverhandlung durch eine Strafverfügung festgesetzt werde. Dieser Antrag muß die Angabe der Thatsachen, durch welche die Uebertretung begangen sein soll, die dafür vorhandenen Beweise, sowie die Anführung der anzuwendenden Strafvorschrift enthalten, und auf eine bestimmte, nach Art und Höhe zu bezeichnende Strafe gerichtet sein.

351 Vgl. Motive zu dem Entwurfe einer Deutschen Strafprozessordnung, S. 201; *Elobied*, Die Entwicklung des Strafbefehlsverfahrens, S. 25; Kommissionsbericht der ersten Kammer, Vollständige Materialien, S. 785.

352 *Müller*, Das Strafbefehlsverfahren, S. 219 f.

353 Sog. Terminsystem, *Elobied*, Die Entwicklung des Strafbefehlsverfahrens, S. 14; *Vivell*, Strafbefehlsverfahren nach § 408a, S. 27.

354 *Mayer*, GS 99, 36, 42; *Vivell*, Strafbefehlsverfahren nach § 408a, S. 27 f.; *Müller*, Das Strafbefehlsverfahren, S. 223, auch zum Wortlaut der Art. 122 f.

355 *Thuma*, Das Strafbefehlsverfahren im geltenden und künftigen Recht, S. 23.

356 *Müller*, Das Strafbefehlsverfahren, S. 223 f.; *Vivell*, Strafbefehlsverfahren nach § 408a, S. 28.

Artikel 123. Der Polizeirichter hat, wenn nicht besondere Bedenken entgegenstehen, die von ihm für angemessen erachtete Strafe durch Verfügung festzusetzen. Ist die festgesetzte Strafe geringerer oder von anderer Art als die beantragte, so wird die Strafverfügung zunächst dem Polizeianwalte mitgetheilt und erst dann nach Artikel 124 dem Beschuldigten zugestellt, wenn der Polizeianwalt nicht innerhalb dreier Tage nach der ihm gewordenen Mittheilung die Einleitung des mündlichen Verfahrens beantragt.

Artikel 124. Die Strafverfügung muss enthalten:

1. die Beschaffenheit der Uebertreung, sowie die Zeit und der Ort derselben;
2. die dafür angegebenen Beweise;
3. die Festsetzung der Strafe und des Kostenpunktes, unter Anführung der Vorschrift, auf welche dieselbe sich gründet und falls eine Geldbusse ausgesprochen ist, unter Bezeichnung der Kasse, an welche dieselbe gezahlt werden soll;
4. die Eröffnung, dass der Beschuldigte, wenn er sich durch die Strafverfügung beschwert finden sollte, innerhalb einer zehntägigen Frist, von dem Tage nach der Zustellung der Verfügung an gerechnet, seinen Einspruch dagegen bei dem Polizeirichter schriftlich oder zu Protokoll anzumelden und zugleich die zu seiner Verteidigung dienenden Beweismittel anzuzeigen habe; dass aber, falls in dieser Frist ein Einspruch nicht eingehe, die Strafverfügung Rechtskraft erlangen und gegen ihn vollstreckt werden würde.

Die Verfügung wird dem Beschuldigten in beglaubigter Form zugestellt.

Artikel 125. Wenn in der zehntägigen Frist ein Einspruch nicht erhoben wird, so erlangt die Strafverfügung die Kraft eines vollstreckbaren Urtheils, wogegen ein weiteres Rechtsmittel nicht stattfindet, jedoch vorbehaltlich der Bestimmung des Artikels 130. In dem entgegengesetzten Fall wird das Hauptverfahren eingeleitet, ohne dass es der Einreichung einer Anklageschrift bedarf, und ohne dass über die Eröffnung der Untersuchung Beschluss gefasst wird.

Artikel 126. Erscheint der Beschuldigte in dem zur Hauptverhandlung angesetzten Termine nicht, so wird der Einspruch durch Urtheil verworfen, ohne dass eine weitere Verhandlung stattfindet.

Artikel 127. Wenn der Beschuldigte in dem angesetzten Termine persönlich oder durch einen Vertreter erscheint, so wird in Gemässheit des Artikels § 128 zur Hauptverhandlung geschritten. Der Polizeirichter ist befugt, auch auf eine andere Strafe zu erkennen, als in der Strafverfügung festgesetzt war.[357]

Allerdings wurde bereits kurze Zeit später, nämlich mit Gesetz vom 14. Mai 1852, die durch das Gesetz vom 17. Juli 1846 vorgenommene Verlagerung der Kompetenz des bisherigen Polizeipräsidiums auf die Gerichte wieder ein Stück

357 Text abgedruckt bei *Liman*, Der Preußische Strafprozeß, S. 228 ff. und *Häberlin*, Sammlung der neuen deutschen Strafprozessordnungen, S. 232v f.

weit revidiert, auch wenn die polizeiliche Strafgerichtsbarkeit als Ausnahme eingeführt wurde und die Befugnis der Polizei eingeschränkt war.[358]

Während des späteren Verlaufs wurde der Anwendungsbereich des Mandatsverfahrens mit der Begründung, das Verfahren sei zweckmäßig, ausgeweitet: In verschiedenen Entwürfen wurde vorgeschlagen, auch Vergehen zu erfassen.[359]

Während dieser ganzen Zeit standen nicht primär die Rechte des Beschuldigten im Vordergrund; dessen Rechte wurden nur insofern eingeführt, als sie das Verfahren nicht in die Länge zogen – denn die hinter den Änderungen des Mandatsverfahrens stehende Intention war vor allem die Schaffung eines einfachen Verfahrens für geringfügige Delikte.[360] Dies zeigt insbesondere auch die Beschränkung des Verfahrens auf Übertretungen. Diese entsprachen ihrer Rechtsnatur nach den späteren Ordnungswidrigkeiten[361] – ein Indiz dafür, dass das Verfahren auf leichte Zuwiderhandlungen beschränkt sein sollte.

II. Die Entwicklung in der Reichsstrafprozessordnung

Am 01. Oktober 1879 trat die Reichsstrafprozessordnung vom 01. Februar 1877[362] in Kraft. Das Strafbefehlsverfahren[363] war dort in den §§ 447 ff. RStPO geregelt.[364]

---

358 § 1 regelte etwa, dass der Polizeiverwalter nur eine Strafe von fünf Talern oder drei Tagen Gefängnis anordnen darf, bei höheren Strafen war der Polizeianwalt zuständig, Text abgedruckt bei *Liman*, Der Preußische Strafprozeß, S. 528 ff.; siehe auch bei *Häberlin*, Sammlung der neuen deutschen Strafprozessordnungen, S. 232z f.; siehe auch bei *Müller*, Das Strafbefehlsverfahren, S. 224 f.

359 *Elobied*, Die Entwicklung des Strafbefehlsverfahrens, S. 23, 26; siehe die Fußnote im Entwurf einer Strafprozeß-Ordnung für den preußischen Staat nebst motivierenden Anmerkungen, S. 162; *Abegg*, Der Entwurf einer Strafprozessordnung, S. 83.

360 *Elobied*, Die Entwicklung des Strafbefehlsverfahrens, S. 27.

361 Vgl. *Vivell*, Strafbefehlsverfahren nach § 408a, S. 27; die Übertretungen wurden mit dem EGStGB 1974 in Ordnungswidrigkeiten umgewandelt, BGBl. 1974 I, S. 472; BT-Drs. 7/550, S. 7 f., 306, 342, 352 f.

362 RGBl. 1877, S. 253.

363 *Kirch*, Das Strafbefehlsverfahren nach dem StVÄG 1987, S. 13 ff.: Die Bezeichnung „Strafbefehl" komme aus dem hannoverschen Recht und wurde mit der RStPO übernommen.

364 *Hahn*, Strafprozessordnung, S. 146 ff.; *Müller*, Das Strafbefehlsverfahren, S. 237; *Schaal*, in: GS Meyer, 427, 434; KMR/*Metzger* Vor § 407 Rn. 3; dazu auch v. Holtzendorff, HdB des deutschen Strafprozeßrechts/*Meves*, S. 384 ff.

Reichsstrafprozessordnung vom 01. Februar 1877:

§ 447 In den zur Zuständigkeit der Schöffengerichte gehörigen Sachen, mit Ausnahme der in § 23 Nr. 3–8 des Gerichtsverfassungsgesetzes bezeichneten Vergehen, kann durch schriftlichen Strafbefehl des Amtsrichters ohne vorgängige Verhandlung eine Strafe festgesetzt werden, wenn die Staatsanwaltschaft schriftlich hierauf anträgt. Durch einen Strafbefehl darf jedoch keine andere Strafe als Geldstrafe von höchstens einhundertfünfzig Mark oder Freiheitsstrafe von höchstens sechs Wochen, sowie eine etwa verwirkte Einziehung festgesetzt werden. Die Ueberweisung des Beschuldigten an die Landespolizeibehörden darf in einem Strafbefehle nicht ausgesprochen werden.

§ 448 Der Antrag ist auf eine bestimmte Strafe zu richten. Der Amtsrichter hat demselben zu entsprechen, wenn der Erlassung des Strafbefehls Bedenken nicht entgegenstehen. Findet der Amtsrichter Bedenken, die Strafe ohne Verhandlung, so ist die Sache zur mündlichen Verhandlung zu bringen. Dasselbe gilt, wenn der Amtsrichter eine andere als die beantragte Strafe festsetzen will und die Staatsanwaltschaft bei ihrem Antrage beharrt.

§ 449 Der Strafbefehl muss außer der Festsetzung der Strafe, die strafbare Handlung, das angewendete Strafgesetz und die Beweismittel bezeichnen, auch die Eröffnung enthalten, daß er vollstreckt werde, wenn der Beschuldigte nicht binnen einer Woche nach der Zustellung bei dem Amtsgerichte schriftlich oder zu Protokoll des Gerichtsschreibers Einspruch erhebe. Auf den Einspruch kann vor Ablauf der Frist verzichtet werden.

§ 450 Ein Strafbefehl, gegen welchen nicht rechtzeitig Einspruch erhoben worden ist, erlangt die Wirkung eines rechtskräftigen Urtheils.

§ 451 Bei rechtzeitigem Einspruch wird, zur Hauptverhandlung vor dem Schöffengericht geschritten, sofern nicht bis zum Beginn derselben die Staatsanwaltschaft die Klage fallen lässt oder der Einspruch zurückgenommen wird. Der Angeklagte kann sich in der Hauptverhandlung durch einen mit schriftlicher Vollmacht versehenen Vertheidiger vertreten lassen. Bei der Urtheilsfällung ist das Schöffengericht an den in dem Strafbefehl enthaltenen Ausspruch nicht gebunden.

§ 452 Bleibt der Angeklagte ohne genügende Entschuldigung in der Hauptverhandlung aus, und wird er auch nicht durch einen Vertheidiger vertreten, so wird der Einspruch ohne Beweisaufnahme durch Urtheil verworfen. Ein Angeklagter, welchem gegen den Ablauf der Einspruchsfrist Wiedereinsetzung in den vorigen Stand gewährt worden war, kann die letztere nicht mehr gegen das Urtheil beanspruchen.[365]

365 Text abgedruckt bei *Hahn*, Strafprozessordnung, S. 146 ff.

Die Gründe, das Verfahren in die RStPO zu übernehmen, lagen zum einen darin, dass es das Bedürfnis nach einer Verfahrensvereinfachung für leichtere Delikte gab[366] und man das Strafbefehlsverfahren diesbezüglich für zweckmäßig hielt[367], zum anderen war es in den Ländern auch weitgehend bereits vorhanden[368].

Im Grundsatz war das Verfahren an das preußische Recht angelehnt[369], wurde ihm gegenüber aber in den Entwürfen zur RStPO zunächst auf Übertretungen[370] beschränkt.[371] Die Intention der später erfolgten Ausweitung bestand – wie bereits bei der preußischen Gesetzgebung – weiter darin, viele Delikte entsprechend ihrer Geringfügigkeit[372] in einem praktikablen Verfahren erledigen zu können.[373] Mit der Erweiterung des Anwendungsbereichs des Strafbefehlsverfahrens wurde auch die Sanktionsmöglichkeit der Gerichte angehoben; man einigte sich auf bis zu sechs Wochen Gefängnisstrafe.[374]

366 Vgl. Motive zu dem Entwurfe einer Deutschen Strafprozessordnung, S. 201.

367 *Mayer*, GS 99, 36, 59; vgl. Motive zu dem Entwurfe einer Deutschen Strafprozessordnung, S. 201; *Elobied*, Die Entwicklung des Strafbefehlsverfahrens, S. 38.

368 *Kirch*, Das Strafbefehlsverfahren nach dem StVÄG 1987, S. 13 ff; *Elobied*, Die Entwicklung des Strafbefehlsverfahrens, S. 38, 55 f.: Zur Begründung wurde auch auf das Ungehorsamsverfahren verwiesen, durch das geringfügige Delikte vereinfacht erledigt werden konnten – denn man erkannte, dass es für den Angeklagten nachteilhafter sein kann, persönlich zu einer Verhandlung zu erscheinen, als eine Strafe auferlegt zu bekommen – insofern flossen Erwägungen zu Gunsten des Beschuldigten ein; siehe auch *Hahn*, Gesamte Materialien zur Strafprozessordnung, Abt. I., S. 286; *Maleika*, Freiheitsstrafe und Strafbefehl, S. 53.

369 *Mayer*, GS 99, 36, 59; *Kirch*, Das Strafbefehlsverfahren nach dem StVÄG 1987, S. 13.

370 Das RStGB unterteilte Straftaten in Verbrechen, Vergehen und die am wenigsten schwerwiegenden Übertretungen, vgl. die §§ 126, 211 der damaligen RStPO, RGBl. 1877, S. 253.

371 *Elobied*, Die Entwicklung des Strafbefehlsverfahrens, S. 55.

372 Welche Delikte als geringfügig einzustufen sind, sollte anhand materieller Kriterien beurteilt werden; Geringfügig waren i.E. alle Vergehen mit höherer Strafandrohung als drei Monaten Gefängnis oder 600 Mark, da der Richter hier zur Entscheidung eines persönlichen Eindrucks des Angeklagten bedürfe, *Elobied*, Die Entwicklung des Strafbefehlsverfahrens, S. 49, 55; vgl. auch *Hahn*, Gesamte Materialien zur Strafprozessordnung, Abt. II., S. 1426.

373 *Elobied*, Die Entwicklung des Strafbefehlsverfahrens, S. 55.

374 *Elobied*, Die Entwicklung des Strafbefehlsverfahrens, S. 56; *Vivell*, Strafbefehlsverfahren nach § 408a, S. 31; *Maleika*, Freiheitsstrafe und Strafbefehl, S. 55, 58.

Die – vom ersten Entwurf bis zur Gesetzesfassung beständige – Ausweitung der Strafbefugnis[375] wurde nicht positiv begründet; man weitete sie mangels Argumenten für eine Einschränkung aus.[376]

Während der Staatsanwaltschaft mehr Einfluss zukam, indem die Richter bezüglich der Straffestsetzung an ihren Antrag gebunden wurden[377], sah der Gesetzgeber keinen Anlass, die Rechte des Beschuldigten zu stärken – verworfen wurde nämlich sowohl der Vorschlag, dem Beschuldigten die Möglichkeit zu geben, selbst eine Erledigung im Strafbefehlsverfahren wählen zu können, als auch eine Verpflichtung der Justiz, den Strafbefehl persönlich zuzustellen.[378]

1. Die Bestrebungen nach Inkrafttreten der RStPO

Bereits kurz nach ihrem Inkrafttreten bestand das Bedürfnis nach einer Reformierung.[379] Grund hierfür war, dass der RStPO vorgeworfen wurde, lediglich Kompromisscharakter zu besitzen, zumal sie sowohl den Partei-, als auch den Inquisitionsprozess integrierte.[380] Außerdem gab es keine Möglichkeit, gegen die erstinstanzlichen Urteile der Strafgerichte Berufung einzulegen.[381]

In den Folgejahren blieb – auch wenn die Umsetzung in der Strafprozessreform scheiterte – die Intention aufrechterhalten, den Anwendungsbereich des Strafbefehlsverfahrens auszudehnen.[382] So wurde 1905 vorgeschlagen, die Voraussetzungen des Verfahrens sogar auf solche Delikte zu erweitern, die zu Beginn der Reichsstrafprozessordnung noch vom Anwendungsbereich ausgenommen waren, da ihre „tiefe sittliche

375 *Elobied*, Die Entwicklung des Strafbefehlsverfahrens, S. 33 ff., 55.

376 *Elobied*, Die Entwicklung des Strafbefehlsverfahrens, S. 56, fragt zudem, warum man die Strafgewalt dann überhaupt einschränkte und vermutet, dass die Strafe, wenn sie über das Höchstmaß bei Übertretungen ging, als zu schwerwiegend angesehen wurde.

377 § 448 RStPO; gegen eine gelockerte Bindung auch Struckmann in *Hahn*, Gesamte Materialien zur Strafprozessordnung, Abt. II., S. 1428; zur Diskussion siehe auch Abt. I, S. 1119 f.

378 *Elobied*, Die Entwicklung des Strafbefehlsverfahrens, S. 56.

379 Vgl. RT-Drs. Nr. 399/1884/85; Nr. 84/1885/86; Nr. 18/1892/93; *Elobied*, Die Entwicklung des Strafbefehlsverfahrens, S. 57; *Maleika*, Freiheitsstrafe und Strafbefehl, S. 58.

380 *Müller*, Rechtsstaat und Strafverfahren, S. 66; vgl. *Scholz*, Der amtsrichterliche Strafbefehl, S. 7; *Maleika*, Freiheitsstrafe und Strafbefehl, S. 58.

381 *Scholz*, Der amtsrichterliche Strafbefehl, S. 7; *Maleika*, Freiheitsstrafe und Strafbefehl, S. 58.

382 *Elobied*, Die Entwicklung des Strafbefehlsverfahrens, S. 64 ff., 83.

Bedeutung" für die „Fundamente der Staatsordnung" eine Einbeziehung nicht zuließe[383.384] Auch in einem Entwurf von 1909 wurden die Ausdehnungsbestrebungen deutlich; hier sollte auch die Geldstrafe bis zum gesetzlichen Höchstmaß zugelassen werden.[385] Wie anfangs in Preußen beruhte dies auf der wirtschaftlichen Erwägung, dass ohne ein vereinfachtes Verfahren für leichte Delikte der Nutzen außer Verhältnis zu den Kosten stehe – auch dem Beschleunigungseffekt wurde Relevanz zugesprochen.[386]

2. *Die Intentionen im ersten Weltkrieg*

Der Krieg veranlasste zu finanzpolitischen Erwägungen und führte dazu, dass der Anwendungsbereich des Strafbefehlsverfahrens zum ersten Mal tatsächlich erweitert wurde – denn es war notwendig, die Justiz zu entlasten und das hierdurch eingesparte Geld für den Krieg zur Verfügung zu haben.[387]

Nachdem zu Kriegsbeginn 1914 die Anzahl der Straftaten zunächst zurückging, begann sie ein Jahr später aufgrund der Kriminalisierung vieler Handlungen über die Ermächtigung in § 3 des Gesetzes über die Ermächtigung des Bundesrats zu wirtschaftlichen Maßnahmen und über die Verlängerung der Fristen des Wechsel- und Scheckrechts im Falle kriegerischer Ereignisse (WirtschErmG) vom 04. August 1914[388] und diverser Anordnungen der

---

383 *Hahn*, Gesamte Materialien zur Strafprozessordnung, Abt. II., S. 1425 f.: Eine Ausweitung des Verfahrens auf eine große Anzahl von Vergehen, deren Bestrafung auf tief sittlichen Gründen beruhe und welche an den Fundamenten der Staatsordnung rütteln, erscheine unzulässig.

384 Zitiert nach *Müller*, Das Strafbefehlsverfahren, S. 239; *Maleika*, Freiheitsstrafe und Strafbefehl, S. 59 Fn. 189; vgl. *Elobied*, Die Entwicklung des Strafbefehlsverfahrens, S. 49, 55; *Paulsen*, DJZ 1906, 1369, 1370 wollte sogar noch weitere Delikte aufnehmen, gab aber auch zu Bedenken, dass beim Widerstand gegen die Staatsgewalt eine gerichtliche Vernehmung erforderlich sei und man nicht allein auf die Aussage des betroffenen Beamten abstellen dürfe.

385 *Scholz*, Der amtsrichterliche Strafbefehl, S. 18; *Müller*, Das Strafbefehlsverfahren, S. 241; *Elobied*, Die Entwicklung des Strafbefehlsverfahrens, S. 78.

386 *Elobied*, Die Entwicklung des Strafbefehlsverfahrens, S. 78, 84.

387 *Elobied*, Die Entwicklung des Strafbefehlsverfahrens, S. 86 ff., 98.

388 RGBl. 1914, 327 f.: § 3 Abs. 1: Der Bundesrat wird ermächtigt, während der Zeit des Krieges diejenigen gesetzlichen Maßnahmen anzuordnen, welche sich zur Abhilfe wirtschaftlicher Schädigungen als notwendig erweisen; dazu krit. *Schmidt*, ZStW 37 (1916), 69 ff.

Militärbefehlshaber nach § 9 PreußBelZustG[389] wieder zu steigen.[390] Zunächst wurde auf Grundlage von § 3 WirtschErmG die Verordnung vom 04. Juni 1915[391] erlassen, nach der nach § 1 Verstöße gegen Vorschriften über wirtschaftliche Maßnahmen durch Strafbefehl geahndet werden konnten, kurze Zeit später wurde diese durch Verordnung vom 07. Oktober 1915[392] auf bestimmte kriegsbezogene Vergehen erweitert, bei denen eine Strafe von bis zu einem Jahr Gefängnis vorgesehen war[393]. Zur Begründung wurde angeführt, dass das Strafbefehlsverfahren eine vereinfachte und beschleunigte Erledigung ermögliche, sich bewährt habe und in vielen Fällen unbedenklich zur Anwendung gelangen könne.[394]

Mit Vereinfachungsgesetz vom 21. Oktober 1917[395] wurde das Strafbefehlsverfahren dann auf alle Vergehen ausgeweitet und die Beschränkung der Höhe der Geldstrafe aufgehoben[396]; auch hierbei wurde angeführt, Geld und Personal kriegsbedingt an anderer Stelle einsetzen zu können.[397] Die Erfassung aller Vergehen wurde damit begründet, dass sowohl der Sachverhalt als auch die zur Strafzumessung nötigen Umstände theoretisch bei jedem Vergehen im konkreten Fall ohne eine Hauptverhandlung aufgeklärt werden können und hier zudem nur eine geringe Bestrafung erforderlich sei.[398]

Das ursprünglich nur bei Polizeivergehen zulässige Verfahren wurde durch die Erfassung aller Vergehen damit zu einer besonderen Art des Strafverfahrens,

---

389 Gesetzestext bei *Elobied*, Die Entwicklung des Strafbefehlsverfahrens, S. 86 Fn. 392.

390 Vgl. BR-Drs. 144/1915, S. 3; *Elobied*, Die Entwicklung des Strafbefehlsverfahrens, S. 86; vgl. ferner *Falck*, DJZ 1915, 374 f.; zu § 9b des Preuß. BelZustG. *Ebermayer*, LZ 1915, 806 ff.

391 RGBl. 1915, S. 325.

392 RGBl. 1915, S. 631, ebenfalls gestützt auf § 3 WirtschErmG (RGBl. 1914, S. 327).

393 *Kirch*, Das Strafbefehlsverfahren nach dem StVÄG 1987, S. 16; *Vivell*, Strafbefehlsverfahren nach § 408a, S. 32.

394 BR-Drs. 144/1915, S. 3.

395 RGBl. 1917, S. 957.

396 RT-Drs. 1214/1914/17, S. 241; *Müller*, Das Strafbefehlsverfahren, S. 242 m.N.: Näher begründet worden sei dies nicht, es habe nur lapidar geheißen, dass kein innerer Grund bestehe, das weite Gebiet der übrigen Vergehen grundsätzlich von den Strafbefehlsverfahren auszuschließen; so auch *Thuma*, Das Strafbefehlsverfahren im geltenden und künftigen Recht, S. 30 m.N.

397 *Elobied*, Die Entwicklung des Strafbefehlsverfahrens, S. 98; *Vivell*, Strafbefehlsverfahren nach § 408a, S. 33.

398 Sten. Berichte RT, Bd. 320, Drs. Nr. 658, S. 17; *Elobied*, Die Entwicklung des Strafbefehlsverfahrens, S. 95.

durch das in der folgenden Zeit knapp ein Drittel der Strafverfahren erledigt wurde.[399]

Allerdings scheint die kriegsbedingte Lage nicht das einzige Motiv für die Ausdehnung des Anwendungsbereichs gewesen zu sein, da sich dahingehend geäußert[400] wurde, dass zudem Intention war, das Verfahren unter dem Deckmantel des Krieges[401] aus kriminalpolitischen Gründen – eine Vereinfachung der Rechtspflege sei ohnehin geplant gewesen – über die Bagatelldelikte hinaus zu erstrecken.[402]

3. Der Strafbefehl in der Weimarer Republik (1918–1933)

Die politischen Nachkriegsverhältnisse wirkten sich auch auf den Umgang mit dem Strafbefehlsverfahren aus.[403] Es herrschte eine volkswirtschaftliche Notlage, die zu erheblichen Einsparungen in der Justiz führte; aber auch die Zivilbevölkerung litt wirtschaftliche Not, wodurch insbesondere die Kleinkriminalität deutlich anstieg, was die Strafjustiz überlastete.[404]

Die anfangs nur temporär gedachten Ausweitungsmaßnahmen des Strafbefehlsverfahrens ließ man in der folgenden Zeit des Friedens daher bestehen[405],

---

399 *Lucas*, DStrZ 1918, 2, 3 f.; *Müller*, Das Strafbefehlsverfahren, S. 242; vgl. *Erbe*, Zum Wesen des Strafbefehls, S. 75 f.; *Maleika*, Freiheitsstrafe und Strafbefehl, S. 67.

400 „[...] War die Durchführung dieser Pläne zunächst nur für die Zeit nach dem Frieden gedacht, so gab uns [...] die Bewegung einen willkommenen Anlass, die Verwirklichung der auf Vereinfachung der Rechtspflege hinzielende Bestrebung in einzelnen Beziehungen schon jetzt in Angriff zu nehmen“, Lisco, zitiert nach *Elobied*, Die Entwicklung des Strafbefehlsverfahrens, S. 95.

401 *Elobied*, Die Entwicklung des Strafbefehlsverfahrens, S. 94 f.; in RT-Drs. 1214/1914/17, S. 241 wurde das Gesetz vom 21. Oktober 1917 als Kriegsmaßnahme bezeichnet, das nach dem Krieg wieder außer Kraft treten solle.

402 *Elobied*, Die Entwicklung des Strafbefehlsverfahrens, S. 86, 98 f.

403 *Müller*, Das Strafbefehlsverfahren, S. 243; *Elobied*, Die Entwicklung des Strafbefehlsverfahrens, S. 101.

404 *Vivell*, Strafbefehlsverfahren nach § 408a, S. 34; vgl. *Müller*, Das Strafbefehlsverfahren, S. 243.

405 *Müller*, Das Strafbefehlsverfahren, S. 242; vgl. auch *Erbe*, Zum Wesen des Strafbefehls, S. 76, der davon spricht, dass das urspr. nur für Polizeiübertretungen gedachte Verfahren unter den besonderen Kriegsverhältnissen zu einer Sonderform des Strafprozesses geworden sei; krit. zur Übernahme dieser Ausdehnung in Friedenszeit: *Lucas*, DStrZ 1918, 2, 4; vgl. auch *v. Hippel*, ZStW 41 (1920), 325, 370; krit. auch der damalige Preußische Justizminister, da eine gute Strafrechtspflege die mündliche Verhandlung als Grundlage einer gerechten Strafzumessung

da sich das ausgeweitete Verfahren in der Praxis bewährt habe.[406] Dabei stand die Entlastung der Strafrechtspflege im Vordergrund[407], nicht vorgebracht wurden hingegen die Kriterien der Geringfügigkeit der Delikte oder des einfachen, ohne Hauptverhandlung zu ermittelnden Sachverhaltes – insofern ging es nun nicht mehr darum, bei geringfügigen Sachen aus Prinzip ein entsprechend einfaches Verfahren durchzuführen.[408]

Das Vereinfachungsgesetz vom 21. Oktober 1917 wurde durch das Gesetz zur Entlastung der Gerichte vom 11. März 1921[409] außer Kraft gesetzt. Das neue Gesetz änderte aber nichts am Anwendungsbereich des Strafbefehlsverfahrens, sondern übernahm vielmehr den Inhalt des § 447 RStPO.[410]

Wenige Jahre später trat die Verordnung über Gerichtsverfassung und Strafrechtspflege vom 4. Januar 1924[411] in Kraft, die bestimmte, dass nunmehr nicht nur sechs Wochen, sondern bis zu drei Monate Freiheitsstrafe durch Strafbefehl festgesetzt werden konnten.[412] Diese beiden neuen Gesetze dehnten den Anwendungsbereich des Verfahrens stark aus[413] – was, wie erwähnt, angestrebt wurde, da die Entlastung der Strafrechtspflege und Einsparungen auch in der Justiz in der derzeitigen Situation, die von Kriegsfolgen geprägt war und Reparationspflichten mit sich brachte, gerade im Bereich der Kleinkriminalität besonders notwendig gewesen ist.[414]

---

voraussetze, der aber wegen der s. E. notwendigen Laienrichterersparnis keinen Einwand erhob, *Schubert/Regge/Rieß/Schmid*, Quellen, Abt. I, Bd. 4, S. 13 ff., 15.

406 *Elobied*, Die Entwicklung des Strafbefehlsverfahrens, S. 102, 120.

407 *Müller*, Das Strafbefehlsverfahren, S. 243; vgl. *Rieß*, in: FS Reichsjustizamt, 373, 378; vgl. *Vivell*, Strafbefehlsverfahren nach § 408a, S. 34; *Kern*, Geschichte des Gerichtsverfassungsrechts, S. 155 sieht in der Entlastung allerdings nicht den einzigen Grund, vielmehr seien etwa durch das Gesetz vom 11. März 1921 auch politische Forderungen verwirklicht worden.

408 *Elobied*, Die Entwicklung des Strafbefehlsverfahrens, S. 120.

409 RGBl. 1921, S. 229; näher *v. Hippel*, ZStW 42 (1921), 279, 281 ff.

410 Siehe die a.F. abgedruckt bei *Kirch*, Das Strafbefehlsverfahren nach dem StVÄG 1987, S. 17 Fn. 1; *Vivell*, Strafbefehlsverfahren nach § 408a, S. 33.

411 RGBl. 1924 I, S. 15, sog. „Emminger-Verordnung".

412 § 37, RGBl. 1924 I, S. 20; *Müller*, Das Strafbefehlsverfahren, S. 244; krit. dazu *Mosters*, DRiZ 1930, 248 f.

413 Und diese Ausdehnung wurde bis nach 1945 nicht rückgängig gemacht, *Müller*, Das Strafbefehlsverfahren, S. 243; *v. Hippel*, Der deutsche Strafprozess, S. 641; zustimmend *Quentel*, DStrZ 1922, 281, 284.

414 *Müller*, Das Strafbefehlsverfahren, S. 243.

Während der Reformüberlegungen wurde auch eine Verbesserung der Verfahrensstellung des Beschuldigten etwa durch eine Wiederaufnahme des Verfahrens zu seinen Gunsten oder eine Pflicht zur Zustellung des Strafbefehls an den Beschuldigten persönlich diskutiert; und auch wenn diese Vorschläge letztlich nicht umgesetzt wurden, verschlechterte sich die Stellung des Beschuldigten zumindest auch nicht, weil etwa auch nicht beschlossen wurde, dass der Erlass eines Strafbefehls durch die Staatsanwaltschaft erfolgen solle.[415]

Am 22. März 1924 wurde die Reichsstrafprozessordnung schließlich neu bekannt gemacht.[416] Das Strafbefehlsverfahren ist seitdem in den §§ 407 ff. geregelt.[417]

4. *Der Strafbefehl im Nationalsozialismus und Zweiten Weltkrieg*

Mit der 1933 erfolgten Machtergreifung der Nationalsozialisten wurde die gewonnene liberale, rechtsstaatliche Anschauung durch eine Idee des Volkes als letzte und höchste Gemeinschaft aller Deutschen ersetzt.[418] Eine rechtsstaatliche Gewaltenteilung existierte nicht mehr.[419] Denn Hitler war neben seiner Funktion als oberster Gesetzgeber und Inhaber der Exekutivgewalt auch Träger der judikativen Gewalt.[420] Zwar sprachen die Richter ihre Urteile weiterhin im Namen des Volkes; allerdings war die Unabhängigkeit der Gerichte nicht mehr gegeben; vielmehr waren sie an den Willen des Führers gebunden.[421] Dem Grundsatz, dass keine Strafe ohne Gesetz verhängt werden darf, wurde im Strafrecht keine Bedeutung mehr zugemessen, stattdessen wurden Bestrafungen nicht nur aufgrund von Gesetzen, sondern auch aufgrund des „gesunden Volksempfindens" ausgesprochen[422], welches Hitler selbst

415 *Elobied*, Die Entwicklung des Strafbefehlsverfahrens, S. 103 f., 120 f.

416 RGBl. 1924 I, S. 299, 322.

417 RGBl. 1924 I, S. 363.

418 RGBl. 1924 I, S. 363 f.; *Koch*, Die Reform des Strafverfahrens im Dritten Reich, S. 27; *Müller*, Das Strafbefehlsverfahren, S. 245.

419 *Gruchmann*, Nationalsozialistisches Herrschaftssystem und demokratischer Rechtsstaat, S. 42 ff.

420 *Gruchmann*, Nationalsozialistisches Herrschaftssystem und demokratischer Rechtsstaat, S. 51; *Huber*, Verfassungsrecht, S. 278.

421 *Gruchmann*, Nationalsozialistisches Herrschaftssystem und demokratischer Rechtsstaat, S. 51, 66 ff.; *Huber*, Verfassungsrecht, S. 278 f.

422 So ausdrücklich Art. 1 § 2 StGB des Gesetzes zur Änderung des Strafgesetzbuches vom 28.06.1935, RGBl. 1935 I, S. 839.

bestimmte.[423] Auch bei der Durchführung der Hauptverhandlung waren die Richter dementsprechend nicht mehr an das Gesetz gebunden.[424] Die Interessen des Individuums wurden hinter diejenigen der Volksgemeinschaft zurückgestellt, was vor allem auch die Schwächung der Beschuldigtenstellung zur Folge hatte.[425] Durch die Geltung des Prinzips der Gewalt des Führers, der die Ganzheit des Volkes verkörperte[426], war dessen absolute Willkürherrschaft möglich und der Rechtsstaat zerstört, zumal die verfassungsrechtlichen Gerechtigkeitsinhalte nicht mehr galten.[427]

Das Strafbefehlsverfahren erfuhr in der Zeit der nationalsozialistischen Herrschaft allerdings kaum gesetzliche Änderungen und blieb insofern von den nationalsozialistischen Tendenzen weitgehend verschont[428] – zumindest die Gesetzgebung betreffend.

Der Grund für die später erfolgte Erweiterung des Anwendungsbereichs des Verfahrens lag insbesondere in den kriegsbedingten Personalkürzungen[429]: Die Verordnung über Maßnahmen auf dem Gebiet der Gerichtsverfassung und der Rechtspflege vom 1. September 1939[430] hob das Höchstmaß der Freiheitsstrafe auf sechs Monate an[431]; durch Art. 3 der Verordnung zur weiteren Vereinfachung der Strafrechtspflege vom 13. August 1942[432] umfasste der Anwendungsbereich nun sogar Verbrechen. Hier zeigt sich bereits, dass das Strafbefehlsverfahren entgegen seiner ursprünglichen Einführung zur vereinfachten Erledigung

---

423 *Gruchmann*, Nationalsozialistisches Herrschaftssystem und demokratischer Rechtsstaat, S. 57.

424 *Müller*, Das Strafbefehlsverfahren, S. 245 f.; zur Stellung der Verfahrensbeteiligten *Koch*, Die Reform des Strafverfahrens im Dritten Reich, S. 112 ff.

425 *Koch*, Die Reform des Strafverfahrens im Dritten Reich, S. 119 ff.; *Müller*, Das Strafbefehlsverfahren, S. 246.

426 *Gruchmann*, Nationalsozialistisches Herrschaftssystem und demokratischer Rechtsstaat, S. 29.

427 *Gruchmann*, Nationalsozialistisches Herrschaftssystem und demokratischer Rechtsstaat, S. 51, 52 ff., 55 ff., 69 ff.; *Šarčević*, Der Rechtsstaat, S. 83 ff.

428 *Müller*, Das Strafbefehlsverfahren, S. 246; *Vivell*, Strafbefehlsverfahren nach § 408a, S. 35.

429 *Gruchmann*, Justiz im Dritten Reich, S. 974; *Müller*, Das Strafbefehlsverfahren, S. 248; *Koch*, Die Reform des Strafverfahrens im Dritten Reich, S. 234 f.

430 RGBl. 1939 I, S. 1658 (1. Vereinfachungsverordnung).

431 RGBl. 1939 I, S. 1660, § 23; *Freisler*, DJ 1939, 1537, 1540, äußerte aus nationalsozialistischer Sicht Bedenken gegen die Ausdehnung, da das Strafbefehlsverfahren nichts vom eindringlich hoheitsmäßigen übriglasse, dessen die Strafrechtspflege bedürfe, solle sie ihren Zweck eines Eindrucks auf das Volk erreichen.

432 RGBl. 1942 I., S. 508 (2. Vereinfachungsverordnung).

leichter Delikte, die ohne Hauptverhandlung aufgeklärt werden konnten und zudem nur eine geringe Strafe erforderten, ausgedehnt wurde.[433] Die Ausweitungen sollten diesmal aber tatsächlich nur auf die Zeit des Krieges beschränkt bleiben.[434]

Das Strafbefehlsverfahren stellte in dieser Zeit die am meisten angewandte Verfahrensart dar.[435] Mit Blick auf die Praxis kann man insofern nicht von einer weitgehenden Verschonung des Strafbefehlsverfahrens vor nationalsozialistischen Tendenzen sprechen.

III. Die Entwicklung in der Bundesrepublik Deutschland

1. Die Entwicklung des Strafbefehls nach 1945

Nach dem Krieg galt es in der Rechtspflege, die aufgrund des Krieges vorgenommenen Änderungen wieder abzuschaffen und insbesondere die von den Nationalsozialisten eingeführten Regelungen unschädlich zu machen.[436] Das Strafbefehlsverfahren erfuhr in dieser Zeit insbesondere Änderungen bezüglich der zulässigen Rechtsfolgen.[437] Nach der Gründung der Bundesrepublik wurde das Gesetz zur Wiederherstellung der Rechtseinheit auf dem Gebiet der Gerichtsverfassung, der bürgerlichen Rechtspflege, des Strafverfahrens und des Kostenrechts vom 12. September 1950[438] erlassen. Dieses sah in Hinblick auf das Strafbefehlsverfahren vor, die Freiheitsstrafe wieder auf drei Monate zu senken und so Verbrechen wieder aus seinem Anwendungsbereich herauszunehmen.[439] Damit wurde im Grunde der Rechtszustand der Weimarer Zeit rekonstruiert.[440]

---

433 *Erbe*, Zum Wesen des Strafbefehls, S. 77; vgl. *Vivell*, Strafbefehlsverfahren nach § 408a, S. 36.

434 *Elobied*, Die Entwicklung des Strafbefehlsverfahrens, S. 149.

435 *Müller*, Das Strafbefehlsverfahren, S. 248 spricht davon, dass das Verfahren „in rechtsstaatlich nicht mehr vertretbarer Art und Weise in seinen Ursprüngen pervertiert" wurde; Bedenken auch bei *v. Hippel*, Der deutsche Strafprozess, S. 175, 641; *Crohne*, Vereinfachte Verfahrensarten, S. 453, 457; vgl. *Vivell*, Strafbefehlsverfahren nach § 408a, S. 36.

436 BT-Drs. 1/530, Anlage Ia (Begründung) S. 3; *Müller*, Das Strafbefehlsverfahren, S. 249.

437 *Müller*, Das Strafbefehlsverfahren, S. 249.

438 BGBl. 1950 I, S. 455.

439 Art. 3 Nr. 176, BGBl. 1950 I, S. 455; BT-Drs. 1/530, S. 22, 41, 54, 58; *Kirch*, Das Strafbefehlsverfahren nach dem StVÄG 1987, S. 21.

440 *Müller*, Das Strafbefehlsverfahren, S. 250; *Vivell*, Strafbefehlsverfahren nach § 408a, S. 37; *Maleika*, Freiheitsstrafe und Strafbefehl, S. 73.

Und obwohl der Gesetzgeber der Bundesrepublik zunächst eine Einschränkung des Anwendungsbereichs vornahm, erfuhr das Strafbefehlsverfahren ab Beginn der 60er Jahre doch wieder eine beständige Ausweitung[441].

a) *Das Zweite Gesetz zur Sicherung des Straßenverkehrs von 1964*

Mit dem Zweiten Gesetz zur Sicherung des Straßenverkehrs vom 26. November 1964[442] wurden neue Regelungen im Bereich der Verkehrsdelikte getroffen, da dem besonderen Gefährdungspotential des Straßenverkehrs und dadurch einer Vielzahl von Menschen oder Sachen durch den Täter entgegnet werden sollte; so wurden etwa die Verhaltensweisen der §§ 315 ff. StGB neugefasst, das Fahrverbot eingeführt sowie die Entziehung der Fahrerlaubnis ausgebaut.[443]

Die Straßenverkehrsdelikte machten mit der Zeit einen steigenden Anteil der Arbeit der Amtsgerichte aus.[444] Zur Ausweitung des Strafbefehlsverfahrens kam es zum einen, weil man es für notwendig erachtete, solche Handlungen in einem schnellen Strafverfahren zu erledigen; zum anderen sollte dem Beschuldigten eine unnötige Bloßstellung in einer Hauptverhandlung erspart werden.[445] Da sich das Strafbefehlsverfahren in der Praxis als effizient bewährt hatte[446], wurde es um einige Rechtsfolgen erweitert: So konnten nun auch die Nebenstrafe des Fahrverbots, die Maßregel der Entziehung der Fahrerlaubnis, soweit die Sperre für die Neuerteilung ein Jahr nicht überschritt, sowie die Vernichtung, die Unbrauchbarmachung und der Verfall festgesetzt werden.[447]

Die Einführung der Maßregel war dabei nicht unumstritten: Während die Bundesregierung sie in ihrem ersten Entwurf nicht aufgenommen hatte, weil die Würdigung der Gesamtpersönlichkeit Erkenntnisse voraussetze, die im summarischen Verfahren nicht zu gewinnen seien[448], wurde die Rechtsfolge erst in diesem späteren Entwurf aufgenommen. Zur Begründung hierfür wurde die Beschleunigungs- und Entlastungswirkung des Strafbefehlsverfahrens angeführt, aber auch sein Vorteil für den Beschuldigten, auf diese Weise eine

---

441 *Elobied*, Die Entwicklung des Strafbefehlsverfahrens, S. 157 ff.

442 BGBl. 1964 I, S. 921.

443 BT-Drs. 4/651, S. 2 3 ff., 9, 23 f.; zum ganzen *Hartung*, NJW 1965, 86.

444 Vgl. BT-Drs. 4/651, S. 9; BR-Drs. 201/62, S. 9.

445 BT-Drs. 4/651, S. 9, 10, 36.

446 Vgl. ferner *Cordier*, NJW 1961, 393; krit. *Siegmann*, Blutalkohol 1967, 200, 201 ff.

447 BT-Drs. 4/651, S. 5, 36 f.

448 Vgl. auch BT-Drs. 2368, S. 5, 14 f.; *Elobied*, Die Entwicklung des Strafbefehlsverfahrens, S. 158 f.; vgl. Sten. Protokoll des Rechtsausschusses, 83. Sitzung vom 14.02.1964, S. 18 f.

Bloßstellung in einer öffentlichen Verhandlung zu vermeiden.[449] Zudem sei die Sperrfrist im Strafbefehlsverfahren auf ein Jahr beschränkt, da sich das summarische Verfahren nur für geringfügige oder höchstens mittelschwere Taten eigne.[450] Auch seien bei Verkehrsstraftaten regelmäßig keine Schwierigkeiten bezüglich der Anordnung dieser Maßregel gegeben, weil hier keine Gesamtwürdigung aller die Tätereignung betreffenden Umstände erforderlich sei, sondern lediglich geprüft werden müsse, ob Gründe ersichtlich sind, die gegen die Eignung sprechen; von einer hierauf begründeten, weiteren Einschränkung der Maßregel sah der Entwurf jedoch ab, da nicht der Schwierigkeitsgrad der Entscheidung über die Entziehung der Fahrerlaubnis, sondern die Sach- und Rechtslage insgesamt über die Eignung eines Falles für das Strafbefehlsverfahren entscheidend seien.[451]

Durch das Gesetz zur Änderung der Strafprozessordnung und des Gerichtsverfassungsgesetzes (StPÄG) vom 19. Dezember 1964[452] sollten die Rechte des Beschuldigten im Verfahren durch die Einführung des § 33 Abs. 3 StPO, wonach ein Beteiligter zu hören ist, bevor bei einer gerichtlichen Entscheidung außerhalb der Hauptverhandlung zu seinem Nachteil Tatsachen oder Beweismittel verwertet werden, zu denen er noch nicht gehört worden ist, gestärkt werden.[453] Für das Strafbefehlsverfahren allerdings wurde die Anwendung dieser Vorschrift durch den damaligen § 407 Abs. 5 Satz 2 StPO ausgeschlossen[454], was nach der heutigen Rechtslage gemäß § 407 Abs. 3 StPO weiterhin der Fall ist. Dies wurde – wie noch heute – unter Berufung auf ein Urteil des Bundesverfassungsgerichts[455] gerechtfertigt, da das rechtliche Gehör durch die Möglichkeit eines Einspruchs ausreichend gewahrt werde.[456]

b) Das Einführungsgesetz zum Gesetz über Ordnungswidrigkeiten von 1968

Eine weitere Ausweitung erfuhr das Verfahren mit dem Einführungsgesetz zum Gesetz über Ordnungswidrigkeiten vom 24. Mai 1968[457]: Hierdurch wurde die Sanktionsbefugnis auf die Verhängung einer Geldbuße gegen eine juristische

449 BT-Drs. 4/651, S. 36.
450 BT-Drs. 4/651, S. 36.
451 BT-Drs. 4/651, S. 36.
452 BGBl. 1964 I, S. 1067.
453 BT-Drs. 3/2037, S. 40; BT-Drs. 4/178, S. 11, 19.
454 BT-Drs. 3/2037, S. 7, 28 f.
455 BVerfGE 3, 248, 253 = NJW 1954, 69.
456 Vgl. BT-Drs. 3/2037, S. 28 f.; vgl. BT-Drs. 4/178, S. 30.
457 BGBl. 1968 I, S. 503.

Person im Strafbefehl erweitert.[458] Dabei wurde angeführt, dass es hiergegen keine Bedenken gebe, da eine solche Festsetzung auch durch Bußgeldbescheid möglich und der Strafbefehl mit diesem vergleichbar sei.[459] Zudem wurde die Beteiligung des Einziehungsbeteiligten im Strafbefehlsverfahren geregelt.[460]

c) Das Einführungsgesetz zum Strafgesetzbuch von 1974

Das Einführungsgesetz zum Strafgesetzbuch vom 2. März 1974[461] hingegen beschränkte den Anwendungsbereich erneut auf Vergehen und nahm vor allem die Freiheitsstrafen wieder aus den möglichen Rechtsfolgen aus.[462] Letzteres geschah unter Hinweis auf den neu eingeführten § 47 StGB[463], denn dieser regele, dass eine kurze Freiheitsstrafe nur in besonderen Ausnahmefällen verhängt werden dürfe – wann eine solche Ausnahme vorliege (diese ergebe sich aus den Umständen der Tat oder der Persönlichkeit des Täters), könne man aber nicht in einem summarischen Verfahren entscheiden.[464]

Eingeführt wurde hingegen die Verwarnung mit Strafvorbehalt.[465] Weiterhin wurde die zulässige Höhe der Geldstrafe auf das gesetzliche Höchstmaß angehoben.[466]

Die Sperre der Neuerteilung einer Fahrerlaubnis stieg auf zwei Jahre. Im Entwurf ist hierfür als Begründung lediglich angeführt, dass oft Verkehrsstraftaten begangen werden, die noch angemessen mit einer Geldstrafe geahndet werden können, bei denen die Sperre für die Neuerteilung aber mehr als ein

458 BT-Drs. 5/1319, S. 7, 72.

459 BT-Drs. 5/1319, S. 72.

460 BT-Drs. 5/1319, S. 8, 9, 80.

461 BGBl. 1974 I, S. 469, 513.

462 BT-Drs. 7/550, S. 47, 306.

463 In der Fassung des 2. StrRG vom 4. Juli 1969, BGBl. 1969 I, S. 717; zum Problem siehe auch 2. Teil C. III. aa).

464 BT-Drs. 7/550, S. 302, 306; vgl. auch *Müller*, Das Strafbefehlsverfahren, S. 252 f.

465 BT-Drs. 7/550, S. 47, 306; *Maleika*, Freiheitsstrafe und Strafbefehl, S. 75 f. kritisiert, dass auch diese Rechtsfolge nur unter engen Voraussetzungen ausgesprochen werden könne, die sich nach Gesamtwürdigung der Tat und der Persönlichkeit des Täters bemesse, was in der Begründung aber nicht erwähnt wurde.

466 BT-Drs. 7/550, S. 47, 306; *Maleika*, Freiheitsstrafe und Strafbefehl, S. 76 weist darauf hin, dass die Praxis die Höhe auf neunzig Tagessätze beschränkte, womit sie mit Blick auf die Ersatzfreiheitsstrafen an die Maximalhöhe der zuvor durch Strafbefehl möglichen primären Freiheitsstrafe anknüpfte; schon *Schmidt*, Lehrkomm. StPO II § 407 Rn. 9.

Jahr betragen müsse – und auch hier solle das Strafbefehlsverfahren Anwendung finden können.[467]

Durch Strafbefehl sollten nun – zwar insbesondere im Bereich der Verkehrsdelikte, aber auch in anderen Bereichen – Delikte im Bereich der unteren, aber auch der mittleren Kriminalität effizient erledigt werden können.[468]

Außerdem gab es im materiellen Recht keine Übertretungen mehr, weil diese in Ordnungswidrigkeiten umgewandelt wurden.[469] Da das Strafbefehlsverfahren nur auf Vergehen und grundsätzlich nicht auf Ordnungswidrigkeiten anwendbar war[470], hätte man infolge dieser entscheidenden Weichenstellung mit einem Rückgang der Strafbefehle rechnen können. Auch die Statistiken zeigen, dass in den Jahren 1971 bis 1974 im Durchschnitt etwa 479.344 Strafbefehlsanträge gestellt wurden und die Zahl in den folgenden Jahren abnahm. So wurden beispielsweise von 1975 bis 1980 trotz steigender Strafverfahren insgesamt nur durchschnittlich etwa 426.041 Strafbefehlsanträge gestellt.[471] Dies hat der Gesetzgeber, der um eine stetige Ausweitung des Strafbefehlsverfahrens bemüht war, allerdings nicht zum Gegenstand seiner Erwägungen gemacht.

Auch das bis dahin parallel bestehende Strafverfügungsverfahren[472] fiel im Rahmen dieser Reform weg.[473]

Kurz danach wollte man die Beschleunigungswirkung des Verfahrens weiter vorantreiben, indem mit dem Ersten Gesetz zur Reform des Strafverfahrensrechts (1. StVRG) vom 9. Dezember 1974[474] die Möglichkeit geschaffen wurde, sowohl die Klage als auch den Einspruch bis zur Verkündung des Urteils zurückzunehmen.[475] Man wollte damit eine Verfahrensbeschleunigung durch

---

467 BT-Drs. 7/550, S. 306.

468 Vgl. BT-Drs. 7/550, S. 306; *Elobied*, Die Entwicklung des Strafbefehlsverfahrens, S. 167.

469 BGBl. 1974 I, S. 472; BT-Drs. 7/550, S. 7 f., 306, 342, 352 f.

470 BT-Drs. 7/550, S. 47, 501.

471 Statistik aus *Müller*, Das Strafbefehlsverfahren, S. 348, Tab. 5.

472 Zum Strafverfügungsverfahren siehe etwa *Schorn*, Das Strafbefehls- und Strafverfügungsverfahren, S. 142 ff.; siehe auch v. Holtzendorff, HdB des deutschen Strafprozeßrechts/*Meves*, S. 412 ff.; vgl. zum Unterschied zum Strafbefehlsverfahren: *Wernicke*, Zur Konstruktion des amtsrichterlichen Strafbefehls, S. 19 f.; *v. Hippel*, Der deutsche Strafprozess, S. 640 ff., 645 ff.: Insbesondere wurde der Strafbefehl durch den Amtsrichter, die Strafverfügung von der Polizei festgesetzt.

473 BT-Drs. 7/550, S. 306 f.; *Peters*, Der neue Strafprozess, S. 190.

474 BGBl. 1974 I, S. 3393.

475 BT-Drs. 7/551, S. 14, 95 f.

mehr Rücknahmen erreichen, um den Gerichten die Arbeit einer Urteilsabsetzung zu ersparen.[476]

d) *Das Strafverfahrensänderungsgesetz von 1979*

Auch mit dem Strafverfahrensänderungsgesetz 1979 (StVÄG) vom 5. Oktober 1978[477] bezweckte man weiterhin die Ausweitung des Strafbefehlsverfahrens, um die Strafgerichte personell entlasten und auch die mittlere Kriminalität beschleunigt verfolgen zu können.[478] Daher sollten nun auch Schöffengerichte Strafbefehle für die Fälle erlassen können, die in ihre Zuständigkeit fielen.[479]

2. *Die Änderungen durch das Strafverfahrensänderungsgesetz von 1987*

Die jüngste große umfangreiche Änderung des Strafbefehlsverfahrens fand durch das Strafverfahrensänderungsgesetz (StVÄG) vom 27. Januar 1987[480] statt.[481]

a) *Das gesetzgeberische Ziel*

Anlass für diese Reform war zum einen das Bestreben, im Interesse eines beschleunigten Strafbefehlsverfahrens einige unklare Gesetzesfassungen klarzustellen und auf diese Weise Zweifelsfragen in der Praxis auszuräumen.[482] Die Entlastung der Strafgerichtsbarkeit und die effizientere Ausgestaltung des Verfahrens standen auch hier wieder im Vordergrund.[483]

Der Gesetzgeber war der Ansicht, dass „angesichts der erheblichen Entlastungswirkung des Strafbefehlsverfahrens [...] ein dringendes Bedürfnis daran [besteht], daß sein Anwendungsbereich nicht weiter zurückgeht [...]", er

476 BT-Drs. 7/551, S. 95.

477 BGBl. 1979 I, S. 1645.

478 BT-Drs. 8/976, S. 19, 32, 55, 60 f.

479 Womit die frühere Streitfrage, ob auch das Schöffengericht Strafbefehle erlassen kann, geklärt und die uneinheitliche praktische Handhabung beseitigt wurde, BT-Drs. 8/976, S. 8, 19, 60 f.; vgl. *Müller*, Das Strafbefehlsverfahren, S. 254; zum früheren Streit: *Elobied*, Die Entwicklung des Strafbefehlsverfahrens, S. 175 f.

480 BGBl. 1987 I, S. 475.

481 Näher dazu *Rieß*, JR 1988, 133; näher dazu auch *Rieß/Hilger*, NStZ 1987, 204; näher auch *Meyer-Goßner*, NJW 1987, 1161, 1165 ff.

482 BT-Drs. 10/1313, S. 13.

483 BT-Drs. 10/1313, S. 12 f.; *Meyer-Goßner*, NJW 1987, 1161; *Rieß/Hilger*, NStZ 1987, 204.

vielmehr „darüber hinaus [...] erweitert werden [muß].“[484] Denn die Belastung der Justiz mit Strafsachen stieg an, während weniger Fälle durch rechtskräftig werdende Strafbefehle erledigt wurden.[485] Während 1973 noch in 52,3 % der Fälle von der Staatsanwaltschaft ein Antrag auf Erlass eines Strafbefehls gestellt wurde, fand dies 1981 nur noch in 41,9 % der Fällen statt; und während im Jahre 1972 noch fast die Hälfte aller Verfahren (43,9 %) im Wege des Strafbefehlsverfahrens erledigt wurden, erledigte man mit dieser Verfahrensart 1981 nur noch 28 % der Verfahren.[486]

Die Gründe dieser verminderten Antragsstellung vermutete die Bundesregierung zum einen darin, dass der Staatsanwaltschaft nun die Möglichkeit der Einstellung aus Opportunitätsgründen gemäß § 153a StPO[487] offenstand zum anderen habe auch die gestiegene Einspruchsquote eine antragshemmende Wirkung, denn nach Nr. 175 Abs. 3 RiStBV[488] sollte ein Strafbefehl nicht beantragt werden, wenn ein Einspruch zu erwarten war.[489] Das Verfahren sollte durch die Erweiterung des Anwendungsbereichs als Möglichkeit neben § 153a StPO gestärkt werden.[490]

b) Die Änderungen

Einige der zahlreichen Änderungen[491] dienten lediglich der Klarstellung. So wurde beispielsweise in § 411 StPO normiert, dass ein unzulässiger Einspruch ohne Hauptverhandlung durch Beschluss zu verwerfen ist[492] oder in § 407 Abs. 1 Satz 1 StPO eine sprachliche Überarbeitung vorgenommen, indem das Wort „Strafe“ durch „Rechtsfolge“ ersetzt wurde[493]. Weiterhin wurde etwa

484 BT-Drs. 10/1313, S. 13.

485 BT-Drs. 10/1313, S. 10.

486 BT-Drs. 10/1313, S. 13; vgl. auch die Werte bei *Müller*, Das Strafbefehlsverfahren, S. 348, Tab. 5.

487 Durch das EGStGB vom 2. März 1974, BGBl. 1974 I S. 469, 508 f.

488 In der ab dem 01. Juli 1982 geltenden Fassung, abgedruckt bei Kleinknecht/Meyer StPO, Anhang H; siehe auch Nr. 174 Abs. 5 der Fassung vom 1. Dezember 1970.

489 BT-Drs. 10/1313, S. 13; krit. *Meyer-Goßner*, NJW 1987, 1161, 1166 der eine solche Prognose für kaum möglich hält.

490 MüKoStPO/*Eckstein* § 407 Rn. 33; zum Verhältnis von §§ 407 ff. zu 153 ff. StPO siehe 3. Teil D. II.; auch der Gesetzgeber betonte den Vorrang von § 153a I StPO vor § 407 StPO, BT-Drs. 10/1313, S. 35.

491 Zu den Änderungen *Rieß*, JR 1988, 133; siehe auch *Rieß/Hilger*, NStZ 1987, 204; *Meyer-Goßner*, NJW 1987, 1161; MüKoStPO/*Eckstein* § 407 Rn. 33.

492 BT-Drs. 10/1313, S. 13 f.

493 BT-Drs. 10/1313, S. 34; *Meyer-Goßner*, NJW 1987, 1161, 1165.

in § 407 Abs. 1 Satz 4 StPO klargestellt, dass mit dem Strafbefehlsantrag die öffentliche Klage erhoben wird[494]; § 408 StPO benannte nochmals ausdrücklich die richterlichen Entscheidungsmöglichkeiten.[495]

Um dem Rückgang der Strafbefehlsanträge zu begegnen, wurde in § 407 Abs. 1 Satz 2 StPO geregelt, dass das Strafbefehlsverfahren von der Staatsanwaltschaft vorrangig gegenüber der Anklageerhebung zu wählen ist.[496]

Eingeführt wurde auch § 408a StPO, der im Zeitpunkt der bereits laufenden Hauptverhandlung ansetzt. Hierdurch sollen ordentliche Verfahren, deren reibungsloser Ablauf nicht mehr gewährleistet ist, effizient und schnell beendet werden können.[497]

Mit § 410 Abs. 2 StPO wurde die Beschränkung des Einspruchs auch in horizontaler Weise, also isoliert auf den Rechtsfolgenausspruch, möglich, was zuvor von der überwiegenden Ansicht abgelehnt[498] wurde.[499] Der Gesetzgeber entsprach hier einem Bedürfnis aus der Praxis, die sich davon erhoffte, das Einspruchsverfahren wesentlich zu entlasten.[500] Es sei nämlich davon auszugehen, dass oftmals kein Einverständnis mit der Höhe der Rechtsfolgen bestehe und das Verfahren effektiver werde, könne man sich in dem auf den Einspruch folgenden Verfahren auf diesen Aspekt beschränken.[501]

Mit § 410 Abs. 3 StPO und der darin ausdrücklich festgelegten Rechtskraft wurde klargestellt, dass die Rechtskraft des Strafbefehls unbeschränkt gelten

494 BT-Drs. 10/1313, S. 34.

495 BT-Drs. 10/1313, S. 35.

496 BT-Drs. 10/1313, S. 13, 34; *Meyer-Goßner*, NJW 1987, 1161, 1166.

497 BT-Drs. 10/1313, S. 13, 35 f.; BT-Drs. 10/6592, S. 21; vgl. MüKoStPO/*Eckstein* § 408a Rn. 1; vgl. *Meyer-Goßner*, NJW 1987, 1161, 1166.

498 Zuvor wurde lediglich eine vertikale Beschränkbarkeit akzeptiert, vgl. *Berz*, in: FS Blau, 51, 55; *Müller*, Das Strafbefehlsverfahren, S. 89 f.

499 BT-Drs. 10/1313, S. 37.

500 BT-Drs. 10/1313, S. 37.

501 *Kirch*, Das Strafbefehlsverfahren nach dem StVÄG 1987, S. 50; vgl. *Meyer-Goßner*, NJW 1987, 1161, 1167, der zudem darauf hinweist, dass der Strafbefehl die für den Schuldspruch erforderlichen Feststellungen enthalten müsse, damit die Rechtsmittelgerichte im Falle eines auf den Rechtsfolgenausspruch beschränkten Einspruch die Beschränkung nicht für unwirksam erklären müssten, sodass es an der Staatsanwaltschaft liege, den Sachverhalt manchmal detaillierter darzustellen als zuvor; vgl. *Rieß/Hilger*, NStZ 1987, 204, 205; dieses Risiko nahm der Gesetzgeber bewusst in Kauf, vgl. BT-Drs. 10/1313, S. 37 f.

soll; § 411 Abs. 1 StPO regelt, dass gegen den Verwerfungsbeschluss die sofortige Beschwerde statthaft ist.[502]

Insbesondere wurde auch die Einspruchsfrist in § 410 Abs. 1 Satz 1 – den §§ 66 und 67 aus dem OWiG[503] nachgebildet – auf zwei Wochen verlängert.[504] Begründet wurde dies damit, dass die einwöchige Frist für zu kurz gehalten werde, da es nicht selten vorkomme, dass ein Beschuldigter – etwa durch eine urlaubs- oder berufsbedingte Abwesenheit – den Strafbefehl erst zur Kenntnis nehme, nachdem die Einspruchsfrist bereits abgelaufen sei; die Verlängerung der Frist liege daher im Interesse des Beschuldigten.[505] Außerdem könne damit gerechnet werden, dass die Zahl der Einsprüche zurückgehen werde, da durch die verlängerte Frist eine gründlichere Prüfung der Erfolgsaussichten möglich sei und die Einsprüche nicht nur vorsichtshalber eingelegt werden.[506]

Der Gedanke der Entlastung der Justiz war mithin auch hier die wesentliche Erwägung.

Eingeführt wurde außerdem auch § 373a Abs. 1 StPO, wonach eine Wiederaufnahme zuungunsten des Beschuldigten unter den dort genannten Voraussetzungen zusätzlich möglich ist.[507]

3. *Das Gesetz zur Entlastung der Rechtspflege von 1993*

Eine einschneidende Änderung für das Strafbefehlsverfahren brachte das Gesetz zur Entlastung der Rechtspflege (RPflEntlG) vom 11. Januar 1993[508] mit sich, da es – neben dem Absehen von Strafe, § 407 Abs. 2 Satz 1 Nr. 3 StPO – die Freiheitsstrafe nun doch wieder in den Sanktionskatalog aufnahm. Diese kann, ausgesetzt zur Bewährung, bis zu einem Jahr betragen, wobei zur Voraussetzung

---

502 BT-Drs. 10/1313, S. 38; *Meyer-Goßner*, NJW 1987, 1161, 1167 f.; zum früheren Streit über die Reichweite der Rechtskraft und zur Entwicklung der Rechtsprechung ausf. *Kirch*, Das Strafbefehlsverfahren nach dem StVÄG 1987, S. 57 ff. m.w.N.

503 Gesetz zur Änderung des Gesetzes über Ordnungswidrigkeiten, des Straßenverkehrsgesetzes und anderer Gesetze vom 07. Juli 1986, BGBl. 1986 I. S. 977.

504 BGBl. 1987 I, S. 477; BT-Drs. 10/1313, S. 37.

505 BT-Drs. 10/1313, S. 37, die Entlastungswirkung solle aber auch dem BVerfG zugutekommen, da durch die einwöchige Einspruchsfrist viele Wiedereinsetzungen in den vorigen Stand beantragt und im Falle der Ablehnung Verfassungsbeschwerden wegen Verletzung des rechtlichen Gehörs erhoben wurden.

506 BT-Drs. 10/1313, S. 37; krit. *Meyer-Goßner*, NJW 1987, 1161, 1167, der eine steigende Anzahl prognostizierte.

507 BT-Drs. 10/1313, S. 32 f.

508 BGBl. 1993 I, S. 50; dazu auch *Meyer-Goßner*, NJW 1993, 498, 500 f.

gemacht wurde, dass dem Beschuldigten ein Verteidiger zur Seite steht, § 407 Abs. 2 StPO.[509] Zur Absicherung des Umstandes, dass auch weniger finanzstarke Angeklagte verteidigt werden, wurde § 408b StPO eingefügt.[510]

Eine Freiheitsstrafe durch Strafbefehl gegen Jugendliche oder Heranwachsende zu verhängen, wurde hingegen durch die § 79 Abs. 1, 109 Abs. 3 JGG ausgeschlossen, zumal schon eine Hauptverhandlung für die Klärung der Anwendung von Jugend- oder Erwachsenenstrafrecht erforderlich sei.[511]

Das noch im Entwurf des StVÄG 1987 vorgetragene Argument, dass Freiheitsstrafen in der Praxis nur einen geringen Teil der Verurteilungen ausmachen und somit keine Entlastungswirkung auftrete[512], greift der hiesige Entwurf auf, zieht aber eine gegenteilige Schlussfolgerung: Zwar sei richtig, dass die Freiheitsstrafen im Jahr 1988 lediglich 17,85 % der Verurteilungen ausmachten – dies seien allerdings von der Anzahl her immerhin so viele Fälle (108.000), die sonst eine Hauptverhandlung erforderlich machen würden, dass eine sogar sehr erhebliche Entlastung zu erwarten sei.[513] Zudem seien 63 % aller Freiheitsstrafen solche, die bis zu einem Jahr betragen und zur Bewährung ausgesetzt werden[514], wodurch sie grundsätzlich für die Erledigung durch Strafbefehl geeignet seien.

Auch trage das Argument aus § 47 StGB (nämlich, dass die Voraussetzungen nicht in einem summarischen Verfahren ermittelt werden können, da es auch auf die Persönlichkeit des Täters ankomme) nicht, da der Entwurf Freiheitsstrafen von nicht nur sechs Monaten, sondern bis zu einem Jahr ermögliche, das heißt gerade nicht nur kurze Freiheitsstrafen.[515] Außerdem gebe es – insbesondere bei den Straßenverkehrsdelikten – Fälle, die eine Freiheitsstrafe unter sechs Monaten, die zur Bewährung ausgesetzt werde, notwendig machen und die derart typisiert werden können, dass es sich gerade hier anbiete, sie im

---

509 BT-Drs. 12/1217, S. 7, 43.

510 BT-Drs. 12/3832, S. 42.

511 BT-Drs. 12/1217, S. 69.

512 Vgl. BT-Drs. 10/1313, S. 14.

513 BT-Drs. 12/1217, S. 42; SK-StPO/*Weßlau* (4. Aufl.) § 407 Rn. 22 weist auf die Fehlprognose hin, die der Gesetzesänderung zugrunde lag – die Entlastungswirkung wurde darin als nicht unerheblich bezeichnet, während die Verhängung von Freiheitsstrafen in der Praxis tatsächlich nur eine nur sehr geringe Rolle gespielt hätte.

514 BT-Drs. 12/1217, S. 42.

515 Vgl. BT-Drs. 12/1217, S. 43; zurecht beinahe zynisch bezeichnet dieses Argument *Elobied*, Die Entwicklung des Strafbefehlsverfahrens, S. 186; vgl. auch *Fezer*, in: FS Baumann, 395, 400, der es für widersinnig hält, da gerade nicht nur höhere Freiheitsstrafen verhängt werden können.

Strafbefehlsverfahren zu erledigen.[516] Auf den persönlichen Eindruck des Täters könne man außerdem verzichten, weil die Staatsanwaltschaft alle Umstände, die für die Schuld- oder Straffrage relevant sind, zu ermitteln habe.[517]

Auch mit diesem Gesetz wurde das Bestreben, eine maximale Entlastung zu bewirken[518], damit weiterverfolgt.

4. *Das Verbrechensbekämpfungsgesetz von 1994*

Das Gesetz zur Änderung des Strafgesetzbuches, der Strafprozessordnung und anderer Gesetze (Verbrechensbekämpfungsgesetz) vom 28. Oktober 1994[519] regelte dann in § 411 Abs. 2 Satz 2 StPO durch den Verweis auf § 420 StPO, dass das hierin geregelte Beweisrecht auch für das Strafbefehlsverfahren gilt. Das Beweisrecht in der auf den Einspruch folgenden Hauptverhandlung sollte über die Anwendbarkeit von § 420 StPO dadurch verkürzt werden, dass das Gericht unbeschadet des § 244 Abs. 2 StPO den Umfang der Beweisaufnahme bestimmen kann, also bei Beweisanträgen des Angeklagten oder seiner Verteidigung an die Ablehnungsgründe in den §§ 244 Abs. 3 und 245 StPO nicht mehr gebunden ist.[520] Damit wurde bezweckt, dass die Hauptverhandlung, die nach dem Einspruch stattzufinden hat, effizienter durchgeführt werden kann.[521]

Auch waren in § 420 Abs. 2 und 3 StPO vereinfachte Verlesungsmöglichkeit von Niederschriften über frühere Vernehmungen, Urkunden über schriftliche Aussagen und Erklärungen von Behörden, die die Ausnahme des Unmittelbarkeitsgrundsatzes darstellen, vorgesehen.[522]

Die verkürzte Beweisaufnahme wurde damals wie heute stark kritisiert[523], worauf noch einzugehen sein wird.[524]

---

516 BT-Drs. 12/1217, S. 43; BR-Drs. 314/91, S. 122; SK-StPO/*Weßlau* (4. Aufl.) § 407 Rn. 24 hält dieses Argument für eine rechtspolitische Entscheidung vorbei am materiellen Recht.

517 BT-Drs. 12/1217, S. 43; BR-Drs. 314/91, S. 122.

518 BT-Drs. 12/1217, S. 19; BR-Drs. 314/91, S. 121 ff.; *Elobied*, Die Entwicklung des Strafbefehlsverfahrens, S. 186.

519 BGBl. 1994 I, S. 3186.

520 BT-Drs. 12/6853, S. 36.

521 Vgl. BT-Drs. 12/6853, S. 36.

522 BT-Drs. 12/6853, S. 11.

523 *Maleika*, Freiheitsstrafe und Strafbefehl, S. 86; vgl. *Bandisch*, StV 1994, 153, 157 f.; *Wächtler*, StV 1994, 159, 160; *Neumann*, StV 1994, 273, 276; *Scheffler*, NJW 1994, 2191; *Hamm*, StV 1994, 456, 458; *Dahs*, NJW 1995, 553, 556.

524 Siehe dazu unter 2. Teil C. V. 2.

5. *Die jüngere Diskussion*

Der Anwendungsbereich des Strafbefehlsverfahrens wurde unter der Prämisse der Verfahrensbeschleunigung und -vereinfachung auch in der folgenden Zeit immer wieder diskutiert. Dabei wurde vermehrt ein Augenmerk auf die Wirtschaftsdelikte gelegt. So wurde – wenn auch in einem revidierten und unveröffentlichten Vorentwurf eines Zweiten Gesetzes zur Entlastung der Rechtspflege der 65. Justizministerkonferenz von 1994[525] – eine Ausweitung der Freiheitsstrafe auf eine Höhe von zwei Jahren gefordert.[526] Außerdem wurde in einem Entwurf eines Zweiten Gesetzes zur Entlastung der Rechtspflege vom 07. Mai 1996 eine Kompetenzerweiterung der Landgerichte und Oberlandesgerichte vorgeschlagen, sodass auch die dort zu bearbeitenden Wirtschafts- und Korruptionssachen vereinfacht durch Strafbefehl erledigt werden können.[527] Im Bundesrat eingebracht wurde am 6. Oktober 1995 zuvor auch ein Entwurf, nach dem das Strafbefehlsverfahren zwar ebenfalls vor den höheren Gerichten durchgeführt werden können sollte, der die Erhöhung der Freiheitsstrafen aber nicht mehr vorsah.[528]

Auch in einem Entwurf für ein 1. Justizbeschleunigungsgesetz 2003 wurde erneut vorgeschlagen, die Beschränkung des Strafbefehlsverfahrens auf Verfahren vor dem Amtsgericht aufzuheben, um das Strafbefehlsverfahren in allen geeigneten Verfahren, auch vor den Land- und Oberlandesgerichten anwenden zu können, da gerade in Wirtschafts- und Korruptionsverfahren hierfür ein Bedürfnis bestehe.[529] Auch § 408a StPO sollte vor dem Landgericht – auch in der Berufungsinstanz – und dem Oberlandesgericht anwendbar sein.[530] Weiterhin sollte die Sanktionsgrenze auf zwei Jahre Freiheitsstrafe angehoben werden; denn gerade im Bereich der Wirtschaftsstrafsachen seien hohe Bewährungsstrafen nicht ungewöhnlich, sodass die Justiz an dieser Stelle entlastet werden könne, würden diese Verfahren durch Strafbefehl erledigt.[531]

---

525 Den die 65. Justizministerkonferenz vom 22./23.11.1994 hatte zur Diskussion stellen lassen, vgl. *Bertram*, ZRP 1996, 46; vgl. *Arbeitskreis*, ZRP 1995, 268; vgl. *Scheffler*, GA 1995, 449, 459; vgl. *Herzog*, StV 1995, 372, 373 ff.

526 *Elobied*, Die Entwicklung des Strafbefehlsverfahrens, S. 194; z.T. krit. hierzu *Arbeitskreis*, ZRP 1995, 268, 271.

527 BT-Drs. 13/4541, S. 14, 27.

528 BR-Drs. 633/95, S. 14, 38, 82.

529 BT-Drs. 15/999, S. 30; so auch ein Vorschlag des Bundesrates, BR-Drs. 397/03, S. 10, 26, 57 ff.

530 BT-Drs. 15/999, S. 31; so auch BR-Drs. 397/03, S. 10, 26, 57 ff.

531 BT-Drs. 15/999, 30; so auch BR-Drs. 397/03, S. 10, 26, 57 ff.

Sämtliche Gesetzesentwürfe mit dem Ziel der Ausdehnung des Strafbefehlsverfahrens, wie etwa auch ein Entwurf von 2006, in dem erneut vorgeschlagen wurde, die Freiheitsstrafe zu erhöhen und die Zuständigkeit auf Gerichte höherer Ordnung zu erstrecken[532], oder ein früherer Entwurf eines Gesetzes zur Einführung der gemeinnützigen Arbeit als strafrechtliche Sanktion von 1998, in dem vorgeschlagen wurde, dass auch gemeinnützige Arbeit durch Strafbefehl verhängt werden können soll[533], wurden letztlich nicht verabschiedet. Als Gründe etwa gegen die Zulassung des Strafbefehlsverfahrens vor den Land- und Oberlandesgerichten wurde die geringe Entlastungswirkung angeführt; zudem seien Verfahren, die aufgrund ihrer Schwere in die Kompetenz der Landgerichte fallen, für das Strafbefehlsverfahren weitgehend ungeeignet.[534]

Eine tatsächliche Ausdehnung erfuhr das Strafbefehlsverfahren durch das Erste Gesetz zur Modernisierung der Justiz 2004 (1. Justizmodernisierungsgesetz)[535], wodurch in § 411 Abs. 1 Satz 3 StPO die Möglichkeit normiert wurde, über einen auf die Höhe der Tagessätze beschränkten Einspruch durch Beschluss zu entscheiden, sofern der Angeklagte und die Staatsanwaltschaft zustimmen und von den Festsetzungen nicht zu Lasten des Angeklagten abgewichen wird. Grund für die Einführung dieser Regelung war, dass der Staatsanwaltschaft die persönlichen und wirtschaftlichen Verhältnisse des Beschuldigten häufig nicht ausreichend bekannt waren.[536] Zudem wurde in § 408a StPO die Möglichkeit eröffnet, den Antrag auf Erlass eines Strafbefehls nach Eröffnung der Hauptverhandlung in dieser mündlich zu stellen.[537]

Durch das Gesetz zur Reform der strafrechtlichen Vermögensabschöpfung vom 13. April 2017[538] konnte im Wege des Strafbefehlsverfahrens auch die Einziehung vorgenommen werden, § 432 StPO.[539]

Eine Ausdehnung des Strafbefehlsverfahrens auf alle Verfahrensarten und Strafen wurde zuletzt in der 59. Sitzung des Deutschen Bundestages am 19. Oktober 2018 im Zusammenhang mit dem Entwurf eines Gesetzes zur

---

532 BR-Drs. 660/06, S. 3, 8, 15 ff.; dem zust. *Schliemann*, ZRP 2007, 73, 75; vgl. auch BT-Drs. 16/3659, S. 11.

533 BT-Drs. 13/10485, S. 6.

534 So die Stellungnahme der Bundesregierung, BT-Drs. 16/3659, S. 16.

535 BGBl. 2004 I, S. 2203.

536 Vgl. BT-Drs. 15/3482, S. 8, 22.

537 BT-Drs. 15/1508, S. 8, 13, 27.

538 BGBl. 2017 I, S. 884.

539 Dazu *Reh*, NZWiSt 2018, 20.

Verbesserung der Inneren Sicherheit – Verfahrensbeschleunigungsgesetz und verbesserte Eingriffsgrundlagen der Justiz[540] besprochen.

Auch die jüngsten, das Strafverfahren betreffenden Diskussionen im Bundestag sind überwiegend von der Prämisse getragen, den Strafprozess insgesamt weiter zu vereinfachen und zu beschleunigen. Daher ist zu erwarten, dass auch das Strafbefehlsverfahrens erneut in die Diskussion geraten wird.

IV. Die Fehlentwicklung des Strafbefehlsverfahrens

1. Zusammenfassung der ursprünglichen Intention

Der Vorgänger des heutigen Strafbefehlsverfahrens, das preußische Mandatsverfahren, wurde bei seiner Einführung noch nicht primär von der Erwägung getragen, ein vereinfachtes Verfahren für unbedeutende Delikte zu generieren oder die Entlastung der Gerichte herbeizuführen.[541] Erst später stand die Intention, geringfügige Sachen in einem vereinfachten Verfahren zu erledigen, aus ökonomischen Aspekten im Vordergrund, da bei solchen Delikten der Aufwand und die Kosten eines ordentlichen Verfahrens nicht mehr gerechtfertigt seien.[542] Aus der langjährigen Prämisse heraus, geringfügige Delikte aus Prinzip in einem reduzierten Verfahren zu erledigen[543], wurde weiterhin eine Erweiterung des Anwendungsbereichs verfolgt, um das Strafverfahren zu beschleunigen und zu vereinfachen.[544] Das Bestreben der Ausdehnung des Anwendungsbereichs des Strafbefehlsverfahrens wurde insbesondere von wirtschaftlichen Erwägungen getragen: Ein kleiner Ladendiebstahl sollte aus Kosten-Nutzen-Überlegungen[545] nicht so aufwändig verfolgt werden müssen wie ein Mord.

---

540 BT-Drs. 19/5040 vom 16.10.2018, S. 10, 34, der Gesetzesentwurf stammte von der Fraktion der AfD; 59. Sitzung des Deutschen Bundestages am 19. Oktober 2018, Plenarprotokoll 19/59, S. 6602.

541 *Elobied*, Die Entwicklung des Strafbefehlsverfahrens, S. 25.

542 Vgl. Motive zu dem Entwurfe einer Deutschen Strafprozessordnung, S. 201; *Elobied*, Die Entwicklung des Strafbefehlsverfahrens, S. 25; Kommissionsbericht der ersten Kammer, Vollständige Materialien, S. 785.

543 Vgl. Motive zu dem Entwurfe einer Deutschen Strafprozessordnung, S. 201; *Elobied*, Die Entwicklung des Strafbefehlsverfahrens, S. 55.

544 *Elobied*, Die Entwicklung des Strafbefehlsverfahrens, S. 58, 63; vgl. auch *Seuffert*, DJZ 1896, 85, 87.

545 *Elobied*, Die Entwicklung des Strafbefehlsverfahrens, S. 78, 84.

Auch in der Ausnahmesituation der beiden Weltkriege wurde das Strafbefehlsverfahren aus Ökonomisierungsaspekten ausgeweitet; hier allerdings vor dem Hintergrund, den kriegsbedingten Personalmangel in der Justiz[546] durch ihre Entlastung[547] zu kompensieren.

Die Verfahrensbeschleunigung in einfacher und nun auch mittlerer Kriminalität war auch Grund späterer Ausweitungen. Der Gesetzgeber hielt es für notwendig, insbesondere die Verkehrsdelikte, die die Gerichte nach 1964 viel beschäftigten[548], mit Hilfe des Strafbefehlsverfahrens schneller erledigen zu können.[549] Auch die Möglichkeit, Klage und Einspruch bis zur Urteilsverkündung im ersten Rechtszug zurücknehmen zu können wurde eingeführt, um dem Gericht durch eine erhöhte Rücknahmequote von Einsprüchen und Anklagen die Ausfertigung eines Urteils zu ersparen.[550]

Die jüngste größere Reformierung (StVÄG 1987) war ebenfalls getragen von dem Gedanken, das Verfahren zu beschleunigen und effektiver auszugestalten.[551] Da das Arbeitspensum der Justiz anstieg, wollte man dem zu der Zeit bestehenden Rückgang der Anträge auf Strafbefehlserlass entgegenwirken.[552] In jüngerer Zeit wird das Augenmerk auch auf die Erledigung der oftmals umfangreichen und aufwändigen Wirtschaftsstrafsachen gelegt, um durch eine Ausdehnung des Strafbefehlsverfahrens hier eine vereinfachte, beschleunigte Erledigung zur Entlastung der Justiz zu ermöglichen.[553]

Insgesamt lässt sich also festhalten, dass das ursprünglich für die Bewältigung der einfachen Kriminalität konzipierte[554] Strafbefehlsverfahren überwiegend

---

546 BR-Drs. 144/1915, S. 3; *Oppler*, DRiZ 1915, 667 f.

547 *Müller*, Das Strafbefehlsverfahren, S. 243; *Elobied*, Die Entwicklung des Strafbefehlsverfahrens, S. 102, 120; *Kern*, Geschichte des Gerichtsverfassungsrechts, S. 155; vgl. *Rieß*, in: FS Reichsjustizamt, 373, 378; vgl. *Vivell*, Strafbefehlsverfahren nach § 408a, S. 34.

548 Vgl. BT-Drs. 4/651, S. 9; vgl. BR-Drs. 201/62, S. 9.

549 BT-Drs. 4/651, S. 9 f., 36.

550 BT-Drs. 7/551, S. 14, 95 f.

551 BT-Drs. 10/1313, S. 11, 12 f.; *Meyer-Goßner*, NJW 1987, 1161; *Rieß/Hilger*, NStZ 1987, 204.

552 BT-Drs. 10/1313, S. 13.

553 BT-Drs. 13/4541, S. 14, 27; BR-Drs. 633/95, S. 82; BT-Drs. 15/999, S. 30; BR-Drs. 397/03, S. 10, 26, 57 ff.

554 Graf StPO/*Temming* § 407 Rn. 2; urspr. war es nur auf Polizeiübertretungen anwendbar, die die geringfügigste Deliktsstufe darstellten, *Elobied*, Die Entwicklung des Strafbefehlsverfahrens, S. 201; *Müller*, Das Strafbefehlsverfahren, S. 218; *Vivell*, Strafbefehlsverfahren nach § 408a, S. 27.

von der Intention getragen wurde, als eine Form der vereinfachten Verfahrenserledigung die Effizienz des Strafverfahrens zu steigern. Der Beschleunigungsaspekt und die Entlastung der Gerichte standen im Vordergrund der im Laufe der Zeit erfolgten ständigen Ausweitung des Anwendungsbereichs. Diese Ausweitung führte dazu, dass das Verfahren heute nicht mehr den Charakter eines vereinfachten Verfahrens für geringfügige Delikte besitzt[555] – vielmehr kann es immer mehr ordentliche Verfahren ersetzen.[556]

Die Rechte des Beschuldigten spielten in der Gesetzgebungsgeschichte des Strafbefehlsverfahrens anfangs keine Rolle[557], wurden aber im Laufe der Zeit mal mehr, mal weniger diskutiert und berücksichtigt.[558]

2. *Die aktuellen Beweggründe*

Auch heute wird das Strafbefehlsverfahren als Instrument der Verfahrensbeschleunigung angesehen[559], die weiterhin angestrebt wird. In der aktuellen Diskussion wird immer wieder erwogen, den Anwendungsbereich des Strafbefehlsverfahrens zur Verfahrensvereinfachung noch weiter auszudehnen.[560] Allerdings wird beispielsweise auch betont, dass die Rechte des Beschuldigten und dessen Verteidigung durch eine Strafprozessrechtsmodernisierung nicht einseitig belastet werden dürfen.[561]

Dass ein großer Teil der Verfahren mittlerweile bereits vereinfacht erledigt wird[562], wird auch von den Interessen sowohl der Justiz getragen, die nicht in

555 Vgl. Motive zu dem Entwurfe einer Deutschen Strafprozessordnung, S. 201; was zeitweilig aus Prinzip so sein sollte, *Elobied*, Die Entwicklung des Strafbefehlsverfahrens, S. 25, 38, 63, 207; vielmehr dient es primär der Ökonomisierung von Verfahren, SSW-StPO/*Momsen* § 407 Rn. 1.

556 Vgl. *Elobied*, Die Entwicklung des Strafbefehlsverfahrens, S. 212.

557 *Elobied*, Die Entwicklung des Strafbefehlsverfahrens, S. 27.

558 Vgl. auch sogleich unter 2.

559 MüKoStPO/*Eckstein* § 407 Rn. 8; Meyer-Goßner/Schmitt/*Schmitt* Vor § 407 Rn. 1.

560 Vgl. z.B. BT-Drs. 19/5040 vom 16.10.2018, S. 10, 34, der Gesetzesentwurf stammte von der Fraktion der AfD; 59. Sitzung des Deutschen Bundestages am 19. Oktober 2018, Plenarprotokoll 19/59, S. 6602; *Leipold/Wojtech*, ZRP 2010, 243, 245.

561 BT-Drs. 19/14244, S. 1: „Die Strafprozesse müssen effektiver, schneller, moderner und praxistauglicher gestaltet werden. Dabei darf sich eine Modernisierung […] nicht einseitig zu Lasten der Rechte des Beschuldigten und deren Verteidigung auswirken.".

562 Siehe unter 2. Teil B. I. 1. a), IV., Tabelle 1 m.N.; Meyer-Goßner/Schmitt/*Schmitt* Vor § 407 Rn. 1; vgl. *Böttcher*, in: FS Odersky, 299, 313; *Heinz*, in: FS Müller-Dietz, 271; *Sommerfeld/Guhra*, NStZ 2004, 420, 421; *Hutzler*, Ausgleich struktureller

der Lage wäre, sämtliche Fälle in einem ordentlichen Verfahren zu erledigen, als auch von denen des Beschuldigten an einer möglichst günstigen, diskreten und schnellen Lösung.[563]

3. Die Tragfähigkeit der wesentlichen Erwägungsgründe

Die Entwicklung des Strafbefehlsverfahrens verlief in eine Richtung, die ursprünglich nicht vorgesehen war. Die Begründungen, mit denen die Ausweitungen vorgenommen wurden, sind nicht immer überzeugend.

Die Beschleunigung des Verfahrens und die Entlastung der Justiz als heutige Hauptgründe sind grundsätzlich tragfähige Argumente.[564] Angesichts der hohen Arbeitsbelastung der deutschen Strafgerichte bedarf es einer Möglichkeit, Fälle durch weniger Arbeitsaufwand zu erledigen. Insofern fügt sich auch das früher angeführte Argument ein, dass gerade die Bagatelldelikte ein vereinfachtes Verfahren brauchen.[565]

Dadurch, dass im Strafbefehlsverfahren als arbeitsintensive Stufe lediglich das Ermittlungsverfahren regulär durchzuführen ist, tritt in dieser Hinsicht theoretisch keine Entlastung der Ermittlungsorgane ein. Auch in der Praxis ist hier nach Angabe der im Rahmen der Experteninterviews befragten Berliner Staatsanwälte regelmäßig kein Beschleunigungseffekt im Ermittlungsverfahren zu verbuchen, wenn sich ein Fall für die Erledigung durch Strafbefehl eignet (B1, B2, B3, B4 und B6, Frage 8).[566] B1 betonte dabei, dass in einem vergleichbaren Bereich nicht etwa bewusst weniger ermittelt würde, weil ein Strafbefehl beantragt und keine Anklage erhoben wird[567]; im Normalfall würde ein Verfahren ausermittelt und erst dann über den Verfahrensabschluss entschieden. Dahingehend äußerte sich auch B3. B2 benannte explizit den Beschleunigungseffekt im Hauptverfahren. Im Ermittlungsverfahren nähme die Staatsanwaltschaft keinen Einfluss auf den Gang der Ermittlungen und da die Polizei nicht wüsste, welche Entscheidung die Staatsanwaltschaft später treffen wird, ginge

---

Garantiedefizite, Rn. 128: Das Strafbefehlsverfahren habe sich von der Ausnahme zur Regel entwickelt; a.A. LR/*Gössel* Vor § 407 Rn. 19.

563 BVerfG NJW 1969, 1103, 1104; Meyer-Goßner/Schmitt/*Schmitt* Vor § 407 Rn. 1.

564 Wobei beide Ziele nicht gleichzusetzen sind, *Elobied*, Die Entwicklung des Strafbefehlsverfahrens, S. 210 f.; so auch *Rieß*, NStZ 1994, 409 f.

565 *Elobied*, Die Entwicklung des Strafbefehlsverfahrens, S. 208.

566 Siehe zu den durchgeführten Experteninterviews unter 2. Teil B. III., dort Frage 8 unter 2. a).

567 Antwort auf Frage 28.

sie auch nicht unterschiedlich an Fälle heran.[568] Beschleunigungseffekte im Ermittlungsverfahren würden sich nur dann ergeben, wenn eine Absprache stattfindet, was im Bereich Wirtschaft vorkäme (B1). Auch B5 nannte eine Beschleunigung für die Fälle, in denen eine Verständigung getroffen wird. Dabei wurde geschildert, dass in diesen Konstellationen sogar kompliziertere Fälle für das Strafbefehlsverfahren geeignet wären, die man unter normalen Umständen vielleicht nicht im Wege des Strafbefehls erledigen würde. Bezüglich der Beschreibung des Tatvorwurfs hingegen ginge der Strafbefehl gegenüber einer Anklage hinaus, da neben dem einen abstrakten Gesetzestext ausfüllenden konkreten Vorwurf auch eine Sanktionsbemessung erforderlich würde. Auch B6 benannte eine Beschleunigungswirkung im Ermittlungsverfahren für solche Fälle, in denen ein Verteidiger eingeschaltet wurde und der Staatsanwalt bei diesem nachfragte, ob der Beschuldigte mit einem Strafbefehl einverstanden wäre. Wenn ein Einverständnis bestünde, einen Teil zu akzeptieren, könnte der Staatsanwalt zum Beispiel auch weitere Tatvorwürfe, die noch auszuermitteln wären, einstellen.

Die Entlastung findet aber jedenfalls durch die vorläufige Abschließung des Verfahrens nach einem – nicht im Sinne der §§ 199 ff. StPO förmlichen – Zwischenverfahren[569], statt. Indem lediglich ein Antrag auf Erlass eines Strafbefehls der Staatsanwaltschaft und die Entsprechung des Antrags durch das Gericht nötig werden (§§ 407, 408 StPO), werden so gerichtliche Ressourcen gespart[570]. In den Fällen, in denen Einspruch eingelegt wird, ist zwar in das reguläre Verfahren überzugehen; jedoch kann hier direkt in die Hauptverhandlung eingestiegen werden, die zudem auch dahingehend gestrafft verläuft, als die Beweisaufnahme vereinfacht stattfinden kann (§ 411 Abs. 2 Satz 2 i.V.m. § 420 StPO). Insofern ist das Strafbefehlsverfahren, insbesondere wenn kein Einspruch eingelegt wird, auch dazu geeignet, Verfahren zu verkürzen. Sofern es zu einer Hauptverhandlung kommt, ist der Entlastungseffekt zwar kaum noch[571], aber immerhin in Form der verkürzten Beweisaufnahme[572] vorhanden.

Die Ausweitung auf den Bereich leichterer Delikte hingegen etwa mit der Begründung zu erstrecken, dies sei unbedenklich, wenn es keiner Hauptverhandlung bedürfe, um den Sachverhalt aufzuklären[573], ist nur deshalb eine

568 Antwort auf Frage 28.

569 KMR/*Metzger* Vor § 407 Rn. 2 zufolge ende es zum Schluss des Zwischenverfahrens.

570 *Putzke/Putzke*, JR 2019, 319; *Esser*, StV 2007, 235; SSW-StPO/*Momsen* § 407 Rn. 1.

571 *Elobied*, Die Entwicklung des Strafbefehlsverfahrens, S. 210.

572 Zu den Risiken siehe unter 2. Teil C. V. 2.

573 Vgl. BR-Drs. 144/1915, S. 3; *Elobied*, Die Entwicklung des Strafbefehlsverfahrens, S. 208 weist zurecht kritisch darauf hin, dass das Argument der Entbehrlichkeit der

konsistente Erwägung, weil die Begründung auf dem Bagatellcharakter der Handlungen beruht. Denn gewiss gibt es auch unter den schwereren Taten Fälle, die von der Beweislage her unstreitig gelagert sind.[574] Umgekehrt kann aber auch bei weniger schweren Delikten der Sachverhalt komplizierter herauszufinden sein, sodass eine Hauptverhandlung erforderlich ist.[575] Aus ökonomischen Aspekten ist es durchaus sinnvoll, auf solche Hauptverhandlungen zu verzichten, die keine weitere Aufklärung erwarten lassen, sondern lediglich justizielle Ressourcen beanspruchen. Dass der Aufwand und die Kosten einer Hauptverhandlung insbesondere bei geringfügigen Delikten, in denen es um kleinere Geldstrafen geht, stark auseinanderfallen und nicht gerechtfertigt sind[576], wenn die Hauptverhandlung keine Aufklärung verspricht, ist ebenfalls einleuchtend.

Neben wirtschaftlichen Aspekten spielt ebenfalls die Hervorhebung der Verfahrensbeschleunigung eine Rolle. So wurde auch die Einführung des Verweises in § 411 Abs. 2 Satz 2 auf § 420 StPO mit der Beschleunigung begründet.[577] Grundsätzlich ist es zwar erstrebenswert und notwendig, Verfahren so kurz wie möglich zu halten, allerdings darf dies nicht auf Kosten der Einhaltung rechtsstaatlicher Grundsätze geschehen.

Auch nicht außer Acht gelassen werden darf dabei, dass bei der Prognose, inwiefern eine zukünftige Hauptverhandlung zu einem anderen Ergebnis führen kann, das Risiko einer Fehleinschätzung nicht immer sicher auszuschließen ist. Der im Rahmen der Experteninterviews befragte Berliner Staatsanwalt B3 berichtete (bei Frage 9) davon, dass es häufig um komplizierte Sachverhalte ginge oder um Sachen, die man anfangs als simpel einschätzte und bei denen sich im Laufe der Zeit neue Störfaktoren ergäben, die die Ermittlungen in eine ganz andere Richtung führten.

Hauptverhandlung problematisch sei, wenn sich die Einfachheit aus dem Konsens der Verfahrensbeteiligten ergebe, siehe dazu auch unter 3. Teil B. IV. 2. a).

574 *Leipold/Wojtech*, ZRP 2010, 243, 244; auch gebe es bei theoretisch jedem Vergehen konkrete Fälle, die ohne eine Hauptverhandlung aufgeklärt werden könnten und bei denen zudem nur eine geringe Bestrafung erforderlich sei, Sten. Berichte RT, Bd. 320, Drs. Nr. 658, S. 17; vgl. *Elobied*, Die Entwicklung des Strafbefehlsverfahrens, S. 95.

575 *Elobied*, Die Entwicklung des Strafbefehlsverfahrens, S. 208 f. weist zudem darauf hin, dass es unmöglich sei, vor der Hauptverhandlung festzustellen, ob der gerade noch aufzuklärende Sachverhalt dem aus der Aktenlage entspreche, weshalb es keine per se einfachen Sachverhalte gebe; so auch *Herzog*, ZRP 1991, 125, 129.

576 *Elobied*, Die Entwicklung des Strafbefehlsverfahrens, S. 25.

577 Vgl. BT-Drs. 12/6853, S. 36.

Im Zweifel ist diejenige Verfahrensart zu wählen, die weniger Rechte eines Angeklagten beschneidet. In Bagatellfällen kann das Risiko einer Fehleinschätzung mit Blick auf die Vorteile des Strafbefehlsverfahrens hingenommen werden. Dort, wo der Bereich der leichten Kriminalität allerdings verlassen wird und höhere Strafen zu erwarten sind, sollten zum einen das (Rest-)Risiko einer solchen Prognose, vor allem aber auch die Einbuße an rechtsstaatlichen Verfahrensgrundsätzen durch das verkürzte Verfahren nicht mehr akzeptiert werden.[578]

Der gesetzgeberische Wille, das Verfahren in immer mehr Fällen zur Anwendung bringen zu können, ist eindeutig.[579] Die anfänglich abgelehnte Freiheitsstrafe[580] beispielsweise wurde später mit der Begründung eingeführt, dass sich kein Problem mit den Voraussetzungen des § 47 StGB stelle, da es im Strafbefehl gerade auch um höhere als kurze Freiheitsstrafen gehen könne.[581] Zudem wurde angeführt, dass im Bereich der Straßenverkehrsdelikte kurze Freiheitsstrafen, die zur Bewährung ausgesetzt werden, erforderlich seien, und gerade diese Delikte wegen ihrer Typisierungen gut im Wege des Strafbefehlsverfahrens erledigt werden könnten.[582] Dieses Argument ist offensichtlich vom Ergebnis her gedacht – man möchte gewisse Delikte durch Strafbefehl erledigen, also passt man den Strafbefehl so an, dass dies mit Blick auf die erforderlichen Rechtsfolgen möglich ist.

Grundsätzlich ist dies keine per se illegitime Vorgehensweise, allerdings wird hier die Problematik deutlich, dass nicht mehr die Frage gestellt wird, was das Strafbefehlsverfahren zu leisten imstande ist, sondern vielmehr, in welchen Bereichen man schneller arbeiten können will. Dies gilt auch insbesondere mit Blick darauf, dass zuvor vertreten wurde, dass eine Ausweitung des Strafrahmens unter rechtsstaatlichen Gesichtspunkten nicht zu vertreten sei[583].

Genauso beurteilt werden kann beispielsweise auch das Argument für die Anhebung der Sperre der Neuerteilung der Fahrerlaubnis auf zwei Jahre: Hier

---

578 Siehe dazu auch unter 2. Teil E.

579 So etwa BT-Drs. 10/1313, S. 13; ob die Vereinfachung aber heute das wahre Ziel des Gesetzgebers ist, könne trotz weitgehender Unschlüssigkeit der heute vertretenen Argumente nicht nachgewiesen werden, *Elobied*, Die Entwicklung des Strafbefehlsverfahrens, S. 211.

580 BT-Drs. 7/550, S. 302, 306; zum Problem siehe auch 2. Teil C. III. 1.

581 BT-Drs. 12/1217, S. 43.

582 BT-Drs. 12/1217, S. 43; BR-Drs. 314/91, S. 122.

583 BT-Drs. 10/1313, S. 14.

wird ohne weitere Begründung vorgebracht, dass dies erforderlich sei, weil es regelmäßig Verkehrsdelikte gebe, bei denen eine Geldstrafe noch angemessen sei, bei denen aber eine Sperre von einem Jahr nicht ausreiche – und auch für solche Fälle solle das Strafbefehlsverfahren zur Verfügung stehen.[584]

Allerdings ist die Ökonomisierung des Strafprozesses als alleiniger Grund für die Rechtfertigung einer Ausweitung nicht ausreichend. Vielmehr bedarf es darüber hinaus auch der argumentativen Abwägung, inwiefern die Rechte des Beschuldigten und die Wahrung rechtsstaatlicher Verfahrensgrundsätze zugunsten einer Beschleunigung eingeschränkt werden können. Das Bestreben, das Strafbefehlsverfahren immer weiter in den Bereich der mittleren Kriminalität auszudehnen, ist besonders problematisch, wenn keine entsprechenden Vorkehrungen mit eingeführt werden, die die Stellung des Beschuldigten stärken und das Risiko reduzieren, einer (möglicherweise fehlerhaften) Verurteilung durch ein schriftliches Verfahren zu unterliegen, ohne sich effektiv dagegen verteidigen zu können.

Dem Risikopotential des Strafbefehlsverfahrens für Fehlentscheidungen in seiner derzeitigen Ausgestaltung wird zu wenig Aufmerksamkeit geschenkt, obwohl es der entscheidende Faktor ist, der einer Ausweitung entgegensteht.[585]

4. *Zwischenergebnis*

Ob das Strafbefehlsverfahren das geeignete Instrument dafür ist, einen immer größeren Teil und immer schwerwiegendere Fälle der Strafverfahren zu bearbeiten, ist fraglich.[586] Denn wie anfangs bereits festgestellt, geht mit der Verfahrensverkürzung eine Einbuße bezüglich der Einhaltung wichtiger Verfahrensgrundsätze einher. Die Prozessstellung des Beschuldigten ist derzeit schwach ausgestaltet, die Gefahr für Fehlentscheidungen, wie sich zeigen wird, gegenüber dem regulären Verfahren stark erhöht[587]. Diese Defizite können unter Umständen in Kauf genommen werden, wenn es um Bagatelltaten geht. Je schwerwiegender ein Vorwurf ist, umso gravierender können die Folgen für den Betroffenen sein. Dies muss in solchen Fällen umso mehr

---

584 BT-Drs. 7/550, S. 306.

585 Siehe zu den Risiken des Verfahrens unter 2. Teil C.

586 *Elobied*, Die Entwicklung des Strafbefehlsverfahrens, S. 216 f. ist der Ansicht, dass es die Instrumentalisierung des Strafbefehls zwecks Entlastung der Rechtspflege aufzuhalten gilt.

587 Dazu genauer unter 2. Teil C.

berücksichtigt und hier sorgfältig gearbeitet werden. Dies gilt von der Erforschung des Sachverhalts bis hin zur Ausfertigung des Urteils. Ob das Strafbefehlsverfahren seiner derzeitigen Konzeption nach dazu imstande ist, dies zu leisten, ist bereits zweifelhaft, wenn man schon nur abstrakt den Gesetzestext in den Blick nimmt.

2. Teil: Die strukturellen Schwächen

Im ersten Teil wurden viele Schwachstellen des Strafbefehlsverfahrens aufgezeigt, die bereits abstrakt im Gesetzestext angelegt sind. Gleichzeitig zeigt die Entwicklung des Verfahrens, dass es heute viel weitreichender angewandt wird als ursprünglich vorgesehen. Dies wirft die Frage auf, ob das Strafbefehlsverfahren in seinem Anwendungsbereich wieder einzuschränken ist. Die Beantwortung dieser Frage hängt maßgeblich davon ab, inwiefern die dem Verfahren immanenten Risiken vertretbar erscheinen. Daher sollen die im ersten Teil[588] aufgezeigten, aber auch weitere in der Praxis bestehende Risiken genauer untersucht werden. Es wurde bereits an vielen Stellen Kritik am Strafbefehlsverfahren angebracht und Reformvorschläge geäußert, auf die einzugehen ist.

Im Vordergrund soll bei der Untersuchung die Gefahr fehlerhafter Entscheidungen stehen. Denn das Strafbefehlsverfahren kann keine rechtsstaatliche Verfahrensbeschleunigung leisten, wenn es (an diversen Stellen) ein unvertretbar hohes Risiko für Fehlentscheidungen birgt. Unter dem Begriff der Fehlentscheidung[589] werden in dieser Arbeit alle Entscheidungen von Richter und Staatsanwalt[590] verstanden, die sowohl zum Nach- als auch zum Vorteil des Verurteilten[591] von der Sanktion, die in Hinblick auf die Wahrheit, soweit wie sie mit den zur Verfügung stehenden Mitteln nach den Regeln des Strafprozesses ermittelt werden kann[592], angemessen wäre, tatsächlich oder rechtlich abweichen.

Da die Ausgestaltung des Strafbefehlsverfahrens und der praktische Umgang mit dieser verkürzten Erledigungsform in der Literatur vielfach kritisiert

---

588 Dort unter A. I., II., B. I., C. II., D. I., E. I. 1. b), c), 2. c), e), f), III.

589 Eine allgemein anerkannte, gängige Definition gibt es nicht, so auch *Böhme*, Das strafgerichtliche Fehlurteil, S. 25.

590 Zu einem weiten Fehlurteilsverständnis, welches nicht nur Urteile im technischen Sinne einbezieht: *Barton*, in: FS Eisenberg, 15, 17; speziell für die Einbeziehung von fehlerhaften Strafbefehlen in den Fehlentscheidungsbegriff: *Böhme*, Das strafgerichtliche Fehlurteil, S. 48 f.

591 *Böhme*, Das strafgerichtliche Fehlurteil, S. 47; *Dunkel*, Fehlentscheidungen in der Justiz, S. 56.

592 Zur prozessordnungsgemäß ermittelten Wahrheit (vgl. auch forensische Wahrheit): *Pfister*, FPPK 2013, 250, 253; *Hellwig*, Justizirrtümer, S. 33 f.; *Börner*, Legitimation durch das Strafverfahren, S. 99 ff.; *Böhme*, Das strafgerichtliche Fehlurteil, S. 31 f.

werden[593], wurden die diesbezüglich aufgestellten Hypothesen auch in der Praxis zur Diskussion gestellt und qualitative Stichproben erhoben, um in dieser Arbeit empirisch unterfütterte Aussagen tätigen zu können. Die Ergebnisse werden vorweg unter A. dargestellt.

Im Ausgangspunkt für die Untersuchung der Fehleranfälligkeit soll unter B. die Verfahrensstatistik betrachtet werden. Aus dieser ist – wenn auch in begrenztem Umfang – der Umgang mit dem Strafbefehl in der Praxis zu erkennen. Aus etwaigen Anwendungsmustern, dem Verhältnis von Strafbefehlen, Einsprüchen, Einspruchsrücknahmen oder beispielsweise der tatsächlichen Entlastungswirkung in bestimmten Bereichen können gegebenenfalls Erkenntnisse für eine Verfahrensoptimierung gewonnen werden.

A. Eigene empirische Untersuchung

Die vorliegende Untersuchung ist primär dogmatisch beziehungsweise systematisch ausgerichtet. Die empirische Untersuchung erfolgte insoweit lediglich begleitend und als qualitative Studie von beschränktem Umfang (insgesamt 106 schriftliche Befragungen und sechs Experteninterviews).

Untersuchungsgegenstand war die jeweilige subjektive Erfahrung, die mit der Anwendung und dem Ablauf der Strafbefehlsverfahren gesammelt wurde. Die Untersuchungsgruppen waren dabei bei den schriftlichen Befragungen Strafrichter am Amtsgericht Tiergarten und Berliner und Bremer Strafverteidiger (I.) sowie bei den Experteninterviews Berliner Staatsanwälte (II.).

Die Entscheidung, Richter des Amtsgerichts zu befragen, wurde mit Blick auf ihre Zuständigkeit für den Erlass von Strafbefehlen getroffen. Viele Risiken für fehlerhafte Strafbefehle scheint es in diesem Verfahrensstadium zu geben, sodass die richterliche Perspektive relevant war. Dabei ging es vor allem um Angaben über die Wahrnehmung der eigenen Tätigkeit, aber auch um die des Verfahrensablaufs mit Blick auf das Verhalten der anderen Verfahrensbeteiligten.

Auch die Perspektive der Strafverteidiger war erforderlich, um kein einseitiges Bild zu erhalten. Diese sollten in ihrer Funktion als Strafverteidiger befragt werden, wobei dabei mittelbar auch die Sicht der Beschuldigten vertreten sein sollte. Dadurch sollte nicht nur die staatliche Seite, sondern auch die Probleme auf Seiten des Beschuldigten beleuchtet werden, die den Justizbehörden im konkreten Fall verborgen bleiben können.

---

593 Siehe dazu auch die vielen Standpunkte unter C.

Die Befragung der Richter war auf den Bereich Berlin beschränkt, bei den Strafverteidigern wurden sowohl solche aus Berlin als auch aus Bremen befragt. Es ist denkbar, dass eine Befragung in einer Großstadt wie Berlin teilweise andere Ergebnisse liefert als die Befragung in beispielsweise ländlichen Gerichtsbezirken.[594] Aus diesem Grund sollte zumindest auch eine mittelgroße Stadt einbezogen werden. Nicht zuletzt aufgrund dieses Umstands können die Ergebnisse allerdings keine Allgemeinverbindlichkeit oder Vollständigkeit für sich in Anspruch nehmen.

Die Ergebnisse der Untersuchung werden dabei zunächst wertneutral vorangestellt, bevor sie an den entsprechenden Stellen in der weiteren Arbeit herangezogen und bewertet werden.[595]

Um einen Eindruck aus allen unmittelbar am Strafbefehlsverfahren beteiligten Perspektiven zu erhalten, wurden auch leitfadengestützte Experteninterviews mit Staatsanwälten der Staatsanwaltschaft Berlin geführt. Denn auch die praktische Handhabung des Verfahrens durch die Staatsanwaltschaft scheint mit Blick auf Fehlerrisiken zum Teil problematisch. Da zudem allein die Staatsanwaltschaft die Möglichkeit hat, ein Strafbefehlsverfahren einzuleiten, kommt ihr eine besondere Rolle in diesem Verfahren zu. Zwar erfolgen die vorherigen Ermittlungsmaßnahmen in der Regel allein durch die Polizei[596], dennoch ist die Staatsanwaltschaft die Herrin des Vorverfahrens[597]. Auf die Befragung der Polizei wurde deshalb, und weil das Strafbefehlsverfahren erst mit der staatsanwaltschaftlichen Entscheidung beginnt, verzichtet. Zwar ist bereits die Qualität der Ermittlungen von wesentlicher Bedeutung für das gesamte weitere Verfahren; allerdings wurden die Interviews mit der Staatsanwaltschaft an dieser Stelle aus den eben genannten Gründen für ausreichend erachtet; zudem hätte eine Befragung auch der Polizei die verfügbare Zeit überschritten.

Von Interviews mit der Amtsanwaltschaft Berlin wurde abgesehen, weil diese zusätzlich zu der Befragung der Staatsanwälte hätten stattfinden müssen und dies aus zeitlichen Gründen nicht umsetzbar war. Die Amtsanwaltschaft Berlin hätte zwar womöglich zu den Verkehrsdelikten vermehrt Antwort geben

594 Vgl. zu regionalen Unterschieden etwa *Statistisches Bundesamt*, Fachserie 10, Reihe 2.6, 2019, Tabelle 2.2.1.2. bzgl. Antragsquote in den versch. Bundesländern und bzgl. Einsprüchen *Statistisches Bundesamt*, Fachserie 10, Reihe 2.3, 2019, Tabelle 2.1

595 Vgl. so auch die Vorgehensweise bei *Siolek*, Verständigung, S. 42.

596 *Steffen*, Analyse polizeilicher Ermittlungstätigkeit, S. 294; so auch die Aussagen der interviewten Staatsanwälte, siehe A. II. 2. a), Frage 3.

597 BGH NStZ 2017, 651, 657; KK-StPO/*Griesbaum* § 160 Rn. 5.

können, allerdings ist ihre Zuständigkeit und damit auch ihr Erfahrungshorizont insgesamt beschränkter als der der Staatsanwaltschaft, zumal gerade letztere auch vor den Amtsgerichten auftritt. Daher schien die Staatsanwaltschaft für entsprechende Interviews geeigneter.

Interviewt wurden dabei Staatsanwälte aus den allgemeinen Abteilungen, aus Jugendabteilungen sowie aus den Abteilungen Wirtschaft/Steuern, wobei die Staatsanwälte durch ihre langjährige Berufserfahrung in der Regel Erfahrungen aus verschiedenen (immer auch allgemeinen) Abteilungen mitbrachten. Da in dieser Arbeit auch auf die Bedeutung des Strafbefehls in der Wirtschaftskriminalität eingegangen wird, war es begrüßenswert, dass auch Staatsanwälte aus Wirtschafts- und Steuerabteilungen interviewt werden konnten.

Auch diese Untersuchung soll zunächst wertneutral vorgestellt und in der weiteren Arbeit an den entsprechenden Stellen erneut aufgegriffen werden. Die Antworten werden an dieser Stelle, soweit sie von der eigentlichen Frage thematisch abweichen, den entsprechenden Fragen zugeordnet und dies anhand von Fußnoten kenntlich gemacht. Auch wurde an einigen Stellen die Reihenfolge der Fragen verändert, um eine inhaltlich weitgehend strukturierte Darstellung zu ermöglichen.

Durch die Befragung aller Beteiligten des Strafbefehlsverfahrens sollte zudem eine Gegenüberstellung der jeweiligen Antworten und Perspektiven ermöglicht werden.

Neben dieser Befragung wurde zudem auch eine Auswertung der Beratungsprotokolle durchgeführt, die im Rahmen des Rechtsberatungsprojekts für Strafbefehlsempfänger, das von der Vereinigung Berliner Strafverteidiger e.V. in Zusammenarbeit mit der Law Clinic der Freien Universität Berlin angeboten wird[598], erstellt wurden und die an dieser Stelle einen ausschnittweisen Eindruck über einige der vom Amtsgericht Tiergarten erlassenen Strafbefehle geben sollen (III.).

I. Die Befragung der Richter und Strafverteidiger

1. Erstellung und Durchführung der Befragung

a) Ziele und Konzeption der Fragebögen

Ziel der Untersuchung war es, Erfahrungswerte – wenn auch begrenzt aussagefähige – der in der Literatur geäußerten Kritik bezüglich der Schwachstellen des Strafbefehlsverfahrens gegenüberzustellen und mit ihr vergleichen zu

---

598 https://www.strafbefehlsberatung.de/, zuletzt abgerufen am 11.02.2021.

können. Zudem sollten einige Informationen, die statistisch nicht erfasst sind, auf diese Weise zumindest ansatzweise eingeholt werden.

Die Erstellung der Fragebögen[599] jeweils für die Richter und die Strafverteidiger erfolgte daher zum einen auf Grundlage der für die Erstellung der Arbeit erforderlichen umfangreichen Literaturrecherche, zum anderen mit Blick auf die unbeantwortet gebliebenen Fragen nach Studium der vorhandenen Statistiken zum Strafbefehl (zur verwendeten Methodik sogleich).

Die Fragebögen für die Gerichte wurden dabei in Fragen zu der Prüfung des Strafbefehlsantrags der Staatsanwaltschaft, zu Einsprüchen, zu der Hauptverhandlung nach dem Einspruch, zu den Empfängern eines Strafbefehls, zu beschleunigten Verfahren gegen Wirtschaftskriminelle, zu Absprachen, zur Übersetzung von Strafbefehlen, zu Strafbefehlen nach § 408a StPO und zu weiteren persönlichen Einschätzungen der Richter unterteilt.

Die Fragebögen für die Strafverteidiger beinhalteten Fragen zu der Einspruchsfrist, zu dem Verständnis des Mandanten bezüglich des Strafbefehls, zu einer vorherigen Anhörung, zu der Richtigkeit von Strafbefehlen, zu den Empfängern, zum Einspruchsverhalten, zu Absprachen, zu beschleunigten Verfahren gegen Wirtschaftskriminelle, zu den Beweisanträgen in der auf den Einspruch folgenden Hauptverhandlung, zu Freiheitsstrafen, zu Strafbefehlen nach § 408a StPO, zu sonstigen Folgen eines Strafbefehls für den Empfänger und zu weiteren persönlichen Einschätzungen der Strafverteidiger.

Dabei wurde darauf geachtet, sensiblere Fragen nicht zu Beginn zu stellen, um die Teilnahmebereitschaft an den Befragungen aufrecht zu erhalten. Denn einige Fragen zielten auf eine möglicherweise problematische Handhabung des Verfahrens. Am Ende stand bei beiden Fragebögen jeweils ein unbegrenztes Freitextfeld für weitere Anmerkungen oder Ergänzungen zur Verfügung.

Die meisten der Fragen waren geschlossen[600] und beinhalteten skalierte Antwortmöglichkeiten (fünf Antwortmöglichkeiten von „sehr häufig" bis „nie" beziehungsweise von „trifft voll zu" bis „trifft nicht zu"), es gab aber auch Multiple-Choice-Fragen mit Mehrfachantwortmöglichkeit sowie vereinzelt zusätzlichen freien Antwortmöglichkeiten. Bei den einzelnen Fragen bestand kein Antwortzwang, sodass Fragen, zu denen die befragte Person im

---

599 Dazu etwa *Döring/Bortz*, Forschungsmethoden und Evaluation, S. 398 ff.; *Diekmann*, Empirische Sozialforschung, S. 410 ff.; *Schnell/Hill/Esser*, Methoden der empirischen Sozialforschung, S. 297 ff.; *Kallus*, Erstellung von Fragebogen, S. 41 ff.; speziell zur Fragebogenkonstruktion für Web-Surveys: *Schnell*, Survey-Interviews, S. 293 ff.

600 Vgl. *Mayer*, Interview und schriftliche Befragung, S. 92.

Einzelfall keine Angabe machen konnte, offengelassen werden konnten und so ein dadurch bedingter Abbruch der Befragungsteilnahme sowie Falschantworten verhindert wurden.

Einige der Fragen an die Richter und die Strafverteidiger waren dabei gleich oder ähnlich gestellt, um in diesen Punkten die Sicht der Befragtengruppen miteinander vergleichen zu können.

b) Auswahl der Erhebungsmethode

Aus den verschiedenen Methoden der Datenerhebung, die es in der empirischen Sozialforschung gibt[601], wurde die schriftliche Befragung[602] der Richter und Strafverteidiger gewählt. Anders als bei beispielsweise einer Aktenanalyse konnte auf diese Weise insbesondere der subjektive Umgang der Befragten mit dem Strafbefehl untersucht werden.

Die Durchführung von Interviews war an dieser Stelle aufgrund des hohen Zeitaufwands nicht geeignet, da Ziel war, eine etwas größere Anzahl von Richtern und Strafverteidigern zu erreichen.

Die Befragung war vollstandardisiert durch einen Fragenkatalog und beinhaltete fast ausschließlich geschlossene Fragen mit vorgegebenen Antwortmöglichkeiten[603]; auf diese Weise konnte eine größtmögliche Vergleichbarkeit erzielt und eine (wenn auch kaum repräsentative) statistische Auswertung der Daten ermöglicht werden.[604] Auch aus diesen Grund wurde von Leitfaden-Interviews abgesehen.[605] Die schriftliche Befragung erfolgte aus Praktikabilitätsgründen im Rahmen einer Onlinebefragung (Web-Survey[606]) und nicht auf dem Postweg. Verwendet wurde das zu diesem Zweck von der Freien Universität Berlin zur Verfügung gestellte Evaluationsprogramm Unizensus.

---

601 Ausführlich hierzu *Atteslander*, Methoden der empirischen Sozialforschung, S. 71 ff.

602 Dazu *Atteslander*, Methoden der empirischen Sozialforschung, S. 157 f.

603 *Diekmann*, Empirische Sozialforschung, S. 408 f.; *Schnell*, Survey-Interviews, S. 73, 79 f.

604 Vgl. *Altenhain/Dietmeier/May*, Absprachen in Strafverfahren, S. 16.

605 Bei sensiblen Fragen werde die Bereitschaft zur wahrheitsgetreuen Beantwortung bei schriftlicher Befragung erhöht, *Siolek*, Verständigung, S. 23.

606 *Mayer*, Interview und schriftliche Befragung, S. 104; dazu *Schnell*, Survey-Interviews, S. 277 ff., 283 f.; *Schnell/Hill/Esser*, Methoden der empirischen Sozialforschung, S. 343 f., 347 f.

c) *Ablauf der Befragung und Auswertung*

Der Befragung der Strafverteidiger ging ein Pretest[607] mit einer Strafverteidigerin voraus, die insbesondere die Fragen inhaltlich und in ihrer Verständlichkeit bewertete und die Aufnahme einer weiteren Frage in den Fragenkatalog anregte. Im Anschluss wurde Anfang Mai 2020 ein Link zur Umfrage und eine Vorstellung des Forschungsvorhabens per E-Mail an verschiedene Strafverteidiger in Bremen geschickt. Im Rahmen dieser Umfrage wurde zudem durch einen teilnehmenden Strafverteidiger eine weitere Anregung gemacht, die in der späteren Befragung der Berliner Strafverteidiger berücksichtigt wurde. Diese zweite Befragung wurde ab Anfang/Mitte Juli 2020 durchgeführt und der Link zur Umfrage mit einer Beschreibung des Forschungsvorhabens über den E-Mail-Verteiler der Vereinigung Berliner Strafverteidiger e.V. versendet. Abgeschlossen wurden beide Befragungen Mitte/Ende August 2020.

Der Befragung der Strafrichter am Amtsgericht Tiergarten ging eine offizielle Anfrage bei der für Forschungsvorhaben zuständigen Stelle des Amtsgerichts voraus. Nach der Genehmigung wurde der Link zu der Umfrage mit einer Vorstellung des Forschungsvorhabens Ende Juni 2020 innerhalb des Amtsgerichts an die Strafrichter weitergeleitet.

Vor den ersten Befragungen wurde ein Pretest mit einem Richter durchgeführt, der bei einer telefonischen Besprechung seine Einschätzung zu den Fragen äußerte, insbesondere zu denen, die unter Umständen von anderen Richtern schwierig zu beantworten sein könnten. Abgeschlossen wurde diese Umfrage Mitte/Ende August 2020.

Die Teilnahme an den Umfragen war für alle Beteiligten freiwillig.

Die Auswertungen der Befragungen erfolgten automatisiert über das Evaluationsprogramm. Die Ergebnisse sind dabei – wie bereits die Befragung selbst – anonym und ohne Reidentifizierungsmöglichkeit der teilnehmenden Juristen.

d) *Aussagekraft der Studie*

Die Befragung zeigt interessante Ergebnisse. Dennoch ist zu berücksichtigen, dass sie lediglich stichprobenartige Einblicke in den praktischen Umgang mit dem Strafbefehlsverfahren durch Richter und Strafverteidiger und deren subjektive Einschätzungen, regional begrenzt auf Berlin und zum kleinen Teil Bremen, ermöglicht. Die Studie kann keinen Anspruch auf Vollständigkeit oder Verbindlichkeit erheben und lässt keinen Schluss auf die Praxis in ganz

---

607 *Mayer*, Interview und schriftliche Befragung, S. 99; *Schnell*, Survey-Interviews, S. 123 ff.

Deutschland zu. Daher ist sie auch nicht dazu geeignet, bestimmte Aussagen zu verifizieren oder gar andere, umfangreichere empirische Studien in Frage zu stellen.

Dennoch sind aus ihr wichtige Eindrücke zu gewinnen und Tendenzen zu erkennen.

2. *Ergebnisse der Befragung der Strafverteidiger*

Die Befragung der Strafverteidiger ergab 14 Rückläufe aus Bremen und 52 aus Berlin, insgesamt wurden mithin 66 Verteidiger befragt.

a) *Fragen zur Einspruchsfrist*

Anlässlich des Umstands, dass die Einspruchsfrist mit zwei Wochen zu kurz bemessen sein könnte[608], wurden zunächst Fragen zu dieser Frist gestellt. Auf die erste Frage, *ob bei drohendem Ablauf der Einspruchsfrist gegen Strafbefehle schnell Gesprächstermine vergeben werden*, antworteten die meisten der befragten Berliner Strafverteidiger mit „sehr häufig" (34 Antworten und damit 66,6 %) und „häufig" (zwölf Antworten und damit 23 %)). Lediglich zwei gaben hier „manchmal" und drei „selten" an. Mit „nie" beantwortete keiner diese Frage. Bei den Bremer Strafverteidigern gaben sechs „sehr häufig" (42,8 %), einer „häufig" (7,1 %), drei „manchmal" und einer „nie" an. Insofern fällt das Ergebnis hier weniger stark als in Berlin zugunsten einer schnellen Terminvergabe aus. Insgesamt aber gaben hier 85,5 % aller antwortenden Strafverteidiger an, dass „sehr häufig" oder „häufig" im Falle eines drohenden Fristablaufs schnell Gesprächstermine vergeben würden.

Die zweite Frage befasste sich mit den *Gründen für die Nichteinhaltung der Einspruchsfrist.* Vorgegebene Antwortmöglichkeiten waren hier: Urlaubsbedingte Abwesenheit (A), berufsbedingte Abwesenheit (B), Krankenhausaufenthalt (C) und Strafbefehl wurde nicht verstanden (D). Zudem konnte ein anderer Grund angegeben werden (E). Dabei waren Mehrfachantworten möglich. Von der Berliner Strafverteidigern gaben 24 Antwortmöglichkeit A an (46,1 %), neun gaben B an (17,3 %), ebenfalls neun gaben C und 43 D an (82,7 %). Weitere, unter E genannte Gründe für eine Fristversäumnis waren die Nachlässigkeit des Angeklagten (vier Antworten), der Umstand, dass die zutreffende, aktuelle Wohnanschrift oder der tatsächliche Aufenthaltsort nicht bekannt war (drei Antworten), dass die Betroffenen ihre Post nicht oder sehr verspätet öffneten,

608 *Dunkel*, Fehlentscheidungen in der Justiz, S. 227; vgl. zur zu kurzen Frist *Kemme/ Dunkel*, StV 2020, 52, 57; vier Wochen fordert z.B. *Ambos*, Jura 1998, 281, 293.

das Geschehen verdrängten, die Erkenntnis erst im letzten Moment eintrat oder auch die Fristenwirkung nicht verstanden wurde (sechs Antworten), außerdem angegeben wurde eine fehlende Organisiertheit bis hin zur Unfähigkeit, ein strukturiertes Leben zu führen, Gleichgültigkeit und Sprachschwierigkeiten (drei Antworten), das Abraten des Sozialarbeiters von einem Einspruch (eine Antwort), die fehlende Zustellung einer Übersetzung eines Strafbefehls und der Umstand, dass die Mandanten regelmäßig davon ausgingen, dass der Strafbefehl dem Verteidiger ebenfalls zugestellt worden wäre (eine Antwort). Von den Bremer Strafverteidigern gaben vier Antwortmöglichkeit A an, einer B, einer C und elf D. Weitere, unter E genannte Gründe waren eine ungeöffnete Post (fünf Antworten), ein Verkennen des Unterschieds zum Bußgeldbescheid (eine Antwort), die Angst vor einer öffentlichen Hauptverhandlung (eine Antwort), eine Flucht (eine Antwort), Nachlässigkeit (eine Antwort) und die psychische Eingeschränktheit des Angeklagten, etwa durch den Konsum von Drogen oder Alkohol oder auch aufgrund einer psychischen Erkrankung (eine Antwort).

Anders als in Berlin wurde in Bremen häufig explizit die nicht geöffnete Post genannt, aber auch in Berlin wurde oft von einer Nachlässigkeit des Mandanten gesprochen. Der insgesamt am häufigsten vorkommende Grund war mit Abstand, dass der Strafbefehl vom Angeklagten nicht verstanden wurde (81,8 %), gefolgt von der urlaubsbedingten Abwesenheit (42,4 %).

Gefragt wurde im Anschluss, *ob in den letzten drei Jahren Wiedereinsetzungsanträge nach Fristablauf gestellt wurden.* Von den Berliner Strafverteidigern gaben hier zwölf „nie", 16 „selten", zwanzig „manchmal" und vier „häufig" an. Die Antworten aus Bremen lagen im Schwerpunkt ebenfalls zwischen „manchmal" und „nie"; hier stellten in den letzten drei Jahren vier „nie", sechs „selten", drei „manchmal" und ein Rechtsanwalt „häufig" Wiedereinsetzungsanträge. „Sehr häufig" gab in beiden Bundesländern keiner an. Die Frage nach dem *Erfolg gestellter Wiedereinsetzungsanträge* ergab, dass in Berlin die meisten erfolgreich sind: So gaben zehn Strafverteidiger „sehr häufig", zwölf „häufig" und nur vier „manchmal", fünf „selten" und vier „nie" an. Die Antworten aus Bremen ergaben folgendes Bild: Ein „sehr häufig", zwei „häufig", zwei „manchmal", drei „selten" und ein „nie". Insgesamt scheinen Wiedereinsetzungsanträge nach den §§ 44 ff. StPO also eher bessere Erfolgsaussichten zu haben.

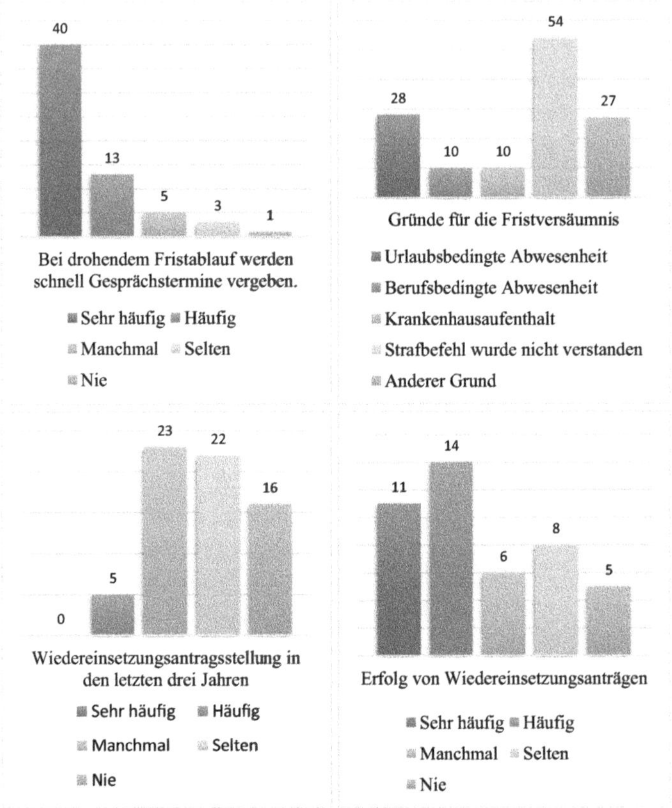

b) Fragen zum Verständnis des Mandanten

Die nächsten Fragen bezogen sich auf das Verständnis des Mandanten. In Berlin gaben neun Anwälte an, dass ihre *Mandanten den zugestellten Strafbefehl* „sehr häufig“ *als solchen erkennen*, 23, dass er „häufig“ als solcher erkannt würde, 18 gaben „manchmal“ und zwei „selten“ an. In Bremen gab hier eine Person „sehr häufig“ an, vier gaben „häufig“ und neun „manchmal“ an. „Nie“ wurde in beiden Bundesländern nicht angegeben. Damit gaben insgesamt nur 15,1 % der befragten Verteidiger an, dass die Mandanten einen Strafbefehl sehr häufig als solchen erkennen. Nach fast der Hälfte der Befragten (43,9 %) sei dies hingegen nur manchmal bis selten der Fall. Sofern Angeklagte den Strafbefehl als solchen erkennen, könnten sie nach Angabe von vier Berliner Anwälten auch

dies „nie“ der Fall wäre. Die Anwälte aus Bremen gaben hier einmal „sehr häufig“, zwei Mal „häufig“, drei Mal „manchmal“ und vier Mal „selten“ an. Die Aussage, dass *Frauen in Relation zu ihrem Anteil an der Kriminalität überdurchschnittlich oft Strafbefehle erhalten*, erachten 14 Berliner Verteidiger für „nichtzutreffend“, keiner für „voll zutreffend“. 14 halten dies für eher „nichtzutreffend“, 17 für „halb zutreffend“ und drei für „eher zutreffend“. Von den Bremer Anwälten gaben hier drei „trifft nicht zu“ und ebenfalls keiner „trifft voll zu“ an. Einer hielt die Aussage für „eher nichtzutreffend“, vier hielten sie für „halb zutreffend“ und einer für „eher zutreffend“. Insgesamt gaben mithin 55,9 % der auf diese Frage antwortenden Verteidiger an, dass Strafbefehle sehr häufig bis häufig vermehrt an sozial schwache Personen geschickt werden. Dass Strafbefehle vermehrt an Personen mit ausländisch klingendem Namen oder Migrationshintergrund geschickt werden, gaben 42,1 % der antwortenden Verteidiger an. 54,4 % aller auf die Frage antwortenden Verteidiger hatten nicht oder eher nicht den Eindruck, dass Strafbefehle mit Blick zu ihrem Anteil an der Kriminalität überdurchschnittlich oft an Frauen geschickt werden. Bezüglich der sozial schwachen Personen, der Personen mit Migrationshintergrund oder der Personen mit einem ausländisch klingenden Namen ist dennoch eine leichte Tendenz dazu zu erkennen, dass diese Personengruppen vermehrt Empfänger von Strafbefehlen sein könnten.

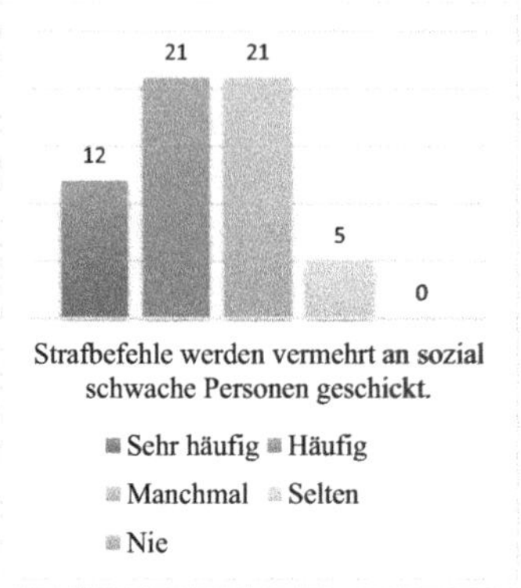

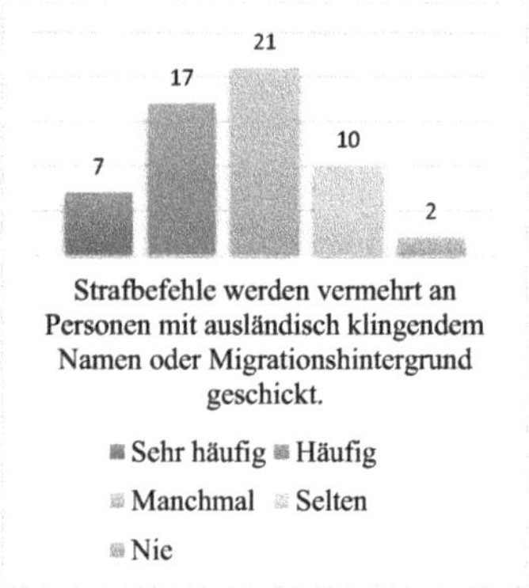

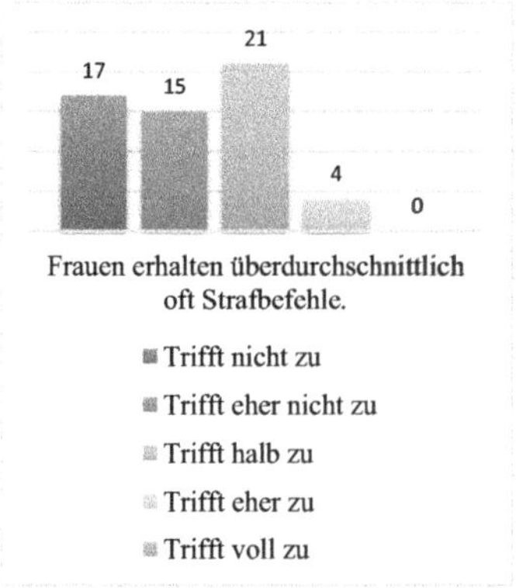

f) Fragen zum Einspruchsverhalten

Die folgenden Fragen bezogen sich auf Einsprüche. Zunächst wurde hier die Frage gestellt, *ob häufig Einspruch gegen einen Strafbefehl eingelegt wird.* Diese Frage beantworteten 28 der Berliner Verteidiger mit „sehr häufig", 17 mit „häufig" und fünf mit „manchmal". Von den Anwälten aus Bremen gaben hier sieben „sehr häufig", sechs „häufig" und einer „manchmal" an. „Selten" oder „Nie" wurde in beiden Bundesländern von keinem der befragten Anwälte angegeben. Als nächstes wurde nach dem *Grund für Einsprüche* gefragt. Dabei gab es folgende Antwortmöglichkeiten: Die Tagessatzhöhe wurde falsch berechnet, der Sachverhalt war nichtzutreffend oder das Zutreffen eines anderen Grundes. Von den Berliner Verteidigern gaben zehn die erstgenannte Antwortmöglichkeit und 17 die zweitgenannte Antwortmöglichkeit an. Zudem wurden folgende weitere Gründe genannt: Der Erhalt einer Akteneinsicht (sechs Mal), wobei von einer Person ausdrücklich darauf hingewiesen wurde, dass diese nur

„häufig“, drei Mal „manchmal“, sieben Mal „selten“ und zwei Mal „nie“ an. Die Aussage, dass *Absprachen vor allem in Wirtschaftsstrafverfahren angestrebt werden*, erachteten vier der Berliner Verteidiger für „nichtzutreffend“, acht für „eher nichtzutreffend“, 14 für „halb zutreffend“, 13 für „eher zutreffend“ und sechs für „voll zutreffend“. Einer der Verteidiger aus Bremen hielt diese Aussage für „nichtzutreffend“, für „eher nichtzutreffend“ hielten sie drei Personen, für „halb zutreffend“ ebenfalls drei, für „eher zutreffend“ zwei und für „voll zutreffend“ eine Person. Insgesamt lässt sich damit also festhalten, dass die Initiative für auf einen Strafbefehl gerichtete Absprachen manchmal von den Strafverteidigern, und eher manchmal bis selten von der Staatsanwaltschaft ausgeht. Die Aussage, dass Absprachen vor allem in Wirtschaftsstrafsachen angestrebt wurden, trifft nach Angabe der Verteidiger tendenziell halb zu bis eher zu. Nur 13 % gaben hier an, dass dies voll zuträfe.

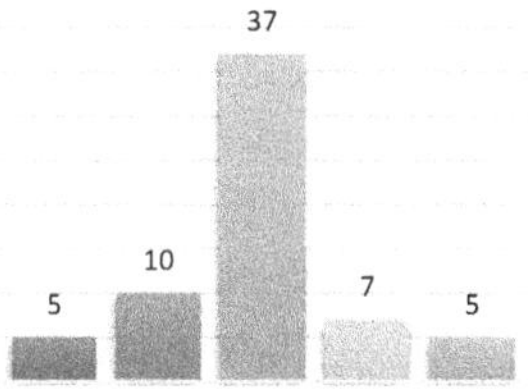

Strafverteidiger streben im Ermittlungsverfahren eine Absprache mit dem Ziel eines Strafbefehls an.

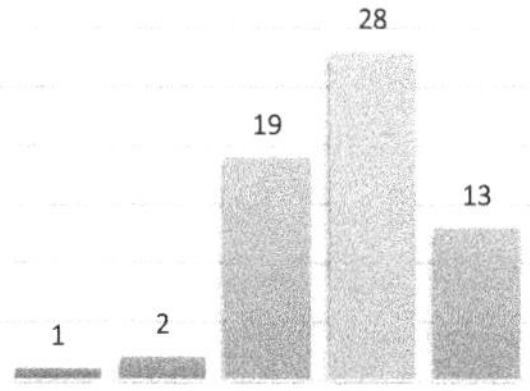

Die StA strebt im Ermittlungsverfahren eine Absprache mit dem Ziel eines Strafbefehls an.

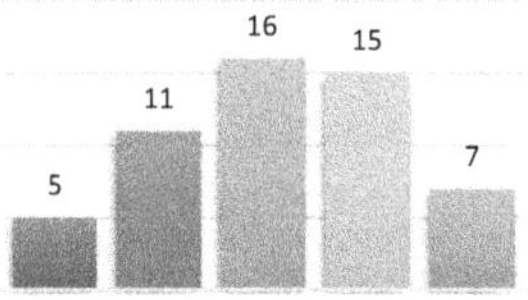

Absprachen werden vor allem in Wirtschaftsstrafverfahren angestrebt.

h) *Fragen zu beschleunigten Verfahren gegen Wirtschaftskriminelle*

In dem Zusammenhang wurde auch danach gefragt, *ob die Verfahren gegen prominente/wohlhabende Wirtschaftsstraftäter häufiger als Verfahren gegen andere Täter im Wege des Strafbefehlsverfahrens erledigt werden.* Sechs der Berliner Verteidiger hielten diese Aussage für „nichtzutreffend", fünf für „eher nichtzutreffend", zwanzig für „halb zutreffend", elf für „eher zutreffend" und zwei für „voll zutreffend". Die Anwälte aus Bremen hielten sie einmal für „eher nichtzutreffend", einmal für „halb zutreffend", vier Mal für „eher zutreffend" und zwei Mal für „voll zutreffend". Die Aussage, dass die *Verfahren gegen prominente/wohlhabende Wirtschaftsstraftäter häufiger als Verfahren gegen andere Täter nach den §§ 153 ff. StPO eingestellt werden*, hielten sechs der Berliner Verteidiger für „nichtzutreffend", sieben für „eher nichtzutreffend", 14 für „halb zutreffend", zwölf für „eher zutreffend" und fünf für „voll zutreffend". Die Bremer Anwälte gaben hier einmal „eher nichtzutreffend", einmal „halb zutreffend", sechs Mal „eher zutreffend" und einmal „voll zutreffend" an. Eine leicht verstärkte Erledigung solcher Verfahren durch Strafbefehl ist diesen Angaben zufolge insgesamt anzunehmen (36,5 % der antwortenden Anwälte gaben hier ein „eher zutreffend" beziehungsweise ein „voll zutreffend" an, 40,4 % ein „halb zutreffend", 23 % ein „eher nichtzutreffend" oder ein „nichtzutreffend"), ebenso scheint eine Tendenz zu häufigeren Einstellungen nach den §§ 153 ff. StPO zu bestehen (45,3 % der antwortenden Verteidiger gaben hier ein „eher" bis „voll zutreffend" an).

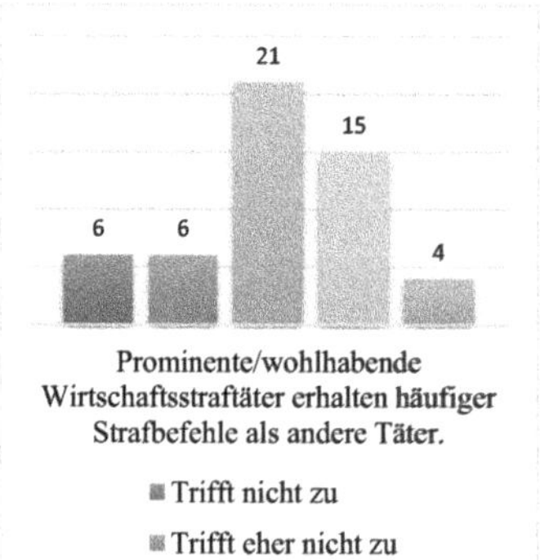

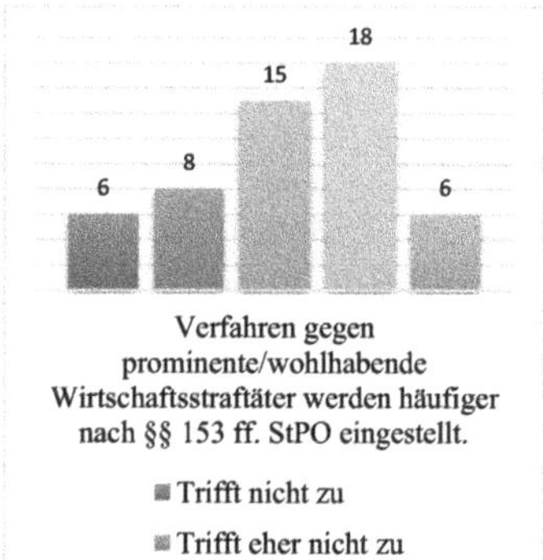

i) Fragen zu den Beweisanträgen in der Hauptverhandlung nach Einspruch

Im Folgenden wurden Fragen bezüglich des Beweisrechts in der Hauptverhandlung gestellt. Hintergrund ist die Regelung des § 411 Abs. 2 Satz 2 i.V.m. § 420 Abs. 4 StPO.[610] Gefragt war zunächst nach dem Verhalten der Richter bei gestellten Beweisanträgen. Sieben der Berliner Verteidiger gaben hier an, dass die *Richter Beweisanträgen in der auf den Einspruch folgenden Hauptverhandlung* „sehr häufig" *nachgingen.* 23 gaben an, dass sie ihnen „häufig" nachgingen, 14, dass sie ihnen „manchmal" und sechs, dass sie ihnen „selten" nachgingen. Von den Bremer Anwälten gaben hier zwei „sehr häufig", sieben „häufig" und fünf „manchmal" an. Die Frage, *ob das Recht auf Beweisantragsstellung in der auf den Einspruch folgenden Hauptverhandlung leerläuft,* beantworteten fünf der Berliner Anwälte mit „häufig", elf mit „manchmal", 26 mit „selten" und acht mit „nie". Die Verteidiger aus Bremen gaben hier einmal „häufig", zwei Mal „manchmal", neun Mal „selten" und einmal „nie" an. Auf die Frage, *ob die Richter aufgrund des von ihnen bereits erlassenen Strafbefehls voreingenommen sind,* gaben sieben der Berliner Verteidiger an, dass dies „sehr häufig" der Fall wäre, 18 gaben „häufig", 18 „manchmal", sechs „selten" und einer „nie" an. Von den Bremer Verteidigern gab einer an, die Erfahrung gemacht zu haben, dass Richter in diesen Konstellationen „sehr häufig" voreingenommen wären, vier, dass dies „häufig", sechs, dass dies „manchmal" und zwei, dass dies „selten" der Fall wäre.

Insgesamt gaben mithin 60,9 % der antwortenden Verteidiger an, dass Beweisanträgen sehr häufig bis häufig nachgegangen würde, 69,8 %, dass das Beweisantragsrecht in der Hauptverhandlung selten bis nie leerliefe. Der weit überwiegende Anteil der Befragten geht mithin von einem effektiven Beweisrecht in der auf den Einspruch folgenden Hauptverhandlung aus. Dennoch gab es immerhin 30,1 %, die angaben, dass das Beweisantragsrecht manchmal bis häufig leerliefe. Einem Drittel der antwortenden Verteidiger zufolge besteht diesbezüglich mithin nicht immer eine effektive Verteidigungsmöglichkeit.

Eine Voreingenommenheit der bereits über den Strafbefehl entscheidenden Richter nahmen insgesamt 47,6 % der antwortenden Verteidiger an. Eine Voreingenommenheit scheint demnach nicht zwingend zu der Ablehnung von Beweisanträgen zu führen.[611] Dennoch ist dieser Wert erheblich.

---

610 Dazu siehe unter C. V. 2.

611 Eine Statistik über die Ablehnung von Beweisanträgen in regulären Verfahren wird nicht geführt, sodass dem kein Vergleichswert gegenübergestellt werden kann.

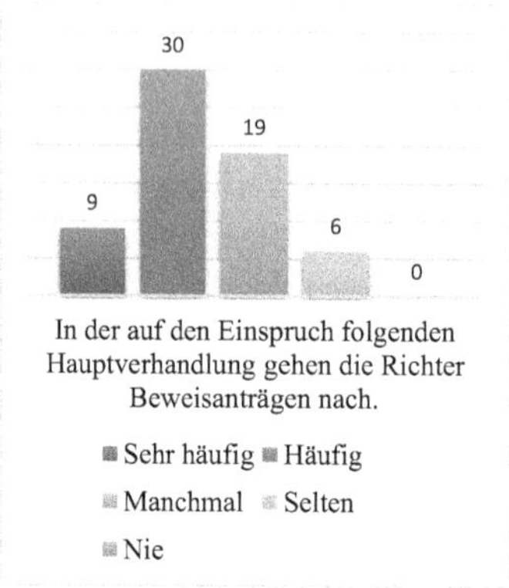

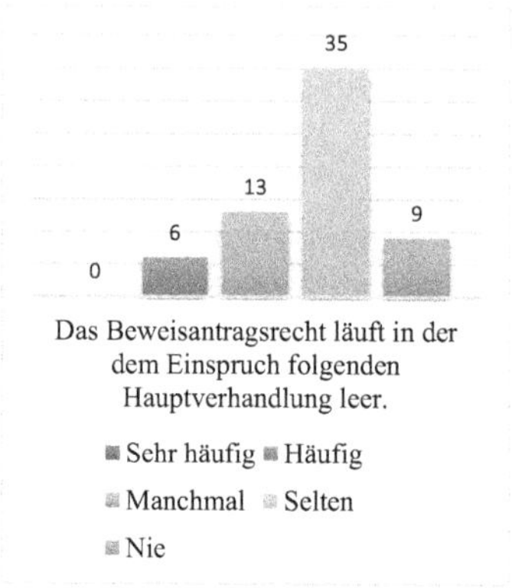

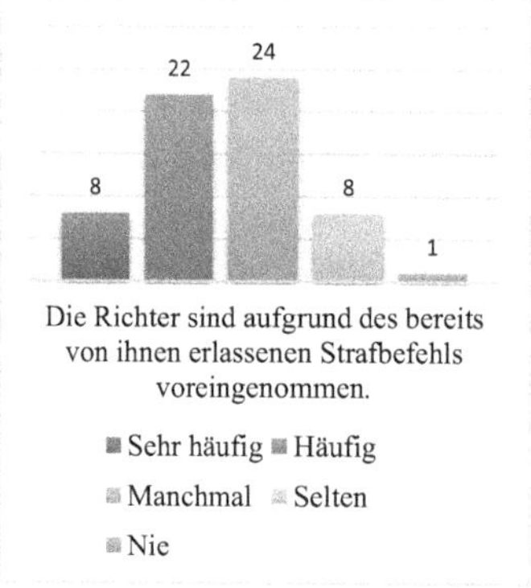

j) Fragen zu Freiheitsstrafen

Durch die folgenden Fragen sollte ein punktueller Eindruck zum Strafbefehl im Zusammenhang mit Freiheitsstrafen gewonnen werden. Auf die Frage, *ob viele der verhängten Freiheitsstrafen infolge von Strafbefehlen Ersatzfreiheitsstrafen sind*, antworteten neun der Berliner Verteidiger, dass dies „sehr häufig", 16, dass dies „häufig", elf, dass dies „manchmal", sieben, dass dies „selten" und eine Person, dass dies „nie" der Fall wäre. Von den Anwälten aus Bremen gaben hier vier „sehr häufig", sieben „häufig" und eine Person „selten" an.

Es wurde auch gefragt, *ob der Angeschuldigte vor einem auf Freiheitsstrafe lautenden Strafbefehl angehört wird*. Die Anwälte aus Berlin antworteten hier sechs Mal mit „sehr häufig", zwölf Mal mit „häufig", 17 Mal mit „manchmal", vier Mal mit „selten" und vier Mal mit „nie". Von den Bremer Verteidigern gaben hier fünf „sehr häufig", eine Person „häufig", drei „manchmal", drei

„selten“ und zwei Personen „nie“ an. Im Vergleich zu dem Ergebnis auf die Frage nach einer vorherigen Anhörung allgemein bei Strafbefehlen, das zeigte, dass eine Anhörung nach § 202 StPO insgesamt eher selten bis nie stattfindet, eine Anhörung nach § 163 StPO hingegen deutlich häufiger vorkommt (so gaben elf der Berliner Strafverteidiger an, dass Strafbefehle „sehr häufig“ ohne eine vorherige Anhörung nach § 163a StPO beantragt würden, elf gaben hier „häufig“, 15 „manchmal“, neun „selten“ und nur drei „nie“ an; die Verteidiger aus Bremen gaben sechs Mal „sehr häufig“, einmal „häufig“, zwei Mal „manchmal“, vier Mal „selten“ und einmal „nie“ an), scheint eine Anhörung bei Freiheitsstrafen insgesamt nicht häufiger als allgemein auch vorzukommen.

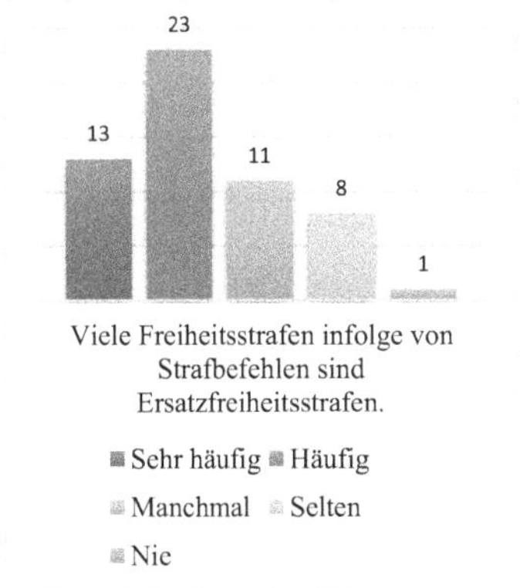

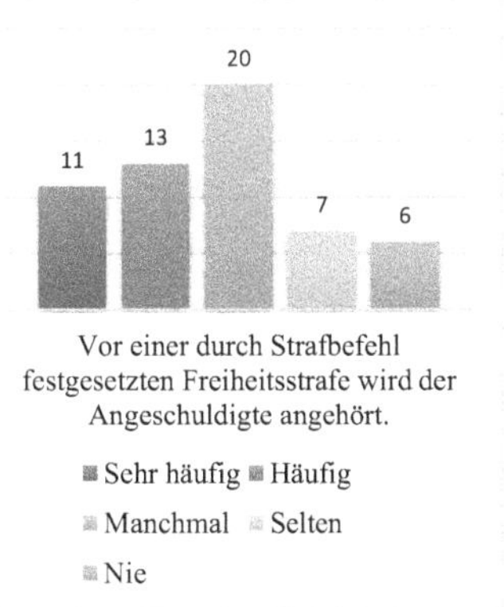

k) Fragen zu Strafbefehlen nach § 408a StPO

Die nächsten Fragen bezogen sich auf Strafbefehle nach § 408a StPO. Gefragt wurde zunächst, *ob der wichtige Grund im Sinne von § 408a StPO oft wegen einer Absprache gegeben ist.* Während einer der Bremer Verteidiger dies für „sehr häufig“ zutreffend erachtete, hielten dies vier für „häufig“, fünf für „manchmal“ und eine Person für „selten“ zutreffend. Von den Berliner Verteidigern gaben hier acht „häufig“, 23 „manchmal“, zehn „selten“ und drei „nie“ an. Auf die Frage, *ob von der Staatsanwaltschaft vor einem Antrag auf Strafbefehlserlass nach § 408a StPO die Voraussetzung der „Nichterforderlichkeit der Hauptverhandlung“ ausreichend geprüft wird*, gaben drei der Berliner Anwälte an, dass dies „häufig“ der Fall wäre, 17 gaben hier „manchmal“, 19 „selten“ und sechs „nie“ an. Einer der Bremer Verteidiger machte die Erfahrung, dass dies „sehr häufig“ und jeweils fünf, dass dies „manchmal“ beziehungsweise „selten“

zutrifft. Drei der Anwälte aus Berlin gaben zudem an, dass *ein ausgebliebener Angeklagter* in der Regel „sehr häufig“ *Einspruch gegen einen nach § 408a StPO erlassenen Strafbefehl einlegte*, elf, dass dies „häufig“, 16, dass dies „manchmal“ und 15, dass dies „selten“ vorkäme. Nach Angabe von zwei Verteidigern aus Bremen war dies „häufig“ der Fall, drei zufolge war dies „manchmal“ und sechs zufolge „selten“ der Fall. Insgesamt lässt sich damit also festhalten, dass 73,2 % der antwortenden Verteidiger die Erfahrung machten, dass die Voraussetzungen für einen Strafbefehl nach § 408a StPO manchmal bis häufig aufgrund einer Absprache gegeben sind, nach Angabe von 25 % war dies selten bis nie der Fall. Das Meinungsbild auf die Frage nach der ausreichenden Prüfung der Voraussetzung der Nichterforderlichkeit der Hauptverhandlung durch die Staatsanwaltschaft fällt eindeutiger aus: 82,1 % gaben hier an, dass nur manchmal bis selten eine ausreichende Prüfung stattfände, 10,7 %, dass dies sogar nie der Fall wäre.

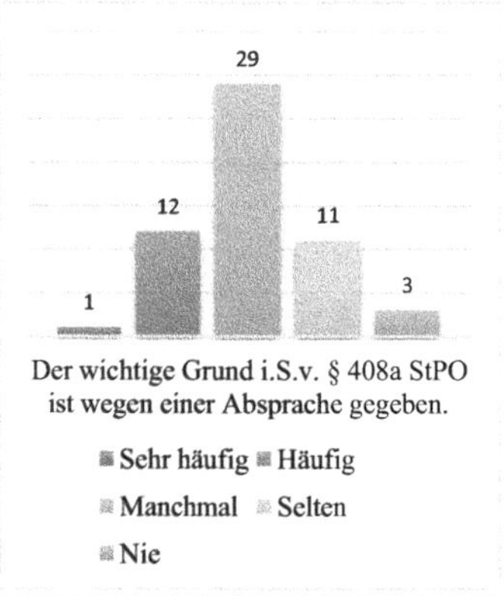

Der wichtige Grund i.S.v. § 408a StPO ist wegen einer Absprache gegeben.

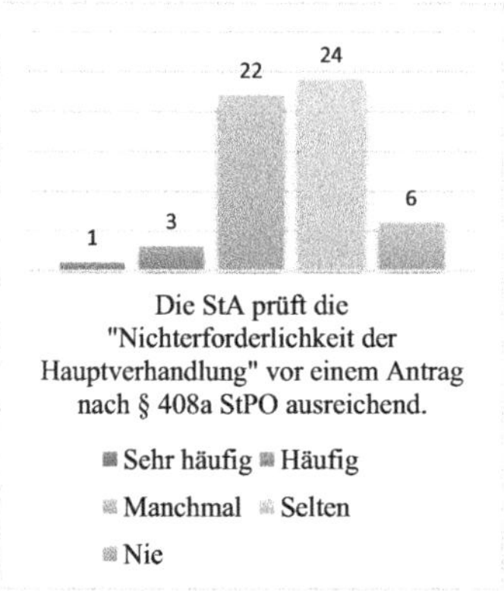

Die StA prüft die "Nichterforderlichkeit der Hauptverhandlung" vor einem Antrag nach § 408a StPO ausreichend.

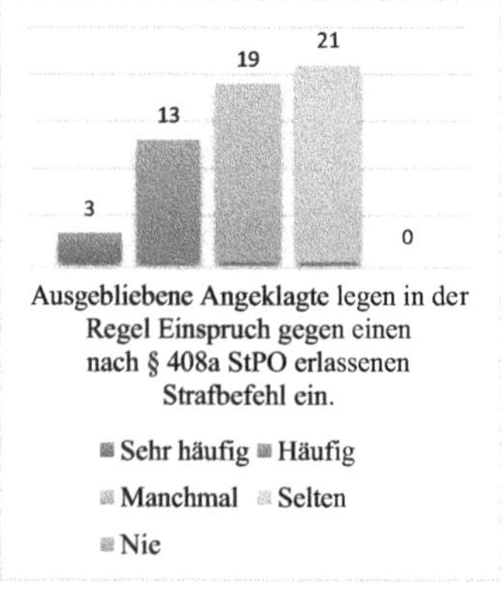

Ausgebliebene Angeklagte legen in der Regel Einspruch gegen einen nach § 408a StPO erlassenen Strafbefehl ein.

l) Fragen zu sonstigen Folgen für den Empfänger

Die Berliner Verteidiger wurden zudem danach gefragt, *inwiefern Strafbefehle Auswirkungen auf laufende Bewährungen haben.* Elf Personen gaben hier an, dass es keine Auswirkungen gäbe und 21, dass die Strafe daraufhin oft vollstreckt würde. Weiterhin wurden als Auswirkungen auch genannt, dass es „bei Geldstrafen in der Regel keine Auswirkungen [hätte], bei Freiheitsstrafen [...] in der Regel um die Täterschaft oder die Schuldfeststellung gekämpft [würde]", dass man hier keine allgemeine Aussage treffen könnte (vier Antworten) und dass die Bewährungszeit verlängert würde (sechs Antworten).

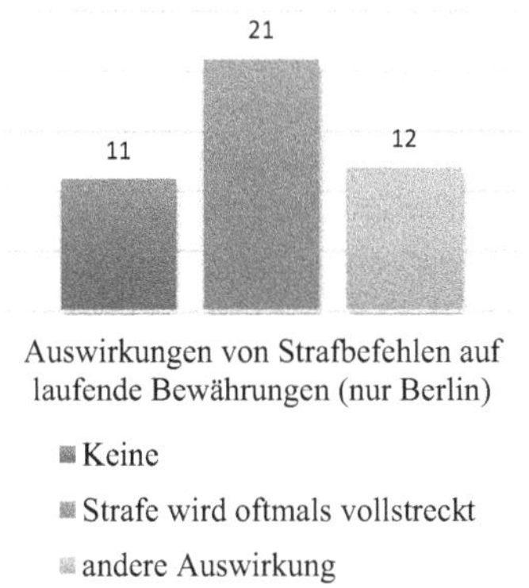

m) Fragen zu bestimmten Einschätzungen

Im Folgenden wurde erfragt, wie die Strafverteidiger zu bestimmten Reformvorschlägen stehen. Hierbei gaben 15 der Berliner Verteidiger an, dass sie die *Möglichkeit, dass die Richter im Zwischenverfahren von sich aus ins Strafbefehlsverfahren übergehen können*, nicht begrüßen würden. Sechs hielten die Aussagen, dass sie diese Änderung begrüßen würden, für „eher nichtzutreffend", 13 für „halb zutreffend", 14 für „eher zutreffend" und nur drei für „voll zutreffend". Von den Bremer Verteidigern gaben hier drei „nichtzutreffend" an, zwei „eher nichtzutreffend", drei „halb zutreffend", zwei „eher zutreffend" und drei „voll zutreffend". Der Mittelwert lag bei den Berlinern hierbei mithin bei zwischen „halb zutreffend" und „eher nichtzutreffend", bei den Bremern bei „halb zutreffend". Der *Möglichkeit, durch Strafbefehl Freiheitsstrafen von bis zu zwei Jahren, ausgesetzt zur Bewährung, verhängen zu können*, stand die überwiegende Mehrheit (insgesamt 79,7 % aller antwortenden Verteidiger) ablehnend gegenüber. 38 der Berliner Anwälte gaben hier an, dass die Aussage, dass die durch Strafbefehl festsetzbare Freiheitsstrafe auf zwei Jahre angehoben werden sollte, „nicht zuträfe", zwei, dass sie „eher nicht zuträfe", fünf, dass sie „halb zuträfe", zwei, dass sie „eher zuträfe" und vier, dass sie „voll zuträfe". Von den Bremer Anwälten gaben elf an, dass die Aussage „nicht zuträfe", zwei, dass sie „halb zuträfe". Dass *in der auf den Einspruch folgenden Hauptverhandlung ein anderer Strafrichter oder das Schöffengericht entscheiden sollte*, halten 32 der Berliner Verteidiger für „voll zutreffend", sieben für „eher zutreffend", neun für „halb zutreffend", eine Person hielt dies für „eher nicht zutreffend" und zwei für „nichtzutreffend". Von den Anwälten aus Bremen gaben hier sechs an, dass diese Aussage „vollzutreffend" wäre, eine Person, dass sie „eher zutreffend", vier, dass sie „halb zutreffend" und zwei, dass sie „nichtzutreffend" wäre. Dass *die Richter bei Strafbefehlserlass von der beantragten Rechtsfolge leicht abweichen dürfen sollten*, hielten 19 der Berliner Verteidiger für „voll zutreffend", 15 für „eher zutreffend", acht für „halb zutreffend", eine Person hielt dies für „eher nichtzutreffend" und sechs für „nichtzutreffend". Sieben der Bremer Verteidiger gaben hier „voll zutreffend", einer „eher zutreffend", zwei „halb zutreffend", zwei „eher nichtzutreffend" und eine Person „nichtzutreffend" an.

Insgesamt würde mithin der weit überwiegende Teil der Strafverteidiger eine Erweiterung der Freiheitsstrafe nicht begrüßen, dafür aber die Entscheidung über den Einspruch durch einen anderen Richter oder das Schöffengericht. Ebenso würden die meisten der Befragten die Möglichkeit einer leichten Abweichung durch den Richter von der beantragten Rechtsfolge für eine positive Änderung halten. Einem richterlichen Übergang ins Strafbefehlsverfahren stehen die Verteidiger insgesamt unterschiedlich gegenüber. 34,4 % halten dies für eher begrüßenswert oder begrüßenswert, 40,6 % für eher nicht begrüßenswert oder nicht begrüßenswert.

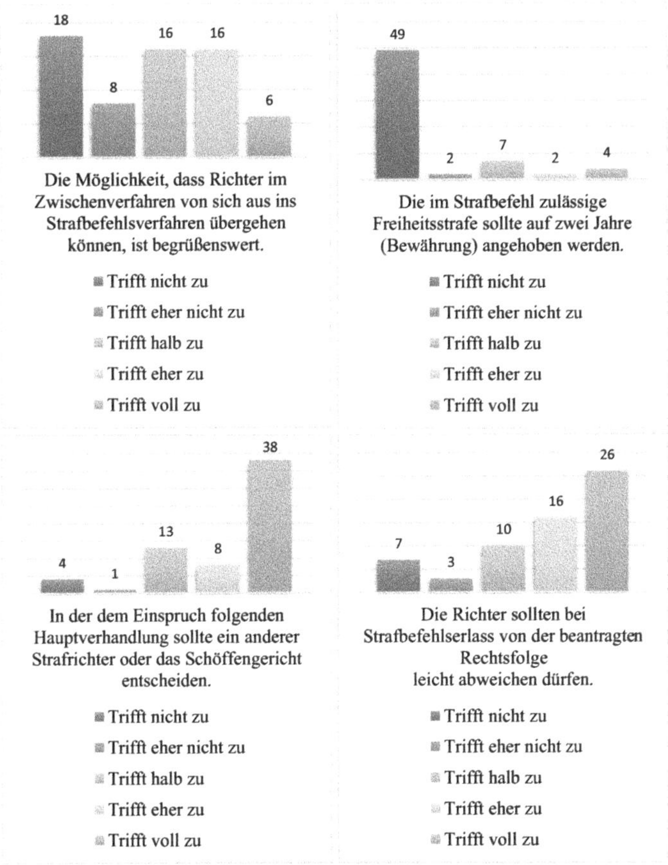

n) Weitere Anmerkungen

Schlussendlich konnten die Verteidiger noch weitere Anmerkungen machen, die sie für besonders wichtig hielten oder die ihrer Ansicht nach noch zu ergänzen waren.

Bezogen auf die Probleme, die im Rahmen des Strafbefehlsverfahrens vorkommen, wurde von einem der Berliner Verteidiger angemerkt, dass der Rechtsbehelf aufgrund der kurzen Einspruchsfrist und der vorher nie möglichen Akteneinsicht immer einzulegen wäre. Weiterhin wurde auch von dem bestehenden Eindruck berichtet, dass vor allem bei stagnierenden Verfahren Richter einen Strafbefehl ohne ernsthafte Prüfung erließen.

Es wurde auch geschildert, dass insbesondere ungebildete oder psychisch gestörte Mandanten mit Strafbefehlen völlig überfordert wären und sich trotz guter Chancen nicht gegen diesen wehrten. Vielmehr nähmen sie auch falsche Entscheidungen als ihr "persönliches Pech im Leben" hin. Derartige Fälle wären oft in karitativen Beratungsstellen anzutreffen, wobei eine Wiedereinsetzung zudem dann oftmals nicht mehr möglich wäre.

Die Probleme des Strafbefehlsverfahrens werden auch wie folgt beschrieben: „Das Strafbefehlsverfahren zementiert die häufig anzutreffende Nähebeziehung von Staatsanwaltschaft und Gericht, von dem die Verteidigung in aller Regel ausgeschlossen ist. Ein einmal erlassener Strafbefehl verringert die Chancen auf einen Freispruch, und sei dieser auch nur mangels Beweisbarkeit von Tatsachen erforderlich, gegen Null."

Zudem wurde geäußert, dass es insbesondere in Hinblick auf (ausländisch klingende) Namen keinen Rassismus bei Strafbefehlen gäbe. Frauen würden Männern hingegen bei der Wahl der Verfahrensart zugunsten eines Strafbefehls bevorzugt. Insgesamt ginge es um die Prozessökonomie und eine unterfinanzierte Justiz, die das Strafbefehlsverfahren wie auch Absprachen nutzte, um Verfahren schnell zu erledigen.

Weiterhin wurde bemängelt, dass die Vorsitzenden Richter die Akte häufig überhaupt nicht läsen und den Strafbefehl wie von der Staatsanwaltschaft beantragt erließen. Der Beschuldigte hätte sich bis zu diesem Zeitpunkt möglicherweise aber noch nicht selbst geäußert. Erst durch eine Akteneinsicht würde dann erkennbar, dass manche Zeugenaussagen widersprüchlich wären, was der Richter hätte erkennen und dem durch den Nichterlass des Strafbefehls entgegenwirken können.

Zudem wurde von einer Person angemerkt, dass die eingeschränkte Beweisaufnahme möglicherweise in Straßenverkehrsstrafsachen häufiger eine Rolle spielen könnte. Ansonsten wurde auch von der Erfahrung berichtet, dass die Richter bei Strafbefehlen mitunter auch offener wären, weil sie – womöglich aus schlechtem Gewissen – mit der Sache bislang nur oberflächlich befasst gewesen wären.

In Hinblick auf den Kontakt zwischen Verteidiger und Angeklagtem bei Freiheitsstrafen wurde vorgetragen, dass der betreffende Verteidiger oft für die Zustellung von Strafbefehlen mit Bewährungsstrafen beigeordnet würde, die erlassen würden, weil die Angeklagten nicht zum Hauptverhandlungstermin erschienen wären und die Richter eine polizeiliche Vorführung oder einen Haftbefehl vermeiden wollten. In diesen Fällen nähmen höchstens 10 % der Mandanten Kontakt zu dem Verteidiger auf, sodass in 90 % der Fälle nach 13 Tagen ohne jeden Kontakt Einspruch eingelegt würde. In der Regel erschienen die Mandanten dann aber auch zum zweiten Termin nicht und würden ohne Einflussnahme rechtskräftig verurteilt. Dass in ihrem Dezernat im Normalfall eine Beiordnung im Strafbefehlsverfahren vorläge und immer Einspruch eingelegt würde, wenn zum Mandanten kein Kontakt hergestellt werden könnte, gab auch eine weitere Person an.

Bezüglich des Anwendungsbereichs wurde kritisiert, dass der Eindruck bestünde, dass die Zahl der Strafbefehlsanträge gerade gegen Heranwachsende zunähme. Die Anträge würden häufig offenbar gerade in der Hoffnung gestellt, dass es sich bei dieser Zielgruppe um Personen handelte, die ihr Leben weniger im Griff hätten und nicht imstande wären, die Einspruchsfrist zu wahren.

Auch das Verständnis der Angeklagten für den Strafbefehl wäre oftmals nicht in Gänze gegeben. Gerade die Folge des möglichen Widerrufs der Strafaussetzung zur Bewährung würde häufig von den Adressaten verkannt. Diese glaubten zumeist, dass mit dem Strafbefehl alles erledigt wäre und sie noch einmal Glück gehabt hätten.

Berichtet wurde von einer Person auch, dass, sofern die Vertretungsmöglichkeit in der Hauptverhandlung nach § 411 Abs. 2 Satz 1 StPO wahrgenommen würde, Richter nicht selten darüber, dass der Angeklagte nicht zum Termin erschiene, merklich verärgert reagierten.

Neben der vielen Kritik gab auch eine Person an, dass das Strafbefehlsverfahren insbesondere im Verhältnis zu den entsprechenden Verfahren in anderen Staaten „nicht schlecht“ wäre.

Die Anmerkung einer Person betraf speziell die Wirtschaftsstrafsachen: Zu der Frage, ob Absprachen vor allem in Wirtschaftsstrafverfahren angestrebt werden, wurde angemerkt, dass aus Sicht der betreffenden Person auch die §§ 153 ff. StPO letztlich eine Form der Absprache wären. Diese aber würden auch in anderen Deliktsbereichen, etwa der Körperverletzung oder des Hausfriedensbruchs, angestrebt und wären daher keineswegs auf Wirtschaftsstrafsachen beschränkt. Durch die Anwendung des Strafbefehlsverfahrens würden zudem prominente oder besonders wohlhabende Personen nicht bevorzugt, vielmehr wäre dies eher bei § 153a StPO der Fall. Dies könnte jedoch nicht nur einen „Promibonus“, sondern auch einen „Promimalus“ darstellen, weil selbst bei guten Aussichten im Verfahren aufgrund der Kollateralschäden (insbesondere durch die Öffentlichkeit, aber auch durch die lange Verfahrensdauer und die Kosten) lieber eine Geldauflage als das geringere Übel akzeptiert würde.

Bezüglich der erfragten Einschätzungen zu Änderungen des Strafbefehlsverfahrens wurde nochmals besonders betont, dass der Vorschlag, einen anderen Vorsitzenden nach Einspruch gegen den Strafbefehl entscheiden zu lassen, „sehr gut“ gefunden würde.

Von einem Verteidiger wurde zudem mit Hinweis auf das „alte Problem" des Inertia-Effekts angemerkt, dass, wenn über den Strafbefehl ein anderer Richter entscheiden würde, dies gleichermaßen für den Eröffnungsbeschluss und die Hauptverhandlung gelten sollte.

Im Rahmen weiterer Vorschläge wurde auch die Darstellung des Sachverhalts als verbesserungswürdig bezeichnet. Bei vielen Strafbefehlen brauchte man die Akte, um zu wissen, was dem Mandanten vorgeworfen würde. Es wurde in dem Zusammenhang angemerkt, dass es aber auch ähnlich schlechte Anklagen gäbe.

In einigen der Anmerkungen wurde darauf hingewiesen, dass einige der Fragen im Einzelfall schwer zu beantworten wären. So wurde etwa erklärt, dass mangels regelmäßiger Vertretung von Wirtschaftsmandaten keine Angaben zu Fragen in diesem Zusammenhang gemacht werden konnten. Eine andere Person merkte an, dass manche Fragen deshalb schwer zu beantworten gewesen wären, weil in ihrem Dezernat im Normalfall eine Beiordnung im Strafbefehlsverfahren vorläge. Auch in anderen Bereichen, beispielsweise bei den Fragen, ob Frauen, Ausländer oder Menschen mit bestimmten Wohnorten häufiger Strafbefehle bekämen, oder aus welchen Gründen die Strafbefehle von den Angeklagten nicht verstanden würden, wurde von zwei Personen erklärt, dass sie hierzu keine Aussage treffen könnten, weshalb Schätzungen angestellt worden wären.

Aus dem Kreis der Bremer Verteidiger wurde ergänzend angemerkt, dass ein Strafbefehl nach § 408a StPO auch beim Landgericht möglich sein sollte.

Weiterhin wurde die mangelhafte Rechtsbelehrung kritisiert: „Es ist aus meiner Sicht ein Skandal, dass ein Lehrerreferendar wegen Kiffens einen Strafbefehl über 30 [Tagessätze] bekommt und dadurch [wegen §] 25 JArbschG an der Berufsausübung gehindert ist. Diese Rechtsfolge müsste dringend in die Belehrung aufgenommen werden."

Bezüglich der Fragen nach dem Umgang mit überdurchschnittlich vermögenden Beschuldigten wurde angemerkt, dass diese anders verteidigt würden; hier ginge es häufig um Schadensbegrenzung und weniger um die Aufklärung des angeklagten Lebenssachverhalts.

Auch von einem Bremer Verteidiger wurde geschildert, dass er in manchen Fällen beigeordnet würde, weil der Angeklagte nicht zur Hauptverhandlung erschienen und ein Strafbefehl ergangen wäre. In diesen Fällen würde dann zunächst in jedem Fall Einspruch eingelegt.

Auch wurde von zwei Personen angemerkt, dass sie einige der Fragen mangels Erfahrung in dem entsprechenden Bereich nicht beantworten konnten (bei einer Person bezog sich diese Anmerkung konkret auf die Fragen, ob mit prominenten oder sehr wohlhabenden Beschuldigten im Wirtschaftsstrafverfahren anders verfahren wird, als mit anderen Beschuldigten).

3. *Ergebnisse der Befragung am Amtsgericht Tiergarten*

Befragt wurden insgesamt vierzig Strafrichter am Amtsgericht Tiergarten in Berlin.

a) *Fragen zur Prüfung*

Zunächst wurden Fragen zur Prüfung des von der Staatsanwaltschaft gestellten Antrags auf Strafbefehlserlass gestellt. Auf die Frage nach der *verfügbaren Zeit* gaben 35 (89,7 %) der antwortenden Richter an, dass ihnen für diese Prüfung weniger als 25 Minuten zur Verfügung stünden und vier, dass sie dafür mehr als 25 Minuten aufwenden könnten. Die *Zeit, die ihnen zur Prüfung zur Verfügung steht, halten* 24 der Befragten für „ausreichend", 13 für „zu knapp" und zwei für „völlig unzureichend". Dass mehr als genug Zeit zur Verfügung stünde, gab keiner an. Die Aussage, *dass bei mehr zur Verfügung stehender Zeit die Strafbefehle tiefgehender geprüft würden*, hielten acht der Befragten für „voll zutreffend" (20,5 %), elf für „eher zutreffend" (28,2 %), sieben für „halb zutreffend" (17,9 %), sechs für „eher nichtzutreffend" (15,4 %) und sieben für „nichtzutreffend" (17,9 %). Auf die Frage hin, *ob die Strafbefehle so erlassen werden können, wie von der Staatsanwaltschaft beantragt*, gaben vier „sehr häufig", 33 „häufig" und zwei „manchmal" an. Dass eine *Abweichung von der im Strafbefehl beantragten Strafhöhe für angemessen erachtet wird*, kommt nach Angabe von zwei Richtern „häufig" vor, 24 gaben hier „manchmal" und 13 „selten" an. Auf die Frage, *welche Höhe diese für erforderlich gehaltene Abweichung dann beträgt*, gaben vier der Befragten „weniger als 15 %", 15 Personen „15–20 %" und 19 Personen „mehr als 20 %" an. Die Aussage, dass *die Kommunikation mit der Staatsanwaltschaft und die Verständigung auf eine abgeänderte Rechtsfolge umständlich sind*, halten zwölf der Befragten für „nichtzutreffend", sechs für „eher nichtzutreffend", zwölf für „halb zutreffend", vier für „eher zutreffend" und fünf für „voll zutreffend". Diese *Möglichkeit, bei der Staatsanwaltschaft einen abgeänderten Strafbefehlsantrag anzuregen*, wird nach Angabe von drei Personen „sehr häufig" *in Anspruch genommen*, vier gaben hier „häufig", 23 „manchmal", acht „selten" und eine Person gab „nie" an.

Weiterhin wurde gefragt, *ob der Angeschuldigte vor Strafbefehlserlass im Rahmen von Nachermittlungen im Sinne von § 202 StPO angehört wird*. Hier gab ein Richter „sehr häufig", ein weiterer „manchmal", 18 Richter „selten" (46,1 %) und weitere 19 „nie" (48,7 %) an. Dieses Ergebnis deckt sich auch mit den Antworten der Strafverteidiger, von denen insgesamt 96,8 % angaben, dass eine solche Anhörung selten bis nie stattfände. Dass *Strafbefehle beantragt werden, ohne dass zuvor eine Anhörung nach § 163a StPO erfolgte*, kommt nach der Erfahrung von drei Richtern „manchmal“, nach der Erfahrung von 19 „selten“ (50 %) und nach der Erfahrung von 16 „nie“ (42,1 %) vor. Der Eindruck, der durch die Angaben der Richter entsteht, ist damit eindeutiger als bei den Strafverteidigern: Hier gaben insgesamt 17 an, dass Strafbefehle „sehr häufig“ (27 %) ohne eine vorherige Anhörung nach § 163a StPO beantragt würden, zwölf gaben hier „häufig“ (19 %), 17 „manchmal“ (27 %), 13 „selten“ (20,6 %) und nur vier „nie“ (6,3 %) an.

Nach Angabe von 16 der befragten Richter werden Angeschuldigte *vor Erlass eines Strafbefehls, der auf Freiheitsstrafe lautet*, „sehr häufig“ *angehört* (43,2 %), fünf gaben hier „häufig“ (13,5 %), zwei „manchmal“ (5,4 %), zehn „selten“ (27 %) und vier „nie“ (10,8 %) an. Im Vergleich zu den Antworten der Verteidiger, die elf Mal mit „sehr häufig“ (19,3 %), 13 Mal mit „häufig“ (22,8 %), zwanzig Mal mit „manchmal“ (35 %), sieben Mal mit „selten“ (12,3 %) und sechs Mal mit „nie“ (10,5 %) antworteten, scheinen sich die Einschätzungen an dieser Stelle weniger zu decken. Während 56,7 % der Richter hier eine Anhörung nach § 163a StPO sehr häufig bis häufig annahmen, war dies bei nur 42,1 % der Verteidiger der Fall. Die Aussage, dass, wenn der Strafbefehl nur noch bei richterlicher Überzeugung und nicht mehr schon bei hinreichendem Tatverdacht erlassen werden könnte, es vermehrt zur Anberaumung einer Hauptverhandlung kommen würde, hielten sieben der antwortenden Richter für „nichtzutreffend“, vier für „eher nichtzutreffend“, drei für „halb zutreffend“, 13 für „eher zutreffend“ und zwölf für „voll zutreffend“. Insgesamt 64,1 % gaben mithin an, dass es auch einen praktischen Unterschied machte, wenn eine richterliche Überzeugung für den Erlass eines Strafbefehls gefordert würde.

Zusammenfassend lässt sich somit bezüglich der richterlichen Prüfung des Strafbefehlsantrags das Bild gewinnen, dass eher wenig Zeit für eine Prüfung zur Verfügung steht, die 38,5 % der antwortenden Richter für „zu knapp“ oder für „völlig unzureichend“ halten. Mit 48,7 % gab fast die Hälfte an, dass die Strafbefehlsanträge bei mehr zur Verfügung stehender Zeit eingehender geprüft würden. 94,9 % gaben an, dass Strafbefehle sehr häufig bis häufig so erlassen werden könnten, wie von der Staatsanwaltschaft beantragt. Dementsprechend gaben auch 94,9 % an, dass sie eine Abweichung von der im Strafbefehl beantragten Strafhöhe nur „manchmal“ bis „selten“ für angemessen erachteten. Zudem gaben 64,1 % der Richter an, dass es zur vermehrten Anberaumung von Hauptverhandlungen käme, wenn eine richterliche Überzeugung statt eines hinreichenden Tatverdachts für den Erlass eines Strafbefehls gefordert würde.

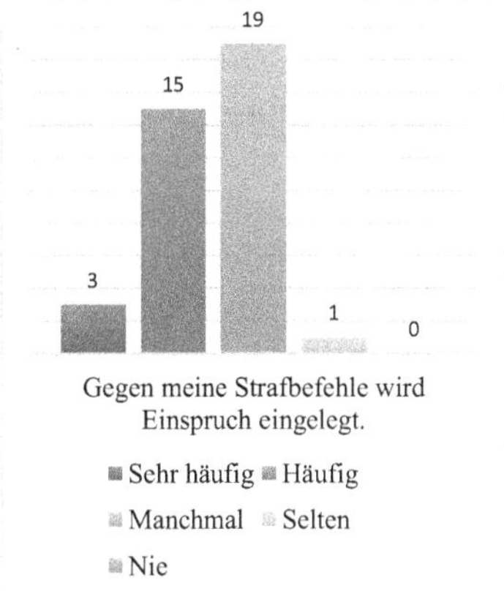

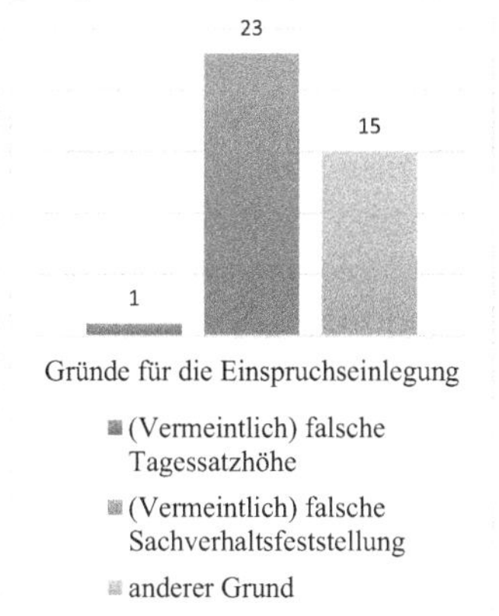

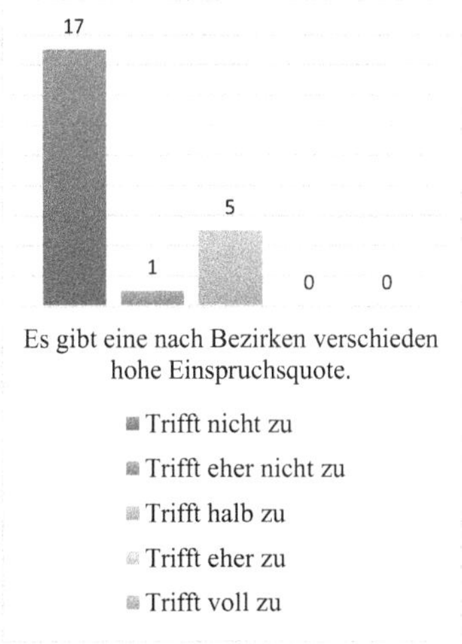

c) Fragen zur Hauptverhandlung nach Einspruch

Gefragt wurde auch nach verschiedenen Aspekten der auf den Einspruch folgenden Hauptverhandlung. Nach Angabe von 16 Richtern kann *der im Strafbefehl erhobene Vorwurf in der Hauptverhandlung nach einem Einspruch* „sehr häufig" *aufrechterhalten werden.* Zwanzig Richter gaben an, dass dies „häufig", zwei, dass dies „manchmal" und einer, dass dies „selten" der Fall wäre. Dass *die Strafe im Urteil nach der Hauptverhandlung höher ausfällt, als im Strafbefehl beantragt,* kommt einem Richter zufolge „sehr häufig", sechs zufolge „häufig", 16 zufolge „manchmal", 14 zufolge „selten" und zwei zufolge „nie" vor. Im Vergleich dazu antworteten von den Strafverteidigern auf die Frage, ob im Falle nicht erfolgreicher Einsprüche die Strafe im Urteil höher ausfällt als im Strafbefehl beantragt, insgesamt vier mit „häufig", elf mit „manchmal", 38 mit „selten" und neun mit „nie".

Während zwei der Richter weiterhin angaben, *dass die Strafe im Urteil nach der Hauptverhandlung* „sehr häufig" *herabgesetzt* würde, war dies neun Richtern zufolge „häufig", 25 zufolge „manchmal" und drei zufolge nur „selten" der Fall. Dass *im Urteil nach der Hauptverhandlung ein für den Angeklagten günstigerer Sachverhalt zugrunde gelegt wird*, kommt einem Richter zufolge „sehr häufig", vier Richtern zufolge „häufig", 23 Richtern zufolge „manchmal" und elf Richtern zufolge „selten" vor. Ein *Freispruch durch Urteil* käme zudem nur manchmal (sieben Antworten), über selten (31 Antworten) bis nie (eine Antwort) vor.

Diese Angaben kollidieren zum Teil mit den Antworten der Verteidiger bezogen auf den Erfolg von Einsprüchen beziehungsweise die Fehlerhaftigkeit von Strafbefehlen. Die befragten Verteidiger gaben an, dass der Sachverhalt zwar eher „manchmal" (51,6 %) bis „häufig" (38,7 %) zutreffend ermittelt, die Höhe der Tagessätze hingegen nur „manchmal" (30,7 %) bis „selten" (52,3 %) juristisch korrekt[613] bemessen würde. Eine Herabsetzung der Strafe erfolgt dem überwiegenden Anteil der Richter zufolge aber nur „manchmal" (64,1 %). Auf die Frage nach der Häufigkeit von erfolgreichen Einsprüchen antworteten neun der Verteidiger mit „sehr häufig" (14,7 %), 39 mit „häufig" (63,9 %), zwölf mit „manchmal" (19,7 %) und einer mit „selten". Die Richter gaben hingegen an, dass der im Strafbefehl erhobene Vorwurf in der Hauptverhandlung nach einem Einspruch „sehr häufig" bis „häufig" (92,3 %) aufrechterhalten werden könnte.

Die Aussage, dass *die Hauptverhandlung nach Einspruch beschleunigt durchgeführt wird, weil Beweisanträge am Maßstab von § 244 Abs. 2 StPO zu messen sind*, trifft nach Einschätzung eines Richters „voll zu", nach der Einschätzung von acht Richter „eher zu", zwölf Richtern zufolge „halb zu", zehn zufolge „eher nicht zu" und sechs Richtern zufolge „nicht zu".

---

613 Auch die Schätzung nach § 40 Abs. 3 StGB stellt grds. eine juristisch korrekte Vorgehensweise dar. Gemeint ist hier aber die eigentlich vorgesehene Bemessung anhand der tatsächlichen Bemessungsgrundlagen nach § 40 Abs. 2 StGB.

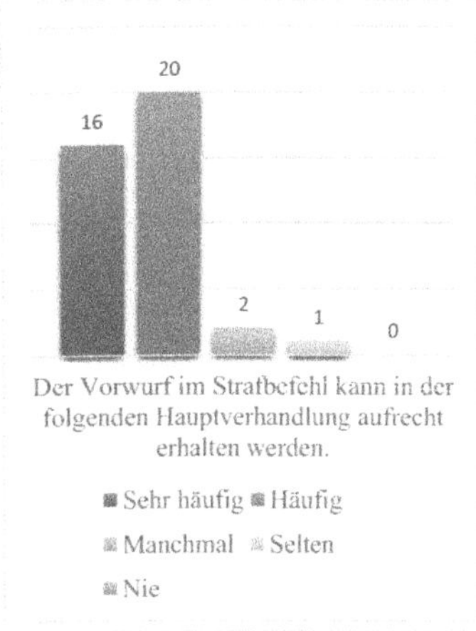
16
20
2
1
0
Der Vorwurf im Strafbefehl kann in der folgenden Hauptverhandlung aufrecht erhalten werden.
Sehr häufig
Häufig
Manchmal
Selten
Nie

1
6
16
14
2
Die Strafe fällt im Urteil höher aus als im Strafbefehl.
Sehr häufig
Häufig
Manchmal
Selten
Nie

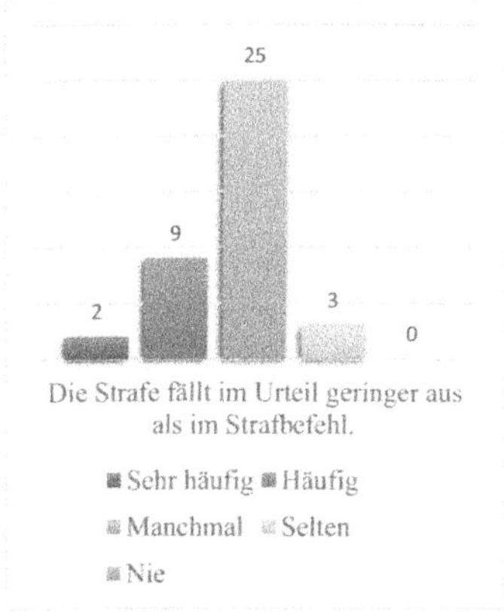
2
9
25
3
0
Die Strafe fällt im Urteil geringer aus als im Strafbefehl.
Sehr häufig
Häufig
Manchmal
Selten
Nie

1
4
23
11
0
Der Sachverhalt fällt im Urteil günstiger aus als im Strafbefehl.
Sehr häufig
Häufig
Manchmal
Selten
Nie

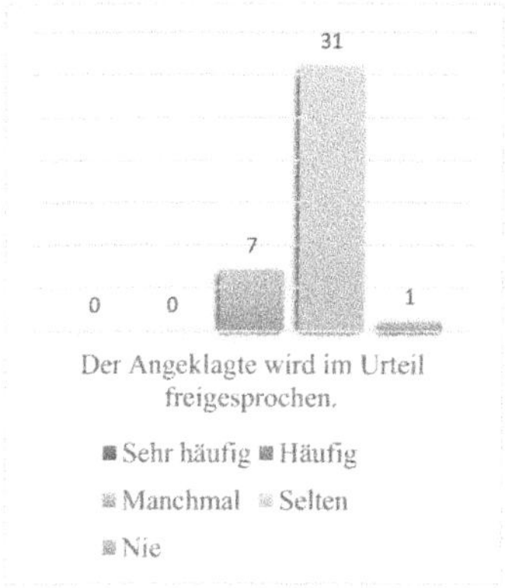
0
0
7
31
1
Der Angeklagte wird im Urteil freigesprochen.
Sehr häufig
Häufig
Manchmal
Selten
Nie

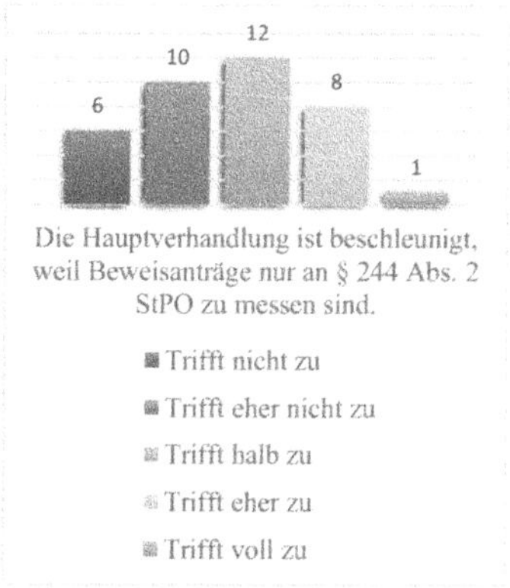
6
10
12
8
1
Die Hauptverhandlung ist beschleunigt, weil Beweisanträge nur an § 244 Abs. 2 StPO zu messen sind.
Trifft nicht zu
Trifft eher nicht zu
Trifft halb zu
Trifft eher zu
Trifft voll zu

d) Fragen zu den Empfängern

Die folgenden Fragen bezogen sich auf die Empfänger von Strafbefehlen. Die Frage danach, *wie oft Strafbefehlsempfänger verteidigt sind*, beantworteten fünf Richter mit „sehr häufig", 15 mit „häufig", 15 mit „manchmal" und vier mit „selten". Wenig aussagekräftig ist allerdings auch hier die Frage, in welchen Bezirken vermehrt Strafbefehle beantragt werden (alle Bezirke bis auf Neukölln (zwei Mal) wurden einmal angegeben). Dass *Strafbefehle vermehrt bei sozial schwachen Personen beantragt werden*, trifft nach der Einschätzung von 22 Richtern „nicht zu" (59,4 %), fünf Richtern zufolge trifft diese Aussage „eher nicht zu" (13,5 %), zwei zufolge trifft sie „halb zu" (5,4 %), fünf zufolge trifft sie „eher zu" (13,5 %) und drei Richtern zufolge trifft sie „voll zu" (8,1 %). Noch eindeutiger fielen die Antworten darauf aus, *ob Strafbefehle vermehrt bei Personen mit ausländisch klingendem Namen oder Migrationshintergrund beantragt werden*. Hier gaben 27 der Richter an, dass dies „nicht der Fall" wäre, sieben, dass dies „eher nicht der Fall" wäre. Lediglich eine Person gab hierbei an, dass diese Aussage „halb zuträfe" und drei, dass sie „eher zuträfe".

Im Vergleich dazu gaben 55,9 % der auf diese Frage antwortenden Verteidiger an, dass Strafbefehle „sehr häufig" bis „häufig" vermehrt an sozial schwache Personen geschickt würden (bei den Richtern wurde dies nur von 21,6 % angegeben). Dass Strafbefehle vermehrt an Personen mit ausländisch klingendem Namen oder Migrationshintergrund geschickt würden, gaben 42,1 % der antwortenden Verteidiger an. Bei den Richtern wurde nur von 7,9 % angegeben, dass dies regelmäßig der Fall wäre. Insofern gehen die Eindrücke hier stark auseinander.

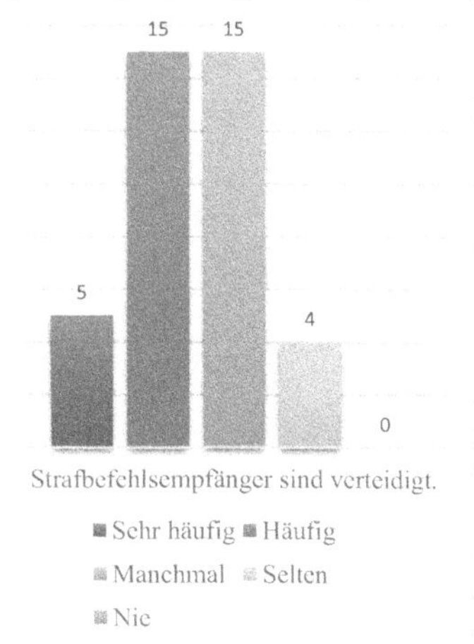

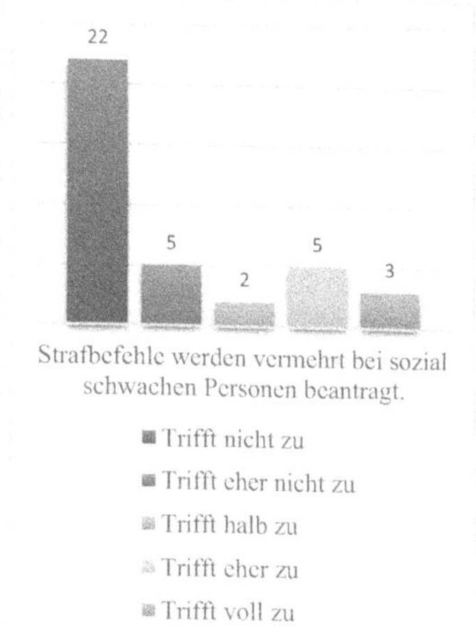

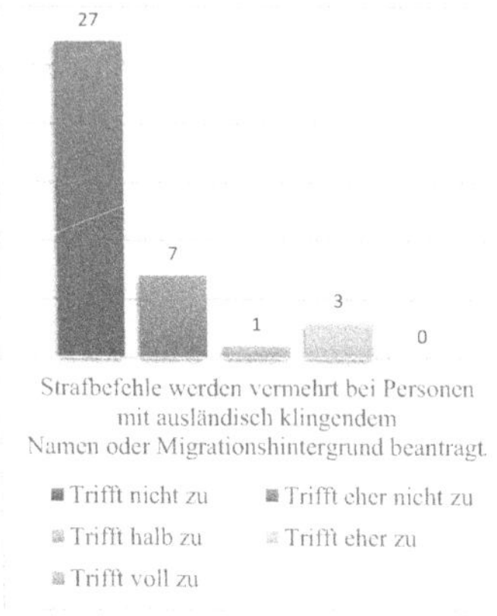

e) Fragen zu beschleunigten Verfahren gegen Wirtschaftskriminelle

Gefragt wurde auch, ob der Eindruck besteht, *dass die Verfahren gegen prominente/wohlhabende Wirtschaftsstraftäter häufiger als Verfahren gegen andere Täter im Wege des Strafbefehlsverfahrens erledigt werden.* Hier gaben neun der befragten Richter an, dass dies „nicht zuträfe“, einer, dass dies „eher nicht zuträfe“, drei, dass dies „halb zuträfe“, drei, dass dies „eher zuträfe“ und ein Richter, dass dies „voll zuträfe“. Auf die Frage, *ob derartige Verfahren häufiger nach den §§ 153 ff. StPO eingestellt werden,* antworteten neun der Richter, dass dies „nicht zuträfe“, vier, dass dies „halb zuträfe“ und vier, dass dies „eher zuträfe“, allerdings ist an dieser Stelle darauf hinzuweisen, dass die meisten der großen Wirtschaftsstrafsachen vor den Landgerichten erledigt werden und die Richter am Amtsgericht regelmäßig nur Aussagen bezüglich dem weniger schwerwiegenderen Teil der Wirtschaftsstrafsachen tätigen können dürften.

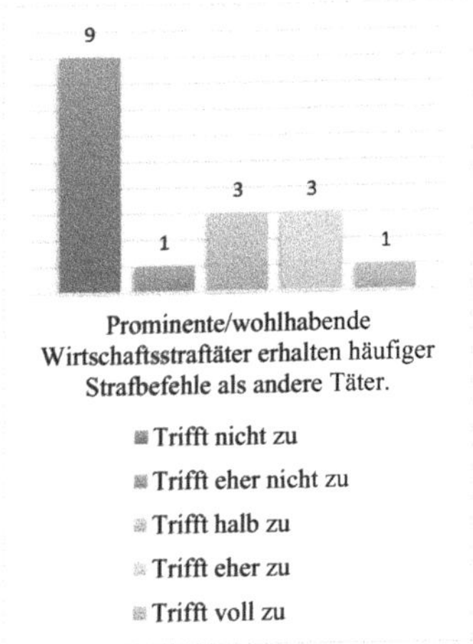

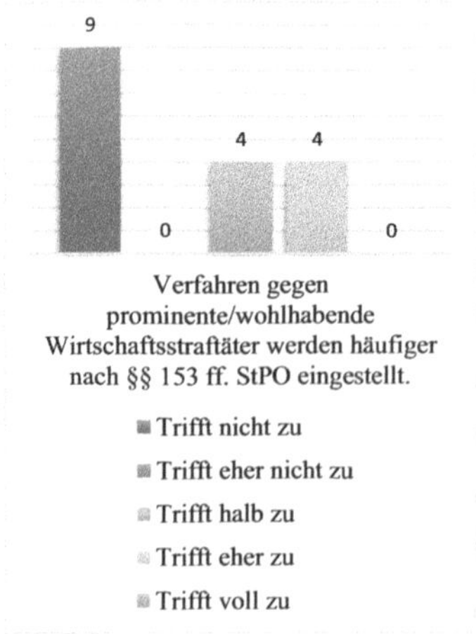

f) Fragen zu Absprachen

Es wurden weiterhin Fragen bezüglich des Umgangs mit Absprachen gestellt. Die Frage, *ob die Strafverteidiger und die Staatsanwaltschaft versuchen, bereits im Ermittlungsverfahren durch eine Absprache auf die Beantragung eines Strafbefehls hinzuwirken*, beantworteten drei der Richter mit „häufig", 18 mit „manchmal", 13 mit „selten" und ein Richter mit „nie". Im Vergleich hierzu ergaben die Antworten der Anwälte im Durchschnitt, dass Strafverteidiger manchmal eine derartige Absprache anstreben, während dies bei der Staatsanwaltschaft weniger häufig der Fall sei.

Dass *Absprachen vor allem in Wirtschaftsstrafverfahren angestrebt werden*, trifft sechs Richtern zufolge „nicht zu", drei Richtern zufolge „eher nicht zu", drei zufolge „halb zu" und fünf Richtern zufolge „eher zu", allerdings ist auch hier erneut darauf hinzuweisen, dass viele Wirtschaftsstrafverfahren nicht in die Zuständigkeit der Amtsgerichte fallen.

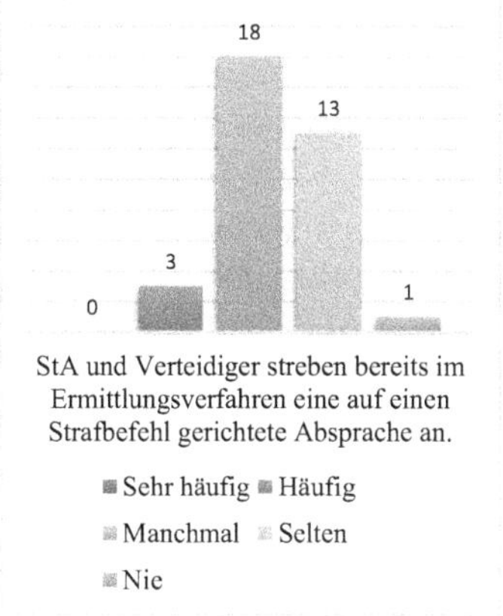

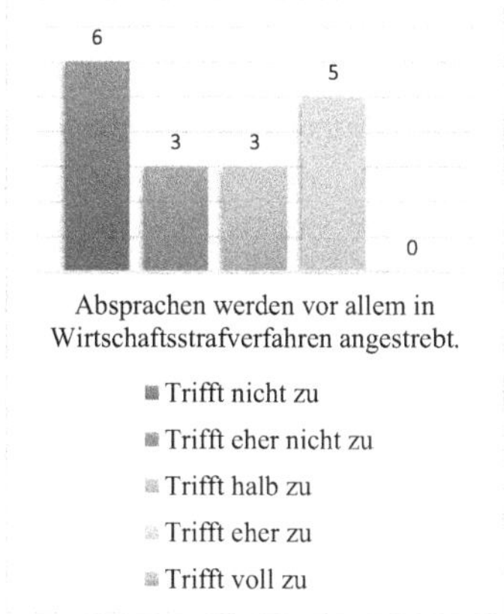

g) *Fragen zur Übersetzung*

Auf die Frage, *ob Strafbefehle mit Übersetzung erlassen werden, wenn diese erforderlich ist*, antworteten 27 Richter mit „sehr häufig“, zehn mit „häufig“, einer mit „manchmal“ und einer mit „selten“. Im Vergleich zu den Antworten der Verteidiger scheint das Bild bei den Richtern zugunsten einer eher lückenlosen Übersetzungspraxis auszufallen. Bei den Verteidigern hingegen gaben insgesamt zwölf an, dass erforderliche Übersetzungen „nie“, 28, dass diese nur „selten“ und 17, dass diese „manchmal“ erfolgten. Lediglich sieben Personen gaben hier „häufig“ und nur eine „sehr häufig“ an. Sofern eine Übersetzung stattfindet, wird diese nach Angaben von sieben der Strafverteidiger „sehr häufig“ in die richtige Sprache übersetzt, 18 zufolge „häufig“, neun gaben „manchmal“ an, zwölf „selten“ und zwölf „nie“.

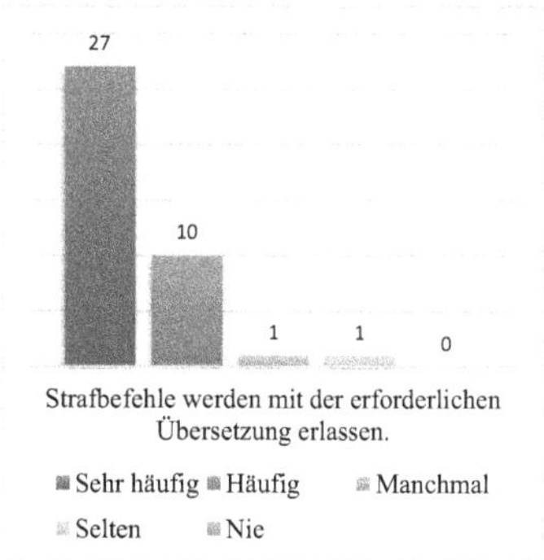

h) Fragen zu Strafbefehlen nach § 408a StPO

Gefragt wurde auch nach Strafbefehlen, die nach Eröffnung des Hauptverfahrens erlassen werden. Acht Richter gaben an, *dass der wichtige Grund im Sinne von § 408a StPO* „nie" *wegen einer Absprache gegeben* wäre, 18, dass dies „selten" der Fall wäre, sieben, dass dies „manchmal", ein Richter, dass dies „häufig" und ein weiterer, dass dies „sehr häufig" der Fall wäre. Die befragten Verteidiger hingegen antworteten vermehrt, dass dies „manchmal" (24 Antworten) der Fall wäre und weniger oft „selten" bis „nie" (13 Antworten).

Dass ein ausgebliebener Angeklagter in der Regel Einspruch gegen einen nach § 408a StPO erlassenen Strafbefehl einlegt, trifft einem Richter zufolge „voll zu", drei zufolge „eher zu", 18 zufolge „manchmal", elf zufolge „eher nicht" und sechs Richtern zufolge „nicht zu". Der Eindruck bei den Verteidigern ist ähnlich, allerdings wurde hier öfter angegeben, dass ein solcher Angeklagter „manchmal" bis „häufig" (27 Antworten) Einspruch einlegt.

33 Richter gaben zudem an, dass *der Antrag nach § 408a StPO* meistens *mündlich gestellt würde*, nur drei, dass die mündliche und schriftliche Stellung gleich oft vorkäme. *Sofern der Antrag schriftlich gestellt wird, geschieht dies* 27 Richtern zufolge nicht *durch ein Formular, das in der Hauptverhandlung von der Staatsanwaltschaft ausgefüllt wird*. Zwei Richter gaben allerdings an, dass die Antragstellung „eher", einer, dass sie „in aller Regel" durch ein Formular erfolgte. *Dass in diesem Formular der Prüfungspunkt „Nichterforderlichkeit der Hauptverhandlung" gesondert angeführt wird*, trifft nach Angabe von 22 Richtern „nicht zu". Lediglich eine Person gab hier an, dass dies „eher nicht zuträfe". Auch von den Verteidigern haben hier 17 angegeben, dass die Voraussetzung der „Nichterforderlichkeit der Hauptverhandlung" „ausreichend" geprüft würde, 19 sogar, dass dies nur „selten" der Fall und sechs, dass dies „nie" der Fall wäre.

Die Aussage, *dass das Verfahren nach § 408b StPO umständlich und die Anberaumung einer Hauptverhandlung nach § 408 Abs. 3 StPO effektiver als die Bestellung eines Verteidigers ist*, erachten vier der befragten Richter für „voll zutreffend", drei für „eher zutreffend", fünf für „halb zutreffend", vier für „eher nichtzutreffend" und 17 Richter für „nichtzutreffend".

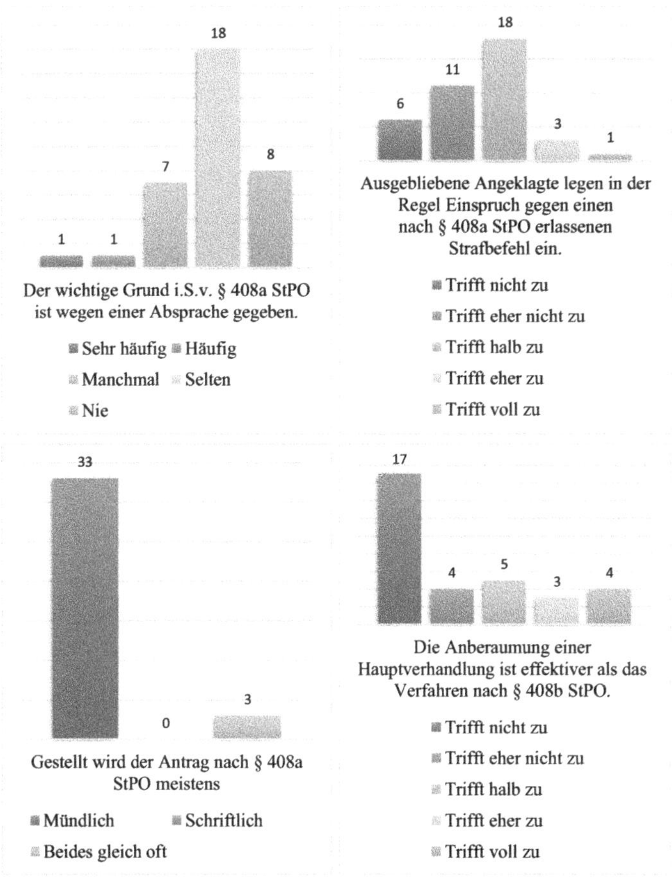

i) Fragen zu bestimmten Einschätzungen

Zum Ende hin wurden die Richter nach ihrer Einschätzung zu bestimmten Änderungsvorschlägen befragt. *Die Möglichkeit, dass Richter im Zwischenverfahren von sich aus ins Strafbefehlsverfahren übergehen können*, würde der überwiegende Teil der Richter begrüßen (19 zufolge trifft dies „voll zu", neun zufolge trifft dies „eher zu", vier Richtern zufolge trifft dies „halb zu", drei zufolge trifft dies „eher nicht zu" und vier zufolge trifft dies „nicht zu"). Bei den Verteidigern gab es im Vergleich zu diesem Vorschlag hingegen kein einheitliches Bild: Insgesamt gaben hier 18 an, dass sie diese Möglichkeit nicht begrüßen würden. Acht Verteidiger hielten die Aussagen, dass sie diese Änderung begrüßen würden, für „eher nichtzutreffend“, 16 für „halb zutreffend“, 16 für „eher zutreffend“ und nur sechs für „voll zutreffend“.

Dass durch Strafbefehl Freiheitsstrafen von bis zu zwei Jahren, ausgesetzt zur Bewährung, verhängt werden können sollten, wurde sowohl von den Richtern als auch von den Strafverteidigern überwiegend abgelehnt. 24 der Richter lehnten die Ausdehnung der Freiheitsstrafe „völlig ab“, drei lehnten sie „eher ab“, drei lehnten sie „halb ab“, drei sagte dieser Vorschlag „eher zu“ und sechs hielten den Vorschlag für „begrüßenswert“. Während somit 69,2 % der Richter diesen Vorschlag ablehnten, waren es sogar 79,7 % bei den Verteidigern.

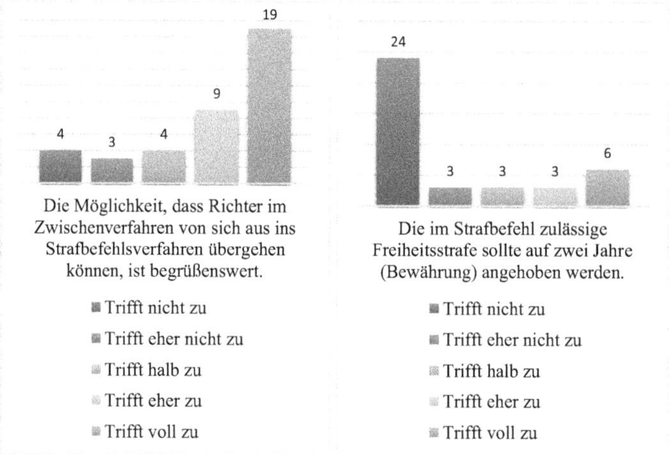

j) Weitere Anmerkungen

Auch die Richter konnten schlussendlich noch ergänzende Anmerkungen zum Strafbefehlsverfahren oder auch der Umfrage selbst machen.

Bezüglich der richterlichen Prüfung der Strafbefehlsanträge wiesen zwei Richter darauf hin, dass der Pensenschlüssel[614] für die Prüfung des Antrags bis zum Erlass des Strafbefehls nur 35 Minuten Bearbeitungszeit vorsähe. Nach Einspruchseinlegung billigte der Pensenschlüssel dem Richter dann insgesamt 157 Minuten für das gesamte Verfahren zu. Das wäre einem der beiden Richter zufolge in vielen Fällen viel zu wenig.

614 Siehe zu PeBB§y unter C. II.1. a).

Zu den Fragen nach dem rechtlichen Gehör vor Strafbefehlserlass (§§ 202 StPO, 163a StPO) wurde angemerkt, dass das rechtliche Gehör nach Aktenlage fast immer durch das Angebot eines Vernehmungstermins beziehungsweise eine schriftliche Äußerungsmöglichkeit gewahrt würde, was nur sehr selten von Polizei oder der Staatsanwaltschaft vergessen würde. Gelegentlich stellte sich allerdings nachträglich heraus, dass dies ins Leere gegangen wäre (zum Beispiel bei erst nachträglich bekannt gewordenen Anschriftenänderungen). Verteidiger bekämen üblicherweise bei angeordneten Nachermittlungen ergänzende Akteneinsicht. Diese Probleme gäbe es im Anklageverfahren allerdings in vergleichbarem Umfang.

Mit Blick auf das Verständnis der Angeklagten wurde von einem Richter betont, dass das Strafbefehlsverfahren sehr oft, von Sprachunkundigen wie von Sprachkundigen, missverstanden und falsch eingeschätzt würde. Es würde nicht als eine "echte" Verurteilung, sondern vielmehr als eine Art Bußgeld eingeschätzt. Dementsprechend wäre das Entsetzen groß, wenn mit der Erörterung der Vorstrafen begonnen würde.

Bezüglich der Empfänger von Strafbefehlen wurde angemerkt, dass bei nicht vorbestraften Tätern mehr Strafbefehle beantragt würden als bei vorbestraften. Konkret zu den Fragen zur vermehrten Antragstellung bei sozial schwachen Personen beziehungsweise Personen mit ausländisch klingendem Namen oder einem Migrationshintergrund wurde von einem Richter angemerkt, dass hier kein Unterschied in der Beantragungshäufigkeit von Strafbefehlen, von einem anderen, dass kein Unterschied bezüglich des Erlasses von Strafbefehlen gesehen würde. Diese Fragen wurden von einer anderen Person allerdings für problematisch gehalten. Denn in diesen Fällen spielten sehr viele unterschiedliche Aspekte für den Erlass eines Strafbefehls eine Rolle. Diese könnten in einer etwas schablonenhaften Befragung nicht ausreichend dargestellt werden. Auch bezüglich Personen mit nicht deutscher Staatsangehörigkeit spielten viele Überlegungen in die Entscheidungsfindung ein. So könnte es zum Beispiel sinnvoll sein, Strafbefehle gegen im europäischen Ausland wohnhafte Personen zu erlassen, wenn Strafbefehle dort mit internationalem Einschreiben und Rückschein zugestellt werden könnten.

Weiterhin wurde darauf hingewiesen, dass Anträge der Staatsanwaltschaft nach § 408a StPO im Rahmen der Hauptverhandlung nie schriftlich gestellt würden. Die Protokollkraft nähme den mündlichen Antrag im Protokoll auf. Nur wenn Anträge nach § 408a StPO im Dezernatswege erfolgten, würden sie schriftlich gestellt.

Betreffend Freiheitsstrafen durch Strafbefehle wurde von einem Richter angemerkt, dass die Verteidigerpflicht bei kurzzeitigen Freiheitsstrafen für unnötig befunden würde, da sie verfahrensverzögernd und nur kostentreibend wäre – es würden lediglich Rechtsanwaltsgebühren für ein Untätigbleiben entstehen und in der Regel würde von einem bestellten Verteidiger Einspruch eingelegt, um dem Anwaltsverschulden zu entgehen, weil in der kurzen Zeit der Einspruchsfrist kein Kontakt zum Angeklagten hergestellt werden konnte. Dass in solchen Fällen vorsorglich Einspruch eingelegt würde, um die Frist zu wahren, wurde, wie oben erwähnt, auch von einigen der befragten Verteidiger angegeben.

Auch angemerkt wurde bezüglich einer fehlenden Präventionswirkung, dass die abschreckende beziehungsweise beeindruckende Wirkung im Strafbefehlsverfahren oft gering wäre, weshalb das Verfahren bei bestimmten Delikten (zum Beispiel der Kinderpornographie) absolut ungeeignet wäre.

Es wurde zudem hinzugefügt, dass das Gericht die Befugnis erhalten sollte, von der von der Anklagebehörde beantragten Rechtsfolge im Sinne einer Verschärfung abzuweichen. Dies beträfe insbesondere die Nebenfolgen (Fahrverbote) und erzieherischen Maßregeln (Entziehung der Fahrerlaubnis, §§ 69, 69a StGB), die auch dann verhängt werden können sollten, wenn sie nicht beantragt wurden.

Weiterhin wurde betont, dass das Strafbefehlsverfahren nicht weiter ausgeweitet werden sollte. Denn im schriftlichen Verfahren wäre es insbesondere nicht möglich, sich einen persönlichen Eindruck vom Angeklagten zu verschaffen. Dies führte dazu, dass Krankheiten, psychische Auffälligkeiten, Alkoholprobleme, persönliche Probleme des Angeschuldigten und Besonderheiten des Tatvorwurfs häufig nicht berücksichtigt würden.

Auch bezüglich der Fragestellungen wurden einige Anmerkungen gemacht. Zum einen wurde darauf hingewiesen, dass man bei Abänderungen von Strafbefehlen die Änderung dann nicht in Prozent angeben könnte, wenn diese, wie es häufig der Fall wäre, Nebenfolgen wie Fahrverbote, Einziehungen oder Entziehungen der Fahrerlaubnis beträfen.

Bezüglich der Fragen, in welchen Bezirken vermehrt Strafbefehle beantragt oder Einsprüche eingelegt werden, wurde von vier Richtern darauf hingewiesen, dass eine Differenzierung nach Bezirken nach dem Wohnort der Strafbefehlsempfänger nur möglich wäre, wenn entsprechende Daten erhoben würden, was aber nicht der Fall wäre. Eine der Personen gab hier auch explizit an, nicht darauf zu achten, in welchem Bezirk der Angeklagte wohnte. Alle Strafbefehlsanträge würden beim Amtsgericht Tiergarten gestellt und kämen von der Staatsanwaltschaft in Berlin-Moabit, dem Finanzamt für Fahndung und Strafsachen

(Steuerstraftaten) oder der Familienkasse (Kindergeld; und demnächst auch direkt vom Hauptzollamt bei Taten nach § 266a StGB). Eine Unterscheidung nach Bezirken könnten nur solche Richter vornehmen, die im Jugendstrafrecht tätig wären, wo es eine Zuständigkeitsverteilung nach Bezirken gäbe.

Auch mit Blick auf die Wirtschaftsstrafsachen wurde von einer Person darauf hingewiesen, dass in Berlin nur wenige Abteilungen hierfür zuständig wären und nur diese die entsprechenden Fragen beantworten könnten. Bezüglich der Fragen zu prominenten und/oder sehr wohlhabenden Wirtschaftsstraftätern gab dementsprechend einer der Richter an, hier mangels Erfahrung keine Antwort geben zu können.

Zudem wurde darauf hingewiesen, dass die Fragen in verschiedenen Konstellationen unterschiedlich zu beantworten wären. Beispielsweise machte es für die Bearbeitungszeit oder die Durchführung der Hauptverhandlung nach Einspruch einen Unterschied, ob der Strafbefehl wegen Erschleichens von Leistungen oder etwa wegen Betruges erlassen wurde.

4. Bewertung der Befragung

Die Ergebnisse der Befragung der Strafverteidiger und Richter sind an dieser Stelle zunächst neutral vorgestellt worden und sollen an den entsprechenden Stellen in der weiteren Arbeit herangezogen werden[615], um zu vergleichen, ob und inwiefern bestimmte Aussagen über den Umgang mit dem Strafbefehlsverfahren von der regionalen Stichprobe aus Berlin gestützt werden. Die Fragen an die Richter, die nach einer Differenzierung bezüglich der Beantragung und des Erlasses von Strafbefehlen nach Bezirken zielten, werden dabei mangels Aussagekraft nicht weiter berücksichtigt.

II. Die Experteninterviews mit Staatsanwälten

1. Erstellung und Durchführung der Interviews

a) Ziele und Konzeption des Leitfadens

Auch das Ziel der Experteninterviews war, Erfahrungswerte – wenn auch nur begrenzt aussagekräftige – der in der Literatur geäußerten Kritik bezüglich der Schwachstellen des Strafbefehlsverfahrens gegenüberzustellen und mit ihr vergleichen zu können. Zudem sollten die bereits durchgeführten und

615 Unter den Stichworten der „Befragung der Verteidiger" beziehungsweise der „Befragung der Richter" oder ähnlich.

ausgewerteten Befragungen der Richter und Strafverteidiger durch ein inhaltlich ausführlicheres und flexibleres Format ergänzt werden.

Die Erstellung des Leitfadens[616] erfolgte ebenfalls zum einen auf Grundlage der für die Erstellung der Arbeit erforderlichen umfangreichen Literaturrecherche, zum anderen mit Blick auf die unbeantwortet gebliebenen Fragen nach vorläufiger Fertigstellung der Arbeit (zur verwendeten Methodik sogleich).

Die Fragen wurden im Wesentlichen thematisch unterteilt in einleitende Fragen, Fragen zum Ermittlungsverfahren, zur Übersetzung, zur staatsanwaltlichen Entscheidung, zur abweichenden gerichtlichen Auffassung, zu Einsprüchen und zu fehlerhaften Strafbefehlen, zur Hauptverhandlung, zu Absprachen, zu beschleunigten Verfahren gegen Wirtschaftskriminelle, zur Verteidigung, zu weiteren Nachteilen für den Beschuldigten sowie zur Einschätzung der Staatsanwälte zu bestimmten Änderungsvorschlägen. Zum Schluss wurde den Staatsanwälten die Gelegenheit zu weiteren Ausführungen gegeben.

Die Fragen wurden primär offen gestellt und unter Berücksichtigung sozialwissenschaftlicher Maßstäbe zur empirischen Forschung[617] erarbeitet. Erzielt werden sollten offene und ausführliche Schilderungen der subjektiven Erfahrungen der Staatsanwälte mit dem Strafbefehlsverfahren.

b) Auswahl der Erhebungsmethode

Anders als bei der Befragung der Strafverteidiger und Richter sollte hier keine schriftliche Befragung, sondern ein Experteninterview[618] geführt werden. Dies sollte dazu dienen, einen ausführlicheren Eindruck vom Umgang mit dem Strafbefehlsverfahren in der Praxis zu erhalten. Hier sollte es weniger auf die statistische Auswertbarkeit der Antworten ankommen als auf detaillierte inhaltliche Angaben. Dieses Format wurde gerade bei den Staatsanwälten gewählt, da diesen die wichtige Rolle zukommt, das Strafbefehlsverfahren einzuleiten und sie somit die maßgebliche richtungsweisende Entscheidung treffen.

Die Vergleichbarkeit der Antworten ist bei Interviews geringer als bei der schriftlichen vollstandardisierten Befragung, aber durch die Erstellung eines

---

616 Abgedruckt im Anhang; zur Erstellung siehe *Kruse*, Qualitative Interviewforschung, S. 209 ff.; *Atteslander*, Methoden der empirischen Sozialforschung, S. 146 ff., 156; *Mayer*, Interview und schriftliche Befragung, S. 43 ff.

617 Dazu *Atteslander*, Methoden der empirischen Sozialforschung, S. 146 ff.

618 Welches eine Variante von Leitfadeninterviews darstellt, *Kruse*, Qualitative Interviewforschung, S. 166; *Mayer*, Interview und schriftliche Befragung, S. 38.

Leitfadens durchaus gegeben[619]. Abweichungen und ausführliche Schilderungen waren dabei willkommen. Durch die Konstruktion der Fragen und der entsprechenden Führung der Interviews, bei der darauf geachtet wurde, bei Abweichungen immer wieder auf den Leitfaden zurückzukommen, können die Ergebnisse des Interviews dennoch relativ einheitlich dargestellt werden[620].[621]

c) *Ablauf der Interviews und Auswertung*

Die Interviews wurden alle persönlich an den jeweiligen Dienststellen der Staatsanwälte im Zeitraum vom 24.09. bis zum 30.09.2020 durchgeführt. Das erste, in der 39. Kalenderwoche geführte Interview diente zugleich als Pretest für die in der Woche darauffolgenden übrigen Interviews. Es ergab sich, dass die Fragen beibehalten werden konnten.

Den Interviews ging eine offizielle Anfrage bei der für Forschungsanfragen zuständigen Stelle der Staatsanwaltschaft Berlin voraus. Nach einer erstmaligen Ablehnung mit der pauschalen Begründung der Arbeitsüberlastung der Staatsanwälte wurde die Durchführung der Interviews[622] auf eine nachdrückliche zweite Anfrage hin genehmigt. Auf eine intern innerhalb der Staatsanwaltschaft versandte E-Mail mit der Vorstellung des Forschungsprojekts und des Interviewrahmens konnten sich die Staatsanwälte freiwillig zur Vereinbarung eines Gesprächstermins melden.

Vor jedem Interview erfolgte eine kurze Vorstellung der eigenen Person sowie des Beratungsprojekts. Den Staatsanwälten wurde die Gelegenheit zur Stellung von Fragen vor Interviewbeginn gegeben. Nach einer Anonymitätszusicherung und der erteilten Einwilligung in eine Audioaufzeichnung wurde mit dem jeweiligen Interview begonnen.

Das längste Interview dauerte etwa 1 Stunde und 7 Minuten, das kürzeste etwa 46 Minuten. Die Gesprächsatmosphäre war stets sehr angenehm.

Nach den Interviews wurde jeweils ein kurzer Bericht angefertigt, in dem etwaige Unterbrechungen des Interviews (etwa durch ein kurzes Anklopfen eines Kollegen) oder andere Umstände während des Gesprächs vermerkt wurden. Nennenswerte Unterbrechungen oder Auffälligkeiten gab es allerdings keine.

619 *Mayer*, Interview und schriftliche Befragung, S. 37.
620 Vgl. dazu *Froschauer/Lueger*, Das qualitative Interview, S. 88 f.
621 *Mayer*, Interview und schriftliche Befragung, S. 37.
622 Dazu *Kruse*, Qualitative Interviewforschung, S. 259 ff.

Unmittelbar nach ihrer Erstellung wurden die Interviews jeweils transkribiert[623] und den Interviewpartnern, sofern darauf nicht ausdrücklich verzichtet wurde, vertraulich zugesandt. Anhand dieser Transkripte erfolgte auch die Auswertung.

d) Die befragten Staatsanwälte

Es wurden insgesamt sechs Interviews geführt. Interviewpartner B1 ist ein Staatsanwalt aus einer Wirtschafts-/Steuerabteilung mit über 25 Jahren Berufserfahrung bei der Staatsanwaltschaft Berlin, der nach fünf Jahren bei einer allgemeinen Abteilung zur Wirtschaftskriminalität wechselte. Interviewpartner B2 ist seit zwanzig Jahren bei der Staatsanwaltschaft Berlin, davon über 17 Jahre in verschiedenen allgemeinen Abteilungen gewesen und seit knapp einem Jahr in einer Jugendabteilung. Interviewpartner B3 sammelte zwanzig Jahre Berufserfahrung bei der Staatsanwaltschaft Berlin und ist seit einem Jahr bei einer Jugendabteilung. Interviewpartner B4 ist seit dreißig Jahren bei der Staatsanwaltschaft Berlin und arbeitet in einem allgemeinen Buchstabendezernat. Interviewpartner B5 arbeitet seit knapp über dreißig Jahren bei der Berliner Justiz, die meiste Zeit davon bei der Staatsanwaltschaft in der Hauptabteilung für Wirtschaftsstrafsachen, seit 2016 in der jetzigen Position in einer Wirtschaftsabteilung. Interviewpartner B6 ist seit 25 Jahren bei der Staatsanwaltschaft, war 15 Jahre in einer Spezialabteilung für Intensivtäter tätig und arbeitet derzeit in einer allgemeinen Abteilung.[624]

e) Aussagekraft der Untersuchung

Aufgrund des Umfangs der Untersuchung kann dieser nur eine sehr beschränkte Aussagekraft beigemessen werden. Dennoch ergaben sich aus den Gesprächen sehr interessante Informationen, die durchaus erkennen lassen, wie der Umgang mit dem Strafbefehlsverfahren in der Praxis – jedenfalls in Berlin – tendenziell gehandhabt wird.

---

623 Dabei erfolgte eine leichte sprachliche Glättung, vgl. dazu und zur Transkription insgesamt *Fuß/Karbach*, Grundlagen der Transkription, S. 17 ff., 29 ff., 64 f.; vgl. *Kuckartz*, Qualitative Inhaltsanalyse, S. 166 f.; zur Transkription auch *Kruse*, Qualitative Interviewforschung, S. 341 ff.

624 Antworten auf Frage 1 nach Zuständigkeit und Erfahrungsdauer auf der aktuellen Position oder auch früheren.

2. *Ergebnisse der Experteninterviews*

a) *Einleitende Fragen und Fragen zum Ermittlungsverfahren*

Neben der Frage nach ihren beruflichen Aufgaben und der Erfahrungsdauer (siehe soeben) wurden die Staatsanwälte gefragt, *wie viele Strafbefehlsanträge sie pro Monat in etwa stellen (Frage 2)*. Die Antworten ergaben einstellige Werte. Während der in einer Jugendabteilung tätige B3 unter dem Hinweis, dass gegen Jugendliche keine und gegen Heranwachsende nur wenige Strafbefehle beantragt würden, fünf bis acht Anträge schätzte, ging B6 von fünf bis zehn, B5 von vier bis sechs aus, wies dabei aber darauf hin, dass sich die Wirtschaftsabteilung von einer allgemeinen Abteilung unterschiede. Auch B4 gab unter Hinweis auf seine Abteilungsleiterstelle an, dass die Anzahl der von ihm beantragten Strafbefehle einstellig wäre. Der in einer Wirtschafts-/Steuerabteilung tätige B1 schätzte, dass etwa ein Viertel der Erledigungen durch Strafbefehlsantrag abgeschlossen würden, wobei viele der Anträge auch nach § 400 AO ergingen. B2 schätzte, dass in einer allgemeinen Abteilung etwa sieben bis zehn Anträge und zwei bis fünf in seiner derzeitigen Jugendabteilung gestellt würden.

Im Folgenden wurde danach gefragt, *wie ein Strafbefehl in der Regel zustande kommt, das heißt, wer daran beteiligt und wie typischerweise der Ablauf ist (Frage 3)*. Die Antworten schilderten das Prozedere, dass der Staatsanwalt die Akte in aller Regel erstmals nach Abschluss der polizeilichen Ermittlungen zu sehen bekommt[625] und anhand des Akteninhalts seine Abschlussentscheidung trifft oder gegebenenfalls noch weitere Ermittlungen verfügt. Bei Stellung eines Strafbefehlsantrags werde dieser mitsamt der Akte an das Gericht weitergeleitet, welches dann über den Erlass des Strafbefehls zu entscheiden habe. B1 betonte dabei, dass ein Strafbefehl ebenso wie eine Anklage auch zustande käme. Anders als bei der allgemeinen Kriminalität ermittelte die Staatsanwaltschaft bei den großen Verfahren und im Bereich der Wirtschaftsstrafsachen hingegen überwiegend selbst. Auf Nachfrage gab er dann an, dass in den allgemeinen Verfahren eine Überprüfung der polizeilichen Arbeit nur in Form der

625 Dies gaben B1, B2, B3 ausdrücklich für leichtere Delikte, B4 mit dem Hinweis, dass dies entgegen dem gesetzlichen Auftrag stattfände und B6 ausdrücklich an, bei B5 ergab sich dies zweifelsfrei aus dem Kontext; B2 schilderte, dass die StA Verfahren im Ermittlungsverfahren nur dann früher zu sehen bekäme, wenn z.B. Maßnahmen erforderlich wären, bei denen man StA oder Ermittlungsrichter benötigte, oder Zeugen nicht erschienen, die geladen werden müssten. Entsprechendes gab auch B3 bei Frage 8 an.

Prüfung des Akteninhalts stattfände. Die Entscheidung über einen Strafbefehl machte er persönlich in erster Linie von der Straferwartung abhängig, nie hingegen von dem Umstand, ob der Beschuldigte bestreitet oder nicht, weil er dem Angeklagten immer noch die Chance geben wollte, die Sache ohne Hauptverhandlung „über sich ergehen zu lassen". B2 gab an, dass im Falle eines hinreichenden Tatverdachts und der Eignung des Falles für einen Strafbefehl ein entsprechender Antrag gestellt würde, den das Gericht dann unterschreiben könnte. Die Eignung eines Falles hinge nicht davon ab, ob der Beschuldigte sich zuvor geäußert hätte.[626] Es würde auch zuvor ein Auszug aus dem Bundeszentralregister eingeholt, wobei hieraus aber selten Rückschlüsse auf frühere Einsprüche gegen frühere Strafbefehle gezogen würden und dies auch nicht bestimmend für einen Strafbefehl wäre.[627] Auf die Nachfrage, inwiefern polizeiliche Ermittlungen überwacht würden, gab B2 an, dass aufgrund des Umstands, dass Staatsanwälte die meisten Fälle tatsächlich erst mit polizeilichem Schlussbericht erstmalig zu sehen bekämen, gar keine Möglichkeit bestünde, auf das Ermittlungsverfahren Einfluss zu nehmen. B3 und B5 schilderten zudem explizit, dass der Strafbefehlsantrag so formuliert und ausgestaltet würde, dass der Richter „dann einfach gegenzeichnen" könnte (B3) beziehungsweise der Strafbefehl „ein Unterschriftsfeld für den Richter vorsieht" (B5). B6 antwortete zudem, dass man sich in vielen Fällen für einen Strafbefehl entschiede, einfach um eine Hauptverhandlung zu vermeiden und das Verfahren schneller und kostengünstiger zu gestalten. Die Vorstrafen sähe man sich zuvor an.

Auf die Frage, *ob der Staatsanwalt, der den Strafbefehl beantragt, am Ende den Ausgang des Verfahrens mitgeteilt bekommt (Frage 4)*, fielen die Antworten klar bejahend aus. Jeder Terminvermerk der an Sitzungstagen vertretenden Kollegen würde gesehen (B1), mit Rechtskraft der Entscheidung würde die Akte vom Gericht zurückerhalten (B2, B3, B4 unter dem Vorbehalt, dass der entsprechende Staatsanwalt nicht inzwischen die Position gewechselt hat oder er den Strafbefehl in Vertretung eines anderen Kollegen beantragte, B6), da die Staatsanwaltschaft zugleich Vollstreckungsbehörde wäre und die Sache dann – nach

626 Antwort auf Frage 7.
627 Antwort auf Frage 19.

Entscheidung über die Asservate (B1[628], B2) – an die entsprechende Vollstreckungsabteilung geschickt würde (B2, B3, B4, B6).

Vor Beantragung jedes Strafbefehls werde der Beschuldigte angehört (Frage 5, B1–B6). Im Bereich der normalen Kriminalität erhalte der Beschuldigte zu diesem Zweck ein Anhörungsschreiben samt Rechtsbelehrung und Fristsetzung (B1). Der Beschuldigte werde aber nicht konkret dazu angehört, dass sein Fall durch Strafbefehl erledigt werden könnte (B1, B2, B6). Die Gewährung rechtlichen Gehörs erfolge zumeist von der Polizei, und, sofern der Beschuldigte verteidigt ist, zumeist über eine Akteneinsicht durch den Verteidiger (B2); zudem erfolge die Gewährung in der Regel schriftlich (B5, B6). Die Staatsanwälte wurden auch gefragt, *ob es häufig vorkommt, dass Beschuldigte die ihnen (gem. § 163a StPO) eingeräumte Anhörungsmöglichkeit nicht wahrnehmen (Frage 6)*. B2, B3, B4, B5 und B6 antworteten hier entschieden mit Ja. B1 und B3 gaben zudem an, dass dies auch vom Deliktsfeld abhängig wäre, B3 schätzte, dass sich je nach Deliktsfeld etwa ein Drittel der Beschuldigten nicht äußerten. B4, B5 und B6 gaben an, dass dies sehr häufig der Fall wäre. B5 berichtete zudem von der Besonderheit der komplexen Wirtschaftsstrafverfahren, bei denen der Ausgang des Ermittlungsverfahrens häufig gar nicht klar wäre. Der oftmals beauftragte Verteidiger wünschte zunächst Akteneinsicht und häufig würde dann keine Stellung genommen oder vielleicht eine schriftliche Stellungnahme für den Mandanten abgegeben. B6 berichtete, dass eine Reaktion oftmals erst auf den Strafbefehl hin erfolgte. Erst bei Festsetzung einer konkreten Geldstrafe durch das Gericht würde dann öfter Einspruch eingelegt, als sich zuvor bei der Staatsanwaltschaft gemeldet.[629]

Es fiel den Staatsanwälten schwer, die Frage, *ob Angeklagte, die zuvor nicht angehört wurden beziehungsweise die Anhörungsmöglichkeit nicht wahrgenommen haben, häufiger Einspruch einlegen (Frage 7)*, zu beantworten. B2 äußerte auf ein zweites Nachfragen hin die Vermutung, dass Personen, die sich im Ermittlungsverfahren nicht gemeldet hätten, nicht die Personen wären, die auf einmal gegen den Strafbefehl „wetterten". Auch B3 äußerte sich dahingehend, dass es eine häufige Konstellation wäre, dass Beschuldigte, die ihr rechtliches Gehör nicht wahrgenommen hätten, einen Strafbefehl erhielten und in vielen Fällen keinen Einspruch einlegten, weil sie sich weder für das Verfahren interessierten noch in ihre Briefkästen schauten. B1 gab keine Einschätzung ab,

628 Antwort auf Frage 25.
629 Antwort auf Frage 7.

B4 und B5 verneinten die Frage. B6 schätzte, dass dies möglicherweise auf ein Drittel dieser Angeklagten zutreffen könnte.

Weiterhin wurden die Staatsanwälte gefragt, *inwiefern sich im Ermittlungsverfahren erfahrungsgemäß Beschleunigungseffekte ergeben, wenn sich ein Fall für die Erledigung durch Strafbefehl eignet (Frage 8).* B1, B2, B3, B4 und B6 zufolge ergeben sich im Ermittlungsverfahren keine Beschleunigungseffekte. B1 betonte, dass in einem vergleichbaren Bereich nicht etwa bewusst weniger ermittelt würde, weil ein Strafbefehl beantragt und keine Anklage erhoben wird[630]; im Normalfall würde ein Verfahren ausermittelt und erst dann über den Verfahrensabschluss entschieden. Dahingehend äußerte sich auch B3. B2 benannte explizit den Beschleunigungseffekt im Hauptverfahren. Im Ermittlungsverfahren nähme die Staatsanwaltschaft keinen Einfluss auf den Gang der Ermittlungen und da die Polizei nicht wüsste, welche Entscheidung die Staatsanwaltschaft später treffen wird, ginge sie auch nicht unterschiedlich an Fälle heran.[631] Beschleunigungseffekte im Ermittlungsverfahren würden sich nur dann ergeben, wenn eine Absprache stattfindet, was im Bereich Wirtschaft vorkäme (B1). Auch B5 nannte eine Beschleunigung für die Fälle, in denen eine Verständigung getroffen wird. Dabei wurde geschildert, dass in diesen Konstellationen sogar kompliziertere Fälle für das Strafbefehlsverfahren geeignet wären, die man unter normalen Umständen vielleicht nicht im Wege des Strafbefehls erledigen würde. Bezüglich der Beschreibung des Tatvorwurfs ginge der Strafbefehl allerdings weiter als eine Anklage und wäre damit aufwändiger, da neben dem einen abstrakten Gesetzestext ausfüllenden konkreten Vorwurf auch eine Sanktionsbemessung erforderlich würde. Auch B6 benannte eine Beschleunigungswirkung im Ermittlungsverfahren für solche Fälle, in denen ein Verteidiger eingeschaltet wurde und der Staatsanwalt bei diesem nachfragte, ob der Beschuldigte mit einem Strafbefehl einverstanden wäre. Bei einem Einverständnis darüber, einen Teil zu akzeptieren, könnte der Staatsanwalt zum Beispiel auch weitere Tatvorwürfe, die noch auszuermitteln wären, einstellen.

Es wurde auch danach gefragt, *wie sich komplizierte Sachverhalte im Ermittlungs- und Hauptverfahren am besten handhaben lassen (Frage 9).* B1 gab hier zunächst eine strukturelle Aufarbeitung mit guter Aktenführung an. Nachdem auf die große Komplexität insbesondere vieler

630 Antwort auf Frage 28.
631 Antwort auf Frage 28.

Wirtschaftsstrafverfahren eingegangen wurde, schilderte er weiterhin, dass bei Massenverfahren einige Fälle herausgesucht würden und der Rest etwa nach § 153 StPO eingestellt werden müsste, was manchmal nicht anders ginge, im Ergebnis aber auch sachgerecht wäre. Auch B6 berichtete davon, dass man versuchte, Verfahren in solchen Fällen durch Teileinstellungen von Vorwürfen niedrigeren Gewichts zu verschlanken. Für die weiterverfolgten Taten käme dann auch ein Strafbefehl in Betracht. B4 nannte ebenfalls den Versuch, den Prozessstoff bei umfangreicheren Verfahren frühzeitig einzuschränken und sich auf die schwerwiegendsten Taten zu konzentrieren. B3 berichtete davon, dass es sogar häufig um komplizierte Sachverhalte ginge oder Sachen, die man anfangs als simpel einschätzte und bei denen sich im Laufe der Zeit neue Störfaktoren ergäben, die die Ermittlungen in eine ganz andere Richtung führten. Erforderlich wären neben einer engen telefonischen Zusammenarbeit mit der Polizei etwa kein zu frühes Fokussieren und taktische Erwägungen. B2 gab lediglich einen größeren Ermittlungs- und Beweisaufnahmeaufwand an. B5 erzählte, dass es beim Strafbefehlsverfahren vor dem Amtsgericht ohne Einspruch angesichts der Überlastung der Gerichte und der oftmals fehlenden zeitnahen Behandlung von Fällen relativ schnell ginge und es auch im Falle einer Hauptverhandlung, die auf einem Strafbefehl beruht, Beweiserleichterungen gäbe, was manchmal eine gewisse Rolle spielte. Zudem wäre auch der Angeklagte, der Einspruch einlegte, eher in der Offensive, da das Gericht in der Hauptverhandlung auch fragen könnte, wie er den Einspruch denn begründen wollte.

b) Fragen zur Übersetzung

Die Antworten auf die Frage nach der *Erforderlichkeit von Übersetzungen von Strafbefehlen (Frage 10)* fielen unterschiedlich aus. B1 gab an, dass unter den Beschuldigten ein hoher Anteil wäre, der Probleme mit der deutschen Sprache hätte und schätzte, dass etwa 60 % der Strafbefehle übersetzt werden müssten; auch B3 schätzte hier etwa 50 %. B4, B5 und B6 schätzen hingegen jeweils etwa 10 %, wobei B5 darauf hinwies, dass bei den Wirtschaftsstrafsachen kaum fremdsprachliche Klientel beteiligt wäre, da Ärzte, Physiotherapeuten, Apotheker und Gewerbetreibende in aller Regel der deutschen Sprache mächtig wären. B4 gab zudem an, dass es für ihn insofern auch keine Rolle spielte, ob der Beschuldigte der deutschen Sprache mächtig sei, als er selbst bei Äußerungen ohnehin nur die deutschen Übersetzungen läse und für die Übersetzung des Strafbefehls auch der Richter zuständig wäre. B2 verwies in seiner Antwort ebenfalls auf die Gerichte.

In dem Zusammenhang wurden die Staatsanwälte auch gefragt, *ob sie erlebt haben, dass der Angeklagte den Strafbefehl nicht verstand, obwohl eine Übersetzung in eine Fremdsprache nicht erforderlich war (Frage 11).* Dies hatten B3 und B6 so noch nicht erlebt, würden dies allerdings auch nicht ausschließen. B3 gab zudem an, dass er einen Strafbefehl nur dann beantragte, wenn aus der Akte der Eindruck entstünde, dass dieser auch verstanden würde, also kein Analphabetismus oder eine intellektuelle Schwäche ersichtlich oder die Frage nach der Schuldfähigkeit problematisch wäre. B1 betonte, dass er persönlich darauf achtete, die Strafbefehle so einfach wie möglich zu formulieren und keine Schachtelsätze oder Abkürzungen zu verwenden. Bei Steuern wäre dies womöglich nicht immer einfach zu verstehen, aber bei Tätern, die entsprechende Taten begehen können, könnte davon ausgegangen werden, dass sie auch imstande sind, den Strafbefehl zu verstehen. Auch B2 deutete Verständnisprobleme durch Übersetzungen von unverständlichen Schachtelsätzen an, die er aber eher in Süddeutschland vermutete und die man in Berlin seiner Einschätzung nach so nicht praktizierte. B4 berichtete hingegen davon, dass er die Erfahrung gemacht hätte, dass – sowohl deutsche als auch nichtdeutsche – Angeklagte vielmehr die Rechtsnatur des Strafbefehls nicht verstünden und fragten, an wen sie zahlen sollten, ohne zu begreifen, dass die Möglichkeit eines Einspruchs bestünde. B5 konnte dies nach seinen Erfahrungen aus der Wirtschaftsabteilung nicht bestätigen.

c) *Fragen zur staatsanwaltlichen Entscheidung*

Unter Hinweis auf Nr. 175 Abs. 3 RiStBV, wonach auf einen Strafbefehlsantrag nicht schon deshalb verzichtet werden soll, weil ein Einspruch des Angeschuldigten zu erwarten ist, wurde den Staatsanwälten auch die Frage gestellt, *ob Fälle, in denen nicht mit einem Einspruch gerechnet wird, häufig vorkommen (Frage 19).* B1 hielt eine derartige Prognose nicht für möglich. Auch B4 berichtete in diesem Zusammenhang von Unwägbarkeiten, insbesondere, weil man den Beschuldigten in 99,9 % der Fälle vorher nicht sähe. Die Schilderungen aus der Akte, die womöglich aus einer aufgewühlten Atmosphäre entstünden, ließen keine Schlussfolgerungen auf ein späteres Verhalten zu. Nur bei dem Stichwort „Reichsbürger“ könnte regelmäßig mit Einsprüchen gerechnet werden. Insofern gäbe es Beschuldigte, bei denen man aus Erfahrung einen Einspruch erwartete, was aber der Beantragung eines Strafbefehls nicht entgegenstünde.[632] Auch B2 äußerte sich zunächst dahingehend, dass eine solche Prognose nicht möglich wäre, berichtete aber auf Nachfrage, dass anhand des Auszugs aus

632 Antwort auf Frage 12.

dem Bundeszentralregister unter Umständen nachzuvollziehen wäre, ob der Beschuldigte gegen frühere Strafbefehle Einspruch eingelegt hat. Solche Rückschlüsse würden aber selten gezogen und wären nicht darüber bestimmend, ob das Strafbefehlsverfahren gewählt wird. Wenn jemand schon mehrere Strafen hatte, spräche dies eher dafür, dass er nunmehr vor Gericht erscheinen müsste. B5 gab an, sich aufgrund der genannten Vorschrift diese Gedanken nie zu machen. Aufgrund der hohen Anzahl von Ermittlungsverfahren, die einen Abschluss finden müssten, wäre, sofern nicht eingestellt werden könnte, der Strafbefehl bei entsprechender Straferwartung die erste Wahl.

B3 und B6 hingegen berichteten, dass in den meisten Fällen nicht mit einem Einspruch gerechnet würde. B3 gab dabei an, dazu zu neigen, im Falle eines erwarteten Einspruchs eher keinen Strafbefehl zu erwägen, was etwa dann der Fall wäre, wenn jemand dem Vorwurf vehement entgegenträte. Nicht mit einem Einspruch könnte hingegen gerechnet werden, wenn die Vorwürfe eingeräumt wurden und insgesamt der Eindruck entstand, dass eine entsprechende Einsicht auch ohne Hauptverhandlung bereits gegeben wäre.[633] Auch B6 berichtete in diesem Zusammenhang von Fällen mit sehr klarer Beweislage, in denen der Täter um seine Täterschaft wüsste – und wenn dann eine nicht sonderlich hohe Geldstrafe angeboten würde – der Täter also noch gut wegkäme – auch nicht mit einem Einspruch zu rechnen wäre. „Da spielt man natürlich als Staatsanwalt auch ein bisschen, indem man eher einen vielleicht ein bisschen milderen Antrag stellt, in der Hoffnung, dass es dann auch akzeptiert wird."

Die Staatsanwälte wurden auch gebeten, *beispielhaft aus ihrer Erfahrung zu erzählen, in welchen Fällen sie eine Hauptverhandlung nicht für erforderlich gehalten haben (Frage 20)*. B1 nannte hier generell alle Fälle, in denen man sich den Beschuldigten nicht persönlich anschauen müsste. Dementsprechend berichtete auch B4, dass es Fälle gäbe, in denen man sich den Beschuldigten ansehen müsste, um noch weiteres herauszufinden oder die Situation zu befrieden. Auch B5 gab an, dass man eher umgekehrt fragen müsste, wann zugunsten einer Hauptverhandlung auf einen Strafbefehlsantrag zu verzichten wäre. Dies wäre seiner Ansicht nach eigentlich nur dann der Fall, wenn es um einen Bereich ginge, für den der Strafbefehl nicht mehr zulässig wäre. Anders als womöglich der Angeklagte oder der Geschädigte hätte er als Staatsanwalt nie das Interesse an einer Hauptverhandlung, sofern das Gesetz sie nicht vorschreibt. Für eine Strafrichteranklage gäbe es keine Begründung, die gegen einen Strafbefehlsantrag spräche.[634] B2 nannte auf diese Frage relativ klare

633 Antwort auf Frage 7.

634 Antwort bei den Fragen 12/13.

Sachverhalte mit mehr oder minder standardmäßigen Strafen, insbesondere bei Verkehrsdelikten wie §§ 316, 142 StGB, sofern nichts passiert wäre, da es hier eine geringere Bandbreite an Strafen gäbe als bei anderen Delikten. In diesem Bereich berichtete er auch von Fällen gegen Heranwachsende, sofern es sich nicht um jugendtypische Straßenverkehrstaten handelte oder – wo es durchaus Unsicherheiten bei der Beurteilung gäbe – Jugendstrafrecht anzuwenden wäre. Er nannte auch den Wirtschaftsbereich, insbesondere die Insolvenzdelikte, wo Strafbefehle überwiegend akzeptiert oder spätestens Einsprüche aufgrund der Verantwortung, die ein Geschäftsführer für sein Unternehmen sähe, vor Gericht zurückgenommen würden. Auch hier wären Standardstrafen etabliert. B3 nannte als idealtypische Fälle beispielsweise die Beförderungserschleichung oder Ebay-Betrügereien um kleinere Beträge sowie Massenverfahren, bei denen die Schwere der Straftat nicht besonders hoch ist und der Täter unbestraft und bisher unauffällig war. Sofern die Aktenlage eine klare Überführung ergäbe, aber kein Interesse daran bestünde, mit den Strafverfolgungsbehörden zusammenzuarbeiten, würde ein Strafbefehl beantragt. Es wäre zudem Ausdruck des Verhältnismäßigkeitsprinzips und diente der Wahrung des Rechtsfriedens, dass man signalisierte, dass eine Strafverfolgung stattfindet. Auch B6 nannte Ebay- und Internetbetrügereien, aber auch Fälle der einfachen Körperverletzung, des Widerstands gegen Vollstreckungsbeamte und der falschen Verdächtigung. In Betracht kämen alle Fälle, die das Gesetz vorsähe, ohne bestimmte auszuschließen.

B4 nannte Jobcenterbetrügereien, bei denen einen oder zwei Monate zu Unrecht Unterstützung erhalten wurde, die Nötigung eines Autofahrers im Straßenverkehr, Verstöße gegen das Aufenthaltsgesetz, in denen sich bis zu einem Jahr illegal in Deutschland aufgehalten wurde, sowie Widerstand gegen Polizeibeamte, wenn sich der Widerstand im Rahmen hielte und der Beschuldigte geständig wäre, sodass auf einen Eindruck in der Hauptverhandlung verzichtet werden könnte.

In die gleiche Richtung zielte die Kontrollfrage nach den *Gründen dafür, dass das Strafbefehlsverfahren bei manchen Delikten, zum Beispiel den Straßenverkehrsdelikten, besonders häufig zur Anwendung kommt (Frage 23).*

B4 und B5 wiesen zunächst darauf hin, dass Straßenverkehrsdelikte im Wesentlichen von der Amtsanwaltschaft erledigt würden. B4 ergänzte seine Antwort auf Frage 20 dahingehend, dass die genannten Jobcenterbetrügereien typischerweise geringe Schäden verursachten. Lediglich in den Fällen, in denen eine Gewerbsmäßigkeit in Frage stünde, brauchte man aufgrund der Mindeststrafen von sechs Monaten einen Pflichtverteidiger. Ansonsten eigneten sich grundsätzlich alle Delikte und alle Beschuldigten für das Strafbefehlsverfahren, solange man unterhalb einer Freiheitsstrafe bliebe.[635] Er wies aber auch darauf hin, dass durch das Strafbefehlsverfahren die Kleinkriminalität abgehandelt würde, während viele Fälle aufgrund ihrer Schwere bereits nicht mehr für einen Strafbefehl geeignet wären. B5 führte aus, dass es sich – etwa bei bestimmten Körperverletzungen oder Ladendiebstählen – um besonders einfache Vorwürfe handelte, die in einem Strafbefehlsantrag relativ knapp dargestellt werden könnten und massenhaft vorkämen. Aufgrund der Überlastung der Justiz wären sie jedoch nicht alle in einer Hauptverhandlung zu erledigen und endeten gerade wegen ihrer Übersichtlichkeit ohne Einspruch. So hätte etwa eine Hausfrau, die aus Langeweile ein T-Shirt stiehlt, obwohl sie es nicht nötig hat, mutmaßlich wenig Interesse daran, sich in einer Hauptverhandlung zu verantworten und akzeptierte vermutlich eher einen Strafbefehl über dreißig oder sechzig Tagessätze. Bei kleineren Delikten sollten von der Amts- und Staatsanwaltschaft zudem gerade Strafbefehle beantragt werden. B6 nannte für die Anwendung des Strafbefehlsverfahrens generell Kosten- und Zeitgründe und die geringere Inanspruchnahme von Ressourcen, wobei er selbst dabei nicht nach Delikten differenzierte. Auch B1 vermutete hier Beschleunigungsgründe, insbesondere mit Blick auf die Verschlankung einer eventuellen Beweisaufnahme durch die §§ 411, 420 StPO, aber auch mit Blick darauf, Amtsgerichten Hauptverhandlungen zu ersparen. Bei B2 und B3 kann auf die Antwort auf die zuvor dargestellte Frage 20 verwiesen werden.

Dass der Bericht der Polizei manchmal eine Empfehlung für oder gegen einen Strafbefehl enthält (Frage 21), wurde von allen Staatsanwälten verneint.

Im Folgenden wurde den Staatsanwälten die Frage gestellt, *ob sie beobachten konnten, dass die Voraussetzungen für die Beantragung eines Strafbefehls häufiger bei bestimmten Personen vorliegen (Frage 22).* B1 und B4 verneinten diese Frage. B2 nannte eine Unterscheidung höchstens nach der beruflichen Funktion. So könnte dies bei Geschäftsführern und Insolvenzdelikten der Fall sein. B3 maß der Unterscheidung nach dem Geschlecht keine Rolle zu, der Frage nach der Staatsangehörigkeit hingegen schon, da sich bei ausländischen Straftätern die Frage stellte, ob sie einen Strafbefehl verstehen. Es gäbe ein besonderes Bedürfnis, in der Hauptverhandlung auf sie einzuwirken und Kulturtransfer zu betreiben. Wenn eine Person im Flüchtlingsheim lebt, stellte sich zudem die Frage, ob ein Strafbefehl überhaupt ausgehändigt wird. Insofern würde er Strafbefehl eher gegen deutsche Beschuldigte beantragen. B6 erachtete einen Migrationshintergrund nicht für ausschlaggebend,

635 Antwort auf Frage 12.

vielmehr käme es auf die Vorstrafen an. Bei erheblichen Vorstrafen und dem dadurch bestehenden Erfordernis einer Freiheitsstrafe schiede ein Strafbefehl aus; ansonsten wäre er immer in Erwägung zu ziehen. B5 legte bei der Beantwortung der Frage das Augenmerk auf die Personengruppen, bei denen er zögerte, einen Strafbefehl zu beantragen, wenn dieser nicht zuvor erörtert wurde und man die Reaktionen einschätzen könnte. Als Beispiel nannte er Prominente, die wegen des Tatvorwurfs bereits viel negative Presse erfahren und daher ein Interesse daran hätten, sich öffentlich zu den Tatvorwürfen zu positionieren. Wenn er hingegen Zweifel daran hätte, dass der Beschuldigte den Tatvorwurf intellektuell versteht oder wenn es in den Akten Anhaltspunkte für Besonderheiten in der Person des Beschuldigten gibt, könnte es sein, dass er vom Strafbefehlsverfahren Abstand nähme. Daran, dass in letzter Zeit eine solche Notwendigkeit erkannt wurde, könnte er sich aber nicht erinnern. Als Beispiel für eine Situation, in der auf einen Strafbefehlsantrag verzichtet wurde, obwohl ein solcher mit Blick auf die Straferwartung durchaus möglich gewesen wäre, nannte er auch den Fall, dass einem 45-jährigen Polizeibeamten eine Untreue zum Nachteil des Staates vorgeworfen wurde, die im Falle einer Verurteilung zu einer Entfernung aus dem Dienst geführt hätte. Dies hätte einen tiefen Einschnitt in die Existenz des Polizeibeamten bedeutet, ohne dass dieser gut verteidigt war oder den Eindruck machte, den Ernst der Lage vollends begriffen zu haben. Hier wäre eine Hauptverhandlung mit einer persönlichen Begegnung zur Beurteilung des Falles erforderlich gewesen.

Es folgte die Frage danach, *wann die Staatsanwälte einen Strafbefehl beantragen würden, obwohl sie eine Freiheitsstrafe für angebracht halten (Frage 24).* B1 gab hierbei an, dass er eine Freiheitsstrafe bis zu einem Jahr, die zur Bewährung ausgesetzt werden kann, wenn er sie wirklich für angebracht hielte, auch im Strafbefehlsverfahren beantragte. B2 machte eine solche Entscheidung zum einen mit Blick auf die Kosten der notwendigen Verteidigung davon abhängig, ob der Beschuldigte bereits einen Verteidiger hätte, zum anderen von Vorstrafen, die dazu führen könnten, dass sich die betreffende Person doch einmal persönlich in einer öffentlichen Hauptverhandlung vor Gericht verantworten müsste. Voraussetzung wäre weiterhin eine einfache Beweislage. Auch wenn dies bei einer schwierigen Beweislage von einem Verteidiger vorgeschlagen würde und auf diese Weise eine ansonsten größere Hauptverhandlung vermieden werden könnte, könnte es unter Umständen sein, dass eine Freiheitsstrafe auch durch Strafbefehl beantragt würde. B3 gab an, selten eine Freiheitsstrafe im Wege des Strafbefehlsverfahrens zu beantragen, und wenn dann wären dies Fälle, in denen der Strafbefehl abgesprochen wurde, das heißt ein Verteidiger durch das Gericht beigeordnet, die Sache mit ihm besprochen wurde und dieser es wiederum mit seinem Mandanten beriet. Ohne ein solches Besprechen mit Gericht oder Verteidigung stellte er sehr selten einen derartigen Antrag. Auch B5 hielt bei Freiheitsstrafen, die im Strafbefehlswege beantragt werden, eine gewisse Verlässlichkeit für erforderlich; der Verteidiger müsste seinen Mandanten gut beraten und deutlich machen, welche Konsequenzen eine Strafaussetzung zur Bewährung hätte, was eine Bewährungszeit wäre, was in dieser Zeit nicht passieren dürfte und was ein Bewährungswiderruf bedeutete. Wären diese Dinge nicht gewährleistet, wäre eine solche Beantragung riskant. Dies wäre etwa dann der Fall, wenn der Verteidiger gar keinen richtigen Kontakt zu seinem Mandanten hätte, etwa weil dieser sich nicht unter seiner Wohnanschrift aufhielte, was oft vorkäme. Denn dann könnte es zu der unangenehmen Situation kommen, dass sich in etwaigen Folgeverfahren, in denen es um die Frage nach dem Handeln während einer einschlägigen Bewährungsstrafe ginge, herausstellte, dass der Angeklagte von der Bewährungszeit nichts wusste. Im Zweifel würde ihm diese Behauptung dann nicht geglaubt, da es Sicherungsmaßnahmen gäbe, um dies zu vermeiden, aber es bliebe ein ungutes Gefühl. Sofern man aus der Akte allerdings den Eindruck gewänne, dass der Verteidiger einen guten Draht zu seinem Mandanten hat und dieser verstünde, was auf ihn zukommt, könnte man auch in diesem Fall durchaus Strafbefehl beantragen.

B4 äußerte sich dahingehend, dass ein Strafbefehl bei einer Straferwartung von einer Freiheitsstrafe bis zu einem Jahr – ausgesetzt zur Bewährung und mit Antrag auf Pflichtverteidigung – möglich wäre, im Bereich zwischen einem und sechs Monaten allerdings § 47 StGB die Pflicht auferlegte, genau zu prüfen, ob nicht doch eine Geldstrafe in Betracht käme. Wenn er eine Freiheitsstrafe erwartete, erhöbe er aber auch Anklage und beantragte keinen Strafbefehl. B6 betonte, dass, sofern die mögliche Freiheitsstrafe von einem Jahr – ausgesetzt zur Bewährung – nicht ausreichte, er niemals unter das erforderliche Strafmaß ginge und trotzdem einen Strafbefehl beantragte.

d) Fragen zur abweichenden gerichtlichen Auffassung

Dass *das Gericht den Erlass eines Strafbefehls ablehnt (Frage 37)* kommt nach Angabe aller interviewten Staatsanwälte selten vor. B6 schätzte, dass dies in 2 % der Fälle vorkäme, B3 in 5 %. Auch B4 nannte den niedrigen einstelligen Bereich. B5 berichtete, dass es dann aber oftmals so wäre, dass sich das Gericht zunächst beschwerte und um Nachbesserung bäte. B2 berichtete von Bedenken des Gerichts in Hinblick auf Strafhöhe oder Nachermittlungen in höchstens 10 % der Strafbefehlsanträge, wobei die Bedenken aber häufig auszuräumen wären. B1 hätte es noch nie erlebt, dass das Gericht einen Strafbefehl für ungeeignet gehalten oder einen Strafbefehlsantrag mangels hinreichenden Tatverdachts abgelehnt und eine Hauptverhandlung anberaumt hat. Es käme lediglich vor, dass das Gericht Strafbefehlsanträge zurückschickte und auf kleine Fehler hinwies, die zu überarbeiten wären. In lediglich einem Fall lehnte das Gericht seinen Strafbefehlsantrag aufgrund materiell-rechtlicher Schwächen ab; der Staatsanwalt gab hier an, im entsprechenden Deliktsbereich (Computerbetrug) keine ausreichenden Kenntnisse zu besitzen.

Es wurde auch danach gefragt, *ob es häufig vorkommt, dass das Gericht die Beantragung eines abgeänderten Strafbefehls bei der Staatsanwaltschaft anregt, wenn es mit der beantragten Rechtsfolge nicht einverstanden ist und ob hierauf regelmäßig eingegangen werden kann (Frage 38).* Die Angaben der Staatsanwälte deuten darauf hin, dass eine solche Situation nicht häufig vorkommt. B3 gab an, dass dies ganz selten vorkäme und schätzte in 4 % der Fälle, wovon in wiederum der Hälfte dieser Fälle darauf eingegangen werden könnte. Auch B6 sprach von einem eher seltenen Vorkommnis und schätzte diese Fälle grob auf 10 %; meistens ginge es dann um eine mildere Strafe, worauf die Staatsanwaltschaft meistens eingehen könnte. Man einigte sich in der Hälfte dieser Fälle auch auf einen Kompromiss bei der Strafhöhe – wenn die Staatsanwaltschaft etwa hundert Tagessätze beantragte, das Gericht jedoch siebzig für angemessen erachtete, könnte man sich auf achtzig einigen. B1 erzählte, er könnte sich an keinen Fall erinnern, in dem der Richter mit seiner Strafbefehlsvorstellung nicht einverstanden gewesen wäre, aber er würde auf eine solche Anregung grundsätzlich eingehen. B2 berichtete ebenfalls von derartigen Angeboten der Gerichte, auf die, sofern sie sich im Rahmen der Bandbreite befänden, auch eingegangen werden könnte. Es gäbe einige wenige Richter, bei denen dies sogar häufig vorkäme.[636] Auch B4 bestätigte das gelegentliche Vorkommen solcher Konstellationen. Ob darauf eingegangen werden könnte, hinge vom Einzelfall ab; wenn etwa Strafzumessungsaspekte übersehen oder nicht (stark genug) berücksichtigt wurden, käme das vor. B5 hingegen bezeichnete dies als „beliebtes Spiel zwischen Staatsanwaltschaft und Gericht"; das Gericht fände je nach Mentalität ein „Haar in der Suppe" und hielte die Strafe für zu hoch oder zu niedrig. Einige Richter schickten den Strafbefehl gerne auch mit der Frage nach der Prüfung der Aktualität der bekannten Anschrift zurück, was bei der Amts- und Staatsanwaltschaft nicht so beliebt wäre. Er stünde auf dem Standpunkt, dass das

636 Antwort auf Frage 31.

Gericht ins Hauptverfahren übergehen sollte, wenn es mit dem Antrag nicht einverstanden ist.[637]

e) *Fragen zu Einsprüchen und fehlerhaften Strafbefehlen*

Einigkeit innerhalb der verschiedenen Abteilungen herrschte mit Blick auf die Frage danach, *wie hoch der Anteil der Strafbefehlsanträge ist, infolge derer es letztlich zu rechtskräftigen Strafbefehlen kommt (Frage 25).* Während einige Staatsanwälte hier besonders hoch schätzten (B2, B3: 80–90 %, B4: „ganz überwiegende Mehrheit", B6: 70 %), schätzten die in Wirtschaftsabteilungen tätigen Staatsanwälte B1 (schätzte etwa ein Fünftel) und B5 (schätzte 15–20 %) einen kleineren Anteil, wobei letzterer darauf hinwies, dass im Bereich Wirtschaft die Einspruchsquote auch besonders hoch wäre.

Im Folgenden wurde gefragt, *aus welchen Gründen die meisten Einsprüche eingelegt werden (Frage 26).* Dies geschähe häufig unbegründet (B2, B3, B4). B3 berichtete zudem von Fällen, in denen weder zur Polizei gegangen noch die Post geöffnet würde und dann zum Teil erschrocken auf den Strafbefehl reagiert würde, weil er in der Sache oder bezüglich der Tagesatzhöhe unzutreffend wäre. Zum Teil würden dann auch schon Zeugen benannt. Die Fälle unbegründeter Einsprüche kämen B3 zufolge häufig aus dem Impuls heraus, dass die Leute nicht einsähen, eine Strafe zu zahlen. Mit solchen Leuten könnte man über die Sinnhaftigkeit der Aufrechterhaltung eines Einspruchs reden. B1 nannte das Bestreiten des Tatvorwurfs als häufigsten, das Nicht-Einverstandensein mit der Strafhöhe als den zweithäufigsten Fall. Diese beiden Gründe nannte auch B4.

Daran anschließend wurde die Frage gestellt, *wie viele der Einsprüche erfolgreich und was die Hauptgründe für erfolgreiche Einsprüche sind (Frage 27).* Dass der Tatverdacht nicht zuträfe und es zu einem Freispruch käme, wäre selten (B1, B2, B3, B4), käme aber vor, wenn eine in der Hauptverhandlung gemachte, den Tatvorwurf beseitigende oder abmildernde Einlassung (oder ein Bestreiten unter Benennung weiterer Beweismittel, B3) nicht widerlegt werden könnte (B5) oder auch, wenn sich der Beschuldigte im Ermittlungsverfahren nicht geäußert hätte (B6). B6 gab zudem an, dass es allerdings ganz selten vorkäme, dass sich im Nachhinein eine andere Tatsachengrundlage herausstellt.[638] Die Tagessatzhöhe hingegen scheint nach Angabe der Experten sehr häufig falsch bemessen und häufig der Grund für erfolgreiche Einsprüche zu sein. An dieser Stelle wurde auch das Problem der Schätzung thematisiert, die mangels

637 Antwort auf Frage 37.
638 Antwort auf Frage 41.

(genauer) Angaben über die wirtschaftlichen Verhältnisse des Beschuldigten häufig notwendig, aber oftmals unzutreffend wäre (B1, B3). Auch B2 nannte dies als Grund für erfolgreiche Einsprüche für den Fall, dass Gesichtspunkte der Strafzumessung, die nicht oder nicht ausreichend gewürdigt wurden, in den Fokus geraten. B3 berichtete aber auch von Fällen, in denen die Tagessatzhöhe für zu hoch gehalten wurde, etwa weil ein „Kumpel" für einen vergleichbaren Fall weniger Tagessätze bekommen hätte. In solchen Fällen ginge er jedoch nicht darauf ein, da auch der erzieherische Gedanke eine Rolle spielte und zudem Dammbruchängste bezüglich einer massenhaften Einspruchseinlegung bestünden, wenn man signalisierte, dass nur Einspruch eingelegt werden müsste, um eine geringere Strafe zu erhalten. B1 erzählte zudem, dass die auf die Höhe der Tagessätze gerichteten Einsprüche auch deshalb am erfolgreichsten wären, weil man als Verteidiger nur geschickt lügen müsste, aber da könnte man relativ einfach einen zu geringen Betrag angeben. Man dürfte bei der Angabe der Nettoeinkünfte nur nicht zu sehr untertreiben, sodass Ermittlungen ausgelöst würden. B4 und B6 schilderten in dem Zusammenhang, dass sie dazu neigten, die Tagessatzhöhe eher zu niedrig zu schätzen, oftmals auf nur 15 Euro. B6 führte dazu aus, dass es häufig nicht einmal eine Berufsangabe gäbe, oft aber auch Hartz-IV-Empfänger verurteilt würden, weshalb man als Staatsanwalt bei der Schätzung sehr vorsichtig wäre. Sofern es keine Angaben zum Beruf gäbe, ginge er eigentlich immer von 15 Euro Tagessatzhöhe aus, dem Standardsatz für Hartz-IV-Empfänger (so auch B4, der auch im Bereich Aufenthaltstitel diese Höhe schätzte, da Beschuldigte, denen dies vorgeworfen wird, auch nicht arbeiten dürfen[639]). Die häufige Erforderlichkeit von Schätzungen sähe er als Schwäche des Strafbefehlsverfahrens, da wahrscheinlich oftmals zu niedrig geschätzt würde, was wiederum dazu führen könnte, dass Strafbefehle häufiger akzeptiert würden.

Diese Einschätzung teilte auch B2 auf die Frage danach, *ob Fälle bekannt sind, in denen der Strafbefehl fehlerhaft war (Frage 41)*, also die Ermittlungen nicht zutrafen oder die Tagessatzhöhe nicht richtig bemessen wurde. In 95 % der Fälle würde nach unten und nicht zum Nachteil des Beschuldigten geschätzt: „Daher denke ich, dass wir häufig zugunsten falsch schätzen, um nicht deswegen Einsprüche zu produzieren." In wenigen Fällen fiele das Ergebnis anders aus, als es nach Aktenlage erscheint. Angeklagte müssten ihren Wissensvorsprung aber durch Beweisanträge zugänglich machen, was aber womöglich damit verbunden wäre, den wahren Täter ans Messer liefern zu müssen. Weiterhin berichtete

---

639 Antwort auf Frage 41.

er von einem Fall, in dem eine Mutter für ihre Tochter, die unter dem Ebay-Konto der Mutter Betrügereien begangen hat, einen Strafbefehl akzeptierte, was sich erst in späteren Verfahren gegen die Tochter herausgestellt hätte. So etwas wäre aber selten. B3 wies dabei darauf hin, dass ein Strafbefehl nicht fehlerhaft sein müsste, nur weil sich der Tatvorwurf in der Hauptverhandlung später nicht mehr beweisen ließe, etwa weil sich Zeugen ein Jahr später in einer neuen Situation befänden und sich durch geschickte Fragestellungen des Verteidigers widersprüchlich äußerten oder der Angeklagte nicht mehr wiedererkannt würde, was vorkäme. B1 gab an, zwar häufig ein Bestreiten des Angeklagten zu erleben, aus dem man aber nicht auf die Fehlerhaftigkeit des Strafbefehls schließen könnte, zumal es nicht auf eine bloße Behauptung hin zur Überprüfung käme. B4 schilderte den seiner Erfahrung nach gravierendsten Fall, in dem ein Paar des Führens einer Scheinehe verdächtigt wurde, er (Deutscher) hätte unter der bekannten Wohnanschrift gelebt, sie (Ausländerin) wäre weg gewesen; er hätte den Strafbefehl erhalten und wurde auf seine Akzeptanz hin verurteilt. Sie hätte den Strafbefehl nicht erhalten, wäre später aufgetaucht und dann freigesprochen worden, weil man ihr nichts nachweisen konnte.[640] Darüber hinaus gäbe es keine Fälle, in denen er von einer fehlerhaften Entscheidung im Zusammenhang mit Strafbefehlen ausgehen könnte. Es hätte zwar auch einen Fall gegeben, in dem er wegen eines Verstoßes gegen das Tierschutzgesetz bewusst eine sehr hohe Tagessatzhöhe geschätzt hätte und der Angeklagte zu spät Einspruch eingelegt hätte und besonders wütend gewesen wäre. Ob dies fehlerhaft gewesen war, wüsste er aber nicht, auch wenn er vermutete, dass die Strafe zu hoch gewesen sein könnte. Zu dem Schätzungsprozedere führte B4 aus, dass er, sofern der Beruf bekannt wäre, im Internet schaute, was diese Berufsgruppe im Schnitt verdiente und sich daran orientierte. Sofern kein Beruf bekannt wäre, versuchte er, sofern möglich, aus den Akten auf eine etwaige Berufstätigkeit zu schließen und sich dann am Berliner Durchschnittsverdienst zu orientieren. B5 betonte, dass ihm der Begriff „fehlerhaft" missfiele, da mit einer Akte anhand des Ermittlungsergebnisses gearbeitet würde, was nicht der Wahrheit entsprechen müsste. Auch wenn sich dieses Ermittlungsergebnis in der Hauptverhandlung nicht bestätigte, war der Strafbefehl nicht fehlerhaft, sondern vielmehr hätte die Hauptverhandlung ihre Funktion erfüllt. Es würde lediglich eine Prognoseentscheidung getroffen. Dass ein Strafbefehl nicht der Aktenlage entsprach und von daher falsch war, daran könnte er sich nicht erinnern, aber er schließe es für den Einzelfall auch nicht aus. Ähnliches gälte auch bei der

640 Antwort bei Frage 20.

Strafzumessung, bei der geschätzt werden müsste. Wie tragfähig eine Schätzungsgrundlage sein muss, würde von der obergerichtlichen Rechtsprechung mal strenger, mal weniger streng bewertet, aber auch eine Schätzung könnte nur anhand der Akte vorgenommen werden.

In dem Zusammenhang wurde weiter nachgefragt, *ob Kenntnisse über Fälle vorhanden sind, in denen eine fehlerhafte Entscheidung auf einer unzureichenden Beweisaufnahme (durch die Polizei) beruht (Frage 28).* B3 und B6 berichteten nicht von fehler-, aber von lückenhaften Ermittlungen durch die Polizei. B3 führte dazu aus, dass er aber auch Fehler nicht ausschließen könnte. Es käme vor, dass er Akten, nachdem er sie nach Abschluss der Ermittlungen erhielte, nochmals zur Polizei zurückschickte, was aber nicht bei jeder Akte geschehen könnte, bei der die Staatsanwaltschaft der Ansicht ist, es müsse noch ein Zeuge gehört werden. Dann müsste eine Anklage erhoben und der Zeuge in der Hauptverhandlung gehört werden. Sofern keine 100 %ige Sicherheit vorläge, beantragte er keinen Strafbefehl. B6 betonte, dass die Staatsanwaltschaft Herrin des Ermittlungsverfahrens wäre und die Akte in solchen Fällen zwecks Nachermittlungen an die Polizei zurückzusenden hätte. Auch B5 berichtete, dass sich selten in der Hauptverhandlung herausstellte, dass etwas falsch ermittelt wurde, eher würden Lücken gelassen und sich alternative Möglichkeiten, die Geschehnisse zu erklären, aufzeigen. Als Beispiel wurden Jobcenterbetrügereien angesprochen, bei denen mangels Kommunikation zwischen den Behörden dem anzeigenden Jobcenter vom Angeklagten gemachte Angaben bei einer anderen Stelle nicht bekannt gewesen wären. B1 berichtete von öfter vorkommenden Verrechnungen des Finanzamtes im Steuerbereich oder fehlerhaften Gewichtungen. Auch käme es häufiger vor, dass neue Beweismittel benannt würden, oder plötzlich Freunde etwas bezeugen könnten. B4 und B2 wären keine derartig fehlerhaften Fälle bekannt. B4 führte an dieser Stelle aus, dass es gelegentlich vorkäme, dass man davon ausgehen könnte, dass der ermittelte Sachverhalt nicht den Tatsachen entspräche, dem aber nur bei Anhaltspunkten weiter nachgegangen werden könnte. Dass von Menschen geführte Ermittlungen fehlerbehaftet wären und die Polizei angesichts ihres weiten Aufgabenfelds Fehler machte, wäre logisch. Allein bei der Aufnahme von Eindrücken und der Interpretation würden Fehler gemacht; bei der Wahrnehmung des Sachverhaltes hätten die Polizeibeamten sich ihr Urteil schon in einem gewissen Umfang gebildet, was menschlich wäre.

f) Fragen zur Hauptverhandlung

Den Staatsanwälten wurde auch die Frage gestellt, *ob es (häufig) vorkommt, dass die Strafe im Urteil höher ausfällt als im Strafbefehl zuvor beantragt und falls ja, warum (Frage 29).* Während B3 und B4 dies für eher selten hielten und B5 für gelegentlich vorkommend, gaben B1 und B6 sogar an, dass dies relativ häufig vorkäme. B2 äußerte sich nicht zur Häufigkeit. Der Grund für diesen Umstand wurde darin beschrieben, dass der Strafbefehl für den Fall eines unterbliebenen Einspruchs eine Geständnisfiktion enthielte, die auch in der im Strafbefehl festgesetzten Strafhöhe berücksichtigt würde. Würde Einspruch eingelegt und eine streitige Hauptverhandlung geführt, entfiele dieser Strafmilderungsgrund. Aufgrund des fehlenden Verschlechterungsverbots könnte auf diese Weise eine im Urteil höher ausfallende Strafe zustande kommen (B1, B2, B4, B5, B6). B2 fügte dem hinzu, dass es auch Gerichte gäbe, die die Strafe in solchen Konstellationen grundsätzlich erhöhten, um sich keine Einsprüche zu „züchten". Dies wäre aber eher in kleineren Orten mit überschaubaren Amtsgerichten zu erwarten. B3 machte eine solche Erfahrung nur selten und nur in den Fällen, in denen Angeklagte vor Gericht ein besonders unangebrachtes Verhalten an den Tag legten. Auch B4 äußerte sich dahingehend. B5 berichtete auch, dass die Strafschärfung sogar erheblich ausfallen könnte. So hätte er schon erlebt, dass aus einem Strafbefehl mit neunzig Tagessätzen im späteren Urteil eine Freiheitsstrafe von zehn Monaten geworden wäre.

Des Weiteren wurde danach gefragt, *unter welchen Voraussetzungen und unter welchem Ablauf Strafbefehle nach § 408a StPO zustande kommen (Frage 30).* Genannt wurde hier ausschließlich der Grund, dass der Angeklagte (unentschuldigt) nicht zur Hauptverhandlung erschiene (B1, B3, B4, B5, B6, wobei B2 und B4 die Frage zum Teil leicht missverstanden hatten). In diesen Fällen würde eine Viertelstunde gewartet (B4), danach besprächen sich Gericht und Staatsanwaltschaft, ob ein Strafbefehl in Betracht käme, wobei die Staatsanwaltschaft zwar formal einen Antrag mit einer bestimmten Strafhöhe stellte (B5), in der Praxis aber eher ein Gespräch stattfände, in dem man sich auf die Strafhöhe einigte (B3, B6, B4[641]). B1 berichtete, dass in diesen Fällen insbesondere in den letzten Jahren lange Ketten mit Anträgen auf Wiedereinsetzung in den vorigen Stand sehr häufig wären und oftmals mit angeblichem Verteidigerverschulden begründet würden. Es gäbe auch Fälle, in denen man bewusst vorterminlich miteinander redete und sich auf einen Strafbefehl nach § 408a StPO einigte, weil der Verteidiger ankündigte, dass sein Mandant und er nicht auftreten würden und ein Strafbefehl nach § 408a erlassen werden sollte. B5 wies in diesem Zusammenhang auch darauf hin, dass die Folgen der Säumnis durch einen Strafbefehl nach § 408a StPO sozusagen umgekehrt würden, weil

641 Antwort auf Frage 31, siehe sogleich.

nun nicht mehr der Angeklagte herbeigeschafft, sondern das nächste Mal selbst kommen müsste, damit sein Einspruch nicht verworfen würde.

Dass *Absprachen (zwischen Verteidigung, Gericht und Staatsanwaltschaft) bei § 408a StPO häufiger vorkommen (Frage 31)*, wurde von B2 verneint. Bei Frage 16 gab er allerdings an, dass es selten vorkommen könnte, dass der Angeklagte nicht anwesend wäre, man den Einspruch aber wegen der Anwesenheit des Verteidigers nicht verwerfen könnte und dann bespräche, ob man in ein Strafbefehlsverfahren wechselt. B3 hingegen bejahte den Umstand für den Fall, dass der Angeklagte verteidigt wäre. B4 sah in dem Zusammenhang keinen Raum für Absprachen, da der Richter in entsprechenden Fällen meistens fragte, ob die Sache im Strafbefehlsverfahren erledigt werden könnte und der Staatsanwalt sagte, was er sich vorstellte, also auf diese Weise den erforderlichen Antrag stellte. B4 könnte sich zwar vorstellen, dass es durch ein Gespräch zu einer zuvor nicht bestehenden Einigung käme, aber ohne, dass um die Strafhöhe verhandelt würde. B5 sah ebenfalls keinen Raum für Absprachen, weil der Übergang ins Strafbefehlsverfahren darauf beruhte, dass der Angeklagte nicht käme. Wenn ein Verteidiger aufträte, könnte man mit diesem aber sicherlich darüber sprechen, wobei dieser die in Rede stehende Sanktion erst mit seinem Mandanten erörtern müsste. B1 und B6 machten diese Erfahrung nicht häufig, berichteten aber jeweils von der Situation, dass der Verteidiger anwesend war und auch der Mandant vor der Tür wartete, man dennoch zu der einhelligen Auffassung gekommen wäre, dass man sich eine Hauptverhandlung eigentlich ersparen könnte, woraufhin der Verteidiger, bevor die Sache aufgerufen wurde, zu erkennen gab, dass er und sein Mandant „gar nicht da" wären und das Gericht einen Strafbefehl nach § 408a StPO erlassen könnte.[642]

g) Fragen zu Absprachen und beschleunigten Verfahren gegen Wirtschaftskriminelle

Gefragt wurde auch, *bei welchen Beschuldigtenprofilen/in welchen Deliktsbereichen den Staatsanwälten eine einvernehmliche Lösung, die auf die Beantragung eines Strafbefehls zielt, sinnvoll beziehungsweise interessengerecht und/oder besonders geeignet erscheint (Frage 12/13).*

Genannt wurden hier bezüglich der Deliktsbereiche Massendelikte wie Betrug oder Diebstahl – selten Gewaltdelikte – wobei es insgesamt weniger auf das Delikt, als auf die konkrete Situation ankäme (B3). B2 nannte Straßenverkehrsdelikte, „Allerweltsdelikte" wie Ladendiebstähle, aber auch im

642 Ähnliches berichtete auch B1 auf Frage 30, siehe soeben.

Wirtschaftsbereich würde davon sehr häufig Gebrauch gemacht, etwa bei Insolvenzverschleppungen oder Buchführungsdelikten, also formalen Delikten, für die der Geschäftsführer strafrechtlich verantwortlich wäre. B6 wies darauf hin, dass das Strafbefehlsverfahren grundsätzlich in allen Deliktsbereichen in Betracht käme und nannte insbesondere die Betrugstaten, zumal durch die neuen Gesetze auch die Möglichkeit bestünde, bereits im Strafbefehl eine Einziehung vorzunehmen, sodass man zugleich den zivilrechtlichen Ausgleich schaffte. Auch B2 gab weiter an, dass eine solche Lösung immer in Betracht käme, wenn das Delikt passte, die angemessene Strafe im Strafbefehlsverfahren zulässig wäre (so auch B5) und die Vorstrafenlage dem nicht entgegenstünde. Auch B1 schilderte, dass die Eignung des Strafbefehlsverfahrens von dem Einverständnis und der Einsicht der Beschuldigten abhinge und weniger vom Delikt. Angegeben wurde auch, dass das Verfahren auch dann in Betracht käme, wenn die Verteidigung den Vorschlag unterbreitete und man es noch für angemessen erachtete (B2, B1 mit dem Hinweis auf die unter Umständen erhebliche Arbeitsersparnis).

Bezüglich der Täterprofile berichtete B1 von der speziellen Tätergruppe der Prominenten, die Steuern hinterziehen: Eine solche Person hätte, wenn sie mit einem „Saubermann-Image" in der Öffentlichkeit stünde, ein massives Interesse daran, dass es nicht zu einer öffentlichen Hauptverhandlung kommt. Ein Steuerstrafverfahren würde mit strikter Beachtung des Steuergeheimnisses (§ 30 AO) geführt, aber wenn es zur öffentlichen Hauptverhandlung käme, erlangte die Öffentlichkeit auch dann Kenntnis, wenn das vorher nicht bekannt gemacht worden wäre. Als Steuerstaatsanwalt wäre man in der komfortablen Situation, dass die Verteidiger ein großes Interesse signalisierten, dass es bloß nicht zur Hauptverhandlung kommen sollte und sich mit einem Strafbefehl einverstanden erklärten. In diesen Fällen müsste man aber an sich selbst appellieren, um nicht in eine Erpresserrolle zu kommen und etwa unüblich hohe Strafen zu fordern. Ansonsten böte sich das Strafbefehlsverfahren seiner Meinung nach eigentlich für jeden an.

Bei der Frage, *ob sich eine Absprache in Bezug auf einen Strafbefehl oft anbietet (Frage 14)*, gaben die Staatsanwälte an, dass dies weniger häufig vorkäme und die Initiative in diesen Fällen auch von der Verteidigung ausginge (B1, B2, B4, B6 schätzte grob 5 % der Fälle). Sofern der Fall für die Erledigung durch einen Strafbefehl geeignet wäre, ginge man hierauf auch ein (B4). Als Staatsanwalt benötigte man für einen Strafbefehl aber keine Absprache, sondern könnte diesen einfach beantragen (B1, B4). B2 schloss aber auch nicht aus, dass es durchaus dazu kommen könnte, dass der Staatsanwalt auf den Verteidiger zuginge; allerdings würde er selbst sich diese Blöße nicht geben, weil das – gerade in Fällen, die nicht offensichtlich für den Strafbefehlsweg prädestiniert wären – so wirken könnte, als hielte er die Beweislage für schlecht.[643] Allerdings könnte es so durchaus zu einer Freiheitsstrafe kommen, wenn der Verteidiger dies vorschlüge und man auf diese Weise eine ansonsten größere Hauptverhandlung vermeiden könnte.[644] B3 berichtete, dass dies zwar nicht häufig vorkäme, sich aber anböte, wenn es aus seiner Sicht nachvollziehbare Gründe gäbe, dem Beschuldigten eine Hauptverhandlung nicht zuzumuten, die Sache aber zu gewichtig für eine Einstellung wäre und man den Eindruck hätte, dass eine Geldstrafe oder eine Freiheitsstrafe auf Bewährung angemessen wäre und auch auf den Eindruck aus der Hauptverhandlung verzichtet werden könnte. Bei Prominenten wüsste man, dass bei einer Hauptverhandlung die Boulevardpresse erschiene und eine unlautere Berichterstattung erfolgte, die sehr diskreditierend wäre. Auch B5 berichtete von Personen, die von Berufs wegen oder bei einer erwarteten Öffentlichkeitsträchtigkeit des Verfahrens ein besonderes Interesse daran hätten, dass das Verfahren sehr schnell erledigt würde. Letzteres hinge aber von mehreren Komponenten ab und wäre letztlich eine Frage nach dem Verteidigungsverhalten des Beschuldigten. Es gäbe gerade im Bereich der Wirtschaft häufig auch solche Beschuldigte, die den Tatvorwurf aussitzten und hofften, dass sich das Verfahren so lange hinzieht, dass der Verteidiger später eine Einstellung gegen Zahlung einer Geldbuße erwirken kann, da die Neigung aller Beteiligten dann nicht klein wäre, dem zuzustimmen. Zumal der Staatsanwalt, der den Strafbefehl beantragte, bei komplizierten Fällen inzwischen häufig woanders wäre und der neue Staatsanwalt keine Zeit hätte, sich in die vielen Details einzuarbeiten. Dies würde von Verteidigern mitunter auch bewusst ausgenutzt.

Dass *Staatsanwälte versuchen, einen Angeklagten davon zu überzeugen, mit einem Strafbefehl einverstanden zu sein (Frage 15)*, komme mangels dortigen Kontakts zu diesem nicht im Ermittlungsverfahren (B4), sondern in der Hauptverhandlung vor (B1, B2, B3, B5, B6). In dieser versuche man durchaus, den Angeklagten zur Rücknahme des Einspruchs zu bewegen, wenn man den Strafbefehl für die richtige Maßnahme halte und ansonsten mangels Verschlechterungsverbots eine unter Umständen höhere Strafe drohen könne (B6). Es werde mit dem Angeklagten über seine Aussichten im Verfahren häufig „Tacheles" geredet; auch mancher Richter mache in solchen Fällen deutlich, wie er die Beweislage wahrscheinlich sehen werde und weise auf eine Einspruchsrücknahme hin

643 Antwort auf Frage 35.
644 Antwort auf Frage 24.

(B1). Auch B5 und B3 berichteten von derartigem richterlichen Verhalten, dass dieser etwa gegenüber dem Verteidiger auf hohe Kosten durch Zeugenladungen hinwiese und die klare Aktenlage und die Milde des Strafbefehls betonte (B5). Da das Verschlechterungsverbot nicht gälte, könnte man dem Angeklagten auch gelegentlich vorrechnen, wie sich die Strafe ermäßigte und hervorheben, dass die im Strafbefehl bemessene Tagessatzhöhe doch sehr niedrig wäre und man nach neueren Erkenntnissen beispielsweise statt auf einen Tagessatz von dreißig Euro auf einen von fünfzig Euro käme und der Angeklagte sich das nochmal überlegen sollte (B2). B3 bestätigte, dies in Fällen zu machen, in denen kein Zweifel an dem Tatvorwurf als solchem bestünde, der Angeklagte aber aus Renitenz oder Unwissenheit meinte, nicht verurteilt werden zu müssen. Man müsste ihm dann erklären, dass der Strafbefehl für ihn sehr günstig wäre und es ansonsten die Möglichkeit einer Verschlechterung gäbe. Das wäre natürlich immer eine verzwickte beziehungsweise zweifelhafte Situation, bei der man auf der einen Seite sagen könnte, es handelte sich um ein Erklären, ein Verständlichmachenwollen, was aus Fairnessgesichtspunkten erfolgen könnte, andererseits könnte man dies aber auch als Erpressung auslegen. Derartige Situationen gäbe es aber auch bei anderen Prozessen. Seiner Ansicht nach gäbe es aber viele Konstellationen, in denen es legitim wäre, dem Angeklagten – natürlich, ohne ihn zu zwingen oder zu viel Druck aufzubauen – deutlich zu machen, dass die Einlegung eines Einspruchs ungeschickt wäre.

Es wurde auch gefragt, *ob die Erfahrung gemacht wurde, dass der Beschuldigte/sein Verteidiger ein Geständnis im Gegenzug für die Erledigung des Verfahrens durch Strafbefehl angeboten hat (Frage 16)*. B6 bejahte dies für einen sehr kleinen Teil der Fälle (grob geschätzt 5 %), B1 für größere Verfahren, wobei aber oftmals kein konkretes Geständnis vorläge, sondern die Ankündigung des Verteidigers, einen Strafbefehl rechtskräftig werden zu lassen. Auch B4 bestätigte, dass dies gelegentlich vorkäme, nachdem Verteidiger Akteneinsicht genommen hätten. B3 berichtete von nicht einmal so selten vorkommenden Situationen, in denen Personen so voller Selbstverurteilung oder Schamgefühl wären, dass sie, obwohl sie um ihre Täterschaft und die Richtigkeit einer Strafe wüssten, nicht in der Lage wären, ihre Tat einzugestehen. In solchen Fällen verhandelte man durchaus mit dem Verteidiger, der ein leider unkooperatives Verhalten seines Mandanten vor Gericht, aber die Akzeptanz eines Strafbefehls ankündigte. Sofern die anderen Rahmenbedingungen vorlägen, könnte man dann auch einen Strafbefehl beantragen. B2 gab an, selten die Erfahrung zu machen, dass in einer Hauptverhandlung ein Strafbefehl abgesprochen wird; dies käme vielleicht mal vor, wenn der Angeklagte nicht erschiene und man aufgrund der Anwesenheit des Verteidigers den Einspruch aber nicht verwerfen könnte. In dieser Situation könnte jedoch eher ein „Deal" für ein Urteil getroffen werden. Auch B5 (Abteilung Wirtschaft) machte die Erfahrung, dass „Deals", die nun auch in gesetzliche Form gegossen wären, eher im Hauptverfahren getroffen würden, da im Ermittlungsverfahren im Wirtschaftsbereich oft nicht klar wäre, was am Ende vorgeworfen wird. Daher wäre es ungeeignet, mit einem Geständnis vorzupreschen. Im Ermittlungsverfahren böte sich eine Absprache auch deshalb nicht an, weil das Gericht an den Strafbefehlsantrag nicht gebunden wäre, sodass solche Absprachen nicht verbindlich getroffen werden könnten.

Weiterhin wurden die Staatsanwälte auch gefragt, *wie oft sie erleben, dass der Beschuldigte geständig ist und wie zuverlässig Geständnisse ihrer Erfahrung nach sind (Frage 18)*. Geständnisse kämen B2 zufolge im Jugendbereich sehr häufig vor, häufiger als im Erwachsenenbereich. B6 schätzte, dass etwa 30–40 % der Angeklagten geständig wären, B4 schätzte 10–20 %. B5 gab an, dass im Wirtschaftsbereich persönliche Einlassungen insbesondere im Ermittlungsverfahren selten vorkämen, auch handelte es sich dann häufig eher um ein ausdrücklich unterlassenes Bestreiten; zudem wären Einlassungen oder Stellungnahmen sehr viel häufiger in Hauptverhandlungen üblich, denen ein Strafbefehl vorausging, als bei Anklagen, da das Gericht nach der Begründung des Einspruchs fragte.[645]

Falschgeständnisse kommen nach Angabe der Staatsanwälte – sofern sie überhaupt erlebt wurden – nur selten vor (B1); B2 berichtete von Fällen, in denen der Angeklagte angesetzt hätte, den Sachverhalt abgemildert zu schildern und vom Verteidiger „zurückgepfiffen" worden wäre, sodass man sich nicht sicher sein könnte, ob der Vortrag des Verteidigers exakt zutreffend war; B3 und B6 nannten als etwaiges Motiv das „Decken eines Kumpels", B6 schätzte ein Falschgeständnis in einem von 1.000 Fällen. Lediglich im Jugendbereich könnte dies häufiger der Fall sein (B1). Suggerierte Geständnisse hätte B1 nur bei Strukturen wie sie zum Teil in libanesischen Familien bestehen erlebt, wo es vorkäme, dass zum Beispiel der Sohn für den Vater vorgeschickt würde (ähnlich B4 über türkische Gemeinschaften). B3 und B4 gaben zudem an, dass Geständniswiderrufe, beispielsweise mit der Behauptung, die Polizei hätte sie in die Irre geführt, in der Hauptverhandlung sehr selten wären. So etwas käme gegebenenfalls in türkischen Gemeinschaften vor, die zunächst alles intern regelten und später alles widerriefen; gerade im Strafbefehlsverfahren käme dies aber eigentlich nicht vor (B4).

645 Antwort auf Frage 9.

Als Antwort auf die Frage, *wo die Grenzen, denen Absprachen im Zusammenhang mit Strafbefehlen unterliegen, gesehen werden (Frage 17)*, wurden insbesondere Strafrahmen beziehungsweise gesetzliche Grenzen und die Straferwartung genannt (B1, B3, B5, B6). B6 betonte dabei, dass man auch im Strafbefehlsverfahren bezüglich der Strafhöhe eine gewisse Grenze nicht unterschreiten könnte; wo diese verliefe, hinge auch von den Vorstrafen ab, da etwa bei jemandem, der schon mehrfach eine Geldstrafe erhalten hätte, nicht erneut das Strafbefehlsverfahren in Betracht käme (so auch B3). B1 führte dazu aus, dass er die Grenzen in den allgemeinen Strafzumessungsregeln, den Strafrahmen und Tatbeständen, also auch im materiellen Recht selbst sähe und nicht einfach Dinge übersehen oder Einstellungsmöglichkeiten nach § 154 StPO völlig übergangen werden könnten. Dies wäre immer eine Frage der persönlichen Verantwortung, die man spürte. B2 hob hervor, dass dem staatlichen Strafanspruch genügt werden müsste. B3 erzählte zudem, dass es viele Situationen gäbe, in denen er sich einen Eindruck von der Person und den Hintergründen der Tat machen möchte, gerade wenn die Beschuldigten nicht bei der Polizei erschienen wären. Insbesondere bei Sexualdelikten, die er zuvor auch bearbeitet hätte, müsste man schauen, was dahintersteckte und Therapieangebote machen, das könnte man nicht einfach mit einem Strafbefehl beerdigen. Daher hätte sich in dieser Abteilung auch die jahrzehntelange Praxis, dass insbesondere in Fällen der Kinderpornographie immer Strafbefehle beantragt und erlassen wurden, weil keiner der Beteiligten die Fotos sehen wollte und auch die Hauptverhandlung sehr schambehaftet war, dahingehend umgekehrt, dass nun immer Anklage erhoben würde. B5 berichtete, gegenüber Absprachen sehr offen zu sein, sofern sich in einem Bereich bewegt würde, der dem Strafbefehlsverfahren zugänglich wäre. Wenn das Gericht etwas anböte, das nicht völlig außerhalb des Vertretbaren läge, ließe er sich gerne darauf ein, was auch für das Strafbefehlsverfahren gälte.

An dieser Stelle zeigte sich B5 sehr offen und gab bezüglich der hohen Arbeitsbelastung der Staatsanwaltschaft zudem Folgendes an:

Angesichts dieser Verhältnisse wäre er im Umgang mit dem Strafbefehl so bescheiden geworden, dass es ihm genügte, wenn er einen Schuldvorwurf so formulieren könnte, dass er ein Gericht finden könnte, das diesen Vorwurf so bestätigte. Davor, dass sich später etwas Anderes herausstellen könnte, hätte er keine Berührungsängste; das gäbe es ja oft.

B4 erzählte, dass auch im Ermittlungsverfahren § 257c StPO zu beachten wäre. Ob es sich bereits um eine Absprache handelte, wenn nur gefragt würde, ob eine Erledigung durch Strafbefehl vorstellbar wäre, ohne dass mit dem Verteidiger besprochen würde, was dabei rauskommen soll, stellte er infrage. Auch wenn seitens des Verteidigers die Akzeptanz eines Strafbefehls angekündigt und über die Einkommenssituation gesprochen würde, um sich eine Größenordnung vorzustellen und daraufhin eine unverbindliche Prognose durch den Staatsanwalt gemacht würde und dieser zu verstehen gäbe, welche Strafhöhe er nicht zu unterschreiten bereit wäre, wäre fraglich, ob es sich dabei schon um eine Absprache handelte.

Auf die Frage, *ob Absprachen häufiger in Wirtschaftsstrafverfahren angestrebt werden (Frage 32)*, konnten B3, B4 und B6 mangels Erfahrung in diesem Bereich nur Vermutungen anstellen. B3 ging davon aus, dass dies der Fall wäre, da die Neigung, Absprachen zu treffen, umso höher wäre, je schwieriger die Sach- und Rechtslage wäre. B2 gab an, dass dies im Ermittlungsverfahren nicht der Fall wäre; es käme in Bezug auf das Strafbefehlsverfahren im Ergebnis auch häufiger zu Einspruchsrücknahmen oder Beschränkungen auf die Rechtsfolge, aber weniger durch Absprachen als durch eine klare Positionierung des Gerichts gegenüber den in Wirtschaftsstrafsachen häufig verteidigten Angeklagten. Der in einer Wirtschaftsabteilung tätige B1 berichtete von der Existenz von Absprachen, aber insbesondere auch von der Gerichtspraxis, bei größeren Sachen Gütetermine zu vereinbaren, in denen noch keine Zeugen geladen würden, sondern man schaute, worum es ginge, und sich gegebenenfalls bereits einigte. Das hätte Vorteile für die Beschuldigten, weil jedenfalls die Zeugenkosten noch nicht anfielen. Bezüglich Absprachen gäbe es insbesondere im Bereich der Wirtschaft – sofern ein Verteidiger vorhanden wäre – Möglichkeiten, vorher zu klären, ob ein Strafbefehl rechtskräftig würde. Da würde schon öfter um einen Strafbefehl verhandelt, wobei der Richter nicht außen vor gelassen werden dürfte. Es gäbe quasi eine spezielle Anhörung zum Strafbefehlsverfahren, wenn man mit dem Verteidiger verhandelte.[646] Auch käme es vor, dass man sich darauf einigte, teilweise nach § 154 StPO einzustellen und für den Rest einen Strafbefehl zu erwirken.[647] B5 berichtete von der Option, mit dem Verteidiger die Möglichkeiten des Verfahrensausgangs zu erörtern und über die Möglichkeit eines Strafbefehlsantrages zu sprechen, von der gerade auch in komplizierteren Verfahren häufig Gebrauch gemacht würde. Dies wäre aber nicht die Regel.[648] Die Initiative ginge hierbei häufiger von der Verteidigung aus, wobei er nicht ausschloss, dass auch die Staatsanwaltschaft den Vorschlag machte.[649] Insgesamt wären Absprachen in der Hauptverhandlung jedoch häufiger.

646 Antwort auf Frage 5.
647 Antwort auf Frage 8.
648 Antwort auf Frage 7.
649 Antwort auf Frage 15.

Im Anschluss wurde die Frage gestellt, *ob Verfahren gegen prominente/wohlhabende Wirtschaftsstraftäter häufiger als Verfahren gegen andere Täter im Wege des Strafbefehlsverfahrens erledigt werden und falls ja, warum (Frage 33).* B2 verneinte dies, B3 vermutete, ohne selbst in dem Bereich tätig zu sein, eine dahingehende Tendenz. B6 vermutete weniger eine vermehrte Erledigung durch Strafbefehl als durch Einstellungen nach § 153a StPO.[650] B4 hätte selbst noch kein Verfahren gegen einen Prominenten geführt, das mit einem Strafbefehl endete. Er glaubte natürlich, dass kein prominenter Täter gerne von Blitzlichtgewitter begleitet ins Gericht marschierte und dass Verteidiger, die aus verschiedenen Gründen in solchen Verfahren vermutlich immer vorhanden wären, versuchten, ein Strafbefehlsverfahren zu erwirken. Es folgte dann aber keine Sonderbehandlung; wenn der Fall für das Strafbefehlsverfahren geeignet wäre, würde diese Erledigungsart gewählt (so auch B1 und B5). Er als Staatsanwalt würde sich gründlichst überlegen, ob er einen Strafbefehl in einem seiner Meinung nach hierfür ungeeigneten Verfahren beantragte. Ein Prominenter hätte auch eine Vorbildfunktion und es gäbe keinen Grund, anders mit ihm umzugehen. Auch B1 und B5 gingen nicht von einer vermehrten Anwendung des Strafbefehlsverfahrens in diesem Bereich aus. Sie schilderten zwar ein in diesen Fällen typisches Interesse daran, das aber nicht stärker sein müsste als in anderen Bereichen. B5 erzählte, dass es neben unterschiedlichen Interessenlagen auf Seiten der Angeklagten auch unterschiedlichen Intellekt und verschiedene Vermögenssituationen gäbe, sodass sich verschieden teure Verteidiger geleistet werden könnten. Ein teurer Verteidiger würde vielleicht so gut bezahlt, dass er jeden Tag herkäme, der Staatsanwaltschaft auf die Nerven ginge und mit ihr im Gespräch bliebe. Und wenn man im Gespräch wäre, wäre man sicher auch eher zu einer Verständigung geneigt. Dass dies aber im Strafbefehlsverfahren mündete, würde er nicht sagen. Solche Sachen fänden auch eher im Hauptverfahren statt. B1 berichtete zudem davon, dass die Beschuldigten im Steuerbereich ganz verschieden wären, darunter sowohl hohe Geistliche als auch Strafrichter; auch wären darunter schon Prominente gewesen, die auf dem „prominenzabsteigenden Ast" waren und sogar bewusst publik gemacht hätten, dass sie vor Gericht stünden, um noch einmal in die Presse zu kommen. Es gäbe auch die Situation, in der Prominente eine Hauptverhandlung unbedingt vermeiden wollten, was auch nicht verboten würde, solange das Strafbefehlsverfahren nicht zwingend ausschiede. Dies wäre nach der Rechtsprechung im Steuerbereich etwa ab einem Hinterziehungsbetrag von einer Million Euro der

650 Antwort auf Frage 32.

Fall, da eine Freiheitsstrafe dann nicht mehr zur Bewährung ausgesetzt werden könnte.

Dass solche *Verfahren gegen prominente/wohlhabende Wirtschaftsstraftäter häufiger als Verfahren gegen andere Täter nach den §§ 153 ff. StPO eingestellt werden (Frage 34)*, schien eher auf Zustimmung zu stoßen (B3, der aber anmerkte, dass seine Einschätzung hier nur ein bisschen fundierter wäre als die eines normalen Zeitungslesers). B4 sah den Grund hierfür darin, dass sich solche Leute gute Verteidiger leisteten, wohingegen Normalbürger häufig überhaupt nicht verteidigt wären. Sofern ein minderschweres Delikt begangen wurde und Geld vorhanden wäre, wären die Voraussetzungen von § 153a StPO gegeben, allerdings hinge dies weniger vom Prominentenstatus ab als von dem Umstand, viel Geld zu haben und sich insbesondere gute Verteidiger leisten zu können. In diesen Fällen könnte die Verteidigung ein Angebot machen und die Staatsanwaltschaft das Verfahren bei solchen Geldsummen „schon mal so erledigen". Der Anteil vermögender Personen wäre bei den Prominenten allerdings besonders hoch, wodurch der Anteil an Einstellungen in diesen Bereichen tatsächlich höher sein werde. Auch B5 bejahte die Frage und führte dazu aus, dass diesbezüglich derjenige privilegiert wäre, der Geld hätte. § 153a StPO würde bei Vorliegen der Voraussetzungen von der Staatsanwaltschaft zunehmend lieber angewandt, um in vertretbarer Zeit zu einem Verfahrensergebnis zu kommen. Das Strafverfahren diente bildlich gesprochen dazu, jemandem nach einer Straftat auf die Finger zu hauen, was zügig geschehen müsste und bei dem es weniger darauf ankäme, ob eine Sache im Strafregister stünde oder ob es nur an den Geldbeutel ginge. Auch B6 hatte den Eindruck, dass Wirtschaftsverfahren sehr häufig gegen sehr hohe Geldauflagen eingestellt würden und dies einem kleinen Freispruch gleichkäme.[651] Von einem scheinbaren Freikaufen sprach auch B2, der davon berichtete, immer wieder von exorbitanten Summen zu lesen und nie verstanden zu haben, dass man monate-, jahrelang ohne Führerschein fahren, dann die Staatssäcke reich machen und so einem Strafverfahren entgehen könnte, Stichwort Marco Reus.[652] Das hätte ihn, vorsichtig ausgedrückt, sehr überrascht. Ob solche Fälle häufig vorkämen, könnte er nicht sagen, aber sie blieben im Gedächtnis. Es könnte aber durchaus die Gefahr bestehen, durch das Angebot eines entsprechenden Betrags schwach zu

---

651 Antwort bei Frage 32.

652 Der Fall Reus wurde allerdings nicht durch § 153a StPO, sondern durch Strafbefehl abgeschlossen: https://www.faz.net/aktuell/sport/fussball/bundesliga/marco-reus-540-000-euro-wegen-fahren-ohne-fuehrerschein-13328631.html, zuletzt abgerufen am 11.02.2021.

werden und dem Beschuldigten eine quälende Hauptverhandlung zu ersparen. Auch B1 erklärte die häufigere Opportunitätseinstellung prominenter beziehungsweise sehr wohlhabender Täter mit einer häufig besseren Verteidigung solcher Leute. § 153a StPO käme hier oft vor, aber nicht so oft wie kolportiert. Es handelte sich dabei aber auch oft um strukturell andere Verfahren, man könnte einen Prominenten mit einem Wohnsitz in Monaco, viel Auslandsbezug und Rechtshilfe, nicht mit einem kleinen Energiesteuerhinterzieher aus Berlin vergleichen. Zudem wären solche Absprachen unter Umständen auch sehr arbeitsreich; auch in die erwähnte Güteverhandlung des Amtsgerichts sollte man niemals unvorbereitet gehen.

h) Fragen zu Verteidigung und weiteren Nachteilen für den Beschuldigten

Im Folgenden wurde danach gefragt, *ob es (im gesamten Verfahren, und insbesondere im Ermittlungsverfahren) – auch in Hinblick auf Strafbefehle – einen Unterschied macht, ob der Beschuldigte verteidigt ist oder nicht (Frage 35).* Besonders deutlich äußerte sich B6. Eine Verteidigung machte einen großen Unterschied, denn in der Regel wäre jemand, der verteidigt wird, eben doch gut beraten. Insbesondere, weil der Verteidiger das Risiko eines Einspruchs besser einschätzen könnte. Manche Einsprüche wären regelrecht sinnlos. Es käme aber auch auf die Qualität des Verteidigers an. Es könnte nämlich auch sein, dass ein Verteidiger nicht gut beriete, weil er vielleicht im Hinterkopf seinen Honoraranspruch hätte und in der Hauptverhandlung Gebühren generieren will (darauf wiesen auch B1 und B5[653] hin). Dies wäre ein sehr schwieriges Feld. Er selbst führte Verfahren aber lieber mit einem Verteidiger. Auch B1 äußerte sich dahingehend, dass die Rechte des Beschuldigten besser gewahrt wären, wenn der Beschuldigte/Angeklagte einen Verteidiger, insbesondere wenn er einen guten oder erfolgreichen hätte, der auch bei schlechter Erfolgsaussicht realistisch beriete und zumindest eine milde Strafe zu erwirken versuchte.

Ein Unterschied wird auch in Hinblick auf Absprachen (B2) beziehungsweise Erörterungen (B5) gesehen, die nur mit einem Verteidiger getroffen werden können. B5 betonte, dass mit dem Beschuldigten selbst Erörterungsgespräche mit der Option des Strafbefehlsverfahrens nicht geführt werden könnten. Auch B3 gab an, einen Strafbefehl im Falle einer Verteidigung in Rücksprache mit dem Verteidiger zu beantragen. B2 führte dazu aus, dass ein Unterschied höchstens in den wenigen Fällen bestünde, in denen die Verteidigung anregte, im Strafbefehlsverfahren vorzugehen, obwohl man selbst zu einer Anklage

---

653 Antwort auf Frage 43.

tendiert hätte. Ansonsten wäre es aber nicht so, dass sich verteidigte Beschuldigte häufiger äußerten oder deshalb der Verteidiger angesprochen würde, ob er sich einen Strafbefehl vorstellen könnte, hier ginge die Initiative so gut wie nie von der Staatsanwaltschaft aus. B4 sah einen Unterschied weniger bezüglich des Strafbefehlsverfahrens als bezüglich der Einstellung nach § 153a StPO. Eine solche Einstellung nähme er lieber vor, wenn ein Verteidiger dabei wäre, dessen Zuverlässigkeit er vielleicht auch kennte, weil er dann auch davon ausgehen könnte, dass dieser Druck machte und die Geldauflage bezahlt würde, sodass das Verfahren vollständig abgeschlossen werden könnte und keine weitere Arbeit machte, weil Zahlungen in die Länge gezogen würden.

Es wurde auch die Frage gestellt, *inwiefern Strafbefehle Auswirkungen auf laufende Bewährungen haben (und umgekehrt) (Frage 36)*. Im Falle einer laufenden Bewährung wäre es eher unüblich, bei einem erneuten Vergehen einen Strafbefehl zu beantragen (B1, B3, B6). B1 gab an, einen Strafbefehl in einer solchen Situation nur im Falle einer absoluten Bagatelle wie einer Beförderungserschleichung zu beantragen, ansonsten klagte er immer an, auch damit man sich den Angeklagten noch einmal zwecks günstiger Sozialprognose anschauen und dieser sich äußern könnte. B3 gab an, dass in solchen Fällen auch höchstens eine Geldstrafe in Betracht käme. Sofern ein Strafbefehl trotz laufender Bewährung erlassen würde, könnte dies zu einer Freiheitsstrafe ohne Bewährung führen (B1). Denn durch die erneute Tatbegehung könnte die Bewährung in einer früheren Sache widerrufen werden, daher müsste man da sehr vorsichtig sein (B6; B2 mit dem Hinweis auf die Rechtsprechung des Kammergerichts, dass auch eine Geldstrafe zu einem Bewährungswiderruf führen könnte; B4: Auch im Falle eines Geständnisses könnte dies Grundlage für einen solchen Widerruf sein; Selbiges gab B5 an, war sich aber nicht sicher, ob dies auch heute noch so gehandhabt würde und betonte zudem, dass Grund für den Widerruf dann aber nicht der Strafbefehl an sich, sondern das Bewährungsversagen wäre). Wenn jemand beispielsweise eine Bewährungsstrafe wegen einer gefährlichen Körperverletzung erhalten hätte und zwei Jahre später einen Betrug über hundert Euro beginge, könnte man einen Strafbefehl beantragen, weil die Bewährung dann mangels Einschlägigkeit und der Zeitdivergenz nicht widerrufen würde (B6); allerdings würde es dann in der Regel zu einer Verlängerung der Bewährungszeit kommen, da das Begehen einer erneuten Straftat einen Bewährungsbruch darstellte, (B2, B3, B6).

i) Fragen zu Änderungsvorschlägen und ergänzende Ausführungen

Zum Ende hin wurden die Staatsanwälte auch gefragt, *was sie von der Überlegung halten, durch Strafbefehl Freiheitsstrafen von bis zu zwei Jahren (zur Bewährung) verhängen zu können (Frage 39).* Dem wurde überwiegend ablehnend begegnet. B1 wies darauf hin, dass neben der günstigen Sozialprognose weitere besondere Umstände vorliegen müssten, um im Bereich zwischen einem und zwei Jahren Freiheitsstrafe diese noch zur Bewährung aussetzen zu können. „Das sind Fälle, wo man sich den Täter in der Hauptverhandlung ganz genau angucken muss. Also eins kann ich Ihnen wirklich sagen, dass Leute nach Papierform immer ganz anders sind, als wenn Sie sie in der Hauptverhandlung erleben. Das ist für mich eigentlich auch die größte Schwäche des Strafbefehlsverfahrens. Das geht in der Masse nicht anders, wir sind auf den Strafbefehl angewiesen, ist ein tolles Instrument, aber Sie haben, wenn Sie reingehen ins Gericht, immer wen ganz anders dasitzen als das, was Sie nach Aktenlage erwarten." Auch B3 nannte die Erforderlichkeit, sich den Täter zwecks Beurteilung dieser besonderen Umstände in der Hauptverhandlung anzuschauen (ebenso B4 und B6). Zudem wäre der Richter dazu angehalten, ausdrücklich über die Folgen einer Bewährungsaussetzung zu informieren. Zumal eine Freiheitsstrafe über zwei Jahre sehr weitreichende Folgen hätte (so auch B4). Auch B2 hielt es für erforderlich, dass sich bei derartigen Strafen vor Gericht verantwortet würde. B6 hielt diese Überlegung zunächst für keine schlechte Idee, änderte im Laufe des Gesprächs, in dem insbesondere die geringe Entlastungsprognose in diesem Bereich thematisiert und auf seine Nachfrage erläutert wurde, seine Meinung. Allein B5 vertrat die Ansicht, dass es keinen Unterschied machte, in welcher Höhe eine Bewährungsstrafe festgesetzt würde, weshalb es keinen vernünftigen Grund gäbe, dies nicht auch im Strafbefehlsverfahren zu machen, sofern man nicht die Meinung verträte, dass Freiheitsstrafen grundsätzlich nicht durch Strafbefehl verhängt werden können sollten, worüber man durchaus streiten könnte.

Ähnliche Antworten erfolgten auf die Frage, *ob es die Staatsanwälte begrüßen würden, auch solche Freiheitsstrafen durch Strafbefehl beantragen zu können, die nicht zur Bewährung ausgesetzt sind, wie es zum Beispiel in der Schweiz (bis zu sechs Monate Freiheitsstrafe) der Fall ist (Frage 40).* B3 und B6 lehnten dies strikt ab, da ein Freiheitsentzug, ohne den Menschen gesehen zu haben, unvertretbar wäre (B6). B4 konnte sich dies eher vorstellen als eine Freiheitsstrafe von zwei Jahren, lehnte aber auch dies ab. B1 führte den Punkt an, dass es immer Leute gäbe, die den Kopf in den Sand steckten und ihre Post nicht öffneten oder einfach Pech hätten, dass sie die Zustellung nicht mitkriegten und es dann nicht schafften, einen Wiedereinsetzungsantrag zu stellen. Den Zustellungsaspekt betonten auch B2 und B5. B2 gab an, dass die Einspruchsfrist mit Zustellung – also mit Einwurf in den Briefkasten – begänne und die Gefahr bestünde, dass Angeklagte keine Kenntnis vom Strafbefehl nehmen könnten, gleichzeitig eine Wiedereinsetzung aber nicht erfolgreich wäre. Er könnte sich Fallkonstellationen vorstellen, in denen eine unbedingte Freiheitsstrafe auch als Sanktion nicht passte. Zudem wären Umstände wie das Vorleben des Täters und das Verhalten in der Hauptverhandlung ausreichend zu würdigen und in das Urteil aufzunehmen, das, anders als ein Strafbefehl, auch Aussagen über das strafrechtliche Vorleben, Vorbelastungen, das Nachtatverhalten oder das Verhalten in der Hauptverhandlung und dem dortigen Auseinandersetzen mit dem Tatvorwurf beinhaltete. Dies wären Aspekte, die erforderlich wären, um in der JVA einen besseren Eindruck von einem Menschen zu erhalten und auf dieser Grundlage einen Vollstreckungsplan zu erstellen. B5 hielt eine solche Möglichkeit nur unter der Voraussetzung für denkbar, dass die Möglichkeit einer Einspruchseinlegung tatsächlich wahrgenommen werden könnte, was er aber mit Blick auf faktische Zustellungsprobleme eher ausschlösse.

Der Eindruck, *dass die durch Strafbefehl verfolgten Verstöße mit den Jahren tendenziell schwerwiegender werden (Frage 42)*, bestand bei den Staatsanwälten insgesamt eher nicht (B1, B2, B3, B4, B6). B5 hielt dies vielmehr für eine Frage danach, ob das Strafniveau insgesamt geringer würde und dadurch mehr Taten in das Spektrum des Strafbefehls fielen; dies könnte man so sehen.

Zum Schluss wurden die Staatsanwälte nach *Verbesserungsmöglichkeiten des Verfahrens gefragt (Frage 43)*. Zum einen wurde über das Thema *Anhörung* gesprochen. Eine vorherige Anhörung durch die Richter oder die Staatsanwaltschaft wurde jedoch aufgrund der Arbeitsbelastung nicht für praktikabel gehalten (B1, B3, B4, B5). Dann könnte man auch gleich eine Hauptverhandlung durchführen (B1[654], B3). Man hätte bei der Staatsanwaltschaft auch keine Zeit, Beschuldigte zwangsweise vorführen zu lassen (B1[655], B3, B5). B5 erzählte zudem, dass der Staatsanwaltschaft bei Beschuldigtenvernehmungen die Routine fehlte und Kriminalbeamte dafür besser geschult wären. B4 betonte in dem Zusammenhang, dass die Möglichkeit, sich rechtliches Gehör zu verschaffen, breit gefächert wäre.

Dass in diesem Zusammenhang *die Polizei mehr Angaben zum Beschuldigten und seinen persönlichen und wirtschaftlichen Verhältnissen in den Akten machen sollte*, hielten die dazu befragten Staatsanwälte zwar für wünschenswert, aber nicht praktikabel (B1, B3, B6). Nur im Jugendstrafrecht würde dies gemacht (B1[656], B3). Denn zum einen wäre dies eine Ressourcenfrage (B1[657]

654 Antwort auf Frage 39.
655 Antwort auf Frage 17.
656 Antwort auf Frage 39.
657 Antwort auf Frage 39.

für erforderlich gehalten und Anklage erhoben würde, wurde dies zustimmend erläutert.[660] Auch B5 äußerte in anderem Zusammenhang, dass er sich, wenn es zum Strafbefehl nach § 408a käme, gelegentlich fragte, warum seine Kollegen nicht gleich Strafbefehl beantragten.[661] B6 wies aber darauf hin, dass eine Abschaffung wohl nicht im Sinne der Richter wäre.

Im Zusammenhang mit § 408a StPO berichtete B1 zudem davon, die Situation erlebt zu haben, dass der Richter eine andere als die von der Staatsanwaltschaft beantragte Strafhöhe im Strafbefehl festgesetzt hätte und von der Erkenntnis, dass der Staatsanwaltschaft gegen diese abweichende Entscheidung keine Anfechtungsmöglichkeit zur Verfügung stünde.[662]

Auf die Schlussfrage, *ob noch etwas zu ergänzen sei (Frage 44)*, antworte lediglich B5, dass er nie einen Strafbefehl zum Schöffengericht beantragte und dass die Schöffengerichtszuständigkeit eigentlich nur da Sinn machte, wo beim Schöffengericht angeklagt und dann ins Strafbefehlsverfahren übergegangen würde.

j) Weitere Gesprächspunkte

Im Laufe der Gespräche ergaben sich an verschiedenen Stellen zudem weitere Themen im Zusammenhang mit dem Strafbefehlsverfahren, die besprochen wurden.

Zum einen ging es um die Problematik der *Zustellung*. B2 antwortete auf die Frage, *ob er die Erfahrung gemacht hat, dass es bezüglich der Zustellung und dem Fristbeginn Probleme gab und die Frist deshalb nicht eingehalten werden konnte*, dass die Zustellung an Zustellungsbevollmächtigte bis vor einiger Zeit noch so gehandhabt worden wäre, dass im Ermittlungsverfahren etwa Bedienstete der Bundespolizei (damals Bundesgrenzschutz) oder die Justizsekretärin bei Gericht oder Staatsanwaltschaft benannt wurden. Er schilderte die Situation, dass ein Beschuldigter mit Wohnsitz im Ausland unterschreibe, dass eine bestimmte Justizbedienstete eines Amtsgerichts seine Zustellungsbevollmächtigte sein sollte. Mit Zugang des Strafbefehls bei ihr begänne die Einspruchsfrist zu laufen und es obläge dem nun Angeklagten, bei ihr nachzufragen, ob Post gekommen wäre, was nicht geschähe. Die Zustellungsbevollmächtigte schickte den Strafbefehl auch nicht weiter ins Ausland, „da könnte sie es gleich in den Papierkorb schmeißen, wo soll das denn da ankommen, wenn wir nichts Genaueres wissen." Solche Sachen wären dann rechtskräftig geworden,

---

660 Nachfrage bei und Antwort auf Frage 30.

661 Antwort auf Frage 30.

662 Antwort auf Frage 30.

wobei man als Staatsanwalt kein gutes Gefühl gehabt hätte. Daher hätte sich die Zustellungspraxis in Berlin auch geändert. Die gesetzlichen Anforderungen an eine Zustellungsbevollmächtigung wären relativ hoch, und spätestens die Gerichte würden eine derartige Zustellung blockieren. Die Zustellung der meisten Strafbefehle erfolgte in Berlin durch die pin-AG per Einwurf in den Hausbriefkasten. Sehr selten schickte das Gericht einen Strafbefehl mit der Bitte zurück, auszuermitteln, ob die Person noch unter der angegebenen Adresse wohnte und bejahendenfalls den Strafbefehl zu übergeben, sodass es zu einer persönlichen Übergabe kommen könnte, weil etwa die Polizei feststellte, dass der Name zwar nicht am Klingelschild stünde, die Person aber dennoch in einer bestimmten Wohnung angetroffen werden konnte. Es könnte auch vorkommen, dass Sachen aus Briefkästen entwendet würden, wodurch ebenfalls eine gewisse – wenn auch geringe – Gefahr nicht auszuschließen wäre (so auch B6[663]). Einer Wiedereinsetzung wegen Nichterhalts des Strafbefehls stünde dann der Urkundsbeweis entgegen, weil ja in den Briefkasten eingeworfen worden wäre (so auch B6[664]). Eine zwingend persönliche Zustellung wäre aber mangels Praktikabilität ausgeschlossen.[665]

Auch B5 berichtete auf diese Frage hin davon, dass er die Zustellung für eine Schwäche des Strafbefehlsverfahrens hielte. Es käme in allen möglichen Situationen vor, dass der Angeklagte behauptete, er hätte keine Kenntnis erlangt, was nicht überprüfbar wäre. In der Akte befände sich eine Zustellungsurkunde mit dem Inhalt, dass der Zusteller der pin-AG den Brief in den Briefkasten gesteckt hätte, was der Staatsanwalt dann erstmal glauben müsste und worauf sich auch das Gericht im Zweifel bezöge. Es könnte aber nicht ausgeschlossen werden, dass der Zusteller den Brief etwa in den Mülleimer geschmissen hätte, insofern bliebe da immer eine gewisse Unsicherheit. Es gäbe allerdings sehr viele Wiedereinsetzungsanträge bei versäumten Fristen, die auf die Behauptung gestützt würden, den Strafbefehl nicht erhalten zu haben. In einigen Konstellationen ließe sich dies durch einen Umzug beweisen, sodass ein solcher Antrag Erfolg hätte, was aber nicht der Fall wäre, wenn nur der Briefkasten nie überwacht oder nicht sichergestellt würde, dass dies jemand für die Zeit einer längeren Abwesenheit täte. Für die Staatsanwaltschaft und die Richter wäre es unangenehm, wenn sich der fehlende Erhalt eines Strafbefehls herausstellte oder behauptet würde. Im Zustellungsverfahren wäre daher sehr viel Sorgfalt aufzuwenden.[666]

---

663 Antwort auf Frage 6.
664 Antwort auf Frage 6.
665 Antwort auf Frage 40.
666 Antwort auf Nachfrage bei Frage 40.

B6 gab auf die Frage, *ob die Erfahrung gemacht wurde, dass es bei der Zustellung durch Zustellungsbevollmächtigten Probleme gab, weil etwa zu spät Kenntnis vom Strafbefehl erlangt wurde*, an, dass dies eher Sache des Gerichts wäre. Hätte er keine Anschrift, beantragte er in der Regel keinen Strafbefehl. Auch er bestätigte, dass eine Zustellung durch Zustellungsbevollmächtigte mittlerweile nur noch selten erfolgte und auch nur in den Fällen, in denen die Polizei zuvor im Ermittlungsverfahren eine Kaution vom Beschuldigten sichergestellt hätte, bevor dieser wieder in sein Heimatland entlassen worden wäre. In solchen Fällen schließe er aber nicht aus, dass es zu einer verspäteten Kenntnis kommen könnte.[667]

B4 berichtete auf die Nachfrage, *ob es bei Aufenthaltsdelikten häufig Probleme mit der Zustellung gibt*, das dies vorkäme, aber nichts mit dem Aufenthaltsgesetz zu tun hätte. Personen, die in einer staatlichen Einrichtung untergebracht sind, wären aber vielleicht schnell in einer anderen Einrichtung oder hätten eine Wohnung zugewiesen bekommen, sodass man den aktuellen Aufenthaltsort dieser Person ermitteln müsste.[668]

Auf die Frage, ob er es begrüßen würde, *die Möglichkeit per Zustellungsbevollmächtigten zuzustellen, beim Strafbefehlsverfahren zu streichen*, gab B2 an, dass es vielleicht eher eine Möglichkeit wäre, Anwälte als Zustellungsbevollmächtigte zu wählen, die zugleich als Zustellungsbevollmächtigte und Pflichtverteidiger fungierten, was gebührenrechtlich aber noch nicht erfasst wäre. Jedenfalls aber wäre es positiv, wenn Beschuldigter und Zustellungsbevollmächtigter zumindest Kontakt hätten, etwa Handynummern austauschten. Dies wäre bisher in der Regel nicht der Fall. Insgesamt sähe B2 ein Problem mit dem Strafbefehlsverfahren tatsächlich vor allem dann, wenn man zu sehr auf Zustellungsbevollmächtigte zurückgriffe, weil dann die Gefahr bestünde, dass Sachen in Unkenntnis rechtskräftig würden.[669]

Neben der Zustellungsproblematik wurde zum anderen auch angesprochen, dass es *Personen gäbe, bei denen der Erlass eines Strafbefehls besonders problematisch* wäre. Dies beträfe zum einen die Klientel, die ihre Post nicht öffnete (B1[670], B3[671]). Es gäbe auch Personen, die völlig desinteressiert an ihrem eigenen Schicksal wären (B3[672]). B1 berichtete von Rechnungsschreibern bei

667 Antwort auf Frage 6.
668 Antwort auf Frage 20.
669 Antwort auf Frage 43.
670 Antwort auf Frage 6 und 40.
671 Antwort auf Frage 26.
672 Antwort auf Frage 18.

sogenannten Umsatzsteuerkarussells im Steuerbereich, bei denen er darauf verzichtete, einen Strafbefehlsantrag zu stellen. Dabei ginge es um große, international organisierte Tätergruppen, die sich etwa alkoholabhängige Hartz-IV-Empfänger suchten, die für sie Rechnungen schrieben und im Ergebnis Umsatzsteuer in Millionenhöhe hinterzögen. Diese Rechnungsschreiber wären dabei als Geschäftsführer eingesetzt, obwohl sie häufig gerade einmal ihren Namen schreiben könnten. Es handelte sich dabei auch oft um Leute, die den Kopf in den Sand steckten und die Post nicht öffneten. In solchen Konstellationen käme es häufig erst im Falle einer Ersatzfreiheitsstrafe zu einer Reaktion und dem Bestreiten des Vorwurfs oder der Beteuerung ihres Unwissens. Oftmals handelte es sich bei diesen Personen auch um Heranwachsende oder „ganz arme Willis“.[673] Bei dieser Klientel gäbe es hinsichtlich des Strafbefehls auch eher mal Verständnisschwierigkeiten, was in der Wirtschaft sonst eher nicht der Fall wäre.[674]

Auch B4 berichtete davon, dass Angeklagte mit weniger stark ausgeprägtem Intellekt stärker mit dem Strafbefehlsverfahren überfordert wären und häufig davor scheuten, zu Stift und Papier zu greifen und einen Einspruch loszuschicken, was sicherlich ein Nachteil wäre, da viele Beschuldigte/Angeklagte aus diesem Bereich kämen. Auch bei Personen nichtdeutscher Herkunft, denen ein Verstoß gegen das Aufenthaltsgesetz vorgeworfen würde, wäre es in vielen, aber auch nicht in allen Fällen besonders schwierig für den Betroffenen, mit einem Strafbefehl umzugehen.[675]

Nicht außer Acht gelassen werden sollten aber auch die *Vorteile des Strafbefehlsverfahrens*, die auch von den Experten betont wurden. B1 beispielsweise schilderte, dass Strafbefehle auch deshalb bei den Richtern und Staatsanwälten ungeheuer beliebt wären, weil schon zu Beginn der Hauptverhandlung allen Verfahrensbeteiligten bekannt wäre, um welchen Tatvorwurf es ginge und insbesondere welche Strafhöhe im Raum stünde. Dies wäre positiv für die Sitzungsvertreter der Staatsanwaltschaft, die oft aus anderen Abteilungen kämen und kein Gefühl für bestimmte Delikte hätten; die potentielle Strafhöhe zu kennen, wäre aber auch sehr nützlich für den Beschuldigten, der dadurch unter anderem einschätzen könnte, ob es sich lohnte, einen Verteidiger zu beauftragen. Insbesondere im Nebenstrafrecht, sei es bei der Insolvenzverschleppung oder im Steuerstrafrecht, fiele eine solche Einschätzung

673 Antwort auf Frage 17.
674 Antwort auf Frage 11.
675 Antwort auf Frage 43.

ansonsten schwer. Auch die Möglichkeit, den Einspruch auf die Rechtsfolgen zu beschränken und das Verfahren auf diese Weise zu verschlanken, wäre besonders begrüßenswert (so auch B2[676]).[677] Begrüßenswert wäre darüber hinaus auch die eingeschränkte Beweisaufnahme, §§ 411, 420 StPO. Es wäre zwar erst einmal systematisch etwas seltsam, dass er als Staatsanwalt die Möglichkeit hätte, durch sein Verhalten zu bestimmen, inwieweit sich der Angeklagte gegen den Tatvorwurf wehren könnte. In der Praxis käme es zwar nicht häufig dazu, dass eine Beweisaufnahme wegen § 420 StPO nicht durchgeführt würde, aber diese Möglichkeit wäre oft ein Argument bei Vergleichsverhandlungen in Situationen, in denen bereits ein Strafbefehl ergangen wäre.[678] Auch B2 gab auf entsprechende Nachfrage an, dass dem Angeklagten die Einflussnahme auf die Beweisführung in der auf den Einspruch folgenden Hauptverhandlung nicht wegen der Möglichkeit, Beweisanträge nach §§ 411, 420 StPO vereinfacht abzulehnen, erschwert wäre. Man legte als Gericht insgesamt wenig Wert auf formvollendete Beweisanträge, vielmehr führte die Pflicht zur Sachverhaltsaufklärung bereits dazu, entsprechenden Bekundungen der Angeklagten nachzugehen. Eine Ausnahme gäbe es höchstens bei querulantischen Verteidigungen.[679] Dennoch stünde bei Strafbefehlsverfahren insgesamt im Hintergrund, dass man die Beweisaufnahme ein bisschen schlanker machen könnte, was bei der Erledigung hülfe (B1[680]).

Als Vorteil des Strafbefehlsverfahrens nannte B1 weiterhin den Umstand, dass – anders als bei einer Anklage – nicht zum ersten Termin alle Zeugen geladen würden und die Kosten hierfür auch dann anfielen, wenn der Angeklagte sofort gesteht.[681]

Auch würde insbesondere von den Richtern die Möglichkeit geschätzt, den Einspruch verwerfen zu können, sofern der Angeklagte nicht zum Termin erschiene. In diesem Zusammenhang berichtete B1 von regelmäßigen Beschwerden der Richter, wenn auf den Angeklagten vergeblich gewartet würde und zuvor kein Strafbefehl erlassen worden wäre. Den Grund dafür, dass die Kollegen aus dem allgemeinen Bereich häufig keine Strafbefehle beantragten, sondern Anklagen erhöben, sähe er in deren wahnsinnig hoher Arbeitsbelastung und dem Umstand, dass ein Strafbefehlsantrag zu Beginn mehr Arbeit als

676 Antwort auf Frage 43.
677 Antwort auf Frage 12.
678 Antwort auf Frage 23.
679 Nachfrage bei und Antwort auf Frage 41.
680 Antwort auf Frage 23.
681 Antwort auf Frage 32.

eine Anklage beim Strafrichter machte, bei der man kein wesentliches Ergebnis der Ermittlungen schreiben und sich keine Gedanken zur Bestrafung machen und diese ausrechnen müsste. Das wäre zwar kurzfristig gedacht, weil ein Strafbefehl eine Hauptverhandlung ersparte, aber für den Einzelnen ginge es in dem Moment schneller.[682]

B2 betonte als Vorteile des Strafbefehlsverfahrens zudem den Erhalt eines schnellen rechtskräftigen Urteils, das Ersparen der Hauptverhandlung, den Umstand, dass dem staatlichen Strafanspruch genüge getan würde und die Vorteile für den Angeklagten, sich nach Erhalt des Strafbefehls ausführlich mit diesem auseinandersetzen zu können und zwei Wochen dafür Zeit zu haben, gegebenenfalls einen Verteidiger zu kontaktieren. Dies wäre in der Hauptverhandlung anders, bei der eine Woche nach dem Urteil Rechtsmittel eingelegt worden sein müssten. Auch müsste der Angeklagte sich dem Tatvorwurf nicht in einer öffentlichen Hauptverhandlung aussetzen.[683]

3. *Zusammenfassung*

Die interviewten Staatsanwälte lieferten viele Informationen darüber, wie sie persönlich oder ihre Kollegen mit dem Strafbefehlsverfahren umgehen. Bezüglich des Verfahrensablaufs wurde zunächst von einem regulären Ermittlungsverfahren durch die Polizei berichtet. In aller Regel erhielte die Staatsanwaltschaft die Akte erst nach Abschluss dieser Ermittlungen und träfe die Abschlussentscheidung, wobei die Entscheidung über einen Strafbefehl häufig an der Straferwartung und den Vorstrafen festgemacht würde. Eine Einspruchsprognose in dem Zusammenhang wird unterschiedlich beurteilt und gehandhabt. Während etwa B1 eine solche Prognose schon nicht für möglich hält, macht B5 sich hierüber keine Gedanken; B3 tendiert hingegen dazu, bei Erwartung eines Einspruchs eher von der Beantragung eines Strafbefehls abzusehen.

Die im Ermittlungsverfahren stets gewährte Anhörungsmöglichkeit werde den Angaben einiger Staatsanwälte zufolge von den Beschuldigten häufig nicht wahrgenommen.

Übersetzungen der Strafbefehle seien regelmäßig erforderlich.

Der Anwendungsbereich des Strafbefehlsverfahrens erstrecke sich grundsätzlich auf alle Vergehen; genannt wurden insbesondere Massenverfahren, Straßenverkehrsdelikte, Betrug, Beförderungserschleichung, der

682 Antwort auf Fragen 3 und 42.

683 Antwort auf Frage 43.

Wirtschaftsbereich (hier insbesondere die Insolvenzverschleppung) sowie besonders einfache Vorwürfe wie Ladendiebstähle.

Von der Rechtsfolge der Freiheitsstrafe scheint zurückhaltend Gebrauch gemacht zu werden.

Zum Teil wurde angegeben, dass ein besonders vorsichtiger Umgang mit dem Strafbefehlsverfahren bei einer intellektuell schwächeren Klientel sowie solchen Personen, die ihre Post nicht öffneten, verlangt wäre.

Dass das Gericht einen Strafbefehlsantrag ablehne, komme selten vor, häufiger werde um eine Korrektur oder die Abänderung der Rechtsfolge gebeten oder gar eine Anklage zurückgeschickt mit der Bitte, einen Strafbefehl zu beantragen. Die meisten Strafbefehlsanträge führen nach der Erfahrung der interviewten Staatsanwälte zu rechtskräftigen Strafbefehlen. Es wurde angegeben, dass Einsprüche häufig unbegründet, wegen Bestreiten des Tatvorwurfs oder auf die Tagessatzhöhe beschränkt eingelegt würden. Erfolgreich seien Einsprüche meistens bezüglich der Tagessatzhöhe, da die Möglichkeit der Schätzung fehleranfällig sei und größtenteils zu niedrig geschätzt werde. Der Sachverhalt sei hingegen meist zutreffend ermittelt, oder zumindest seien nicht viele fehlerhafte Fälle bekannt; häufiger komme es zu Ermittlungslücken. Im Urteil infolge der auf einen Einspruch folgenden Hauptverhandlung könne die Strafe mangels Geständnisfiktion durchaus höher ausfallen, was aber nicht die Regel sei.

Als Grund für Strafbefehle nach § 408a StPO wurde ausschließlich das Ausbleiben des Angeklagten genannt, woraufhin Richter und Staatsanwalt besprächen, ob und in welcher Höhe ein Strafbefehl in Frage käme. Teilweise erwirke auch der Verteidiger einen solchen bewusst durch eine vorterminliche Einigung.

Als geeignet für Absprachen, die auf einen Strafbefehl zielen, wurden die Fälle erachtet, die für das Strafbefehlsverfahren an sich geeignet wären; ein besonderes Interesse an Strafbefehlen, das aber auch bei vielen anderen bestünde, gäbe es bei Prominenten. Auf Strafbefehle gerichtete Absprachen kommen nach Angabe einiger Staatsanwälte allerdings nicht häufig vor und eigneten sich grundsätzlich bei jeder Person. Die Initiative gehe dabei zumeist von der Verteidigung aus.

Weiterhin wurde angegeben, dass in der auf den Einspruch folgenden Hauptverhandlung Richter und Staatsanwalt regelmäßig versuchten, den Angeklagten nachdrücklich zur Einspruchsrücknahme zu bewegen, da der Strafbefehl für ihn – auch wegen der Verschlechterungsmöglichkeit – häufig günstiger wäre.

Ein Strafbefehl werde nach der Erfahrung der Experten nicht häufiger bei prominenten oder sehr wohlhabenden (Wirtschaftsstraf-)Tätern beantragt; die Voraussetzungen von § 153a StPO seien bei dieser Klientel aufgrund des vorhandenen Vermögens hingegen häufiger erfüllt.

Der Umstand, dass ein Beschuldigter verteidigt ist oder nicht, mache insbesondere bei dem Treffen von Absprachen einen Unterschied. Denn zum einen seien die Rechte eines verteidigten Beschuldigten besser gewahrt, zum anderen werde eine Absprache auch regelmäßig nur mit dem Verteidiger getroffen.

Eine Ausweitung des Strafbefehlsverfahrens auf Freiheitsstrafen von bis zu zwei Jahren, ausgesetzt zur Bewährung, oder auch auf Freiheitsstrafen ohne Bewährung wurde weit überwiegend abgelehnt, da hierfür ein persönlicher Eindruck vom Beschuldigten erforderlich wäre.

Eine Anhörung vor Strafbefehlserlass durch die Richter oder die Staatsanwaltschaft sei unpraktikabel, ebenso ein detailliertes Beschuldigtenprofil samt Angabe der wirtschaftlichen Verhältnisse in den Akten durch die Polizei, auch wenn es wünschenswert wäre.

Die Gefahren und Schwächen wurden beispielsweise im Missbrauchspotential des Strafbefehlsverfahrens durch die Staatsanwaltschaft, in der Gefahr einer mangelhaften richterlichen Prüfung, in dem Scheitern des Angeklagten bei der Zurwehrsetzung gegen den Strafbefehl an Formalitäten, namentlich der Formulierung eines Einspruchs, der Einhaltung der Frist und dem pünktlichen Erscheinen in der Hauptverhandlung, in der Hürde einer Wiedereinsetzung bei Fristversäumnis und in der Widersinnigkeit des § 408a StPO gesehen.

Auch die Zustellung des Strafbefehls stelle regelmäßig ein Problem dar. Auf den mit Abstand problematischsten Fall der Zustellbevollmächtigung werde in Berlin aber nicht mehr häufig zurückgegriffen.

Das Strafbefehlsverfahren habe aus staatsanwaltschaftlicher Sicht aber auch Vorteile. Genannt wurden etwa der Beschleunigungseffekt, die Kostenersparnis, der Umstand, dass alle Verfahrensbeteiligten in der auf den Einspruch folgenden Hauptverhandlung genauer einschätzen könnten, was genau verhandelt würde, sowie die Möglichkeit, einen Einspruch bei Ausbleiben des Angeklagten in der Hauptverhandlung zu verwerfen. Und auch die Vorteile für den Angeklagten seien nicht außer Acht zu lassen.

III. Datenerhebung anhand des Beratungsprojekts

Im Rahmen des Rechtsberatungsprojekts für Strafbefehlsempfänger, das von der Vereinigung Berliner Strafverteidiger e.V. in Zusammenarbeit mit der Law Clinic der Freien Universität Berlin unter der Leitung von Herrn Prof.

Dr. Carsten Momsen angeboten wird[684], wurden Beratungsprotokolle erstellt, um einen Eindruck von einigen der vom Amtsgericht Tiergarten erlassenen Strafbefehle zu erhalten und um zu sehen, wo es auf Seiten der Empfänger Schwierigkeiten bei dem Verständnis oder dem Umgang mit diesen gibt.

Die Aussagekraft der Ergebnisse ist aufgrund der Anzahl der Erhebungen noch sehr begrenzt, zumal auch nicht die Ergebnisse ausnahmslos jeder Beratung vorliegen und sich ein Teil der Beratungen nicht auf Strafbefehle bezog. Dennoch handelt es sich um reale Fälle, die zeigen, welche Probleme im praktischen Umgang mit Strafbefehlen existieren.

Die Beratungen wurden jeweils von einem Rechtsanwalt und zwei Studierenden durchgeführt. Bei den Beratungen wurde regelmäßig nach der Klärung der Sprache, einer Einführung mit einer Erläuterung über die Vor- und Nachteile sowie den Folgen eines Strafbefehls und einer Aufklärung über die Schweigepflicht der Beratenden eine Erklärung zur Rechtsberatung (siehe Anhang) ausgehändigt, die von dem Ratsuchenden zu unterschreiben war. Im Anschluss wurde der Strafbefehl inhaltlich besprochen und die weiteren Vorgehensmöglichkeiten aufgezeigt. Die Ratsuchenden konnten zwecks Einspruchseinlegung ein von der Rechtsberatung vorgefertigtes Einspruchsformular erhalten.

Im Rahmen der Protokollierung der Beratung sollten sämtliche von dem Ratsuchenden mitgebrachte Unterlagen kopiert und verschlossen und anonymisiert archiviert werden.

Der Zeitraum der Erhebung lag zwischen Mitte April 2019 und Mitte September 2020. Die Beratungen fanden an zwei Nachmittagen in der Woche statt, wobei es eine etwa zweieinhalbmonatige Unterbrechung aufgrund der COVID-19-Pandemie gab. Es wurden insgesamt 75 verwertbare Beratungsprotokolle ausgewertet, von denen sich 42 auf Strafbefehle bezogen.

Es handelte sich bei den protokollierten Strafbefehlen ausschließlich um solche nach § 407 StGB; nach § 408a StPO wurde keiner von ihnen erlassen.

Die meisten der Strafbefehle bezogen sich auf einfache Körperverletzungen und Betrugsdelikte. Neun Strafbefehle beinhalteten eine Körperverletzung nach § 223 Abs. 1 StGB, einmal in Tateinheit mit einer Beleidigung nach § 185 StGB und einer Sachbeschädigung nach § 303 Abs. 1 StGB, drei Mal als Versuch, einmal davon in Tateinheit mit versuchter Nötigung nach § 240 Abs. 1, 2, 3 StGB, einmal in Tateinheit mit einem tätlichen Angriff auf Vollstreckungsbeamte, § 114 Abs. 1 StGB und einmal eine gefährliche Körperverletzung nach § 224 Abs. 1 Nr. 2 StGB.

684 https://www.strafbefehlsberatung.de/, zuletzt abgerufen am 11.02.2021.

Vier der Strafbefehle bezogen sich auf einen Betrug nach § 263 Abs. 1 StGB, einmal als Versuch, einmal in Tateinheit mit einer Urkundenfälschung, § 267 Abs. 1 StGB. Um ein Erschleichen von Leistungen nach § 265a Abs. 1 StGB ging es in weiteren vier Strafbefehlen, drei Mal im Falle geringwertiger Sachen, § 265a Abs. 3 i.V.m. § 248a StGB. Zwei Strafbefehle bezogen sich auf Diebstähle, § 242 Abs. 1 StGB, einer davon auf einen Diebstahl geringwertiger Sachen, § 248a StGB. Zwei der Ratsuchenden wurden Straftaten nach § 52 Abs. 3 WaffG vorgeworfen, einem eine Beleidigung nach § 185 Abs. 1 StGB, einem eine Beleidigung in Tateinheit mit Widerstand gegen Vollstreckungsbeamte, § 113 Abs. 1 StGB, einem nur letzteres. Nur ein Strafbefehl bezog sich auf ein Verkehrsdelikt, § 142 Abs. 1 Nr. 1, Abs. 5 StGB, wobei zugleich die Fahrerlaubnis (zunächst vorläufig, § 111a Abs. 1 StPO) entzogen und eine Sperre für die Neuerteilung von acht Monaten festgesetzt wurde, §§ 69, 69a StGB.

Weitere Delikte, auf die sich die protokollierten Strafbefehle bezogen, waren ein Missbrauch von Notrufen in Tateinheit mit dem Vortäuschen einer Straftat, §§ 145 Abs. 1 Nr. 1, 145d Abs. 1 StGB, eine falsche Versicherung an Eides statt, § 156 StGB, ein Aufenthaltsdelikt, §§ 95 Abs. 1 Nr. 1, 2a, 14 Abs. 1, 2, 48 Abs. 2, 50 Abs. 1 AufenthG, eine Umweltstraftat, § 326 Abs. 1 Nr. 4a StGB, drei Hausfriedensbrüche, § 123 Abs. 1 StGB, ein Betäubungsmitteldelikt, §§ 1 Abs. 1, 3 Abs. 1 Nr. 1, 29 Abs. 1 Nr. 3 BtMG, eine Fälschung beweiserheblicher Daten nach § 269 Abs. 1 StGB, eine Sachbeschädigung, § 303 Abs. 1 StGB, ein Verbreiten von Propagandamitteln verfassungswidriger Organisationen in Tateinheit mit Widerstand gegen Vollstreckungsbeamte, §§ 86 Abs. 1 Nr. 1, Nr. 4, Abs. 2, 113 Abs. 1 StGB und eine Beschimpfung des religiösen Bekenntnisses anderer nach § 166 Abs. 1 StGB.

In sämtlichen der protokollierten Strafbefehle wurde eine Geldstrafe festgesetzt. Im Durchschnitt betrug diese 53 Tagessätze à 23 Euro, also 1.219 Euro. Insbesondere die Tagessatzhöhe bewegte sich mithin im unteren Bereich.

Im Einzelnen sah die Höhe wie folgt aus: 15 TS à 20 € (300 €), 20 TS à 15 € (300 €) (vier Mal), 20 TS à 20 € (400 €), 20 TS à 30 € (600 €), 25 TS à 30 € (750 €), 25 TS à 15 € (375 €), 30 TS à 40 € (1200 €) (zwei Mal), 30 TS à 20 € (600 €), 30 TS à 30 € (900 €), 30 TS à 14 € (420 €), 30 TS à 10 € (300 €), 40 TS à 50 € (2000 €), 40 TS à 20 € (800 €), 40 TS à 15 € (600 €) (zwei Mal), 40 TS à 30 € (1200 €) (drei Mal), 50 TS à 40 € (2000 €), 50 TS à 50 € (2500 €), 60 TS à 20 € (1200 €) (zwei Mal), 60 TS à 30 € (1800 €), 60 TS à 15 € (900 €) (zwei Mal), 70 TS à 15€ (1050 €), 70 TS à 30 € (2100 €), 80 TS à 20 € (1600 €) (zwei Mal), 80 TS à 25 € (2000 €), 90 TS à 30 € (2700 €), 90 TS à 15 € (1350 €) (drei Mal), 100 TS à 20 € (2000 €), 100 TS à 15 € (1500 €), 120 TS à 15 € (1800 €) (zwei Mal).

Gegen 15 der Strafbefehle entschlossen sich die Ratsuchenden, Einspruch einzulegen, in 19 Fällen wurde kein Einspruch eingelegt. Die Gründe für die unterbliebenen Einsprüche waren beispielsweise eine bereits abgelaufene Frist, ein zu hohes Kosten- oder Verschlechterungsrisiko, der Umstand, dass der Täter der Geschädigten nicht im Gericht begegnen wollte und einmal sollte zunächst Rücksprache mit dem Bewährungshelfer gehalten werden. Einige Ratsuchende wollten sich die Einspruchseinlegung noch überlegen. Die Gründe für einen eingelegten Einspruch lagen häufig darin, dass der Sachverhalt (vermeintlich) falsch dargestellt worden sei, wobei aber auch einige der Ratsuchenden angaben, dass der Sachverhalt zutreffe. In fünf Fällen wurde ein auf die Höhe der Tagessätze beschränkter Einspruch eingelegt, wobei ein Ratsuchender diese Entscheidung noch einmal überdenken wollte.

Die Gründe, weshalb die Ratsuchenden das kostenlose Beratungsangebot in Anspruch nahmen, wurden nur in einigen Fällen deutlich. Diese Gründe waren Sprachschwierigkeiten, anfallende Kosten, da ein Anwalt zu teuer war, sowie der Wunsch nach Aufklärung. Die letzten beiden Gründe werden vermutlich aber bei allen Ratsuchenden eine mehr oder weniger große Rolle gespielt haben. Bezüglich des finanziellen Aspekts wurde auch bei einigen bekannt, dass sie Arbeitslosengeld II bezogen. Bezüglich der Sprachschwierigkeiten war bei sechs Protokollen ersichtlich, dass die deutsche Sprache nicht oder nicht ausreichend beherrscht wurde, aber keine Übersetzung der Strafbefehle erfolgte. Nur in einem Fall lag die erforderliche Übersetzung vor.

Probleme mit der Frist gab es insofern, als knapp über ein Drittel der Strafbefehle bereits ohne Einspruch rechtskräftig geworden waren, was in fast allen dieser Fälle gerade nicht aufgrund eines Einverständnisses erfolgte. Die konkreten Gründe für die Nichteinhaltung der Frist gingen allerdings nur aus wenigen Protokollen hervor. Ein Angeklagter erhielt den Strafbefehl tatsächlich erst kurz vor Fristablauf, da er nicht an der Zustelladresse, sondern bei einem Freund gewohnt hat. Ein weiterer erfuhr aufgrund eines Krankenhausaufenthaltes zu spät von dem Strafbefehl. In nur einem Fall wurde zur Stellung eines Antrags auf Wiedereinsetzung geraten, in den anderen Fällen war diese Antragstellung nicht erfolgsversprechend oder bereits ebenfalls verfristet.

Das Verständnis der Strafbefehlsempfänger für den Strafbefehl war, soweit man dies den Protokollen entnehmen konnte, sehr unterschiedlich. Während einige wenige den Strafbefehl nicht einmal als solchen erkannten, schien dem überwiegenden Anteil zumindest dieser Umstand bekannt zu sein. Ein paar der Empfänger hatten bereits selbst Einspruch eingelegt, allerdings zog einer hiervon seinen Einspruch nach der Beratung wieder zurück. Die Folgen des Strafbefehls bereits vor der Beratung gänzlich erfasst zu haben, schien ein nur kleiner Teil der Ratsuchenden, wobei auch hier nur eine Vermutung angestellt werden kann.

Die Bezirke, in die die Strafbefehle zugestellt wurden, waren neun Mal Mitte (davon sechs Mal Wedding), neun Mal Lichtenberg, sieben Mal Neukölln, fünf Mal Marzahn-Hellersdorf, drei Mal Kreuzberg, zwei Mal Charlottenburg-Wilmersdorf, zwei Mal Steglitz-Zehlendorf, zwei Mal Pankow, einmal Friedrichshain, einmal Köpenick und einmal Spandau.

Einen eindeutig ausländisch klingenden Namen konnte man bei 22 der Ratsuchenden feststellen, einen eindeutig nicht ausländisch klingenden Namen bei 18 Personen. Zwei Namen waren nicht eindeutig zuzuordnen. 32 der Personen waren männlich, neun weiblich. Bei einer Person war das Geschlecht aus dem Protokoll nicht mehr feststellbar.

In den Rechtsbehelfsbelehrungen zu den protokollierten Strafbefehlen fanden sich keine Hinweise auf entsprechende kostenlose Beratungsangebote. Bei dem Strafbefehl, der auf ein Verkehrsdelikt bezogen war, war zudem auch kein Hinweis auf die Möglichkeit der Eintragung von Punkten im Fahreignungsregister (FAER) vorhanden.

IV. Fazit

Die diese Arbeit ergänzende empirische Untersuchung konnte die an sie gestellten Erwartungen erfüllen. Insgesamt wurden 112 in der Praxis tätige Juristen (66 Strafverteidiger, vierzig Richter, sechs Staatsanwälte) befragt.

Häufig wurden die in der Literatur verbreiteten Annahmen bezüglich der Schwachstellen des Strafbefehlsverfahrens durch die befragten Juristen überwiegend bestätigt (siehe dazu im weiteren Verlauf der Arbeit). Zwar ergaben die Antworten der Untersuchungsgruppen im Vergleich zueinander nicht ausnahmslos ein stimmiges Bild; dennoch waren sie an vielen Stellen aufschlussreich. Auch in den Interviews mit der Staatsanwaltschaft kamen viele interessante Aspekte zur Sprache, die an späterer Stelle nochmals im entsprechenden Kontext aufgegriffen werden.

B. Der Strafbefehl in der Praxis

Die vorhandenen Statistiken zum Strafbefehlsverfahren sind aufgrund ihrer Unvollständigkeit zwar nur begrenzt aussagefähig. Dennoch kann ihnen eine Reihe an Informationen entnommen werden, die Aufschluss über einen Teil des prozessualen Verhaltens von Staatsanwälten, Richtern und Strafbefehlsempfängern sowie die statistische Bedeutung des Strafbefehlsverfahrens im Vergleich zu anderen vereinfachten Erledigungsformen geben.

I. Die Erledigungsstatistiken der Staatsanwaltschaft

1. *Die Art der erledigten Ermittlungsverfahren, Tabelle 1, Grafik 1, Grafik 2*

a) *Erledigungsquoten*

Die Anzahl der insgesamt von der Staatsanwaltschaft erledigten Verfahren hat sich 2019 im Vergleich zu 1998 erhöht.[685] In den letzten Jahren schwankte die Anzahl um über 80.000 (Anstieg von 2017 auf 2018), über 323.000 (Abnahme von 2016 auf 2017) und über 192.000 (Anstieg 2015 auf 2016) Fälle; 2019 hingegen blieb die Anzahl im Vergleich zum Vorjahr nahezu gleich. Betrachtet man den Abschluss der Ermittlungsverfahren durch die Staatsanwaltschaft von 2019, so zeigt sich, dass von 4.938.651 insgesamt erledigten Verfahren (2018: 4.939.174) 8,5 % zur Anklage gebracht wurden, 5,4 % wurden vor den Amtsgerichten angeklagt. In 11,1 % der Fälle wurde der Erlass eines Strafbefehls beantragt (2018: 10,9 %)[686], in 0,1 % lautete er auf Freiheitsstrafe. Anträge auf ein beschleunigtes Verfahren nach § 417 StPO wurden in 0,3 % der Fälle gestellt. Die Einstellungen machten insgesamt 56,5 % aus: 3,4 % der Fälle wurden mit Auflage, 24,7 % ohne Auflage und 28,5 % mangels hinreichenden Tatverdachts nach § 170 Abs. 2 StPO eingestellt.

Die Erledigung im Wege des Strafbefehlsverfahrens ist im Vergleich zu 1998 prozentual gesehen gesunken. So wurden 2005 noch in 12,2 %, also in 608.402 Fällen, – 1998 waren es sogar in 14,4 % – der Verfahren von der Staatsanwaltschaft Strafbefehlserlasse beantragt. 2018 waren es mit etwas über einer halben Million (genau 539.384) Strafbefehlsanträge 10,9 %, 2019 ist prozentual eine kleine Steigerung zu verzeichnen (11,1 %). Eingestellt wurden 2005 etwa 53,5 % der Verfahren; 1998 waren es etwa 52,7 %, wobei der größte Teil mit 26,1 % nach § 170 Abs. 2 StPO eingestellt wurde.

Die Anzahl der Strafbefehlsanträge ist seit 1998 höher als die Zahl der Anklagen.[687] Insgesamt sind beide Werte jedoch zurückgegangen. Letzteres gilt ebenso für die Einstellungen mit Auflagen. Die Anzahl der Einstellungen ohne Auflagen stieg hingegen an, gleiches gilt auch für die Einstellungen nach § 170

685 Die Quellenangaben zu den dargestellten Statistiken unter I–III finden sich jeweils unter IV. bei den entsprechenden Tabellen.

686 LR/*Gössel* Vor § 407 Rn. 19 sieht hierin die Widerlegung der Behauptung, die Mehrzahl der Strafverfahren werde durch Strafbefehl erledigt; a.A. *Sommerfeld/Guhra*, NStZ 2004, 420, 421.

687 *Heinz*, in: FS Müller-Dietz, 271, 287; so auch LR/*Gössel* Vor § 407 Rn. 16.

Abs. 2 StPO. Diese Verschiebung, dass immer mehr Verfahren ohne Auflagen eingestellt werden, könnte darauf beruhen, dass der Anteil der Bagatellkriminalität zunimmt, bei der eine solche Einstellung aus Opportunitätsgründen möglich ist.[688] Die Ursache hierfür könnte aber auch darin begründet sein, dass die Staatsanwaltschaft zu der Praxis übergegangen ist, Fälle einzustellen, die sich grundsätzlich auch für die Erledigung im Wege des Strafbefehlsverfahrens eignen würden.[689] Neben der Steigung der Opportunitätseinstellungen ist auch die Antragsquote für die Erledigung im beschleunigten Verfahren stetig gesunken, was ebenso zu erklären sein könnte.

Im Vergleich zu den vereinfachten Erledigungsformen des beschleunigten Verfahrens und der Einstellungen mit Auflagen ist das Strafbefehlsverfahren von größter Bedeutung, allerdings findet die Entlastung des regulären Verfahrens insgesamt vor allem durch die Einstellungen ohne Auflage und erst in zweiter Linie durch das Strafbefehlsverfahren statt.[690]

b) Strafbefehlsanträge und Arbeitsbelastung

Hieraus scheint hervorzugehen, dass der Rückgriff auf das Strafbefehlsverfahren nicht unmittelbar mit einer steigenden Arbeitsbelastung einhergeht. Denn obwohl 2019 über 350.000 Verfahren mehr erledigt werden mussten als es noch 1998 der Fall war (hier waren es 4.583.228), ist die Antragsquote sogar um 3,3 % gesunken[691]. Auch Nr. 175 Abs. 3 RiStBV (bereits 1977 eingeführt), nach dem der Antrag auf Erlass eines Strafbefehls grundsätzlich gestellt werden soll, wenn dessen Voraussetzungen vorliegen, hat einem Rückgang nicht entgegengewirkt. 2016 wurden sogar 243.019 Verfahren mehr erledigt als 2019 – trotzdem war die Antragsquote hier um 0,5 % geringer.

c) Verhältnis zu den Einstellungen

Dies kann auch nicht mit einer entsprechenden Steigung der anderen Einstellungen begründet werden: 2016 betrug die Quote der Einstellungen mit Auflage mit 3,4 % genauso viel wie 2019. Die Einstellungen ohne Auflage waren mit 29,1 % zwar um 4,5 % höher als 2019, dafür gab es 2016 1,6 % weniger Einstellungen nach § 170 Abs. 2 StPO.

---

688 Vgl. *Heinz*, in: FS Müller-Dietz, 271, 287.

689 *Heinz*, in: FS Müller-Dietz, 271, 287; KMR/*Metzger* Vor § 407 Rn. 6.

690 *Heinz*, in: FS Müller-Dietz, 271, 285 schon für die Zahlen von 1998.

691 Auch LR/*Gössel* Vor § 407 Rn. 16 stellt fest, dass 2007 das gesetzgeberische Ziel einer vermehrten Nutzung vereinfachter Verfahrensformen schon durch die StA nicht erreicht wurde.

Während die zur Anklage gebrachten Fälle seit 2005 und diejenigen, in denen Strafbefehl beantragt wurde, seit 1998 tendenziell rückläufig sind, was ebenso für die Einstellungen unter Auflage gilt, sind die Opportunitätseinstellungen ohne Auflage hingegen gestiegen. Die Fälle, in denen der Erlass eines Strafbefehls beantragt wird, machen im Vergleich zu den Opportunitätseinstellungen mit und ohne Auflagen einen geringeren Anteil aus, sodass die Entlastung der Gerichte – wie bereits erwähnt – nicht primär durch das Strafbefehlsverfahren bedingt ist.[692] Von der Anzahl her waren es 2019 jedoch immerhin 547.665 Fälle, in denen ein Strafbefehl beantragt wurde und in denen ansonsten reguläre Verfahren mit einer Hauptverhandlung erforderlich gewesen wären. Demgegenüber wurden bei den Schöffengerichten und Strafrichtern, die für die Entscheidung über Strafbefehlsanträge zuständig sind, nur 269.337 Anklagen eingereicht. Bei der Vorstellung, diese Spruchkörper der Amtsgerichte müssten Hauptverhandlungen für über eine halbe Million weitere Fälle anberaumen, wird die entlastende Wirkung des Strafbefehlsverfahrens deutlich.

Dass vermehrt eingestellt wird kann – wie erwähnt – möglicherweise daran liegen, dass solche Fälle geringfügiger Kriminalität, in denen ein Strafbefehl beantragt werden kann, die aber auch eingestellt werden können, die Staatsanwaltschaft zunehmend Gebrauch von den Opportunitätseinstellungen macht.[693] Allerdings ist auch hier zu sehen, dass etwa die Anzahl der Einstellungen ohne Auflagen insgesamt stieg, die Einstellungsquote hingegen schwankte. 1998, 2005 und 2009 lag sie beispielsweise bei etwas über 21 %, 2015 und 2016 bei 28,5 beziehungsweise 29,1 %, 2017 und 2018 dann wieder bei nur 26 und 24,7 %, 2019 bei 24,6 %. Außerdem zeigt sich, dass die Einstellungen ohne Auflagen in den letzten Jahren wieder abgenommen haben.

2016 wurden im Vergleich zu den letzten Jahren auffallend viele Verfahren erledigt. Hier war die Antragsquote für den Strafbefehl mit 10,6 % trotzdem geringer als in den vorherigen und folgenden Jahren, die Einstellungen ohne Auflage mit über 29 % dafür besonders hoch. Insofern würde die oben aufgestellte Vermutung, dass die Staatsanwaltschaft das Strafbefehlsverfahren zugunsten der Opportunitätseinstellungen vernachlässigt, möglicherweise weil dies für sie die effektivere Erledigungsform darstellt, zutreffen; allerdings zeigt sich in den Jahren 2015, 2018 und 2019, in denen auch besonders viele Verfahren zu erledigen waren, anderes: 2015 war die Antragsquote für Strafbefehle mit 10,9 % höher als 2016 und auch 2017 und 2018 stieg sie wieder auf

692 So schon *Heinz*, in: FS Müller-Dietz, 271, 285.

693 *Heinz*, in: FS Müller-Dietz, 271, 287; KMR/*Metzger* Vor § 407 Rn. 6.

10,9 % an; 2019 lag sie sogar bei 11,1 %. Die Einstellungen ohne Auflage lagen 2015 zwar auch noch bei 28,5 %, allerdings ist nach 2016 ein Rückgang zu erkennen, auch obwohl 2018 und 2019 die Zahl der zu erledigenden Verfahren wieder anstieg. Auch bei den Einstellungen mit Auflagen ist seit 2005 insgesamt ein stetiger Rückgang zu erkennen. Insofern hat sich die Tendenz der Staatsanwaltschaft, vermehrt einzustellen, nicht verfestigt. Vielmehr ist hier eine leichte Tendenz zu erkennen, wieder öfter auf das Strafbefehlsverfahren zurückzugreifen.

d) Verhältnis zu anderen beschleunigten Verfahren

Das beschleunigte Verfahren nach den §§ 417 ff. StPO hat im Wesentlichen den gleichen Anwendungsbereich wie das Strafbefehlsverfahren, unterscheidet sich von diesem jedoch maßgeblich dadurch, dass, auch wenn ebenfalls das förmliche Zwischenverfahren entfällt (§ 418 Abs. 1 StPO), weiterhin eine mündliche Verhandlung stattfindet und konsensuale Aspekte hier eher keine Rolle spielen.[694] Ein wesentlicher Unterschied bezüglich der Rechtsfolgen liegt darin, dass beim beschleunigten Verfahren Freiheitsstrafen von bis zu sechs Monaten verhängt werden können, ohne dass diese zwingend zur Bewährung auszusetzen sind oder ein Verteidiger bestellt werden muss (§ 418 Abs. 4 StPO)[695]. Zudem kommt das Verfahren nur in Betracht, wenn das Strafbefehlsverfahren wegen der Erforderlichkeit der Hauptverhandlung nicht anwendbar ist.[696] Und obwohl das beschleunigte Verfahren den gleichen Anwendungsbereich hat, scheint es – womöglich aus dem eben genannten Grund – in keiner Wechselwirkung zum Strafbefehlsverfahren oder auch den Opportunitätseinstellungen zu stehen: Die Antragsquote hat hier seit 1998 abgenommen und stagniert seit 2015 bei 0,3 %. Während 1998 noch über 43.000 Anträge nach § 417 StPO gestellt wurden, sind es 2019 nur noch 13.785 gewesen. Die Bedeutung dieses Verfahrens nimmt in der Praxis im Gegensatz zu den anderen Möglichkeiten, Verfahren vereinfacht zu erledigen, immer weiter ab.

---

694 *Hutzler*, Ausgleich struktureller Garantiedefizite, Rn. 101.

695 *Hutzler*, Ausgleich struktureller Garantiedefizite, Rn. 101 f., daher würden Verfahren in der Praxis in entsprechenden Fällen dem Strafbefehlsverfahren vorgezogen.

696 LR/*Gössel* Vor § 417 Rn. 31; *Hutzler*, Ausgleich struktureller Garantiedefizite, Rn. 101 f.

e) Zusammenhang vereinfachter Verfahrensformen mit der Höhe der Geld- und Freiheitsstrafen, Tabellen 11, 12

Eine denkbare Erklärung für den Rückgang der vereinfachten Erledigungsform und auch den insgesamten Rückgang der Strafbefehlsanträge nach 1998 wäre auch, dass sich die Strafrahmen der Delikte nach oben verschoben haben oder die Strafhöhe innerhalb der Strafrahmen steigt.

Betrachtet man die Statistik über die Höhe der verhängten Geldstrafen in ausgewählten Deliktsbereichen, zeigt sich Folgendes: Bei den Straftaten gegen die körperliche Unversehrtheit liegen die meisten Geldstrafen im Vergleichszeitraum (1988–2019) zwischen 31 und neunzig Tagessätzen, die zweitmeisten im Bereich zwischen 16 und dreißig Tagessätzen. Insbesondere in den letzten Jahren ist eine leichte Verschiebung des Strafniveaus zugunsten des Bereichs zwischen 31 und neunzig Tagessätzen zu erkennen. Auch der Vergleich der letzten zwanzig Jahre mit dem Jahr 1988 zeigt, dass in letzterem noch mehr Geldstrafen in dem Bereich zwischen fünf und dreißig Tagessätzen lagen, dafür weniger im Bereich über 31 Tagessätzen.

Bei den Diebstählen und Unterschlagungen nimmt der Anteil der Geldstrafen in den letzten zwanzig Jahren im niedrigen Bereich zwischen fünf und 15 Tagessätzen stark ab, derjenige im Bereich zwischen 31 und neunzig Tagessätzen hingegen stark zu. Auch die Geldstrafen zwischen 91 und 180 Tagessätzen sind gestiegen. Insofern lässt sich in diesem Deliktsbereich deutlich erkennen, dass die Strafen in den letzten Jahren immer höher ausfallen.

Bei den Delikten Betrug und Untreue hat sich das Strafniveau seit 1998 bezüglich der Geldstrafen insgesamt weniger stark verändert. Lediglich im Bereich zwischen 31 und neunzig Tagessätzen ist eine Steigung zu erkennen.

Selbes gilt im Wesentlichen für die Straßenverkehrsdelikte. Im Vergleich zum Jahr 1988 hat sich zwar der geringfügige Bereich zwischen fünf und 15 Tagessätzen gedrittelt, während der Bereich zwischen 31 und neunzig Tagessätzen zunahm; seit 1998 sind allerdings keine besonderen Auffälligkeiten hinsichtlich der Geldstrafenhöhe zu erkennen. Der Bereich bis 15 Tagessätze nimmt allerdings stetig leicht ab, die Strafen zwischen 91 und 180 Tagessätzen leicht zu.

Die Höhe der Freiheitsstrafen in diesen Deliktsbereichen zeigt, dass insgesamt immer weniger kurze Freiheitsstrafen (bis sechs Monate) verhängt werden, die Strafen über sechs Monate dafür prozentual steigen. Dies könnte womöglich damit zu erklären sein, dass auf kurze Freiheitsstrafen immer mehr zugunsten einer höheren Geldstrafe verzichtet wird.

Bei den Betrugs- und Untreuedelikten beispielsweise hat sich die Anzahl der zu Geldstrafe Verurteilten seit 1988 etwa verdoppelt, während die Anzahl der

Freiheitsstrafen bis 2010 gestiegen und danach wieder gesunken ist. Auch ist, wie bereits festgestellt, ein Anstieg der Geldstrafen im Bereich von 31 Tagessätzen oder mehr zu verzeichnen, sodass ein Ausweichverhalten hier nicht auszuschließen ist. Auch bei den Straftaten gegen die körperliche Unversehrtheit ist ein genereller Anstieg der Verurteilungen zu verzeichnen, wobei prozentual weniger Strafen im Bereich sehr kurzer Freiheitsstrafen, dafür mehr im Bereich höherer Geldstrafen verhängt werden.

Bei den Diebstählen und Unterschlagungen und den Straßenverkehrsdelikten hingegen ist die Anzahl der Geldstrafen insgesamt zurückgegangen. Insofern lässt sich diese Erklärung hier nicht eindeutig bestätigen.

Die Verlagerung innerhalb der Geld- und Freiheitsstrafen in den höheren Bereich kann womöglich auch mit der Zunahme der Strafhöhe innerhalb der Strafrahmen aus anderweitigen – etwa rechtspolitischen – Gründen erklärt werden; dass auch die Strafrahmen der betreffenden Delikte in den letzten Jahren insgesamt erhöht wurden, ist allerdings nicht der Fall.

Es ist also zu erkennen, dass die Geldstrafen in den ausgewählten Deliktsbereichen tendenziell immer höher werden und insbesondere der Bagatellbereich (fünf bis 15 Tagessätze) abnimmt. Auch die Freiheitsstrafen werden tendenziell immer höher, die kurzen Freiheitsstrafen weniger. Jedenfalls bezüglich des Anstiegs der Höhe der Freiheitsstrafen könnte ein Zusammenhang mit dem Rückgang vereinfachter Verfahrensformen, insbesondere des Strafbefehlsverfahrens, bestehen.

Bezüglich der Geldstrafen hingegen könnte der Anstieg des Bereichs zwischen 31 und neunzig Tagessätzen mit der erneuten Zunahme der Strafbefehlsanträge in den letzten Jahren zusammenhängen, da in den meisten Strafbefehlen Strafen in diesem Bereich festgesetzt werden. Dies deckt sich zwar nur bedingt mit der Aussage des interviewten Staatsanwalts B5, der auf die Frage, ob die durch Strafbefehl verfolgten Verstöße mit den Jahren tendenziell schwerwiegender werden (Frage 42), angab, dass er dies vielmehr für eine Frage danach hielte, ob das Strafniveau insgesamt geringer würde und dadurch Taten in das Spektrum des Strafbefehls fielen, die dort zuvor nicht reingehörten, was man so sehen könnte. Womöglich ist die gemeinte Senkung des Strafniveaus auch regionalspezifisch.

Die Verschiebung des Strafniveaus könnte im Übrigen auch damit zusammenhängen, dass viele Verfahren ohne Auflage eingestellt werden, mithin die Bagatellkriminalität weniger stark in der Verurteilungsstatistik bezüglich der Geldstrafen vertreten ist.

Insgesamt könnte in dem Anstieg der Strafhöhe innerhalb der Strafrahmen mithin eine Erklärung für den (temporären) Rückgang der vereinfachten

Erledigungsform und auch den insgesamten Rückgang der Strafbefehlsanträge nach 1998 gesehen werden. Mit Sicherheit lässt sich dies jedoch aus den vorhandenen Statistiken nicht sagen.

2. *Die Erledigungsart nach ausgewählten Sachgebieten, Tabelle 2, Grafik 3, 4*

a) *Erledigungsquoten*

Das Strafbefehlsverfahren wird grundsätzlich in allen Deliktsbereichen angewandt, sofern es sich um Vergehen handelt. In bestimmten Bereichen werden die Ermittlungsverfahren aber stark vermehrt mit Strafbefehlsanträgen abgeschlossen. Dies gilt, wie vom Gesetzgeber beabsichtigt, insbesondere für die Straßenverkehrsdelikte[697]: 2019 wurden 41 % der Anträge auf Erlass eines Strafbefehls in diesem Sachgebiet gestellt. Darauf folgen Betrug und Untreue mit 24 %, Diebstahl und Unterschlagung mit 14 %, Verstöße gegen das BtMG mit 9 % sowie vorsätzliche Körperverletzungen mit 6 %. Wirtschafts-, Steuerstrafsachen und Geldwäschedelikte machen 3 % aus, Aufenthaltsdelikte 2 % und Straftaten gegen die sexuelle Selbstbestimmung 1 %.

b) *Strafbefehlsverfahren und Deliktsbereiche*

Hier erkennt man, dass die Anwendung des Verfahrens auch mit der Deliktsart zusammenhängt. Die Wahrscheinlichkeit, dass der Täter eines Straßenverkehrsdelikts einen Strafbefehl erhält, ist drei Mal höher als für den Täter einer einfachen Körperverletzung.

Innerhalb der Straßenverkehrsdelikte wurde 2019 in 20,5 % der Fälle Strafbefehlserlass beantragt, 2018 und 2017 in 19,8 % der Fälle. 2005 hingegen wurden von der Staatsanwaltschaft noch in 22,5 % der Fälle Strafbefehle beantragt. Während die Antragsquote in diesem Deliktsbereich insgesamt leicht sank, stieg sie im Rahmen der Straftaten nach dem BtMG in den letzten Jahren leicht an: 2019 wurden 9,3 % dieser Verfahren durch Strafbefehl erledigt. Hohe Antragsquoten sind zudem bei den Betrugs- und Untreuefällen mit 10,9 % und den Diebstählen und Unterschlagungen mit 10,3 % zu verzeichnen.

Die deliktsspezifische Nutzung des Strafbefehlsverfahrens könnte zunächst vermuten lassen, dass sich bestimmte Delikte besser durch dieses Verfahren erledigen lassen als andere, etwa weil dort regelmäßig eine klare Beweissituation vorliegt. Der Vergleich zu den Einstellungen mangels hinreichenden

---

697 BT-Drs. 12/1217, S. 43.

Tatverdachts nach § 170 Abs. 2 StPO zeigt, dass beispielsweise bei den Straßenverkehrsdelikten, bei denen eine besonders hohe Strafbefehlsantragsquote zu verzeichnen ist, die Einstellungen nach § 170 Abs. 2 StPO mit 22,9 % (2019) eher gering ist, während bei den vorsätzlichen Körperverletzungen, bei denen in nur 6,3 % Strafbefehlsanträge gestellt werden, über 45 % der Verfahren nach § 170 Abs. 2 StPO eingestellt werden. Auch bei den Straftaten gegen die sexuelle Selbstbestimmung sind die Zahlen ähnlich wie bei den Körperverletzungen. Bei den Wirtschafts-, Steuerstrafsachen und Geldwäschedelikten hingegen sieht man 2019 wiederum eine hohe Einstellungsquote nach § 170 Abs. 2 StPO (über 31 %), während die Strafbefehlsanträge geringer (9,5 %) waren. Die Erledigungen der verschiedenen Deliktsbereiche zeigen eine unterschiedliche Dynamik, die darauf hindeuten könnte, inwiefern bestimmte Delikte vermehrt einfach gelagert sind. Bei den Körperverletzungen und den Wirtschaftsstrafsachen, bei denen häufig nach § 170 Abs. 2 StPO eingestellt wird, ist zu erkennen, dass dort zunächst einmal viele Ermittlungen begonnen werden, bei denen sich dann herausstellt, dass dies insoweit unbegründet war, als dem Täter schon kein strafrechtlich relevanter Vorwurf gemacht werden kann. Dies könnte damit zusammenhängen, dass die Beweislage zu unklar ist und der Sachverhalt nicht festgestellt werden kann. Dann würde es auch naheliegen, dass in solchen Fällen, in denen zumindest ein hinreichender Tatverdacht bejaht werden kann, öfter auch eine Hauptverhandlung erforderlich ist, weil eine vollständige Aufklärung geboten erscheint und daher kein Antrag auf Erlass eines Strafbefehls gestellt werden kann. Ob dies die Erklärung für die eher geringe Antragsquote bei den Körperverletzungen ist, ist allerdings fraglich. Hier könnte eher der Umstand eine Rolle spielen, dass es eines persönlichen Eindrucks des Täters bedarf. Bei den Wirtschaftsdelikten hingegen scheint die erstgenannte Erklärung zutreffen zu können, da bekannt ist, dass Wirtschafts- und Steuerstrafsachen kompliziert gelagert sein können.

Im Rahmen der Experteninterviews wurden auch die Staatsanwälte zum Anwendungsbereich des Strafbefehlsverfahrens befragt. Auf die Frage, in welchen Fällen sie eine Hauptverhandlung nicht für erforderlich halten (Frage 20), nannte B1 alle Fälle, in denen man sich den Beschuldigten nicht persönlich anschauen müsste (so auch B4). B5 gab an, dass man eher umgekehrt fragen müsste, wann zugunsten einer Hauptverhandlung auf einen Strafbefehlsantrag zu verzichten wäre. Dies wäre seiner Ansicht nach eigentlich nur dann der Fall, wenn es um einen für den Strafbefehl unzulässigen Bereich ginge. Anders als womöglich der Angeklagte oder der Geschädigte hätte er als Staatsanwalt nie das Interesse an einer Hauptverhandlung, sofern das Gesetz sie nicht vorschreibt. Für eine Strafrichteranklage gäbe es keine Begründung, die gegen einen Strafbefehlsantrag spräche.[698] B2 nannte auf die Frage nach dem Anwendungsbereich relativ klare Sachverhalte mit mehr oder minder standardmäßigen Strafen, insbesondere bei Verkehrsdelikten wie §§ 316, 142 StGB, sofern nichts passiert wäre, da es hier eine geringere Bandbreite an Strafen gäbe als bei anderen Delikten. Genannt wurden in diesem Bereich auch Fälle gegen Heranwachsende, sofern es sich nicht um jugendtypische Straßenverkehrstaten handelte oder – wo es durchaus Unsicherheiten bei der Beurteilung gäbe – Jugendstrafrecht anzuwenden wäre. Erzählt wurde auch vom Wirtschaftsbereich, insbesondere den Insolvenzdelikten, wo Strafbefehle überwiegend akzeptiert oder spätestens Einsprüche vor Gericht zurückgenommen werden aufgrund der Verantwortung, die ein Geschäftsführer für sein Unternehmen sähe. Auch hier wären Standardstrafen etabliert. B3 nannte als idealtypische Fälle beispielsweise die Beförderungserschleichung oder Ebay-Betrügereien um kleinere Beträge sowie Massenverfahren, bei denen die Schwere der Straftat nicht besonders hoch und der Täter unbestraft und bisher unauffällig gewesen sei. Sofern die Aktenlage eine klare Überführung ergäbe, aber kein Interesse daran bestünde, mit den Strafverfolgungsbehörden zusammenzuarbeiten, würde ein Strafbefehl beantragt. Auch B6 nannte Ebay- und Internetbetrügereien, aber auch Fälle der einfachen Körperverletzung, des Widerstands gegen Vollstreckungsbeamte und der falschen Verdächtigung. In Betracht kämen alle Fälle, die das Gesetz vorsähe, ohne bestimmte auszuschließen. B4 nannte Jobcenterbetrügereien bezüglich ein oder zwei Monate zu Unrecht erhaltener Unterstützung, die Nötigung eines Autofahrers im Straßenverkehr, Verstöße gegen das Aufenthaltsgesetz, in denen sich bis zu einem Jahr illegal in Deutschland aufgehalten worden sei sowie Widerstand gegen Polizeibeamte, wenn sich der Widerstand im Rahmen hielte und der Beschuldigte geständig wäre, sodass auf einen Eindruck in der Hauptverhandlung verzichtet werden könnte.

In die gleiche Richtung zielte die Kontrollfrage nach den Gründen dafür, dass das Strafbefehlsverfahren bei manchen Delikten, zum Beispiel den Straßenverkehrsdelikten, besonders häufig zur Anwendung kommt (Frage 23). B4 und B5 wiesen zunächst darauf hin, dass Straßenverkehrsdelikte im Wesentlichen von der Amtsanwaltschaft erledigt würden. B4 ergänzte seine Antwort auf Frage 20 dahingehend, dass die genannten Jobcenterbetrügereien typischerweise geringe Schäden verursachten. Lediglich in den Fällen, in denen eine Gewerbsmäßigkeit in Frage stünde, brauchte man aufgrund der Mindeststrafe von sechs Monaten einen Pflichtverteidiger. Ansonsten wären

698 Antwort auf die Fragen 12/13.

grundsätzlich alle Delikte und alle Beschuldigten für das Strafbefehlsverfahren geeignet, solange man unterhalb einer Freiheitsstrafe bliebe.[699] Es wurde aber auch darauf hingewiesen, dass durch das Strafbefehlsverfahren die Kleinkriminalität abgehandelt würde, während viele Fälle aufgrund ihrer Schwere bereits nicht mehr für einen Strafbefehl geeignet wären. B5 führte aus, dass es sich – etwa bei bestimmten Körperverletzungen oder Ladendiebstählen – um besonders einfache Vorwürfe handelte, die in einem Strafbefehlsantrag relativ knapp darzustellen wären, massenhaft vorkämen und aufgrund der Überlastung der Justiz nicht alle in einer Hauptverhandlung erledigt werden könnten. Zudem würde in diesen Fällen gerade wegen ihrer Übersichtlichkeit kein Einspruch eingelegt. So hätte etwa eine Hausfrau, die aus Langeweile ein T-Shirt stiehlt, obwohl sie es nicht nötig hat, mutmaßlich wenig Interesse daran, sich in einer Hauptverhandlung zu verantworten und akzeptierte daher vermutlich eher einen Strafbefehl über dreißig oder sechzig Tagessätze. B1 vermutete hier Beschleunigungsgründe, insbesondere mit Blick auf die Verschlankung einer eventuellen Beweisaufnahme durch die §§ 411, 420 StPO, aber auch den Grund, Amtsgerichten insgesamt Hauptverhandlungen zu ersparen. B6 nannte für die Anwendung des Strafbefehlsverfahrens generelle Kosten- und Zeitgründe und die geringere Inanspruchnahme von Ressourcen, wobei er selbst dabei nicht nach Delikten differenzierte.

Die von den Staatsanwälten genannten Gründe für die Anwendung des Strafbefehlsverfahrens waren mithin der nicht erforderliche Eindruck in der Hauptverhandlung, die Klarheit des Sachverhaltes, das Bestehen von Standardstrafen, die Verursachung nur geringer Schäden und der passende Sanktionsrahmen. Einige der Staatsanwälte betonten dabei das regelmäßige Vorliegen der Voraussetzungen bei bestimmten Delikten (etwa bei §§ 316, 142 StGB, bei Wirtschaftsdelikten, beim (insbesondere Jobcenter-)Betrug, bei bestimmten Körperverletzungen oder bei Ladendiebstählen); insgesamt entstand aber der Eindruck, dass sich gerade nicht auf bestimmte Delikte beschränkt wird.

c) Verhältnis zu den Opportunitätseinstellungen

Eine unmittelbare Wechselbeziehung zwischen dem Strafbefehlsverfahren und den Opportunitätseinstellungen ist hier nicht ersichtlich. Das Sinken oder – im Falle der Betäubungsmittelsachen oder der Straftaten gegen die sexuelle Selbstbestimmung – Steigen der Strafbefehlsanträge lässt sich nicht grundsätzlich mit einem spiegelbildlichen Sinken beziehungsweise Steigen der Einstellungen

---

699 Antwort auf die Fragen 12/13.

nach den §§ 153 ff. StPO erklären. Während beispielsweise bei den Straßenverkehrsdelikten die Strafbefehlsanträge von 2005 bis 2019 um 2 % (bis 2018: um 2,7 %) sanken, sanken auch die Einstellungen mit Auflage um 0,9 %, die Einstellungen ohne Auflage stiegen um 1,4 %. Bei den vorsätzlichen Körperverletzungen sind in diesem Zeitraum sowohl die Antragsquote der Strafbefehle (von 7 auf 6,3 %), die Einstellungen mit (von 3,5 auf 2,6 %) also auch die ohne Auflage (von 14,9 auf 13,6 %) gesunken. Dies gilt ebenfalls für die Wirtschafts- und Steuerstrafsachen sowie Geldwäschedelikte, wo im Vergleich der Jahre 2005 und 2019 in letzterem 3,2 % weniger Strafbefehlsanträge gestellt, 1,2 % weniger Einstellungen mit Auflage und 0,2 % mehr Einstellungen ohne Auflage durchgeführt wurden. Innerhalb der Straftaten gegen die sexuelle Selbstbestimmung stiegen die Strafbefehlsanträge um 0,6 % (2018: 1,3 %), während die Einstellungen mit Auflage um 0,4 % sanken und die ohne Auflagen um 3,9 % (2018: 2,6 %) stiegen; bei den Betäubungsmitteldelikten stiegen die Strafbefehlsanträge ebenfalls (von 7,4 auf 9,3 %), aber die Einstellungen mit (von 2 auf 1,6 %) und ohne Auflagen (von 38,5 auf 38,2 %) sanken beide. Bei den Diebstählen und Unterschlagungen zeigt sich, dass die Quote bei den Einstellungen ohne Auflage stetig stieg (insgesamt von 30,9 auf 36,8 %), während die Einstellungen mit Auflage stetig sanken (von 6,6 auf 3 %), die Strafbefehlsanträge aber scheinbar gänzlich unabhängig davon sanken, stiegen und wieder sanken.

Insgesamt lässt sich also auch hier kein einheitliches Bild gewinnen.

d) *Freiheitsstrafen*

Die Verhängung von Freiheitsstrafen im Wege des Strafbefehlsverfahrens betreffend sind beim Vergleich der Deliktsgruppen Unterschiede erkennbar. Der Gesetzgeber war der Ansicht, dass es insbesondere bei den Straßenverkehrsdelikten typischerweise Fälle gebe, die eine zur Bewährung ausgesetzte Freiheitsstrafe unter sechs Monaten notwendig machen und bei denen es sich anbiete, sie im Strafbefehlsverfahren zu erledigen.[700] Die Zahlen zeigen aber, dass sich der Anwendungsbereich nicht auf dieses Sachgebiet beschränkt.[701] Während bei den Verkehrsdelikten 2019 in 0,05 % der insgesamt in diesem Bereich erledigten Fällen eine Freiheitsstrafe (zur Bewährung) durch Strafbefehl beantragt wurde, sind es beispielsweise bei den Wirtschafts-, Steuer- und Geldwäschedelikten 0,3 %, bei den vorsätzlichen Körperverletzungen 0,1 %.

700 BT-Drs. 12/1217, S. 43; BR-Drs. 314/91, S. 122.

701 Vgl. auch *Heinz*, in: FS Müller-Dietz, 271, 296.

Einheitlich ist aber, dass die auf Freiheitsstrafe lautenden Strafbefehle deliktsübergreifend lediglich einen minimalen Anteil ausmachen. Die Staatsanwaltschaft macht vom Strafbefehlsverfahren in Fällen, in denen eine Freiheitsstrafe angemessen erscheint, also sehr wenig Gebrauch. Dies kann zum einen daran liegen, dass diese Fälle selten so einfach gelagert sind, dass eine Erledigung im Strafbefehlsverfahren möglich ist oder zum anderen daran, dass die Staatsanwaltschaft aufgrund der einschneidenden Rechtsfolge in der Regel eine Hauptverhandlung inklusive persönlichen Eindrucks vom Angeklagten für erforderlich hält. Die Angaben der Berliner Staatsanwälte im Rahmen der Experteninterviews auf die Frage, wann sie einen Strafbefehl beantragen, obwohl sie eine Freiheitsstrafe für erforderlich halten (Frage 24), deuteten zum Teil in die Richtung, dass insbesondere bei Vorstrafen der persönliche Eindruck in der Hauptverhandlung erforderlich wäre (B2; auch B4 erklärte, Anklage zu erheben, sofern eine Freiheitsstrafe in Betracht käme). B3 gab an, diese Rechtsfolge nur zu beantragen, wenn dies zuvor mit dem Pflichtverteidiger besprochen worden wäre, der seinen Mandanten beraten konnte. Auch B5 betonte die Notwendigkeit einer gewissen Verlässlichkeit und der guten Beratung durch einen Verteidiger – zu dem der Mandant auch Kontakt haben müsste – über die Bedeutung der Aussetzung zur Bewährung. Dies zeigt, dass die möglichen Folgen dieser Rechtsfolge (insbesondere der Bewährungswiderruf) für so erheblich gehalten werden, dass die Staatsanwälte eine vorherige Aufklärung des Beschuldigten sichergestellt wissen wollen. Der fehlende persönliche Eindruck und die fehlende gute anwaltliche Beratung hinsichtlich der einschneidenden Rechtsfolge scheinen demnach zwei Aspekte zu sein, die im Einzelfall gegen eine Freiheitsstrafe sprechen können.

Die mit der Einführung des RPflEntlG von 1993 vom Gesetzgeber erwartete erhebliche Entlastungswirkung durch die Möglichkeit, auch Freiheitsstrafen im Wege des Strafbefehlsverfahrens verhängen zu können[702], hat sich, wie die Statistiken zeigen, nicht eingestellt.[703]

702 BT-Drs. 12/1217, S. 42.

703 So auch *Maleika*, Freiheitsstrafe und Strafbefehl, S. 113 f.; auch SK-StPO/*Weßlau* (4. Aufl.) § 407 Rn. 22 weist auf die Fehlprognose hin, die der Gesetzesänderung zugrunde lag – die Entlastungswirkung wurde darin als nicht unerheblich bezeichnet, während die Verhängung von Freiheitsstrafen in der Praxis tatsächlich nur eine nur sehr geringe Rolle gespielt hätte.

e) *Verurteilungen bei Straßenverkehrsdelikten durch Strafbefehl/Urteil zu Freiheitsstrafen in Baden-Württemberg 2019, Tabelle 3*

Die Erledigungsstatistik von 2019 aus Baden-Württemberg zeigt zudem, wie viele Verurteilungen zu Freiheitsstrafen jeweils durch Strafbefehl ohne Einspruch, durch Urteil nach Einspruch gegen einen Strafbefehl, durch Urteil nach vom Richter anberaumter Hauptverhandlung auf Strafbefehlsantrag und durch Urteil ohne vorausgegangenen Strafbefehl erfolgen. Der Statistik kann man entnehmen, wie viele Verurteilungen durch Strafbefehl oder Urteil zu einer Freiheitsstrafe von bis zu einem Jahr in bestimmten Deliktsbereichen erfolgten.

Exemplarisch an den beim Strafbefehl besonders relevanten Straßenverkehrsdelikten zeigt sich auch hier, dass die meisten Freiheitsstrafen durch Urteil erfolgen, dem kein Antrag auf Erlass eines Strafbefehls voranging. Nur in wenigen Fällen wurde ein Strafbefehl beantragt. Beispielsweise beim unerlaubten Entfernen vom Unfallort, § 142 StGB, wurde von insgesamt 67 Freiheitsstrafen in nur acht Fällen ein Strafbefehl ohne Einspruch rechtskräftig. Davon lagen fünf Fälle unter sechs Monaten Freiheitsstrafe (ausgesetzt zur Bewährung), ein Fall bei sechs Monaten und zwei Fälle zwischen sechs Monaten und einem Jahr. In keinem dieser Fälle wurde ein Urteil auf einen Einspruch hin gefällt, ebenfalls beraumte kein Richter eine Hauptverhandlung an, anstatt den beantragen Strafbefehl zu erlassen. In 88 % wurde hier durch Urteil entschieden, ohne dass zuvor ein Strafbefehl beantragt wurde.

Ähnlich hohe Quoten gibt es beispielsweise auch bei der Gefährdung des Straßenverkehrs, § 315c StGB (mit und ohne Unfall), bei denen in 84,5 % der Fälle durch Urteil ohne vorangegangenen Strafbefehlsantrag entschieden wurde.

Insgesamt zeigt sich, dass bei allen 2019 in Baden-Württemberg verhängten Freiheitsstrafen 13,3 % durch Strafbefehl ohne Einspruch erledigt wurden; in 1,8 % erging ein Urteil nach einem Einspruch gegen einen Strafbefehl. In 7,5 % wurde ein Urteil in einer Hauptverhandlung gefällt, die der Richter anberaumte, statt einen Strafbefehl zu erlassen und in 77,3 % erging ein Urteil ohne vorangegangenen Strafbefehl.

In Baden-Württemberg werden also im Vergleich zum Durchschnittswert für ganz Deutschland überdurchschnittlich viele Freiheitsstrafen durch Strafbefehl verhängt. Dennoch spiegelt auch diese Statistik wider, dass die Staatsanwaltschaft im Falle einer notwendigen Freiheitsstrafe in der Regel keinen Antrag auf Erlass eines Strafbefehls stellt, sondern die Eröffnung des Hauptverfahrens beantragt.

II. Die Erledigungsstatistiken der Gerichte

1. Die Erledigung nach ausgewählten Sachgebieten, Tabelle 4, Grafik 5

2019 wurden insgesamt 641.337 Verfahren bei den Gerichten erledigt – das sind 215.050 Verfahren weniger, als es noch 2005 (856.387) der Fall war.

Der größte Teil der Fälle stammt aus dem Bereich der Eigentums- und Vermögensdelikte (32,6 %), gefolgt von den Straftaten im Straßenverkehr (17,6 %) sowie den Straftaten gegen das Leben und die körperliche Unversehrtheit (12,3 %). 12,28 % davon waren vorsätzliche Körperverletzungen, 17,8 % Diebstähle und Unterschlagungen, 14,8 % Betrug und Untreue. Straftaten nach dem BtMG machten hingegen 10,2 % der erledigten Fälle bei den Gerichten aus.[704]

2. Die Art der erledigten Strafverfahren, Tabelle 5, Grafik 6

Die Entscheidungen der Staatsanwaltschaft bezüglich der jeweiligen Verfahrensart dürften sich zum Teil auch in der Erledigungsstatistik der Gerichte[705] widerspiegeln.

Bei den Gerichten wurden 2019 insgesamt 660.816 Verfahren erledigt, von denen 72,5 % durch Anklage eingeleitet wurden. 4,5 % der Verfahren wurden durch einen Strafbefehlserlass nach § 408a StPO und 39,8 % durch Urteil erledigt. In 7,2 % der Verfahren wurde zuvor ein Strafbefehl nach § 407 Abs. 1 StPO beantragt. In 17 % der Fälle erfolgte eine Opportunitätseinstellung.

Die Anzahl der Verfahren, die durch Anklage eingeleitet wurden, haben, ebenso wie diejenigen, die durch Einspruch gegen einen Strafbefehl eingeleitet wurden, seit 2002 abgenommen. Die Einsprüche gegen einen von der Staatsanwaltschaft beantragten Strafbefehl stiegen 2019 (147.923) im Vergleich zu 2018 (141.241) jedoch wieder an.

Von den 2019 geführten 149.956 Einspruchsverfahren (gegen Strafbefehle von Staatsanwaltschaft und Finanzbehörden) endeten 47.820 mit einem Urteil (31,9 %). Den 204.032 Urteilen, die infolge einer Anklage ergingen, gingen insgesamt 479.318 durch Anklagen eingeleitete Verfahren voraus, das bedeutet, 42,6 % der Anklagesachen wurden durch Urteil abgeschlossen. Die bei den Einspruchsverfahren niedrigere Urteilsquote zeigt, dass hier mehr Verfahren eingestellt werden als im regulären Verfahren, was darauf zurückzuführen sein könnte, dass das Strafbefehlsverfahren und die Opportunitätseinstellungen

---

704 Statistisches Bundesamt, Fachserie 10, Reihe 2.3, 2019 Tabelle 1.3 (Deutschland).

705 Eine differenzierte Statistik nach Sachgebieten liegt hier allerdings nicht vor.

den gleichen Anwendungsbereich haben und solche Verfahren, die zunächst durch Strafbefehl erledigt wurden, dann im Hauptverfahren eingestellt werden.[706]

Die Strafbefehlsanträge nach Eröffnung des Hauptverfahrens nach § 408a StPO sind von 1998 an insgesamt gestiegen, 2018 war jedoch ein Rückgang gegenüber dem Vorjahr zu verbuchen. Die Opportunitätseinstellungen haben von 2002 bis 2005 zugenommen und sind seitdem bis 2018 wieder gesunken. 2019 war ein erneuter Anstieg zu erkennen. Bei dem Vergleich von Strafbefehlen nach § 408a StPO und den Opportunitätseinstellungen durch das Gericht zeigt sich auch hier – wie bei der Staatsanwaltschaft – kein unmittelbares Ausweichverhalten zugunsten der Einstellungen.

Im Jahr 2019 wurden 47.820 Verfahren durch Urteil erledigt, in denen zuvor gemäß § 407 StPO Strafbefehl beantragt wurde. Deren Anzahl ist seit 2005 insgesamt gesunken.

a) Erlass von Strafbefehlen

Statt des Strafbefehlserlasses wurde 2019 in 6.270 Fällen eine Hauptverhandlung nach § 408 Abs. 3 Satz 2 StPO anberaumt. Dies entspricht lediglich 0,9 % der durch die Gerichte insgesamt erledigten Verfahren. Auch in den Jahren davor lag dieser Wert bei knapp 1 % (2018: 0,9 %, 2017–2015: 1 %, 2009: 0,8 %). Mit Blick auf die Anzahl der Strafbefehlsanträge der Staatsanwaltschaft 2019 (547.665) zeigt sich, dass bei nur 1,1 % von diesen nach § 408 Abs. 3 Satz 2 StPO verfahren wird, was ebenfalls darauf hindeutet, dass fast alle Strafbefehle antragsgemäß durch die Richter erlassen werden.[707] Zwar gibt es keine statistischen Erhebungen für die Ablehnung des Strafbefehlsantrags mangels hinreichenden Tatverdachts gem. § 408 Abs. 2 StPO[708], allerdings gibt es Grund zur Annahme, dass diese Zahl gering ausfällt: Denn auch die Eröffnung des

---

706 So auch *Maleika*, Freiheitsstrafe und Strafbefehl, S. 110 f.: Der hohe Anteil der Einspruchsrücknahmen sei hierfür nicht notwendigerweise maßgeblich, sondern eher davon auszugehen, dass die niedrige Urteilsquote auf eine höhere Einstellungsquote zurückzuführen ist; so auch *Müller*, Das Strafbefehlsverfahren, S. 266 f.

707 KMR/*Metzger* Vor § 407 Rn. 7; SK-StPO/*Weßlau/Degener* Vor §§ 407 ff. Rn. 6; *Hüls*, Polizeiliche und staatsanwaltschaftliche Ermittlungstätigkeit, S. 153 spricht von der Ablehnung von Strafbefehlsanträgen in durchschnittlich 0,5 % der Fälle; vgl. *Sessar*, ZStW 87 (1975), 1033, 1035; *Ambos*, Jura 1998, 281, 287; vgl. *Blankenburg/Sessar/Steffen*, Die StA im Prozeß strafrechtlicher Sozialkontrolle, S. 116 f., 246 f.

708 Dies stellte auch *Müller*, Das Strafbefehlsverfahren, S. 260 fest; auch auf Nachfrage beim Statistischen Bundesamt im März 2020 wurde dies bestätigt.

Hauptverfahrens wird nur selten abgelehnt[709], in den Jahren 2019 bis 2014 nämlich in nur 0,3 % der Fälle. Auch der Gesetzgeber spricht von 0,5 % aller Strafbefehlsanträge, in denen es zu einer Hauptverhandlung aufgrund von § 408 Abs. 2 StPO kommt.[710]

Der Grund dafür, dass die Strafbefehle nahezu immer antragsgemäß erlassen werden, kann einerseits darin liegen, dass es sich bei den entsprechenden Fällen um beweismäßig klar gelagerte Massendelikte handelt.[711] Andererseits wurde auch die Vermutung angestellt, dass viele Richter den Strafbefehl erlassen, ohne ihn eingehend zu prüfen[712], was wiederum daran liegen könnte, dass ihnen keine Überprüfung durch ein anderes Gericht drohte und der Angeklagte im Falle einer fehlerhaften Entscheidung Einspruch einlegen könnte.[713] Auf letzteres könnte womöglich – vorsichtig interpretiert – auch die Anmerkung eines der befragten Verteidiger[714] deuten, der angab, dass die Richter in der auf den Einspruch folgenden Hauptverhandlung bei Strafbefehlen mitunter auch offener wären, weil sie – womöglich aus schlechtem Gewissen – mit der Sache bislang nur oberflächlich befasst gewesen wären. Dies würde für die betreffenden Fälle zumindest zeigen, dass die Richter von der Richtigkeit des Strafbefehls selbst nicht überzeugt und sehr bereit dazu waren, ihre Entscheidung auf einen Einspruch hin abzuändern.

Angesichts der hohen Einspruchsquote[715] liegt die Vermutung nahe, dass die Tatsache, dass die richterliche Entscheidung fast ausschließlich zugunsten des Strafbefehlserlasses ausfällt, nicht stets auf der gründlichen Prüfung mit gegebenenfalls vereinzelter ergänzender Beweisaufnahme beruht. Eine statistische Erhebung über den Erfolg der Einsprüche gibt es allerdings nicht, sodass nicht nachvollzogen werden kann, in wie vielen Fällen die Staatsanwaltschaft mit ihren Ermittlungen und der Bemessung der Höhe der Sanktion richtiglag.

---

709 Dies schlägt auch SK-StPO/*Weßlau/Degener* Vor §§ 407 ff. Rn. 6 Fn. 4 als Schätzungswert vor; vgl. auch *Müller*, Das Strafbefehlsverfahren, S. 260.

710 BT-Drs. 10/1313, S. 14, allerdings ohne einen Nachweis und insofern missverständlich, als nach § 408 Abs. 2 StPO keine Hauptverhandlung anberaumt wird.

711 KMR/*Metzger* Vor § 407 Rn. 7, der für 2017 allerdings errechnet, dass es in 1,2 % der Fälle zur Ablehnung des Hauptverfahrens gekommen ist; SK-StPO/*Weßlau/Degener* Vor §§ 407 ff. Rn. 6.

712 *Kotz*, Die Wahl der Verfahrensart durch den StA, S. 36; *Hausel*, ZRP 1994, 94, 96.

713 SK-StPO/*Weßlau/Degener* Vor §§ 407 ff. Rn. 6; siehe dazu auch unter C. II. 1. a).

714 Siehe zur Befragung der Berliner und Bremer Verteidiger oben unter A. I. 2.

715 Siehe unter b).

Allerdings ergab die eigens durchgeführte Befragung der Strafverteidiger aus Berlin und Bremen in diesem Zusammenhang zum einen, dass viele Einsprüche eingelegt werden (90,6 % der Verteidiger gaben an, „sehr häufig" bis „häufig" Einspruch einzulegen), und zum anderen, dass diese „sehr häufig" bis „häufig" erfolgreich sind (Angabe von 78,7 % der Verteidiger). Als Gründe für die Einspruchseinlegung wurden von 13 der Verteidiger die fehlerhafte Bemessung der Tagessatzhöhe genannt, von 21 ein nichtzutreffender Sachverhalt, von neun, dass beides zuträfe. Auch von den befragten Strafrichtern des Amtsgerichts Tiergarten gaben auf die Frage nach den Gründen für eine Einspruchseinlegung mit 25 (62,5 %) die meisten eine (vermeintlich) falsche Sachverhaltsfeststellung an; neun Richter (22,5 %) gaben an, dass sich der Einspruch auf die falsche Tagessatzhöhe bezogen hätte beziehungsweise eine geringere oder günstigere Rechtsfolge angestrebt worden wäre.

Zudem gab auf die Frage, ob Strafbefehle oft inhaltlich korrekt sind, bezüglich des ermittelten Sachverhalts einer der Verteidiger aus Berlin an, dass jener „sehr häufig" zuträfe, 19 gaben an, dass dies „häufig", 25, dass dies „manchmal" und drei, dass dies „selten" der Fall wäre. Von den Bremer Anwälten gaben hier fünf „häufig", sieben „manchmal" und zwei „selten" an. Auf die Frage, ob im Falle einer Geldstrafe die Tagessatzhöhe juristisch korrekt[716] anhand der finanziellen Situation des Beschuldigten ermittelt war, antwortete einer der Berliner Verteidiger mit „sehr häufig", vier mit „häufig", 18 mit „manchmal", 25 mit „selten" und drei mit „nie". Auch in Bremen wurde hier zwei Mal „häufig", zwei Mal „manchmal", dafür neun Mal „selten" und einmal „nie" angegeben. Es zeigt sich danach also insgesamt, dass der Sachverhalt eher manchmal (51,6 %) bis häufig (38,7 %) zutreffend ermittelt wurde, die Höhe der Tagessätze hingegen nur manchmal (30,7 %) bis selten (52,3 %) juristisch korrekt bemessen war. Einspruchsrücknahmen hingegen kamen weniger häufig vor. Hier gaben 93,4 % der Verteidiger an, dass sie Einsprüche nur manchmal bis selten zurücknähmen, wobei die Gründe für eine etwaige Rücknahme 48 Antworten zufolge in dem Risiko einer Strafschärfung und drei Antworten zufolge in den zu geringen Erfolgsaussichten bestanden. Aus diesen Angaben über den häufigen Erfolg von Einsprüchen lässt sich – zumindest regional begrenzt für Berlin (und zum Teil Bremen) – die Tendenz herleiten, dass Strafbefehle häufig

716 Auch die Schätzung nach § 40 Abs. 3 StGB stellt grds. eine juristisch korrekte Vorgehensweise dar. Gemeint ist hier aber die eigentlich vorgesehene Bemessung anhand der tatsächlichen Bemessungsgrundlagen nach § 40 Abs. 2 StGB.

fehlerhaft ergehen. Dies bekräftigt den Vorwurf einer zu ungenauen Prüfung des Strafbefehlsantrags durch die Richter.

Die Ergebnisse der Befragung der Richter dem gegenübergestellt ergaben bezüglich des Erfolgs von Einsprüchen und damit der Richtigkeit der erlassenen Strafbefehle folgendes Bild: Auf die Frage, wie oft gegen die erlassenen Strafbefehle Einspruch eingelegt wird, antworteten 7,9 % der Richter mit „sehr häufig", 39,5 % mit „häufig", 50 % mit „manchmal" und 2,6 % mit „selten". Dies deckt sich nicht mit der Angabe der Verteidiger, von denen 54,7 % mit „sehr häufig", 35,9 % mit „häufig" und 9,4 % mit „manchmal" antworteten. Deutlich mehr Verteidiger gaben damit an, dass „sehr häufig" bis „häufig" Einspruch eingelegt würde, als dies bei den Richtern der Fall war. Die Erklärung hierfür kann aber gerade darin liegen, dass ein Großteil der Strafbefehlsempfänger nicht verteidigt wird und die Einspruchsquote bei den nicht verteidigten Angeklagten erheblich geringer sein wird.

Bezüglich des Erfolgs von Einsprüchen kann nach Angabe von 16 Richtern der im Strafbefehl erhobene Vorwurf in der Hauptverhandlung nach einem Einspruch sehr häufig aufrechterhalten werden. Zwanzig Richter gaben hier an, dass dies „häufig", zwei, dass dies „manchmal" und eine Person, dass dies „selten" der Fall wäre. Während zwei der Richter weiterhin angaben, dass die Strafe im Urteil nach der Hauptverhandlung „sehr häufig" herabgesetzt würde, war dies nach neun Richtern „häufig", nach 25 „manchmal" und nach drei nur „selten" der Fall. Dass im Urteil nach der Hauptverhandlung ein für den Angeklagten günstigerer Sachverhalt zugrunde gelegt wird, kommt einem Richter zufolge „sehr häufig", vier Richtern zufolge „häufig", 23 Richtern zufolge „manchmal" und elf Richtern zufolge „selten" vor. Ein Freispruch durch Urteil komme zudem nur „manchmal" (sieben Antworten), über „selten" (31 Antworten) bis „nie" (eine Antwort) vor. Diese Angaben kollidieren zum Teil mit den Antworten der Verteidiger bezüglich des Erfolgs von Einsprüchen beziehungsweise der Fehlerhaftigkeit von Strafbefehlen. Die Befragung der Verteidiger ergab, dass der Sachverhalt zwar eher „manchmal" (51,6 %) bis „häufig" (38,7 %) zutreffend ermittelt, die Höhe der Tagessätze hingegen nur „manchmal" (30,7 %) bis „selten" (52,3 %) juristisch korrekt bemessen wurde. Eine Herabsetzung der Strafe erfolgt dem überwiegenden Anteil der Richter zufolge aber nur „manchmal" (64,1 %). Auf die Frage danach, wie oft Einsprüche erfolgreich sind, antworteten 14,7 % der Verteidiger mit „sehr häufig", 63,9 % mit „häufig", 19,7 % mit „manchmal" und 1,6 % mit „selten". Die Richter gaben hingegen an, dass der im Strafbefehl erhobene Vorwurf in der Hauptverhandlung nach einem Einspruch „sehr häufig" bis „häufig" (92,3 %) aufrechterhalten werden könnte.

Auf der anderen Seite bewerteten acht der befragten Richter die Aussage, dass bei mehr zur Verfügung stehender Zeit die Strafbefehle tiefgehender geprüft würden als „voll zutreffend“ (20,5 %), elf als „eher zutreffend“, (28,2 %), sieben als „halb zutreffend“ (17,9 %), sechs als „eher nichtzutreffend“ (15,4 %) und sieben als „nichtzutreffend“ (17,9 %). Mit 48,7 % gab somit fast die Hälfte der Richter an, dass die Strafbefehlsanträge bei mehr zur Verfügung stehender Zeit eingehender geprüft würden. Dies lässt darauf schließen, dass eine genaue Prüfung[717] in vielen Fällen unterbleibt und dadurch eine nicht unerhebliche Anzahl fehlerhafter Strafbefehle begünstigt wird.

b) Strafbefehlsanträge und Einsprüche, Tabelle 5, Grafik 7

In den letzten Jahren stellte die Staatsanwaltschaft jeweils über eine halbe Million Anträge auf Erlass eines Strafbefehls – durchschnittlich in elf von hundert Fällen. Die Zahl der Einsprüche ist in den letzten 23 Jahre insgesamt gesunken, was auch für die Anzahl der Neuzugänge und erledigten Verfahren gilt. Während 1998 noch 183.466 Einsprüche eingelegt wurden, waren es 2018 143.381, 2019 immerhin wieder 149.956. 1988 wurden 10,8 % der erledigten Verfahren vor den Gerichten durch Einspruch gegen einen Strafbefehl eingeleitet, seit 1988 ist dieser Wert auf mittlerweile über 20 % angestiegen[718].

2019 wurde gegen 27,4 % der Strafbefehle Einspruch eingelegt, 2018 in 26,6 %, 2017 in 27 %, 2016 in 26,3 %, 1998 in 27,8 %. Mithin wird in etwas über einem Viertel[719] der Strafbefehle Einspruch eingelegt. Da die gewünschte Entlastung für die Gerichte und auch die Staatsanwaltschaft nur dann eintritt, wenn kein Einspruch eingelegt wird[720], lässt sich somit weiterhin sagen, dass die Beschleunigungswirkung in dieser Größenordnung nicht erreicht wird. Die Gründe für die Einspruchseinlegung sind statistisch nicht erfasst.[721] Allerdings zeigt die gerichtliche Statistik, dass 14.940 Beschlüsse im Jahr 2019 nach § 411 Abs. 1 Satz 3 StPO gefällt wurden, denen ein auf die Höhe der Tagessätze beschränkter Einspruch vorangeht. Daraus lässt sich schließen, dass 2019 von den 149.956 eingelegten Einsprüchen mindestens 10 % auf die

---

717 Dazu siehe genauer unter C. II. 1. a).

718 1988: 10,8 %, 1998: 21,7 %, 2005: 20,2 %, 2018: 22 %, 2019: 22,7 %.

719 KMR/*Metzger* Vor § 407 Rn. 8; *Hüls*, Polizeiliche und staatsanwaltschaftliche Ermittlungstätigkeit, S. 157 spricht von einem Drittel bis einem Viertel; so auch SK-StPO/*Weßlau*/*Degener* Vor §§ 407 ff. Rn. 6.

720 Vgl. *Heinz*, in: FS Müller-Dietz, 271, 291; vgl. BT-Drs. 10/1313, S. 35.

721 Siehe zu den Ergebnissen der Befragung aber soeben unter a) sowie oben unter A. I. 2. f).

Höhe der Tagessätze beschränkt waren. 2018 lag dieser Wert bei 9,9 %, 2017 und 2016 bei 9,8 %, 2015 bei 9,5 %, 2009 hingegen bei nur 6 %. Das zeigt, dass diese beschränkten Einsprüche in den letzten Jahren deutlich gestiegen sind. Bezüglich weiterer Gründe für die Einspruchseinlegung, möglicherweise ein fehlerhaft ermittelter Sachverhalt oder eine ansonsten als unangemessen empfundene Rechtsfolge, lassen sich aus den Statistiken keine Anhaltspunkte für deren Häufigkeit ableiten. Ein Grund für Einsprüche wird auch darin vermutet, dass die Angeklagten das Bedürfnis haben, dem Richter ihre Sicht der Dinge vorzutragen, was beim Strafbefehlsverfahren nicht vorgesehen und nur durch Einspruch zu erreichen sei.[722] Allerdings kann auch hierzu an dieser Stelle keine Aussage darüber getroffen werden, wie oft er vorkommt.[723]

c) Einsprüche und Einspruchs- sowie Klagerücknahmen, Tabelle 5, Grafik 8

Die Einspruchsquote hielt sich bei knapp über einem Viertel, die Anzahl der Einspruchsrücknahmen ist hingegen zurückgegangen: Während 1988 mit 30,4 % noch fast ein Drittel der Einsprüche zurückgenommen wurden, sind es 2019, 2018 und 2017 schon nur noch um die 23,5 %. 1998 wurden 27,8 % der Einsprüche zurückgenommen, 2002 waren es 26,8 %, 2005 25,2 %, 2009 schon nur noch 23,6 % und 2015 22,6 %. Auch die Anzahl der Einsprüche selbst war, wie soeben unter b) festgestellt, insgesamt rückläufig. Die Gründe für die rückläufige Einspruchsquote sind statistisch nicht erfasst. Vermutet werden kann,

---

722 *Maleika*, Freiheitsstrafe und Strafbefehl, S. 109 weist dabei darauf hin, dass Strafbefehle weit weniger als Urteile akzeptiert werden: Die Berufungsquote war im Vergleich zur Einspruchsquote 1997 nur halb so hoch, auch der hohe Anteil an Einspruchsrücknahmen scheine dies zu belegen; so auch *Müller*, Das Strafbefehlsverfahren, S. 261 f.; auch heute wird gegen etwa 14,7 % der Strafrichter- und Schöffengerichtsurteile Berufung eingelegt, Statistisches Bundesamt, Fachserie 10, Reihe 2.3, 2019, Tabellen 2.2, 3.2.

723 Es fiel den interviewten Staatsanwälten schwer, die Frage, ob Angeklagte, die zuvor nicht angehört wurden/die Anhörungsmöglichkeit nicht wahrgenommen haben, häufiger Einspruch einlegen (Frage 7), zu beantworten. B2 vermutete, dass Personen, die sich im Ermittlungsverfahren nicht gemeldet hätten, nicht auf einmal gegen den Strafbefehl „wetterten". Auch B3 äußerte sich dahingehend, dass es eine häufige Konstellation wäre, dass Beschuldigte, die ihr rechtliches Gehör nicht wahrgenommen hätten, einen Strafbefehl erhielten und in vielen Fällen auch keinen Einspruch einlegten, weil sie sich weder für das Verfahren interessierten noch in ihre Briefkästen schauten. B4 und B5 verneinten die Frage, B6 schätzte, dass dies möglicherweise auf ein Drittel dieser Angeklagten zutreffen könnte. Insofern können aus diesen Angaben keine weiteren Schlüsse gezogen werden.

dass entweder die Ermittlungstätigkeiten derart intensiviert wurden, dass mehr zutreffende Strafbefehle beantragt wurden, denen sich die Empfänger zustimmend unterworfen haben, oder aber, dass es beispielsweise auf Seiten des Empfängers vermehrt Verständnisschwierigkeiten gibt, die die Einlegung eines Einspruchs verhindern. Bezüglich der Einspruchsrücknahme kommt als Rücknahmegrund insbesondere in Betracht, dass ein Einspruch zur Überprüfung des Strafbefehls führen sollte, sich dann aber als erfolgschancenlos und kostentreibend erweist.[724]

Diesen Rücknahmen dürften jedenfalls in der Regel nicht solche Einsprüche vorausgegangen sein, die auf die Höhe der Tagessätze beschränkt waren, da über diese durch Beschluss nach § 411 Abs. 1 Satz 3 StPO entschieden werden kann.

Aus den Rücknahmezahlen lässt sich sagen, wie viele der Einsprüche zumindest nicht erfolgreich waren. Eine Rücknahme wird zudem häufig darauf beruhen, dass der Strafbefehl für den Angeklagten eine geringere Rechtsfolge anordnet als er in der Hauptverhandlung im Zeitpunkt der Rücknahme befürchtet. Von den Einspruchsrücknahmen betreffen nur 1,9 % (2019) den nach § 408a StPO erlassenen Strafbefehl; diese Zahl ist im Vergleich zu 2005 gesunken.

Die Befragungen der Verteidiger aus Berlin und Bremen ergaben mit Blick auf Einspruchsrücknahmen Folgendes: Zum einen werden Einsprüche von 93,4 % der antwortenden Verteidiger nur „manchmal" bis „selten" zurückgenommen. Als Gründe für derartige Rücknahmen wurden von den Berliner Anwälten 39 Mal Antwortmöglichkeit A – weil das Risiko einer Straferhöhung zu groß wurde – und 22 Mal Antwortmöglichkeit B – weil die Verfahrenskosten steigen – angegeben, wobei Mehrfachantworten möglich waren. Außerdem genannt wurden eine erdrückende Aktenlage (einmal), das Aufgehen der Taktik (einmal), die fehlenden Erfolgsaussichten des weiteren Verfahrens (drei Mal), die fehlende Kraft der Mandanten für eine zweite Instanz (einmal), die nach erfolgter Akteneinsicht festgestellte Richtigkeit des Strafbefehls (einmal), das Vermeiden einer öffentlichen Hauptverhandlung (einmal) und der Wunsch des Mandanten, das Strafverfahren zu beenden, um die weiteren Kosten nicht tragen zu müssen oder den Aufwand aus Opportunitätsgründen nicht zu betreiben (einmal). Die Bremer Verteidiger gaben neun Mal an, dass das Risiko einer Straferhöhung zu groß würde und neun Mal die steigenden Verfahrenskosten.

---

724 *Maleika*, Freiheitsstrafe und Strafbefehl, S. 112: Zudem sei auch davon auszugehen, dass die meisten Einsprüche in der Hauptverhandlung zurückgenommen werden.

Zudem wurde einmal angegeben, dass der Strafbefehl nach Akteneinsicht als günstig erschien und einmal, dass der Mandant keine Kraft für einen weiteren Kampf hätte. Häufige Gründe für eine Einspruchsrücknahme scheinen mithin das zunehmende Risiko einer Straferhöhung oder steigende Verfahrenskosten zu sein.

Bezüglich der Klagerücknahme durch die Staatsanwaltschaft gemäß § 411 Abs. 3 StPO zeigt sich, dass 2019 in 149.956 Fällen, in denen Einspruch eingelegt wurde, später 1.176 Klagen beziehungsweise Strafbefehlsanträge wieder zurückgenommen wurden. Das entspricht dem kleinen Bruchteil von 0,8 %. Dieser Wert betrug 0,9 % im Jahr 2018 und in den Vorjahren etwa 0,8 %. Grund für eine entsprechende Rücknahme durch die Staatsanwaltschaft ist vermutlich, dass sich der Strafbefehlsantrag in diesen Fällen als unbegründet erwies.

d) Strafbefehlsanträge und rechtskräftige Strafbefehle, Grafik 9

Der Großteil der beantragten Strafbefehle wird nach Erlass rechtskräftig. Genaue Zahlen hierzu sind allerdings nicht erfasst und lassen sich nicht exakt ermitteln.[725]

Ungefähre Berechnungen zeigen aber, dass knapp über drei Viertel[726] der Strafbefehle in Rechtskraft erwachsen. So kam es 2019 in 77,7 % der Strafbefehlsanträge, 2018 in 78,3 %, 2017 in 77,8 %, im Jahre 2005 in 76,3 % und bereits 1998 in 78,6 % der Fälle dazu. Diese Quoten wurden ermittelt durch die Anzahl der Anträge auf Erlass eines Strafbefehls nach § 407 StPO, abzüglich der Verfahren, bei denen statt Erlass des Strafbefehls nach § 408 Abs. 3 StPO eine Hauptverhandlung anberaumt wurde, ebenso abzüglich der Fälle, in denen Einspruch gegen den von der Staatsanwaltschaft oder vom Finanzamt beantragten Strafbefehl eingelegt wurde und Verfahren, die durch Zurücknahme des Strafbefehlsantrags nach § 411 Abs. 3 StPO erledigt wurden, sowie zuzüglich der zurückgenommenen Einsprüche gegen die Strafbefehle von der Staatsanwaltschaft und den Finanzbehörden.[727] Berücksichtigt werden müssten auch

725 *Heinz*, in: FS Müller-Dietz, 271, 288.

726 *Hüls*, Polizeiliche und staatsanwaltschaftliche Ermittlungstätigkeit, S. 157 spricht von zwei Drittel bis drei Viertel; so auch SK-StPO/*Weßlau/Degener* Vor §§ 407 ff. Rn. 6.

727 Berechnung vgl. *Heinz*, in: FS Müller-Dietz, 271, 289, 303 f., der allerdings noch die Zurücknahme des Strafbefehlsantrags durch die StA nach erfolgtem Einspruch des Angeklagten, § 411 Abs. 3 StPO, hinzurechnet; anderen Berechnungen zufolge wird hierfür die Differenz zwischen Strafbefehlsanträgen und der Summe der Einsprüche und Hauptverhandlungen nach § 408 Abs. 3 StPO zugrunde gelegt,

die Verwerfungen der Einsprüche wegen Unzulässigkeit, § 411 Abs. 1 StPO, Verwerfungen nach § 412 StPO, sowie Ablehnungen eines Strafbefehlserlasses nach § 408 Abs. 2 StPO, zu denen es aber keine statistischen Erfassungen gibt.[728]

Einschätzungen in der genannten Größenordnung machten auch die im Rahmen der Experteninterviews befragten Berliner Staatsanwälte auf die Frage, wie hoch der Anteil der Strafbefehlsanträge ist, infolge derer es letztlich zu rechtskräftigen Strafbefehlen kommt (Frage 25): Die Staatsanwälte schätzten aus ihrer Erfahrung aus allgemeinen Abteilungen hier besonders hoch (B2, B3: 80–90 %, B4: „ganz überwiegende Mehrheit", B6: 70 %), diejenigen mit Erfahrung aus der Wirtschaftsabteilung (B1 und B5 schätzten jeweils etwa ein Fünftel) einen kleineren Anteil, wobei B5 darauf hinwies, dass im Bereich Wirtschaft die Einspruchsquote auch besonders hoch wäre.

Die Zahl der rechtskräftig werdenden Strafbefehle hängt praktisch vor allem von der Zahl der Einsprüche ab. Dass der Großteil mangels Einspruchs – oder aufgrund einer Einspruchsrücknahme – in Rechtskraft erwächst, könnte also damit zusammenhängen, dass viele Strafbefehlsempfänger den Strafbefehl nicht in Gänze erfassen und sich nicht (effektiv) gegen ihn wehren.[729] Zwar ist die Einspruchsquote mit etwa einem Viertel nicht gering, allerdings wird in drei Vierteln der Strafbefehle kein Einspruch eingelegt – und dass bei all diesen Strafbefehlen zuvor richtig ermittelt, die Strafhöhe den tatsächlichen persönlichen und wirtschaftlichen Verhältnissen entspricht und der Großteil der Empfänger mit den polizeilichen und staatsanwaltschaftlichen Feststellungen einverstanden sind, ist zweifelhaft.

Dies lassen auch, wie bereits dargestellt, die Ergebnisse der Befragung der Berliner und Bremer Verteidiger vermuten: Denn es wird von 90,6 % der Verteidiger „sehr häufig" bis „häufig" Einspruch eingelegt, wobei diese nach Angabe von 78,7 % der Verteidiger „sehr häufig" bis „häufig" erfolgreich wären. Als Gründe für die Einspruchseinlegung wurden von 13 der Verteidiger die fehlerhafte Bemessung der Tagessatzhöhe genannt, von 21 ein nichtzutreffender Sachverhalt, von neun, dass beides zuträfe. Aus dem häufigen Erfolg

---

Rieß, DRiZ 1982, 201, 205; *Rieß*, in: FS Sarstedt, 253, 257 Fn. 22; so berechnen auch *Müller*, Das Strafbefehlsverfahren, S. 348, Tab. 5 und *Maleika*, Freiheitsstrafe und Strafbefehl, Anhang III, Tabelle B; als Ungenauigkeit wird hierbei nur angesehen, dass die Fälle nicht enthalten seien, in denen der Richter den Strafbefehl nach § 408 Abs. 2 StPO zurückweise, *Rieß*, in: FS Sarstedt, 253, 257 Fn. 22, der diesen Fehler für vernachlässigbar hält; vgl. *Heinz*, in: FS Müller-Dietz, 271, 288.

728 *Heinz*, in: FS Müller-Dietz, 271, 288, 289 Fn. 84.

729 Siehe dazu unter C. IV. 1. a) cc), dd).

von Einsprüchen lässt sich, zumindest regional begrenzt für Berlin (und zum Teil Bremen), damit die Tendenz herleiten, dass Strafbefehle häufig fehlerhaft ergehen.

Andere Gründe für eine unterbliebene Einspruchseinlegung können neben dem fehlenden Verständnis beispielsweise auch sein, dass der Angeklagte den Sachverhaltsfeststellungen der Staatsanwaltschaft zustimmt und die Strafe akzeptiert. Andererseits könnte er aber auch aus Angst vor einer Hauptverhandlung und einer eventuellen Verschlechterung von einem Einspruch absehen.[730]

Im Rahmen der Befragung der Verteidiger aus Berlin und Bremen wurden als Gründe für eine unterbliebene Einspruchseinlegung von elf der Berliner Verteidiger angegeben, dass die Gefahr einer Verschlechterung zu hoch wäre, und von zehn, dass Sachverhalt und Strafe angemessen ermittelt worden wären. Als weitere Gründe genannt wurden zudem das vorherige Feststehen des Ergebnisses (einmal), Kostengründe (fünf Mal), auch einmal im Zusammenhang mit der Gefahr der Verschlechterung, der Umstand, dass gerade oft Einspruch eingelegt würde (einmal), das Akzeptieren des Sachverhalts und der Strafrechtsfolge durch den Beschuldigten (einmal), das Scheuen einer gerichtlichen Auseinandersetzung durch den Betroffenen (drei Mal), die fehlende Aussicht auf ein besseres Ergebnis (einmal) und sonstige Gründe (einmal). Die Anwälte aus Bremen gaben hier zwei Mal an, dass die Gefahr einer Verschlechterung zu hoch wäre, und vier Mal, dass Sachverhalt und Strafe angemessen ermittelt worden wären. Zudem wurde zwei Mal angegeben, dass nicht oft Einspruch eingelegt würde, weil dem Strafbefehl eine Verständigung vorausgegangen beziehungsweise er abgesprochen gewesen wäre, einmal, weil keine öffentliche Hauptverhandlung durchgeführt werden sollte und ein weiteres Mal, weil Kostengründe entgegengestanden hätten.

Die befragten Richter gaben hier einmal die Antwortmöglichkeit an, dass sich der Einspruch auf die falsche Tagessatzhöhe bezöge und 23 Mal, dass er gegen die (vermeintlich) falsche Sachverhaltsfeststellung gerichtet wäre. Als weitere Gründe wurden angegeben: Die (vermeintliche) Unschuld der Angeschuldigten (einmal), der Versuch einer Verfahrenseinstellung nach den §§ 153 ff. StPO (drei Mal), das Umgehen von Fahrverboten beziehungsweise

---

730 Höhere Strafen sollen sogar regelmäßig vorkommen, da die im Strafbefehl festgesetzte Strafe oft sehr niedrig bemessen würde, um den Beschuldigten zum Verzicht auf einen Einspruch zu bewegen, *Preuß*, ZJS 2017, 176, 184; vgl. hierzu auch *Roxin/Schünemann*, Strafverfahrensrecht, § 68 Rn. 12; siehe zum Risiko der Straferhöhung auch unter C. V. 1.

die Verkürzung von Führerscheinmaßnahmen (zwei Mal), ein Automatismus bei Verteidigern (einmal), das Anstreben einer geringeren Rechtsfolge (vier Mal), das Bestreiten des Tatvorwurfs (einmal), wobei dies auch der Antwortmöglichkeit einer falschen Sachverhaltsfeststellung zugeordnet werden kann, der Versuch, für den Mandanten etwas günstigeres zu erreichen (einmal), das Vorliegen von sowohl einer fehlerhaft bemessenen Tagessatzhöhe als auch einer (vermeintlich) falschen Sachverhaltsfeststellung (einmal) sowie Zeitgründe, etwa weil eine nochmalige Überprüfung und eine Besprechung der Sache mit dem Mandanten erforderlich wären oder der Wegfall, die Reduzierung oder die Kompensation von Nebenfolgen beabsichtigt würde. Teilweise würde von den Verteidigern auch keine Begründung für den Einspruch angegeben (zwei Mal). Letzteres bestätigten auch die Angaben der interviewten Staatsanwälte B2, B3 und B4 auf die Frage, aus welchen Gründen die meisten Einsprüche eingelegt werden (Frage 26). B3 berichtete zudem von Fällen, in denen weder zur Polizei gegangen noch die Post geöffnet und dann zum Teil erschrocken auf den Strafbefehl Einspruch eingelegt würde, weil er in der Sache oder bezüglich der Tagesatzhöhe unzutreffend wäre. Ein unbegründeter Einspruch käme häufig aus dem Impuls heraus, dass die Leute nicht einsähen, eine Strafe zu zahlen. B1 und B4 nannten das Bestreiten des Tatvorwurfs als den häufigsten, das Beanstanden der Strafhöhe als den zweithäufigsten Fall.

Insgesamt ist die Wahrscheinlichkeit, dass ein von der Staatsanwaltschaft beantragter Strafbefehl erstens vom Richter antragsgemäß erlassen und zweitens auch rechtskräftig wird, relativ hoch. Daher könnte es durchaus sein, dass die Staatsanwaltschaft sich dieser Erledigungsform im Einzelfall auch deshalb bedient, weil sie davon ausgehen kann, dass der konkrete Strafbefehl in Rechtskraft erwachsen wird und der Fall damit zügig erledigt ist.[731]

e) Verhältnis zu den Opportunitätseinstellungen

Von den 2019 insgesamt bei den Amtsgerichten erledigten 660.816 Verfahren wurden 263.333 durch Urteil abgeschlossen (39,8 %). Davon waren 204.032 Anklagesachen (77,5 %) und 47.820 Verfahren, in denen nach § 407 StPO ein Strafbefehl beantragt wurde (18,1 %). Ein Strafbefehl nach § 408a StPO wurde in 29.758 Verfahren erlassen (4,5 %). 51.815 der Verfahren wurden nach § 153a StPO eingestellt (7,8 %), 30.254 nach § 153 Abs. 2 StPO (4,6 %) und 29.147 nach § 154 Abs. 2 StPO (4,4 %).[732] Vergleicht man hier die Verfahrensabschlüsse

731 Dazu unter C. II. 2. a).

732 Statistisches Bundesamt, Fachserie 10, Reihe 2.3, 2019, Tabelle 2.2, Deutschland; Prozentangaben durch Verf. berechnet.

durch Urteil nach zuvor beantragtem Strafbefehl nach § 407 StPO mit der Einstellung nach § 153a StPO, zeigt sich, dass beide Erledigungsmöglichkeiten vergleichbar oft zur Anwendung gelangen.

3. *Verhältnis der Geld- und Freiheitsstrafen jeweils durch Strafbefehl und Urteil in Baden-Württemberg, Tabelle 6, Grafik 10, 11*

Die Entlastungswirkung der Strafbefehle ist nicht abzusprechen. Dies zeigen insbesondere auch die Statistiken aus Baden-Württemberg, die einige zusätzliche Daten zum Strafbefehlsverfahren beinhalten. Dort wurden 2019 beispielsweise 78.838 Geldstrafen durch Strafbefehl, gegen den kein Einspruch eingelegt wurde, und nur 8.826 durch Urteil verhängt. Damit wurden beträchtliche 89,9 % aller Geldstrafen im Wege des Strafbefehlsverfahrens festgesetzt. Würde in diesen Fällen stets eine Hauptverhandlung durchgeführt, hätte dies eine erhebliche Mehrbelastung der Gerichte und auch der Staatsanwaltschaft zur Folge.

Anders liegt der Fall aber bei den Freiheitsstrafen. Freiheitsstrafen bis zu einem Jahr auf Bewährung werden vermehrt durch Urteil festgesetzt: 6.669 dieser Verurteilungen erfolgten durch Urteil und nur 1.027 durch Strafbefehl. Damit ist das Verhältnis hier umgekehrt: in 86,6 % wird ein Hauptverfahren mit Hauptverhandlung durchgeführt. Diese Zahlen spiegeln auch wider, dass im Durchschnitt nur in 0,1 % der abgeschlossenen Verfahren von der Staatsanwaltschaft ein auf Freiheitsstrafe lautender Strafbefehl beantragt wird.[733] Auch hier zeigt sich, dass die Staatsanwaltschaft scheinbar entweder aus Zurückhaltung oder mangels Vorliegens der Voraussetzungen selten das Strafbefehlsverfahren anwendet, wenn eine Geldstrafe nicht mehr in Betracht kommt.

4. *Verurteilte nach Zahl und Höhe der Geldstrafe, Tabelle 7, Grafik 12*

Betrachtet man die verhängten Geldstrafen, sieht man, dass sich mit 49,7 % die meisten im Bereich zwischen 31 und neunzig Tagessätzen bewegen. Ein Drittel (33,6 %) liegen zwischen 16 und dreißig Tagessätzen, 8 % zwischen fünf und 15. Zwischen 91–180 Tagessätze liegen 8,2 %, zwischen 181 und 360 nur noch 0,6 %. Derzeit ist die Höhe der Geldstrafe, die durch Strafbefehl verhängt werden kann, nicht speziell für das Strafbefehlsverfahren beschränkt – vielmehr gilt der allgemeine Höchstsatz von 360 Tagessätzen aus § 40 Abs. 1 StGB. Da die Fälle der höheren Bereiche (jedenfalls über 180 Tagessätze, vielleicht

733 Siehe I. 1. a), IV., Tabelle 1 m.N.

auch schon ab neunzig) in der Regel keine leichte Kriminalität mehr darstellen, wäre eine diesbezügliche Begrenzung des Verfahrens zu diskutieren.[734] Um die größtmögliche Entlastungswirkung des Strafbefehlsverfahrens beizubehalten, muss die Rechtsfolge aber Geldstrafen in Höhe von bis zu neunzig Tagessätzen umfassen.[735]

5. *Anteil der Strafbefehle ohne Einspruch, Baden-Württemberg, Tabelle 8, Grafik 13*

In Baden-Württemberg werden zudem Daten darüber erhoben, wie viele Verurteilungen zu Geldstrafen jeweils durch Strafbefehl ohne Einspruch, durch Urteil nach Einspruch gegen einen Strafbefehl, durch Urteil nach vom Richter anberaumter Hauptverhandlung auf Strafbefehlsantrag und durch Urteil ohne vorausgegangenen Strafbefehl erfolgen. Der Statistik kann man auch entnehmen, wie viele Strafbefehle in den jeweiligen Tagessatzbereichen erlassen werden. 2019 wurden durch Strafbefehl ohne Einspruch 13,7 % der Geldstrafen (insgesamt 87.664) im Bereich zwischen fünf und 15 Tagessätzen durch Strafbefehl festgesetzt. Im Bereich zwischen 16 und dreißig Tagessätzen waren es 30,8 %. Zwischen 31 und neunzig Tagessätzen lag der Wert bei 40,4 % und im Bereich von 91 Tagessätzen und mehr nur noch bei 5,1 %. Auch hier zeigt sich also, dass die größte Entlastungswirkung des Strafbefehlsverfahrens bei Geldstrafen im Bereich von bis zu neunzig Tagessätzen erreicht wird.

Aus dieser Statistik[736] geht zudem hervor, dass bei grundsätzlich allen Vergehen Geldstrafen in allen Tagessatzbereichen vorkommen. Dies wird damit erklärt, dass insbesondere die höheren Tagessätze Ergebnis einer Absprache darstellen könnten.[737]

6. *Verurteilte nach Dauer der Freiheitsstrafe, Tabelle 9*

Von insgesamt 669.784 Verurteilungen im Jahr 2019 waren 102.539 Freiheitsstrafen (15,3 %). Von diesen wurden 70.521, also 68,8 % zur Bewährung ausgesetzt. 71.623 lagen im Bereich von bis zu einem Jahr, wovon 55.360 zur Bewährung ausgesetzt wurden (77,3 %). In 21.094 Fällen lag die Strafhöhe zwischen einem

---

734 Siehe dazu unter C. III. 4. a).

735 Siehe dazu unter C. III. 4. c).

736 Statistisches Landesamt Baden-Württemberg 2019, Strafverfolgungsstatistik, Verurteilungen durch Strafbefehl/Urteil zu Geldstrafe nach Anzahl der Tagessätze, Quelle unveröffentlicht.

737 *Heinz*, in: FS Müller-Dietz, 271, 293.

und zwei Jahren. Hiervon wurden weniger, nämlich 71,9 %, was 15.161 Fällen entspricht, zur Bewährung ausgesetzt. Derzeit können zur Bewährung ausgesetzte Freiheitsstrafen von bis zu einem Jahr durch Strafbefehl festgesetzt werden. Von insgesamt 102.539 Freiheitsstrafen sind damit knapp mehr als die Hälfte, nämlich 55.360 Fälle, grundsätzlich dazu geeignet, im Wege des Strafbefehlsverfahrens erledigt zu werden. Es wären aber nicht etwa 55.360 Hauptverhandlungen, die die Gerichte diesbezüglich jährlich an Mehr bewältigen müssten, würde diese Rechtsfolge aus dem Sanktionskatalog des § 407 Abs. 2 StPO gestrichen, da nur in 0,1 % der Strafbefehlsanträge eine Freiheitsstrafe beantragt wird.[738] Die originären Freiheitsstrafen spielen im Strafbefehlsverfahren keine große Rolle; relevanter werden die Ersatzfreiheitsstrafen[739].

7. Verurteilte nach Dauer der Freiheitsstrafe im Wirtschaftsstrafrecht, Tabelle 10, Grafik 14

Speziell im Wirtschaftsstrafrecht zeigt sich, dass die Freiheitsstrafen bis zu einem Jahr zu 86,6 % zur Bewährung ausgesetzt werden, also überdurchschnittlich oft (7.899 von 9.117 Freiheitsstrafen wurden zur Bewährung ausgesetzt). Von der Anzahl her machen diese Delikte nur einen kleinen Teil der erledigten Verfahren aus, allerdings ist hier zu berücksichtigen, dass es sich oftmals um sehr aufwändige Verfahren handelt. Die Möglichkeit, auch Freiheitsstrafen durch Strafbefehl verhängen zu können, ist in diesem Bereich daher gegebenenfalls anders zu beurteilen.

Im Bereich der Freiheitsstrafen von einem bis einschließlich zwei Jahren wurden von 4.262 Fällen 3.526, also 82,7 % zur Bewährung ausgesetzt. Hier liegt die Strafaussetzung ebenfalls über dem Durchschnitt von 68,8 %. Es wird diskutiert, das Strafbefehlsverfahren auch für solche Vergehen anzuwenden, die mit bis zu zwei Jahren Freiheitsstrafe (ausgesetzt zur Bewährung) geahndet werden.[740] Die Entlastungswirkung in den konkret betroffenen Verfahren wäre zwar gegeben, allerdings ist zweifelhaft, ob das Strafbefehlsverfahren, das ursprünglich zur Erledigung der Bagatellkriminalität vorgesehen war, angesichts der rechtsstaatlichen Einbußen auf derartige Fälle angewandt werden sollte.[741]

---

738 Siehe zur umstrittenen Freiheitsstrafe unter C. III. 1.

739 Siehe dazu unter C. III. 3., 4. b).

740 Siehe dazu genauer unter C. III. 2.

741 Siehe zu den rechtsstaatlichen Einbußen etwa unter C. I. 3., V. 2.

8. *Bestand der Gefangenen und Verwahrten: Ersatzfreiheitsstrafen, Grafik 15*

Die Stichtagsaufnahme vom 31.01.2020 zeigt, dass in Deutschland von 63.339 vollzogenen Freiheitsstrafen 4.664, also 7,4 % Ersatzfreiheitsstrafen[742] sind. Angesichts des Verhältnisses von Freiheits- und Geldstrafen durch Urteil sowie durch Strafbefehl[743] liegt die Vermutung sehr nahe, dass ein großer Teil der Ersatzfreiheitsstrafen aufgrund zuvor erlassener Strafbefehle verhängt wurde. Dies entspricht auch einer Schätzung von 1998, der zufolge 75 % der Ersatzfreiheitsstrafen auf Strafbefehlen beruhen.[744] Insofern ist die Gefahr von Strafbefehlen, die auf Geldstrafe lauten, nicht zu unterschätzen. Werden sie von den Empfängern nicht verstanden, etwa aufgrund sprachlicher Schwierigkeiten, besteht die ernstzunehmende Gefahr, dass die Empfänger am Ende eine Ersatzfreiheitsstrafe verbüßen müssen. Hier wird besonders deutlich, dass es notwendig ist, ein besseres Verständnis für den Strafbefehl beim Empfänger herzustellen und ihn über seine Rechte und Möglichkeiten derart in Kenntnis zu setzen, dass er auch in der Lage ist, sie wahrzunehmen.[745]

III. Zusammenfassung

Die Auswertung der erfassten statistischen Daten zum Strafbefehl zeigt, dass diesem eine wichtige Bedeutung bei der Erledigung von Strafverfahren zukommt. Die Entlastung des regulären Verfahrens wird zwar primär von den Opportunitätseinstellungen geleistet, an zweiter Stelle folgt aber das Strafbefehlsverfahren. Die Staatsanwaltschaft stellte in den letzten Jahren jeweils über eine halbe Million Strafbefehlsanträge und erledigte auf diese Weise knapp 11 % der Ermittlungsverfahren. Die Zahlen zeigen aber auch, dass die beantragten Strafbefehle fast immer antragsgemäß vom Richter erlassen werden. Dennoch war die Antragsquote trotz steigender Arbeitsbelastung rückläufig.

---

742 Und etwa 10 % der Geldstrafen werden in Ersatzfreiheitsstrafen umgewandelt, *Kemme/Dunkel*, StV 2020, 52, 58 f., mit Verweis auf *Treig/Pruin*, Forum Strafvollzug 2018, 10.

743 Siehe unter IV., Tabelle 6 m.N., Grafik 10, 11.

744 *Heinz*, in: FS Müller-Dietz, 271, 298; *Dolde*, in: FS Böhm, 581, 586; *Dolde*, ZfStrVo 1999, 330, 331: In Baden-Württemberg sei bei drei von vier Ersatzfreiheitsstrafen die Geldstrafe durch Strafbefehl festgesetzt worden.

745 Siehe dazu unter IV. 1. a), b).

Anwendung findet das Strafbefehlsverfahren grundsätzlich in allen Deliktsbereichen, vor allem aber bei den Straßenverkehrsdelikten, den Betrugs- und Untreuefällen sowie den Unterschlagungen.

Eine Entlastungswirkung entfaltet das Verfahren bei den Geldstrafen, nicht aber bei den Freiheitsstrafen. Statistiken aus Baden-Württemberg zeigen, dass dort fast 90 % aller Geldstrafen, aber nur ungefähr 13 % der Freiheitsstrafen durch Strafbefehl verhängt werden. Es ist zu vermuten, dass auch in den anderen Ländern vergleichbare Verhältnisse bestehen, zumal die Statistiken deutlich zeigen, dass nur 0,1 % der Strafbefehle auf Freiheitsstrafen lauten.

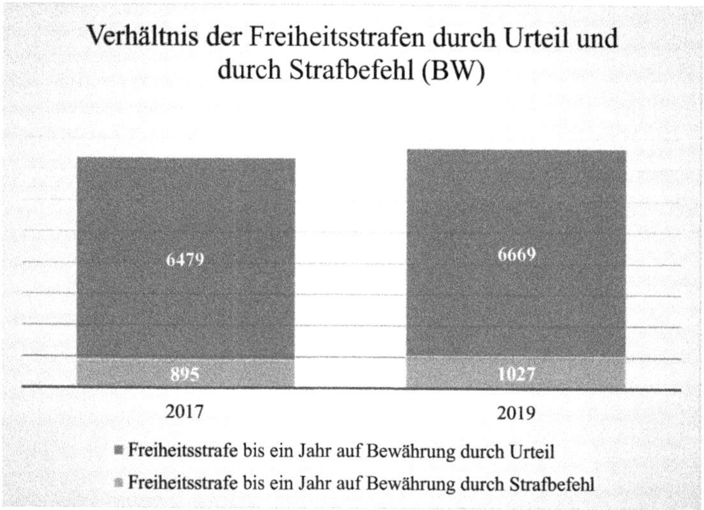

Grafik 10 Verhältnis der Freiheitsstrafen durch Urteil und durch Strafbefehl (BW)
Zu Tabelle 6, siehe sogleich unter IV. m. N.

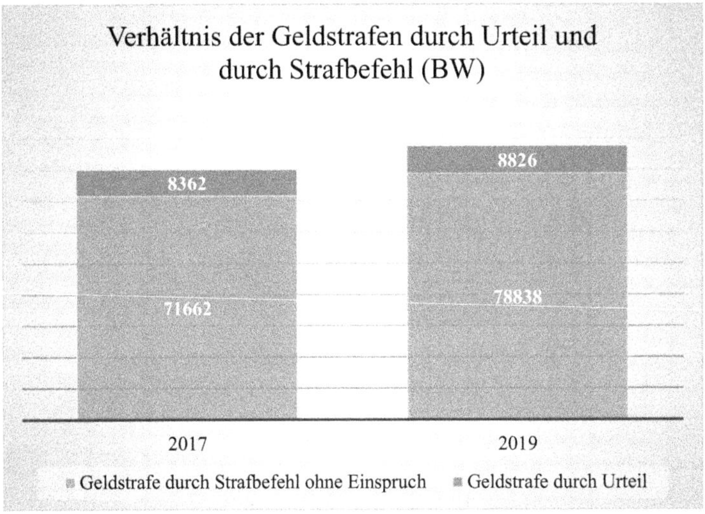

Grafik 11 Verhältnis der Geldstrafen durch Urteil und durch Strafbefehl (BW)
Zu Tabelle 6, siehe sogleich unter IV. m. N.

In knapp einem Viertel der erlassenen Strafbefehle wird Einspruch eingelegt, wobei die Einspruchsquote bis 2018 insgesamt rückläufig war. Von den eingelegten Einsprüchen wird etwa ein Viertel wieder zurückgenommen. Etwa drei Viertel aller Strafbefehle erwachsen in Rechtskraft. Dies zeigt, dass Strafbefehlsanträge insgesamt erfolgreich sind, da sie zum einen fast immer vom Richter erlassen werden und zum anderen hohe Chancen haben, rechtskräftig zu werden.

IV. Tabellen

Erledigungsstatistiken der Staatsanwaltschaft

Tabelle 1: Art der erledigten Ermittlungsverfahren

Jahr	Erledigte Verfahren insg.		Anklage		davon Amtsgericht[746]		Strafbefehlsantrag.		davon Freiheitsstrafe		ohne Freiheitsstrafe		Anträge auf ein beschleunigtes Verfahren		Einstellung mit Auflage[747]		Einstellung ohne Auflage[748]		Einstellung nach § 170 Abs. 2 StPO	
	Anzahl	%	Anzahl	%	Anzahl	%	Anzahl	%	Anzahl	%[749]	Anzahl	%	Anzahl	%	Anzahl	%	Anzahl	%	Anzahl	%
2019	4 938 651	100	418 709	8,5	269 337	5,5	547 665	11,1	4 064	0,1	543 601	11,0	13 785	0,3	167 561	3,4	1 214 311	24,6	1 407 425	28,5
2018	4 939 174	100	423 143	8,6	270 744	5,5	539 384	10,9	4 250	0,1	535 134	10,8	13 587	0,3	167 775	3,4	1 222 234	24,7	1 403 798	28,4
2017	4 858 212	100	424 049	8,7	274 733	5,6	531 795	10,9	4 333	0,1	527 462	10,9	13 875	0,3	169 801	3,5	1 262 717	26	1 337 443	27,5
2016	5 181 670	100	434 581	8,4	282 483	5,4	547 437	10,6	4 541	0,1	542 896	10,5	15 775	0,3	174 143	3,4	1 509 679	29,1	1 396 099	26,9
2015	4 989 559	100	428 871	8,6	276 029	5,5	542 643	10,9	4 658	0,1	537 985	10,8	15 851	0,3	174 956	3,5	1 421 570	28,5	1 343 531	26,9
2009	4 710 262	100	533 247	11,3	312 441	6,6	541 988	11,5	4 390	0,1	537 598	11,4	22 928	0,4	207 889	4,4	1 003 602	21,3	1 325 271	28,1

746 Erfasst sind nur Schöffengericht und Strafrichter, nicht Jugendschöffengericht und Jugendrichter, da hier i.d.R. keine Strafbefehle erlassen werden. Es soll dennoch darauf hingewiesen werden, dass der Anteil der Jugendstraftaten nicht unerheblich ist (2019 hatten das Jugendschöffengericht 25.906, der Jugendrichter 114.083 Fälle zu bearbeiten).

747 Meint Einstellungen nach §§ 153a Abs. 1 Satz 2 Nr. 1–7, 153a Abs. 1 Satz 2 StPO, § 37 Abs. 1 Satz 2 BtMG bzw. i.V.m. § 38 Abs. 2 BtMG, § 45 Abs. 3 JGG.

748 Meint Einstellungen nach §§ 154b Abs. 1–3, 154c, 153c, 154d–f, § 153b Abs. 1 StPO (§ 29 Abs. 5 BtMG) §§ 154 Abs. 1, 153 Abs. 1 StPO, § 45 Abs. 1, 2 JGG, § 31a Abs. 1 BtMG.

749 Der erledigten Verfahren insgesamt.

Tabelle 3: Verurteilungen (Straßenverkehrsdelikte) durch Strafbefehl/Urteil zu Freiheitsstrafe in Baden-Württemberg

Straftat	**Insgesamt**	**Strafbefehl ohne Einspruch**			**Urteil nach Einspruch gegen einen Strafbefehl**			**Urteil nach vom Richter anberaumter Hauptverhandlung auf Strafbefehlsantrag**			**Urteil ohne vorausgegangenen Strafbefehlsantrag**		
		Unter 6 M[758]	6 M	6 M – einschl. 1 Jahr	Unter 6 M	6 M	6 M – 1 Jahr	Unter 6 M	6 M	6 M – 1 Jahr	Unter 6 M	6 M	6 M – 1 Jahr
Straftaten insgesamt	7 696	263	187	577	55	27	60	261	102	213	2 264	1 079	2 608
§ 142 StGB	67	5	1	2	-	-	-	-	-	-	18	13	28
§ 222 StGB	27	1	-	9	-	-	1	-	1	3	4	4	4
§ 229 StGB im Straßenverkehr	35	3	3	1	1	-	-	-	2	1	7	8	9
§ 315b StGB	10	-	-	-	-	-	-	-	-	-	-	1	9
§ 315c StGB mit Unfall	40	-	2	1	-	1	-	1	2	-	20	6	7
§ 315c StGB ohne Unfall	18	-	1	1	-	-	-	-	-	-	8	4	4
§ 315d StGB	2	-	-	2	-	-	-	-	-	-	-	-	-
§ 316 StGB ohne Fremdschaden	349	32	5	3	5	1	3	16	1	1	203	44	35
§ 21 Abs. 1 Nr. 1 StVG	493	35	9	5	5	2	2	27	3	1	275	72	65
Straßenverkehrsdelikte in Trunkenheit	477	37	11	7	5	2	3	17	5	2	250	65	73
Straßenverkehrsdelikte ohne Trunkenheit	586	42	10	18	7	2	3	27	4	6	292	90	85

Quelle: *Statistisches Landesamt Baden-Württemberg*, Strafverfolgungsstatistik, Verurteilungen durch Strafbefehl/Urteil zu Freiheitsstrafe bis einschl. 1 Jahr auf Bewährung, 2019, Quelle unveröffentlicht.

758 Monate.

Erledigungsstatistiken der Amtsgerichte

Tabelle 4: Erledigung nach ausgewählten Sachgebieten

	2019	2018	2017	2016	2015	2009	2005
Erledigte Verfahren insgesamt	641 337	629 569	634 204	640 474	648 589	790 977	856 387
Davon:							
Staatsschutzsachen, Politische Strafsachen, Vergehen nach § 131 StGB, sonstige Ermittlungsverfahren beim OLG	8 219	5 432	5 543	5 637	3 947	4 132	2 340
Straftaten gegen die sexuelle Selbstbestimmung	7 155	6 246	5 128	4 364	4 262	4 663	6 718
Verbreitung pornografischer Schriften (§§ 184–184e StGB)	2 358	2 010	1 811	1 722	1 684	1 489	-
Straftaten gegen das Leben und die körperliche Unversehrtheit:	78 840	77 913	78 860	78 296	78 090	101 572	94 893
- davon Kapitalverbrechen i.S.v. § 74 Abs. 2 GVG	45	51	47	78	72	423	420
- davon vorsätzliche Körperverletzung	78 795	77 862	78 813	78 218	78 018	101 149	94 473
Eigentums- und Vermögensdelikte:	209 162	214 803	226 403	240 975	249 173	264 678	274 269
- davon Diebstahl und Unterschlagung	114 467	118 816	126 226	133 952	134 643	154 745	170 602
- davon Betrug und Untreue	94 695	95 987	100 177	107 023	114 530	109 933	103 667
Straftaten im Straßenverkehr:	113 073	108 943	108 849	107 100	106 459	139 999	162 326
- davon mit fahrlässiger Tötung sowie gemeingefährliche nach §§ 315–315d[759] StPO	6 418	6 148	5 915	6 126	6 140	6 877	7 374

759 Ohne § 315c Abs. 1 Nr. 1a StGB.

Tabelle 4: Fortsetzung

	2019	**2018**	**2017**	**2016**	**2015**	**2009**	**2005**
- davon sonstige Verkehrsstraftaten	106 655	102 795	102 934	100 974	100 319	133 122	154 952
Wirtschafts- und Steuerstrafsachen, Geldwäschedelikte:	14 258	14 335	14 469	15 337	15 860	17 541	19 028
- davon Wirtschaftsstrafsachen i.S.v. § 74c GVG	1 102	1 107	1 150	1 271	1 440	1 772	1 837
- davon sonstige Wirtschaftsstrafverfahren	7 435	7 420	7 987	8 442	8 706	9 663	10 206
- davon Steuerstrafverfahren	4 949	5 121	4 629	4 948	5 095	5 735	6 804
- davon Geldwäschedelikte, § 261 StGB	723	649	640	620	555	329	181
- davon Taten i.S.v. § 74c Abs. 1 GVG[760]	49	38	63	56	64	42	--
Umweltschutzstrafsachen	1 149	1 140	1 110	1 038	1 116	1 327	1 579
Korruptionsdelikte[761]	207	146	165	151	142	170	236
Verfahren gegen Justizbedienstete[762]	429	410	404	443	464	624	494
Verfahren gegen Polizeibedienstete	57	46	53	68	61	79	-
Einschleusung von Ausländern	333	349	437	999	1 080	496	1 020
Sonstige Straftaten nach dem Aufenthalts- und dem Asylverfahrensgesetz sowie dem Freizügigkeitsgesetz/EU	4 241	3 436	2 689	2 278	2 760	4 968	6 867
Straftaten nach BtMG ab einem Jahr Freiheitsstrafe	11 950	11 475	11 131	11 164	10 734	12 359	13 306
Sonstige Straftaten nach BtMG	53 414	50 308	47 657	43 871	42 279	42 211	45 736

Quelle: *Statistisches Bundesamt*, Fachserie 10, Reihe 2.3, 2019–2015, 2009, 2005, Tabelle 1.3 (Deutschland).

760 Straftaten, die nicht von gewerbsmäßigen Abnehmern über das Internet begangen wurden und nicht unter die Wirtschaftsstrafsachen i.S.d. § 74c GVG fallen.

761 Sofern es sich nicht um Wirtschaftsstrafsachen handelt.

762 Ohne die besonderen, von Polizeibediensteten in Ausübung des Dienstes begangenen Straftaten und ohne Korruptionsdelikte.

Tabelle 5: Art der erledigten Strafverfahren

	2019	2018	2017	2016	2015	2014	2009	2005	2002	1998	1988
Neuzugänge	661 044	659 932	657 774	670 036	664 867	679 438	803 465	874 703	856 238	841 212	1 381 854
Insgesamt erledigt, davon:	660 816	648 918	654 537	662 412	670 787	679 123	818 593	891 643	857 046	845 067	1 399 887
Strafbefehlserlass nach § 408a StPO	29 758	28 770	29 489	29 252	29 346	26 685	26 225	24 618	23 796	22 829	-
Eingeleitet durch Anklage	479 318	473 838	477 735	482 999	489 993	494 190	607 909	652 141	627 970	585 416	465 777
Urteil, davon	263 333	261 628	266 443	270 934	275 049	286 593	373 720	419 187	408 070	409 001	359 867
- Anklagesachen	204 032	204 824	208 636	211 522	215 224	224 492	297 619	324 118	312 770	297 662	271 484[763]
- Verfahren, in denen Strafbefehl beantragt wurde, § 407 StPO	47 820	45 557	46 494	46 933	47 252	49 171	58 522	71 162	66 448	78 748	-[764]
- Privatklagen und sonstige Verfahren	11 481	11 247	11 313	12 479	12 573	12 930	17 549	23 907	28 852	32 591	-
Eingeleitet durch Einspruch gegen einen Strafbefehl (beantragt von der StA)	147 923	141 241	141 946	141 895	142 390	146 035	161 229	177 566	161 712	181 611	150 974[765]
Eingeleitet durch Einspruch gegen einen Strafbefehl (beantragt von der Finanzbehörde)	2 033	2 140	2 048	2 150	2 142	2 231	2 625	2 729	1 728	1 855	-

763 Erledigte Anklagen mit Hauptverhandlung und Urteil.
764 Jeweils keine Angaben.
765 Differenziert nicht zwischen den Antragsstellern.

Tabelle 5: Fortsetzung

	2019	2018	2017	2016	2015	2014	2009	2005	2002	1998	1988
Eingeleitet durch Anberaumung der Hauptverhandlung statt Erlass des Strafbefehls (408 Abs. 3 StPO)	6 270	6 040	6 477	7 119	7 236	6 977	6 774	8 023	6 838	7 490	3 939[766]
Beschluss nach § 411 Abs. 1 Satz 3 StPO	14 940	14 219	14 181	14 137	13 737	13 799	9 885	-	-	-	-
Opportunitätseinstel-lungen[767]	112 630	110 513	111 027	112 613	116 861	118 195	136 535	152 278	107 418	135 371	209 670[768]
Einstellung nach § 37 Abs. 2, ggf. i.V.m. § 38 Abs. 2 BtMG	59	71	70	67	82	108	374	534	332	306	-
Einstellung nach § 47 JGG	35 631	35 243	35 020	33 795	34 859	35 498	48 332	53 250	53 436	50 761	36 648
Ablehnung der Eröffnung des Hauptverfahrens	2 071	2 080	2 078	2 199	2 460	2 623	3 391	3 733	3 752	3 440	3 857

766 § 408 Abs. 2 StPO a.F., entspricht dem heutigen Abs. 3.

767 Nach §§ 153 Abs. 2, 153a, 153b Abs. 2, 153c Abs. 4, 153d Abs. 2, 153e Abs. 2, 154 Abs. 2, 154b Abs. 4, 154e Abs. 2, 383 Abs. 2 StPO, § 31a BtMG.

768 Nach §§ 153 Abs. 2, 153a Abs. 2, 153b Abs. 2, 154 Abs. 2, 154b Abs. 4, 383 Abs. 2 StPO, 47 OWiG.

Tabelle 5: Fortsetzung

	2019	2018	2017	2016	2015	2014	2009	2005	2002	1998	1988
Ablehnung des beschleunigten Verfahrens nach § 417 StPO	393	576	643	969	882	592	1 313	1 536	2 374	2 138	1 019
Rücknahme:											
der Klage nach § 411 Abs. 3 StPO	1 176	1 264	1 173	1 228	1 169	1 168	1 280	1 449	1 434	1 300	418[769]
der Anklage	13 538	13 534	13 101	12 643	12 123	12 308	13 438	13 320	13 833	13 106	12 343
andere (§§ 417 StPO, 76 JGG, sonstige Anträge)	759	843	758	847	737	832	1 216	1 027	1 396	1 525	-
des Einspruchs gegen einen von der StA beantragten Strafbefehl	34 729	33 185	33 440	32 817	32 333	32 989	38 112	44 845	43 452	50 456	45 880[770]
des Einspruchs gegen einen von der Finanzbehörde beantragten Strafbefehl	422	449	409	465	421	465	590	659	438	471	-
des Einspruchs gegen einen Strafbefehl nach § 408a StPO	695	819	789	703	749	670	884	1 209	861	922	-

Quelle: *Statistisches Bundesamt*, Fachserie 10, Reihe 2.3, 2019–2014, 2009, 2005, 2002, 1998 (unveröffentlicht), Tabelle 1.2, 2.2 und 2.1, 1988 (unveröffentlicht), Tabelle 1, davon 2.1, 2.2, 2.3 (Deutschland) und *Statistisches Bundesamt*, Statistisches Jahrbuch 2019, 2018 Tabelle 11.1.5, 2005, Tabelle 10.4.4, 2000, 1991, Tabelle 15.4.4.

---

769 § 411 Abs. 1 StPO aF.

770 Differenziert nicht zwischen den Antragsstellern.

Tabelle 6: Geld- und Freiheitsstrafen durch Urteil und Strafbefehl, Baden-Württemberg

	Freiheitsstrafen bis ein Jahr auf Bewährung		Geldstrafen	
	Durch Urteil	**Durch Strafbefehl ohne Einspruch**	**Durch Urteil**	**Durch Strafbefehl ohne Einspruch**
2017	6 479	895	8 362	71 662
2018	6 504	912	8 550	74 894
2019	6 669	1027	8 826	78 838

Quelle: *Statistisches Landesamt Baden-Württemberg*, Statistische Berichte Baden-Württemberg, Rechtspflege, 2019, 2018, 2017, Tabelle 8.

Rechtspflege Strafverfolgung

Tabelle 7: Verurteilte nach Zahl und Höhe der Tagessätze der Geldstrafe[771]

Geldstrafen insg.	5–15 Tagessätze	16–30 Tagessätze	31–90 Tagessätze	91–180 Tagessätze	181–360 Tagessätze
567 243	44 863	190 432	281 811	46 551	3 370
Davon:					
Bis 5 Euro	491	1 998	4 442	1 231	89
5–10 Euro	10 429	39 051	65 845	13 508	745
10–25 Euro	17 067	68 001	100 852	17 297	1 193
25–50 Euro	15 570	73 642	98 064	12 817	1 016
Über 50 Euro	1 306	7 740	12 608	1 698	327

Quelle: *Statistisches Bundesamt*, Fachserie 10, Reihe 3, 2019, Tabelle 3.3.

771 Sofern die Geldstrafe nicht neben oder in Verbindung mit einer Freiheitsstrafe verhängt wurde.

Tabelle 8: Verurteilungen durch Strafbefehl/Urteil zu Geldstrafen in Baden-Württemberg

	Straftaten insg.	**5–15 Tagessätze**		**16–30 Tagessätze**		**31–90 Tagessätze**		**90 und mehr Tagessätze**	
	87 664	**Anzahl**	**%**[772]	**Anzahl**	**%**	**Anzahl**	**%**	**Anzahl**	**%**
Strafbefehle ohne Einspruch	78 838	11 978	13,7	27 003	30,8	35 411	40,4	4 446	5,1
Urteil nach Einspruch gegen Strafbefehl	6 042	324	0,4	1 546	1,8	3 593	4,1	579	0,7
Urteil nach vom Richter anberaumter Hauptverhandlung auf Strafbefehlsantrag	398	5	0,006	57	0,06	257	0,3	79	0,09
Urteil ohne vorausgegangenen Strafbefehlsantrag	2 386	37	0,04	258	0,3	1 455	1,7	636	0,7

Quelle: *Statistisches Landesamt Baden-Württemberg*, Strafverfolgungsstatistik, Verurteilungen durch Strafbefehl/Urteil zu Geldstrafe nach Anzahl der Tagessätze, 2019, Quelle unveröffentlicht.

Tabelle 9: Verurteilte nach Dauer der Freiheitsstrafe

Verurteilte insgesamt	669 784
Freiheitsstrafen insgesamt	102 539
-davon Strafaussetzung	70 521
Freiheitsstrafen unter 6 Monaten	24 624
-davon Strafaussetzung	17 862
Freiheitsstrafen i.H.v. 6 Monaten	13 693
-davon Strafaussetzung	11 077
Freiheitsstrafen von 6–9 Monaten	17 986
-davon Strafaussetzung	14 229
Freiheitsstrafen zwischen 9 Monaten und einem Jahr	15 320
-davon Strafaussetzung	12 192
Freiheitsstrafen zwischen einem bis einschl. zwei Jahren	21 094
-davon Strafaussetzung	15 161

Quelle: *Statistisches Bundesamt*, Fachserie 10, Reihe 3, 2019, Tabelle 3.1.

772 Der Straftaten insgesamt, Prozente errechnet durch Verf.

Tabelle 10: Verurteilte nach Dauer der Freiheitsstrafe im Wirtschaftsstrafrecht

Ausgewählte Delikte aus dem Wirtschaftsstrafrecht	Freiheitsstrafe bis zu 1 Jahr	Davon Strafaussetzung	Freiheitsstrafe zwischen 1 bis einschl. 2 Jahren	Davon Strafaussetzung
Betrug, § 263, 263 Abs. 3, 5 StGB	7 284	6 181	3 272	2 597
Computerbetrug, § 263a StGB	404	314	102	62
Subventionsbetrug, § 264 StGB	14	14	8	8
Kapitalanlagebetrug, § 264a StGB	-	-	-	-
Kreditbetrug, § 265b StGB	3	3	2	2
Untreue, § 266 StGB	163	156	72	71
Vorenthalten von AN-Beiträgen, § 266a Abs. 1–4 StGB	398	393	256	251
Konkursstraftaten, §§ 283–283d StGB	75	73	44	42
Wettbewerbsbeschränkende Absprachen bei Ausschreibungen, § 298 StGB	1	1	-	-
Bestechlichkeit und Bestechung im geschäftlichen Verkehr, § 299, ggf. i.V.m. § 300 StGB	7	7	8	8
Straftaten gegen die Umwelt	16	15	6	6
Vorteilsannahme, Bestechlichkeit, Vorteilsgewährung, Bestechung, §§ 331–335 StGB	34	31	27	26
Verstöße gegen die Abgabenordnung (§§ 370, 372–374 StGB)	637	632	442	430
Gesetz gegen den unlauteren Wettbewerb	-	-	6	6
Insolvenzordnung	44	42	5	5

Tabelle 10: Fortsetzung

Markengesetz	29	29	7	7
Urheberrechtsgesetz	7	7	4	4
Wertpapierhandelsgesetz	1	1	1	1
Insgesamt	9 117	7 899	4 262	3 526

Quelle: *Statistisches Bundesamt*, Fachserie 10, Reihe 3, Tabelle 3.1, 2019.

Tabelle 11: Höhe der verhängten Geldstrafe bei ausgewählten Delikten

Sachgebiet und Jahr	Zu Geldstrafe Verurteilte insg.		5–15 Tagessätze		16–30 Tagessätze		31–90 Tagessätze		91–180 Tagessätze		181–360 Tagessätze		361 und mehr Tagessätze	
	Anzahl	%[773]	Anzahl	%	Anzahl	%	Anzahl	%	Anzahl	%	Anzahl	%	Anzahl	%
Straftaten gegen die körperliche Unversehrtheit, §§ 223–231 StGB														
2019	33 387	100	584	1,7	6 121	18,3	20 877	62,5	5 560	16,6	245	0,7	-	0
2015	37 491	100	962	2,6	8 641	23	22 788	60,8	4 906	13,1	194	0,5	-	0
2010	37 848	100	1 250	3,3	9 022	23,8	22 923	60,6	4 517	11,9	135	0,4	1	0
2005	32 623	100	1 442	4,4	8 236	25,2	19 273	59,1	3 545	10,9	126	0,4	1	0
1998	25 047	100	1 225	4,9	6 447	25,7	13 244	52,9	4 023	16,1	107	0,4	1	0
1988[774]	19 998	100	2 667	13,3	7 666	38,3	8 826	44,1	822	4,1	17	0,1	-	0
Diebstahl und Unterschlagung, §§ 242–248c StGB														
2019	74 458	100	10 619	14,3	24 497	32,9	32 045	43	7 004	9,4	290	0,4	3	0
2015	94 900	100	17 091	18	31 949	33,7	38 518	40,6	7 115	7,5	225	0,2	2	0
2010	84 464	100	18 376	21,7	28 835	34,1	32 113	38	4 970	5,9	169	0,2	1	0
2005	84 741	100	20 708	24,4	29 802	35,2	30 080	35,5	4 021	4,7	130	0,1	-	0
1998	105 485	100	30 796	29,2	37 218	35,3	32 248	30,6	5 021	4,7	198	0,2	4	0
1988	94 390	100	39 462	41,8	31 117	33	21 023	22,3	2 732	2,9	51	0,05	5	0
Betrug und Untreue, §§ 263–266b StGB														
2019	115 684	100	13 143	11,4	38 123	32,9	54 396	47	9 156	7,9	839	0,7	27	0,02
2015	142 620	100	19 678	13,8	49 710	34,8	63 138	44,3	9 271	6,5	799	0,6	24	0,02
2010	144 383	100	21 285	14,7	49 234	34	63 656	44,1	9 309	6,4	857	0,6	42	0,03

773 Prozente errechnet durch Verf.

774 §§ 223–230 StGB.

Tabelle 11: Fortsetzung

2005	123 398	100	17 135	13,9	41 696	33,8	55 295	44,8	8 457	6,8	787	0,6	28	0,02
1998	85 782	100	13 312	15,5	29 666	34,6	35 794	41,7	6 288	7,3	646	0,7	56	0,06
1988	53 107	100	12 260	23,1	20 481	38,6	17 985	33,9	2 114	4	246	0,5	21	0,04
Straftaten im Straßenverkehr (StGB und StVG)														
2019	158 810	100	6 441	4	63 948	40,3	81 927	51,6	6 329	4	161	0,1	4	0
2015	137 205	100	5 643	4,1	56 092	40,9	70 886	51,7	4 475	3,3	107	0,08	2	0
2010	151 709	100	7 434	4,9	62 267	41	78 114	51,5	3 807	2,5	85	0,05	2	0
2005	159 778	100	9 095	5,7	65 118	40,7	82 307	51,5	3 203	2	47	0,03	8	0
1998	203 542	100	13 170	6,5	84 225	41,4	101 538	49,9	4 483	2,2	112	0,05	14	0
1988	211 995	100	26 434	12,5	88 854	41,9	94 325	44,5	2 343	1,1	39	0,02	-	0

Quelle: *Statistisches Bundesamt*, Fachserie 10, Reihe 3, 2019, 2015, 2010, 2005, 1998, 1988, Tabelle 3.3.

Tabelle 12: Höhe der verhängten Freiheitsstrafe bei ausgewählten Delikten

Sachgebiet und Jahr	Zu Freiheitsstrafe Verurteilte insgesamt		Unter 6 Monate		6 Monate		6–9 Monate		9 Monate – 1 Jahr		1–2 Jahre		Über 2 Jahre	
	Anzahl	%[775]	Anzahl	%	Anzahl	%	Anzahl	%	Anzahl	%	Anzahl	%	Anzahl	%
Straftaten gegen die körperliche Unversehrtheit, §§ 223–231 StGB														
2019	15 212	100	1 810	11,9	2 488	16,3	4 290	28,2	3 087	20,3	2 622	17,2	915	6
2015	16 086	100	2 408	15	2 919	18,1	4 612	28,7	3 048	18,9	2 336	14,5	763	4,7
2010	20 567	100	3 700	18	3 975	19,3	5 717	27,8	3 733	18,1	2 674	13	768	3,7
2005	16 441	100	3 413	20,8	3 228	19,6	4 437	27	2 855	17,4	1 947	11,8	561	3,4
1998	9 283	100	2 762	29,7	1 744	18,8	1 836	19,8	1 409	15,2	1 085	11,7	447	4,8
1988[776]	5 632	100	2 164	38,4	969	17,2	819	14,5	781	13,9	576	10,2	223	4
Diebstahl und Unterschlagung, §§ 242–248c StGB														
2019	23 920	100	7 438	31,1	3 282	13,7	4 305	18	3 365	14,1	4 016	16,8	1 514	6,3
2015	27 742	100	10 123	36,5	3 957	14,3	4 729	17	3 705	13,3	3 923	14,1	1 305	4,7
2010	30 709	100	13 227	43,1	4 456	14,5	4 710	15,3	3 660	11,9	3 600	11,7	1 056	3,4
2005	29 915	100	13 428	44,9	4 311	14,4	4 413	14,7	3 510	11,7	3 289	11	964	3,2
1998	32 773	100	14 718	44,9	4 462	13,6	4 602	14	4 109	12,5	3 755	11,5	1 127	3,4
1988	30 529	100	13 169	43,1	4 450	14,6	4 341	14,2	4 151	13,6	3 469	11,4	949	3,1

775 Prozente errechnet durch Verf.

776 §§ 223–230 StGB.

Tabelle 12: Fortsetzung

Betrug und Untreue, §§ 263–266b StGB														
2019	15 688	100	4 120	26,2	1 687	10,7	2 329	14,8	2 838	18,1	3 742	23,8	972	6,2
2015	18 135	100	5 868	32,4	2 091	11,5	2 632	14,5	2 955	16,3	3 748	20,7	841	4,6
2010	21 875	100	7 457	34,1	2 716	12,4	3 143	14,4	3 411	15,6	4 112	18,8	1 036	4,7
2005	19 714	100	6 315	32	2 723	13,8	2 906	14,7	3 162	16	3 612	18,3	996	5
1998	14 869	100	4 906	33	2 262	15,2	2 366	15,9	2 330	15,7	2 310	15,5	695	4,7
1988	13 157	100	5 884	44,7	1 830	13,9	1 808	13,7	1701	12,9	1 411	10,7	523	4
Straftaten im Straßenverkehr (StGB und StVG)														
2019	8 550	100	4 222	49,4	1 815	21,2	1 376	16,1	702	8,2	367	4,3	68	0,8
2015	8 621	100	4 570	53	1 825	21,2	1 285	14,9	571	6,6	309	3,6	61	0,7
2010	11 862	100	6 829	57,6	2 257	19	1 556	13,1	763	6,4	393	3,3	64	0,5
2005	14 372	100	8 920	62	2 531	17,6	1 560	10,8	849	5,9	447	3,1	65	0,4
1998	22 520	100	14 974	66,5	3 549	15,8	2 269	10,1	1 136	5	532	2,4	60	0,3
1988	24 164	100	17 696	73,2	2 984	12,3	1 941	8	1 086	4,5	415	1,7	42	0,2

Quelle: *Statistisches Bundesamt*, Fachserie 10, Reihe 3, 2019, 2015, 2010, 2005, 1998, 1988, Tabelle 3.1.

C. Die Risiken des Strafbefehlsverfahrens

Angesichts seiner strukturellen Schwächen (dazu sogleich) geriet das Strafbefehlsverfahren[777] immer wieder in die Kritik, im Zuge derer vielfältige Änderungsvorschläge unterbreitet wurden.

Diese Kritik beginnt bereits bei der grundsätzlichen Frage nach der Verfassungsmäßigkeit der Ausgestaltung des Verfahrens. Denn in der durch den schriftlichen Charakter des Verfahrens bedingten fehlenden Hauptverhandlung liegt – jedenfalls für das schriftliche Verfahren – eine Durchbrechung der Grundsätze der Mündlichkeit, Unmittelbarkeit und Öffentlichkeit[778]. Es stellt sich im Zusammenhang mit dem Wesen des Strafbefehls auch die Frage nach der Legitimation dieses Verfahrens. Neben den Voraussetzungen sind auch der Anwendungsbereich und die zulässigen Rechtsfolgen des Verfahrens immer wieder diskutiert worden.

Die Risiken des Strafbefehlsverfahrens entstehen zum Teil bei der praktischen Handhabung, sind zum Teil aber auch normativ angelegt. Die meisten dieser Schwächen betreffen speziell den Teil des Strafbefehlsverfahrens ohne beziehungsweise vor der Hauptverhandlung. Zum einen bestehen für viele Strafbefehlsempfänger Hürden, die es ihnen erschweren, überhaupt Einspruch einzulegen und so erstmals rechtliches Gehör zu erlangen. Weiterhin gibt es aber auch dann, wenn der Rechtsbehelf eingelegt wird, Abstriche – beispielsweise in der Beweisaufnahme in der Hauptverhandlung –, die der Beschuldigte gegenüber dem regulären Verfahren hinnehmen muss und die das Risiko für Fehlentscheidungen erhöhen. Da das Strafbefehlsverfahren aufgrund der Verkürzung gegenüber dem Normalverfahren Mängel beinhaltet, ist die Gefahr für Fehlentscheidungen bei seiner Anwendung insgesamt relativ groß. Die systemimmanenten Mängel können von der Staatsanwaltschaft und den Richtern kaum kompensiert werden. Die Folgen, die aus dem Verfahren resultieren, sind, zumal der Strafbefehl einem rechtskräftigen Urteil gleichsteht, nicht nur für den betroffenen Bürger schwerwiegend – denn auch die justiziellen Ressourcen werden durch die Möglichkeit der Ersatzfreiheitsstrafe in Anspruch genommen. Zudem zeitigt ein Verfahren auf dem Papier nicht dieselbe beeindruckende Wirkung wie eine reguläre Hauptverhandlung. Hier könnten auch präventive Aspekte der Strafe in Mitleidenschaft gezogen werden.

---

777 *Müller*, Das Strafbefehlsverfahren, S. 317 und *Wolter*, GA 1989, 397, 413 erachten den Begriff „Strafbescheidverfahren" für zutreffender.

778 *Ranft*, JuS 2000, 633; vgl. *Meyer-Lohkamp*, StraFO 2012, 170, 171; SSW-StPO/*Momsen* § 407 Rn. 1 bzgl. der Mündlich- und Unmittelbarkeit.

I. Voraussetzungen für den Strafbefehlserlass

1. *Genügt hinreichender Tatverdacht oder ist eine Überzeugung nötig?*

a) *Bedeutung der Streitfrage*

Viel diskutiert, aber ohne Einstimmigkeit erreicht zu haben, wurde die in Zusammenhang mit dem Wesen des Strafbefehls[779] stehende[780] Frage, ob der Richter für den Erlass eines Strafbefehls von der Schuld des Beschuldigten (i.S.v. § 261 StPO) überzeugt sein muss oder ob ein hinreichender Tatverdacht[781] genügt. Die Anforderungen an einen hinreichenden Tatverdacht sind dabei weniger hoch als die an eine Überzeugung. Für einen hinreichenden Tatverdacht genügt, dass der Richter die Verurteilung des Angeschuldigten in einer Hauptverhandlung nach der Tatbewertung auf Grundlage des Ermittlungsergebnisses für wahrscheinlich hält.[782] Wann die erforderliche Wahrscheinlichkeit gegeben ist, wird in der Praxis danach bestimmt, ob bei einem Hauptverfahren mutmaßlich mehr für eine Verurteilung des Angeklagten spricht als für seinen Freispruch.[783] Dabei genügen unter Umständen auch Indizienbeweise.[784] Für eine Überzeugung ist hingegen erforderlich, dass dieser Wahrscheinlichkeitsgrad nach der persönlichen Überzeugung des Richters noch höher ist. Es gibt zwar auch hier keine absolute Gewissheit, vielmehr kommt es darauf an, dass der Richter den Sachverhalt nicht für wahrscheinlich, sondern tatsächlich für

---

779 Dazu eingehend *Erbe*, Zum Wesen des Strafbefehls, S. 80 ff.; siehe auch *Vivell*, Strafbefehlsverfahren nach § 408a, S. 44 ff.; *Mayer*, GS 96, 397, 398 f.; siehe auch *Maleika*, Freiheitsstrafe und Strafbefehl, S. 89 ff.; SK-StPO/*Weßlau/Degener* Vor §§ 407 ff. Rn. 12 ff.

780 *Rieß*, JR 1988, 133; vgl. SK-StPO/*Weßlau/Degener* Vor §§ 407 ff. Rn. 13 ff.; *Vivell*, Strafbefehlsverfahren nach § 408a, S. 44 ff.; *Lüttger*, GA 1957, 193, 208 Fn. 114.

781 *Loos*, in: FS Küper, 313, 316 hält die Bezeichnung „Schuldwahrscheinlichkeit aufgrund der Aktenlage" für zutreffender.

782 BGH, Beschl. v. 15.10.2013 – StB 16/13; BGH NJOZ 2010, 1274, 1276; BGH NJW 2010, 385, 386; BGH NJW 1988, 1680 f.; KG NJW 1997, 69; OLG Koblenz NJW 1994, 1887; Meyer-Goßner/Schmitt/*Schmitt* § 203 Rn. 2; MüKoStPO/*Wenske* § 203 Rn. 10.

783 OLG Stuttgart NStZ-RR 2012, 117; OLG Hamm, Beschl. v. 20.1.2011–3 Ws 399-402/10; OLG Nürnberg NJW 2010, 3793; OLG Karlsruhe NJW 1974, 806, 807; MüKoStPO/*Wenske* § 203 Rn. 11.

784 BGH, Beschl. v. 22.4.2003 – StB 3/03; OLG Rostock, Beschl. v. 17.1.2012 – I Ws 404/11; MüKoStPO/*Wenske* § 203 Rn. 11.

wahr hält.[785] Dabei hat der Richter im Zweifel für den Angeschuldigten zu entscheiden.[786]

Das Risiko, dass es zu einem fehlerhaften Strafbefehl kommt, ist abstrakt betrachtet also höher, wenn man einen hinreichenden Tatverdacht ausreichen lässt.[787] Denn in diesem Fall kann der Richter leicht höhere Zweifel an der Richtigkeit der von der Staatsanwaltschaft festgestellten Tatsachen haben, als eine Überzeugung zulassen würde.

Man kann die Situation der Entscheidung über den Strafbefehl auch mit der Situation über die Entscheidung im Zwischenverfahren vergleichen. In beiden Fällen überprüft der Richter den Antrag der Staatsanwaltschaft auf das Vorliegen eines hinreichenden Tatverdachts. Bereits im Zwischenverfahren sind allerdings verschiedene Aspekte mit Blick auf spätere Fehlentscheidungen problematisch. Dies betrifft insbesondere den Umstand, dass bereits im Ermittlungsverfahren Festlegungen getroffen werden, die nicht oder kaum hinterfragt vom Richter übernommen werden.[788] Denn die Entscheidungsgrundlage betreffend fehlen dem Richter weitergehende Informationen, sodass sich eine von der staatsanwaltschaftlichen Entscheidung unabhängige Entscheidung schwierig gestaltet; das Überprüfen lediglich der Schlüssigkeit[789] aber begünstigt fehlerhafte Entscheidungen.

Wenn dieses Fehlerrisiko bereits im Zwischenverfahren anzunehmen ist, dann besteht es erst recht für die Entscheidung über den Erlass eines Strafbefehls. Denn in letzterem trifft der Richter eine Entscheidung, die dafür vorgesehen ist, rechtskräftig zu werden. Bei dem Erfordernis einer Überzeugung für den Erlass des Strafbefehls würde eine Schlüssigkeitsprüfung jedenfalls nicht mehr genügen; vielmehr müsste der Richter den Antrag der Staatsanwaltschaft und die darin getroffenen Feststellungen genauer hinterfragen.

---

785 BGH NStZ 1983, 277, 278; MüKoStPO/*Miebach* § 261 Rn. 52; *Weimar*, Psychologische Strukturen richterlicher Entscheidung, S. 75; *Maleika*, Freiheitsstrafe und Strafbefehl, S. 99 spricht von einem ohne Zweifel für wahr halten; so auch *Schaal*, in: GS Meyer, 427, 440 f.

786 BeckOK StPO/*Eschelbach* § 261 Rn. 44.

787 *Enescu*, BJCLCJ 2019, 3, 14.

788 *Eisenberg*, Beweisrecht der StPO, Rn. 741a; *Momsen/Washington*, in: FS Eisenberg, 453, 454.

789 *Momsen/Washington*, in: FS Eisenberg, 453, 457.

b) Erfordernis einer Überzeugungsbildung

Die Stimmen, die eine richterliche Überzeugung für erforderlich erachten[790], tun dies vor dem Hintergrund des Rechtsstaatsprinzips und des dort verankerten Schuldgrundsatzes, der eine derartige Überzeugung für eine Verurteilung voraussetze.[791] Dieser Ansicht zufolge könne diese Überzeugung beim Strafbefehlsverfahren durch die Bewertung des Akteninhalts gewonnen werden.[792] Dabei müsse dem Richter aber bewusst sein, dass eine Bewertung auf Aktenbasis eine andere sei als diejenige, die aufgrund einer Hauptverhandlung und § 261 StPO erfolge.[793] Die Tatsache, dass die Entscheidung, die allein aufgrund der in den Akten festgehaltenen Ermittlungsergebnisse, also ohne den persönlichen Eindruck in der Hauptverhandlung und ohne vorherige Anhörung des Beschuldigten, ergeht, wird dadurch auszugleichen versucht, dass bei der Überzeugung zugleich darauf abgestellt wird, dass in der Hauptverhandlung keine Änderung der Beweislage zu erwarten ist[794].

---

790 Sog. Überzeugungstheorie, BT-Drs. 10/1313, S. 35; BT-Drs. 12/1217, S. 42; AG Meiningen, Beschl. v. 02.04.2009 – 340 Js 3972/08; SK-StPO/*Weßlau/Degener* Vor §§ 407 ff. Rn. 13 ff., Rn. 13 Fn. 33 m.w.N.; *Müller*, Das Strafbefehlsverfahren, S. 76, 130 ff.; *Meurer*, JuS 1987, 882, 885; *Rieß*, JR 1988, 133; *Fezer*, ZStW 106 (1994), 1, 20; *Ambos*, Jura 1998, 281, 288; LR/*Gössel* Vor § 407 Rn. 25; AlternK-StPO/*Loos* Vor § 407 Rn. 7, § 408 Rn. 21; HK/*Kurth* § 407 Rn. 2, § 408 Rn. 16; KMR/*Metzger* Vor § 407 Rn. 24; *Rieß/Hilger*, NStZ 1987, 204 Fn. 261; *Deiters*, GA 2015, 371, 382; *Weßlau*, ZStW 116 (2004), 150, 158 f.; *Erbe*, Zum Wesen des Strafbefehls, S. 174; *Ebert*, Der Tatverdacht im Strafverfahren, S. 272 ff.; MüKoStPO/*Eckstein* § 407 Rn. 15, § 408 Rn. 14; Gercke u.a. StPO/*Brauer* § 407 Rn. 2; KK-StPO/*Maur* § 408 Rn. 15; *Kirch*, Das Strafbefehlsverfahren nach dem StVÄG 1987, S. 84; *AE-ASR*, GA 2019, 1, 95 f.; *Vivell*, Strafbefehlsverfahren nach § 408a, S. 53 ff.; *Maleika*, Freiheitsstrafe und Strafbefehl, S. 102; *Hutzler*, Ausgleich struktureller Garantiedefizite, Rn. 226, 229; *Thommen*, Kurzer Prozess – fairer Prozess?, S. 70 f.; *Siegismund/Wickern*, wistra 1993, 81, 91; vgl. *Loos*, in: FS Küper, 313 m.w.N.

791 KMR/*Metzger* Vor § 407 Rn. 24; *Vivell*, Strafbefehlsverfahren nach § 408a, S. 53; *Loos*, in: FS Küper, 313, 317 behält diesen Ausdruck dem materiellen Recht vor und erachtet die Bezeichnung „Aktenüberzeugung" für zutreffender; *Maleika*, Freiheitsstrafe und Strafbefehl, S. 102.

792 SK-StPO/*Weßlau/Degener* Vor §§ 407 ff. Rn. 13; KMR/*Metzger* Vor § 407 Rn. 24; *Fezer*, ZStW 106 (1994), 1, 21 spricht von einer „Aktenüberzeugung".

793 *Pfeiffer*, StPO § 408 Rn. 4; vgl. *Maleika*, Freiheitsstrafe und Strafbefehl, S. 101: Die Überzeugung sei vielmehr vorläufig.

794 SK-StPO/*Weßlau/Degener* Vor §§ 407 ff. Rn. 18; vgl. MüKoStPO/*Eckstein* § 407 Rn. 15, 408 Rn. 14.

Zudem wird angeführt, dass eine vorherige Überzeugung auch mit Blick auf die verfahrensrechtliche Schlechterstellung des Angeklagten wegen §§ 411 Abs. 2 Satz 2, 420 Abs. 4 StPO notwendig sei.[795]

Auch der Gesetzgeber sprach in der Begründung der Änderung des § 373a StPO ausdrücklich davon, dass der Strafbefehl urteilsgleiche Bedeutung[796] habe und die Feststellung der Schuld sowie die Festsetzung der Strafe aufgrund richterlicher Überzeugung geschehe – der Unterschied zum Urteil liege lediglich in der unsichereren Erkenntnisgrundlage.[797] Zu § 407 Abs. 1 StPO führte der Gesetzgeber weiterhin aus, dass durch die Aktenlage eine einwandfreie Überzeugung auch über Strafzumessungsumstände zustande kommen müsse, damit eine Hauptverhandlung für nicht erforderlich gehalten werden könne.[798] Daraus wird geschlossen, dass dann ein hinreichender Tatverdacht, also lediglich eine Wahrscheinlichkeit, nicht für einen Strafbefehlserlass ausreichen könne.[799] Insbesondere die urteilsgleiche Bedeutung des Strafbefehls, wie § 410 Abs. 3 StPO sie normiert, müsse dazu führen, dass an die Verurteilung im Wege des Strafbefehlsverfahrens die gleichen rechtsstaatlichen Anforderungen gestellt werden.[800]

c) Das praktische Ausreichen eines hinreichenden Tatverdachts

Die Ansicht[801], die einen hinreichenden Tatverdacht[802] ausreichen lässt[803], sieht das Strafbefehlsverfahren durch eine Unterwerfungskomponente

---

795 *Loos*, in: FS Küper, 313, 318.

796 Die urteilsgleiche Bedeutung führt auch *Ebert*, Der Tatverdacht im Strafverfahren, S. 227 als Argument für das Erfordernis einer Überzeugung an.

797 BT-Drs. 10/1313, S. 33.

798 BT-Drs. 10/1313, S. 34.

799 *Rieß*, JR 1988, 133.

800 KK-StPO/*Maur* § 408 Rn. 15; LR/*Gössel* Vor § 407 Rn. 25; *Maleika*, Freiheitsstrafe und Strafbefehl, S. 102.

801 Welche der beiden Ansichten vorherrschend ist, ist unklar. Zwar wird in einigen Lehrbüchern die folgende als herrschend deklariert, allerdings finden sich bei den vertiefenden Beiträgen vorwiegend solche, die die erstgenannte Ansicht vertreten, vgl. *Loos*, in: FS Küper, 313.

802 Zum hinreichenden Tatverdacht allgemein MüKoStPO/*Kölbel* § 170 Rn. 14 ff.

803 Sog. Unterwerfungstheorie; BVerwG NJW 1988, 1340; OLG Karlsruhe NJW 1977, 62, 63; BT-Drs. 10/1313, S. 35; Meyer-Goßner/Schmitt/*Schmitt* Vor § 407 Rn. 1; Graf StPO/*Temming* § 407 Rn. 1; *Ranft*, JuS 2000, 633, 636; *Schlüchter*, Das Strafverfahren Rn. 788.5; *Preuß*, ZJS 2017, 176, 178 f.; *Schaal*, in: GS Meyer, 427, 441 ff.; AnwK-StPO/*Böttger* Vor §§ 407 ff. Rn. 2; *Dinter/David*, JA 2012, 281, 282; *Roxin/*

geprägt: Indem kein Einspruch eingelegt werde, verzichte der Angeklagte auf den vollen Schuldnachweis und akzeptiere die im Strafbefehl getroffenen Feststellungen und Festsetzungen.[804] Eines der Hauptargumente dieser Ansicht liegt im Umkehrschluss zu § 408 Abs. 2 Satz 1 StPO[805]: Abs. 2 erfordere ausdrücklich eine Prüfung des Strafbefehlsantrags in tatsächlicher Hinsicht, Abs. 3 hingegen erfasse nur die rechtliche Würdigung – daher sei nicht zu erwarten, dass bei Abs. 3 auch eine Prüfung in tatsächlicher Hinsicht erforderlich sei, womit die Annahme nahe liege, dass bei Erlass des Strafbefehls i.S.v. Abs. 3 ein hinreichender Tatverdacht ausreiche.[806] Zudem wird auch der Wortlaut des § 408 Abs. 2 Satz 1 StPO („hinreichend verdächtig") angeführt.[807] Auch wird häufig der summarische Charakter des Verfahrens als Begründung herangezogen[808], da die von der Gegenmeinung geforderte richterliche Überzeugung aus § 261 StPO nur durch den persönlichen Eindruck, den der Richter im Rahmen einer Hauptverhandlung erlange, gebildet werden könne.[809]

Gegen die erstgenannte („Überzeugungs-")Theorie wird angeführt, dass die Gleichstellung in § 410 Abs. 3 StPO insoweit ihre Grenzen finde, als der Strafbefehl nur eine vorläufige Entscheidung sei, die dazu prädestiniert sei, in einer Hauptverhandlung verändert zu werden.[810]

Schünemann, Strafverfahrensrecht, § 68 Rn. 7; *Deckers/Kuschnik*, StraFO 2008, 418, 420; *Meyer-Lohkamp*, StraFO 2012, 170, 171; *Burkhard*, Der Strafbefehl im Steuerstrafrecht, S. 136 f., 176; *Schmidt-Hieber*, Verständigung, Rn. 74; *Rönnau*, Die Absprache im Strafprozeß, S. 133 f.; *Brunner*, Abschlussverfügung der Staatsanwaltschaft, Rn. 195; *Schorn*, Das Strafbefehls- und Strafverfügungsverfahren, S. 25; *Geis*, Überzeugung beim Strafbefehlserlass?, S. 191, 233 ff.; *Michaelsen*, DRiZ 1952, 133 f.

804 Vgl. *Schaal*, in: GS Meyer, 427, 434 f.; vgl. *Schlüchter*, Das Strafverfahren Rn. 787.1; vgl. *Dahs*, Hdb. des Strafverteidigers, Rn. 1072.

805 *Preuß*, ZJS 2017, 176, 178 f.; AnwK-StPO/*Böttger* Vor §§ 407 ff. Rn. 2; *Dinter/David*, JA 2012, 281, 282; *Meyer-Lohkamp*, StraFO 2012, 170, 171; vgl. Meyer-Goßner/Schmitt/*Schmitt* Vor § 407 Rn. 1; nach *Schlüchter*, Das Strafverfahren Rn. 788.5 ergebe sich dies aus §§ 203, 204 StPO.

806 *Schaal*, in: GS Meyer, 427, 429 f.

807 *Schaal*, in: GS Meyer, 427, 429; AG Meiningen, Beschl. v. 02.04.2009 – 340 Js 3972/08 betont hingegen, dass diese Formulierung nicht wie in § 203 StPO auszulegen sei.

808 AnwK-StPO/*Böttger* Vor §§ 407 ff. Rn. 2; *Ranft*, JuS 2000, 633, 636; *Dinter/David*, JA 2012, 281, 282.

809 *Preuß*, ZJS 2017, 176, 178 f.; vgl. *Schaal*, in: GS Meyer, 427, 441.

810 Vgl. EuGH NJW 2016, 303, 306 = StV 2016, 205, 209; OLG Stuttgart NJW 1953, 1156; *Preuß*, ZJS 2017, 176, 179.

Weiterhin spreche dagegen, dass durch die Entscheidung allein nach Aktenlage nicht die Überzeugung, wie § 261 StPO sie voraussetze, erreicht werden könne – und trotz der unterschiedlichen Erkenntnisgrundlagen seien Strafbefehl und rechtskräftiges Urteil gleichgestellt.[811] Zudem könne diese Theorie die Unterwerfungskomponente des Strafbefehlsverfahrens nicht erklären; ebenso wenig, wie sie den Nutzen eines Einspruchs begründen könne, wenn bereits für den Strafbefehl ein voller Schuldnachweis erforderlich wäre.[812] Auch entstehe bei dieser Ansicht ein Wertungswiderspruch: Denn während der Staatsanwalt den Strafbefehl beantragen solle, wenn ein hinreichender Tatverdacht bestehe, dürfe das Gericht ihn erst erlassen, wenn es überzeugt sei[813], und das, obwohl beide Male dieselbe Entscheidungsgrundlage vorliege.[814] Der Theorie wird weiterhin vorgeworfen, das Fehlentscheidungsrisiko zum Teil dem Beschuldigten aufzubürden, da das Verfahren ohne Hauptverhandlung nur durchgeführt werden könne, wenn der Beschuldigte es hinnehme.[815]

Bezüglich der Unterwerfungstheorie wird hingegen kritisch in Frage gestellt, wie sie Schuldspruch und Strafe legitimieren könne, wenn sie den Nachweis der Schuld gerade nicht fordert; dann müsse die Legitimation einem Konsensprinzip entnommen werden können.[816] Daher sei die Theorie vom Unterwerfungscharakter des Strafbefehlsverfahrens auch mit der Unschuldsvermutung (Art. 6 Abs. 2 EMRK) nicht in Einklang zu bringen.[817]

Der Wortlaut des § 408 Abs. 2 Satz 1 StPO („Erachtet der Richter den Angeschuldigten nicht für hinreichend verdächtig, so lehnt er den Erlaß eines Strafbefehls ab.“) scheint auf den ersten Blick dafür zu sprechen, einen hinreichenden Tatverdacht für den Erlass eines Strafbefehls ausreichen zu lassen, allerdings wird gegen einen Umkehrschluss aus dieser Vorschrift zum einen angeführt, dass sie vom Gesetzgeber lediglich zur Klarstellung der damaligen

---

811 Vgl. SK-StPO/*Weßlau/Degener* Vor §§ 407 ff. Rn. 15 f.; gegen die Verwendung des Begriffs der Überzeugung im Zusammenhang mit Strafbefehlen *Schaal*, in: GS Meyer, 427, 442.

812 SK-StPO/*Weßlau/Degener* Vor §§ 407 ff. Rn. 15.

813 Gercke u.a. StPO/*Brauer* § 407 Rn. 2; vgl. auch *Schaal*, in: GS Meyer, 427, 430; vgl. *Burkhard*, Der Strafbefehl im Steuerstrafrecht, S. 136 f.

814 Vgl. *Erbe*, Zum Wesen des Strafbefehls, S. 174.

815 *Deiters*, ZStW 130 (2018), 491, 492.

816 SK-StPO/*Weßlau/Degener* Vor §§ 407 ff. Rn. 14.

817 SK-StPO/*Weßlau/Degener* Vor §§ 407 ff. Rn. 14; vgl. auch das Sondervotum in EGMR NJW 1993, 717, 718 f.

Rechtslage eingeführt worden sei[818,819] Zudem gebe die Norm nur zum Ausdruck, was geschehen solle, wenn kein hinreichender Tatverdacht vorliege.[820]

Gegen das Argument, die erste Ansicht könne die Unterwerfungskomponente des Strafbefehlsverfahrens nicht erklären, wird angeführt, dass ohnehin weniger eine Unterwerfung anstatt eines Verzichtes auf Wehr stattfinde: Aber auch eine Unterwerfung allein könne einen Strafbefehl nicht legitimieren, da keine positive Zustimmung erfolge, sondern lediglich auf eine Verteidigung verzichtet werde.[821]

Gegen den Vorwurf, das Fehlentscheidungsrisiko werde dem Beschuldigten aufgebürdet, wird angeführt, dass dies nicht der Fall sei, da auch hier der Amtsermittlungsgrundsatz gelte.[822]

d) *Stellungnahme*

Der Wortlaut des § 408 Abs. 2 Satz 1 StPO darf nicht dahingehend verstanden werden, dass für den Erlass eines Strafbefehls lediglich ein hinreichender Tatverdacht ausreichend sein soll. Denn der rechtskräftige Strafbefehl zeitigt, genau wie ein rechtskräftiges Urteil, durch die vollstreckbare Verurteilung erhebliche Folgen für den Beschuldigten. Aus der Gleichstellung des Strafbefehls mit einem Urteil in § 410 Abs. 3 StPO folgt daher, dass auch die Anforderungen an einen Strafbefehlserlass in bestimmter Hinsicht denen eines Urteils entsprechen müssen. Insbesondere gilt es, den rechtsstaatlichen Schuldgrundsatz zu wahren, dem zufolge jede Verurteilung nur auf Grund der festgestellten Schuld des Angeklagten erfolgen darf[823]. Da auch der Strafbefehl einen Schuldspruch beinhaltet, liefe es diesem Grundsatz zuwider, hier unter anderen Voraussetzungen strafen und letztlich auch vollstrecken zu können. Und auch die Möglichkeit eines Einspruchs ändert an dieser Auffassung nichts, da die

818 BT-Drs. 10/1313, S. 35.

819 *Rieß*, JR 1988, 133 f.; LR/*Gössel* Vor § 407 Rn. 34; *Maleika*, Freiheitsstrafe und Strafbefehl, S. 93.

820 KK-StPO/*Maur* § 408 Rn. 15; vgl. auch BT-Drs. 10/1313, S. 35.

821 Der Verzicht auf einen Einspruch habe nicht den Erklärungswert eines Geständnisses, *Esser*, StV 2007, 235, 238; so auch *Eser*, JZ 1966, 660, 666; *Hutzler*, Ausgleich struktureller Garantiedefizite, Rn. 442; *Meurer*, JuS 1987, 882, 884; MüKoStPO/*Eckstein* § 407 Rn. 16; *Müller*, Das Strafbefehlsverfahren, S. 132.

822 KMR/*Metzger* Vor § 407 Rn. 24.

823 BVerfG NJW 2013, 1058, 1060; NJW 1987, 2427; NJW 1959, 619; zum Schuldprinzip siehe auch *Adam/Schmidt/Schuhmacher*, NStZ 2017, 7.

Festsetzung von keiner anderen positiven Voraussetzung abhängig ist, sondern vielmehr mit reinem Zeitablauf rechtskräftig wird.[824]

Erforderlich ist daher, dass der Richter davon überzeugt ist, dass der Beschuldigte die Tat wie in den Akten dargestellt begangen hat und dass alle für die Schuld- und Straffrage relevanten Aspekte vorliegen, aufgrund derer die Straffestsetzung erfolgen kann. Hierin liegt auch kein Widerspruch zu der Entscheidung der Staatsanwaltschaft, die einen Strafbefehl bei hinreichendem Tatverdacht beantragt, weil Richtern und Staatsanwälten im Strafbefehlsverfahren verschiedene Aufgaben zukommen.[825] Der Begriff der Überzeugung kann logischerweise nicht derselbe wie in § 261 StPO sein, der eine Überzeugungsbildung aufgrund persönlicher Eindrücke in der Hauptverhandlung vorsieht[826]. Denn das Strafbefehlsverfahren wird durch andere Eigenschaften charakterisiert als das reguläre Verfahren mit einer Hauptverhandlung. Diesen spezifischen Eigenschaften muss Rechnung getragen und der Begriff der Überzeugung entsprechend dahingehend modifiziert werden, dass die Überzeugung nicht in einer Hauptverhandlung, sondern aufgrund der Aktenlage gewonnen wird.[827] Wenn aber identische Anforderungen wie an § 261 StPO im regulären Verfahren gestellt würden, könnte das Strafbefehlsverfahren seine Funktion als beschleunigtes Verfahren nicht erfüllen.

Stattdessen nur einen hinreichenden Tatverdacht zu fordern, ist aber nicht der richtige Weg. Das Rechtsstaatsprinzip erfordert auch in einem beschleunigten Verfahren, einer Verurteilung einen Schuldnachweis vorzuschalten. Dieser muss – den Eigenarten des Verfahrens entsprechend – die zugrundeliegenden Informationen so weit wie möglich erschöpfen. Die Schuld des Täters muss also mit der größtmöglichen Wahrscheinlichkeit angenommen werden, die im Rahmen des betreffenden Verfahrens erreicht werden kann. Diese Anforderungen sind jedoch nicht erfüllt, wenn der geforderte Grad der Wahrscheinlichkeit hinter dem höchstmöglich zu erreichenden und einer Sicherheit am nächsten

---

824 Vgl. auch MüKoStPO/*Eckstein* § 407 Rn. 14, der es für verfehlt hält, den rechtskräftig werdenden Strafbefehl für eine vorläufige Entscheidung zu halten.

825 *Vivell*, Strafbefehlsverfahren nach § 408a, S. 55; *Müller*, Das Strafbefehlsverfahren, S. 77; *Erbe*, Zum Wesen des Strafbefehls, S. 175 f. mit der Begründung, dass der richterlichen Überzeugungsbildung zunächst die Prüfung eines hinreichenden Tatverdachts vorausgehe.

826 MüKoStPO/*Miebach* § 261 Rn. 51.

827 Siehe zur Frage, ob darüber hinaus auch ein zumindest eingeschränkter persönlicher Eindruck durch eine vorherige Anhörung des Beschuldigten erforderlich wäre, unter 2.

kommenden zurückbleibt. Denn die Legitimation des Strafbefehlsverfahrens kann tatsächlich nicht allein durch den Verzicht des Angeklagten auf eine Verteidigung legitimiert werden.[828]

Zwar kann sich dieser Verzicht auch auf verschiedene (verletzte) Verfahrensprinzipien beziehen – so seien etwa die Prinzipien der Mündlichkeit des Verfahrens und der Unmittelbarkeit der Beweisaufnahme problemlos zur Disposition des Beschuldigten zu stellen, da sie im Falle einer einfachen und klaren Beweislage nicht erforderlich dafür seien, dass der Richter sich eine Überzeugung bilden könne, nicht hingegen aber könne der Grundsatz der Öffentlichkeit zur Disposition stehen, der eine Kontrollfunktion innehabe.[829] Ein wirksamer Verzicht würde aber jedenfalls eine aktive Verzichtserklärung des Angeklagten voraussetzen[830], die nicht gegeben ist, wenn der Angeklagte einen Einspruch aus anderen Gründen als der Zustimmung unterlässt.

Eine Überzeugung zu fordern ist auch insbesondere deshalb notwendig, weil nur so folgendem wichtigen rechtsstaatlichen Entscheidungsgrundsatz Rechnung getragen[831] wird: Der Grundsatz in dubio pro reo besagt, dass bei Zweifeln an der Richtigkeit festgestellter Tatsachen, die nach Erhebung der Beweise weiterhin bestehen, so ausgelegt werden muss, wie es für den Angeklagten günstiger ist.[832] Das bedeutet, dass gerade auch beim Strafbefehlsverfahren[833], bei dem es nicht um die Eröffnung des Hauptverfahrens und der Anberaumung einer Hauptverhandlung geht, in der der Angeklagte nochmals gehört wird, sondern um den Erlass einer gegebenenfalls endgültigen Entscheidung mit urteilsgleicher Wirkung, der Richter diesen nicht erlassen darf, wenn er den Sachverhalt nicht für wahr hält.

---

828 Der Verzicht auf einen Einspruch habe auch nicht den Erklärungswert eines Geständnisses, *Esser*, StV 2007, 235, 238; so auch *Eser*, JZ 1966, 660, 666; *Meurer*, JuS 1987, 882, 884; MüKoStPO/*Eckstein* § 407 Rn. 16; *Müller*, Das Strafbefehlsverfahren, S. 132; vgl. *Hutzler*, Ausgleich struktureller Garantiedefizite, Rn. 442.

829 *Hutzler*, Ausgleich struktureller Garantiedefizite, Rn. 456, 469; a. A. bzgl. des Öffentlichkeitsgrundsatzes *Müller*, Das Strafbefehlsverfahren, S. 136 f.

830 Die zudem eindeutig und vorbehaltslos sein müsse, LG Frankfurt a.M., Beschl. v. 12.10.2020 – 5/30 Qs 42/20; *Hutzler*, Ausgleich struktureller Garantiedefizite, Rn. 467.

831 Einen Verstoß gegen die Unschuldsvermutung sehen bei nur einem hinreichenden Tatverdacht *Ambos*, Jura 1998, 281, 288; ebenso *Rieß*, JR 1988, 133 f.

832 Vgl. BVerfG NJW 1988, 477; vgl. BVerfG MDR 1975, 468, 469; BGH NStZ 2010, 102, 103; KK-StPO/*Ott* § 261 Rn. 63.

833 Denn der Zweifelsgrundsatz gilt auch hier, *Ebert*, Der Tatverdacht im Strafverfahren, S. 247 f.

Der Grundsatz ist aber nicht verletzt, wenn der Richter hätte zweifeln müssen, sondern nur, wenn er verurteilt, obwohl er zweifelt.[834] Wenn also auf den Nachweis der Schuld verzichtet wird und ein hinreichender Tatverdacht genügt, dann kann der Richter das Zutreffen der in den Akten festgehaltenen Umständen für überwiegend wahrscheinlich halten[835] und zumindest auf dieser Grundlage den Strafbefehl erlassen – auch wenn er die Feststellungen gerade nicht für so sicher hält, dass ihm gar keine vernünftigen Zweifel aufkommen.[836] Denn solange ernsthafte Zweifel an der Täterschaft oder Schuld des Angeklagten bestehen, weil der Richter den Sachverhalt nicht für wahr hält, sondern beispielsweise nur für die plausibelste von verschiedenen realistischen Möglichkeiten, fehlt es an der zur Verurteilung notwendigen richterlichen Überzeugung.[837] In den Fällen, in denen ein Richter somit aufgrund eines hinreichenden Tatverdachts zugunsten des Strafbefehls entscheidet, obwohl er einige konkrete Restzweifel hat, verstößt er gegen den Grundsatz in dubio pro reo. Und da, wie auch noch genauer festzustellen sein wird[838], die Richter aufgrund des Zeitmangels oftmals nicht imstande sind, gründlich zu prüfen, liegt es sehr nahe, dass sie von der Richtigkeit des Strafbefehlserlass häufig nicht völlig überzeugt sind und gegebenenfalls sogar auf den Einspruch des Angeklagten hoffen[839].

Auf eine solche unzureichende Prüfung deuten tendenziell auch die Ergebnisse der Befragung der Strafrichter des Amtsgerichts Tiergarten hin. 35 (89,7 %) der antwortenden Richter gaben an, dass ihnen für die Prüfung des Strafbefehlsantrags weniger als 25 Minuten zur Verfügung stünden, lediglich vier (10,2 %), dass sie dafür mehr als 25 Minuten aufwenden könnten. Diese Zeit, die ihnen zur Prüfung zur Verfügung steht, halten dabei 24 der Befragten für „ausreichend" (61,5 %), 13 für „zu knapp" (33,3 %) und zwei für „völlig unzureichend" (5,1 %). Mit 48,7 % gab allerdings fast die Hälfte der Richter

---

834 BVerfG NJW 1988, 477; BVerfG MDR 1975, 468, 469; KK-StPO/*Ott* § 261 Rn. 64; krit. *Freund*, in: FS Meyer-Goßner, 409, 425 Fn. 47.

835 Vgl. BGH StV 2001, 579, 580; vgl. KK-StPO/*Moldenhauer* § 170 Rn. 3.

836 BGH NJW 1980, 2423, 2424; BGH, Beschl. v. 19.06.2008 – 1 StR 217/08, bei *Cierniak/Zimmermann*, NStZ-RR 2011, 225, 227, Nr. 56; MüKoStPO/*Miebach* StPO § 261 Rn. 57; was aber erforderlich wäre, MüKoStPO/*Eckstein* § 407 Rn. 15.

837 MüKoStPO/*Miebach* § 261 Rn. 52.

838 Siehe unter II. 1. a).

839 SK-StPO/*Weßlau/Degener* Vor §§ 407 ff. Rn. 6 vermutet als Grund für die hohe Erlassquote u.a., dass die Richter davon ausgehen könnten, dass der Angeklagte bei fehlerhafter Entscheidung Einspruch einlegen könne.

an, dass die Strafbefehlsanträge bei mehr zur Verfügung stehender Zeit eingehender geprüft würden. Diese beiden Ergebnisse scheinen sich teilweise zu widersprechen, denn es gibt eine 10 %-ige Überschneidung derjenigen Richter, die sowohl angaben, die zur Verfügung stehende Zeit genügte, als auch, dass bei mehr Zeit genauer geprüft würde. Dies zeigt, dass einige der Richter die verfügbare Zeit auch dann als ausreichend betrachten, wenn bei mehr Zeit eine genauere Prüfung möglich wäre. Noch deutlicher wird dies bei Betrachtung der Einschätzungen bezüglich der Aussage, dass, sofern der Strafbefehl nur noch bei richterlicher Überzeugung und nicht mehr schon bei hinreichendem Tatverdacht erlassen werden könnte, es vermehrt zur Anberaumung einer Hauptverhandlung kommen würde. Diese Aussage hielten sieben der antwortenden Richter für „nichtzutreffend", vier für „eher nichtzutreffend", drei für „halb zutreffend", 13 für „eher zutreffend" und zwölf für „voll zutreffend". Insgesamt 64,1 % gaben mithin an, dass es einen Unterschied machte, wenn eine richterliche Überzeugung für den Erlass eines Strafbefehls gefordert würde.[840] Diese Erkenntnis könnte – vorsichtig interpretiert – auch durch die Anmerkung eines der im Rahmen der Befragung der Berliner und Bremer Verteidiger[841] befragten Verteidiger gestützt werden, der angab, dass die Richter in der auf den Einspruch folgenden Hauptverhandlung bei Strafbefehlen mitunter auch offener wären, weil sie – womöglich aus schlechtem Gewissen – mit der Sache bislang nur oberflächlich befasst gewesen wären. Denn dies würde für die betreffenden Fälle zumindest zeigen, dass die Richter von der Richtigkeit des Strafbefehls selbst nicht überzeugt und sehr bereit dazu waren, ihre Entscheidung auf einen Einspruch hin abzuändern.

Die Schwäche, die dem Strafbefehlsverfahren durch das Ausreichen eines hinreichenden Tatverdachts anlastet, scheint mithin gravierend zu sein. In vielen Fällen würden die Richter einen Strafbefehlsantrag bei mehr zur Verfügung stehender Zeit und dem Erfordernis einer Überzeugung genauer prüfen, sodass bei der Prüfung lediglich eines hinreichenden Tatverdachts das Risiko für Fehlentscheidungen erheblich größer ist.

Die Theorie, die eine richterliche Überzeugung voraussetzt, steht auch mit dem Zweifelsgrundsatz in Einklang – denn hier darf der Richter die Strafe nur

840 In diesem Sinne auch *Loos*, in: FS Küper, 313, 326 f., der aus psychologischer Sicht Unterschiede zwischen den beiden Verdachtsgraden sieht und eine Motivationsänderung für den Fall erwartet, dass eine Schuldüberzeugung bereits normativ gefordert würde.

841 Zur Befragung siehe unter A. I.

dann festsetzen, wenn ihm selbst keine vernünftigen Zweifel an der Richtigkeit aufkommen und er den festgestellten Sachverhalt nach seiner subjektiven Einschätzung für nicht weniger als wahr hält.

Was die Unterwerfungstheorie, die einen hinreichenden Tatverdacht für ausreichend erachtet, anbetrifft, ist zudem auch zu fragen, ob eine Unterwerfung überhaupt in die Konzeption eines modernen Strafverfahrens passt. Im amerikanischen Strafprozess beispielsweise kann ein Schuldnachweis unter Verzicht auf ein kontradiktorisches Beweisverfahren auch durch ein Schuldbekenntnis („plea of guilty") erbracht werden.[842] Im deutschen Strafprozess hingegen ist Voraussetzung für Schuldspruch und Strafe der erbrachte Schuldnachweis. Selbst für eine Einstellung nach den §§ 153, 153a StPO ist zumindest ein hinreichender Tatverdacht erforderlich.[843] Der Schuldnachweis kann zwar auch anhand eines Geständnisses des Angeklagten erfolgen. Dieses ist aber Beweismittel und auf seine Glaubhaftigkeit zu überprüfen.[844] Es ist nicht vorgesehen, dass sich einer Strafe ohne tragfähige Beweise schlicht unterworfen wird.[845] Denn dies würde einen Verstoß gegen die Unschuldsvermutung aus Art. 6 Abs. 2 EMRK darstellen.[846] Insofern entspricht die Konstruktion einer Straffestsetzung durch Unterwerfung, ohne dass ein gesetzlicher Schuldnachweis geführt wird[847], von dem der Richter überzeugt ist, nicht der Idee des modernen Strafverfahrens.

Die Unterwerfungstheorie geht davon aus, dass sich der Angeklagte durch das Unterlassen eines Einspruchs unterwerfe und dabei auf diesen vollen Schuldnachweis verzichte und die im Strafbefehl getroffenen Feststellungen und Festsetzungen akzeptiere.[848] Mithin stellt sich noch viel entscheidender die Frage, ob es sich bei dem Unterlassen eines Einspruchs statt um eine Unterwerfung nicht um einen Verzicht auf ein Wehren[849] oder gar um eine konsensuale

---

842 SK-StPO/*Weßlau/Degener* Vor §§ 407 ff. Rn. 14; *Ransiek*, ZIS 2008, 116.

843 BVerfG NStZ-RR 1996, 168; MüKoStPO/*Peters* § 153a Rn. 8; MüKoStPO/*Peters* § 153 Rn. 16.

844 Siehe dazu auch im 3. Teil, B. IV. 1. c), 3. a).

845 Vgl. *Friedlaender*, ZStW 18 (1898), 495, 516; vgl. *Kohlhaas*, JuS 1966, 403, 404 f.; vgl. *Rieß/Hilger*, NStZ 1987, 204 Fn. 261.

846 SK-StPO/*Weßlau/Degener* Vor §§ 407 ff. Rn. 14; vgl. auch das Sondervotum in EGMR NJW 1993, 717, 718 f.

847 SK-StPO/*Weßlau/Degener* Vor §§ 407 ff. Rn. 14.

848 Vgl. *Schlüchter*, Das Strafverfahren Rn. 787.1; vgl. *Schaal*, in: GS Meyer, 427, 434 f.

849 Der Verzicht auf einen Einspruch habe auch nicht den Erklärungswert eines Geständnisses, *Esser*, StV 2007, 235, 238; so auch *Eser*, JZ 1966, 660, 666; *Meurer*, JuS 1987, 882, 884; MüKoStPO/*Eckstein* § 407 Rn. 16; *Müller*, Das

Zustimmung des Angeklagten handelt und gerade aus letzterem Grund geringere Anforderungen an den Grad der richterlichen Überzeugungsbildung zulässig sein könnten. Für die Legitimierung eines Strafbefehls wäre jedenfalls ein Verzicht auf Verteidigung – wie bereits angemerkt – nicht ausreichend; vielmehr wäre eine positive Zustimmung erforderlich.[850]

Dies wird umso relevanter, wenn vor dem Strafbefehlsantrag sogar eine Absprache getroffen wurde. An dieser Stelle stellt sich dann die Frage, ob eine Strafe dadurch legitimiert werden kann, dass ein Konsens zwischen den Verfahrensbeteiligten besteht, was wiederum voraussetzen würde, dass der volle Nachweis der Schuld disponibel ist.[851]

Ein Verzicht auf eine Verteidigung ist mit einer Zustimmung nicht gleichzusetzen. Eine Zustimmung beinhaltet zwar immer auch den Verzicht auf Widerstand, aber umgekehrt ist dies nicht der Fall. Sofern der Angeklagte die im Strafbefehl erhobenen Vorwürfen für zutreffend erachtet, kann von einer Zustimmung und einem Konsens zwischen den Verfahrensbeteiligten gesprochen werden. In diesen Fällen wäre es möglicherweise vertretbar, auf erhöhte Anforderungen an den Schuldnachweis und den Grad der richterlichen Überzeugung zu verzichten.

Die komplexe Frage, ob der volle Schuldnachweis im deutschen Strafprozess zur Disposition der Verfahrensbeteiligten steht, kann an dieser Stelle nicht ausführlich behandelt werden.[852] Es soll aber das Folgende gesagt sein: Sofern darauf verzichtet wird, umfassend Beweise zu erheben, die die Schuld des Angeklagten nachweisen, ist das Risiko fehlerhafter Entscheidungen stark erhöht. Gerade im Zusammenhang mit Absprachen, in deren Rahmen ein Geständnis abgelegt wird, stellt dies ein erhebliches Defizit dar. Die Angemessenheit einer Strafe ist nur bestmöglich gewährleistet, wenn die ihr zugrundeliegenden Feststellungen objektiv nachgewiesen sind und nicht lediglich auf einem Konsens der Beteiligten beruhen. Das Feststellen der Schuld nach objektiven Maßstäben ist mithin auch aus rechtsstaatlichen Gründen erforderlich. Ansonsten droht

---

Strafbefehlsverfahren, S. 132; vgl. *Hutzler*, Ausgleich struktureller Garantiedefizite, Rn. 442.

850 *Meurer*, JuS 1987, 882, 884; vgl. MüKoStPO/*Eckstein* § 407 Rn. 16; vgl. *Hutzler*, Ausgleich struktureller Garantiedefizite, Rn. 467; *Müller*, Das Strafbefehlsverfahren, S. 132 hingegen hält auch ein Einverständnis für unzureichend.

851 SK-StPO/*Weßlau/Degener* Vor §§ 407 ff. Rn. 14, allerdings wurde diese Problematik bisher wenig geklärt.

852 Siehe dazu *Staudinger*, Welche Folgen hat die Unschuldsvermutung im Strafprozess?, S. 152 ff. m.w.N.

die Anzahl schuldunangemessener Strafen zu steigen, da das Ergebnis eines Strafverfahrens vom subjektiven Willen der Parteien abhängen würde. Soll diese Fehlentscheidungen begünstigende Entwicklung nicht vorangetrieben werden, darf der Nachweis der Schuld, anders als in einfach gelagerten Fällen etwa die Grundsätze der Mündlichkeit und Unmittelbarkeit[853], nicht zur Disposition der Verfahrensbeteiligten gestellt werden.

Eine innerliche Zustimmung des Angeklagten zu den Vorwürfen kann zudem auch aus anderen Gründen vorliegen, etwa weil er erkennt, dass die Vorwürfe hinter den tatsächlich begangenen Taten zurückbleiben oder die Akzeptanz des Strafbefehls für ihn insgesamt mit weniger Unannehmlichkeiten verbunden ist. In diesen Fällen ist es nicht zulässig, eine Straffestsetzung durch eine Zustimmung zu legitimieren. Denn dies würde, wie soeben angesprochen, die Gefahr fehlerhafter Entscheidungen erheblich erhöhen.

Nicht zuletzt, weil die letztgenannten Fälle aus staatlicher Perspektive nicht von den ersteren unterschieden werden können, sollten in keinem Fall geringere Anforderungen an den Grad der richterlichen Überzeugung bezüglich der Schuld hingenommen werden. Der Richter muss den Inhalt der Akten genau prüfen und durch die angeführten Beweise davon überzeugt sein, dass die Schuld des (dann) Angeklagten nachgewiesen wurde und nicht nur überwiegend wahrscheinlich ist. Ist er dies nicht, darf er keinen Strafbefehl erlassen.

e) Zwischenergebnis

Das Risiko für einen fehlerhaften Strafbefehl ist an dieser Stelle mithin erhöht, weil nach der praktischen Handhabung der Gerichte ein hinreichender Tatverdacht für den Erlass des Strafbefehls ausreicht. Diese Fehlerquelle ist bereits im Gesetzestext angelegt, weil nicht ausdrücklich klargestellt wird, dass höhere Anforderungen an die Wahrscheinlichkeit zu stellen sind. Im Vergleich zum regulären Verfahren ist die Gefahr einer Fehlentscheidung hier vor allem deshalb erhöht, weil keine aufklärende Hauptverhandlung mehr erfolgt, sofern der Angeklagte keinen Einspruch einlegt. Die Entscheidung ergeht damit zum einen auf einer unsichereren Tatsachengrundlage, zum anderen wird nicht gefordert, dass der Richter kompensierend noch weniger Zweifel haben darf.

2. Fehlender Kontakt zum Beschuldigten

Jemanden zu verurteilen, ohne ihn zuvor persönlich vor Augen gehabt und sich ein Bild von seiner Persönlichkeit und seinen Umständen gemacht zu haben,

---

853 *Hutzler*, Ausgleich struktureller Garantiedefizite, Rn. 456, 469.

kann die Entscheidung anders ausfallen lassen, als sie mit der persönlichen Vorstellung des Beschuldigten ausgefallen wäre. Die Gefahr einer fehlerhaften Entscheidung, die insbesondere von § 407 Abs. 3 StPO ausgeht, ist daher groß. Auch das Bundesverfassungsgericht ist der Auffassung, dass „[d]ie Rechtsfindung des Strafrichters allein auf der Grundlage des Akteninhalts und nicht nach der im ordentlichen Verfahren gebotenen umfassenden richterlichen Sachaufklärung in der Hauptverhandlung [...] eine erheblich größere Gefahr fehlerhafter Beurteilung der Tat [birgt]."[854] Zudem „fehlt dem Richter im Unterschied zum ordentlichen Strafverfahren, in dem er seine Überzeugung aus dem Inbegriff der Hauptverhandlung gewinnt (§ 261 StPO), die Möglichkeit, den Unrechts- und Schuldgehalt der Tat gem. §§ 264, 265 StPO frei und umfassend zu ermitteln und so das öffentliche Interesse an einer gerechten Entscheidung uneingeschränkt zu wahren."[855]

Auch bezüglich der für die Strafzumessung relevanten Aspekte des § 46 StGB muss sich der Richter auf den polizeilich ermittelten Kenntnisstand der Staatsanwaltschaft verlassen; diesbezüglich kann es dazu kommen, dass nicht jeder relevante Aspekt berücksichtigt wird. Zwar ist der Beschuldigte nach § 163a Abs. 1 Satz 1 StPO bis zum Abschluss der Ermittlungen zu hören, allerdings setzt diese Vorschrift zum einen keine Anhörung durch die Staatsanwaltschaft selbst voraus, sondern lässt eine Vernehmung durch die Polizei genügen.[856] Zum anderen kommt es durchaus vor, dass der Beschuldigte zuvor gar nicht gehört wurde, etwa weil ihm lediglich nach § 163a Abs. 1 Satz 2 StPO (auf schriftlichem Wege) die Möglichkeit eingeräumt wurde, sich schriftlich zu äußern[857], welche er aber nicht wahrgenommen hat. Denn wie bereits festgestellt erhält der Beschuldigte hierbei ein Schreiben von der Polizei, in dem ihm stichwortartig vorgeworfen wird, eine Straftat begangen zu haben. Er kann dann, ohne genauere Angaben und ohne den Stand der Ermittlungen zu kennen, schriftlich auf einem beigefügten Äußerungsbogen dazu Stellung beziehen. Es wird

---

854 BVerfG NJW 1984, 604, 605; auch *Kaiser/Meinberg*, NStZ 1984, 343, 345 zufolge werde jeder Praktiker bestätigen, dass ein Beschuldigter im Prozess erheblich anders wirken könne als in den Akten; so auch die Angabe des befragten StA B1 auf Frage 39, siehe sogleich.

855 BVerfG NJW 1984, 604, 605.

856 KK-StPO/*Griesbaum* § 163a Rn. 6.

857 *Maleika*, Freiheitsstrafe und Strafbefehl, S. 14, 119, 160; zudem bestehe mangels vorgesehener förmlicher Zustellung die Gefahr, dass der Beschuldigte die Aufforderung zur schriftlichen Stellungnahme gar nicht erhalten habe, *Hutzler*, Ausgleich struktureller Garantiedefizite, Rn. 184.

darauf hingewiesen, dass sämtliche Angaben freiwillig sind, gerade auch solche zu beruflichen oder wirtschaftlichen Verhältnissen, ohne dass erläutert wird, dass diese Angaben für eine korrekte Sanktionsbemessung erforderlich sind. Sofern sich der Beschuldigte nicht innerhalb von zwei Wochen zum Vorwurf äußert, wird davon ausgegangen, dass er sich nicht äußern will.[858]

Auch die Befragung der Strafverteidiger ergab an dieser Stelle, dass Strafbefehle regelmäßig beantragt werden, ohne dass zuvor eine Anhörung nach § 163a StPO erfolgte[859]: So gaben 17 Verteidiger an, dass Strafbefehle „sehr häufig" (27 %) ohne eine solche vorherige Anhörung beantragt würden, zwölf gaben hier „häufig" (19 %), 17 „manchmal" (27 %), 13 „selten" (20,6 %) und nur vier „nie" (6,3 %) an. Nur 27 % gaben mithin an, dass eine solche Anhörung in aller Regel erfolgte.

Von den befragten Richtern hingegen gaben auf die Frage, wie häufig Strafbefehle beantragt werden, ohne dass zuvor eine Anhörung nach § 163a StPO erfolgte, drei Richter „manchmal", 19 „selten" (50 %) und 16 „nie" (42,1 %) an. Der Eindruck, der bei den Richtern besteht, fällt damit eindeutiger als der der Strafverteidiger zugunsten einer häufigen vorherigen Anhörung aus. Dennoch machten 46 % der Verteidiger die Erfahrung, dass eine Anhörung nach § 163a StPO vor vielen Strafbefehlsanträgen nicht oder selten durchgeführt wird. Woran dieser erhebliche Unterschied bei den Antworten liegt, ist nicht erkennbar. Zu vermuten ist, dass ein Teil der Richter bereits die eingeräumte Anhörungsmöglichkeit bei der Beantwortung dieser Frage als Anhörung wertete.

Darauf deutet auch die besonders interessante Anmerkung eines Richters, der berichtete, dass nach Aktenlage fast immer rechtliches Gehör durch Angebot eines Vernehmungstermins beziehungsweise eine schriftliche Äußerungsmöglichkeit gewährt würde, was nur sehr selten von Polizei oder der Staatsanwaltschaft vergessen würde. Gelegentlich stellte sich allerdings nachträglich heraus, dass dies ins Leere gegangen wäre (zum Beispiel bei erst nachträglich bekannt gewordenen Anschriftenänderungen). Insofern ist ein Vermerk über eine Anhörung in den Akten keine Garantie dafür, dass die Anhörung auch tatsächlich erfolgt ist.

In den Experteninterviews mit den Berliner Staatsanwälten gaben diese in diesem Zusammenhang zum einen an, dass der Beschuldigte vor Beantragung

---

858 Ein entsprechendes Schreiben ist im Anhang abgedruckt.

859 Gemeint sind dabei sowohl die (weniger häufigen) Fälle, in denen dem Beschuldigten keine Anhörungsmöglichkeit gewährt wurde, sowie die Fälle, in denen er sie nicht wahrgenommen hat.

jedes Strafbefehls angehört würde (Frage 5, B1–B6). Im Bereich der normalen Kriminalität erhielte der Beschuldigte zu diesem Zweck ein Anhörungsschreiben samt Rechtsbelehrung und Fristsetzung (B1). Der Beschuldigte würde aber nicht konkret dazu angehört, dass sein Fall durch Strafbefehl erledigt werden könnte (B1, B2, B6). Die Gewährung rechtlichen Gehörs erfolgte zumeist von der Polizei, sofern der Beschuldigte verteidigt wäre, zumeist über eine Akteneinsicht durch den Verteidiger (B2) und in der Regel schriftlich (B5, B6).

Allerdings antworteten die Staatsanwälte B2, B3, B4, B5 und B6 auf die Frage, ob es häufig vorkommt, dass Beschuldigte die ihnen (gem. § 163a StPO) eingeräumte Anhörungsmöglichkeit nicht wahrnehmen (Frage 6), entschieden mit Ja. B1 und B3 gaben zudem an, dass dies auch vom Deliktsfeld abhängig wäre, B3 schätzte, dass sich je nach Deliktsfeld etwa ein Drittel der Beschuldigten nicht äußerten. B4, B5 und B6 gaben an, dass dies sehr häufig der Fall wäre. B5 berichtete zudem von der Besonderheit der komplexen Wirtschaftsstrafverfahren, bei denen der Ausgang des Ermittlungsverfahrens häufig gar nicht klar wäre. Der oftmals beauftragte Verteidiger wünschte zunächst Akteneinsicht, und oft würde dann nicht Stellung genommen oder vielleicht eine schriftliche Stellungnahme für den Mandanten abgegeben. B6 berichtete, dass eine Reaktion oftmals erst auf den Strafbefehl käme. Erst bei Festsetzung einer konkreten Geldstrafe durch das Gericht würde dann öfter Einspruch eingelegt, als sich zuvor bei der Staatsanwaltschaft gemeldet.[860]

Demnach bestätigen die Angaben der Staatsanwälte die Annahme, dass es regelmäßig an vorherigem Kontakt zu dem Beschuldigten fehlt.

Dass die Folgen dieses fehlenden Kontakts gravierend sein können, zeigt die Schilderung von B1 (Frage 39): „[…] Also eins kann ich Ihnen wirklich sagen, dass Leute nach Papierform immer ganz anders sind, als wenn Sie sie in der Hauptverhandlung erleben. Das ist für mich eigentlich auch die größte Schwäche des Strafbefehlsverfahrens. Das geht in der Masse nicht anders, wir sind auf den Strafbefehl angewiesen, ist ein tolles Instrument, aber Sie haben, wenn Sie reingehen ins Gericht, immer wen ganz anders dasitzen, als das, was Sie nach Aktenlage erwarten."

Unter Umständen ist also auch der Staatsanwaltschaft mangels vorheriger tatsächlich erfolgter Anhörung nicht jedes für die richterliche Entscheidung relevante Detail bekannt. Eine vollständige Aufklärung des Falles ist aufgrund des Ausreichens eines hinreichenden Tatverdachts zur Anklageerhebung auch nicht zwingend für den Abschluss des Ermittlungsverfahrens erforderlich.

---

860 Antwort auf Frage 7.

Gerade beim Strafbefehlsverfahren, in dem keine erneute Aufarbeitung des Sachverhalts durch eine Hauptverhandlung erfolgt, wäre dies aber von besonderer Bedeutung. Hier wäre es insbesondere auch erforderlich, dass sich die Staatsanwaltschaft im Rahmen der Feststellungen zur Person ein genaueres persönliches Bild vom Beschuldigten macht, welches sie den Unterlagen beifügt und der Richter in seiner Entscheidung berücksichtigen kann. Damit wäre die richterliche Entscheidung, die teilweise schon auf einer Grundlage aus zweiter Hand ergeht, zuverlässiger. Auf diese Weise könnten den Schuldspruch oder die Höhe der Strafe betreffende Fehlentscheidungen besser vermieden werden.

Aufgrund des fehlenden persönlichen Kontakts zum Beschuldigten durch den Richter und des dadurch bestehenden Mangels an rechtlichem Gehör hat der Beschuldigte zudem keine Möglichkeit, die Vorwürfe zu entkräften. Dies gilt insbesondere deshalb, weil er beispielsweise nach § 163a StPO schon zu Beginn der Ermittlungen gehört wird, und so nur zu den bis dahin bekannten Tatsachen Stellung nimmt[861], oder sogar gar nicht gehört wurde, etwa weil er die ihm nach § 163a Abs. 1 Satz 2 StPO eingeräumte Möglichkeit einer schriftlichen Stellungnahme nicht wahrgenommen hat. Dieser Mangel kann auch durch einen späteren Einspruch nicht mehr behoben werden, da nicht geprüft wird, ob die frühere gerichtliche Entscheidung korrekt war – auch ergeht keine weitere Entscheidung darüber, ob eine Hauptverhandlung anzuberaumen ist.[862]

Die Systemvorgabe in § 407 Abs. 3 StPO führt dazu, dass die ernstzunehmende Gefahr einer fehlerhaften Entscheidungsgrundlage besteht.

3. *Einräumung rechtlichen Gehörs*

Die Möglichkeit, nach § 202 StPO ergänzende Beweise zu erheben, gilt auch im Strafbefehlsverfahren. Demnach kann der Richter für den Fall, dass er die Entscheidungsgrundlage in den Akten für defizitär erachtet, punktuell eigene Nachermittlungen anstellen. Als solche kommt insbesondere auch die Anhörung des Beschuldigten in Betracht.[863] Dies ist allerdings nicht obligatorisch und scheint in der Praxis zudem die seltene Ausnahme zu sein: Im Rahmen der Befragung

---

861 KK-StPO/*Griesbaum* § 163a Rn. 7; *Maleika*, Freiheitsstrafe und Strafbefehl, S. 160 f.: Die Anhörung finde meistens in einem frühen Stadium statt; *Hutzler*, Ausgleich struktureller Garantiedefizite, Rn. 194.

862 *Hüls*, Polizeiliche und staatsanwaltschaftliche Ermittlungstätigkeit, S. 156.

863 *Böttcher/Mayer*, NStZ 1993, 153, 156; *Maleika*, Freiheitsstrafe und Strafbefehl, S. 156; HK/*Kurth* § 408 Rn. 6; *Koch*, StV 2002, 222, 223 f.

der Berliner und Bremer Verteidiger[864] gaben 32 der Berliner Verteidiger an, dass eine Anhörung durch den Richter nach § 202 StPO „nie“, 15, dass sie „selten“ und zwei, dass sie „manchmal“ stattfände. Von den Bremer Verteidigern gaben hier zehn „nie“ und vier „selten“ an. Auch den Richtern wurde die Frage gestellt, ob der Angeschuldigte vor Strafbefehlserlass im Rahmen von Nachermittlungen im Sinne von § 202 StPO angehört wird. Hier gab eine Person „sehr häufig“, eine weitere Person „manchmal“, 18 Personen „selten“ (46,1 %) und weitere 19 „nie“ (48,7 %) an. Dieses Ergebnis deckt sich auch mit den Antworten der Strafverteidiger, von denen insgesamt 96,8 % angaben, dass eine solche Anhörung selten bis nie stattfände. Insgesamt besteht also die eindeutige Tendenz, dass solche Anhörungen nur selten bis nie stattfinden.

Aufgrund der fehlenden Anhörung durch den Richter vor Erlass des Strafbefehls und der dem Beschuldigten dadurch fehlenden Möglichkeit, zwischen Strafbefehlsantrag und -erlass Einfluss auf die gewählte Verfahrensart oder die richterliche Entscheidung nehmen zu können, wird die Einhaltung des in Art. 103 Abs. 1 GG und Art. 6 EMRK verbürgten rechtlichen Gehörs[865] zum Teil als mindestens zweifelhaft angesehen.[866] Denn aus Art. 103 Abs. 1 GG und Art. 6 EMRK folge unmittelbar die richterliche Pflicht, dem Angeschuldigten rechtliches Gehör zu gewähren.[867] Es wird vertreten, dass selbst bei eingelegtem Einspruch dieses Gehör nicht nachzuholen sei, da der Einspruch nicht die schlichte Nachholung des ausgebliebenen richterlichen Gehörs bewirke, sondern vielmehr eine Hauptverhandlung herbeiführe[868] (der Strafbefehl

864 Siehe unter A. I.

865 Zum Inhalt des rechtlichen Gehörs *Maleika*, Freiheitsstrafe und Strafbefehl, S. 139 ff.; Sachs GG/*Degenhart* Art. 103 Rn. 8 ff.

866 *Ambos*, Jura 1998, 281, 288; Reformbedarf äußerte KMR/*Metzger* Vor § 407 Rn. 27; einen Verstoß sehen SK-StPO/*Weßlau* (4. Aufl.) Vor §§ 407 ff. Rn. 20 ff., 25; vgl. *Eser*, JZ 1966, 660, 666 f.; *Kreutz*, AnwBl 2002, 212, 214 bzgl. Freiheitsstrafen; *Hutzler*, Ausgleich struktureller Garantiedefizite, Rn. 321 ff., 459; *Maleika*, Freiheitsstrafe und Strafbefehl, S. 159 ff., 169; *Müller*, Das Strafbefehlsverfahren, S. 279 ff.; *AE-ASR*, GA 2019, 1, 84 f.

867 SK-StPO/*Weßlau* (4. Aufl.) Vor §§ 407 ff. Rn. 26; *Maleika*, Freiheitsstrafe und Strafbefehl, S. 159 ff., 189 f. (Art. 103 Abs. 1 GG); vgl. ferner de lege ferenda für das schweizerische Verfahren *Gilliéron*, Strafbefehlsverfahren und plea bargaining, S. 144, 184; zwar bestehe nach § 202 StPO die Möglichkeit, bei Bedarf eine Anhörung zum Zwecke weiterer Aufklärung durchzuführen, KMR/*Metzger* § 408 Rn. 10 – allerdings ist dies nur optional; zu § 202 StPO so auch *Böttcher/Mayer*, NStZ 1993, 153, 156.

868 *Maleika*, Freiheitsstrafe und Strafbefehl, S. 163.

übernehme dabei die Rolle eines Eröffnungsbeschlusses), aber auch hier kein Zwischenschritt erfolge, in dem der Beschuldigte gehört werde.[869] Zudem sei das richterliche Gehör vor und nicht im Nachhinein der gerichtlichen Entscheidung zu gewähren.[870] Der Verstoß gegen Art. 103 Abs. 1 GG und Art. 6 EMRK wird auch darin gesehen, dass die Einspruchsmöglichkeit nicht effektiv genug sei, weil es zum einen in der darauf folgenden Hauptverhandlung kein Beweisantragsrecht gebe[871] und das Risiko eines Einspruchs zum anderen vom Beschuldigten nicht einzuschätzen sei[872], da im Strafbefehl keine Transparenz bezüglich der Strafzumessungsgründe bestehe.[873]

Zwar wird angedacht, einen Ausgleich für die in § 407 Abs. 3 StPO vorgesehene fehlende Anhörung über § 163a StPO zu erreichen, da der Inhalt der Vernehmung durch die Akten auch zum Richter gelange.[874] § 163a StPO als Erfüllung des Rechts auf rechtliches Gehör zu betrachten wird aber abgelehnt, da es sich bei der Vernehmung selbst um eine nichtrichterliche im Ermittlungsverfahren handele, die die zu gewährende richterliche Anhörung[875] nicht zu ersetzen vermag.[876] Zudem wird, auch wenn der Richter, bemerkt er beim Durchsehen der Akten das Fehlen der Vernehmung, den Strafbefehl nicht erlassen darf, ein dennoch erlassener Strafbefehl geheilt, sobald er rechtskräftig wird.[877]

---

869 *Hüls*, Polizeiliche und staatsanwaltschaftliche Ermittlungstätigkeit, S. 156; vgl. SK-StPO/*Weßlau/Degener* Vor §§ 407 ff. Rn. 20 ff.

870 Vgl. BVerfGE 9, 89, 96 = NJW 1959, 427 f.; BVerwG NJW 1961, 891, 892; NJW 1549; OLG Stuttgart NJW 1963, 1161; *Maleika*, Freiheitsstrafe und Strafbefehl, S. 144; vgl. *Eser*, JZ 1966, 660, 664, 666; *Müller*, Das Strafbefehlsverfahren, S. 280 f.; *Hutzler*, Ausgleich struktureller Garantiedefizite, Rn. 319.

871 Dazu siehe unter V. 2.; SK-StPO/*Weßlau/Degener* Vor §§ 407 ff. Rn. 23 zufolge sei es bzgl. der vereinfachten Beweisverfahren unvertretbar, dem Beschuldigten kein rechtliches Gehör zu der Frage zu gewähren, ob seine Sache im Strafbefehlsverfahren verhandelt werden soll.

872 *Hutzler*, Ausgleich struktureller Garantiedefizite, Rn. 251.

873 SK-StPO/*Weßlau* (4. Aufl.) Vor §§ 407 ff. Rn. 21 ff.

874 MüKoStPO/*Eckstein* § 407 Rn. 71.

875 Maunz/Dürig/*Remmert* GG Art. 103 Abs. 1 Rn. 52; *Maleika*, Freiheitsstrafe und Strafbefehl, S. 139 f.

876 OLG Stuttgart, NJW 1963, 1161; *Müller*, Das Strafbefehlsverfahren, S. 279; *Eser*, JZ 1966, 660, 666 f., bezweifelt zudem, ob der polizeiliche Anhörungsvermerk überhaupt ein zuverlässiges Bild von der Einlassung des Beschuldigten geben könne, 662.

877 LR/*Gössel* § 407 Rn. 65; vgl. auch *Oske*, MDR 1968, 884, 885: Die Verletzung von § 163a StPO sei im Hinblick auf das weitere Verfahren unschädlich, da Einspruch eingelegt werden könne; dazu kritisch *Ambos*, Jura 1998, 281, 288.

Die überwiegende Meinung, die zudem das Bundesverfassungsgericht und den Europäischen Gerichtshof für Menschenrechte auf ihrer Seite hat, sieht in der derzeitigen Ausgestaltung des Strafbefehlsverfahrens mit Blick auf die Gewährung rechtlichen Gehörs jedoch keinen Verfassungsverstoß, da die Möglichkeit des Einspruchs diesen Grundsatz ausreichend wahre.[878]

Das rechtliche (richterliche) Gehör gewährleistet dem Angeklagten, über das wesentliche Geschehen seines Verfahrens informiert zu werden und sich effektiv dazu äußern zu können.[879] Effektiv kann die Äußerung aber nur dann sein, wenn sie die richterliche Entscheidung noch beeinflussen kann. Da der Einspruch aber erst nach Strafbefehlserlass eingelegt wird[880], wird ihm diese Wirkung nicht mehr zuteil. Da der Richter nach einem Einspruch aber auch keine Entscheidung über die Eröffnung der Hauptverhandlung wie im Zwischenverfahren fällt (hier wäre nach § 201 Abs. 1 Satz 1 StPO die Anhörung des Angeschuldigten nötig, um ihm zu ermöglichen, insbesondere durch Beweisbegehren auf die Eröffnungsentscheidung Einfluss zu nehmen[881]), ist dem Angeklagten eine entsprechende Einflussnahme nicht mehr möglich.

Fraglich könnte aber sein, ob eine „Nachholung" deshalb geschieht, weil bei einem Einspruch die Entscheidung zugunsten des Strafbefehls aufgehoben wird. Die nächste richterliche Entscheidung wäre dann das Urteil, und vor diesem wird in dem Fall rechtliches Gehör gewährt. Insofern läge keine Entscheidung mehr vor, vor der der Angeklagte nicht gehört worden ist.

Allerdings bleibt der Strafbefehl auch in diesen Fällen als Eröffnungsbeschluss wirksam, sodass dieser Gedanke nicht durchgreift. Ließe sich der Mangel der vorherigen Anhörung durch die reine Möglichkeit einer Nachholung rechtfertigen, so müsste dies für alle Entscheidungen gelten, die durch

---

878 Vgl. EGMR NJW 1993, 717; BVerfG NJW 1954, 69, bestätigt in BVerfG NJW 1969, 1103, 1104; BVerfG NJW 1995, 2545; BVerfG NStZ-RR 1997, 70; BVerfG NJW 2002, 3534 m.w.N.; LR/*Gössel* § 407 Rn. 64; KMR/*Metzger* Vor § 407 Rn. 27; vgl. *Berz*, in: FS Blau, 51, 57; HK/*Kurth* § 407 Rn. 27; Graf StPO/*Temming* § 407 Rn. 1 zum Mündlichkeitsprinzip; SSW-StPO/*Momsen* § 407 Rn. 2; Meyer-Goßner/Schmitt/*Schmitt* Vor § 407 Rn. 2; keinen Verstoß gegen die Mündlichkeit, Unmittelbarkeit und Öffentlichkeit sieht auch *Huber*, JuS 2019, 666, 668; *Oske*, MDR 1968, 884, 886.

879 EGMR, Urt. v. 28.8.1991 – 11170/84 Rn. 66 f. = NJW 1992, 3085; MüKoStPO/*Gaede* Art. 6 EMRK Rn. 296.

880 Dabei ist auch eine Einlegung vor Zustellung möglich, SSW-StPO/*Momsen* § 410 Rn. 7.

881 KK-StPO/*Schneider* § 201 Rn. 12.

Rechtsbehelfe rechtlich nachprüfbar sind; konsequenterweise müsste hier dann zunächst nirgends rechtliches Gehör gewährt werden – und dies würde das Recht vollständig aushebeln.[882]

Insgesamt findet mithin auch eine nachträgliche Anhörung nicht statt und käme zudem auch zu spät; dem Angeklagten wird sein Gehör erst im Rahmen der Hauptverhandlung gewährt.

Auch die von einigen Stimmen angedachte Anhörung nach § 163a StPO kann die fehlende vorherige Anhörung nicht kompensieren: Zum einen weil es sich, wie bereits erwähnt, nicht um eine richterliche Anhörung handelt und das Recht auf rechtliches Gehör solches des Richters garantiert[883], zum anderen weil diese Vernehmung auch in einem frühen Ermittlungsstadium (§ 163a Abs. 1 Satz 1 StPO: „spätestens“) stattfinden kann und der Beschuldigte unter Umständen dann zu einem noch nicht vollständig ermittelten Sachverhalt Stellung bezieht, sodass eine Einflussnahme auf die richterliche Entscheidung erheblich verringert wird.[884]

Dadurch, dass keine vorherige Anhörung durch den Richter vorgesehen ist, § 407 Abs. 3 StPO, liegt mithin ein Verstoß gegen Art. 103 Abs. 1 GG und Art. 6 EMRK vor. Durch die Möglichkeit eines nachträglichen Einspruchs wird der Grundsatz des rechtlichen Gehörs – anders als nach der Auffassung des Bundesverfassungsgerichts – nicht gewahrt. Denn einerseits kann hierdurch die richterliche Entscheidung über den Erlass des Strafbefehls nicht mehr vom Beschuldigten beeinflusst werden, zum anderen findet, wie soeben festgestellt, auch gar keine Nachholung statt. Da die Anhörung durch die Polizei nach § 163a StPO unzureichend ist und eine Anhörung auch nicht auf anderem Wege (etwa über § 202 StPO) durchgeführt wird, kann der Verstoß gegen den Grundsatz rechtlichen Gehörs durch § 407 Abs. 3 StPO nicht anderweitig kompensiert werden.

Es gibt noch weitere, erheblich ins Gewicht fallende Gründe, eine vorherige Anhörung verpflichtend vorzuschreiben.

Zum einen würde die Gefahr reduziert, dass die Beschuldigten nicht mit dem Strafbefehl umzugehen wissen. Im Rahmen der Anhörung würden sie

882 *Eser*, JZ 1966, 660, 664; *Hanack*, JZ 1966, 43, 44.

883 Maunz/Dürig/*Remmert* GG Art. 103 Abs. 1 Rn. 52; *Eser*, JZ 1966, 660, 666, hält auch eine nichtrichterliche Ersatzanhörung im Ermittlungsverfahren für unzureichend.

884 *Maleika*, Freiheitsstrafe und Strafbefehl, S. 160 f.; vgl. *Hutzler*, Ausgleich struktureller Garantiedefizite, Rn. 194; vgl. *Eser*, JZ 1966, 660, 661.

belehrt (es würde sich auch zeigen, ob eine Übersetzung notwendig ist[885]) und so über die Bedeutung und die möglichen Folgen des Strafbefehls aufgeklärt. Zudem wären insbesondere bei einer gedolmetschten Anhörung die Sprachhindernisse, die sonst der Einlegung eines Einspruchs entgegenstehen könnten, erheblich verringert: Der Beschuldigte könnte seine Einwände dem Richter unmittelbar vortragen und dieser sie schon bei der Entscheidung über den Erlass berücksichtigen. Auch eine staatsanwaltliche Anhörung, die Eingang in die Akten findet, könnte dies möglicherweise in ausreichendem Umfang leisten. Zudem könnte die durch den fehlenden Kontakt zum Beschuldigten bestehende Fehlerquelle[886] eliminiert werden.

Auch die im Rahmen der Experteninterviews befragten Staatsanwälte[887] gaben zu erkennen, dass es Fälle gäbe, in denen man sich einen Eindruck von der Person und den Hintergründen der Tat machen wollte, gerade auch wenn die betreffende Person nicht bei der Polizei erschienen wäre. Aus diesem Grund hätte sich etwa auch in der Abteilung für Sexualdelikte die jahrzehntelange Praxis, dass insbesondere bei Kinderpornographiefällen immer Strafbefehle beantragt und erlassen wurden, weil keiner der Beteiligten die Fotos sehen wollte und auch die Hauptverhandlung sehr schambehaftet war, dahingehend umgekehrt, dass nun immer Anklage erhoben würde. Denn es bedürfe des persönlichen Kontakts, um die Hintergründe zu erfahren und Therapieangebote machen (B3, Frage 17). Auch B1 schilderte in diesem Zusammenhang, „[...] dass Leute nach Papierform immer ganz anders sind, als wenn Sie sie in der Hauptverhandlung erleben. Das ist für mich eigentlich auch die größte Schwäche des Strafbefehlsverfahrens. Das geht in der Masse nicht anders, wir sind auf den Strafbefehl angewiesen, ist ein tolles Instrument, aber Sie haben, wenn Sie reingehen ins Gericht, immer wen ganz anders dasitzen, als das, was Sie nach Aktenlage erwarten.“ (Frage 39). In diesem Sinne äußerte sich auch B2 (Frage 43): Es wäre ein Problem des Strafbefehlsverfahrens, dass von einer Aktenwahrheit ausgegangen würde, ohne dass – außer im Jugendstrafrecht – (viele) Eindrucksvermerke zum Beschuldigten gemacht würden. Daher könnte es passieren, dass man eine Person im Gericht sähe und nachträglich erkannte, dass auf deren Aussage keine Anklage gestützt werden könnte, etwa weil sich die Person keineswegs stringent äußerte, was aber aus der geschliffen dargestellten schriftlichen Aussage nicht ersichtlich gewesen wäre. Auch B6 berichtete, dass

885 SK-StPO/*Weßlau/Degener* Vor §§ 407 ff. Rn. 26.
886 Siehe dazu unter 2.
887 Siehe unter A. II.

Freisprüche in der auf einen Einspruch folgenden Hauptverhandlung zwar selten wären, aber etwa dann vorkämen, wenn sich der Beschuldigte im Ermittlungsverfahren nicht geäußert hätte (Frage 27).

Insofern ist davon auszugehen, dass die Entscheidung über einen Strafbefehl in verschiedener Hinsicht, gerade auch mit Blick auf die Strafzumessung, zuverlässiger getroffen werden kann, wenn der Beschuldigte zuvor angehört worden ist und sich zur Sache äußern konnte.

Es dient mithin der erstrebenswerten Stärkung der Rechte des Beschuldigten, ihm vor Strafbefehlserlass die Gelegenheit zur Verteidigung einzuräumen.[888]

a) *Anhörung durch schriftliche Stellungnahme vor dem Richter*

Die Gewährung rechtlichen Gehörs kann zum einen durch das schriftliche Vorbringen der eigenen Auffassung vor dem Richter geschehen. Für die Ausgestaltung wird vorgeschlagen, den Strafbefehlsantrag nicht nur dem Richter, sondern auch dem Beschuldigten zuzustellen und ihm eine Frist einzuräumen, innerhalb derer er beim entscheidenden Richter Stellung nehmen könne[889]; nehme er diese Möglichkeit nicht wahr, werde mit Fristablauf ein Anhörungsverzicht fingiert.[890] In Hinblick darauf, dass vertreten wird, die vorherige Gewährung des rechtlichen Gehörs könne aus ökonomischen Aspekten versagt werden[891], wäre die hierdurch entstehende Mehrarbeit für die Richter überschaubar, da sie bei ihrer Entscheidung nur ein weiteres, eher kürzeres Schriftstück berücksichtigen müssten.

Es wird auch bezweifelt, ob die Beschleunigungswirkung durch die fehlende Anhörung, § 407 Abs. 3 StPO, erreicht werden könne; dies führe vielmehr zu einer erhöhten Einspruchsquote.[892] Eine vorherige Anhörung hätte sogar den

888 Vgl. auch *Asbrock*, ZRP 1992, 11, 14; dies ist auch im Sinne des Rechts auf ein faires Verfahren aus Art. 6 EMRK.

889 *Wolter*, GA 1989, 397, 413; *Eser*, JZ 1966, 660, 668; *Hünerfeld*, ZStW 90 (1978), 905, 925 f.; *Rieß*, JR 1975, 224, 227 Fn. 29; *Rieß*, in: Schreiber (Hrsg.) Strafprozeß und Reform, 113, 132; *Müller*, Das Strafbefehlsverfahren, S. 327 f.; dies könne angelehnt an § 201 StPO ausgestaltet werden: so auch *Maleika*, Freiheitsstrafe und Strafbefehl, S. 190 f.; *Hutzler*, Ausgleich struktureller Garantiedefizite, Rn. 321 fordert eine dem § 201 StPO entsprechende Regelung.

890 *Eser*, JZ 1966, 660, 668.

891 *Müller*, Das Strafbefehlsverfahren, S. 281; *Erbe*, Zum Wesen des Strafbefehls, S. 22 f.; *Kirch*, Das Strafbefehlsverfahren nach dem StVÄG 1987, S. 99 ff., 103.

892 *Müller*, Das Strafbefehlsverfahren, S. 281.

gegenteiligen Effekt, die Anzahl der Einsprüche zu verringern.[893] Es ist davon auszugehen, dass der Beschuldigte die Punkte, mit denen er seinen Einspruch begründen würde, bereits an dieser Stelle vortragen würde. Erlässt der Richter den Strafbefehl dennoch, ist die Wahrscheinlichkeit, mit diesen Vorbringen in einer Hauptverhandlung ein abweichendes Ergebnis zu erzielen, deutlich geringer.[894] Zudem würden solche Einsprüche entfallen, die nur eingelegt werden, um vom Richter gehört zu werden.[895] Dass auf die Einlegung des Rechtsbehelfs eher verzichtet werden würde, hängt mit der höheren Legitimation der richterlichen Entscheidung zusammen, wenn er sie nicht nur aufgrund der staatsanwaltschaftlichen Darstellung, sondern auch aufgrund der Schilderungen des Beschuldigten fällt.[896]

Eine rein schriftliche Stellungnahme stellt für das Gericht zwar eine geringere Mehrarbeit dar, als wenn ein Termin zur Anhörung gewährt werden müsste; dennoch bleiben hier diverse Probleme bestehen, insbesondere das Fehlen eines persönlichen Eindrucks und die Hürde (unentdeckt bleibender) fehlender Sprachkenntnis. Denn ohne eine erforderliche Übersetzung wird auch die Frist zur Stellungnahme kaum wahrgenommen werden können. Insbesondere mit der Fiktion des Anhörungsverzichts würde sich die Situation ähnlich der der schriftlichen Anhörung nach § 163a Abs. 1 Satz 2 StPO gestalten. Der Angeschuldigte wäre unter Umständen auch bei einer schriftlichen Äußerungsmöglichkeit vor dem Richter nicht in der Lage, diese tatsächlich wahrzunehmen.

b) *Vorherige mündliche Anhörung durch den Richter*

Dem könnte durch eine mündliche Anhörung[897] entgegengewirkt werden; aber nur, wenn diese verpflichtend vorgeschrieben würde. Denn ein fremdsprachiger Hinweis auf die Möglichkeit, auf Anfrage hin persönlich vorzusprechen, scheitert an denselben, soeben genannten Gründen.

Bezüglich der Terminierung wird vertreten, dass Zeit, Art und Umfang der Anhörung ins richterliche Ermessen gestellt werden müssten[898], was richtig ist, da

---

893 *Rieß*, JR 1975, 224, 227 Fn. 29; *Wolter*, GA 1989, 397, 413; *Hutzler*, Ausgleich struktureller Garantiedefizite, Rn. 322.

894 Vgl. *Eser*, JZ 1966, 660, 668.

895 *Hutzler*, Ausgleich struktureller Garantiedefizite, Rn. 322.

896 Vgl. auch *Elobied*, Die Entwicklung des Strafbefehlsverfahrens, S. 171.

897 *Maleika*, Freiheitsstrafe und Strafbefehl, S. 190 hält eine mündliche Anhörung im schriftlichen Strafbefehlsverfahren allerdings für systemwidrig.

898 *Eser*, JZ 1966, 660, 668.

starre Vorgaben dem Einzelfall unter Umständen nicht gerecht werden können und Terminierungen ohnehin Sache des Richters sind.

Der Vorteil einer solchen Vorsprache läge jedenfalls darin, die aufgrund des fehlenden persönlichen Kontakts bestehende Fehlentscheidungsquelle zu reduzieren. Der Richter würde die Glaubwürdigkeit des Angeschuldigten besser einschätzen können, als wenn er nur seine Aussage auf dem Papier hätte, und zudem Strafzumessungsaspekte, die die Persönlichkeit des Täters betreffen, angemessen wahrnehmen können.[899]

Der angesprochene Vorteil, dass etwaige Sprachdefizite durch die Anhörung erkannt werden und verhindert wird, dass sie der Wahrnehmung der Rechte eines deutschunkundigen Strafbefehlsempfänger entgegenstehen, kann nur erreicht werden, wenn die Anhörung nicht davon abhängig gemacht wird, dass der Angeklagte den (im Zweifel nicht übersetzten) Strafbefehl zunächst versteht und daraufhin schriftlich und auf Deutsch um einen Anhörungstermin bittet. Zwar würde eine solche obligatorische Anhörung weitere amtsrichterliche Kapazitäten in Anspruch nehmen. Da aber sehr wahrscheinlich ist, dass eine vorherige Anhörung eine abnehmende Einspruchsquote zur Folge hat, bestünde für die Richter insgesamt vermutlich keine Mehrbelastung.[900]

Da die Anhörung keine Vorwegnahme der Hauptverhandlung wäre, bräuchte der Richter dabei keine weiteren Personen wie Zeugen oder Sachverständige anzuhören – der Umfang der Verteidigung, die der Angeschuldigten vorbringt, könnte aber auf die Notwendigkeit einer Hauptverhandlung hindeuten, in der weitere Beweismittel zu erheben wären.[901] Da in den meisten Fällen bei der Anhörung alles vortragen würde, womit später auch der Einspruch begründet würde, und daher später mangels dem Richter noch nicht bekannter Umstände auf einen Einspruch verzichtet wird, wäre eine Beschleunigungswirkung erzielt. Damit der Richter den Strafbefehl aber auch so erlassen kann, wie er es für angemessen hält, müsste er ergänzend hierzu, um den Strafbefehl ohne erneuten Umweg über die Staatsanwaltschaft effizient selbst erlassen zu können, auch die Kompetenz besitzen, gegebenenfalls von der von der Staatsanwaltschaft beantragten Rechtsfolge abzuweichen.[902]

---

899 *Eser*, JZ 1966, 660, 668 hält die persönliche Vorsprache ebenfalls für effektiver als eine schriftliche Stellungnahme.

900 Vgl. dazu *Koch*, StV 2002, 222, 224 f., der als Richter die Erfahrung machte, dass auch Hauptverhandlung nach einem vorherigen persönlichen Gespräch erheblich kürzer ausfallen.

901 *Eser*, JZ 1966, 660, 668.

902 Dazu siehe unter II. 1. b).

c) Anhörung durch die Staatsanwaltschaft vor Strafbefehlsantrag

Neben einer schriftlichen oder mündlichen Anhörung durch den Richter könnte man auch eine Anhörung durch die Staatsanwaltschaft erwägen, die als letzter Schritt vor der Beantragung eines Strafbefehls durchzuführen wäre[903]. Anders als bei der polizeilichen Anhörung nach § 163a Abs. 1 Satz 1 StPO würde die Anhörung zwingend erst nach Abschluss der Ermittlungen erfolgen, sodass der Beschuldigte zu den vollständigen Feststellungen Stellung nehmen könnte.

Mit der Anhörung könnte bereits die Staatsanwaltschaft das Vorbringen des Beschuldigten in ihrem Antrag berücksichtigen, wodurch dieses wiederum Eingang in die richterliche Entscheidung findet. Hierdurch könnten vergleichbar positive Effekte wie durch die richterliche Anhörung erzielt werden. Unter anderem könnte sich die Gelegenheit zur Stellungnahme auf diese Weise minimierend auf die Einspruchsquote auswirken.

Durch eine vorherige Anhörung durch die Staatsanwaltschaft könnte insbesondere auch das Problem der Schätzung der Tagessatzhöhe gemäß § 40 Abs. 3 StPO[904] erheblich verringert werden; denn der Staatsanwalt müsste nicht mehr schätzen, wenn der Betroffene ihm seine finanzielle Situation vor Strafbefehlsantrag darlegt. Dies ist prozessökonomisch auch sinnvoll, da der Richter die Tagessatzhöhe auf diese Weise nicht erst auf einen auf die Höhe der Tagessätze beschränkten Einspruch hin in einem zusätzlichen Beschluss nach § 411 Abs. 1 Satz 3 StPO anpassen muss.

Eine korrekt ermittelte Höhe, also ein den Einkommensverhältnissen angepasster und für den Angeklagten insoweit bezahlbarer Betrag, dürfte auch einen positiven Effekt auf die Zahl der Ersatzfreiheitsstrafen haben. Es wird vermutet, dass ein Großteil der Ersatzfreiheitsstrafen auf Strafbefehle zurückzuführen ist.[905] Dies kann zum einen damit zusammenhängen, dass ein großer Teil der Geldstrafen auch durch Strafbefehl verhängt wird. Es zeigt aber auch, dass bei Strafbefehlen ein erhöhtes Risiko besteht, dass die Geldstrafen nicht gezahlt werden. Dies kann zum einen damit zusammenhängen, dass die

903 Vgl. *Fezer*, in: FS Baumann, 395, 404; vgl. *Fezer*, ZStW 106 (1994), 1, 41; vgl. auch § 408 Abs. 4 *Alternativ-Entwurf*, Novelle zur Strafprozeßordnung 1980, S. 13, 51 ff.

904 Dazu unter II. 2. c), d).

905 *Feest*, Definitionsmacht, Renitenz und Abolitionismus, S. 325; *Heinz*, in: FS Müller-Dietz, 271, 298; *Dolde*, in: FS Böhm, 581, 586; *Dolde*, ZfStrVo 1999, 330, 331: In Baden-Württemberg sei bei drei von vier Ersatzfreiheitsstrafen die Geldstrafe durch Strafbefehl festgesetzt worden; siehe auch unter III. 3.

Empfänger aufgrund sprachlicher Barrieren[906] nicht dazu in der Lage sind, die Tragweite des Strafbefehls in Gänze zu verstehen und sich daher nicht gegen ihn und insbesondere die Sanktionsbemessung wehren.

Zwar enthält ein Strafbefehl unmittelbar im Anschluss an die festgesetzte Höhe der Geldstrafe den Hinweis darauf, dass an die Stelle eines Tagessatzes ein Tag Ersatzfreiheitsstrafe tritt, wenn die Geldstrafe nicht beigetrieben werden kann. Eine weitergehende Erläuterung diesbezüglich unterbleibt jedoch.[907] Insbesondere wird nicht auf die Möglichkeit hingewiesen, stattdessen gemeinnützige Arbeit leisten zu können, Art. 293 EGStGB i.V.m. dem jeweiligen Landesrecht[908]. Davon, dass jeder Bürger eine genaue Vorstellung von der strafrechtlichen Besonderheit der automatischen Umwandlung einer nicht gezahlten Geld- in eine Ersatzfreiheitsstrafe besitzt und um die Abwendungsmöglichkeit durch das Leisten gemeinnütziger Arbeit weiß, kann nicht ausgegangen werden.

Auch kann die erhöhte Gefahr von Ersatzfreiheitsstrafen daran liegen, dass die Strafbefehle nicht gelesen und auch alle weiteren Schreiben ignoriert werden, weil sich die Angeklagten weigern, sich mit den Vorwürfen auseinanderzusetzen. Zudem handelt es sich beim Strafbefehl lediglich um ein Schreiben, dass im Zweifel nicht dazu geeignet ist, den Eindruck zu erwecken, dass es tatsächlich zu einer Verurteilung kommt.[909]

Andererseits können die vielen Ersatzfreiheitsstrafen aber auch auf der zu hohen Bemessung der Tagessatzhöhe basieren[910] – und jedenfalls dieses Problem könnte durch eine vorherige Klärung der finanziellen Situation durch eine Anhörung bei der Staatsanwaltschaft – sofern dies nicht zuvor durch die Polizei geschehen ist – behoben werden.

Die Anhörung seitens der Staatsanwaltschaft könnte sowohl schriftlich als auch mündlich erfolgen; die mündliche Vorsprache wäre auch hier

---

906 Siehe dazu unter IV. 1. a) cc).

907 Es sei auch nicht notwendig, im Strafbefehl auf diese Möglichkeit hinzuweisen, OLG Bremen NJW 1975, 1524; wenn auch die Klarstellung nicht schade, KK-StPO/*Maur* § 407 Rn. 10; LR/*Gössel* § 407 Rn. 19.

908 Für bspw. Berlin geregelt in der Verordnung über die Abwendung der Vollstreckung von Ersatzfreiheitsstrafen durch freie Arbeit (TilgV) v. 27. Januar 2021, GVBl. S. 130; vgl. auch *Cornel*, in: FS Lüderssen, 821.

909 Siehe dazu unter IV. 1. a) dd), VII.

910 *Wilde*, MschrKrim 2015, 348, 352; vgl. *Feest*, Definitionsmacht, Renitenz und Abolitionismus, S. 325; *Cornel*, in: FS Lüderssen, 821, 823 f.; vgl. *Janssen*, Die Praxis der Geldstrafenvollstreckung, S. 66 ff., 210 f.

arbeitsintensiver, hätte aber die soeben genannten Vorteile gegenüber einer schriftlichen. Denn auch hier besteht bei einer schriftlichen Anhörung die Gefahr, dass ein Beschuldigter unter Umständen aus verschiedenen Gründen nicht dazu bereit oder dazu in der Lage ist, sich schriftlich zu den Vorwürfen zu äußern. Zudem wäre zur Vermeidung von Schätzungen der Einkommenshöhe Voraussetzung, dass der Beschuldigte auch Angaben zu seinen wirtschaftlichen Verhältnissen macht.[911]

Trotz dieser Vorteile wurde eine vorherige Anhörung von den im Rahmen der Experteninterviews befragten Staatsanwälte aufgrund der Arbeitsbelastung nicht für praktikabel gehalten (B1, B3, B4, B5, Frage 43). Dann könnte man auch gleich eine Hauptverhandlung durchführen (B1[912], B3). Man hätte bei der Staatsanwaltschaft auch keine Zeit, Beschuldigte zwangsweise vorführen zu lassen (B1[913], B3, B5). B5 erzählte zudem, dass der Staatsanwaltschaft bei Beschuldigtenvernehmungen die Routine fehlte und Kriminalbeamte dafür besser geschult wären. B4 betonte in dem Zusammenhang, dass die Möglichkeit, sich rechtliches Gehör zu verschaffen, breit gefächert wäre. Dass in diesem Zusammenhang dann zumindest die Polizei mehr Angaben zum Beschuldigten und seinen persönlichen und wirtschaftlichen Verhältnissen in den Akten machen sollte (Frage 43), hielten die dazu befragten Staatsanwälte zwar für wünschenswert, aber ebenfalls für nicht praktikabel (B1, B3, B6). Nur im Jugendstrafrecht würde dies gemacht (B1[914], B3). Denn zum einen wäre dies eine Ressourcenfrage (B1[915] erzählte zudem, dass man vereinzelt kleine Anmerkungen fände, die bei der Beurteilung weiterhelfen würden, B3), zum anderen bestünde das Problem, dass die Beschuldigten nicht dazu verpflichtet wären, auf die dazu stets gestellten Fragen zu antworten (B4[916], B6). B6 nannte daher das diesbezügliche Erfordernis weitreichender Ermittlungsmöglichkeiten.

Insofern stellt sich die Frage nach der konkreten praktischen Umsetzbarkeit einer solchen Anhörung. Darauf wird noch einzugehen sein.[917]

---

911 Siehe dazu auch unter II. 2. d), e).
912 Antwort auf Frage 39.
913 Antwort auf Frage 17.
914 Antwort auf Frage 39.
915 Antwort auf Frage 39.
916 Antwort auf Frage 41.
917 Siehe 4. Teil C.

d) Zwischenergebnis

Eine verpflichtend vorgeschriebene Anhörung – sei es schriftlich oder mündlich durch den Richter oder durch die Staatsanwaltschaft – würde die Position des Beschuldigten erheblich verbessern und sein Recht auf rechtliches Gehör wahren. Insbesondere könnte durch die Berücksichtigung seiner Stellungnahme die staatsanwaltschaftliche und die richterliche Entscheidungsgrundlage in vielen Fällen vollständiger und damit zuverlässiger sein. Insbesondere – aber nicht nur – bei einer richterlichen Anhörung wäre zudem zu erwarten, dass die Einspruchsquote tendenziell abnehmen würde. Bei der Anhörung durch die Staatsanwaltschaft hingegen könnte das Vorbringen des Beschuldigten bereits im Strafbefehlsantrag berücksichtigt werden. Dadurch würde eines der systemimmanenten Risiken für Fehlentscheidungen erheblich verringert werden. Auf die Praktikabilität einer solchen Anhörung ist, wie soeben erwähnt, noch gesondert einzugehen.

4. Fehlende Begründungspflicht

Ein Fehlentscheidungen abstrakt begünstigender Umstand könnte auch sein, dass es keine § 267 StPO entsprechende Pflicht gibt, den Strafbefehl zu begründen. Der Strafbefehl muss zwar nach § 409 StPO verschiedene Angaben enthalten[918], aber keine Begründung etwa zur Verfahrenswahl oder der Strafzumessung[919] (insbesondere auch nicht zur Schätzung nach § 40 Abs. 3 StGB[920]). Eine Begründungspflicht ist nur in den Fällen des § 409 Abs. 1 Satz 3 StPO vorgesehen.[921]

Dies dient einem schnelleren und relativ aufwandslosen Erlass eines Strafbefehls, allerdings gehen auch so wichtige Funktionen verloren, die die Begründungspflicht mit sich bringt. Wenn die Richter ihre Erwägungen schriftlich darstellen müssten, bestünde die abstrakte Gefahr nicht mehr, dass sie Strafbefehlsanträge ohne eingehende Prüfung unterschreiben könnten[922] – vielmehr

918 Z.B. die Tatkonkretisierung (Abs. 1 S. 1 Nr. 3), siehe zu den Anforderungen BGH NStZ-RR 2019, 187.

919 *Maleika*, Freiheitsstrafe und Strafbefehl, S. 123; OLG Düsseldorf JR 1991, 385, 389 kritisierte, dass das wesentliche Ergebnis der Ermittlungen i.S.v. § 200 Abs. 2 StPO nicht mitgeteilt wird.

920 *Albrecht*, Strafzumessung und Vollstreckung von Geldstrafen, S. 206.

921 Vgl. BeckOK StPO/*Temming* § 409 Rn. 11.

922 Vgl. SK-StPO/*Weßlau/Degener* Vor §§ 407 ff. Rn. 26; *Maleika*, Freiheitsstrafe und Strafbefehl, S. 127.

müssten sie ihn selbst fassen[923]. Auch wäre für die Richter so eine Selbstkontrolle gegeben[924], da die für erwiesen erachteten Tatsachen anzugeben wären, die Beweiswürdigung transparent dargestellt werden müsste und die Umstände der Berechnung von Geldstrafe und Tagessatzhöhe zu offenbaren wären. Zudem würde dem Beschuldigten seine Entscheidung über einen Einspruch erheblich erleichtert, wenn er die Gründe des Richters, dem Antrag der Staatsanwaltschaft stattzugeben, nachvollziehen und in diesem Wissen eine fundiertere Entscheidung treffen könnte.[925] Unter Umständen hätte dies auch einen positiven Effekt auf die Quote unberechtigter Einsprüche, da eine begründete Entscheidung möglicherweise weniger Angriffspunkte bietet. Daher wird von verschiedener Seite eine (richterliche) Begründungspflicht auch für die Entscheidung über den Erlass von Strafbefehlen gefordert.[926]

Ein weiterer Aspekt in diesem Zusammenhang ist, dass ohne eine Begründungspflicht auch die Darstellung des Sachverhaltes vermutlich weniger ausführlich ausfällt. Dies bestätigte einer der im Rahmen der Befragung der Berliner und Bremer Verteidiger befragten Anwälte in einer ergänzenden Anmerkung: Die Sachverhaltsdarstellung wäre verbesserungswürdig, da man bei vielen Strafbefehlen die Akte brauchte, um zu erfahren, was genau den Angeklagten vorgeworfen würde.[927]

Die Forderung nach der Pflicht, den Strafbefehl zu begründen, ist zu unterstützen. Dies gilt insbesondere für solche Strafbefehle, die auf Freiheitsstrafe lauten. Der Richter ist nach dem Gesetz dazu verpflichtet, eine eigene Entscheidung über den Strafbefehlserlass zu treffen und darf die Entscheidung der Staatsanwaltschaft ohnehin nicht ungeprüft übernehmen. Die Erwägungen, die er in der Begründung anzuführen hätte, muss er also ohnehin anstellen. Die

---

923 *Müller*, Das Strafbefehlsverfahren, S. 285.

924 Vgl. BVerfG, Beschl. v. 22.08.2017 – 2 BvR 2039/16; *Müller*, Das Strafbefehlsverfahren, S. 285; KK-StPO/*Kuckein/Bartel* § 267 Rn. 1.

925 SK-StPO/*Weßlau/Degener* Vor §§ 407 ff. Rn. 26; *Maleika*, Freiheitsstrafe und Strafbefehl, S. 194 f.; für eine Begründungspflicht auch *Loos*, in: FS Küper, 313, 327, der diese Forderung allerdings für nicht erfolgsversprechend hält; vgl. in diesem Zusammenhang *Burkhard*, StraFo 2004, 342, 344, 347 zur Informations- und Umgrenzungsfunktion des Strafbefehls, durch die dem Angeklagten eine effektive Verteidigung ermöglicht werden solle; dazu auch OLG Düsseldorf wistra 1991, 32, 34; OLG Karlsruhe wistra 1994, 319, 320.

926 SK-StPO/*Weßlau/Degener* Vor §§ 407 ff. Rn. 26; *Maleika*, Freiheitsstrafe und Strafbefehl, S. 194 f.; *Müller*, Das Strafbefehlsverfahren, S. 322, 331 f.

927 Siehe unter A. I. 2. n).

Mehrarbeit, diese schriftlich festzuhalten, ist angesichts der dadurch geschaffenen Transparenz für den Angeklagten und seiner Möglichkeit, seine Recht so verbessert wahrzunehmen, in Kauf zu nehmen.[928] Letzterer kann so besser ersehen, ob er mit den richterlichen Gründen einverstanden ist und ob es sich lohnt, einen Einspruch einzulegen. Auch im regulären Verfahren hat der Richter sein Urteil zu begründen, § 267 StPO. Da der Strafbefehl urteilsgleiche Wirkung entfaltet, § 410 Abs. 3 StPO, ist es angezeigt, auch diesen – mitsamt einer umfassenden Sachverhaltsdarstellung – zu begründen, um den Strafbefehlsempfänger nicht schlechter zu stellen als denjenigen, dessen Verfahren durch Hauptverhandlung und Urteil und nicht nur in einem summarischen Verfahren erledigt wird.

5. *Keine Einleitung des Strafbefehlsverfahrens auf Antrag des Beschuldigten*

Ebenso wenig, wie der Richter im Zwischenverfahren ins Strafbefehlsverfahren übergehen kann, kann das Verfahren durch einen Antrag des Beschuldigten eingeleitet werden.[929] Es obliegt allein der Staatsanwaltschaft, die Verfahrensart zu wählen. Eine weitere Stärkung der Verfahrensrechte des Beschuldigten läge darin, ihm das Recht an die Hand zu geben, eine Aburteilung im Wege des Strafbefehlsverfahrens selbst durch einen Antrag zu initiieren. Denn wie eingangs dargestellt hat auch der Beschuldigte unter Umständen ein erhebliches Interesse daran, keine Hauptverhandlung stattfinden zu lassen, um Aufsehen zu vermeiden und Kosten zu sparen.[930]

Zwar könnte fraglich sein, wo der Anwendungsbereich einer solchen Möglichkeit liegen soll – denn streng genommen soll die Staatsanwaltschaft dort, wo die Voraussetzungen dafür gegeben sind, Strafbefehl beantragen. Da ihr aber immer noch ein Entscheidungsspielraum bleibt, könnte der Antrag durch

928 Siehe auch *Maleika*, Freiheitsstrafe und Strafbefehl, S. 196: Die Begründung des Strafbefehls sei zwar arbeitsintensiver, was aber vertretbar sei, da der Zweck (schnelle Erledigung kleiner und mittlerer Massenkriminalität) weiter gewährleistet sei und die Effektivität des Verfahrens in erster Linie durch den Verzicht auf die Hauptverhandlung entstünde.

929 BT-Drs. 10/1313, S. 35; es gebe auch keinen Anspruch auf das Strafbefehlsverfahren, KK-StPO/*Maur* § 407 Rn. 5; a.A. *Freund*, GA 1995, 4, 18.

930 BVerfG NJW 1969, 1103, 1104; BT-Drs. 10/1313, S. 13; BT-Drs. 12/1217, S. 42; *Ranft*, JuS 2000, 633; Gercke u.a. StPO/*Brauer* § 407 Rn. 1; KK-StPO/*Maur* Vor § 407 Rn. 3; Meyer-Goßner/Schmitt/*Schmitt* Vor § 407 Rn. 1; AnwK-StPO/*Böttger* Vor §§ 407 ff. Rn. 5; zur Vermeidung von Aufsehen *Huber*, JuS 2019, 666, 667.

den Beschuldigten Abhilfe schaffen. Dies gilt insbesondere für die Fälle, in denen sich Staatsanwaltschaft und Beschuldigter in einer Verhandlungssituation befinden. Denn durch die Antragsmöglichkeit würde seine Verhandlungsposition gegenüber der Staatsanwaltschaft gestärkt, da ihr – ebenso, wie wenn die Entscheidung über die im Strafbefehl festgesetzte Strafe in die alleinige Gerichtskompetenz gelegt würde – ein Druckmittel genommen wird, da eine Verurteilung ohne Hauptverhandlung nun nicht mehr ausschließlich auf ihren Antrag hin möglich wäre.[931]

Um dieses Druckpotential allerdings nicht lediglich zu verlagern, ist bei dem Antrag des Beschuldigten von diesem keine Einlassung zur Sache zu fordern. Denn wenn er seinen Antrag begründen, das heißt in der Regel ein Geständnis ablegen müsste, um dem Gericht eine Entscheidungsgrundlage vorzulegen, stünde er auch hier unter einem Geständnisdruck. Insofern sollte für seinen Antrag genügen, wenn er gegenüber dem Gericht eine Erledigung im Wege des Strafbefehlsverfahrens anregt.

Im Rahmen des Experteninterviews mit Staatsanwalt B1 erzählte dieser, dass insbesondere die Richter die Möglichkeit schätzten, den Einspruch verwerfen zu können, sofern der Angeklagte nicht zum Termin erschiene und sie sich in diesem Zusammenhang regelmäßig beschwerten, wenn auf den Angeklagten vergeblich gewartet würde und zuvor kein Strafbefehl erlassen worden wäre. Den Grund dafür, dass die Kollegen aus dem allgemeinen Bereich häufig keine Strafbefehle beantragten, sondern Anklagen erhöben, sähe er in deren wahnsinnig hoher Arbeitsbelastung und dem Umstand, dass ein Strafbefehlsantrag zu Beginn mehr Arbeit als eine Anklage beim Strafrichter machte, bei der man kein wesentliches Ergebnis der Ermittlungen schreiben und sich keine Gedanken zur Bestrafung machen und diese ausrechnen müsste. Das wäre zwar kurzfristig gedacht, weil ein Strafbefehl eine Hauptverhandlung ersparte, aber für den Einzelnen ginge sie in dem Moment schneller.[932]

Insofern gibt es auch einen Anwendungsbereich für einen Strafbefehlsantrag des Beschuldigten, da der Angeschuldigte in solchen Fällen durch einen entsprechenden Antrag erwirken kann, dass auf die Anklage der Staatsanwaltschaft hin in geeigneten Fällen nicht in ein Hauptverfahren, sondern ein Strafbefehlsverfahren übergegangen wird. In dieser Hinsicht würde das Antragsrecht des Beschuldigten auch eine Kontrollfunktion übernehmen.

931 *Deiters*, ZStW 130 (2018), 491, 507.
932 Antwort auf Fragen 3, 42.

Allerdings dürfte die Staatsanwaltschaft bei der Entscheidung, ob eine Hauptverhandlung stattfinden soll, nicht völlig übergangen werden. Es müsste ihr das Recht eingeräumt werden, durch Einspruch gegen die Einleitung des Strafbefehlsverfahrens eine Hauptverhandlung herbeiführen zu können, sofern sie der Auffassung ist, dass diese erforderlich sei. Auf diesen Einspruch hin könnte das Gericht dann begründet entscheiden, ob es dem Einspruch stattgibt und das Hauptverfahren eröffnet oder dennoch im Wege des Strafbefehlsverfahrens entscheidet.

Aber auch heute schon kann auch ohne ein solches Antragsrecht die Verteidigung des Beschuldigten darauf hinwirken, dass die Staatsanwaltschaft einen entsprechenden Antrag stellt. Sogar dann, wenn der Sachverhalt zunächst beweistechnisch nicht einfach gelagert ist, kann er es gegebenenfalls dadurch werden, dass der Beschuldigten ein Geständnis ablegt[933] und die Geschehnisse erklärt. Dies stellt einen wichtigen Aspekt in Hinblick auf Absprachen dar.[934] So kann der Verteidiger von sich aus ein Geständnis anbieten, im Gegenzug für das Absehen von einer Anklage unter Beantragung eines Strafbefehls.[935] Aufgrund der Arbeitsersparnis beim Strafbefehlsverfahren im Vergleich zum regulären Verfahren mit Hauptverhandlung dürfte dies für die Staatsanwaltschaft grundsätzlich auch ein attraktives Angebot sein. Dennoch steht der Beschuldigte beziehungsweise sein Verteidiger in einer schwächeren Verhandlungsposition als die Staatsanwaltschaft[936], weil letztlich diese die Entscheidung über die Verfahrensart trifft. Ihre Entscheidung kann der Beschuldigte zudem nicht überprüfen lassen.

Daher wäre es, gerade auch mit Blick auf die Risiken von Absprachen, eine begrüßenswerte Stärkung der Beschuldigtenrechte, wenn auch der Beschuldigte den Antrag stellen und der Richter daraufhin durch Strafbefehl entscheiden könnte, sofern die Voraussetzungen hierfür vorliegen. Sofern der Richter den Antrag des Beschuldigten ablehnt und ins Hauptverfahren übergeht, dürfte der Antrag aber auch in der Beweiswürdigung berücksichtigt werden. Sofern der Richter die weitere Aufklärung in einer Hauptverhandlung bei gleichzeitiger Ablehnung des Antrags für erforderlich hält, trifft er zwar die Einschätzung, dass das Vorbringen des Beschuldigten nichtzutreffend oder unvollständig ist und darauf allein keine Verurteilung gestützt werden kann. Dennoch sollte die

933 *Hutzler*, Ausgleich struktureller Garantiedefizite, Rn. 418.
934 Zu Absprachen ausführlicher unter 3. Teil B. IV.
935 Siehe dazu auch unter II. 2. h) bb), A. II. 2. g).
936 *Deiters*, ZStW 130 (2018), 491, 507.

Antragsbegründung nicht völlig außer Acht gelassen, sondern gegebenenfalls durch eine weitere Beweisaufnahme überprüft und ergänzt werden können. Auf diese Weise wird der Beschuldigte auch mit diesem Vorbringen rechtlich gehört. Auf ein dem § 257c StPO vergleichbares Beweisverwertungsverbot sollte daher verzichtet werden.

6. *Stärkung richterlicher Kompetenzen*

Auch die Rolle des Richters im Strafbefehlsverfahren wird teilweise als unzureichend erachtet und an verschiedenen Stellen vorgeschlagen, seine Möglichkeiten zu erweitern. Unter anderem soll dadurch gewährleisten werden, dass ein hierfür geeignetes Verfahren auch dann durch Strafbefehl erledigt wird, wenn die Staatsanwaltschaft eine abweichende Auffassung vertritt.

a) Richterliche Einleitung des Strafbefehlsverfahrens

Nach derzeitigem Gesetzesstand ist allein die Staatsanwaltschaft dazu in der Lage, die Verfahrensart des Strafbefehlsverfahrens zu wählen, § 407 Abs. 1 Satz 2 StPO. Eine Einleitung allein durch den Richter ohne vorherigen Antrag hat der Gesetzgeber explizit nicht vorgesehen.[937]

Putzke/Putzke[938] schlagen vor, auch dem Strafrichter und dem Schöffengericht bei Anklageerhebung durch die Staatsanwaltschaft im Zwischenverfahren die Möglichkeit einzuräumen, von sich aus ins Strafbefehlsverfahren überzugehen.[939] Denn in dem Fall, in dem von der Staatsanwaltschaft Anklage erhoben wurde, der Richter eine Hauptverhandlung aber nicht für erforderlich halte, habe er bisher nur die Möglichkeit, eine (aus seiner Sicht überflüssige) Hauptverhandlung anzuberaumen oder bei der Staatsanwaltschaft anzuregen, die Anklage zurückzunehmen und ins Strafbefehlsverfahren überzugehen.[940]

Die Ausgestaltung der richterlichen Übergangsmöglichkeit stellen sich die Autoren so vor, dass der Richter, wenn die übrigen Voraussetzungen von § 407 Abs. 1 StPO vorliegen, statt des Eröffnungsbeschlusses nach § 203 StPO einen Strafbefehl erlassen kann – und zwar auch dann, wenn die Rechtsfolge leicht von der Anklage abweichen soll.[941] Gegen den Strafbefehl solle dann nicht

937 BT-Drs. 10/1313, S. 35.

938 *Putzke/Putzke*, JR 2019, 319.

939 So auch *Müller*, Das Strafbefehlsverfahren, S. 277, 314; vgl. *Wolter*, GA 1989, 397, 413, nach dessen Vorschlag der Richter selbst ins vereinfachte Verfahren übergehen können soll.

940 *Putzke/Putzke*, JR 2019, 319, 320.

941 *Putzke/Putzke*, JR 2019, 319, 321, 324.

nur der Beschuldigte, sondern auch die Staatsanwaltschaft Einspruch einlegen können, sofern sie an ihrer Auffassung bezüglich der Erforderlichkeit der Hauptverhandlung festhalte.[942] Der mögliche Einwand, dass es durch die Einspruchsmöglichkeit zu widersprüchlichem Verhalten der Staatsanwaltschaft kommen könne, wenn diese nämlich nur weil sie auf eine Hauptverhandlung bestehe, auch dann zum Rechtsbehelf greife, wenn der Strafbefehl der Anklage und ihrer Vorstellung über die Strafhöhe entspreche, greift aus Sicht der Autoren nicht durch: Zum einen schon deshalb nicht, weil die Staatsanwaltschaft entsprechend der Regelung in Nr. 175 Abs. 3 RiStBV von einem Einspruch absehen müsse, wenn die Voraussetzungen für einen Strafbefehl vorliegen, zum anderen, weil es nicht widersprüchlich sei, wenn die Staatsanwaltschaft im Falle einer abweichenden Rechtsauffassung über die Erforderlichkeit einer Hauptverhandlung Einspruch einlege.[943] Die Erforderlichkeit einer Hauptverhandlung aber ausschließlich an ihrer generalpräventiven Wirkung zu messen sei unzulässig; und bei einer angemessenen Straffestsetzung sei eine Hauptverhandlung aus spezialpräventiven Gründen ohnehin nicht mehr geboten.[944]

Das verkürzte Beweisrecht nach §§ 411 Abs. 2 Satz 2 i.V.m. 420 StPO solle nur in den Fällen gelten, in denen ausschließlich der Angeklagte Einspruch einlegt.[945]

Bedenken, dass die Staatsanwaltschaft immer einen Rechtsbehelf einlegen werde, da sie stets der Ansicht sei, ihre Entscheidung zugunsten einer Hauptverhandlung wurde sorgfältig getroffen, seien unbegründet – § 408a StPO zeige, dass seitens der Staatsanwaltschaft durchaus die Bereitschaft bestehe, eine Anklage zurückzunehmen und einen Antrag auf Erlass eines Strafbefehls zu stellen.[946]

Zwar könne es dazu kommen, dass das Gericht die Staatsanwaltschaft zur Einspruchsrücknahme bewegen wolle, wenn der Angeklagte seinerseits auf die Einlegung eines Einspruchs verzichte; allerdings sei es Sache der Staatsanwaltschaft, hier – ebenso wie in den Fällen, in denen sie in Berufung gehe, während der Verurteilte hierauf verzichte – besonnen standzuhalten.[947]

---

942 Die StA sei als eine zur Wahrung des Rechts verpflichtete Behörde immer beschwert, wenn ihrer Ansicht nach ein Rechtsfehler vorliegt, BeckOK StPO/*Cirener* § 296 Rn. 15.

943 *Putzke/Putzke*, JR 2019, 319, 322.

944 *Putzke/Putzke*, JR 2019, 319, 322 Fn. 16.

945 *Putzke/Putzke*, JR 2019, 319, 321.

946 *Putzke/Putzke*, JR 2019, 319, 323.

947 *Putzke/Putzke*, JR 2019, 319, 322.

Für einen gerichtlichen Übergang ins Strafbefehlsverfahren spricht Müller zufolge auch, dass es im Sinne des Beschuldigten sei, nicht mit einer nicht erforderlichen Hauptverhandlung belastet zu werden – beispielsweise dann, wenn der Beschuldigte im Zwischenverfahren geständig und eine Hauptverhandlung infolgedessen nicht mehr erforderlich sei; zudem eigne sich das Zwischenverfahren strukturell auch als Vorverfahren eines Strafbefehls.[948]

Das Meinungsbild, das die Befragung der Berliner und Bremer Verteidiger in diesem Zusammenhang ergab, fiel hingegen unterschiedlich aus. 18 der Verteidiger gaben an, dass sie die Möglichkeit, dass die Richter im Zwischenverfahren von sich aus ins Strafbefehlsverfahren übergehen können, nicht begrüßen würden. Acht hielten die Aussagen, dass sie diese Änderung begrüßen würden, für „eher nichtzutreffend", 16 für „halb zutreffend", 16 für „eher zutreffend" und nur sechs für „voll zutreffend". 34,4 % der Verteidiger halten eine solche Möglichkeit mithin für „eher begrüßenswert" oder „begrüßenswert", 40,6 % für „eher nicht begrüßenswert" oder „nicht begrüßenswert".

Das Meinungsbild der Richter war hingegen eindeutiger: Die Möglichkeit, dass Richter im Zwischenverfahren von sich aus ins Strafbefehlsverfahren übergehen können, würde mit 71,8 % der überwiegende Teil der Richter begrüßen (19 Richter gaben an, dass dies „voll zuträfe", neun, dass dies „eher zuträfe", vier, dass dies „halb zuträfe", drei, dass dies „eher nicht zuträfe" und vier, dass dies „nicht zuträfe").

Die im Rahmen der Experteninterviews hierzu befragten Staatsanwälte B3 und B6 lehnten die Überlegung, dass die Richter auf erhobene Anklage hin von sich aus ins Strafbefehlsverfahren übergehen können sollten, ab (Frage 43). B3 führte die Begründung an, dass er als Staatsanwalt in diese Entscheidung eingebunden werden wollte. B6 erachtete eine solche Möglichkeit für systemwidrig, weil dies die Staatsanwaltschaft entbehrlich machte. Es käme in der Praxis zudem bereits regelmäßig vor, dass das Gericht eine Anklage vor Eröffnung des Hauptverfahrens zurückschickte mit dem Hinweis, doch einen Strafbefehl zu beantragen. Letzteren Punkt sprach auch B3 an.

b) Stellungnahme

Dieser Vorschlag bringt durchaus einige positive Aspekte mit sich. Denn es ist im Sinne der Prozessökonomie, keine überflüssigen Hauptverhandlungen durchzuführen.[949] Wann eine Hauptverhandlung nicht erforderlich ist, wäre

948 *Müller*, Das Strafbefehlsverfahren, S. 277.

949 So auch *Schlüchter*, Weniger ist mehr, S. 59.

nach denselben Kriterien zu bestimmen wie beim Strafbefehlsverfahren sonst auch. Dem Richter steht mit den vorgelegten Akten die gleiche Entscheidungsgrundlage zur Verfügung wie beim Strafbefehl. Dass er hier aus einer weniger informierten Position heraus entscheiden würde, ist demnach nicht zu befürchten.

Allerdings gibt es gewichtige Gründe, die gegen diesen Vorschlag sprechen. Der Richter würde zwar aufgrund der gleichen Feststellungen entscheiden, die ihm auch beim Strafbefehl vorlägen, allerdings würden sämtliche Schwächen des Strafbefehlsverfahrens an dieser Stelle übernommen werden, ohne dass der Angeschuldigte sich hiergegen zur Wehr setzen kann. Zwar könnte man überlegen, den Angeschuldigten zuvor anzuhören, was beim Strafbefehlsverfahrens ohnehin zu fordern ist. Es könnte darüber hinaus auch an eine Zustimmungspflicht des Angeklagten gedacht werden, allerdings käme es damit zu einer abspracheähnlichen Situation: Der Richter gibt zu erkennen, dass er gewillt ist, auf die Hauptverhandlung zu verzichten und der Angeschuldigte hat die Möglichkeit, dem zuzustimmen – möglicherweise hätte eine Ablehnung hier sogar eine negative Auswirkung, weil der Richter daraufhin eine Hauptverhandlung durchführen muss, die er nicht für erforderlich erachtet und sich um die Möglichkeit beraubt fühlen könnte, diese zu umgehen.

Es bestünde auch die abstrakte Gefahr, dass mit viel Arbeit belastete Richter unter Umständen dazu geneigt sein könnten, in Grenzfällen einen Strafbefehl eher zu erlassen als ihn abzulehnen, um sich den Aufwand einer Hauptverhandlung zu ersparen. An dieser Stelle wäre auch die Besorgnis einer richterlichen Befangenheit zu erwägen. Denn wenn der Richter den Strafbefehl aus diesem Grund erlässt, ohne durch den Akteninhalt von der Schuld des Angeklagten überzeugt zu sein, fließen sachfremde Erwägungen in seine Entscheidung ein, sodass er im konkreten Fall nicht neutral agiert.

Die Hauptverhandlung sichert wichtige Verfahrensrechte des Beschuldigten und sollte nur ausnahmsweise entbehrlich sein. Wenn aber auch die Strafrichter (und Schöffengerichte) dazu in der Lage wären, Strafbefehle ohne entsprechende Anträge zu erlassen, liegt die Vermutung nahe, dass es eine weitere Zunahme von Strafbefehlsverfahren geben würde[950]. Zwar bestimmt die Regelung des Nr. 175 Abs. 3 RiStBV, dass alle Fälle, bei denen die Voraussetzungen hierfür gegeben sind, im Wege des Strafbefehlsverfahrens erledigt werden sollen. Die Regelung sieht aber gerade nicht vor, dass es zum Regelverfahren

950 Dies geben auch *Putzke/Putzke*, JR 2019, 319, 322, zu, halten dies aber für nicht problematisch, wenn man dem Verfahren nicht grds. ablehnend ggü. steht.

werden sollte. Das Strafbefehlsverfahren weist diverse Defizite auf, die es für die Mehrzahl der Verfahren ungeeignet macht. Zu nennen wären beispielsweise die grundsätzliche Fehleranfälligkeit mangels vorheriger Anhörung oder die Einhaltung wichtiger Verfahrensgrundsätze erst auf Einspruch des Angeklagten hin. Auch dann, wenn eine vorherige Anhörung vor dem richterlichen Übergang ins Strafbefehlsverfahren erforderlich wäre, könnte dies nicht rechtfertigen, ein verkürztes Verfahren praktisch zum Regelverfahren werden zu lassen. Das Strafbefehlsverfahren sollte aufgrund seiner Schwächen nicht weiter ausgeweitet werden, was durch diese Möglichkeit aber der Fall wäre.

Insgesamt ist eine richterliche Einleitung des Strafbefehlsverfahrens ohne vorherigen Antrag daher abzulehnen, um keine zusätzliche Gefahr zu schaffen, dass Fälle verkürzt erledigt werden, bei denen es rechtlich möglicherweise noch vertretbar ist, die aber eigentlich nicht richtig dafür geeignet sind. Denn so würde eine zusätzliche Quelle für Fehlentscheidungen geschaffen werden, was es in jedem Fall zu vermeiden gilt.

II. Fehlentscheidungen begünstigende Handhabung des Verfahrens durch Richter und Staatsanwaltschaft

Sofern man unter dem Begriff der Fehlentscheidung[951] alle Entscheidungen von Richter und Staatsanwalt[952] versteht, die sowohl zum Nach- als auch zum Vorteil des Verurteilten[953] von der Sanktion, die in Hinblick auf die Wahrheit, soweit wie sie mit den zur Verfügung stehenden Mitteln nach den Regeln des Strafprozesses ermittelt werden kann[954], angemessen wäre, abweichen, werden viele solcher Fehlentscheidungen durch die normative Gestaltung des Strafbefehlsverfahrens, aber auch den praktischen Umgang mit ihm begünstigt. Fehlentscheidungen können dabei sowohl auf Sachverhaltsebene, also bei den Ermittlungen der Tatsachen, als auch auf Rechtsanwendungsseite vorkommen,

---

951 Eine allgemein anerkannte, gängige Definition gibt es nicht, so auch *Böhme*, Das strafgerichtliche Fehlurteil, S. 25.

952 Zu einem weiten Fehlurteilsverständnis, welches nicht nur Urteile im technischen Sinne einbezieht: *Barton*, in: FS Eisenberg, 15, 17; speziell für die Einbeziehung von fehlerhaften Strafbefehlen in den Fehlentscheidungsbegriff: *Böhme*, Das strafgerichtliche Fehlurteil, S. 48 f.

953 *Böhme*, Das strafgerichtliche Fehlurteil, S. 47.

954 Zur prozessordnungsgemäß ermittelten Wahrheit (vgl. auch forensische Wahrheit): *Pfister*, FPPK 2013, 250, 253; *Hellwig*, Justizirrtümer, S. 33 f.; *Börner*, Legitimation durch das Strafverfahren, S. 99 ff.; *Böhme*, Das strafgerichtliche Fehlurteil, S. 31 f.

beispielsweise bei der materiellrechtlichen Würdigung.[955] Auf Rechtsanwendungsseite können Fehler aber auch bei der Strafzumessung[956] unterlaufen.

Konkret bei Strafbefehlen können diese Fehlentscheidungen demnach darauf basieren, dass bereits die Staatsanwaltschaft nicht korrekt ermittelt (beziehungsweise die fehlerhaften Ermittlungen der Polizei übernimmt) und einen falschen Sachverhalt darstellt, sodass anhand einer fehlerhaften Grundlage entschieden wird. Auch bei korrekter Sachverhaltsfeststellung kann die Staatsanwaltschaft trotz fehlender Voraussetzungen für den Erlass eines Strafbefehls allerdings einen solchen beantragen und umgekehrt.

Auch die folgende richterliche Entscheidung kann fehlerhaft ergehen. Insbesondere bei der Berechnung der Tagessatzhöhen im Rahmen der Sanktionsbemessung besteht gerade beim Strafbefehlsverfahren eine besondere Fehleranfälligkeit.

Quellen für Fehlentscheidungen liegen damit sowohl beim Richter als auch bei der Staatsanwaltschaft.

1. Durch den Richter

a) Die Gefahr einer mangelhaften Prüfung

Ein Umstand, der Fehlentscheidungen begünstigen kann, kann darin liegen, dass die Richter den Antrag der Staatsanwaltschaft nicht ausreichend prüfen, bevor sie den Strafbefehl erlassen. Die kontrollierende Wirkung gegenüber der Entscheidung der Staatsanwaltschaft entfiele hier mangels selbständig getroffener Entscheidung völlig. Diese Tatsache wird durch den systemimmanenten Umstand begünstigt, dass der Staatsanwalt nach Nr. 176 Abs. 1 RiStBV einen Strafbefehlsantrag so zu stellen hat, dass er einen Strafbefehlsentwurf einreicht und beantragt, einen Strafbefehl dieses Inhalts zu erlassen. Möchte der Richter dem Antrag entsprechen, lässt die Lage es theoretisch zu, dass er den Antrag ohne weitere Eigenleistung einfach unterschreibt.[957]

Mit Blick auf die beachtliche Arbeitsbelastung der Amtsrichter stellt diese Lösung die schnellste und die am wenigsten zeitaufwändige dar. Wie hoch das vom Amtsrichter zu leistende Arbeitspensum ist, wird anhand eines

---

955 Vgl. *Barton*, in: FS Eisenberg, 15, 21.

956 *Pfister*, FPPK 2013, 250, 253; *Böhme*, Das strafgerichtliche Fehlurteil, S. 33.

957 Vgl. *Kramer*, Grundlagen des Strafverfahrensrechts, S. 309; so schilderten auch die interviewten Staatsanwälte auf Frage 3, dass der Strafbefehlsantrag so formuliert werde, dass der Richter „dann einfach gegenzeichnen" könne (B3) bzw. der Strafbefehl „ein Unterschriftsfeld für den Richter vorsieht" (B5), siehe unter A. II. 2. a).

sogenannten Pensenschlüssels festgelegt: Hausel ging noch davon aus, dass dem Richter etwa zwanzig Minuten pro Strafbefehl bleiben.[958] Die Fortschreibung des Gutachtens zur Personalbedarfsmessung für die Ordentliche Gerichtsbarkeit und die Staatsanwaltschaft ergab, dass für die Prüfung eines Antrags auf Erlass eines Strafbefehls derzeit immerhin 35 Minuten vorgesehen sind.[959] Im Vergleich dazu sieht der Pensenschlüssel für allgemeine Strafsachen vor dem Strafrichter 157 Minuten, für allgemeine Strafsachen vor dem (auch erweiterten) Schöffengericht 423 Minuten vor; bei Ermittlungsrichtertätigkeiten liegt der Pensenschlüssel bei 35 Minuten. Ordnungswidrigkeiten werden mit 39 Minuten sogar etwas höher angesetzt als Strafbefehle.[960]

Dass ein Strafbefehlsantrag in einer derart kurzen Zeit weder eingehend geprüft noch eine beschwerdefeste Ablehnung formuliert oder mit der Staatsanwaltschaft Kontakt aufgenommen werden kann[961], ist naheliegend.

Diesbezüglich äußerte sich auch der interviewte Berliner Staatsanwalt B2 (Frage 43), der befürchtete, dass aufgrund der Tatsache, dass ein Strafbefehl aus Sicht des Gerichts statistisch weniger zählte als eine Anklage, dieser mit Blick auf die angedachten Minutenzahlen eher nebenbei bearbeitet würde. Wenn sich ein Gericht der Sache daher nicht vollends annähme, sondern nur qualifiziert querläse[962], könnte es sein, dass Widersprüche, die ansonsten vielleicht – etwa in einer Hauptverhandlung – aufgetreten wären, nicht erkannt würden.[963]

Auf eine solche unzureichende Prüfung deuten tendenziell auch die Ergebnisse der Befragung der Strafrichter des Amtsgerichts Tiergarten hin. 35 (89,7 %) der antwortenden Richter gaben an, dass ihnen für die Prüfung des Strafbefehlsantrags weniger als 25 Minuten zur Verfügung stünden, lediglich vier (10,2 %), dass sie dafür mehr als 25 Minuten aufwenden könnten. Dieses

958 Ausführlichere Darstellung bei *Hausel*, ZRP 1994, 94, 96.

959 Gutachten PEBB§Y-Fortschreibung 2014, abrufbar unter https://www.drb.de/fileadmin/DRB/pdf/Belastung/150410_PEBBSY_Hauptband.pdf, zuletzt abgerufen am 11.02.2021, S. 154; https://justiz.thueringen.de/fileadmin/TMMJV/Service/pebbsy/system_th_2016.pdf, S. 42, zuletzt abgerufen am 11.02.2021; krit. zu Erledigungspensen *Münchbach*, NJW 2020, 3283.

960 Gutachten PEBB§Y-Fortschreibung 2014, abrufbar unter https://www.drb.de/fileadmin/DRB/pdf/Belastung/150410_PEBBSY_Hauptband.pdf, zuletzt abgerufen am 11.2.2021, S. 154.

961 *Hausel*, ZRP 1994, 94, 96.; *Hüls*, Polizeiliche und staatsanwaltschaftliche Ermittlungstätigkeit, S. 151 f.

962 Siehe zum psychologischen Aspekt des routinierten Entscheidens *Weimar*, Psychologische Strukturen richterlicher Entscheidung, S. 145 f.

963 Antwort auf Frage 28.

Ergebnis ist schon beachtlich mit Blick auf die Tatsache, dass den Richtern bereits nach dem Pensenschlüssel eigentlich 35 Minuten zur Verfügung stehen sollten. Zudem merkte einer der Richter ergänzend an, dass er bereits die vorgesehene Zeit von 35 Minuten Bearbeitungszeit für einen Strafbefehl und insgesamt 157 Minuten für das gesamte Verfahren nach Einspruchseinlegung in vielen Fällen für viel zu wenig halte.

Diese Zeit, die ihnen zur Prüfung zur Verfügung steht, halten dabei 24 der Befragten für „ausreichend" (61,5 %), 13 für „zu knapp" (33,3 %) und zwei für „völlig unzureichend" (5,1 %). In diesem Zusammenhang merkte einer der Richter an, dass diese Frage je nach Fall allerdings unterschiedlich zu beantworten sein könnte: So machte es für die Bearbeitungszeit oder die Durchführung der Hauptverhandlung nach Einspruch einen Unterschied, ob der Strafbefehl etwa wegen Erschleichens von Leistungen oder wegen Betruges erlassen worden wäre.

Es ist an dieser Stelle aber anzunehmen, dass sich die Antworten der Richter auf einen Durchschnittswert beziehen. 48,7 %, also fast die Hälfte der befragten Richter, gab allerdings an, dass die Strafbefehlsanträge bei mehr zur Verfügung stehender Zeit eingehender geprüft würden. Diese beiden Ergebnisse scheinen sich teilweise zu widersprechen, denn es gibt eine 10 %-ige Überschneidung derjenigen Richter, die sowohl angaben, die zur Verfügung stehende Zeit genügte, als auch, dass bei mehr Zeit genauer geprüft würde. Dies zeigt, dass einige der Richter die verfügbare Zeit auch dann als ausreichend betrachten, wenn bei mehr verfügbarer Zeit eine genauere Prüfung als die durchgeführte möglich wäre.

Noch deutlicher wird dies bei Betrachtung der Ergebnisse bezüglich der Aussage, dass, wenn der Strafbefehl nur noch bei richterlicher Überzeugung und nicht mehr schon bei hinreichendem Tatverdacht erlassen werden könnte, es vermehrt zur Anberaumung einer Hauptverhandlung kommen würde. Diese Aussage hielten sieben der antwortenden Richter für „nichtzutreffend", vier für „eher nichtzutreffend", drei für „halb zutreffend", 13 für „eher zutreffend" und zwölf für „voll zutreffend". Insgesamt 64,1 % gaben damit an, dass es einen Unterschied zugunsten einer häufigeren Ablehnung von Strafbefehlsanträgen machte, wenn eine richterliche Überzeugung für den Erlass eines Strafbefehls gefordert würde.

Diese Erkenntnis könnte – vorsichtig interpretiert – auch durch die Anmerkung eines der befragten Verteidiger[964] gestützt werden, der angab, dass die

964 Siehe unter A. I. 1., 2.

Richter in der auf den Einspruch folgenden Hauptverhandlung bei Strafbefehlen mitunter auch offener wären, weil sie – womöglich aus schlechtem Gewissen – mit der Sache bislang nur oberflächlich befasst gewesen wären. Dies würde für die betreffenden Fälle zumindest zeigen, dass die Richter von der Richtigkeit des Strafbefehls selbst nicht überzeugt und sehr bereit dazu waren, ihre Entscheidung auf einen Einspruch hin abzuändern.

Weiter gaben auf die Frage hin, ob die Strafbefehle so erlassen werden können, wie von der Staatsanwaltschaft beantragt, vier der Richter „sehr häufig" (10,2 %), 33 „häufig" (84,6 %) und zwei „manchmal" (5,1 %) an. Dass eine Abweichung von der im Strafbefehl beantragten Strafhöhe für angemessen erachtet wird, kommt nach Angabe von zwei Richtern „häufig" vor, 24 gaben hier „manchmal" und 13 „selten" an. Auf die Frage, welche Höhe diese Abweichung dann beträgt, gaben vier der Befragten „weniger als 15 %", 15 Personen „15–20 %" und 19 Personen „mehr als 20 %" an. 94,9 % der Richter gaben mithin an, Strafbefehle sehr häufig bis häufig antragsgemäß erlassen zu können. Stellt man dieses Ergebnis den Antworten der Verteidiger bezüglich des Erfolgs von Einsprüchen (78,7 % der Verteidiger gaben an, dass Einsprüche „sehr häufig" bis „häufig" erfolgreich wären) und der Richtigkeit von Strafbefehlen (hier gaben die Verteidiger an, dass der Sachverhalt eher „manchmal" (51,6 %) bis „häufig" (38,7 %) zutreffend ermittelt, die Höhe der Tagessätze hingegen nur „manchmal" (30,7 %) bis „selten" (52,3 %) juristisch korrekt bemessen wäre) gegenüber, dann liegt die Vermutung nahe, dass das Ergebnis der Antworten der Richter nicht ausschließlich darauf basiert, dass nach einer eingehenden Prüfung festgestellt wurde, dass die Strafbefehlsanträge von der Staatsanwaltschaft auch fehlerfrei waren.

Auch die Bewertungen der Aussage, dass die Kommunikation mit der Staatsanwaltschaft und die Verständigung auf eine abgeänderte Rechtsfolge umständlich sind, deutet darauf hin, dass es von 23 % der Richter als umständlich empfunden wird, die Abänderung eines Strafbefehls anzuregen (zwölf der Befragten halten diese Aussage für „nichtzutreffend", sechs für „eher nichtzutreffend" und zwölf für „halb zutreffend", hingegen vier für „eher zutreffend" und fünf für „voll zutreffend"). Entsprechend gaben 59 % der Richter an, die Möglichkeit, bei der Staatsanwaltschaft einen abgeänderten Strafbefehlsantrag anzuregen „manchmal", 23 %, sie „selten" oder „nie" in Anspruch zu nehmen (drei Personen gaben „sehr häufig", vier „häufig", 23 „manchmal", acht „selten" und eine Person „nie" an). Daraus lässt sich in Verbindung mit den Ergebnissen auf die Frage, wie häufig Strafbefehle antragsgemäß erlassen werden können, schließen, dass es – wenn dies auch nicht der Regelfall zu sein scheint – eine nicht unerhebliche Anzahl von Fällen gibt, in denen die Richter dazu tendieren,

Strafbefehlsanträgen auch dann Folge zu leisten, wenn diese ihrer Ansicht nach nicht völlig zutreffen oder sie eine solche Bewertung mangels eingehender Prüfung nicht vornehmen können.

Auch die interviewten Berliner Staatsanwälte gaben auf die Frage, ob es häufig vorkommt, dass das Gericht die Beantragung eines abgeänderten Strafbefehls bei der Staatsanwaltschaft anregt, wenn es mit der beantragten Rechtsfolge nicht einverstanden ist und ob hierauf regelmäßig eingegangen werden kann (Frage 38) an, dass eine solche Situation nicht häufig vorkäme. B3 schätzte ein entsprechendes Vorkommen in 4 % der Fälle, wovon in wiederum der Hälfte dieser Fälle darauf eingegangen werden könnte. Auch B6 sprach von einem eher seltenen Vorkommnis und schätzte diese Fälle grob auf 10 %; meistens ginge es dann um eine mildere Strafe, worauf die Staatsanwaltschaft meistens eingehen könnte. Man einigte sich in der Hälfte dieser Fälle auf einen Kompromiss bei der Strafhöhe. B1 erzählte, er könnte sich an keinen Fall erinnern, in dem der Richter mit seiner Strafbefehlsvorstellung nicht einverstanden gewesen wäre, er würde auf eine solche Anregung aber grundsätzlich eingehen. B2 berichtete ebenfalls von derartigen Angeboten der Gerichte, auf die, sofern sie sich im Rahmen der Bandbreite befänden, auch eingegangen werden könnte. Es gäbe einige wenige Richter, bei denen dies sogar häufig vorkäme.[965] Auch B4 bestätigte das gelegentliche Vorkommen solcher Konstellationen. Ob darauf eingegangen werden könnte, hinge vom Einzelfall ab; wenn etwa Strafzumessungsaspekte übersehen oder nicht (stark genug) berücksichtigt worden wären, käme das vor. B5 hingegen bezeichnete dies als „beliebtes Spiel zwischen Staatsanwaltschaft und Gericht"; das Gericht fände je nach Mentalität ein „Haar in der Suppe" und hielte die Strafe für zu hoch oder zu niedrig. Einige Richter schickten den Strafbefehl auch gerne mit der Frage nach der Prüfung der Aktualität der bekannten Anschrift zurück. Dies wäre bei der Amts- und Staatsanwaltschaft nicht so beliebt und er stünde auf dem Standpunkt, dass das Gericht ins Hauptverfahren übergehen sollte, wenn es mit dem Antrag nicht einverstanden ist.[966] Solche Situationen scheinen aber eher die Ausnahme zu sein.

Die Umfrageergebnisse scheinen mithin insgesamt darauf hinzudeuten, dass die Richter Strafbefehlsanträge häufig nicht ausreichend genau überprüfen.

---

965 Antwort auf Frage 31.
966 Antwort auf Frage 37.

Auch in der Literatur wird vermutet, dass in der Tat sehr viele Richter (etwa 80 %[967]) die Anträge ungeprüft unterschreiben[968], nicht zuletzt deswegen, weil ihre Entscheidung von keinem anderen Gericht überprüft werde[969], da ein Einspruch mangels Devolutiveffekt vor denselben Richter gehe[970]. Zudem könne zur Verteidigung einer unzureichenden Prüfung womöglich angeführt werden, dass der Angeklagte bei einer fehlerhaften Entscheidung Einspruch einlegen könne.[971] Die Vermutung eines ungeprüften Unterschreibens wird bestärkt durch die statistische Erfassung, dass nur in etwa 1 % der Fälle statt Erlass des Strafbefehls eine Hauptverhandlung nach § 408 Abs. 3 StPO anberaumt wird.[972] Und auch die im Rahmen der Experteninterviews befragten Staatsanwälte machten die Erfahrung, dass das Gericht den Erlass eines Strafbefehls nur selten ablehnt (Frage 37). B6 schätzte, dass dies in 2 % der Fälle vorkäme,

---

967 *Hausel*, ZRP 1994, 94, 96; *Hüls*, Polizeiliche und staatsanwaltschaftliche Ermittlungstätigkeit, S. 151 f.; vgl. auch *Blankenburg/Sessar/Steffen*, Die StA im Prozeß strafrechtlicher Sozialkontrolle, S. 116 f., 246 f., in deren Untersuchung Ablehnungen durch die Richter nicht vorkamen.

968 *Ambos*, Jura 1998, 281, 287, 289; *Eisenberg/Kölbel*, Kriminologie, § 27 Rn. 57; *Hüls*, KriPoZ 2019, 159, 164; *Kotz*, Die Wahl der Verfahrensart durch den StA, S. 36 f.; *AE-ASR*, GA 2019, 1, 5; *Müller*, Das Strafbefehlsverfahren, S. 284; LR/*Gössel* Vor § 407 Rn. 62; *Hutzler*, Ausgleich struktureller Garantiedefizite, Rn. 302; *Böhme*, Das strafgerichtliche Fehlurteil, S. 217, wonach ein befragter Richter das Strafbefehlsverfahren deshalb für besonders fehleranfällig hält, weil die Richter nur datieren und unterschreiben müssten; vgl. auch *Ebert*, Der Tatverdacht im Strafverfahren, S. 271, der von einem Erlass auf Verdachtsbasis spricht.

969 SK-StPO/*Weßlau/Degener* Vor §§ 407 ff. Rn. 6; *Hutzler*, Ausgleich struktureller Garantiedefizite, Rn. 302, 313.

970 *Hüls*, Polizeiliche und staatsanwaltschaftliche Ermittlungstätigkeit, S. 153 ff., 155; zwar bleiben die regulären Rechtsmittel gegen das spätere Urteil erhalten; dennoch ist es für den Angeklagten sehr ungünstig, erst in einem späteren Rechtsmittelverfahren eine unvoreingenommene Überprüfung der Entscheidung zu erhalten.

971 SK-StPO/*Weßlau/Degener* Vor §§ 407 ff. Rn. 6; *Stoll*, Beschleunigungsstrategien der Strafjustiz, S. 92, führt die Vermutungen an, dass die schweizerische StA im Strafbefehlsverfahren geringere Anforderungen an den Schuldnachweis stelle, bei den Ermittlungen spare und im Zweifel einen Strafbefehl im Vertrauen darauf erlasse, dass im Falle seiner Fehlerhaftigkeit Einsprache erhoben werde; vgl. *Gilliéron*, Strafbefehlsverfahren und plea bargaining, S. 106, 134 f., 141.

972 Siehe dazu unter B. II. 2. a); *Hüls*, Polizeiliche und staatsanwaltschaftliche Ermittlungstätigkeit, S. 153 spricht von einer Ablehnung von Strafbefehlsanträgen in durchschnittlich 0,5 % der Fälle; vgl. *Sessar*, ZStW 87 (1975), 1033, 1035; *Maleika*, Freiheitsstrafe und Strafbefehl, S. 108; vgl. auch schon *Kirch*, Das Strafbefehlsverfahren nach dem StVÄG 1987, S. 90 f.

B3 in 5 %, B4 nannte einen niedrigen einstelligen Bereich. B5 berichtete, dass es dann aber oftmals so wäre, dass das Gericht zunächst um Nachbesserung bäte. B2 berichtete, dass in höchstens 10 % der Strafbefehlsanträge in Hinblick auf Strafhöhe oder Nachermittlungen Bedenken des Gerichts bestünden, die aber häufig auszuräumen wären. B1 hätte es nie erlebt, dass das Gericht einen Strafbefehl für ungeeignet gehalten oder einen solchen Antrag mangels hinreichenden Tatverdachts abgelehnt und eine Hauptverhandlung anberaumt hätte. Es käme lediglich vor, dass das Gericht Strafbefehlsanträge zurückschickte und auf kleine Fehler aufmerksam machte, die zu überarbeiten wären. Insofern sind die Antworten der Staatsanwälte relativ eindeutig.

Auch gab ein Verteidiger im Rahmen der Befragung der Berliner und Bremer Strafverteidiger bei den ergänzenden Anmerkungen an, dass er der Eindruck hätte, dass insbesondere bei „liegengebliebenen“ Verfahren Strafbefehle ohne ernsthafte Prüfung durch den Richter erlassen würden. Ein weiterer Verteidiger betonte, dass die Richter die Akten häufig nicht läsen und den Strafbefehl wie von der Staatsanwaltschaft beantragt erließen. Auf eine mangelhafte Prüfung durch den Richter lässt auch die Aussage eines weiteren Verteidigers schließen, der angab, dass widersprüchliche Zeugenaussagen erst durch eine Akteneinsicht erkennbar würden, was bereits der den Strafbefehl erlassende Richter hätte erkennen und dem durch einen Nichterlass entgegenwirken können.

Für den (theoretischen) Fall, dass ein Richter seiner Kontrollpflicht nicht nachkommt – er soll dabei eigentlich auch nicht nur prüfen, sondern eine eigene Entscheidung treffen[973] – würde die Strafe letztlich allein durch die Staatsanwaltschaft bestimmt[974], obwohl die Festsetzung einer Strafe eine richterliche Entscheidung sein muss.[975] Eine solche Praxis entspräche nicht der Vorschrift des Art. 92 GG, nach der die rechtsprechende Gewalt den Richtern anvertraut

973 *Hüls*, Polizeiliche und staatsanwaltschaftliche Ermittlungstätigkeit, S. 153 FN 328; *Müller*, Das Strafbefehlsverfahren, S. 261 Fn. 48; KMR/*Metzger* Vor § 407 Rn. 21.

974 *Hüls*, Polizeiliche und staatsanwaltschaftliche Ermittlungstätigkeit, S. 152; *Sauer/Münkel*, Absprachen im Strafprozess, Rn. 175; *Hutzler*, Ausgleich struktureller Garantiedefizite, Rn. 283; *Jehle*, FPPK 2013, 220, 224.

975 Die grundsätzlich nachvollziehbare Überlegung, den Strafbefehl zur Justizentlastung daher direkt von der Staatsanwaltschaft erlassen zu lassen (so etwa *Hausel*, ZRP 1994, 94 und *Ambos,* Jura 1998, 281, 289) sei mit Blick auf die den Richtern vorbehaltene Strafgewalt, Art. 92, 104 Abs. 2 GG, verfehlt, LR/*Gössel* Vor § 407 Rn. 62.

ist[976] – und eben nicht der Staatsanwaltschaft. Und die Gefahr, dass es tatsächlich regelmäßig zu diesen Szenarien kommen könnte, ist leider wahrscheinlich.

Dies gewinnt umso mehr an Bedeutung in Hinblick auf die Tatsache, dass die mangelhafte Kontrolle teilweise mit dem Bagatellcharakter der Delikte gerechtfertigt wird, die Anwendung des Strafbefehlsverfahrens sich aber längst nicht mehr auf den Bereich der geringfügigen Kriminalität beschränkt.[977]

Allerdings wäre selbst eine Prüfung nach den derzeit gesetzlich vorgesehenen Maßstäben lückenhaft, da der Beschuldigte gemäß § 407 Abs. 3 StPO, anders als im regulären Zwischenverfahren, nicht gehört wird und somit auch keine entlastenden Tatsachen vortragen kann[978]. Die Gefahr der Entstehung von Fehlern bei der richterlichen Entscheidung ist mithin zweifach gegeben, zum einen durch eine potentiell fehlerhafte praktische Handhabung, zum anderen aber auch, weil selbst eine gesetzeskonforme gründliche Prüfung nicht die Vervollständigung der Entscheidungsgrundlage voraussetzt.

Dieses Problem kann nicht durch die Drehung an nur einer Stellschraube geändert werden. Die fehlende Zeit ist ein entscheidender Faktor.[979] Allerdings muss sich auch die Entscheidungsgrundlage des Richters verbessern. Derzeit entscheidet der Richter nach derselben Aktenlage wie die Staatsanwaltschaft.[980] Für eine eigenständige Entscheidung und eben nicht nur (wenn überhaupt) die Wiederholung der Prüfung der Staatsanwaltschaft sind jedenfalls dann noch weitere Aspekte erforderlich, wenn letztere nicht umfassend und gerade auch zugunsten des Beschuldigten ermittelt, wonach sie gemäß § 160 Abs. 2 StPO eigentlich auch verpflichtet ist[981]. Gerade im Falle einer Entscheidung ohne Hauptverhandlung ist dem Beschuldigten erst recht die Möglichkeit zur

---

976 *Müller*, Das Strafbefehlsverfahren, S. 284; vgl. *Enescu*, BJCLCJ 2019, 3, 16: Strafbefehle seien eine Verurteilung durch die StA, weil die Richter einfach unterschrieben.

977 *Hüls*, Polizeiliche und staatsanwaltschaftliche Ermittlungstätigkeit, S. 155; vgl. LR/*Gössel* Vor § 407 Rn. 26.

978 Siehe zur fehlenden Anhörung I. 2., 3.

979 *Schorn*, Das Strafbefehls- und Strafverfügungsverfahren, S. 20 weist darauf hin, dass die Richter angesichts ihrer Überlastung Strafbefehlsanträge nicht mit der gleichen Sorgfalt und Gewissenhaftigkeit prüfen könnten, wie sie bei Hauptverhandlungen zur Anwendung gelange; *Böhme*, Das strafgerichtliche Fehlurteil, S. 340 f. hält durch Zeitmangel bedingte Fehler richtigerweise für vermeidbar.

980 Vgl. auch SK-StPO/*Weßlau/Degener* Vor §§ 407 ff. Rn. 3.

981 Wenn dies auch zu einer psychologischen Überforderung der Ermittlungspersonen führt, MüKoStPO/*Kölbel* § 160 Rn. 78; *Heghmanns*, GA 2003, 433, 443 ff.

Verteidigung zu geben. Und zwar nicht nur durch die Möglichkeit, im Einspruch entlastendes Material vorzutragen, an das der Richter nicht gebunden ist, sondern vielmehr durch eine formalisierte Zwischenstufe. In dieser müsste dem Beschuldigten entweder vor Beantragung des Strafbefehls von der Staatsanwaltschaft oder aber vor Strafbefehlserlass durch den Richter zwingend die Möglichkeit eingeräumt werden, zu den Vorwürfen Stellung zu nehmen und sich zu verteidigen. Der Richter müsste bei Erlass des Strafbefehls auf diese Stellungnahme eingehen und begründen, warum sie seine Entscheidung beeinflussen oder nicht beeinflussen konnte. Damit wäre die Anhörung auch kein reiner Formalismus, sondern der Richter zu einer inhaltlichen Auseinandersetzung mit ihr gezwungen. Gegebenenfalls ist der Beschuldigte dazu in der Lage, ernsthafte Zweifel an der Richtigkeit der Sachverhaltsfeststellung zu wecken, sodass weitere vereinzelte Beweiserhebungen oder die Anberaumung einer Hauptverhandlung erforderlich werden. Auf diese Weise könnte das Risiko von auf der mangelhaften Prüfung des Strafbefehls durch den Richter basierenden Fehlentscheidungen verringert werden.

b) Inkaufnahme von Divergenzen zwischen Antrag und eigener Auffassung

Eine weitere Ursache für Fehlentscheidungen könnte auch darin liegen, dass dem Richter bezüglich der von der Staatsanwaltschaft beantragten Strafhöhe keine weitere Entscheidungskompetenz zukommt, als diese abzulehnen oder ihr beizupflichten. Der Richter kann den Strafbefehl nur so erlassen, wie er von der Staatsanwaltschaft beantragt wurde. Erachtet er eine abweichende Beurteilung für notwendig, muss er entweder nach § 408 Abs. 3 Satz 2 StPO eine Hauptverhandlung anberaumen oder die Akten zurück an die Staatsanwaltschaft leiten mit der Bitte, einen abgeänderten Strafbefehl zu beantragen[982]; letzteres ist gesetzlich zulässig, aber nicht als regulärer Schritt im Strafbefehlsverfahren vorgesehen. Zudem ist es ein zeitaufwändiger Weg.[983] Daher könnte hier die Gefahr bestehen, dass der Richter einen kleineren Unterschied aus

982 SK-StPO/*Weßlau/Degener* Vor §§ 407 ff. Rn. 3; *Ranft*, JuS 2000, 633, 636; *Bode*, DRiZ 1988, 281, 283 hält einen vorherigen Einigungsversuch mit der StA für verpflichtend; vgl. *Meurer*, JuS 1987, 882, 887.

983 Vgl. auch *Putzke/Putzke*, JR 2019, 319, 324 nach denen kleinere Abweichungen (10 bis 30 Tagessätze) in der Praxis regelmäßige Folge seien; wenn auch der im Vergleich zu § 408 Abs. 3 S. 2 StPO schnellere Weg, *Burkhard*, Der Strafbefehl im Steuerstrafrecht, S. 131 f.

Zeitmangel in Kauf nimmt. Aus diesem Grunde gibt es Bestreben, dem Richter insbesondere bei kleineren Abweichungen einen Spielraum einzuräumen.[984]

aa) Prinzip der Übereinstimmung zwischen Richter und Staatsanwaltschaft

Dazu müsste das Prinzip, dass der Richter an die von der Staatsanwaltschaft beantragte Strafe gebunden ist[985], aufgegeben werden. Dieser Bindungswirkung wurde insofern eine hohe Bedeutung bei dem Erlass des Strafbefehls zugesprochen[986], als durch die Übereinstimmung von Richter und Staatsanwalt eine gegenseitige Kontrolle stattfinden und damit das Risiko von Fehlentscheidungen beim Strafbefehlsverfahren kompensiert werden sollte; zudem sei durch die Bindung an den Strafbefehlsantrag unschädlich, dass der Staatsanwaltschaft gegen die richterliche Entscheidung kein Rechtsbehelf zustehe.[987] Außerdem werde die Wahrscheinlichkeit, dass der Beschuldigte den Strafbefehl akzeptiert, erhöht, wenn dieser übereinstimmend von Richter und Staatsanwalt erlassen werde.[988]

(1) Richterliche Festsetzung einer abweichenden Rechtsfolge

Es wird vorgeschlagen, dem Richter zuzubilligen, in kleinerem Rahmen von der beantragten Strafhöhe sowohl nach oben als auch nach unten abzuweichen[989], sodass der Weg über die Staatsanwaltschaft nur in gewichtigeren Abweichungen erforderlich wird.[990] Die Abweichungsgröße wird hierbei konkret nicht beziffert, könnte aber zum Beispiel 10–20 % der beantragten Strafe betragen (jeweils innerhalb der Geld- und Freiheitsstrafen).

---

984 Vgl. SK-StPO/*Weßlau/Degener* Vor §§ 407 ff. Rn. 26, da sich das Prinzip nicht mit der vorherigen Anhörung des Beschuldigten durch den Richter vertrage; so auch *Maleika*, Freiheitsstrafe und Strafbefehl, S. 192 f.; für eine völlige Entscheidungsfreiheit *Müller*, Das Strafbefehlsverfahren, S. 282 ff., 329; *Hutzler*, Ausgleich struktureller Garantiedefizite, Rn. 302: Eine richterliche Bindung sei nicht mit Art. 92 GG vereinbar.

985 BT-Drs. 10/1313, S. 14.

986 KK-StPO 2. Aufl./*Meyer-Goßner* § 408 Rn. 17; vgl. auch Protokolle der Kommission für die Reform des Strafprozesses I, S. 330.

987 *Maleika*, Freiheitsstrafe und Strafbefehl, S. 192.

988 *Maleika*, Freiheitsstrafe und Strafbefehl, S. 192; Protokolle der Kommission für die Reform des Strafprozesses I, S. 330; vgl. *Elobied*, Die Entwicklung des Strafbefehlsverfahrens, S. 72 m.N.

989 Vgl. auch *Asbrock*, ZRP 1992, 11, 14.

990 So auch der Vorschlag von *Putzke/Putzke*, JR 2019, 319, 324.

Die Befragung der Strafrichter des Amtsgerichts Tiergarten ergab in diesem Zusammenhang die Angabe von zwei Richtern, dass eine Abweichung von der im Strafbefehl beantragten Strafhöhe „häufig" für angemessen erachtet würde, 24 gaben hier „manchmal" und 13 „selten" an. Auf die Frage, welche Höhe diese Abweichung dann beträgt, gaben vier der Befragten „weniger als 15 %", 15 Personen „15–20 %" und 19 Personen „mehr als 20 %" an. 39,5 % der Richter gaben mithin an, dass eine Abweichung, sofern sie diese für erforderlich hielten, regelmäßig 15–20 %, 50 % der Richter, dass sie mehr als 20 % betrüge. An dieser Stelle ist aber zu beachten, dass man Abänderungen von Rechtsfolgen in den Fällen nur schwer in Prozent angeben kann, in denen diese Nebenfolgen wie Fahrverbote, Einziehungen oder die Entziehung der Fahrerlaubnis betreffen, worauf auch einer der befragten Richter aufmerksam machte.

Von einem weiteren Richter wurde in diesem Zusammenhang betont, dass das Gericht die Befugnis erhalten sollte, von der von der Anklagebehörde beantragten Rechtsfolge im Sinne einer Verschärfung abzuweichen. Dies beträfe insbesondere die Nebenfolgen (Fahrverbote) und erzieherischen Maßregeln (Entziehung der Fahrerlaubnis, §§ 69, 69a StGB), die auch dann verhängt werden können sollten, wenn sie nicht beantragt wurden.

Die geforderte Abweichungsmöglichkeit darf allerdings nicht zu hoch angesetzt werden, da dies zum Problem eines echten Abwesenheitsurteils führen würde[991], da der Richter wie bei einem regulären Urteil die Strafe nach freiem Ermessen festsetzen würde, ohne dass der Angeklagte zuvor im Rahmen einer Hauptverhandlung gehört worden ist. Eine Abweichungsgröße von 15–20 % hingegen wird zum einen dem Umstand gerecht, dass der Richter bei kleinen Abweichungen den ökonomischen Strafbefehl dennoch erlassen kann, auf der anderen Seite aber im Wesentlichen mit der Auffassung der Staatsanwaltschaft übereinstimmen muss.

Der hinsichtlich der Rechtsfolgen modifizierte Erlass wäre – wie bereits dargestellt – auch und gerade in diesem Fall mit einer Begründung zu versehen, um Transparenz für den Beschuldigten zu schaffen. Durch die Möglichkeit einer Abweichung wäre eine höhere Flexibilität und damit einhergehend eine größere Einzelfallgerechtigkeit zu erreichen. Da die Staatsanwaltschaft in diesem Fall aber eine abweichende Rechtsauffassung bezüglich der angemessenen Strafhöhe vertritt, müsste ihr auch hier ein Einspruchsrecht[992] zugebilligt

---

991 Siehe dazu auch unter (2).

992 *Rieß*, in: Schreiber (Hrsg.) Strafprozeß und Reform, 113, 132 f.; *Maleika*, Freiheitsstrafe und Strafbefehl, S. 194.

werden, dass sie wahrnehmen kann, sofern sie die richterliche Abweichung für unvertretbar hält. Dies dürfte aufgrund der geringen Differenz aber nicht der Regelfall sein.

Es wird sich auch dafür ausgesprochen, dass der Richter nicht nur von der Höhe der Rechtsfolge, sondern auch von der rechtlichen Beurteilung der Staatsanwaltschaft abweichen können soll.[993]

Im Rahmen des Gesetzesentwurfes der Bundesregierung zum StVÄG 1987 wurde die Beseitigung des Übereinstimmungsprinzips allerdings abgelehnt, weil eine Verfahrensvereinfachung dadurch nicht erreicht werden könne: Vielmehr finde durch die notwendige Einspruchsbefugnis der Staatsanwaltschaft und die Begründungspflicht der Richter eine Verkomplizierung statt; eine Verständigung zwischen Gericht und Staatsanwaltschaft zur Überwindung von Meinungsverschiedenheiten bezüglich der Sanktionshöhe sei der effektivere Weg.[994] Auch wurden Bedenken geäußert, dass es vermehrt zu Einsprüchen durch den Angeklagten kommen könne, wenn das Vertrauen darin, dass eine angemessene Strafe festgesetzt wurde, nicht mehr durch die Übereinstimmung gegeben sei.[995] Wenn die Abweichung aber von dem Richter vorgenommen und begründet wird, der auch für die Entscheidung nach dem Einspruch zuständig ist, besteht für steigende Rechtsbehelfe durch den Angeklagten keine besonders erhöhte Gefahr.[996] Denn da der Richter in der dem Einspruch folgenden Hauptverhandlung ohnehin nicht an die von der Staatanwaltschaft beantragten Strafhöhe gebunden ist, besteht kein Grund, der Einschätzung der Staatsanwaltschaft höheres Gewicht als der des Richters beizumessen. Für den Fall, dass der Richter sogar unter der beantragten Strafhöhe bleibt, würde sich das Problem ohnehin nicht stellen. Einsprüche von der Staatsanwaltschaft wären nicht in besonderem Maße zu erwarten, auch wenn sie eine abweichende Strafhöhe

993 *Rieß*, in: Schreiber (Hrsg.) Strafprozeß und Reform, 113, 132; *Müller*, Das Strafbefehlsverfahren, S. 283 f., zumal der Erledigungsdruck die Richter dazu verführe, nicht eingehend zu prüfen.

994 BT-Drs. 10/1313, S. 14; *Kirch*, Das Strafbefehlsverfahren nach dem StVÄG 1987, S. 90 f.

995 Protokolle der Kommission für die Reform des Strafprozesses I, S. 330; vgl. *Elobied*, Die Entwicklung des Strafbefehlsverfahrens, S. 72 m.N.; *Maleika*, Freiheitsstrafe und Strafbefehl, S. 192 f.: Die beabsichtige Kontrolle durch die Bindung finde ohnehin nicht statt, wenn die Richter fast ungeprüft unterschreiben.

996 *Maleika*, Freiheitsstrafe und Strafbefehl, S. 193: Die Annahmebereitschaft werde auch erhöht, wenn der Richter gerade nicht an die Einschätzung der StA gebunden sei und er den Beschuldigten vorher anhöre.

beantragt hat. Denn ob sie den Strafbefehl auf richterliche Anfrage hin abgeändert neu stellt oder aber die richterliche Änderung akzeptiert, dürfte für sie in vielen Fällen keinen großen Unterschied machen. Letzteres würde sogar weniger Arbeitsaufwand bedeuten.

Überlegungen, die Staatsanwaltschaft dabei vor Erlass eines abweichenden Strafbefehls anzuhören[997] sind jedenfalls nicht weiterführend. Denn dann bestünde auch kein großer Unterschied zu der Situation, in der die Staatsanwaltschaft vom Richter zur Stellung eines veränderten Strafbefehlsantrags angeregt wird. In beiden Fällen erlässt der Richter den Strafbefehl nicht wie beantragt, sondern kommuniziert mit der Staatsanwaltschaft über den Erlass eines abgeänderten Strafbefehls.

Das Übereinstimmungsprinzip mit dem Argument beizubehalten, die Gefahr einer Fehlentscheidung mangels Anhörung des Beschuldigten auf diese Weise zu kompensieren, trägt nicht, weil weder Staatsanwaltschaft noch Gericht dazu in der Lage sind, dessen Vorbringen zu ersetzen und gegebenenfalls eine veränderte Sichtweise auf die Sachlage zu erhalten.[998] Zudem ist das Risiko, dass die Richter einen Strafbefehl ohne eingehende Prüfung unterschreiben könnten, höher, wenn sie ohnehin nicht vom Antrag der Staatsanwaltschaft abweichen und nur unter zusätzlichem Aufwand einen anderen Strafbefehlsantrag anregen können.[999] Wenn sie hingegen ohne Umwege eine abweichende Rechtsfolge festsetzen könnten, ist aus psychologischen Aspekten der Anreiz einer Prüfung höher.[1000]

Allerdings könnte das Prinzip der Übereinstimmung deshalb weiter erforderlich bleiben, weil unter Umständen zu befürchten ist, dass die Richter den Spielraum dazu nutzen könnte, eigene Zweifel bezüglich der Feststellungen oder der beantragten Sanktionshöhe zu kompensieren. So wäre theoretisch denkbar, dass ein Richter, der eine Entscheidung aufgrund einer Hauptverhandlung eigentlich derjenigen durch Strafbefehl bevorzugen würde, weil er vermutet, eine höhere Sanktion verhängen zu müssen, deshalb auf das Hauptverfahren verzichtet, weil er die Sanktion auch im schriftlichen Verfahren erhöhen kann. Und andersherum könnte er bei Zweifeln an der Richtigkeit des Sachverhalts die Strafe „sicherheitshalber" reduzieren in der Hoffnung, dass der Angeschuldigte damit aufgrund der Geringfügigkeit der Sanktion dann einverstanden

997 *Rieß*, in: Schreiber (Hrsg.) Strafprozeß und Reform, 113, 132.
998 Vgl. *Müller*, Das Strafbefehlsverfahren, S. 283.
999 Vgl. *Müller*, Das Strafbefehlsverfahren, S. 284.
1000 Vgl. *Geis*, Überzeugung beim Strafbefehlserlass, S. 159.

wäre, allerdings setzen auch diese Überlegungen jeweils eine genauere Prüfung durch den Richter voraus. Daher wäre dieses Risiko zumindest ein geringeres, als wenn der Richter sich den Fall gar nicht genauer anschauen würde.

Unter dem Aspekt des Risikos für Fehlentscheidungen ist diejenige Verfahrensgestaltung vorzugswürdig, die eine genauere Antragsprüfung bewirkt. Durch die Einspruchsmöglichkeit insbesondere auch der Staatsanwaltschaft ist zudem eine Überprüfungsmöglichkeit der richterlichen Entscheidung gegeben, die durch die Begründungspflicht effektiv wahrgenommen werden könnte. Wenn die Richter die Möglichkeit haben, leichte Abweichungen festzusetzen, könnte sich dies auch positiv auf die Überlegungen der Staatsanwaltschaft bei Stellung des Antrags auswirken. Beispielsweise könnte die Beantragung einer besonders geringen Strafhöhe, etwa um einem Einspruch vorzubeugen[1001], gegebenenfalls weniger attraktiv sein, wenn der Richter sie unter vereinfachten Bedingungen wieder heraufsetzen könnte. Auch die verfahrensbeschleunigende Wirkung spricht dafür, die Festsetzung einer abweichenden Rechtsfolge durch den Richter zuzulassen. Das Risiko einer kompensatorischen Strafanpassung ist dafür in Kauf zu nehmen. Das Übereinstimmungsprinzip ist mithin zugunsten einer Abweichungsmöglichkeit aufzugeben.

Zu diesem Ergebnis gelangt auch die überwiegende Auffassung der befragten Berliner und Bremer Verteidiger. Dass die Richter bei Strafbefehlserlass von der beantragten Rechtsfolge leicht abweichen dürfen sollten, hielten 26 der Verteidiger für „voll zutreffend“, 16 für „eher zutreffend“, zehn für „halb zutreffend“, drei für „eher nichtzutreffend“ und sieben für „nichtzutreffend“. Die meisten der Befragten (67,7 %) würden diese Möglichkeit demnach für eine positive Änderung halten.

(2) Strafhöhenbestimmung allein durch das Gericht

Man könnte sogar noch einen Schritt weitergehen und erwägen, ob es sinnvoll wäre, wenn die Staatsanwaltschaft gar keine Strafhöhe beantragen, sondern lediglich den Sachverhalt, die ihrer Meinung nach einschlägigen Delikte sowie sämtliche für die Strafzumessung relevanten Umstände vortragen würde.[1002] In dem Fall wäre der Richter gezwungen, sich mit der Sache genauer auseinanderzusetzen und es bestünde keine Gefahr mehr, dass er den Strafbefehl ungeprüft unterschreiben könnte. So entstünde auch nicht mehr die Situation, in der dem Richter nur die Wahl bleibt, entweder eine aus seiner Sicht (und auch der der Staatsanwaltschaft, da sie gerade Strafbefehl beantragte) überflüssige

1001 Dazu siehe unter 2. c).

1002 Vgl. *Deiters*, ZStW 130 (2018), 491, 507.

Hauptverhandlung anzuberaumen oder aber umständlich mit der Staatsanwaltschaft über eine Änderung ihres Antrags kommunizieren zu müssen. Für die Richter entstünde zwar faktisch eine Mehrarbeit; da sie aber von Gesetzes wegen dazu verpflichtet sind, die Anträge genauer zu prüfen und sich auch über die Angemessenheit der Strafhöhe Gedanken zu machen, kann nicht damit argumentiert werden, dass sie die Strafbefehlsanträge jetzt nicht mehr ungeprüft unterschreiben können.

Zudem wird zurecht vertreten, dass die Stellung des Beschuldigten in Verhandlungsgesprächen so gestärkt werde, weil er sich – angesichts der Tatsache, dass die Staatsanwaltschaft in einer machtvollen Verhandlungsposition sei, da das Strafbefehlsverfahren nur auf ihren Antrag hin eingeleitet werden könne – so nicht dazu gezwungen fühle, eine zu hohe Strafe oder einen sogar unberechtigten Vorwurf zu akzeptieren.[1003] Der Staatsanwaltschaft würde so ein Druckmittel genommen werden.

Dass die Staatsanwaltschaft eine genaue Rechtsfolge im Strafbefehl beantragen muss, ergibt sich aus § 407 Abs. 1 Satz 3 StPO. Dafür, dass diese Vorschrift zwingend ist, gibt es aber keine Anhaltspunkte; allerdings müsste man der Staatsanwaltschaft auch in dieser Konstellation ein Einspruchsrecht zubilligen, da sie sich bezüglich der Strafe vorher nicht (verbindlich) geäußert hat und in der Hauptverhandlung ihre Auffassung durch entsprechende Anträge geltend machen können muss. Fraglich ist allerdings, ob es dann aufgrund vieler Einsprüche durch die Staatsanwaltschaft oftmals zu Hauptverhandlungen käme. Dieser Gefahr könnte man jedenfalls dadurch entgegenwirken, dass die Staatsanwaltschaft zusammen mit ihrem Strafbefehlsantrag die von ihr für angemessen erachtete Sanktionshöhe unverbindlich mitteilt und sie nur dann ein Einspruchsrecht hat, wenn der Richter mehr als 10 % davon abweicht. Eine solche Mitteilung hätte allerdings auch nicht den gewünschten Effekt, eine eingehende Prüfung durch den Richter unentbehrlich zu machen.

Und obwohl einige Gründe für eine solche Kompetenzänderung sprechen, darf nicht übersehen werden, dass es sich, wenn der Richter die Strafe selbständig festsetzt, technisch gesehen vielmehr um ein echtes schriftliches Urteil in Abwesenheit als um einen Strafbefehl handeln würde. Abwesenheitsurteile sind sehr problematisch und in deutschen Strafverfahren grundsätzlich nicht zulässig.

Die §§ 230 Abs. 1, 276, 285 StPO regeln, dass gegen einen abwesenden oder ausgebliebenen Angeklagten keine Hauptverhandlung stattfindet. Dies

1003 *Deiters*, ZStW 130 (2018), 491, 507.

bezweckt unter anderem, den Verfahrensgrundsatz der Unmittelbarkeit der Beweisaufnahme zu wahren, indem das Gericht den Angeklagten persönlich sieht und ihn anhört.[1004] Aber auch der Grundsatz der Mündlichkeit soll durch seine Anwesenheit gewahrt werden.[1005] Ausnahmen zur Anwesenheitspflicht gibt es nur wenige, beispielsweise bei Bagatelldelikten oder aber im Strafbefehlsverfahren.[1006]

Das Strafbefehlsverfahren sieht aber gerade weder eine Verhandlung noch ein Urteil im technischen Sinne vor. Die Bestimmung der Strafhöhe allein durch den Richter würde aber dazu führen, dass ein Urteil vorläge. Urteile in Abwesenheit des Angeklagten zu fällen kann unter rechtsstaatlichen Gesichtspunkten zwar ausnahmsweise möglich sein, allerdings muss hierbei jedenfalls rechtliches Gehör gewährt und die Gelegenheit zur Verteidigung eingeräumt werden.[1007]

Da es sich beim Strafbefehlsverfahren um ein summarisches Verfahren handelt, in dem nach derzeitiger Rechtslage neben der Möglichkeit des Einspruchs kein rechtliches Gehör gewährt werden muss und die Verteidigungsmöglichkeiten des Beschuldigten unter Umständen von ihm nicht oder nicht effektiv wahrgenommen werden können (beispielsweise wegen Schwierigkeiten bei der Einspruchseinlegung und der fehlenden Pflichtverteidigung), sprechen gewichtige Gründe dafür, auch hier kein Abwesenheitsurteil zuzulassen. Denn eine Kompensation durch die Einräumung rechtlichen Gehörs und einer effektiven Verteidigungsmöglichkeit ist nicht gegeben. Zudem wird das Strafbefehlsverfahren auch nicht nur in Fällen von Bagatellkriminalität, sondern auch bei mittlerer Kriminalität angewandt, sodass es hier aus rechtsstaatlichen Gründen unvertretbar ist, ein echtes (End-)Urteil unter Abwesenheit ausnahmsweise zuzulassen. Mithin ist eine Strafhöhenbestimmung allein durch das Gericht bei diesen summarischen Verfahren abzulehnen.

1004 BVerfG StraFO 2007, 190, 191 f.; *Böhm*, NJW 2015, 3132.

1005 *Momsen*, Verfahrensfehler und Rügeberechtigung, S. 221 f., vgl. auch S. 207 f.: Auch das damalige Kontumazialverfahren, durch das unentschuldigt ausgebliebene Angeklagte zu Ungehorsamsstrafen verurteilt werden oder gewaltsam zur Teilnahme am Prozess genötigt werden konnten, wurde als unvereinbar mit den Prinzipien der Mündlichkeit und Unmittelbarkeit angesehen; dazu *Glaser*, Handbuch Bd. 1, S. 182 m.w.N.

1006 *Böhm*, NJW 2015, 3132.

1007 BVerfG NJW 1982, 1214, 1215; OLG Karlsruhe JR 1984, 214, 215; *Momsen*, Verfahrensfehler und Rügeberechtigung, S. 206.

bb) Zwischenergebnis

Um das durch die Bindung des Richters an die Staatsanwaltschaft bestehende Risiko fehlerhafter Entscheidungen zu reduzieren, ist also das Übereinstimmungsprinzip aufzugeben, um dem Richter mit wenig Zeitaufwand eine leicht abweichende Entscheidung zu ermöglichen. Die Entscheidung über die Sanktionshöhe dagegen gänzlich in seine Kompetenz zu legen ist aus rechtsstaatlichen Gründen abzulehnen.

Bei einem solchen Verfahren bleiben zudem signifikante Rationalisierungseffekte des Strafbefehlsverfahrens gegenüber einer Hauptverhandlung bestehen. Denn es wäre weiterhin summarisch ausgestaltet.

c) Voreingenommenheit

Problematisch in Hinblick auf das Treffen einer fehlerhaften Entscheidung könnte auch sein, dass in der auf den Einspruch folgenden Hauptverhandlung derselbe Richter entscheidet, der bereits zu Gunsten des Strafbefehls entschieden hat.[1008] Damit könnte die Unvoreingenommenheit der zur Entscheidung berufenen Person gefährdet sein.[1009] Die Strafprozessordnung kennt das Problem der Gefahr des Vertrauensverlustes[1010] durch eine unparteiliche Entscheidung und wirkt dieser in den §§ 22 ff. StPO entgegen. Nach diesen Vorschriften können Richter unter Umständen wegen der Besorgnis der Befangenheit abgelehnt werden. § 23 StPO nennt hierbei insbesondere den Grund der vorherigen Befassung eines Richters mit der Sache, wenn ein Rechtsmittel eingelegt (Abs. 1) oder die Wiederaufnahme des Verfahrens (Abs. 2) beantragt wird.

Allerdings gilt diese Vorschrift ausweislich ihres Wortlautes nur für Rechtsmittel[1011] und ist aufgrund des Ausnahmecharakters keine analogiefähige Regelung[1012], sodass sie für den Strafbefehl keine Anwendung findet[1013]. Dennoch

---

1008 *Müller*, Das Strafbefehlsverfahren, S. 85, 334; vgl. *Schmidt*, Lehrkomm. StPO II § 409 Rn. 12; vgl. *Hüls*, Polizeiliche und staatsanwaltschaftliche Ermittlungstätigkeit, S. 156 f.; vgl. *Burkhard*, Der Strafbefehl im Steuerstrafrecht, S. 218.

1009 *AE-ASR*, GA 2019, 1, 88; *Müller*, Das Strafbefehlsverfahren, S. 334; *Geis*, Überzeugung beim Strafbefehlserlass?, S. 47 ff.; vgl. *Enescu*, BJCLCJ 2019, 3, 18.

1010 Vgl. MüKoStPO/*Conen*/*Tsambikakis* § 23 Rn. 2.

1011 MüKoStPO/*Conen*/*Tsambikakis* § 23 Rn. 7.

1012 MüKoStPO/*Conen*/*Tsambikakis* § 23 Rn. 3.

1013 Nach *Burkhard*, Der Strafbefehl im Steuerstrafrecht, S. 218, scheitert eine Ausschließung des Richters nach § 23 Abs. 1 StPO, weil der entscheidende Richter nicht bei einer Entscheidung in einem Rechtszug niederer Gerichte mitgewirkt habe.

kann man die Gefahr hier genauso vermuten. Denn der Richter kann nur zu einer anderen Entscheidung kommen, wenn ihm neue Tatsachen oder Strafzumessungsaspekte bekannt werden, die die Aufrechterhaltung des Strafbefehls in Frage stellen. Diese Tatsachen können aber, soweit sie den festgestellten Sachverhalt betreffen, unter Umständen durch den Angeklagten nur erschwert verändert werden, da – wie oben bereits aufgezeigt – das Beweisantragsrecht in der Hauptverhandlung beschränkt ist. Ein Richter, der bereits einen bestimmten Sachverhalt im Hinterkopf hat, ist möglicherweise dazu geneigt, die Entscheidung über eine Erhebung weiterer Beweise vor diesem Hintergrund zu fällen. Zwar billigt der Bundesgerichtshof Richtern die Fähigkeit zu, auch in einem solchen Fall unvoreingenommen entscheiden zu können[1014], jedoch wird diese Auffassung zurecht stark bezweifelt.[1015]

Im Rahmen der Befragung der Berliner und Bremer Verteidiger wurde die Frage gestellt, ob die Richter aufgrund des von ihnen bereits erlassenen Strafbefehls in der auf den Einspruch folgenden Hauptverhandlung voreingenommen sind. Als Antwort gaben acht der Verteidiger an, dass dies „sehr häufig" der Fall wäre, 22 gaben „häufig", 24 „manchmal", acht „selten" und einer „nie" an. Eine Voreingenommenheit der bereits über den Strafbefehl entscheidenden Richter nahmen mit insgesamt 47,6 % immerhin fast die Hälfte der antwortenden Verteidiger an.

Von einem der befragten Anwälte wurde in diesem Zusammenhang ergänzend angemerkt, dass das Strafbefehlsverfahren die häufig anzutreffende Nähebeziehung von Staatsanwaltschaft und Gericht zementierte, von dem die Verteidigung in aller Regel ausgeschlossen wäre. Die Chancen auf einen Freispruch liefen nach einem einmal erlassenen Strafbefehl praktisch gegen Null, selbst wenn ein Freispruch nur erforderlich wäre, weil es an der Beweisbarkeit von Tatsachen fehlte. Einer der Verteidiger merkte hingegen an, dass er die Richter bei Strafbefehlen – womöglich aus schlechtem Gewissen – mitunter auch offener erlebte, weil sie mit der Sache bislang nur oberflächlich befasst gewesen wären.

Insofern ist eine Voreingenommenheit nicht als zwingende Folge des bereits erfolgten Strafbefehlserlasses anzunehmen, allerdings hängen diese beiden Umstände regelmäßig zusammen.

1014 Vgl. BVerfG NJW 1971, 1029, 1030; vgl. BGH NStZ 1991, 595; vgl. BGH NStZ-RR 2012, 350.

1015 MüKoStPO/*Conen/Tsambikakis* § 23 Rn. 5; Meyer-Goßner/Schmitt/*Schmitt* § 354 Rn. 39.

Um zu verhindern, dass der Prozess aufgrund der persönlichen Haltung des Richters zum Fall tendenziös verläuft, wäre es möglicherweise erforderlich, über den Einspruch einen anderen Strafrichter oder das Schöffengericht entscheiden zu lassen.[1016] Die Entscheidung durch einen anderen Strafrichter ist dabei der eines Schöffengerichts aus Ressourcengründen vorzuziehen, zumal die Fälle ohnehin in dessen Zuständigkeit fallen und es genügt, wenn in weniger schweren Fällen ein Einzelrichter entscheidet. Ein derartiges Trennungsmodell, bei dem die Entscheidung über die Eröffnung des Hauptverfahrens im Zwischenverfahren von einem anderen Richter getroffen wurde als von demjenigen, der später in der Hauptverhandlung entschied, existierte bereits für das Zwischenverfahren bis 1924, bevor es aus Kostengründen abgeschafft worden ist.[1017] Gegen die erneute Einführung einer Zuständigkeit verschiedener Spruchkörper für die Entscheidungen im Zwischen- und Hauptverfahren wird angeführt, dass es hierfür aufgrund des bestehenden Zeitdrucks der Gerichte an den erforderlichen Ressourcen fehle.[1018] Außerdem würde dies die Gefahr der Voreingenommenheit des im Hauptverfahren entscheidenden Richter letztlich auch nicht völlig vermeiden können: Denn die Voreingenommenheit sei vielmehr ein psychologisches als ein juristisches Problem, das dadurch entstehe, dass das Gericht eine Akte erhalte, die bereits von der Schuld des Angeschuldigten ausgehe (sonst hätte die Staatsanwaltschaft keinen Eröffnungsbeschluss beantragt); sofern der Richter die Anklage aufgrund eines hinreichenden Tatverdachts zulasse, halte auch er die Möglichkeit der Verurteilung für wahrscheinlicher als diejenige eines Freispruchs, wodurch der Richter hier bereits eine innerliche Haltung zu Ungunsten des Angeklagten annehme.[1019] Es wird vertreten, dass an dieser „gedächtnispsychologisch unvermeidbare[n] – strukturelle[n] Gefährdung der Unvoreingenommenheit“[1020] durch die Vorbefassung

---

1016 So auch *Wolter*, GA 1989, 397, 418; dazu siehe unter IV. 1. e).

1017 *Böhme*, Das strafgerichtliche Fehlurteil, S. 324 f. der die systematische Einfügung des Modells in die heutige StPO u.a. wegen der §§ 22 ff. StPO zunächst bejaht; LR/*Stuckenberg* Vor § 198 Rn. 19 f.

1018 *Böhme*, Das strafgerichtliche Fehlurteil, S. 325: Insb. bei den Einzelrichtersachen würde der Aufwand verdoppelt, da so zwei volle Spruchkörper über eine Sache befinden müssten.; hiergegen *Mavany*, JA 2015, 488, 490.

1019 *Böhme*, Das strafgerichtliche Fehlurteil, S. 322 f. m.w.N.: Auf dieser Grundlage lasse sich der sog. Inertia-Effekt beschreiben; dazu auch *Momsen/Washington*, in: FS Eisenberg, 453; *Bandilla/Hassemer*, StV 1989, 551, 552 f.; vgl. *Haisch*, Informationsbewertung und Strafurteil, S. 160 ff.; vgl. *Mavany*, JA 2015, 488, 490.

1020 LR/*Stuckenberg* Vor § 198 Rn. 20.

im Zwischenverfahren nichts geändert würde, wenn der Eröffnungsbeschluss von einem anderen Richter getroffen würde, da die Voreingenommenheit weniger aus dem Abfassen des Eröffnungsbeschlusses, als aus dem Akteninhalt resultiere[1021.1022] Außerdem könne das Trennungsmodell dazu führen, dass der Richter tendenziell dazu neigt, das Hauptverfahren zu eröffnen, da er durch die weitere Befassung mit dem Fall durch einen anderen, vermeintlich neutralen Richter irrigerweise eine Absicherung annehme.[1023]

Diese Überlegungen sind auch auf die Entscheidung zugunsten des Erlasses eines Strafbefehls übertragbar. Es ist richtig, dass eine gewisse Voreingenommenheit des im Hauptverfahrens berufenen Richters nicht gänzlich zu vermeiden ist. Denn durch die bereits getroffene Entscheidung zugunsten des Strafbefehls (oder auch der Eröffnung des Hauptverfahrens) wird angenommen, dass der Inhalt des Strafbefehlsantrages (oder der Anklage) im Wesentlichen zutrifft. Und auch, wenn der Strafbefehl zuvor von einem anderen Richter erlassen wurde, wird sich der in der Hauptverhandlung entscheidende Richter regelmäßig nicht davon freimachen können, dass einer seiner Kollegen den im Strafbefehl getroffenen Vorwurf für zutreffend erkannt hat und dazu neigen, den Einwänden des Angeklagten kritisch gegenüberzutreten. Trotz dieser Umstände wäre die Voreingenommenheit hier aber sicherlich geringer, als wenn der Richter den Strafbefehl aufgrund eines (optimalerweise) intensiven Aktenstudiums selbst getroffen hätte. Auch aus psychologischer Sicht ist zu vermuten, dass der Richter eher bereit ist, eine fremde, als seine eigene Entscheidung zu revidieren. Dass der Richter eher dazu neigen wird, einen Strafbefehl zu erlassen, weil über einen Einspruch ein anderer Richter entscheiden wird, ist nicht anzunehmen, da die Konstellation hier anders ist als im regulären Verfahren: Durch den Strafbefehl wird eine Entscheidung getroffen, von der sich seitens des Gerichts eine Endgültigkeit und keine weitere Überprüfung durch eine Hauptverhandlung erhofft wird.

Die begrenzten gerichtlichen Ressourcen sind zwar nicht zu verleugnen, allerdings dürfen diese nicht als Argument dazu dienen, eine geringere

---

1021 *Gössel*, in: FS Meyer-Goßner, 187, 189 f.; anders *Roxin*, in: Lüttger, Probleme der Strafprozeßreform, 52, 61 f.; ihm zustimmend *Wohlers*, in: FS Roxin, 1313, 1314 ff.; LR/*Stuckenberg* Vor § 198 Rn. 20, der zudem eine Verstärkung der Voreingenommenheit durch das Treffen der eigenen Entscheidung vermutet.

1022 *Böhme*, Das strafgerichtliche Fehlurteil, S. 323, 326; vgl. *Rieß*, in: FS Rolinski, 239, 242 f.

1023 *Böhme*, Das strafgerichtliche Fehlurteil, S. 326.

Qualität von Strafverfahren zu begründen.[1024] Im Ergebnis ist daher eine personelle Trennung von dem den Strafbefehl erlassenden und dem über den Einspruch entscheidenden Spruchkörper zu fordern, um das Risiko an dieser Stelle zumindest zu minimieren.

Diese Meinung findet sich auch in den Ergebnissen der Befragung der Verteidiger wieder: Dass in der auf den Einspruch folgenden Hauptverhandlung ein anderer Strafrichter oder das Schöffengericht entscheiden sollte, halten 32 der Berliner Verteidiger für „voll zutreffend“ (62,7 %), sieben für „eher zutreffend“ (13,7 %), neun für „halb zutreffend“, nur eine Person hielt dies für „eher nichtzutreffend“ und zwei für „nichtzutreffend“. Von den Anwälten aus Bremen gaben hier sechs Personen an, dass diese Aussage „voll zuträfe“ (46,1 %), eine Person, dass sie „eher zuträfe“ (7,7 %), vier, dass sie „halb zuträfe“ und zwei, dass sie „nicht zuträfe“. Zudem wurde von einem Berliner Verteidiger in den Anmerkungen besonders betont, dass er diese personelle Trennung für „sehr gut“ halten würde.[1025]

d) Zwischenergebnis

Es zeigt sich, dass insbesondere die Gefahr einer unzureichenden Prüfung des Strafbefehlsantrags durch den Richter ein erhebliches Defizit des Strafbefehlsverfahrens darstellt. Sofern der Antrag der Staatsanwaltschaft bereits fehlerhaft war, ist eine fehlende richterliche Kontrolle mitursächlich für eine letztlich getroffene Fehlentscheidung. Die Möglichkeit einer Abweichung des Richters von dem Antrag der Staatsanwaltschaft könnte eine gründliche Prüfung dieser Anträge fördern, allerdings kann auch dies nichts an der hohen

---

1024 Vielmehr ist eine personelle Aufstockung zu fordern; vgl. *Böhme*, Das strafgerichtliche Fehlurteil, S. 301; zwecks Schaffung der benötigten 2000 neuen Stellen in der Justiz (errechnet anhand des Systems zur Personalbedarfsberechnung für die deutschen Justizbehörden „PEBB§Y“) einigten sich Bund und Länder 2019 auf einen Rechtsstaatspakt, dazu https://www.lto.de/recht/justiz/j/personalmangel-justiz-ueberlastet-pakt-fuer-den-rechtsstaat-warum-fehlen-immer-noch-richter-pebbsy/, zuletzt abgerufen am 18.03.2021, dessen Verlängerung der DRB 2021 fordert, https://www.drb.de/newsroom/presse-mediencenter/nachrichten-auf-einen-blick/nachricht/news/rechtsstaatspakt-ziel-noch-nicht-in-reichweite-verlaengerung-noetig, zuletzt abgerufen am 18.03.2021.

1025 Zudem merkte einer der Verteidiger an, dass, wenn über den Strafbefehl ein anderer Richter entscheiden würde, dies gleichermaßen für den Eröffnungsbeschluss und die Hauptverhandlung gelten solle; siehe hierzu auch *Momsen/Washington*, in: FS Eisenberg, 453.

Arbeitsbelastung der Gerichte verändern, sodass eine gleichzeitige Personalaufstockung erforderlich ist. Um das Fehlentscheidungsrisiko bei der richterlichen Entscheidung zu reduzieren, ist zudem auch eine vorherige Anhörung des Beschuldigten[1026] erforderlich, durch die die Entscheidungsgrundlage vervollständigt wird. Sofern der Richter seine Entscheidung dann auch begründen muss, sind wesentliche Fehlerquellen erheblich reduziert.

Mit Blick auf die Entscheidung nach einem Einspruch ist zudem zu fordern, dass ein anderer (unvoreingenommenerer) Richter entscheidet.

2. *Durch die Staatsanwaltschaft*

Als Herrin des Ermittlungsverfahrens[1027] kommt der Staatsanwaltschaft eine wichtige Rolle zu. Sie ist dafür zuständig, die Sachverhaltsaufklärung in diesem Verfahrensstadium zu leiten und die Entscheidung über den Abschluss[1028] zu treffen; dazu gehört auch die Entscheidung, ob bei hinreichendem Tatverdacht der Erlass eines Strafbefehls beantragt wird. Die von ihr getroffene Entscheidung ist dabei keiner Anfechtung zugänglich.[1029] Nicht zuletzt durch die fehlende Kontrollierbarkeit liegt ein Risikofaktor für Fehlentscheidungen bei der Staatsanwaltschaft.

a) Missbrauchspotential durch die Staatsanwaltschaft

Eine große Gefahr, die das Strafbefehlsverfahren birgt, ist das Potential zum Missbrauch durch die Staatsanwaltschaft. Denn obwohl § 407 Abs. 1 Satz 2 StPO vorgibt, in welchen Fällen eine Erledigung im Wege des Strafbefehlsverfahrens erfolgen soll, bleibt ihr ein Entscheidungsspielraum[1030] bei der Frage, wann die Erforderlichkeit einer Hauptverhandlung vorliegt.[1031]

1026 Siehe dazu unter I. 3.

1027 BGH NStZ 2017, 651, 657; KK-StPO/*Griesbaum* § 160 Rn. 5; wenn auch die Ermittlungsmaßnahmen faktisch von der Polizei geführt werden, *Steffen*, Analyse polizeilicher Ermittlungstätigkeit, S. 294.

1028 Vgl. zu ihrer Relevanz *Eisenberg/Kölbel*, Kriminologie, § 27 Rn. 72, Schaubild 27/2; zu den verschiedenen Entscheidungsmöglichkeiten KK-StPO/*Moldenhauer* § 170 Rn. 1.

1029 *Hüls*, Polizeiliche und staatsanwaltschaftliche Ermittlungstätigkeit, S. 157 f.; vgl. SK-StPO/*Degener* § 407 Rn. 6.

1030 Dabei hänge die Wahl der StA maßgeblich von lokalen justizkulturellen Üblichkeiten sowie innerbehördliche Routinen und Richtlinien ab, *Eisenberg/Kölbel*, Kriminologie, § 27 Rn. 73.

1031 Vgl. *Elobied*, Die Entwicklung des Strafbefehlsverfahrens, S. 215 f.

Einen Strafbefehl soll sie eigentlich nur dann beantragen, wenn der Richter aufgrund der Akten bereits dazu in der Lage, ist, sich eine Schuldüberzeugung zu bilden, was nur im Falle einer einfachen und klaren Beweislage möglich ist – die häufige Anwendung in der Praxis legt allerdings die Vermutung nahe, dass die Staatsanwaltschaft den Antrag des Öfteren auch dann stellt, wenn diese Klarheit nicht vorliegt.[1032] Denn sie hat regelmäßig ein besonderes Interesse daran, sich die Arbeit eines umfangreichen Verfahrens zu ersparen[1033]. Diese Missbrauchsgefahr wird nicht zuletzt durch eine fehlende Kontrolle durch die Öffentlichkeit verstärkt.[1034]

Da sich die Staatsanwaltschaft umfangreiche Ermittlungen insbesondere durch ein Geständnis des Beschuldigten ersparen kann[1035], kann sie demnach dazu angehalten sein, dem Beschuldigten anzubieten, im Gegenzug zu einer geständigen Aussage auf eine Verhandlung zu verzichten und einen Strafbefehl zu beantragen und auf diese Weise einen eigentlich nicht einfach gelagerten Sachverhalt strafbefehlsfähig zu machen. Damit kann es zu einem Ungleichgewicht kommen, weil die Staatsanwaltschaft mit einer Hauptverhandlung drohen und den Beschuldigten so stark unter Druck setzen kann – insbesondere auch in den Fällen, in denen noch nicht einmal sicher ist, ob eine Hauptverhandlung zu einer Verurteilung führen würde.[1036] Da eine Hauptverhandlung nur durch die Entscheidung der Staatsanwaltschaft umgangen werden kann, ist sie hier in einer besonders starken Position.[1037] Der interviewte Berliner Staatsanwalt B2 schilderte zudem auch die Gefahr, dass es im Zusammenhang mit Absprachen durchaus zu einer Freiheitsstrafe kommen könnte, wenn der Verteidiger dies vorschlagen würde und man so eine ansonsten größere Hauptverhandlung vermeiden könnte.[1038]

1032 *Weßlau*, ZStW 116 (2004), 150, 159.

1033 Vgl. *Deiters*, ZStW 130 (2018), 491, 507; vgl. *Böhme*, Das strafgerichtliche Fehlurteil, S. 217 f.: Zum Teil nutze man die Möglichkeit des Strafbefehls auch in unpassenden Fällen, um sich Arbeitsaufwand zu ersparen.

1034 *Hüls*, Polizeiliche und staatsanwaltschaftliche Ermittlungstätigkeit, S. 150; die genannte Motivlage kann daher entsprechend auch zu vermehrten Einstellungen führen.

1035 *Stoll*, Beschleunigungsstrategien der Strafjustiz, S. 196: Es führe regelmäßig zum Verzicht auf weitere Beweiserhebungen.

1036 *Elobied*, Die Entwicklung des Strafbefehlsverfahrens, S. 215, 209 Fn. 15.

1037 Vgl. *Eisenberg/Kölbel*, Kriminologie, § 27 Rn. 57; *Deiters*, ZStW 130 (2018), 491, 507.

1038 Antwort auf Frage 24.

Die Gründe, die die Staatsanwaltschaft bewegen, einen Strafbefehl zu beantragen, ergeben sich damit also nicht immer aus der Sache selbst. Vielmehr können auch das Verhalten des Beschuldigten und seine Kooperationsbereitschaft ausschlaggebende Kriterien sein. Unter Umständen ist die Erledigung im Wege des Strafbefehlsverfahrens auch erst dann möglich, wenn der Beschuldigten durch ein Geständnis zur weiteren Sachverhaltsaufklärung beiträgt. Daher bietet es sich gegebenenfalls an, diesbezüglich Absprachen zu treffen.

Derart konsensuale Elemente, die durchaus einen positiven Effekt haben können, sollen aber nur dann zulässig sein, wenn ihre Freiwilligkeit gesichert ist, welche insbesondere dann in Abrede steht, wenn die Strafhöhe zur Disposition gestellt wird – hier bedarf es einer verfahrensrechtlichen Sicherung.[1039]

Die Freiwilligkeit der Zustimmung[1040] des Beschuldigten zu dem im Strafbefehl erhobenen Vorwurf ist auch dann gefährdet[1041], wenn bereits ein Strafbefehl erlassen, darin aber eine unberechtigte Strafe festgesetzt wurde. Ein Angeklagter, der eine Hauptverhandlung unbedingt vermeiden will, könnte dies sogar für den Preis der Akzeptanz einer unberechtigten Strafe machen.[1042]

Der interviewte Staatsanwalt B1 berichtete von in der Öffentlichkeit stehenden steuerhinterziehenden Prominenten, die ein massives Interesse daran hätten, eine öffentliche Hauptverhandlung zu vermeiden. Bei der Führung von Steuerstrafverfahren würde das Steuergeheimnis (§ 30 AO) strikt beachtet, aber wenn es zur öffentlichen Hauptverhandlung käme, erlangte die Öffentlichkeit auch dann Kenntnis, wenn das Verfahren vorher nicht bekannt gemacht worden wäre. Als Steuerstaatsanwalt wäre man dann in der komfortablen Situation, dass die Verteidigung ein großes Interesse signalisierte, dass es bloß nicht zur Hauptverhandlung kommen sollte und sie sich dann mit einem Strafbefehl einverstanden erklärte. In diesen Fällen müsste man an sich selbst appellieren, um nicht in eine Erpresserrolle zu kommen und etwa unüblich hohe Strafen zu fordern (Frage 12/13).

Das Erwirken eines bestimmten Beschuldigtenverhaltens durch die Staatsanwaltschaft durch die Ausnutzung ihrer diesem gegenüber bestehenden stärkeren Position widerspricht den rechtsstaatlichen Grundsätzen des fairen Verfahrens, da der Beschuldigte sich in dem Fall nicht mehr bestmöglich

---

1039 *Tiedemann*, ZRP 1992, 107, 109.

1040 Vgl. MüKoStPO/*Eckstein* § 407 Rn. 14; krit. zu deren Existenz *Thommen*, Kurzer Prozess – fairer Prozess?, S. 122.

1041 *Deiters*, ZStW 130 (2018), 491, 507, im Zusammenhang mit Absprachen.

1042 AlternK-StPO/*Loos* Vor § 407 Rn. 5.

verteidigen kann und im Falle des Drängens auf ein Geständnis auch der Selbstbelastungsfreiheit. Umso mehr sind an die Zulässigkeit von Absprachen hohe Anforderungen zu stellen. Die Erledigung im Strafbefehlsverfahren darf nicht von der Erlangung eines Druckgeständnisses abhängig gemacht werden.[1043]

Ein anderes Missbrauchsmotiv könnte möglicherweise auch darin liegen, dass ein Staatsanwalt einen Strafbefehl beantragt, weil er erwartet, dass der Beschuldigte die Einspruchsfrist versäumen könnte.[1044] In diesem Zusammenhang merkte auch einer der im Rahmen der Befragung der Berliner und Bremer Verteidiger befragten Anwälte an, dass die Zahl der Strafbefehlsanträge gegen Heranwachsende zunähme und stellte die Vermutung auf, dass Anträge gerade in der Hoffnung gestellt würden, dass es sich bei der Zielgruppe um Personen handelte, die „ihr Leben weniger im Griff haben und Fristen nicht so genau" nähmen.

Insbesondere wird bei der Staatsanwaltschaft entsprechend der Statistiken die Erfahrung gemacht worden sein, dass die meisten Strafbefehle erstens erlassen und zweitens rechtskräftig werden.[1045] Auch dieser Umstand könnte ihre Entscheidung maßgeblich beeinflussen, weil sie von der statistisch hohen Erfolgsquote von Strafbefehlen ausgehen kann. Auch die Antworten der Berliner Staatsanwälte aus den allgemeinen Abteilungen im Rahmen der Experteninterviews ergaben, dass die Staatsanwälte hier die Erfahrung machten, dass der weit überwiegende Anteil der Strafbefehlsanträge zu rechtskräftigen Strafbefehlen führt (B2 und B3 schätzten 80–90 %, B6 70 %, B4 gab „die ganz überwiegende Mehrheit" an). Die beiden Staatsanwälte aus den Wirtschaftskammern (B1 und B5) schätzten diesen Anteil hingegen nur auf etwa ein Fünftel (Antworten jeweils auf Frage 25). Insofern wird jedenfalls bei den allgemeinen Abteilungen bei Beantragung eines Strafbefehls in der Regel davon ausgegangen, dass dieser auch erlassen und rechtskräftig wird.

Gefragt wurde diesbezüglich auch, ob Fälle, in denen nicht mit einem Einspruch gerechnet wird, häufig vorkommen (Frage 19). B1 hielt eine derartige

1043 *Müller*, Das Strafbefehlsverfahren, S. 315; SK-StPO/*Weßlau/Degener* Vor §§ 407 ff. Rn. 26, dies sei wegen des Geständnisdrucks kritisch zu sehen; *Hutzler*, Ausgleich struktureller Garantiedefizite, Rn. 544 sieht aber bzgl. des nemo-tenetur-Grds. keinen Geständnisdruck, wenn der Sachverhalt schon aufgeklärt ist; *Riklin*, in: FS Jung, 761, 777 plädiert hingegen für eine ausdrückliche Zustimmung ab einer gewissen Sanktionsschwere.

1044 Vgl. *Elobied*, Die Entwicklung des Strafbefehlsverfahrens, S. 209 Fn. 15, 215 Fn. 46.

1045 Siehe unter B. II. 2. d), Grafik 9.

Prognose nicht für möglich. Auch B4 berichtete in diesem Zusammenhang von Unwägbarkeiten, insbesondere, weil man den Beschuldigten in 99,9 % der Fälle vorher nicht sähe. Die Schilderungen aus der Akte, die womöglich aus einer aufgewühlten Atmosphäre entstünden, ließen keine Schlussfolgerungen auf ein späteres Verhalten zu. Nur bei dem Stichwort „Reichsbürger" könnte regelmäßig mit Einsprüchen gerechnet werden. Insofern gäbe es Beschuldigte, bei denen man aus Erfahrung einen Einspruch erwartete, was aber der Beantragung eines Strafbefehls nicht entgegenstünde.[1046] Auch B2 äußerte sich zunächst dahingehend, dass eine solche Prognose nicht möglich wäre, berichtete aber auf Nachfrage, dass anhand des Auszugs aus dem Bundeszentralregister unter Umständen nachzuvollziehen wäre, ob der Beschuldigte gegen frühere Strafbefehle Einspruch eingelegt hat. Solche Rückschlüsse würden aber selten gezogen und wären nicht darüber bestimmend, ob das Strafbefehlsverfahren gewählt werde. Wenn jemand schon mehrere Strafen hatte, spräche dies eher dafür, dass er nunmehr vor Gericht erscheinen müsste. B5 gab an, sich aufgrund der genannten Vorschrift (Nr. 175 Abs. 3 RiStBV) diese Gedanken nie zu machen. Aufgrund der hohen Anzahl von Ermittlungsverfahren, die einen Abschluss finden müssten, wäre, sofern nicht eingestellt werden könnte, der Strafbefehl bei entsprechender Straferwartung die erste Wahl. B3 und B6 hingegen berichteten, dass in den meisten Fällen, in denen ein Strafbefehl beantragt würde, nicht mit einem Einspruch gerechnet würde. B3 gab dabei an, dazu zu neigen, im Falle eines erwarteten Einspruchs eher keinen Strafbefehl zu erwägen, was etwa dann der Fall wäre, wenn jemand dem Vorwurf vehement entgegenträte[1047]. Nicht mit einem Einspruch könnte hingegen gerechnet werden, wenn die Vorwürfe eingeräumt wurden und insgesamt der Eindruck entstand, dass eine entsprechende Einsicht auch ohne Hauptverhandlung bereits gegeben wäre.[1048] Auch B6 berichtete in diesem Zusammenhang von Fällen mit sehr klarer Beweislage, in denen der Täter um seine Täterschaft wüsste – und wenn dann eine nicht sonderlich hohe Geldstrafe angeboten würde – der Täter also noch gut wegkäme – wäre auch nicht mit einem Einspruch zu rechnen.

Das potentielle Einspruchsverhalten des Angeklagten spielt mithin nicht für alle, aber für einige (B3, B6) Staatsanwälte eine Rolle bei der Entscheidung über einen Strafbefehl.

1046 Antwort auf Frage 12.

1047 Antwort auf Frage 7.

1048 Antwort auf Frage 7.

Insgesamt besteht die Gefahr, dass missbräuchlich ausgenutzt wird, dass im Einzelfall kein Einspruch des Beschuldigten gegen einen Strafbefehl erwartet und dieser nur zwecks Arbeitsersparnis beantragt wird.

Die Fehleranfälligkeit durch die Missbrauchsmöglichkeit könnte dadurch verringert werden, dass die Entscheidung bezüglich der Verfahrensart weniger in das Ermessen der Staatsanwaltschaft gestellt wird, sondern sie vielmehr die Pflicht dazu hat, das Strafbefehlsverfahren dann, und nur dann, zu wählen, wenn der Sachverhalt zureichend klar ist, um im summarischen Verfahren entscheiden zu können.[1049] Diese Entscheidung müsste gerichtlich überprüfbar sein.[1050] Durch die Möglichkeit, die staatsanwaltschaftliche Entscheidung zu kontrollieren, könnte das Missbrauchspotential hier erheblich verringert werden.

b) Keine Pflicht der Staatsanwaltschaft zur Einleitung des Strafbefehlsverfahrens

Der soeben angesprochene Vorschlag, das Ermessen der Staatsanwaltschaft bezüglich der Verfahrenswahl zu reduzieren, sodass sie bei Erfüllung der Voraussetzungen dazu verpflichtet ist, das Strafbefehlsverfahren einzuleiten[1051], ist insgesamt begrüßenswert. Zwar ist die Staatsanwaltschaft auch nach derzeitiger Rechtslage dazu angehalten, einen hierfür geeigneten Fall im Wege des Strafbefehlsverfahren zu erledigen; durch die Einführung einer entsprechenden Pflicht könnte aber zudem die gerichtliche Überprüfbarkeit[1052] herbeigeführt werden. Wie soeben aufgezeigt, könnte eine gebundene, gerichtlich überprüfbare Entscheidung eine korrektere Anwendung des Strafbefehlsverfahrens zur Folge haben.

Kriterien für diese staatsanwaltschaftliche Entscheidung sind die Einfachheit des Sachverhaltes und seine genügende Aufklärung, sodass der Richter anhand der Feststellungen seine Überzeugung bilden kann, sowie die Nichtgebotenheit einer öffentlichen Hauptverhandlung, die insbesondere auch dann vorliegt, wenn die Allgemeinheit kein Interesse an einer öffentlichen Erörterung der Tat hat.[1053]

1049 *Müller*, Das Strafbefehlsverfahren, S. 275 f., 323; *Rieß*, in: Schreiber (Hrsg.) Strafprozeß und Reform, 113, 132; dazu sogleich b).

1050 *Müller*, Das Strafbefehlsverfahren, S. 323.

1051 *Müller*, Das Strafbefehlsverfahren, S. 275 f., 323; *Rieß*, in: Schreiber (Hrsg.) Strafprozeß und Reform, 113, 132.

1052 *Müller*, Das Strafbefehlsverfahren, S. 323.

1053 *Müller*, Das Strafbefehlsverfahren, S. 323 f.

Es könnte in dem Zusammenhang erwogen werden, dem Angeschuldigten zwischen dem Strafbefehlsantrag und dessen Erlass die Möglichkeit eines Einspruchs einzuräumen, mit dem er erreichen kann, dass das Gericht die Entscheidung zugunsten des Strafbefehls nicht nur prüft, sondern auch nochmal gesondert begründet, warum es eine Entscheidung durch Strafbefehl für richtig erachtet.[1054]

In diesem Fall könnte auch die Einleitung des regulären Verfahrens durch den Angeschuldigten so ausgestaltet werden, dass er eine Entscheidung der Staatsanwaltschaft zugunsten einer Anklage durch Einspruch einer gerichtlichen Prüfung unterziehen kann, die im Ergebnis dann die Fehlerhaftigkeit der Entscheidung festzustellen und gegebenenfalls eine Erledigung durch Strafbefehl einzuleiten vermag. Ob der Angeschuldigte aber eine gerichtliche Überprüfung der staatsanwaltschaftlichen Entscheidung durch Einspruch oder aber durch Stellung eines Antrags auf Erledigung im Strafbefehls- beziehungsweise Normalverfahren herbeiführt, ist ergebnisgleich.

c) Beantragung einer zu geringen Strafhöhe

Auch im Bereich der Sanktionsbemessung kann es zu fehlerhaften Entscheidungen kommen.[1055] Da die Staatsanwaltschaft die Strafhöhe in ihrem Antrag bereits konkret beziffern muss, § 407 Abs. 1 Satz 3 StPO, liegt das primäre Risiko bei ihr, da der Richter den Strafbefehl nur wie beantragt erlassen kann und die Gefahr besteht, dass er ihn sogar ungeprüft erlässt[1056].

Bei der Entscheidung über die Sanktion besteht zum einen die Gefahr, dass die Staatsanwaltschaft eine unangemessen niedrige Sanktionshöhe beantragt. Auch eine zu geringe Strafhöhe stellt einen Verstoß gegen das Schuldprinzip dar[1057] und wird zudem von dem Opfer der Straftat und der Gesellschaft als ungerecht empfunden.[1058] Die Gründe für eine derart unangemessene Strafe werden zum einen darin gesehen, dass die Staatsanwaltschaft so bewusst die Wahrscheinlichkeit eines Einspruchs gering halten möchte[1059], um sich die

---

1054 Im Ergebnis würde es hierdurch zwei Einspruchsmöglichkeiten geben – sowohl vor und nach Strafbefehlserlass. Die Entscheidung über den Einspruch vor Erlass wäre gegenüber der nachträglichen Überprüfung insoweit beschränkt, als es hier primär um die Wahl der Verfahrensart ginge.

1055 *Pfister*, FPPK 2013, 250, 253; vgl. *Böhme*, Das strafgerichtliche Fehlurteil, S. 33.

1056 Siehe dazu unter 1. a).

1057 Vgl. BVerfG NJW 1954, 69 f.; vgl. NJW 1984, 604, 605.

1058 *Pohlreich*, Das rechtliche Gehör im Strafverfahren, S. 75 f.

1059 Graf StPO/*Temming* § 407 Rn. 4; *Preuß*, ZJS 2017, 176 f.; *Berz*, in: FS Blau, 51, 55 f.; *Roxin/Schünemann*, Strafverfahrensrecht, § 68 Rn. 12.

darauf folgende Arbeit mit einer Hauptverhandlung zu ersparen[1060], zum anderen könne die Bemessung deshalb fehlerhaft ausfallen, weil nicht alle relevanten Faktoren, namentlich zum Beispiel die Vorstrafen durch den Auszug aus dem Bundeszentralregister[1061], berücksichtigt werden.

Dass der erste Aspekt in vielen Fällen zutrifft, zeigen auch die Antworten der Berliner Staatsanwälte im Rahmen der Experteninterviews auf die Frage nach den Hauptgründen für erfolgreiche Einsprüche (Frage 27). Die häufig unzutreffende Bemessung der Tagessatzhöhe wurde damit begründet, dass häufig geschätzt werden müsste, da keine Angaben zu den Einkommensverhältnissen oder auch nur zum Beruf des Beschuldigten vorhanden wären (B1, B2, B3, B6). Zu dem Schätzungsprozedere führte B4 aus, dass er, sofern der Beruf bekannt wäre, im Internet schaute, was diese Berufsgruppe im Schnitt verdiente und sich daran orientierte. Sofern kein Beruf bekannt wäre, versuchte er, sofern möglich, aus den Akten auf eine etwaige Berufstätigkeit zu schließen und sich dann am Berliner Durchschnittsverdienst zu orientieren (Frage 41). B4 und B6 schilderten, dass sie – insbesondere bei fehlenden Berufsangaben – dazu neigten, die Tagessatzhöhe eher zu niedrig zu schätzen, oftmals auf nur 15 Euro, zumal unter den Verurteilten häufig Hartz-IV-Empfänger wären und dies in diesen Fällen der Standardsatz wäre (B6; so auch B4, der auch im Bereich Aufenthaltstitel diese Höhe schätzte, da die Beschuldigten, denen dies vorgeworfen würde, auch nicht arbeiten dürften[1062]). B6 vermutete zudem, dass die oftmals zu niedrigen Schätzungen dazu führen könnten, dass Strafbefehle häufiger akzeptiert würden. Auf die Frage, wann mit Einsprüchen zu rechnen ist (Frage 19), berichtete B6 zudem, dass insbesondere dort nicht mit einem Einspruch gerechnet würde, wo die Beweislage sehr klar wäre, der Täter um seine Täterschaft wüsste und eine nicht sonderlich hohe Geldstrafe angeboten würde – der Täter also noch gut wegkäme. „Da spielt man natürlich als Staatsanwalt auch ein bisschen, indem man eher einen vielleicht ein bisschen milderen Antrag stellt, in der Hoffnung, dass es dann auch akzeptiert wird."

1060 Vgl. *Schmidt-Hieber,* NJW 1982, 1017, 1020; *Kern*, Strafverfahrensrecht, S. 289; *Hüls*, Polizeiliche und staatsanwaltschaftliche Ermittlungstätigkeit, S. 155; LR/*Gössel* Vor § 407 Rn. 26.

1061 Graf StPO/*Temming* § 407 Rn. 4; *Preuß*, ZJS 2017, 176 f.; obwohl die StA nach Nr. 16 RiStBV in der Regel einen Registerauszug für die Erhebung der öffentlichen Klage oder eine Einstellung nach § 153a StPO einholen soll, wobei für den Strafbefehl, durch den die öffentliche Klage erhoben wird, § 407 Abs. 1 Satz 4 StPO, nicht anderes gelten kann.

1062 Angabe bei Frage 41.

Diese Einschätzung teilte auch B2 auf die Frage danach, ob ihm Fälle bekannt sind, in denen die Entscheidung fehlerhaft war (Frage 41), also die Ermittlungen nicht zutrafen oder die Tagessatzhöhe nicht richtig bemessen wurde. Er gab an, dass in 95 % der Fälle nach unten und nicht zum Nachteil des Beschuldigten geschätzt würde: „Daher denke ich, dass wir häufig zugunsten falsch schätzen, um nicht deswegen Einsprüche zu produzieren." Auszüge aus dem Bundeszentralregister bezüglich der Vorstrafen hingegen scheinen zumindest für einige der Staatsanwälte ein relevanter Aspekt bei der Entscheidung über einen Strafbefehlsantrag zu sein (B2 bei den Fragen 3 und 24; B6 bei den Fragen 17 und 22; B3 bei Frage 17).

Eine zu niedrige Strafhöhe kann auch deshalb beantragt werden, um die Erledigung durch Strafbefehl überhaupt erst zu ermöglichen, indem etwa die gerade noch zulässige Höchststrafe für die Anwendung des Strafbefehlsverfahrens gewählt wird.[1063] Im Rahmen der Experteninterviews betonte B6 auf die Frage 24 allerdings, dass, sofern die mögliche Freiheitsstrafe von einem Jahr – ausgesetzt zur Bewährung – nicht ausreichte, er niemals unter das erforderliche Strafmaß ginge und trotzdem einen Strafbefehl beantragte. Auch auf die Frage, wo die Grenzen, denen Absprachen im Zusammenhang mit Strafbefehlen unterliegen, gesehen werden (Frage 17), wurden insbesondere der Strafrahmen beziehungsweise die gesetzlichen Grenzen und die Straferwartung genannt (B1, B3, B5, B6). B6 betonte dabei, dass man auch im Strafbefehlsverfahren bezüglich der Strafhöhe eine gewisse Grenze nicht unterschreiten könnte; wo diese verliefe, hinge auch von den Vorstrafen ab, da etwa bei jemandem, der schon mehrfach eine Geldstrafe erhalten hätte, nicht erneut das Strafbefehlsverfahren in Betracht käme (so auch B3). Insofern wurde diese abstrakte Gefahr von den befragten Staatsanwälten nicht bestätigt.

Zwar hat eine zu geringe Bestrafung keine unmittelbaren Nachteile für den Täter, ist aber ebenso eine Fehlentscheidung, wie eine zu hohe Sanktionsbemessung[1064].

d) Absprachen bezüglich einer zu geringen Strafhöhe

Dieser soeben genannte Aspekt ist insbesondere im Zusammenhang mit Absprachen[1065] zu betrachten, da die Aussicht auf eine niedrige Strafe den

1063 *Stoll*, Beschleunigungsstrategien der Strafjustiz, S. 247; vgl. *Schmidt-Hieber*, NJW 1982, 1017, 1020; vgl. ferner *Hamm*, in: Dencker/Hamm, Der Vergleich im Strafprozeß, S. 105.

1064 Vgl. *Böhme*, Das strafgerichtliche Fehlurteil, S. 47.

1065 Dazu siehe unter 3. Teil B. IV.

Beschuldigten dazu motivieren könnte, zu kooperieren, wenn die Staatsanwaltschaft eine entsprechende Honorierung andeutet[1066]. In der Praxis sind Absprachen zwar grundsätzlich zulässig[1067], unterliegen jedoch Grenzen; diese sind jedenfalls dann überschritten, wenn eine Vereinbarung zwischen Staatsanwaltschaft und Beschuldigtem beziehungsweise dessen Verteidiger darauf hinausläuft, dass mit der Intention, eine arbeitsaufwändige Hauptverhandlung zu vermeiden, eine nach § 407 Abs. 2 StPO höchstmögliche Strafe beantragt wird, obwohl eine Rechtsfolge angemessen wäre, die außerhalb des Sanktionskatalogs des § 407 StPO liegt.[1068] Daher werden im Zusammenhang mit niedrig bemessenen Strafen erhebliche Bedenken gegen die Zunahme der in der Praxis stattfindenden Absprachen geäußert.[1069] Darauf, dass dies auch in der Praxis vorkommen könnte, deutet die Antwort des Staatsanwalts B5, der im Rahmen des Experteninterviews auf Frage 8 schilderte, dass im Ermittlungsverfahren eine Beschleunigung in den Fällen einer Verständigung gegeben wäre. Dabei wären in diesen Konstellationen sogar kompliziertere Fälle für das Strafbefehlsverfahren geeignet, die man unter normalen Umständen vielleicht nicht im Wege des Strafbefehls erledigt hätte. Insofern kann auch unter diesem Aspekt ein Missbrauchspotential gesehen werden.

Absprachen sind grundsätzlich kritisch zu betrachten und sollten nur unter strengen Voraussetzungen zulässig sein, denn die Sanktion steht nicht zur Disposition des Beschuldigten.[1070]

In gewissem Maße werden dem Beschuldigten durch eine Absprache aber gesetzlich nicht vorgesehene Einflussmöglichkeiten zugestanden.[1071] Dass

---

1066 Vgl. *Schmidt-Hieber,* NJW 1982, 1017, 1020; vgl. auch *Hanack*, JZ 1971, 705, 706.

1067 *Vivell*, Strafbefehlsverfahren nach § 408a, S. 227; Momsen/Grützner WirtschaftsStrafR-HdB/*v. Döllen* Kap. 3 § 12 Rn. 85; *Schmidt-Hieber,* NJW 1982, 1017, 1019; KMR/*Metzger* Vor § 407 Rn. 28 ff.; HK/*Kurth* § 407 Rn. 4; die Zulässigkeit von Verfahrensabsprachen grds. ablehnend *Seier,* JZ 1988, 683 ff.; *Siolek*, DRiZ 1989, 321 ff., 330; krit. ggü. Absprachen bei Strafbefehlen auch LR/*Gössel* Vor § 407 Rn. 26; Gercke u.a. StPO/*Brauer* § 407 Rn. 4.

1068 Ebenso unzulässig Freiheitsstrafe von einem Jahr nur deshalb auszusprechen, um sie zur Bewährung aussetzen zu können, BGH NJW 1981, 692 f.; so auch *Mösl,* DRiZ 1979, 165, 166 f.; *Schmidt-Hieber,* Verständigung, Rn. 80; *Schmidt-Hieber,* NJW 1982, 1017, 1020.

1069 KMR/*Metzger* Vor § 407 Rn. 28; LR/*Gössel* Vor § 407 Rn. 26; vgl. *Schmidt-Hieber,* NJW 1982, 1017, 1020.

1070 BVerfG NJW 1987, 2662, 2663; vgl. BGH NJW 1998, 86; vgl. *Fahl/Geraats,* JA 2009, 791, 792.

1071 Vgl. *Gerlach*, Absprachen, S. 98.

sich durch eine einvernehmliche Lösung, namentlich einem Geständnis, viel Arbeits- und insbesondere Ermittlungsaufwand einsparen lässt, kann nicht bestritten werden. Wenn sich die Staatsanwaltschaft jedoch zu sehr auf die Aussage des Beschuldigten verlässt, und dadurch keine weiteren eigenen Sachverhaltsaufklärungen vornimmt, werden auch an dieser Stelle Fehlentscheidungen geradezu provoziert. Durch Absprachen, die dazu führen, dass die Strafe gerade noch im Sanktionskatalog des § 407 Abs. 2 StPO liegt, kann der Beschuldigte sogar auf die Art der Verfahrenserledigung Einfluss nehmen. Dies kann zwar auch dann gelten, wenn er ohne eine Absprache geständig ist. Sofern hier aber der Leistungs- und Gegenleistungscharakter im Vordergrund steht, sollte dies mangels gesetzlich vorgegebener Rahmenbedingungen kritisch betrachtet werden. An dieser Stelle wären entsprechende gesetzliche Vorgaben wünschenswert. Diese müssten vor allem darauf gerichtet sein, die Absprachen transparent zu gestalten und zu dokumentieren. Es müsste insbesondere klargestellt werden, dass die Wahl der Verfahrensart weder von Staatsanwaltschaft noch von Beschuldigtenseite zu einem Verhandlungsgegenstand degradiert werden darf. Die Staatsanwaltschaft dürfte hier keine Drucksituation aufbauen, um den Beschuldigten zu einem Geständnis zu zwingen. Ob derartige gesetzlich vorgeschriebene Absprachergelungen in der Praxis aber auch den gewünschten Erfolg erzielen würden, ist fraglich. Denn problematisch sind gerade auch informelle Absprachen, die außerhalb gesetzlicher Regelungen getroffen werden.[1072]

e) Fehlerhafte, insbesondere zu hohe Schätzung der Tagessatzhöhe

Aufgrund des fehlenden Kontakts zum Beschuldigten bleiben manche Umstände unbekannt. Insbesondere bei der Bemessung der Geldstrafe wird es notwendig, Schätzungen anzustellen, wenn die persönlichen und wirtschaftlichen Verhältnisse des Beschuldigten nicht ausreichend bekannt sind, was oftmals der Fall ist[1073], obwohl die Nr. 13–15 RiStBV eine entsprechende

1072 Siehe unter 3. Teil B. IV. 1. c).

1073 *Weßlau*, ZStW 116 (2004), 150, 161; Meyer-Goßner/Schmitt/*Schmitt* § 411 Rn. 2a; vgl. *Maleika*, Freiheitsstrafe und Strafbefehl, S. 104; *Burhoff*, PStR 1999, 52, 56: Im Strafbefehlsverfahren werde nicht eingehend ermittelt, sodass Teile des Sachverhalts, die ggf. zu einer Strafschärfung geführt hätten, vielleicht unerkannt bleiben; die Untersuchung von *Fleischer*, Die Strafzumessung bei Geldstrafen, S. 96 ff. ergab, dass infolge von Einsprüchen regelmäßig eine geringere Endsumme festgesetzt wurde; *Schünemann*, Gutachten B zum 58. DJT, S. 69 Fn. 167: Ermittlungen in Bagatellsachen unzureichend; *Wilde*, MschrKrim 2015, 348, 350 ff.; *Nagrecha/Bögelein*, KrimOJ 2019, 267, 270.

Ermittlung vorschreiben.[1074] Die Schätzung der Einkünfte des Täters, seines Vermögens und anderer Grundlagen, die für die Bemessung eines Tagessatzes erforderlich sind, ist nach § 40 Abs. 3 StPO möglich.[1075] Dass Schätzungen erhebliche Risiken für Fehler beinhalten, ist ihnen immanent. Gerade bei den Massendelikten, auf die ein Großteil der Strafbefehlsverfahren fällt, werden bei der Strafbemessung zudem Durchschnittswerte[1076] zugrunde gelegt, die nicht auf die (nicht aufgeklärten[1077]) konkreten wirtschaftlichen und persönlichen Verhältnisse des Täters passen, weswegen sehr wahrscheinlich in einigen Fällen sogar zu hohe Strafen verhängt werden, die wegen der diskreten und kostengünstigen Erledigung auch akzeptiert werden.[1078]

Da die meisten der Strafbefehle auf Geldstrafe lauten[1079], betrifft dieses Fehlerrisiko eine große Anzahl von Strafbefehlen. Ein derartiges Bild vermitteln auch die Ergebnisse der Befragung der Berliner und Bremer Verteidiger. Auf die Frage, ob im Falle einer Geldstrafe die Tagessatzhöhe juristisch korrekt[1080] anhand der finanziellen Situation des Beschuldigten ermittelt ist, antwortete einer der Berliner Verteidiger mit „sehr häufig“, vier mit „häufig“, 18 mit „manchmal“, 25 mit „selten“ und drei mit „nie“. Auch in Bremen wurde hier zwei Mal „häufig“, zwei Mal „manchmal“, dafür neun Mal „selten“ und einmal „nie“ angegeben. Es zeigt sich nach diesen Angaben also insgesamt, dass die Höhe der Tagessätze nur manchmal (30,7 %) bis selten (52,3 %) juristisch korrekt bemessen wurde.

Hinsichtlich einer zu hohen Schätzung berichtete der im Rahmen der Experteninterviews befragte Staatsanwalt B4, dass es einen Fall gegeben hätte, in dem

1074 *Erbe*, Zum Wesen des Strafbefehls, S. 165.

1075 Meyer-Goßner/Schmitt/*Schmitt* § 411 Rn. 2a; vgl. BT-Drs. 15/3482, S. 22.

1076 Vgl. *Nagrecha/Bögelein*, KrimOJ 2019, 267, 275 f.

1077 Vgl. Maleika, Freiheitsstrafe und Strafbefehl, S. 104.

1078 *Weßlau*, ZStW 116 (2004), 150, 161, hält die Vermutung, dass beim Strafbefehlsverfahren häufig ein heimlicher Strafnachlass gegeben wird, für zu vordergründig; in der Studie von *Bussmann/Lüdemann*, Klassenjustiz oder Verfahrensökonomie?, S. 74 schilderten Verteidiger Fälle, in denen der Angeklagte jede Summe zu zahlen bereit war, um kein öfftl Aufsehen zu erregen; in einer anderen Studie gaben 30,3 % der Strafverteidiger an, i.R.e. Absprache einer für zu hoch gehaltenen Strafe zugestimmt zu haben, *Altenhain/Dietmeier/May*, Absprachen in Strafverfahren, S. 112, zu den Gründen S. 114 f..

1079 Siehe unter B. I. 1. a), 2. d), II. 3.

1080 Auch die Schätzung nach § 40 Abs. 3 StGB stellt grds. eine juristisch korrekte Vorgehensweise dar. Gemeint ist hier aber die eigentlich vorgesehene Bemessung anhand der tatsächlichen Bemessungsgrundlagen nach § 40 Abs. 2 StGB.

er wegen eines Verstoßes gegen das Tierschutzgesetz bewusst eine sehr hohe Tagessatzhöhe geschätzt hätte und der Angeklagte zu spät Einspruch eingelegte hätte und besonders wütend gewesen wäre. Ob dies aber fehlerhaft gewesen war, wüsste er nicht, auch wenn er vermutete, dass die Strafe zu hoch gewesen sein könnte (Frage 41).

Zwar besteht gemäß §§ 410 Abs. 2 und 411 Abs. 3 StPO die Möglichkeit, den Einspruch auf die Höhe der Tagessätze zu beschränken; auch kann der Richter in diesem Fall bei entsprechender Zustimmung des Beschuldigten durch Beschluss entscheiden, wobei das Verbot der Verschlechterung gilt. Dennoch beseitigt diese Möglichkeit nicht das Risiko einer zunächst ungemessen hoch festgesetzten Strafe, die rechtskräftig zu werden droht. Dieses Risiko wird besonders deutlich, wenn man bedenkt, dass der Großteil aller Strafbefehle auch tatsächlich rechtskräftig wird.[1081] Denn wie bereits festgestellt, gibt es eine große Anzahl an Strafbefehlsempfängern, die nicht in der Lage sind, (rechtzeitig) auf den Strafbefehl zu reagieren. Wenn dann eine viel zu hoch angesetzte Geldstrafe rechtskräftig wird, haben speziell die Personen, die sich schon vorher nicht gegen den Strafbefehl wehren konnten, tendenziell auch keine Möglichkeit, bei Bedarf Zahlungsvereinbarungen mit der Staatsanwaltschaft über die für sie zu hohe Summe zu treffen. Dies erhöht im nächsten Schritt die Gefahr der Ersatzfreiheitsstrafe[1082].

Es besteht mithin nicht nur die Gefahr, dass die Staatsanwaltschaft eine zu geringe Strafe festsetzt, sondern auch, dass das Strafmaß zu hoch ausfällt.[1083]

f) Unzureichend und fehlerhaft ermittelte Sachverhalte

Eine weitere Risikoquelle für Fehlentscheidungen hängt mit dem ermittelten Sachverhalt zusammen. Dieser bildet die Grundlage eines jeden Urteils beziehungsweise Strafbefehls. Im Ermittlungsverfahren wird die Grundlage eines Verfahrens gelegt; geschehen hier Fehler, ziehen diese sich oftmals durch das gesamte folgende Verfahren.[1084] Da im Strafbefehlsverfahren zudem grundsätzlich keine Hauptverhandlung vorgesehen ist, werden die ermittelten Tatsachen ohne Einspruchseinlegung nicht erneut aufgearbeitet.[1085] Und selbst, wenn

---

1081 Siehe unter B. II. 2. d).

1082 Dazu unter III. 3., 4. b).

1083 So auch *Schorn*, Das Strafbefehls- und Strafverfügungsverfahren, S. 17.

1084 *Peters*, Fehlerquellen im Strafprozeß I, S. 195; *Dunkel*, Fehlentscheidungen in der Justiz, S. 90; *Jehle*, FPPK 2013, 220, 224.

1085 BVerfG NJW 1984, 604, 605 sieht in der fehlenden Hauptverhandlung eine Quelle für Fehlentscheidungen; *Böhme*, Das strafgerichtliche Fehlurteil, S. 217.

Einspruch eingelegt wird, kann die Beweisaufnahme wegen der vereinfachten Beweisaufnahme in den §§ 411 Abs. 2 i.V.m. 420 StPO[1086] unter Umständen unzureichend sein, da dem Angeklagten kein förmliches Beweisantragsrecht zusteht und sich eine eher einseitige Tatsachenermittlung auch hier fortsetzen kann. Demnach kommt der Staatsanwaltschaft auch in Hinblick hierauf eine bedeutende Entscheidungsposition nach Abschluss der Ermittlungen zu.

Die Gefahr liegt konkret darin, dass eine Ermittlung zum Nachteil des Beschuldigten[1087] erfolgt und dadurch bedingte Fehler unzureichend korrigiert werden. Der Sachverhalt wird einseitig durch die Ermittlungsbehörde festgelegt.[1088]

Insbesondere ist dabei problematisch, dass der Sachverhalt aus den Wahrnehmungen und Aussagen von beispielsweise Zeugen und Polizeibeamten gewonnen wird; dadurch handelt es sich nicht um eine rein objektive Feststellung, sondern einen bereits kognitiv verzerrten Sachverhalt. Denn die Wahrnehmung und die Aussagen, die dem Sachverhalt zugrunde liegen, werden zwangsläufig subjektiv beeinflusst.[1089] Im Rahmen ihrer subjektiven Wahrnehmung werden die betreffenden Personen nämlich regelmäßig dazu neigen, einen Sachverhalt zu Lasten des Beschuldigten zu interpretieren und von seiner Schuld auszugehen.[1090] Zwar ist die Staatsanwaltschaft (oder faktisch: die Polizei[1091]) dazu verpflichtet, objektiv, also auch zugunsten des Beschuldigten zu ermitteln, § 160 Abs. 2 StPO[1092]; tut sie dies aber nicht oder nur unzureichend,

---

1086 Siehe unter V. 2.

1087 *Sauer/Münkel*, Absprachen im Strafprozess, Rn. 175; vgl. *Enescu*, JLS 2020, 125, 134; vgl. auch *Elobied*, Die Entwicklung des Strafbefehlsverfahrens, S. 162 f.

1088 *Elobied*, Die Entwicklung des Strafbefehlsverfahrens, S. 214 mit dem Hinweis, dass die polizeilichen Protokolle die Angaben des Beschuldigten oftmals nicht korrekt wiedergeben; *Böhme*, Das strafgerichtliche Fehlurteil, S. 103, 217: Ein befragter Richter sieht in der nur einseitigen Aufklärung des Sachverhalts eine typische Fehlerquelle des Verfahrens; *Schmuck/Leipner*, StraFo 2012, 95, 96; *Eschelbach*, in: FS Stöckel, 199, 203.

1089 *Dunkel*, Fehlentscheidungen in der Justiz, S. 63 ff.

1090 MüKoStPO/*Kölbel* § 160 Rn. 78; *Heghmanns*, GA 2003, 433, 442 ff.; Polizei und StA stehen unter dem psychologischen Druck, einen Täter zu präsentieren, *Ostendorf/Brüning*, JuS 2001, 1063, 1065.

1091 *Steffen*, Analyse polizeilicher Ermittlungstätigkeit, S. 294; so auch die Aussagen der interviewten Staatsanwälte, siehe A. II. 2. a), Frage 3, siehe auch sogleich.

1092 Wenn dies auch zu einer psychologischen Überforderung der Ermittlungspersonen führt, MüKoStPO/*Kölbel* § 160 Rn. 78; *Heghmanns*, GA 2003, 433, 443 ff.

besteht die Gefahr fehlerhaft ermittelter Tatsachen zu Ungunsten des Beschuldigten.

Zudem könnte möglicherweise auch in Zweifel gezogen werden, ob der Sachverhalt auch dann vollständig zu Gunsten und zu Lasten des Beschuldigten ausermittelt wird[1093], wenn sich ein Fall für die Erledigung im summarischen Verfahren eignet, und ob bei den Ermittlungen insbesondere auch alle für die Schuld- und Strafzumessungsfrage relevanten Aspekte wie beispielsweise die Einkommensverhältnisse, die Schuldfähigkeit[1094] oder der persönliche Hintergrund des Täters intensiv beleuchtet werden (§§ 160 Abs. 3 StPO i.V.m. 46 StGB).[1095] Dazu gehören auch subjektive Komponenten wie seine Beweggründe und Ziele oder sein Vorleben. Um dies festzustellen, bedarf es unter Umständen einer persönlichen Anhörung, die aber nicht immer erfolgt. Es besteht die Gefahr, dass die Ermittlungen, sowohl den Sachverhalt als auch die persönlichen Verhältnisse des Täters betreffend, vor der Beantragung eines Strafbefehls weniger umfangreich durchgeführt werden als vor einer Hauptverhandlung.[1096]

Diese These wird allerdings nicht durch die Angaben der im Rahmen der Experteninterviews befragten Berliner Staatsanwälte bestätigt[1097]: Im Ermittlungsverfahren wäre auch bei einem für das Strafbefehlsverfahren geeigneten Fall regelmäßig kein Beschleunigungseffekt zu verbuchen (B1, B2, B3, B4 und B6, Frage 8). B1 betonte, dass in einem vergleichbaren Bereich nicht etwa bewusst weniger ermittelt würde, weil ein Strafbefehl beantragt und keine Anklage erhoben wird[1098]; im Normalfall würde ein Verfahren ausermittelt und erst dann über den Verfahrensabschluss entschieden. Dahingehend äußerte sich auch B3. B2 benannte explizit den Beschleunigungseffekt im Hauptverfahren. Im Ermittlungsverfahren nähme die Staatsanwaltschaft keinen Einfluss auf den Gang der Ermittlungen und da die Polizei nicht wüsste, welche Entscheidung die Staatsanwaltschaft später treffen wird, ginge sie auch nicht unterschiedlich an Fälle heran.[1099] Beschleunigungseffekte im Ermittlungsverfahren

---

1093 *Gilliéron*, Strafbefehlsverfahren und plea bargaining, S. 106, 124 f., 133 ff. sieht typische Fehlerquelle in der unvollständigen Aufklärung des Sachverhalts/im mangelhaften Polizeirapport und in falschen Schlussfolgerungen; so auch *Peters*, Fehlerquellen im Strafprozeß I, S. 487 ff., 503 f.

1094 Siehe zu dieser Fehlerquelle unter VIII. 1. b).

1095 Vgl. *Eisenberg/Kölbel*, Kriminologie, § 27 Rn. 51.

1096 *Stoll*, Beschleunigungsstrategien der Strafjustiz, S. 34; *Gilliéron*, Strafbefehlsverfahren und plea bargaining, S. 106, 183.

1097 Siehe zu den durchgeführten Experteninterviews unter A. II.

1098 Antwort auf Frage 28.

1099 Antwort auf Frage 28.

würden sich nur dann ergeben, wenn eine Absprache stattfindet (B1 für den Bereich Wirtschaft, B5, B6 mit dem Hinweis darauf, dass der Staatsanwalt bei dem Einverständnis, einen Teil zu akzeptieren zum Beispiel auch weitere Tatvorwürfe, die noch auszuermitteln wären, einstellen könnte).

Dennoch besteht zumindest die Gefahr, dass ein Strafbefehl auch dann beantragt und erlassen werden kann, wenn keine erschöpfenden, sondern lediglich einen hinreichenden Tatverdacht begründende Ermittlungen durchgeführt wurden, unabhängig davon, ob in Erwartung eines Strafbefehls ermittelt wurde. Dies zeigt auch die Aussage des interviewten Staatsanwaltes B2 (Frage 43), der schilderte, dass er durchaus die Gefahr sähe, dass man auch bei schwierigen Beweislagen auf das Strafbefehlsverfahren zurückgriffe und auf das Eintreten der Rechtskraft hoffte, obwohl man bei einer Anklage vielleicht mehr Bedenken gehabt hätte, ob die Beweislage einem Gericht ausreichte, also man trotz Überzeugung Beweisschwierigkeiten hätte und aus diesem Grund den Strafbefehl wählte. Auch nach dem Interview beschrieb der Staatsanwalt in einem Anschlussgespräch das Missbrauchspotential des Strafbefehlsverfahrens, weil Fälle der Einfachheit halber durch Strafbefehl erledigt werden könnten, obwohl sie sich nicht dafür eigneten. Im Rahmen des Interviews berichtete B2 in diesem Zusammenhang von dem Fall eines Kollegen, in dem mit einem Mietfahrzeug eine Unfallflucht begangen und der Wagen vor der Wohnung des Mieters angetroffen worden wäre. Der Fahrzeugmieter hätte dann einen Strafbefehl erhalten, obwohl nicht ausgeschlossen werden konnte, dass ein anderer gefahren ist. Solche Gefahren könnten aber ohne weiteres durch die Wahrnehmung des Einspruchsrechts ausgeräumt werden. Es könnte aber auch persönliche oder familiäre Gründe geben, deretwegen man keinen Einspruch einlegte.

Zudem können Sachverhalte durch die selektive Wahrnehmung der ermittelnden Personen zu einfach dargestellt werden[1100], sodass eine Hauptverhandlung entbehrlich erscheint, obwohl sie dies eigentlich nicht ist.

Ein fehlerhafter Strafbefehl kann also bereits mit der Wahl der Art der Erledigung beginnen, sofern der Sachverhalt zu einseitig ermittelt und dargestellt wird und im Ergebnis daher so gelagert scheint, dass eine Erledigung im vereinfachten Verfahren geboten ist. Dies führt dann zu einer in Wirklichkeit unangemessenen Verfahrens- beziehungsweise Ermittlungsverkürzung, da die Voraussetzungen für die Beantragung eines Strafbefehls gerade nicht vorlagen. Der Verfahrensgang liegt bis hierhin allein in der Hand der Staatsanwaltschaft, die nahezu unkontrolliert handeln und entscheiden kann.

1100 *Elobied*, Die Entwicklung des Strafbefehlsverfahrens, S. 209; *Herzog*, ZRP 1991, 125, 129.

Auch die Befragung der Strafverteidiger aus Berlin und Bremen ergab in diesem Zusammenhang, dass Strafbefehle mit Blick auf den festgestellten Sachverhalt oft fehlerhaft sind. Nur einer der Verteidiger gab an, dass der Sachverhalt „sehr häufig“ zuträfe, 24 gaben an, dass dies „häufig“, 32, dass dies „manchmal“ und fünf, dass dies „selten“ der Fall wäre. 40,3 % der Verteidiger machten also die Erfahrung, dass die Sachverhaltsfeststellung „sehr häufig“ bis „häufig“ zutrifft, 59,7 % hingegen, dass dies nur „manchmal“ bis „selten“ der Fall ist. Ein nichtzutreffender Sachverhalt wurde zudem auch von 21 Verteidigern (40,4 %) und 25 Richtern (62,5 %) als Grund für die regelmäßige Einlegung eines Einspruchs angegeben, wobei 90,6 % der Verteidiger angaben, sehr häufig bis häufig Einspruch einzulegen und 78,7 %, dass die Einsprüche dann auch „sehr häufig“ bis „häufig“ erfolgreich wären. Es zeigt sich also insgesamt, dass der Sachverhalt eher „manchmal“ (51,6 %) bis „häufig“ (38,7 %) zutreffend ermittelt wurde. Aus dem häufigen Erfolg von Einsprüchen lässt sich zudem, zumindest regional begrenzt für Berlin und zum Teil Bremen, die Tendenz herleiten, dass Strafbefehle, auch in Hinblick auf die Sachverhaltsfeststellung, häufig fehlerhaft ergehen.

Die Befragung der Strafrichter des Amtsgerichts Tiergarten bezüglich des Erfolgs von Einsprüchen und damit der Richtigkeit der erlassenen Strafbefehle auch mit Blick auf den Sachverhalt ergaben dem gegenübergestellt Folgendes: Einem der Richter zufolge würde „sehr häufig“ im Urteil nach der Hauptverhandlung ein für den Angeklagten günstigerer Sachverhalt zugrunde gelegt (2,5 %), vier Richtern zufolge käme dies „häufig“ (10,2 %), 23 Richtern zufolge „manchmal“ (59 %) und elf Richtern zufolge „selten“ vor (28,2 %). Ein Freispruch durch Urteil käme nur „manchmal“ (sieben Antworten, 17,9 %), über „selten“ (31 Antworten, 79,5 %) bis „nie“ (eine Antwort, 2,6 %) vor. Dem überwiegenden Anteil der Richter zufolge erfolgt die Sachverhaltsfeststellung meistens nicht zuungunsten des Angeklagten. Diese Angaben stimmen teils mit den Antworten der Verteidiger überein. Die interviewten Staatsanwälte gaben in dem Zusammenhang an, dass es selten zu einem Freispruch käme, weil der Tatverdacht im Strafbefehl nicht zuträfe (Frage 27, B1, B2, B3, B4). Auch B6 zufolge käme es ganz selten vor, dass sich im Nachhinein eine andere Tatsachengrundlage herausstellte.[1101] Es käme aber vor, dass der Vorwurf in der Hauptverhandlung nicht mehr nachgewiesen werden könnte (B5). In den Fällen mangelnder Beweisbarkeit könnte man jedoch nicht auf die Fehlerhaftigkeit des Strafbefehls schließen, nur weil sich Zeugen ein Jahr später in einer

1101 Antwort auf Frage 41.

neuen Situation befänden und sich durch geschickte Fragestellungen durch den Verteidiger widersprüchlich äußerten oder der Angeklagte nicht mehr wiedererkannt würde, was vorkäme (B3, Frage 41).

Sofern sich ein Vorwurf in der Hauptverhandlung allerdings nicht mehr beweisen lässt, sollte nicht von einer vorherigen fehlerfreien Entscheidung gesprochen werden.

g) Nicht einfach gelagerte Sachverhalte

Neben dem Problem der unvollständigen oder fehlerhaften Ermittlung von Sachverhalten kann auch die Anwendung des Strafbefehlsverfahrens auf nicht einfach gelagerte Sachverhalte eine Fehlanwendung darstellen.

Gemäß § 407 Abs. 1 Satz 2 StPO obliegt es allein der Staatsanwaltschaft, zu entscheiden, ob es sich um einen einfach gelagerten Fall handelt, der keiner weiteren Aufklärung in einer Hauptverhandlung bedarf. Daher besteht, wie bereits festgestellt, die Gefahr, dass sie das Strafbefehlsverfahren (missbräuchlich) anwendet, obwohl der konkrete Fall die vorausgesetzte einfache Beweislage nicht aufweist.[1102] In diesem Zusammenhang ist beispielsweise auch die Empfehlung des bayerischen Justizministeriums an die dortigen Staatsanwälte, während der COVID-19-Pandemie weniger anzuklagen und mehr auf Strafbefehle zu setzen[1103], kritisch zu bewerten. Zwar ist das Bedürfnis nachvollziehbar, auf verhandlungslose Erledigungsmöglichkeiten zuzugreifen, wenn aufgrund äußerer Umstände temporär keine Hauptverhandlungen stattfinden können, allerdings ist dies mit Blick auf die besondere Fehleranfälligkeit des Strafbefehlsverfahrens besonders problematisch. Die Entscheidung über die Anwendung des Strafbefehlsverfahrens durch den Staatsanwalt muss aufgrund der Risiken stets allein anhand des Vorliegens der Voraussetzungen, namentlich des einfach gelagerten Sachverhaltes, getroffen werden. Dies würde sich im Grundsatz auch zugunsten der Angeschuldigten auswirken; lediglich in den Fällen, in denen eine ungerechtfertigte Privilegierung durch eine Anwendung des Verfahrens in ungeeigneten Fällen stattgefunden hätte, wäre dies für die Angeschuldigten von Nachteil.

Ein Problem im Zusammenhang mit der einfachen Lagerung des Sachverhaltes ist, dass die Staatsanwaltschaft anhand der Aktenlage entscheiden muss, ob sich die Feststellungen durch eine Verhandlung ändern könnten, obwohl sie

---

1102 *Weßlau* ZStW 116 (2004), 150, 159.

1103 https://www.sueddeutsche.de/panorama/justiz-muenchen-ministerium-will-mehr-strafbefehle-und-weniger-verhandlungen-dpa.urn-newsml-dpa-com-20090101-200319-99-391418, zuletzt abgerufen am 11.02.2021.

in diesem Moment nicht vorhersehen kann, wie die Hauptverhandlung konkret verlaufen würde und inwiefern die Anhörung des Angeklagten weitere Beweise aufdeckt. Sofern der Beschuldigte bereits in den Akten festgehaltene Äußerungen oder ein Geständnis gemacht hat, kann der Ausgang eines Hauptverfahren zwar mit größerer Wahrscheinlichkeit eingeschätzt werden, allerdings kann sich auch in so einem Fall ergeben, dass die Angaben nicht richtig waren. Wenn allerdings der Akteninhalt in sich schlüssig ist, wovon nach abgeschlossenen Ermittlungen grundsätzlich auszugehen ist, liegt es aus psychologischer Sicht fern, ihn derart kritisch zu hinterfragen.[1104] Dieses Prognoseelement birgt mithin Schwierigkeiten.

Es wird vertreten, dass es unmöglich sei, vor Abschluss des ordentlichen Verfahrens zu wissen, ob der darin gerade noch aufzuklärende Sachverhalt demjenigen nach Aktenlage entspreche[1105]. Und auch, wenn man eine vorweggenommene Entscheidung bei einfachen Sachverhalten für möglich halte, so beschränke sich die praktische Anwendung des Verfahrens allerdings gerade nicht nur auf solche einfachen Konstellationen.[1106] Damit gebe es also Fälle, die prognostisch entschieden werden, obwohl ihre Komplexität dies eigentlich nicht hergebe.

Damit stellt sich die Frage, wann ein Sachverhalt überhaupt „einfach" gelagert sein soll. Dass es solche per se einfachen Sachverhalte gibt, wird zum Teil sogar in Abrede gestellt.[1107] Zur Begründung hierfür wird angeführt, dass dem Strafbefehlsverfahren die Gefahr immanent sei, dass eine zu hohe oder zu geringe Strafe beantragt werde, diese Gefahr aber nur bestehe, wenn – beziehungsweise weil – dem Strafbefehl ein fehlerhafter Sachverhalt zugrunde liege, womit die Existenz per se einfacher Sachverhalte widerlegt sei; auch sei anderenfalls auch nicht zu erklären, warum bei einer gefährlichen Körperverletzung mit mehreren Beteiligten, strittigem Waffeneinsatz und sich widersprechenden Zeugenaussagen per se ein einfacherer Sachverhalt zugrunde liege als bei einem Raub.[1108]

Die Existenz einfacher Sachverhalte mit dieser Begründung abzulehnen ist allerdings nicht überzeugend. Die Gefahr einer falschen Sanktionsbemessung besteht nicht nur in Fällen einer bereits fehlerhaften Sachverhaltsfeststellung.

1104 Vgl. den WYSIATI-Effekt, *Risse*, NJW 2018, 2848, 2849; *Kahneman*, Schnelles Denken, Langsames Denken, S. 112 ff.

1105 *Elobied*, Die Entwicklung des Strafbefehlsverfahrens, S. 208 f.

1106 *Elobied*, Die Entwicklung des Strafbefehlsverfahrens, S. 209.

1107 So *Herzog*, ZRP 1991, 125, 129; *Elobied*, Die Entwicklung des Strafbefehlsverfahrens, S. 209.

1108 *Elobied*, Die Entwicklung des Strafbefehlsverfahrens, S. 209 sowie dort Fn. 12.

Denn die Strafzumessung wird nicht allein aufgrund des festgestellten Sachverhalts getroffen, vielmehr fließen nach § 46 StGB weitere Erwägungen mit ein, die trotz korrekter Ermittlung der Tatsachen nicht hinreichend bekannt sein können. Die Existenz einfacher Sachverhalte allein mit dem Argument zu verneinen, dass die Gefahr einer fehlerhaften Bemessung nur mit einem falschen Sachverhalt zusammenhänge, leuchtet daher nicht ein. Auch die Argumentation, dass es keine per se einfachen Sachverhalte gebe, weil der Sachverhalt bei einer gefährlichen Körperverletzung schwieriger gelagert sein könne als bei einem Raub, ist nicht schlüssig. Denn die Aussage, dass es einfach gelagerte Sachverhalte gibt, nimmt nicht für sich in Anspruch, zu behaupten, dass bei bestimmten Delikten stets ein solcher vorliege. Ob ein Sachverhalt einfach ist, ist einzelfallabhängig und hängt nicht zwangsläufig mit dem begangenen Delikt oder dessen Schwere zusammen. Auch ein mit höherer Strafe bedrohtes Delikt kann von der Beweislage her konkret einfach gelagert sein, während ein mit geringer Strafe bedrohtes Delikt beispielsweise aufgrund der genannten widersprüchlichen Zeugenaussagen nicht leicht zu beweisen ist. Die Gefahr einer fehlerhaften Strafzumessung kann daher die Möglichkeit eines überschaubaren Geschehens mit sicherer Beweislage und damit die Existenz einfach gelagerter Sachverhalte nicht generell widerlegen.

Die Zweifel an der Prognosefähigkeit sind hingegen begründet. Dem Menschen ist die sichere Vorhersehung der Zukunft und damit auch künftiger Verhandlungsergebnisse verwehrt. Auch der im Rahmen der Experteninterviews befragte Berliner Staatsanwalt B3 berichtete (bei Frage 9) davon, dass es häufig um komplizierte Sachverhalte ginge oder Sachen, die man anfangs als simpel einschätzte und bei denen sich im Laufe der Zeit neue Störfaktoren ergäben, die die Ermittlungen in eine ganz andere Richtung führten.

Prognostische Elemente im Strafverfahren bergen stets das Risiko einer Fehlentscheidung. Sie sind aber nicht per se abzulehnen, weil das Verfahren sonst ausufernd lang würde, was beispielsweise der Vergleich mit der im Regelverfahren zulässigen Prognoseentscheidung über die Ablehnung von Beweisanträgen in den §§ 244, 245 StPO zeigt. Wenn die Entscheidung aber weitreichende Folgen mit sich bringt, sind an sie strengere Anforderungen zu stellen. Dies gilt umso mehr, da sich der Anwendungsbereich des Strafbefehlsverfahrens nicht mehr auf die Bagatellkriminalität beschränkt und sogar Freiheitsstrafen (wenn auch zunächst zur Bewährung ausgesetzt) verhängt werden können. Die Entscheidung zugunsten des Strafbefehls impliziert, dass die Staatsanwaltschaft alle relevanten Beweismittel bereits umfassend auswertete, da sonst in der Hauptverhandlung eine abweichende Entscheidung für möglich gehalten werden müsste. Insbesondere dann, wenn der Bereich der geringfügigen

Kriminalität verlassen wird, darf die Prognose zugunsten der Einfachheit des Sachverhaltes nicht leichtfertig ausfallen.

In dem Zusammenhang kann auch das Vorliegen der übrigen Voraussetzungen zweifelhaft sein, wenn beispielsweise die angemessen erscheinende Rechtsfolge im Strafbefehlsverfahren zulässig ist, der Sachverhalt, wäre er erschöpfend ermittelt worden, in Wahrheit aber eine höhere Sanktion erfordern oder sogar ein Verbrechen darstellen würde.

Die sachverhaltsbezogenen Ursachen für Fehlentscheidungen bei Strafbefehlen liegen damit zum einen in der Ermittlung tendenziell zu Lasten des Beschuldigten[1109] sowie in der fehlenden Möglichkeit, diesen festgestellten Sachverhalt effizient genug korrigieren zu können. Zum anderen wird aufgrund des festgestellten Sachverhalts prognostiziert, ob das, was ermittelt wurde, die abschließende und korrekte Feststellung ist. Eine Entscheidung, bei deren Verneinung die Staatsanwaltschaft einräumen müsste, defizitär agiert zu haben.

h) Regionalspezifische, nationalitäts-, sozialstatus- und weitere personenbezogene Tendenzen

Neben den bestehenden Ermittlungstendenzen könnte die Staatsanwaltschaft ihre Entscheidung darüber, in welcher Verfahrensart die Erledigung stattfinden soll, zudem von weiteren (unzulässigen) Faktoren abhängig machen. So ist denkbar, dass etwa regionalspezifische, nationalitäts- oder sozialstatusbezogene Tendenzen bestehen, die die Wahrscheinlichkeit einer Entscheidung zugunsten der Beantragung eines Strafbefehls erhöhen. Auch diese Vorgehensweise würde die daraufhin getroffene Entscheidung fehlerhaft machen.

Dass viele der Entscheidungen der Staatsanwaltschaft von der Erwägung der Arbeitsersparnis[1110] geleitet werden, wirkt sich auch auf die Wahl darüber aus, in welchen Fällen ein Strafbefehl beantragt wird. Zwar soll die Staatsanwaltschaft gemäß Nr. 175 Abs. 3 Satz 2 RiStBV auf einen Strafbefehlsantrag nicht schon deswegen verzichten, weil ein Einspruch des Angeschuldigten zu erwarten ist, allerdings kann umgekehrt der Fall, dass kein Einspruch zu erwarten ist, theoretisch Grund dafür sein, einen solchen zu beantragen. Dies stellt zunächst keine unzulässige Erwägung dar, allerdings könnte sich dies ändern, wenn man überlegt, in welchen Fällen die Staatsanwaltschaft insbesondere davon ausgeht, nicht auf Widerstand zu stoßen.

1109 Wobei dies ein generelles Problem ist, das hier aufgrund des schriftlichen Charakters des Verfahrens nur besonders schwerwiegende Folgen zeitigt.

1110 Dazu siehe auch unter a).

So könnte es die Erwartung geben, dass beispielsweise in Stadtteilen, in denen vermehrt finanziell starke Personen leben, die sich einen kostspieligen Anwalt leisten können[1111], im Durchschnitt auch mehr Einsprüche eingelegt werden als in einem Viertel, in dem viele Personen leben, die beispielsweise die deutsche Sprache nicht auf dem hohen Niveau beherrschen, wie es in Strafbefehlen verwendet wird, was bei Deutschen ebenso der Fall sein kann wie bei Nichtdeutschen.[1112] Bei einer anwaltlichen Vertretung ist die Aussagebereitschaft oftmals auch höher[1113], insbesondere wenn der Verteidiger aktiv auf ein Strafbefehlsverfahren hinwirkt, was den Ermittlungsaufwand unter Umständen verringert. Personen, die weder elaboriertes Deutsch beherrschen noch anwaltlich vertreten sind, sind in ihren Verteidigungsmöglichkeiten hingegen erheblich eingeschränkt.[1114] In solchen Fällen besteht durchaus die Gefahr, dass seitens der Staatsanwaltschaft ein rechtskräftig werdender Strafbefehl und damit ein geringerer Arbeitsaufwand erwartet wird. Dies könnte zur Folge haben, dass die Staatsanwaltschaft, was diese Erledigungsform betrifft, bestimmte regionalspezifische Tendenzen für die Anwendung entwickelt.

Ob in Berlin eine nach Bezirken verschieden hohe Einspruchsquote tendenziell tatsächlich besteht, konnte im Rahmen der Befragung der Richter des Amtsgerichts Tiergarten allerdings nicht ausreichend geklärt werden. Bei der hierauf gerichteten Frage gaben 17 Personen an, dass eine solche „nicht", eine Person, dass sie „eher nicht" bestünde. Fünf Personen hielten eine solche Aussage für „halb zutreffend", allerdings wiesen bezüglich der Frage, in welchen

---

1111 Vgl. *Sessar*, ZStW 87 (1975), 1033, 1061: Die Vertretung durch einen Rechtsanwalt finde vermehrt bei Personen aus der „Mittelschicht" statt.

1112 Nach *Sessar*, ZStW 87 (1975), 1033, 1058 ff. ist eine Schichtdiskriminierung nach seinen Untersuchungen zu §§ 242, 246, 263 StGB bzgl. Einstellungen, Strafbefehlsanträgen und Anklagen nicht auf den ersten Blick erkennbar; er sieht dennoch eine gewissen Benachteiligung der „Unterschicht" (zu denen er Arbeiter, Erwerbslose und Landstreicher zählt) im Zusammenhang mit deren schlechteren Ausgangsbedingungen.

1113 Die Geständnisbereitschaft bei Angehörigen sozio-ökonomischer unterer Gruppen sei in der Regel höher, *Eisenberg/Kölbel*, Kriminologie, § 27 Rn. 48; *Sessar*, ZStW 87 (1975), 1033, 1059 ff. führt die geringere Aussagebereitschaft auch auf den höheren Informationsstand dieser Gruppen (Mittelschicht, zu der er Angestellte, Beamte und Selbständige zählte) zurück.

1114 Vgl. *Sessar*, ZStW 87 (1975), 1033, 1060 f.; vgl. *Schumann/Winter*, in: Friedrichs (Hrsg.), Teilnehmende Beobachtung abweichenden Verhaltens, 174, 191: Je besser der Angeklagte die differenzierte Sprache beherrsche, desto mehr könne er eingreifen und seine Aussichten auf ein mildes Urteil verbessern.

Bezirken vermehrt Strafbefehle beantragt oder Einsprüche eingelegt werden, vier Richter darauf hin, dass alle Strafbefehlsanträge beim Amtsgericht Tiergarten gestellt würden und von der Staatsanwaltschaft in Berlin-Moabit, dem Finanzamt für Fahndung und Strafsachen (Steuerstraftaten) oder der Familienkasse (Kindergeld) (und demnächst auch direkt vom Hauptzollamt bei Taten nach § 266a StGB) kämen. Eine Differenzierung nach Bezirken wäre nach dem Wohnort der Strafbefehlsempfänger nur möglich, wenn entsprechende Daten erhoben werden würden, was aber nicht der Fall wäre. Eine der Personen gab hier auch an, nicht darauf zu achten, in welchem Bezirk der Angeklagte wohnte. Eine Unterscheidung nach Bezirken könnten nur solche Richter vornehmen, die im Jugendstrafrecht tätig wären, wo es eine Zuständigkeitsverteilung nach Bezirken gäbe. Aus diesen Angaben kann mithin kein aussagekräftiges Bild bezüglich möglicher regionalspezifischer Tendenzen der Staatsanwaltschaft gewonnen werden. Selbes gilt für die Antworten auf die Frage, in welchen Bezirken vermehrt Strafbefehle beantragt werden.

Studien zeigen allerdings, dass sozial unauffälligen Personen tendenziell wohlwollender gegenüber ermittelt wird.[1115] Das Vorgehen der Polizei bei Ermittlungen ließ in einer Untersuchung ein deliktsspezifisches Ermittlungsmuster erkennen, das mittelbar – aufgrund der unterschiedlichen normrelevanten Verhaltensmuster und Situationen verschiedener sozio-ökonomischen Gruppen auch hinsichtlich des sozio-ökonomischen Status unterschiedlich war.[1116] Dies könnte auch entsprechenden Einfluss auf die Entscheidung der Staatsanwaltschaft, in welchen Verfahren sie einen Strafbefehl beantragt, haben.

Da ein Einspruch eher dort nicht zu erwarten ist, wo Sprachschwierigkeiten vermutet werden, könnte es zudem die unzulässige Praxis geben, diese Art der Erledigung für Personen zu wählen, bei denen es Anhaltspunkte für die Vermutung gibt, dass sie gegebenenfalls Verständnisschwierigkeiten haben könnten. Kriterium könnte hier etwa ein ausländisch klingender Name sein.

Im Rahmen der Experteninterviews mit den Berliner Staatsanwälten wurde daher die Frage gestellt, ob beobachtet werden konnte, dass die Voraussetzungen für die Beantragung eines Strafbefehls häufiger bei bestimmten

---

1115 *Eisenberg/Kölbel*, Kriminologie, § 27 Rn. 48; vgl. *Holmberg*, JScandCrime 1 (2000), 179, 186; in der Folge dürfte es in dem Fall tendenziell häufiger zu Einstellungen und Strafbefehlen kommen.

1116 *Eisenberg/Kölbel*, Kriminologie, § 27 Rn. 48 mit Hinweis auf die Studie von *Steffen*, Analyse polizeilicher Ermittlungstätigkeit, S. 292 ff., wobei letztere feststellte, dass soziale Merkmale der Tatverdächtigen gemessen an den deliktsspezifischen Ermittlungsbedingungen nur eine relativ geringe Bedeutung haben.

Personen vorliegen (Frage 22). B1 und B4 verneinten diese Frage. B2 nannte eine Unterscheidung höchstens nach der beruflichen Funktion: So könnte dies bei Geschäftsführern und Insolvenzdelikten der Fall sein. B3 hingegen maß der Unterscheidung nach der Staatsangehörigkeit eine Rolle bei, da sich bei ausländischen Straftätern die Frage stellte, ob sie einen Strafbefehl verstehen. Es gäbe ein besonderes Bedürfnis, in der Hauptverhandlung auf sie einzuwirken und „Kulturtransfer" zu betreiben. Wenn eine Person im Flüchtlingsheim lebt, stellte sich zudem die Frage, ob ein Strafbefehl überhaupt ausgehändigt wird. Insofern würde er Strafbefehle sogar eher gegen deutsche Beschuldigte beantragen. B6 hingegen erachtete weniger einen Migrationshintergrund als bestehende Vorstrafen für ausschlaggebend.

Aus den Antworten der Staatsanwälte lassen sich die obigen Vermutungen mithin nicht belegen, lediglich die Schilderung von B2 könnte darauf hindeuten, dass bei ihm die Tendenz besteht, bestimmte Wirtschaftsstraftäter verstärkt für ein Strafbefehlsverfahren in Betracht zu ziehen. Bezüglich der Erwartung von Einsprüchen kann auf die obige Darstellung verwiesen werden.[1117] Das potentielle Einspruchsverhalten des Angeklagten spielt auch nicht für alle, aber für einige (B3, B6) Staatsanwälte eine Rolle bei der Entscheidung über einen Strafbefehl: B3 gab an, Einsprüche bei vehementem Bestreiten zu erwarten und in diesen Fällen keinen Strafbefehlsantrag zu stellen (bei Frage 7), B6 berichtete, Einsprüche bei sehr klaren Beweislagen, in denen der Täter um seine Täterschaft wüsste, nicht zu erwarten, insbesondere wenn die Sanktionshöhe im Strafbefehl zudem milde ausfiele (Frage 19).

Bei der Befragung der Verteidiger wurde in diesem Zusammenhang die Behauptung aufgestellt, dass Strafbefehle vermehrt an Personen mit ausländisch klingendem Namen oder Migrationshintergrund geschickt werden. Sechs der Berliner Strafverteidiger gaben hier an, dass dies „sehr häufig" der Fall wäre, 15, dass es „häufig", 18, dass es „manchmal", sechs, dass es „selten" und zwei, dass dies „nie" der Fall wäre. Die Anwälte aus Bremen gaben hier einmal „sehr häufig", zwei Mal „häufig", drei Mal „manchmal" und vier Mal „selten" an. Dass Strafbefehle vermehrt an Personen mit ausländisch klingendem Namen oder Migrationshintergrund geschickt würden, gaben mithin insgesamt 42,1 % der antwortenden Verteidiger an. Eindeutiger fielen die Antworten bei den befragten Strafrichtern aus. Hier gaben 27 der Richter an, dass dies „nicht" der Fall wäre, sieben, dass dies „eher nicht" der Fall wäre. Lediglich eine Person gab hierbei an, dass diese Aussage „halb zuträfe" und drei, dass sie „eher zuträfe". Dass Strafbefehle vermehrt an Personen mit ausländisch klingendem

1117 Siehe unter II. 2. a).

Namen oder Migrationshintergrund geschickt werden, gaben mithin nur 7,9 % der Richter an. Einer der Richter betonte zudem ergänzend, dass bezüglich Personen mit nicht deutscher Staatsangehörigkeit viele Überlegungen die Entscheidungsfindung beeinflussten. So könnte es zum Beispiel sinnvoll sein, Strafbefehle gegen im europäischen Ausland wohnhafte Personen zu erlassen, wenn Strafbefehle dort mit internationalem Einschreiben und Rückschein zugestellt werden könnten. Insofern divergieren die Eindrücke der jeweiligen Untersuchungsgruppen hier stark, sodass keine klare Tendenz bezüglich eines entsprechenden Verhaltens der Staatsanwaltschaft erkannt werden kann.

Die Ergebnisse der Protokollauswertung des Beratungsprojekts ergaben in diesem Zusammenhang, dass 22 Strafbefehlsempfänger einen eindeutig ausländisch klingenden Namen aufwiesen, 18 hingegen einen eindeutig nicht ausländisch klingenden. Zwei Namen waren nicht eindeutig zuzuordnen.[1118]

Weiterhin wurde auch gefragt, ob Strafbefehle vermehrt an sozial schwache Personen geschickt werden. Darauf antworteten zwölf der Verteidiger mit „sehr häufig", 21 mit „häufig", 21 mit „manchmal" und fünf mit „selten". Insgesamt gaben mithin 55,9 %, also mehr als die Hälfte der auf diese Frage antwortenden Verteidiger an, dass Strafbefehle „sehr häufig" bis „häufig" vermehrt an sozial schwache Personen geschickt würden. Nach der Einschätzung von 22 Richtern hingegen träfe diese Aussage „nicht zu" (59,4 %). Fünf Richtern zufolge träfe sie „eher nicht zu" (13,5 %), zwei zufolge träfe sie „halb zu" (5,4 %), fünf zufolge träfe sie „eher zu" (13,5 %) und drei Richtern zufolge träfe sie „voll zu" (8,1 %). Mithin gaben 21,6 % der befragten Richter an, dass Strafbefehle „sehr häufig" bis „häufig" vermehrt an sozial schwache Personen geschickt würden. Dies sind zwar erheblich weniger als bei der Einschätzung der Verteidiger; dass dennoch fast ein Viertel der Richter (und über die Hälfte der Verteidiger) derartige Tendenzen bei der Beantragung von Strafbefehlen erkennt, sollte aufmerksam weiterverfolgt werden.

Auch könnte man in Erwägung ziehen, dass womöglich das Geschlecht des Täters[1119] Einfluss darauf haben könnte, ob die Staatsanwaltschaft einen

---

1118 Mangels Statistiken über den Anteil der in Deutschland lebenden Personen mit ausländisch klingendem Namen kann an dieser Stelle aber keine Aussage darüber getroffen werden, ob bei Strafbefehlen prozentual häufiger als in der Gesamtbevölkerung ausländisch klingende Namen vorkommen.

1119 Oder auch (unabhängig von dem Problem der Heranwachsenden) sein Alter, siehe dazu *Kotz*, Die Wahl der Verfahrensart durch den StA, S. 116 ff.; vgl. auch *Heinz*, in: FS Müller-Dietz, 271, 311 zur Statistik über die Nutzung des Strafbefehlsverfahrens nach Altersgruppen.

Strafbefehl beantragt. In Baden-Württemberg beispielsweise erfolgten im Jahr 2018 von den insgesamt 96.826 Verurteilungen nach allgemeinem Strafrecht 75.806 (78,3 %) durch Strafbefehl ohne Einspruch des Beschuldigten, also ohne mündliche Gerichtsverhandlung; davon betroffen waren 60.817 Männer (80,2 %) und 14.989 Frauen (19,8 %).[1120] Für eine derartige Tendenz scheint es allerdings keine Anhaltspunkte zu geben. Im Rahmen der Befragung der Berliner und Bremer Strafverteidiger wurde die Frage gestellt, ob Frauen in Relation zu ihrem Anteil an der Kriminalität überdurchschnittlich oft Strafbefehle erhalten. 17 Verteidiger hielten dies für „nichtzutreffend", keiner für „voll zutreffend". 15 erachteten dies für „eher nichtzutreffend", 21 für „halb zutreffend" und vier für „eher zutreffend". 54,4 % aller auf die Frage antwortenden Verteidiger hatten mithin „nicht" oder „eher nicht" den Eindruck, dass Strafbefehle mit Blick zu ihrem Anteil an der Kriminalität überdurchschnittlich oft an Frauen geschickt würden. Auch der interviewte Staatsanwalt B3 maß der Unterscheidung nach dem Geschlecht keine Rolle zu (Frage 3).

Derartige Tendenzen sind beziehungsweise wären in jedem Fall unzulässig, sind aber kein spezifisches Problem des Strafbefehlsverfahrens. Vielmehr können sie sowohl beim präventiven Vorgehen der Polizei[1121] als auch beim repressiven Vorgehen von Polizei und Staatsanwaltschaft vorkommen. Ihnen kann nicht mit einer Änderung des Strafbefehlsverfahrens an sich entgegengewirkt werden.

i) Ungleichbehandlung

Grundsätzlich gibt § 407 Abs. 1 Satz 2 StPO vor, in welchen Fällen ein Strafbefehl beantragt werden soll; es bleibt aber der Staatanwaltschaft überlassen, zu entscheiden, wann die entsprechenden Voraussetzungen vorliegen.[1122] Durch diesen Spielraum ist es möglich, dass sich die schwerpunktmäßige Anwendungspraxis auf bestimmte Deliktsgruppen verlagert oder sich anderweitige Erledigungsmuster entwickeln. Auch kann diese Entscheidungsfreiheit durch die Verteidigung dazu genutzt werden, eine Entscheidung im Strafbefehlsverfahren herbeizuführen.

1120 Siehe die Pressemitteilung des Statistischen Landesamts Baden-Württemberg vom 04.03.2020, abrufbar unter https://www.statistik-bw.de/Presse/Pressemitteilungen/2020049, zuletzt abgerufen am 11.02.2021.

1121 Zum racial profiling siehe OVG Münster NVwZ 2018, 1497; *Petterson*, ZAR 2019, 301; siehe auch BT-Drs. 19/10065.

1122 *Elobied*, Die Entwicklung des Strafbefehlsverfahrens, S. 215 f.

aa) Deliktsspezifische Erledigungsmuster

Zum einen wird diese Verfahrensart bei bestimmten Delikten besonders häufig angewandt. Die Erledigungsstatistiken der Staatsanwaltschaft für ganz Deutschland[1123] ergeben, dass ein erheblicher Anteil der Strafbefehle im Bereich der Verkehrsstraftaten beantragt wird. 2019 liegt die Antragsquote hier bei knapp 41 %. Ein Viertel der Anträge (24 %) werden wegen Betrugs- und Untreuefällen gestellt. Danach kommen mit 14 % Diebstähle und Unterschlagungen, gefolgt von Straftaten nach dem BtMG mit 9 %. 6 % der Anträge auf Erlass eines Strafbefehls ergehen im Bereich vorsätzlicher Körperverletzungen. Auf Wirtschafts- und Steuerstrafsachen sowie Geldwäschedelikte entfallen 3 %. Den kleinsten Teil machen Aufenthaltsdelikte (2 %) und Straftaten gegen die sexuelle Selbstbestimmung (1 %) aus.

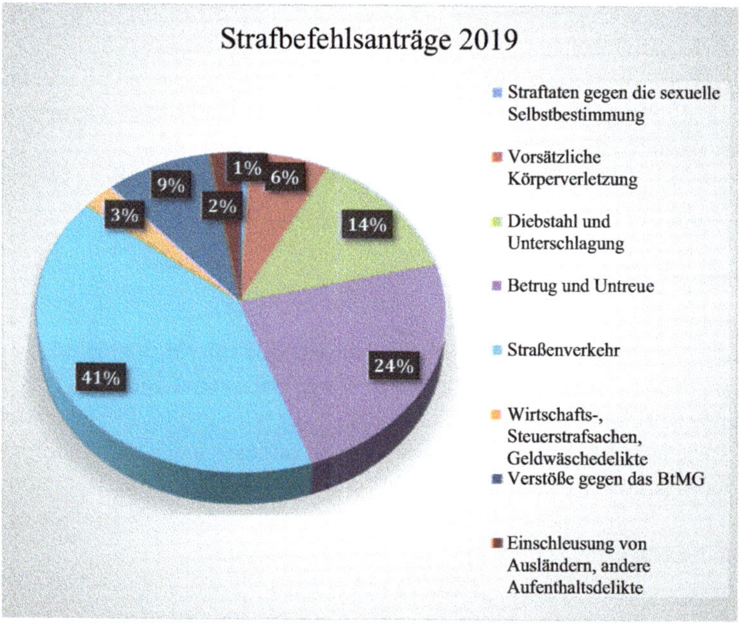

Grafik 3 Strafbefehlsanträge 2019

Zu Tabelle 2, siehe B. IV. m. N.

1123 *Statistisches Bundesamt*, Fachserie 10, Reihe 2.6, 2019, Tabelle 3 (Deutschland), siehe unter B. I. 2., IV., Tabelle 2 m.N.

Innerhalb der Straßenverkehrsdelikte wurden 2019 20,5 % durch Strafbefehl erledigt, innerhalb der Betrugs- und Untreuefälle sind es 10,9 %, innerhalb der Diebstähle und Unterschlagungen 10,3 %. Die Strafbefehlsanträge, die auf Freiheitsstrafe lauten, machen davon jeweils weniger als 1 % aus.

Heinz zufolge wurden 1998 in Baden-Württemberg über 80 % der Verurteilungen folgender Delikte im Wege des Strafbefehlsverfahrens erledigt: §§ 123, 145d, 185, 229, 248c, 265a, 268, 281, 284, 285, 293, 303, 304, 305, 326 StGB, Delikte nach dem TierSchG, der AO, dem Asylverfahrensgesetz sowie Verstöße gegen § 92 Ausländergesetz und § 21 Abs. 1 Nr. 2, Abs. 2 StVG, was auch hier eine deliktsspezifische Nutzung aufzeige.[1124]

Dass insbesondere bei Asylverfahren und § 92 des Ausländergesetzes in aller Regel Strafbefehle beantragt werden, ist besonders problematisch. Denn gerade hier wird ein in der Regel nicht deutschsprechender Beschuldigtenkreis adressiert. Die Notwendigkeit einer Übersetzung in die jeweils korrekte Sprache besteht hier besonders.[1125]

Ob in dieser Anwendungsstatistik eine Ungleichbehandlung zu sehen ist, hängt auch von den Gründen dafür ab, warum das Strafbefehlsverfahren bei manchen Delikten äußerst häufig zur Anwendung kommt. Liegt dies lediglich an dem Umstand, dass bei bestimmten Straftaten häufiger ein einfach gelagerter Sachverhalt vorkommt als bei anderen, ist dem nichts vorzuwerfen, allerdings könnte es sich hierbei auch um Gewohnheiten handeln, die nicht durch einen sachlichen Grund gerechtfertigt sind. In diesem Fall läge die Vermutung nahe, dass viele der Entscheidungen womöglich fehlerhaft gewesen sein könnten.

Im Rahmen der Experteninterviews gaben die befragten Berliner Staatsanwälte an (Frage 20), wann beziehungsweise bei welchen Delikten sie häufig Strafbefehle beantragten. B2 nannte relativ klare Sachverhalte mit mehr oder minder standardmäßigen Strafen, insbesondere Verkehrsdelikte wie §§ 316 und 142 StGB, sofern nichts passiert wäre, da es hier eine geringere Bandbreite an Strafen gäbe als bei anderen Delikten. Zudem nannte er den Wirtschaftsbereich, insbesondere Insolvenzdelikte, wo Strafbefehle überwiegend akzeptiert oder spätestens Einsprüche vor Gericht zurückgenommen würden aufgrund der Verantwortung, die ein Geschäftsführer für sein Unternehmen sähe. Auch hier wären Straftaxen etabliert. B3 nannte als idealtypische Fälle beispielsweise die Beförderungserschleichung oder Ebay-Betrügereien um kleinere Beträge sowie Massenverfahren, bei denen die Schwere der Straftat nicht besonders

1124 *Heinz*, in: FS Müller-Dietz, 271, 295 f.

1125 Siehe auch unter VIII. 2.

groß ist und der Täter unbestraft und bisher unauffällig gewesen war. Auch B6 nannte Ebay- und Internetbetrügereien, aber auch Fälle der einfachen Körperverletzung, des Widerstands gegen Vollstreckungsbeamte und der falschen Verdächtigung. B4 nannte Jobcenterbetrügereien, bei denen einen oder zwei Monate zu Unrecht Unterstützung erhalten wurde, die Nötigung von Autofahrern im Straßenverkehr, Verstöße gegen das Aufenthaltsgesetz, in denen sich bis zu einem Jahr illegal in Deutschland aufgehalten wurde, sowie Widerstand gegen Polizeibeamte, wenn sich der Widerstand im Rahmen hielte und der Beschuldigte geständig wäre, sodass auf einen Eindruck in der Hauptverhandlung verzichtet werden könnte. Speziell zu der Frage nach den Gründen dafür, dass das Strafbefehlsverfahren bei manchen Delikten, zum Beispiel den Straßenverkehrsdelikten, besonders häufig zur Anwendung kommt (Frage 23), ergänzte B4 seine Antwort auf Frage 20 dahingehend, dass die genannten Jobcenterbetrügereien typischerweise geringe Schäden verursachten. B5 führte aus, dass es sich – etwa bei bestimmten Körperverletzungen oder Ladendiebstählen – um besonders einfache Vorwürfe handelte, die in einem Strafbefehlsantrag relativ knapp dargestellt werden könnten, massenhaft vorkämen und aufgrund der Überlastung der Justiz nicht alle in einer Hauptverhandlung erledigt werden könnten und gerade wegen ihrer Übersichtlichkeit auch ohne Einspruch endeten. B6 nannte für die Anwendung des Strafbefehlsverfahrens generell Kosten- und Zeitgründe und die geringere Inanspruchnahme von Ressourcen, wobei er selbst dabei nicht nach Delikten differenzierte.

Eine maßgebliche Rolle bei der Entscheidung über die Anwendung des Strafbefehlsverfahrens spielte für B2 demnach das Bestehen von bestimmten Straftaxen. B3 nannte als Hauptkriterium die geringe Schwere der Straftat und die Vorstrafen des Täters. B3 und B4 berücksichtigten vor allem auch geringe Schäden. B5 betonte die Einfachheit und Übersichtlichkeit der Vorwürfe, sodass sich diese relativ knapp darstellen lassen. B6 gab zudem explizit an, nicht nach Delikten zu differenzieren. Innerhalb der Delikte ist – was auch die soeben dargestellten Antworten der Staatsanwälte B3 und B4 zeigen – auch die Schadenshöhe ein Kriterium bei der Entscheidung für die Erledigung durch Strafbefehl: Die Sanktionsintensität wird an diese angepasst.[1126]

Bereits der Gesetzgeber differenziert geringfügige und nicht mehr geringfügige Vergehen; das Strafbefehlsverfahren sollte für erstere die regelmäßige

1126 *Kotz*, Die Wahl der Verfahrensart durch den StA, S. 59 ff., der einer Einstellung die geringste Sanktionsintensität beimisst, gefolgt vom Strafbefehl und der Anzeige.

Erledigungsform darstellen und eine Hauptverhandlung die Ausnahme, während dies bei nicht geringfügigen Delikten umgekehrt sein sollte.[1127] Elobied zufolge führe die Bevorzugung mancher Täter zu einem Problem mit Art. 3 GG, da diejenigen, denen die Erledigung im Strafbefehlsverfahren zukomme, nicht in einer Hauptverhandlung bloßgestellt werden, obwohl die Strafandrohung für diese Delikte gerade um der prozessualen Aufarbeitung in einer mündlichen und öffentlichen Hauptverhandlung Willen geschehen sei.[1128]

Da bei jedem Vergehen ein einfach gelagerter und zügig überschaubarer Sachverhalt denkbar ist, kommt das Strafbefehlsverfahren grundsätzlich für alle Vergehen gleichermaßen in Betracht. Dass die vereinfachte Erledigungsform für bestimmte Delikte sehr oft gewählt wird, könnte durchaus daran liegen, dass diesen in der Regel einfache Sachverhaltskonstellationen zugrunde liegen, allerdings dürfte dies dann auch für den Großteil der anderen Vergehen gelten, denn eine geringere Strafandrohung hängt maßgeblich mit der Geringfügigkeit des Verhaltens zusammen.

Auffällig hoch ist die Antragsquote wie festgestellt im Bereich der Verkehrsstraftaten. Zu diesen gehören die §§ 142, 316, 323a, 315b, c, d StGB sowie § 21 StVG. Dass bei diesen Delikten die Sachverhalte in besonders hohem Maße einfach gelagert sind, scheint nicht offensichtlich. Zwar könnte man bei § 316 StGB meinen, dass es leicht festzustellen ist, ob jemand wenigstens fahrlässig ein Fahrzeug geführt hat und zu diesem Zeitpunkt einen bestimmten Promillewert überschritten hat. So nannte auch der befragte Staatsanwalt B2 die relativ klaren Sachverhalte mit weitgehend standardmäßigen Strafen insbesondere bei Verkehrsdelikten wie §§ 316 und 142 StGB (Frage 20). Spätestens bei § 315c StGB dürfte der Sachverhalt aufgrund der Tatbestandsvoraussetzungen aber nicht immer ganz einfach gelagert sein. Insofern kann das Vorliegen einer Ungleichbehandlung nicht völlig von der Hand gewiesen werden.

Dass eine Ungleichbehandlung durch eine häufigere Anwendung des Verfahrens auf bestimmte Delikte aber einen Verstoß gegen den Gleichbehandlungsgrundsatz aus Art. 3 Abs. 1 GG darstellen soll, erscheint zweifelhaft. Im Falle einer schwerpunktmäßigen Anwendung müssten, wenn die Ungleichbehandlung auf die Täter bezogen wird, gleiche Täter ungerechtfertigt ungleich behandelt werden. Jedenfalls dürfte eine Rechtfertigung vorliegen. Da es sich

1127 *Elobied*, Die Entwicklung des Strafbefehlsverfahrens, S. 214.

1128 *Elobied*, Die Entwicklung des Strafbefehlsverfahrens, S. 214 betont zudem, dass, das Strafbefehlsverfahren seinem Charakter nach immer nur die Ausnahme sein dürfe.

um beeinflussbares Verhalten handelt, wäre die Ungleichbehandlung durch einen sachlichen Grund zu rechtfertigen[1129]; dieser läge dann darin, dass sich ein Täter, der ein Verkehrsdelikt begeht, anders verhält, als derjenige, der ein anderes Delikt verwirklicht, das weniger häufig durch Strafbefehl erledigt wird.

Als Vergleichsgruppen könnten auch die Vergehen herangezogen werden – einerseits solche, die oftmals mit Strafbefehl erledigt werden, und solche, bei denen in der Regel eine Hauptverhandlung stattfindet. Ob hier ein rechtfertigender, sachlicher Grund für die Ungleichbehandlung vorliegt, ist schon zweifelhafter, allerdings läge auch hier nur dann keine Rechtfertigung vor, wenn die Staatsanwaltschaft allein aufgrund der Tatsache, dass es sich beispielsweise um ein Verkehrsdelikt handelt, einen Strafbefehl beantragt und hierbei die Einzelfallumstände sehr vernachlässigt. Dass eine solche, vom Einzelfall gänzlich losgelöste Entscheidung getroffen wird, ist nicht anzunehmen. Bei den Erwägungen der Staatsanwaltschaft werden zumindest auch konkrete Eignungsaspekte für das Strafbefehlsverfahren berücksichtigt werden. Darauf lassen auch die soeben dargestellten Antworten der im Rahmen der Experteninterviews befragten Staatsanwälte schließen.

bb) Absprachen

Nicht in allen Fällen werden Absprachen[1130] getroffen, sodass sich die Frage stellt, nach welchen Kriterien hier differenziert wird und ob diese Kriterien vor dem Hintergrund des Art. 3 Abs. 1 GG zulässig sind. Allgemeingültige Kriterien hierzu existieren jedoch nicht.[1131] Die Eignung eines Verfahrens für eine Absprache könnte aber an dem Umstand festgemacht werden, ob der Beschuldigte beziehungsweise Angeklagte verteidigt wird[1132] oder das Verfahren besonders umfangreich ist.[1133]

Eine faktische Ungleichbehandlung könnte mithin dadurch entstehen, dass die Staatsanwaltschaft grundsätzlich dazu bereit ist, sich auf eine vereinfachte Verfahrenserledigung zu verständigen und ihr Ermessen zugunsten eines Strafbefehlsantrages auszuüben, wenn man ihr im Gegenzug ein Geständnis anbietet.[1134] Ein guter Strafverteidiger wird dies in der Regel anregen, sodass eben diejenigen, die sich einen solchen leisten können, einen Vorteil durch

---

1129 Maunz/Dürig/*P. Kirchhoff* GG Art. 3 Abs. 1 Rn. 395.

1130 Zu Absprachen siehe insb. unter 3. Teil B. VI.

1131 *Rönnau*, JuS 2018, 114, 116.

1132 *Gerlach*, Absprachen, S. 93.

1133 *Rönnau*, JuS 2018, 114, 116.

1134 *Hutzler*, Ausgleich struktureller Garantiedefizite, Rn. 309 problematisiert in dem Zusammenhang das Ermessen der Staatsanwaltschaft.

eine verhandlungsbereite Staatsanwaltschaft haben.[1135] Gute und teure Anwälte können sich aber nur solche Bürger leisten, die über entsprechende finanzielle Mittel verfügen. Dies trifft regelmäßig auf Täter von Wirtschaftsdelikten[1136] zu, die häufig sowohl hohes soziales Ansehen genießen als auch über ein nicht geringes Einkommen verfügen. Insoweit wird die Ungleichbehandlung auch schichtspezifisch[1137]: Finanziell stärkere Personen müssen sich keiner Hauptverhandlung stellen, sondern können sich nach informeller Einigung mit einem Verfahren auf dem Papier zufrieden geben. Zudem wird aufgrund der Tatsache, dass Absprachen vor allem auch in der Wirtschaftskriminalität verbreitet sind, vermutet, dass derartige Gespräche gerade erst ermöglicht werden, wenn der Täter mächtig oder besonders vermögend ist.[1138]

Die Befragung der Strafverteidiger in diesem Zusammenhang ergab zum einen, dass die Initiative für auf einen Strafbefehl gerichtete Absprachen im Ermittlungsverfahren 57,8 % der Verteidiger zufolge „manchmal" von den Strafverteidigern (23,4 % der Verteidiger gaben hier „sehr häufig" bis „häufig" an), und 74,6 % zufolge eher „manchmal" bis „selten" von der Staatsanwaltschaft (nur 4,8 % der Verteidiger gaben hier „sehr häufig" bis „häufig" an) ausginge.

Ein nicht verteidigter Beschuldigter hingegen hat kaum Chancen, sich im Wege einer Absprache zu einigen.[1139]

Die Aussage, dass Absprachen vor allem in Wirtschaftsstrafsachen angestrebt werden, ist nach Angabe der meisten Verteidiger hingegen nur „halb

---

1135 Vgl. LR/*Gössel* Vor § 407 Rn. 26 Fn. 32; *Dahs*, NStZ 1988, 153.

1136 Dazu siehe unter 3. Teil B. IV. 3. b) aa), C. I. 2.

1137 Daher werde auch der Vorwurf eines Zwei-Klassen-Strafrechts erhoben: LR/*Gössel* Vor § 407 Rn. 26 Fn. 32, Rn. 60; *Elobied*, Die Entwicklung des Strafbefehlsverfahrens, S. 215; *Bussmann/Lüdemann*, Klassenjustiz oder Verfahrensökonomie?, S. 151 ff., 158.

1138 Vgl. *Siolek*, DRiZ 1989, 321, 329; vgl. *Rönnau*, Die Absprache im Strafprozeß, S. 206 f.: So könne etwa der soziale Status des Beschuldigten das Ergebnis einer Vereinbarung beeinflussen, sodass hier eine Ungleichbehandlung ohne sachlichen Grund vorliege; vgl. auch *Deal*, StV 1982, 545, 549, der die Zugehörigkeit zur Ober- oder Mittelschicht als Kriterium für die gerichtliche Entscheidung zugunsten einer Absprache benennt; *Schmidt-Hieber*, NJW 1990, 1884, 1885; *Weigend*, JZ 1990, 774, 780; vgl. auch *Schünemann*, Gutachten B zum 58. DJT, S. 48 f.: Die Machtverteilung spiele sowohl für die Aufnahme von Verhandlungen wie auch für das Ergebnis eine Rolle; ähnlich *Olters*, DRiZ 1988, 50, 52, der dabei auf die Art der Kriminalität abstellt.

1139 Siehe dazu unter 3. Teil B. IV. 2. c).

zutreffend“ beziehungsweise „eher zutreffend“ (57,4 %). Lediglich 13 % gaben hier an, dass dies „voll zuträfe“. Das Bild einer insoweit schichtspezifischen Ungleichbehandlung wird von dem Umfrageergebnis an dieser Stelle mithin nur bedingt gestärkt. Ein Bremer Verteidiger merkte allerdings an, dass sehr wohlhabende Beschuldigte anders verteidigt würden. Hier ginge es häufig um Schadensbegrenzung und weniger um die Aufklärung des angeklagten Lebenssachverhalts. Dies könnte sich möglicherweise auch in Form der verstärkten Bestrebung nach Absprachen zeigen.

Im Rahmen der Befragung der Strafrichter des Amtsgerichts Tiergarten gaben drei der Richter an, diesbezüglich die Erfahrung gemacht zu haben, dass Strafverteidiger und Staatsanwaltschaft „häufig“ versuchten, bereits im Ermittlungsverfahren durch eine Absprache auf die Beantragung eines Strafbefehls hinzuwirken, 18 gaben an, dass dies „manchmal“, 13, dass dies „selten“ und ein Richter, dass dies „nie“ vorkäme. Mithin haben alle bis auf drei der Richter nicht den Eindruck, dass sich Strafverteidiger und Staatsanwaltschaft häufig auf den Erlass eines Strafbefehls zu einigen versuchten. Dies könnte tatsächlich allerdings deshalb anders gelagert sein, weil insbesondere informelle Absprachen auch ohne Beteiligung des Gerichts stattfinden.

Dass Absprachen vor allem in Wirtschaftsstrafverfahren angestrebt werden, trifft sechs Richtern zufolge „nicht zu“ (35,3 % der auf diese Fragen antwortenden Richter), drei Richtern zufolge „eher nicht“ zu, drei zufolge „halb zu“ (jeweils 17,6 %) und fünf Richtern zufolge „eher zu“ (29,4 %). Bei diesen Ergebnissen ist allerdings zu beachten, dass viele Wirtschaftsstrafverfahren nicht in die Zuständigkeit der Amtsgerichte fallen. Zudem sind in Berlin auch nur wenige Abteilungen für Wirtschaftsstrafverfahren zuständig, worauf ein Strafrichter im Rahmen der Befragung auch hinwies. Dies erklärt auch die geringe Anzahl an Antworten, die von nur 42,5 % der insgesamt befragten Richter abgegeben wurden. Insgesamt ist die Aussagekraft bezüglich dieser Frage sehr gering, wenngleich der Vollständigkeit halber auch nicht auf sie verzichtet werden sollte.

Die mit den Berliner Staatsanwälten geführten Experteninterviews bestätigten, dass Beschuldigte im Falle einer Verteidigung einen Vorteil durch eine verhandlungsbereite Staatsanwaltschaft haben und Absprachen in der Regel auch von der Verteidigung initiiert werden. Dass auch mehr Absprachen in Wirtschaftsstrafverfahren getroffen werden, wurde zwar ebenfalls nicht explizit gesagt. Eine schichtspezifische Ungleichbehandlung scheint es aber insofern zu geben, als sich vermögende Beschuldigte gute Anwälte leisten können, die sich mit der Staatsanwaltschaft absprechen können. Auf die Frage, ob es (im gesamten Verfahren und insbesondere im Ermittlungsverfahren) – auch in Hinblick auf Strafbefehle – einen Unterschied macht, ob der Beschuldigte verteidigt ist oder nicht (Frage 35), wurde ein Unterschied in Hinblick auf Absprachen (B2) beziehungsweise Erörterungen (B5) gesehen, die mit einem Verteidiger getroffen werden könnten. Auch B3 gab an, einen Strafbefehl dann in Rücksprache mit dem Verteidiger zu beantragen. B2 führte dazu aus, dass ein Unterschied höchstens in den wenigen Fällen bestünde, in denen die Verteidigung anregte, im Strafbefehlsverfahren vorzugehen, obwohl man selbst zu einer Anklage tendiert hätte. Mit dem Beschuldigten selbst könnten Erörterungsgespräche mit der Option des Strafbefehlsverfahrens nicht geführt werden (B5).

Auf die Frage, ob Verfahren gegen prominente/wohlhabende Wirtschaftsstraftäter häufiger als Verfahren gegen andere Täter im Wege des Strafbefehlsverfahrens erledigt werden und falls ja, warum (Frage 33) erzählte B5 zudem, dass es neben unterschiedlichen Interessenlagen auf Seiten der Angeklagten auch unterschiedlichen Intellekt und verschiedene Vermögenssituationen gäbe, sodass sich verschieden teure Verteidiger geleistet werden könnten. Ein teurer Verteidiger würde vielleicht so gut bezahlt, dass er jeden Tag herkäme, der Staatsanwaltschaft auf die Nerven ginge und mit ihr im Gespräch bliebe. Und wenn man im Gespräch wäre, wäre man sicher auch eher zu einer Verständigung geneigt.

Bei der Frage, ob sich eine Absprache in Bezug auf einen Strafbefehl oft anbietet (Frage 14), gaben die Staatsanwälte an, dass dies eher seltener vorkäme, die Initiative dann in der Regel aber von der Verteidigung ausginge (B1, B2, B4, B6 schätzte grob 5 % der Fälle). Auch B5 gab bei Frage 32[1140] an, dass die Initiative häufiger von der Verteidigung ausginge, wobei er nicht ausschloss, dass auch die Staatsanwaltschaft den Vorschlag machte.

Dass der Beschuldigte/sein Verteidiger ein Geständnis im Gegenzug für die Erledigung des Verfahrens durch Strafbefehl angeboten hat (Frage 16), bejahte B6 für einen sehr kleinen Teil der Fälle (grob geschätzt 5 %), B1 bejahte dies für größere Verfahren, wobei aber oftmals kein konkretes Geständnis vorläge, sondern die Ankündigung des Verteidigers, einen Strafbefehl rechtskräftig werden zu lassen. Auch B4 bestätigte, dass dies gelegentlich vorkäme, nachdem Verteidiger Akteneinsicht genommen hätten. B3 berichtete davon, in Fällen, in denen Beschuldigte trotz des Wissens um ihre Schuld nicht dazu in der Lage wären, ihre Tat einzugestehen, durchaus mit dem Verteidiger zu verhandeln, wenn dieser ein leider unkooperatives Verhalten seines Mandanten vor Gericht, aber die Akzeptanz eines Strafbefehls ankündigte. Sofern die anderen

1140 Antwort urspr. auf Frage 15.

Rahmenbedingungen vorlägen, beantragte man dann auch einen Strafbefehl. B5 (Abteilung Wirtschaft) machte die Erfahrung, dass „Deals", die nun auch in gesetzliche Form gegossen wären, eher im Hauptverfahren getroffen würden (dahingehend auch B2), da im Ermittlungsverfahren in diesem Bereich oft nicht klar wäre, was am Ende vorgeworfen wird und es daher ungeeignet wäre, mit einem Geständnis vorzupreschen. Im Ermittlungsverfahren böte sich eine Absprache auch deshalb nicht an, weil das Gericht an den Strafbefehlsantrag nicht gebunden wäre, sodass solche Absprachen nicht verbindlich getroffen werden könnten.

Bei der Frage, ob Absprachen häufiger in Wirtschaftsstrafverfahren angestrebt werden (Frage 32), vermutete B3, dass die Neigung, Absprachen zu treffen, umso höher wäre, je schwieriger die Sach- und Rechtslage wäre. B2 gab an, dass dies nicht im Ermittlungsverfahren der Fall wäre; es käme in Bezug auf das Strafbefehlsverfahren im Ergebnis auch häufiger zu Einspruchsrücknahmen oder Beschränkungen auf die Rechtsfolgen, aber weniger durch Absprachen als durch eine klare Positionierung des Gerichts gegenüber den in Wirtschaftsstrafsachen häufig verteidigten Angeklagten. Der in einer Wirtschaftsabteilung tätige B1 berichtete von der Existenz von Absprachen, aber insbesondere auch von der Gerichtspraxis, bei größeren Sachen Gütetermine zu vereinbaren, in denen noch keine Zeugen geladen würden, sondern man schaute, worum es ginge, und sich gegebenenfalls bereits einigte. Bezüglich Absprachen gäbe es insbesondere im Bereich der Wirtschaft – sofern ein Verteidiger vorhanden wäre – Möglichkeiten, vorher zu klären, ob ein Strafbefehl rechtskräftig würde; da würde schon öfter um einen Strafbefehl verhandelt, wobei der Richter nicht außen vor gelassen werden dürfte. Auch käme es vor, dass man sich dahingehend einigte, teilweise nach § 154 StPO einzustellen und für den Rest einen Strafbefehl zu beantragen. B5 berichtete von der Möglichkeit, mit dem Verteidiger die Möglichkeiten des Verfahrensausgangs zu erörtern und auch über die Möglichkeit eines Strafbefehlsantrages zu sprechen, von der auch gerade in komplizierteren Verfahren häufig Gebrauch gemacht würde. Das wäre aber nicht die Regel.

Der unter a) angesprochene Missbrauch des Strafbefehlsverfahrens durch die Staatsanwaltschaft wird in diesem Zusammenhang auch als „Kommerzialisierung der Strafrechtspflege" bezeichnet, da sich einer Hauptverhandlung um den Preis einer Kooperation entledigt werden könne.[1141]

1141 *Elobied*, Die Entwicklung des Strafbefehlsverfahrens, S. 215.

Dass sich gut verteidigte Beschuldigte in einer besseren Position befinden als solche, die sich im Falle einer nicht notwendigen Pflichtverteidigung keinen Verteidiger leisten können, ist kein Spezifikum des Strafbefehlsverfahrens. Aufgrund der besonderen Verständigungsfrequenz in Sachen Strafbefehl und der Tatsache, dass man sich hier mit einem Verteidiger in einer deutlich komfortableren Position befindet, gewinnt der Vorwurf der Bevorteilung finanziell stärkerer Beschuldigter aber eine Bedeutung. Insbesondere wenn man hier auch bedenkt, dass eine Absprache ein Grund für die Staatsanwaltschaft sein kann, eine zu niedrige Sanktionshöhe zu beantragen. Es ist anzunehmen, dass dabei gerade in sehr komplexen Wirtschaftsstrafverfahren eine höhere Strafmilderung angeboten wird.[1142] Zwar besteht bei der Strafzumessung ein Spielraum; wird die Strafzumessung aber willkürlich vorgenommen, ist ein Verstoß gegen den Gleichbehandlungsgrundsatz anzunehmen.[1143] Solche Möglichkeiten bleiben den finanziell schwächeren Personen oder auch denjenigen, die kein elaboriertes Deutsch beherrschen, verwehrt. Dort, wo eine rege Absprachepraxis besteht, ist zudem das Risiko für Fehlentscheidungen durchaus erhöht.[1144]

j) Zusammenfassung

Die Ausführungen zeigen, dass auch durch die praktische Handhabung des Strafbefehlsverfahrens durch die Staatsanwaltschaft Umstände entstehen, die das Risiko einer Fehlentscheidung erhöhen. Zum einen hat die Staatsanwaltschaft bei der Wahl der Verfahrensart einen Einschätzungsspielraum, der missbraucht, aber nicht isoliert überprüft werden kann. Dadurch besteht die Gefahr, dass sie sich aus Gründen der Arbeitsersparnis dazu motivieren lässt, das Strafbefehlsverfahren auch dann anzuwenden, wenn die Fälle eigentlich nicht für ein summarisches Verfahren geeignet sind.

1142 Im Gegenzug für ein Geständnis werde regelmäßig ein Strafnachlass von einem Viertel bis einem Drittel gewährt, *Altenhain/Hagemeier/Haimerl/Stammen*, Absprachen in Wirtschaftsstrafverfahren, S. 161 f.; so auch *Altenhain/Dietmeier/May*, Absprachen in Strafverfahren, S. 116; siehe dazu auch unter 3. Teil B. IV. 3. a).

1143 *Gerlach*, Absprachen, S. 94 f.; *Siolek*, DRiZ 1989, 321, 329; *Siolek*, Verständigung, S. 198: Bei entsprechender Urteilsbegründung könne ein Verstoß gegen Art. 3 Abs. 1 GG durch eine Absprache nicht festgestellt werden, dennoch bestehe die Gefahr, dass die praktische Handhabung nicht sachlich zu begründen sei und z.B. der soziale Stand des Angeklagten oder die Deliktsart ausschlaggebend seien.

1144 Siehe auch unter 3. Teil B. IV. 2. d).

Gerade mit Blick auf Absprachen ist anzunehmen, dass die Beantragung eines Strafbefehls regelmäßig von der Gegenleistung eines Geständnisses abhängig gemacht und die Komplexität des Sachverhaltes und die Eignung des Falles für das Strafbefehlsverfahren lediglich an diesem festgemacht wird, womöglich sogar ohne es weiter zu überprüfen.

Ein weiteres Risiko liegt bei der Bemessung der Sanktionshöhe; denn wenn die wirtschaftlichen Verhältnisse des Täters nicht bekannt sind, darf von der Staatsanwaltschaft geschätzt werden; diese Schätzung birgt natürlich die Gefahr, dass eine zu hohe oder auch zu geringe Tagessatzhöhe beantragt und erlassen wird. Eine weitere Gefahrenquelle ist auch ein unzureichend oder fehlerhaft ermittelter Sachverhalt; gerade weil keine Anhörungspflicht besteht, ist eine einseitige, zum Nachteil des Beschuldigten verlaufende Ermittlung zu befürchten. Der Beschuldigte hat keine Möglichkeit, hierauf korrigierend einzuwirken, sondern kann häufig erst durch Einspruch rechtliches Gehör erlangen. Auch die Entscheidung, wann ein Sachverhalt einfach gelagert und damit für das Strafbefehlsverfahren geeignet ist, bedarf der Prognose, inwiefern die Hauptverhandlung zu anderweitigen Erkenntnissen führen kann. Da die Hauptverhandlung aber gerade nicht durchgeführt, sondern nur von der Wahrscheinlichkeit ausgegangen wird, dass diese am Ermittlungsergebnis nichts mehr ändern wird, besteht die Gefahr, dass diese auf Wahrscheinlichkeiten basierende Einschätzung fehlerhaft ist. Auf die mündliche Hauptverhandlung, die in dem Fall mutmaßlich zu einem anderen Ergebnis geführt hätte, wird aber verzichtet.

Zudem sind Tendenzen zu vermuten, dass das Strafbefehlsverfahren zur Arbeitserleichterung auch dort eingesetzt wird, wo kein Einspruch erwartet wird, auch wenn der betreffende Fall eigentlich nicht hierfür geeignet ist. Auch in Hinblick auf die vielfach angesprochenen Absprachen ist zu vermuten, dass im Gegenzug für ein Geständnis auf Initiative des Strafverteidigers ein Strafbefehl mit gegebenenfalls sogar zu geringer Strafhöhe beantragt wird, obwohl der Sachverhalt gerade nicht einfach gelagert ist. Und diese Möglichkeit steht oftmals auch nur verteidigten Beschuldigten zu, deren Verteidiger auf ein Strafbefehlsverfahren hinwirken.

Hier zeigt sich erneut deutlich, dass das Strafbefehlsverfahren durchaus fehleranfällig ist. Die bestehenden Defizite werden zum Teil durch die praktische Handhabung des Verfahrens durch die Staatsanwaltschaft bedingt, die sich das Verfahren zwecks Arbeitsersparnis auch in ungeeigneten Fällen zunutze machen kann.

III. Anwendungsbereich und Rechtsfolge

Das Strafbefehlsverfahren soll derzeit auf Vergehen angewandt werden, wenn der betreffende Fall nach Einschätzung der Staatsanwaltschaft einfach gelagert ist, also keiner Hauptverhandlung bedarf.[1145] Der Anwendungsbereich des Verfahrens hängt dabei unmittelbar mit den zulässigen (Höhen der) Rechtsfolgen zusammen.[1146] Der Rückgriff auf das Strafbefehlsverfahren beschränkt sich mittlerweile nicht nur auf die massenhafte Erledigung von Bagatellkriminalität, sondern wurde auf die Fälle mittlerer Kriminalität erweitert[1147], obwohl es ursprünglich gerade nur für die geringfügigen Delikte gedacht war. Der Anwendungsbereich wurde in der Vergangenheit ständig diskutiert und unterlag einer insgesamt stetigen, nicht ohne Kritik[1148] gebliebenen Ausweitung[1149], sodass das Strafbefehlsverfahren immer mehr ordentliche Verfahren ersetzen kann.[1150]

Diese stetige Ausweitung eines durchaus fehleranfälligen Verfahrens ist kritisch zu bewerten.

1. Rechtsfolge Freiheitsstrafe

a) Grundsätzliche Zulässigkeit

Einer der wohl mit am meisten diskutierten Punkte im Zusammenhang mit dem Strafbefehlsverfahren ist die Frage, ob die Freiheitsstrafe zulässige Rechtsfolge sein sollte. Schon der Gesetzgeber[1151] verfolgte hier keine klare Linie. Im Laufe der Zeit konnte eine Freiheitsstrafe von sechs Wochen[1152] über drei Monate[1153] bis zu sechs Monaten[1154] verhängt werden, wobei die Dauer

---

1145 Radtke/Hohmann/*Alexander* § 407 Rn. 1; *Müller*, Das Strafbefehlsverfahren, S. 143 f.; zum Anwendungsbereich siehe unter 1. Teil B.

1146 Vgl. *Berz*, in: FS Blau, 51, 53.

1147 Graf StPO/*Temming* § 407 Rn. 3; SSW-StPO/*Momsen* § 407 Rn. 1.

1148 *Fezer*, in: FS Baumann, 395, 396.

1149 Siehe dazu die Ausführungen unter 1. Teil F.

1150 Vgl. *Elobied*, Die Entwicklung des Strafbefehlsverfahrens, S. 212.

1151 Sofern man von dem „einen" Gesetzgeber sprechen mag.

1152 § 447 RStPO vom 01. Februar 1877, RGBl. 1877, S. 253.

1153 § 37 Abs. 1 der Verordnung über Gerichtsverfassung und Strafrechtspflege vom 4. Januar 1924, RGBl. 1924 I, S. 20.

1154 § 23 der Verordnung über Maßnahmen auf dem Gebiet der Gerichtsverfassung und der Rechtspflege vom 1. September 1939, RGBl. 1939 I, S. 1660 (1. Vereinfachungsverordnung).

wiederholt ausgeweitet, gekürzt[1155] und die Freiheitsstrafe zwischenzeitlich aus dem Rechtsfolgenkatalog herausgenommen[1156] wurde.[1157] Seit 1993[1158] ist es möglich, im Wege des Strafbefehlsverfahrens eine Freiheitsstrafe zu verhängen, die bis zu einem Jahr lang sein darf, allerdings zur Bewährung ausgesetzt werden muss; zudem ist nach §§ 407 Abs. 2 Satz 2, 408b StPO hierfür auch Voraussetzung, dass der Angeschuldigte einen Verteidiger hat beziehungsweise ihm ein Pflichtverteidiger zur Seite gestellt wird. In der Praxis lauten derzeit weniger als 0,1 % der Strafbefehle auf zur Bewährung ausgesetzten Freiheitsstrafe, im Jahr 2019 waren es 4.064.[1159] Dies ist zwar im Verhältnis gesehen ein winziger Bruchteil, aber keine gänzlich unerhebliche Anzahl derjenigen, die von dieser Frage betroffen sind. 2019 lagen von insgesamt 102.539 Freiheitsstrafen 71.632 im Bereich von bis zu einem Jahr, wovon 55.360 zur Bewährung ausgesetzt wurden (77,3 %).[1160] Von allen Freiheitsstrafen sind damit knapp mehr als die Hälfte grundsätzlich dazu geeignet, im Wege des Strafbefehlsverfahrens angeordnet zu werden. Und trotz dieses großen Potentials beantragt die Staatsanwaltschaft sehr wenige Strafbefehle, die auf Freiheitsstrafe lauten. Würde diese Rechtsfolge aus dem Sanktionskatalog des § 407 Abs. 2 StPO gestrichen werden, bedeutet dies demnach keinesfalls, dass die Gerichte diesbezüglich jährlich 55.360 Hauptverhandlungen mehr bewältigen müssten. Das praktische Bedürfnis für die Beibehaltung dieser Rechtsfolge ist mithin gering. Die Einschränkung des Anwendungsbereichs des Strafbefehlsverfahrens wäre gerade auch mit Blick auf fehlerhafte Entscheidungen begrüßenswert.

1155 Auf drei Monate, Art. 3 Nr. 176 des Gesetzes zur Wiederherstellung der Rechtseinheit auf dem Gebiet der Gerichtsverfassung, der bürgerlichen Rechtspflege, des Strafverfahrens und des Kostenrechts vom 12. September 1950, BGBl. 1950 I, S. 455.

1156 EGStGB vom 2. März 1974, BGBl. 1974 I, S. 469, 513 mit der Begründung, dass die Voraussetzungen von § 47 StGB im summarischen Verfahren nicht feststellbar seien, BT-Drs. 7/550, S. 302, 306.

1157 Siehe unter 1. Teil F.; vgl. *Böttcher*, in: FS Odersky, 299, 301; vgl. *Kirch*, Das Strafbefehlsverfahren nach dem StVÄG 1987, S. 74 ff.; vgl. *Fezer*, in: FS Baumann, 395, 398.

1158 Gesetz zur Entlastung der Rechtspflege (RPflEntlG), eingeführt am 11.1.1993, BGBl. 1993 I, S. 50.

1159 Siehe B. I. 1. a), IV. Tabelle 1 m.N.

1160 Siehe unter B. II. 6., IV, Tabelle 9 m.N.

aa) Gründe gegen die Freiheitsstrafe

Ein Teil des Schrifttums lehnt die Möglichkeit, Freiheitsstrafen – wenn auch zur Bewährung ausgesetzt – im Wege des Strafbefehlsverfahrens zu verhängen, ab.[1161]

Zur Begründung wird vor allem angeführt, dass diese Rechtsfolge nicht mit § 47 StGB vereinbar sei.[1162] § 47 Abs. 1 StGB regelt, dass eine Freiheitsstrafe von unter sechs Monaten nur verhängt werden darf, wenn besondere Umstände vorliegen, die die Verhängung einer Freiheitsstrafe zur Einwirkung auf den Täter oder zur Verteidigung der Rechtsordnung unerlässlich machen. Solche besonderen Umstände liegen entweder in der Persönlichkeit des Täters selbst oder im Erscheinungsbild der Tat und führen dazu, dass die konkrete Tat in ihrer Gesamtbewertung gegenüber durchschnittlichen Taten dieser Art herausgehoben wird oder der Täter sich von durchschnittlichen Tätern solcher Straftaten unterscheidet.[1163] Zu den besonderen Umständen der Tat können beispielsweise die Art des verletzten Rechtsguts, die Schwere der Verletzung[1164] oder auch die Planung oder raffinierte Art der Durchführung[1165] gehören. Besondere Umstände in der Persönlichkeit des Täters können etwa bestimmte kriminelle Neigungen, aktuelle Lebensverhältnisse oder auch das Verhalten nach der Tat sein.[1166] Unerlässlich sei eine kurze Freiheitsstrafe, wenn im Verhältnis zur einer Geldstrafe letztere nicht mehr angemessen sei, etwa weil diese beim Täter nicht die gleiche spezialpräventive Wirkung erzielen könne wie eine Freiheitsstrafe[1167] oder auch weil sie aus generalpräventiven Aspekten (zur Verteidigung der Rechtsordnung) unerlässlich erscheine[1168]. § 47 StGB erlaubt kurze Freiheitsstrafen mithin nur in Ausnahmefällen.

1161 So z.B. SK-StPO/*Weßlau/Degener* Vor §§ 407 ff. Rn. 26; *Ambos*, Jura 1998, 281, 293; *Fezer*, in: FS Baumann, 395, 406; *Fezer*, ZStW 106 (1994), 1, 21 f., 41 f.; *Müller*, Das Strafbefehlsverfahren, S. 317 f.; *Vivell*, Strafbefehlsverfahren nach § 408a, S. 66; *Hutzler*, Ausgleich struktureller Garantiedefizite, Rn. 408.

1162 SK-StPO/*Degener* § 407 Rn. 22; *Hutzler*, Ausgleich struktureller Garantiedefizite, Rn. 399 ff.; SSW-StPO/*Momsen* § 407 Rn. 16.

1163 OLG München NJW 2009, 161, 162; BayObLG NStZ-RR 2003, 275, 276; Sch/Sch/*Kinzig* StGB § 47 Rn. 16.

1164 *Maleika*, Freiheitsstrafe und Strafbefehl, S. 175; BGH NStZ 1996, 429 zur Schwere der Verletzung.

1165 BGH NStZ 1996, 429; Sch/Sch/*Kinzig* StGB § 47 Rn. 16.

1166 *Maleika*, Freiheitsstrafe und Strafbefehl, S. 175.

1167 Vgl. OLG Frankfurt NJW 1971, 669, 670; MüKoStGB/*Maier* § 47 Rn. 29, 31, 37; vgl. Sch/Sch/*Kinzig* StGB § 47 Rn. 11.

1168 BGH NJW 1971, 439, 440 f.; *Maleika*, Freiheitsstrafe und Strafbefehl, S. 176; MüKoStGB/*Maier* § 47 Rn. 39.

Um zu klären, ob die in der Persönlichkeit des Täters liegenden Umstände gegeben sind und dadurch ein Ausnahmefall vorliegt, in dem eine kurze Freiheitsstrafe unerlässlich ist, sei es erforderlich, dass der Richter sich einen persönlichen Eindruck vom Täter mache – und dies sei nicht allein durch die Darstellung in den Akten möglich.[1169]

Dementsprechend sei es nicht möglich, die Voraussetzungen des § 47 StGB in einem summarischen Verfahren festzustellen.[1170]

Dies sah 1984 auch der Gesetzgeber so, als er eine Erweiterung des Strafrahmens für rechtsstaatlich nicht vertretbar hielt und die Ausnahmefälle des § 47 StGB nur in einer mündlichen Verhandlung für feststellbar erachtete.[1171]

Auch passe die Möglichkeit in § 47 StGB, dass die kurze Freiheitsstrafe zur Verteidigung der Rechtsordnung verhängt werden könne, nicht zum Strafbefehlsverfahren[1172], da der Strafbefehl ohne die öffentliche Hauptverhandlung nur in erheblich vermindertem Umfang generalpräventive Wirkung zeitige; und auch wenn insbesondere spezialpräventiv auf den Täter eingewirkt werden solle, sei dies häufig nur durch eine Hauptverhandlung zu erreichen.[1173]

Im zulässigen Bereich zwischen sechs und zwölf Monaten könne mangels Anwendbarkeit zwar nicht mit § 47 StGB argumentiert werden, aber dennoch bestehe auch hier ein erhöhter Begründungsbedarf, wenn eine Freiheitsstrafe

---

1169 Vgl. BT-Drs. 7/551, S. 95 (zu § 14 StGB a.F., heute § 47 StGB); *Fezer*, in: FS Baumann, 395, 399; vgl. SK-StPO/*Degener* § 407 Rn. 24; vgl. AnwK-StPO/*Böttger* § 407 Rn. 9; der spätere Gesetzgeber (BT-Drs. 12/1217, S. 43) führt zur Verteidigung an, dass durch die Regelung gerade nicht nur kurze Freiheitsstrafen verhängt werden könnten; gegen dieses Argument *Martin*, GA 1995, 121, 125, da gerade auch die kurzen Freiheitsstrafen möglich seien.

1170 Vgl. BT-Drs. 7/551, S. 95; *Berz*, in: FS Blau, 51, 53; auch der *Arbeitskreis*, ZRP 1995, 268, 271, vertritt z.T. die Ansicht, Freiheitsstrafen dürften nicht im summarischen Verfahren verhängt werden; so auch *Asbrock*, ZRP 1992, 11, 13; *Bandisch*, AnwBl 1991, 311, 312 fordert zumindest eine zwingende Anhörung sowie eine Pflichtverteidigung; gegen die Verhängung im schriftlichen Verfahren auch *DRB*, DRiZ 1991, 293, 296.

1171 BT-Drs. 10/1313, S. 14.

1172 BT-Drs. 7/551, S. 95: Auch unter dem Gesichtspunkt der Verteidigung der Rechtsordnung verlange die Verhängung einer kurzen Freiheitsstrafe die Feststellung besonderer Umstände in der Tat oder der Persönlichkeit des Täters, wofür das Strafbefehlsverfahren ungeeignet sei.

1173 SSW-StPO/*Momsen* § 407 Rn. 16; vgl. *Schellenberg*, NStZ 1994, 570.

(ausgesetzt zur Bewährung) verhängt werden solle, da in diesem Bereich alternativ auch Geldstrafen verhängt werden können.[1174]

Ähnliches zum Prognoseelement gelte auch für die Voraussetzungen des § 56 Abs. 1 StGB[1175]. Danach setzt das Gericht bei der Verurteilung zu Freiheitsstrafe von nicht mehr als einem Jahr die Vollstreckung der Strafe zur Bewährung aus, wenn zu erwarten ist, dass der Verurteilte sich schon die Verurteilung zur Warnung dienen lässt und künftig auch ohne die Einwirkung des Strafvollzugs keine Straftaten mehr begehen wird. Dabei sind namentlich die Persönlichkeit des Verurteilten, sein Vorleben, die Umstände seiner Tat, sein Verhalten nach der Tat, seine Lebensverhältnisse und die Wirkungen zu berücksichtigen, die von der Aussetzung für ihn zu erwarten sind. Auch hier sei mithin eine Prognoseentscheidung erforderlich, die nicht ohne einen persönlichen Eindruck getroffen werden könne.[1176] Zwar ist die Aussetzung zur Bewährung zwingend, wenn die Freiheitsstrafe durch Strafbefehl festgesetzt wird – allerdings ist die Frage nach der Möglichkeit der Aussetzung der Frage vorgelagert, ob im konkreten Fall ein Strafbefehl überhaupt in Betracht kommt[1177], sofern die Staatsanwaltschaft eine Freiheitsstrafe für angemessen erachtet. Zudem sei der persönliche Eindruck auch für die Entscheidung über die Höhe der Freiheitsstrafe oder etwaige Bewährungsauflagen relevant.[1178]

Der persönliche Eindruck des Richters könne auch nicht dadurch ersetzt werden, dass dem Beschuldigten ein Verteidiger bestellt werde, der ihm die Tragweite einer Bewährungsfreiheitsstrafe erklären solle.[1179]

Die gesetzgeberische Erwägung, dass es gerade bei den Straßenverkehrsdelikten typische Fälle gebe, die mit kurzer Freiheitsstrafe geahndet werden

---

1174 *Martin*, GA 1995, 121, 125 f.; *Fezer*, in: FS Baumann, 395, 400: Kriterien für die Entscheidung über die Art der Strafe gebe es hier zudem nicht.

1175 *Hutzler*, Ausgleich struktureller Garantiedefizite, Rn. 399 hält den Umstand, dass Freiheitsstrafen im Strafbefehlsverfahren in Deutschland nur zur Bewährung ausgesetzt werden dürfen, für wenig sinnvoll, da dies gerade eine zusätzliche Prognoseentscheidung erfordere; so auch KK-StPO 6. Aufl./*Fischer* § 407 Rn. 8a.

1176 Vgl. SSW-StPO/*Momsen* § 407 Rn. 17, weshalb hier rechtsstaatliche Bedenken bestünden; *Berz*, in: FS Blau, 51, 53; SK-StPO/*Degener* § 407 Rn. 24; *Burkhard*, Der Strafbefehl im Steuerstrafrecht, S. 46; *Martin*, GA 1995, 121, 126 f.; KMR/*Metzger* § 407 Rn. 19; a.A. *Leipold/Wojtech*, ZRP 2010, 243, 244 f.

1177 *Martin*, GA 1995, 121, 126; *Vivell*, Strafbefehlsverfahren nach § 408a, S. 65 f.

1178 *Berz*, in: FS Blau, 51, 53.

1179 *Werle*, JZ 1991, 789, 795, der die Verhängung eines solchen Unwerturteils mit beträchtlichen juristischen und gesellschaftlichen Folgen im Strafbefehlsverfahren für höchst bedenklich hält.

sollen[1180], ist vielmehr eine rechtspolitische als eine materiellrechtlich orientierte Entscheidung.[1181]

Weiterhin wird gegen die Rechtsfolge Freiheitsstrafe durch Strafbefehl angeführt, dass Beschuldigte durchaus Verständnisprobleme haben können und zu wenig Unterstützung bei dem Umgang mit einem Strafbefehl erfahren: Gerade bei Bürgern, die beispielsweise Schwierigkeiten haben, elaboriertes Deutsch zu verstehen, könne es vorkommen, dass sie die Tragweite des Strafbefehls nicht in Gänze erfassen und ihn unter Umständen nicht als Verurteilung verstehen – sofern sie den Strafbefehl überhaupt lesen.[1182] Und auch die Belehrung über den Widerruf der Bewährung wird möglicherweise nur begrenzt verstanden, sodass einige Strafbefehlsempfänger den Eindruck bekommen könnten, es handele sich um einen Freispruch.[1183] Diese Vermutung bestätigt auch die ergänzende Anmerkung eines der befragten Verteidiger. Dieser schilderte, dass die Adressaten die Folgen eines möglichen Widerrufs der Strafaussetzung zur Bewährung häufig verkennen und meist glauben, dass mit dem Strafbefehl alles erledigt sei.

Auch der Zweck der Aussetzung zur Bewährung – die Erwartung, dass der Täter verwarnt sei – lasse sich ohne Hauptverhandlung und mit einem nicht gelesenen oder kaum verstandenen Stück Papier schwerlich erreichen.[1184] Empfängern eines auf Freiheitsstrafe lautenden Strafbefehls stehe in der Regel auch nur ein Pflichtverteidiger zur Seite, der angesichts des finanziell wenig lohnenden Mandats möglicherweise weniger motiviert verteidige oder sich kaum mit dem Mandanten beschäftige; die Gefahr eines Bewährungswiderrufs ist in einer solchen Situation besonders groß.[1185]

Zudem scheint es auch Unwägbarkeiten in Hinblick auf den Kontakt zwischen Verteidiger und Angeklagtem bei Freiheitsstrafen zu geben. Diesbezüglich

---

1180 BT-Drs. 12/1217, S. 43; krit. dazu HK/*Kurth* § 407 Rn. 24 m.w.N.

1181 SK-StPO/*Weßlau* (4. Aufl.) § 407 Rn. 24.

1182 *Scheffler*, GA 1995, 449, 455 f.; *Scheffler/Matthies*, in: Wolf, Kriminalität im Grenzgebiet, 179, 188.

1183 Vgl. *Maleika*, Freiheitsstrafe und Strafbefehl, S. 187: Es sei problematisch, dass die Warnfunktion durch die Verurteilung durch ein Schriftstück nicht so erreicht werden könne wie durch eine Hauptverhandlung und es bei fehlender Warnung zu einem Bewährungswiderruf kommen könne; ähnlich auch *Scheffler*, GA 1995, 449, 457; *Scheffler/Matthies*, in: Wolf, Kriminalität im Grenzgebiet, 179, 188.

1184 *Scheffler/Matthies*, in: Wolf, Kriminalität im Grenzgebiet, 179, 188.

1185 *Scheffler*, GA 1995, 449, 456; und zwar ohne, dass er überhaupt von der Verurteilung wusste, *Scheffler/Matthies*, in: Wolf, Kriminalität im Grenzgebiet, 179, 188.

merkte im Rahmen der Befragung der Berliner und Bremer Verteidiger ein Verteidiger an, dass er oft für die Zustellung von Strafbefehlen mit Bewährungsstrafen beigeordnet würde, die erlassen würden, weil die Angeklagten nicht zum Hauptverhandlungstermin erschienen wären und die Richter eine polizeiliche Vorführung oder einen Haftbefehl vermeiden wollten. In solchen Fällen nähmen höchstens 10 % der Mandanten Kontakt zu dem Verteidiger auf, sodass in 90 % der Fälle nach 13 Tagen ohne jeden Kontakt Einspruch eingelegt würde. In der Regel erschienen die Mandanten dann aber auch zum zweiten Termin nicht und würden ohne Einflussnahme rechtskräftig verurteilt. Dass in ihrem Dezernat im Normalfall eine Beiordnung im Strafbefehlsverfahren vorläge und immer Einspruch eingelegt würde, wenn zum Mandanten kein Kontakt hergestellt werden könnte, gaben auch zwei weitere Personen an. Dass Freiheitsstrafen auf diese Weise zustande kommen[1186], ist sehr problematisch.

Gerade auch in Zusammenhang mit § 408a StPO kann es auf diese Weise zu Verurteilungen zu einer Freiheitsstrafe in Abwesenheit kommen. Aus diesem Grunde schlagen Deckers/Kuschnik vor, die Prozessbefugnis des Pflichtverteidigers im Falle von Strafbefehlen nach § 408a StPO einzuschränken.[1187] Es müsse mit Blick auf dessen Recht auf richterliches Gehör und seiner Schutzwürdigkeit aufgrund der lediglich summarischen Prüfung eines hinreichenden Tatverdachts gewährleistet sein, dass der Angeklagte von seinem Einspruchsrecht Kenntnis besitzt und er zudem mit dem Übergang ins Strafbefehlsverfahren einverstanden ist.[1188] In dieser Hinsicht wäre eine vorherige Zustimmung des Angeklagten zu fordern.

Letztlich wird angesichts der Pflicht zur Pflichtverteidigerbestellung auch an der Effektivität des Verfahrens in den Fällen einer festgesetzten Freiheitsstrafe gezweifelt: Denn in dem Fall, in dem Einspruch eingelegt werde, sei es umsonst, zuvor zusätzliche Fristen zu setzen, um unter anderem dem Verteidiger eine Akteneinsicht und Zeit für eine Stellungnahme einzuräumen.[1189]

1186 So auch im Fall OLG Düsseldorf, Beschl. v. 27.5.2008, III – 3 Ws 160/08; dazu *Deckers/Kuschnik*, StraFO 2008, 418 f.

1187 *Deckers/Kuschnik*, StraFO 2008, 418, 419.

1188 Vgl. *Deckers/Kuschnik*, StraFO 2008, 418, 420.

1189 *Martin*, GA 1995, 121, 127 f.; *Hohendorf*, MDR 1993, 597; auch der Gesetzgeber erkannte diese Verzögerung, hielt sie aber für unverzichtbar, BT-Drs. 12/3832, S. 42; i.Ü. zweifelte der Gesetzgeber im Bereich der Freiheitsstrafen mit Blick auf die Statistiken auch an einer entlastenden Wirkung durch eine Ausweitung des Strafrahmens, BT-Drs. 10/1313, S. 14; vgl. auch SK-StPO/*Weßlau* (4. Aufl.) § 407 Rn. 22, die auf die Fehlprognose hinweist, die der Gesetzesänderung (BT-Drs.

Insbesondere auch in Hinblick auf die hohe Anzahl fehlerhafter Strafbefehle[1190] ist fragwürdig, ob die damalige Erweiterung des Strafrahmens auf ein Jahr Freiheitsstrafe noch wünschenswert ist[1191]. Fälle, die die Festsetzung einer Freiheitsstrafe erfordern, bewegen sich nicht mehr im Bereich geringfügiger Kriminalität. Das Strafbefehlsverfahren leidet an erheblichen, unter anderem verfassungsrechtlichen Defiziten, wodurch es nur für die Anwendung auf einfach gelagerte Fälle leichter Kriminalität geeignet ist. Die Freiheitsstrafe ist eine erhebliche Sanktion und sollte nicht in einem Verfahren festgesetzt werden können, das besonders fehleranfällig ist.

bb) Die gesetzgeberische Entscheidung zugunsten der Freiheitsstrafe

Der Gesetzgeber entschied sich 1993 aber entgegen aller Kritik zur Aufnahme der Freiheitsstrafe in den Sanktionskatalog des Strafbefehls. Zur Begründung wurde angeführt, dass das Bundesverfassungsgericht das Strafbefehlsverfahren als rechtsstaatlich unbedenklich eingestuft habe[1192], es eine nicht unerhebliche Entlastungswirkung entfalte und das Argument aus § 47 StGB nicht greife, da nicht nur kurze Freiheitsstrafen verhängt werden dürfen, da der Strafrahmen ein Jahr betrage[1193.1194] Der Argumentation, die Voraussetzungen von § 47 StGB könnten nur durch den persönlichen Eindruck des Richters festgestellt werden, wird entgegengesetzt, dass die Akten sämtliche Umstände, die für die Frage der Schuld oder Strafe relevant seien, beinhalten, weil die Staatsanwaltschaft verpflichtet sei, diese zu ermitteln.[1195] Letzterem wird wiederum entgegnet, dass

---

12/1217, S. 42) zugrunde lag – die Entlastungswirkung wurde darin als nicht unerheblich bezeichnet, während die Verhängung von Freiheitsstrafen in der Praxis tatsächlich nur eine sehr geringe Rolle gespielt hätte.

1190 Siehe unter VIII. 1. a).

1191 *Dunkel*, Fehlentscheidungen in der Justiz, S. 199; krit. *Maleika*, Freiheitsstrafe und Strafbefehl, S. 133 ff., 185 ff.; *Schellenberg*, NStZ 1994, 570, krit. auch zu § 408a StPO; krit. auch AlternK-StPO/*Loos* § 407 Rn. 14; diese war auch schon früher umstritten, vgl. *Elobied*, Die Entwicklung des Strafbefehlsverfahrens, S. 13.

1192 Vgl. z.B. BVerfG NJW 1969, 1103, 1104; NJW 1954, 69.

1193 Gegen dieses Argument z.B. *Maleika*, Freiheitsstrafe und Strafbefehl, S. 174, da gerade auch der Bereich der kurzen Freiheitsstrafen umfasst sei; so auch *Fezer*, in: FS Baumann, 395, 400; *Hutzler*, Ausgleich struktureller Garantiedefizite, Rn. 397 sieht zutreffend, dass der Strafrahmen dann konsequenterweise auf sechs bis zwölf Monaten beschränkt hätte werden müssen.

1194 BT-Drs. 12/1217, S. 42 f.

1195 BT-Drs. 12/1217, S. 43; *Maleika*, Freiheitsstrafe und Strafbefehl, S. 177 ff. für die Feststellbarkeit der Voraussetzungen des § 47 StGB im Strafbefehlsverfahren, S. 184 f. für die des § 56 StGB.

die staatsanwaltschaftliche Ermittlungspflicht die Einführung einer solchen Rechtsfolge nicht rechtfertige, weil die Ermittlungen gerade die Voraussetzung für eine Hauptverhandlung darstellen; der Zweck einer Hauptverhandlung sei unter anderem, dass sich der Richter ein eigenes Bild von der Beweislage machen könne.[1196]

Zugunsten einer Freiheitsstrafe wird auch angeführt, dass sich die Voraussetzungen für § 47 StGB anhand der Akten gewinnen lassen, weil die Gerichte bis 1974 § 56 StGB im Strafbefehlsverfahren anwandten, ohne dass Zweifel an der Rechtmäßigkeit geweckt worden sei; für § 47 StGB könne dann nichts anderes gelten.[1197] Zwar dürften Freiheitsstrafen nicht in einem summarischen Verfahren festgesetzt werden, und auch die in §§ 47 und 56 StGB vorausgesetzten Prognoseentscheidungen seien nicht für das Strafbefehlsverfahren geeignet – allerdings gebe es keine durchgreifenden rechtsstaatlichen Bedenken, weil die Verteidigungspflicht die Rechte des Beschuldigten ausreichend sichere.[1198]

Auch sei die Kritik an den ohne Anhörung unmöglichen Prognoseentscheidungen überzogen, wenn die Justiz und die Strafverteidiger verantwortungsbewusst mit dem Rechtsinstitut des Strafbefehls umgehen.[1199] Im Strafrecht werde auch im Bereich der Strafzumessung mit Fallgruppen gearbeitet, beispielsweise bei massenhaft vorkommenden Fallgestaltungen oder bezüglich der Strafaussetzung zur Bewährung, bei der zum Beispiel darauf abgestellt werde, ob es sich um einen Ersttäter handele.[1200] Diese Typisierung führe bezüglich der Sanktionsbemessung zu einer Gleichbehandlung.[1201]

Für die Freiheitsstrafe im Rechtsfolgenkatalog spreche zudem auch, dass so kein Widerspruch angesichts der Tatsache bestehe, dass nach § 43 StGB eine Ersatzfreiheitsstrafe von – entsprechend der Obergrenze der Geldstrafe nach

---

1196 *Fezer*, in: FS Baumann, 395, 401 f.; *Geppert*, Der Grundsatz der Unmittelbarkeit im deutschen Strafverfahren, S. 96, 107 spricht vom materiellen Erkenntnisprinzip.

1197 *Kirch*, Das Strafbefehlsverfahren nach dem StVÄG 1987, S. 78 ff., 80 f., dem zufolge auch erst durch Einbeziehung der Freiheitsstrafe § 408a StPO eine praktische Bedeutung erhalten könne; dagegen *Fezer*, in: FS Baumann, 395, 402, der beide Vorschriften für ungeeignet für ein schriftliches Verfahren erachtet.

1198 *Asbrock*, ZRP 1992, 11, 13; AnwK-StPO/*Böttger* § 407 Rn. 9 zufolge führe das Verteidigererfordernis zudem oftmals eine einvernehmliche Verfahrensbeendigung herbei.

1199 KMR/*Metzger* § 407 Rn. 20.

1200 Vgl. BT-Drs. 10/1313, S. 54; KMR/*Metzger* § 407 Rn. 20; LR/*Gössel* § 407 Rn. 13.

1201 LR/*Gössel* § 407 Rn. 13; *Böttcher*, in: FS Odersky, 299, 307.

§§ 40 Abs. 1 Satz 2 StGB, 54 Abs. 2 Satz 2 StGB – 360 beziehungsweise 720 Tagessätzen möglich sei (sonst sei eine nahezu unbegrenzte Ersatzfreiheitsstrafe möglich, aber keine primäre Freiheitsstrafe).[1202] Auch erhöhe die Freiheitsstrafe die Wirksamkeit des Verfahrens.[1203]

Auf die Gefahr fehlerhafter Entscheidungen in diesem nicht mehr unerheblichen Sanktionsbereich ging der Gesetzgeber bei seinen Erwägungen nicht weiter ein.[1204]

cc) Die Pflichtverteidigerbestellung nach § 408b StPO

Die Verhängung einer Freiheitsstrafe im Strafbefehlsverfahren sieht aber auch der Gesetzgeber nur dann vor, wenn dem Beschuldigten ein Verteidiger bestellt wird, § 408b StPO, um zu gewährleisten, dass die Interessen des Angeschuldigten angemessen gewahrt werden[1205]. Diese Vorschrift wirft allerdings ihrerseits einige Probleme auf.[1206]

Beispielsweise war die Frage nach der Wirkung der Verteidigerbestellung in zeitlicher Hinsicht streitig.[1207] Der Gesetzgeber stellte jedoch im Rahmen der Neufassung des § 408b StPO sowie der §§ 141 ff. StPO durch das Gesetz zur Neuregelung des Rechts der notwendigen Verteidigung vom 10. Dezember 2019[1208] klar, dass § 408b StPO eine Pflichtverteidigung vorsieht und die §§ 141 ff. StPO anwendbar sind, indem er in § 408b Satz 1 StPO die Worte „einen Verteidiger" durch „einen Pflichtverteidiger" ersetzte. Zudem wurde Satz 2 von § 408b StPO gestrichen, der nur auf § 141 Abs. 3 StPO a.F. verwiesen hat, wodurch deutlich werden sollte, dass die gesamten §§ 141 ff. StPO anwendbar sind.[1209] Bezüglich der Dauer der Bestellung des Pflichtverteidigers gelten die allgemeinen Regelungen zur Pflichtverteidigerbestellung, das heißt, sie endet zum einen, wenn der Strafbefehl in Rechtskraft erwächst. Sofern Einspruch eingelegt wird und daraufhin eine Hauptverhandlung folgt, ist weiterhin danach zu unterscheiden,

---

1202 *Kirch*, Das Strafbefehlsverfahren nach dem StVÄG 1987, S. 81.

1203 *Kirch*, Das Strafbefehlsverfahren nach dem StVÄG 1987, S. 83 f.

1204 Siehe zu den Risiken etwa unter I. 1. d), e), 2., 3. d), II., D.

1205 BT-Drs. 12/1217, S. 43.

1206 *Maleika*, Freiheitsstrafe und Strafbefehl, S. 35: Vorschrift scheine wenig durchdacht und führe zu systematischen und praktischen Schwierigkeiten.

1207 Siehe zum Streitstand *Maleika*, Freiheitsstrafe und Strafbefehl, S. 38 ff. m.w.N. zu den einzelnen Ansichten; dazu auch *Brackert/Staechelin*, StV 1995, 547 ff.; siehe auch *Preuß*, ZJS 2017, 176, 180; ebenfalls *Lutz*, NStZ 1998, 395 f.

1208 BGBl. 2019 I, S. 2128.

1209 BT-Drs. 19/13829, S. 52.

ob die Verhängung einer Freiheitsstrafe von mindestens einem Jahr oder aber eine geringere Freiheitsstrafe zu erwarten ist. Sofern eine Freiheitsstrafe von mindestens einem Jahr erwartet wird, liegt bereits ein Fall der notwendigen Verteidigung nach § 140 Abs. 2 Satz 1 StPO vor, sodass die Pflichtverteidigerbestellung fortdauert, § 143 Abs. 1 StPO. Liegt die erwartete Freiheitsstrafe hingegen unter einem Jahr, kann die Bestellung, wenn nicht im Einzelfall ein Fall des § 140 StPO vorliegt, vom Gericht aufgehoben werden. Dies sei sachgerecht, da die Entscheidung nicht mehr im schriftlichen Strafbefehlsverfahren ergehe.[1210]

Zwar ist die Regelung mit Blick auf die Entstehung fehlerhafter Entscheidung insofern begrüßenswert, als es dem Angeklagten mit Hilfe des Rechtsbeistandes grundsätzlich ermöglicht wird, effektiv gegen einen zu Unrecht erhobenen Vorwurf vorzugehen. Diese Klarstellung ändert jedoch nichts an dem Vorwurf der Ineffizienz, der dem Verfahren gemacht wird. Denn der Richter muss dem Angeschuldigten den Strafbefehlsantrag zuleiten und ihm mitteilen, dass ihm ein Pflichtverteidiger bestellt wird. Zudem ist § 142 StPO anzuwenden, wonach ihm eine Frist zu gewähren ist, innerhalb derer er einen Verteidiger seiner Wahl benennen kann.[1211] Dieser hat dann das Recht, Akteneinsicht zu nehmen. Durch all dies entstünden ein erheblicher Mehraufwand und eine zeitliche Verzögerung.[1212] Daher wurde auch die Vermutung geäußert, dass die Richter bei einem bisher nicht verteidigten Angeschuldigten eher eine Hauptverhandlung nach § 408 Abs. 3 StPO anberaumen[1213], weil dieses Verfahren von ihnen als unpraktikabel abgelehnt werde[1214].

Diese Vermutung wird von den Ergebnissen der Befragung der Strafrichter des Amtsgerichts Tiergarten insgesamt allerdings nicht gestützt. Die Aussage, dass das Verfahren nach § 408b StPO umständlich und die Anberaumung einer Hauptverhandlung nach § 408 Abs. 3 StPO effektiver als die Bestellung eines Verteidigers ist, erachten lediglich vier der befragten Richter als „voll zutreffend" (12,1 %), drei für „eher zutreffend" (9 %), fünf für „halb zutreffend" (15,1 %), vier für „eher nichtzutreffend" (12,1 %) und 17 Richter für

---

1210 BT-Drs. 19/13829, S. 52.

1211 BT-Drs. 19/13829, S. 52; *Tiemer*, Die Verteidigerbestellung im Strafbefehls- und im beschleunigten Verfahren, S. 124.

1212 *Maleika*, Freiheitsstrafe und Strafbefehl, S. 37; *Tiemer*, Die Verteidigerbestellung im Strafbefehls- und im beschleunigten Verfahren, S. 129.

1213 Vgl. *Maleika*, Freiheitsstrafe und Strafbefehl, S. 38; *Siegismund/Wickern*, wistra 1993, 81, 91.

1214 Vgl. Maleika, Freiheitsstrafe und Strafbefehl, S. 38; Bericht des *BJM*, StraFo 1995, 104, 105.

„nichtzutreffend" (51,5 %). Dies deutet darauf hin, dass die Richter bei einer beantragten Freiheitsstrafe den Strafbefehl eher nicht aufgrund § 408b StPO zugunsten einer Hauptverhandlung ablehnen.

dd) Stellungnahme

Da es durchaus auch im Interesse des Beschuldigten liegen kann, eine Freiheitsstrafe in einem nichtöffentlichen Verfahren auferlegt zu bekommen[1215], können dieser Sanktion ihre positiven Aspekte zwar nicht grundsätzlich abgesprochen werden.

Die Pflicht zur Verteidigung in § 407 Abs. 2 Satz 2 StPO und die Absicherung in § 408b StPO soll dazu beitragen, dass der Angeschuldigte besser beraten ist und in die Lage versetzt wird, seine Rechte geltend zu machen. Insofern steht er jedenfalls besser als bei einer durch Strafbefehl beantragten Geldstrafe. Gegen die Pflichtverteidigung wird zwar vorgebracht, dass das Verfahren aufwändig[1216] und insbesondere dann umsonst sei, wenn es später zum Einspruch komme. Letzteres ist allerdings nicht überzeugend. Denn es berücksichtigt nicht, dass es gegebenenfalls nur aufgrund der beratenden Verteidigung zu dem Einspruch gekommen ist und damit der Zweck der Verteidigungspflicht sogar gerade erfüllt wurde, wenn der Strafbefehl fehlerhaft und der Einspruch gerechtfertigt ist. In dieser Hinsicht kann der Freiheitsstrafe als zulässiger Sanktion im Strafbefehlsverfahren etwas abgewonnen werden.

Allerdings ist im Rahmen von § 408b StPO die Differenzierung, die der Gesetzgeber bezüglich der Fortwirkung der Pflichtverteidigerbestellung in der auf einen Einspruch folgenden Hauptverhandlung macht (Bestellung kann vom Gericht aufgehoben werden, sofern die erwartete Freiheitsstrafe weniger als ein Jahr beträgt und kein Fall der notwendigen Verteidigung nach § 140 StPO vorliegt) insofern besonders problematisch, als dem Angeklagten wegen §§ 411 Abs. 2 Satz 2, 420 Abs. 4 StPO in einer solchen Hauptverhandlung kein förmliches Beweisantragsrecht zusteht[1217] und seine Verteidigung bereits hierdurch erheblich eingeschränkt sein kann. Auch in anderen Verfahren kann die Pflichtverteidigerbestellung nach gerichtlichem Ermessen gemäß § 143 Abs. 2 Satz 1 StPO zurückgenommen werden, wenn kein Fall der notwendigen Verteidigung mehr gegeben ist.[1218] Dabei ist bei der Ausübung dieses Ermessens

---

1215 Vgl. *DRB*, DRiZ 1991, 293, 296.

1216 *Maleika*, Freiheitsstrafe und Strafbefehl, S. 37 f.; Bericht des *BJM*, StraFo 1995, 104, 105.

1217 Siehe dazu unter VI. 2.

1218 BeckOK StPO/*Krawczyk* § 143 Rn. 7; BeckOK StPO/*Temming* § 408b Rn. 5.

zu berücksichtigen, dass der Beschuldigte in den Fortbestand der Bestellung vertraut.[1219] Insbesondere im Strafbefehlsverfahren ist ein schutzwürdiges Vertrauen des Beschuldigten, der mithilfe seines Pflichtverteidigers Einspruch einlegt, aber regelmäßig anzunehmen. Insofern wäre zu erwägen, ob eine einmal erfolgte Pflichtverteidigerbestellung ausnahmslos bis zum endgültigen Abschluss des Verfahrens fortwirken soll.[1220]

Ein anderer Aspekt im Zusammenhang mit der Pflichtverteidigung nach § 408b StPO ist der weniger positive, dass es durchaus zu der Situation zu kommen scheint, dass beigeordnete Verteidiger keinen Kontakt zu ihren Mandanten erhalten[1221] und mehr oder weniger dazu gezwungen sind, ins Blaue hinein Einspruch einzulegen. Dies gaben drei Verteidiger im Rahmen der Befragung[1222] an. Einer der Verteidiger machte zudem die Erfahrung, dass die Angeklagten dann auch zum zweiten Termin nicht erschienen und ohne Einflussnahme rechtskräftig verurteilt worden sind. Insofern garantiert auch die Pflichtverteidigerbestellung keine effektive Verteidigung, die regelmäßig auch die Auseinandersetzung mit dem Mandanten und seinen Schilderungen des Geschehens voraussetzt. Gerade im Falle der einschneidenden Rechtsfolge der Freiheitsstrafe ist dies höchst problematisch.

In diesem Zusammenhang merkte auch einer der befragten Strafrichter des Amtsgerichts Tiergarten kritisch an, dass er die Verteidigerpflicht bei kurzzeitigen Freiheitsstrafen für unnötig befände, da sie verfahrensverzögernd und nur kostentreibend wäre – es entstünden lediglich Rechtsanwaltsgebühren für ein Untätigbleiben und in der Regel würde von einem bestellten Verteidiger Einspruch eingelegt, um dem Anwaltsverschulden zu entgehen, weil in der kurzen Zeit der Einspruchsfrist kein Kontakt zum Angeklagten hergestellt werden konnte. Dass in solchen Fällen tatsächlich vorsorglich Einspruch eingelegt werde, um die Frist zu wahren, wurde, wie bereits dargestellt, auch von einigen der befragten Verteidiger angegeben.[1223]

Dennoch kann mit dieser Begründung nicht auf eine Pflichtverteidigung bei Freiheitsstrafen verzichtet werden. Denn Freiheitsstrafen stellen die am

---

1219 LG Halle, Beschl. v. 08.09.2020 – 10a Qs 77/20; BT-Drs. 19/13829, S. 45; BeckOK StPO/*Krawczyk* § 143 Rn. 7.

1220 Wofür vieles spricht, was hier jedoch offenbleiben kann, da Freiheitsstrafen, wie sich im Folgenden zeigt, im Strafbefehlsverfahren insgesamt abzulehnen sind.

1221 Vgl. auch *Kreutz*, AnwBl 2002, 212, 214.

1222 Siehe unter A. I. 2.

1223 Vgl. auch *Schellenberg*, NStZ 1994, 570, der es allerdings für fraglich hält, ob der Verteidiger in Fällen fehlenden Kontakts Einspruch eingelegt.

meisten belastenden Maßnahmen des Sanktionskataloges für den Täter dar. Insbesondere die kurzen Freiheitsstrafen sind dabei unter Resozialisierungsaspekten besonders schädlich.[1224] Der Täter wird aus seinen sozialen Bindungen in Familie und Beruf[1225] gerissen und in das kriminelle Umfeld im Gefängnis gebracht.[1226] Ab einer Länge von drei Monaten werden Freiheitsstrafen in das Führungszeugnis eingetragen, § 32 Abs. 2 Nr. 5b BZRG. Dadurch werden auch die späteren Chancen, erneut einen Beruf zu ergreifen, ganz erheblich erschwert. Eine solche Strafe, die für den Täter mehr Nach- als Vorteile mit sich bringt, in einem summarischen Verfahren festzusetzen, muss also wohl überlegt unter erhöhten Anforderungen stattfinden und kann keine Entscheidung rein auf Aktenbasis sein. Gerade mit Blick darauf, dass das Strafbefehlsverfahren Defiziten unterliegt, die es besonders anfällig für fehlerhafte Entscheidungen macht, erscheinen diese Punkte umso gravierender.

Insbesondere überzeugt das Argument, die Freiheitsstrafe dürfe wegen § 47 StGB nicht im Rechtsfolgenkatalog des Strafbefehlsverfahrens gelistet sein. Denn es kann nur dann festgestellt werden, ob besondere Umstände in der Persönlichkeit des Täters vorliegen, die die Prognoseentscheidung begründen, dass die Einwirkung eines kurzen Gefängnisaufenthaltes auf den Täter oder zur Verteidigung der Rechtsordnung erforderlich ist, wenn der Richter sich einen persönlichen Eindruck verschafft. Beispielsweise können solche Umstände sein, dass sich der Täter nicht durch eine Warnfunktion von Vorstrafen hat beeindrucken lassen[1227] – wobei Vorstrafen oder Bewährungsbrüche allein aber nicht genügen[1228]. Auch der Bildungsstand, eine mehrjährige Berufstätigkeit oder die Unterhaltspflicht gegenüber seiner Familie können Umstände in der Person des Täters sein, die die Prognoseentscheidung beeinflussen.[1229] Zudem sollte der Richter eine Einschätzung darüber treffen, ob der Täter sich im Falle der Verbüßung der Freiheitsstrafe von den kriminellen Strukturen anderer Gefängnisinsassen beeindrucken lässt und sich möglicherweise dort noch weiter von

---

1224 Spezialpräventiv verfehlt: vgl. BGH NJW 1971, 439; vgl. OLG Köln NStZ 2003, 421 m.w.N.; MüKoStGB/*Maier* § 47 Rn. 2.

1225 MüKoStGB/*Maier* § 47 Rn. 2; *Jescheck/Weigend*, Strafrecht AT, S. 760.

1226 BeckOK StGB/*Heintschel-Heinegg* § 47 Rn. 1; zu den schädlichen Folgen einer Haft auch *Feest*, Definitionsmacht, Renitenz und Abolitionismus, S. 233 ff.

1227 BayObLG StV 1992, 322, 323; MüKoStGB/*Maier* § 47 Rn. 23,

1228 OLG Brandenburg, Beschl. v. 28.11.2019 – (2) 53 Ss 133-19 (48-19) zu Vorstrafen; Sch/Sch/*Kinzig* StGB § 47 Rn. 16.

1229 BGH 06.11.1985 – 1 StR 520/85 = StV 1986, 198 (Ls.); MüKoStGB/*Maier* § 47 Rn. 27.

rechtstreuem Verhalten entfernt, beziehungsweise ob er im Falle einer Aussetzung der Freiheitsstrafe zur Bewährung dies auch bei der Festsetzung durch ein schriftliches Verfahren ernst nimmt und sich zur Warnung dienen lässt. Diese Umstände können zwar teilweise[1230], aber nicht immer zuverlässig erschöpfend aus den Akten herausgelesen werden. Dasselbe gilt für die Prognoseentscheidung nach § 56 StGB.

Die Befragung der Strafverteidiger ergab in diesem Zusammenhang zudem Folgendes: Auf die Frage, ob der Angeschuldigte vor einem auf Freiheitsstrafe lautenden Strafbefehl angehört wird, antworteten elf Anwälte mit „sehr häufig" (19,3 %), 13 mit „häufig" (22,8 %), zwanzig mit „manchmal" (35 %), sieben mit „selten" (12,3 %) und sechs mit „nie" (10,5 %). Insgesamt 42,1 % der Verteidiger gaben somit an, dass in diesen Fällen „sehr häufig" bis „häufig" eine vorherige Anhörung stattfände, 57,9 % hingegen machten die Erfahrung, dass dies nur „manchmal" bis „nie" der Fall wäre.

Im Gegensatz hierzu werden nach Angabe von 16 der befragten Strafrichter des Amtsgerichts Tiergarten Angeschuldigte vor Erlass eines Strafbefehls, der auf Freiheitsstrafe lautet, „sehr häufig" angehört (43,2 %), fünf gaben hier „häufig" (13,5 %), zwei „manchmal" (5,4 %), zehn „selten" (27 %) und vier „nie" (10,8 %) an. Im Vergleich zu den Antworten der Verteidiger, von denen 42,1 % angaben, dass in diesen Fällen „sehr häufig" bis „häufig" eine vorherige Anhörung stattfände, 57,9 % hingegen, dass dies nur „manchmal" bis „nie" der Fall wäre, fallen die Einschätzungen der Untersuchungsgruppen an dieser Stelle mithin unterschiedlich aus.

Die Antworten auf die Frage nach einer vorherigen Anhörung bei einer (zur Bewährung ausgesetzten) Freiheitsstrafe sind insgesamt vergleichbar mit denen auf die Frage nach einer vorherigen Anhörung nach § 163a StPO allgemein bei Strafbefehlen. Hier gaben 46 % der Verteidiger an, dass eine solche Anhörung „sehr häufig" oder „häufig" unterbliebe, 54 %, dass dies „manchmal", „selten" oder „nie" der Fall wäre. Der Eindruck, dass Anhörungen bei Freiheitsstrafen „manchmal", „selten" oder „nie" stattfänden, ist nur etwas höher (57,9 %). Von den befragten Richtern gaben auf die Frage, wie häufig allgemein Strafbefehle beantragt werden, ohne dass zuvor eine Anhörung nach § 163a StPO erfolgte, hingegen 50 % „manchmal" oder „selten" und 42,1 % „nie" an. Dass vorherige Anhörungen bei Freiheitsstrafen „manchmal", „selten" oder „nie" unterblieben, gaben 43,2 % der befragten Richter an. Der Eindruck, der bei den Richtern

1230 *Maleika*, Freiheitsstrafe und Strafbefehl, S. 177 ff., 184 f., hält diese Umstände für im schriftlichen Verfahren feststellbar.

besteht, fällt damit sowohl bei Freiheitsstrafen als auch Strafbefehlen allgemein eindeutiger zugunsten einer häufigen vorherigen Anhörung aus als der der Strafverteidiger.

Der Vergleich zu dem Ergebnis auf die Frage nach einer vorherigen Anhörung allgemein bei Strafbefehlen zeigt aber auch, dass eine Anhörung bei Strafbefehlen, die eine (zur Bewährung ausgesetzte) Freiheitsstrafe festsetzen, insgesamt nicht häufiger als allgemein auch vorzukommen scheint, sodass gerade bezüglich der erforderlichen Prognoseentscheidungen neben dem fehlenden persönlichen Eindruck durch den Richter häufig nicht einmal ein Eindruck vom Täter durch die ermittelnden Polizeibeamten oder der Staatsanwaltschaft gewonnen wird, was die Gefahr fehlerhafter Entscheidungen gerade im Falle der Freiheitsstrafen erhöht.

Ohne einen persönlichen Eindruck ist die Möglichkeit, im ohnehin fehleranfälligen Strafbefehlsverfahren Freiheitsstrafen verhängen zu können, daher in jedem Fall abzulehnen. Vielmehr gilt es, den Anwendungsbereich des Verfahrens wieder zu beschränken.

b) Notwendigkeit einer vorherigen Anhörung im Falle einer Freiheitsstrafe

Insbesondere dem Problem der erhöhten Fehleranfälligkeit von Entscheidungen über Freiheitsstrafen durch Strafbefehl könnte zwar dadurch Abhilfe geschaffen werden, dass man als zwingende Voraussetzung für den Erlass eines Strafbefehls mit einer zur Bewährung ausgesetzten Freiheitsstrafe eine vorherige Anhörung durch den Richter vorschreibt. Denn so könnte sich letzterer ergänzend zu den Informationen aus den Akten von deren Richtigkeit überzeugen und eine zuverlässigere Entscheidung treffen als auf Grundlage von Informationen aus zweiter Hand[1231].

Dafür, dass insbesondere vor Verhängung einer Freiheitsstrafe durch Strafbefehl eine Anhörung durch den Richter zwingend vorgeschrieben sein sollte[1232], spricht auch, dass dem Angeschuldigten auf diese Weise umso bewusster wird, welche Folgen sein Verhalten zeitigen können[1233]. Zwar ist es auch Aufgabe des Verteidigers, dies seinem Mandanten nahezubringen, allerdings genießt der Richter eine größere Autorität. Zudem gilt es insbesondere

1231 Vgl. *Dahs*, Hdb. des Strafverteidigers, Rn. 1072.

1232 BT-Drs. 12/3833; vgl. BT-Drs. 12/3832, S. 42; LR/*Gössel* § 407 Rn. 13; *Meyer-Goßner*, NStZ 1992, 167 hält es für erforderlich, dass Freiheitsstrafen nur in einer Hauptverhandlung mit Anhörung verhängt werden.

1233 Vgl. KMR/*Metzger* § 407 Rn. 19.

auch, ein Strafverfahren so auszugestalten, dass auch solche Beschuldigte nicht benachteiligt werden, die nicht dazu in der Lage sind, sich effektiv zu verteidigen.[1234] Denn einige Beschuldigte sind in erhöhtem Maße nicht in der Lage oder dazu bereit, entsprechende Aussagen zu tätigen und eine fakultative Anhörung durch Reaktion auf die Aufforderung zu dieser selbst zu initiieren[1235], weshalb eine Anhörung verpflichtend sein muss, um stets aufgrund einer zuverlässigen Grundlage entscheiden zu können.[1236] Zwar besteht im Falle der Freiheitsstrafe eine Verteidigungspflicht; allerdings ändert auch diese wenig an der ohne Anhörung vorliegenden unvollständigen Entscheidungsgrundlage.

Und auch im Sinne einer Beschleunigung wäre eine vorherige Anhörung gewinnbringend: Denn dadurch, dass der Richter dann, wenn keine Anhörung erfolgte, um sicher zu gehen eigentlich eine Hauptverhandlung anberaumen müsste, würde das Verfahren in diesen Fällen nicht die erstrebte Effektivität aufweisen.[1237] Dem Richter einzuräumen, ohne vorherige Anhörung zugunsten einer Freiheitsstrafe entscheiden zu dürfen, wenn er sich „völlig sicher“[1238] sei, sei jedenfalls unzureichend, da unterstellt werde, es gebe Fälle, in denen der Richter sich absolut sicher sein könne, was eine Quelle für Fehlentscheidungen eröffne.[1239]

Die derzeitige Rechtslage schreibt eine Anhörung vor Freiheitsstrafen nicht vor, weshalb der richterlichen Entscheidung stets vorzuwerfen ist, die Prognoseentscheidungen nicht auf hinreichender Grundlage getroffen zu haben. Auch im Bereich der Freiheitsstrafen, die nicht vom Anwendungsbereich des § 47 StGB erfasst sind, muss die Persönlichkeit des Täters in die Begründung, weshalb nicht noch auf Geldstrafe erkannt wurde, mit einfließen. Die Verteidigung allein vermag den persönlichen Eindruck, den sich der Richter insbesondere bei einer derart einschneidenden Rechtsfolge machen sollte, nicht zu ersetzen. Zur Bewährung ausgesetzte Freiheitsstrafen im Wege des Strafbefehlsverfahrens festsetzen zu dürfen ist nicht aus jedem erdenklichen Gesichtspunkt abzulehnen, allerdings muss durch einen zwingenden persönlichen Kontakt

1234 *Bandisch*, AnwBl 1991, 311, 312 durch die fehlende Anhörung werde gewissermaßen im Säumnisverfahren zur Freiheitsstrafe verurteilt.

1235 Vgl. SK-StPO/*Degener* § 407 Rn. 26, der von einem bei desintegrierten und mit geringer sozialer Handlungsfähigkeit ausgestatteten Beschuldigten regelmäßig ins Leere gehenden Appell spricht.

1236 *Fezer*, in: FS Baumann, 395, 403.

1237 *Fezer*, in: FS Baumann, 395, 403.

1238 KMR/*Metzger* § 407 Rn. 22.

1239 Ähnlich *Kreutz*, AnwBl 2002, 212, 214.

sichergestellt werden, dass die Voraussetzungen, insbesondere kurze Freiheitsstrafen auf diesem Wege zu verhängen, tatsächlich gegeben sind. Nur auf diese Weise kann das Risiko fehlerhafter Entscheidungen ausreichend reduziert werden. Darüber hinaus auch ein vorheriges Geständnis für die Verhängung einer Freiheitsstrafe zu fordern[1240], geht allerdings zu weit[1241]. Nur mit Anhörung könnte es daher vertretbar sein, diese Rechtsfolge in einem summarischen Verfahren beizubehalten.

Angesichts der bereits erwähnten geringen Entlastungswirkung bleibt aber auch in dem Fall die Frage, ob hierauf nicht zugunsten spezial- und generalpräventiver Wirkung einer Hauptverhandlung verzichtet werden sollte. Denn es bleibt der Umstand, dass es sich in solchen Fällen, in denen eine Freiheitsstrafe (wenn auch zur Bewährung ausgesetzt) erforderlich ist, in der Regel nicht mehr um geringfügige Kriminalität handelt, für die das Strafbefehlsverfahren ursprünglich vorgesehen war. Solche Verfahren sollten in einer öffentlichen Verhandlung stattfinden, nicht zuletzt auch, um dem Täter zu verdeutlichen, dass sein Verhalten von der Gesellschaft nicht gebilligt wird oder durch eine vereinfachte Lösung der Eindruck erweckt wird, dass es sich um eine Bagatelle handele.

2. *Erweiterung der Freiheitsstrafe*

Einige Befürworter der zur Bewährung ausgesetzten Freiheitsstrafe im Strafbefehl erachten es für erstrebenswert, die zulässige Freiheitsstrafe auf zwei Jahre (zur Bewährung ausgesetzt) zu erhöhen.[1242] Dies ist das nach § 56 Abs. 2 Satz 1

1240 Vgl. *Arbeitskreis*, ZRP 1995, 268, 271; *Hutzler*, Ausgleich struktureller Garantiedefizite, Rn. 550 sieht in der Geständnisvoraussetzung den Vorteil, dass die Kommunikation verbessert würde.

1241 Gegen ein Geständnis als Voraussetzung *Müller*, Das Strafbefehlsverfahren, S. 315; so auch *Sauer/Münkel*, Absprachen im Strafprozess, Rn. 178, 693; SK-StPO/*Weßlau/Degener* Vor §§ 407 ff. Rn. 26 lehnt dies wegen dem Geständnisdruck ab, zudem schütze das Geständniserfordernis nicht vor Fehlurteilen; *Hutzler*, Ausgleich struktureller Garantiedefizite, Rn. 544 sieht aber bzgl. des nemo-tenetur-Grds. keinen Geständnisdruck, wenn der Sachverhalt schon aufgeklärt ist; *Loos*, in: FS Küper, 313, 326 hält ein Geständnis für keine Voraussetzung für die erforderliche Übersichtlichkeit des Sachverhaltes; *Riklin*, in: FS Jung, 761, 777 plädiert hingegen für ausdrückliche Zustimmung ab einer gewissen Sanktionsschwere.

1242 *Ring*, ZRP 2017, 24, 25; *Ignor/Matt*, StV 2002, 102, 107; grds. auch *Meyer-Lohkamp*, StraFO 2012, 170, 173; auch in einem unveröffentlichten Arbeitspapier

StGB zulässige Höchstmaß, bei dem Freiheitsstrafen noch zur Bewährung ausgesetzt werden können.[1243] Die Voraussetzungen von § 56 Abs. 2 StGB seien dabei einzuhalten.[1244]

Die Autoren Leipold/Wojtech befürworten eine solche Ausweitung: Gerade Strafverteidigern komme diese Möglichkeit entgegen, da sie so in größerem Umfang diskrete und weniger belastende Verfahrenserledigungen für ihre Mandanten erwirken können.[1245] Das Argument, dadurch werde in diesen Fällen nicht spezialpräventiv auf den Täter eingewirkt, greife nicht, weil der primäre Strafzweck ohnehin der Schuldausgleich sei.[1246] Zudem habe die Höhe der Sanktion nicht unmittelbar etwas damit zu tun, ob der dem Delikt zugrundeliegende Sachverhalt komplex sei – auch Taten mit einer höheren Strafandrohung können simpel aufzuklären sein, sodass eine Hauptverhandlung nicht erforderlich und der Anwendungsbereich des Strafbefehlsverfahrens eröffnet sei. Zudem bestehe für den Beschuldigten auch keine Gefahr, sich vorschnell einem unbewiesenen Vorwurf zu unterwerfen, da der Verteidiger dies verhindere.[1247] Dennoch geben Leipold/Wojtech zu bedenken, dass es sich bei Taten, die mit bis zu zwei Jahre Freiheitsstrafe sanktioniert werden, nicht um unerhebliche Sachverhalte handele; allerdings stelle sich hier nicht die Frage nach einem Verstoß gegen das Rechtsstaatsprinzip, vielmehr gehe es darum, ob überhaupt der Anwendungsbereich des Strafbefehlsverfahrens eröffnet sei. Dennoch bleibe abzuwarten, ob die erhoffte Entlastung der Gerichte eintrete, da es bei erhöhter Straffestsetzung unter Umständen vermehrt zu Einsprüchen kommen könne.[1248]

---

der Justizministerkonferenz von 1994 war der Vorschlag enthalten, siehe *Böttcher*, in: FS Odersky, 299, 304; *AE-ASR*, GA 2019, 1, 93.

1243 BT-Drs. 12/1217, S. 43.

1244 *Ring*, ZRP 2017, 24, 25.

1245 *Leipold/Wojtech*, ZRP 2010, 243, 244.

1246 *Leipold/Wojtech*, ZRP 2010, 243, 244.

1247 *Leipold/Wojtech*, ZRP 2010, 243, 244.

1248 *Leipold/Wojtech*, ZRP 2010, 243, 244; bei einer Befragung einiger Leitenden Oberstaatsanwälte von *Böttcher*, in: FS Odersky, 299, 311 f., gaben nur wenige von diesen an, bei Erhöhung der Freiheitsstrafe auf zwei Jahre öfter einen Strafbefehl zu beantragen – bereits die Möglichkeit, eine Freiheitsstrafe bis zu einem Jahr im Wege des Strafbefehlsverfahrens zu beantragen, wurde nur zurückhaltend genutzt, S. 307.

Bereits die Aufnahme der einjährigen Freiheitsstrafen in den Rechtsfolgenkatalog stieß auf Kritik[1249], und auch die Ausdehnung wird vielfach für problematisch erachtet.[1250]

Der Gesetzgeber selbst hat bei der Einführung der Freiheitsstrafe die Grenze von einem Jahr damit begründet, dass hier auch die Grenze zwischen Vergehen und Verbrechen liege – eine gesetzgeberische Entscheidung bezüglich der Differenzierung von besonders schweren Delikten, die auch bei der Festlegung des Anwendungsbereichs des Strafbefehlsverfahrens beachtet werden müsse; zudem sei die Entlastungswirkung im Bereich zwischen einem und zwei Jahren aufgrund der dortigen geringen Anzahl von zur Bewährung ausgesetzten Freiheitsstrafen nicht hoch.[1251] Anders als bei Leipold/Wojtech wurde angesichts der einschneidenden Rechtsfolge in dem Bereich über einem Jahr aus rechtsstaatlichen Gründen ein ordentliches Verfahren mit Hauptverhandlung gefordert.[1252]

Bedenken wurden auch seitens des Deutsches Richterbundes geäußert, weil es dem richterlichen und staatsanwaltschaftlichen Selbstverständnis hinsichtlich ihrer beruflichen Aufgabe widerspreche, derart hohe Strafen ohne eine vorherige persönliche Anhörung zu verhängen.[1253] Auch stelle das nach §§ 411 Abs. 2 Satz 2, 420 Abs. 4 StPO eingeschränkte Beweisrecht in der auf den Einspruch folgenden Hauptverhandlung ein Problem dar[1254], ebenso wie die Tatsache, dass dann zu viele recht schwere Taten nicht mehr unter den Augen der

---

1249 SK-StPO/*Degener* § 407 Rn. 22; *Maleika*, Freiheitsstrafe und Strafbefehl, S. 133 ff. m.w.N., S. 185 ff.; *Fezer*, in: FS Baumann, 395, 398 f.; *Werle*, JZ 1991, 789, 795; *Scheffler*, GA 1995, 449, 455 f.; vgl. *Asbrock*, ZRP 1992, 11, 13, der aufgrund des Verteidigererfordernisses allerdings keine rechtsstaatlichen Bedenken hat; *Bandisch*, AnwBl 1991, 311, 312; *Schlüchter*, Weniger ist mehr, S. 59; *Martin*, GA 1995, 121, 124 ff.; vgl. AnwK-StPO/*Böttger* § 407 Rn. 9; AlternK-StPO/*Loos* § 407 Rn. 14; differenzierend KMR/*Metzger* § 407 Rn. 18 ff.; HK/*Kurth* § 407 Rn. 24 m.w.N.; für die Aufnahme *Boltz*, ZRP 1974, 34, 35.

1250 So z.B. *Arbeitskreis*, ZRP 1995, 268, 271; vgl. auch schon *Kirch*, Das Strafbefehlsverfahren nach dem StVÄG 1987, S. 81 f., der sich mit Blick auf § 56 I StGB für eine Obergrenze der Freiheitsstrafe von einem Jahr ausspricht; LR/*Gössel* Vor § 407 Rn. 62.

1251 BT-Drs. 12/1217, S. 43.

1252 BT-Drs. 12/1217, S. 43.

1253 *Böttcher*, in: FS Odersky, 299, 304 gibt insofern den Inhalt einer unveröffentlichten Stellungnahme des Deutschen Richterbunds wieder.

1254 So auch *Böttcher*, in: FS Odersky, 299, 307, wenn es um eine Bewährungsstrafe gehe.

Öffentlichkeit abgeurteilt werden, sondern heimlich stattfinden[1255]. Dabei sei die Öffentlichkeit eines Verfahrens umso bedeutsamer, je schwerer das begangene Delikt wiege.[1256]

Auch das Argument aus § 47 StGB treffe mangels Anwendbarkeit auf Freiheitsstrafen über sechs Monaten nicht zu. Dies gelte auch für die Überlegung des erhöhten Begründungsbedarfs bei grundsätzlich konkurrierender Geld- und Freiheitsstrafe. Denn da die Geldstrafe nach § 40 Abs. 1 Satz 2 StPO grundsätzlich höchstens 360 Tagessätze betragen dürfe, bestehe in dem Zeitraum zwischen zwölf und 24 Monaten ein solches Alternativitätsverhältnis nicht mehr.[1257]

Die Anhebung der zulässigen Freiheitsstrafe hätte zur Folge, dass das Strafbefehlsverfahren in weiteren Bereichen zur etablierten Erledigungsform werden könnte.[1258] Allerdings würde die Möglichkeit, eine derart hohe Sanktion im Strafbefehlsverfahren, so wie es derzeit ausgestaltet ist, die Grenze dessen, was das Verfahren leisten kann[1259], überschreiten. Fehlerhafte Entscheidungen würden in diesem Bereich besonders schwer wiegen. Zudem könnte hier eine Entlastungswirkung wahrscheinlich nur in den Fällen erzielt werden, in denen der Verteidiger dem Mandanten wegen der möglichen reformatio in peius nachdrücklich von einem Einspruch abrät, da die Tendenz, sich gegen eine so hohe Strafe zu wehren, wohl stark steigen würde. Zwar kann es auch hier im Interesse des Beschuldigten liegen, eine solche Strafe – sofern keine Zweifel daran bestehen, dass sie tatsächlich angemessen ist – ohne Aufsehen auferlegt zu bekommen. Ob eine angemessene Strafe aber gerade ohne den persönlichen Kontakt zweifelsfrei festgesetzt werden kann, ist fraglich. Bei Vergehen, die eine Freiheitsstrafe von zwei Jahren fordern, überzeugt aber auch das Argument, dass ebenfalls Verteidiger es begrüßen würden, den Mandanten auch hier eine diskrete Verfahrenserledigung ermöglichen zu können, nicht, denn in solchen Fällen hat die Öffentlichkeit ein größeres Interesse an Teilhabe als bei Bagatellen, sodass es hier nicht mehr darum gehen kann, den Angeschuldigten vor einem öffentlichen Verfahren zu schonen. Denn dieser wird einer nicht unerheblichen Tat beschuldigt.

1255 *Böttcher*, in: FS Odersky, 299, 304 f. gibt insofern den Inhalt einer unveröffentlichten Stellungnahme des Strafrechtsausschusses des DAV wieder.

1256 Vgl. *Böttcher*, in: FS Odersky, 299, 306.

1257 *Böttcher*, in: FS Odersky, 299, 305.

1258 Vgl. dazu unter 6.

1259 Vgl. *Fezer*, in: FS Baumann, 395, 396; vgl. auch BR-Drs. 314/91, S. 123, 124.

Die Strafe soll die Zwecke der Vergeltung und Prävention[1260] erfüllen. Während die negative Spezialprävention den Täter davon abhalten soll, erneut straffällig zu werden und die positive Spezialprävention seine Besserung intendiert, stellt die negative Generalprävention auf die Abschreckung der Allgemeinheit, die positive Generalprävention auf das Vertrauen in den Bestand der Rechtsordnung ab.[1261] Die vergeltenden Aspekte der Sühne und des Schuldausgleichs sind dabei auf die Wiederherstellung der Gerechtigkeit aus.[1262] Der Behauptung, mit der fehlenden spezialpräventiven Wirkung auf den Täter könne nicht argumentiert werden, weil der primäre Strafzweck ohnehin der Schuldausgleich sei, kann insofern nicht zugestimmt werden, weil insbesondere auch die Prävention ein wichtiger Bestandteil des Strafzweckes ist. Denn Strafe dient dem Schutz der Ordnung der Gesellschaft und der individuellen Freiheiten und muss daher auch vorbeugend wirken.[1263] Aber neben der Generalprävention, die bei einem schriftlichen Verfahren kaum erreicht werden kann[1264], ist es ebenso notwendig, durch eine Hauptverhandlung auf den Täter einzuwirken, um einer erneuten Straffälligkeit vorzubeugen[1265]. Mit Blick auf die Strafzwecke ist eine Hauptverhandlung daher insbesondere bei den in Rede stehenden schwerwiegenderen Delikten unverzichtbar.

Bezüglich der Entscheidungsgrundlage ist in Hinblick auf die Gefahr des Bewährungswiderrufes eine zuverlässige umso bedeutsamer. Insbesondere auch deshalb, weil solche Angeklagte, die sich aus Desinteresse oder Unverständnis nicht weiter mit einem Strafbefehl beschäftigen, dies auch nicht deshalb tun werden, weil die festgesetzte Strafe noch höher sein kann. Auch eine Pflichtverteidigung würde hier, ebenso wie bei der einjährigen Freiheitsstrafe, nicht genügen, um dafür zu sorgen, dass der Richter für seine Prognose nach § 56 Abs. 2 StGB ein ausreichendes Bild von dem Beschuldigten erhält. Eine

1260 Vereinigungstheorie, BVerfG NJW 2004, 739, 745; NJW 1977, 1525, 1531 m.w.N; wobei das der Vergeltung entsprechende Schuldprinzip als Mittel zur Begrenzung der Strafe fungiere, vgl. BVerfG NJW 2011, 1931, 1938; NJW 1967, 195, 196; so auch *Roxin/Greco*, Strafrecht AT I, § 3 Rn. 51 f., 59 ff.

1261 Vgl. *Hörnle*, Straftheorien, S. 22 ff.; MüKoStGB/*Maier* § 46 Rn. 46; *Wessels/Beulke/Satzger*, StrafR AT, § 1 Rn. 23.

1262 *Montenbruck*, Deutsche Straftheorie, S. 28.

1263 *Roxin/Greco*, Strafrecht AT I, § 2 Rn. 7 ff., § 3 Rn. 37.

1264 Siehe dazu unter VII.

1265 Die Spezialprävention in ihrer positiven Ausprägung soll den Täter resozialisieren, in ihrer negativen Ausprägung soll sie ihn abschrecken, *v. Liszt*, ZStW 3 (1883), 1, 6 ff., 19 ff., 33 ff.

vorherige Anhörung würde dieses Defizit zwar auch hier beseitigen, allerdings darf man nicht aus den Augen verlieren, dass es sich hierbei um alles andere als Bagatelltaten handelt, obwohl das Strafbefehlsverfahren ursprünglich nur für solche Fälle konzipiert war. Auch der Gesetzgeber hat bezüglich der Aussetzung zur Bewährung eine Grenze bei einem Jahr gezogen: Bei einer Freiheitsstrafe bis zu einem Jahr ist die Aussetzung zur Bewährung obligatorisch, § 56 Abs. 1 Satz 1 StGB, bei über einem Jahr lediglich fakultativ, § 56 Abs. 2 Satz 1 StGB.[1266] Und je näher die Strafe an der Zwei-Jahres-Grenze liegt, umso gewichtiger müssen die Gründe dafür sein, dass die Strafvollstreckung noch ausgesetzt werden soll.[1267] Das bedeutet, dass es ohnehin die Ausnahme ist, eine Freiheitsstrafe von zwei Jahren noch zur Bewährung auszusetzen. Und diesen Ausnahmefall dann in ein summarisches Verfahren zu verschieben, erscheint mindestens äußerst fragwürdig. Nach alldem ist es auch bei vorheriger Anhörung nicht angemessen, die Freiheitsstrafe auf zwei Jahre zu erhöhen.

Zudem versprechen auch die Zahlen aus der Praxis nur bedingt Nutzen von einer solchen Ausweitung. 2019 lauteten von insgesamt 669.784 Verurteilungen (Geld- und Freiheitsstrafen) 21.094 auf Freiheitsstrafe zwischen einem und zwei Jahren, wovon 15.161 zur Bewährung ausgesetzt werden konnten.[1268] Prozentual betrachtet würde damit in weniger als 2,3 % der Strafverfahren zusätzlich ein Strafbefehlsverfahren in Betracht kommen, wobei aus diesem Wert noch die vom Landgericht verhängten Freiheitsstrafen rausgerechnet werden müssten. Letztere dürften allerdings den kleineren Teil ausmachen.[1269] Daher ist zu vermuten, dass jährlich betrachtet weniger als durchschnittlich nur circa 22 Fälle mehr pro Amtsgericht verhandelt werden müssten.[1270]

1266 MüKoStGB/*Groß/Kett-Straub* § 56 Rn. 53 f.

1267 BGH NStZ 1987, 21; JR 1986, 70, 71; StV 2001, 676; Sch/Sch/*Kinzig* StGB § 56 Rn. 35.

1268 Siehe unter B. II. 6., IV., Tabelle 9 m.N.

1269 Betrachtet man das Verhältnis der Anzahl der Straftaten vor Amts- und Landgericht, zeigt sich, dass 2019 vor den Landgerichten 14.039 Verfahren erledigt wurden, vor den Amtsgerichten 660.816, *Statistisches Bundesamt*, Fachserie 10, Reihe 2.3, 2019, Tabelle 2.1 und 3.1 (Deutschland). Damit werden durch die Amtsgerichte etwa 47-mal mehr Fälle bearbeitet.

1270 Bei 638 bestehenden Amtsgerichten in Deutschland, Statista 2020, https://de.statista.com/statistik/daten/studie/37313/umfrage/anzahl-der-gerichte-in-deutschland-nach-gerichtsart/, zuletzt abgerufen am 11.02.2021.

Insgesamt ist es daher abzulehnen, die Freiheitsstrafe im Strafbefehlsverfahren auszuweiten. Denn das Risiko für Fehlentscheidungen wäre insgesamt höher als der zu erwartende Nutzen.

Zu diesem Ergebnis kam auch die Befragung der Berliner und Bremer Verteidiger. Der Möglichkeit, durch Strafbefehl Freiheitsstrafen von bis zu zwei Jahren, ausgesetzt zur Bewährung, verhängen zu können, stand die überwiegende Mehrheit ablehnend gegenüber. 49 der Anwälte gaben hier an, dass die Aussage, dass die durch Strafbefehl zulässige Freiheitsstrafe auf zwei Jahre angehoben werden sollte, „nicht zuträfe“, zwei, dass sie „eher nicht zuträfe“, sieben, dass sie „halb zuträfe“, zwei, dass sie „eher zuträfe“ und vier, dass sie „voll zuträfe“. Auch die befragten Richter des Amtsgerichts Tiergarten vertraten überwiegend die Meinung, dass durch Strafbefehl keine Freiheitsstrafen von bis zu zwei Jahren, ausgesetzt zur Bewährung, verhängt werden können sollten. 24 der Richter lehnten die Ausdehnung der Freiheitsstrafe „völlig ab“, drei lehnten sie „eher ab“, drei standen dem „eher neutral“ gegenüber, dreien sagte dieser Vorschlag „eher zu“ und sechs hielten den Vorschlag für „begrüßenswert“. Von einem Richter wurde an dieser Stelle im Rahmen der ergänzenden Anmerkungen zusätzlich scharf betont, dass das Strafbefehlsverfahren nicht weiter ausgeweitet werden sollte. Denn im schriftlichen Verfahren wäre es insbesondere nicht möglich, sich einen persönlichen Eindruck vom Angeklagten zu verschaffen. Dies führte dazu, dass Krankheiten, psychische Auffälligkeiten, Alkoholprobleme, persönliche Probleme des Angeschuldigten und Besonderheiten des Tatvorwurfes häufig nicht berücksichtigt würden. Während also 69,2 % der Richter diesen Vorschlag ablehnten, waren es bei den Verteidigern sogar 79,7 %.

Auch die im Rahmen der Experteninterviews befragten Staatsanwälte standen der Frage, was sie von der Überlegung halten, durch Strafbefehl Freiheitsstrafen von bis zu zwei Jahren (zur Bewährung) verhängen zu können (Frage 39) überwiegend ablehnend gegenüber. B1 verwies darauf, dass neben der günstigen Sozialprognose weitere besondere Umstände erforderlich wären, um im Bereich zwischen einem und zwei Jahren Freiheitsstrafe diese noch zur Bewährung aussetzen zu können. „Das sind Fälle, wo man sich den Täter in der Hauptverhandlung ganz genau angucken muss. Also eins kann ich Ihnen wirklich sagen, dass Leute nach Papierform immer ganz anders sind, als wenn Sie sie in der Hauptverhandlung erleben. Das ist für mich eigentlich auch die größte Schwäche des Strafbefehlsverfahrens. Das geht in der Masse nicht anders, wir sind auf den Strafbefehl angewiesen, ist ein tolles Instrument, aber Sie haben, wenn Sie reingehen ins Gericht, immer wen ganz anders dasitzen als das, was Sie nach Aktenlage erwarten.“ Auch B3, B4 und B6 nannten die Erforderlichkeit, sich den Täter zwecks Beurteilung dieser besonderen Umstände in der Hauptverhandlung anzuschauen. Zudem wäre der Richter dazu angehalten, ausdrücklich über die Folgen einer Bewährungsaussetzung zu informieren. Zumal zwei Jahre Freiheitsstrafe sehr weitreichende Folgen hätten (B3, so auch B4). Auch B2 hielt es für erforderlich, dass sich bei derartigen Strafen vor Gericht verantwortet würde. B6 hielt diese Überlegung zunächst für keine schlechte Idee, änderte im Laufe des Gesprächs über die geringe Entlastungsprognose, die auf seine Nachfrage erläutert wurde, aber seine Meinung. Allein B5 vertrat die Ansicht, dass es keinen Unterschied machte, in welcher Höhe eine Bewährungsstrafe festgesetzt würde, weshalb es keinen vernünftigen Grund gäbe, dies auch im Strafbefehlsverfahren zu machen, sofern man nicht die Meinung verträte, dass Freiheitsstrafen grundsätzlich nicht durch Strafbefehl verhängt werden können sollten. Dies könnte man unterschiedlich sehen.

Ähnliche Reaktionen gab es auf die Frage nach einer Erweiterung der Freiheitsstrafe in dem Sinne, dass diese bis zu einer Höhe von sechs Monaten nicht zur Bewährung ausgesetzt werden müsse, um im Strafbefehl beantragt werden zu können (wie es zum Beispiel in der Schweiz der Fall ist[1271], Frage 40). B3 und B6 lehnten dies strikt ab, da ein Freiheitsentzug, ohne den Menschen gesehen zu haben, unvertretbar wäre (B6). B4 konnte sich dies eher vorstellen als eine Freiheitsstrafe von zwei Jahren, lehnte es im Ergebnis aber auch ab. B1 führte gegen eine solche Ausweitung des Strafbefehlsverfahren den Punkt an, dass es immer Leute gäbe, die den Kopf in den Sand steckten und ihre Post nicht öffneten oder einfach das Pech hätten, die Zustellung nicht mitzubekommen und es dann nicht schafften, einen Wiedereinsetzungsantrag zu stellen. Den Zustellungsaspekt betonten auch B2 und B5. B2 gab an, dass die Einspruchsfrist mit Zustellung – also mit Einwurf in den Briefkasten – begänne und die Gefahr bestünde, dass Angeklagte keine Kenntnis vom Strafbefehl nehmen könnten, gleichzeitig eine Wiedereinsetzung aber nicht erfolgreich wäre. Er könnte sich Fallkonstellationen vorstellen, in denen eine unbedingte Freiheitsstrafe auch als Sanktion nicht passte. Zudem wären Umstände wie das Vorleben in der Hauptverhandlung ausreichend zu würdigen und müssen Eingang in das Urteil finden, das anders als ein Strafbefehl auch Aussagen über das strafrechtliche Vorleben, Vorbelastungen, das Nachtatverhalten oder das Verhalten in der Hauptverhandlung und dem dortigen Auseinandersetzen mit dem Tatvorwurf beinhaltete. Dies wären Aspekte, die erforderlich wären, um in der JVA einen besseren Einblick zu einem Menschen zu erhalten und auf dieser Grundlage

1271 Siehe dazu unter D. I.

einen Vollstreckungsplan zu erstellen. B5 hielt eine solche Möglichkeit nur unter der Voraussetzung für denkbar, dass die Möglichkeit einer Einspruchseinlegung tatsächlich wahrgenommen werden könnte, was er aber mit Blick auf faktische Zustellungsprobleme eher ausschlösse.

Auch in der Praxis wird eine Erweiterung der Freiheitsstrafe mithin insgesamt abgelehnt.

3. *Ersatzfreiheitsstrafen*

Ein großes Problem in Hinblick auf drohenden Freiheitsentzug ist auch die Gefahr, dass eine uneinbringliche Geldstrafe durch eine Ersatzfreiheitsstrafe abgebüßt werden muss, § 43 StGB.[1272] Dies ist gesetzlich angeordnet und bedarf keines weiteren Zwischenschrittes oder eines Antrags im Strafbefehl.[1273]

Problematisch ist dies zum einen mit Blick auf die begrenzten Kapazitäten der Justizvollzugsanstalten und der durch die Haft entstehenden Kosten für den Staat[1274]. Zum anderen stellt sich dieses Problem gerade bei Strafbefehlen deshalb, weil ein großer Teil hiervon auf Geldstrafe lautet[1275].

1272 *Fezer*, in: FS Baumann, 395, 397; auf die Probleme des Instituts der Ersatzfreiheitsstrafe im Allgemeinen kann an dieser Stelle aus Platzgründen nicht vertiefend eingegangen werden, siehe dazu kritisch: Gesetzesentwurf der Fraktion DIE LINKE, BT-Drs. 19/1689, u.a. mit der Begründung, dass ärmere Menschen häufiger von Ersatzfreiheitsstrafen betroffen und kurze Freiheitsstrafen resozialisierungsfeindlich seien; für die Beibehaltung der Ersatzfreiheitsstrafe *Jäger*, Stellungnahme zum Gesetzesentwurf der Fraktion DIE LINKE, abrufbar unter https://www.bundestag.de/resource/blob/633238/e417e8adc399b3f43899235cedc12218/jaeger-data.pdf, zuletzt abgerufen am 11.02.2021; krit. auch *Wilde*, MschrKrim 2015, 348 ff.; zum Problem der Festsetzung von Geldstrafen empirisch *Nagrecha/Bögelein*, KrimOJ 2019, 267; *Bögelein*, in: Meier/Leimbach (Hrsg.), Gefängnisse im Blickpunkt der Kriminologie, 127 ff.

1273 KK-StPO/*Maur* § 407 Rn. 10; wenn der Hinweis hierauf fehlt habe das keine rechtlichen Folgen, OLG Bremen NJW 1975, 1524, 1525.

1274 *Heinz*, in: FS Müller-Dietz, 271, 297; am 31.08.2017 verbüßten 4.700 Personen eine Ersatzfreiheitsstrafe, die Kosten eines Hafttags betrugen ca. 130 Euro, siehe BT-Drs. 19/601 und BT-Drs. 19/803, S. 1 ff.; dies macht unter Berücksichtigung der Inhaftierungsdauer einen finanziellen Aufwand von ca. 200 Mio. Euro pro Jahr, siehe auch https://www.zeit.de/gesellschaft/zeitgeschehen/2018-02/justizvollzug-geldstrafe-gefaengnis-kosten-ersatz?print, zuletzt abgerufen am 11.02.2021; siehe auch https://www1.wdr.de/daserste/monitor/extras/pressemeldung-ersatzfreiheitsstrafen-100.html, zuletzt abgerufen am 11.02.2021; am 31.01.2020 waren 4.664 Personen wegen Ersatzfreiheitsstrafen inhaftiert, siehe Grafik 15.

1275 Siehe B. I. 1. a), II. 3., IV., Tabellen 1 und 6 m.N.

Grafik 15 Verhältnis Freiheitsstrafen und Ersatzfreiheitsstrafen[1276]

Einer Schätzung für das Jahr 1998 zufolge beruhen 75 % der Ersatzfreiheitsstrafen auf Strafbefehlen.[1277] Insgesamt werden 10 % der Geldstrafen als Ersatzfreiheitsstrafe verbüßt.[1278] Zwar enthält ein Strafbefehl unmittelbar im Anschluss an die festgesetzte Höhe der Geldstrafe den Hinweis darauf, dass an die Stelle eines Tagessatzes ein Tag Ersatzfreiheitsstrafe tritt, wenn die Geldstrafe nicht beigetrieben werden kann. Eine weitergehende Erläuterung unterbleibt jedoch[1279], wodurch das Risiko fehlenden Verständnisses an dieser Stelle erhöht wird.

1276 *Statistisches Bundesamt*, Rechtspflege, Bestand der Gefangenen und Verwahrten in den deutschen Justizvollzugsanstalten nach ihrer Unterbringung auf Haftplätzen des geschlossenen und offenen Vollzuges, Januar bis Juni 2020 (Deutschland).

1277 *Heinz*, in: FS Müller-Dietz, 271, 298; *Dolde*, in: FS Böhm, 581, 586; *Dolde*, ZfStrVo 1999, 330, 331: In Baden-Württemberg sei bei drei von vier Ersatzfreiheitsstrafen die Geldstrafe durch Strafbefehl festgesetzt worden.

1278 *Treig/Pruin*, Forum Strafvollzug 2018, 10; *Kemme/Dunkel*, StV 2020, 52, 58 f.; eine Studie aus Mecklenburg-Vorpommern zeigte zudem, dass dort in den Jahren 2014–2017 knapp über 40 % der Aufnahmen in ein Gefängnis aufgrund einer Ersatzfreiheitsstrafe erfolgten, *Bögelein/Glaubitz/Neumann/Kamieth*, MschrKrim 2019, 282, 287.

1279 Es sei auch nicht notwendig, im Strafbefehl auf diese Möglichkeit hinzuweisen, OLG Bremen NJW 1975, 1524; wenn auch die Klarstellung nicht schade,

Das OLG Bremen vertritt die Auffassung, dass es dem Verurteilten klar sein müsse, dass er nicht sanktionslos ohne Ersatzfreiheitsstrafe davonkomme, wenn man das Geld nicht eintreiben könne.[1280] Allerdings dürfte dies nicht so selbstverständlich sein, wie das OLG Bremen es hier darstellt. Rechtsunkundigen dürfte die Möglichkeit einer Ersatzfreiheitsstrafe gerade nicht geläufig sein. Dies gilt insbesondere für zugezogene Personen, die das Rechtssystem in Deutschland ohnehin noch nicht genauer kennen. Eine Erläuterung im Strafbefehl würde sich daher dringend empfehlen.[1281] Zudem wird insbesondere nicht auf die Möglichkeit hingewiesen, stattdessen gemeinnützige Arbeit leisten zu können, Art. 293 EGStGB i.V.m. dem jeweiligen Landesrecht[1282]. Eine leicht verständliche Erläuterung wäre auch deshalb abgebracht, da es Fälle gibt, in denen es hauptsächlich wegen des Unverständnisses aufgrund von beispielsweise Sprachhindernissen zur Ersatzfreiheitsstrafe kommt (dazu sogleich). Denn wenn viele der Strafbefehlsempfänger aufgrund von Sprachbarrieren oder aus anderen Gründen schon nicht dazu imstande sind, die Bedeutung des Strafbefehls zu erfassen, liegt es nahe, dass sie auch im späteren Vollstreckungsverfahren nicht vollständig begreifen, um was es tatsächlich geht.

Die Gefahr, dass es zu einer Ersatzfreiheitsstrafe kommt, ist auch aus anderen Gründen nicht zu unterschätzen. So ist neben dem Kommunikationsproblem auch ein Informationsproblem auf Seiten der Staatsanwaltschaft betreffend der Einkommenshöhe gegeben: Denn je weniger die finanzielle Situation des Beschuldigten bekannt ist, umso eher scheitert die Eintreibung der Geldsumme[1283], was insbesondere in den Fällen zutrifft, in denen die Tagessatzhöhe von der Staatsanwaltschaft zu hoch geschätzt wird.

KK-StPO/*Maur* § 407 Rn. 10; LR/*Gössel* § 407 Rn. 19; *Fezer*, in: FS Baumann, 395, 403.

1280 OLG Bremen NJW 1975, 1524, 1525 f., das in dem fehlenden Hinweis insbesondere auch keinen Verstoß gegen Art. 104 Abs. 2 Satz 1 GG sieht.

1281 Vgl. LR/*Gössel* § 407 Rn. 19.

1282 Für bspw. Berlin geregelt in der Verordnung über die Abwendung der Vollstreckung von Ersatzfreiheitsstrafen durch freie Arbeit (TilgV) v. 27. Januar 2021, GVBl. S. 130; vgl. auch *Cornel*, in: FS Lüderssen, 821.

1283 *Heinz*, in: FS Müller-Dietz, 271, 297 Fn. 108; *Janssen*, Die Praxis der Geldstrafenvollstreckung, S. 66 ff., 210 f.; *Dolde*, ZfStrVo 1999, 330, 331; zudem ergab eine Untersuchung von *Albrecht*, Strafzumessung und Vollstreckung von Geldstrafen, S. 257 ff., 271, dass die Quote der Ersatzfreiheitsstrafen bei ausgewählten Deliktsbereichen mit steigenden Einkommen sinkt und arbeitslose Personen in Relation zu ihrem Anteil an den Geldstrafenschulden besonders häufig Ersatzfreiheitsstrafen verbüßen.

Zudem ist problematisch, dass die Vollstreckung ohne eine richterliche Anhörung stattfindet.[1284] Das bedeutet, dass es – anders als beim regulären Verfahren – zu einer Ersatzfreiheitsstrafe kommen kann, ohne dass der Richter den Verurteilten jemals zu Gesicht bekam.[1285] Gerade weil eine Geldstrafe auch Freiheitsentzug zur Folge haben kann, wäre eine vorherige Anhörung daher erforderlich. Hierdurch könnte das Risiko verringert werden, dass es zur Ersatzfreiheitsstrafe kommt. Denn gerade auch mit Blick auf den Umstand, dass Strafbefehle insbesondere bezüglich der Bemessung der angemessenen Höhe der Geldstrafe besonders fehleranfällig sind, droht hier die Vollstreckung durch eine besonders einschneidende (Ersatz-)Freiheitsstrafe, obwohl es eigentlich um eine regelmäßig eher weniger schwerwiegende Geldstrafe ging.

Die Befragung der Strafverteidiger ergab, dass 64,3 % der Verteidiger die Erfahrung machten, dass „sehr viele" bis „viele" der Freiheitsstrafen infolge von Strafbefehlen Ersatzfreiheitsstrafen sind. Zudem gaben zehn Anwälte an, dass ihre Mandanten den zugestellten Strafbefehl „sehr häufig" als solchen erkennen würden, 27, dass er „häufig" als solcher erkannt würde, 27 machten diese Erfahrung „manchmal" und zwei „selten". Damit gaben insgesamt nur 15,1 % der befragten Verteidiger an, dass die Mandanten einen Strafbefehl „sehr häufig" als solchen identifizierten. Nach fast der Hälfte der Befragten (43,9 %) war dies hingegen nur „manchmal" bis „selten" der Fall. Außerdem gaben 68,2 % der Verteidiger an, dass die Angeklagten die Folgen eines Strafbefehls nur „manchmal" oder „selten" abschätzen könnten. Auch auf die Fragen zu sprachlichen Verständnisschwierigkeiten, aufgrund derer der Strafbefehl als solcher nicht erkannt wird, antworteten 6,25 % der Verteidiger mit „sehr häufig", 29,7 % mit „häufig", 43,7 % mit „manchmal", 18,7 % mit „selten" und 1,6 % mit „nie". Zudem ergaben die Antworten der Verteidiger auch, dass die Tagessatzhöhe nur „manchmal" (30,7 %) bis „selten" (52,3 %) juristisch korrekt bemessen wurde.

Diese Umstände legen zusammengenommen die Vermutung nahe, dass die Gefahr, dass es zu Ersatzfreiheitsstrafen kommt, besonders groß ist. Zum einen weil der Angeklagte sich regelmäßig mangels ausreichender Sprachkenntnis und Verständnisschwierigkeiten nicht ausreichend mit dem Strafbefehl auseinandersetzen kann, sodass es zum einen hierdurch zum Unterbleiben der Begleichung der Geldstrafe und damit zu Ersatzfreiheitsstrafen kommen kann.

1284 *Heinz*, in: FS Müller-Dietz, 271, 297 Fn. 106 sieht hierin allerdings kein Problem.

1285 *Bandisch*, AnwBl 1991, 311, 312 weist zudem darauf hin, dass auch bei einer Freiheitsstrafe der Richter den Verurteilten erstmals beim Bewährungswiderruf zu sehen bekommen könne; so auch *Stellungnahme*, StV 1991, 280, 281.

Zum anderen sind die Angeklagten womöglich auch nicht dazu imstande, die – zu hoch angesetzte – Summe zu begleichen.[1286] In Verbindung mit den soeben genannten Verständnisschwierigkeiten führt dies zum Unterlassen einer Verteidigung, sodass der Strafbefehl rechtskräftig und die Geldstrafe nach ausbleibender Zahlung im Wege einer Ersatzfreiheitsstrafe vollstreckbar wird.

4. *Rechtsfolge Geldstrafe*

a) *Begrenzung der Geldstrafe*

Die zunächst bestehende Begrenzung der Geldstrafe wurde erstmals mit dem Vereinfachungsgesetz von 1917[1287] aufgehoben[1288], da das in die Justiz investierte Geld kriegsbedingt anderen Einsatz finden sollte.[1289] 1974[1290] wurde die Geldstrafe erneut auf das gesetzlich zulässige Höchstmaß angehoben mit der Begründung, dass hiergegen keine Bedenken bestehen.[1291] Im Strafbefehl kann heutzutage eine Geldstrafe von bis zu 360 Tagessätzen mit einem Tagessatz von bis zu 30.000 Euro festgesetzt werden, § 40 Abs. 1 Satz 2, Abs. 2 Satz 3 StGB, insgesamt also bis zu 10,8 Millionen Euro. Bei dieser Höhe handelt es sich bei weitem nicht mehr um geringfügige Fälle.

Aus diesem Grund spricht sich Müller für eine Begrenzung der Geldstrafe aus.[1292] Der offene Strafrahmen berge die Gefahr, dass das Strafbefehlsverfahren immer mehr zum Regelverfahren werde.[1293] Um zu erreichen, dass das Verfahren aber nur auf die Fälle minderschwerer Kriminalität anwendbar ist, müsse die Höhe der Geldstrafe begrenzt werden. Ab welcher Tagessatzanzahl nicht mehr von geringfügigeren Delikten gesprochen werden kann, sei nicht vorgegeben, allerdings regele § 32 Abs. 2 Nr. 5a BZRG, dass eine Geldstrafe, die

1286 Siehe zum Problem der Schätzung des Tagessatzhöhe unter II. 2. e).

1287 RGBl. 1917, S. 957.

1288 RGBl. 1917, S. 957 f.; *Müller*, Das Strafbefehlsverfahren, S. 242 m.N.: Näher begründet worden sei dies nicht, es habe nur lapidar geheißen, dass kein innerer Grund bestehe, das weite Gebiet der übrigen Vergehen grundsätzlich von den Strafbefehlsverfahren auszuschließen; so auch *Thuma*, Das Strafbefehlsverfahren im geltenden und künftigen Recht, S. 30 m.N.

1289 *Elobied*, Die Entwicklung des Strafbefehlsverfahrens, S. 98.

1290 Einführungsgesetz zum Strafgesetzbuch vom 2. März 1974, BGBl. 1974 I, S. 469, 513.

1291 BT-Drs. 6/3250, S. 459.

1292 *Müller*, Das Strafbefehlsverfahren, S. 272, 319 f.; für eine Begrenzung auch *Fezer*, ZStW 106 (1994), 1, 42.

1293 *Müller*, Das Strafbefehlsverfahren, S. 273.

über neunzig Tagessätze beträgt, in das Führungszeugnis aufzunehmen sei und der Täter sich ab dieser Grenze nicht mehr als unbestraft bezeichnen dürfe, § 53 Abs. 1 BZRG – dies zeige, dass eine höhere Verurteilung auf jeden Fall schwer wiege.[1294] Dreißig Tagessätze[1295] seien zu wenig, weil dies gerade einmal die Untergrenze dessen darstelle, was bei einer folgenlosen Trunkenheitsfahrt verhängt werde; bei 180 Tagessätzen[1296] sei jedenfalls schon keine minderschwere Kriminalität mehr gegeben.[1297] Angemessen sei es aber, die Grenze bei neunzig Tagessätzen[1298] zu ziehen. Hierfür führt er zum einen an, dass die Geldstrafe vor 1975 über die Ersatzfreiheitsstrafe auf die Höhe der primären Freiheitsstrafe von drei Monaten begrenzt war, was verdeutliche, wo der Gesetzgeber die Grenze der minderschweren Kriminalität und damit den Anwendungsbereich für das Strafbefehlsverfahren sah.[1299] Weiterhin sei dies auch die Tagessatzhöhe, ab der ein Eintrag in das Führungszeugnis gerade noch nicht vorgenommen werde (§ 32 Abs. 2 Nr. 5a BZRG), was andernfalls erhebliche negative Auswirkungen auf die gesellschaftlichen Chancen habe.[1300] Zudem würden von den Gerichten selten höhere Geldstrafen verhängt[1301], sodass diese Grenze auch mit der Praxis harmoniere.[1302]

Der Gesetzgeber selbst sah – anders als Müller – keinen einleuchtenden Grund dafür, nach Wegfall der primären Freiheitsstrafe im Jahr 1975 weiterhin

1294 Neunzig Tagessätze seien nicht nur die rechtliche, sondern auch faktische Grenze, ab der Kriminalität nicht mehr minderschwer sei, *Müller*, Das Strafbefehlsverfahren, S. 272 f.; so auch *Wolter*, GA 1985, 49, 51, 68, 73.

1295 *Peters*, Gutachten C zum 52. DJT, S. 19.

1296 Für eine Aufhebung dieser Begrenzung allerdings der Entwurf zum EGStGB 1972, BT-Drs. 6/3250, S. 459.

1297 *Müller*, Das Strafbefehlsverfahren, S. 319.

1298 So auch *Rieß*, in: FS Schäfer, 155, 217 allg. für ein vereinfachtes mündliches Verfahren.

1299 *Müller*, Das Strafbefehlsverfahren, S. 272, 320; vgl. auch *Schmidt*, Lehrkomm. StPO II § 407 Rn. 9; *Mayer*, GS 99, 36, 69 ff.; *Thuma*, Das Strafbefehlsverfahren im geltenden und künftigen Recht, S. 42 f.

1300 *Wolter*, GA 1985, 49, 51; *Müller*, Das Strafbefehlsverfahren, S. 320; *Bögelein*, Deutungsmuster von Strafe, S. 77; vgl. *Hohenstatt/Stamer/Hinrichs*, NZA 2006, 1065, 1067 bzgl. der Vorlage eines Führungszeugnisses an den potentiellen Arbeitgeber.

1301 *Wolter*, GA 1985, 49, 51, 68, 73; *Wolter*, GA 1989, 397, 413; auch heutzutage werden mehr als 90 % der Geldstrafen in Höhe von neunzig Tagessätzen oder weniger verhangen, siehe unter B. II. 4., IV. Tabelle 7 m.N.; so auch MüKoStGB/*Radtke* § 40 Rn. 10.

1302 *Müller*, Das Strafbefehlsverfahren, S. 320.

an der Begrenzung der Geldstrafe festzuhalten, damit die Ersatzfreiheitsstrafen nicht länger als die primären sein konnten – vielmehr sollte das Verfahren grundsätzlich bei jeder Geldstrafe angewandt werden können.[1303]

b) Begrenzung der Ersatzfreiheitsstrafe

Die Höhe der Ersatzfreiheitsstrafe ist unmittelbar an die Anzahl der Tagessätze der Geldstrafe gebunden, § 43 StGB, und kann somit nur über diese begrenzt werden. Bevor die Ersatzfreiheitsstrafe vollzogen wird, müssen alle Anstrengungen unternommen werden, um dies zu verhindern[1304], wozu auch das Ableisten gemeinnütziger Arbeit gehört, was allerdings nur auf formal freiwilliger Basis geschehen kann.[1305] Die Ersatzfreiheitsstrafe stellt, neben der Zulässigkeit derart hoher Strafen in einem summarischen Verfahren per se, das große Risiko an der fehlenden Begrenzung der Geldstrafe dar. Insbesondere die Angeklagten, die nicht verteidigt sind, laufen unter Umständen wegen der fehlenden Aufklärung Gefahr, ihre Geldstrafe zwangsweise absitzen zu müssen. Da die Geldstrafe bis zu 360 Tagessätze betragen kann, § 40 Abs. 1 Satz 2 StGB, kann auch die Ersatzfreiheitsstrafe bis zu einem Jahr lang sein, § 43 Satz 2 StGB. Schon früher wurde vorgeschlagen, dem eine Grenze zu setzen.[1306] Im Gesetzesentwurf von 1972 wurde erwogen, ein Höchstmaß von 180 Tagessätzen einzuführen; dies hat sich allerdings nicht durchgesetzt, da der Anwendungsbereich nicht zu stark eingeschränkt werden sollte.[1307]

c) Stellungnahme

Die gegenüber dem Höchstsatz unbeschränkte Geldstrafe eröffnet die Möglichkeit, das Strafbefehlsverfahren auf Fälle anzuwenden, für deren Ausmaß es ursprünglich nicht vorgesehen war. Sich die Frage nach einer Beschränkung jenseits der neunzig Tagessätze zu stellen, ist allerdings weniger praxisrelevant. Denn es wird insgesamt nur ein kleiner Teil der Geldstrafen auf über neunzig Tagessätze festgesetzt, Geldstrafen über 180 Tagessätze sind eine Rarität.[1308] 2019 wurden 91,3 % der Geldstrafen im Bereich zwischen fünf und neunzig

---

1303 BT-Drs. 7/551, S. 95; a.A. *Müller*, Das Strafbefehlsverfahren, S. 320.

1304 Vgl. BeckOK StGB/*Heintschel-Heinegg* § 43 Rn. 1.

1305 Vgl. MüKoStGB/*Radtke* § 43 Rn. 4 f.; vgl. *Böhm*, ZRP 1998, 360, 361 f.

1306 Nach *Wolter*, GA 1989, 397, 413, sollte sie nicht mehr als drei Monate betragen.

1307 BT-Drs. 6/3250, S. 459; *Fezer*, in: FS Baumann, 395, 403 Fn. 37; LR/*Gössel* § 407 Rn. 17 f.; gegen eine Begrenzung auch *Kirch*, Das Strafbefehlsverfahren nach dem StVÄG 1987, S. 82.

1308 MüKoStGB/*Radtke* § 40 Rn. 10.

Tagessätzen verhängt, 8,2 % zwischen neunzig und 180 und 0,6 % zwischen 180 und 360 Tagessätzen.[1309]

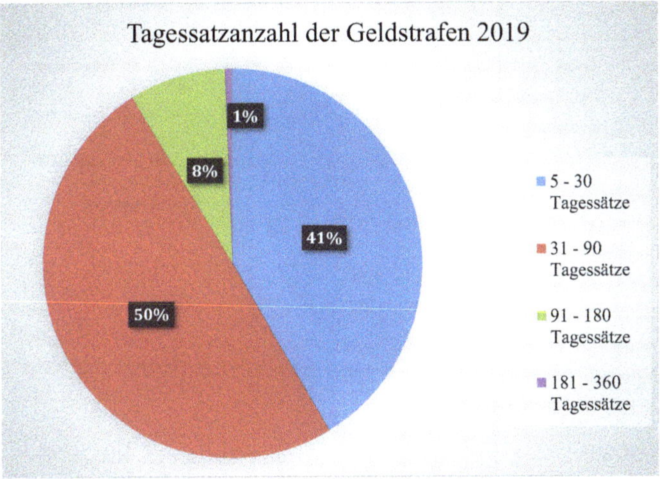

Grafik 12 Tagessatzanzahl der Geldstrafen 2019
Zu Tabelle 7, siehe B. IV. m. N.

Auch die Strafbefehle, die im Rahmen des Beratungsprojektes protokolliert wurden, bewegten sich überwiegend im Bereich zwischen zwanzig und sechzig Tagessätzen. Knapp ein Drittel der Strafbefehle (13 von 42) lagen darüber, nur vier lagen über neunzig Tagessätze. Daher kann in diesen Bereichen ohnehin keine allzu große Entlastungswirkung gegeben sein. Auch die Statistik aus Baden-Württemberg zeigt dementsprechend, dass die größte Entlastungswirkung durch rechtskräftige Strafbefehle bei Tagessatzhöhen unter neunzig liegt.

1309 *Statistisches Bundesamt*, Fachserie 10, Reihe 3, 2019, Tabelle 3.3, siehe unter B. II. 4., IV., Tabelle 7.

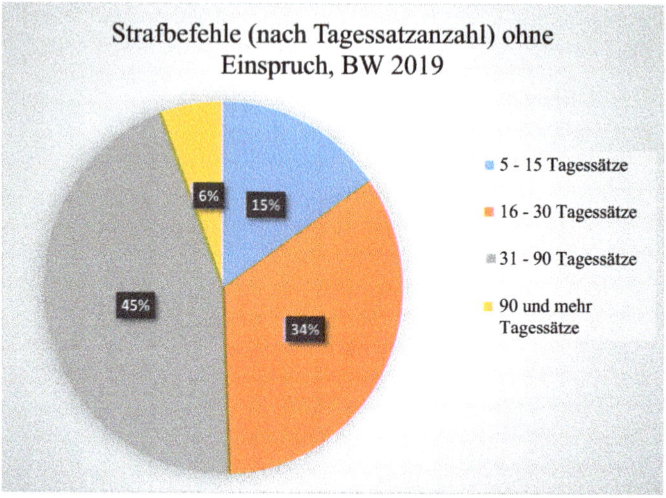

Grafik 13 Strafbefehle (nach Tagessatzanzahl) ohne Einspruch, BW 2019
Zu Tabelle 8, siehe B. IV. m. N.

Zwar kann es sich auch bei hohen Tagessatzanzahlen insgesamt um eine recht überschaubare Geldsumme handeln (120 Tagessätze à 15 Euro sind zum Beispiel „nur" 1.800 Euro). Da die Höhe der Tagessätze aber einkommensabhängig bemessen wird[1310], § 40 Abs. 2 Satz 2 StGB, liegt dadurch keine geringe Belastung vor. Insgesamt ist es damit erstrebenswert, die Geldstrafe zu begrenzen.

Insbesondere auch wegen der Möglichkeit der Ersatzfreiheitsstrafe sollten keine besonders hohen Geldstrafen in einem summarischen Verfahren verhängt werden dürfen. Derart hohe Strafen sollten in einem ordentlichen Verfahren unter den Augen der Öffentlichkeit verhängt werden. Die Länge der Ersatzfreiheitsstrafe zu begrenzen wäre auch deshalb angemessen, weil, anders als bei der Verhängung einer primären Freiheitsstrafe, dem Beschuldigten gerade kein Verteidiger zur Seite steht.

Der tatsächliche Antritt der Freiheitsstrafe erfolgt entweder durch Widerruf der Bewährung (originäre Freiheitsstrafe) oder durch Nichtleistung der Geldstrafe (Ersatzfreiheitsstrafe); hier besteht für den Verurteilten allerdings kein großer Unterschied[1311], zumal auch die Ersatzfreiheitsstrafe eine echte Strafe ist[1312].

1310 MüKoStGB/*Radtke* § 40 Rn. 51.

1311 Vgl. auch *Kirch*, Das Strafbefehlsverfahren nach dem StVÄG 1987, S. 82; einen Unterschied hingegen sieht *Fezer*, in: FS Baumann, 395, 403.

1312 BVerfG NJW 2006, 3626, 3627; BGH NJW 1964, 2069, 2070; Sch/Sch/*Kinzig* StGB § 43 Rn. 2; *Meier*, Strafrechtliche Sanktionen, S. 81.

Bei welcher Höhe die Begrenzung angesetzt werden sollte, muss unter verschiedenen Gesichtspunkten betrachtet werden: Zum einen mit Blick auf die Grenze zur schwereren Kriminalität, die aus bereits genannten Gründen wohl bei neunzig Tagessätzen gezogen werden kann. Zum anderen mit Blick auf die Ersatzfreiheitsstrafe sowie die individuellen Folgen für den Empfänger. Des Weiteren darf aber auch die erforderliche Entlastung der Strafjustiz nicht außen vor gelassen werden.

Wo die Grenze genau verlaufen muss, ist eine Entscheidung, die nicht exakt an bestimmten Parametern festzumachen ist. Die Grenze von neunzig Tagessätzen zu unterschreiten wäre für den Empfänger eines Strafbefehls deshalb von Vorteil, weil er nicht mehr durch ein schriftliches Verfahren vorbestraft werden kann. Dies berücksichtigte auch die gesetzgeberische Entscheidung bezüglich der Grenze, ab wann eine Tat derart gewichtig ist, dass sie in Form einer Vorstrafe vermerkt werden solle. Damit wäre auch die Ersatzfreiheitsstrafe auf drei Monate begrenzt, was zu begrüßen wäre. Der Anwendungsbereich des Strafbefehlsverfahrens darf angesichts seiner Entlastungswirkung im Bereich bis zu neunzig Tagessätzen aber nicht zu sehr beschränkt werden. Schaut man sich beispielhaft diverse Fälle mit Geldstrafen von unter fünfzig, sechzig, siebzig und neunzig Tagessätzen an[1313], so lässt sich jedenfalls der Bereich bis zu fünfzig Tagessätzen wohl als geringfügig einordnen.

1313 Auf eine Geldstrafe durch Strafbefehl von vierzig Tagessätzen erkannt wurde z. B. wegen unerlaubten Entfernens vom Unfallort bei einem Fremdsachschaden von 2.041,64 Euro netto, wobei zusätzlich die Einziehung des Führerscheins und zunächst die Entziehung der Fahrerlaubnis sowie die Sperrfrist zur Neuerteilung der Fahrerlaubnis von einem Jahr angeordnet wurde, Hanseatisches OLG Hamburg, Beschl. v. 27. Juli 2018 – 2 Rev 50/18; zu einer Geldstrafe durch Urteil von achtzig Tagessätzen wegen Betruges wird eine Richterin verurteilt, die unberechtigterweise weiter Familienzuschlag i.H.v. insg. 2700 Euro bezieht, obwohl der Grund hierfür weggefallen ist, auch wenn sie den Wegfall des Grundes zu Beginn mitteilte, LG Düsseldorf, Urt. v. 27. September 2019–22 Ns 46/19; eine Geldstrafe von neunzig Tagessätzen wegen Diebstahls wurde gegen einen nicht wesentlich vorbestraften Angeklagten verhängt, der bei Verlassen eines Grundstücks dort vier mit Ölfarbe übermalte Fotografien aus dem Müll mitnahm und sie sie verkaufen wollte, AG Köln, Urt. v. 24. April 2019 – 539 Ds 48/18; vgl. dazu auch die Tabelle bei *Schäfer/Sander/van Gemmeren*, Praxis der Strafzumessung, Rn. 1895: Ab einem hinterzogenen Steuerbetrag von 7.500 Euro wird in einem süddeutschen Finanzamt die Anzahl der Tagessätze „für den Normalfall" bei sechzig angesetzt; darunter komme auch immer eine Einstellung in Betracht; vgl. ferner zur Sanktionsstruktur und Geldstrafenhöhe bei ausgewählten Deliktsgruppen *Albrecht*, Strafzumessung und Vollstreckung von Geldstrafen, S. 72 ff.

Die Grenze wird demnach zwischen siebzig und neunzig Tagessätzen zu ziehen sein. Um den Anwendungsbereich noch so groß wie möglich zu halten, ohne die einschneidende Folge für den Beschuldigten auszulösen, sich als vorbestraft bezeichnen zu müssen, könnte man die Grenze bei 85 Tagessätzen ziehen. Darüber hinaus gehende Geldstrafen müssten dann im Rahmen einer Hauptverhandlung verhängt werden, was verhindert, dass der Angeklagte den Strafbefehl ignorieren oder nicht verstehen kann und ihm aus diesem Grund unterliegt.

Mithin ist eine Begrenzung der Geldstrafe auf 85 Tagessätze angemessen.

5. *Weitere Begrenzungen der Rechtsfolge*

Aufgrund der Prognoseelemente könnte man erwägen, auch die Rechtsfolge der Verwarnung mit Strafvorbehalt i.S.d. § 59 StGB aus dem Rechtsfolgenkatalog des Strafbefehlsverfahrens auszunehmen. Bei dieser Sanktion wird die Schuld des Täters zwar festgestellt[1314], die Verurteilung zu der bestimmten Geldstrafe aber vorbehalten; der Täter bleibt während der Bewährungszeit von Vollstreckung und Verurteilung verschont.[1315] Nach § 59 Abs. 1 Satz 1 StGB ist dabei eine positive Sozialprognose zu stellen, bei der nach § 59 Abs. 1 Satz 2 StGB § 56 Abs. 1 Satz 2 StGB zu berücksichtigen ist. Auch hier ließe sich also argumentieren, dass der Richter das Vorliegen der Voraussetzungen nicht ohne persönlichen Eindruck feststellen kann.[1316]

Gemäß §§ 4 Nr. 3, 12 Abs. 2 BZRG erfolgt auch hier ein Eintrag in das Bundeszentralregister. Vor einer Entscheidung zugunsten einer Verwarnung muss erwogen werden, ob eine Einstellung nach § 153a StPO in Frage kommt, die den positiven Effekt hat, dass der Registereintrag unterbleibt.[1317]

Das Vorbehalten der Geldstrafe ist für den Täter allerdings positiv und anders als bei der Aussetzung der Freiheitsstrafe entscheidet das Ergebnis der Prognose nicht darüber, ob das Strafbefehlsverfahren überhaupt Anwendung finden kann, weil das Gericht ansonsten die verwirkte Geldstrafe hier auch ohne Aussetzung festsetzen kann. Aus rechtsstaatlicher Sicht bestehen hier daher erheblich weniger Bedenken, aufgrund der Aktenlage zu entscheiden, allerdings sollte angesichts der Geringfügigkeit der Rechtsfolge und der unter

---

1314 LG Frankfurt a.M. NJW 2005, 692, 696; BT-Drs. 16/3038 S. 58.

1315 Lackner/Kühl/*Kühl* StGB § 59 Rn. 1; Sch/Sch/*Kinzig* StGB § 59 Rn. 1.

1316 Dies sei vielfach so, LR/*Gössel* § 407 Rn. 22.

1317 LR/*Gössel* § 407 Rn. 22; KK-StPO/*Maur* § 407 Rn. 11; SSW-StPO/*Momsen* § 407 Rn. 19.

Umständen besonders negativen Auswirkung einer Eintragung im Bundeszentralregister auf diese verzichtet werden.[1318]

6. *Ausdehnung des Anwendungsbereichs*

Mit der Erweiterung der Rechtsfolgen erweitert sich auch der Anwendungsbereich des Strafbefehlsverfahrens. Den Blick primär auf diesen gerichtet, gab und gibt es Erwägungen, speziell die Wirtschaftsstrafsachen vermehrt durch Strafbefehl zu erledigen. Da von diesen Verfahren zwar nicht alle, aber viele aufgrund ihrer Schwere vor allem auch in die Zuständigkeit des Landgerichts fallen, ginge damit eine Erstreckung auf die landgerichtliche Kompetenz einher.

a) Wirtschaftsstrafsachen

Was genau zum Bereich des Wirtschaftsstrafrechts gehört, ist in der Literatur streitig.[1319] Welche Delikte in die Kompetenz der Wirtschaftsstrafkammer fallen, regelt § 74c GVG, der insofern als Orientierung herangezogen werden kann.[1320] Dazu zählen neben Delikten im Bereich des gewerblichen Rechtsschutzes und des Wettbewerbsrechts beispielsweise die wettbewerbsbeschränkende Absprache bei Ausschreibungen, § 298 StGB, die Bestechlichkeit und Bestechung im geschäftlichen Verkehr, § 299 StGB, die Bestechlichkeit und Bestechung im Gesundheitswesen, §§ 299a, b StGB, das Bank- und Börsenrecht, Subventions-, Kredit- und Kapitalanlagebetrug, §§ 264, 264a, 265b StGB, das Insolvenzstrafrecht, §§ 283, 283c, 283d StGB, § 15a InsO oder das Außenwirtschafts-, Steuer-, Zoll- und Finanzmonopolrecht.[1321] Delikte wie Betrug, § 263 StGB[1322], Computerbetrug, § 263a StGB, Untreue, § 266 StGB, Vorteilsgewährung und Bestechung, §§ 333, 334 StGB, oder das Vorenthalten und Veruntreuen von Arbeitsentgelt, § 266a StGB, zählen regelmäßig auch zu diesem Bereich[1323] – ob sie allerdings in die Kompetenz des Landgerichts fallen, hängt von ihrer Schwere im konkreten Fall ab.

Da diese Delikte zu den Vergehen gehören, kann das Strafbefehlsverfahren grundsätzlich auch nach derzeitiger Rechtslage auf sie angewandt werden.

1318 So auch *AE-ASR*, GA 2019, 1, 29.

1319 Siehe dazu unter 3. Teil; dazu genauer *Wittig*, Wirtschaftsstrafrecht § 2 Rn. 1 ff.

1320 *Wittig*, Wirtschaftsstrafrecht § 2 Rn. 2; *Bundeskriminalamt*, Bundeslagebild Wirtschaftskriminalität 2019, S. 4, abrufbar unter https://www.bka.de/DE/AktuelleInformationen/StatistikenLagebilder/Lagebilder/Wirtschaftskriminalitaet/wirtschaftskriminalitaet_node.html, zuletzt abgerufen am 11.02.2021.

1321 Vgl. *Wittig*, Wirtschaftsstrafrecht § 2 Rn. 22.

1322 Vgl. in dem Zusammenhang *Leßner*, Betrug als Wirtschaftsdelikt, S. 287 f.

1323 Vgl. *Wittig*, Wirtschaftsstrafrecht § 2 Rn. 23.

Dass das Strafbefehlsverfahren trotzdem nicht auf alle Wirtschaftsstrafsachen angewandt werden kann, liegt auch nicht daran, dass die zulässigen Rechtsfolgen zu gering wären. Geldstrafen in dem gesetzlich zulässigen Höchstmaß und Freiheitsstrafen bis zu einem Jahr, ausgesetzt zur Bewährung, sind bereits derzeit zulässig. Eine Ausweitung des Rechtsfolgenbereichs würde sich daher nur auf die Freiheitsstrafen zwischen einem und zwei Jahren erstrecken. Freiheitsstrafen über zwei Jahre und damit dem Maß, das noch zur Bewährung ausgesetzt werden kann, sind als Rechtsfolge für das summarische Strafbefehlsverfahren ausgeschlossen.

Betrachtet man nun die Freiheitsstrafen zwischen einem und zwei Jahren in einem ausgewählten Bereich der Wirtschaftsdelikte, so zeigt sich, dass hier kaum derart viele Sanktionen verhängt werden, dass eine Ausweitung eine Entlastungswirkung erzielen könnte.[1324]

Grafik 14 Aussetzung von Freiheitsstrafen im Bereich der Wirtschaftsdelikte (ein bis einschl. zwei Jahre)

Zu Tabelle 10, siehe B. IV. m. N.

1324 Die von *Böttcher*, in: FS Odersky, 299, 309, durchgeführte Befragung einiger Leitenden Oberstaatsanwälte ergab, dass auf Freiheitsstrafe lautende Strafbefehle in Wirtschaftsstrafsachen und Steuersachen eine weniger große Rolle als bei Eigentumsdelikten und Straßenverkehrssachen spielten; bei letzteren gebe es viel öfter Vorstrafen.

So gab es 2019 2.597 Betrugsfälle, bei denen eine Bewährungsfreiheitsstrafe zwischen einem und zwei Jahren festgesetzt wurde, gefolgt von Verstößen gegen die Abgabenordnung mit 430 und dem Vorenthalten von Arbeitnehmerbeiträgen nach § 266 StGB mit 251 Fällen.[1325] Die übrigen Zahlen kann man aufgrund ihrer geringen Höhe vernachlässigen.

Die Ausweitung des Sanktionsrahmens auf zwei Jahre Freiheitsstrafe, ausgesetzt zur Bewährung, ist mithin keine Option, die allein eine Entlastung im Bereich der Wirtschaftsstrafsachen bewirken könnte, auch wenn Wirtschaftsstrafverfahren oftmals langwierig und kompliziert sind.[1326]

Daher stellt sich weiterhin die Frage, ob andere Maßnahmen eine vermehrte Anwendung des Strafbefehlsverfahrens zwecks größerer Entlastungwirkung in diesem Bereich zu erzielen imstande sind. Angesichts der Komplexität der Verfahren bedeutete dies bei den betreffenden Fällen durchaus eine erhebliche Entlastung für Gericht und Staatsanwaltschaft.[1327]

Das Problem der begrenzten Anwendungsmöglichkeit in diesem Bereich liegt an der Zuständigkeit. Allein die Amtsgerichte, insbesondere die Strafrichter, sind zum Erlass eines Strafbefehls befugt. Da viele der Wirtschaftsstrafsachen aber wegen § 74c GVG in die Kompetenz der Landgerichte fallen, ist diese vereinfachte Verfahrensform hier aus Zuständigkeitsgründen nicht möglich. Und das auch wenn es sich um einfach gelagerte Sachverhalte von geringer Schwere handelt.

b) Kompetenz des Landgerichtes

Dies führt zu der Überlegung, ob auch ein Richter am Landgericht einen Strafbefehl für Vergehen geringerer Schwere erlassen können sollte, die in seinen Zuständigkeitsbereich fallen.

Der Vorschlag, das Verfahren auch in die Kompetenz des Landgerichts zu legen, wurde unter anderem aus der Erwägung heraus gemacht, dass es in Verfahren vor den Wirtschaftsstrafkammern häufig sachgerecht sei, nach

1325 Siehe unter B. II. 7., IV., Tabelle 10 m. N.

1326 *Leipold/Wojtech,* ZRP 2010, 243, 245 hingegen sehen den Anwendungsbereich für den erweiterten Strafbefehl (2 Jahre auf Bewährung) gerade auch im Bereich der Wirtschaftskriminalität; auch das Ergebnis der Befragung einiger Leitenden Oberstaatsanwälte ergab, dass der Anwendungsbereich vor allem bei Wirtschafts- und Steuersachen gesehen wurde, dicht gefolgt von der Eigentumskriminalität, *Böttcher,* in: FS Odersky, 299, 311 f.

1327 Dazu auch 3. Teil. B. II.

Eröffnung des Hauptverfahrens einen Strafbefehl nach § 408a StPO erlassen zu können.[1328] Das Bedürfnis nach dem Erlass von Strafbefehlen könne auch in den Fällen des Wirtschaftsstrafrechts oder der Korruption bestehen, die die Staatsanwaltschaft wegen ihrer besonderen Bedeutung vor dem Landgericht anklagt.[1329] Für die Einführung der Möglichkeit, § 408a StPO auch vor den Landgerichten anwenden zu können, spricht sich auch einer der befragten Verteidiger im Rahmen der Befragung aus.

Darüber hinaus wurde auch erwogen, Delikte außerhalb des Wirtschaftsstrafrechts in der Kompetenz des Landgerichts für strafbefehlsfähig zu erklären.[1330] Denn auch unter diesen wird es denkbare Fälle geben, die grundsätzlich dafür geeignet sind, im Wege des Strafbefehlsverfahrens erledigt zu werden. Dies gilt aber nur für weitere Vergehen; Verbrechen mit einzubeziehen scheidet jedenfalls aus den bisher genannten Gründen ausnahmslos aus[1331]. Zwar könnte man daran denken, dass die Einteilung zwischen Vergehen und Verbrechen in § 12 Abs. 1 StGB lediglich formell und damit materiell bedeutungslos sei; allerdings wurde die erhöhte Mindeststrafe bei den ausgewählten Delikten gerade eingeführt, weil diese für besonders gefährlich für die öffentliche Sicherheit und Ordnung gehalten wurden, womit auch ein gesteigertes öffentliches Interesse an der Wahrheitsfindung in diesen Fällen bestehe.[1332]

Allerdings ist fraglich, ob in diesem Bereich überhaupt eine Entlastungswirkung erzielt werden könnte. Nur 0,2 % der insgesamt von der Staatsanwaltschaft erledigten Verfahren wurden vor dem Landgericht angeklagt.[1333] Das sind 9.383

1328 *Meyer-Lohkamp*, StraFO 2012, 170, 173; vgl. *Böttcher*, in: FS Odersky, 299, 312 f., der insofern den Inhalt eines Arbeitspapiers des Strafrechtsausschusses einer damaligen Justizministerkonferenz wiedergibt; zu diesen Vorschlägen auch BT-Drs. 13/4541, S. 27 und BT-Drs. 633/95, S. 82 f., 84, die sich für die Möglichkeit aussprechen, § 408a StPO vor dem Landgericht und auch in der Berufungsinstanz anwenden zu können; gegen eine solche Ausweitung *Vivell*, Strafbefehlsverfahren nach § 408a, S. 163 ff.

1329 So heiße es in einem Arbeitspapier des Strafrechtsausschuss einer damaligen Justizministerkonferenz, siehe *Böttcher*, in: FS Odersky, 299, 312.

1330 BT-Drs. 13/4541, S. 14; für § 408a StPO hält KMR/*Metzger* § 408a Rn. 7 die Ausweitung auf die Zuständigkeit von LG und OLG für empfehlenswert; vgl. auch *Böttcher*, in: FS Odersky, 299, 312 der insofern den Inhalt eines Arbeitspapiers des Strafrechtsausschusses einer damaligen Justizministerkonferenz wiedergibt.

1331 Vgl. auch BR-Drs. 314/91, S. 123 f.

1332 *Leipold/Wojtech*, ZRP 2010, 243, 244.

1333 *Statistisches Bundesamt*, Fachserie 10, Reihe 2.6, 2019, Tabelle 2.2.1.2 (Deutschland); auch nach BT-Drs. 10/1313, S. 14 wäre keine Entlastungswirkung zu

Fälle, abzüglich der nicht strafbefehlsfähigen 1.005, die vor der Schwurgerichtskammer, und der 1.576, die vor der Jugendkammer verhandelt werden[1334], bleiben noch 6.802 Fälle (2019). Hiervon müssten allerdings noch die Verbrechen herausgerechnet werden. Damit bleiben jedenfalls deutlich weniger als 6.802 strafbefehlsfähige Vergehen. Selbst wenn neben der Ausweitung des Verfahrens auf die Kompetenz des Landgerichts zudem auch der Strafrahmen auf Freiheitsstrafen bis zu zwei Jahren erhöht würde, würde die entlastende Wirkung von der Anzahl der Delikte her, die zusätzlich durch Strafbefehl erledigt werden können, überschaubar bleiben. Denn rechnet man bei allen durch das Landgericht verhängten Freiheitsstrafen von mehr als einem bis einschließlich zwei Jahren[1335] die Verbrechen heraus, so bliebe von insgesamt (durch Amtsgericht und Landgericht) 15.161 verhängten Freiheitsstrafen, die zwischen einem und zwei Jahren hoch waren und zur Bewährung ausgesetzt wurden, nur ein kleiner Bruchteil übrig, der in die Zuständigkeit des Landgerichts fällt.[1336]

Allerdings darf hier nicht nur die Anzahl in den Blick genommen werden – gerade im Bereich der Wirtschaftskriminalität spielen auch Komplexitätserwägungen eine wichtige Rolle. Aufgrund der hohen Komplexität vieler Wirtschaftsstrafsachen würden sowohl die Staatsanwaltschaft als auch die Gerichte also durchaus entlastet werden, wenn diese Verfahren ohne langwierige Hauptverhandlung erledigt werden könnten. Insbesondere wenn der Beschuldigte sich kooperativ zeigt, kann das Strafbefehlsverfahren auch für ihn spürbare Vorteile bieten.[1337] Aufgrund der Komplexität der Verfahren stellt sich aber die Frage, ob sie dem Strafbefehlsverfahren überhaupt zugänglich sein sollten. Denn die Anwendung des Verfahrens sieht gerade vor, dass der Sachverhalt einfach gelagert ist. Diese Frage wird im dritten Teil genauer untersucht.

---

erwarten, da von allen gerichtlich anhängig werdenden Strafsachen nur etwa 1 % vor dem Landgericht in erster Instanz verhandelt würden und sich nur ein verschwindender Bruchteil hiervon für die Erledigung im Strafbefehlsverfahren eignen würde.

1334 *Statistisches Bundesamt*, Fachserie 10, Reihe 2.6, 2019, Tabelle 2.2.1.1 (Deutschland).

1335 *Statistisches Bundesamt*, Fachserie 10, Reihe 2.6, 2019, Tabelle 3.1.

1336 Die genauen Zahlen hierzu können anhand der Statistik nicht ermittelt werden; betrachtet man das Verhältnis der Anzahl der Straftaten vor Amts- und Landgericht, zeigt sich, dass 2019 vor den Landgerichten 14.039 Verfahren erledigt wurden, vor den Amtsgerichten 660.816, *Statistisches Bundesamt*, Fachserie 10, Reihe 2.3, 2019, Tabelle 2.1 und 3.1 (Deutschland). Damit werden durch die Amtsgerichte etwa 47-mal mehr Fälle bearbeitet.

1337 Dazu mehr unter 3. Teil B. II., IV. 2., 3.

Was die übrigen Vergehen betrifft, so können sich diese grundsätzlich auch für die Erledigung im Wege des Strafbefehlsverfahrens eignen.[1338] Allerdings wäre eine schriftliche Erledigung insbesondere in denjenigen Fällen unangebracht, die gerade wegen ihrer besonderen Bedeutung (§ 24 Abs. 1 Satz 1 Nr. 3 Var. 3 GVG) vor dem Landgericht angeklagt werden. Diese Verfahren sollte die Öffentlichkeit zur Wahrung des Verfahrensgrundsatzes der Öffentlichkeit verfolgen können. Zudem droht das Strafbefehlsverfahren so immer mehr zur Regel für ungeeignete Fälle zu werden, obwohl es eigentlich als Ausnahme für die leichtesten Delikte gedacht war. Denn in die Zuständigkeit der Landgerichte fallen vor allem Fälle mittlerer und schwerwiegenderer Kriminalität, sodass die Gefahr besteht, dass sich die Anwendung des Verfahrens weiter in Richtung der schwerwiegenderen Kriminalität verschiebt. Hierfür ist es aber nicht geeignet, da es neben der fehlenden Öffentlichkeit[1339] weiterer wichtiger rechtsstaatlicher Grundsätze wie den Grundsätzen der Mündlichkeit[1340] und der Unmittelbarkeit der Beweisaufnahme[1341] entbehrt, was nur bei weniger schweren Delikten mit geringen Schäden und geringen Strafandrohungen aus Gründen der Verhältnismäßigkeit gerechtfertigt werden kann[1342].

Diesem und sogar noch weitergehenden Vorschlägen, das Verfahren sogar auf die Zuständigkeit der Oberlandesgerichte zu erstrecken[1343], kann daher nicht zugestimmt werden.[1344]

1338 Das Strafbefehlsverfahren käme auch in Betracht, wenn Fälle trotz geringen Schuldgehalts zwingend vor der Staatsschutzkammer (§ 74a GVG) landen, *Böttcher*, in: FS Odersky, 299, 312, der insofern den Inhalt eines Arbeitspapiers des Strafrechtsausschusses einer damaligen Justizministerkonferenz wiedergibt.

1339 *Ranft*, JuS 2000, 633; vgl. MüKoStPO/*Eckstein* § 407 Rn. 11; *Hutzler*, Ausgleich struktureller Garantiedefizite, Rn. 142, 150, 155.

1340 Graf StPO/*Temming* § 407 Rn. 1; *Heinz*, in: Geisler (Hrsg.), Das Ermittlungsverhalten der Polizei und die Einstellungspraxis der Staatsanwaltschaften, S. 125, 176.

1341 SSW-StPO/*Momsen* § 407 Rn. 1.

1342 Vgl. auch 3. Teil C. II.

1343 BT-Drs. 13/4541, S. 14; vgl. *Heinz*, in: FS Müller-Dietz, 271, 274; vgl. *Arbeitskreis*, ZRP 1995, 268, 271; das Strafbefehlsverfahren komme auch in Betracht, wenn die Fälle trotz geringen Schuldgehalts zwingend vor dem OLG (§ 120 GVG) landen, *Böttcher*, in: FS Odersky, 299, 312 der insofern den Inhalt eines Arbeitspapiers des Strafrechtsausschusses einer damaligen Justizministerkonferenz wiedergibt; für § 408a StPO hält KMR/*Metzger* § 408a Rn. 7 die Ausweitung auf die Zuständigkeit von LG und OLG für empfehlenswert.

1344 Dagegen auch LR/*Gössel* Vor § 407 Rn. 62; i.E. auch *Müller*, Das Strafbefehlsverfahren, S. 270, 318, der an der Schwelle zur landgerichtlichen Zuständigkeit die Grenze minderschwerer Kriminalität überschritten sieht.

7. Rechtsfolgenkatalog

Um zu verhindern, dass das Strafbefehlsverfahren dazu genutzt wird, schwere und komplexe Taten abzuurteilen, für die es aufgrund seiner Anfälligkeit für Fehler und seiner Schriftlichkeit nicht geeignet ist, wird auch vorschlagen, einen negativen Deliktskatalog aufzunehmen, der die Anwendung des Verfahrens bei bestimmten Delikten verbietet[1345]. Zur Begründung wird hierfür angeführt, dass es in Hinblick auf die Anfälligkeit für eine Absprachepraxis zu risikoreich sei, allein auf eine Beschränkung der Rechtsfolgen zu vertrauen.[1346]

Allerdings ist zweifelhaft, inwiefern dies zielführend sein soll. Durch die beschränkte Anwendungsmöglichkeit nur auf Vergehen sind die gravierenderen Delikte ohnehin ausgenommen. Und welche der Vergehen in den negativen Katalog aufgenommen werden sollte, scheint auch nicht eindeutig. Naheliegend wäre es, die Vergehen mit hohen Strafrahmen aufzunehmen, da insbesondere hier die Grenze zur Geringwertigkeit innerhalb des einzelnen Delikts nur sehr unscharf bestimmt werden kann. Zu den schwereren Vergehen gehören zum Beispiel §§ 114, 153, 187, 242, 258, 263, 263a, 266, 267 und 315c StGB, die mit einer Freiheitsstrafe bis zu fünf Jahren geahndet werden können, oder § 224 StGB, bei dem sogar bis zu zehn Jahre Freiheitsstrafe möglich ist. Zwar ist die zulässige Rechtsfolge des Strafbefehlsverfahrens eine zur Bewährung ausgesetzte Freiheitsstrafe von bis zu einem Jahr; aber bei diesen Delikten könnte die Gefahr groß sein, dass Konstellationen, die diesen Rahmen gerade so übersteigen, dennoch durch Strafbefehl erledigt werden. Diese Straftaten per se aus dem Anwendungsbereich auszunehmen, scheint aber nicht sachgerecht. Denn bei all diesen Delikten sind unschwer auch Konstellationen denkbar, die für eine Erledigung im Strafbefehlsverfahren geeignet sind. Insbesondere würden durch deren Herausnahme Delikte herausfallen, auf die das Strafbefehlsverfahren bisher regelmäßige Anwendung findet, siehe nur die §§ 242, 263, 315c StGB.

Erforderlich wären vielmehr ein verantwortungsvoller Umgang mit dem Strafbefehlsverfahren und Vorsicht bei der Beurteilung der Voraussetzungen des § 407 StPO. Dies ist einem negativen Deliktskatalog vorzuziehen.

Auch wurde vorgeschlagen, weitere Rechtsfolgen in den Katalog mit aufzunehmen. Wolter ist der Auffassung, dass die Rechtsfolge auch eine Strafanordnung sowie eine Auflagen- und Weisungsanordnung beinhalten solle. Dies

---

1345 Dafür z.B. *Hutzler*, Ausgleich struktureller Garantiedefizite, Rn. 405; SK-StPO/*Weßlau/Degener* Vor §§ 407 ff. Rn. 26.

1346 SK-StPO/*Weßlau/Degener* Vor §§ 407 ff. Rn. 27; *Hutzler*, Ausgleich struktureller Garantiedefizite, Rn. 391.

sei hinsichtlich der Kriminalpädagogik, der Kooperation, des Täter-Opfer-Ausgleichs sowie der Subsidiarität der Verfahrensarten und der Rechtsfolgen sinnvoll.[1347] Durch die Strafanordnung solle eine Freiheitsstrafe bis zu drei Monaten auf Bewährung möglich sein[1348], was aber aus den oben genannten Gründen[1349] abzulehnen ist. Die Auflagenanordnungen sollen in einem formlosen und nichtöffentlichen Termin unter Beteiligung der Gerichtshilfe festgesetzt werden; die Einführung sei mit Blick auf die praktische Irrelevanz von § 407 StPO i.V.m. § 59 StGB auch nicht überflüssig. Eine Eintragung in das Bundeszentralregister oder Führungszeugnis solle nicht erfolgen.[1350]

Dass der Verwarnung mit Strafvorbehalt nach § 59 StGB und der in § 59a StGB vorgesehenen Möglichkeit, Auflagen und Weisen zu erteilen, beim Strafbefehlsverfahren kaum praktische Anwendung zukommt, liegt an der Präferenz, die Opportunitätseinstellungen der §§ 153 und 153a StPO heranzuziehen.[1351] Weisungen und Auflagen sind als isolierte Sanktion im StGB nicht vorgesehen. Vielmehr sind sie im Zusammenhang mit Bewährungsaussetzungen möglich, zum Beispiel im Zusammenhang mit einer festgesetzten Freiheitsstrafe nach §§ 56b, 56c, 68b StGB oder bei einer Verwarnung mit Strafvorbehalt, § 59a StGB. Ob Auflagen und Weisungen daneben auch selbständige Sanktionen sein sollen, die durch Strafbefehl festgesetzt werden können, ist weniger eine Frage des Strafbefehlsverfahrens als des Sanktionenrechts, die hier nicht geklärt werden kann.[1352]

8. *Zusammenfassung*

Die Weite des Anwendungsbereichs des Strafbefehlsverfahrens, welcher sich auch auf Fälle der mittleren Kriminalität erstreckt, ist angesichts der ursprünglichen Konzeption des Verfahrens für geringfügige Fälle und dessen noch heute beschränkter Leistungsfähigkeit kritisch zu bewerten. Insbesondere gilt es, die Freiheitsstrafe aus dem Katalog der zulässigen Rechtsfolgen zu streichen. Zumindest aber müsste vor einer solchen, sofern sich für eine Beibehaltung entschieden wird, eine vorherige persönliche Anhörung durch den Richter

1347 *Wolter*, GA 1989, 397, 416.
1348 *Wolter*, GA 1989, 397, 416.
1349 Siehe unter III. 1. a).
1350 *Wolter*, GA 1989, 397, 416.
1351 KK-StPO/*Maur* § 407 Rn. 11.
1352 Siehe zu Alternativen zur Geldstrafe etwa *Schöch*, Gutachten C zum 59. DJT, S. 94 ff.

zwingend vorgeschrieben werden. Auch die Höhe der Geldstrafe ist auf 85 Tagessätze zu beschränken. Bei dieser Grenze wird der Anwendungsbereich des Strafbefehlsverfahrens so groß wie möglich gehalten, ohne die einschneidende Folge für den Beschuldigten auszulösen, sich als vorbestraft bezeichnen zu müssen. Durch diese Begrenzung würde auch die Gefahr hoher Ersatzfreiheitsstrafen entschärft, wenn auch dem grundsätzlichen Problem von Ersatzfreiheitsstrafen bei Strafbefehlen unter anderem durch eine verständlichere Aufklärung entgegenzuwirken ist.

Der Forderung nach einer Ausweitung des Verfahrens auch auf die Zuständigkeit der Landgerichte oder gar der Oberlandesgerichte kann nicht zugestimmt werden. Aufgrund des Risikopotentials ist es vielmehr erforderlich, den Anwendungsbereich wieder zu beschränken.

IV. Rechtsbehelfe

Eines der größten praktischen Probleme beim Strafbefehlsverfahren ist, wie bereits des Öfteren angesprochen, die Ausgestaltung des Einspruchsverfahrens. Daher wird auch dieses Rechtsbehelfsverfahren kritisiert, etwa mit Blick auf die über den Einspruch entscheidende Instanz und seine generelle Effizienz. Dem Einspruch kommt eine besondere Bedeutung zu, da nur auf ihn hin der Grundsatz des rechtlichen Gehörs gewahrt und eine Hauptverhandlung anberaumt wird, die den Verfahrensgrundsätzen der Mündlichkeit, Unmittelbarkeit und Öffentlichkeit Rechnung trägt. Ohne die Möglichkeit des Einspruchs wäre das Strafbefehlsverfahren rechtsstaatswidrig. Daher ist es erforderlich, dass jeder Strafbefehlsempfänger über die Möglichkeit einer Einspruchseinlegung informiert wird und dazu in der Lage ist, diese wahrzunehmen.

Dies ist in der Praxis allerdings nicht immer der Fall. Insbesondere auch deshalb, weil – außer in den Fällen einer Freiheitsstrafe – keine Pflichtverteidigung vorgesehen ist, sodass die Angeklagten oft ohne rechtlichen Beistand sind.

In den Fällen, in denen kein Einspruch eingelegt wird, entfaltet das Strafbefehlsverfahren seine beschleunigende Wirkung, allerdings entfällt hier auch die Überprüfung möglicherweise fehlerhafter Strafbefehle. Wenn die Einlegung eines Einspruchs für den Empfänger, der eigentlich gegen den Strafbefehl vorgehen möchte, weil er diesen für fehlerhaft hält, eine unüberwindbare Hürde darstellt, dann wird dieser Umstand zu einer weiteren Quelle für eine rechtskräftige Fehlentscheidung. Insofern steht der Angeklagte hier schlechter als im Regelverfahren, in dem es jedenfalls zu einer Hauptverhandlung kommt, in der er sich zum Vorwurf äußern kann, ohne zuvor eigeninitiativ eine Verhandlung durch Einspruch erzwingen zu müssen.

1. Der Einspruch

a) Die Schwierigkeiten der Einspruchseinlegung

Die Einlegung eines zulässigen Einspruchs setzt voraus, dass der Strafbefehlsempfänger den Strafbefehl und insbesondere auch die Rechtsbehelfsbelehrung versteht und in der vorgegebenen Zeit seine Einwände auf in der Regel postalischem Wege an den Richter heranträgt.

aa) Die Einspruchsfrist

Zum einen stellt sich daher die Frage, ob die derzeitige Fristlänge hierfür ausreichend ist, zum anderen, welche Rolle die Wiedereinsetzung nach § 44 StPO in diesem Zusammenhang spielt.

(1) Fristbeginn

Grundsätzlich beginnt die Frist für die Einlegung des Einspruchs[1353] an dem Tag zu laufen, an dem der Strafbefehl zugestellt wird.[1354] Sie wird nach § 43 StPO berechnet.[1355]

Für Angeklagte, die die deutsche Sprache nicht beherrschen, beginnt sie hingegen erst, wenn ihnen eine für sie verständliche Übersetzung zugestellt wird.[1356] Dieser Umstand erlangt eine besondere Bedeutung insbesondere bei Straftaten nach dem Migrationsrecht, weil die Empfänger hier oftmals kein oder kein elaboriertes Deutsch beherrschen, um den Strafbefehl zu verstehen, sodass eine Übersetzung notwendig ist.[1357] In welche Sprache diese Übersetzung zu erfolgen hat, ist einzelfallabhängig.

1353 Der Einspruch kann auch vor Zustellung eingelegt werden, sofern der Strafbefehl bereits erlassen wurde, KK-StPO/*Maur* § 410 Rn. 5; Radtke/Hohmann/*Alexander* § 410 Rn. 4; dies gilt selbst dann, wenn der Beschuldigte noch keine Kenntnis vom Erlass hat, BGH NJW 1974, 66, 67; *Müller*, Das Strafbefehlsverfahren, S. 87 m.w.N. zum Streitstand; a.A. BayObLG NJW 1961, 1637.

1354 Für den gesetzlichen Vertreter laufe dabei keine eigene Frist, MüKoStPO/*Eckstein* § 410 Rn. 15.

1355 Meyer-Goßner/Schmitt/*Schmitt* § 410 Rn. 1; Radtke/Hohmann/*Alexander* § 410 Rn. 4; *Ranft*, JuS 2000, 633, 637; *Preuß*, ZJS 2017, 176, 185.

1356 Vgl. EuGH NZV 2017, 530 m.Anm. Sandherr; § 37 Abs. 3 StPO entspr., LG Aachen, Beschl. v. 13.11.2017 – 66 Qs-605 Js 1847/15-10/16; LG Stuttgart NStZ-RR 2014, 216; LG Freiburg, Beschl. v. 17.06.2016 – 3 Qs 127/15; KMR/*Metzger* § 410 Rn. 5; a.A. LG Stuttgart NJW-Spezial 2016, 730 (Wiedereinsetzung möglich).

1357 Vgl. dazu auch unter VIII. 2.

(2) Länge der Frist

Vor dem StVÄG 1987 war die Frist für den Einspruch gegen den Strafbefehl eine Woche lang[1358], nach § 410 Abs. 1 Satz 1 StPO hat der Angeklagte heute zwei Wochen für die Einspruchseinlegung Zeit. Die Frist ist damit genauso lang wie bei Bußgeldsachen (vgl. § 67 Abs. 1 Satz 1 OWiG) und eine Woche länger als bei Rechtsmitteln (§§ 314 Abs. 1, 341 Abs. 1 StPO).

Der Grund für die Verlängerung der Frist auf zwei Wochen lag darin, dass der Gesetzgeber erkannt hat, dass viele Strafbefehlsempfänger den Strafbefehl erst nach Ablauf der damaligen Einspruchsfrist zur Kenntnis nahmen, da sie zur Zeit der Zustellung beispielsweise im Urlaub oder berufsbedingt abwesend waren.[1359]

Kurze Fristen sind zwar grundsätzlich im Sinne einer Verfahrensbeschleunigung, allerdings hat der Bürger aus Art. 19 Abs. 4 GG einen Anspruch auf effektiven Rechtsschutz, also eine tatsächlich wirksame Kontrolle gegen Akte der öffentlichen Gewalt[1360]. Insbesondere ist im Rahmen des Strafbefehlsverfahrens auch Art. 103 Abs. 1 GG zu beachten, nach dem der Bürger auch das Recht hat, rechtliches Gehör zu erlangen[1361]. Da das Strafbefehlsverfahren – wenn kein Einspruch eingelegt wird – ein schriftliches Verfahren ist, das rechtliches Gehör erst einmal nicht vorsieht, muss es also eine unkomplizierte Möglichkeit geben, dieses dennoch zu erhalten. Denn diese beiden verfassungsrechtlichen Grundsätze muss der Gesetzgeber auch bei der Ausgestaltung der Strafprozessordnung beachten, wobei der grundsätzlichen Befristung eines Rechtsbehelfs keine verfassungsrechtlichen Bedenken entgegenstehen.[1362]

Trotz der Verfassungskonformität auch einer kurzen Frist sollte es dennoch im gesetzgeberischen Interesse liegen, den Zugang zu Gericht, soweit es geht, zu vereinfachen[1363]. Damit stellt sich die Frage, ob eine zweiwöchige Frist in der Praxis ausreicht, um den Rechtsbehelf gegen den Einspruch wahrzunehmen, also alle dafür erforderlichen Maßnahmen zu ergreifen.

Hierzu gehört beispielsweise eine Bedenkzeit, in der der Angeklagte sich mit den Vorwürfen auseinandersetzen und sich entscheiden kann, ob er gegen sie

---

1358 Dazu noch *Müller*, Das Strafbefehlsverfahren, S. 87.

1359 BT-Drs. 10/1313, S. 37.

1360 BVerfG NJW 1976, 1255 zu § 67 OWiG a.F. (einwöchige Frist); NJW 1973, 1491, 1493.

1361 BVerfG NJW 1976, 1255 zu § 67 OWiG a.F. (einwöchige Frist); NJW 1974, 1902, 1903 m.w.N.

1362 BVerfG NJW 1976, 1255.

1363 Dies ist auch der Fall, vgl. BT-Drs. 10/1313, S. 37.

vorgehen möchte. Insbesondere muss er auch abwägen können, ob die konkrete Gefahr einer Verschlechterung für ihn besteht, beispielsweise weil in der Hauptverhandlung noch weitere für ihn nachteilige Umstände bekannt werden könnten. Es muss vor allem auch genügend Zeit dafür sein, anwaltlichen Rat oder anderweitige Beratungsmöglichkeiten (etwa die des Beratungsprojekts) in Anspruch zu nehmen. Hierbei muss auch der Terminplan der Strafverteidiger berücksichtigt werden, die möglicherweise einen Termin erst einige Tage später anbieten können. Bei der Befragung der Verteidiger zeigte sich zwar, dass in den meisten Fällen bei drohendem Ablauf der Einspruchsfrist gegen Strafbefehle schnell Gesprächstermine vergeben werden (64,5 % gaben hier „sehr häufig" an), allerdings gab es immerhin auch 21 % die hier nur „häufig", 8 %, die „manchmal" und 6,4 %, die „selten" oder „nie" angaben. Es scheint damit eine nicht unerhebliche Anzahl an Fällen zu geben, in denen der Angeklagte auch dann, wenn die Frist abzulaufen droht, nicht sofort einen Termin bei einem Verteidiger erhält, sodass sich die Zeit, in der sich inhaltlich mit dem Strafbefehl auseinandergesetzt werden kann, verkürzt. Angesichts der Bedeutung des Einspruchs ist dies nicht unproblematisch.

Es ist auch zu beachten, dass der Einspruch vor Ablauf der zwei Wochen bei Gericht eingegangen sein muss. Wenn der Angeklagte den Einspruch per Post versenden möchte, muss er den Einspruch daher zwei Tage[1364] früher losschicken, um den rechtzeitigen Eingang zu gewährleisten. In dem Zusammenhang merkte auch der interviewte Staatsanwalt B4 an, dass die Post nicht völlig zuverlässig wäre, sodass ein Einspruch, um absolut sicherzugehen, persönlich beim Gericht eingeworfen werden müsste (Frage 43).

Der EuGH[1365] bezeichnete die zweiwöchige Einspruchsfrist in einem seiner Urteile als besonders kurz. Im Optimalfall mögen zwei Wochen ausreichend sein, um wenige Tage zu überlegen, gegebenenfalls einen Termin beim Anwalt oder beispielsweise des Beratungsangebots wahrzunehmen und dann – sofern man dem Verteidiger die Einlegung des Einspruchs nicht aufgibt – selbst einen Einspruch zu formulieren und loszuschicken. Diese Frist dürfte allerdings dann nicht ausreichen, wenn der Strafbefehl gerade nicht umgehend erhalten

---

1364 Siehe auch KG Berlin, Beschl. v. 02. Dezember 1998 – 1 AR 1209/98 – 5 Ws 591/98: Auf eine Zustellung am nächsten Tag darf sich nicht verlassen werden; auch wenn 93 % aller nationalen Briefsendungen bereits einen Werktag nach der Einlieferung beim Empfänger eintreffen, https://www.deutschepost.de/de/q/qualitaet_gelb.html, zuletzt abgerufen am 11.02.2021.

1365 EuGH NJW 2016, 303, 304 = StV 2016, 205, 208.

wird, etwa weil der Angeklagte eine Zeit lang nicht zu Hause war, um seinen Briefkasten zu kontrollieren. Eine solche Situation wird allerdings kein Einzelfall sein, sondern im Gegenteil sogar regelmäßig vorkommen. Beschuldigte befinden sich des Öfteren etwa im Urlaub oder halten sich aus beruflichen oder anderen Gründen einige Tage woanders als an ihrem Wohnort auf. Selbst für den Fall, dass andere Personen vom Beschuldigten gebeten werden, regelmäßig die Post zu kontrollieren, kann es schnell vorkommen, dass der Beschuldigte erst eine Woche nach Zustellung Kenntnis vom Strafbefehl erhält und ihm dann nur noch eine Woche zur Einspruchseinlegung bleibt. Auch die Möglichkeit einer Wiedereinsetzung nach den §§ 44 ff. StPO (dazu sogleich) kann dies nicht ausreichend kompensieren. Denn die Beantragung einer Wiedereinsetzung selbst stellt eine zusätzliche Hürde auf dem Weg zur Durchsetzung seines Rechts etwa auf rechtliches Gehör dar.

Zudem handelt es sich bei einem Strafbefehl gerade nicht um eine Ordnungswidrigkeit, vielmehr steht ein rechtskräftiger Strafbefehl einem Urteil gleich. Auch insofern ist es nicht sachgerecht, dass die Einspruchsfrist im Strafbefehlsverfahren genauso kurz ist wie im Ordnungswidrigkeitenrecht, in dem es gerade nicht um Strafen geht. Zudem wandelt sich eine (durch Strafbefehl) festgesetzte Geldstrafe in eine Ersatzfreiheitsstrafe, sodass die Auswirkungen eines Strafbefehls auch in dieser Hinsicht erheblicher sind.

Gerade auch für die Fälle, in denen der Angeklagte kein oder nur wenig Deutsch sprechen und verstehen kann, bedarf es zusätzlicher Zeit, um sich um eine Übersetzung zu bemühen. Dies allein kann für diese Personen eine Hürde darstellen, die Zeit in Anspruch nimmt. Selbst wenn man davon ausgeht, dass die Frist erst bei Zustellung einer Übersetzung in die für den Angeklagten verständliche Sprache zu laufen beginnt[1366], kann es auch hier zu weiteren Verzögerungen kommen, etwa weil ein Rechtsanwalt mit der entsprechenden Sprachkenntnis gefunden werden muss.

Die Befragung der Berliner und Bremer Verteidiger bezüglich der Gründe, weshalb Einspruchsfristen nicht eingehalten werden, ergab folgendes Bild: 28 der insgesamt 66 befragten Verteidiger gaben an, dass eine urlaubsbedingte Abwesenheit vorgelegen hätte. Zehn nannten eine berufsbedingte Abwesenheit, ebenfalls zehn einen Krankenhausaufenthalt. Mit den meisten Antworten

1366 Vgl. EuGH NZV 2017, 530 m.Anm. Sandherr; § 37 Abs. 3 StPO entspr., LG Aachen, Beschl. v. 13.11.2017 – 66 Qs-605 Js 1847/15-10/16; LG Stuttgart NStZ-RR 2014, 216; LG Freiburg, Beschl. v. 17.06.2016 – 3 Qs 127/15; KMR/*Metzger* § 410 Rn. 5; a.A. LG Stuttgart NJW-Spezial 2016, 730 (Wiedereinsetzung möglich).

(54) wurde allerdings angegeben, dass der Strafbefehl nicht verstanden worden wäre. 17 der Antworten ließen hingegen darauf schließen, dass das Verschulden eher bei dem Angeklagten zu verorten war (Post nicht geöffnet, Nachlässigkeit, Unorganisiertheit und ähnliches). Die Problematik insbesondere der urlaubs- (aber auch berufsbedingten) Abwesenheit sowie des fehlenden Verständnisses zeigt sich auch in der Befragung zumindest in Berlin und teilweise auch Bremen. Hinzu kommt, dass von sechs Verteidigern als Grund für eine Einspruchseinlegung die vorsorgliche Fristwahrung genannt wurde, etwa auch um sich Zeit für eine weitere Klärung der Umstände zu verschaffen und um den Mandanten gegebenenfalls zu beraten (drei Mal). Genannt wurde auch die Beiordnung des Verteidigers, der innerhalb der Frist allerdings keinen Kontakt zum Angeklagten herstellen konnte (einmal). Ein Verteidiger wies im Rahmen der ergänzenden Anmerkungen ausdrücklich darauf hin, dass ein Einspruch aufgrund der kurzen Einspruchsfrist immer einzulegen wäre, da eine vorherige Akteneinsicht sonst nie möglich wäre. Auch dies zeigt, dass die Frist offensichtlich in einigen Fällen auch für die Verteidiger zu kurz ist, um sich angemessen mit den Mandanten besprechen und sich einen Überblick über die Situation verschaffen zu können. Die häufige Einlegung eines Einspruchs aus Zeitgründen, um eine Überprüfung vornehmen und sich mit dem Mandanten besprechen zu können, nannte auch einer der befragten Strafrichter des Amtsgerichts Tiergarten. Insbesondere im Falle einer Beiordnung nach § 408b StPO ist es angesichts der drohenden (zur Bewährung ausgesetzten) Freiheitsstrafe erforderlich, genügend Zeit zur Kontaktherstellung zur Verfügung zu haben. Eine umfassende Abwägung der Erfolgsaussichten eines Einspruchs muss weiterhin deshalb möglich sein, weil durch letzteren die Verfahrenskosten steigen. Im Rahmen der Befragung der Verteidiger erwies sich das Kostenrisiko nach Angabe von sechs Anwälten als ein Grund dafür, keinen Einspruch einzulegen, weshalb an dieser Stelle geprüft werden können muss, ob die Eingehung dieses Risikos aufgrund guter Erfolgsaussichten vertretbar ist.

Aus diesen überzeugenden Gründen, die eine den Beschuldigten nicht vorwerfbare Zeitverzögerung herbeiführen, scheinen die derzeit zur Verfügung stehenden zwei Wochen tatsächlich besonders kurz zu sein.

Die Möglichkeit, bei Fristversäumnis aufgrund einer fehlenden Übersetzung eine Wiedereinsetzung zu beantragen[1367], ist jedenfalls nicht ausreichend. Denn insbesondere diese Personen werden, wenn sie bereits den Strafbefehl

1367 Gercke u.a. StPO/*Brauer* § 410 Rn. 3.

nicht verstehen können, erst recht Schwierigkeiten haben, eine solche Wiedereinsetzung zu beantragen.[1368]

Bezüglich der Wiedereinsetzungsanträge gaben die befragten Verteidiger an, dass solche Anträge nur „manchmal“ bis „nie“ (92,4 %) gestellt würden. Zwar wären die tendenziell eher wenigen Anträge, die gestellt würden, eher „sehr häufig“ bis „häufig“ erfolgreich (56,8 % der antwortenden Verteidiger gaben dies an), allerdings lässt die hier eher geringe Antragsstellung vorsichtig darauf schließen, dass die Gründe für eine Wiedereinsetzung oft nicht vorliegen.

Daher stellt diese Möglichkeit gerade in diesen Fällen keine ausreichende Sicherung der Rechte der Angeklagten dar.

Um dies und den regelmäßig erst Tage nach Zustellung tatsächlich erfolgenden Erhalt des Strafbefehls zu kompensieren, ist eine Verlängerung der Einspruchsfrist auf dreißig Tage (Monatsfrist)[1369] zu fordern. Nur auf diese Weise kann gewährleistet werden, dass das Rechtsmittel in dieser Hinsicht effektiv ist und der Angeklagte rechtliches Gehör erlangen kann.

Zwar sind kurze Fristen grundsätzlich im Sinne einer Verfahrensbeschleunigung. Zur Gewährleistung der Verfassungsrechte des Angeklagten ist eine Verfahrensverlängerung an dieser Stelle jedoch hinzunehmen. Die Einführung einer längeren Einspruchsfrist würde für die Gerichte auch keine Mehrarbeit bedeuten, sondern lediglich die Wartezeit vor Rechtskraft verlängern.

Es wird auch vorgetragen, dass davon auszugehen sei, dass bei einer Fristverlängerung weniger Einsprüche eingelegt werden, weil dann eine noch gründlichere Prüfung der Erfolgsaussichten möglich sei und die Einsprüche nicht vorsichtshalber eingelegt werden.[1370] Allerdings sollte die Bestimmung der Länge der Einspruchsfrist nicht von der Überlegung beeinflusst werden, möglichst viele Einsprüche zu vermeiden. Denn es ist gerade Sinn und Zweck der Einspruchsmöglichkeit, dass wohl überlegte Einsprüche eingelegt werden

---

1368 Insbesondere für Menschen die dement, alkohol-/drogenabhängige oder schizophren sind könne dies eine nicht zu bewältigende Aufgabe sein, *Kemme/Dunkel*, StV 2020, 52, 57.

1369 So auch *Dunkel*, Fehlentscheidungen in der Justiz, S. 227; vgl. zur zu kurzen Frist *Kemme/Dunkel*, StV 2020, 52, 57; vier Wochen fordert auch *Ambos*, Jura 1998, 281, 293.

1370 BT-Drs. 10/1313, S. 37, zudem solle die Entlastungswirkung auch dem BVerfG zugutekommen, indem die häufigen Verfassungsbeschwerden wegen Verletzung des rechtlichen Gehörs aufgrund Ablehnungen von Wiedereinsetzungsanträgen reduziert würden; krit. *Meyer-Goßner*, NJW 1987, 1161, 1167, der eine steigende Anzahl der Einsprüche prognostizierte.

können. Eine Frist von beispielsweise vier Wochen würde gerade die genauere Prüfung auch durch Strafverteidiger ermöglichen.

Aus diesen Gründen ist es dringend erforderlich, die Frist auf dreißig Tage zu erweitern.

(3) Folgen der Fristversäumnis

Wird innerhalb der Frist kein Einspruch eingelegt, wird der Strafbefehl rechtskräftig, § 410 Abs. 3 StPO.

Es gibt allerdings Fälle, in denen der Angeklagte schuldlos nicht dazu imstande ist, die Frist zu wahren. Der Gesetzgeber nannte in den Gründen für die Fristausweitung die Beispiele der verspäteten Kenntnisnahme aufgrund urlaubs- oder berufsbedingter Abwesenheit.[1371] Auch in diesen Fällen muss es aber möglich sein, rechtliches Gehör zu erlangen, weshalb ein Antrag auf Wiedereinsetzung in den vorigen Stand gestellt werden kann, §§ 44 ff. StPO.[1372]

Die Anforderungen hierfür dürfen mit Blick auf die in der Verfassung und im Europarecht verankerten Verfahrensgrundsätze (Art. 103 Abs. 1 GG, Art. 6 EMRK), nicht zu hoch angesetzt werden, da es sich um die erste Möglichkeit des Beschuldigten handelt, rechtliches Gehör zu erlangen.[1373] Dementsprechend kann auch derjenige, der bis zu circa sechs Wochen in den Urlaub fährt, ohne Zustellungsvorkehrungen zu treffen, obwohl er weiß, dass gegen ihn Ermittlungen laufen, eine Wiedereinsetzung beantragen.[1374]

Die Fälle sprachlicher Verständnisschwierigkeiten als Wiedereinsetzungsgrund nannte der Gesetzgeber zwar nicht ausdrücklich. Ein Wiedereinsetzungsgrund soll aber auch dann vorliegen, wenn die Fristversäumnis auf Sprachbarrieren aufgrund unzureichender Kenntnisse der deutschen Sprache beruht[1375], wenn Übersetzungen fehlen[1376] oder der Empfänger des Strafbefehls

1371 BT-Drs. 10/1313, S. 37; KK-StPO/*Maur* § 410 Rn. 8 bzgl. berufsbedingter Abwesenheit; LR/*Gössel* § 410 Rn. 25 bzgl. urlaubsbedingter.

1372 Vgl. BVerfG NJW 1991, 2277; NJW 1991, 351; *Preuß*, ZJS 2017, 176, 185; *Ranft*, JuS 2000, 633, 637; siehe dazu auch KMR/*Metzger* § 410 Rn. 6.

1373 Vgl. BVerfG NJW 1991, 2277; Gercke u.a. StPO/*Brauer* § 410 Rn. 3 bzgl. Art. 103 Abs. 1 GG; diesbzgl. auch Graf StPO/*Temming* § 410 Rn. 3.1; vgl. MüKoStPO/*Eckstein* § 410 Rn. 16; vgl. KK-StPO/*Maur* § 410 Rn. 8.

1374 BVerfG NJW 2013, 592; NJW 1969, 1103, 1104 (eine dreiwöchige Reise betreffend); NJW 1969, 1531; MüKoStPO/*Eckstein* § 410 Rn. 16 m.w.N.

1375 BVerfG NJW 1991, 2208; SK-StPO/*Degener* § 410 Rn. 6.

1376 Sofern man nicht davon ausgeht, dass die Frist § 37 Abs. 3 StPO entsprechend ohnehin nicht erst dann zu laufen beginnt, LG Stuttgart NStZ-RR 2014, 216; KMR/*Metzger* § 410 Rn. 5.

nicht in seiner Muttersprache auf die Möglichkeit hingewiesen wurde, dass er den Einspruch auch per Fax fristwahrend und wirksam einlegen kann.[1377]

Da eine sehr kurze Frist in der Praxis Auswirkungen auf die Zahl der Wiedereinsetzungsanträge hat, verfolgte die Ausweitung der Frist auf zwei Wochen auch die Intention, die bei Strafbefehlen besonders hohe Zahl der Wiedereinsetzungsanträge zu verringern.[1378]

Die Aufgabe der Wiedereinsetzung in den vorigen Stand, die ihrerseits eine gewisse Hürde darstellt, ist allerdings nicht, eine zu kurze Frist zu kompensieren, sondern bei einer grundsätzlich angemessenen Frist denjenigen Fällen gerecht zu werden, bei denen sie im Einzelfall nicht ausreichend war.

In dem Zusammenhang darf auch nicht übersehen werden, dass die Frist zur Wiedereinsetzung nach Wegfall des Hindernisses gemäß § 45 Abs. 1 Satz 1 StPO nur eine Woche lang, also sehr kurz bemessen ist. Sofern der Angeklagte sich zunächst um eine Übersetzung oder beziehungsweise und einen Rechtsbeistand bemühen muss, muss er hier sehr zügig handeln, was in der Praxis ein Problem darstellen kann.

Auch der interviewte Staatsanwalt B4 betonte, dass die praktischen Hürden eines Wiedereinsetzungsantrages besonders hoch wären (Frage 43). Es wäre eine hohe Kunst, einen solchen so zu formulieren, dass er gute Erfolgsaussichten hätte. Dies wäre vergleichbar mit einem Klageerzwingungs- oder Revisionsantrag. Auch im Anschlussgespräch an das Interview betonte der Staatsanwalt, dass die Hürden für eine Wiedereinsetzung extrem hoch wären. Zudem bemängelte er auch in diesem Zusammenhang die Qualität der meisten Strafverteidiger. Es handelte sich dabei regelmäßig auch um Anwälte anderer Rechtsgebiete, die strafrechtliche Mandate übernähmen, ohne sich in diesem Bereich richtig auszukennen.

Dass die Anforderungen an eine Wiedereinsetzung bei der Fristversäumnis im Strafbefehlsverfahren (trotz des damit verbundenen Mehraufwands der Gerichte[1379]) theoretisch großzügig gehandhabt werden, ist angesichts der besonderen Bedeutung des Einspruchs dennoch begrüßenswert und erforderlich. Insofern wird das Risiko für den Beschuldigten, kein rechtliches Gehör zu erlangen, zumindest etwas reduziert. Dies gilt aber nur, soweit für die Betroffenen die Stellung eines Wiedereinsetzungsantrags auch praktisch möglich ist.

1377 LG Görlitz, Beschl. v. 23.10.2014, 13 Qs 228/14; Gercke u.a. StPO/*Brauer* § 410 Rn. 3.

1378 BT-Drs. 10/1313, S. 37; KK-StPO/*Maur* § 410 Rn. 3.

1379 *Burkhard*, Der Strafbefehl im Steuerstrafrecht, S. 144.

Die Befragung der Strafverteidiger ergab im Zusammenhang mit Wiedereinsetzungsanträgen, wie bereits erwähnt, dass 92,4 % der befragten Verteidiger angaben, dass solche Anträge nur „manchmal“ bis „nie“ gestellt würden. Zwar gaben mit 56,8 % etwas mehr als die Hälfte der antwortenden Verteidiger an, dass die eher wenigen Anträge, die gestellt würden, dann „sehr häufig“ bis „häufig“ erfolgreich wären. Dennoch lässt die eher geringe Antragsstellung an dieser Stelle vermuten, dass die Voraussetzungen für eine Wiedereinsetzung häufig nicht vorliegen.

Aus diesen Gründen ist trotz der Wiedereinsetzungsmöglichkeit daher erforderlich, die Einspruchsfrist auf dreißig Tage zu verlängern (siehe soeben).

bb) Zustellung des Strafbefehls an den Angeklagten

Zusätzliche Probleme in Bezug auf die Einlegung des Einspruchs entstehen häufig im Zusammenhang mit der Zustellung des Strafbefehls. Zum einen kommt es vor, dass die Angeklagten erstmals mit der Zustellung von den gegen sie erhobenen Vorwürfen erfahren.[1380] Zum anderen ist es keine Seltenheit, dass die Angeklagten den Strafbefehl nicht unmittelbar nach Zustellung, sondern erst einige Zeit später erhalten. Von einer solchen Situation berichtete auch einer der befragten Verteidiger: Weil er nicht an der Zustelladresse, sondern bei einem Freund gewohnt hätte, hätte ein Mandant den Strafbefehl tatsächlich erst kurz vor Fristablauf erhalten.[1381] Dies hat gravierende Auswirkungen auf die Möglichkeit der Einspruchseinlegung, sofern die Frist bereits läuft und ein Wiedereinsetzungsgrund nicht vorliegt. Im Falle eines fehlerhaften Strafbefehls kann der Verurteilte dann nicht mehr dagegen vorgehen.

(1) Die Zustellung im Allgemeinen

Ein Strafbefehl ist förmlich nach § 35 Abs. 2 Satz 1 StPO zuzustellen.[1382] Die förmliche Zustellung dient zum einem dem Gericht als Zugangsnachweis, zum anderen dient sie der Gewährleistung rechtlichen Gehörs, indem so sichergestellt werden soll, dass das Schriftstück zur Kenntnis genommen und der Empfänger sich mit

---

1380 Vgl. *Maleika*, Freiheitsstrafe und Strafbefehl, S. 119.

1381 In der weiteren Befragung der Berliner Verteidiger (A. I. 2.) wurde geschildert, dass die Versäumnis der Einspruchsfrist auch darin begründet sein könnte, dass den Behörden die aktuelle Postanschrift nicht bekannt wäre (etwa auch weil der tatsächliche Aufenthaltsort von der Meldeanschrift abweicht) und der Strafbefehl mangels Zustellung an die tatsächliche Wohnanschrift nicht erhalten würde.

1382 *Burkhard*, Der Strafbefehl im Steuerstrafrecht, S. 143; MüKoStPO/*Eckstein* § 409 Rn. 37.

der weiteren Vorgehensweise, hier der Einlegung eines Einspruchs, auseinandersetzen kann.[1383]

Die Zustellung kann an den Angeklagten selbst, an seinen Verteidiger (§ 145a StPO) oder an einen Zustellungsbevollmächtigten (§§ 116a Abs. 3, 127a Abs. 2, 132 Abs. 1 Satz 1 Nr. 2 StPO) erfolgen.[1384] Bei Zustellung an den Angeklagten ist für die Wirksamkeit der Zustellung erforderlich, dass dieser verhandlungsfähig ist.[1385] Die Anordnung der Zustellung erfolgt dabei nach § 36 Abs. 1 StPO durch das Gericht selbst.[1386]

Mit wirksamer Zustellung beginnt die zweiwöchige Einspruchsfrist zu laufen.[1387] Bezüglich des Zustellungsverfahrens gelten über den Verweis in § 37 Abs. 1 StPO die Vorschriften über die Zustellung der Zivilprozessordnung, geregelt in den §§ 166 ff. ZPO, entsprechend.[1388]

Gemäß § 409 Abs. 2 StPO wird der Strafbefehl auch, sofern vorhanden, dem gesetzlichen Vertreter des Angeklagten mitgeteilt, vgl. auch Nr. 179 Abs. 3 RiStBV. Hierbei genügt eine formlose Bekanntgabe; die Frist läuft dennoch ab Bekanntgabe an den Angeklagten, §§ 410 Abs. 1 Satz 2, 298 Abs. 1 StPO.[1389]

Anders als in Nr. 179 Abs. 1 RiStBV vorgesehen, darf auch einem anwesenden Angeklagten ein Strafbefehl nicht lediglich verkündet werden, da die Frist erst mit Zustellung zu laufen beginnt.[1390]

Auch gegenüber einem im Ausland befindlichen Angeklagten gilt das Erfordernis einer förmlichen Zustellung, §§ 37 StPO i.V.m. 183 ZPO.[1391]

Eine öffentliche Zustellung ist nicht zulässig, da auf diese Weise eine tatsächliche Kenntnisnahme des Angeklagten nicht zu erwarten ist und damit

---

1383 Vgl. BVerfG NJW 1974, 133; MüKoStPO/*Valerius* § 35 Rn. 24.

1384 *Burkhard*, Der Strafbefehl im Steuerstrafrecht, S. 143; Meyer-Goßner/Schmitt/*Schmitt* § 409 Rn. 16; KMR/*Metzger* § 409 Rn. 41 (auch an Verteidiger); bei der Zustellung an Zustellungsbevollmächtigte ist von diesen eine schriftliche Vollmacht vorzulegen, § 37 I StPO i.V.m. § 171 S. 2 ZPO, LG Magdeburg, Beschl. v. 06.08.2020–21 Qs 75/20.

1385 BVerfG, Beschl. v. 05.10.2020–2 BvR 554/20; LG Zweibrücken, Beschl. v. 29.04.2011 - Qs 31 - 32/11.

1386 SK-StPO/*Degener* § 409 Rn. 19.

1387 MüKoStPO/*Eckstein* § 410 Rn. 14; § 409 Rn. 37.

1388 MüKoStPO/*Eckstein* § 409 Rn. 44.

1389 MüKoStPO/*Eckstein* § 409 Rn. 37.

1390 KMR/*Metzger* § 409 Rn. 37; KK-StPO/*Maur* § 409 Rn. 18; vgl. Meyer-Goßner/Schmitt/*Schmitt* § 409 Rn. 16.

1391 KMR/*Metzger* § 409 Rn. 37.

ein Verstoß gegen das Recht auf rechtliches Gehör aus Art. 103 Abs. 1 GG vorläge.[1392]

(2) Erstmalige Kenntniserlangung bei Zustellung des Strafbefehls

Aufgrund der Ausgestaltung des Strafbefehlsverfahrens kann es dazu kommen, dass ein Strafbefehl erlassen wird, ohne dass der Angeklagte sich zuvor zur Sache äußern konnte. Denn zum einen bestimmt § 407 Abs. 3 StPO, dass der Richter den Angeschuldigten vor Erlass nicht anhören muss. Zum anderen kann es in einfachen Sachen, wie bereits festgestellt, dazu kommen, dass dem Beschuldigten während des Ermittlungsverfahrens lediglich nach § 163a Abs. 1 Satz 2 StPO die Gelegenheit einer schriftlichen Äußerung eingeräumt wurde[1393], die dieser etwa aus Unverständnis nicht wahrgenommen oder mangels vorgesehener förmlicher Zustellung unter Umständen nicht erhalten hat[1394].

Ein besonderes Problem im Zusammenhang mit der Zustellung von Strafbefehlen ist daher, dass es möglich ist, dass der Angeklagte erstmals durch die Zustellung des Strafbefehls mit den Ergebnissen der Ermittlungen konfrontiert wird[1395] oder sogar überhaupt erstmals von den gegen ihn geführten Ermittlungen erfährt, sofern er zuvor etwa das schriftliche Äußerungsangebot der Polizei nicht öffnete. Der Angeklagte wird in letzterem Fall völlig unvorbereitet getroffen und kann erst zu diesem Zeitpunkt damit beginnen, sich darauf einzustellen, gegebenenfalls rechtlich gegen den Strafbefehl vorzugehen. Anders als ein zuvor angehörter Angeklagter kann sich der vom Strafbefehl Überraschte auch nicht zuvor um einen Rechtsbeistand bemühen. Sofern in diesen Fällen keine (persönliche) Zustellung durch eine Übergabe erfolgt und es zu

1392 OLG Düsseldorf NJW 1997, 2965, 2966; vgl. auch LG Köln MDR 1982, 601; *Burkhard*, Der Strafbefehl im Steuerstrafrecht, S. 143; KMR/*Metzger* § 409 Rn. 39; vgl. Meyer-Goßner/Schmitt/*Schmitt* § 407 Rn. 4, § 409 Rn. 21; Radtke/Hohmann/*Alexander* § 407 Rn. 29; *Vivell*, Strafbefehlsverfahren nach § 408a, S. 94 mit der Begründung, dass es dabei praktisch ausgeschlossen erscheine, dass der Angeklagte auch tatsächliche Kenntnis von der Verurteilung erhalte; MüKoStPO/*Eckstein* § 409 Rn. 44 m.w.N.; SK-StPO/*Degener* § 409 Rn. 19; a.A. SSW-StPO/*Momsen* § 407 Rn. 30, demzufolge dies nicht durch Art. 103 Abs. 1 GG verboten sei, da dem Verfahren insges. keine rechtsstaatlichen Bedenken entgegenstünden; vgl. auch *Schmid*, MDR 1978, 96, 98; a.A. LG Heidelberg, Beschl. v. 20.02.2002 – 2 Q 71/01 für den Fall, dass Beschuldigter im Ermittlungsverfahren rechtliches Gehör hatte.

1393 *Maleika*, Freiheitsstrafe und Strafbefehl, S. 119.

1394 *Hutzler*, Ausgleich struktureller Garantiedefizite, Rn. 184.

1395 *Maleika*, Freiheitsstrafe und Strafbefehl, S. 119.

einer verspäteten tatsächlichen Kenntnisnahme kommt, verkürzt sich faktisch die Einspruchsfrist (dazu sogleich), was einen rechtskräftigen Strafbefehl zur Folge haben kann[1396], bei dem zudem kein Wiedereinsetzungsgrund vorliegt. Sofern sich der Angeklagte unzutreffenden Vorwürfen oder einer unangemessen hohen Sanktionsbemessung ausgesetzt sieht, hat er grundsätzlich keine Möglichkeit mehr, gegen die fehlerhafte Entscheidung vorzugehen.

(3) Verspätete Kenntnisnahme bei Ersatzzustellungen

§ 166 Abs. 1 ZPO beschreibt die Zustellung als die Bekanntgabe eines Dokuments an eine Person in der in diesem Titel (gemeint sind die §§ 166 ff. ZPO) bestimmten Form. Dabei beinhaltet die Zustellung allerdings nicht, dass der Empfänger auch tatsächliche Kenntnis von dem Schriftstück nimmt; es genügt vielmehr die Bekanntgabe, durch die der Empfänger lediglich die Möglichkeit hat, das entsprechende Schriftstück zur Kenntnis zu nehmen[1397]. Aufgrund dieses Umstandes kommt es regelmäßig dazu, dass ein Angeklagter den Strafbefehl erst einige Tage nach Zustellung tatsächlich erhält und seinen Inhalt auch zur Kenntnis nimmt.

Dieses Problem besteht insbesondere durch die Möglichkeit von Ersatzzustellungen. Über den Verweis in § 37 Abs. 1 StPO sind die in den §§ 178 ff. ZPO vorgesehenen Ersatzzustellungen auch für die Zustellung eines Strafbefehls anwendbar.[1398] Zum einen besteht hiernach gemäß § 178 Abs. 1 ZPO die Möglichkeit, das Schriftstück in der Wohnung einem erwachsenen Familienangehörigen, einer in der Familie beschäftigten Person oder einem erwachsenen ständigen Mitbewohner (Nr. 1), in Geschäftsräumen einer dort beschäftigten Person (Nr. 2) oder in Gemeinschaftseinrichtungen dem Leiter der Einrichtung oder einem dazu ermächtigten Vertreter (Nr. 3) zuzustellen, wenn die Person, der zugestellt werden soll, in ihrer Wohnung, in dem Geschäftsraum oder in einer Gemeinschaftseinrichtung, in der sie wohnt, nicht angetroffen wird.[1399] Ist die Zustellung nach § 178 Abs. 1 Nr. 1 oder 2 ZPO nicht ausführbar, bestimmt § 180 Satz 1 ZPO, dass das Schriftstück in einen zu der Wohnung oder dem Geschäftsraum gehörenden Briefkasten oder in eine ähnliche Vorrichtung eingelegt werden kann, die der Adressat für den Postempfang eingerichtet hat und die in der allgemein üblichen Art für eine sichere Aufbewahrung geeignet ist. § 180 Satz 2 ZPO bestimmt weiter, dass das Schriftstück mit der Einlegung als

1396 Vgl. *Maleika*, Freiheitsstrafe und Strafbefehl, S. 119 f.
1397 MüKoStPO/*Valerius* § 37 Rn. 7.
1398 MüKoStPO/*Eckstein* § 409 Rn. 44.
1399 MüKoStPO/*Valerius* § 37 Rn. 14.

zugestellt gilt.[1400] Ist die Zustellung nach § 178 Abs. 1 Nr. 3 oder § 180 ZPO nicht ausführbar, kann das zuzustellende Schriftstück gemäß §§ 181 Abs. 1 Satz 1, 2, 182 ZPO auf der Geschäftsstelle des Amtsgerichts, in dessen Bezirk der Ort der Zustellung liegt, oder, sofern die Post mit der Zustellung beauftragt wurde, am Ort der Zustellung oder am Ort des Amtsgerichts an einer von der Post dafür bestimmten Stelle niedergelegt werden. Die Niederlegung ist der Person, der zugestellt werden soll, schriftlich mitzuteilen, § 181 Abs. 1 Satz 3 ZPO. § 181 Abs. 1 Satz 4 ZPO ordnet dabei die Zugangsfiktion bereits mit der Abgabe der schriftlichen Mitteilung an.[1401]

Bei der Niederlegung muss der Angeklagte den Strafbefehl mithin erst bei der entsprechenden Stelle abholen. Wann er dies tut und damit auch tatsächliche Kenntnis vom Inhalt des Strafbefehls erhält, liegt in seiner Risikosphäre. Ist er beispielsweise urlaubsbedingt abwesend oder nimmt er den Benachrichtigungszettel (versehentlich) nicht richtig wahr, kann es schnell dazu kommen, dass er den Strafbefehl verspätet abholt und sogar erst nach Rechtskraft zu Gesicht bekommt.[1402] In diesem Zusammenhang wird auch zutreffend darauf hingewiesen, dass es lebensfremd sei, anzunehmen, dass in aller Regel ein Optimalfall der Niederlegung dergestalt vorliege, dass ein Strafbefehlsempfänger tagsüber nicht persönlich angetroffen werde, abends nach der Arbeit einen Benachrichtigungszettel vorfinde und sogleich das nächste Postamt aufsuche, um sich den Strafbefehl aushändigen zu lassen.[1403]

Hinzu kommt, dass der Behörde unter Umständen auch die richtige Adresse nicht bekannt ist. Bestehen begründete Zweifel daran, ob der Empfänger an dem infrage stehenden Ort tatsächlich wohnhaft war, ist es zwar Aufgabe des Gerichts, dies aufzuklären[1404] – allerdings muss hier entsprechendes vom Angeklagten erst vorgetragen werden.[1405]

Die Zustellung an eine falsche Wohnanschrift ist zudem kein theoretisches Problem. Die Befragung der Berliner Verteidiger ergab, dass die Versäumnis der Einspruchsfrist auch darin begründet sein kann, dass den Behörden die

---

1400 MüKoStPO/*Valerius* § 37 Rn. 34.

1401 MüKoStPO/*Valerius* § 37 Rn. 39 f.

1402 *Burkhard*, Der Strafbefehl im Steuerstrafrecht, S. 143; vgl. *Maleika*, Freiheitsstrafe und Strafbefehl, S. 119 f.

1403 *Scheffler/Matthies*, in: Wolf, Kriminalität im Grenzgebiet, 179, 192: Die Klientel der Strafgerichte beinhalte häufig Personen mit unklaren Wohnverhältnissen oder solche, die behördliche Schriftstücke regelmäßig ignorieren oder verlieren.

1404 SK-StPO/*Degener* § 409 Rn. 21.

1405 BVerfG NStZ-RR 1997, 70; KMR/*Metzger* § 409 Rn. 38;

aktuelle Postanschrift nicht bekannt ist (etwa auch weil der tatsächliche Aufenthaltsort von der Meldeanschrift abweicht) und der Strafbefehl mangels Zustellung an die tatsächliche Wohnanschrift nicht erhalten wird. Einer der Verteidiger gab hier an, dass dies sogar häufig der Fall sei.

Es ist also gerade nicht sichergestellt, dass der Angeklagte den Strafbefehl auch tatsächlich – und insbesondere am Tag der Zustellung – zur Kenntnis nimmt.[1406]

Bei Urteilen, die ausnahmsweise in Abwesenheit des Angeklagten ergehen, ist es nach § 232 Abs. 4 StPO hingegen nicht möglich, eine Ersatzzustellung durch Niederlegung vorzunehmen[1407], während andere Formen der Ersatzzustellung, etwa die Zustellung nach § 178 ZPO an eine der genannten Personen oder an einen Zustellungsbevollmächtigten[1408], zulässig sind.[1409] Auch eine Zustellung an den Verteidiger, sofern dieser vorhanden ist, ist nach § 145a StPO möglich.[1410] Bezweckt wird damit, dass das Schriftstück in den unmittelbaren Machtbereich des Empfängers gelangt.[1411]

Fraglich ist, warum die Niederlegung aus diesem Grund nicht auch bei Strafbefehlen ausgeschlossen ist.[1412] Denn wie aufgezeigt ist hierbei gerade problematisch, dass die Einspruchsfrist häufig bereits läuft, während der Angeklagte noch keine Kenntnis von dem Strafbefehl hat. Um ein derartiges Auseinanderfallen von Zustellung und Kenntnisnahme zu verhindern, könnte die Möglichkeit einer Niederlegung auch hier für unzulässig erklärt werden. Mit dieser Begründung müsste konsequenter Weise allerdings jede Form der Ersatzzustellung ausgeschlossen werden, was in der Praxis einen unvertretbaren Mehraufwand verursachen würde. Sachgerechter erscheint es daher, die Frist nicht vor tatsächlicher Kenntnisnahme, die etwa durch den Vermerk der Abholung des Strafbefehls an der Stelle, an der er niedergelegt wurde, nachzuweisen wäre,

---

1406 *Maleika*, Freiheitsstrafe und Strafbefehl, S. 119; *Schorn*, Das Strafbefehls- und Strafverfügungsverfahren, S. 87 f.

1407 MüKoStPO/*Valerius* § 37 Rn. 36.

1408 BayObLG NStZ 1995, 561; MüKoStPO/*Arnoldi* § 232 Rn. 17.

1409 BGH NJW 1958, 509, 510; BeckOK StPO/*Gorf* § 232 Rn. 18.

1410 BeckOK StPO/*Gorf* § 232 Rn. 18; MüKoStPO/*Arnoldi* § 232 Rn. 17.

1411 MüKoStPO/*Arnoldi* § 232 Rn. 17.

1412 Vgl. BVerfG NJW 1969, 1103, 1104 (Argumentation des GenSta); dafür OLG Düsseldorf NJW 1957, 1731; hierfür auch *Burkhard*, Der Strafbefehl im Steuerstrafrecht, S. 144; für eine Anwendung des § 232 Abs. 4 StPO (Zustellung durch Übergabe bei Abwesenheitsurteil) auch auf die Zustellung von Strafbefehlen *Schorn*, Das Strafbefehls- und Strafverfügungsverfahren, S. 87.

zu laufen beginnen zu lassen[1413], oder sie erheblich zu verlängern, sodass das Auseinanderfallen von Zustellung und Kenntnisnahme kompensiert wird. Auf diese Weise würde verhindert, dass es zu einer faktischen Verkürzung der Einspruchsfrist käme.

Auch im Rahmen der geführten Experteninterviews berichtete B5 auf die Frage, ob er die Erfahrung gemacht hat, dass es bezüglich der Zustellung und dem Fristbeginn Probleme gab und die Frist deshalb nicht eingehalten werden konnte, von Problemen bei Ersatzzustellungen durch Einlegung in den Briefkasten und betonte, dass er die Zustellung für eine Schwäche des Strafbefehlsverfahrens hielte. Es käme in allen möglichen Situationen vor, dass der Angeklagte behauptete, er hätte keine Kenntnis erlangt, was nicht überprüfbar wäre. In der Akte befände sich eine Zustellungsurkunde mit dem Inhalt, dass der Zusteller der pin-AG den Brief in den Briefkasten gesteckt hätte, was der Staatsanwalt dann erstmal glauben müsste und worauf sich auch das Gericht im Zweifel bezöge. Es könnte aber nicht ausgeschlossen werden, dass der Zusteller den Brief in den Mülleimer geschmissen hätte, weshalb insofern immer eine gewisse Unsicherheit bliebe. Es gäbe allerdings sehr viele Wiedereinsetzungsanträge bei versäumten Fristen, die auf die Behauptung gestützt würden, den Strafbefehl nicht erhalten zu haben. In einigen Konstellationen ließe sich dies durch einen Umzug beweisen, sodass ein solcher Antrag Erfolg hätte. Das wäre aber nicht der Fall, wenn nur der Briefkasten nie überwacht oder nicht sichergestellt würde, dass dies jemand für die Zeit einer längeren Abwesenheit täte. Für die Staatsanwaltschaft und die Richter wäre es unangenehm, wenn sich ein fehlender Erhalt eines Strafbefehls herausstellte oder behauptet würde, weshalb im Zustellungsverfahren sehr viel Sorgfalt aufzuwenden wäre.[1414]

Besonders problematisch ist auch die Zustellung an Zustellungsbevollmächtigte, also solche Personen, denen zur Entgegennahme entsprechender Schriftstücke eine rechtsgeschäftliche Vertretungsmacht eingeräumt worden ist[1415]. In einigen Fällen, etwa den bereits genannten §§ 116a Abs. 3, 127a Abs. 2, 132 Abs. 1 Nr. 2 StPO, ist die Erteilung einer Vollmacht zwingend.[1416] Wird der

---

1413 Vgl. EuGH NJW 2020, 1873, 1875; EuGH, Urt. v. 22.03.2017 – C-124/16, C-213/16, C-188/16 = StV 2018, 69 (Ls.); EuGH NJW 2016, 303, 306 = StV 2016, 205, 209; OLG München NStZ-RR 2016, 249; a.A. *Kulhanek*, JR 2016, 208, 210; *Zündorf*, JR 2017, 488, 490.

1414 Nachfrage bei und Antwort auf Frage 40.

1415 *Gietl*, StV 2017, 263, 265; MüKoStPO/*Valerius* § 37 Rn. 12.

1416 MüKoStPO/*Valerius* § 37 Rn. 12; *Seifert*, StV 2018, 123, 126 bzgl. § 132 StPO.

Strafbefehl an eine bevollmächtigte Person zugestellt, muss er von dieser erst noch an den Angeklagten ausgehändigt werden – die Einspruchsfrist beginnt aber bereits mit Zustellung an den Zustellungsbevollmächtigten zu laufen[1417].

Die Problematik der Zustellung wurde auch im Experteninterview mit B2 thematisiert. Auf die Frage, ob er die Erfahrung gemacht hat, dass es bezüglich der Zustellung und dem Fristbeginn Probleme gab und die Frist deshalb nicht eingehalten werden konnte, berichtete er, dass es bei der Berliner Staatsanwaltschaft bis vor einiger Zeit so gehandhabt worden wäre, dass die Zustellung an Zustellungsbevollmächtigte erfolgte, die im Ermittlungsverfahren benannt wurden. Dies wären etwa Bedienstete der Bundespolizei (damals Bundesgrenzschutz) oder die Justizsekretärin bei Gericht oder der Staatsanwaltschaft gewesen. Er schilderte die Situation, dass ein Beschuldigter mit Wohnsitz im Ausland unterschreibe, dass diese Justizbedienstete eines Amtsgerichts seine Zustellungsbevollmächtigte sein sollte. Mit Eingang des Strafbefehls bei ihr begänne die Einspruchsfrist zu laufen und es obläge dem nun Angeklagten, bei ihr nachzufragen, ob Post gekommen wäre, was nicht geschähe. Die Zustellungsbevollmächtigte schickte den Strafbefehl auch nicht weiter ins Ausland, da „könnte sie es gleich in den Papierkorb schmeißen, wo soll das denn da ankommen, wenn wir nichts Genaueres wissen." Solche Sachen würden dann rechtskräftig, wobei man als Staatsanwalt kein gutes Gefühl hätte. Daher hätte sich die Zustellungspraxis in Berlin auch geändert. Die gesetzlichen Anforderungen an eine Zustellungsbevollmächtigung wären auch relativ hoch und spätestens die Gerichte würden eine solche nicht vornehmen. Die Zustellung der meisten Strafbefehle erfolgte in Berlin durch die pin-AG per Einwurf in den Hausbriefkasten. Sehr selten käme ein Strafbefehl vom Gericht mit der Bitte zurück, auszuermitteln, ob die Person noch unter der angegebenen Adresse wohnte und bejahendenfalls den Strafbefehl zu übergeben, sodass es zu einer persönlichen Übergabe kommen könnte, weil etwa die Polizei feststellte, dass der Name zwar nicht am Klingelschild stünde, die Person aber dennoch in einer bestimmten Wohnung angetroffen werden konnte. Es könnte auch vorkommen, dass Sachen aus Briefkästen entwendet würden, wodurch ebenfalls eine gewisse – wenn auch geringe – Gefahr nicht auszuschließen wäre (so auch B6[1418]). Wenn Personen eine Wiedereinsetzung dann auf den Nichterhalt eines Strafbefehls stützen wollten, stünde dem der Urkundsbeweis entgegen, weil in

1417 *Gietl*, StV 2017, 263, 265; *Seifert*, StV 2018, 123.

1418 Antwort auf Frage 6.

den Briefkasten eingeworfen worden wäre (so auch B6[1419]).[1420] Insgesamt sähe B2 ein Problem mit dem Strafbefehlsverfahren tatsächlich vor allem dann, wenn man zu sehr auf Zustellungsbevollmächtigte zurückgriffe, weil dann die Gefahr bestünde, dass Sachen in Unkenntnis rechtskräftig würden.[1421] Der Staatsanwalt B6 gab auf die Frage, ob die Erfahrung gemacht wurde, dass es bei der Zustellung durch Zustellungsbevollmächtigte Probleme gab, etwa weil zu spät Kenntnis vom Strafbefehl erlangt wurde, hingegen an, dass dies eher Sache des Gerichts wäre, er allerdings in der Regel keinen Strafbefehl beantragte, sofern er keine Anschrift hätte. Auch er bestätigte, dass eine Zustellung durch Zustellungsbevollmächtigte in Berlin nur noch selten erfolgte und zudem auch nur in den Fällen, in denen die Polizei im Ermittlungsverfahren Geld/eine Kaution vom Beschuldigten sichergestellt hätte, bevor dieser wieder in sein Heimatland entlassen worden wäre. In solchen Fällen schließe er aber nicht aus, dass es zu einer verspäteten Kenntnis kommen könnte.[1422]

Erhebliche Auswirkungen hat diese Form der Zustellung im Bereich des Ausländerstrafrechts. Auch die soeben genannten Normen gelten gerade für die Konstellation, dass ein Beschuldigter nicht im Geltungsbereich der Strafprozessordnung wohnt. § 116a Abs. 3 StPO betrifft den Fall, dass ein solcher Beschuldigter die Aussetzung des Vollzugs eines Haftbefehls gegen Sicherheitsleistung beantragt, § 127a Abs. 1, 2 StPO den Fall, dass gegen einen solchen Beschuldigten ein Haftbefehl wegen Fluchtgefahr erlassen werden könnte oder erlassen wurde, aber nicht mit einer Freiheitsstrafe oder freiheitsentziehenden Maßregel der Besserung und Sicherung zu rechnen ist und der Beschuldigte eine angemessene Sicherheit leistet, und § 132 Abs. 1 Satz 1 Nr. 2 StPO den Fall, dass ein solcher Beschuldigter einer Straftat dringend verdächtig ist, die Voraussetzungen eines Haftbefehls allerdings nicht vorliegen und die Durchführung des Strafverfahrens sichergestellt werden soll[1423].

Eine Person, die im Ausland wohnt, kann in der Regel aber keine Vertrauensperson angeben, die in dem entsprechenden Gerichtsbezirk wohnt – in der

---

1419 Antwort auf Frage 6.

1420 Antwort auf Frage 40.

1421 Antwort auf Frage 43.

1422 Antwort auf Frage 6.

1423 Dazu *Mayer*, NStZ 2016, 76, 79 ff.; krit. bzgl. der Vereinbarkeit mit Europarecht (Art. 18 AEUV) *Gietl*, StV 2017, 263, 265 ff.; zum typischen Verfahrensablauf in der Praxis bis hin zum Vollstreckungshaftbefehl und zur Vereinbarkeit mit dem fair-trial Grundsatz *Seifert*, StV 2018, 123 ff.; zur fehlenden Einhaltung des Richtervorbehalts *Putzke*, StraFO 2016, 1, 4 f.

Praxis ist daher der Usus entstanden, als Zustellungsbevollmächtigte Beamte, etwa den ermittelnden Polizeibeamten, zu benennen, also eine dem Beschuldigten fremde Person.[1424] Gerade im Bereich das Migrationsrechts kommt es dabei regelmäßig vor, dass die ernannten Polizeibeamten den Strafbefehl dem Angeklagten nicht aushändigen (können) – dadurch kann es beispielsweise dazu kommen, dass die Betroffenen im Rahmen einer Ersatzfreiheitsstrafe inhaftiert werden, ohne zuvor die Möglichkeit gehabt zu haben, gegen den – womöglich fehlerhaften – Strafbefehl vorzugehen.[1425]

Der interviewte Staatsanwalt B4 berichtete auf die Nachfrage, ob es bei Aufenthaltsdelikten häufig Probleme mit der Zustellung gibt, dass dies vorkäme, aber nichts mit dem Aufenthaltsgesetz zu tun hätte. Natürlich wären in einer staatlichen Einrichtung untergebrachte Personen vielleicht schnell in einer anderen Einrichtung oder hätten eine Wohnung zugewiesen bekommen. Insofern wäre es in diesen Fällen notwendig, den aktuellen Aufenthaltsort der Person zu ermitteln.[1426]

Die eigentliche Problematik stellt sich bei alldem, wie bereits erwähnt, im Zusammenhang mit dem Beginn der zweiwöchigen Einspruchsfrist. Denn die Frist beginnt am Tag der Ersatzzustellung zu laufen – insoweit tritt eine Zugangsfiktion ein –, also gerade unabhängig von der tatsächlichen Kenntnisnahme des Strafbefehls und auch unabhängig von der persönlichen Kenntnis über die Vornahme der Ersatzzustellung.[1427] Bei tatsächlicher Kenntnisnahme nach dem Tag der Zustellung verkürzt sich aber faktisch die Einspruchsfrist, sofern sie nicht sogar bereits abgelaufen ist, wenn der Angeklagte den Strafbefehl tatsächlich erhält[1428].

Der EuGH hat im Rahmen einer Vorlagefrage zur Richtlinie 2012/13/EU des Europäischen Parlaments und des Rates vom 22. Mai 2012 über das Recht auf

1424 *Scheffler/Matthies*, in: Wolf, Kriminalität im Grenzgebiet, 179, 192 f.; zur Frage, ob Bedienstete von Ermittlungsbehörden taugliche Zustellungsbevollmächtigte i.S.d. § 132 Abs. 1 StPO sind: *Weiß*, NStZ 2012, 305.

1425 Siehe dazu unter VIII. 2.; vgl. auch *Scheffler/Matthies*, in: Wolf, Kriminalität im Grenzgebiet, 179, 192 f.

1426 Antwort auf Frage 20; B3 wies bei Frage 22 auch darauf hin, dass sich bei einer im Flüchtlingsheim lebenden Person zudem die Frage stelle, ob ein Strafbefehl überhaupt ausgehändigt wird; siehe zur Unwirksamkeit einer Zustellung an eine Obdachloseneinrichtung LG Stuttgart, Beschl. v. 15.02.2017 – 7 Qs 10/17.

1427 BGH NJW 1977, 723 (für einen Bußgeldbescheid); MüKoStPO/*Valerius* § 37 Rn. 15 f.

1428 *Maleika*, Freiheitsstrafe und Strafbefehl, S. 120.

Belehrung und Unterrichtung im Strafverfahren[1429] im Zusammenhang mit Zustellungsbevollmächtigungen entschieden, dass sichergestellt werden muss, dass der Angeklagte die vollen zwei Wochen der Einspruchsfrist auch tatsächlich nutzen kann und diese nicht dadurch verkürzt werden, dass der Zustellungsbevollmächtigte eine gewisse Zeitspanne benötige, um den Strafbefehl dem Angeklagten tatsächlich auszuhändigen.[1430] Der EuGH weist dabei darauf hin, dass der Angeklagte mit der Zustellung des Strafbefehls erstmals über den Vorwurf unterrichtet wird.[1431] Art. 6 RL 2012/13/EU solle dem Angeklagten aber gerade die Möglichkeit einräumen, seine Verteidigung effektiv vorzubereiten.[1432] Auch in einer aktuellen Entscheidung bestätigte der EuGH, dass dem Angeklagten auch im Falle der Zustellung an einen Zustellungsbevollmächtigten ab Kenntnisnahme die volle Frist von zwei Wochen zur Verfügung stehen muss.[1433]

Um dies sicherzustellen, wurde zum einen die Möglichkeit genannt, die Frist erst ab tatsächlicher, von Amts wegen nachzuweisender Kenntnis des Angeklagten laufen zu lassen.[1434] Zum anderen stehen die Ausführungen des EuGH der nationalen Sicherung der Nutzbarkeit der vollen Fristlänge auch durch eine Wiedereinsetzungsmöglichkeit, wie der in den §§ 44 ff. StPO, nicht entgegen.[1435] Die Wiedereinsetzung ist, wie bereits erwähnt, allerdings nicht unproblematisch, da sie – nicht zuletzt in Hinblick auf die kurze Frist von lediglich einer Woche – selbst eine Hürde darstellen kann. Um effektiv zu gewährleisten, dass dem Angeklagten die volle Frist zur Verfügung steht, dürfte diese daher erst zu laufen beginnen, wenn er den Strafbefehl tatsächlich erhalten hat.

1429 ABl. 2012 L 142/1.

1430 EuGH NJW 2016, 303, 306 = StV 2016, 205, 209 f.; krit. dazu *Brodowski*, StV 2016, 210, 211; krit. *Kulhanek*, JR 2016, 208, 209 f.; dazu auch MüKoStPO/*Eckstein* § 409 Rn. 42.

1431 EuGH NJW 2016, 303, 306 m.Anm. Böhm = StV 2016, 205, 209; krit. dazu *Kulhanek*, JR 2016, 208, 209.

1432 EuGH NJW 2020, 1873, 1875; EuGH NJW 2016, 303, 306 = StV 2016, 205, 209; MüKoStPO/*Eckstein* § 409 Rn. 42.

1433 EuGH NJW 2020, 1873, 1875; dazu krit. *Kulhanek*, JR 2020, 673.

1434 Vgl. EuGH NJW 2020, 1873, 1875; vgl. EuGH, Urt. v. 22.03.2017 – C-124/16, C-213/16, C-188/16 = StV 2018, 69 (Ls.); vgl. EuGH NJW 2016, 303, 306 = StV 2016, 205, 209; a.A. *Kulhanek*, JR 2016, 208, 210; OLG München NStZ-RR 2016, 249; dem zust. *Kulhanek*, NStZ-RR 2016, 249; *Zündorf*, JR 2017, 488, 490.

1435 So ausdrücklich EuGH NJW 2020, 1873, 1875 f.: Dabei dürfe die Person im Falle der Zustellung an einen Zustellungsbevollmächtigten aber nicht dartun müssen, dass sie die erforderlichen Schritte unternommen habe, um sich zeitnah

Die Rechtsprechung des EuGH bezüglich der Tatsache, dass dem Angeklagten die volle Einspruchsfrist zur Verfügung stehen muss, ist auch auf andere Formen der Ersatzzustellung zu übertragen. Daher sollte es nicht nur bei der Zustellungsbevollmächtigung, sondern auch etwa bei der Niederlegung bezüglich des Fristbeginns auf den Zeitpunkt der tatsächlichen Kenntnisnahme ankommen.

Zwar kann man hiergegen einwenden, dass einige Angeklagte unter Umständen den Zugang des Strafbefehls verhindern. Im Ergebnis kann dies aber keine abweichende Bewertung rechtfertigen, da ein potentielles, rechtswidriges Verhalten Einzelner nicht dazu führen darf, dass generell auf eine rechtsstaatliche Ausgestaltung des Verfahrens verzichtet wird.

Die geforderte Fristausweitung auf dreißig Tage[1436] ist aus den oben genannten Gründen nicht alternativ, sondern kumulativ hierzu zu fordern.

Trotz des misslichen Umstandes des Auseinanderfallens von der die Frist auslösenden Zustellung und der regelmäßig erst später erfolgenden tatsächlichen Kenntnisnahme wird angenommen, dass das Institut der Ersatzzustellung verfassungsrechtlich unbedenklich sei[1437], etwa weil die Zustellung nicht nur fingiert werde, sondern tatsächlich eintrete.[1438] Allerdings sollte speziell bei der Zustellung von Strafbefehlen wie festgestellt vielmehr auf die tatsächliche Kenntnisnahme abgestellt werden müssen. Denn hierbei handelt es sich um eine Verurteilung aufgrund eines schriftlichen Verfahrens, bei dem der Angeklagte ohnehin eingeschränkten Verteidigungsmöglichkeiten unterliegt[1439]. Das Risiko fehlerhafter Entscheidungen ist hier durch viele Umstände, unter anderem die fehlende vorherige Anhörung durch den Richter[1440], erhöht, sodass der Einspruch die einzige Möglichkeit darstellt, einen fehlerhaften Strafbefehl

---

bei dem Bevollmächtigten über die Existenz dieses Strafbefehls zu erkundigen, zudem müsse die Wirkungen des Strafbefehls während dieser Frist ausgesetzt sein; EuGH, Urt. v. 22.03.2017 – C-124/16, C-213/16, C-188/16 = StV 2018, 69 (Ls.); vgl. EuGH NJW 2016, 303, 307 m.Anm. Böhm = StV 2016, 205, 211 m.Anm. Brodowski; *Kulhanek*, JR 2016, 208, 210 ff.; *Zündorf*, JR 2017, 488, 490; OLG München NStZ-RR 2016, 249; zust. *Kulhanek*, NStZ-RR 2016, 249; LG Stuttgart NJW-Spezial 2016, 730; a. A. LG Landshut StV 2016, 813 m.Anm. Kulhanek; MüKoStPO/*Eckstein* § 409 Rn. 42.

1436 Siehe unter IV. 1. a) aa) (2), (3).

1437 BVerfG NJW 1969, 1103, 1104; NJW 1969, 1531; Meyer-Goßner/Schmitt/*Schmitt* § 409 Rn. 20.

1438 Vgl. BGH NJW 1968, 557, 558; w.N. bei *Vivell*, Strafbefehlsverfahren nach § 408a, S. 94.

1439 Vgl. SSW-StPO/*Momsen* § 408b Rn. 6.

1440 Siehe dazu unter C. I. 3.

zu korrigieren. Aus diesem Grunde ist es erforderlich, das Einspruchsverfahren so effektiv wie möglich auszugestalten, was damit beginnt, dass bereits die tatsächliche Kenntnisnahme des Strafbefehls gewährleistet und die Einspruchsfrist nicht faktisch verkürzt wird.

Ein Problem mit dem Einspruch kann sich infolge einer Zustellung auch im Zusammenhang mit der Zustellung an den Verteidiger nach § 145a StPO ergeben. Nach § 145a Abs. 1 StPO kann ein Strafbefehl auch dem Verteidiger des Angeklagten zugestellt werden. Insofern gelten der Verteidiger, dessen Vollmacht bei den Akten liegt, sowie der bestellte Verteidiger als ermächtigt, Strafbefehle in Empfang zu nehmen. Nach § 145a Abs. 3 Satz 1 StPO ist der Angeklagte in diesem Falle von der Zustellung an den Verteidiger zu unterrichten und ihm eine formlose Abschrift zu übermitteln. Andersherum ist auch dem Verteidiger mitzuteilen, wenn der Strafbefehl dem Angeklagten zugestellt wird und ihm eine formlose Abschrift zuzusenden, § 145a Abs. 3 Satz 2 StPO.

§ 145a StPO berechtigt zur Zustellung an den Verteidiger, verpflichtet allerdings nicht hierzu.[1441] Denn es handelt sich bei § 145a Abs. 3 StPO lediglich um eine nicht verpflichtende Ordnungsvorschrift, die zudem keinen Einfluss auf die Wirksamkeit der Zustellung hat.[1442] Daher kann es durchaus zu Missverständnissen auf Seiten des Angeklagten kommen, wenn dieser beispielsweise fälschlicherweise davon ausgeht, dass ein ihm zugestellter Strafbefehl in jedem Falle auch seinen Verteidiger erreicht. Dass dies häufiger vorkommt, zeigt auch die Antwort eines Berliner Strafverteidigers, der auf die Frage, aus welchen Gründen die Einspruchsfrist nicht eingehalten wird, angab, dass Mandanten regelmäßig davon ausgehen, dass der Strafbefehl ebenfalls dem Verteidiger zugestellt werde.

Auch kann umgekehrt eine Zustellung an den Verteidiger ohne Benachrichtigung des Angeklagten erfolgen – in beiden Fällen handelt es sich dabei dennoch um eine wirksame Zustellung.[1443] Denkbar ist in den erstgenannten Fällen, dass der Angeklagte im Vertrauen darauf, dass sein Verteidiger für ihn Einspruch einlegen wird, es unterlässt, selbst tätig zu werden – die Frist läuft

---

1441 OLG Düsseldorf NStZ 1989, 88; MüKoStPO/*Valerius* § 37 Rn. 13; BeckOK StPO/*Larcher* § 37 Rn. 2.

1442 BVerfG NJW 2002, 1640; BVerfG NJW 1978, 1575; BGH NStZ 2010, 584; NJW 1977, 640; *Martin*, GA 1995, 121, 128; MüKoStPO/*Thomas/Kämpfer* § 145a Rn. 11; BeckOK StPO/*Krawczyk* § 145a Rn. 11; KK-StPO/*Willnow* § 145a Rn. 6.

1443 BVerfG NJW 2002, 1640; BGH NJW 1977, 640; *Martin*, GA 1995, 121, 130; vgl. auch *Schellenberg*, NStZ 1994, 570.

aber bereits seit Zustellung an den Angeklagten.[1444] So kann es aber auch sein, dass der Verteidiger gegen den ihm zugestellten Strafbefehl, der dem Angeklagten selbst nicht mitgeteilt wurde, keinen Einspruch einlegt, beispielsweise, weil der Kontakt zum Mandanten nicht mehr besteht.[1445] Auf diese Weisen kann es zu dem Unterbleiben einer Einspruchseinlegung kommen, obwohl der Angeklagte nicht bereit war, den Strafbefehl zu akzeptieren, was insbesondere dann gravierend ist, wenn dieser fehlerhaft ist.

Ob in diesen Fällen mangels Verschuldens des Angeklagten zumindest eine Wiedereinsetzung möglich ist, ist nicht unstreitig.[1446] Vorzugswürdig scheint die Ansicht, die eine Wiedereinsetzung bejaht, weil das Vertrauen des Angeklagten an die Zustellung auch an den Verteidiger schutzwürdig ist.[1447]

Um die Gefahr derartiger Missverständnisse zu reduzieren, ist nicht zwingend eine förmliche Zustellung sowohl an den Verteidiger (sofern vorhanden) als auch an den Angeklagten zu fordern, da in der Regel auch derzeit beiden Beteiligten Strafbefehl und formlose Abschrift zugesandt werden. Es ist angesichts der dadurch reduzierbaren Risiken aber erforderlich, darauf zu achten, dass eine Zustellung stets an beide erfolgt.

Insbesondere in den Fällen, in denen zur Bewährung ausgesetzte Freiheitsstrafen festgesetzt werden, ist nicht nur die Ersatzzustellung eines Strafbefehls angesichts der Tatsache, dass auf diese Weise zugestellte Strafbefehle regelmäßig nicht rechtzeitig zur Kenntnis genommen und rechtskräftig werden, für den Angeklagten besonders risikobehaftet.[1448] Auch im Rahmen einer Zustellung nach § 145a StPO kann durch die soeben aufgezeigten möglichen Missverständnisse bei der Zustellung ein Einspruch ungewollt unterbleiben.[1449] Insbesondere bei der Bestellung eines Pflichtverteidigers nach § 408b StPO, zu dem der Angeklagte zuvor keinen Kontakt hatte, besteht ein besonderes Risiko, weil es dadurch, dass die Zustellung des Strafbefehl im Falle einer Freiheitsstrafe an den Verteidiger erfolgen muss, da hier eine Pflichtverteidigung

1444 *Martin,* GA 1995, 121, 128.

1445 *Martin,* GA 1995, 121, 130.

1446 Siehe zum Streitstand *Martin,* GA 1995, 121, 129 f.

1447 LG Stuttgart AnwBl 1979, 38, 39; vgl. auch KG Berlin, Beschl. v. 03.03.2009 – 2 Ws 66/09: Beteiligten dürfen darauf vertrauen, dass das Gericht auch Ordnungsvorschriften beachte; vgl. MüKoStPO/*Eckstein* § 409 Rn. 40; vgl. auch *Mayer,* NStZ 2016, 76, 79.

1448 *Scheffler/Matthies,* in: Wolf, Kriminalität im Grenzgebiet, 179, 192, weisen zudem darauf hin, dass die Appell- und Warnfunktion einer Bewährungsstrafe hier fehlschlage.

1449 Vgl. *Martin,* GA 1995, 121, 128.

vorgeschrieben ist[1450], der Angeklagte aber unter Umständen keine Mitteilung darüber erhält, dazu kommen kann, dass er ohne vorherige Kenntnis sogar zu einer Freiheitsstrafe verurteilt wird.[1451]

Bereits die Art der Zustellung des Strafbefehls kann mithin ursächlich dafür sein, dass der Angeklagte nicht rechtzeitig von diesem erfährt und daraufhin rechtskräftig verurteilt wird. Insofern ist es erforderlich, den Fristbeginn im Zusammenhang mit der Zustellung zu reformieren.

(4) Notwendigkeit einer persönlichen Zustellung

Die soeben dargestellte Gefahr, dass der Angeklagte ein Schriftstück nach der Zustellung nicht oder nicht rechtzeitig tatsächlich erhält, ist beim Strafbefehl insbesondere angesichts der kurzen Einspruchsfrist problematisch. Die Möglichkeit der Wiedereinsetzung ist nach ihrer derzeitigen Ausgestaltung nicht effektiv genug, um eine späte oder verspätete Kenntnisnahme zu kompensieren. Angesichts der Tatsache, dass ein rechtskräftiger Strafbefehl einem rechtskräftigen Urteil gleichsteht, müsste besser gewährleistet werden, dass der Angeklagte genügend Zeit hat, um Vorbereitungen für einen Einspruch zu treffen.

Diese Gewährleistung könnte außer durch eine Reformierung der Regelung zur Frist möglicherweise auch über den Ausschluss von Ersatzzustellungen beim Strafbefehl erreicht werden.[1452]

Auf die Frage, ob er es begrüßen würde, die Möglichkeit per Zustellungsbevollmächtigten zuzustellen beim Strafbefehlsverfahren zu streichen, erläuterte der interviewte Staatsanwalt B2, dass es vielleicht eher eine Möglichkeit wäre, Anwälte als Zustellungsbevollmächtigte zu wählen[1453], die zugleich als Zustellungsbevollmächtigte und Pflichtverteidiger fungierten, was gebührenrechtlich aber noch nicht erfasst wäre. Jedenfalls aber wäre es positiv, wenn Beschuldigter und Zustellungsbevollmächtigter zumindest Kontakt hätten, etwa durch einen Austausch der Handynummern[1454]. Dies wäre in der Regel bisher nicht der Fall.

1450 *Martin*, GA 1995, 121, 128.

1451 MüKoStPO/*Eckstein* § 409 Rn. 40.

1452 Vgl. für den Ausschluss der Niederlegung *Burkhard*, Der Strafbefehl im Steuerstrafrecht, S. 144; so auch *Schorn*, Das Strafbefehls- und Strafverfügungsverfahren, S. 87 ff., der sich zudem gegen eine Zustellung an einen Zustellungsbevollmächtigten ausspricht.

1453 Vgl. auch *Greßmann*, NStZ 1991, 216, 219.

1454 Die dienstliche telefonische Erreichbarkeit des Zustellungsbevollmächtigten entspreche (bei der Zustellung an einen Wohnsitzlosen) auch dem Grds. des fairen Verfahrens, LG Dresden, Beschl. v. 30.10.2015 – 3 Qs 107/15.

In diesen Fällen eine Pflichtverteidigung einzuführen, wäre insofern begrüßenswert, als durch die Beratungsmöglichkeit die Rechte des Beschuldigten besser gewahrt werden können; allerdings ist dies auch nur dann der Fall, wenn der Verteidiger tatsächlich Kontakt zu seinem Mandanten erhält. Der Pflichtverteidiger könnte als Zustellungsbevollmächtigter zwar vorsorglich Einspruch einlegen, was allerdings nicht weiterführend ist, wenn der Angeklagte auch danach nicht erreicht werden kann.

Da eine zwingende persönliche Zustellung zwar hinsichtlich der Stärkung der Stellung des Angeklagten begrüßenswert, aber in der Praxis mit einem unvertretbaren Aufwand verbunden wäre, ist die Lösung über die Reformierung der Regelung zur Frist (siehe soeben unter aa) (2), (3), bb) (3)) vorzugswürdig.

Die Umsetzbarkeit einer persönlichen Zustellung wird auch von Seiten der Staatsanwaltschaft ausgeschlossen (so die Antwort des interviewten Staatsanwaltes B2 auf Frage 40). Die Möglichkeit der Ersatzzustellungen dient gerade dazu, dass eine wirksame Zustellung nicht dadurch verhindert wird, dass man den Angeklagten (wiederholt) nicht persönlich anzutreffen vermag.[1455]

Im Falle der Zustellung beispielsweise an einen Zustellungsbevollmächtigten könnte die tatsächliche Kenntnisnahme durch dessen schriftliche Bestätigung über die Weitergabe nachgewiesen werden. Zwar wird einer solchen Handhabung entgegengehalten, dass auf diese Weise das Institut der Zustellungsbevollmächtigung im Rahmen des Strafbefehlsverfahrens überflüssig sei, da mangels Ingangsetzung der Frist eine solche Zustellung ohne Wirkung bleibe.[1456] Allerdings belastet die Lösung über die Wiederaufnahmevorschriften die Angeklagten von ohnehin fehleranfälligen Strafbefehlen, wie bereits dargestellt, übermäßig.

Auch der Vorschlag, die Zustellungsvollmacht nach § 132 StPO zu ergänzen und anzuordnen, sich ein in Deutschland eingerichtetes elektronisches Postfach anlegen zu lassen[1457], scheint in dieser Form nicht erfolgsversprechend. Zwar ist in Zeiten zunehmender Digitalisierung auch eine zunehmende Kommunikation zwischen dem Beschuldigten und der Justiz auf dem elektronischen Wege grundsätzlich angemessen, allerdings scheint hier bereits der Umstand problematisch zu werden, dass der Beschuldigte selbst die Anlegung eines solchen Postfachs initiieren muss, was gerade bei denjenigen Beschuldigten, die

1455 BeckOK ZPO/*Dörndorfer* § 178 Rn. 1; vgl. *Hupka/Kämper*, JA 2012, 448, 449.
1456 *Seifert*, StV 2018, 123, 126; ähnlich *Böhm*, NJW 2016, 306, 307.
1457 *Seifert*, StV 2018, 123, 128.

ohnehin nicht regelmäßig ihre Post lesen, an der praktischen Umsetzung scheitern könnte.

(5) Zusammenfassung

Die Risikoanalyse bezüglich der Zustellung zeigt mithin, dass es dazu kommen kann, dass der Angeklagte von den gegen ihn erhobenen Vorwürfen erstmals bei der Zustellung erfährt, was seine Verteidigung erheblich erschwert.

Weiterhin kommt es vor, dass die Zustellung an eine falsche Wohnanschrift erfolgt, da der Behörde die aktuelle Postanschrift beziehungsweise der tatsächliche Aufenthaltsort des Angeklagten nicht bekannt ist und er den Strafbefehl aus diesem Grund erst verspätet zur Kenntnis nimmt.

Zu einer verspäteten Kenntnisnahme kann es gerade auch bei Ersatzzustellungen kommen, da der Angeklagte den Strafbefehl bei einer Niederlegung erst selbst abholen, bei der Zustellung an einen Zustellungsbevollmächtigten erst noch von diesem übergeben bekommen muss, was insbesondere dann zum Problem wird, wenn diese (fremde) Person gar keinen Kontakt zum Angeklagten herstellen kann (wie es etwa bei einem Polizisten der Fall sein kann).

Da die Frist aber schon ab Zustellung und nicht erst ab tatsächlicher Kenntnis zu laufen beginnt, verkürzt sich auf diese Weise faktisch die Einspruchsfrist.

Bei § 145a StPO besteht das Risiko von Missverständnissen, insbesondere dann, wenn an den Angeklagten, nicht aber an den Verteidiger zugestellt wird, wovon der Angeklagte aber regelmäßig ausgeht. Dieses Problem stellt sich auch bei § 408b StPO, wenn nur an den Verteidiger zugestellt wird, dieser aber keinen Kontakt zum Angeklagten herstellen kann und jener daher nichts vom Strafbefehl erfährt.

Durch die Reformierung des Fristbeginns im Zusammenhang mit der Zustellung würde die Möglichkeit, Einspruch einzulegen, effektiver ausgestaltet. Bezüglich des Fristbeginns sollte bei Ersatzzustellungen auf den Zeitpunkt der tatsächlichen Kenntnisnahme abgestellt und die Frist zudem auf dreißig Tage ausgedehnt werden. Infolgedessen wäre auch die Erlangung rechtlichen Gehörs diesbezüglich mit weniger Schwierigkeiten verbunden und die Chance, fehlerhafte Strafbefehle im Rahmen einer Hauptverhandlung zu korrigieren, erheblich erhöht.

cc) Sprachhindernisse

Neben der zu kurzen Frist und der zu späten Kenntnisnahme infolge einer anderen als der persönlichen Zustellung erschweren auch sprachliche Schwierigkeiten die Einlegung eines Einspruchs.

(1) Verständnisschwierigkeiten beim Lesen des Strafbefehls

Da in Deutschland auch viele Menschen leben, die nicht oder nur wenig Deutsch sprechen, gibt es an vielen Stellen Kommunikationsschwierigkeiten.[1458] Dass es aber Verständnisprobleme aufgrund Sprachunkenntnis[1459] geben soll, wirkt im Zusammenhang mit erlassenen Strafbefehlen zunächst überraschend. Zwar ist die Staatsanwaltschaft nicht dazu verpflichtet, bereits dem Antrag auf Erlass eines Strafbefehls eine Übersetzung beizufügen.[1460] Allerdings regelt § 187 Abs. 2 Satz 1 GVG, dass es zur Ausübung der strafprozessualen Rechte des Beschuldigten erforderlich ist, demjenigen, der der deutschen Sprache nicht mächtig ist, in der Regel die schriftliche Übersetzung unter anderem von Strafbefehlen zuzustellen.[1461] Die Formulierung „in der Regel" zeigt zwar, dass die Übersetzung nicht immer zwingend erfolgen muss, allerdings gilt für Strafbefehle hier ergänzend Nr. 181 Abs. 2 RiStBV, auf den auch der Gesetzgeber in seiner Begründung zu § 187 Abs. 2 GVG verweist.[1462] Hiernach ist ein Strafbefehl demjenigen, der die deutsche Sprache nicht hinreichend beherrscht, mit einer schriftlichen Übersetzung in eine ihm verständliche Sprache bekanntzugeben. Die in § 187 Abs. 2 S. 2, 4, 5 GVG geregelten Ausnahmen von diesem Regelfall (zum Beispiel in dem Fall, in dem der Angeklagte verteidigt ist, § 187 Abs. 2 Satz 5 GVG[1463]) der Übersetzung greifen hier nicht.[1464] Dies ist vor dem Hintergrund des fairen Verfahrens geboten.[1465]

1458 BGH stellte 1981 fest, „daß das Sprachproblem durch den Zuzug von Ausländern neue Dimensionen gewonnen hat", BGH NJW 1982, 532, 533; diese Aussage sei 1990 noch genauso aktuell, *Basdorf*, in: GS Meyer, 19.

1459 *Gilliéron*, Strafbefehlsverfahren und plea bargaining, S. 129 f., 57 Fn. 423: Laut der Pisa Studie von 2003 können in der Schweiz 10-20 % der Bevölkerung nicht lesen oder zumindest keine komplizierten Texte verstehen; auch die PISA Studie in Deutschland von 2018 ergab, dass 23 % der geprüften Schüler nicht dazu in der Lage waren, die Hauptaussage mittellanger Texte zu erfassen, *OECD*, PISA Studie 2018, S. 93 ff.; *Hutzler*, Ausgleich struktureller Garantiedefizite, Rn. 256.

1460 LG Aachen NStZ 1984, 283.

1461 BVerfG StV 2017, 775; BGH NStZ 2014, 725, 726; *Christl*, NStZ 2014, 376, 378.

1462 BT-Drs. 17/12578, S. 11: Anknüpfend an EGMR NJW 1979, 1091 hielt auch zuvor die obergerichtliche Rspr. bei einem Strafbefehl grds. eine vollständige schriftliche Übersetzung für verpflichtend, vgl. OLG Karlsruhe StV 2005, 655; LG Aachen NStZ 1984, 283.

1463 Vgl. BVerfG NJW 1983, 2762; BGH NJW 2018, 3790, 3793 f. m.Anm. Oğlakcıoğlu; BT-Drs. 17/12578, 12; BGH NStZ 2017, 601, 602; NStZ-RR 2018, 57, 58.

1464 MüKoStPO/*Eckstein* § 409 Rn. 24.

1465 EuGH NJW 2018, 142, 144 zur Auslegung der RL 2010/64/EU, wonach wesentliche Unterlagen wie der Strafbefehl übersetzt werden müssen; der Anspruch auf

Deutsche Staatsangehörige, die die deutsche Sprache unzureichend beherrschen, erfasst die Vorschrift vom Wortlaut jedoch nicht. Da die Notwendigkeit einer Übersetzung aus dem Recht des Angeklagten auf ein faires Verfahren aus Art. 6 Abs. 3a EMRK folgt und er zudem aus dem dortigen Abs. 3b auch das Recht hat, seine Verteidigung ausreichend vorzubereiten, muss aber jedem, der der deutschen Sprache nicht ausreichend mächtig ist, zwingend eine Übersetzung in einer ihm verständlichen Sprache beigelegt werden.[1466] Dies muss konsequenterweise auch für die Rechtsmittelbelehrung gelten.[1467]

Allerdings hat die Richtlinie Nr. 181 Abs. 2 RiStBV keinen zwingenden Charakter. In der Einführung zum RiStBV ist niedergelegt, dass aufgrund der Komplexität des Lebens nur Vorgaben für den Regelfall gemacht werden, von denen der Staatsanwalt nach verantwortungsbewusster Prüfung im Einzelfall abweichen kann; dem Richter, an den sich einige der Regelungen auch wenden, bleibt es, soweit diese Hinweise nicht die Art der Ausführung eines Amtsgeschäfts betreffen, überlassen, ob er sie berücksichtigt.

Ob die Regelung in Nr. 181 RiStBV bezüglich der Übersetzungspflicht angemessen ist, wird angezweifelt.[1468] Eine restriktive Handhabung und damit tendenziell weniger Übersetzungen müssen allerdings zur Folge haben, dass eine Wiedereinsetzung unter vereinfachten Voraussetzungen möglich ist.[1469]

Sinnvoller als den der deutschen Sprache nicht mächtigen Angeklagten auf das in der Praxis hürdenreiche Institut der Wiedereinsetzung[1470] zu verweisen, wäre es, mit der Übersetzung von Strafbefehlen großzügig umzugehen.

Nach den gesetzlichen Vorgaben müssen also nicht alle Strafbefehle mit Übersetzung zugestellt werden, sondern nur die Fälle, in denen der Beschuldigte nicht ausreichend deutsch kann. Zu ermitteln, ob sprachliche Schwierigkeiten vorliegen, obliegt der Staatsanwaltschaft. Der Richter sieht sich zu

---

Ausgleich von Nachteilen durch Sprachdefizite resuliere zudem aus dem Recht auf ein rechtsstaatliches, faires Verfahren, Art. 2 Abs. 1 i.V.m. 20 Abs. 3 GG, BVerfG NJW 1983, 27, 62; vgl. *Basdorf*, in: GS Meyer, 19, 20.

1466 OLG Düsseldorf StV 2010, 512 m.w.N.; KG StV 1994, 90; *Gilliéron*, Strafbefehlsverfahren und plea bargaining, S. 131.

1467 BVerfG NJW 1976, 1021; NJW 1975, 1597; KMR/*Metzger* § 409 Rn. 29; LR/*Gössel* § 409 Rn. 24; Gercke u.a. StPO/*Brauer* § 409 Rn. 12; *Greßmann*, NStZ 1991, 216, 218.

1468 *Basdorf*, in: GS Meyer, 19, 24.

1469 Vgl. BVerfG NJW 1976, 1021; NJW 1975, 1597; *Basdorf*, in: GS Meyer, 19, 24.

1470 Siehe etwa unter IV. 1. a) aa) (3).

keiner Übersetzung angehalten, wenn aus der Akte keine Sprachdefizite des Beschuldigten erkenntlich werden. Da auch keine vorherige Anhörung durch den Richter erforderlich ist (§ 407 Abs. 3 StPO), macht sich der Richter selbst kein Bild von der Person. Auch die Staatsanwaltschaft muss nicht grundsätzlich Informationen über die Sprachkenntnisse des Beschuldigten einholen. Daher besteht an dieser Stelle die Gefahr, dass eine erforderliche Übersetzung nicht erfolgt und der Strafbefehlsempfänger den Strafbefehl dann kaum oder sogar überhaupt nicht versteht.

Um dieses Risiko für den Strafbefehlsempfänger zu senken, sollte die Staatsanwaltschaft angesichts der Tatsache, dass sprachliche Schwierigkeiten bei vielen Menschen gegeben sind, zur Einholung entsprechender Informationen verpflichtet sein. Dies müsste auch für die ermittelnden Polizeibeamten gelten, die auf Sprachschwierigkeiten zu achten und diese dann in den Unterlagen zu vermerken hätten.[1471]

Natürlich genügt nicht nur eine Übersetzung an sich, vielmehr ist auch eine Übersetzung in die im Einzelfall richtige Sprache erforderlich. Diesbezüglich muss bei jedem Beschuldigten gesondert darauf geachtet werden, welche Sprache er in ausreichendem Maße beherrscht, um behördliche Schriftstücke verstehen zu können[1472].

Im Rahmen der Befragung der Strafverteidiger wurden auch Fragen zu Übersetzungen gestellt. Auf die Frage, ob Strafbefehle mit einer Übersetzung zugestellt werden, wenn dies notwendig ist, gaben zwölf der Verteidiger an, dass dies „nie" (18,5 %), 28, dass dies „selten" (43 %), 17, dass dies „manchmal" (26,1 %), sieben, dass dies „häufig" (10,8 %) und nur eine Person, dass dies „sehr häufig" (1,5 %) der Fall wäre. Und auch die Protokollierungen des Strafbefehlsberatungsprojekts zeigten, dass von sieben Fällen, in denen eine Übersetzung erforderlich gewesen wäre, in nur einem eine solche erfolgt ist. Eine Übersetzung scheint, auch wenn sie mangels ausreichender Deutschkenntnisse des Angeklagten erforderlich ist, mithin nicht der Regelfall zu sein. Im Vergleich zu den Antworten der Verteidiger scheint das Bild bei den Richtern des Amtsgerichts Tiergarten hingegen zugunsten einer eher lückenlosen Übersetzungspraxis auszufallen. Denn auf die Frage, ob Strafbefehle mit einer Übersetzung erlassen werden, wenn diese erforderlich ist, antworteten 27 der Richter mit „sehr häufig", zehn mit „häufig", einer mit „manchmal" und einer mit „selten". Die unterschiedliche Auffassung der Richter könnte womöglich daran

1471 *Gilliéron*, Strafbefehlsverfahren und plea bargaining, S. 131, 144.

1472 Vgl. *Hutzler*, Ausgleich struktureller Garantiedefizite, Rn. 257.

liegen, dass sie Strafbefehle zwar übersetzen lassen, wenn sie dies für erforderlich erachten, sie aber aus den Akten nicht immer ersehen können, wann beim Angeschuldigten Sprachdefizite vorhanden sind.

Wie häufig eine Übersetzung bei Strafbefehlen insgesamt erforderlich ist (Frage 10), wurde von den im Rahmen der Experteninterviews befragten Staatsanwälte unterschiedlich beurteilt. B1 berichtete, dass unter den Beschuldigten ein hoher Anteil wäre, der Probleme mit der deutschen Sprache hätte und schätzte, dass etwa 60 % der Strafbefehle übersetzt werden müssten; auch B3 schätzte hier etwa 50 %. B4, B5 und B6 schätzten jeweils etwa 10 %, wobei B5 darauf hinwies, dass bei den Wirtschaftsstrafsachen kaum fremdsprachliche Klientel beteiligt wäre, da Ärzte, Physiotherapeuten, Apotheker und Gewerbetreibende in aller Regel der deutschen Sprache mächtig wären. B4 gab zudem an, dass es insofern auch keine Rolle spielte, ob der Beschuldigte der deutschen Sprache mächtig sei, als er bei Äußerungen ohnehin nur die deutschen Übersetzungen läse und für die Übersetzung der Richter zuständig wäre. Auch B2 verwies in seiner Antwort auf die Gerichte.

Sofern eine Übersetzung stattfindet, wird diese nach Angaben von sieben der Strafverteidiger „sehr häufig" in die richtige Sprache übersetzt (12 %), 18 zufolge „häufig" (31 %), neun gaben „manchmal" an (15,5 %), zwölf „selten" und zwölf „nie" (jeweils 20,7 %). Damit scheint jedenfalls in Berlin und zum Teil auch Bremen eine defizitäre Übersetzungspraxis bei Strafbefehlen zu bestehen.

Auch eine fehlerhafte Übersetzung führt zu der Situation, dass der Angeklagte dem Strafbefehl aus Sprachunverständnis unwissend gegenübersteht.

Zu vergessen ist dabei nicht, dass sprachliche Divergenzen bereits im Zeitpunkt des Ermittlungsverfahrens bestehen. Demnach kann die Polizei beziehungsweise die Staatsanwaltschaft auch hier möglicherweise schon Interaktionsschwierigkeiten bei der Befragung des Beschuldigten haben.[1473] Durch Sprachprobleme können zudem Ermittlungsfehler entstehen, die aufgrund von Zeitmangel nicht mehr beseitigt werden.[1474] Infolgedessen eine Erledigungsart zu wählen, in der sich der Beschuldigte nur sehr eingeschränkt zur Wehr setzen kann, erscheint demnach umso problematischer. Angesichts der Fehleranfälligkeit des Ermittlungsverfahrens muss umso mehr konsequent dafür gesorgt werden, dass erforderliche Übersetzungen von Strafbefehl und Rechtsmittelbelehrung beigefügt werden, damit der Angeklagte die Möglichkeit hat, einen

1473 *Eisenberg/Kölbel*, Kriminologie, § 28 Rn. 20 f.

1474 *Eisenberg/Kölbel*, Kriminologie, § 27 Rn. 49; vgl. *Pick*, Kriminalistik 1994, 617, 619.

Strafbefehl, der infolge fehlerhafter Ermittlungen ebenfalls fehlerhaft ist, durch einen Einspruch überprüfen zu lassen.

Ein sprachliches Problem kann aber nicht nur durch fehlende Deutschkenntnisse entstehen, sondern auch dadurch, dass Strafbefehle in elaboriertem Deutsch verfasst sind.[1475] Selbst Personen, die die deutsche Sprache grundsätzlich beherrschen, können hier unter Umständen Schwierigkeiten haben, die Tragweite des Strafbefehls gänzlich zu erfassen und sich gegen ihn zu wehren. Es gibt, anders als beispielsweise auf verschiedenen Internetseiten öffentlicher Stellen[1476], keine Strafbefehle in leicht verständlicher Sprache. Auch derartige sprachliche Schwierigkeiten können dazu führen, dass die Angeklagten Strafbefehle nicht als solche erkennen. Dass dies „sehr häufig" der Fall wäre, gaben im Rahmen der Befragung der Berliner und Bremer Verteidiger 6,2 % der Anwälte an. 29,7 % gaben hier „häufig", 43,7 % „manchmal", 18,7 % „selten" und 1,6 % „nie" an. Verständnisschwierigkeiten aufgrund sprachlicher Probleme kommen mithin sehr regelmäßig vor.

In diesem Zusammenhang wurden auch die Staatsanwälte im Rahmen der Experteninterviews gefragt, ob sie erlebt haben, dass der Angeklagte den Strafbefehl nicht verstand, obwohl eine Übersetzung in eine Fremdsprache nicht erforderlich war (Frage 11). Dies hätten die Befragten so noch nicht erlebt, schlossen es allerdings auch nicht aus (B3, B6). B3 gab zudem an, dass er einen Strafbefehl nur dann beantragte, wenn aus der Akte der Eindruck entstünde, dass dieser auch verstanden würde, also kein Analphabetismus oder eine intellektuelle Schwäche ersichtlich oder die Frage nach der Schuldfähigkeit problematisch wäre. B1 betonte, dass er persönlich darauf achtete, die Strafbefehle so einfach wie möglich zu formulieren und keine Schachtelsätze oder

1475 Vgl. *Stoll*, Beschleunigungsstrategien der Strafjustiz, S. 33; vgl. *Gilliéron*, Strafbefehlsverfahren und plea bargaining, S. 129 f.; vgl. *Gilliéron*, in: Barton u.a. (Hrsg.), Vom hochgemuten, voreiligen Griff nach der Wahrheit, 59, 71; vgl. *Hutzler*, Ausgleich struktureller Garantiedefizite, Rn. 257; *Thommen*, Kurzer Prozess – fairer Prozess?, S. 109; *Scheffler/Matthies*, in: Wolf, Kriminalität im Grenzgebiet, 179, 188 sprechen hier auch von einem Sport der Staatsanwaltschaft, einen ganzen Sachverhalt in einem Satz abzuhandeln.

1476 So zum Beispiel auf der Website des Bundesverfassungsgerichts: https://www.bundesverfassungsgericht.de/DE/Service/LeichteSprache/leichtesprache_node.html, auf der Seite der Bundeszentrale für politische Bildung: https://www.bpb.de/die-bpb/informationen-in-leichter-sprache/, oder auf der Seite der Bundesregierung: https://www.bundesregierung.de/breg-de/leichte-sprache?view=, alle jeweils zuletzt abgerufen am 11.02.2021.

Abkürzungen zu verwenden. Bei Steuern wäre dies womöglich nicht immer einfach zu verstehen, aber bei Tätern, die solche Taten begehen können, könnte davon ausgegangen werden, dass sie auch imstande sind, den Strafbefehl zu verstehen. Auch B2 deutete Verständnisprobleme durch Übersetzungen von unverständlichen Schachtelsätzen an, die er aber eher in Süddeutschland vermutete und die in Berlin seiner Einschätzung nach so nicht praktiziert würden. B4 berichtete hingegen davon, dass er die Erfahrung gemacht hätte, dass – sowohl deutsche als auch nichtdeutsche – Angeklagte vielmehr die Rechtsnatur des Strafbefehls nicht verstünden und fragten, an wen sie zahlen sollten, ohne zu begreifen, dass die Möglichkeit eines Einspruchs bestünde. B5 konnte derartige Verständnisschwierigkeiten nach seinen Erfahrungen – allerdings aus der Wirtschaftsabteilung – nicht bestätigen.

Die bestehenden sprachlichen Hindernisse könnten dadurch beseitigt werden, dass zwingend vorgeschrieben wird, im Ermittlungsverfahren explizit auch die Notwendigkeit einer Übersetzung in eine andere oder eine leicht verständliche Sprache zu prüfen. Angesichts der im Hinblick auf die Verfahrensgrundsätze des rechtlichen Gehörs, der Mündlichkeit, Unmittelbarkeit und Öffentlichkeit besonderen Bedeutung des Einspruchs wäre dies dringend erforderlich. Dadurch könnte auch die Gefahr rechtskräftiger Fehlentscheidungen verringert werden, weil mehr Strafbefehle durch die Einlegung eines Einspruchs überprüft werden könnten. Auch in der Hauptverhandlung müsste in Fällen fehlender Deutschkenntnisse eine Übersetzung erfolgen, was § 185 GVG aber auch vorschreibt. In solchen Fällen, in denen neben den Sprachschwierigkeiten auch Probleme bestehen, die rechtliche Lage zu verstehen, wäre zudem über die Einführung einer Pflichtverteidigung zu diskutieren, damit der Beschuldigte effektiv verteidigt ist.[1477]

(2) Sprachschwierigkeiten bei Einlegung des Einspruchs

Ein weiteres Problem neben dem des nicht übersetzten Strafbefehls besteht hinsichtlich der Vorgaben für die Einlegung des Einspruchs. Denn dieser muss nach § 184 GVG in deutscher Sprache eingelegt werden.[1478] Das Gericht ist nicht dazu verpflichtet, fremdsprachige Schriftstücke übersetzen zu lassen.[1479] Für Personen, die die deutsche Sprache nicht (ausreichend) beherrschen, stellt

1477 Siehe dazu unter 4. Teil D.

1478 BGH NJW 1982, 532; KMR/*Metzger* § 410 Rn. 4; KK-StPO/*Diemer* § 184 GVG Rn. 2; *Greßmann*, NStZ 1991, 216, 219.

1479 *Greßmann*, NStZ 1991, 216, 219; KK-StPO/*Diemer* § 184 GVG Rn. 2.

dies eine große Hürde dar.[1480] Zwar wurde es bisher so gehandhabt, dass einem Ausländer, der unverschuldet nicht in der Lage war, innerhalb der Frist einen Einspruch in deutscher Sprache einzulegen, auf seinen Antrag hin Wiedereinsetzung in den vorigen Stand gewährt wurde.[1481] Auch hier ist allerdings zu beachten, dass die Stellung eines Antrags auf Wiedereinsetzung seinerseits eine unüberwindbare Hürde darstellen kann.[1482]

Die Situation könnte aufgrund europäischer Vorgaben heute zudem anders gelagert, sein, wenn der Beschuldigte nicht imstande ist, deutsch zu verstehen oder zu sprechen. Denn nach Art. 3 der Richtlinie 2010/64/EU des Europäischen Parlaments und des Rates vom 20. Oktober 2010 über das Recht auf Dolmetscherleistungen und Übersetzungen in Strafverfahren[1483] stellen die Mitgliedsstaaten sicher, dass verdächtige oder beschuldigte Personen, die die Sprache des Strafverfahrens nicht verstehen, innerhalb einer angemessenen Frist eine schriftliche Übersetzung aller Unterlagen erhalten, die wesentlich sind, um zu gewährleisten, dass sie imstande sind, ihre Verteidigungsrechte wahrzunehmen und ein faires Verfahren erhalten (Abs. 1). In Abs. 2 heißt es dann, dass zu den wesentlichen Unterlagen jegliche Anordnung einer freiheitsentziehenden Maßnahme, jegliche Anklageschrift und jegliches Urteil gehören. Abs. 3 regelt ferner, dass die zuständigen Behörden im konkreten Fall darüber entscheiden, ob weitere Dokumente wesentlich sind. Wäre also der Einspruch eine wesentliche Unterlage im Sinne dieser Vorschrift, bestünde für die Mitgliedsstaaten eine Pflicht zur Übersetzung.

Der EuGH hatte hierzu die Frage zu entscheiden, ob Art. 1–3 der Richtlinie gestatten, dass eine nationale Vorschrift regelt, dass der Einspruch gegen einen Strafbefehl auch dann nicht in einer anderen als der Verfahrenssprache eingelegt werden darf, wenn der Beschuldigte dieser Sprache nicht mächtig ist.[1484]

1480 Vgl. *Maleika*, Freiheitsstrafe und Strafbefehl, S. 121 f. m.w.N.; vgl. zu Nachteilen aufgrund Sprachproblemen in der Hauptverhandlung *Schumann/Winter*, in: Friedrichs (Hrsg.), Teilnehmende Beobachtung abweichenden Verhaltens, 174, 191; vgl. *Sessar*, ZStW 87 (1975), 1033, 1060.

1481 BVerfG NJW 1976, 1021; NJW 1975, 1597; KK-StPO/*Diemer* § 184 GVG Rn. 2; der VGH München NJW 1976, 1048 hingegen hielt es nicht für grds. ausgeschlossen, dass fremdsprachige Schriftsätze dazu geeignet seien, Fristen zu wahren; vgl. auch OLG Frankfurt NJW 1980, 1173.

1482 Siehe unter 1. a) aa) (3).

1483 ABl. 2010 L 280/1.

1484 EuGH NJW 2016, 303, 305 = StV 2016, 205, 208; die Rspr. des EuGH hierzu für nicht eindeutig haltend KK-StPO/*Maur* § 410 Rn. 3; vgl. auch Meyer-Goßner/Schmitt/*Schmitt* GVG § 184 Rn. 2a; *Zündorf*, NStZ 2017, 41, 42.

Das Gericht vertrat die Ansicht, dass nationale Vorschriften eine Einspruchseinlegung in einer anderen als der Verfahrenssprache verbieten dürfen, da der Einspruch kein wesentliches Dokument im Sinne des Abs. 1 sei.[1485] Allerdings bestehe die Möglichkeit, dass die nationalen Behörden nach Art. 3 Abs. 3 der Richtlinie im konkreten Fall entscheiden, dass weitere Dokumente – wie hier der Einspruch gegen einen Strafbefehl – wesentlich sind.[1486] Denn insoweit sehe die Richtlinie lediglich einen Mindeststandard vor.

Da diese Entscheidung einen nichtverteidigten Angeklagten betraf, sah der BGH aber keinen Grund, sie auch auf den Fall zu übertragen, in dem der Angeklagte verteidigt ist, weil dieser zur Wahrnehmung seiner Verteidigungsrechte nicht in gleicher Weise auf eine Übersetzung seiner Schreiben durch das Gericht angewiesen sei.[1487]

Dass ein Einspruch kein wesentliches Dokument im Strafbefehlsverfahren darstellen kann, scheint äußerst zweifelhaft.[1488] Schließlich kommt ihm die besondere Bedeutung zu, eine Hauptverhandlung und damit rechtliches Gehör zu erzwingen. In Abs. 2 der Richtlinie werden als wesentliche Unterlagen zwar nur „jegliche Anordnung einer freiheitsentziehenden Maßnahme, jegliche Anklageschrift und jegliches Urteil" gezählt, also Schriftstücke von staatlicher Seite, allerdings führt das Fehlen eines Einspruchs auch im Falle der Festsetzung einer Geldstrafe im Strafbefehl zu der Möglichkeit der Ersatzfreiheitsstrafe, sodass der Einspruch unmittelbar mit einer freiheitsentziehenden Maßnahme in Verbindung zu setzen ist. Zudem erlangt der Strafbefehl ohne Einspruch urteilsgleiche Wirkung, sodass auch hier eine unmittelbare Verknüpfung zu sehen ist.

Von der Frage nach der Wesentlichkeit eines Dokuments zu unterscheiden ist die Frage, inwiefern man dem Beschuldigten zumuten kann, Sorge für die Übersetzung seines Rechtsbehelfs zu tragen. Man könnte argumentieren, dass ein Beschuldigter, der immerhin dazu in der Lage ist, den Einspruch in seiner Muttersprache zu verfassen, auch Sorge dafür tragen könne, seinen Text übersetzen zu lassen. Dieses Argument wird tragfähiger, wenn die Kontaktdaten

---

1485 EuGH StV 2016, 205, 208 = NJW 2016, 303, 305, 306 m.Anm. Böhm.

1486 EuGH StV 2016, 205, 208 = NJW 2016, 303, 305; krit. hierzu *Brodowski*, StV 2016, 210; *Kulhanek*, JR 2016, 208; in welchen Fällen der Einspruch kein wesentliches Dokument darstellen solle fragen kritisch KK-StPO/*Maur* § 410 Rn. 3.

1487 BGH NStZ 2017, 601, 602; NStZ-RR 2018, 57, 58; zust. KK-StPO/*Maur* § 410 Rn. 3.

1488 *Böhm*, NJW 2016, 306: Wenn ihnen nicht offensichtlich jede Verfahrensrelevanz fehle, müssen nicht in deutscher Sprache verfasste Schriftstücke übersetzt werden.

von zeitlich verfügbaren Übersetzern mit angegeben werden. Dennoch ist dies angesichts der kurzen Einspruchsfrist von zwei Wochen mit Blick auf das gewährleistete faire Verfahren problematisch, da einem der deutschen Sprache nicht mächtigen Betroffenen zusätzliche Steine in den Weg gelegt werden, die es in sehr kurzer Zeit zu überwinden gilt.

Wenn der Strafbefehl übersetzt werden muss, damit der Beschuldigte ihn verstehen kann, so muss zwar nicht allein aus diesem Grund auch der Einspruch in entsprechender Fremdsprache verfasst werden können. Dies ändert aber nichts an der hier vertretenen Auffassung, dass ein Einspruch eine wesentliche Unterlage im Strafbefehlsverfahren darstellt. Die nationalen Behörden haben hiernach ein Schriftstück zu übersetzen, wenn es einen Einspruch darstellen könnte.

Damit hätte der Beschuldigte zumindest die Möglichkeit, einen Einspruch auch dann einzulegen, wenn er nicht dazu in der Lage ist, ihn zuvor übersetzen zu lassen. Angesichts der bereits mehrfach betonten besonderen Bedeutung des Einspruchs im Strafbefehlsverfahren wäre dies ein Mehraufwand für die Gerichte, der zugunsten der Sicherung der Rechte des Angeklagten hinzunehmen wäre. Denn dadurch könnte unter Umständen verhindert werden, dass der Angeklagte aufgrund von Sprachbarrieren davon absieht, einen Einspruch einzulegen.

Dies gilt insbesondere in Hinblick darauf, dass die Zustellung des Strafbefehls unter Umständen der erste Zeitpunkt ist, in dem der Beschuldigte beziehungsweise dann der Angeklagte von dem gegen ihn gerichteten Verfahren Kenntnis erhält.[1489] Insofern ist es absolut erforderlich, dass dem Angeklagten zumindest ein Einspruch dann nicht zusätzlich erschwert wird.

dd) Weitere Hindernisse

Einsprüche erfolgten in den letzten Jahren durchschnittlich in nur etwa einem Viertel der Fälle.[1490]

1489 Etwa wegen § 163a Abs. 1 Satz 2 StPO, siehe 1. Teil A. II., 2. Teil C. I. 2., IV. 1. a) bb) (2).

1490 *Statistisches Bundesamt*, Fachserie 10, Reihe 2.3, 2019–2014, 2009, 2005, 2002, Tabellen 1.2, 2.2 und 2.1, (Deutschland), siehe dazu unter B. II. 2. c), d), IV., Tabelle 5 m.w.N.

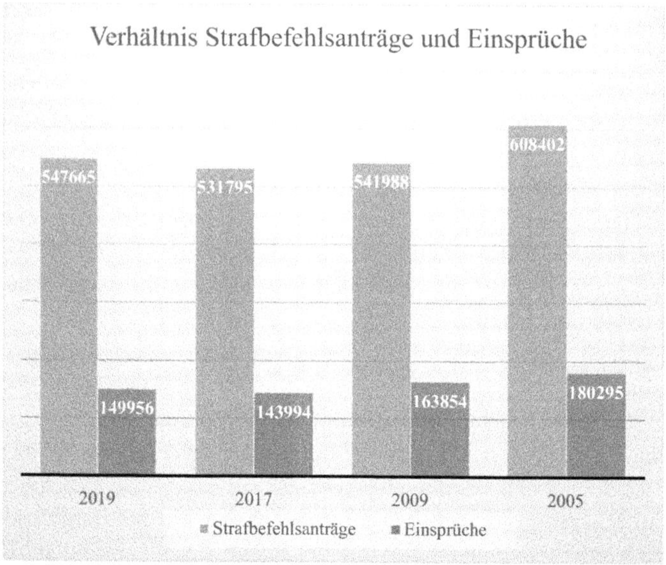

Grafik 7 Verhältnis Strafbefehlsanträge und Einsprüche
Zu Tabellen 1 und 5, siehe B. IV. jeweils m. N.

Das Unterlassen einer Einspruchseinlegung kann neben sprachlichen Schwierigkeiten auch andere Gründe haben. Beispielsweise besteht die Gefahr, dass die Angeklagten die Tragweite des Strafbefehls nicht begreifen und ihn daher unterschätzen.[1491] Insbesondere kann es passieren, dass sie ihn mit einem Bußgeldbescheid verwechseln[1492]. Denn immerhin handelt es sich um ein Schriftstück, das (außer im Falle einer seltenen Freiheitsstrafe) einen an eine Behörde zu zahlenden Geldbetrag festsetzt. Auch von einem der befragten Richter des Amtsgerichts Tiergarten wurde mit Blick auf das Verständnis der Mandanten betont, dass das Strafbefehlsverfahren sehr oft, von Sprachunkundigen wie von Sprachkundigen, missverstanden und falsch eingeschätzt werde.

1491 *Stoll*, Beschleunigungsstrategien der Strafjustiz, S. 33; *Kern*, Strafverfahrensrecht, S. 288 f.

1492 *Preuß*, ZJS 2017, 176; vgl. *Sydow*, Strafbefehl ist kein Bußgeldbescheid, abrufbar unter https://www.rug-anwaltsblog.de/2012/12/05/strafbefehl-ist-kein-busgeldbescheid-sondern-strafgerichtliche-verurteilung/, zuletzt abgerufen am 11.02.2021.

Es werde nicht als eine “echte” Verurteilung, sondern vielmehr als eine Art Bußgeld eingeschätzt.

Für solche Fälle (sich im Ermittlungsverfahren andeutende Sprach- und Verständnisdefizite) wäre eine Pflichtverteidigung[1493] begrüßenswert, durch die dem Angeklagten das Verständnis beigebracht werden kann.

Auch Gleichgültigkeit gegenüber der Straffestsetzung oder Angst[1494] vor einer höheren Sanktion[1495] oder auch nur höheren Verfahrenskosten[1496] können davon abhalten, den Rechtsbehelf einzulegen. Insbesondere der Fall der Gleichgültigkeit gegenüber behördlichen Schriftstücken kann dazu führen, dass auch nachfolgende Schreiben ignoriert werden, sodass es sogar zu einer Ersatzfreiheitsstrafe kommt. In solchen Fällen stößt ein schriftliches Verfahren aber an seine Grenzen, da beim Angeklagten kein besonderer Eindruck wie bei einer Hauptverhandlung vor Gericht entstehen kann.[1497]

Die soeben genannten Gründe finden sich auch in den Antworten der befragten Verteidiger auf die Frage nach den Gründen für unterbliebene Einsprüche sowie die Versäumung der Frist Sofern von ihnen nicht oft Einspruch gegen Strafbefehle eingelegt würde, gaben 13 der Verteidiger als Grund hierfür an, dass die Gefahr einer Verschlechterung zu hoch wäre, 14, dass Sachverhalt und Strafe angemessen ermittelt worden wären. Als weitere Gründe genannt wurden zudem Kosten (sechs Mal) – auch einmal im Zusammenhang mit der Gefahr der Verschlechterung –, der Umstand, dass gerade oft Einspruch eingelegt würde (einmal), sowie der Umstand, dass das Ergebnis bereits vorher feststünde (einmal), das Akzeptieren des Sachverhalts und der Strafrechtsfolge durch den Beschuldigten (einmal) und die Tatsachen, dass die Betroffenen eine gerichtliche Auseinandersetzung scheuten (vier Mal) oder die Aussicht auf ein besseres Ergebnis fehlte (einmal). Zudem wurde zwei Mal angegeben, dass

---

1493 Siehe dazu unter 4. Teil D.

1494 *Preuß*, ZJS 2017, 176; Graf StPO/*Temming* § 407 Rn. 4 nennt zudem auch eine Resignation und den fehlenden Warneffekt; *Maleika*, Freiheitsstrafe und Strafbefehl, S. 124 nennt die Angst, sich in öffentlicher Hauptverhandlung verteidigen zu müssen, ohne die Erfolgsaussichten zu kennen; *Roxin/Schünemann*, Strafverfahrensrecht, § 68 Rn. 2; *Gilliéron*, in: Barton u.a. (Hrsg.), Vom hochgemuten, voreiligen Griff nach der Wahrheit, 59, 71.

1495 *Stoll*, Beschleunigungsstrategien der Strafjustiz, S. 34; *Maleika*, Freiheitsstrafe und Strafbefehl, S. 124.

1496 *Maleika*, Freiheitsstrafe und Strafbefehl, S. 124; *Gilliéron*, Strafbefehlsverfahren und plea bargaining, S. 134 f.; *Stoll*, Beschleunigungsstrategien der Strafjustiz, S. 34.

1497 Siehe dazu unter VII.

nicht oft Einspruch eingelegt würde, weil dem Strafbefehl eine Verständigung vorausgegangen beziehungsweise er abgesprochen wäre.

Als Gründe für Fristversäumnisse wurden von den Verteidigern unter anderem auch angegeben, dass der Strafbefehl nicht verstanden (mit 54 Mal mit Abstand am häufigsten) oder dass er mit einem Bußgeldbescheid verwechselt worden wäre (eine Antwort). Genannt wurden auch eine Gleichgültigkeit beziehungsweise Nachlässigkeit oder fehlende Organisiertheit (acht Antworten), die Angst vor einer öffentlichen Hauptverhandlung (eine Antwort) oder eine Verdrängung durch den Angeklagten (zwei Antworten). Weitere Gründe waren unter anderem der Umstand, dass die zutreffende, aktuelle Wohnanschrift oder der tatsächliche Aufenthaltsort nicht bekannt war (drei Antworten), dass die Betroffenen ihre Post nicht oder sehr verspätet öffneten (sechs Antworten) und dass die Erkenntnis erst im letzten Moment eintrat oder auch die Fristenwirkung nicht verstanden wurde (jeweils eine Antwort). Genannt wurde auch der Umstand, dass Mandanten regelmäßig davon ausgingen, dass der Strafbefehl dem Verteidiger ebenfalls zugestellt worden wäre (eine Antwort), eine Flucht (eine Antwort) oder eine psychische Eingeschränktheit des Angeklagten, etwa durch den Konsum von Drogen oder Alkohol oder auch aufgrund einer psychischen Erkrankung (eine Antwort). Auch dies zeigt, dass Sprachschwierigkeiten, Nachlässigkeit in diversen Formen oder steigende Kosten Gründe für eine unterbliebene Einspruchseinlegung sein können.

Einer der Verteidiger merkte zudem ergänzend an, dass insbesondere ungebildete oder psychisch gestörte Mandanten mit Strafbefehlen völlig überfordert wären und sich trotz guter Chancen nicht gegen diesen wehrten; vielmehr nähmen sie auch falsche Entscheidungen als ihr "persönliches Pech im Leben" hin. Derartige Fälle wären oft in karitativen Beratungsstellen anzutreffen, wobei eine Wiedereinsetzung zudem dann oftmals nicht mehr möglich wäre.

Auch im Rahmen der Experteninterviews mit Berliner Staatsanwälten wurde angesprochen, dass es Personen gäbe, bei denen der Erlass eines Strafbefehls besonders problematisch wäre.

Berichtet wurde zum einen von der Klientel, die ihre Post nicht öffnete (B1[1498], B3[1499]). Es gäbe auch Personen, die völlig desinteressiert an ihrem eigenen Schicksal wären (B3[1500]). B1 berichtete aus dem Steuerbereich von Rechnungsschreibern bei sogenannten Umsatzsteuerkarussells, bei denen er darauf

1498 Antwort auf Frage 6 und 40.
1499 Antwort auf Frage 26.
1500 Antwort auf Frage 18.

verzichtete, einen Strafbefehlsantrag zu stellen. Dabei ginge es um große, international organisierte Tätergruppen, die sich alkoholabhängige Hartz-IV-Empfänger suchten, die für sie Rechnungen schrieben und im Ergebnis Umsatzsteuer in Millionenhöhe hinterzögen. Die Rechnungsschreiber würden als Geschäftsführer eingesetzt, obwohl sie häufig gerade mal ihren Namen schreiben könnten. Dies wären zudem oft auch Leute, die den Kopf in den Sand steckten und die Post nicht öffneten. In solchen Konstellationen käme es häufig dazu, dass sie zum ersten Mal reagierten und den Vorwurf bestritten oder ihr Unwissen beteuerten, wenn es zur Ersatzfreiheitsstrafe käme. Oftmals handelte es sich bei diesen Personen auch um Heranwachsende oder „ganz arme Willis“.[1501] Bei dieser Klientel gäbe es hinsichtlich des Strafbefehls auch eher mal Verständnisschwierigkeiten, was in der Wirtschaft sonst eher nicht der Fall wäre.[1502]

Auch B4 berichtete davon, dass Angeklagte, die intellektuell im unteren Bereich anzusiedeln wären, stärker mit dem Strafbefehlsverfahren überfordert wären und häufig davor scheuten, zu Stift und Papier zu greifen und einen Einspruch loszuschicken, was sicherlich ein Nachteil wäre, da viele Beschuldigte/Angeklagte aus diesem Bereich kämen. Auch für Personen nichtdeutscher Herkunft, denen ein Verstoß gegen das Aufenthaltsgesetz vorgeworfen würde, wäre es in vielen, aber auch nicht in allen Fällen besonders schwierig, mit einem Strafbefehl umzugehen.[1503] B5 nannte bei den Personengruppen, bei denen er zögern würde, einen Strafbefehl zu beantragen, wenn dieser nicht zuvor erörtert worden wäre und man die Reaktionen einschätzen könnte, als Beispiel Prominente, die wegen des Tatvorwurfs bereits viel negative Presse erfahren und die ein Interesse daran hätten, sich öffentlich zu den Tatvorwürfen zu positionieren. Wenn er hingegen Zweifel daran hätte, dass der Beschuldigte den Tatvorwurf intellektuell versteht oder wenn es in den Akten Anhaltspunkte für Besonderheiten in der Person des Beschuldigten gibt, könnte es sein, dass er vom Strafbefehlsverfahren Abstand nähme. Daran, dass in letzter Zeit eine solche Notwendigkeit erkannt wurde, könnte er sich aber nicht erinnern. Als Beispiel für eine Situation, in der auf einen Strafbefehlsantrag verzichtet wurde, obwohl ein solcher mit Blick auf die Straferwartung durchaus möglich gewesen wäre, nannte er den Fall eines 45-jährigen Polizeibeamten, dem eine Untreue zum Nachteil des Staates vorgeworfen wurde, die im Falle einer Verurteilung zu einer Entfernung aus dem Dienst geführt hätte, was einen tiefen Einschnitt

1501 Antwort auf Frage 17.
1502 Antwort auf Frage 11.
1503 Antwort auf Frage 43.

in seine Existenz bedeutet hätte, ohne dass der Beschuldigte gut verteidigt war oder den Eindruck machte, den Ernst der Lage begriffen zu haben. Hier wäre eine Hauptverhandlung mit einer persönlichen Begegnung zur Beurteilung des Falles erforderlich gewesen (Antwort auf Frage 22).

In den Fällen, in denen Personen nicht dazu imstande sind, sich gegen den Strafbefehl zu wehren oder in denen sie in ihrer Verteidigungsfähigkeit eingeschränkt sind, könnte eine generelle Pflichtverteidigung bei Strafbefehlen womöglich Abhilfe schaffen.[1504]

ee) Die Rechtsbehelfsbelehrung

Um dem Angeklagten die Wahrung seiner Rechte zu ermöglichen, ist gemäß § 409 Abs. 1 Satz 1 Nr. 7 StPO in jedem Strafbefehl über die Möglichkeit eines Einspruchs und die dafür vorgeschriebene Frist und Form zu belehren. Zudem ist der Hinweis erforderlich, dass der Strafbefehl rechtskräftig und vollstreckbar wird. Sofern eine Freiheitsstrafe oder eine Verwarnung mit Strafvorbehalt festgesetzt wurde, regelt § 409 Abs. 1 Satz 2 StPO eine erweiterte Belehrungspflicht nach § 268a Abs. 3 StPO, in der auf die Besonderheiten der Strafaussetzung zur Bewährung eingegangen wird. Bei einem Fahrverbot wird eine zusätzliche Belehrung entsprechend § 268c Satz 1 StPO notwendig.

Fehlt eine Belehrung, ist im Falle einer Fristversäumnis ein Wiedereinsetzungsgrund gegeben: §§ 44 Satz 2, 35a StPO können hier entsprechend angewandt werden.[1505]

Die Aufgabe der Belehrung ist es, dem Angeklagten zu verdeutlichen, was der Strafbefehl bedeutet, was er für Auswirkungen hat und wie man sich rechtlich gegen ihn wehren kann.[1506] Jeder Strafbefehlsempfänger muss dazu in die Lage versetzt werden, durch gegebenenfalls einfach formulierte Informationen zu verstehen, wie er sich im Wesentlichen verhalten muss.[1507]

Möglicherweise liegt ein Faktor für die Schwierigkeit des Einspruchs daher auch in der (nicht ausreichend einfach formulierten) Rechtsbehelfsbelehrung.

Diese lautet etwa wie folgt:

1504 Mehr dazu unter 4. Teil D.

1505 LR/*Gössel* § 409 Rn. 25; Meyer-Goßner/Schmitt/*Schmitt* § 409 Rn. 9; MüKoStPO/*Eckstein* § 409 Rn. 24.

1506 Vgl. MüKoStPO/*Valerius* § 35a Rn. 1; vgl. *Schrader*, NStZ 1987, 447, 448.

1507 Auch *Leipold/Wojtech*, ZRP 2010, 243, 244 halten es für erforderlich, an der Qualität der Belehrung zu arbeiten, sofern diese in der Praxis unzureichend oder unverständlich sei.

Rechtsmittelbelehrung

Der Strafbefehl wird rechtskräftig und vollstreckbar, wenn Sie nicht **innerhalb von zwei Wochen nach der Zustellung** bei dem oben bezeichneten Amtsgericht schriftlich, zu Protokoll der Geschäftsstelle oder als elektronisches Dokument **Einspruch** einlegen. Bei schriftlicher (auch elektronischer) Einlegung ist die Frist nur gewahrt, wenn die Einspruchsschrift vor Ablauf von zwei Wochen bei dem Gericht eingegangen ist. Sie können den Einspruch auf bestimmte Beschwerdepunkte – zum Beispiel die Strafhöhe – beschränken. In diesem Fall wird der Strafbefehl im Übrigen nicht mehr überprüft.

In der Einspruchsschrift können Sie auch weitere Beweismittel (Zeugen, Sachverständige, Urkunden) angeben. Ist der Einspruch verspätet eingelegt oder sonst unzulässig, so wird er ohne Hauptverhandlung durch Beschluss verworfen. Andernfalls findet eine Hauptverhandlung statt. In dieser entscheidet das Gericht nach neuer Prüfung der Sach- und Rechtslage. Dabei ist es an den in dem Strafbefehl enthaltenen Ausspruch nicht gebunden, soweit sich der Einspruch auf ihn bezieht.

Soweit in diesem Strafbefehl eine Geldstrafe gegen Sie festgesetzt wurde und Sie den Einspruch auf die Höhe des Tagessatzes beschränken, kann das Gericht – sofern Sie, gegebenenfalls Ihre Verteidigerin /Ihr Verteidiger und die Staatsanwaltschaft hierzu Ihre Zustimmung erteilen – ohne Hauptverhandlung durch Beschluss entscheiden. In diesem Beschluss darf von den Feststellungen des Strafbefehls nicht zu Ihrem Nachteil abgewichen werden. Bitte teilen Sie bereits bei der Einlegung des auf die Höhe des Tagessatzes beschränkten Einspruchs mit, wenn Sie mit einer Entscheidung ohne Hauptverhandlung einverstanden sind.

Wenn Sie sich nur gegen die Entscheidung zur Verpflichtung, **Kosten oder notwendige Auslagen** zu tragen, wenden wollen, können Sie (wenn der Wert des Beschwerdegegenstands 200,00 EUR übersteigt) bei dem oben bezeichneten

Amtsgericht **binnen einer Woche nach Zustellung** schriftlich, zu Protokoll der Geschäftsstelle oder als elektronisches Dokument das Rechtsmittel der **sofortigen Beschwerde** einlegen.

Die **Fristen** beginnen mit dem Tage der Zustellung und enden mit dem Ablauf des entsprechenden Wochentages der zweiten Woche (im Falle des Einspruchs) bzw. der folgenden Woche (im Falle der sofortigen Beschwerde). Fällt das Ende der Frist auf einen Sonntag, einen allgemeinen Feiertag oder einen Sonnabend, so endet die Frist mit dem Ablauf des nächsten Werktages.

Die schriftliche (auch die elektronische) Rechtsmitteleinlegung muss in deutscher Sprache erfolgen. Im Falle der elektronischen Übermittlung beachten Sie bitte die Hinweise auf dem gesondert beigefügten Merkblatt zur elektronischen Einreichung von Dokumenten. Dem beigefügten Merkblatt StP 393 können Sie weitere Hinweise entnehmen.[1508]

1508 Der Text wurde wörtlich einer einem Strafbefehl beigefügten Rechtsbehelfsbelehrung aus den Protokollierungen des Rechtsberatungsprojekts entnommen, exemplarisch für sämtliche dort mitgesandte Belehrungen, Hervorhebungen wie im Original.

Weiterhin werden zwei Merkblätter beigefügt, zum einen betreffend die elektronische Einreichung von Dokumenten, zum anderen bezüglich des Verfahrens nach rechtskräftiger Verurteilung und der Kosten im Strafbefehlsverfahren. Letzteres lautet wie folgt:

Merkblatt zum Verfahren nach rechtskräftiger Verurteilung, zu den Kosten im Strafbefehlsverfahren und zur elektronischen Einreichung von Dokumenten

1. Sollten Sie kein Rechtsmittel einlegen, entfällt die öffentliche Durchführung einer Hauptverhandlung, das Verfahren ist beendet und der Strafbefehl wird rechtskräftig. Sie sind dann verpflichtet, die festgesetzte Geldstrafe/Geldbuße sowie die Kosten, die Ihnen mit einer Kostenrechnung von der Staatsanwaltschaft mitgeteilt werden (siehe auch folgende Hinweise zur Höhe der Kosten) binnen vier Wochen an die Kosteneinziehungsstelle der Justiz zu zahlen. Bei der Überweisung denken Sie bitte an die Angabe der Geschäftsnummer. In begründeten Fällen kann die Staatsanwaltschaft auf Ihren Antrag Ratenzahlung gewähren. Der Antrag ist nach der Zahlungsaufforderung direkt an die Staatsanwaltschaft Berlin zu richten.

2. Bei der Anordnung von Fahrverboten: Siehe Beiblatt StP 158

3. Ist Ihnen die Fahrerlaubnis entzogen und eine Frist bestimmt worden, binnen der keine neue Fahrerlaubnis erteilt werden darf (Sperre), so beginnt diese mit der Rechtskraft des Strafbefehls.
Angerechnet wird die Zeit zwischen dem Erlass des Strafbefehls und der Rechtskraft, soweit die Fahrerlaubnis vorläufig entzogen oder der Führerschein verwahrt, sichergestellt oder beschlagnahmt war.

4. Hinweis für fremdsprachige oder hör- oder sprachbehinderte Angeklagte:
Angeklagte, die der deutschen Sprache nicht mächtig oder hör- oder sprachbehindert sind, haben im gesamten Strafverfahren einen gesetzlichen Anspruch auf unentgeltliche Hinzuziehung eines Dolmetschers oder Übersetzers, soweit dies zur Ausübung der strafprozessualen Rechte erforderlich ist.
Erforderlich zur Ausübung der strafprozessualen Rechte ist in der Regel die schriftliche Übersetzung von freiheitsentziehenden Anordnungen sowie von Anklageschriften, Strafbefehlen und nichtrechtskräftigen Urteilen.
Eine auszugsweise schriftliche Übersetzung ist ausreichend, wenn hierdurch die strafprozessualen Rechte gewahrt werden. Die schriftliche Übersetzung ist den Angeklagten unverzüglich zur Verfügung zu stellen. An die Stelle der schriftlichen Übersetzung kann eine mündliche Übersetzung der Unterlagen oder eine mündliche Zusammenfassung des Inhalts der Unterlagen treten, wenn hierdurch die strafprozessualen Rechte der Angeklagten gewahrt werden. Dies ist in der Regel dann anzunehmen, wenn die Angeklagten anwaltlich verteidigt sind.
Angeklagte können nach Belehrung über die vorstehend aufgeführten Rechte auf eine schriftliche Übersetzung verzichten.

5. Hinweis zu den Verfahrenskosten (Stand 1.8.2013):
Die Berechnung dieser Kosten erfolgt durch die Staatsanwaltschaft Berlin; von dort werden Sie eine Kostenrechnung erhalten, in der die im Verfahren entstandenen Kosten genau aufgeführt sind.
Für das Strafbefehlsverfahren werden Kosten nach dem Gerichtskostengesetz erhoben.

Diese betragen:

Für die Festsetzung einer Geldstrafe oder die Verwarnung mit dem Vorbehalt der Verurteilung zu einer Geldstrafe	bis zu 180 Tagessätzen	EUR 70,-
	von mehr als 180 Tagessätzen	EUR 140,-
Für die Verurteilung zu einer Freiheitsstrafe:	bis zu 6 Monaten:	EUR 70,-
	bis zu einem Jahr:	EUR 140,-
Für die Anordnung von Maßnahmen der Besserung und Sicherung (zum Beispiel der Führerscheinsperre oder Entziehung der Fahrerlaubnis):		EUR 35,-
Für die Festsetzung einer Geldbuße:	10 % des Betrages der Geldbuße- -mindestens EUR 25,- - höchstens EUR 7500,-	

Hinzu kommen die im bisherigen Verfahren entstandenen Auslagen. Hierzu zählen insbesondere die Beträge (Entschädigungen, Ersatz von Auslagen) die an Zeugen (z.B. Verdienstausfall) oder Sachverständige (z.B. für eine Blutuntersuchung) gezahlt worden sind. Weiterhin kommen die Zustellkosten des beauftragten Zustellunternehmens hinzu, die in der Kostenrechnung genau aufgeführt sind.

StP 393 (Stand März 2019)[1509]

1509 Der Text wurde wörtlich einer einem Strafbefehl beigefügten Rechtsbehelfsbelehrung aus den Protokollierungen des Rechtsberatungsprojekts entnommen und ist exemplarisch für sämtliche dort mitgesandte Belehrungen; Hervorhebungen wie im Original. Das Merkblatt zur elektronischen Einreichung von Dokumenten wird hier mangels praktischer Bedeutung nicht dargestellt.

(1) Enthaltene Hinweise

Die vorliegende Belehrung enthält zunächst die in § 409 Abs. 1 Satz 1 Nr. 7 StPO gemachten Vorgaben, nämlich den Hinweis auf die Möglichkeit des Einspruchs, in welcher Form und Frist er zu erfolgen hat und den Hinweis, dass der Strafbefehl rechtskräftig und vollstreckbar wird, sofern kein Einspruch eingelegt wird.

Bezüglich der Frist ist zum einen der Hinweis enthalten, dass der Einspruch innerhalb der Frist bei Gericht eingehen muss.[1510] Zum anderen wird abstrakt beschrieben, wie sich der Fristablauf ermitteln lässt. Die Belehrung enthält auch den Hinweis, dass die Rechtsmitteleinlegung in deutscher Sprache erfolgen muss.[1511] Zur Form ist auf dem Merkblatt zur elektronischen Einreichung von Dokumenten zudem vermerkt, dass eine einfache E-Mail nicht genügt.

Zudem wird darüber informiert, dass das Gericht, wenn es zur Hauptverhandlung kommt, an den im Strafbefehl enthaltenen Ausspruch nicht gebunden ist, soweit sich der Einspruch auf ihn bezieht. Diese Formulierung sollte allerdings besser vereinfacht werden, um zu verdeutlichen, dass die Strafe nach der Hauptverhandlung höher ausfallen kann als im Strafbefehl.

Auch wird darauf hingewiesen, dass der Einspruch beschränkt werden kann und der Strafbefehl dann im Übrigen nicht mehr geprüft wird, und, wenn eine Beschränkung bezüglich der Höhe der Tagessätze vorgenommen wird, hierüber durch Beschluss entschieden werden kann, wenn dem zugestimmt wird.

(2) Nicht enthaltene Hinweise

Zwar wird in der Rechtsbehelfsbelehrung auf die Schriftform verwiesen, allerdings gibt es keinen ausdrücklichen Hinweis darauf, dass der Einspruch per Fax[1512] eingelegt werden kann. Dies ist gesetzlich auch nicht nötig.[1513] Bezüglich der Fristwahrung stellt eine Einlegung per Fax aber eine Zeitersparnis gegenüber dem Postweg dar, sodass ein entsprechender Hinweis im Interesse eines unkundigen Angeklagten läge. Auf die Möglichkeit zur Einlegung mit einem elektronischen Dokument wird hingewiesen und dies auf einem gesonderten Merkblatt näher beschrieben. Diese Art der Einspruchseinlegung ist für den

---

1510 Vgl. BGH NJW 1955, 1526; LG Dresden, Beschl. v. 10.10.2016 – 3 Qs 79/16 m.w.N.; MüKoStPO/*Eckstein* § 409 Rn. 21.

1511 OLG Hamburg NStZ 1988, 566 zur Rücknahme eines Rechtsmittels in deutscher Sprache; KK-StPO/*Diemer* § 184 GVG Rn. 2.

1512 BGH NJW 1982, 1470; MüKoStPO/*Eckstein* § 410 Rn. 11; BeckOK StPO/*Temming* § 410 Rn. 4.

1513 LG Frankfurt, Beschl. v. 03.06.2009 – 5/30 Qs 57/08; KMR/*Metzger* § 410 Rn. 4.

Laien allerdings nicht durchführbar, da dafür zunächst der kostenpflichtige Erhalt einer qualifizierten elektronischen Signatur[1514] vom einem Zertifizierungsdienst erforderlich ist.

Bezüglich der Frist wird aufgezeigt, wie sie zu berechnen ist. Eine konkrete Berechnung findet aber nicht statt. Dies ist von Verfassungs wegen auch nicht erforderlich.[1515] Die Nennung eines Datums würde zwar zu größerer Sicherheit beim unkundigen Strafbefehlsempfänger führen. Eine solche Festlegung wäre im Falle der in der Regel gewählten Ersatzzustellungen, bei denen hier gefordert wird, bezüglich des Fristbeginns auf die tatsächliche Kenntniserlangung abzustellen[1516], allerdings unpraktikabel, da diese, wie festgestellt, erst zu einem noch unbestimmten Zeitpunkt nach Zustellung erfolgen kann.

Auf die Möglichkeit einer Wiedereinsetzung in den vorigen Stand nach den §§ 44 ff. StPO weist die Rechtsbehelfsbelehrung allerdings auch nicht hin.

Zwar enthält ein Strafbefehl unmittelbar im Anschluss an die festgesetzte Höhe der Geldstrafe den Hinweis darauf, dass an die Stelle eines Tagessatzes ein Tag Ersatzfreiheitsstrafe tritt, wenn die Geldstrafe nicht beigetrieben werden kann. Eine weitergehende Erläuterung diesbezüglich unterbleibt jedoch.[1517]

Ihr Fehlen verstößt zwar nicht gegen Art. 104 Abs. 2 Satz 1 GG[1518], allerdings kann es dazu führen, dass rechtsunkundige Strafbefehlsempfänger das Ausmaß einer festgesetzten Geldstrafe nicht in Gänze abschätzen können und sie ihn nicht ausreichend ernst nehmen.

Bei den Verkehrsdelikten werden zudem Punkte im Fahreignungsregister (FAER) eingetragen, siehe Anlage 13 zu § 40 FeV. Bei den §§ 316, 315b, 315c, 315d Abs. 1 Nr. 2 und 3, Abs. 2, 4 und 5, 142 (und auch den §§ 222, 229, 240,

---

1514 Dazu BeckOK StPO/*Valerius* § 32a Rn. 9; siehe dazu https://www.skribble.com/de/signaturstandards/?utm_medium=ppc&utm_source=adwords&utm_term=qualifizierte%20elektronische%20signatur&utm_campaign=de-de%20%7C%20search%20%7C%20qes&hsa_cam=6458522055&hsa_tgt=kwd-584856360&hsa_kw=qualifizierte%20elektronische%20signatur&hsa_ver=3&hsa_ad=468803016877&hsa_acc=1186628700&hsa_grp=111459581978&hsa_src=g&hsa_net=adwords&hsa_mt=p&gclid=EAIaIQobChMI1ceGgNLm-7wIVQRN7Ch3XgAsSEAAYASAAEgLqbfD_BwE, zuletzt abgerufen am 05.04.2021; siehe dazu auch die VO (EU) Nr. 910/2014, ABl. 2014 L 257/73.

1515 BVerfG NJW 1971, 2217; KK-StPO/*Maur* § 409 Rn. 11.

1516 Siehe unter bb) (3).

1517 Es sei auch nicht notwendig, im Strafbefehl auf diese Möglichkeit hinzuweisen, OLG Bremen NJW 1975, 1524; wenn auch die Klarstellung nicht schade, KK-StPO/*Maur* § 407 Rn. 10; LR/*Gössel* § 407 Rn. 19.

1518 OLG Bremen NJW 1975, 1524, 1525.

323a, 323c) StGB sowie den §§ 21 und 22 StVG werden je nach Einzelfall zwei bis drei Punkte fällig.[1519] Darauf findet sich im Strafbefehl allerdings kein Hinweis[1520], obwohl auch der Erhalt von Punkten im Fahreignungsregister im Einzelfall von großer Bedeutung sein kann. Man denke zum Beispiel an Personen, die aus beruflichen Gründen auf ihren Führerschein nicht verzichten können.

Was sich in der Rechtsmittelbelehrung ebenfalls nicht finden lässt, ist ein Hinweis auf die Eintragung einer Geldstrafe im Führungszeugnis, wenn die Anzahl von über neunzig Tagessätzen erreicht wurde, § 32 Abs. 2 Nr. 5a BZRG. Ab dieser Tagessatzanzahl ist ein Täter vorbestraft. Ebenfalls wird sie im erweiterten Führungszeugnis nach § 30a BZRG aufgeführt, welches bei bestimmten Delikten zudem auch geringere Strafen aufführen kann, § 30a Abs. 5 BZRG. Für bestimmte Stellen sind die Eintragungen nach § 41 Abs. 1 BZRG sogar dann einsehbar, wenn sie nicht im Führungszeugnis aufgenommen sind. Die Strafe wird aber auch, wenn sie die Anzahl von über neunzig Tagessätzen nicht erreicht, im Bundeszentralregister eingetragen, § 5 Abs. 1 Nr. 4 BZRG. Dies kann Arbeitsexistenzen vernichten, sodass es besonders wichtig wäre, den Beschuldigten hierüber in Kenntnis zu setzen.

Einer der befragten Verteidiger kritisierte die derzeitige Ausgestaltung der Belehrung in diesem Zusammenhang dahingehend, dass beispielsweise ein Lehrerreferendar, der wegen Cannabiskonsums einen Strafbefehl über dreißig Tagessätze erhalte, wegen § 25 JArbschG an der Berufsausübung gehindert sei, worauf in der Belehrung nicht hingewiesen werde.

Sofern der Angeklagte bereits zuvor zu einer zur Bewährung ausgesetzten Freiheitsstrafe verurteilt worden ist, kann der Erlass eines Strafbefehls womöglich auch negative Auswirkungen auf die laufende Bewährung haben. Im Rahmen der Befragung der Berliner Verteidiger wurde nach derartigen Auswirkungen gefragt. Elf der Verteidiger gaben an, dass es keine Auswirkungen gäbe, 21, dass die Strafe daraufhin oft vollstreckt würde. Weiterhin wurde

---

1519 https://www.kba.de/DE/Fahreignungs_Bewertungssystem/Punktesystem_Neu/anlage13_pdf.pdf;jsessionid=6B5393848DF5C03EA321F0CA222AA9D4.live11293?__blob=publicationFile&v=6, zuletzt abgerufen am 11.02.2021, siehe auch BGBl. 2014 I, S. 363 ff.

1520 *Sydow*, Strafbefehl ist kein Bußgeldbescheid, abrufbar unter https://www.rug-anwaltsblog.de/2012/12/05/strafbefehl-ist-kein-busgeldbescheid-sondern-strafgerichtliche-verurteilung/, zuletzt abgerufen am 11.02.2021; dies ergab auch die Auswertung der im Rahmen des Beratungsprojektes angefertigten Protokolle, wobei hier nur ein Strafbefehl vorlag, der sich auf ein entsprechendes Verkehrsdelikt bezog.

geschildert, dass bei Freiheitsstrafen – anders als bei Geldstrafen, bei denen es in der Regel keine Auswirkungen hätte – häufig um die Täterschaft oder die Schuldfeststellung gekämpft würde (eine Antwort), dass man hier keine allgemeine Aussage treffen könnte (vier Antworten) und, dass die Bewährungszeit verlängert würde (sechs Antworten).

Damit machten 40,4 % der auf diese Frage antwortenden Berliner Verteidiger die Erfahrung, dass die Strafe vollstreckt wird und 11,5 %, dass die Bewährungszeit verlängert wird, was durchaus erhebliche Folgen für den Angeklagten sind.

Die Frage nach Auswirkungen von Strafbefehlen auf laufende Bewährungen (und umgekehrt, Frage 36) wurde auch den interviewten Berliner Staatsanwälten gestellt. B1, B3 und B6 erzählten, dass es im Falle einer laufenden Bewährung eher unüblich wäre, bei einem erneuten Vergehen einen Strafbefehl zu beantragen. B1 gab an, einen Strafbefehl in einer solchen Situation nur im Falle einer absoluten Bagatelle wie einer Beförderungserschleichung zu beantragen, ansonsten klagte er immer an, auch damit man sich den Angeklagten zwecks günstiger Sozialprognose anschaute und er sich äußern könnte. Auch B3 gab an, dass in solchen Fällen höchstens eine Geldstrafe in Betracht käme.

Sofern ein Strafbefehl trotz laufender Bewährung erlassen würde, könnte dies zu einer Freiheitsstrafe ohne Bewährung führen (B1). Denn durch die erneute Tatbegehung könnte die Bewährung in der früheren Sache widerrufen werden, daher müsste man da sehr vorsichtig sein (B6, B2 mit dem Hinweis auf die Rechtsprechung des Kammergerichts, dass auch eine Geldstrafe zu einem Widerruf führen könnte; B4 schilderte zudem, dass auch im Falle eines Geständnisses dies Grundlage für einen Widerruf sein könnte; dasselbe gab B5 an, der sich aber nicht sicher war, ob dies auch heute noch so gehandhabt würde und der zudem betonte, dass Grund für den Widerruf nicht der Strafbefehl, sondern das Bewährungsversagen wäre). B6 erzählte dazu beispielsweise, dass man für den Fall, dass jemand eine Bewährungsstrafe wegen einer gefährlichen Körperverletzung erhalten hätte und zwei Jahre später einen Betrug über hundert Euro beginge, einen Strafbefehl beantragen könnte, weil die Bewährung dann mangels Einschlägigkeit und der Zeitdivergenz nicht widerrufen würde; allerdings würde es dann in der Regel zu einer Verlängerung der Bewährungszeit kommen, da das Begehen einer erneuten Straftat einen Bewährungsbruch darstellte (B2, B3, B6).

Auf diese Möglichkeiten wird im Rahmen der Rechtsbehelfsbelehrung eines Strafbefehls allerdings nicht hingewiesen.[1521]

1521 Auch andere Folgen eines Strafbefehls werden nicht genannt, etwa die Beendigung des Beamtenverhältnisses bei Verurteilung zu einer Freiheitsstrafe ab einem Jahr, § 24 Abs. 1 Satz 1 Nr. 1 BRRG, vgl. *Kreutz*, AnwBl 2002, 212, 213.

Auch ein Hinweis darauf, wo kostenlos Beratung angeboten wird[1522], würde die Möglichkeiten eines Angeklagten, der Schwierigkeiten hat, den Strafbefehl einzuordnen, erheblich verbessern.

Insofern sollte die Rechtsbehelfsbelehrung an verschiedenen Stellen dringend nachgebessert werden.

Das bedeutet, es ist zusätzlich verständlich hinzuweisen auf:

- die Möglichkeit, dass der Einspruch per Fax eingelegt werden kann,
- die Möglichkeit einer Wiedereinsetzung in den vorigen Stand nach den §§ 44 ff. StPO bei Fristversäumnis,
- den Ablauf des Verfahrens bis zur Ersatzfreiheitsstrafe und deren Verbüßung,
- den Erhalt einer bestimmten Anzahl an Punkten im Fahreignungsregister bei Verkehrsdelikten,
- die Eintragung einer Geldstrafe im Führungszeugnis, wenn die Anzahl von über neunzig Tagessätzen erreicht wurde,
- berufsrechtliche Folgen wie Beschäftigungsverbote (z.B. § 25 JArbschG),
- negative Auswirkungen auf eine laufende Bewährung (sofern vorhanden),
- kostenlose Beratungsangebote.

b) Die Bedeutung einer Verteidigung

Eine Verteidigung ist im Strafbefehlsverfahren mit Blick auf die soeben dargestellten Schwierigkeiten des Einspruchs und seiner Bedeutung bezüglich der Wahrung wichtiger Verfahrensgrundsätze oftmals ausschlaggebend für die Durchsetzung der eigenen Rechte. Die Befragung der Berliner und Bremer Verteidiger ergab bezüglich des Einspruchsverhaltens in diesem Zusammenhang, dass von 90,6 % der Verteidiger „sehr häufig" bis „häufig" Einspruch eingelegt wird. Außerdem gaben 78,7 % der Verteidiger an, dass diese Einsprüche dann „sehr häufig" bis „häufig" erfolgreich wären.

Die Einbeziehung eines Verteidigers führt mithin häufig zu erfolgreichen Einsprüchen, die nicht verteidigte Angeklagte in der Regel nicht derart erwirken können. Durch eine ständige Beteiligung von Strafverteidigern würde es mithin vermehrt zur Überprüfung der Strafbefehle kommen.

Auch den interviewten Staatsanwälten zufolge machte es (im gesamten Verfahren und insbesondere im Ermittlungsverfahren) – auch in Hinblick auf Strafbefehle – einen Unterschied, ob der Beschuldigte verteidigt ist oder

1522 Das Amtsgericht Tiergarten könnte beispielsweise auf das hier vorgestellte Rechtsberatungsprojekt hinweisen. Dies ist ausweislich der im Rahmen der Beratung eingesehenen Rechtsbehelfsbelehrungen bisher nicht der Fall.

nicht (Frage 35). Besonders deutlich äußerte sich B6: Es machte einen großen Unterschied, denn in der Regel wäre jemand, der verteidigt wird, gut beraten. Auch weil der Verteidiger besser einschätzen könnte, wie hoch das Risiko eines Einspruchs wäre. Manche Einsprüche wären regelrecht sinnlos. Es käme aber auch auf die Qualität des Verteidigers an. Es könnte natürlich auch sein, dass ein Verteidiger nicht gut beriete, weil er vielleicht seinen Honoraranspruch im Hinterkopf hätte (darauf wiesen auch B1 und B5[1523] hin). Dies wäre ein sehr schwieriges Feld. Er selbst führte Verfahren jedenfalls lieber mit einem Verteidiger. Auch B1 äußerte sich dahingehend, dass die Rechte des Beschuldigten natürlich besser gewahrt wären, wenn der Beschuldigte/Angeklagte einen Verteidiger, insbesondere wenn er einen guten oder erfolgreichen hätte, der auch bei schlechter Erfolgsaussicht realistisch beriete und zumindest eine milde Strafe zu erwirken versuchte.

Als weiterer Punkt kommt hinzu, dass auch eine Akteneinsicht erst infolge eines Einspruchs durch einen Verteidiger möglich wird. So gaben im Rahmen der Befragung der Verteidiger auch acht Anwälte an, Einspruch (nur) aus diesem Grunde einzulegen. Ein Verteidiger wies im Rahmen der ergänzenden Anmerkungen ausdrücklich darauf hin, dass ein Einspruch aufgrund der kurzen Einspruchsfrist immer eingelegt werden müsste, da eine vorherige Akteneinsicht nie möglich wäre. Auch wurde von einem weiteren Verteidiger angemerkt, dass erst durch Akteneinsicht erkennbar würde, dass manche Zeugenaussagen widersprüchlich wären.

Der Angeklagte selbst kann eine solche Einsicht grundsätzlich nicht erlangen, weshalb insbesondere dann, wenn die Feststellungen im Strafbefehl knapp ausfallen, die Entscheidung über das weitere Vorgehen gegen den Strafbefehl erheblich erschwert wird. Eine Akteneinsicht ist daher regelmäßig erforderlich.

Bezüglich der Empfänger von Strafbefehlen wurde im Rahmen der Befragung der Strafrichter des Amtsgerichts Tiergarten die Frage gestellt, wie häufig Strafbefehlsempfänger verteidigt sind. Fünf Richter antworteten hierauf mit „sehr häufig" (12,8 %), 15 mit „häufig", 15 mit „manchmal" (jeweils 38,5 %) und vier mit „selten" (10,2 %). Demnach scheint die Tendenz zu bestehen, dass im Raum Berlin etwa die Hälfte der Strafbefehlsempfänger (51,3 %) „sehr häufig" bis „häufig" verteidigt sind. Zu beachten ist bei diesen Zahlen allerdings, dass die Richter mangels Einspruchs häufig auch nicht überblicken können dürften, wie viele der Strafbefehlsempfänger sich tatsächlich nach Erhalt des Strafbefehls beraten lassen. Die von den Richtern genannte Zahl dürfte also insbesondere die Fälle betreffen, in denen Einspruch eingelegt wird. Den richterlichen

1523 Antwort auf Frage 43.

Angaben zufolge ist also die Hälfte der (Einspruch eingelegenden) Strafbefehlsempfänger in der Regel nicht verteidigt. Angesichts der Tatsache, dass beispielsweise im Jahr 2019 von der Staatsanwaltschaft 547.665 Anträge auf Erlass eines Strafbefehls gestellt wurden[1524], wären es demnach immerhin über 270.000 Angeklagte, die von den soeben angesprochenen Defiziten betroffen sind.

Aus diesen Gründen wäre eine Pflichtverteidigung[1525] bei allen Strafbefehlen, insbesondere auch mit Blick auf deren häufige Fehlerhaftigkeit, maßgeblich für die Verhinderung von Fehlentscheidungen.

c) *Beschränkbarkeit des Einspruchs*

Der Einspruch muss sich nicht zwingend auf den gesamten Inhalt des Strafbefehls beziehen, sondern kann auf bestimmte Beschwerdepunkte beschränkt werden, § 410 Abs. 2 StPO. Die Möglichkeit, den Einspruch nach § 411 Abs. 1 Satz 3 StPO auf die Höhe der Tagessätze zu beschränken, stellt den Angeklagten zudem insofern besser, als in dem Fall von der im Strafbefehl getroffenen Entscheidung nicht zu seinem Nachteil abgewichen werden kann.

Bezüglich der Beschränkbarkeit des Einspruchs forderte Müller, dass diese nur auf selbständige Taten bezogen möglich sein solle.[1526] Er führte zur Begründung an, dass die Rechtskraft des Strafbefehls trotz der prozeduralen Gleichstellung mit einem Urteil beschränkt bleibe, weshalb ein auf das Strafmaß beschränkter Einspruch unzulässig sei.[1527] Entscheidender Grund hierfür sei, dass die Entscheidungsgrundlage für den Strafbefehl der eines Urteils nachstehe.[1528] Er will damit wieder zu der vor dem StVÄG geltenden Rechtslage zurückkehren, in der nach herrschender Meinung der horizontal beschränkte Einspruch unzulässig war.

Dieser Vorschlag ist abzulehnen. Die Möglichkeit, den Einspruch beschränken zu können, hat sich in der Praxis bewährt und sollte beibehalten werden, weil sie sowohl für das Gericht als auch für den Angeklagten nur Vorteile bietet. Auch im Rahmen der Beratungen des Rechtsberatungsprojekts für Strafbefehlsempfänger gab es Fälle, in denen ein Einspruch auf die Tagessatzhöhe beschränkt wurde. Insbesondere die Möglichkeit des Gerichts, über einen auf

---

1524 Siehe unter B. IV. Tabelle 1 m.N.

1525 Dazu unter 4. Teil D.

1526 *Müller*, Das Strafbefehlsverfahren, S. 336.

1527 *Müller*, Das Strafbefehlsverfahren, S. 309 f.

1528 *Müller*, Das Strafbefehlsverfahren, S. 310, 336; *Kirch*, Das Strafbefehlsverfahren nach dem StVÄG 1987, S. 51 f.

die Höhe der Tagessätze beschränkten Einspruch durch Beschluss entscheiden zu können, ist dazu geeignet, viele Hauptverhandlungen zu ersetzen, in denen es ansonsten nur um die Tagessatzhöhe ginge[1529], die zudem allein aufgrund der vorgetragenen Zahlen angepasst wird, welche man auch schriftlich übermitteln kann.[1530] Dies dient der Effizienz des Verfahrens und entlastet auch den Angeklagten. Die Beschränkbarkeit hat keinerlei Risiken zur Folge, zumal ein Einspruch, der nicht ausdrücklich beschränkt wurde, als auf den gesamten Strafbefehl bezogen anzusehen ist, § 318 Satz 2 StPO.[1531]

Der Gesetzgeber führte die Regelung des § 410 Abs. 2 StPO unter anderem auf den dringenden Wunsch der Praxis ein; zudem sollte die Einspruchsbeschränkung im gleichen Umfang wie bei Urteilen möglich sein.[1532] Die Gefahr, dass eine horizontale Beschränkung unwirksam sein könne, weil die Feststellungen beim Strafbefehl wegen der fehlenden Begründungspflicht zum Schuldspruch knapp und daher oft unzureichend für eine weitere Entscheidung seien, nahm er dabei ausdrücklich in Kauf, weil keine erheblichen praktischen Auswirkungen zu erwarten seien.[1533]

In diesem Zusammenhang wurde zudem von Kropp der Vorschlag unterbreitet, auch über einen auf die Dauer der Entziehung der Fahrerlaubnis beschränkten Einspruch durch Beschluss entscheiden zu können.[1534] Zwar sei das Einspruchsverfahren, wie es in § 411 Abs. 1 Satz 3 StPO vorgesehen sei, nicht auf alle Fälle einer Einspruchsbeschränkung auszudehnen, da sonst alle beschränkten Einsprüche rein schriftlich erledigt würden; die Dauer der Entziehung der Fahrerlaubnis allerdings stehe der Herabsetzung der Tagessatzhöhe strukturell näher als etwa der Herabsetzung der Tagessatzanzahl, da hierfür persönliche oder sogar wirtschaftliche Verhältnisse des Angeklagten berücksichtigt werden müssen.[1535] Und auch das gesetzgeberische Motiv zur Einführung des § 411 Abs. 1 Satz 3 StPO beschränkt auf den Fall der Verringerung der Tagessatzhöhe stehe einer derartigen Ausweitung nicht entgegen.[1536] Kropp geht davon aus, dass der Strafrichter in der Hauptverhandlung nicht

---

1529 KK-StPO/*Maur* § 411 Rn. 9a.

1530 Vgl. *Engelbrecht*, DAR 2004, 494, 497.

1531 Es gelten die Grundsätze für die Beschränkung einer Berufung, § 318 StPO, vgl. BT-Drs. 10/1313, S. 37; vgl. *Ranft*, JuS 2000, 633, 637; vgl. *Preuß*, ZJS 2017, 176, 185.

1532 BT-Drs. 10/1313, S. 37 f.

1533 BT-Drs. 10/1313, S. 38.

1534 *Kropp*, ZRP 2007, 46, 47.

1535 *Kropp*, ZRP 2007, 46, 47.

1536 *Kropp*, ZRP 2007, 46, 47; BT-Drs. 15/3482, S. 22.

selten aufgrund besonderer Gründe in der Person des Angeklagten die Dauer mildere; zudem sei die Fahrerlaubnisentzugsdauer nicht primär dem Schuldbereich zuzuordnen[1537].[1538]

Damit stellt sich die Frage, inwiefern die Voraussetzung der Ungeeignetheit zum Führen von Kraftfahrzeugen, wie § 69 Abs. 1 StGB sie erfordert – bei § 69 Abs. 2 StGB spricht in der Regel bereits das Vorliegen einer der aufgezählten Taten für die fehlende Eignung –, tatsächlich ohne einen persönlichen Eindruck beurteilt werden kann. Dass sich die Höhe der Tagessätze leicht durch einen schriftlichen Einkommensnachweis bemessen lässt, ist richtig. Zur Beurteilung der soeben genannten Eignungsmängel hingegen sind körperliche, geistige, aber auch charakterliche Eignungsmängel entscheidend.[1539] Während etwa das Fehlen von nach Anl. 4 zu §§ 11, 13, 14 FeV relevanten Krankheiten und körperlichen oder geistigen Mängeln[1540] durchaus durch die schriftliche Beibringung eines Arztattestes nachzuweisen ist, kann die Beurteilung der charakterlichen Mängel einen persönlichen Eindruck erfordern. Zwar rechtfertigen charakterliche Defizite den Entzug der Fahrerlaubnis nur dann, wenn sich der Angeklagte durch sie besonders rücksichtslos gegenüber anderen Verkehrsteilnehmern verhält, was man, je nach Lagerung des Falles, unter Umständen anhand der Feststellungen über den objektiven Tathergang erkennen kann.[1541] Die Täterpersönlichkeit kann sich insofern möglicherweise aus objektiven Umständen wie der Fahrweise oder einschlägigen Vorstrafen herleiten lassen[1542] – allerdings können auch persönliche Haltungen wie eine Uneinsichtigkeit maßgeblich sein.[1543] Daher kann sich ein Eignungsmangel unter Umständen auch erst infolge einer Gesamtwürdigung der Täterpersönlichkeit und der Tat ergeben, die stets durchzuführen ist.[1544]

1537 BGH NZV 2003, 46; NStZ 1991, 183 m.w.N.: Allein auf die Schwere der Tatschuld dürfe nicht abgestellt werden.

1538 *Kropp*, ZRP 2007, 46, 47.

1539 BVerfG NJW 2002, 2378, 2380; MüKoStGB/*v.Heintschel-Heinegg/Huber* § 69 Rn. 53; BeckOK StGB/*Heuchemer* § 69 Rn. 22.

1540 BeckOK StGB/*Heuchemer* § 69 Rn. 22 ff.

1541 BeckOK StGB/*Heuchemer* § 69 Rn. 26; vgl. MüKoStGB/*v.Heintschel-Heinegg/Huber* § 69 Rn. 56.

1542 BGH NStZ 2006, 334; NStZ 2005, 503; NJW 1954, 159, 162.

1543 BeckOK StGB/*Heuchemer* § 69 Rn. 30.

1544 BGH NStZ-RR 2015, 123; BGH NZV 2003, 46; BeckOK StGB/*Heuchemer* § 69 Rn. 29; vgl. MüKoStGB/*v.Heintschel-Heinegg/Huber* § 69 Rn. 56.

Zwar ist richtig, dass es viele Fälle gibt, in denen die Entscheidung über die Entziehung der Fahrerlaubnis allein aufgrund schriftlich dargelegter Umstände getroffen werden kann. Insofern wäre es sachgerecht, in diesen Fällen eine Entscheidung über den hierauf beschränkten Einspruch durch Beschluss zuzulassen. Sofern dies allerdings nicht möglich ist, muss der Richter die Möglichkeit haben, diese Entscheidung im Rahmen einer Hauptverhandlung zu treffen. Demnach ist dem Vorschlag, dass das Gericht auch über einen Einspruch, der auf die Dauer der Entziehung der Fahrerlaubnis beschränkt ist, bei Zustimmung des Angeklagten und der Staatsanwaltschaft durch Beschluss entscheiden *kann*, aber nicht muss, wenn eine Hauptverhandlung im Einzelfall erforderlich ist, zuzustimmen.

d) Mangelhafte Effektivität des Einspruchs

Es wurden bereits viele Probleme im Zusammenhang mit dem Einspruch dargestellt. Durch die (nicht unwahrscheinliche) Möglichkeit einer Straferhöhung in der Hauptverhandlung[1545] und durch die Tatsache, dass die richterliche Entscheidung nach dem Einspruch nicht von einer höheren Instanz oder zumindest einem anderen Spruchkörper überprüft wird[1546] und der Richter bei seiner erneuten Entscheidung in einer Hauptverhandlung wohl nicht gänzlich neutral entscheidet, weil er den Strafbefehl zuvor selbst erlassen hat und daher tendenziell die Erwartungshaltung haben wird, dass die Vorwürfe zutreffen[1547], wird die Wirkung des Einspruchs auf Kosten der Rechte des Angeklagten geschmälert. Die Einspruchsmöglichkeit soll zudem auch deshalb nicht effektiv genug sein, weil selbst bei eingelegtem Einspruch das fehlende vorherige rechtliche Gehör nicht nachzuholen sei, zumal der Einspruch vielmehr eine Hauptverhandlung herbeiführe.[1548] Ein Verstoß gegen Art. 103 Abs. 1 GG und Art. 6 EMRK wird zudem auch darin gesehen, dass die Einspruchsmöglichkeit auch dadurch nicht effektiv genug sei, dass es in der darauf folgenden Hauptverhandlung kein Beweisantragsrecht gebe.[1549]

1545 Dazu erst noch unter V. 1.

1546 Dazu siehe unter II. 1. a), c).

1547 Siehe unter II. 1. c).

1548 SK-StPO/*Weßlau/Degener* Vor §§ 407 ff. Rn. 20 ff.; *Hüls*, Polizeiliche und staatsanwaltschaftliche Ermittlungstätigkeit, S. 156 mit dem Hinweis, dass der Strafbefehl in den Fall die Rolle eines Eröffnungsbeschlusses übernehme, aber auch hier kein Zwischenschritt erfolge, in dem der Beschuldigte gehört wird.

1549 Dazu siehe noch unter V. 2.

Im Zusammenhang mit der Leistung des Einspruchs wird auch das Problem der fehlenden Begründung[1550] relevant, da der Angeklagte nicht ersehen kann, welche konkreten Erwägungen bezüglich der Strafzumessung getroffen wurden und daher – nicht zuletzt wegen der möglichen Verschlechterung, § 411 Abs. 4 StPO – das Einspruchsrisiko nicht einzuschätzen vermag.[1551]

Daher bedarf es auch aus diesen Gründen dringend einer effektiveren Ausgestaltung des Rechtsbehelfsverfahrens[1552], um zu gewährleisten, dass die Entscheidung nach einem Einspruch möglichst fehlerfrei ergeht und (womöglich) fehlerhafte Strafbefehle höchstwahrscheinlich auf einen Einspruch hin korrigiert werden.

e) Keine wirksame Kontrolle gegen Missbrauch

Ein systemimmanentes Problem des Rechtsbehelfsverfahrens ist insbesondere auch die bereits angesprochene Tatsache, dass die Überprüfung der gerichtlichen Entscheidung zugunsten des Strafbefehls auf einen Einspruch hin von keiner höheren Instanz, nicht einmal von einem anderen Spruchkörper durchgeführt wird. Die fehlende Überprüfung durch ein anderes Gericht kann zum einem zu einer mangelhaften Prüfung durch den Richter selbst führen.[1553] Außerdem ist dringend zu befürchten, dass der Richter, der den betreffenden Strafbefehl bereits erlassen hat, nicht neutral in die Hauptverhandlung einsteigt.[1554]

Eine Änderung der Zuständigkeitsverteilung könnte dem Abhilfe schaffen. So wird vorgeschlagen, dass allein der Strafrichter die Kompetenz dazu besitzen sollte, Strafbefehle zu erlassen.[1555] Das Schöffengericht könnte in dem Fall die Aufgabe übernehmen, über die Einsprüche zu entscheiden, also als eine Art Rechtsmittelinstanz fungieren.[1556]

Begrüßenswert wäre es in jedem Fall, die Hauptverhandlung von einer anderen Stelle als dem erlassenden Richter durchführen zu lassen, um so größtmögliche Objektivität zu gewährleisten. Auch im Berufungsverfahren

---

1550 Siehe dazu unter I. 4.

1551 Vgl. SK-StPO/*Weßlau/Degener* Vor §§ 407 ff. Rn. 20 ff., 26; *Hutzler*, Ausgleich struktureller Garantiedefizite, Rn. 251.

1552 Dazu unter 4. Teil D.

1553 SK-StPO/*Weßlau/Degener* Vor §§ 407 ff. Rn. 6; dazu unter A. II. 1. a).

1554 Siehe unter A. II. 1. c); *Müller*, Das Strafbefehlsverfahren, S. 334.

1555 *Müller*, Das Strafbefehlsverfahren, S. 318, 271 f.

1556 *Müller*, Das Strafbefehlsverfahren, S. 319; *Rieß*, JR 1975, 224, 229; vgl. *Wolter*, GA 1989, 397, 413; vgl. *Gössel*, GA 1979, 241, 244.

beispielsweise wird die Sache an einen anderen Spruchkörper der nächsthöheren Instanz verwiesen, § 74 Abs. 3 StPO. Zwar könnte auch dann noch die Tendenz bestehen, aufgrund des – wenn auch von einem anderen Richterkollegen – erlassenen Strafbefehls an der Begründetheit des Einspruchs zu zweifeln; da der Strafbefehl aber von jemand anderem erlassen wurde, dürfte diese Gefahr deutlich geringer sein.

Überlegt werden könnte auch, die Entscheidung über den Einspruch statt dem Schöffengericht einem anderen Strafrichter zuzuweisen.[1557] Dies wäre in personeller Hinsicht ressourcenschonender. Jedenfalls würde in beiden Fällen womöglich auch die Qualität der Beweisaufnahme angehoben, wenn eine (unbewusste) Voreingenommenheit nicht dazu führt, dass bestimmte Beweise nicht erhoben werden. Denn in der auf den Einspruch folgenden Hauptverhandlung gilt über § 411 Abs. 2 Satz 2 StPO § 420 Abs. 4 StPO, der bestimmt, dass sich die Ablehnung von Beweisanträgen nicht an den normierten Ablehnungsgründen der § 244 Abs. 3 bis 5 StPO, sondern lediglich an der gerichtlichen Aufklärungspflicht aus § 244 Abs. 2 StPO messen lassen muss.[1558] Der Richter kann Beweisanträge mithin vereinfacht ablehnen. Sofern er also aufgrund der Tatsache, dass er den Strafbefehl selbst bereits erlassen hat, dazu neigt, diesen für richtig zu halten, könnte er infolgedessen auch dazu neigen, auf Beweiserhebungen, die der Angeklagte beantragt, zu verzichten, weil er sie aufgrund des vermeintlich bereits feststehenden Sachverhaltes für überflüssig hält. Ein anderer als der erlassende Richter, der tendenziell weniger voreingenommen sein wird, könnte eher dazu neigen, Beweise zur weiteren Aufklärung zu erheben. Durch die Zuständigkeit eines anderen als des den Strafbefehl erlassenden Richters für einen Einspruch könnte die in der Hauptverhandlung bestehende Fehlerquelle dieses Beweisrechts mithin gemindert werden.

Auch wenn sich bei der Befragung der Berliner und Bremer Verteidiger mit Blick auf das Beweisrecht in der Hauptverhandlung die Tendenz zeigte, dass dieses nicht leerläuft[1559], hat mit 47,6 % fast die Hälfte der Verteidiger die Erfahrung mit einer „sehr häufigen" oder „häufigen" richterlichen Voreingenommenheit gemacht. 38 % gaben hier an, dass die Richter aufgrund des von ihnen bereits erlassenen Strafbefehls „manchmal" voreingenommen wären. Dementsprechend hielten auch 38 der Verteidiger die Aussage, dass in der auf den Einspruch folgenden Hauptverhandlung ein anderer Strafrichter oder das

1557 *Wolter*, GA 1989, 397, 418.

1558 Dazu ausführlich unter V. 2.

1559 Siehe unter V. 2. b).

Schöffengericht entscheiden sollte, für „voll zutreffend“ (59,4 %), acht für „eher zutreffend“ (12,5 %), 13 für „halb zutreffend“ (20,3 %), einer für „eher nichtzutreffend“ (1,6 %) und vier für „nichtzutreffend“ (6,2 %). 71,8 % der Verteidiger würden eine solche Möglichkeit mithin ebenfalls begrüßen.[1560]

f) Zwischenergebnis

Das Einspruchsverfahren ist für viele Angeklagte problematisch. Neben Erschwernissen etwa durch die Ausgestaltung des Zustellungsverfahrens und eines verspäteten Erhalts des Strafbefehls gilt dies insbesondere für die Angeklagten, die bereits Schwierigkeiten haben, den Strafbefehl zu verstehen, sodass schon die Einlegung eines Einspruchs eine erhebliche Hürde darstellt; aber auch andere Gründe wie Unsicherheit oder psychische Überforderung können einen Angeklagten von der Einlegung eines (womöglich berechtigten) Einspruchs abhalten.

Das Rechtsberatungsprojekt für Strafbefehlsempfänger der Vereinigung Berliner Strafverteidiger e.V. und der Law Clinic der Freien Universität Berlin[1561] will diesem Missstand durch eine kostenlose Beratungsmöglichkeit abhelfen. Dennoch gibt es derzeit viele Strafbefehlsempfänger, die von dieser Möglichkeit keine Kenntnis haben und nicht wissen, wie sie sich zu verhalten haben.

2. Weitere Rechtsmittel und außerordentliche Rechtsbehelfe

Im Zusammenhang mit der Möglichkeit, eine durch Strafbefehl oder durch die auf ihn folgenden Hauptverhandlung getroffene Entscheidung zu korrigieren, werden weitere Änderungsvorschläge unterbreitet. Diese beziehen sich zum einen auf die derzeit bestehende Möglichkeit, das in der Hauptverhandlung getroffene Urteil durch die Einlegung der Berufung erneut auf die Richtigkeit der zugrundeliegenden Tatsachen überprüfen zu können. Zum anderen betreffen sie die erleichterte Wiederaufnahmemöglichkeit zuungunsten des Verurteilten in § 373a StPO.

a) Ausschluss der Berufung

Bezüglich der Überprüfung der zugunsten des Strafbefehls getroffenen Entscheidung wurde vorgeschlagen, die Hauptverhandlung nach einem Einspruch nicht den Richter, der den Strafbefehl erließ, sondern das Schöffengericht

1560 Siehe unter II. 1. c).

1561 https://www.strafbefehlsberatung.de/, zuletzt abgerufen am 11.02.2021.

durchführen zu lassen.[1562] Infolgedessen sei es zugunsten der Effizienz des Strafverfahrens möglich, auf die Berufungsinstanz zu verzichten, da die Tatsachen dadurch vollständig festgestellt worden seien, dass sowohl eine schriftliche als auch eine mündliche Feststellung in einem berufungsähnlich ausgestalteten Einspruchsverfahren stattgefunden habe.[1563] Dadurch liege, da der Beschuldigte zuvor gehört wurde und dem Richter freie Entscheidungsmöglichkeiten gegeben seien, eine vollwertige Tatsacheninstanz vor.[1564] Der Ausschluss der Berufung sei zudem dadurch gerechtfertigt, dass § 411 Abs. 4 StPO begrenzt werden solle – beispielsweise darauf, dass auch das Schöffengericht nur noch auf Geldstrafen bis zu 360 Tagessätzen und Freiheitsstrafen von bis zu einem Jahr auf Bewährung erkennen kann.[1565] Gegen das Urteil wäre dann nur noch die Revision zulässig.[1566]

Diesem Vorschlag wird jedoch entgegengehalten, dass er die Rechte des Beschuldigten erheblich beeinträchtige.[1567]

Dem ist zuzustimmen. Zwar stellt die Überprüfung durch das zuvor nicht mit der Sache befasste Schöffengericht eine weitaus bessere Kontrolle dar, allerdings gilt auch in dieser Hauptverhandlung § 411 Abs. 2 Satz 2 StPO i.V.m. § 420 Abs. 4 StPO. Selbst dann, wenn der Beschuldigte zuvor gehört werden muss, ist seine Möglichkeit, auf die Tatsachenfeststellung Einfluss zu nehmen, zu beschränkt, um ihm die Möglichkeit einer Berufungsinstanz zu nehmen.

Hierüber könnte allenfalls bei einer Abschaffung des beschränkten Beweisrechts diskutiert werden.

b) Wiederaufnahme

Nach § 373a StPO ist die Wiederaufnahme eines durch rechtskräftigen Strafbefehl abgeschlossenen Verfahrens zuungunsten des Verurteilten zulässig, wenn neue Tatsachen oder Beweismittel beigebracht sind, die allein oder in Verbindung mit den früheren Beweisen geeignet sind, die Verurteilung wegen eines

---

1562 Siehe dazu unter II. 1. c).

1563 *Müller*, Das Strafbefehlsverfahren, S. 336 f., 338 f.; *Wolter*, GA 1989, 397, 418; vgl. *(Verf. unbek.)* StV 1982, 495, 496; *Rieß*, JR 1975, 224, 229.

1564 *Müller*, Das Strafbefehlsverfahren, S. 336 f., 338 f.

1565 *Müller*, Das Strafbefehlsverfahren, S. 337 f.; *Wolter*, GA 1989, 397, 418.

1566 *Müller*, Das Strafbefehlsverfahren, S. 323, 338; *Rieß*, JR 1975, 224; krit. *Benz*, ZRP 1977, 58, 61; *Lisken*, DRiZ 1976, 197, 198; vgl. *Rieß*, in: Schreiber (Hrsg.) Strafprozeß und Reform, 113, 124 f.

1567 LR/*Gössel* Vor § 407 Rn. 65; *Kirch*, Das Strafbefehlsverfahren nach dem StVÄG 1987, S. 113 ff., 117 f.

Verbrechens zu begründen. Diese erweiterte Wiederaufnahmemöglichkeit wird von verschiedenen Seiten für reformbedürftig gehalten. Während beispielsweise der Alternativ-Entwurf dafür plädiert, § 373a StPO aufzuheben[1568], spricht sich Müller lediglich für eine Begrenzung aus[1569].

Der Alternativ-Entwurf hält die Vorschrift aufgrund der Gleichstellung von Strafbefehl und Urteil in § 410 Abs. 3 StPO für ungerechtfertigt[1570], weil es widersprüchlich sei, durch das verkürzte Verfahren ein erhöhtes Fehlentscheidungsrisiko in Kauf zu nehmen, den Verurteilten aber andererseits dadurch schlechter zu stellen, dass ihm die für ihn günstigen Rechtsfolgen durch die Rechtskraft unter vereinfachten Bedingungen wieder entzogen werden können.[1571]

Müller hingegen hält die erweiterte Wiederaufnahmemöglichkeit grundsätzlich für begrüßenswert, allerdings sieht er wegen Art. 103 Abs. 3 GG das Erfordernis, eine Wiederaufnahme nur bei schweren Delikten[1572] zuzulassen. Die materielle Rechtskraft solle nur dort durchbrochen werden, wo es sonst unerträglich sei, sie bestehen zu lassen – was noch nicht dann der Fall sei, wenn sich eine im Strafbefehl als Vergehen abgeurteilte Tat nachträglich als Verbrechen darstelle. Vielmehr sei dies erst dann der Fall, wenn die nachträglich bekannt gewordenen Tatsachen beziehungsweise Beweismittel dazu geeignet seien, wesentlich höhere Strafen zu begründen, wobei die abstrakt angedrohte Strafe wegen der Rechtssicherheit mindestens fünf Jahre betragen müsse.[1573]

Wie Art. 103 Abs. 3 GG auf das Strafbefehlsverfahren anzuwenden ist, ist nicht ganz klar.[1574] In einer früheren Entscheidung entschied das BVerfG, dass er nur begrenzt Anwendung finde.[1575] In einem späteren Urteil sah das Gericht Art. 3 Abs. 1 GG einer Wiederaufnahme entgegenstehen.[1576]

Jedenfalls die Gleichstellung mit einem Urteil spricht aber dafür, Art. 103 Abs. 3 GG uneingeschränkt anzuwenden und keine erleichterte

1568 *AE-ASR*, GA 2019, 1, 106.
1569 *Müller*, Das Strafbefehlsverfahren, S. 339 f.
1570 Gegen § 373a StPO auch *Hutzler*, Ausgleich struktureller Garantiedefizite, Rn. 260, 266.
1571 *AE-ASR*, GA 2019, 1, 106; so auch SK-StPO/*Frister* § 373a Rn. 5.
1572 Eine Begrenzung der Wiederaufnahme zuungunsten des Verurteilten auf Delikte besondere Schwere für richtig erachtet auch *Rieß*, NStZ 1994, 153, 159.
1573 *Müller*, Das Strafbefehlsverfahren, S. 339 f.
1574 Maunz/Dürig/*Remmert* GG Art. 103 Abs. 3 Rn. 67 f.
1575 BVerfG NJW 1954, 69; siehe auch BGH NJW 1952, 900, 901.
1576 BVerfG NJW 1984, 604, 605; krit. hierzu, weil Art. 103 Abs. 3 GG einschlägig sei: Sachs GG/*Degenhart* Art. 103 Rn. 79 m. Fn. 812.

Rechtskraftdurchbrechung zuzulassen. Während die Rechtskraft eines Strafbefehls früher umstritten war[1577], ist durch die Einführung des § 410 Abs. 3 StPO entschieden worden, dass auch der Strafbefehl formell und materiell rechtskräftig wird.[1578] Zwar ist es richtig, dass die Entscheidung im summarischen Strafbefehlsverfahren auf einer weniger zuverlässigen Grundlage getroffen wird[1579]. Durch die Gleichstellung mit dem Urteil darf der Beschuldigte aber keinen Nachteil dadurch erleiden, dass sich die Staatsanwaltschaft in seinem Verfahren für eine Erledigung im Wege des vereinfachten Strafbefehlsverfahrens entschieden hat.

Es muss demnach aus Gründen der Rechtssicherheit bei den Wiederaufnahmemöglichkeiten der § 359 ff. StPO bleiben.

c) Sofortige Beschwerde gegen Kostenentscheidung

Gegen die Entscheidung zur Verpflichtung, Kosten oder notwendige Auslagen zu tragen, kann sich der Beschuldigte bei einem höheren Betrag als 200 Euro mittels der sofortigen Beschwerde, wehren – für deren Einlegung hat er allerdings sogar nur eine Woche Zeit, § 311 Abs. 2 StPO. Hierauf wird auch in der Rechtsmittelbelehrung hingewiesen. Diese Möglichkeit spielt in der Praxis aber eine nur untergeordnete Rolle und kann hier daher vernachlässigt werden.

V. Die Hauptverhandlung

Wie bereits mehrfach erwähnt, birgt auch die auf den Einspruch folgende Hauptverhandlung Quellen für Fehlentscheidungen. Insbesondere resultiert dies aus dem gegenüber dem regulären Verfahren verkürzten Beweisrecht; aber auch andere Faktoren spielen in diesem Zusammenhang eine wichtige Rolle.

1577 Maunz/Dürig/*Remmert* GG Art. 103 Abs. 3 Rn. 68; zu diesem Streit und zur Entwicklung der Rechtsprechung ausf. *Kirch*, Das Strafbefehlsverfahren nach dem StVÄG 1987, S. 57 ff. m.w.N.; zur Position der Rechtsprechung gegen Rechtskraft siehe BVerfG NJW 1954, 69; BGH NJW 1978, 2519 m.w.N.: beschränkte Rechtskraftwirkung da nur summarische Prüfung – Verfolgung unter einem nicht berücksichtigte, die Strafbarkeit erhöhenden Gesichtspunkt zulässig; so auch BVerfG NJW 1954, 69 m.w.N.; nicht mehr aufrecht erhalten von BVerfG NJW 1984, 604, 605, aber offen gelassen, wo die Grenzen der Rechtskraft verlaufen; krit. dazu *Groth*, MDR 1985, 716 f.; für eine beschränkte Rechtskraft *Kleinknecht*, JR 1977, 479.

1578 So schon BVerfG NStZ 1984, 325; BeckOK StPO/*Temming* § 410 Rn. 8.

1579 BVerfG NJW 2007, 207, 208.

1. Das Risiko der Erhöhung der Strafe bei Einspruchseinlegung

Zum einen gilt das Verschlechterungsverbot nicht, § 411 Abs. 4 StPO. Dies begründet sich darin, dass das bisherige Verfahren lediglich summarischen Charakters war.[1580] Die Strafe kann – gegebenenfalls auch aufgrund einer veränderten Sachverhaltsfeststellung – anders, insbesondere auch höher ausfallen als im Strafbefehl beantragt. Dieses Risiko muss der Angeklagte bei einer Einspruchseinlegung stets berücksichtigen.

Dass die Einspruchseinlegung dabei per se natürlich kein Aspekt von Strafzumessungserwägungen sein kann, steht außer Frage. Dennoch ist nicht auszuschließen, dass die Strafen nach einer Hauptverhandlung gegenüber der Festsetzung im Strafbefehl erhöht werden.[1581] Insbesondere wird diese Gefahr bei unberechtigten Einsprüchen gesehen[1582], zumal der Angeklagte in der Hauptverhandlung demselben Richter gegenübersteht, der bereits den Strafbefehl gegen ihn erlassen hat.[1583] Diese Konstellation kann dazu führen, dass in die Strafzumessungserwägungen etwa ein vom Richter wahrgenommenes uneinsichtiges Verhalten des Angeklagten einfließt oder der Richter aus Ärger über die seiner Ansicht nach überflüssige Hauptverhandlung währenddessen eine Tendenz zur härteren Bestrafung entwickelt. Zwar gibt es hierzu keine entsprechenden Statistiken, die dies belegen. Dennoch besteht hierfür durchaus die abstrakte Gefahr.

Die Frage, ob im Falle nicht erfolgreicher Einsprüche die Strafe im Urteil höher ausfällt als im Strafbefehl beantragt, wurde auch den Berliner und Bremer Verteidigern gestellt. Vier der Strafverteidiger antworteten darauf mit „häufig“, elf mit „manchmal“, 38 mit „selten“ und neun mit „nie“. Dass die Strafe im Urteil höher ausfällt als im Strafbefehl beantragt, ist mithin nach 75,8 % der hierauf antwortenden Anwälte „selten“ oder „nie“ der Fall. Lediglich 6,4 % gaben hier „häufig“ und 17,7 % „manchmal“ an. Von den befragten Richtern des Amtsgerichts Tiergarten gab einer an, dass die Strafe im Urteil nach der Hauptverhandlung „sehr häufig“ höher ausfiele, als im Strafbefehl beantragt (2,6 %), sechs gaben „häufig“ (15,4 %), 16 „manchmal“ (41 %), 14 „selten“ (35,9 %) und zwei „nie“ an (5,1 %). Dass die Strafe im Urteil höher ausfällt als im Strafbefehl beantragt ist mithin nach 41 % der hierauf antwortenden

1580 *Ranft*, JuS 2000, 633, 637.

1581 *Seibert*, MDR 1952, 457, 459 mit dem Nachweis, dass es sogar schon vorkam, dass ein Gericht die Tatsache des Einspruchs strafschärfend anführte.

1582 Vgl. *Bruns*, Strafzumessungsrecht, S. 607.

1583 *Müller*, Das Strafbefehlsverfahren, S. 95.

Strafrichter „selten“ oder „nie“ der Fall, womit die Gefahr einer Verschlechterung bei den Richtern geringer eingeschätzt wird als bei den Verteidigern. Auch wenn dies den Befragungsergebnissen zufolge insgesamt nicht sehr häufig vorzukommen scheint, besteht dennoch grundsätzlich die ernstzunehmende Gefahr einer Strafschärfung.

Diese Gefahr kann mitunter auch der Grund dafür sein, dass die Einlegung eines Einspruchs unterbleibt. Dies gab auch einer der befragten Verteidiger an. Dennoch scheint das Risiko einer Strafschärfung nach Angabe von 39 der befragten Verteidiger häufiger der Grund für die Rücknahme eines Einspruchs als für seine unterbliebene Einlegung zu sein.

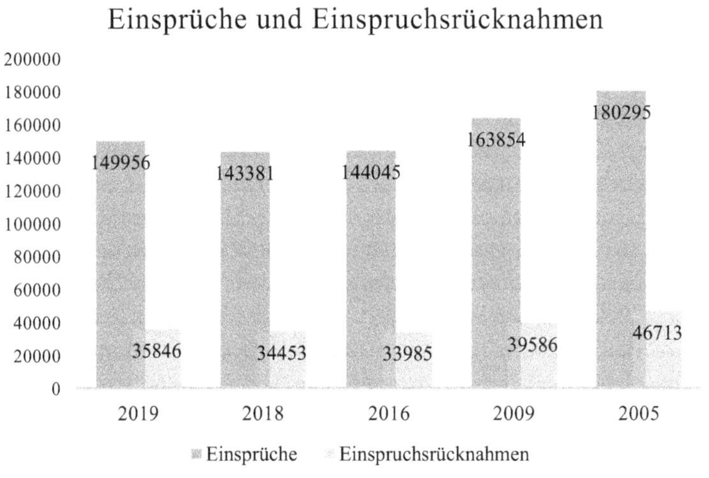

Grafik 8 Einsprüche und Einspruchsrücknahmen
Zu Tabelle 5, siehe B. IV. m. N.

Auch den Staatsanwälten wurde im Rahmen der Experteninterviews die Frage gestellt, ob es vorkommt, dass die Strafe im Urteil höher ausfällt als im Strafbefehl zuvor beantragt und falls ja, warum (Frage 29). Während B3 und B4 dies für eher selten und B5 für gelegentlich vorkommend hielten, gaben B1 und B6 sogar an, dass dies relativ häufig vorkäme. Der Grund für diesen Umstand wurde darin beschrieben, dass der Strafbefehl für den Fall eines unterbliebenen Einspruchs eine Geständnisfiktion[1584] enthielte, die auch in der im Strafbefehl

1584 Für eine Geständnisfiktion auch OLG Stuttgart StV 2007, 232, 234; kritisch hierzu *Esser*, StV 2007, 235, 238; gegen eine solche Annahme auch *Eser*, JZ 1966, 660, 666.

festgesetzten Strafhöhe berücksichtigt würde. Würde Einspruch eingelegt und eine streitige Hauptverhandlung geführt, entfiele dieser Strafmilderungsgrund. Aufgrund des fehlenden Verschlechterungsverbots könnte auf diese Weise eine im Urteil höher ausfallende Strafe zustande kommen (B1, B2, B4, B5, B6). B2 fügte dem hinzu, dass es auch Gerichte gäbe, die dies grundsätzlich so handhabten, um sich keine Einsprüche zu „züchten". Das wäre aber eher in kleineren Orten mit überschaubaren Amtsgerichten zu erwarten. B3 machte eine solche Erfahrung nur selten, etwa wenn Angeklagte vor Gericht ein besonders unangebrachtes Verhalten an den Tag legten (so auch B4). B5 berichtete zudem, dass die Strafschärfung auch erheblich ausfallen könnte. So hätte er schon erlebt, dass aus einem Strafbefehl mit neunzigTagessätzen am Ende eine Freiheitsstrafe von zehn Monaten geworden wäre.

Im Zusammenhang mit der Möglichkeit einer Strafschärfung berichteten die interviewten Staatsanwälte zudem auf die Frage, ob Staatsanwälte versuchen, einen Angeklagten davon zu überzeugen, mit einem Strafbefehl einverstanden zu sein (Frage 15), von regelmäßigen Situationen in der Hauptverhandlung (B1, B2, B3, B4: Im Ermittlungsverfahren bestünde kein Kontakt zum Beschuldigten, B5, B6), in denen man versuchte, den Angeklagten zur Rücknahme des Einspruchs zu bewegen, wenn man den Strafbefehl für die richtige Maßnahme halte und ansonsten unter Umständen mangels Verschlechterungsverbots eine höhere Strafe drohen könnte (B6). Es würde häufig mit dem Angeklagten über seine Aussichten im Verfahren „Tacheles" geredet; auch mancher Richter machte in solchen Fällen deutlich, wie er die Beweislage wahrscheinlich sehen würde und wiese auf eine Einspruchsrücknahme hin (B1). Auch B5 berichtete von derartigem richterlichen Verhalten (so auch B3), dass beispielsweise gegenüber dem Verteidiger auf hohe Kosten durch Zeugenladungen hingewiesen und die klare Aktenlage und die Milde des Strafbefehls betont würde. Da das Verschlechterungsverbot nicht gälte, könnte man dem Angeklagten auch gelegentlich vorrechnen, wie sich die Strafe ermäßigte und erläutern, dass die im Strafbefehl bemessene Tagessatzhöhe doch sehr niedrig wäre und man nach neueren Erkenntnissen beispielsweise statt auf einen Tagessatz von dreißig Euro auf fünfzig Euro käme und der Angeklagte sich das nochmal überlegen sollte (B2). B3 bestätigte, dies in Fällen zu machen, in denen kein Zweifel an dem Tatvorwurf als solchem bestünde, der Angeklagte aber aus Renitenz oder Unwissenheit meinte, nicht verurteilt werden zu müssen. Man müsste ihm dann erklären, dass der Strafbefehl für ihn günstig wäre und es ansonsten die Möglichkeit einer Verschlechterung gäbe. Das wäre immer eine problematische beziehungsweise zweifelhafte Situation, die es aber auch bei anderen Prozessen gäbe, bei der der man auf der einen Seite sagen könnte, es handelte sich um ein Erklären, ein Verständlichmachenwollen, was aus Fairnessgesichtspunkten erfolgen könnte, in der man auf der anderen Seite aber auch eine Erpressung sehen könnte. Seiner Ansicht nach gäbe es aber viele Situationen, in denen es legitim wäre, dem Angeklagten – natürlich ohne ihn zu zwingen oder zu viel Druck aufzubauen – deutlich zu machen, dass die Einlegung eines Einspruchs ungeschickt wäre.

Insofern zeigt sich auch das Gefahrenpotential, dass der Angeklagte von der Staatsanwaltschaft (und auch vom Richter) mit Blick auf eine in Aussicht gestellte Strafschärfung unter Druck gesetzt werden könnte, sodass er seinen Einspruch womöglich nur aus diesem Grund zurückzieht. Dies kann zwar im Falle eines fehlerfreien Strafbefehls der sinnvollste Weg sein; im Falle eines (von den Justizbehörden unerkannt) fehlerhaften Strafbefehls hingegen kann hierdurch die Verteidigung erschwert werden.

Während bei der Einlegung von Rechtsmitteln gegen ein Urteil das Verbot der reformatio in peius gilt, §§ 331 und 358 Abs. 2 StPO, ist dies beim Strafbefehl also nicht der Fall. An dieser Stelle wurde erwogen, das Verschlechterungsverbot aufgrund der Gleichstellung des rechtskräftigen Strafbefehls mit einem Urteil auch in die §§ 407 ff. StPO mit aufzunehmen.[1585] Denn die Gefahr einer Strafschärfung könne viele auch dann davon abhalten, Einspruch einzulegen, wenn die Beweislage, wie sie sich aus dem Strafbefehl ergebe, gerade nicht eindeutig sei und es für eine Verurteilung eigentlich noch mehr Beweise brauche.[1586] Vorgeschlagen wird auch, eine Verschlechterung nur im Falle der Feststellung eines erschwerenden Sachverhaltes zuzulassen.[1587] Eine abweichende Strafzumessung kann hingegen auch im Angeklagten selbst und nicht nur im Sachverhalt begründet sein. Da der Angeklagte mangels Begründung des Strafbefehls zur Zeit seines Einspruchs aber nicht genau nachvollziehen kann, welche Erwägungen zu der konkreten Sanktionsbemessung geführt haben, spricht vieles dafür, an dieser Stelle nicht zu differenzieren.

Der Einspruch stellt den ersten Zugang zum Gericht dar, sodass die Rechte des Angeklagten hier besonders geschützt werden müssen.[1588] Dem Angeklagten an dieser Stelle das Risiko aufzubürden, eine noch nachteiligere

---

1585 *Seibert*, MDR 1952, 457, 459.

1586 *Hüls*, Polizeiliche und staatsanwaltschaftliche Ermittlungstätigkeit, S. 157; SK-StPO/*Weßlau/Degener* Vor §§ 407 ff. Rn. 8.

1587 *Müller*, Das Strafbefehlsverfahren, S. 95 f.; *Ostler*, NJW 1968, 486, 487; *Roxin/Schünemann*, Strafverfahrensrecht, § 68 Rn. 12; *Weigend*, KrimJ 1984, 8, 30; vgl. auch *Staudinger*, JA 2021, 159, 160; a.A. OLG Stuttgart, StV 2007, 232 f.

1588 BT-Drs. 10/1313, S. 37; vgl. *Müller*, Das Strafbefehlsverfahren, S. 95.

Entscheidung fürchten zu müssen, erschwert die Entscheidung für einen Einspruch. Es obliegt der Staatsanwaltschaft, im Ermittlungsverfahren gründlich vorzugehen und einen Strafbefehl nur dann zu beantragen, wenn sie ein abweichendes Ergebnis in einer Hauptverhandlung für ausgeschlossen hält. Sofern sie dieser Aufgabe nicht nachkommt oder ihr (beziehungsweise der Polizei) bei den Ermittlungen oder der Einschätzung nach der Erforderlichkeit der Hauptverhandlung Fehler unterlaufen, sollte dies nicht zum Nachteil des Angeklagten wirken. Daher sollte auf die Möglichkeit einer Verschlechterung verzichtet werden, sofern es um andere Aspekte als die bei einem Einspruch wegfallende Geständnisfiktion geht.[1589]

2. Das Beweisantragsrecht in der Hauptverhandlung

Ein Risiko nicht der Einspruchseinlegung als solchen, sondern vielmehr der Ausgestaltung der auf ihn folgenden Hauptverhandlung ist die – bereits vielfach angesprochene – fehlende effektive Möglichkeit, Beweiserhebungen zu erwirken. Dadurch besteht die Gefahr, dass der die Entscheidungsgrundlage bildende Sachverhalt letztlich nicht korrekt erfasst wird und darauf basierend fehlerhafte Entscheidungen getroffen werden.

a) Die Regelungen

Zum einen können nach § 420 Abs. 1 StPO Vernehmungen weitergehender als bei § 250 StPO durch die Verlesung von Protokollen über frühere Vernehmungen ersetzt werden, nach § 420 Abs. 2 StPO gelten auch erweiterte Verlesungsmöglichkeiten bezüglich der Erklärungen von Behörden, wenn die jeweils erforderlichen Zustimmungen vorliegen.[1590]

1589 Dabei richtet sich dieser Vorschlag nicht gegen die Beweiswürdigungs- und Überzeugungsbildungskompetenz der Richter, sondern bezweckt primär den Schutz des Beschuldigten vor den Folgen mangelhafter Ermittlungen; den Richtern soll dafür bei der Entscheidung über den Strafbefehlserlass eine Möglichkeit zur Abweichung von der von der StA beantragten Strafhöhe zukommen, siehe II. 1. b) aa) (1).

1590 Vgl. auch schon die Ausführung unter 1. Teil E. I. 2. e); LR/*Gössel* § 420 Rn. 8 zufolge begründe § 420 Abs. 1–3 StPO die Gefahr der Beeinträchtigung einer sachgemäßen Verteidigung, die in rechtsstaatlicher Hinsicht nicht hingenommen werden könne.

Insbesondere die Regelung in § 420 Abs. 4 StPO[1591], wonach der Strafrichter unbeschadet des § 244 Abs. 2 StPO den Umfang der Beweisaufnahme bestimmen darf, erfuhr für sich genommen schon viel Kritik.[1592] Die Aspekte werden zugunsten einer effektiven Verteidigung hervorgebracht.[1593] Diese ist ein sehr wichtiger Aspekt zur Vermeidung von Fehlentscheidungen, da insbesondere durch Beweisanträge durch den Angeklagten oder vielmehr seinem Verteidiger entlastende Beweismittel und Umstände hervorgebracht werden.

b) Die Abschaffung des förmlichen Beweisantragsrechts

Der Regelung des § 420 Abs. 4 StPO wird zum einen vorgeworfen, das Beweisantragsrecht abzuschaffen.[1594] Das Recht, zu seiner eigenen Entlastung Beweisanträge zu stellen, sei ein wichtiger Teil der Verteidigung und für diese unverzichtbar.[1595] Zwar können Beweisanträge auch weiterhin gestellt werden. Dadurch, dass der Strafrichter bei ihrer Ablehnung aber nicht an die Vorgaben von § 244 Abs. 3–5 StPO gebunden ist[1596], wird vertreten, dass das Antragsrecht leerlaufe[1597], was für den Angeklagten ausgesprochen nachteilig sei[1598]. Dadurch sei auch die Aufklärungspflicht des Richters nicht mehr gewährleistet[1599], die durch Art. 6 Abs. 3d EMRK (wonach der Angeklagte das Recht hat, Fragen an Belastungszeugen zu stellen oder stellen zu lassen und die Ladung und Vernehmung von Entlastungszeugen unter denselben Bedingungen zu erwirken, wie sie für Belastungszeugen gelten) konkretisiert werde, sowie die Einhaltung der Unschuldsvermutung bedroht, die aus Art. 6 Abs. 2 EMRK und dem Recht auf ein faires Verfahren hergeleitet werde.[1600] Des Weiteren wird das

1591 § 420 Abs. 4 StPO gilt nur in der Hauptverhandlung im ersten Rechtszug (SK-StPO/*Degener* § 411 Rn. 16 f.), die vor dem Strafrichter geführt wird, MüKoStPO/*Putzke/Scheinfeld* § 420 Rn. 3.

1592 Vgl. *König/Seitz,* NStZ 1995, 1, 5; *Loos/Radtke,* NStZ 1996, 7, 11 f.; *Wächtler,* StV 1994, 159, 160; *Dahs*, NJW 1995, 553, 556 f.; *Herdegen*, NJW 1996, 26, 28 mit Beispielen für eine floskelhafte Ablehnung von Beweisanträgen.

1593 MüKoStPO/*Putzke/Scheinfeld* § 420 Rn. 4.

1594 SK-StPO/*Weßlau/Degener* Vor §§ 407 ff. Rn. 23; *Hüls*, Polizeiliche und staatsanwaltschaftliche Ermittlungstätigkeit, S. 150, 158; vgl. *Kramer*, Grundlagen des Strafverfahrensrechts, S. 308.

1595 *Dahs*, NJW 1995, 553, 556 f.; *Vivell*, Strafbefehlsverfahren nach § 408a, S. 103 f.

1596 BT-Drs. 12/6853, S. 36; KK-StPO/*Graf* § 420 Rn. 7; vgl. *Ranft*, JuS 2000, 633, 639; MüKoStPO/*Putzke/Scheinfeld* § 420 Rn. 22.

1597 Vgl. *Neumann,* StV 1994, 273, 276.

1598 SK-StPO/*Weßlau/Degener* Vor §§ 407 ff. Rn. 23 f.

1599 *Ranft*, JuS 2000, 633, 639.

1600 *Ranft*, JuS 2000, 633, 639.

Beweisantragsrecht auch aus Art. 103 Abs. 1 GG geleitet[1601], sodass es bei fehlender gerichtlicher Berücksichtigung zu einem Verstoß auch hiergegen kommen kann. Auch der verfassungsrechtliche Grundsatz des fairen Verfahrens beinhaltet das Recht, durch die Stellung von Beweisanträgen Einfluss auf die Sachverhaltsfeststellungen zu nehmen.[1602]

Insgesamt 60,9 % der auf diese Frage antwortenden Verteidiger gaben im Rahmen der Befragung hingegen an, dass Beweisanträgen „sehr häufig" bis „häufig" nachgegangen würde, 69,8 %, dass das Beweisantragsrecht in der Hauptverhandlung „selten" bis „nie" leerliefe. Der weit überwiegende Anteil der Befragten geht mithin von einem effektiven Beweisrecht in der auf den Einspruch folgenden Hauptverhandlung aus. Entsprechend gaben auch die interviewten Staatsanwälte B1[1603] und B2 an, dass dem Angeklagten die Einflussnahme auf die Beweisführung in der auf den Einspruch folgenden Hauptverhandlung nicht wegen der Möglichkeit, Beweisanträge nach §§ 411, 420 StPO vereinfacht abzulehnen, erschwert wäre. Die Gerichte legten insgesamt wenig Wert auf formvollendete Beweisanträge, vielmehr führte die Pflicht zur Sachverhaltsaufklärung bereits dazu, entsprechenden Bekundungen der Angeklagten nachzugehen. Eine Ausnahme gäbe es höchstens bei querulantischen Verteidigungen (B3[1604]). Dennoch stünde bei Strafbefehlsverfahren insgesamt im Hintergrund, dass man die Beweisaufnahme ein bisschen „schlanker" machen könnte, was bei der Erledigung hülfe (B1[1605]).

Dennoch gaben immerhin 30,1 % der befragten Verteidiger an, dass das Beweisantragsrecht „manchmal" bis „häufig" leerliefe. Einem Drittel der

---

1601 BVerfG NJW 1978, 413; NJW 1979, 413 f.; NJW 1981, 1719, 1721; NJW 1984, 1026; NJW 1997, 999, 1000; *Frohn*, GA 1984, 554, 563; *Kudlich*, JuS 1997, 507; *Jahn*, in: FS Hassemer, 1029, 1035 ff.; *Knauer*, StraFo 2012, 473; *Rüping*, ZStW 91 (1979), 351, 354; *Spiekermann*, Der Missbrauch des Beweisantragsrechts, S. 47; *Börner*, Legitimation durch das Strafverfahren, S. 482 f.; Alsberg/*Dallmayer*, Der Beweisantrag im Strafprozess, Rn. 38; Dreier GG/*Schulze-Fielitz* Art. 103 I Rn. 67; Sachs GG/*Degenhart* Art. 103 Rn. 28 f.; Meyer-Goßner/Schmitt/*Schmitt* § 244 Rn. 29; *Pohlreich*, Das rechtliche Gehör im Strafverfahren, S. 136.

1602 Vgl. BVerfG NJW 1981, 1719, 1721 ff.; NJW 1986, 767, 771; NJW 1997, 999, 1000; NJW 2004, 209, 211; NStZ 2004, 214; *Gusy*, StV 2002, 153, 159; *Jahn*, in: FS Hassemer, 1029, 1038 f.; *Spiekermann*, Der Missbrauch des Beweisantragsrechts, S. 47 f.; wobei die Ablehnung eines Beweisantrags am speziellen Art. 103 Abs. 1 GG zu messen sei, *Pohlreich*, Das rechtliche Gehör im Strafverfahren, S. 137.

1603 Antwort auf Frage 23.

1604 Nachfrage bei und Antwort auf Frage 41.

1605 Antwort auf Frage 23.

antwortenden Verteidiger zufolge besteht diesbezüglich mithin nicht immer eine effektive Verteidigungsmöglichkeit. Einer der befragten Verteidiger merkte ergänzend an, dass die eingeschränkte Beweisaufnahme möglicherweise in Straßenverkehrssachen häufiger eine Rolle spielte.

Zudem ist an dieser Stelle darauf zurückzukommen, dass insgesamt 47,6 % der hierauf antwortenden Verteidiger eine Voreingenommenheit der bereits über den Strafbefehl entscheidenden Richter annahmen. Eine Voreingenommenheit scheint zwar nicht zwingend zu der Ablehnung von Beweisanträgen zu führen. Dennoch ist dieser Wert sehr erheblich, sodass die Gefahr eines ineffektiven Beweisantragsrechts durchaus besteht.

In diesem Zusammenhang wurden auch die Strafrichter des Amtsgerichts Tiergarten danach gefragt, ob die Hauptverhandlung nach einem Einspruch beschleunigt durchgeführt werden kann, weil Beweisanträge am Maßstab von § 244 Abs. 2 StPO zu messen sind. Nach der Einschätzung eines Richters trifft dies „voll zu“ (2,7 %), nach der Einschätzung von acht Richtern „eher zu“ (21,6 %), zwölf Richtern zufolge trifft dies „halb zu“ (32,4 %), zehn zufolge trifft dies „eher nicht zu“ (27 %) und sechs Richtern zufolge trifft dies „nicht zu“ (16,2 %). Dass die Richter insgesamt eher nicht den Eindruck haben, dass die Anwendung von § 244 Abs. 2 StPO (über §§ 411 Abs. 2 Satz 2, 420 Abs. 4 StPO) dazu führt, dass eine mit Blick auf gestellte Beweisanträge beschleunigte Verhandlung ermöglicht wird, lässt tendenziell darauf schließen, dass sie auch nicht den Eindruck haben, dass Beweisanträge dadurch vermehrt vereinfacht abgelehnt werden. Dieses Ergebnis stimmt mit der Einschätzung der Verteidiger, dass das Beweisrecht in der auf den Einspruch folgenden Hauptverhandlung eher nicht leerläuft (69,8 %,), überein.

Dennoch gibt es hier auch einen nicht unerheblichen Anteil anderer Bewertungen (30,1 % der Verteidiger, 24,3 % der Richter). Insofern ist das Vorliegen einer – wenn auch kleineren – Gefahr der fehlenden Einflussnahmemöglichkeit auf die Beweisaufnahme nicht völlig abzusprechen.

Auch der rechtsstaatliche Grundsatz des rechtlichen Gehörs aus Art. 103 Abs. 1 GG wird von der Regelung als betroffen angesehen, da die Stellung eines Beweisantrags mit der entsprechenden richterlichen Reaktion eine Konkretisierung dieses Grundsatzes verkörpere.[1606]

Erst wenn der Angeklagte gegen das in der Hauptverhandlung gefällte Urteil in Berufung geht, ist ihm die Stellung förmlicher Beweisanträge wieder möglich.[1607]

1606 BVerfGE 60, 247, 249; *Ranft*, JuS 2000, 633, 639.

1607 Allerdings ist streitig, ob § 420 StPO auch in der Berufungsinstanz gilt, dagegen OLG Hamburg StV 2000, 299, 301; OLG Stuttgart StV 1998, 585, 587; *Vivell*,

Mit der Einräumung der Möglichkeit des Richters, Beweisanträge erleichtert abzulehnen, geht automatisch eine Schwächung der Reichweite des Beweisantragsrechts einher. In der Hauptverhandlung nach einem Einspruch ist dabei zu beachten, dass der Angeklagte erstmals in Erscheinung treten und sein rechtliches Gehör geltend machen kann. Zuvor hat er zwar die Möglichkeit, in der Einspruchsschrift weitere Beweismittel anzugeben, allerdings besteht hier keine Verpflichtung seitens des Gerichts, in besonderer Weise mit den genannten Beweismitteln zu verfahren.

Andererseits ist es weiterhin möglich, Beweisanträge zu stellen. Die Aufklärungspflicht aus § 244 Abs. 2 StPO, die weiterhin gilt, wird einen ordentlich arbeitenden Richter dazu anhalten, die Beweise zu erheben, sofern sie in irgendeiner Weise weiterführen können, allerdings ist die Gefahr tatsächlich erhöht, dass einem nicht förmlichen Beweisantrag nicht die gebotene Aufmerksamkeit geschenkt wird und er aus Beschleunigungsgründen verkürzt abgelehnt und somit eine Ursache für eine Fehlentscheidung gesetzt wird.[1608] Die Absicherung durch die normierten Ablehnungsgründe in §§ 244 Abs. 3 bis 5 und 245 StPO ist das verfahrensrechtliche Korrektiv dieses Risikos, das revisionsrechtlich auch besser überprüft werden kann als die Einhaltung des Amtsermittlungsgrundsatzes[1609]. Fällt dieses wie hier weg, hängt es vom Gutdünken des Richters ab, inwiefern er sich aus seiner Amtsaufklärungspflicht heraus dazu verpflichtet fühlt, eine konkrete Ermittlungshandlung vorzunehmen. Dies führt zu einer erheblichen Schwächung der Rechtsposition des Beschuldigten im Prozess. Gerade mit Blick darauf, dass im Vorfeld der Verhandlung ein Strafbefehl erging und nun der gleiche Richter darüber entscheiden soll, inwiefern entlastendes Beweismaterial erhoben wird, ist dies kritisch zu beurteilen, da derselbe Richter schon früher gerade eine Entscheidung zu Lasten des Angeklagten traf.[1610] Um dieses Defizit auszugleichen, wäre es notwendig, entweder einen mit der Sache zuvor nicht befassten Strafrichter (oder

---

Strafbefehlsverfahren nach § 408a, S. 105, 238 f.; *Maleika*, Freiheitsstrafe und Strafbefehl, S. 32; *Schlothauer*, StV 1995, 46 f.; LR/*Gössel* § 411 Rn. 22, § 420 Rn. 5, aber nur bzgl. § 420 Abs. 4 StPO.

1608 *Kintzi*, DRiZ 1994, 325, 328 betont, dass es einen Unterschied gebe, ob ein Richter nach § 244 Abs. 3 StPO zur Beweiserhebung auch dann verpflichtet sei, wenn er von dem Beweis des Gegenteils überzeugt ist – § 244 Abs. 2 StPO enthalte insofern kein Beweisantizipationsverbot.

1609 *Herdegen*, in: GS Meyer, 187.

1610 *Müller*, Das Strafbefehlsverfahren, S. 85; vgl. *Schmidt*, Lehrkomm. StPO II § 409 Rn. 12; *Hüls*, Polizeiliche und staatsanwaltschaftliche Ermittlungstätigkeit, S. 156 f.

das Schöffengericht) einzusetzen, oder aber die Verteidigungsmöglichkeiten des Angeklagten zu stärken, indem man das Beweisrecht entsprechend dem einer regulären Hauptverhandlung ausgestaltet.

c) Verstoß gegen das Verbot der Beweisantizipation

Der Regelung des § 420 Abs. 4 StPO wird auch vorgeworfen, gegen das Verbot der Beweisantizipation zu verstoßen.[1611] Denn der Richter darf einen Beweisantrag hiernach schon dann ablehnen, wenn er der Überzeugung ist, der Sachverhalt sei genügend geklärt und der Zeuge könne nichts Neues mehr beitragen.[1612] Damit antizipiere der Richter die Beweiserhebung durch seine vor Zeugenvernehmung gefasste Überzeugung.[1613] Dies birgt das Risiko einer Fehlentscheidung aufgrund einer defizitären Entscheidungsgrundlage. Dabei wurde das Beweisantragsrecht vom Reichsgericht gerade dafür entwickelt, Fehlentscheidungen durch Vorurteile des Richters über das Tatgeschehen zu vermeiden.[1614]

Insbesondere die bereits getroffene Entscheidung zugunsten des Strafbefehls zeigt, dass der Richter den bisher ermittelten Sachverhalt für ausreichend für eine Verurteilung und insbesondere eine Hauptverhandlung nicht für notwendig gehalten hat. Er sieht sich demnach in einer von ihm für überflüssig befundenen Hauptsache sitzen und könnte dazu neigen, an der ursprünglich gefassten Entscheidung zumindest unterbewusst festzuhalten.[1615]

Ein Verstoß gegen das Beweisantizipationsverbot wird jedoch nicht von jeder Seite angenommen. Es wird angeführt, dass das Verbot weiter gelte, weil die Beweiswürdigung unbeschadet des § 244 Abs. 2 StPO stattfinde – diese Norm

---

1611 Vgl. AnwK-StPO/*Böttger* § 420 Rn. 7; vgl. Meyer-Goßner/Schmitt/*Schmitt* § 420 Rn. 10; a.A. LR/*Gössel* § 420 Rn. 13.

1612 BT-Drs. 12/6853, S. 36.

1613 *Ranft*, JuS 2000, 633, 639.

1614 *Ranft*, JuS 2000, 633, 639 f.; *Wessels*, JuS 1969, 1 ff.

1615 Siehe unter II. 1. c); ob diese Aussage so aufrechterhalten werden kann, könnte vor dem Hintergrund fraglich sein, dass oben (II. 1. a)) die These aufgestellt wurde, dass Richter mangelhaft prüfen und den Strafbefehl aus Zeitmangel lediglich gegenzeichnen. Auch einer der befragten Verteidiger merkte an, dass er die Richter in Hauptverhandlungen bei Strafbefehlen – womöglich aus schlechtem Gewissen – mitunter auch offener erlebte, weil sie mit der Sache bislang nur oberflächlich befasst gewesen wären. Angesichts der weiterhin hohen Arbeitsbelastung kann dennoch die Gefahr bestehen, dass ein Richter, der schon bei Strafbefehlserlass eine zeiteffiziente Lösung einer gründlichen Prüfung bevorzugte, dies auch in der Hauptverhandlung weiterverfolgt.

enthalte aber gerade selbst das Verbot der antizipierten Beweiswürdigung.[1616] Die Amtsaufklärungspflicht gehe oftmals sogar weiter als das Beweisantragsrecht.[1617] Aus dem Umstand, dass die §§ 244, 245 StPO erlassen wurden, weil die Amtsaufklärungspflicht bei den genannten Ablehnungsgründen eine Beweiserhebung ausnahmsweise gerade nicht erfordere, ergebe sich, dass keinen Beweisen nach dem Beweisantragsrecht nachgegangen werden müsse, die nicht auch schon nach der Amtsaufklärungspflicht zu erheben seien.[1618]

Eine Beweisantizipation meint die Beurteilung des potentiellen Beweiswerts eines Beweismittels, welches nicht erhoben wird.[1619] Eine gänzlich verbotene Beweisantizipation würde dazu führen, dass jedes einzelne Beweismittel, das von der Verteidigung beantragt wird, untersucht werden müsste. Dies würde zu einer erheblichen Verlängerung der Verfahren führen, zumal die große Gefahr der missbräuchlichen Antragsstellung zu befürchten wäre.[1620] In gewissem Maße muss es also möglich sein, zu selektieren, welche Beweise nicht zu erheben sind.[1621] Um beurteilen zu können, ob ein Beweis erhoben werden muss, muss zwangsläufig auch auf das bisherige Ergebnis der Beweisaufnahme zurückgegriffen werden.[1622] Es muss also prognostisch anhand des Kriteriums der weiteren Sachverhaltsaufklärung[1623] beurteilt werden können, ob eine Beweiserhebung notwendig ist oder nicht.

Da eine vorweggenommene Beweiswürdigung unter bestimmten Umständen möglich sein muss, ist vielmehr zu problematisieren, wann diese Umstände konkret vorliegen. Mit Blick auf die Tatsache, dass der Empfänger eines Strafbefehls zuvor bereits allein auf Grundlage des Akteninhalts und gegebenenfalls ohne jegliche vorige Äußerungsmöglichkeit verurteilt worden ist, müssen hier an die antizipierte Würdigung von Beweisanträgen erhöhte Anforderungen

---

1616 LR/*Gössel* § 420 Rn. 13; vgl. auch *Herzler*, NJ 2000, 399, 403.

1617 LR/*Gössel* § 420 Rn. 16; *Anders*, Beweiserhebungskontrollen, S. 114.

1618 LR/*Gössel* § 420 Rn. 12; zum Verhältnis von Amtsaufklärungspflicht und Beweisantragsrecht siehe *Anders*, Beweiserhebungskontrollen, S. 116 ff.

1619 Vgl. KK-StPO/*Krehl* § 244 Rn. 127; vgl. BeckOK StPO/*Bachler* § 244 Rn. 53.

1620 KK-StPO/*Krehl* § 244 Rn. 127.

1621 Zu Begründungen, mit denen nicht abgelehnt werden darf KK-StPO/*Krehl* § 244 Rn. 127; vgl. auch BGH NStZ-RR 2012, 82; NJW 1994, 1484; NJW 1993, 867; zum Ganzen auch SSW-StPO/*Sättele* § 244 Rn. 154; zur umstrittenen Begründungstiefe siehe MüKoStPO/*Putzke/Scheinfeld* § 420 Rn. 24 m.w.N.

1622 Das Verbot der Beweisantizipation gelte insoweit nicht, BGH NStZ-RR 2003, 205; NJW 1994, 1484; BeckOK StPO/*Bachler* § 244 Rn. 11;

1623 Vgl. BGH NJW 2001, 695 f.; BeckOK StPO/*Bachler* § 244 Rn. 11.

gestellt werden. Es sollte beispielsweise kritischer hinterfragt werden, warum die Staatsanwaltschaft (oder faktisch: die Polizei) die beantragte Beweiserhebung während ihrer Ermittlungen nicht durchführte und ob sie dies nicht hätte tun müssen. Bejahendenfalls muss der Beweis erhoben werden.

d) Weitreichende Verlesungsmöglichkeiten

Wie bereits im ersten Teil (E. I. 2. e)) aufgezeigt, sieht § 420 Abs. 1–Abs. 3 StPO neben dem eingeschränkten Beweisantragrecht aus § 420 Abs. 4 StPO im Gegensatz zu den regulär geltenden §§ 251 ff. StPO zudem weitreichendere Verlesungsmöglichkeiten vor. Die ansonsten zwingenden Vorschriften über die Unmittelbarkeit der Beweisausnahme (insbesondere die §§ 250 ff. StPO) werden an dieser Stelle mithin (zum Teil) disponibel.[1624]

§ 420 Abs. 1 StPO regelt, dass die Vernehmung eines Zeugen, Sachverständigen oder Mitbeschuldigten durch Verlesung von Protokollen über eine frühere Vernehmung sowie von Urkunden, die eine von ihnen erstellte Äußerung enthalten, ersetzt werden darf. § 420 Abs. 2 StPO verzichtet auf mündliche Erklärungen von Behörden und sonstigen Stellen über ihre dienstlichen Wahrnehmungen, Untersuchungen und Erkenntnisse sowie über diejenigen ihrer Angehörigen auch ohne Vorliegen der Voraussetzungen des § 256 StPO. Zwar macht § 420 Abs. 3 StPO die Verlesung von der Zustimmung des Angeklagten, des Verteidigers und der Staatsanwaltschaft, soweit sie in der Hauptverhandlung anwesend sind, abhängig. Sofern allerdings kein Verteidiger anwesend ist, besteht für den Angeklagten das Risiko, zum Verfahrensobjekt zu werden, wenn er eine solche Zustimmung abgibt, ohne sich ihrer Tragweite tatsächlich bewusst zu sein.[1625]

Die Verlesung von früheren Aussagen und deren Eingang in die richterliche Entscheidung macht letztere grundsätzlich anfälliger für Fehler. Denn beispielsweise beim Zeugenbeweis kann der Richter, ohne den Zeugen persönlich zu vernehmen, lediglich die Glaubhaftigkeit der Aussage, nicht aber die Glaubwürdigkeit der Zeugen vollumfänglich beurteilen. Sofern der Angeklagte den Inhalt solcher Beweissurrogate bestreitet, diese aber dennoch zu seinem Nachteil durch Verlesung verwertet werden und die Gegendarstellung des Angeklagten nicht oder nicht ausreichend berücksichtigt wird, erhöht sich zudem die Gefahr einer fehlerhaften Entscheidung. Zudem wird unter Umständen auch die Amtsaufklärungspflicht verletzt. Denn sofern der Angeklagte die

---

1624 *Ranft*, JuS 2000, 633, 638.
1625 *Ranft*, JuS 2000, 633, 639.

schriftlich niedergelegte Zeugenaussage bestreitet, hat er aus § 244 Abs. 2 StPO, Art. 6 Abs. 3d EMRK ein Recht darauf, sie durch Gegenüberstellung in der Hauptverhandlung zu erschüttern.[1626]

Hinsichtlich der Grundsätze der Mündlichkeit, der Unmittelbarkeit, der Öffentlichkeit und des rechtlichen Gehörs (Art. 103 Abs. 1 GG, 6 Abs. 1 Satz 1 EMRK) ist vor allem die Möglichkeit, die Verlesung nach § 249 Abs. 2 StPO durch das Selbstleseverfahren[1627] ersetzen zu können, problematisch, insbesondere wenn kein Verteidiger bei einem solchen anwesend ist.[1628] Denn der Angeklagte ist in diesem Fall bezüglich der Bewertung der Vorwürfe auf sich allein gestellt. Regelmäßig wird er nicht dazu in der Lage sein, unter dem Eindruck der Hauptverhandlung in relativ kurzer Zeit in Gänze zu erfassen, was ihm vorgeworfen wird, und sich effektiv dagegen zu wehren. Seine Verteidigungsmöglichkeit ist hierdurch erheblich eingeschränkt.

Im Gegensatz zum regulären Verfahren liegt hier eine bedeutende Schwachstelle des Strafbefehlsverfahrens.

e) Erfordernis bestimmter Voraussetzungen des § 417 StPO

Während einige es für verfassungsgemäß halten, dass § 420 Abs. 4 StPO das Beweisantragsrecht auf die gerichtliche Aufklärungspflicht des § 244 Abs. 2 StPO reduziert[1629], wird andererseits die Auffassung vertreten, die verkürzte Beweisaufnahme dürfe nur dann geschehen, wenn die Voraussetzung des § 417 StPO, also eine klare Beweislage, vorliege.[1630] Die Konsequenz wird hier so weit gezogen, dass schon gar kein Antrag auf Erlass eines Strafbefehls gestellt werden solle, wenn absehbar sei, dass der Beschuldigte Beweisanträge stellen werde, die potentiell begründet seien.[1631]

Eine klare Beweislage im Sinne von § 417 StPO liegt vor, wenn das Gericht aufgrund genügend zuverlässiger Beweismittel zu der pflichtgemäßen Überzeugung gelangt, dass ein Schuldspruch gerechtfertigt ist.[1632] Mithin handelt es

---

1626 *Ranft*, JuS 2000, 633, 639 ist zudem der Ansicht, dass auch bei einer Zustimmung eines inhaltlich bestreitenden Angeklagten eine Revisionsrüge auf die Verletzung des § 244 Abs. 2 StPO gestützt werden können müsse.

1627 Krit. hierzu *Scheffler*, NJW 1994, 2191, 2194 f.

1628 *Ranft*, JuS 2000, 633, 639, dies sei grds. als rechtsfehlerhaft zu beurteilen.

1629 OLG Köln StV 2001, 343; OLG Frankfurt a.M. NStZ-RR 1997, 273; MüKoStPO/*Putzke/Scheinfeld* § 420 Rn. 21; KK-StPO/*Graf* § 420 Rn. 7.

1630 Gercke u.a. StPO/*Brauer* § 407 Rn. 10; a.A. KMR/*Metzger* § 411 Rn. 11.

1631 Gercke u.a. StPO/*Brauer* § 407 Rn. 10.

1632 MüKoStPO/*Putzke/Scheinfeld* § 417 Rn. 21.

sich also auch hierbei um eine gerichtliche Einschätzung der bisherigen Lage. Zwar könnte dies als Lösung angedacht werden, um zu verhindern, dass der Angeklagte in die Situation gerät, die Vorwürfe des Strafbefehls – beziehungsweise nun der Anklage – auch in der Hauptverhandlung nicht entkräften zu können. Andererseits könnte man aber ebenso erwägen, das Beweisantragsrecht hier nicht zu verkürzen. Denn im Zweifel kommt das Gericht tendenziell zu dem Entschluss, dass die Beweislage klar ist – ansonsten hätte es vorher den Strafbefehl gar nicht erlassen dürfen.

Im Vergleich zum beschleunigten Verfahren besteht beim Strafbefehlsverfahren keine Möglichkeit, ins Regelverfahren mit der regulären Beweisregelung überzugehen[1633]. Die Streichung des § 411 Abs. 2 Satz 2 StPO wäre daher angebracht, um eine erschöpfende Sachverhaltsermittlung zu gewährleisten und dadurch die Gefahr fehlerhafter Entscheidungen zu verringern.

3. *Vertretungsbefugnis*

Auch die Möglichkeit des Angeklagten, sich nach § 411 Abs. 2 Satz 1 StPO in der Hauptverhandlung durch einen Verteidiger vertreten lassen zu können, wird kritisiert.

Bedenken ergeben sich insbesondere aus dem in Art. 103 Abs. 1 GG garantierten rechtlichen Gehör: Zwischen dem rechtlichen Gehör und der Anwesenheit des Angeklagten bestehe ein enger Zusammenhang[1634] – und gerade beim Einspruchsverfahren, das dem Angeklagten überhaupt erst das rechtliche Gehör garantieren soll, sei es widersinnig, wenn er weniger Anwesenheitspflichten habe als in der regulären Hauptverhandlung. Eine Vertretungsbefugnis solle höchstens dann möglich sein, wenn das rechtliche Gehör vor Erlass des Strafbefehls gewährt wurde.[1635] Daran würde es auch nichts ändern, wenn man den zulässigen Strafrahmen bei Vertretung entsprechend dem der Abwesenheitsregelungen in §§ 232, 233 StPO begrenzen würde.[1636]

Die Vertretungsmöglichkeit wurde mangels praktischen Bedürfnisses und Rechtfertigungsmöglichkeit auch nicht in den Alternativ-Entwurf[1637] übernommen.

1633 SK-StPO/*Weßlau/Degener* Vor §§ 407 ff. Rn. 23.

1634 *Rieß*, JZ 1975, 265, 267.

1635 *Müller*, Das Strafbefehlsverfahren, S. 288.

1636 *Müller*, Das Strafbefehlsverfahren, S. 91 f., 288; für die weitergehende Vertretungsbefugnis hingegen *Burkhard*, Der Strafbefehl im Steuerstrafrecht, S. 225

1637 *AE-ASR*, GA 2019, 1, 90.

Für den Angeklagten ist die Möglichkeit, sich in der Hauptverhandlung nach dem Einspruch vertreten zu lassen, insoweit positiv, als er sich auch in diesem Verfahrensstadium keiner öffentlichen Verhandlung persönlich unterziehen muss.[1638] Er wird nicht von der Einlegung eines Einspruchs abgehalten, weil er das persönliche Erscheinen in einer Hauptverhandlung um jeden Preis vermeiden will. Zudem bleibt ihm das Recht zur Anwesenheit weiterhin erhalten.[1639] Außerdem garantiert Art. 103 Abs. 1 GG weder eine bestimmte Form der Äußerung noch, dass sie persönlich vorgenommen wird – eine Anhörung lediglich des Verteidigers verstößt mithin nicht per se gegen diese Vorschrift.[1640]

Allerdings sind bei dieser Beurteilung auch die Besonderheiten des summarischen Verfahrens zu berücksichtigen. Im Einspruchsverfahren hat der Angeklagte die erste Möglichkeit, rechtliches Gehör zu erlangen. Die Einspruchseinlegung als solche erfüllt die Anforderungen an das rechtliche Gehör in Hinblick auf den zuvor ergangenen Strafbefehl nicht mehr.[1641] Durch einen Einspruch wird das rechtliche Gehör aber in Hinblick auf das Urteil gewahrt, wenn der Richter vor dieser Entscheidung eine Stellungnahme des Angeklagten berücksichtigten kann. Aus diesem Grund wäre es zweckdienlich, wenn diese Stellungnahme bei Anwesenheit des Angeklagten erfolgt. Zudem gilt im Strafverfahren der in § 230 Abs. 1 StPO normierte Grundsatz, dass Hauptverhandlungen nicht ohne den Angeklagten stattfinden, um zu verhindern, dass dieser ungehört verurteilt wird.[1642] In der Hauptverhandlung nach einem Einspruch gegen einen Strafbefehl sollte aber die Tatsache, dass der Angeklagte in dem summarischen Verfahren bisher keine Gelegenheit hatte, sich zuvor zu äußern, besondere Bedeutung erlangen.

Es wird zwar vorgetragen, dass das persönliche Erscheinen des Angeklagten ein günstigeres Ergebnis nicht wahrscheinlicher machen könne, was daran liegen könne, dass der Richter durch die Anwesenheit des Angeklagten lediglich den Eindruck erhalte, dass sich dieser seiner Verantwortung nicht entziehe.[1643] Der Eindruck, dass der Angeklagte sich seiner Verantwortung stellt,

---

1638 MüKoStPO/*Eckstein* § 411 Rn. 26.

1639 MüKoStPO/*Eckstein* § 411 Rn. 27.

1640 Maunz/Dürig/*Remmert* GG Art. 103 Abs. 1 Rn. 65; vgl. auch *Maleika*, Freiheitsstrafe und Strafbefehl, S. 143.

1641 Siehe dazu unter I. 3.

1642 MüKoStPO/*Arnoldi* § 230 Rn. 1.

1643 *Schmuck/Leipner*, StraFo 2012, 95, 96; a.A. *Dahs*, Hdb. des Strafverteidigers, Rn. 482: Oftmals könne ein günstiges Ergebnis nur erreicht werden, wenn der Angeklagte Rede und Antwort stehe.

ist allerdings ein positiver. In diesem Zusammenhang wurde auch im Rahmen der Befragung der Berliner und Bremer Verteidiger von einem Anwalt angemerkt, dass die Richter, sobald ein Mandant im Rahmen der Hauptverhandlung vertreten würde, nicht selten merklich verärgert darüber reagierten, dass der Angeklagte nicht zum Termin erschiene.

Weiterhin können sich während der Verhandlung neue Umstände ergeben, von denen sich der Angeklagte bei seinem Ausbleiben kein eigenes Bild machen und die Äußerungen des Verteidigers nicht mit ihm absprechen kann. Außerdem bestünde, wenn der Angeklagte das Recht auf seine persönliche Anwesenheit nicht wahrnimmt, erneut die Gefahr, dass vor der richterlichen Entscheidung nicht alle relevanten, den Angeklagten persönlich betreffenden Umstände bekannt sind, sodass auch hier die Sanktionsbemessung fehleranfällig wäre.

Dies alles spricht für eine zwingende Anwesenheit des Angeklagten in der auf den Einspruch folgenden Hauptverhandlung.

Auf der anderen Seite handelt es sich aber auch um ein Recht auf rechtliches Gehör. Eine Verpflichtung besteht nur seitens des Gesetzgebers und des Gerichts, dieses zu gewähren, nicht aber seitens des Angeklagten, dieses wahrzunehmen[1644]. Ihm ist nicht verwehrt, in einer Hauptverhandlung zu schweigen. Wenn also der eindeutige Wille des Angeklagten schriftlich mit der Vertretungsvollmacht (§ 411 Abs. 2 Satz 1) vorliegt und der Angeklagte zuvor darauf hingewiesen wurde, dass das rechtliche Gehör, auf das er einen Anspruch hat, dann (nur) durch den Verteidiger wahrgenommen wird, spräche dies gegen einen Verstoß gegen diesen Grundsatz. Denn es liegt allein in der Hand des Angeklagten, ob er seinem Verteidiger eine Vertretungsvollmacht erteilt oder nicht.[1645] Entsprechend liegt es in seiner Entscheidungsfreiheit, ob er durch ein persönliches Erscheinen die Entscheidungsgrundlage des Richters insbesondere bezüglich der Strafzumessung verbessert.

Zudem ist beim Strafbefehlsverfahren zu berücksichtigen, dass die vorherige, nicht rechtskräftig gewordene Verurteilung durch den Strafbefehl selbst bereits ohne Anwesenheit des Angeklagten ergangen ist, was insbesondere durch die Einfachheit des Sachverhaltes zu rechtfertigen ist. Insofern wäre es widersprüchlich, wenn in der folgenden Hauptverhandlung mehr Anwesenheitszwänge bestünden, als es in einem regulären Verfahren der Fall ist.

1644 *Maleika*, Freiheitsstrafe und Strafbefehl, S. 143; Maunz/Dürig/*Remmert* GG Art. 103 Abs. 1 Rn. 63.

1645 *Burkhard*, Der Strafbefehl im Steuerstrafrecht, S. 225.

Die Regelungen über die Ausnahmen (§§ 232 f. StPO) zur grundsätzlichen Anwesenheitspflicht des Angeklagten (§ 230 StPO) berücksichtigen insofern angemessen, in welchen Fällen aus Verhältnismäßigkeitsgründen auf die Anwesenheit des Angeklagten verzichtet werden kann.

Insbesondere in den Fällen, in denen die Beschuldigten – wie hier gefordert – zuvor durch einen Richter oder zumindest durch die Staatsanwaltschaft gehört wurden, steht einer Vertretung und der Wahrnehmung des rechtlichen Gehörs durch einen Anwalt nichts entgegen.

Für den Fall, dass der Richter sich im konkreten Verfahren ein persönliches Bild von dem Angeklagten machen will, kann er das persönliche Erscheinen des Angeklagten anordnen. Sofern sich der Angeklagte darüber hinwegsetzt – die Vertretungsmöglichkeit des § 411 Abs. 2 Satz 1 StPO besteht auch dann, wenn der Richter das persönliche Erscheinen gemäß § 236 StPO angeordnet hat[1646] – ist dies seiner eigenen Risikosphäre zuzuordnen.

Im Ergebnis sollte die Anwesenheit des Angeklagten in der Hauptverhandlung nach einem Einspruch gegen einen Strafbefehl daher nicht zwingend, sondern nur grundsätzlich erforderlich sein und den bestehenden Regeln zur Abwesenheit des Angeklagten (§§ 232 ff. StPO) in der Hauptverhandlung folgen. Die besondere Vertretungsregel in § 411 Abs. 2 Satz 1 StPO ist daneben beizubehalten, da durch die erforderliche nachgewiesene Vertretungsvollmacht ausreichend gewährleistet ist, dass das Ausbleiben eine bewusste Entscheidung des Angeklagten ist und er durch einen Verteidiger vertreten werden muss, der auf die Wahrung der Rechte des Angeklagten achtet und zu seinen Gunsten zur Hauptverhandlung beiträgt.

4. *Möglichkeit der Klagerücknahme*

Ein weiterer, die Ausgestaltung der Hauptverhandlung betreffender Kritikpunkt bezieht sich auf die Möglichkeit der Klagerücknahme durch die Staatsanwaltschaft. In § 411 Abs. 3 Satz 1 StPO ist geregelt, dass die Klage bis zur Urteilsverkündung im ersten Rechtszug zurückgenommen werden kann. Diese Möglichkeit sieht Müller kritisch, weil die Staatsanwaltschaft zu große Gestaltungsmöglichkeiten besitze. Sie könne dadurch nicht nur festlegen, nach welchen faktischen Kriterien die Eignung für das Strafbefehlsverfahren

---

1646 OLG Celle NJW 1970, 906, 907; OLG Düsseldorf StV 1985, 52; OLG Düsseldorf NStZ-RR 1998, 180; OLG Dresden StraFO 2005, 299; *Preuß*, ZJS 2017, 176, 183; *Pfeiffer*, StPO § 411 Rn. 5; MüKoStPO/*Eckstein* § 411 Rn. 28 m.w.N.; *Schmuck/Leipner*, StraFo 2012, 95, 97; *Küper*, NJW 1969, 493.

entschieden werde, sondern das Verfahren, ohne an weitere Voraussetzungen gebunden zu sein, auch wieder rückgängig machen.[1647] Die gesetzgeberische Rechtfertigung der Eingriffsmöglichkeit in die gerichtliche Verfahrensherrschaft damit, dass die Anklage nicht immer ausreichend vorbereitet werden könne und es unnötig sei, eine offenbar unbegründete Untersuchung dem richterlichen Endurteil zu unterwerfen[1648], überzeugt ihn nicht; denn gerade wenn die Ermittlungen nachlässig geführt worden seien, müsse der Angeklagte ein rehabilitierendes, freisprechendes, in Rechtskraft erwachsendes Urteil erlangen können.[1649] Auch solle der Beschuldigte vor Strafbefehlserlass angehört werden, sodass die Staatsanwaltschaft im Falle einer unzureichend vorbereiteten Klage diese bereits in diesem Zeitpunkt zurücknehmen könne.[1650] Zwar könne der Angeklagte auch dann ein Interesse an der Vermeidung einer Hauptverhandlung haben, wenn sie mit einem Freispruch ende[1651]. Der StPO sei ein Freispruch durch Beschluss allerdings fremd und das Verfahren könne auch nicht durch Beschluss nach § 204 StPO analog mangels hinreichenden Tatverdachts eingestellt werden, anstatt in einem solchen Fall die Klage zurückzunehmen.[1652] Hierfür bestehe aber auch keine Notwendigkeit mehr, da dem Beschuldigten vor Erlass des Strafbefehls eine Anhörung ermöglicht werden solle.[1653]

Dies überzeugt nicht. Zwar ist dem zuzustimmen, dass der Angeklagte die Möglichkeit haben soll, sein Verfahren auch dann durch ein Urteil abschließen lassen zu können, wenn die Anklage nicht zutrifft und er freizusprechen ist. Die Klagerücknahme ist aber nicht gänzlich voraussetzungslos, denn immerhin gilt nach § 411 Abs. 2 Satz 2 StPO § 303 StPO entsprechend[1654]. Hiernach kann, wenn die Entscheidung über das Rechtsmittel auf Grund mündlicher Verhandlung stattzufinden hat, die Zurücknahme nach Beginn der Hauptverhandlung

---

1647 *Müller*, Das Strafbefehlsverfahren, S. 289.

1648 Siehe *Hahn*, Gesamte Materialien zur Strafprozessordnung, Abt. I., S. 147 f.

1649 *Müller*, Das Strafbefehlsverfahren, S. 289; ein Ausschluss der Klagerücknahmemöglichkeit wurde auch deshalb befürwortet, weil auf diese Weise die Staatsanwaltschaft zur gründlicheren Ermittlung diszipliniert werden solle, vgl. *Elobied*, Die Entwicklung des Strafbefehlsverfahrens, S. 52 f., 56 m.N.; *Hahn*, Gesamte Materialien zur Strafprozessordnung, Abt. I., S. 1121.

1650 *Müller*, Das Strafbefehlsverfahren, S. 335.

1651 *Ulsenheimer*, NStZ 1984, 440, 444.

1652 *Müller*, Das Strafbefehlsverfahren, S. 289 ff.

1653 *Müller*, Das Strafbefehlsverfahren, S. 335.

1654 Weshalb die Möglichkeit der Klagerücknahme auch nicht abzuschaffen sei, LR/*Gössel* Vor § 407 Rn. 65 Fn. 134.

nur mit Zustimmung des Gegners erfolgen. Die Vorschrift dient der materiellen Gerechtigkeit, da dem Beschwerdeführer die einseitige Verfügung über das Rechtsmittel entzogen wird, sobald die Hauptverhandlung begonnen hat.[1655] Zwar ist „Gegner" im Sinne dieser Vorschrift bei Rechtsmitteln des Angeklagten die Staatsanwaltschaft.[1656] Da die Vorschrift aber entsprechender Anwendung auf den Fall der Klagerücknahme durch die Staatsanwaltschaft findet, ist hierfür gerade die Zustimmung des Angeklagten nötig. Die Möglichkeit, die Klage unter dieser Voraussetzung zurückzunehmen, birgt mithin keinerlei Nachteile für den Angeklagten und kann daher gefahrlos beibehalten werden.

5. *Zusammenfassung*

Die vorherigen Punkte haben gezeigt, dass die Ausgestaltung der Hauptverhandlung viele Risiken für Fehlentscheidungen birgt. Am gewichtigsten ist das gegenüber dem Normalverfahren veränderte Beweisantragsrecht. Zwar gilt die Amtsaufklärungspflicht der Richter uneingeschränkt fort, allerdings hat der Angeklagte keine Möglichkeit, einen förmlichen Beweisantrag zu stellen und den Richter so zu zwingen, sich unter Beachtung bestimmter Voraussetzungen damit auseinanderzusetzen. Es besteht zudem die Gefahr, dass der den Strafbefehl bereits erlassende Richter dem Fall gegenüber voreingenommen ist und dazu neigt, (nicht förmliche) Beweisanträge des Angeschuldigten oder seines Verteidigers vorschnell und unbegründet abzulehnen. Damit besteht eine erneute Gefahr einer fehlerhaften Sachverhaltsermittlung. Dieses Risiko könnte verringert werden, wenn in der Hauptverhandlung ein anderer Strafrichter oder ein (anderes) Schöffengericht entscheidet. Zudem wäre es gerade in einer Hauptverhandlung, die auf ein summarisches Verfahren folgt, erforderlich, dass hier keine Einschränkung des Beweisrechts vorgenommen wird, damit der Sachverhalt nach einem Einspruch möglichst vollständig und richtig ermittelt werden kann. Auch wenn es den Angaben der befragten Verteidiger zufolge in der Praxis selten vorkommt, dass Beweisanträgen aufgrund dieser Regelung nicht nachgegangen wird, muss diese Gefahr auch von Rechts wegen (und nicht nur durch die praktische Handhabung) ausgeschlossen sein.

Auch die Möglichkeit der Beweisantizipation durch den Richter, die er vornimmt, wenn er darüber entscheidet, ob ein Beweismittel vielversprechend

1655 BGH NJW 1970, 1512, 1513; KK-StPO/*Paul* § 303 Rn. 1.
1656 KK-StPO/*Paul* § 303 Rn. 3.

ist und daher erhoben werden soll, muss grundsätzlich möglich sein, um das Verfahren nicht durch eine Welle an Beweiserhebungen zu verzögern; allerdings muss sich diese Prognose, um dem Missbrauch vorzubeugen, an bestimmten Kriterien orientieren. Zu fragen ist etwa, ob die Staatsanwaltschaft dem bei ihren Ermittlungen hätte nachgehen müssen. Im Zweifel müssten die Beweise aber stets erhoben werden, um den Angeklagten nicht zu benachteiligen.

Die Möglichkeit, sich in der auf den Einspruch folgenden Hauptverhandlung von einem Verteidiger vertreten zu lassen, kann zu Nachteilen führen. Die Anwesenheit des Angeklagten sollte zum einen aufgrund der Gewährung rechtlichen Gehörs auch bei neuen Erkenntnissen erst während des Verfahrens gewährleistet sein, zum anderen wird so eine neue Fehleranfälligkeit der Entscheidungsgrundlage vermieden, da in die Sanktionsbemessung auch persönliche Eindrücke des Richters von dem Angeklagten einfließen können.

Die Möglichkeit der Zurücknahme der Klage durch die Staatsanwaltschaft sollte hingegen beibehalten werden, da dies zum einen prozessökonomisch sinnvoll ist, zum anderen für den Angeklagten aufgrund des Zustimmungserfordernisses keine Nachteile schafft.

Letztlich sollte auch das Risiko der Erhöhung der Strafe nicht mehr bestehen. So bestünde nicht mehr die Gefahr, dass der Angeklagte dadurch von der Einlegung eines Einspruchs abgehalten werden könnte. Dies ist zudem auch gerechtfertigt, denn es ist Aufgabe der Staatsanwaltschaft, im Ermittlungsverfahren gründlich vorzugehen und dann, wenn sie einen abweichenden Sachverhalt für möglich hält, die Eröffnung des Hauptverfahrens zu beantragen. Sieht sie hiervon ab, sollte dies nicht mehr zu Lasten des Angeklagten und seines Vertrauens in die Rechtssicherheit gehen können.

Durch diese Änderungen könnten die in diesem Abschnitt des Verfahrens bestehenden Quellen für Fehlentscheidungen verringert werden.

VI. Sonderfall des Strafbefehlserlasses nach Eröffnung des Hauptverfahrens

Das Strafbefehlsverfahren kann aber nicht nur am Ende des Ermittlungsverfahrens eingeleitet werden. Eine Besonderheit des Verfahrens ist, dass in dieses nach § 408a StPO auch dann übergegangen werden kann, wenn das Hauptverfahren bereits eröffnet ist; allerdings gibt es auch bei diesem nachträglichen Übergang in das Strafbefehlsverfahren unter anderem bei der praktischen Handhabung Umstände, die Fehlentscheidungen erheblich begünstigen.

1. Die Regelung des § 408a StPO

Die Norm wurde mit dem StVÄG vom 27. Januar 1987[1657] mit der Intention eingeführt, sich stark verzögernde Verfahren zügig abschließen zu können.[1658] Insbesondere für den Fall, dass der Angeklagte in einer Hauptverhandlung ausbleibt, aber die §§ 232 und 233 StPO nicht angewandt werden können, weil die Grenze von 180 Tagessätzen überschritten ist, kann das Verfahren dennoch durch Strafbefehl ohne Anwesenheit des Angeklagten zu Ende gebracht werden[1659], wenn der Sachverhalt – zum Beispiel nach einer Hauptverhandlung, die ausgesetzt werden musste – genügend aufgeklärt ist.[1660] § 408a StPO ist dabei gegenüber anderen konkret anwendbaren Vorschriften, beispielsweise den §§ 232, 251 StPO, vgl. Nr. 175a RiStBV, subsidiär.[1661]

Zuständig für den Strafbefehlserlass sind nach § 408a Abs. 1 Satz 1 StPO beide Spruchkörper des Amtsgerichts; hier wird auch der Strafbefehlserlass durch das Schöffengericht bedeutsam.[1662] Erforderlich ist, dass die Voraussetzungen zum Erlass eines Strafbefehls nach § 407 Abs. 1 Satz 1 und 2 StPO vorliegen und dass der Durchführung der Hauptverhandlung ein wichtiger Grund, exemplarisch genannt werden das Ausbleiben oder die Abwesenheit des Angeklagten, entgegensteht. Neben dem wichtigen Grund ist damit also auch notwendig, dass die Staatsanwaltschaft eine Hauptverhandlung im Sinne von § 407 Abs. 1 Satz 2 StPO für nicht erforderlich hält. Die Voraussetzung der Nichterforderlichkeit der Hauptverhandlung bedarf, anders als beim Strafbefehlsverfahren nach § 407 StPO, insofern besonderer Aufmerksamkeit, als die Entscheidung hier nicht konkludent mit dem Antrag ergeht, sondern begründet werden muss.[1663]

In zeitlicher Hinsicht müssen die Voraussetzungen für einen Strafbefehl *nach* Eröffnung des Hauptverfahrens eingetreten sein.[1664] Denn wenn sie vor

---

1657 BGBl. 1987 I, S. 475.

1658 BT-Drs. 10/1313, S. 35; BT-Drs. 10/6592, S. 21; KK-StPO/*Maur* § 408a Rn. 1.

1659 *Berz*, in: FS Blau, 51, 56; *Meyer-Goßner*, NJW 1987, 1161, 1166.

1660 BT-Drs. 10/1313, S. 35 f.

1661 *Maleika*, Freiheitsstrafe und Strafbefehl, S. 45; SK-StPO/*Degener* § 408a Rn. 2; MüKoStPO/*Eckstein* § 408a Rn. 12; bei unentschuldigtem Ausbleiben sind die §§ 230 ff. StPO vorrangig, SK-StPO/*Degener* § 408a Rn. 8; *Meyer-Goßner*, NJW 1987, 1161, 1166; a.A. *Schellenberg*, NStZ 1994, 370, 372.

1662 KMR/*Metzger* § 408a Rn. 7.

1663 *Vivell*, Strafbefehlsverfahren nach § 408a, S. 222 f.

1664 SK-StPO/*Degener* § 408a Rn. 2; *Vivell*, Strafbefehlsverfahren nach § 408a, S. 222, sowie S. 127 ff. zum Erfordernis einer nachträglichen Änderung der Sach- und

Anklageerhebung vorgelegen hätten, hätte die Staatsanwaltschaft Strafbefehl nach § 407 Abs. 1 StPO beantragen müssen[1665], Nr. 175 Abs. 3 RiStBV.

Zwischen Anklageerhebung und Eröffnungsbeschluss bedarf es § 408a StPO wegen § 156 StPO nicht, da die Staatsanwalschaft die Anklage bis zur Eröffnung des Hauptverfahrens voraussetzungslos zurücknehmen kann.[1666]

Ein wichtiger Grund im Sinne von § 408a Abs. 1 Satz 1 StPO in Form des Ausbleibens liegt vor, wenn der Angeklagte auf eine wirksame Ladung hin der Hauptverhandlung fernbleibt, wobei die Norm sogar dann greift, wenn der Angeklagte entschuldigt ist, Nr. 175a lit. b RiStBV.[1667] Die ebenfalls genannte Abwesenheit ist wie in § 276 StPO zu bestimmen: Danach gilt ein Beschuldigter als abwesend, wenn sein Aufenthalt unbekannt ist oder wenn er sich im Ausland aufhält und seine Gestellung vor das zuständige Gericht nicht ausführbar oder nicht angemessen erscheint, siehe auch Nr. 175a lit. a RiStBV.[1668] Welche Fälle unter den sonstigen wichtigen Grund zu subsumieren sind, ist streitig.[1669] Der Gesetzgeber nannte in Nr. 175a lit. d RiStBV den Fall des ausbleibenden Zeugen, bei dem die Voraussetzungen von § 251 Abs. 1 Nr. 2 StPO, also die Verlesungsmöglichkeit einer früheren Aussage, nicht gegeben sind.[1670] Beispielhaft

---

Rechtslage, wobei eine reine Bewertungsänderung durch die StA nicht genüge; gegen das Ausreichen einer reinen Bewertungsänderung auch *Müller*, Das Strafbefehlsverfahren, S. 303; *Maleika*, Freiheitsstrafe und Strafbefehl, S. 44 f. hingegen zufolge genügt auch eine reine Bewertungsänderung; so auch *Martin*, GA 1995, 121, 122; ebenso *Rieß*, JR 1988, 133, 135; AlternK-StPO/*Loos* § 408a Rn. 5; so auch HansOLG Hamburg JR 1989, 169, 170.

1665 *Rieß*, JR 1988, 133, 135; *Vivell*, Strafbefehlsverfahren nach § 408a, S. 127; *Maleika*, Freiheitsstrafe und Strafbefehl, S. 44; HK/*Kurth* § 408a Rn. 8; vgl. *Meurer*, JuS 1987, 882, 887.

1666 KK-StPO/*Maur* § 408a Rn. 7.

1667 BeckOK StPO/*Temming* § 408a Rn. 7; *Schellenberg*, NStZ 1994, 370, 373.

1668 MüKoStPO/*Eckstein* § 408a Rn. 11; BeckOK StPO/*Temming* § 408a Rn. 8.

1669 Vgl. SK-StPO/*Weßlau* (4. Aufl.) § 408a Rn. 10; *Rieß*, JR 1988, 133, 135 bezeichnet das Erfordernis des wichtigen Grundes als beinahe tautologisch; vgl. *Vivell*, Strafbefehlsverfahren nach § 408a, S. 136 ff., der für eine enge Begriffsauslegung plädiert.

1670 BeckOK StPO/*Temming* § 408a Rn. 9; *Vivell*, Strafbefehlsverfahren nach § 408a, S. 151 ff. der allerdings das Ausbleiben eines wichtigen Zeugen, Sachverständigen oder Mitbeschuldigten als praktisch unbedeutsam für § 408a StPO erachtet; zum ausbleibenden Zeugen wegen § 251 Abs. 2 Satz 2 StPO so auch *Meyer-Goßner*, NJW 1987, 1161, 1166.

genannt werden auch hohe Kosten für einen Beweis durch einen Sachverständigen.[1671]

Allerdings wird von vielen Seiten vermutet, dass in der Praxis vielmehr eine Verständigung den wichtigen Grund darstellt, durch die dem Richter nicht zuletzt die Ausfertigung eines Urteils erspart wird.[1672] Gerade im Zusammenhang mit solchen Absprachen ist die Norm allerdings problematisch. Hierauf wird unter 2. b) noch näher eingegangen.

Der von der Staatsanwaltschaft zu stellende Antrag kann auch noch nach Beginn der Hauptverhandlung erfolgen[1673], vgl. § 408a Abs. 1 Satz 2 StPO. Der Richter hat die Möglichkeit, dem Antrag bei Vorliegen der Voraussetzungen nach § 408 Abs. 3 Satz 1 StPO zu entsprechen oder aber das Hauptverfahren fortzusetzen, nachdem er den Antrag durch einen unanfechtbaren Beschluss ablehnte, Abs. 2.

Wie auch beim Strafbefehlsverfahren nach § 407 StPO ist die Verfahrensposition des Angeklagten schwach ausgestaltet: Ihm steht zum einen kein eigenes Antragsrecht zu; allerdings kann auch hier, insbesondere durch eine Verteidigung, eine entsprechende Anregung gemacht werden.[1674]

Zum anderen ist aufgrund der Anwendung von § 407 Abs. 3 StPO seine vorherige Anhörung nicht notwendig.[1675] Dies wirft insbesondere dann Probleme – unter anderem hinsichtlich der Gewährung rechtlichen Gehörs – auf, wenn noch nicht verhandelt wurde und der Angeklagte daher bisher noch keine Aussage gemacht hat.

§ 408a StPO kann zwar nur auf Vergehen angewandt werden (§ 407 Abs. 1 Satz 1 StPO), allerdings ist unschädlich, wenn zuvor ein Verbrechen angeklagt war und der Eröffnungsbeschluss darauf lautete.[1676]

1671 KMR/*Metzger* § 408a Rn. 13; a. A. *Vivell*, Strafbefehlsverfahren nach § 408a, S. 154.

1672 BeckOK StPO/*Temming* § 408a Rn. 9; vgl. KMR/*Metzger* § 408a Rn. 13; SSW-StPO/*Momsen* § 408a Rn. 5; gegen Verständigung als wichtigen Grund Radtke/Hohmann/*Alexander* § 408a Rn. 6; so auch *Ranft*, JuS 2000, 633, 634; ebenfalls SK-StPO/*Weßlau* (4. Aufl.) § 408a Rn. 10; AnwK-StPO/*Böttger* § 408a Rn. 8; zweifelnd auch KK-StPO/*Maur* § 408a Rn. 9.

1673 BeckOK StPO/*Temming* § 408a Rn. 4.

1674 *Rieß/Hilger*, NStZ 1987, 204, 205; KMR/*Metzger* § 408a Rn. 8.

1675 BeckOK StPO/*Temming* § 408a Rn. 5.

1676 So die h. M., BeckOK StPO/*Temming* § 408a Rn. 5; *Rieß*, JR 1988, 133, 135; KK-StPO/*Maur* § 408a Rn. 6; KMR/*Metzger* § 408a Rn. 11; LR/*Gössel* § 408a Rn. 10, 15; aA. Meyer-Goßner/Schmitt/*Schmitt* § 408a Rn. 3, nach dem das Hauptverfahren nicht wegen eines Verbrechens eröffnet worden sein durfte.

Als Rechtsbehelf gegen den nach § 408a StPO erlassenen Strafbefehl ist der Einspruch vorgesehen.[1677]

Obwohl anfangs nicht erwartet wurde, dass § 408a StPO eine Bedeutung in der Praxis erlangen würde, hat sich diese Annahme nicht gänzlich erfüllt.[1678] Auch wenn die praktische Bedeutung vergleichsweise gering ist[1679] wurden in Deutschland 2019 in immerhin 4,5 % der insgesamt erledigten Verfahren Strafbefehle nach § 408a StPO erlassen, was 29.758 Fällen entspricht.[1680]

In der Literatur wird die Norm allerdings in systematischer Hinsicht kritisiert, weil sie nicht zur strafprozessrechtlichen Systematik beziehungsweise Dogmatik passe.[1681] Zum einen wird ihr vorgeworfen, gegen den Grundsatz zu verstoßen, dass die Staatsanwaltschaft mit Eröffnung des Hauptverfahrens ihre Dispositionsbefugnis über den Gegenstand des Verfahrens verliert[1682.1683] Zwar sehe das Gesetz an verschiedenen Stellen durchaus Ausnahmen von diesem Grundsatz vor (etwa in den Verfahren der §§ 417 ff., 153c Abs. 3, 153d Abs. 2 StPO, §§ 76–78 JGG); allerdings seien diese Ausnahmen nicht mit derjenigen in § 408a StPO vergleichbar, da diese allein mit Blick auf eine Verfahrensbeschleunigung getroffen worden sei.[1684] Keine Systemwidrigkeit hingegen liege hinsichtlich des Umstands vor, dass das eröffnete Hauptverfahren im Falle des § 408a StPO nicht mehr durch ein Urteil beendet werde; denn diese Möglichkeit existiere etwa auch in den §§ 206a Abs. 1, 206b Abs. 1, 153 ff. StPO, § 47

1677 BeckOK StPO/*Temming* § 408a Rn. 16.

1678 LR/*Gössel* § 408a Rn. 6.

1679 MüKoStPO/*Eckstein* § 408a Rn. 3; LR/*Gössel* § 408a Rn. 6.

1680 Siehe unter B. IV., Tabelle 5 m.N.; SK-StPO/*Weßlau* (4. Aufl.) § 408a Rn. 20 erklärt sich dies unter anderem durch die Möglichkeit, in dem Verfahren Freiheitsstrafen zu verhängen.

1681 KK-StPO/*Maur* § 408a Rn. 2; SK-StPO/*Degener* § 408a Rn. 3; vgl. *Vivell*, Strafbefehlsverfahren nach § 408a, S. 197 ff.; *Meyer-Goßner*, NJW 1987, 1161, 1166 dazu, dass es zu einem zweiten Eröffnungsbeschluss kommen könne; *Meurer*, JuS 1987, 882, 887; *Fezer*, in: FS Baumann, 395, 397; vgl. auch *Schellenberg*, NStZ 1994, 570, 572; MüKoStPO/*Eckstein* § 408a Rn. 2; a.A. KMR/*Metzger* § 408a Rn. 4; *Müller*, Das Strafbefehlsverfahren, S. 303 ff.; AlternK-StPO/*Loos* § 408a Rn. 2.

1682 BGH NJW 1980, 1858, 1859; gesetzlich auch in § 156 StPO; diese lebe aber mit Einspruch des Angeklagten wieder auf, OLG Karlsruhe StV 2021, 24; *Kienzerle*, FD-StrafR 2019, 422118.

1683 *Vivell*, Strafbefehlsverfahren nach § 408a, S. 199 ff.

1684 *Vivell*, Strafbefehlsverfahren nach § 408a, S. 201 ff., 204; zur Beschleunigung BT-Drs. 10/1313, S. 35 f.

JGG oder § 37 Abs. 2 BtMG und sei an dieser Stelle als Ausnahme ebenso tragbar.[1685] Allerdings verstoße die Möglichkeit, dass das Strafbefehlsverfahren nach § 408a StPO einen inhaltlich gegenüber dem ursprünglichen Eröffnungsbeschluss abweichenden Strafbefehl zulasse, gegen den Grundsatz der Unabänderlichkeit des Eröffnungsbeschlusses, zumal diese Abweichung hier nicht zu rechtfertigen sei.[1686]

Außerdem stellt sich die Frage, ob der Verfahrensgegenstand der auf einen Einspruch gegen den Strafbefehl nach § 408a StPO folgenden Hauptverhandlung durch den ursprünglichen Eröffnungsbeschluss oder den Strafbefehl bestimmt wird: Denn weil der Strafbefehl bei Eröffnung der Hauptverhandlung die Funktion eines Eröffnungsbeschlusses übernehme, könne es, sofern dieser vom ursprünglichen Eröffnungsbeschluss abweiche, dazu kommen, dass zwei inhaltlich verschiedene Eröffnungsbeschlüsse vorliegen und der Gegenstand der Hauptverhandlung unklar sei.[1687]

Für eine Ansicht stellt sich dieses Problem allerdings insofern nicht, als ihr zufolge der Strafbefehl nicht den Eröffnungsbeschluss selbst darstelle, sondern lediglich seine Funktion übernehme; schließlich gebe es im Strafbefehlsverfahren gerade kein Zwischenverfahren, in dem ein Eröffnungsbeschluss gefällt werde. Und bei § 408a StPO sei diese Funktionsübernahme aufgrund des existierenden Eröffnungsbeschlusses nicht erforderlich.[1688] Zu einem weitgehend gleichen Ergebnis gelangt ein anderer Ansatz, der nur bei § 408a StPO ausnahmsweise ausschließt, dass der Strafbefehl die Funktion eines Eröffnungsbeschlusses übernimmt.[1689]

Eine weitere Ansicht hingegen lässt den nach § 408a StPO erlassenen Strafbefehl an die Stelle des ursprünglichen Eröffnungsbeschlusses treten und diesen ersetzen.[1690] Zur Begründung wird angeführt, dass das Verfahren ansonsten,

---

1685 *Vivell*, Strafbefehlsverfahren nach § 408a, S. 197 ff.

1686 *Vivell*, Strafbefehlsverfahren nach § 408a, S. 205 ff.

1687 *Meurer*, JuS 1987, 882, 887; vgl. dazu HK/*Kurth* § 408a Rn. 3; dazu *Vivell*, Strafbefehlsverfahren nach § 408a, S. 184 ff. m.w.N.

1688 Allerdings sei zu beachten, dass der Strafbefehl nach § 408a StPO den Eröffnungsbeschluss erschöpfen müsse, da anderenfalls eine konkludente Verfahrenstrennung vorliege, LR/*Gössel* § 408a Rn. 4 f.; so auch *Rieß*, JR 1988, 133, 134 f.

1689 OLG Stuttgart NStZ 1998, 100, 101; *Rieß*, JR 1988, 133, 134 f.; KK-StPO/*Maur* § 408a Rn. 2.

1690 HansOLG Hamburg NStZ 1988, 522, 523; *Meyer-Goßner*, NJW 1987, 1161, 1166; KMR/*Metzger* § 408a Rn. 20; wohl auch *Vivell*, Strafbefehlsverfahren nach § 408a, S. 189 ff.; SK-StPO/*Weßlau* (4. Aufl.) § 408a Rn. 22.

sofern gegen den Strafbefehl Einspruch eingelegt werde, an derselben Stelle, an der es sich vor Erlass des Strafbefehls befand, also auch mit dem ursprünglichen Eröffnungsbeschluss, fortgesetzt werde.[1691] Außerdem ergebe sich die ersetzende Wirkung des nach § 408a StPO erlassenen Strafbefehls zwangsläufig aus der Überleitung vom regulären in das Strafbefehlsverfahren.[1692] Dies zeige indirekt auch § 408a Abs. 1 Satz 2 StPO, der regele, dass § 407 Abs. 1 Satz 4 StPO nicht anwendbar sei.[1693] Dem ist zuzustimmen, da es wenig Sinn ergebe, auf einen Einspruch hin in einen Verfahrensstand zurückversetzt zu werden, der im Laufe des Verfahrens längst überholt[1694] worden ist.

Der Konstruktion wird weiterhin vorgeworfen, nicht begründen zu können, wie sich die anfängliche Einschätzung von Staatsanwaltschaft und Gericht, dass eine Hauptverhandlung erforderlich sei, ändern könne, ohne dass der Angeklagte auch nur erschienen sei und dadurch eine Änderung des fraglichen Sachverhalts herbeigeführt wurde – und wenn seit Erhebung der Anklage keine weiteren Erkenntnisse gewonnen worden seien, müsse entweder die ursprüngliche Entscheidung gegen einen Strafbefehl nach § 407 StPO oder aber die diejenige nach § 408a StPO unrichtig sein.[1695] Letzterer Überlegung ist beizupflichten, da die Voraussetzungen für einen Strafbefehl bei § 408a StPO erst im Nachhinein eingetreten sein müssen, sich also die Sach- beziehungsweise Rechtslage im Laufe des Verfahrens verändert haben muss – bei anfänglichem Vorliegen wäre die Entscheidung gegen das Strafbefehlsverfahren fehlerhaft.[1696]

Auch im Rahmen der Experteninterviews ergab sich im Gespräch mit B6 die Gelegenheit, über die Widersinnigkeit der Konstruktion des § 408a StPO zu sprechen. Auf die Frage hin, ob diese Regelung nicht konsequenterweise abzuschaffen wäre, weil die Entscheidung für oder gegen einen Strafbefehl zuvor zu treffen wäre und nicht, wenn eine Hauptverhandlung bereits für erforderlich gehalten und Anklage erhoben wurde, wurde dies zustimmend weitergehend

---

1691 KMR/*Metzger* § 408a Rn. 20.

1692 SK-StPO/*Weßlau* (4. Aufl.) § 408a Rn. 22; AnwK-StPO/*Böttger* § 408a Rn. 12 f.

1693 *Meyer-Goßner*, NJW 1987, 1161, 1166; *Vivell*, Strafbefehlsverfahren nach § 408a, S. 189 f.

1694 Die durch die Anklage zugelassenen Taten müssten aufgrund der Verfahrensdynamik ständig neu bewertet werden, *Müller*, Das Strafbefehlsverfahren, S. 305 f.

1695 SSW-StPO/*Momsen* § 408a Rn. 2; vgl. SK-StPO/*Weßlau* (4. Aufl.) § 408a Rn. 2.

1696 *Vivell*, Strafbefehlsverfahren nach § 408a, S. 127 ff., 222; vgl. *Rieß*, JR 1988, 133, 135, der aber auch eine Bewertungsänderung für ausreichend hält; SK-StPO/*Weßlau* (4. Aufl.) § 408a Rn. 2; vgl. ferner *Meyer-Goßner*, NStZ 1992, 167.

erläutert.[1697] Auch B5 äußerte in anderem Zusammenhang, dass er sich, wenn es zum Strafbefehl nach § 408a käme, gelegentlich fragte, warum seine Kollegen nicht gleich Strafbefehl beantragten.[1698] B6 wies aber darauf hin, dass eine Abschaffung wohl nicht im Sinne der Richter wäre.

Im Zusammenhang mit § 408a StPO berichtete B1 zudem davon, die Situation erlebt zu haben, dass der Richter eine andere als die von der Staatsanwaltschaft beantragte Strafhöhe im Strafbefehl festgesetzt hätte und von der Erkenntnis, dass der Staatsanwaltschaft gegen diese abweichende Entscheidung keine Anfechtungsmöglichkeiten zur Verfügung stünden.[1699]

2. *Problem der praktischen Handhabung*

Es gibt allerdings Anlass zu Zweifeln an der korrekten Anwendung der Norm in der Praxis. Zum einen betreffen diese Zweifel die Einhaltung der Voraussetzungen, zum anderen ist auch die Absprachepraxis mit dem Ziel nachträglicher Strafbefehle nicht unproblematisch. Insofern birgt auch das Strafbefehlsverfahren nach § 408a StPO Risiken für Fehlentscheidungen.

a) *Missachtung der tatbestandlichen Voraussetzungen*

Wie bereits angesprochen ist neben einem der Hauptverhandlung entgegenstehenden wichtigen Grund auch vorausgesetzt, dass die Staatsanwaltschaft die Durchführung einer Hauptverhandlung nicht für erforderlich erachtet, §§ 408a Abs. 1 Satz 1, 407 Abs. 1 Satz 2 StPO. Die Vermutung, dass diese Voraussetzungen nicht ausreichend geprüft werden, resultiert unter anderem aus der Tatsache, dass die Norm in der Praxis häufiger zur Anwendung gelangt, als man aufgrund ihrer Konzeption zu Beginn erwarten konnte.[1700]

So wird vermutet, dass die Entscheidung zum Verzicht auf die Hauptverhandlung nicht Ergebnis einer ordnungsgemäßen Prüfung der Voraussetzungen sei, sondern vielmehr von Zweckmäßigkeitserwägungen getragen werde.[1701] Und obwohl § 408a StPO subsidiär anzuwenden sei, lasse sich erkennen, dass

1697 Nachfrage bei und Antwort auf Frage 30.

1698 Antwort auf Frage 30.

1699 Antwort auf Frage 30.

1700 *Vivell*, Strafbefehlsverfahren nach § 408a, S. 220 ff.; vgl. *Martin*, GA 1995, 121, 122; LR/*Gössel* § 408a Rn. 7; SK-StPO/*Weßlau* (4. Aufl.) § 408a Rn. 2, 20 f.; *Maleika*, Freiheitsstrafe und Strafbefehl, S. 49; *AE-ASR*, GA 2019, 1, 101; vgl. ferner *Fezer*, ZStW 106 (1994), 1, 18.

1701 *Fezer*, in: FS Baumann, 395, 397; vgl. LR/*Gössel* § 408a Rn. 7.

die Norm (ebenso wie § 153 Abs. 2 StPO) auch in den Fällen der §§ 232, 233 StPO herangezogen werde, obwohl deren vorrangige Anwendung durchaus möglich sei[1702].

Bei der Staatsanwaltschaft habe es sich etabliert, bei der Prüfung lediglich auf den wichtigen Grund, der der Durchführung einer Hauptverhandlung entgegensteht, abzustellen und die Nichterforderlichkeit der Hauptverhandlung nicht zu prüfen.[1703] Als Beweis hierfür führt Martin ein von der hessischen Staatsanwaltschaft verwendetes Formular an, mit dem Anträge auf Erlass eines Strafbefehls nach § 408a StPO gestellt werden; in diesem Formular ist der Punkt der Nichterforderlichkeit der Hauptverhandlung nicht einmal aufgeführt. Zudem werde oftmals nur danach entschieden, ob der Angeklagte erscheine oder nicht.[1704] Dieses reduzierte Prüfen hängt vermutlich auch mit der hohen Arbeitslast von Staatsanwaltschaft und Gericht zusammen.[1705]

Doch es wird nicht nur bloß der wichtige Grund geprüft, vielmehr wird dieses Kriterium dazu auch noch weit ausgelegt.[1706] Ein derartiger Umgang mit der Norm führt zu deren Anwendung in Fällen, für die sie eigentlich nicht vorgesehen ist. So sind durchaus Fälle denkbar, in denen durch eine weite Auslegung des Merkmals ein wichtiger Grund gefunden werden kann, eine Hauptverhandlung aber eigentlich nicht verzichtbar ist. Dann wird in einem summarischen Verfahren entschieden, obwohl die Tatsachengrundlage nicht ausreichend ermittelt wurde. Ohne die Anwendung nach strikter Vorgabe wird die Norm ein Instrument von Staatsanwaltschaft und Gericht, um den Bedarf nach Verfahrensvereinfachung auf Kosten der Wahrheitsfindung zu stillen. Dass so Fehlentscheidungen begünstigt werden könnten, liegt nahe.

Das Zutreffen dieser defizitären Prüfung der Staatsanwaltschaft bestätigte auch die Befragung der Berliner und Bremer Strafverteidiger. Auf die Frage, ob

---

1702 *Vivell*, Strafbefehlsverfahren nach § 408a, S. 140 ff. lehnt einen wichtigen Grund ab, sofern die §§ 231 ff. StPO anwendbar sind, S. 221, 225; ebenfalls *Maleika*, Freiheitsstrafe und Strafbefehl, S. 45; so auch *Müller*, Das Strafbefehlsverfahren, S. 304; vgl. *Fezer*, ZStW 106 (1994), 1, 18.

1703 *Vivell*, Strafbefehlsverfahren nach § 408a, S. 225; *Martin*, GA 1995, 121, 123.

1704 *Martin*, GA 1995, 121, 123.

1705 *Ambos*, Jura 1998, 281, 289 spricht von dem Erledigungsdruck, der die Prüfung der gesetzlichen Voraussetzungen oftmals zur reinen Formalität werden lasse; vgl. *Vivell*, Strafbefehlsverfahren nach § 408a, S. 221 f.

1706 *Vivell*, Strafbefehlsverfahren nach § 408a, S. 224; *Rieß*, JR 1988, 133, 135, spricht von einem „elastisch handhabbaren Handlungsspielraum“; ähnlich auch LR/*Gössel* § 408a Rn. 7.

von der Staatsanwaltschaft vor einem Antrag auf Strafbefehlserlass nach § 408a StPO die Voraussetzung der „Nichterforderlichkeit der Hauptverhandlung" ausreichend geprüft wird, gaben 82,1 % der Verteidiger an, dass nur „manchmal" bis „selten" eine ausreichende Prüfung stattfände, 10,7 %, dass dies sogar „nie" der Fall wäre.

Die Befragung der Strafrichter des Amtsgerichts Tiergarten hingegen ergab in diesem Zusammenhang folgendes Bild: 33 der befragten Richter gaben an, dass der Antrag nach § 408a StPO meistens mündlich gestellt würde, nur drei gaben hier an, dass die mündliche und schriftliche Stellung gleich oft vorkäme. Sofern der Antrag schriftlich gestellt wird, geschieht dies 27 Richtern zufolge nicht durch ein Formular, das in der Hauptverhandlung von der Staatsanwaltschaft ausgefüllt wird. Nur zwei Richter gaben an, dass die Antragstellung eher durch ein Formular erfolgte, lediglich ein Richter, dass sie in aller Regel durch ein Formular erfolgte. Dass in diesem Formular der Prüfungspunkt „Nichterforderlichkeit der Hauptverhandlung" gesondert angeführt wird, trifft nach Angabe von 22 Richtern „nicht zu". Lediglich eine Person gab hier an, dass dies „eher nicht zuträfe". Mit Blick auf den Umstand, dass zuvor allerdings 91,6 % der antwortenden Richter angaben, dass der Antrag meistens mündlich gestellt würde und 87 %, dass, sofern der Antrag schriftlich gestellt würde, dies nicht durch ein Formular geschähe, das in der Hauptverhandlung von der Staatsanwaltschaft ausgefüllt würde, scheint diese Antwort trotz ihrer Eindeutigkeit zugunsten der Nichtanführung des Prüfungspunktes der „Nichterforderlichkeit der Hauptverhandlung" wenig Bedeutung zu haben. Denn in aller Regel werden die Anträge auf Strafbefehlserlass nach § 408a StPO den Angaben zufolge mündlich gestellt. Entsprechend merkte einer der befragten Richter ergänzend an, dass solche Anträge seiner Erfahrung nach nie schriftlich gestellt würden; vielmehr würde der mündliche Antrag im Protokoll aufgenommen. Eine schriftliche Antragstellung erfolgte nur, wenn Anträge nach § 408a StPO im Dezernatswege gestellt würden.

Die These, die Martin durch das Anführen eines von der hessischen Staatsanwaltschaft verwendeten Formulars, mit dem Anträge auf Erlass eines Strafbefehls nach § 408a StPO gestellt werden, in dem der Punkt der Nichterforderlichkeit der Hauptverhandlung nicht einmal aufgeführt ist, belegt hat, scheint nach Angabe der Richter jedenfalls für Berlin in aller Regel nicht zuzutreffen. Vielmehr scheinen solche Fälle eher vereinzelt vorzukommen. Dennoch ändert dies nichts an dem Ergebnis der Befragung der Verteidiger, die überwiegend die Erfahrung machten, dass die Prüfung der Nichterforderlichkeit der Hauptverhandlung durch die Staatsanwaltschaft regelmäßig nicht vorgenommen wird.

Auf eine unzureichende Prüfung der Voraussetzungen des § 408a StPO deuten auch die Schilderungen der Berliner Staatsanwälte im Rahmen des Experteninterviews hin. Auf die Frage, unter welchen Voraussetzungen Strafbefehle nach § 408a StPO zustande kommen und wie der Ablauf ist (Frage 30), wurde ausschließlich der Grund genannt, dass der Angeklagte (unentschuldigt) nicht zur Hauptverhandlung erschiene (B1, B3, B4, B5, B6, wobei B2 und B4 die Frage leicht missverstanden hatten). In diesen Fällen würde eine Viertelstunde gewartet (B4), danach besprächen sich Gericht und Staatsanwaltschaft, ob ein Strafbefehl in Betracht käme, wobei die Staatsanwaltschaft zwar formal einen Antrag mit einer bestimmten Strafhöhe stellte (B5), in der Praxis aber eher ein Gespräch stattfände, in dem man sich auf die Strafhöhe einigte (B3, B6, B4[1707]). B1 berichtete auch von Fällen, in denen der Strafbefehl nach § 408a StPO dadurch zustande käme, dass der Verteidiger vorterminlich ankündigte, dass sein Mandant und er nicht auftreten würden und ein Strafbefehl nach § 408a erlassen werden sollte; dahingehend einigte man sich dann in irgendeiner Form.

Dass Absprachen (zwischen Verteidigung, Gericht und Staatsanwaltschaft) bei § 408a StPO häufiger vorkommen (Frage 31), wurde von B2 verneint (so auch B5, da die Anwendung des § 408a StPO auf dem Nichterscheinen des Angeklagten beruhte). Bei Frage 16 gab er allerdings an, dass es selten vorkommen könnte, dass der Angeklagte nicht anwesend wäre, man den Einspruch aber wegen der Anwesenheit des Verteidigers nicht verwerfen könnte und dann bespräche, ob man in ein Strafbefehlsverfahren wechselt. In diesem Sinne äußerten sich auch B1 und B6, die die gelegentliche Situation schilderten, dass der Verteidiger anwesend gewesen wäre und auch der Mandant vor der Tür gewartet hätte, man dennoch zu der Auffassung gekommen wäre, dass man sich eine Hauptverhandlung eigentlich ersparen könnte, woraufhin der Verteidiger, bevor die Sache aufgerufen worden wäre, zu erkennen gegeben hätte, dass er und sein Mandant „gar nicht da" wären und das Gericht einen Strafbefehl nach § 408a StPO erlassen könnte. B3 und B5 hingegen bejahten die Frage nach dem vermehrten Vorkommnis von Absprachen bei § 408a StPO für den Fall, dass der Angeklagte verteidigt wäre. B4 sah in dem Zusammenhang keinen Raum für Absprachen, da der Richter in entsprechenden Fällen meistens fragte, ob die Sache im Strafbefehlsverfahren erledigt werden könnte und der Staatsanwalt sagte, was er sich vorstellte und damit den Antrag stellte. Er könnte sich zwar vorstellen, dass es durch ein Gespräch zu einer zuvor nicht bestehenden Einigung käme, aber ohne, dass um die Strafhöhe verhandelt würde.

1707 Antwort auf Frage 31, siehe zu dieser sogleich.

Die These, dass oftmals nur danach entschieden wird, ob der Angeklagte erscheint oder nicht[1708], wird durch die Angaben der Staatsanwälte mithin bestätigt, die in dieser Hinsicht sehr eindeutig antworteten. Dass einem Strafbefehl nach § 408a StPO regelmäßig eine Absprache vorausgeht, lässt sich den Experteninterviews hingegen nicht entnehmen. Zu der Prüfung der Nichterforderlichkeit der Hauptverhandlung machten die Staatsanwälte im Zusammenhang mit dem Zustandekommen eines Strafbefehls nach § 408a StPO keine Angaben; allein der Umstand, ob der Angeklagte oder sein Verteidiger anwesend ist oder nicht, scheint das ausschlaggebende Kriterium für die Entscheidung zu sein. Dies legt an dieser Stelle die Vermutung nahe, dass die tatbestandlichen Voraussetzungen des § 408a StPO tatsächlich regelmäßig nicht ausreichend geprüft werden.

Hinzu kommt das Missbrauchspotential hinsichtlich der Beeinflussung des Beweisumfangs in der Hauptverhandlung. Indem in der Hauptverhandlung ein Strafbefehl nach § 408a StPO erlassen und dann gegen diesen Einspruch eingelegt wird, kommt es erneut zu einer Hauptverhandlung, in der dann jedoch, abweichend zur ersten, wegen §§ 411 Abs. 2 Satz 2, 420 Abs. 4 StPO nicht mehr das ursprüngliche Beweisrecht gilt. Die Verteidigung ist in diesem Falle in der zweiten Hauptverhandlung deutlich eingeschränkt darin, Einfluss auf die Ermittlungen zu nehmen. Anders als bei § 407 Abs. 1 StPO ist die Staatsanwaltschaft bei § 408a StPO nicht dazu verpflichtet, in bestimmten Situationen einen Strafbefehl zu beantragen, sondern hat einen weiten Entscheidungsspielraum – da das Gericht aber, sofern die Voraussetzungen vorliegen, dazu verpflichtet ist, dem Antrag, sofern er gestellt wird, zu entsprechen, ist die Staatsanwaltschaft in der Position, in gewissem Rahmen über die Art und den Umfang der Beweisaufnahme zu entscheiden, was sie sich etwa im Falle eines erwarteten Einspruchs missbräuchlich zu Nutze machen könnte.[1709] Dass Staatsanwälte sich dieses Umstands bewusst sind, zeigt die von B1 im Rahmen des Experteninterviews gegebene Antwort bezüglich der vereinfachten Beweisaufnahme in §§ 411, 420 StPO: Es wäre zwar erstmal systematisch etwas seltsam, dass er als Staatsanwalt die Möglichkeit hätte, durch sein Verhalten zu bestimmen, inwieweit sich der Angeklagte gegen den Tatvorwurf wehren könnte. In der Praxis

1708 So auch *Martin*, GA 1995, 121, 123.

1709 *Maleika*, Freiheitsstrafe und Strafbefehl, S. 46; vgl. *Vivell*, Strafbefehlsverfahren nach § 408a, S. 215; vgl. HK/*Kurth* § 408a Rn. 9; *Scheffler*, NJW 1994, 2191, 2194; a.A. *König/Seitz*, NStZ 1995, 1, 5, der diese Gefahr nicht sieht, da die Voraussetzungen für einen Strafbefehl im Gesetz vorgegeben seien.

käme es zwar nicht häufig dazu, dass eine Beweisaufnahme wegen § 420 StPO nicht durchgeführt würde (so auch B2), aber diese Möglichkeit wäre oft ein Argument bei „Vergleichsverhandlungen" in Situationen, in denen bereits ein Strafbefehl ergangen wäre.[1710]

Und auch wenn die Beweisaufnahme aufgrund dieser Vorschriften faktisch nicht verkürzt wird, so besteht zumindest die abstrakte Gefahr, dass diese Möglichkeit in Einzelfällen missbräuchlich genutzt wird.

Die Möglichkeit des § 408a StPO birgt mithin ein Risiko für den Angeklagten, einer Fehlentscheidung zu unterliegen, die er zudem – jedenfalls der Gesetzeslage zufolge – unter Umständen nicht mehr effektiv durch Einflussnahme auf die Beweisermittlungen verhindern kann.

b) Absprachen

Das zweite, Fehlentscheidungen begünstigende Problem neben den unzureichend geprüften Voraussetzungen ist, dass die Norm faktisch dazu genutzt werden kann, nach Eröffnung des Hauptverfahrens getroffene Absprachen verfahrensverkürzend umzusetzen.

Grundsätzlich sind Absprachen auch bei einem Strafbefehl nach § 408a StPO möglich.[1711] Allerdings wird vermutet, dass der Anwendung von § 408a StPO regelmäßig eine solche zugrunde liege.[1712] Es bestehe die Gefahr, dass Staatsanwaltschaft und Gericht auf die Durchführung einer Hauptverhandlung verzichten, weil es praktisch sei, nicht aber, weil die Voraussetzungen hierfür vorliegen.[1713] Die Norm sei für Absprachen geradezu prädestiniert.[1714] Zum Teil wird sogar noch weitergehend die Auffassung vertreten, dass die Norm nur zum Abbruch der Hauptverhandlung infolge von Absprachen diene; und da

1710 Antwort auf Frage 23.

1711 Gercke u.a. StPO/*Brauer* § 408a Rn. 2; *Schmidt-Hieber*, NJW 1982, 1017, 1021; vgl. KMR/*Metzger* § 408a Rn. 25; die Zulässigkeit von Verfahrensabsprachen grds. ablehnend *Seier*, JZ 1988, 683 ff.; *Siolek*, DRiZ 1989, 321 ff., 330; krit. LR/*Gössel* § 408a Rn. 7; die Möglichkeit von Verfahrensabsprachen sei schon von Gesetzes wegen in § 408 Abs. 3 StPO, Nr. 175, 178 RiStBV vorausgesetzt, *Vivell*, Strafbefehlsverfahren nach § 408a, S. 227 f.

1712 *Böttcher*, in: FS Odersky, 299, 310 bzgl. Freiheitsstrafen; Radtke/Hohmann/*Alexander* § 408a Rn. 3; auch *Martin*, GA 1995, 121, 130 sieht in der Norm besondere Anreize für Absprachen.

1713 *Fezer*, in: FS Baumann, 395, 397; *Maleika*, Freiheitsstrafe und Strafbefehl, S. 49.

1714 *Martin*, GA 1995, 121, 130; *Ambos*, Jura 1998, 281, 289; vgl. krit. LR/*Gössel* § 408a Rn. 7; krit. auch *Pfeiffer*, StPO § 408a Rn. 3.

§ 408a StPO bei strikter Beachtung der Voraussetzungen kaum einen Anwendungsbereich habe, könne die Förderung dieser Absprachen sogar vom Gesetzgeber beabsichtigt gewesen sein.[1715]

Auch im Rahmen der Befragung der Berliner und Bremer Verteidiger wurde danach gefragt, wie oft der wichtige Grund im Sinne von § 408a StPO wegen einer Absprache gegeben ist. Während einer der Verteidiger dies für „sehr häufig" zutreffend erachtete, hielten dies zwölf für „häufig", 28 für „manchmal", elf für „selten" und drei für „nie" zutreffend. Insgesamt lässt sich damit festhalten, dass 73,2 % der antwortenden Verteidiger die Erfahrung machten, dass die Voraussetzungen für einen Strafbefehl nach § 408a StPO „manchmal" bis „häufig" aufgrund einer Absprache gegeben sind, 25 % zufolge war dies „selten" bis „nie" der Fall.

Auch den Richtern des Amtsgerichts Tiergarten wurde diese Frage gestellt. Hierauf gaben acht der Richter an, dass der wichtige Grund im Sinne von § 408a StPO „nie" wegen einer Absprache gegeben wäre, 18, dass dies „selten", sieben, dass dies „manchmal", einer, dass dies „häufig" und ein weiterer, dass dies „sehr häufig" der Fall wäre. Die befragten Verteidiger hingegen antworteten öfter, dass dies „manchmal" (24 Antworten) und weniger oft, dass dies „selten" bis „nie" (13 Antworten) der Fall wäre. Aus diesen Ergebnissen lässt sich dennoch insgesamt die Tendenz erkennen, dass einem Strafbefehl nach § 408a StPO regelmäßig, wenn auch nicht besonders häufig, eine Absprache vorausgeht.

Für die Beteiligten haben Absprachen erstrebenswerte Folgen. Die Staatsanwaltschaft muss keine (weitere) zeitaufwändige Sitzungsvertretung organisieren, die Gerichte sparen sich die Urteilsabfassung, der Beschuldigte kann sich einer (weitergeführten) Hauptverhandlung entziehen und so Kosten sparen.[1716]

Zum Teil wird eine vorherige Absprache über den Strafbefehl sogar für erforderlich gehalten[1717], da bei § 408a StPO anders als bei § 408 Abs. 3 Satz 2 StPO, nicht die Möglichkeit bestehe, noch einen Konsens zu erzielen, sofern das Gericht dem staatsanwaltschaftlichen Antrag nicht vorbehaltlos zustimme.[1718] Bei der Einbeziehung des Angeklagten beziehungsweise seines Verteidigers hat dieser sogar eine relativ gute Verhandlungsposition, weil Gericht und Staatsanwaltschaft durchaus an einer schnellen Erledigung durch Strafbefehl interessiert

---

1715 SK-StPO/*Weßlau* (4. Aufl.) § 408a Rn. 2; *Rieß*, JR 1988, 133, 135 hält es für erforderlich, die „praktische Anwendung im Auge [zu] behalten".

1716 *Vivell*, Strafbefehlsverfahren nach § 408a, S. 229; KMR/*Metzger* Vor § 407 Rn. 28.

1717 Vgl. KMR/*Metzger* § 408a Rn. 3, 24.

1718 *Vivell*, Strafbefehlsverfahren nach § 408a, S. 230 f.; KK-StPO/*Maur* § 408a Rn. 12.

sind, diese aber nur dann auch die gewünschte Effizienz aufweist, wenn gegen den Strafbefehl kein Einspruch eingelegt und so erneut eine Hauptverhandlung herbeigeführt wird[1719]. Die stärkere Verhandlungsposition hat aber dennoch die Staatsanwaltschaft inne, da die Möglichkeit, einen Antrag nach § 408a StPO zu stellen, nur ihr möglich ist. Der Verzicht auf einen Einspruch kann aber dazu eingesetzt werden, um ein Entgegenkommen seitens der Staatsanwaltschaft zu bewirken.[1720]

Aus diesem Grund ist der verteidigte Angeklagte auch hier bessergestellt[1721] als der nicht verteidigte, dem diese Möglichkeit regelmäßig gar nicht bekannt sein dürfte.

Dasselbe gilt auch für bestimmte Verteidigungsstrategien: Der Angeklagte kann durch bewusstes Ausbleiben nämlich einen wichtigen Grund schaffen, der der Durchführung einer Hauptverhandlung entgegensteht – und weil so die Bereitschaft des Angeklagten deutlich wurde, das Verfahren zu erschweren und zu verzögern, könnte die Staatsanwaltschaft ihm entgegenkommen, um dies zu verhindern.[1722]

Bezüglich der Grenzen von Absprachen sind die sich aus dem Normalverfahren ergebenden auf das Strafbefehlsverfahren übertragbar.[1723] Der Antrag auf Erlass eines Strafbefehls kann zudem als Prozessverhalten der Staatsanwaltschaft auch Gegenstand der gesetzlich geregelten, formellen Verständigung im Sinne von § 257c Abs. 2 Satz 1 StPO sein.[1724] In dem Fall tritt unter den entsprechenden Voraussetzungen auch die dort vorgesehene Bindungswirkung ein.[1725]

1719 *Vivell*, Strafbefehlsverfahren nach § 408a, S. 232; vgl. *Meyer-Goßner*, NJW 1987, 1161, 1166; *Martin*, GA 1995, 121, 130; *Kirch*, Das Strafbefehlsverfahren nach dem StVÄG 1987, S. 44; KMR/*Metzger* § 408a Rn. 3, 24; HK/*Kurth* § 408a Rn. 2; zur Beschleunigungswirkung sogleich unter 3.

1720 *Vivell*, Strafbefehlsverfahren nach § 408a, S. 232; vgl. *Ambos*, Jura 1998, 281, 289; *Dahs*, Hdb. des Strafverteidigers, Rn. 1072 sieht hierin eine außergewöhnliche Möglichkeit des Verteidigers.

1721 *Martin*, GA 1995, 121, 130 f.

1722 *Vivell*, Strafbefehlsverfahren nach § 408a, S. 233; *Martin*, GA 1995, 121, 130; LR/*Gössel* § 408a Rn. 7.

1723 *Vivell*, Strafbefehlsverfahren nach § 408a, S. 228; vgl. KMR/*Metzger* Vor § 407 Rn. 30 f.; HK/*Kurth* § 407 Rn. 4.

1724 MüKoStPO/*Eckstein* § 408a Rn. 28, Rn. 29: Gegenstand der Verständigung könne richtigerweise aber nicht die Verpflichtung sein, keinen Einspruch einzulegen; siehe auch unter 3. Teil B. IV. 1. b).

1725 MüKoStPO/*Eckstein* § 408a Rn. 28.

§ 408a StPO war vom Gesetzgeber nicht explizit dafür vorgesehen, Absprachen nach Eröffnung des Hauptverfahrens umzusetzen.[1726] Allerdings ist die Vorschrift ohne eine vorherige Einigung in vielen Fällen tatsächlich nicht gewinnbringend. Um die erwünschte Verfahrensbeschleunigung zu erreichen, ist es unerlässlich, dass der Angeklagte keinen Einspruch einlegt.[1727] Hierauf gerichtete Absprachen müssen allerdings transparent sein und Regeln folgen und dürfen insbesondere nicht dazu missbraucht werden, das Verfahren unter Umgehung der gesetzlichen Voraussetzungen der Norm, insbesondere der Nichterforderlichkeit der Hauptverhandlung, anzuwenden. Derzeit ist keine derartige Transparenz vorgesehen. Hierdurch besteht die Gefahr, dass es durch den leichtfertigen Gebrauch von Absprachen letztlich zu Fehlentscheidungen kommt, indem ein nur vermeintlich aufgeklärter Sachverhalt nicht weiter im Rahmen einer Hauptverhandlung durch Beweiserhebungen ermittelt, sondern in seinem fehlerhaften Stand durch Strafbefehl abgeschlossen wird.

Um eine solche Transparenz zur Kontrolle derartiger Absprachen zu erreichen, könnte dem Gericht die Pflicht auferlegt werden, in der Hauptverhandlung explizit einen entsprechenden Hinweis zu erteilen, wenn der Antrag auf Erlass eines Strafbefehls das Ergebnis eines Gespräches zwischen den Verfahrensbeteiligten ist.[1728] Insbesondere sollte – auch im Falle einer Absprache – immer auch begründet werden, warum eine Hauptverhandlung nicht mehr erforderlich ist. Aus dieser Begründung muss hervorgehen, dass es neben der Absprache auch weitere Gründe gibt, weshalb auf die Durchführung der Hauptverhandlung verzichtet werden kann und die Absprache nicht aus Gründen reiner Arbeitsentlastung dazu missbraucht wurde, diese Voraussetzungen zu ersetzen. Dadurch wäre ein verantwortungsbewusster Umgang mit dieser Möglichkeit besser gewährleistet und die Gefahr, dass notwendige Hauptverhandlungen nicht durchgeführt werden, verringert. Damit würde dann auch das Risiko einer fehlerhaften Entscheidung durch den Verzicht auf eine erforderliche Aufklärung im Rahmen einer Hauptverhandlung reduziert.

3. *Bedingte Beschleunigungswirkung*

Die Vorschrift des § 408a StPO war dazu gedacht, auch im Hauptverfahren eine schnelle Verfahrenserledigung durch Strafbefehl erzielen zu können.[1729]

1726 Vgl. BT-Drs. 10/1313, S. 35 f.

1727 Dazu sogleich unter 3.

1728 So KMR/*Metzger* § 408a Rn. 25.

1729 BT-Drs. 10/1313, S. 35 f.

Die Beschleunigungswirkung liegt darin, dass (je nach Zeitpunkt der Antragstellung) keine Verhandlung anberaumt, weiter durchgeführt oder ein Urteil abgefasst werden muss; allerdings besteht auch hier die Möglichkeit, gegen den Strafbefehl Einspruch einzulegen. Streitig ist dies nur für den Fall, in dem bereits zuvor ein Strafbefehl nach § 407 StPO beantragt wurde und nach § 408 Abs. 3 Satz 2 StPO in das Hauptverfahren gewechselt wurde, weil der Richter Bedenken hatte, ohne Hauptverhandlung zu entscheiden.[1730]

Wenn der Angeklagte nicht auf die Einlegung des Rechtsbehelfs verzichtet, kommt es zu einer erheblichen Verzögerung: Nachdem die zweiwöchige Einspruchsfrist abgewartet wurde, entsteht erneut der gesamte Aufwand einer Hauptverhandlung.[1731] Dieser beginnt damit, dass sie zunächst erneut nach den §§ 213 ff. StPO vorzubereiten ist, also ein neuer Termin bestimmt und neu geladen werden muss. Problematisch dabei ist, dass dies nicht die Ausnahme darstellt. Denn der häufigste Fall der Anwendung von § 408a StPO ist das Ausbleiben des Angeklagten.[1732] Wer allerdings nicht zur Hauptverhandlung erscheint, wird kaum gewillt sein, einen Strafbefehl zu akzeptieren.[1733] Ein ausbleibender Angeklagter könne zudem eine Verzögerungstaktik verfolgen, um eine Verfahrensbeendigung auszubremsen[1734], indem er beispielsweise Einspruch einlegt und einer erneuten Hauptverhandlung dann wiederholt fernbleibt.[1735]

Eine Verfahrensverlangsamung ist insbesondere aber auch dann gegeben, wenn eine Freiheitsstrafe festgesetzt werden soll und der Angeklagte noch nicht verteidigt ist. Die Vorgaben von § 408b StPO verlangen in diesem Fall, dass eine bereits stattfindende Hauptverhandlung ausgesetzt, der Angeklagte von dem Vorhaben in Kenntnis gesetzt und ihm eine Frist eingeräumt wird, in der

---

1730 Für die Möglichkeit, auch in diesem Fall einen Strafbefehl nach § 408a StPO erlassen zu können MüKoStPO/*Eckstein* § 408a Rn. 6; so auch AlternK-StPO/*Loos* § 408a Rn. 4; ebenso *Zähres*, NStZ 2002, 296, 297; a.A.: BT-Drs. 10/1313, S. 36; KK-StPO/*Maur* § 408a Rn. 7; Meyer-Goßner/Schmitt/*Schmitt* § 408a Rn. 3; SK-StPO/*Degener* § 408a Rn. 4 m.w.N.; *Staudinger*, JA 2021, 159, 160.

1731 *Vivell*, Strafbefehlsverfahren nach § 408a, S. 235 f.

1732 *Vivell*, Strafbefehlsverfahren nach § 408a, S. 237, 155.

1733 *Berz*, in: FS Blau, 51, 57; *Vivell*, Strafbefehlsverfahren nach § 408a, S. 236 f.; KK-StPO/*Maur* § 408a Rn. 4; SSW-StPO/*Momsen* § 408a Rn. 2; BeckOK StPO/*Temming* § 408a Rn. 1.

1734 *Meurer*, JuS 1987, 882, 887; *Martin*, GA 1995, 121, 130.

1735 *Vivell*, Strafbefehlsverfahren nach § 408a, S. 237; vgl. auch *Kirch*, Das Strafbefehlsverfahren nach dem StVÄG 1987, S. 44.

er dem Gericht einen Wahlverteidiger mitteilen kann.[1736] Sofern keine höhere Freiheitsstrafe als ein Jahr, ausgesetzt zur Bewährung, verhängt wird, was im Strafbefehl auch nicht zulässig ist, wäre die Festsetzung dieser Strafe durch Urteil zeitsparender, da dies noch keinen Fall notwendiger Verteidigung darstellt, § 140 Abs. 2 StPO[1737].

Das Verfahren nach § 408a StPO kann die gewünschte Verkürzung also nur erreichen, wenn der Angeklagte auf einen Einspruch verzichtet und nicht im Falle einer bisher fehlenden Verteidigung eine Freiheitsstrafe festgesetzt werden soll. Da der Angeklagte wie erwähnt jedoch in der Regel nicht auf einen Einspruch zu verzichten gewillt sein wird, ist es unabdingbar, sich zuvor über einen Strafbefehl und insbesondere das Unterbleiben eines Einspruchs zu verständigen.[1738] Dass in dem Zusammenhang unter Umständen auch Zugeständnisse beispielsweise bezüglich der Strafhöhe seitens der Staatsanwaltschaft gemacht werden müssen, liegt nahe.

§ 408a StPO birgt mithin ein nicht unerhebliches Risiko für Fehlentscheidungen, weist dem gegenüber aber nur eine bedingte Beschleunigungswirkung auf. Daher stellt sich die Frage, ob die Inkaufnahme dieser Risiken noch zu rechtfertigen ist.

4. *Änderungsbedarf*

Während auf der einen Seite dafür plädiert wird, § 408a StPO wieder abzuschaffen, da er mit seiner mangelnden Systemkompatibilität nach Eröffnung des Hauptverfahrens keine Existenzberechtigung habe[1739], wird es auf der anderen Seite für sinnvoll gehalten, die Möglichkeit, auch im Hauptverfahren

1736 *Vivell*, Strafbefehlsverfahren nach § 408a, S. 237 f.; *Maleika*, Freiheitsstrafe und Strafbefehl, S. 37; vgl. *Hohendorf*, MDR 1993, 597 f.; *Martin*, GA 1995, 121, 127 f.; *Siegismund/Wickern*, wistra 1993, 81, 91; vgl. zur Verzögerung auch *Brackert/Staechelin*, StV 1995, 547, 548; KMR/*Metzger* § 408b Rn. 2; *Tiemer*, Die Verteidigerbestellung im Strafbefehls- und im beschleunigten Verfahren, S. 129.

1737 OLG München NJW 2006, 789, 790; OLG Düsseldorf NStZ 1995, 147, 148; OLG Karlsruhe NStZ 1991, 505 f.; BayObLG NStZ 1990, 142 f.; LG Koblenz StV 2009, 237; Meyer-Goßner/Schmitt/*Schmitt* § 140 Rn. 23a m.w.N.; BeckOK StPO/*Krawczyk* § 140 Rn. 24.

1738 SK-StPO/*Weßlau* (4. Aufl.) § 408a Rn. 21; *Vivell*, Strafbefehlsverfahren nach § 408a, S. 239; KK-StPO/*Maur* § 408a Rn. 12.

1739 *Fezer*, in: FS Baumann, 395, 397; ähnlich LR/*Gössel* § 408a Rn. 6, der aufgrund des geringen Entlastungseffekts fragt, ob es lohnenswert sei, eine so fragwürdige und systemwidrige Vorschrift beizubehalten.

Strafbefehle erlassen zu können, grundsätzlich beizubehalten[1740]. Zum einen werden für letzteres die Vorteile angeführt, die das Strafbefehlsverfahren allgemein mit sich bringt, zum anderen speziell aber auch die Wahrung des Grundsatzes der Verhältnismäßigkeit, denn als Ausdruck dessen sei das Strafbefehlsverfahren als die für den Angeklagten schonendere Verfahrensform vorrangig.[1741]

Vivell fordert dabei, die Voraussetzung des wichtigen Grundes abzuschaffen[1742] und künftig allein darauf abzustellen, ob die übrigen Voraussetzungen für den Erlass eines Strafbefehls vorliegen[1743]: Zum einen sei es nämlich bedenklich, dass der wichtige Grund praktisch Alleinentscheidungsmerkmal sei, weil auch die Erforderlichkeit der Hauptverhandlung daran gemessen[1744] und so die gesetzgeberische Entscheidung zugunsten des Vorrangs der §§ 231 Abs. 2, 232, 233, 251 StPO unterlaufen werde.[1745] Der wichtige Grund sei zudem obsolet. Zum einen, weil er nicht als Legitimationsbasis erforderlich sei, weil die Berechtigung des § 408a StPO im Verhältnismäßigkeitsprinzip liege; zum anderen bedürfe es der Voraussetzung eines wichtigen Grundes auch deshalb nicht, weil eine Hauptverhandlung entweder erforderlich sei, um eine richterliche Überzeugung bilden zu können, oder aber das Strafbefehlsverfahren mangels erforderlicher Hauptverhandlung auch unabhängig vom wichtigen Grund schon aus Verhältnismäßigkeitsgründen vorrangig anzuwenden sei.[1746]

Weiterhin fordert er, dass auch in diesem Verfahren der Grundsatz eingehalten wird, dass die Staatsanwaltschaft nach Eröffnung des Hauptverfahrens ihre Dispositionsbefugnis verliere; zuständig für die Überleitung

---

1740 *Vivell*, Strafbefehlsverfahren nach § 408a, S. 241.

1741 *Vivell*, Strafbefehlsverfahren nach § 408a, S. 241 f.; BT-Drs. 10/1313, S. 34; das Strafbefehlsverfahren finde seine Berechtigung durch das Prinzip der Verhältnismäßigkeit zw. Normverletzung und Justizaufwand, *Gilliéron*, Strafbefehlsverfahren und plea bargaining, S. 49 f.; vgl. zur Verhältnismäßigkeit *Hutzler*, Ausgleich struktureller Garantiedefizite, Rn. 52 f.

1742 Vgl. auch *Müller*, Das Strafbefehlsverfahren, S. 306, 325; vgl. *Martin*, GA 1995, 121, 124.

1743 *Vivell*, Strafbefehlsverfahren nach § 408a, S. 244.

1744 So auch LR/*Gössel* § 408a Rn. 7; vgl. *Müller*, Das Strafbefehlsverfahren, S. 306.

1745 *Vivell*, Strafbefehlsverfahren nach § 408a, S. 244 f., dem könne der Gesetzgeber bei entsprechendem Bedürfnis durch eine Ausweitung dieser Vorschriften auf das gesetzlich zulässige Maß der Geldstrafe entgegenwirken; vgl. auch *Uhlig*, DRiZ 1983, 407, 409.

1746 *Vivell*, Strafbefehlsverfahren nach § 408a, S. 244 ff.; *Müller*, Das Strafbefehlsverfahren, S. 306, 325; vgl. *Martin*, GA 1995, 121, 124.

ins Strafbefehlsverfahren solle vielmehr das Gericht sein.[1747] Dabei solle das Gericht aber kein Ermessen haben, sondern gleichermaßen wie die Staatsanwaltschaft bei § 407 StPO dazu verpflichtet sein, das Strafbefehlsverfahren zu wählen, wenn die Voraussetzungen für dieses vorliegen. Dies sei in Hinblick auf den Verhältnismäßigkeitsgrundsatz geboten.[1748]

Eine Zustimmung der Staatsanwaltschaft soll Vivell zufolge nicht erforderlich sein.[1749] Dies hätte zudem den positiven Effekt, dass die Staatsanwaltschaft den Angeklagten nicht unter Druck setzen könne, zu gestehen, weil sie sonst den Antrag nicht stelle.[1750] Die Zustimmung des Angeklagten hingegen sei jedoch einzuholen.[1751] Zum einen, weil er auf sein Recht verzichten müsse, die Schuldfrage nach Eröffnung des Hauptverfahrens durch Urteil klären zu lassen (Art. 6 Abs. 1 EMRK, § 260 Abs. 1 StPO), zum anderen folge die Zustimmungspflicht aus dem Grundsatz der Unabänderlichkeit des Eröffnungsbeschlusses.[1752]

Bezüglich einer zeitlichen Begrenzung fordert Vivell weiter, dass die Möglichkeit, von § 408a StPO Gebrauch zu machen, nur von Eröffnung des Hauptverfahrens an bis zum Beginn der Hauptverhandlung gegeben sein solle; danach sei die Belastung des Angeklagten bereits eingetreten und das Strafbefehlsverfahren aus Verhältnismäßigkeitsgründen nicht mehr notwendig.[1753]

Die Forderung nach einer vorherigen Zustimmung des Angeklagten ist aus verschiedenen Gründen sinnvoll: Zum einen sollte ihm ein Schuldspruch nach Hauptverfahrenseröffnung durch Urteil tatsächlich nicht ohne seine Zustimmung versagt werden. Zum anderen kann nur so die bereits angesprochene angestrebte Beschleunigungswirkung erreicht werden. Hierfür ist unabdingbar, dass der Angeklagte auf die Einlegung eines Einspruchs verzichtet[1754],

---

1747 *Müller*, Das Strafbefehlsverfahren, S. 325; *Vivell*, Strafbefehlsverfahren nach § 408a, S. 246 f.

1748 *Vivell*, Strafbefehlsverfahren nach § 408a, S. 251 f.

1749 *Vivell*, Strafbefehlsverfahren nach § 408a, S. 249 ff.; so auch *Müller*, Das Strafbefehlsverfahren, S. 277, 325.

1750 *Vivell*, Strafbefehlsverfahren nach § 408a, S. 251.

1751 *Vivell*, Strafbefehlsverfahren nach § 408a, S. 247 ff.; vgl. auch *Deckers/Kuschnik*, StraFO 2008, 418, 420; vgl. KMR/*Metzger* § 408a Rn. 3, 24; auch SK-StPO/*Weßlau* (4. Aufl.) § 408a Rn. 21 bestätigt, dass ohne vorangegangene Einigung der Beteiligten ein Übergang unzweckmäßig sei, weil eine verfahrensfördernde Wirkung durch einen Einspruch beseitigt würde.

1752 *Vivell*, Strafbefehlsverfahren nach § 408a, S. 247 f.

1753 *Vivell*, Strafbefehlsverfahren nach § 408a, S. 252 f.; vgl. auch *Müller*, Das Strafbefehlsverfahren, S. 326.

1754 *Vivell*, Strafbefehlsverfahren nach § 408a, S. 232; *Meyer-Goßner*, NStZ 1992, 167; vgl. *Meyer-Goßner*, NJW 1987, 1161, 1166; *Martin*, GA 1995, 121, 130; *Kirch*, Das

denn ansonsten ist es effektiver, die Hauptverhandlung weiterzuführen, gegebenenfalls unter zwangsweise erwirkter Anwesenheit des Angeklagten, § 230 Abs. 2 StPO.

Um die Beschleunigungswirkung zu garantieren, könnte man sogar – unter vorheriger Zustimmungspflicht des Angeklagten und der Bindung des Gerichts, den Strafbefehl wie abgesprochen zu erlassen – über eine Versagung einer Einspruchsmöglichkeit nachdenken. Dies gilt umso mehr, weil Einsprüche eines ausbleibenden Angeklagten durchaus zu erwarten sind. Zwar ergab die Befragung der Verteidiger kein derart klares Bild zugunsten einer auffällig hohen Einspruchsfreudigkeit in diesen Fällen. Denn nur 5,3 % der Anwälte gaben an, dass ein ausgebliebener Angeklagter in der Regel „sehr häufig" Einspruch gegen einen nach § 408a StPO erlassenen Strafbefehl einlegte, immerhin 23,2 %, dass dies „häufig", hingegen 33,9 %, dass es „manchmal" und 37,5 %, dass es „selten" vorkäme. Dennoch gaben immerhin fast ein Drittel (28,6 %) der befragten Verteidiger an, dass in diesen Fällen regelmäßig Einspruch eingelegt würde. Demzufolge würden durch eine Zustimmungspflicht immer noch etwa ein Drittel der Fälle beschleunigt werden können (wenn auch dadurch, dass kein Strafbefehl erlassen wird, gegen den Einspruch eingelegt wird). Dass ein ausgebliebener Angeklagter in der Regel Einspruch gegen einen nach § 408a StPO erlassenen Strafbefehl einlegt, trifft einem befragten Strafrichter des Amtsgerichts Tiergarten zufolge „voll zu" (2,6 %), drei zufolge „eher zu" (7,7 %), 18 zufolge „manchmal zu" (46,1 %), elf zufolge „eher nicht zu" (28,2 %) und sechs Richtern zufolge „nicht zu" (15,4 %). Der Eindruck bei den Richtern deutet mithin auf eine eher geringere Einspruchseinlegung in diesen Fällen hin.

Durch eine Zustimmung des Angeklagten würde vor allem aber auch das Risiko einer Fehlentscheidung reduziert. Denn dieser könnte insbesondere dann, wenn er eine abweichende Auffassung vertritt, nicht mehr übergangen werden. Vielmehr würden seine Rechte dahingehend gestärkt, dass sich das Gericht mit seiner Sachverhaltsdarstellung auseinandersetzen und das bisherige Ergebnis gegebenenfalls korrigieren müsste, bevor es einen Strafbefehl erlassen kann.

Besonders ineffektiv wäre jedenfalls die Möglichkeit, mehrmals vom Normalverfahren ins Strafbefehlsverfahren und umgekehrt wechseln zu können. Wenn im Ausgangsfall das Hauptverfahren eröffnet wurde, ist es durchaus

---

Strafbefehlsverfahren nach dem StVÄG 1987, S. 44; KMR/*Metzger* § 408a Rn. 3, 24; HK/*Kurth* § 408a Rn. 2.

sinnvoll, unter Umständen in das verkürzte Strafbefehlsverfahren wechseln zu können. Dann sollte aber als Voraussetzung hierfür sichergestellt werden, dass erstens alle Voraussetzungen für das Strafbefehlsverfahren vorliegen und es zweitens auch bei der Erledigung im Strafbefehlsverfahren bleiben wird – denn anderenfalls ein zweites Mal (zurück-)wechseln zu müssen, würde eine überflüssige Mehrarbeit verursachen und damit dem Zweck der Vorschrift diametral entgegenstehen. Umgekehrt gilt dies auch, wenn die zuerst gewählte Verfahrensart das Strafbefehlsverfahren ist – allerdings muss hier der Wechsel in das Hauptverfahren unter weniger strengen Voraussetzungen möglich sein als umgekehrt, weil das Hauptverfahren die Verfahrensrechte des Angeklagten umfassender gewährleistet als das summarische.

Bei den Voraussetzungen für einen Wechsel vom Regel- ins Strafbefehlsverfahren ist fraglich, wie mit dem Merkmal des wichtigen Grundes verfahren werden sollte. Sofern man § 408a StPO allein durch den Verhältnismäßigkeitsgrundsatz legitimiert sieht, kann tatsächlich auf die Voraussetzungen des wichtigen Grundes verzichtet werden, weil ein Verfahrenswechsel immer erforderlich wäre, sobald die Voraussetzungen des Strafbefehlsverfahrens vorliegen. Zudem würde es, wenn der Schwerpunkt auf die Nichterforderlichkeit der Hauptverhandlung gelegt würde, auf diese Weise diesbezüglich weniger Probleme in der praktischen Handhabung geben. Das Abstellen auf den wichtigen Grund ist aber auch, wenn man die Legitimation des § 408a StPO in der Verfahrensbeschleunigung sieht, nicht zwingend erforderlich. Auch hier kann ausreichend anhand des (Nicht-)Erfordernisses der Hauptverhandlung entschieden werden. Auch in Hinblick auf die Gefahr fehlerhafter Entscheidungen spricht vieles dafür, nicht auf einen der Hauptverhandlung entgegenstehenden wichtigen Grund, sondern vielmehr darauf abzustellen, ob auf die Hauptverhandlung aufgrund einer unstreitig klaren Beweislage (nun) verzichtet werden kann. Denn nur für den Fall, dass begründeterweise davon auszugehen ist, dass eine Hauptverhandlung kein anderes Ergebnis herbeiführen würde, ist es vertretbar, eine endgültige Entscheidung auf Grundlage des bisher festgestellten Sachverhalts zu treffen, ohne ein erhöhtes Risiko einzugehen, dass hierbei fehlerhaft entschieden wird.

Insbesondere sollte beim Verfahrenswechsel vom Normal- ins Strafbefehlsverfahren auch beachtet werden, wenn das Ausbleiben des Angeklagten entschuldigt ist. Ein Strafbefehl sollte dann nur erlassen werden, wenn das Anwesenheitsrecht des Angeklagten im Einzelfall nicht schwer wiegt und die Bedeutung der Sache gering ist.[1755]

1755 Vgl. MüKoStPO/*Eckstein* § 408a Rn. 12.

Bezüglich der zeitlichen Komponente spräche für die Möglichkeit, nach § 408a StPO nur bis zum Beginn der Hauptverhandlung verfahren zu können, dass dadurch die Früchte des Prozesses in den Fällen der Einspruchseinlegung nicht verloren gehen könnten. Da allerdings ohnehin eine Zustimmung des Angeklagten erforderlich sein sollte, gäbe es hierfür kein Bedürfnis mehr. Das Argument, ab Beginn der Hauptverhandlung greife der Verhältnismäßigkeitsgrundsatz nicht mehr, sodass daher nicht mehr in das schonendere Strafbefehlsverfahren überzugehen sei, überzeugt nicht. Denn auch nach Eintritt der Belastung durch eine Hauptverhandlung, stellt jeder neue Verhandlungstag eine weitere Belastung dar. Für den Angeklagten ist es milder, bei nur einem Termin, anstatt bei drei oder vier Terminen anwesend sein zu müssen. Dies spricht dafür, auch nach Beginn der Hauptverhandlung ins Strafbefehlsverfahren übergehen zu können.

Die Entscheidung über einen Verfahrenswechsel in die alleinige Kompetenz der Gerichte zu legen ist aus denselben Gründen nicht zu begrüßen, aus denen den Richtern auch nicht die Kompetenz zustehen sollte, das Strafbefehlsverfahren von sich aus einzuleiten[1756]. Denn hierdurch würde eine zusätzliche Quelle für Fehlentscheidungen geschaffen werden, da die Richter mit Blick auf ihre Arbeitsbelastung dazu neigen könnten, auch solche Fälle verkürzt zu erledigen, bei denen es rechtlich möglicherweise noch vertretbar ist, die eigentlich nicht richtig dafür geeignet sind. Dies gilt es zu vermeiden.

Wenn hier aber gefordert wird, einen Strafbefehl (gegen den im Falle von § 408a StPO auch kein Einspruch mehr möglich sein soll), zu begründen[1757], stellt sich die Frage, ob § 408a StPO überhaupt noch entlastend wirken kann. Denn ein Strafbefehl kann nur dann erlassen werden, wenn der Richter von der Schuld des Angeklagten auf Basis der Ermittlungen und, soweit vorhanden, den Erkenntnissen aus dem Hauptverfahren überzeugt ist. Es müssen alle relevanten Faktoren vorliegen, um eine Entscheidung zu fällen. Warum in dem Fall aber nicht durch Urteil entschieden werden soll, ist jedenfalls dann nicht ganz klar, wenn die Hauptverhandlung bereits (teilweise) stattgefunden hat.

5. *Fazit*

Auch während des Hauptverfahrens sollen Fälle noch verkürzt erledigt werden können. Es bietet grundsätzlich für alle Beteiligten Vorteile, wenn auch nach der Eröffnung des Hauptverfahrens und sogar nach Beginn der Hauptverhandlung

---

1756 Siehe dazu unter C. I. 6.

1757 Siehe dazu unter C. I. 4.

noch auf diese beziehungsweise ihre weitere Durchführung verzichtet werden kann.

Die Möglichkeit des § 408a StPO, auch nach Eröffnung des Hauptverfahrens einen Strafbefehl beantragen zu können, ist in ihrer praktischen Handhabung allerdings anfällig für Fehlentscheidungen.

Problematisch ist zum einen die Gefahr, dass die tatbestandlichen Voraussetzungen nicht ausreichend eingehalten werden. Dem wichtigen Grund, der der Durchführung einer Hauptverhandlung entgegenstehen muss, darf nämlich keine größere Bedeutung beigemessen werden als dem Umstand, dass eine Hauptverhandlung nicht erforderlich sein darf. Es besteht das Risiko, dass das Verfahren nach § 408a StPO vermehrt aus Zweckmäßigkeitserwägungen durchgeführt wird und weniger, weil die Voraussetzungen für den Erlass eines Strafbefehls vorliegen. Dadurch steigt die Gefahr, dass auf eine Hauptverhandlung verzichtet wird, obwohl es erforderlich wäre, den Sachverhalt weiter aufzuklären. Sofern der der Entscheidung zugrundeliegende Sachverhalt allerdings nicht ausreichend ermittelt wurde, steigt das Risiko für Fehlentscheidungen erheblich.

Außerdem ist gerade auch im Zusammenhang mit dieser Vorschrift eine Absprachepraxis anzunehmen. Es wird vermutet, dass eine Absprache den Regelfall der Anwendung darstellt. Dadurch besteht die Gefahr, dass die Voraussetzungen der Norm weiter vernachlässigt werden und die Tendenz dazu bestehen könnte, um die Erforderlichkeit der Hauptverhandlung faktisch zu verhandeln. Der Angeklagte kann Druck ausüben, indem er das Verfahren durch sein Ausbleiben verzögert, die Staatsanwaltschaft hingegen hat als einzige die Möglichkeit, einen Strafbefehl zu beantragen. Aufgrund der Tatsache, dass der nachträgliche Übergang ins Strafbefehlsverfahren aber nur dann sinnvoll ist und beschleunigend wirkt, wenn kein Einspruch eingelegt wird, auf den hin dann erneut wieder eine Hauptverhandlung anzuberaumen ist, ist es aus Effektivitätsgründen durchaus erforderlich, dass sichergestellt wird, dass der Angeklagte keinen Einspruch einlegt. Dies kann gerade dadurch erfolgen, dass zuvor eine Absprache getroffen wird. Hier besteht aber auch die Gefahr, dass die Staatsanwaltschaft Zugeständnisse macht, um den Angeklagten von der Einlegung eines Einspruchs abzuhalten. Dass die Norm Absprachen geradezu fördert, ist mit Blick auf deren auch unabhängig von § 408a StPO bestehende Risiken besonders problematisch. Durch derart konsensuale Erledigungen steigt das Risiko schuldunangemessener Strafen, da regelmäßig eine Verfahrensbeschleunigung und -vereinfachung und nicht das Finden der Wahrheit im Vordergrund steht. Daher wären für solche Absprachen zumindest transparente Regeln erforderlich.

Andererseits kann, um die Beschleunigungswirkung des Verfahrens nach § 408a StPO zu gewährleisten, auch die Zustimmung des Angeklagten als Voraussetzung dafür gefordert werden, ins verkürzte Verfahren übergehen zu können. Dies wäre auch deshalb notwendig, weil er das Recht hat, die Schuldfrage nach Eröffnung des Hauptverfahrens im Wege einer Hauptverhandlung mit Urteil klären zu lassen, wenngleich die Einführung dieses konsensualen Elementes die Absprachepraxis weiter fördern könnte. Jedenfalls aber sollte der Angeklagte vor der Beantragung eines Strafbefehls nach § 408a StPO angehört werden, da auf diese Weise zumindest eingeschätzt werden kann, ob der Strafbefehl durch eintretende Rechtskraft eine beschleunigende Wirkung entfalten kann.[1758] Durch die Anhörung könnte die Gefahr fehlerhafter Entscheidungen zumindest teilweise kompensiert werden.

Da der Angeklagte das Recht hat, bei der ihn betreffenden Hauptverhandlung anwesend zu sein, wäre es weiterhin auch sachgerecht, zu berücksichtigen, wenn er entschuldigt ausbleibt.[1759] In diesem Fall ist er dazu gewillt, zu erscheinen, aber aus entschuldbaren Gründen nicht dazu imstande, was ihm nicht zum Nachteil gereichen sollte. Insbesondere ist gerade in diesen Fällen ein Einspruch zu erwarten. Vor allem dann, wenn der Angeklagte entlastendes Beweismaterial anführen wollte, wäre es aus rechtsstaatlichen Gründen, insbesondere mit Blick auf das Recht auf richterliches Gehör, unvertretbar, ihm dieses auch dann zu verwehren und durch schriftlichen Strafbefehl zu entscheiden, wenn er sein Ausbleiben nicht zu vertreten hat. Seine Anhörung und die Auseinandersetzung mit seinen Beweisanträgen sind in diesen Fällen erforderlich, um eine fehlerfreie Entscheidung auf einer zuverlässigen Grundlage treffen zu können.

In ihrer Gesamtheit bleibt die Konstruktion des § 408a StPO dennoch fragwürdig.

Denn das Hauptverfahren wurde eröffnet, weil die Durchführung einer Hauptverhandlung gerade notwendig war. Dass diese dazu führt, dass der Sachverhalt aufgeklärt wird, ist gerade ihr Ziel. Im Moment der Aufklärung dann auf die weitere Durchführung des Hauptverfahrens zu verzichten, umgeht gewissermaßen die Verkündung eines Urteils, das den regulären Abschluss einer Hauptverhandlung darstellt. In diesem Fall diente die Hauptverhandlung faktisch der Beweiserhebung, die bei Abschluss der Ermittlungen fehlte, um einen Strafbefehl nach § 407 StPO zu beantragen. Das Hauptverfahren ist aber

1758 *Schellenberg*, NStZ 1994, 370, 372.

1759 *AE-ASR*, GA 2019, 1, 100 f.; a.A. *Schellenberg*, NStZ 1994, 370, 373.

gerade nicht dazu gedacht, in Anwesenheit aller Beteiligten Beweise zu erheben, nur um dann doch einen verkürzten Verfahrensabschluss zu erreichen.

Insgesamt spricht vieles, nicht zuletzt aber ihre Anfälligkeit für Fehlentscheidungen, dafür, die Regelung des § 408a StPO abzuschaffen.[1760]

VII. Fehlende Präventionswirkung

Neben all den genannten Risiken ist zudem auch fraglich, ob das Strafbefehlsverfahren dazu in der Lage ist, die Zwecke der Strafe zu erfüllen. Denn Ziel aller Verfahrensarten ist neben der Wahrheitsfindung, die bei einem summarischen Verfahren ohnehin schon grundsätzlich weniger gründlich erfolgen kann als im regulären Verfahren, auch die Erreichung der sie legitimierenden Strafzwecke. Diese liegen sowohl in der Spezial- und Generalprävention, beinhalten aber auch vergeltende Aspekte.[1761] Während die negative Spezialprävention den Täter davon abhalten soll, erneut straffällig zu werden und die positive Spezialprävention seine Besserung intendiert, stellt die negative Generalprävention auf die Abschreckung der Allgemeinheit, die positive Generalprävention auf das Vertrauen dieser in den Bestand der Rechtsordnung ab.[1762] Die vergeltenden Aspekte der Sühne und des Schuldausgleichs sind dabei auf die Wiederherstellung der Gerechtigkeit gerichtet.[1763]

Im Strafbefehlsverfahren entfällt der Eindruck, den eine Hauptverhandlung auf den Täter macht; ohne diese symbolische Konfrontierung des Täters mit seiner Tat entfaltet der erzieherische Gedanke der positiven Spezialprävention jedenfalls keine große Wirkung.[1764] Auch die abschreckende Wirkung zur Verhinderung erneuter Straffälligkeit, also die negative Spezialprävention, wird ohne Öffentlichkeit kaum erreicht. Dies gab auch einer der befragten Richter des Amtsgerichts Tiergarten an, weshalb das Verfahren bei bestimmten Delikten (zum Beispiel der Kinderpornographie) absolut ungeeignet wäre.

1760 So auch *AE-ASR*, GA 2019, 1, 100 f.

1761 Vereinigungstheorie, BVerfG NJW 2004, 739, 745; NJW 1977, 1525, 1531 m.w.N; wobei das der Vergeltung entsprechende Schuldprinzip als Mittel zur Begrenzung der Strafe fungiere, vgl. BVerfG NJW 2011, 1931, 1938; NJW 1967, 195, 196; so auch *Roxin/Greco*, Strafrecht AT I, § 3 Rn. 51 f., 59 ff.

1762 Vgl. *Hörnle*, Straftheorien, S. 22 ff.; MüKoStGB/*Maier* § 46 Rn. 46; *Wessels/Beulke/Satzger*, StrafR AT, § 1 Rn. 23.

1763 *Montenbruck*, Deutsche Straftheorie, S. 28.

1764 Vgl. *Siegmann*, Blutalkohol 1967, 200, 201; vgl. *Elobied*, Die Entwicklung des Strafbefehlsverfahrens, S. 212.

Ebenso kann die negative Generalprävention nicht erreicht werden, wenn die Öffentlichkeit von der Verurteilung nichts erfährt und daraus somit mangels Warneffektes keine Lehre für ihr eigenes Verhalten ziehen kann.[1765] Und auch, wenn man die Vergeltung so versteht, dass sie zur Herstellung der Gerechtigkeit von der Öffentlichkeit auch wahrgenommen werden muss, mithin auch ein kommunikativer Akt ist, ist dies durch ein schriftliches Verfahren kaum zu erreichen.[1766] Es wird vorgetragen, dass der Staat dadurch, dass er nur auf dem Papier auftrete, an Autorität einbüße; zudem entstehe der unerwünschte Effekt, dass man gegenüber der Kriminalität abstumpfe und diese veralltäglicht werde, wodurch wiederum die Forderung nach weiterer Kriminalisierung entstehe, welcher dann nur mit der Ausweitung vereinfachter Erledigungsarten begegnet werden könne.[1767]

Aufgrund der Schriftlichkeit des Verfahrens können diese Strafzwecke also nur zum Teil erfüllt werden. Eine negative Generalprävention wird nur erreicht, wenn es zu einer öffentlichen Hauptverhandlung kommt oder die Öffentlichkeit zumindest auf anderem Wege von dem Verhalten und der Strafe des Täters erfährt, was beim Strafbefehlsverfahren ohne Einspruch allerdings nicht der Fall ist. Selbes gilt für eine positive Generalprävention: Erfährt die Allgemeinheit nicht durch ein öffentliches Verfahren oder auf andere Weise von der Durchsetzung des Rechts, kann auch ihr Vertrauen in den Bestand der Rechtsordnung[1768] nicht gestärkt werden. Auch die spezialpräventive Wirkung erleidet erhebliche Einbußen. Zwar mag es Angeklagte geben, die sich von einem Schriftstück beeindrucken lassen, denen bewusst ist, dass die Sache noch einmal milde für sie ausgegangen ist und die ihr künftiges Verhalten daraufhin nochmals überdenken, wodurch eine positive Spezialprävention erreicht wird; allerdings bleiben andere wiederum von einem Bußgeldbescheid – und für viele wirkt der Strafbefehl in etwa so schwerwiegend, wenn er nicht sogar damit verwechselt wird –, abgesehen von dem Ärgernis, zur Kasse gebeten zu

---

1765 Vgl. *Elobied*, Die Entwicklung des Strafbefehlsverfahrens, S. 212; *Rönnau*, Die Absprache im Strafprozeß, S. 64: Auch die Absprachepraxis könnte mittel- und langfristig bei bestimmten Deliktsgruppen zu einer Einbuße an Generalprävention führen.

1766 *Pawlik*, Zur Legitimation von Strafe, S. 64; *Hörnle*, Straftheorien, S. 31.

1767 *Elobied*, Die Entwicklung des Strafbefehlsverfahrens, S. 212 f.; vgl. zum Zusammenhang von materiellem Strafrecht und Strafverfahrensrecht *Hassemer*, ZRP 1992, 378, 383; vgl. *Prinz*, Diebstahl, S. 234 f.; *Schroeder*, NJW 1983, 137, 138 ff.

1768 Vgl. *Hörnle*, Straftheorien, S. 22 ff.; MüKoStGB/*Maier* § 46 Rn. 46; *Wessels/Beulke/Satzger*, StrafR AT, § 1 Rn. 23.

werden, tendenziell auch unbeeindruckt, sodass dem Strafbefehl in diesen Fällen kein negativ spezialpräventiver Effekt zukommt. Und auch der vergeltende Aspekt wird nur erreicht, wenn man ihn beispielsweise lediglich als Strafbegrenzungsinstrument[1769] heranzieht, nicht aber wenn man auch hier fordert, dass die Öffentlichkeit von der Strafe erfährt. Die Vergeltung allein vermag eine Strafe allerdings auch nicht zu legitimieren.

Auch wegen dieses fehlenden Leistungsvermögens kann das Strafbefehlsverfahren daher nur bei geringfügigen Delikten angewandt werden, bei denen dieser Mangel zu rechtfertigen ist.

VIII. Alternativentwurf abgekürzte Strafverfahren im Rechtsstaat (AE-ASR)

Ein Arbeitskreis deutscher, österreichischer und schweizerischer Strafrechtslehrer hat sich mit vereinfachten Verfahrensformen beschäftigt und den Vorschlag unterbreitet, statt des Strafbefehlsverfahrens ein Verfahren ohne Hauptverhandlung vor dem Strafrichter zu etablieren, bei dem sowohl die Mitwirkungsrechte des Beschuldigten[1770] als auch die Stellung der Gerichte gestärkt werden sollen.[1771] Das derzeitige Strafbefehlsverfahren, aber auch die anderen heute vorherrschenden Arten vereinfachter Verfahren (§§ 153a und 257c StPO), hält der Arbeitskreis für einen Verstoß gegen die Rechtsstaatlichkeit im Strafverfahren.

Die Mängel des Strafbefehlsverfahrens werden zum einen in der schlechten Stellung des Beschuldigten gesehen. Beispielsweise wird das fehlende rechtliche Gehör gerügt oder die Tatsache, dass der Beschuldigte ohne einen Verteidiger in der Regel nicht dazu in der Lage sei, die Vor- und Nachteile eines Strafbefehlsverfahrens zu erkennen und auszuloten.[1772] Insbesondere der nicht verteidigte Beschuldigte habe kaum eine Möglichkeit, die Erledigung im Wege des Strafbefehlsverfahrens zu erwirken.[1773] Aber auch der Umstand, dass dem Richter im Verfahren lediglich eine Statistenrolle zukomme, mache das Verfahren problematisch.[1774]

Die Lösung sei, das Strafbefehlsverfahren durch ein strafrichterliches Verfahren zu ersetzen, das zum einen als vereinfachtes Verfahrens Justizressourcen

---

1769 Vgl. BVerfG NJW 1967, 195, 196; so auch *Roxin/Greco*, Strafrecht AT I, § 3 Rn. 51 f., 59 ff.

1770 Vgl. dazu bereits *Deiters*, GA 2015, 371, 384.

1771 *AE-ASR*, GA 2019, 1, 85 f.

1772 *AE-ASR*, GA 2019, 1, 5 f., 84.

1773 *AE-ASR*, GA 2019, 1, 84.

1774 *AE-ASR*, GA 2019, 1, 85.

schone, zum anderen den Beschuldigten in rechtsstaatlicher Weise am Verfahren beteilige.

1. *Die Ausgestaltung im Einzelnen*

Für die Ausgestaltung des Verfahrens wird Folgendes vorgeschlagen:

Kommt die Staatsanwaltschaft beim Abschluss ihrer Ermittlungstätigkeit zu dem Schluss, dass ein hinreichender Tatverdacht vorliegt, kann sie die Anklage mit einem Antrag auf die Verurteilung ohne Hauptverhandlung verbinden. § 170 Abs. 3 StPO-AE normiert diesbezüglich die Verpflichtung hierzu, sofern eine Verurteilung ohne Hauptverhandlung wahrscheinlich ist.[1775] Stellt die Staatsanwaltschaft einen solchen Antrag, wird der Angeschuldigte hiervon gemäß § 201a Abs. 1 Satz 1 StPO-AE gemeinsam mit der Anklageschrift noch vor der richterlichen Entscheidung informiert und kann dem widersprechen, worüber er nach § 201a Abs. 1 Satz 2 StPO-AE zu belehren ist. Tut er dies, kann er nicht mehr im Verfahren ohne Hauptverhandlung verurteilt werden und das Gericht fällt eine Entscheidung über die Eröffnung des Hauptverfahrens, §§ 407 Abs. 1, 409 Abs. 4 StPO-AE. Ansonsten kann der Strafrichter den Angeschuldigten nach § 409 Abs. 1 StPO-AE durch Beschluss verurteilen, wenn er auf der Grundlage der Ergebnisse des vorbereitenden Verfahrens sowie etwaiger schriftlicher Äußerungen des Angeschuldigten und ergänzender Beweiserhebungen von dessen Schuld überzeugt[1776] ist. Wenn er nicht überzeugt ist, kann der Richter entweder nach § 408 StPO-AE ergänzend Beweise erheben oder aber eine Hauptverhandlung anberaumen. Wird eine Hauptverhandlung anberaumt, zu der der Angeklagte nicht erscheint, kann dieser bei Vorliegen der Voraussetzungen des § 409 Abs. 1 StPO-AE und für den Fall, dass die Staatsanwaltschaft eine Verurteilung ohne Hauptverhandlung zuvor beantragt hatte, durch Beschluss verurteilt werden, § 412 StPO-AE.

Das Verfahren ohne Hauptverhandlung kann aber nicht nur von der Staatsanwaltschaft, sondern auch vom Angeklagten beantragt werden. Die Staatsanwaltschaft kann dies nicht verhindern, sondern erst gegen den in dem verkürzten Verfahren ergangenen verurteilenden Beschluss Widerspruch einlegen, sodass es dann zur Hauptverhandlung kommt.[1777]

1775 Und würde damit Nr. 175 Abs. 3 RiStBV ins StGB übernehmen.

1776 Im Sinne eine Überzeugung auf Grundlage der Akten; *Fezer*, ZStW 106 (1994), 1, 21 spricht von einer „Aktenüberzeugung“.

1777 *AE-ASR*, GA 2019, 1, 86 ff.

Die Rechtskraft des Beschlusses regeln § 410 Abs. 1 und 2 StPO-AE. Ist der Angeschuldigte durch den Beschluss verwarnt oder zu einer Geldstrafe von höchstens neunzig Tagessätzen, auch in Verbindung mit einem Fahrverbot, der Einziehung oder der Unbrauchbarmachung, verurteilt worden, steht der verurteilende Beschluss einem rechtskräftigen Urteil gleich, soweit weder der Angeschuldigte noch die Staatsanwaltschaft diesem innerhalb von zwei Wochen widersprechen, Abs. 1 Satz 1. Diese Regelung erfasst den allergrößten Teil der Geldstrafen und deckt damit den praktischen Anwendungsbereich des Strafbefehlsverfahrens weitgehend ab. Der Angeschuldigte kann auch zu mehr als neunzig Tagessätzen rechtskräftig verurteilt werden (Abs. 2) allerdings ist hierfür Voraussetzung, dass er dem zustimmt. Da ein fehlender Widerspruch nicht immer als Zustimmung gewertet werden kann, weil er möglicherweise auch aus Unachtsamkeit unterbleibt, wird hier gerade eine positive Zustimmung verlangt. Einen fehlenden Widerspruch sollte man nur dann als Zustimmung werten können, wenn die Rechtsfolgen nach § 32 Abs. 2 Nr. 5a BZRG privilegiert sind, also nicht in das Führungszeugnis aufgenommen werden, denn nur hier ist das Risiko von Fehlverurteilungen hinnehmbar.

Die Hauptverhandlung findet nach den allgemeinen Regeln statt, was insbesondere für das Beweisrecht gilt. Auch hier kann eine Verschlechterung eintreten, was, anders als beim derzeitigen § 411 Abs. 4 StPO, nicht ausdrücklich in den Entwurf mit aufgenommen wurde, da sich dies bereits aus einem Umkehrschluss aus §§ 331, 358 Abs. 2 StPO ergibt. In der Hauptverhandlung muss das Gericht nach Verlesung der Anklage darüber informieren, dass zunächst ohne Hauptverhandlung durch Beschluss verurteilt wurde, dieser aber nicht rechtskräftig wurde, § 243 Abs. 4 Satz 3 StPO-AE, was wiederum nach § 273 Abs. 1a StPO-AE für das Revisionsgericht zu protokollieren ist. Weicht das Gericht in dem nach der Hauptverhandlung gefällten Urteil im Strafmaß von der nicht rechtskräftig gewordenen Verurteilung nach oben ab, hat es die Gründe hierfür nach § 267 Abs. 3 Satz 6 StPO-AE mitzuteilen.[1778]

1778 *AE-ASR*, GA 2019, 1, 86 ff.

Auszug aus dem Gesetzestext des Alternativ-Entwurfs[1779]:

§ 407 Zulässigkeit

(1) Ist der Angeschuldigte der angeklagten Tat hinreichend verdächtig, kann der Strafrichter ohne Hauptverhandlung entscheiden, wenn der Angeschuldigte dies nach Mitteilung der Anklageschrift beantragt oder einem ihm zusammen mit der Anklage mitgeteilten Antrag der Staatsanwaltschaft auf Verurteilung ohne Hauptverhandlung nicht innerhalb der Frist des § 201 Abs. 1 Satz 1 widerspricht.

(2) [1]Ohne Hauptverhandlung darf nur auf folgende Rechtsfolgen, allein oder nebeneinander, erkannt werden:

1. Geldstrafe, Verwarnung, Fahrverbot, Einziehung, Vernichtung, Unbrauchbarmachung, Bekanntgabe der Verurteilung und Geldbuße gegen eine juristische Person oder Personenvereinigung,

2. Entziehung der Fahrerlaubnis, bei der die Sperre nicht mehr als zwei Jahre beträgt,

3. Verbot des Haltens oder Betreuens von sowie des Handels oder des sonstigen berufsmäßigen Umgangs mit Tieren jeder oder einer bestimmten Art für die Dauer von einem Jahr bis zu drei Jahren sowie

4. Absehen von Strafe.

[2]Hat der Angeschuldigte einen Verteidiger, so kann auch Freiheitsstrafe bis zu zwei Jahren festgesetzt werden, wenn deren Vollstreckung zur Bewährung ausgesetzt wird.

§ 408 Ergänzende Beweiserhebungen

[1]Der Strafrichter kann einzelne Beweiserhebungen anordnen und dem Angeschuldigten Gelegenheit geben, sich schriftlich zur Sache zu äußern. [2]Wird dem Angeschuldigten Gelegenheit zur Äußerung gegeben, ist er schriftlich darüber zu belehren, dass es ihm freistehe, sich zur Sache zu äußern oder nicht zur Sache auszusagen.

§ 409 Entscheidung

(1) Der Strafrichter verurteilt den Angeschuldigten durch Beschluss, wenn er auf der Grundlage der Ergebnisse des vorbereitenden Verfahrens sowie etwaiger schriftlicher Äußerungen des Angeschuldigten und ergänzender Beweiserhebungen

1. überzeugt ist, dass sich der Angeschuldigte der in der Anklage bezeichneten Straftat schuldig gemacht hat und

2. nur Rechtsfolgen für angemessen erachtet, die ohne Hauptverhandlung festgesetzt werden dürfen (§ 407 Abs. 2).

(2) Für den Inhalt des Beschlusses gilt § 267 Abs. 4 Satz 1 und 3 entsprechend.

1779 *AE-ASR*, GA 2019, 1, 123 ff.

(3) [1]Der Strafrichter kann von der rechtlichen Beurteilung der Anklage abweichen, wenn er den Angeschuldigten und die Staatsanwaltschaft zuvor darauf hingewiesen hat und diese innerhalb einer Frist von zwei Wochen der Entscheidung ohne Hauptverhandlung nicht widersprochen haben. [2]§ 201a Abs. 1 Satz 2 gilt entsprechend.

(4) Soweit eine Verurteilung ohne Hauptverhandlung nicht möglich ist, entscheidet der Strafrichter über die Eröffnung des Hauptverfahrens.

§ 410 Widerspruch und Rechtskraft

(1) [1]Ist der Angeschuldigte durch den Beschluss verwarnt oder zu einer Geldstrafe von höchstens neunzig Tagessätzen, auch in Verbindung mit einem Fahrverbot, der Einziehung oder der Unbrauchbarmachung, verurteilt worden, steht der verurteilende Beschluss einem rechtskräftigen Urteil gleich, soweit weder der Angeschuldigte noch die Staatsanwaltschaft diesem innerhalb von zwei Wochen widersprechen. [2]Der Angeschuldigte muss seinen Widerspruch schriftlich oder zu Protokoll der Geschäftsstelle erklären. [3]Die §§ 297 bis 300 gelten entsprechend. [4]Soweit entweder der Angeschuldigte oder die Staatsanwaltschaft dem Beschluss rechtzeitig widerspricht, wird durch ihn das Hauptverfahren eröffnet.

(2) [1]Ist der Angeschuldigte zu einer Geldstrafe von mehr als neunzig Tagessätzen verurteilt worden oder ist die Strafe nicht nur mit einer in Absatz 1 Satz 1 genannten Nebenfolge verbunden worden, steht der verurteilende Beschluss einem rechtskräftigen Urteil gleich, soweit die Staatsanwaltschaft dem Beschluss nicht innerhalb von zwei Wochen widerspricht und der Angeschuldigte ihm binnen dieser Frist zustimmt. [2]Absatz 1 Satz 2, 4 sowie § 299 und § 300 gelten entsprechend.

(3) [1]Widerspruch und Zustimmung können auf bestimmte Teile des Beschlusses beschränkt werden. [2]Hat der Angeschuldigte seinen Widerspruch nach Absatz 1 Satz 1 auf die Höhe der Tagessätze beschränkt oder die Zustimmung nach Absatz 2 Satz 1 nur für die Höhe der Tagessätze nicht erteilt, kann das Gericht die Tagessatzhöhe durch Beschluss neu festsetzen. [3]Dabei darf es von seiner ursprünglichen Entscheidung nicht zum Nachteil des Angeschuldigten abweichen. [4]Gegen den Beschluss ist sofortige Beschwerde statthaft.

(4) [1]Bis zur Verkündung des Urteils im ersten Rechtszug kann ein Widerspruch zurückgenommen werden. [2]§ 302 Abs. 1 Satz 1, Abs. 2, § 303 gelten entsprechend.

(5) [1]Ist der Widerspruch des Angeschuldigten oder der Staatsanwaltschaft verspätet oder sonst unzulässig, wird er ohne Hauptverhandlung durch Beschluss verworfen. [2]Eine verspätete oder sonst unzulässige Zustimmung des Angeschuldigten wird ohne Hauptverhandlung durch Beschluss zurückgewiesen. [3]Gegen die Entscheidungen gemäß den Sätzen 1 und 2 ist sofortige Beschwerde statthaft.

§ 411 Belehrung bei Bekanntgabe der Verurteilung ohne Hauptverhandlung

(1) [1]Der Angeschuldigte ist bei Bekanntgabe des Beschlusses, mit dem er verwarnt oder zu einer Geldstrafe von höchstens neunzig Tagessätzen, auch in Verbindung mit einem Fahrverbot, der Einziehung oder der Unbrauchbarmachung, verurteilt wird, schriftlich darüber zu belehren, dass die Verurteilung im Fall eines binnen zwei Wochen nach ihrer Bekanntgabe erklärten Widerspruchs nicht rechtskräftig wird und dann in öffentlicher Hauptverhandlung über die in der Anklage bezeichnete Tat Beweis erhoben werden muss. [2]Ist der Angeschuldigte zu einer anderen Strafe verurteilt worden oder ist die Strafe nicht nur mit einer in Satz 1 genannten Nebenfolge verbunden worden, wird er schriftlich darauf hingewiesen, dass das Hauptverfahren eröffnet wird, wenn er der Verurteilung nicht innerhalb von zwei Wochen zustimmt.

(2) Der Angeschuldigte ist auch darüber zu belehren, dass er den Widerspruch oder die Zustimmung nur schriftlich oder zu Protokoll der Geschäftsstelle erklären kann.

§ 412 Verurteilung ohne Hauptverhandlung nach Eröffnung des Hauptverfahrens

(1) [1]Bleibt der Angeklagte ohne genügende Entschuldigung der Hauptverhandlung fern, kann der Strafrichter ihn durch Beschluss verurteilen, wenn die Voraussetzungen des § 409 Abs. 1 im Hinblick auf die im Eröffnungsbeschluss bezeichnete Tat erfüllt sind und die Staatsanwaltschaft die Verurteilung ohne Hauptverhandlung bei der Erhebung der öffentlichen Klage beantragt hatte. [2]Entfernt sich der Angeklagte aus der Verhandlung oder bleibt er bei einer unterbrochenen Hauptverhandlung aus, hat der Strafrichter bei der Entscheidung über eine Verurteilung nach Satz 1 seine Überzeugung auch aus dem Inbegriff der abgebrochenen Verhandlung zu schöpfen.

(2) [1]§ 410 gilt mit der Maßgabe entsprechend, dass im Fall des Nichteintritts der Rechtskraft die Hauptverhandlung anzuberaumen oder fortzusetzen ist oder im Fall des § 229 Abs. 4 Satz 1 von neuem zu beginnen hat. [2]Bei Bekanntgabe der Verurteilung ist der Angeklagte in entsprechender Anwendung des § 411 zu belehren.

Zudem soll bei der Wiedereinsetzung in den vorigen Stand nach § 44 StPO in einem Satz 3 geregelt werden, dass die Versäumung der Frist als unverschuldet anzusehen ist, wenn nicht über den Widerspruch gegen die Verurteilung ohne Hauptverhandlung oder eine Zustimmung hierzu nach § 411 StPO-AE belehrt wurde. Diese Regelung soll sicherstellen, dass der Angeschuldigte nicht aus Unkenntnis über dieses Erfordernis mit einer Hauptverhandlung belastet wird.

Letztlich soll § 373a StPO aufgehoben werden, weil es widersprüchlich ist, die Entscheidung ohne Hauptverhandlung einem Urteil gleichzustellen und dadurch das erhöhte Risiko fehlerhafter Urteile in Kauf zu nehmen, andererseits aber dem dann Verurteilten die günstigen Rechtsfolgen durch die Rechtskraft nicht zuzugestehen.[1780]

2. *Die Unterschiede zum derzeitigen Strafbefehlsverfahren*

Zu den bedeutsamsten Unterschieden zum geltenden Strafbefehlsverfahren gehört zum einen, dass der Angeschuldigte/Angeklagte nach dem Alternativ-Entwurf die Möglichkeit hätte, auf das Verfahren Einfluss zu nehmen. So könnte er sowohl selbst ein Verfahren ohne Hauptverhandlung beantragen als auch dem auf ein solches Verfahren gerichteten Antrag der Staatsanwaltschaft widersprechen. Zum anderen würde durch den Antrag die Anklage nicht ersetzt, sondern kombiniert.

Die Beschränkung auf Vergehen wird in den Gesetzeswortlaut zwar nicht ausdrücklich aufgenommen, ergibt sich aber daraus, dass das Verfahren nur noch vor dem Strafrichter zulässig sein soll, der nach § 25 GVG ausschließlich für Vergehen zuständig ist. Der größte Teil der Strafbefehlsverfahren fällt ohnehin auch nach der bisherigen Regelung in die Zuständigkeit des Strafrichters.[1781]

Bei den Rechtsfolgen soll statt der Verwarnung mit Strafvorbehalt eine Verwarnung bei einer Geldstrafe von nun bis zu 360 Tagessätzen nach § 59 StGB-AE möglich sein. Anders als bei der heutigen Verwarnung mit Strafvorbehalt (§ 59 StPO) wird nicht zugleich eine Geldstrafe festgelegt, die der Täter bezahlen muss, wenn er die Auflagen und Weisungen nicht erfüllt; auch findet keine Eintragung ins Bundeszentralregister (derzeit § 4 Nr. 3 BZRG) mehr statt.[1782]

Nach § 407 Abs. 2 Satz 2 StPO-AE soll im Verfahren ohne Hauptverhandlung eine zur Bewährung ausgesetzte Freiheitsstrafe von bis zu zwei Jahren verhängt werden können. Dies entspreche einer Forderung aus der Praxis[1783]. Den Bedenken gegen diese Ausweitung werde dadurch Rechnung getragen, dass eine solche Strafe nur mit Zustimmung des Angeklagten verhängt werden dürfe.

Nach derzeitiger Rechtslage kann der Richter nach § 202 StPO ergänzend einzelne Beweise erheben[1784], sofern er dies für nötig erachtet. Der Entwurf sieht

---

1780 *AE-ASR*, GA 2019, 1, 106; SK-StPO/*Frister* § 373a Rn. 5.

1781 SK-StPO/*Degener* § 407 Rn. 1 m.w.N.

1782 *AE-ASR*, GA 2019, 1, 27 ff.

1783 Verwiesen wird auf *Ignor/Matt*, StV 2002, 102, 107; *Leipold/Wojtech*, ZRP 2010, 243, 244 f.

1784 KMR/*Metzger* § 407 Rn. 22; ausdrücklich zur Geltung im Strafbefehlsverfahren MüKoStPO/*Wenske* § 202 Rn. 2; *Maleika*, Freiheitsstrafe und Strafbefehl, S. 19.

in § 408 StPO-AE nun ausdrücklich diese Möglichkeit für das Verfahren ohne Hauptverhandlung vor. Der Angeklagte kann sich hierbei allerdings nur schriftlich äußern und nicht mündlich vorsprechen. Dadurch solle sichergestellt werden, dass eine öffentliche Hauptverhandlung weiterhin erforderlich bleibe, sofern eine Vernehmung nötig erscheine.

Nach der bisherigen Praxis erlässt der Richter den Strafbefehl, wenn seines Erachtens aufgrund des Akteninhalts ein hinreichender Tatverdacht anzunehmen ist. Der Streit darum, ob nicht vielmehr eine richterliche Überzeugung notwendig wäre[1785], soll in § 409 Abs. 1 StPO-AE nun dahingehend geklärt werden, dass der Richter im Sinne einer Aktenüberzeugung[1786] überzeugt sein muss.

Bei der Entscheidung soll der Richter aber nicht mehr wie bisher an den Antrag der Staatsanwaltschaft gebunden sein, sondern kann nach § 409 Abs. 3 StPO-AE auch dann im Verfahren ohne Hauptverhandlung entscheiden, wenn er eine von der Anklage abweichende Rechtsauffassung vertritt; allerdings können sowohl die Staatsanwaltschaft als auch der Angeschuldigte hiergegen widersprechen, worauf sie hinzuweisen sind.

Der verurteilende Beschluss soll rechtskräftig werden, wenn – sofern die Rechtsfolge eine Verwarnung oder eine Geldstrafe bis zu neunzig Tagessätzen, auch in Verbindung mit einem Fahrverbot, der Einziehung oder der Unbrauchbarmachung, ist – seitens der Staatsanwaltschaft und des Angeschuldigten kein Widerspruch eingelegt wird; wird diese Rechtsfolge überschritten, darf die Staatsanwaltschaft nur nicht widersprechen, der Angeschuldigte allerdings muss positiv zustimmen.

Kommt es dennoch zur Hauptverhandlung, gelten hierfür die allgemeinen Regeln; insbesondere wird das Beweisrecht anders als in § 411 Abs. 2 Satz 2, 420 Abs. 4 StPO nicht eingeschränkt.[1787]

Der derzeit geltende § 408a StPO soll funktional durch § 412 Abs. 1 StPO-AE ersetzt werden, nach dem vom Normalverfahren auch noch während der Hauptverhandlung in das Verfahren ohne Hauptverhandlung übergegangen werden kann. Anders als bisher soll so das Missbrauchspotential[1788] verringert werden, denn Voraussetzung hierfür ist, dass die Bedingungen für die

---

1785 So die hiesige Ansicht, siehe insgesamt dazu unter I. 1.

1786 *Fezer*, ZStW 106 (1994), 1, 21; vgl. *Loos*, in: FS Küper, 313, 317.

1787 *AE-ASR*, GA 2019, 1, 90.

1788 *AE-ASR*, GA 2019, 1, 101: Es werde gemutmaßt, dass die Vorschrift anders als geplant dazu dient, eine schnelle Erledigung zu ermöglichen, wenn während der Hauptverfahrens eine Verständigung stattfand; so auch SK-StPO/*Weßlau* (4. Aufl.) § 408a Rn. 3.

Erledigung im Verfahren ohne Hauptverhandlung erfüllt sind. Insbesondere muss die Staatsanwaltschaft dies zuvor bereits beantragt haben. Bei § 412 StPO-AE muss das Fernbleiben von der Hauptverhandlung aber unentschuldigt sein. Denn es sei nicht sachgerecht, dem Angeschuldigten auch dann seine Widerspruchsmöglichkeit gegen das Verfahren ohne Hauptverhandlung zu nehmen, wenn er entschuldigt sei. Dennoch bleibe § 412 Abs. 1 StPO-AE eine Ermessensentscheidung, damit der Angeklagte keine Verurteilung ohne Hauptverhandlung durch sein Fernbleiben erzwingen könne.[1789]

Besonders positiv in dem Alternativ-Entwurf ist die Stärkung der Stellung des Beschuldigten. Er wird bei der Verfahrenswahl nicht gänzlich ignoriert, sondern kann durch eigenen Antrag eine Erledigung im vereinfachten Verfahren initiieren oder aber eine Verhandlung im Regelverfahren erreichen. Der Staatsanwaltschaft wird so das Druckmittel genommen[1790], ihr alleiniges Antragsrecht nur im Gegenzug für eine Kooperation wahrzunehmen. Auch das Widerspruchs-, beziehungsweise bei höheren Strafen das Zustimmungserfordernis schützt den (noch nicht rechtskräftig) Verurteilten weitaus mehr als die jetzigen Regelungen zum Strafbefehlsverfahren.

Die Rechte des Angeklagten werden begrüßenswerterweise zudem auch durch die gestrichene Einschränkung des Beweisrechts[1791] gestärkt, wenn es zur Hauptverhandlung kommt. Der Richter ist bei der Ablehnung von Beweisanträgen so wieder an die Gründe in §§ 244 f. StPO gebunden.

Positiv hervorzuheben ist auch, dass der Richter nur noch zugunsten der vereinfachten Verfahrensform entscheiden soll, wenn er von der Schuld des Beschuldigten überzeugt ist. Denn so sollte bei einem gewissenhaften Richter die Hemmschwelle erhöht werden, eine Entscheidung ohne persönlichen Kontakt zu treffen.

Dass es in der Praxis einen Unterschied machen würde, wenn eine richterliche Überzeugung für den Erlass eines Strafbefehls gefordert würde, gaben auch insgesamt 64,1 % der befragten Strafrichter des Amtsgerichts Tiergarten an. Dass es für den Fall, dass der Strafbefehl nur noch bei richterlicher Überzeugung und nicht mehr schon bei hinreichendem Tatverdacht erlassen werden könnte, vermehrt zur Anberaumung einer Hauptverhandlung kommen würde, hielten sieben der antwortenden Richter für „nichtzutreffend", vier für „eher nichtzutreffend", drei für „halb zutreffend", 13 für „eher zutreffend" und zwölf für „voll zutreffend". Mithin wäre eine solche Änderung dahingehend

1789 *AE-ASR*, GA 2019, 1, 100 ff.

1790 Vgl. *Deiters*, ZStW 130 (2018), 491, 507.

1791 Siehe zur derzeitigen Einschränkung unter V. 2.

erfolgsversprechend, dass durch die höhere Anforderung an den Erlass von Strafbefehlen wahrscheinlich weniger fehlerhaft ergingen.

Dafür wird dem Richter eine größere Flexibilität eingeräumt, da er nicht mehr nur noch mit Ja oder Nein auf den Antrag der Staatsanwaltschaft reagieren, sondern eine abweichende rechtliche Beurteilung durchsetzen kann, sofern dem auf seinen Hinweis hin nicht widersprochen wird.

Allerdings geht der Entwurf in einigen Punkten nicht weit genug. Zum einen ändert er nichts an der defizitären Entscheidungsgrundlage.[1792] Auch seine Überzeugung kann der Richter weiterhin nur aufgrund des von der Staatsanwaltschaft dargestellten Geschehens treffen, das insofern einseitig ermittelt wurde. Zwar sieht § 408 StPO-AE die Möglichkeit einer ergänzenden Beweiserhebung vor, diese ist aber auch nach derzeitiger Rechtslage im Strafbefehlsverfahren in entsprechender Anwendung des § 202 StPO möglich[1793], sodass hier keine Veränderung zu erwarten ist, obwohl eine Klarstellung dennoch begrüßenswert ist. Da der Angeschuldigte mehr Widerspruchsrechte hat (zum einen bei der Einleitung des Verfahrens nach § 407 Abs. 1 StPO-AE, zum anderen beim rechtskräftig werden, § 410 Abs. 1 oder 2 StPO-AE, aber auch bei einer abweichenden Entscheidung nach § 409 Abs. 3 StPO-AE) und damit besser Einfluss nehmen kann, wiegt diese Tatsache hier aber nicht so schwer wie im jetzigen Strafbefehlsverfahren.[1794]

Fraglich ist auch, ob die Regelungen so gewählt sind, dass das Fehlen einer Pflichtverteidigung[1795] – abgesehen bei drohender Freiheitsstrafe – gerechtfertigt ist. Denn der Arbeitskreis sieht selbst, dass der Beschuldigte im Strafbefehlsverfahren Nachteile erleidet, wenn er nicht verteidigt ist.[1796] Zwar wird es dem Angeschuldigten im Alternativ-Entwurf dadurch leichter gemacht, dass er des Öfteren belehrt und so auf das Verfahren aufmerksam gemacht wird. Auch bedarf es für das Rechtskräftigwerden einer höheren Rechtsfolge gemäß § 410 Abs. 2 StPO-AE seiner Zustimmung, allerdings bewahrt dies einen weniger erfahrenen, desinteressierten oder der deutschen Sprache nicht mächtigen Beschuldigten nicht davor, die Schriftstücke des Gerichts nicht zu öffnen, zu verstehen oder angemessen auf sie reagieren zu können. Denn die Möglichkeit, zu widersprechen und seine Ansichten in das Verfahren einzubringen, muss auch aktiv wahrgenommen werden. Die

1792 *Hüls,* KriPoZ 2019, 159, 165.

1793 KMR/*Metzger* § 407 Rn. 22; MüKoStPO/*Wenske* § 202 Rn. 2; *Böttcher/Mayer,* NStZ 1993, 153, 156.

1794 So auch *Hüls,* KriPoZ 2019, 159, 165.

1795 Dazu unter 4. Teil D.

1796 *AE-ASR,* GA 2019, 1, 6, 84.

Widersprüche sind zudem von erheblicher Bedeutung, denn sie verhindern zum einen, dass eine Erledigung im Verfahren ohne Hauptverhandlung stattfindet und zum anderen, dass der darin gefällte Beschluss rechtskräftig wird. Die fehlende Wahrnehmung dieser Möglichkeit kann für den Angeschuldigten damit äußerst negativ sein. Das Erfordernis einer Zustimmung bei höheren Freiheitsstrafen ist zwar in den Fällen ein Schutzmechanismus, in denen der Beschluss für den dann (noch nicht rechtskräftig) Verurteilten ungünstig ist, allerdings könnte der Fall auch so gelagert sein, dass das Verfahren ohne Hauptverhandlung für den Angeschuldigten positiv endet. Hier aus Ignoranz oder Unkenntnis nicht zuzustimmen, wäre dann nachteilhaft. In beiden Fällen bedarf es daher eines Verteidigers, der den Beschuldigten von Anfang an berät. Auch der Arbeitskreis erkennt bei dem derzeitigen Verfahren die Gefahr, dass der nicht verteidigte Beschuldigte das Schriftstück nicht zur Kenntnis, nicht ernst nimmt oder die zwei Wochen Frist versäumt.[1797] Wieso sich dies durch stärkere Mitwirkungsrechte – und nicht Pflichten – ändern soll, bleibt unklar.

Problematisch ist auch die Ausdehnung der Bewährungsfreiheitsstrafe auf zwei Jahre.[1798] Dies geschehe auf die wiederholte Forderung aus der Praxis. In der Literatur hingegen stieß diese Überlegung vielfach auf Ablehnung.[1799] Für diesen Fall gelten zwar Zustimmungserfordernis und Verteidigungspflicht. Durch diese Kombination solle gewährleistet werden, dass der Angeschuldigte zum einen vom Zustimmungserfordernis erfährt und zum anderen, dass er nicht von einer Freiheitsstrafe überrascht werden kann, allerdings ist auch hier nicht erforderlich, dass sich der Richter zuvor einen persönlichen Eindruck vom Angeschuldigten macht. Denn auch § 408 StPO-AE sieht nicht vor, dass der Richter dem Angeschuldigten persönlich begegnet, da auch im Falle einer

---

1797 *AE-ASR*, GA 2019, 1, 6.

1798 Dazu siehe unter III. 2.

1799 Schon die Aufnahme der einjährigen Freiheitsstrafen in den Rechtsfolgenkatalog stieß auf Kritik: SK-StPO/*Degener* § 407 Rn. 22; *Maleika*, Freiheitsstrafe und Strafbefehl, S. 133 ff. m.w.N., S. 185 ff.; *Fezer*, in: FS Baumann, 395, 398 f.; *Werle*, JZ 1991, 789, 795; *Asbrock*, ZRP 1992, 11, 13, der aufgrund des Verteidigererfordernisses allerdings keine rechtsstaatlichen Bedenken hat; *Bandisch*, AnwBl 1991, 311, 312; *Scheffler*, GA 1995, 449, 455 f.; *Schlüchter*, Weniger ist mehr, S. 59; *Martin*, GA 1995, 121, 124; AlternK-StPO/*Loos* § 407 Rn. 14; differenzierend KMR/*Metzger* § 407 Rn. 18; zudem gegen die Ausdehnung *Arbeitskreis*, ZRP 1995, 268, 271; vgl. auch schon *Kirch*, Das Strafbefehlsverfahren nach dem StVÄG 1987, S. 81 f., der sich mit Blick auf § 56 I StGB für eine Obergrenze der Freiheitsstrafe von einem Jahr ausspricht; LR/*Gössel* Vor § 407 Rn. 62.

ergänzenden Beweiserhebung nur eine schriftliche Äußerung getätigt werden kann. Damit solle sichergestellt werden, dass eine öffentliche Hauptverhandlung weiterhin erforderlich bleibt, sofern eine Vernehmung nötig erscheint und damit kein einfacher Sachverhalt vorliegt.[1800] Dass die mit viel Arbeit belasteten Richter aber vermehrt Hauptverhandlungen anberaumen, ist nicht zu erwarten. Denn auch derzeit werden viele der Strafbefehle, die auf Freiheitsstrafe lauten, ohne persönliche Vorsprache ausgefertigt.

Ähnliches zeigten zum Teil auch die Ergebnisse der Befragung der Strafverteidiger. Die Frage danach, ob der Angeschuldigte vor einem auf Freiheitsstrafe lautenden Strafbefehl angehört wird, beantworteten die Anwälte elf Mal mit „sehr häufig" (19,3 %), 13 Mal mit „häufig" (22,8 %), zwanzig Mal mit „manchmal" (35 %), sieben Mal mit „selten" (12,3 %) und sechs Mal mit „nie" (10,5 %). Während also 42,1 % die Erfahrung machten, dass in diesen Fällen „sehr häufig" bis „häufig" eine vorherige Anhörung stattfand, machten 57,9 % die Erfahrung, dass dies nur „manchmal" bis „nie" der Fall ist. Der Vergleich zu dem Ergebnis auf die Frage nach einer vorherigen Anhörung allgemein bei Strafbefehlen zeigte, dass eine Anhörung bei Freiheitsstrafen insgesamt nicht häufiger als allgemein auch vorzukommen scheint.

Nach Angabe von 16 der befragten Strafrichter des Amtsgerichts Tiergarten werden Angeschuldigte vor Erlass eines Strafbefehls, der auf Freiheitsstrafe lautet, „sehr häufig" angehört (43,2 %), fünf gaben hier „häufig" (13,5 %), zwei „manchmal" (5,4 %), zehn „selten" (27 %) und vier „nie" (10,8 %) an. Von den befragten Richtern gaben auf die Frage, wie häufig Strafbefehle allgemein beantragt werden, ohne dass zuvor eine Anhörung nach § 163a StPO erfolgte, 50 % „manchmal" oder „selten" und 42,1 % „nie" an. Dass vorherige Anhörungen bei Freiheitsstrafen manchmal, selten oder nie unterblieben, gaben 43,2 % der befragten Richter an. Der Eindruck, der bei den Richtern besteht, fällt damit sowohl bei Freiheitsstrafen als auch Strafbefehlen allgemein eindeutiger als der der Strafverteidiger zugunsten einer häufigen vorherigen Anhörung aus.

Der Vergleich zu dem Ergebnis auf die Frage nach einer vorherigen Anhörung allgemein bei Strafbefehlen zeigt aber auch, dass eine Anhörung bei Strafbefehlen, die eine (zur Bewährung ausgesetzte) Freiheitsstrafe festsetzen, insgesamt nicht häufiger als allgemein auch vorzukommen scheint, sodass gerade bezüglich der erforderlichen Prognoseentscheidungen neben dem fehlenden persönlichen Eindruck durch den Richter häufig nicht einmal ein Eindruck vom Täter durch die ermittelnden Polizeibeamten oder die Staatsanwaltschaft gewonnen

1800 *AE-ASR*, GA 2019, 1, 94.

wird, was die Gefahr fehlerhafter Entscheidungen gerade im Falle der Freiheitsstrafen erhöht.

Damit bleibt das zuvor genannte Problem einer fehlenden Anhörung[1801], ohne die die Voraussetzungen für eine Bewährungsaussetzung nicht aufgrund einer zuverlässigen Entscheidungsgrundlage gefällt werden können, bestehen.

Eine Forderung der Praxis nach einer Ausdehnung der Freiheitsstrafe lässt sich durch die Ergebnisse der Befragung sowohl der Verteidiger als auch der Strafrichter zudem (zumindest für die Region Berlin und zum Teil Bremen) nicht belegen. Der Möglichkeit, durch Strafbefehl Freiheitsstrafen von bis zu zwei Jahren, ausgesetzt zur Bewährung, verhängen zu können, stand die überwiegende Mehrheit (69,2 % der Richter und 79,7 % der Verteidiger) ablehnend gegenüber.

Bezüglich der Verteidigung ist zudem nicht geregelt, dass die Regeln der Pflichtverteidigung, §§ 140 ff. StPO, angewandt werden sollen. Es wird lediglich die Möglichkeit, eine Freiheitsstrafe zu verhängen, für den Fall eingeräumt, dass der Angeschuldigte einen Verteidiger hat. Ob ihm dieser auch gerichtlich bestellt werden kann oder ob im Falle einer bisherigen Nichtverteidigung das Regelverfahren eingeleitet werden muss, bleibt unklar. Ein Gegenschluss aus § 418 Abs. 4 StPO-AE (Durchführung des beschleunigten Verfahrens), in dem es ausdrücklich heißt, „[d]em Beschuldigten, der noch keinen Verteidiger hat, wird ein Verteidiger bestellt.", führt dazu, dass eine Freiheitsstrafe dann im Regelverfahren verhängt werden muss. Danach zu differenzieren, ob der Beschuldigte sich zuvor selbst einen Verteidiger organisiert hat, scheint kein sachgerechtes Kriterium. Denn die Folge wäre, dass dann zwar ein Regelverfahren mit Hauptverhandlung eingeleitet würde, der Angeklagte hier aber nicht verteidigt sein müsste.[1802] Ob man einen verteidigten Beschuldigten ohne Hauptverhandlung einem Nichtverteidigten mit Hauptverhandlung gleichstellen kann, ist fraglich. Für den Fall, dass eine Hauptverhandlung ohne Verteidigung nachteiliger wäre, wäre jemand, der sich nicht rechtzeitig einen Verteidiger organisiert, damit schlechter gestellt, was den Grundsätzen der Gleichbehandlung nicht entspräche.

Zudem muss man dem Entwurf vorhalten, einen geringeren Beschleunigungseffekt als das derzeitige Strafbefehlsverfahren zu erzielen. Denn mit den Mitwirkungsrechten des Beschuldigten gehen zwangsläufig Fristgewährungen einher. So sehen zum Beispiel die §§ 407 Abs. 1, 410 Abs. 3 Satz 1 StPO-AE

1801 Siehe dazu unter I. 2., 3.

1802 Vgl. § 141 StPO.

jeweils eine zwei-Wochen-Frist vor. Dies ist aber eine eher marginale Verlängerung, die keine Mehrarbeit für die Gerichte mit sich bringt und durch die die Rechte des Beschuldigten gewahrt werden.

Der Alternativ-Entwurf fordert auch, § 373a StPO aufzuheben, weil es widersprüchlich sei, die Entscheidung ohne Hauptverhandlung einem Urteil gleichzustellen und dadurch das erhöhte Risiko fehlerhafter Urteile in Kauf zu nehmen, andererseits aber dem dann Verurteilten die günstigen Rechtsfolgen durch die Rechtskraft nicht zuzugestehen.[1803]

Die Möglichkeit einer Wiederaufnahme des Verfahrens bei Strafbefehlen ist grundsätzlich erforderlich. Denn wie unter B. II. 2. d) gezeigt, werden viele fehlerhafte Strafbefehle rechtskräftig und können nur auf diese Weise nachträglich korrigiert werden. Allerdings ist fraglich, ob eine Wiederaufnahme auch zu Ungunsten des Verurteilten unter erleichterten Bedingungen, wie § 373a StPO es vorsieht, möglich sein sollte. Dies ist jedenfalls mit Blick auf den Gedanken der Rechtssicherheit[1804] problematisch. Denn die Rechtskraft ist für den Verurteilten vor allem dann positiv[1805], wenn ein für ihn günstiges Urteil gefällt wurde. Durch § 373a StPO ist der durch Strafbefehl Verurteilte somit schlechter gestellt als er bei einer Verurteilung im regulären Verfahren stünde, und das, obwohl er unter erleichterten Bedingungen verurteilt werden konnte. Gerade mit Blick auf das erhebliche Risiko von Fehlentscheidungen scheint eine solche zusätzliche, zu Lasten des Verurteilten bestehende Störung der Rechtssicherheit unangemessen. Sofern ein Sachverhalt nicht einfach gelagert und vollumfänglich aufgeklärt ist, sollte letzteres im Rahmen einer Hauptverhandlung geschehen. Sofern die Staatsanwaltschaft dies bei Abschluss der Ermittlungen nicht für erforderlich hält, soll sich diese Entscheidung nicht zu Lasten des später Verurteilten auswirken. Da durch Strafbefehl ohnehin nur geringfügige Delikte erledigt werden sollten, ist eine unabänderliche Fehlentscheidung zu Gunsten des Verurteilten an dieser Stelle als kleines Übel hinzunehmen.

Gerade auch, weil der rechtskräftige Strafbefehl einem Urteil gleichsteht, § 410 Abs. 3 StPO, sollten an dieser Stelle keine anderen Regelungen gelten.[1806]

Insofern ist die Forderung des Alternativ-Entwurfs nach Abschaffung von § 373a StPO zu unterstützen.

1803 *AE-ASR*, GA 2019, 1, 106; SK-StPO/*Frister* § 373a Rn. 5.

1804 BeckOK StPO/*Singelnstein* § 359 Rn. 1.

1805 Vgl. SK-StPO/*Frister* § 373a Rn. 5; *AE-ASR*, GA 2019, 1, 106.

1806 *AE-ASR*, GA 2019, 1, 106; gegen § 373a StPO auch *Hutzler*, Ausgleich struktureller Garantiedefizite, Rn. 260, 266.

3. *Notwendigkeit eines neuen Verfahrens*

Die begrüßenswerten Vorschläge des Alternativ-Entwurfs[1807] ließen sich aber auch in das derzeitige Strafbefehlsverfahren einbinden und es so an einigen entscheidenden Punkten verbessern.

So könnte man dem Angeklagten das Recht einräumen, bei Zustellung der Anklage eine Erledigung im Strafbefehlsverfahren zu erwirken. Auch könnte man ihm ein Widerspruchsrecht gegen das Strafbefehlsverfahren zubilligen[1808], das er geltend machen könnte, bevor der Richter den Strafbefehl erlässt. Auch hier müsste der Angeschuldigte zuvor informiert werden. Ebenso wie es § 410 Abs. 2 StPO-AE vorsieht, könnte man bei gewichtigeren Rechtsfolgen eine Zustimmungspflicht vorsehen, wobei diese höheren Rechtsfolgen aus anderen Gründen abzulehnen sind[1809]. Weiterhin käme die Streichung von § 411 Abs. 2 Satz 2 StPO[1810] in Betracht, ebenfalls, ohne eine neue Terminologie[1811] zu bemühen.[1812]

IX. Rechtsvergleichendes

Auch die Strafprozessordnungen anderer Länder kennen dem Strafbefehl vergleichbare Verfahrensformen. Beispielsweise in der Schweiz, aber auch in Frankreich oder Polen werden auf diese Weise Verfahren verkürzt erledigt. Ein überblicksartiger Vergleich des Strafbefehlsverfahrens in Deutschland mit den soeben genannten Ländern soll zeigen, inwiefern sich das dortige Verfahren von dem hiesigen unterscheidet und ob man das Strafbefehlsverfahren der deutschen Strafprozessordnung gegebenenfalls an einigen Punkten nach ausländischem Vorbild verbessern könnte.

1807 Siehe auch einen früheren Alternativ-Entwurf, der das Strafbefehlsverfahren parallel zum Verfahren mit nichtöffentlicher Hauptverhandlung ausgestaltete und der bspw. die Möglichkeit einer Anhörung durch die StA vor Strafbefehlsantrag vorsah, *Alternativ-Entwurf*, Novelle zur Strafprozeßordnung 1980, S. 51 ff.; vgl. dazu *Fezer*, in: FS Baumann, 395, 396; dazu auch *Gribbohm*, ZRP 1982, 55.

1808 Für ein solches Recht auch *Müller*, Das Strafbefehlsverfahren, S. 328 f.; dagegen *Kirch*, Das Strafbefehlsverfahren nach dem StVÄG 1987, S. 107 ff., 112.

1809 Siehe dazu III. 1. a) dd), 2., 4. c).

1810 Vgl. *Ambos*, Jura 1998, 281, 293, für die Streichung von § 420 Abs. 4 StPO; vgl. *Böttcher*, in: FS Odersky, 299, 307, mit Blick auf Bewährungsstrafen.

1811 I.Ü. wird auch der Begriff „Strafbefehl" vom *Alternativ-Entwurf*, Novelle zur Strafprozeßordnung 1980, S. 51 für sprachlich verunglückt gehalten und die Formulierung „Strafbescheid" vorgeschlagen.

1812 Siehe zum Vorschlag unter 4. Teil D.

1. *Der Strafbefehl in der Schweiz*

Die praktische Relevanz des Strafbefehlsverfahrens ist in der Schweiz noch deutlich höher als in Deutschland. Schätzungen zufolge werden dort über 90 % aller Strafverfahren, die nicht eingestellt werden, durch Strafbefehl erledigt.[1813] Dieser Umstand wird zum einen darauf zurückgeführt, dass der Anwendungsbereich des deutschen Strafbefehlsverfahrens auf Vergehen beschränkt ist.[1814] Zudem gibt es in der Schweiz kein Ordnungswidrigkeitengesetz, was zur Folge hat, dass viele dieser leichten Verstöße, anders als in Deutschland, mit einer Kriminalstrafe und insbesondere durch Strafbefehle geahndet werden.[1815] Außerdem wird in Deutschland eine Verfahrensbeschleunigung nicht nur über das Strafbefehlsverfahren, sondern, anders als in der Schweiz, primär auch über die Einstellungen nach §§ 153 ff. StPO[1816] und Absprachen angestrebt.

1813 *Stoll*, Beschleunigungsstrategien der Strafjustiz, S. 19 m.N.; *Riklin*, GA 2006, 495, 505; *Gilliéron*, Strafbefehlsverfahren und plea bargaining, S. 53 m.N.; *Oehen*, Der Strafkläger im Strafbefehls- und im abgekürzten Verfahren, S. 95; *Hutzler*, Ausgleich struktureller Garantiedefizite, Rn. 125; die Einsprachequote sei mit unter 10 % besonders gering, *Riklin*, in: FS Jung, 761, 769; so auch *Kunz*, ZStW 131 (2019), 540, 543; vgl. zur geringen Einspruchsquote auch Statistisches Jahrbuch des Kantons Basel-Stadt 2020, S. 296: 835 Einsprüche bei 25.822 erlassenen Strafbefehlen (2019), https://www.google.com/url?sa=t&rct=j&q=&esrc=s&source=web&cd=&ved=2ahUKEwiMz_ma3_DvAhXEgv0HHeKiDbgQFjAAegQIAhAD&url=https%3A%2F%2Fwww.statistik.bs.ch%2Fdam%2Fjcr%3Af58cd923-f89e-4d79-ba5b-8a28b50046de%2FKap19.pdf&usg=AOvVaw3L9bC8UPKWJ3lU9gLhYKr8, zuletzt abgerufen am 09.04.2021.

1814 *Hutzler*, Ausgleich struktureller Garantiedefizite, Rn. 127.

1815 *Riklin*, in: FS Jung, 761, 763.

1816 *Hutzler*, Ausgleich struktureller Garantiedefizite, Rn. 127; *Vivell*, Strafbefehlsverfahren nach § 408a, S. 72; *Riklin*, in: FS Jung, 761, 762 f.

Auszug aus der schweizerischen Strafprozessordnung[1817]:

8. Titel: Besondere Verfahren

1. Kapitel: Strafbefehlsverfahren, Übertretungsstrafverfahren

1. Abschnitt: Strafbefehlsverfahren

Art. 352 Voraussetzungen

1 Hat die beschuldigte Person im Vorverfahren den Sachverhalt eingestanden oder ist dieser anderweitig ausreichend geklärt, so erlässt die Staatsanwaltschaft einen Strafbefehl, wenn sie, unter Einrechnung einer allfällig zu widerrufenden bedingten Strafe oder bedingten Entlassung, eine der folgenden Strafen für ausreichend hält:

a. eine Busse;

b. eine Geldstrafe von höchstens 180 Tagessätzen;

c. …

d. eine Freiheitsstrafe von höchstens 6 Monaten.

2 Jede dieser Strafen kann mit einer Massnahme nach den Artikeln 66 und 67e–73 StGB verbunden werden.

3 Strafen nach Absatz 1 Buchstaben b–d können miteinander verbunden werden, sofern die insgesamt ausgesprochene Strafe einer Freiheitsstrafe von höchstens 6 Monaten entspricht. Eine Verbindung mit Busse ist immer möglich.

Art. 353 Inhalt und Eröffnung des Strafbefehls

1 Der Strafbefehl enthält:

a. die Bezeichnung der verfügenden Behörde;

b. die Bezeichnung der beschuldigten Person;

c. den Sachverhalt, welcher der beschuldigten Person zur Last gelegt wird;

d. die dadurch erfüllten Straftatbestände;

e. die Sanktion;

f. den kurz begründeten Widerruf einer bedingt ausgesprochenen Sanktion oder einer bedingten Entlassung;

g. die Kosten- und Entschädigungsfolgen;

h. die Bezeichnung beschlagnahmter Gegenstände und Vermögenswerte, die freigegeben oder eingezogen werden;

i. den Hinweis auf die Möglichkeit der Einsprache und die Folgen einer unterbliebenen Einsprache;

j. Ort und Datum der Ausstellung;

k. die Unterschrift der ausstellenden Person.

1817 Stand 01.03.2021, abrufbar unter https://www.fedlex.admin.ch/eli/cc/2010/267/de, zuletzt abgerufen am 09.04.2021.

2 Soweit die beschuldigte Person Zivilforderungen der Privatklägerschaft anerkannt hat, wird dies im Strafbefehl vorgemerkt. Nicht anerkannte Forderungen werden auf den Zivilweg verwiesen.
3 Der Strafbefehl wird den Personen und Behörden, die zur Einsprache befugt sind, unverzüglich schriftlich eröffnet.

Art. 354 Einsprache

1 Gegen den Strafbefehl können bei der Staatsanwaltschaft innert 10 Tagen schriftlich Einsprache erheben:

a. die beschuldigte Person;

b. weitere Betroffene;

c. soweit vorgesehen die Ober- oder Generalstaatsanwaltschaft des Bundes oder des betreffenden Kantons im jeweiligen eidgenössischen oder kantonalen Verfahren.

2 Die Einsprachen sind zu begründen; ausgenommen ist die Einsprache der beschuldigten Person.
3 Ohne gültige Einsprache wird der Strafbefehl zum rechtskräftigen Urteil.

Art. 355 Verfahren bei Einsprache

1 Wird Einsprache erhoben, so nimmt die Staatsanwaltschaft die weiteren Beweise ab, die zur Beurteilung der Einsprache erforderlich sind.
2 Bleibt eine Einsprache erhebende Person trotz Vorladung einer Einvernahme unentschuldigt fern, so gilt ihre Einsprache als zurückgezogen.
3 Nach Abnahme der Beweise entscheidet die Staatsanwaltschaft, ob sie:

a. am Strafbefehl festhält;

b. das Verfahren einstellt;

c. einen neuen Strafbefehl erlässt;

d. Anklage beim erstinstanzlichen Gericht erhebt.

Art. 356 Verfahren vor dem erstinstanzlichen Gericht

1 Entschliesst sich die Staatsanwaltschaft, am Strafbefehl festzuhalten, so überweist sie die Akten unverzüglich dem erstinstanzlichen Gericht zur Durchführung des Hauptverfahrens. Der Strafbefehl gilt als Anklageschrift.
2 Das erstinstanzliche Gericht entscheidet über die Gültigkeit des Strafbefehls und der Einsprache.
3 Die Einsprache kann bis zum Abschluss der Parteivorträge zurückgezogen werden.
4 Bleibt die Einsprache erhebende Person der Hauptverhandlung unentschuldigt fern und lässt sie sich auch nicht vertreten, so gilt ihre Einsprache als zurückgezogen.
5 Ist der Strafbefehl ungültig, so hebt das Gericht ihn auf und weist den Fall zur Durchführung eines neuen Vorverfahrens an die Staatsanwaltschaft zurück.

> 6 Bezieht sich die Einsprache nur auf die Kosten und Entschädigungen oder weitere Nebenfolgen, so entscheidet das Gericht in einem schriftlichen Verfahren, es sei denn, die Einsprache erhebende Person verlange ausdrücklich eine Verhandlung.
> 7 Sind gegen mehrere Personen Strafbefehle erlassen worden, die sich auf den gleichen Sachverhalt beziehen, so ist Artikel 392 sinngemäss anwendbar.

Bis zum 31.12.2010 war das schweizerische Strafprozessrecht noch überwiegend den 26 Kantonen überlassen[1818], am 01.01.2011 trat die schweizerische Strafprozessordnung und damit eine ausschließlich geltende bundeseinheitliche Regelung in Kraft.

Gemäß Art. 352 Abs. 1 chStPO ist für den Erlass von Strafbefehlen allein die Staatsanwaltschaft zuständig. Anders als in Deutschland ist also kein Richter hieran beteiligt. Die Staatsanwaltschaft hat in der Schweiz eine starke Stellung inne[1819]: Sie ist Sanktionsinstanz und kann ohne richterliche Beteiligung Opportunitätsentscheidungen treffen und Strafbefehle erlassen; die Verfahrensbeendigung durch Strafbefehl kommt dabei erheblich häufiger vor als die Verfahrensbeendigung durch Urteil.[1820] Zwar scheinen die Entscheidungen der Staatsanwaltschaft hierbei tendenziell fehleranfälliger zu sein als diejenigen eines Richters, was sich dadurch vermuten lasse, dass in den drei Kantonen, in denen Richter für den Erlass eines Strafbefehls zuständig waren, keinem Revisionsbegehren gegen eine entsprechende richterliche Entscheidung zwischen 1995 und 2004 stattgegeben wurde, während in nur einem von den sieben Kantonen, in denen auch schon damals die Staatsanwaltschaft für den Strafbefehlserlass zuständig war, keine Wiederaufnahmeanträge erfolgreich waren – auch in den Kantonen, in denen Untersuchungsrichter für den Erlass zuständig waren, gab es in nur sieben Kantonen keine erfolgreichen Revisionen.[1821] Diese Statistiken, die aber auch nur eine Tendenz erkennen lassen, liefern allerdings keine Anhaltspunkte für die Gründe für dieses Ergebnisses.[1822]

Übersehen werden darf in diesem Zusammenhang dennoch nicht, dass auch in Deutschland die Entscheidung zumindest faktisch primär bei der Staatsanwaltschaft liegt, da die Richter die Strafbefehlsanträge in aller Regel

1818 Zur unterschiedlichen Ausgestaltung je nach Kanton *Gilliéron*, Strafbefehlsverfahren und plea bargaining, S. 38 ff.

1819 *Gilliéron*, Strafbefehlsverfahren und plea bargaining, S. 44.

1820 *Riklin*, in: FS Jung, 761, 765.

1821 *Gilliéron*, Strafbefehlsverfahren und plea bargaining, S. 127 f., S. 109 ff., Tabelle 6.

1822 Vgl. *Gilliéron*, Strafbefehlsverfahren und plea bargaining, S. 128.

antragsgemäß erlassen[1823]. Trotzdem ist es wegen Art. 92 GG unabdingbar, dass in Deutschland für den Erlass eines Strafbefehls ein Richter zuständig ist.

Der Anwendungsbereich des schweizerischen Strafbefehlsverfahrens umfasst auch Verbrechen, wobei zu beachten ist, dass diese in der Schweiz anders definiert werden als in Deutschland.[1824] In der Schweiz werden die Delikte in Übertretungen, Vergehen und Verbrechen unterteilt. Übertretungen sind gemäß Art. 103 chStGB Taten, die nur mit Bußen geahndet werden. Vergehen sind Taten, die mit Freiheitsstrafe bis zu drei Jahren oder mit Geldstrafe bedroht sind, Verbrechen solche, die mit Freiheitsstrafe von mehr als drei Jahren bedroht sind, Art. 10 chStGB. Der Anwendungsbereich ist dabei durch die in Art. 352 chStPO aufgezählten Rechtsfolgen beschränkt. Danach kommen für das schweizerische Strafbefehlsverfahren als Rechtsfolgen eine Buße, eine Geldstrafe von höchstens 180 Tagessätzen und eine Freiheitsstrafe von höchstens sechs Monaten in Betracht. Dabei kann jede dieser Strafen mit einer Maßnahme nach den Artikeln 66 und 67e–73 chStGB verbunden werden. Mögliche Rechtsfolgen sind mithin beispielsweise auch ein Fahrverbot (Art. 67e chStGB), die Einziehung von Gegenständen und Vermögenswerten (Art. 69 ff. chStGB) oder eine Friedensbürgschaft (Art. 66 chStGB).

Das Strafbefehlsverfahren in der Schweiz ist damit – ebenfalls wie das deutsche Strafbefehlsverfahren – nicht auf den Bereich der leichtesten Kriminalität beschränkt.[1825] Anders als in Deutschland kann die Freiheitsstrafe in der Schweiz sogar unbedingt, also ohne Aussetzung zur Bewährung, und zudem auch ohne die Bestellung eines Pflichtverteidigers festgesetzt werden[1826].

Zudem ist die Erledigung im Wege des Strafbefehlsverfahrens in der Schweiz auch im Jugendstrafverfahren möglich, Art. 32 chJStPO[1827] Dies ist nicht zuletzt in Hinblick auf die erheblichen Rechtsfolgen und der Tatsache, dass junge Menschen regelmäßig Schwierigkeiten haben werden, mit einem Strafbefehl umzugehen, nicht unproblematisch.

Wie auch in Deutschland ist es in der Schweiz hingegen nicht möglich, im Strafbefehlsverfahren zivilrechtliche Ansprüche im Wege eines Adhäsionsverfahrens geltend zu machen[1828], Art. 126 Abs. 2a, Art. 353 Abs. 2 chStPO.

1823 *Riklin*, in: FS Jung, 761, 765; siehe unter B. II. 2. a)., IV., Tabelle 5 m.N.

1824 *Riklin*, in: FS Jung, 761, 766.

1825 *Gilliéron*, Strafbefehlsverfahren und plea bargaining, S. 45.

1826 *Gilliéron*, Strafbefehlsverfahren und plea bargaining, S. 144.

1827 *Riklin*, in: FS Jung, 761, 773.

1828 *Riklin*, in: FS Jung, 761, 769; *Galeazzi*, Der Zivilkläger im Strafbefehlsverfahren, S. 80 ff., 115.

Als Voraussetzung für den Strafbefehlserlass genügt auch in der Schweiz, dass sich die Schuld des Täters aus den Akten ergibt, etwa dadurch, dass die beschuldigte Person den Sachverhalt im Vorverfahren eingestanden hat oder dieser anderweitig ausreichend geklärt wurde, Art. 352 Abs. 1 chStPO.[1829]

Bezüglich des Verfahrens ist auch in der Schweiz nicht erforderlich, dass der Beschuldigte vor Erlass des Strafbefehls von der Staatsanwaltschaft angehört wird.[1830] Insofern stellen sich hier vergleichbare Probleme bezüglich des rechtlichen Gehörs sowie der Fehleranfälligkeit der Sachverhaltsfeststellung wie in Deutschland.

Hinzu kommt, dass die Staatsanwaltschaft in der Schweiz gemäß Art. 309 Abs. 4 chStPO auf die Eröffnung einer Untersuchung, das heißt einer intensiven Ermittlung (vgl. Art. 308 Abs. 1 chStPO), verzichtet, wenn sie einen Strafbefehl erlässt. Gemäß Art. 308 Abs. 2 chStPO klärt sie die persönlichen Verhältnisse der beschuldigten Person ab. Auch wenn es sich hierbei lediglich um eine interne Verfügung handelt, hat ein erwarteter Strafbefehl mithin Auswirkungen auf das Vorverfahren.[1831] Damit ist die Rechtslage hier für den Beschuldigten risikoreicher als in Deutschland, wo das Ermittlungsverfahren regulär abzuschließen ist, bevor die Entscheidung gefällt wird, ob das Verfahren durch Strafbefehl erledigt werden soll.

Eine umfangreiche Begründungspflicht des Strafbefehls gibt es auch im schweizerischen Recht nicht. Zwar fordert Art. 81 chStPO eine Begründung von Endentscheiden; allerdings sieht Art. 353 chStPO, der den Inhalt des Strafbefehls regelt, eine solche nach dem gesetzgeberischen Willen nicht vor.[1832]

Bezüglich der Belehrung verlangt Art. 353 Abs. 1i chStPO einen Hinweis auf die Möglichkeit der Einsprache und die Folgen ihres Unterbleibens; weitergehende Belehrungen, etwa zu der Möglichkeit einer Ersatzfreiheitsstrafe sind auch hier nicht vorgeschrieben.[1833] Diese beiden Aspekte sind der deutschen Rechtslage mithin sehr ähnlich.

Die Frist für die Einsprache beträgt nach Art. 354 Abs. 1 chStPO zehn Tage, ist also um vier Tage kürzer als in Deutschland, wodurch das Verfahren jedenfalls auch in diesem Punkt weniger beschuldigtenfreundlich ausgestaltet ist.

1829 *Gilliéron*, Strafbefehlsverfahren und plea bargaining, S. 45.
1830 *Gilliéron*, Strafbefehlsverfahren und plea bargaining, S. 46.
1831 *Hutzler*, Ausgleich struktureller Garantiedefizite, Rn. 172.
1832 *Hutzler*, Ausgleich struktureller Garantiedefizite, Rn. 238, 241; *Riklin*, in: FS Jung, 761, 768 ging noch von einer Pflicht zur kurzen Begründung des Strafmaßes aus.
1833 *Hutzler*, Ausgleich struktureller Garantiedefizite, Rn. 244.

Wird innerhalb dieses Zeitraums keine gültige Einsprache eingelegt, wird der Strafbefehl zum rechtskräftigen Urteil, Art. 354 Abs. 3 chStPO. Die Einsprache ist dabei zwingend schriftlich zu formulieren, Art. 354 Abs. 1 chStPO.

Auch in der Schweiz besteht das Problem, dass Strafbefehle regelmäßig in der Amtssprache ohne Übersetzung zugestellt werden, sodass Strafbefehlsempfänger, die der Sprache nicht ausreichend mächtig sind, erheblichen Verständnisproblemen unterliegen.[1834] Derartige sprachliche Schwierigkeiten treten auch in Deutschland regelmäßig auf. Für einen Beschuldigten kann bei der Einspruchseinlegung dabei auch das Problem bestehen, dass er generell nicht in der Lage ist, Texte zu verfassen[1835], etwa weil er nicht zu schreiben gelernt hat. Anders als im schweizerischen Recht besteht in Deutschland aber die Möglichkeit, den Strafbefehl zu Protokoll der Geschäftsstelle zu geben, also mündlich einzulegen, auch wenn diese Möglichkeit für eine Person, die bereits den Strafbefehl nicht richtig versteht, faktisch kaum wahrnehmbar ist.

Das auf die Einsprache folgende Verfahren regelt Art. 355 chStPO. Anders als im deutschen Recht ist in Abs. 1 vorgesehen, dass die Staatsanwaltschaft nach einer Einsprache zunächst weitere Ermittlungen anstellt. Danach entscheidet sie, ob sie am Strafbefehl festhält, das Verfahren einstellt, einen neuen Strafbefehl erlässt oder Anklage beim erstinstanzlichen Gericht erhebt. Sie ist also an den früheren Strafbefehl nicht gebunden.[1836] Sofern die Einsprache erhebende Person trotz Vorladung einer Einvernahme unentschuldigt fernbleibt, gilt ihre Einsprache als zurückgezogen, Art. 355 Abs. 2 chStPO.

Auch wenn es, anders als in der deutschen Strafprozessordnung nicht ausdrücklich normiert ist, gilt auch in der Schweiz das Verschlechterungsverbot infolge einer Einsprache nicht.[1837]

Das Strafbefehlsverfahren in der Schweiz weist an vielen Stellen Parallelen zum deutschen Strafbefehlsverfahren auf, allerdings gibt es einige bedeutsame Unterschiede. Diese liegen vor allem auch in den Rechtsfolgen, denn im schweizerischen Strafbefehlsverfahren kann eine Geldstrafe von lediglich bis zu 180 Tagessätzen sowie eine Freiheitsstrafe von nur bis zu sechs Monaten festgesetzt werden (in Deutschland hingegen sind 360 Tagessätze Geldstrafe und zur Bewährung ausgesetzte Freiheitsstrafen von bis zu einem Jahr zulässig).

1834 *Riklin*, in: FS Jung, 761, 776.

1835 Vgl. *Gilliéron*, Strafbefehlsverfahren und plea bargaining, S. 106.

1836 *Gilliéron*, Strafbefehlsverfahren und plea bargaining, S. 48; *Riklin*, in: FS Jung, 761, 771 f.

1837 *Riklin*, in: FS Jung, 761, 772.

Dies führt positiverweise dazu, dass bei einer Freiheitsstrafe, anders als im deutschen Recht, jedenfalls keine dem § 56 StGB vergleichbare Prognoseentscheidung im summarischen Verfahren getroffen werden muss, die weitere Unsicherheiten beinhaltet, allerdings sind auch hier die eher kurzen Freiheitsstrafen unter Resozialisierungsaspekten äußerst problematisch. Und auch der Umstand, dass dem Angeklagten selbst im Falle einer drohenden, unbedingten Freiheitsstrafe kein Verteidiger zur Seite gestellt wird, verschlechtert seine Stellung gravierend. Erschwerend kommt hinzu, dass er zuvor nicht angehört werden muss.

Die Begrenzung der Geldstrafe auf 180 Tagessätze ist insofern positiv, als dadurch der Anwendungsbereich des Verfahrens an dieser Stelle gegenüber dem deutschen Verfahren eingeschränkt ist, allerdings ist das Strafbefehlsverfahren auch in der Schweiz insgesamt kein Instrument für die Bewältigung lediglich geringfügiger Kriminalität.

Eine der größten strukturellen Schwächen des deutschen Strafbefehlsverfahrens weist auch die schweizerische Ausgestaltung auf: In beiden Prozessordnungen ist eine vorherige Anhörung des Beschuldigten nicht vorgesehen. Zwar wird auch in der Schweiz die Wahrung des rechtlichen Gehörs durch die Möglichkeit einer Einsprache begründet[1838], allerdings fällt dieser Umstand erschwerend ins Gewicht, da ein erwartetes Strafbefehlsverfahren in der Schweiz Auswirkungen auf die Ermittlungsintensität hat, Art. 309 Abs. 4, Art. 308 Abs. 2 chStPO. Die Vermutung, dass die vorherigen Ermittlungen nicht besonders gründlich erfolgen, besteht auch, weil die Staatsanwaltschaft dann, wenn der Beschuldigte Einsprache einlegt, erst noch weitere Ermittlungen vornehmen und dann losgelöst von dem vorherigen Strafbefehl eine Abschlussentscheidung treffen kann, Art. 355 Abs. 1, 3 chStPO. Aus rein ökonomischen Aspekten ist es daher naheliegend, dass Strafbefehle oftmals vorschnell erlassen werden, zumal auch die geringe Einspruchsquote von unter 10 % wahrscheinlich macht, dass es erst gar nicht zu einer Einsprache und weiteren Ermittlungen kommen wird. Insofern scheint hier das Potential zum Missbrauch durch die Staatsanwaltschaft aufgrund der erwarteten Arbeitsersparnis zumindest abstrakt betrachtet extrem hoch zu sein. Und auch das Risiko fehlerhafter Entscheidungen scheint, nicht zuletzt durch die fehlende Anhörung[1839], nicht unerheblich. Dies ist

1838 Vgl. *Hutzler*, Ausgleich struktureller Garantiedefizite, Rn. 320 m.w.N.: Es werde argumentiert, dass der Strafbefehl ein Urteilsvorschlag und daher selbst Mittel der Gehörsgewährung sei.

1839 *Hutzler*, Ausgleich struktureller Garantiedefizite, Rn. 15; vgl. *Killias/Gilliéron/Dongois*, Erreurs judiciaires en Suisse, S. 4; *Gilliéron*, Strafbefehlsverfahren und

angesichts der Tatsachen, dass ein sehr großer Teil der Strafverfahren in der Schweiz durch Strafbefehl erledigt wird, besonders besorgniserregend. Ohnehin ist zu kritisieren, dass der Strafbefehl lediglich von der Staatsanwaltschaft ohne richterliche Beteiligung erlassen wird.

Die Einlegung einer Einsprache erfolgt für den Beschuldigten in der Schweiz unter keinen leichteren Bedingungen als in Deutschland. Der Strafbefehl muss nicht genauer begründet werden, sodass für den Beschuldigten die Erwägungen der Staatsanwaltschaft intransparent bleiben und er das Risiko einer Einsprache nicht genauer einschätzen kann, zumal auch hier das Risiko einer Verschlechterung besteht. Auch die Rechtsbehelfsbelehrung ist nach den gesetzlichen Vorgaben defizitär und weist auf diverse Folgen eines rechtskräftigen Strafbefehls nicht hin, sodass es dem Angeklagten grundsätzlich erschwert ist, die Reichweite des Strafbefehls in Gänze zu erfassen. Und auch die Einsprachefrist ist mit zehn Tagen noch kürzer bemessen als in Deutschland.

Hinzu kommt, dass auch in der Schweiz über den Einspruch der Staatsanwalt, der ihn erlassen hat, entscheidet.[1840] Das Problem der Voreingenommenheit stellt sich hier ähnlich der Situation im deutschen Recht.[1841]

Insgesamt lässt sich daher sagen, dass das Strafbefehlsverfahren in der Schweiz keinesfalls beschuldigtenfreundlicher oder weniger risikobehaftet ausgestaltet ist als in Deutschland. Es weist seinerseits ein erhebliches Fehlerpotential auf[1842] sodass es nicht als Vorbild für eine Umgestaltung des deutschen Strafbefehlsverfahrens dienen kann.

---

plea bargaining, S. 101 ff.: Das Strafbefehlsverfahren stellte sich als besonders anfällig heraus.

1840 *Gless*, in: Heer (Hrsg.), Schweizerische Strafprozessordnung, 41, 59.

1841 Siehe unter C. II. 1. c).

1842 Dazu *Enescu*, JLS 2020, 125, 130 ff.

2. *Der Strafbefehl in Polen*

a) *Die derzeitige Rechtslage*

Das polnische Strafbefehlsverfahren ist geregelt in den Art. 500–507 KPK:

Kodeks postępowania karnego[1843]

Kapitel 53
Strafbefehlsverfahren

Art. 500.

§ 1. In Sachen, in denen ein Ermittlungsverfahren geführt wurde, kann das Gericht, das auf der Grundlage des im vorbereitenden Verfahren gesammelten Materials feststellt, dass die Verhandlung nicht durchgeführt werden muss, in Fällen, in denen Freiheitsbeschränkung oder Bußgeld als Strafe verhängt werden kann, den Strafbefehl erlassen.

§ 2. Im Strafbefehlsverfahren finden die Vorschriften über das einfache Verfahren entsprechend Anwendung, soweit die Vorschriften des vorliegenden Kapitels nicht etwas Anderes festlegen.

§ 3. Das Gericht kann den Strafbefehl erlassen, wenn die Umstände der Tat und die Schuld des Angeklagten angesichts der gesammelten Beweise keine Zweifel erweckt.

§ 4. Das Gericht erlässt den Strafbefehl in der Sitzung ohne Beteiligung der Parteien.

Art. 501.

Das Erlassen des Strafbefehls ist unzulässig:

1) (aufgehoben),
2) in Privatklageverfahren,
3) falls Umstände im Sinne des Art. 79 § 1 vorliegen.

Art. 502.

§ 1. Mit einem Dokumentenurteil[1844] kann eine Freiheitsbeschränkung oder eine Geldbuße in einer Höhe von bis zu 200 Tagessätzen bzw. 200.000 Zloty verhängt werden.

§ 2. Neben der in § 1 genannten Strafe kann in den im Gesetz genannten Fällen eine Strafmaßnahme, ein Verfall oder eine Ausgleichsmaßnahme verhängt werden.

§ 3. Das Gericht kann es bei der Erkennung über eine Strafmaßnahme, einen Verfall oder eine Ausgleichsmaßnahme bewenden lassen, wenn Voraussetzungen dafür vorliegen, nur über diese Maßregel zu erkennen.

Art. 503.

(aufgehoben).

1843 Übersetzt durch das Centrum Tłumaczeń i Obsługi Konferencji LIDEX.

1844 Gemeint ist ein Urteil in Form eines Strafbefehls; wörtlich übersetzt handelt es sich in Polen auch um ein „Strafbefehlsurteil".

Art. 504.

§ 1. Der Strafbefehl soll enthalten:

1) Bezeichnung des Gerichts und des Richters, der ihn erlassen hat,

2) Datum des Erlassens des Strafbefehls,

3) den Vor- und Nachnamen sowie andere Angaben zur Feststellung der Identität des Angeklagten,

4) genaue Bezeichnung der Tat, die dem Angeklagten durch das Gericht zugeschrieben worden ist, mit Hinweis auf die angewendeten Vorschriften des Strafgesetzes,

5) Ausmaß der Strafe und andere unerlässliche Entscheidungen.

§ 2. Im Strafbefehl kann von der Begründung abgesehen werden.

Art. 505.

§ 1. Eine Kopie der Anordnung[1845] wird dem Staatsanwalt und dem Geschädigten sowie dem Beschuldigten und seinem Verteidiger zugestellt – zusammen mit einer Kopie der Anklageschrift. In jedem Fall wird dem Staatsanwalt eine Abschrift dieses Urteils zugestellt.

§ 2. Zusammen mit der Abschrift des Urteils muss eine Mitteilung zugestellt werden, in der das Gesetz, die Frist und die Art und Weise, wie ein Einspruch erhoben wird, sowie die Auswirkungen, wenn er nicht erhoben wird, angegeben werden. Der Geschädigte sollte auch darauf hingewiesen werden, dass die Voraussetzung für die Einlegung eines Widerspruchs[1846] die Einreichung innerhalb der in Art. 506 § 1 genannten Frist ist, spätestens jedoch gleichzeitig mit dem Einspruch der Erklärung, er werde als subsidiärer Staatsanwalt[1847] auftreten.

§ 3. Art. 131 § 2 und 3 findet entsprechende[1848] Anwendung.

Art. 506.

§ 1. Der Angeklagte und der Ankläger haben das Recht, den Einspruch bei dem Gericht einzulegen, das den Strafbefehl erlassen hat, innerhalb der Ausschlussfrist von 7 Tagen ab der Zustellung dieses Urteils.

§ 2. Der Gerichtspräsident verweigert die Annahme des Widerspruchs[1849], der nach Fristablauf oder von einer unberechtigten Person eingelegt worden ist.

§ 3. Wird der Einspruch eingelegt, so tritt der Strafbefehl außer Kraft; die Sache wird nach den allgemeinen Grundsätzen geprüft.

§ 4. (aufgehoben).

1845 Gemeint ist: Des Strafbefehls.

1846 Gemeint ist: Einspruch.

1847 Gemeint ist: Als subsidiärer (Neben-)Kläger.

1848 Übersetzung durch Verf. ergänzt.

1849 Gemeint ist: Einspruch.

§ 5. Der Einspruch kann bis zur Einleitung des Hauptverfahrens in der ersten Hauptverhandlung zurückgenommen werden.
§ 6. Das in der Sache erkennende Gericht ist nach Einlegen des Einspruchs durch den Inhalt des Strafbefehls, der außer Kraft getreten ist, nicht gebunden.

Art. 507.
Der Strafbefehl, gegen den kein Einspruch eingelegt worden ist, oder bei dem der eingelegte Einspruch zurückgenommen wurde, wird rechtskräftig.

Zuständig für den Erlass des Strafbefehls ist das Amtsgericht (Art. 24 § 1 KPK), Art. 500 § 1 KPK. Gemäß Art. 339 § 3 Nr. 7 KPK verweist der Präsident des Gerichts im Rahmen der Eingangskontrolle die Sache zur Sitzung, wenn eine Entscheidung gefällt werden kann, die über seine Berechtigungen hinausgeht, wie es beispielsweise bei einer Entscheidung über den Erlass eines Strafbefehls der Fall ist. Anders als im deutschen Strafbefehlsverfahren ist die Beteiligung des Staatsanwalts, etwa durch die Stellung eines Antrags, dabei nicht vorgesehen. Der zuständige Richter entscheidet von der Staatsanwaltschaft unabhängig.[1850] Das Gericht erlässt den Strafbefehl anhand der Aktenlage in der soeben erwähnten Sitzung, allerdings ohne Beteiligung der Parteien, Art. 500 § 4 KPK.

Das Vorverfahren muss für die Anwendung des Strafbefehlsverfahrens als Ermittlungsverfahren im Sinne der Art. 325a ff. (insbesondere Art. 325b) KPK geführt worden sein, Art. 500 § 1 KPK. Der Anwendungsbereich des Verfahrens erstreckt sich nahezu auf alle Vergehen.[1851]

In der Rechtsfolge ist im polnischen Strafbefehlsverfahren die Verhängung einer Freiheitsbeschränkung (Art. 34 KK) sowie einer Geldbuße (vgl. Art. 33 KK) in Höhe von bis zu 200 Tagessätzen beziehungsweise 200.000 Zloty (circa 43.800 Euro[1852]) zulässig, Art. 500 § 1, Art. 502 § 1 KPK. Die Verhängung einer Freiheitsstrafe ist hingegen unzulässig[1853], anders als im deutschen oder schweizerischen Strafprozessrecht. Gemäß Art. 502 § 2 KPK kann neben der in § 1 genannten Strafe in den im Gesetz genannten Fällen auch eine Strafmaßnahme, ein Verfall oder eine Ausgleichsmaßnahme verhängt werden

1850 *Peters*, Urteilsabsprachen im Strafprozess, Vergleich, S. 143; vgl. *Scheffler/Matthies*, in: Wolf, Kriminalität im Grenzgebiet, 179, 181 zur vorherigen (Art. 332 § 1 Nr. 6 KPK a.F.), der Sache nach jedoch unveränderten Rechtslage.

1851 *Peters*, Urteilsabsprachen im Strafprozess, Vergleich, S. 143.

1852 https://de.ex-rate.com/convert/pln/200000-to-eur.html, zuletzt abgerufen am 30.04.2021.

1853 *Peters*, Urteilsabsprachen im Strafprozess, Vergleich, S. 143.

(Art. 39 ff., 44 ff. KK). Gemäß Art. 502 § 3 KPK kann sich das Gericht auch auf die Verhängung einer Strafmaßnahme, eines Verfalls oder einer Ausgleichsmaßnahme beschränken, wenn die Voraussetzungen für diese vorliegen. Der Anwendungsbereich des Verfahrens bewegt sich damit wie in Deutschland innerhalb der geringfügigen bis mittleren Kriminalität.

Ausgeschlossen ist das Strafbefehlsverfahren hingegen gemäß Art. 501 Nr. 3 KPK, wenn Umstände im Sinne des Art. 79 § 1 KPK vorliegen. Diese Umstände sind Minderjährigkeit (Nr. 1), Taub-, Stumm-, oder Blindheit (Nr. 2), begründete Zweifel an der nicht wesentlich eingeschränkten Einsichts- oder Steuerungsfähigkeit des Angeklagten zum Zeitpunkt der Tat (Nr. 3) oder begründete Zweifel daran, dass der Zustand der psychischen Gesundheit des Täters eine Beteiligung am Verfahren oder eine selbständige oder vernünftige Verteidigung zulässt (Nr. 4). Hierbei handelt es sich um Fälle, in denen eine Verteidigung obligatorisch ist (notwendige Verteidigung), die durch eine Pflicht- oder Wahlverteidigung ausgeübt werden kann. Gemäß Art. 501 Nr. 2 KPK kann ein Strafbefehl auch nicht in Privatklageverfahren erlassen werden.

Voraussetzung für den Erlass des Strafbefehls ist, dass das Gericht auf der Grundlage des im vorbereitenden Verfahren gesammelten Materials feststellt, dass die Durchführung einer Verhandlung nicht erforderlich ist. Die Umstände der Tat und die Schuld des Angeklagten dürfen angesichts der gesammelten Beweise keine Zweifel erwecken, Art. 500 § 1, 3 KPK.

Von einer Begründung des Strafbefehls kann gemäß Art. 504 § 2 KPK abgesehen werden.[1854]

Art. 505 § 2 KPK schreibt eine Belehrungspflicht vor: Zusammen mit der Abschrift des Urteils muss eine Mitteilung zugestellt werden, in der das Gesetz, die Frist und die Art und Weise, wie ein Einspruch erhoben wird, sowie die Auswirkungen im Falle seines Unterbleibens, angegeben werden. Auch sollte der Geschädigte darauf hingewiesen werden, dass die Voraussetzung für die Einlegung eines Einspruchs dessen Einreichung innerhalb der in Art. 506 § 1 KPK genannten Frist ist. Art. 505 § 1 KPK regelt, dass dem Angeklagten sowohl eine Kopie des Strafbefehls durch das Gericht als auch eine Kopie der Anklageschrift der Staatsanwaltschaft zugestellt werden.

1854 In der polnischen Literatur wird eine solche aber empfohlen, um den Angeklagten zu überzeugen, die Strafe anzunehmen, *Kruk*, Postępowanie nakazowe jako wyraz dopuszczalnych uproszczeń niektórych instytucji procesowych, „Roczniki Nauk Prawnych KUL“ Band XXVIII, S. 96.

Gegen den erlassenen Strafbefehl können der Staatsanwalt, der subsidiäre (Neben-)Kläger und der Angeklagte Einspruch einlegen. Die Frist hierfür beträgt gemäß Art. 506 § 1 KPK sieben Tage ab Zustellung (Art. 128 ff. KPK) des Urteils und ist damit deutlich kürzer als in Deutschland. Infolge des Einspruchs tritt der Strafbefehl außer Kraft und die Sache wird nach den allgemeinen Grundsätzen geprüft, Art. 506 § 3 KPK. Zuständig für das weitere Verfahren infolge eines Einspruchs ist ein anderer als der den Strafbefehl erlassende Richter, Art. 40 § 1 Nr. 9 KPK.

Ein Verschlechterungsverbot besteht dabei nicht, Art. 506 § 6 KPK. Sofern kein Einspruch eingelegt oder er zurückgenommen wird (Art. 506 § 5 KPK), wird der Strafbefehl gemäß Art. 507 KPK rechtskräftig.

Die Regelungen zum polnischen Strafbefehlsverfahren unterscheiden sich von den deutschen Regelungen an einigen Stellen erheblich. Zunächst ist für den Erlass des Strafbefehls ausschließlich das Gericht zuständig. Der Staatsanwaltschaft kommt lediglich ein Einspruchs-, aber nicht etwa wie in Deutschland ein alleiniges Antragsrecht zu. Auch in der deutschen Literatur wird diskutiert, den Richtern beim Erlass eines Strafbefehls größere Kompetenzen einzuräumen.[1855] Eine richterliche Einleitung des Strafbefehlsverfahrens ohne Beteiligung der Staatsanwaltschaft ist allerdings abzulehnen, um keine zusätzliche Gefahr zu schaffen, dass auch solche Fälle aus Gründen der Arbeitsersparnis verkürzt erledigt werden, die eigentlich nicht dafür geeignet sind. Die Beteiligung einer antragenden und einer kontrollierenden Stelle ist im Rahmen eines summarischen Verfahrens durchaus sachgerecht, wenn auch die derzeitige praktische Umsetzung hinkt.[1856]

Bezüglich des Verfahrens sieht auch das polnische Strafbefehlsverfahren keine Anhörung des Beschuldigten im gerichtlichen Verfahren vor. Lediglich im Ermittlungsverfahren muss er verhört werden (vgl. die deutsche Regelung des § 163a StPO), um den Beschuldigtenstatus zu erlangen, Art. 313 KPK. Daher bestehen auch hier ähnliche Bedenken wie gegenüber der deutschen Regelung. Anders als in Deutschland findet eine Anhörung aber zumindest zu einem – wenn auch sehr frühen – Zeitpunkt tatsächlich statt, was wegen § 163a Abs. 1 Satz 2 StPO im deutschen Verfahren nicht der Fall sein muss. Darüber hinaus verläuft das Verfahren im Geheimen; der Beschuldigte erfährt über die

---

1855 Siehe dazu unter C. II. 1. b) aa) (1).

1856 Siehe dazu unter C. II. 1. a), b) aa) (2).

Anklage erst mit der Zustellung, vgl. Art. 505 § 1 KPK. An der Sitzung, in der der Strafbefehl erlassen wird, ist er in keiner Weise beteiligt.

Die zulässigen Rechtsfolgen im polnischen Strafbefehlsverfahren sind weniger weitreichend als die des deutschen Verfahrens, zumal das Verfahren geheim und ohne Parteibeteiligung abläuft. Es kann lediglich eine Freiheitsbeschränkung, nicht aber eine Freiheitsstrafe durch Strafbefehl festgesetzt werden. Eine Freiheitsbeschränkung ist gemäß Art. 34 § 1a KK die Ausübung der überwachten Arbeit für soziale Zwecke (Nr. 1) oder der monatliche Lohnabzug von 10 bis 25 % für einen durch das Gericht bestimmten sozialen Zweck (Nr. 4) und kann gemäß Art. 34 § 1 KK für eine Dauer von bis zu zwei Jahren angeordnet werden.

Die unter Umständen nach Art. 502 §§ 2, 3 KPK zulässigen Strafmaßnahmen sind gemäß Art. 39 ff. KK zum Beispiel das Verbot, einen bestimmten Beruf auszuüben (Nr. 2), ein Fahrverbot (Nr. 3), das Verbot der Ausübung einer mit Erziehung, Heilung, Bildung oder der Betreuung Minderjähriger verbundenen Tätigkeit (Nr. 2a) oder etwa das Verbot, Spielhallen zu betreten (Nr. 2d). Mithin besteht eine teilweise Vergleichbarkeit mit den deutschen Nebenstrafen beziehungsweise -folgen. Die Geldstrafe ist zudem auf 200 Tagessätze und 200.000 Zloty (circa 43.800 Euro) begrenzt.

Das Gericht kann die Geldstrafe, wenn sie eine Tagessatzanzahl von 120 nicht übersteigt, in soziale Arbeit, also in eine Freiheitsbeschränkung, umwandeln. Zehn Tagessätze entsprechen bei der Umrechnung einem Monat sozialer Arbeit, Art. 45 des Gesetzes über die Vollstreckung von Strafen. In anderen Fällen (etwa wenn der Verurteilte die soziale Arbeit ablehnt und eine solche Umwandlung daher nicht erfolgsversprechend wäre) kann nach Art. 46 des Gesetzes über die Vollstreckung von Strafen die Geldstrafe auch direkt in eine Ersatzfreiheitsstrafe umgewandelt werden. Hier entsprechen zwei Tagessätze einem Tag Freiheitsstrafe, die Höchstgrenze liegt bei zwölf Monaten oder, wenn für die Straftat keine Freiheitsstrafe vorgesehen ist, bei höchstens sechs Monaten. Sofern im Strafbefehl zunächst eine Freiheitsbeschränkung festgesetzt wurde, kann auch diese in eine Ersatzfreiheitsstrafe umgewandelt werden, wobei zwei Tage Freiheitsbeschränkung einem Tag Ersatzfreiheitsstrafe entsprechen. Damit ist die Höchstgrenze der Ersatzfreiheitsstrafe infolge einer Geldstrafe in Polen jedenfalls nicht höher als in Deutschland, wo eine solche gemäß §§ 40 Abs. 1 Satz 2, 43 Satz 2 StGB bis zu 360 Tage betragen, also ein Jahr lang sein kann.

Begrüßenswert beim polnischen Strafbefehlsverfahren ist der Schutz von Personen, die in ihrer Verteidigungsfähigkeit eingeschränkt sind[1857]. So kann

1857 *Scheffler/Matthies*, in: Wolf, Kriminalität im Grenzgebiet, 179, 186.

das Verfahren nicht angewandt werden bei Minderjährigkeit, Taub-, Stumm-, oder Blindheit des Täters, bei begründeten Zweifeln an seiner nicht wesentlich eingeschränkten Einsichts- oder Steuerungsfähigkeit zum Zeitpunkt der Tat oder bei begründeten Zweifeln daran, dass der Zustand seiner psychischen Gesundheit eine Beteiligung am Verfahren oder eine selbständige oder vernünftige Verteidigung zulässt, Art. 501 KPK, 79 § 1 KPK. Auch in Deutschland ist die Anwendung des Strafbefehlsverfahrens auf Jugendliche nicht vorgesehen; die anderen Ausschlüsse allerdings existieren hier nicht ausdrücklich.

Das Verfahren nicht anwenden zu dürfen, wenn die beschuldigte Person taub, stumm oder insbesondere blind ist, ist gerade angesichts der Tatsache, dass ein rechtskräftiger Strafbefehl erhebliche Rechtsfolgen auslöst, sachgerecht. Damit ist jedenfalls die abstrakte Gefahr, dass eine derart eingeschränkte Person ihre Rechte in dem Zusammenhang nicht wahrnehmen kann, ausgeräumt. Dies könnte auch durch eine zwingende Pflichtverteidigung im Strafbefehlsverfahren erreicht werden.[1858]

Die Befragung der Bremer Verteidiger ergab in diesem Zusammenhang, dass psychische Erkrankungen ein Grund für die Nichteinhaltung der Einspruchsfrist darstellen können, was eine Verteidigung gegen den Strafbefehl gegebenenfalls unmöglich macht. Gerade mit Blick darauf, dass die unerkannte Schuldunfähigkeit des Täters im Sinne von § 20 StGB eine der Hauptursachen für Fehlentscheidungen ist[1859], scheint es begrüßenswert, dass die polnische Regelung einen Strafbefehl auch dann ausschließt, wenn das Gericht Zweifel daran hegt, dass der Täter zur Tatzeit uneingeschränkt einsichts- und steuerungsfähig gewesen ist (was unter Umständen auch einer verminderten Schuldfähigkeit im Sinne des § 21 StGB entspricht). Zudem wäre das weitere Strafverfahren dann ausgeschlossen, vgl. Art. 17 § 1 Nr. 1, 2 und 3 KPK, Art. 324, 354 KPK, wobei das Gericht in solchen Fällen immer dazu verpflichtet ist, die Schuldfähigkeit des Täters zu prüfen, Art. 193, Art. 202 f. KPK. Mit Blick auf die Reduzierung von Fehlerrisiken wäre es sinnvoll, ausdrücklich anzuordnen, dass gezielt darauf zu achten ist, ob es Anzeichen für eine Schuldunfähigkeit des Täters gibt und dass der Strafbefehl bei diesbezüglichen Zweifeln nicht erlassen werden darf.

Der Richter darf einen Strafbefehl nur erlassen, wenn der Akteninhalt keine Zweifel an den Umständen der Tat und der Schuld des Angeklagten lässt. Die Formulierung deutet darauf hin, dass der Richter sich, soweit aus den Akten

---

1858 Siehe dazu unter 4. Teil D.

1859 Siehe unter D. I. 1., 2.

möglich, eine Überzeugung von der Schuld des Täters bilden muss.[1860] Dies wird zurecht auch in der deutschen Literatur verlangt.[1861]

Auch nach polnischem Recht hat der Richter den Strafbefehl allerdings nicht zu begründen, was in der Praxis auch der Regelfall ist[1862]. Insofern ergeben sich hier die gleichen Probleme bei der Entscheidung des Angeklagten über die Einlegung eines Einspruchs wie im deutschen Verfahren.[1863] In der Belehrung des polnischen Verfahrens ist zwar auch darauf hinzuweisen, wie ein Einspruch erhoben werden muss; allerdings schreibt das Gesetz nicht den genauen Umfang dieser Hinweise vor, sodass auch hier keine erschöpfende Rechtsbehelfsbelehrung gewährleistet ist. Jedenfalls eine ausbleibende oder falsche Belehrung aber darf keine negativen Prozessfolgen für den Beschuldigten haben, Art. 16 KPK.[1864]

Die Einspruchsfrist ist mit sieben Tagen deutlich kürzer bemessen als in Deutschland; hier wurde sie nicht grundlos auf 14 Tage ausgeweitet.[1865] Die Frist von einer Woche ist allein schon angesichts der Tatsache, dass der Angeklagte sich möglicherweise zuvor um Rechtsbeistand bemühen will, deutlich zu kurz bemessen.

Die in Art. 505 § 1 KPK vorgesehene Zustellung von nicht nur Strafbefehl, sondern auch begründeter Anklage (Art. 332 § 2 KPK), verbessert die Stellung des Angeklagten nicht unerheblich, da er sowohl die Auffassung des Gerichts als auch der Staatsanwaltschaft bei seiner Entscheidung, Einspruch einzulegen, berücksichtigen kann.[1866] Bezüglich der Zustellung ist zudem eine persönliche vorgeschrieben, vgl. Art. 132, 133 KPK, allerdings gibt es auch hierbei Ausnahmen.

1860 *Scheffler/Matthies*, in: Wolf, Kriminalität im Grenzgebiet, 179, 186.

1861 Siehe dazu unter C. I. 1. b), d).

1862 In der polnischen Literatur wird eine Begründung aber empfohlen, um den Angeklagten zu überzeugen, die Strafe anzunehmen, *Kruk*, Postępowanie nakazowe jako wyraz dopuszczalnych uproszczeń niektórych instytucji procesowych, „Roczniki Nauk Prawnych KUL“ Band XXVIII, S. 96.

1863 Siehe dazu unter C. I. 4.

1864 Sofern keine Belehrung stattfindet, besteht ggf. die Möglichkeit eines Antrags auf Wiedergewährung der Frist, vgl. Art. 126 KPK.

1865 Siehe dazu unter C. IV. 1. a) aa) (2).

1866 *Scheffler/Matthies*, in: Wolf, Kriminalität im Grenzgebiet, 179, 191.

Art. 132.

§ 1. Die Prozessschrift wird dem Empfänger persönlich zugestellt.

§ 1a. Auf Antrag des Empfängers kann die Zustellung an die von ihm angegebene Postfachadresse erfolgen. In diesem Fall wird der Brief, der über den Postbetreiber im Sinne Art. 131 § 1 Ziff. 1 versandt wird, an die Post des Postbetreibers gesendet, indem eine Mitteilung in das Postfach des Empfängers gestellt wird.

§ 2. Bei einer einstweiligen Abwesenheit des Empfängers in seiner Wohnung wird die Prozessschrift einem erwachsenen Hausbewohner zugestellt. Bei Abwesenheit des Hausbewohners wird die Schrift der Hausverwaltung, dem Hausmeister oder dem Ortsvorsteher zugestellt, soweit sie sich verpflichtet, sie dem Empfänger zuzustellen. Die Vorschrift des Art. 133 § 2 findet entsprechend Anwendung.

§ 3. Die Prozessschrift kann auch über Telefax oder E-Mail zugestellt werden. In diesem Fall gilt eine Bestätigung der Datenübertragung als Zustellnachweis.

§ 4. Die Regelungen von §§ 2 und 3 sowie Art. 133 § 3 finden auf die Zustellung der Benachrichtigung über den Termin der ersten Hauptverhandlung, über den Termin der in Art. Art. 341 § 1, 343 § 5, 343a, 420 § 1 genannten Sitzung an den Angeklagten und auf die Zustellung des Urteils laut Art. 500 § 1 keine Anwendung.

Art. 133.

§ 1. Kann die Zustellung nicht auf die in Art. 132 genannte Art und Weise erfolgen, wird die durch Vermittlung eines Postbetreibers im Sinne des Postgesetzes vom 23. November 2012 versendete Prozessschrift in der nächsten Filiale dieses Postbetreibers hinterlassen, eine auf eine andere Art und Weise gesendete Prozessschrift – bei der nächsten Polizeistation oder bei der zuständigen Gemeindeverwaltung.

§ 2. Von der Hinterlassung der Prozessschrift nach Maßgabe des § 1 wird der Empfänger vom Zusteller durch eine Benachrichtigung im Briefkasten des Empfängers, an der Haustür des Empfängers oder an einer anderen sichtbaren Stelle mit dem Hinweis benachrichtigt, wo und wann die Prozessschrift hinterlassen worden ist und dass sie innerhalb von 7 Tagen entgegenzunehmen ist; beim unwirksamen Ablauf dieser Frist ist die Benachrichtigung einmal zu wiederholen. Nach Vornahme dieser Handlungen gilt die Prozessschrift als zugestellt.

§ 2a. Ein bei einer Poststelle hinterlassener Brief im Sinne des Gesetzes vom 23. November 2012 – Postgesetz, gerichtet an:

1) einen Verteidiger oder Bevollmächtigten, der Rechtsanwalt oder Rechtsberater ist,

2) eine Person, deren Gesundheitszustand die persönliche Abholung eines Briefes bei einer Post verhindert oder erheblich behindert

- kann auch von einer Person entgegengenommen werden, die aufgrund einer postalischen Vollmacht befugt ist, Postsendungen im Sinne dieses Gesetzes entgegenzunehmen.

§ 2b. Die Feststellung, dass der Gesundheitszustand der Person, die die Vollmacht zur Abholung von Postsendungen in einem Postamt im Sinne des Gesetzes vom 23. November 2012 – Postgesetz – erteilt hat, die persönliche Abholung eines Briefes in einem Postamt aufgrund eines ärztlichen Berichts verhindert oder erheblich behindert, erfolgt anhand einer vom Arzt medizinischer Grundversorgung auf Antrag dieser Person oder einer auf Grund einer postalischen Vollmacht bevollmächtigten Person ausgestellten Bescheinigung. Diese Bescheinigung wird für einen befristeten oder unbefristeten Zeitraum ausgestellt. Maßnahmen im Zusammenhang mit der Ausstellung der Bescheinigung sind kostenlos.

§ 2c. Der Justizminister legt durch Verordnung das Verfahren für die Ausstellung der in § 2b genannten Bescheinigung sowie das in Papierform ausgestellte Formblatt und Musterbescheinigung fest, wobei die Wirksamkeit der Zustellung und die ordnungsgemäße Durchführung der Verfahrensgarantien des Empfängers des Schreibens zu berücksichtigen sind.

§ 3. Die Prozessschrift kann auch zur Entgegennahme des Schriftverkehrs in dem Betrieb hinterlassen werden, in dem der Empfänger einen festen Arbeitsplatz hat.

Insofern gewährleisten auch die polnischen Regelungen nicht mit Sicherheit, dass der Angeklagte den Strafbefehl auch tatsächlich zur Kenntnis nimmt. So sieht beispielsweise Art. 133 § 1 KPK vor, dass, sofern eine Zustellung nach Art. 132 KPK nicht möglich ist, das zuzustellende Schriftstück in der nächsten Filiale des Postbetreibers beziehungsweise bei der nächsten Polizeistation oder der zuständigen Gemeindeverwaltung hinterlegt wird. Der Angeklagte wird hiervon zwar wiederholt durch einen Zettel im Briefkasten, an der Haustür oder einer anderen sichtbaren Stelle benachrichtigt, Art. 133 § 2 KPK; allerdings tritt auch hier eine Zugangsfiktion ein. Auch wenn der Zugang hier nicht bereits wie bei der deutschen Ersatzzustellung durch Niederlegung mit Hinterlassen des Benachrichtigungszettels eintritt[1867], wird dem Angeklagten auch nach polnischem Recht das Risiko aufgebürdet, den Strafbefehl nicht oder nicht rechtzeitig zu erhalten.

Im Zusammenhang mit dem in Polen ebenfalls geltenden fehlenden Verschlechterungsverbot nach Einlegung eines Einspruchs ist zumindest positiv, dass das polnische Strafbefehlsverfahren beim Übergang in das normale Verfahren keine Abstriche beim Beweisrecht vorsieht.[1868] Bezüglich des auf den

1867 Siehe unter C. IV. 1. a) bb) (3).

1868 Siehe zu den Regelungen des polnischen Strafbefehlsverfahren allgemein *Kłak*, Postępowanie nakazowe w polskim procesie karnym a ochrona praw człowieka; *Kłak*, Problematyka dowodowa posiedzenia nakazowego w polskim procesie karnym, „Palestra“ 2006, Nr. 7–8; *Jasiński/Kremens*, Criminal law in Poland, S. 247 ff.

Einspruch folgenden Verfahrens ist zudem – anders als in Deutschland – ein anderer als der den Strafbefehl erlassende Richter zuständig, Art. 40 § 1 Nr. 9 KPK, wodurch die Gefahr einer möglichen Voreingenommenheit gegenüber der deutschen Regelung reduziert ist.

Hinsichtlich des geringeren Anwendungsbereichs, der insbesondere keine Freiheitsstrafen umfasst, des Ausschlusses des Verfahrens bei benachteiligten Personen, der Zuständigkeit eines anderen Richters nach Einspruch und des Fehlens einer den §§ 411 Abs. 2 Satz 2, 420 Abs. 4 StPO entsprechenden Regelung sind die polnischen Regelungen begrüßenswert. Im Übrigen weist das polnische Strafbefehlsverfahren gegenüber dem deutschen allerdings keine Regelungen mit wesentlicher Vorbildfunktion auf.

b) Die Rechtslage bis 2003

Möglicherweise war demgegenüber die polnische Vorgängerregelung[1869] der am 01. Juli 2003 in Kraft getretenen Gesetzeslage in Hinblick auf rechtsstaatliche Aspekte teilweise besser ausgestaltet.

Denn in Art. 500 § 4 Satz 2 KPK a.F. war noch vorgesehen, dass die Parteien an der Sitzung, in der der Strafbefehl erlassen wurde, teilnehmen konnten.[1870] Damit erhielt der Beschuldigte vor Erlass des Strafbefehls rechtliches Gehör.[1871] Allerdings war auch hierbei problematisch, dass bezüglich der Sitzung keine ausdrückliche Benachrichtigungspflicht normiert war.[1872]

Die Gewährung rechtlichen Gehörs vor Strafbefehlserlass wäre auch in Deutschland mit Blick auf Art. 103 Abs. 1 GG wünschenswert; allerdings wurde die damalige polnische Ausgestaltung nicht beibehalten. Dass sie sich nicht bewährte, könnte mit dem Umstand zusammenhängen, dass das Verfahren offensichtlich relativ aufwändig war. Die damalige Regelung, die eine Einbeziehung des Angeklagten vorsah, legt die Vermutung nahe, dass die Gefahr bestand, dass das Verfahren einer minimierten Hauptverhandlung nahekam[1873] und damit die ökonomische Zielsetzung des Strafbefehlsverfahrens verfehlte.

1869 Gemeint ist das bis zu dem Jahre 2003 geltenden Recht (Dz.U.2003.17.155 Art. 1).

1870 *Peters*, Urteilsabsprachen im Strafprozess, Vergleich, S. 144; *Scheffler/Matthies*, in: Wolf, Kriminalität im Grenzgebiet, 179, 181, 198.

1871 *Scheffler/Matthies*, in: Wolf, Kriminalität im Grenzgebiet, 179, 181.

1872 Art. 339 § 5 S. 2 KPK a.F., *Scheffler/Matthies*, in: Wolf, Kriminalität im Grenzgebiet, 179, 182.

1873 *Scheffler/Matthies*, in: Wolf, Kriminalität im Grenzgebiet, 179, 184: In der polnischen Rechtslehre sei unbestritten gewesen, dass die Sitzung nicht zu einer Art "Quasi-Hauptverhandlung" werden dürfe – zudem seien die Rechte der

Der Ausschluss des Verfahrens gegen in ihrer Verteidigungsfähigkeit eingeschränkte Personen bezog sich nach der damaligen Rechtslage auch auf solche Personen, die inhaftiert oder der polnischen Sprache nicht mächtig waren.[1874] Bezüglich der der polnischen Sprache nicht mächtigen Personen regelt Art. 204 § 1 Nr. 2 KPK heute eine Pflicht zur Heranziehung eines Dolmetschers. Die deutsche Rechtslage hingegen nimmt auf die Inhaftierung von Personen beim Strafbefehlsverfahren nur insoweit Rücksicht, als nach Nr. 175 Abs. 4 RiStBV zu prüfen ist, ob vorrangig das beschleunigte Verfahren nach den §§ 417 ff. StPO zur Anwendung gelangen soll – allerdings nur vor dem Gedanken, dadurch eine noch raschere Erledigung zu ermöglichen.[1875] Der Ausschluss des Erlasses von Strafbefehlen gegen Personen, die der Amtssprache nicht mächtig sind, würde auch in Deutschland in vielen Fällen fehlerhafte Strafbefehle vermeiden, die dadurch rechtskräftig werden, dass der Angeklagte aufgrund sprachlicher Schwierigkeiten nicht dazu in der Lage ist, den Strafbefehl zu verstehen und gegen ihn Einspruch einzulegen.[1876] Die Feststellung, ob eine Person der polnischen Sprache nicht mächtig ist, erfolgt allerdings in keinem gesonderten Verfahren. Vielmehr liegt es an den Polizeibeamten, während der Ermittlungen hierauf zu achten. Der Beschuldigte, der die polnische Sprache nicht ausreichend beherrscht, hat gemäß Art. 72, 71 § 3 KPK einen Anspruch auf die unentgeltliche Hilfe eines Dolmetschers, was zu einem möglichst frühen Verfahrenszeitpunkt geschehen soll, sodass die Ermittlungsperson auf entsprechende Anzeichen zu achten haben. Das Risiko, dass eine unzureichende Sprachkenntnis nicht erkannt wird, ist hier geringer als im deutschen Verfahren, in dem bei geringfügigen Sachen gemäß § 163a Abs. 1 Satz 2 StPO nur ein schriftliches Äußerungsangebot gemacht werden muss. Im polnischen Verfahren hingegen ist eine verdächtige Person zu einem möglichst frühen Zeitpunkt persönlich anzuhören, Art. 313 § 1, 174 ff. KPK.

Da Strafbefehle für alle Beteiligten aber auch Vorteile bieten, wäre ein derartiger genereller Ausschluss zu weitgehend. Positiv an der polnischen Regelung war zwar, dass auf diese Weise die Sprachkenntnisse des Beschuldigten ermittelt werden mussten. Letzteres ist aber auch nach der derzeitigen deutschen

---

Verfahrensbeteiligten in diesem Prozedere mangels entsprechender Regelungen in der Prozessordnung hierzu teilweise unklar gewesen, S. 183.

1874 Art. 501 Nr. 1 KPK a.F., Art. 79 § 1 KPK a.F., *Scheffler/Matthies*, in: Wolf, Kriminalität im Grenzgebiet, 179, 186.

1875 Vgl. *Scheffler/Matthies*, in: Wolf, Kriminalität im Grenzgebiet, 179, 187.

1876 Siehe dazu unter C. IV. 1. a) cc).

Gesetzeslage der Fall, da nur auf diese Weise entschieden werden kann, ob der Strafbefehl zu übersetzen ist. Die Übersetzungspflicht ist, sofern sie in der Praxis zuverlässig umgesetzt wird, in diesem Zusammenhang ausreichend.

Weiterhin wurde erst mit der Änderung der KPK im Jahre 2003 ausdrücklich normiert, dass der Strafbefehl nicht begründet zu werden braucht.[1877] Eine Begründungspflicht, die der eines Urteils vergleichbar ist[1878], wäre aber gerade auch im deutschen Strafbefehlsverfahren erforderlich, um die Stellung des Angeklagten so weit zu stärken, dass er eine fundierte Entscheidung über die Einlegung eines Einspruchs treffen kann.[1879]

Insgesamt lässt sich festhalten, dass eine vorherige Anhörung des Beschuldigten unter rechtsstaatlichen Aspekten wünschenswert ist, die konkrete Ausgestaltung des polnischen Rechts aus prozessökonomischen Gründen allerdings nicht zielführend war. Der Ausschluss des Strafbefehlsverfahrens bei Personen, die der Amtssprache nicht mächtig sind, ist dann nicht erforderlich, wenn die Pflicht zur Übersetzung gewissenhaft umgesetzt wird und entsprechend der hiesigen Auffassung auch in fremder Sprache verfasste Schriftstücke, die einen Einspruch darstellen könnten, von den Gerichten übersetzt werden[1880] beziehungsweise auf bestehende Übersetzungshilfen bei dem Verfassen eines Einspruchs hingewiesen wird. Insgesamt kann man dem polnischen Strafbefehlsverfahren auch in seiner damaligen Ausgestaltung keine Vorbildfunktion beimessen.

3. *Der Strafbefehl im französischen Recht*

Auch das französische Strafprozessrecht kennt das Strafbefehlsverfahren (l'ordonnance pénale). Dieses fand seinen Ursprung im deutschen Recht[1881] und ist

---

1877 *Scheffler/Matthies*, in: Wolf, Kriminalität im Grenzgebiet, 179, 190, 198 zu Art. 503 KPK a.F., heute Art. 504 § 2 KPK.

1878 Da ein Strafbefehl materiell einem Urteil entspreche (vgl. Art. 507 KPK), wurde in Polen zur damaligen Rechtslage vertreten, dass die Begründung des Strafbefehls der eines Urteils nach Art. 424 KPK entsprechen müsse, *Scheffler/Matthies*, in: Wolf, Kriminalität im Grenzgebiet, 179, 190.

1879 Siehe unter C. I. 4.

1880 Siehe unter C. IV. 1. a) cc) (2).

1881 *Hamdan*, Absprachen im französischen Strafverfahren, S. 41; *Taubald*, Konsensuale Erledigungen in Deutschland und Frankreich, S. 122; *Vitu*, in: Jung (Hrsg.), Der Strafprozess im Spiegel ausländischer Verfahrensordnungen, S. 7, 43.

geregelt in den Art. 495 bis 495–6 CPP für Vergehen sowie den Art. 524 bis 528–2 CPP für Übertretungen.[1882]

2019 wurden 13 % (170.672 Fälle) der verfolgbaren Vergehen in Frankreich durch Strafbefehl erledigt.[1883]

Der Anwendungsbereich beschränkt sich auch im französischen Recht auf den Bereich der leichten bis mittleren Kriminalität.

So können abschließend aufgezählte Vergehen (beispielsweise Diebstahl, Straßenverkehrsdelikte, gewisse Umweltstraftaten, oder die unfreiwillige Zerstörung oder Beschädigung durch Feuer, Art. 495 Abs. 2, 398–1 CPP) sowie Übertretungen, die mit den deutschen Ordnungswidrigkeiten vergleichbar sind, durch Strafbefehl erledigt werden[1884]. Dennoch gibt es diverse Einschränkungen wie etwa das Erfordernis der Volljährigkeit zum Tatzeitpunkt, Art. 495 Abs. 3 Nr. 1 CPP. Sofern lediglich eine Übertretung vorliegt, die nicht der schwersten Stufe (fünften Klasse) angehört, kann das Verfahren aber auch bei Jugendlichen unter 18 Jahren angewandt werden, Art. 524 Abs. 2 Nr. 2 CPP.[1885] Das Verfahren ist auch dann ausgeschlossen, wenn der Verletzte den Beschuldigten unmittelbar vor der Anordnung vorgeladen hat oder die Tat gleichzeitig mit einem Verstoß begangen wurde, für die das Strafbefehlsverfahren nicht vorgesehen ist, Art. 495 Abs. 3 Nr. 2, 3, 524 Abs. 3 CPP. Der damalige Ausschluss bei Wiederholungstätern bei Vergehen, Art. 495 Abs. 3 Nr. 4 CPP[1886], wurde nicht in die neue Regelung übernommen. Bei den Übertretungen ist eine Anwendung des Verfahrens im Wiederholungsfalle sogar ausdrücklich vorgesehen, Art. 524 Abs. 1 CPP.

Im Rahmen des Verfahrens kann der durch die Straftat Geschädigte Schadensersatz verlangen, Art. 495-2-1, 528–2 Abs. 2 CPP, in Deutschland hingegen ist die adhäsionsweise Geltendmachung zivilrechtlicher Ansprüche im Wege des Strafbefehlsverfahrens nicht möglich[1887]. Der Schutz der Rechte des Opfers wird im französischen Verfahren ausdrücklich genannt: Gemäß Art. 495 Abs. 1 CPP darf das Strafbefehlsverfahren nicht angewandt werden, wenn seine Inanspruchnahme dazu geeignet ist, die Rechte des Opfers zu beeinträchtigen. Siehe dazu auch Art. 495-5-1 CPP, wonach das Opfer der strafbaren Handlung,

1882 Die Normen sind im Anhang abgedruckt.
1883 *Ministère de la Justice*, Les chiffres clés de la justice 2020, S. 10.
1884 *Hamdan*, Absprachen im französischen Strafverfahren, S. 42.
1885 *Hamdan*, Absprachen im französischen Strafverfahren, S. 42 Fn. 117.
1886 Art. 495 CPP, Modifié par LOI n°2012-304 du 6 mars 2012 – Art. 34.
1887 Siehe unter 1. Teil B. III. 3.

sofern es nicht in der Lage war, vorher Zivilklage zu erheben, vom Staatsanwalt über seine Recht informiert werden muss, die zivilrechtlichen Ansprüche nachträglich geltend zu machen, sowie Art. 495-6, 528-2 Abs. 1 CPP, wonach die Bestimmungen zum Strafbefehlsverfahren nicht das Recht des Geschädigten berühren, den Täter vor das Strafgericht beziehungsweise – bei Übertretungen – das Polizeigericht zu laden. Ein vergleichbarer Opferschutz ist im deutschen Recht nicht vorgesehen.

Zuständig für den Erlass des Strafbefehls ist nach französischem Recht ein Richter. Die Gerichtszuständigkeit in Frankreich richtet sich dabei nach der Schwere des Delikts, wobei die erkennende Gerichtsbarkeit zudem von der ermittelnden getrennt ist (Art. 49 Abs. 2 CPP).[1888] Zu unterscheiden sind nach Art. 111-1 CP dabei die schweren Verbrechen (Crimes) wie die Tötung eines Menschen, Art. 221-1 ff. CP, die mittelschweren Vergehen (Délits), die etwa mit Freiheits-, Geldstrafe oder gemeinnütziger Arbeit sanktioniert werden können, vgl. Art. 131-3 CP und die leichtesten Übertretungen (Contraventions), die sich in fünf Kategorien unterteilen lassen, Art. 131-13 CP.[1889]

Der Strafbefehl wird, sofern es sich bei dem betreffenden Delikt um eine Übertretung handelt, vor dem Polizeigericht (tribunal de police, Art. L211-1 COJ) beantragt, Art. 521 CPP, wobei der Richter[1890] hier kein Jurist sein muss[1891]. Bei den Vergehen, die mit Freiheits- oder Geldstrafe von 3.750 Euro oder mehr sanktioniert werden können, entscheidet das Strafgericht (tribunal correctionnel), Art. 381 CPP. Hier werden unter anderem Alltagsdelikte wie Diebstahl, Betrug oder Drogenbesitz verhandelt.[1892]

Wie in Deutschland auch stellt die Staatsanwaltschaft zuvor einen entsprechenden Antrag, Art. 495 Abs. 1, 495-1 Abs. 1, 525 Abs. 1 CPP.[1893]

Die zulässige Sanktion des französischen Strafbefehlsverfahrens ist eine Geldstrafe, die mit einer oder mehreren Nebenstrafen kombiniert werden kann, Art. 495-1, 525 Abs. 2 CPP. Bei den Vergehen darf sie allerdings höchstens die Hälfte der für das Vergehen vorgesehenen Strafe erreichen und ist zudem

---

1888 *Peters*, Urteilsabsprachen im Strafprozess, Vergleich, S. 109.

1889 *Peters*, Urteilsabsprachen im Strafprozess, Vergleich, S. 103 f.

1890 Es handelt sich dabei um einen Einzelrichter, *Neumann/Berg*, Einführung in das französische Recht, Rn. 114.

1891 Vielmehr handelt es sich um Personen aus der Zivilgesellschaft mit einer kurzen Ausbildung; vgl. *Taubald*, Konsensuale Erledigungen in Deutschland und Frankreich, S. 123 Fn. 654 noch zum abgeschafften juge de proximité.

1892 *Neumann/Berg*, Einführung in das französische Recht, Rn. 115.

1893 *Hamdan*, Absprachen im französischen Strafverfahren, S. 43.

auf 5.000 Euro begrenzt, Art. 495 Abs. 1, 495-1 Abs. 2 CPP. Bei den Vergehen verweist Art. 495-1 Abs. 2 CPP bezüglich der zulässigen Nebenstrafen auf die Art. 131-5 bis 131-8-1 CP. Art. 131-6 CP ermöglicht etwa die Anordnung eines mehrjährigen Fahr-, Berufs- oder Kontaktverbots, Art. 131-5-1 CP etwa sieht die Anordnung einer höchstens einmonatigen Bewährung vor, im Rahmen derer der Verurteilte dazu verpflichtet werden kann, bestimmte Kurse zu absolvieren, beispielsweise zur Sensibilisierung für die Verkehrssicherheit oder ein Kurs über elterliche Verantwortung. Nach Art. 131-8-1 CPP kann das Gericht den Täter auch zu einer Wiedergutmachung gegenüber dem Opfer verpflichten.

Anders als im deutschen Recht ist der Richter bei der Festsetzung allerdings nicht an den Antrag der Staatsanwaltschaft gebunden, sondern kann die (Geld-)Strafe frei bestimmen.[1894] Eine Freiheitsstrafe ist hingegen, anders als im deutschen Recht, nicht zulässig.[1895] Dafür kann der Richter im französischen Strafbefehlsverfahren eine gemeinnützige Arbeit anordnen, sofern der Angeklagte hierzu zustimmt, Art. 495-1 Abs. 2, 131-8 CPP. Außerdem besteht hier die Möglichkeit, dass der Richter den Angeklagten freispricht, Art. 495-1 Abs. 2, 525 Abs. 2 CPP. Ein solcher Freispruch kann durch Strafbefehl selbst erfolgen und bedarf keiner vorherigen Anhörung, sofern der Richter den Angeklagten bezüglich der konkreten Vorwürfe für unschuldig hält. Im deutschen Verfahren kann der Richter lediglich den Erlass des Strafbefehls nach § 408 Abs. 2 Satz 1 StPO ablehnen.

Voraussetzung für den Erlass ist das Vorliegen eines einfachen, durch Beweismittel belegten Tatvorwurfs sowie von Informationen über die Persönlichkeit und über die finanzielle Situation des Beschuldigten, die für die Festsetzung der Strafe erforderlich sind, Art. 495 Abs. 1 CPP. Wie auch im deutschen Recht ist ein Geständnis des Beschuldigten hingegen keine Voraussetzung für den Erlass eines Strafbefehls.[1896] Eine notwendige Verteidigung ist nicht vorgesehen.[1897] Art. 495-3 Abs. 3 CPP besagt lediglich, dass der Angeklagte während der Verhandlung von einem Rechtsanwalt unterstützt werden kann, dessen Bestellung er beantragen kann.

1894 *Hamdan*, Absprachen im französischen Strafverfahren, S. 43; *Peters*, Urteilsabsprachen im Strafprozess, Vergleich, S. 112; *Gilliéron*, in: Barton u.a. (Hrsg.), Vom hochgemuten, voreiligen Griff nach der Wahrheit, 59, 62 f.

1895 *Hamdan*, Absprachen im französischen Strafverfahren, S. 42; *Gilliéron*, in: Barton u.a. (Hrsg.), Vom hochgemuten, voreiligen Griff nach der Wahrheit, 59, 62.

1896 *Taubald*, Konsensuale Erledigungen in Deutschland und Frankreich, S. 124; *Hamdan*, Absprachen im französischen Strafverfahren, S. 42.

1897 *Hamdan*, Absprachen im französischen Strafverfahren, S. 58.

Eine vorherige Anhörung des Beschuldigten erfolgt nicht, Art. 495-1 Abs. 2, 525 Abs. 2 CPP.

Der Richter muss den Strafbefehl im Falle einer Übertretung gemäß Art. 526 Abs. 2 CPP nicht begründen, was leider auch im deutschen, aber wie gezeigt auch im schweizerischen und polnischen Strafbefehlsverfahren der Fall ist.[1898] Bei Vergehen hingegen besteht eine Begründungspflicht nach Art. 495-2 Abs. 2 CPP, wobei insbesondere auf die Voraussetzungen des Strafbefehls Bezug zu nehmen ist.

Sofern der Richter eine Hauptverhandlung oder bei einem Vergehen eine Freiheitsstrafe für erforderlich hält, schickt er die Akten zurück an die Staatsanwaltschaft, Art. 495-1 Abs. 3, 525 Abs. 3 CPP. Anders als im Falle des § 408 Abs. 3 Satz 2 StPO beraumt er nicht direkt selbst eine Hauptverhandlung an.

Gegen den Strafbefehl können der Angeklagte und die Staatsanwaltschaft Einspruch einlegen. Dass die Staatsanwaltschaft Einspruch einlegen kann, ist angesichts der Tatsache, dass der Richter nicht an ihren Antrag gebunden ist, sachgerecht. Die Einlegungsfrist beträgt für die Staatsanwaltschaft stets zehn Tage, Art. 495-3 Abs. 1, 527 Abs. 1 CPP, für den Beschuldigten wird nach der Art der Zuwiderhandlung differenziert: Bei Vergehen beträgt sie 45 Tage, Art. 495-3 Abs. 3 CPP, bei Übertretungen ist sie dreißig Tage lang, Art. 527 Abs. 3 CPP.

Dabei wird der Strafbefehl sowohl der Staatsanwaltschaft als auch dem Beschuldigten zugeleitet, Art. 495-3 Abs. 1, 2 CPP, bei Übertretungen erfolgt die Zuleitung an den Beschuldigten, wenn die Staatsanwaltschaft keinen Einspruch einlegt, Art. 527 Abs. 2 CPP.

In Art. 495-3 Abs. 5, 527 Abs. 5 CPP ist zudem geregelt, dass der Angeklagte das Benachrichtigungsschreiben erhalten muss – ansonsten beginnt eine weitere 30-tägige Einspruchsfrist mit Beginn der Vollstreckungshandlung oder dem Zeitpunkt, in dem auf andere Weise Kenntnis von der Sanktion sowie von Frist und Form der ihm zur Vefügung stehenden Möglichkeiten, sich dagegen zur Wehr zu setzen, erlangt wurde.

Infolge des Einspruchs wird ein reguläres Verfahren vor dem Polizei- beziehungsweise Strafgericht eingeleitet, Art. 528 Abs. 1 und 495-4 Abs. 1 CPP. Ein Verschlechterungsverbot besteht gemäß Art. 495-3 Abs. 3 CPP nicht. Unterbleibt ein Einspruch, steht der Strafbefehl einem rechtkräftigen Urteil gleich, Art. 495-5 Abs. 1, 528-1 Abs. 1 CPP.

Einer der wesentlichen Unterschiede zwischen dem deutschen und französischen Strafbefehlsverfahren liegt darin, dass der Richter nicht an den Antrag

1898 Siehe zu den Nachteilen unter C. I. 4.

der Staatsanwaltschaft gebunden ist. Die fehlende richterliche Bindung an den Antrag ist insofern positiv, als die Richter in diesem Fall einen Strafbefehlsantrag nicht unbesehen unterschreiben können, sondern gezwungen sind, sich eingehender mit ihm auseinanderzusetzen. Bei der Bestimmung der Strafhöhe allein durch den Richter liegt allerdings ein echtes Abwesenheitsurteil vor[1899], das in Deutschland nicht zulässig ist. Das Zubilligen einer Abweichungskompetenz, bei der der Richter in gewissem Maße von der beantragten Rechtsfolge abweichen darf, ohne die Sache erneut der Staatsanwaltschaft vorzulegen oder eine Hauptverhandlung anzuberaumen, wäre hingegen sachgerecht.[1900]

Des Weiteren ist im französischen Strafbefehlsverfahren als Rechtsfolge lediglich eine Geldstrafe, auch in Verbindung mit Nebenstrafen, oder ein Freispruch zulässig, nicht hingegen – wie in Deutschland – eine Freiheitsstrafe. Bei Vergehen ist die Geldstrafe nur in Höhe der Hälfte des für das Delikt zulässigen Höchstmaßes und maximal bis 5.000 Euro zulässig. Beispielsweise kann bei einem Betrug in Frankreich höchstens eine Strafe von diesen 5.000 Euro durch Strafbefehl verhängt werden, während in Deutschland eine Geldstrafe von bis 360 Tagessätzen zulässig ist, was je nach Einkommen des Täters eine Summe von bis zu 10.800.000 Euro bedeuten kann, § 40 Abs. 1, 2 StGB. Der Anwendungsbereich des französischen Verfahrens ist dadurch gegenüber dem deutschen Strafbefehlsverfahren begrüßenswerterweise erheblich beschränkter.

Eine Besonderheit des Strafbefehlsverfahrens in Frankreich ist auch die Möglichkeit des Freispruchs. Anders als in Deutschland, wo der Richter den Strafbefehl im Falle eines fehlenden hinreichenden Tatverdachts nicht erlässt, wird hier nicht auf die Symbolik eines Freispruchs verzichtet. Dies kann für den Beschuldigten persönlich von besonderer Bedeutung sein.

Das Fehlen einer notwendigen Verteidigung im französischen Strafbefehlsverfahren unterscheidet sich nicht wesentlich von der deutschen Regelung, da eine Pflichtverteidigung auch in Deutschland nur im Falle einer Freiheitsstrafe vorgesehen ist, die in Frankreich im Strafbefehlsverfahren überhaupt nicht zulässig ist.

Die Möglichkeit, auch im Strafbefehlsverfahren zivilrechtliche Ansprüche adhäsionsweise geltend zu machen, ist aus verfahrensökonomischen Aspekten und aus Opferschutzgründen[1901] sinnvoll. Zudem fallen für den Verletzten auf diese Weise geringere Verfahrenskosten an, da er seine Ansprüche nicht

---

1899 Siehe dazu auch unter C. II. 1. b) aa) (2).

1900 Siehe unter C. II. 1. b) aa) (1).

1901 Siehe dazu *Peter*, Verbesserung der Stellung des Opfers im Strafverfahren, S. 266 ff.

in einem gesonderten Zivilrechtsstreit einklagen muss[1902]; auch trägt er nicht die zivilprozessuale Beweislast[1903]. Durch den in Frankreich stärker beschränkten Anwendungsbereich insbesondere bei den Vergehen, der in der Regel dazu führt, dass tendenziell nur weniger schwerwiegende Taten im Wege des verkürzten Verfahrens erledigt werden, ist anzunehmen, dass die Beurteilung auch der Zivilansprüche im Strafbefehlsverfahren möglich ist und zudem den Rahmen des summarischen Verfahrens nicht sprengt. Auch in Deutschland wäre es insgesamt im Sinne einer Beschleunigung, zivilrechtliche Ansprüche im Wege des Strafbefehlsverfahrens zu bestimmen. Zwar müsste in dem Fall die Höhe des Schmerzensgeldes im Strafverfahren ermittelt werden, was das Verfahren an dieser Stelle verlangsamt, allerdings ist dies aufgrund der positiven Folgewirkung (keine Notwendigkeit eines Zivilprozesses) und des damit einhergehenden Opferschutzes in Kauf zu nehmen. Dies gilt allerdings nur, soweit die betreffenden Fälle tatsächlich einfach gelagert sind und die Beweislage sehr klar ist, was bei vielen Fällen der mittleren Kriminalität häufig nicht der Fall sein dürfte.

Insgesamt wird das Opfer im französischen Strafbefehlsverfahren, anders als im deutschen Verfahren, in den Regelungen zum Strafbefehlsverfahren nicht außer Acht gelassen. Der größere Schutz von Opferrechten im Strafverfahren allgemein wird in Deutschland viel diskutiert[1904] und ist ausdrücklich wünschenswert. Die Ausgestaltung konkret im Strafbefehlsverfahren könnte etwa – wie im französischen Recht – durch diese Möglichkeit erfolgen, seine Schadensersatzansprüche, ohne ein vollständiges zusätzliches Zivilverfahren bemühen zu müssen, geltend machen zu können. Ein Ausschluss des Strafbefehlsverfahrens für den Fall, dass durch die Anwendung des summarischen Verfahrens die Opferrechte beeinträchtigt werden könnten, würde die Opferstellung im Strafverfahren generell stärken, ist allerdings hinsichtlich der erwünschten Entlastungswirkung des Verfahrens fraglich. Vielmehr wäre die Anwendbarkeit des Adhäsionsverfahrens bereits ein sinnvoller Schritt. Die Möglichkeit, eine Wiedergutmachung (§ 46a StGB) anzuordnen

1902 *Hutzler*, Ausgleich struktureller Garantiedefizite, Rn. 334 f.

1903 *Peter*, Verbesserung der Stellung des Opfers im Strafverfahren, S. 266 f.; MüKoZPO/*Prütting* § 286 Rn. 100 ff.

1904 *Peter*, Verbesserung der Stellung des Opfers im Strafverfahren, siehe zum Strafbefehlsverfahren insb. S. 266 ff., 277 ff.; siehe zum 3. Opferrechtsreformgesetz *Ferber*, NJW 2016, 279; zur Stellung des Opfers im Strafverfahren *Heger*, JA 2007, 244 ff.

(im französischen Recht möglich gemäß Art. 495-1 Abs. 2, 131-8-1 CPP), ist zwar ebenfalls im Sinne des Opferschutzes, in der Umsetzung allerdings zu aufwändig für ein summarisches Verfahren. Denn hier muss der Täter freiwillig leisten[1905] und zudem das Opfer aktiv mitwirken, um eine Wiederherstellung des Friedens zu erreichen[1906]. Bei einem Täter-Opfer-Ausgleich (§ 46a Nr. 1 StGB) ist zudem eine (mindestens ernsthaft angestrebte) Kommunikation zwischen Täter und Opfer erforderlich.[1907] Aus diesen Gründen ist eine Wiedergutmachung im Strafbefehlsverfahren nicht praktikabel.

Dass das Strafbefehlsverfahren nach früherer Rechtslage[1908] bei Vergehen nicht im Wiederholungsfalle angewandt werden konnte, erscheint zumindest aus spezial-, und generalpräventiven Aspekten sinnvoll. So diente die Straffestsetzung in diesem nichtöffentlichen Verfahren auf diese Weise auch der Verwarnung, sich in Zukunft rechtstreu zu verhalten, da ein nächstes Strafverfahren in der Öffentlichkeit geführt würde.[1909] Allerdings beschränkt ein derartiger Ausschluss den Anwendungsbereich des Verfahrens nicht unerheblich und hat damit Auswirkungen auf die Entlastung der Strafjustiz. Ein sachgerechter Ausgleich der beiden Aspekte wäre möglicherweise, das Strafbefehlsverfahren bei einer mehrfachen Wiederholung, etwa ab der dritten Straffälligkeit, auszuschließen, sofern die Strafzumessung in solchen Fällen nicht ohnehin derart ausfällt, dass die zulässigen Rechtsfolgen des Verfahrens überstiegen werden. Eine solche Regelung könnte auch für das deutsche Strafbefehlsverfahren erwogen werden, allerdings scheint ein solcher zwangsweise vorgeschriebener Ausschluss des Verfahrens nicht erforderlich. Spezialpräventive Erwägungen sollte die Staatsanwaltschaft vielmehr in ihre Entscheidung für oder gegen einen Strafbefehlsantrag einfließen lassen.

Der Umstand, dass der Richter, sofern er eine Hauptverhandlung oder bei einem Vergehen auch eine Freiheitsstrafe für erforderlich hält, die Akten zurück an die Staatsanwaltschaft schicken muss, Art. 495-1 Abs. 3, 525 Abs. 3 CPP, und anders als im deutschen Recht nicht wie bei § 408 Abs. 3 Satz 2 StPO entsprechend selbst direkt eine Hauptverhandlung anberaumen kann, ist aus verfahrensökonomischen Aspekten abzulehnen. Es ist kein Grund ersichtlich, hier erneut den Umweg über die Staatsanwaltschaft gehen zu müssen.

1905 Sch/Sch/*Kinzig* StGB § 46a Rn. 1.

1906 MüKoStGB/*Maier* § 46a Rn. 42.

1907 BGH NStZ 2008, 452, 453; NStZ 2006, 275; Sch/Sch/*Kinzig* StGB § 46a Rn. 2.

1908 Art. 495 Abs. 3 Nr. 4 CPP, Modifié par LOI n°2012-304 du 6 mars 2012 – Art. 34.

1909 Worauf in der Rechtsbehelfsbelehrung hinzuweisen wäre.

Die Differenzierung bei den Fristen danach, ob es sich um ein Vergehen oder lediglich um eine Übertretung handelt, ist besonders angeklagtenfreundlich. Die Fristen sind zudem mit dreißig beziehungsweise 45 Tagen großzügiger bemessen als in Deutschland. Dies ist begrüßenswert. Kürzere Fristen führen naturgemäß zwar zu einer schnelleren Erledigung, allerdings bleibt der Arbeitsaufwand unverändert, lediglich die Wartezeiten im Rahmen des Verfahrens verlängern sich. Die in Deutschland vorgesehene Frist von 14 Tagen ist, wie bereits festgestellt, zu knapp bemessen.[1910] Besonders positiv für den Angeklagten ist vor allem die französische Regelung, dass die Frist, sofern der Angeklagte das Benachrichtigungsschreiben nicht erhalten hat, erneut zu laufen beginnt, sobald er tatsächliche Kenntnis vom Strafbefehl erhält. Auf diese Weise kann er dann gegen den Strafbefehl Einspruch einlegen und es wird verhindert, dass der Beschuldigte ohne sein Wissen verurteilt wird. Mit einer entsprechenden Regelung könnte auch im deutschen Recht dem Umstand entgegengewirkt werden, dass zwischen Zustellung und tatsächlicher Kenntnisnahme häufig Zeit vergeht, wodurch die Einspruchsfrist faktisch verkürzt wird. Dieses Problem könnte anstatt über die Frist möglicherweise auch über die Zustellungsvorschriften gelöst werden, indem etwa sichergestellt wird, dass der Strafbefehl dem Angeklagten persönlich zugestellt oder ein persönlicher Erhalt auf andere Weise gewährleistet wird; allerdings ist die Pflicht einer zwingend persönlich erfolgenden Zustellung, bei der der Empfänger stets angetroffen werden muss, unpraktikabel, sodass hier eine Lösung über den Fristbeginn sachgerechter erscheint.[1911]

Zusammenfassend lässt sich damit festhalten, dass das französische Strafbefehlsverfahren durchaus einige Regelungen beinhaltet, die gegenüber der deutschen Ausgestaltung vorzugswürdig erscheinen.

Dazu zählt zum einen der geringere Anwendungsbereich, insbesondere durch den Ausschluss von Freiheitsstrafen und der Begrenzung der Geldstrafe auf 5.000 Euro. Auch die Möglichkeit eines Freispruchs durch Strafbefehl ist aus Sicht des Beschuldigten begrüßenswert.

Die Bindung des deutschen Richters an den Antrag der Staatsanwaltschaft sollte sinnvollerweise aufgehoben werden[1912], wobei die französische Regelung hier nicht übernommen, sondern vielmehr dem Richter eine Abweichungskompetenz eingeräumt werden sollte.

1910 Siehe dazu unter C. IV. 1. a) aa) (2).

1911 Siehe dazu unter C. IV. 1. a) bb) (3).

1912 Siehe dazu unter C. II. 1. b) aa) (1).

Eine Begründungspflicht zumindest bei den schwereren Vergehen ist begrüßenswert. Zur Stärkung der Position des Angeklagten wäre aber eine über die französische Beschränkung hinausgehende generelle Begründungspflicht für alle Strafbefehle erforderlich.

Die Stellung des Opfers könnte insofern gestärkt werden, als auch im deutschen Strafbefehlsverfahren zivilrechtliche Ansprüche geltend gemacht werden können sollten; allerdings setzt dies gleichzeitig eine Beschränkung des Anwendungsbereichs voraus, da für deren Beurteilung im Strafbefehlsverfahren erforderlich ist, dass der Sachverhalt tatsächlich geringfügig, simpel und beweisklar ist.

Insbesondere die Einspruchsfrist sollte auch im deutschen Recht verlängert werden. Den Beginn der Frist zudem auf den Zeitpunkt der tatsächlichen Kenntnisnahme zu verlegen, wäre ebenfalls begrüßenswert.

4. *Fazit*

Ein Vergleich des Strafbefehlsverfahrens in Deutschland mit den entsprechenden Verfahren in den soeben genannten Ländern zeigt mithin, dass das Verfahren insbesondere in der Schweiz insgesamt nicht weniger anfällig für fehlerhafte Entscheidungen ist und keine Vorbildfunktion für das deutsche Verfahren übernehmen kann.

Im polnischen Recht hingegen ist der geringere Anwendungsbereich des Verfahrens, namentlich der Ausschluss von Freiheitsstrafen[1913], der Ausschluss des Verfahrens gegen benachteiligte Personen sowie die Zuständigkeit eines anderen als der des den Strafbefehl erlassenden Richters für das weitere Verfahren infolge eines Einspruchs (Art. 40 § 1 Nr. 9 KPK) begrüßenswert. Selbes gilt auch für das Fehlen einer der §§ 411 Abs. 2 Satz 2, 420 Abs. 4 StPO entsprechenden Regelung.

Auch das französische Recht weist an einigen Stellen positive Ausgestaltungen auf, die so oder in ähnlicher Weise auch im Rahmen einer Reformierung des deutschen Strafbefehlsverfahren zu fordern wären. Dazu zählt zum einen der auch hier geringere Anwendungsbereich, insbesondere durch den Ausschluss von Freiheitsstrafen und der Begrenzung der Geldstrafe auf 5.000 Euro.

1913 *Weßlau*, ZStW 116 (2004), 150, 163: In ausländischen Rechtsordnungen werde das Verfahren – soweit sie es überhaupt kennen würden – häufig nur für Geldstrafen eingesetzt; vgl. auch *Meliá*, ZStW 130 (2018), 476, 488 (Spanien); *Ikeda*, ZStW 130 (2018), 438, 439 (Japan); *Orlandi*, ZStW 116 (2004), 120, 122 (Italien); *Hofmański*, ZStW 116 (2004), 113, 115 (Polen).

Auch die lediglich hälftige Ausschöpfung des Strafrahmens bei Vergehen ist mit Blick darauf, dass das Strafbefehlsverfahren für einfache Fälle vorgesehen ist, eine interessante Regelung. Da die in Deutschland vorgesehene Geldstrafe allerdings regelmäßig bis zu 360 Tagessätze betragen kann, könnte hier die Grenze bei einem Viertel der Höchstanzahl gezogen werden, um den Anwendungsbereich tatsächlich auf die leichte Kriminalität zu beschränken.

Zudem wäre auch zu erwägen, einen Freispruch durch Strafbefehl zuzulassen, um klarzustellen, dass den Beschuldigten bezüglich der ihm gemachten Vorwürfe keine Schuld trifft.[1914] Auch die richterliche Bindung an den Antrag der Staatsanwaltschaft sollte im deutschen Recht sinnvollerweise aufgehoben werden, wenn auch die französische Regelung hier nicht übernommen, sondern lediglich eine Abweichungsmöglichkeit eingeräumt werden sollte. Die Opferstellung durch die Zulässigkeit des Adhäsionsverfahrens zu stärken, wäre begrüßenswert. Und auch die Verlängerung der deutschen Einspruchsfrist wäre erforderlich, ebenso wie eine bessere Gewährleistung des rechtzeitigen persönlichen Erhalts des Strafbefehls, etwa durch einen Sicherungsmechanismus wie im französischen Recht, in dem die Frist bei fehlender Zustellung ab tatsächlicher Kenntnis erneut zu laufen beginnt.

Zudem sehen diese Länder bei einem Übergang in das Normalverfahren auf einen Einspruch hin erfreulicherweise keine der den §§ 411 Abs. 2 Satz 2, 420 Abs. 4 StPO entsprechende Regelung vor, die auch im deutschen Recht abgeschafft werden sollte.

D. Fehlentscheidungen bei Strafbefehlen

Wie oft die aufgezeigten Schwächen des Strafbefehlsverfahrens in der Praxis tatsächlich zu Fehlentscheidungen[1915] führen, wird statistisch nicht erfasst. Es können hierzu bisher nur Vermutungen angestellt werden. Rückschlüsse könnten aus einer Wiederaufnahmestatistik gezogen werden, da ein erfolgreiches Wiederaufnahmeverfahren eine in der Sache fehlerhafte Entscheidung aufzeigt, allerdings gibt es auch hierzu keine entsprechenden Daten.

Eine Untersuchung von Dunkel von 2018[1916] allerdings beschäftigt sich mit den Ursachen für Fehlentscheidungen und hat in diesem Zusammenhang

---

1914 Siehe dazu unter 4. Teil A.

1915 Siehe zum Begriff, wie er dieser Arbeit zugrunde gelegt ist, jeweils die Einleitungen unter 2. Teil, dort auch C. II., 3. Teil B. IV. 1.

1916 *Dunkel*, Fehlentscheidungen in der Justiz; siehe auch *Kemme/Dunkel*, StV 2020, 52, speziell zum Strafbefehlsverfahren, wo zum Teil auch die Erkenntnisse der erstgenannten Arbeit aufgegriffen werden.

Wiederaufnahmeverfahren analysiert. Die Ergebnisse zeigen gerade auch im Zusammenhang mit Strafbefehlen die Gründe für deren Fehlerhaftigkeit.

I. Erkenntnisse anhand von Wiederaufnahmeverfahren

1. Ergebnisse der Untersuchung

Dunkels Untersuchung betraf Wiederaufnahmeverfahren in Hamburg. Die Ergebnisse sind zwar aufgrund der geringeren Anzahl untersuchter Verfahren (48) keineswegs repräsentativ, liefern aber dennoch interessante Erkenntnisse.

Von den untersuchten Wiederaufnahmeverfahren betrafen 56 % Strafbefehlsverfahren.[1917] Bei 40 % handelte es sich um Urteile, bei 4 % um Beschlüsse. Bereits hier zeige sich die besondere Bedeutung von Strafbefehlen im Zusammenhang mit möglichen Fehlentscheidungen.[1918] Fehlerhafte Strafbefehle kommen, wie sich zeige, mit einer gewissen Regelmäßigkeit vor.[1919] Etwa jeder zweite Antrag auf eine Wiederaufnahme gegen einen rechtskräftigen Strafbefehl war zudem erfolgreich[1920]: In 48 % aller Strafbefehlsfälle kam es zu einem Freispruch, bei Urteilen dagegen in nur 9 %.[1921]

Zwei Drittel der Wiederaufnahmefälle richteten sich gegen eine Verurteilung zu einer Geldstrafe. Fehlentscheidungen kleiner Fälle werde allerdings wenig Aufmerksamkeit geschenkt – gerade hier würden aber auch Fehler geschehen.[1922]

Unter den gesichteten Wiederaufnahmeverfahren befanden sich vor allem Diebstahls- und Betrugsfälle, jeweils über 20 %. Dennoch lasse sich in der durchgeführten Stichprobe kein Muster bei bestimmten Deliktsgruppen erkennen.[1923] Die Strafbefehle selbst ergingen, bedingt durch die Vorausset-

---

1917 Siehe auch *Gilliéron*, Strafbefehlsverfahren und plea bargaining, S. 103 sowie die schweizerische Studie von *Killias/Gilliéron/Dongois*, Erreurs judiciaires en Suisse, S. 18, in der von 237 erfolgreichen Wiederaufnahmeverfahren 67,4 % gegen Strafbefehle gerichtet waren; deutlich weniger hingegen waren es noch bei der Studie von *Peters*, Fehlerquellen im Strafprozeß I, S. 5 (1951–1964 richteten sich nur 10,5 % der untersuchten Wiederaufnahmeverfahren gegen Strafbefehle oder -verfügungen).

1918 *Dunkel*, Fehlentscheidungen in der Justiz, S. 180.

1919 *Dunkel*, Fehlentscheidungen in der Justiz, S. 229.

1920 *Dunkel*, Fehlentscheidungen in der Justiz, S. 231.

1921 *Kemme/Dunkel*, StV 2020, 52, 56.

1922 *Dunkel*, Fehlentscheidungen in der Justiz, S. 192 f.

1923 *Dunkel*, Fehlentscheidungen in der Justiz, S. 181.

zungen für deren Erlass, überwiegend bei Eigentums- und Vermögens-, sowie Betäubungsmittel- und Straßenverkehrsdelikten.[1924]

84,4 % der untersuchten Wiederaufnahmeanträge wurden an Amtsgerichten gestellt.[1925] Von den Wiederaufnahmeverfahren vor den Amtsgerichten wiederum wurden knapp 40 % zuungunsten des Angeklagten geführt.[1926]

Kemme/Dunkel berichten, dass sowohl bei Strafbefehlen als auch bei Urteilen die von der Staatsanwaltschaft gestellten Anträge auf Wiederaufnahme fast immer zulässig gewesen seien. Anträge eines Verurteilten, der nicht von einem Anwalt vertreten worden sei, seien hingegen als unzulässig abgewiesen worden. Damit zeige sich, dass die Zulässigkeit eines Wiederaufnahmeantrags durchaus eine Hürde darstelle, die nur zu überwinden sei, wenn der Verurteilte von einem Strafverteidiger vertreten werde.[1927]

Von der Staatsanwaltschaft gingen 48 % aller Wiederaufnahmeanträge bei Strafbefehlen aus, bei den Amts- und Landgerichten wurden die Anträge dagegen vermehrt vom Angeklagten beziehungsweise seinem Verteidiger gestellt; nur jeweils 8 % der Fälle wurden zuungunsten des Angeklagten wiederaufgenommen.[1928] Zudem zeigte die Untersuchung, dass alle zulässigen Wiederaufnahmeanträge bei Strafbefehlen (insgesamt circa 67 % aller Anträge) erfolgreich waren, bei den Urteilen gab es lediglich 48 % zulässige Anträge, von denen dagegen nicht alle erfolgreich waren.[1929]

Besonders interessant ist die Erkenntnis, dass in den untersuchten Verfahren über die Hälfte, nämlich 54,3 % der Verurteilten, eine psychische Störung aufwies. Bei Strafbefehlen lag dieser Wert bei 51,9 %.[1930] In den Fällen unter den Wiederaufnahmeverfahren gegen Strafbefehle, in denen nachträglich eine psychische Störung des Verurteilten erkannt wurde, endeten 64 % mit einem

---

1924 *Kemme/Dunkel,* StV 2020, 52, 56.

1925 *Kemme/Dunkel,* StV 2020, 52, 55; auch die Statistiken für ganz Deutschland zeigen, dass 2019 81,9 % der Wiederaufnahmeverfahren vor den Amtsgerichten geführt wird, *Statistisches Bundesamt,* Fachserie 10, Reihe 2.3, 2019, Tabellen 2.1, 4.1, 5.1, 7.1.

1926 *Dunkel,* Fehlentscheidungen in der Justiz, S. 164 f., 197; in ganz Deutschland wurden 2019 27,7 % aller Wiederaufnahmeverfahren zuungunsten des Angeklagten geführt, *Statistisches Bundesamt,* Fachserie 10, Reihe 2.3, 2019, Tabellen 2.1, 4.1, 5.1, 7.1.

1927 *Kemme/Dunkel,* StV 2020, 52, 56.

1928 *Kemme/Dunkel,* StV 2020, 52, 56.

1929 *Kemme/Dunkel,* StV 2020, 52, 56.

1930 *Kemme/Dunkel,* StV 2020, 52, 56.

Freispruch – nur 29 % waren erfolglos. Bei Urteilen war dieses Verhältnis hingegen umgekehrt. Hier wurden lediglich 15 % freigesprochen, 62 % waren erfolglos. In den Fällen ohne psychische Störung waren die Verfahren sowohl bei den Strafbefehlen (39 %) als auch bei den Urteilen (75 %) überwiegend erfolglos. Doch auch hier hatten die Wiederaufnahmeverfahren gegen Strafbefehle mit 31 % Freisprüchen und 15 % Einstellungen weit bessere Erfolgsaussichten als die gegen Urteile. Bei Letzteren war also die Schuldunfähigkeit kein häufig vorkommender Grund für ein Wiederaufnahmeverfahren (23 %), bei Strafbefehlen hingegen der wichtigste (57 %). Sofern keine psychische Erkrankung vorlag, waren bei Strafbefehlen fehlende oder falsch erhobene Sachbeweise der zweithäufigste Grund für eine Wiederaufnahme (38,5 %).[1931]

In knapp der Hälfte der untersuchten Verfahren, nämlich in 48 %, kam die fehlerhafte Verurteilung beziehungsweise erfolgreiche Wiederaufnahme wegen einer unerkannten, zur Schuldunfähigkeit führenden psychischen Erkrankung im Sinne von § 20 StGB zustande. Bei 32 % war es der fehlerhafte Sachbeweis.[1932]

2. *Hauptrisikofaktoren für Fehlentscheidungen*

Ein Hauptrisikofaktor für Fehlentscheidungen insgesamt stellt Dunkels Untersuchung zufolge mithin die Zurechnungsfähigkeit des Angeklagten in Form von psychischen Erkrankungen dar, die zu einer unerkannten Schuldunfähigkeit nach § 20 StGB führen.[1933] Mehr als die Hälfte der untersuchten Fälle endete mit einem Freispruch, weil nachträglich erkannt wurde, dass im Ausgangsverfahren keine Schuldfähigkeit vorlag. Dass die Schuldunfähigkeit oftmals unerkannt geblieben ist, erklärt Dunkel mit der Ausgestaltung des Strafbefehlsverfahrens. Da dieses lediglich schriftlich ablaufe und gerade keine Schuldfähigkeitsbegutachtung vorsehe, sei es kaum möglich, psychische Erkrankungen festzustellen.[1934] Da das Verfahren eine umfangreiche Auseinandersetzung mit der persönlichen Verfassung des Täters nicht vorsehe, komme es dazu, dass Strafbefehle ungeachtet einer Schuldfähigkeitsprüfung erlassen werden.[1935]

1931 *Kemme/Dunkel*, StV 2020, 52, 56 f.

1932 *Dunkel*, Fehlentscheidungen in der Justiz, S. 190 f.

1933 *Kemme/Dunkel*, StV 2020, 52, 56 f.; *Dunkel*, Fehlentscheidungen in der Justiz, S. 190 ff., 231 f.; diese Fehlerquelle erkannten auch *Peters*, Fehlerquellen im Strafprozeß I, S. 521 ff., II, S. 118 ff. und *Kiwit*, Fehlurteile im Strafrecht, S. 82 f.; *Gilliéron*, Strafbefehlsverfahren und plea bargaining, S. 103 f., 120 f., 139 ff. mit Verweis auf die Studie von *Killias/Gilliéron/Dongois*, Erreurs judiciaires en Suisse, S. 39.

1934 *Dunkel*, Fehlentscheidungen in der Justiz, S. 203 f., 231 f.

1935 *Dunkel*, Fehlentscheidungen in der Justiz, S. 193 f.

Allerdings könne nicht von einem justiziellen Fehler gesprochen werden, wenn die Staatsanwaltschaft einen Strafbefehl beantrage, nachdem sich keine Hinweise auf eine psychische Erkrankung erkennen lassen[1936], da das Strafbefehlsverfahren auch nicht auf eine genaue Prüfung von § 20 StGB ausgerichtet sei.[1937]

Zwei weitere gewichtige Risikofaktoren stellten fehlende oder fehlerhafte Sachbeweise und Zeugenaussagen dar.[1938] Denn im verkürzten Verfahren werde auf eine ausführliche Beweisaufnahme verzichtet, was zu einer unvollständigen Beweiserhebung und darauf basierenden Fehlentscheidungen führen könne.[1939]

1936 Vgl. auch die Äußerung des interviewten Staatsanwalts B5 (Frage 41), der betonte, dass ihm der Begriff „fehlerhaft" missfiele, da mit einer Akte anhand des Ermittlungsergebnisses gearbeitet würde, was nicht der Wahrheit entsprechen müsste. Auch wenn sich dieses Ergebnis in der Hauptverhandlung nicht bestätigte, war der Strafbefehl nicht fehlerhaft, sondern vielmehr hätte die Hauptverhandlung ihre Funktion erfüllt. Es würde lediglich eine Prognoseentscheidung getroffen.

1937 *Kemme/Dunkel,* StV 2020, 52, 57.

1938 *Kemme/Dunkel,* StV 2020, 52, 57; *Dunkel,* Fehlentscheidungen in der Justiz, S. 190 ff., 232, bzgl. der fehlenden oder fehlerhaften Sachbeweise; dies ergaben bereits Untersuchungen von *Peters,* Fehlerquellen im Strafprozeß I, S. 521 ff., II, S. 59 ff., 186 ff., 196 ff. und *Kiwit,* Fehlurteile im Strafrecht, S. 82 f., der als Fehlerquelle insb. fehlende bzw. falsche Beweismittel und die falsch bewertete Unzurechnungsfähigkeit des Angeklagten identifizierte; beim Strafbefehlsverfahren sei der häufigste Wiederaufnahmegrund Personenverwechslungen, insb. bei den Straßenverkehrsdelikten, *Gilliéron,* Strafbefehlsverfahren und plea bargaining, S. 104 f. mit Verweis auf die Studie von *Killias/Gilliéron/Dongois,* Erreurs judiciaires en Suisse, S. 39, 4; *Deckers,* StraFo 2015, 265 f. bzgl. der Zeugenaussagen; *Hirschberg,* Das Fehlurteil im Strafprozeß, S. 15 ff. bzgl. der unkritischen Bewertung von Geständnissen, Belastungen von Mitangeklagten, Zeugenaussagen und Sachverständigengutachten sowie falschem Wiedererkennen und der Lüge als Schuldbeweis; auch die Untersuchung von *Böhme,* Das strafgerichtliche Fehlurteil, S. 184 ff., 338 habe gezeigt, dass sich die Hauptfehlerquellen des Strafprozesses seit den zentralen Untersuchungen von Hirschberg, Kiwit und Peters nicht grundlegend veränderten: Das zentrale Problem des Strafprozesses bestehe insb. in der richtigen Sachverhaltsfeststellung, S. 338.

1939 *Kemme/Dunkel,* StV 2020, 52; *Gilliéron,* Strafbefehlsverfahren und plea bargaining, S. 106, 124 f., 133 ff. sieht typische Fehlerquelle in der unvollständigen Aufklärung des Sachverhalts/im mangelhaften Polizeirapport und in falsche Schlussfolgerungen; so auch *Peters,* Fehlerquellen im Strafprozeß I, S. 487 ff., 503 f., II, S. 2.

In dem Zusammenhang wurden auch die im Rahmen der Experteninterviews befragten Berliner Staatsanwälte gefragt, ob sie Kenntnisse über Fälle hätten, in denen eine fehlerhafte Entscheidung auf einer unzureichenden Beweisaufnahme (durch die Polizei) beruhte (Frage 28). B3 und B6 berichteten nicht von fehler-, aber lückenhaften Ermittlungen durch die Polizei. B3 führte dazu aus, dass er aber auch Fehler nicht ausschließen könnte. Es käme vor, dass er Akten, nachdem er sie nach Abschluss der Ermittlungen erhielte, nochmals zur Polizei zurückschickte (so auch B6, der betonte, dass in solchen Fällen Nachermittlungen erforderlich wären), was aber nicht bei jeder Akte geschehen könnte, bei der die Staatsanwaltschaft der Ansicht wäre, es müsste noch ein Zeuge gehört werden. Dann müsste eine Anklage erhoben und der Zeuge in der Hauptverhandlung gehört werden. Sofern keine 100 %ige Sicherheit vorläge, beantragte er keinen Strafbefehl. Auch B5 berichtete, dass sich selten in der Hauptverhandlung herausstellte, dass etwas falsch ermittelt wurde, eher würden Lücken gelassen und alternative Erklärungsmöglichkeiten aufgezeigt. Als Beispiel wurden Jobcenterbetrügereien angesprochen, bei denen mangels Kommunikation zwischen den Behörden dem anzeigenden Jobcenter vom Angeklagten gemachte Angaben bei einer anderen Stelle nicht bekannt gewesen wären. B1 berichtete von öfter vorkommenden Verrechnungen des Finanzamtes im Steuerbereich oder fehlerhaften Gewichtungen. Auch käme es häufiger vor, dass neue Beweismittel benannt würden oder plötzlich Freunde etwas bezeugen könnten.

B4 und B2 wären keine derartig fehlerhaften Fälle bekannt. B4 führte an dieser Stelle aus, dass es gelegentlich vorkäme, dass man davon ausgehen könnte, dass der ermittelte Sachverhalt nicht den Tatsachen entspräche; aber nur bei Anhaltspunkten könnte dem weiter nachgegangen werden. Dass von Menschen geführte Ermittlungen fehlerbehaftet wären und die Polizei angesichts ihres weiten Aufgabenfelds Fehler machte, wäre logisch. Allein bei der Aufnahme von Eindrücken und der Interpretation würden Fehler gemacht; es wäre menschlich, dass sich die Polizeibeamten bei der Wahrnehmung des Sachverhaltes ihr Urteil schon in einem gewissen Umfang gebildet hätten.

Eine schweizerische Untersuchung hat zudem ergeben, dass Fehlentscheidungen im Bereich der Straßenverkehrsdelikte besonders häufig vorkommen.[1940] Diese machten knapp die Hälfte der erfolgreichen Wiederaufnahmeverfahren

---

1940 *Killias/Gilliéron/Dongois*, Erreurs judiciaires en Suisse, S. 28; *Gilliéron*, Strafbefehlsverfahren und plea bargaining, S. 132; so auch schon die Studie von *Peters*, Fehlerquellen im Strafprozeß I, S. 469 ff.

gegen Strafbefehle aus; zudem sei mit einer hohen Dunkelziffer zu rechnen.[1941] Fehlerquellen seien hier insbesondere Personenverwechslungen mangels gründlicher Ermittlungen oder wegen von der Polizei nicht überprüfter Falschangaben des Beschuldigten.[1942] Gerade bei bewussten Falschgeständnissen, die oftmals zum Schutz anderer Personen abgelegt werden, müsse ein größerer Ermittlungsaufwand zur Überprüfung stattfinden, da Geständnisse gerade keine sichere Beweisquelle seien.[1943]

Die Straßenverkehrsdelikte sind in Deutschland das Hauptanwendungsfeld des Strafbefehlsverfahrens, etwa 40 % aller Strafbefehle werden in diesem Bereich erlassen[1944]. Eine erhöhte Fehleranfälligkeit in diesem Bereich hat daher erhebliche Auswirkungen.

3. *Reformüberlegungen*

In den Ergebnissen der Untersuchung, die zeigten, dass fehlerhafte Strafbefehle mit einer gewissen Regelmäßigkeit vorkommen und der Hauptrisikofaktor neben fehlenden oder fehlerhaften Sachbeweisen und Zeugenaussagen insbesondere die unerkannte Schuldunfähigkeit nach § 20 StGB aufgrund von psychischen Erkrankungen ist, erkennen Kemme/Dunkel eine systematische Schwäche des Strafbefehlsverfahrens.[1945]

Um der Fehleranfälligkeit durch unerkannte Schuldunfähigkeit entgegenzuwirken, fordert Dunkel, das Strafbefehlsverfahren zu optimieren und dabei bereits im Ermittlungsverfahren anzusetzen. So solle es eine bessere Zusammenarbeit der Polizei mit den anderen Strafverfolgungsbeteiligten geben sowie eine Schulung im Umgang mit psychisch kranken Personen.[1946] Beispielsweise

---

1941 *Gilliéron*, Strafbefehlsverfahren und plea bargaining, S. 132; *Killias/Gilliéron/Dongois*, Erreurs judiciaires en Suisse, S. 28.

1942 *Gilliéron*, Strafbefehlsverfahren und plea bargaining, S. 136 f.

1943 *Gilliéron*, Strafbefehlsverfahren und plea bargaining, S. 137 f., 143; als Fehlerquellen anerkennen Falschgeständnisse auch: *Deckers*, StraFo 2015, 265 f.; *Beneke*, Das falsche Geständnis, S. 19, 24 ff.; *Volbert*, FPPK 2013, 230 ff.; zu Falschgeständnissen siehe *Püschel*, StraFo 2015, 269, 273 f.

1944 Siehe unter B. I. 2. a), b), IV., Tabelle 2 m.N.

1945 *Kemme/Dunkel*, StV 2020, 52, 57.

1946 *Dunkel*, Fehlentscheidungen in der Justiz, S. 232; das Übersehen der verminderten Schuldfähigkeit könnte an Unachtsamkeit, aber auch an einer fehlenden psychiatrischen Ausbildung liegen, *Gilliéron*, Strafbefehlsverfahren und plea bargaining, S. 120 f.; für eine entspr. Schulung *Gilliéron*, in: Barton u.a. (Hrsg.), Vom hochgemuten, voreiligen Griff nach der Wahrheit, 59, 77.

könne die Polizei entsprechende Vermerke machen, wenn sie im persönlichen Kontakt mit dem Beschuldigten auf eine psychische Auffälligkeit stoße.[1947] Denn auch wenn das Strafbefehlsverfahren nicht auf eine gründliche Prüfung der Schuldfähigkeit des Beschuldigten ausgelegt sei, müsse dennoch die Möglichkeit bestehen, zu erkennen, wenn eine solche fehlen, also eine Schuldunfähigkeit vorliegen könne.[1948]

Die Polizei, die regelmäßig die Ermittlungen der Beweise durchführe, solle auch für das Thema Fehlentscheidungen sensibilisiert werden, da sich insbesondere ihre Beweiserhebung auf die spätere Entscheidungsfindung auswirke.[1949]

Zudem wird vorgeschlagen, die Einspruchsfrist in § 410 Abs. 1 StPO auf beispielsweise vier Wochen zu verlängern.[1950] Dies sei gerade mit Blick auf die oftmals unerkannten psychischen Erkrankungen erforderlich. Aus den Informationen, die aus den untersuchten Akten gewonnen werden konnten, entstehe manchmal der Eindruck, dass der Grund für eine nicht gewahrte Einspruchsfrist auch darin liegen könne, dass die Strafbefehlsempfänger psychisch erkrankt und häufig in schwierigen Lebensumständen befindlich seien. Die Akten zeigten, dass die Angeklagten ihre Post oftmals über eine lange Zeit nicht bearbeiteten oder öffneten. Psychisch kranke Menschen seien oft nicht imstande, täglich in den Briefkasten zu schauen oder angemessen auf einen Strafbefehl zu reagieren, unter Umständen sei ihnen auch gar nicht bewusst, dass sie aufgrund ihrer Krankheit nicht schuldfähig seien.[1951] Dies gelte insbesondere für Krankheiten wie Depressionen und Schizophrenie, sodass die Betroffenen hier häufig nicht dazu in der Lage seien, eine zweiwöchige Frist einzuhalten.[1952]

Weiterhin müsse erneut über den Umfang der materiellen Rechtskraft des Strafbefehls nachgedacht werden, damit nicht zu viele Fehler durch die zügige Abwicklung in Kauf genommen werden.[1953] Vorstellbar sei neben der Fristverlängerung auch, dem Verurteilten die Möglichkeit einzuräumen, ein Versäumnis der Einspruchsfrist begründen zu können und auch auf diese Weise,

---

1947 *Dunkel*, Fehlentscheidungen in der Justiz, S. 229; *Kemme/Dunkel*, StV 2020, 52, 58.

1948 *Dunkel*, Fehlentscheidungen in der Justiz, S. 193 f.

1949 *Dunkel*, Fehlentscheidungen in der Justiz, S. 204, 209 f.

1950 *Dunkel*, Fehlentscheidungen in der Justiz, S. 227.

1951 *Dunkel*, Fehlentscheidungen in der Justiz, S. 202 f., 227.

1952 *Dunkel*, Fehlentscheidungen in der Justiz, S. 202 f., 227; *Kemme/Dunkel*, StV 2020, 52, 57; *Adler*, Psychoneuro 2008, S. 457 ff.

1953 *Kemme/Dunkel*, StV 2020, 52, 58; vgl. *Kühne*, Strafprozessrecht Rn. 1127, 1133.

und nicht nur im Wege eines Wiederaufnahmeverfahrens, die Rechtskraft des Strafbefehls beseitigen zu können.[1954] Zudem sei es erforderlich, die Voraussetzungen für ein Wiederaufnahmeverfahren derart anzupassen, dass dieser Schritt auch faktisch durchführbar werde, insbesondere auch in Hinblick darauf, dass dies für demente, alkohol-/drogenabhängige oder schizophrene Menschen eine nicht zu bewältigende Aufgabe sein könne.[1955]

Letztlich gelte es aber insgesamt, das Strafbefehlsverfahren nicht stetig auszuweiten. Die Argumente der Prozessökonomie und der Justizentlastung würden dies angesichts der abnehmenden Zahl insgesamt zu erledigender Verfahren im Zeitraum von 2001 bis 2015 nicht rechtfertigen. Eine Entlastungswirkung lasse sich vorzugsweise mit einer Entkriminalisierung des Bagatellbereichs erreichen; als Beispiele seien der Cannabiskonsum[1956] oder die Beförderungserschleichung[1957] zu nennen.[1958]

4. *Zwischenergebnis*

Die Untersuchung von Dunkel zeigt (wenn auch mit sehr begrenzter Aussagekraft), dass das Strafbefehlsverfahren besonders anfällig für Fehlentscheidungen[1959] ist.[1960] Mehr als die Hälfte der gesichteten Wiederaufnahmeverfahren richteten sich gegen rechtskräftige Strafbefehle. Wiederum etwa die Hälfte (48 %) dieser Fälle war erfolgreich und endete mit einem Freispruch.

Der wichtigste Wiederaufnahmegrund bei Strafbefehlen, aber auch allgemein, war die unerkannte Schuldunfähigkeit im Sinne von § 20 StGB aufgrund einer psychischen Erkrankung des Verurteilten. Mehr als die Hälfte der Wiederaufnahmeanträge stützte sich auf diesen Umstand. Von den Strafbefehlsfällen, in denen nachträglich eine psychische Störung erkannt wurde, endeten 64 % mit einem Freispruch.

1954 *Dunkel*, Fehlentscheidungen in der Justiz, S. 227.

1955 *Kemme/Dunkel*, StV 2020, 52, 57.

1956 So auch *Stöver/Plenert*, Entkriminalisierung und Regulierung, http://library.fes.de/pdf-files/iez/10159.pdf, zuletzt abgerufen am 11.02.2021.

1957 BT-Drs. 19/1115; so auch *Alwart*, Stellungnahme, abrufbar unter /www.bundestag.de/blob/576444/ddc88dc81e968a94e7be31751fc608e9/alwart-data.pdf, zuletzt abgerufen am 11.02.2021.

1958 *Kemme/Dunkel*, StV 2020, 52, 59.

1959 Zum Entschädigungsausspruch im Strafbefehlsverfahren *Meyer*, MDR 1992, 219 f.

1960 Mit Blick auf die vielen fehlerhaften rechtskräftigen Strafbefehlen wäre daher auch in Deutschland ein innocence project, vgl. zum amerikanischen https://www.innocenceproject.org/, zuletzt abgerufen am 11.02.2021, begrüßenswert.

Richtig ist, dass das Strafbefehlsverfahren nicht darauf ausgerichtet ist, den Beschuldigten und seine persönlichen Hintergründe genau zu beleuchten. Dies zeigt auch der Umstand, dass er gemäß § 407 Abs. 3 StPO vor Strafbefehlserlass nicht durch den Richter angehört werden muss. Die einzige Möglichkeit, etwaige Schuldunfähigkeitsgründe zu erkennen, besteht, sofern keine persönliche Anhörung vorgenommen wird[1961], im Ermittlungsverfahren, da hiernach alles Weitere auf schriftlichem Wege erfolgt. Daher ist es zwingend geboten, dass die Ermittlungsbehörden gründlich arbeiten und insbesondere auch auf etwaige Umstände achten, die einer Bestrafung entgegenstehen könnten. Ein genaueres Ermitteln der persönlichen Umstände des Beschuldigten würde zudem auch dazu führen, dass beispielsweise dessen finanzielle Situation genauer bekannt würde, sodass es zu weniger fehlerhaften Strafbefehlen aufgrund einer Schätzung der Höhe der Tagessätze käme.

Ähnliches gilt auch für den Bereich der Straßenverkehrsdelikte. Die besondere Fehleranfälligkeit in diesem Bereich hängt insbesondere mit mangelhaften Tatsachenfeststellungen zusammen, die nur durch gründliche Ermittlungen beseitigt werden können.

Dass auch eine Fristverlängerung erforderlich ist, wurde bereits unter IV. 1. a) aa) (2), (3) festgestellt. Dass in Fällen psychischer Erkrankungen wie beispielsweise Depression oder Schizophrenie eine Einhaltung der zweiwöchigen Frist oftmals nicht möglich ist, ist durch die erleichterte Wiedereinsetzungsmöglichkeit nach § 44 StPO nicht ausreichend kompensiert. Zwar sind bei § 44 StPO besondere Umstände des Einzelfalls zu beachten, die eine Wiedereinsetzung vor dem Hintergrund von Art. 6 Abs. 1 EMRK gebieten, was insbesondere bei einer besonderen Schutzbedürftigkeit aufgrund einer psychischen Erkrankung gilt, sofern diese nicht durch eine Verteidigung kompensiert wird[1962.1963]

Die Beantragung einer Wiedereinsetzung erfordert allerdings ein Aktivwerden des Betroffenen. Es wirkt sich zudem erschwerend aus, wenn er nach beispielsweise drei Wochen, statt direkt Einspruch einlegen zu können, zunächst einen Wiedereinsetzungsantrag stellen muss. Auf eine solche Möglichkeit wird in der Rechtsbehelfsbelehrung zudem nicht hingewiesen (siehe unter IV. 1. a) ee) (2)), sodass sie dem Betroffenen womöglich gar nicht bekannt ist.

1961 *Gilliéron*, Strafbefehlsverfahren und plea bargaining, S. 144: Eine Anhörung könne dazu beitragen, eine Schuldunfähigkeit zu erkennen.

1962 BGH NStZ-RR 2017, 381.

1963 EGMR NVwZ 2018, 635; vgl. dazu auch BGH NStZ-RR 2017, 148; BeckOK StPO/*Cirener* § 44 Rn. 15.

Gerade auf die Möglichkeit der Wiedereinsetzung bei Fristversäumnis aufgrund krankheitsbedingten persönlichen Unvermögens sollte in der Rechtsbehelfsbelehrung ausdrücklich hingewiesen werden. Nicht zuletzt aufgrund der zusätzlichen Erschwernisse, die eine Wiedereinsetzung hervorruft, ist aber, wie bereits betont, zudem die Frist grundsätzlich zu verlängern, damit gerade auch diesen Fällen gerecht werden kann. Dennoch wäre es auch in diesem Fall notwendig, bereits im Ermittlungsverfahren verstärkt auf eine mögliche Schuldunfähigkeit zu achten. Zudem müsste in diesen Fällen auch über eine Pflichtverteidigung nachgedacht werden, um die Betroffenen unter anderem bei der Einhaltung der Frist zu unterstützen. Eine solche könnte aber nur dann angeordnet werden, wenn die psychische Erkrankung des Beschuldigten vor Erlass des Strafbefehls bekannt ist. Daher muss sie entweder bereits im Zuge der Ermittlungen bekannt werden oder aber im Rahmen einer vorherigen Anhörung des Angeschuldigten durch den Richter, der, wie Dunkel zurecht fordert, auch im Umgang mit psychisch Kranken geschult sein müsste. Voraussetzung hierfür wäre in dem Fall aber, dass der Richter den Angeschuldigten persönlich anhört.

Die aufgrund der Fristversäumnis eintretende Rechtskraft nicht nur durch das Wiederaufnahmeverfahren, sondern auch durch beispielsweise eine Begründung der Versäumnis aufheben zu können, entspräche der Sache nach einer Wiedereinsetzung in den vorherigen Stand nach § 44 StPO. Daher wäre eine entsprechende Änderung gegenüber der derzeitigen Rechtslage kein Mehrgewinn, da psychische Erkrankungen bereits jetzt eine Entschuldigung für eine Fristversäumnis im Sinne dieser Norm darstellen und eine Wiedereinsetzung in einem solchen Fall grundsätzlich zu gewähren ist.

Den zweithäufigsten Wiederaufnahmegrund stellen fehlende oder falsch erhobene Sachbeweise dar. Auch dieser Fehlerquelle kann nur dadurch begegnet werden, dass bereits im Ermittlungsverfahren sorgfältiger gearbeitet wird. Zudem müsste es eine Möglichkeit für den Beschuldigten beziehungsweise seine Verteidigung geben, bereits während der Ermittlungen auf die Sachverhaltsstellung Einfluss zu nehmen. Zum einen geschieht dies – sofern sie stattfindet – durch eine Vernehmung nach § 163a StPO; aber auch die Einführung weiterer Rechte des Verteidigers, wie beispielsweise die Beantragung einer bestimmten Beweiserhebung, würden die Ermittlungen zum Sachverhalt und zu den persönlichen Umständen des Beschuldigten begrüßenswerterweise von einer einseitigen Vorgehensweise zu einer umfassenden ausweiten.

Dunkels Forderung, den Bagatellbereich zur Entlastung der Strafverfolgungsbehörden und insbesondere der Justiz zu entkriminalisieren, anstatt das Strafbefehlsverfahren immer weiter auszudehnen, ist zuzustimmen. Denn das

Strafbefehlsverfahren ist weder ursprünglich dazu gedacht noch dazu geeignet, zum Regelverfahren zu werden. Wenn die Strafverfolgungsbehörden aber eine Vielzahl an Bagatellen zu bearbeiten haben, werden hierfür zwangsläufig vereinfachte Erledigungsmöglichkeiten benötigt. Dabei besteht aber die Gefahr, dass – wie man beim Strafbefehlsverfahren sehen kann – diese vereinfachten Verfahrensformen auch auf andere als die leichtesten Delikte angewandt werden, um die Masse an Verfahren abzuarbeiten. Dies könnte durch eine geringere Arbeitsbelastung zumindest abgeschwächt werden. Welche Verhaltensweisen konkret zu entkriminalisieren wären, kann hier nicht abschließend geklärt werden. Das von Dunkel angeführte Beispiel der Erschleichung von Leistungen nach § 265a StGB wäre allerdings ein entsprechender Fall, der auch über das Zivilrecht zu lösen wäre.

II. Fehleranfälligkeit des Migrationsstrafrechts

Ein gesondertes Problem, das aufgrund der Schwächen des Strafbefehlsverfahrens in diesem Zusammenhang aber verschärfter auftritt, stellt sich bei der Anwendung des Verfahrens in Bereichen des Nebenstrafrechts[1964].

Ein Gespräch mit einer Strafverteidigerin aus Berlin, die sich hierüber auch mit verschiedenen in diesem Bereich tätigen Kollegen austauschte, ergab am Beispiel des Migrationsrechts[1965], dass Strafbefehle in diesem Bereich ihrer Auffassung nach weit überwiegend fehlerhaft und die Einsprüche entsprechend nahezu alle erfolgreich sind.

Dies liege insbesondere an fehlenden Kenntnissen der Staatsanwaltschaft in dieser speziellen Rechtsmaterie. Insbesondere das Migrationsrecht sei ein kompliziertes Gebiet, sofern man sich nicht regelmäßig damit beschäftige. Eine entsprechende Schwerpunktstaatsanwaltschaft gebe es allerdings nicht. Die Schwierigkeit des Migrationsrechts liege zum einen an seiner hohen Dynamik, die allein dadurch verdeutlicht werde, dass der dtv-Gesetzestext mit denselben Gesetzen von 2019 etwa doppelt so viele Seiten habe wie der von 2004. Daher gebe es auch praktisch keine vollständig aktuelle Literatur, die den Stand der ständig aktualisierten Gesetzgebung in dieser Schnelligkeit begleiten könne. Zudem sei für die Beurteilung einer Strafbarkeit in diesem Bereich nicht nur die strafrechtliche Norm von Bedeutung. Vielmehr spielten verwaltungsrechtliche

1964 Auch *Rau/Zschieschack*, JuS 2005, 802, 803 sehen eine besonders hohe Fehleranfälligkeit im Bereich des Nebenstrafrechts, das häufig Änderungen unterliege; so auch *Böhme*, Das strafgerichtliche Fehlurteil, S. 196.

1965 Dazu zählen etwa das AufenthG, das FreizügG/EU und das AsylG.

und insbesondere auch europarechtliche Vorschriften eine entscheidende Rolle, zumal es auch viele Blankettstraftatbestände gebe. Beispielsweise genüge für eine Strafbarkeit nach § 95 Abs. 1 Nr. 2 AufenthG nicht, dass die betroffene Person keine Aufenthaltserlaubnis habe. Zu berücksichtigen sei vielmehr auch, ob sie gegebenenfalls bereits einen Antrag auf Duldung gestellt habe und die Behörde es aus beispielsweise personellen Gründen nicht zügig genug schaffe, einen entsprechenden Bescheid zu erlassen, obwohl der Anspruch auf Duldung sogar bestanden habe.[1966] Es sei hier ein typischer Fehler, dass nicht in die Ausländer- beziehungsweise Asylakten des Beschuldigten gesehen werde, um entsprechende Vorgänge nachzuvollziehen.

Bei der Ausländerbehörde bestehe eine Mitwirkungspflicht der Antragstellenden. Wenn jemand beispielsweise eine Aufenthaltsgenehmigung beantragen möchte, sei er dazu verpflichtet, seinen persönlichen Hintergrund zu erklären. Dabei komme es regelmäßig zu Situationen, in denen allein auf Basis dieser Schilderungen, nicht aber aufgrund der Aktenlage eine Strafanzeige beispielsweise wegen einer früheren illegalen Einreise gestellt werde. Zudem seien die Sachverhalte auch manchmal dadurch kompliziert – und damit nicht für ein Strafbefehlsverfahren geeignet –, dass die Personen während ihrer Flucht zum eigenen Schutz – und damit möglicherweise gerechtfertigt – Fehlangaben machten, zum Beispiel hinsichtlich ihres Namens.

Eine blinde Beantragung eines Strafbefehls ohne die genauere Ermittlung aller Umstände führe hier regelmäßig zu einer Fehlentscheidung.

Neben fehlenden Kenntnissen in dieser Spezialmaterie auf Seiten der Staatsanwaltschaft gebe es zudem weitere Problempunkte. Zum einen gebe es Sprachhindernisse, die von der Ausländerbehörde in unzureichendem Maße mit Dolmetschern kompensiert würden, da letztere in der Regel nicht fest angestellt seien. Zwar gebe es – bedingt durch europarechtliche Vorgaben – eine erfreuliche Zunahme von Übersetzungen der Strafbefehle, allerdings würden diese häufig nicht in die richtige, für den Angeklagten verständliche Sprache übersetzt. Die Verständnisprobleme gingen teilweise so weit, dass für die Betroffenen nicht nachvollziehbar sei, warum sie inhaftiert oder in Untersuchungshaft genommen werden. Letztes hänge auch manchmal damit zusammen, dass sie den Strafbefehl zuvor gar nicht erhalten haben.

Die Zustellung des Strafbefehls werde in diesem Bereich tatsächlich häufig zum Problem.[1967] Als Zustellungsbevollmächtigte würden oftmals Polizisten

---

1966 BVerfG NStZ 2003, 488 m.Anm. Mosbacher; OLG Frankfurt a.M., Beschl. v. 08.11.2013 – 1 Ss 137/13; OLG Frankfurt a.M. NStZ-RR 2009, 257.

1967 Siehe zu den Zustellungsrisiken unter IV. 1. a) bb).

ernannt[1968], allerdings passiere es nicht selten, dass die Angeklagten das Schriftstück nicht selbst erhalten. So könne es dazu kommen, dass die Betroffenen letztlich beispielsweise im Rahmen einer Ersatzfreiheitsstrafe inhaftiert werden, ohne zuvor die Möglichkeit gehabt zu haben, gegen den Strafbefehl vorzugehen.

Die Länge der Einspruchsfrist hingegen stelle grundsätzlich kein Problem dar. Für Angeklagte, die die deutsche Sprache nicht beherrschen, beginne sie zudem erst, wenn ihnen eine für sie verständliche Übersetzung zugestellt werde.[1969]

Sofern die Angeklagten einen Anwalt kontaktieren, bestehe in aller Regel die Möglichkeit, aufgrund der Komplexität der Materie eine Pflichtverteidigung zu erhalten.[1970] Allerdings müsse diese erst beantragt werden.[1971] Oftmals erhalte man sogar auf einen solchen Antrag hin bereits das Angebot, das Verfahren einzustellen.

Generell gebe es in diesem Bereich eine tendenziell hohe Einstellungsbereitschaft seitens der Strafverfolgungsorgane gegenüber Strafverteidigern, die zunehme, je inhaltlich tiefergehender die anwaltlichen Schriftstücke verfasst seien.

Aber auch ohne Pflichtverteidigung seien viele Mandanten, die zu einem Anwalt gekommen seien, sehr daran interessiert, unrechtmäßige Vorwürfe von sich zu weisen und eine Eintragung im Bundeszentralregister zu vermeiden und seien daher auch bei kleinen Strafen dazu bereit, einen Anwalt zu finanzieren (oftmals um die 600 Euro), obwohl dieser unter Umständen mehr koste als die Begleichung der Geldstrafe.

Diese dargelegten Gründe erscheinen plausibel. Die inhaltliche Fehlerhaftigkeit der Strafbefehle, sowohl rechtliche als auch tatsächliche Umstände

---

1968 So auch *Scheffler/Matthies*, in: Wolf, Kriminalität im Grenzgebiet, 179, 192 f.; zur Frage, ob Bedienstete von Ermittlungsbehörden taugliche Zustellungsbevollmächtigte i.S.d. § 132 Abs. 1 StPO sind: *Weiß*, NStZ 2012, 305.

1969 Vgl. EuGH NZV 2017, 530 m.Anm. Sandherr; § 37 Abs. 3 StPO entspr., LG Aachen, Beschl. v. 13.11.2017 – 66 Qs-605 Js 1847/15-10/16; LG Stuttgart NStZ-RR 2014, 216; LG Freiburg, Beschl. v. 17.06.2016 – 3 Qs 127/15; KMR/*Metzger* § 410 Rn. 5; a.A. LG Stuttgart NJW-Spezial 2016, 730 (Wiedereinsetzung möglich).

1970 Wegen der Verwaltungsrechtsakzessorietät und der Komplexität so auch OLG Brandenburg, Beschl. v. 03.01.2013 – 1 Ws 76/12; OLG Stuttgart, Beschl. v. 24.02.2010, 5 Ws 37/10.

1971 Sprachliche Verständnisprobleme allein rechtfertigten eine Pflichtverteidigerbestellung hingegen nicht, KG, Beschl. v. 14.10.2020 – 3 Ws 226/20-121 AR 184/20.

betreffend, wurde anhand verschiedener konkreter Fälle von der Strafverteidigerin aufgezeigt. Zudem konnte nachvollzogen werden, dass sich die Gesetzeslage in diesem Bereich stetig ändert und es in der Regel kaum bis keine vollständig aktuelle Literatur gibt. Plausibel ist auch, dass es in diesem Bereich oft Verständnisschwierigkeiten auf der Seite des Angeklagten gibt, weil Personen, die aus anderen Ländern einwandern, erfahrungsgemäß jedenfalls am Anfang meist kein oder nur wenig Deutsch können. Nachvollziehbar ist in diesem Zusammenhang auch die Problematik der Zustellung von Strafbefehlen mangels von Anfang an bestehenden festen, gemeldeten Wohnsitzes.[1972]

An diesem Beispiel wird erneut deutlich, dass das Strafbefehlsverfahren höchst riskant sein kann. Denn die der Staatsanwaltschaft unterlaufenen Fehler, die sich im Strafbefehlsantrag niederschlagen, sind vom Angeklagten unter Umständen unmöglich zu korrigieren. Besonders im Nebenstrafrecht, das oftmals Spezialkenntnisse erfordert, hat es schwerwiegende Folgen, wenn trotz deren Fehlen auf ein verkürztes Verfahren zurückgegriffen wird. Auch die besonders hohe Einstellungsbereitschaft von Staatsanwaltschaft oder Gericht lässt darauf schließen, dass dort weniger Sicherheit im Umgang mit den einschlägigen Vorschriften besteht.

Das Risiko, dass die Angeklagten in diesem Bereich einer Fehlentscheidung unterliegen, ist nochmals erhöht. Nicht zuletzt auch dadurch, dass – speziell im Migrationsrecht – Zustellungs- und Sprachschwierigkeiten die Einlegung eines Einspruchs drastisch erschweren. Zudem befinden sich Menschen, die beispielsweise aus ihrem Heimatland geflüchtet sind oder aus ähnlichen Gründen noch nicht lange in Deutschland leben, oftmals in einer schwierigen Lebenssituation, was den Umgang mit einem Strafbefehl zusätzlich erschwert.

Zwar könnte das Strafbefehlsverfahren auch hier grundsätzlich Anwendung finden, allerdings scheint die derzeitige Praxis in diesem Bereich Fehlentscheidungen sehr stark zu begünstigen. Neben einer Schwerpunktstaatsanwaltschaft wäre es gerade im Migrationsrecht wünschenswert und notwendig, eine Pflichtverteidigung zwingend vorzusehen.

E. Zusammenfassung

Es zeigt sich also, dass das Strafbefehlsverfahren an erheblichen strukturellen Schwächen leidet. Die dadurch bestehenden Risiken für Fehlentscheidungen sind zum Teil so gravierend, dass die Anwendung des Verfahrens auf

1972 Siehe zur Zustellungsproblematik unter IV. 1. a) bb).

geringfügige Sachverhalte beschränkt bleiben muss. Bereits im Bereich der mittleren Kriminalität ist es nicht mehr zu rechtfertigen, ein derart risikobehaftetes Verfahren regelmäßig zur Verfahrensverkürzung heranzuziehen. Die Risiken entstehen zum Teil erst durch die praktische Handhabung, zum Teil sind sie aber bereits normativ angelegt und von der Staatsanwaltschaft und den Richtern kaum zu kompensieren. Gerade an diesen Stellen bedarf das Verfahren einer Reformierung.

- Bereits bei der Wahl der Verfahrensart besteht ein großes **Missbrauchspotential** durch die Staatsanwaltschaft. Ihr Entscheidungsspielraum bei der Beurteilung über das Erfordernis einer Hauptverhandlung und die **fehlende Kontrollmöglichkeit** dieser Entscheidung ermöglicht ihr die Durchsetzung ihres Interesses an einer Verfahrensverkürzung, auch wenn diese im Einzelfall unangemessen ist. Der Sachverhalt kann zunächst derart komplex gelagert sein, dass ein Geständnis erforderlich ist, um ihn so weit zu vereinfachen, dass eine Erledigung durch Strafbefehl möglich wird. In diesen Fällen ist das Risiko für fehlerhafte Strafbefehle jedoch hoch, da Beschuldigte bei Geständnis hier unter Umständen eine Gegenleistung in Form eines Strafbefehlsantrags in Aussicht gestellt bekommen und damit jenes weniger beweiskräftig sein kann. Wegen dieser Möglichkeit, Sachverhalte durch Geständnisse zu vereinfachen, aber auch wegen des Interesses der Verteidigung an einer stillschweigenden Erledigung ohne Hauptverhandlung ist das Verfahren anfällig für **informelle Absprachen** im Ermittlungsverfahren. In diesem Zusammenhang kann auch die Angemessenheit der Strafhöhe nicht mehr garantiert werden, wenn die Staatsanwaltschaft, etwa um die Zustimmung des Beschuldigten zu erlangen, um ihn von einem Einspruch abzuhalten[1973] oder aber um die Anwendung des Verfahrens mit Blick auf die zulässigen Rechtsfolgen überhaupt zu ermöglichen[1974], eine zu geringe Strafe beantragt.

Um diesem Missbrauchspotential entgegenzuwirken, wäre eine gerichtlich überprüfbare[1975] Pflicht der Staatsanwaltschaft zur Einleitung des Strafbefehlsverfahrens nur bei tatsächlich einfach gelagerten Fällen erforderlich[1976].

1973 Graf StPO/*Temming* § 407 Rn. 4; vgl. *Schmidt-Hieber*, NJW 1982, 1017, 1020; *Preuß*, ZJS 2017, 176 f.

1974 *Stoll*, Beschleunigungsstrategien der Strafjustiz, S. 247; *Schmidt-Hieber*, NJW 1982, 1017, 1020.

1975 *Müller*, Das Strafbefehlsverfahren, S. 323.

1976 *Müller*, Das Strafbefehlsverfahren, S. 323; *Rieß*, in: Schreiber (Hrsg.) Strafprozeß und Reform, 113, 132; siehe auch unter C. II. 2. b).

Zudem wäre es diesbezüglich fördernd, wenn auch der Beschuldigte eine Erledigung im Strafbefehlswege beantragen könnte, um der Staatsanwaltschaft ihre regelmäßig überlegene Position bei Geständnisabsprachen zu nehmen.

Auch Strafbefehle, die nach § 408a StPO erlassen werden, sind bereits ihrer fragwürdigen Konstruktion nach besonders anfällig für Absprachen, wobei nicht nur die Anwendung fast nur aufgrund von Absprachen[1977] problematisch ist, sondern auch die Gefahr, dass die Voraussetzungen zugunsten von Zweckmäßigkeitserwägungen nicht richtig geprüft werden[1978].

- Bereits im Ermittlungsverfahren kommt es zu **defizitär festgestellten Sachverhalten**, die im späteren Verlauf nicht mehr durch eine Hauptverhandlung korrigiert[1979] werden können. Die persönlichen Umstände des Beschuldigten oder etwaige Vorstrafen[1980] werden oftmals nicht ausreichend in Erfahrung gebracht, sodass die Grundlage, anhand derer der Richter über den Strafbefehlsantrag zu entscheiden hat, regelmäßig unzureichend ist. Daher kommt es häufig dazu, dass auch die Grundlage zur Berechnung der Höhe der Tagessätze nach § 40 Abs. 3 StGB geschätzt werden muss, was viele fehlerhafte Entscheidungen zur Folge hat. Die Feststellungen erfolgen zudem nur einseitig durch die Ermittlungsbehörden, die Stellungnahme des Beschuldigten wird mangels Anhörung nicht berücksichtigt.

Diese **fehlende Anhörung** ist ein ganz entscheidender Risikofaktor für Fehlentscheidungen aufgrund unzureichender Feststellungen bei Strafbefehlen. Zum einen liegt hierin ein Verstoß gegen Art. 103 Abs. 1 GG und Art. 6 EMRK, zum anderen ist eine Entscheidung ohne einen persönlichen Eindruck beispielsweise bezüglich einer Strafaussetzung zur Bewährung bei Freiheitsstrafen äußerst fehleranfällig. Eine mündliche Anhörung vor dem Richter vor Strafbefehlserlass oder der Staatsanwaltschaft vor Beantragung des Strafbefehls sollte zwingend sein.[1981] Dies würde auch im Zusammenhang mit der Möglichkeit einer Ersatzfreiheitsstrafe eine Verbesserung darstellen, da so zum einen die Gefahr einer fehlerhaften Schätzung der Höhe der Geldstrafe reduziert und der Umstand, dass eine Ersatzfreiheitsstrafe ohne jede

---

1977 Zu Absprachen siehe 3. Teil B. IV.

1978 *Fezer*, in: FS Baumann, 395, 397.

1979 *Albrecht*, ZStW 131 (2019), 97, 101 m.w.N.; *Schünemann*, ZStW 114 (2002), 1, 38; *Gless*, in: Heer (Hrsg.), Schweizerische Strafprozessordnung, 41, 58.

1980 Graf StPO/*Temming* § 407 Rn. 4; vgl. *Preuß*, ZJS 2017, 176, 177.

1981 Siehe noch genauer unter 4. Teil C.

Anhörung vollstreckt werden kann[1982], entschärft würde. Außerdem könnte auf diese Weise der häufigste Wiederaufnahmegrund bei Strafbefehlen, die unerkannte Schuldunfähigkeit im Sinne von § 20 StGB aufgrund einer psychischen Erkrankung[1983], öfter erkannt werden.

- Die defizitäre Sachverhaltsermittlung, die den zweithäufigsten Grund für Wiederaufnahmeverfahren bei Strafbefehlen darstellt[1984], ist deshalb von besonderer Bedeutung, weil Richter Strafbefehle in aller Regel antragsgemäß erlassen[1985]. Hierbei besteht zudem die Vermutung, dass oftmals **nicht ausreichend geprüft** wird[1986], unter anderem weil keine andere Instanz die Entscheidung des Richters kontrolliert[1987]. Auch dies verursacht die Gefahr von Fehlentscheidungen. Um die Folgen einer solchen mangelhaften Überprüfung des Strafbefehlsantrages zu reduzieren, wäre es sinnvoll, über den Einspruch einen anderen Strafrichter oder das Schöffengericht entscheiden zu lassen. Dadurch würde auch eine Voreingenommenheit des Richters in der folgenden Hauptverhandlung vermieden. Zudem könnte eine Abweichungsmöglichkeit des Richters von der beantragten Strafhöhe der Staatsanwaltschaft, ähnlich dem französischen Verfahren, in dem allerdings die Kompetenz zur Straffestsetzung allein beim Richter liegt, eine intensivere Prüfung anregen.

1982 Vgl. *Heinz*, in: FS Müller-Dietz, 271, 297 Fn. 106, der hierin allerdings kein Problem sieht.

1983 *Kemme/Dunkel*, StV 2020, 52, 56 f.; *Dunkel*, Fehlentscheidungen in der Justiz, S. 190 ff., 231 f.; diese Fehlerquelle erkannten auch *Peters*, Fehlerquellen im Strafprozeß I, S. 521 ff. und *Kiwit*, Fehlurteile im Strafrecht, S. 82 f.

1984 Bzgl. der fehlenden oder fehlerhaften Sachbeweise *Dunkel*, Fehlentscheidungen in der Justiz, S. 190 ff., 232; *Kemme/Dunkel*, StV 2020, 52, 57.

1985 Siehe unter B. II. 2. a)., IV., Tabelle 5 m.N.; *Hüls*, Polizeiliche und staatsanwaltschaftliche Ermittlungstätigkeit, S. 153 spricht von einer Ablehnung von Strafbefehlsanträgen in durchschnittlich 0,5 % der Fälle; vgl. *Sessar*, ZStW 87 (1975), 1033, 1035.

1986 *Ambos*, Jura 1998, 281, 287, 289; *Eisenberg/Kölbel*, Kriminologie, § 27 Rn. 57; *Hüls*, Polizeiliche und staatsanwaltschaftliche Ermittlungstätigkeit, S. 153 ff.; *Hüls*, KriPoZ 2019, 159, 164; vgl. *AE-ASR*, GA 2019, 1, 5 f.; LR/*Gössel* Vor § 407 Rn. 62.

1987 SK-StPO/*Weßlau/Degener* Vor § 407 ff. Rn. 6; selbst im Falle einer genaueren Prüfung genügt in der Praxis allerdings ein hinreichender Tatverdacht, sodass dieselbe geringere Schuldwahrscheinlichkeit wie im regulären Verfahren ausreicht, obwohl beim Strafbefehl gerade keine Hauptverhandlung vorgesehen ist, in der eine weitere Aufklärung erfolgt.

- Gravierende Mängel weist insbesondere auch die Ausgestaltung des **Einspruchsverfahrens** auf. Die Einspruchseinlegung ist für viele Angeklagte mit unüberwindbaren Hürden verbunden. Besonders problematisch ist, dass nicht alle notwendigen Übersetzungen erfolgen und der Strafbefehl von den Angeklagten zum Teil nicht verstanden wird. Diese **Verständnisprobleme** resultieren aber auch daraus, dass Strafbefehle stets in elaboriertem Deutsch verfasst sind und es keine Ausführungen in leichter Sprache gibt. Selbst Personen, die die deutsche Sprache grundsätzlich beherrschen, können hier unter Umständen Schwierigkeiten haben, die Tragweite des Strafbefehls gänzlich zu erfassen und ihn deshalb unterschätzen[1988] oder mit einem Bußgeldbescheid verwechseln[1989] und sich aus diesen Gründen nicht gegen ihn wehren. Zudem wäre nach der hier vertretenen Auffassung entsprechend Art. 3 der Richtlinie 2010/64/EU des Europäischen Parlaments und des Rates vom 20. Oktober 2010 über das Recht auf Dolmetscherleistungen und Übersetzungen in Strafverfahren[1990] erforderlich, ein bei Gericht eingehendes, nicht in deutscher Sprache verfasstes Schriftstück zu übersetzen, sofern es einen Einspruch darstellen könnte, sodass die Hürde, auch den Strafbefehl in Deutsch verfassen zu müssen, entfällt.

Diese sprachlichen Schwierigkeiten könnten ein Grund dafür sein, dass Einsprüche 2019 in nur knapp einem Viertel der Fälle erfolgten.[1991]

1988 *Stoll*, Beschleunigungsstrategien der Strafjustiz, S. 33.

1989 *Preuß*, ZJS 2017, 176; vgl. *Sydow*, Strafbefehl ist kein Bußgeldbescheid, abrufbar unter https://www.rug-anwaltsblog.de/2012/12/05/strafbefehl-ist-kein-busgeldbescheid-sondern-strafgerichtliche-verurteilung/, zuletzt abgerufen am 11.02.2021; siehe auch unter A. I. 2. a) die Angabe eines Bremer Verteidigers auf die Frage, aus welchen Gründen die Einspruchsfrist versäumt wird.

1990 ABl. 2010 L 280/1.

1991 Siehe dazu unter B. II. 2. c), d), IV., Tabelle 5 m.N.

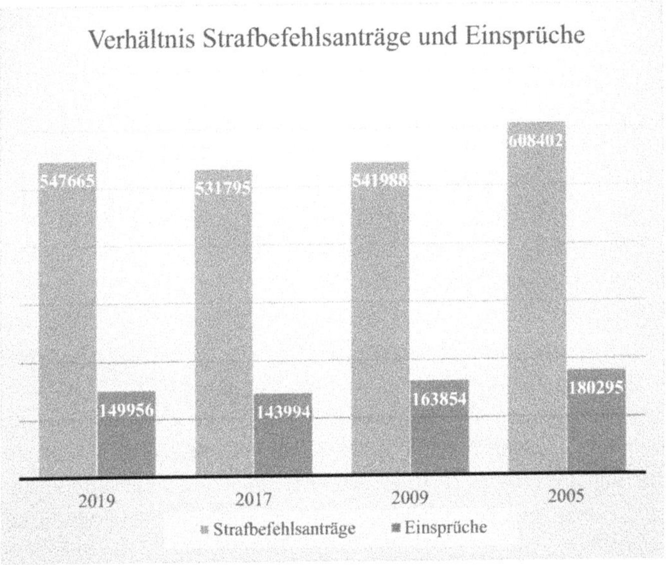

Grafik 7 Verhältnis Strafbefehlsanträge und Einsprüche
Zu Tabellen 1 und 5, siehe B. IV. jeweils m. N.

Ein anderer Grund für eine unterbliebene Einspruchseinlegung kann auch die Angst vor der Erhöhung der Sanktion sein[1992], die dadurch verschärft wird, dass dem Strafbefehl keine Begründung beiliegt und der Angeklagte die Gründe, aus denen der Richter dem Antrag der Staatsanwaltschaft stattgegeben hat, nicht nachvollziehen und damit das Einspruchsrisiko diesbezüglich nicht einschätzen kann.[1993] Gerade die Verschlechterungsmöglichkeit ist deshalb abzulehnen, zumal die Entscheidung zugunsten eines Strafbefehls trotz unzureichender Ermittlungen durch die Staatsanwaltschaft nicht zum Nachteil des Angeklagten gereichen sollte.

- Zudem enthält auch die **Rechtsbehelfsbelehrung** den Hinweis auf wichtige Umstände nicht, die dem Angeklagten das Verständnis für die Tragweite und das weitere Vorgehen erleichtern könnten. Beispielsweise wäre eine leicht verständliche, genauere Erläuterung der Möglichkeit der

---

1992 *Stoll*, Beschleunigungsstrategien der Strafjustiz, S. 34.
1993 *Maleika*, Freiheitsstrafe und Strafbefehl, S. 194 f.; vgl. SK-StPO/*Weßlau/Degener* Vor § 407 ff. Rn. 26.

Ersatzfreiheitsstrafe[1994] und die Abwendungsmöglichkeit durch das Leisten gemeinnütziger Arbeit[1995] oder im Falle von Verkehrsstraftaten ein Hinweis auf die Eintragung von Punkten in das Fahreignungsregister sinnvoll. Auch auf den Umstand, dass man ab einer Geldstrafe von über neunzig Tagessätzen vorbestraft ist und dies in das Führungszeugnis eingetragen wird, sollte ausdrücklich hingewiesen werden.

- Insbesondere ist auch die **Einspruchsfrist** mit zwei Wochen zu kurz bemessen. Aufgrund des Umstandes, dass der rechtskräftige Strafbefehl einem Urteil gleichsteht, ist es erforderlich, dass eine effektive Verteidigung gewährleistet wird. Diese wird durch die nur zweiwöchige Frist an dieser Stelle erschwert. Hier wäre nach französischem Vorbild die Frist zu verlängern. Und auch die französische Regelung zum Fristbeginn, wonach die Frist für den Fall des fehlenden Erhalts erst ab tatsächlicher Kenntnis zu laufen beginnt, ist begrüßenswert; hier wäre auch im deutschen Recht eine bessere Gewährleistung des tatsächlichen Erhalts vor Fristablauf zu wünschen. Denn gerade im Zusammenhang mit Ersatzzustellungen kommt es zu einem Auseinanderfallen zwischen Zustellung und tatsächlicher Kenntnisnahme. Da die Frist aber bereits mit Zustellung zu laufen beginnt, führt dies regelmäßig zu einer faktischen Verkürzung der ohnehin zu kurzen Einspruchsfrist. Das Zurverfügungstehen der gesamten Fristlänge kann aber nur sichergestellt werden, wenn diese erst zu laufen beginnt, wenn der Angeklagte den Strafbefehl erhalten hat und deshalb imstande ist, dagegen vorzugehen. Insofern ist neben der Verlängerung der Frist auf dreißig Tage auch zu fordern, diese erst zu laufen beginnen zu lassen, wenn der Angeklagte den Strafbefehl zumindest tatsächlich erhalten hat. Ob der Angeklagte ein Schriftstück, das er in den Händen hält, dann auch tatsächlich öffnet und liest, ist seiner eigenen Risikosphäre zuzuordnen. Eine – wie des Öfteren angesprochene – noch weitergehende Verlängerung der Frist, die das Auseinanderfallen von Zustellung und tatsächlichem Erhalt pauschal kompensiert, wäre zwar auch möglich, aber nicht gleich effektiv wie das Abstellen auf den Erhalt. Insofern ist dieser zu bevorzugen.
- Aber selbst eine rechtzeitige Einlegung des Einspruchs führt auch deshalb unter Umständen nicht zur Aufklärung des richtigen Sachverhaltes, weil der

1994 Auch wenn diese von Verfassungs wegen nicht erforderlich ist, OLG Bremen NJW 1975, 1524; LR/*Gössel* § 407 Rn. 19; vgl. KK-StPO/*Maur* § 407 Rn. 10.

1995 Art. 293 EGStGB i.V.m. Landesrecht, für bspw. Berlin geregelt in der Verordnung über die Abwendung der Vollstreckung von Ersatzfreiheitsstrafen durch freie Arbeit (TilgV) v. 27. Januar 2021, GVBl. S. 130; vgl. auch *Cornel*, in: FS Lüderssen, 821.

Angeklagte in der Hauptverhandlung kein **förmliches Beweisantragsrecht** hat, da der Richter nicht an die Ablehnungsgründe der § 244 Abs. 3 bis 5 und § 245 StPO, sondern nur an seine Amtsaufklärungspflicht aus § 244 Abs. 2 StPO gebunden ist. Auch aus diesem Grund wäre es zum einen notwendig, die Geltung des regulären Beweisrechts einzuführen, wie es auch in Frankreich und Polen nach einem Einspruch der Fall ist. Zum anderen sollte über den Einspruch, wie es auch in Polen in Art. 40 § 1 Nr. 9 KPK vorgesehen ist, ein anderer Strafrichter oder das Schöffengericht entscheiden, da die Voreingenommenheit des Richters, der bereits zugunsten des Strafbefehls entschieden hat[1996], regelmäßig zu einer eher geringeren Beweiserhebung führen und eine weitere Aufklärung erschweren könnte.

Eine korrigierende Sachverhaltsaufklärung kann auch durch den Umstand verstärkt werden, dass der Angeklagte in der Hauptverhandlung nicht persönlich erscheinen muss und auf diese Weise gerade die den Angeklagten persönlich betreffenden Umstände nicht bekannt werden.

- Für den Angeklagten kann das Strafbefehlsverfahren insofern ein Problem darstellen, als es leicht dazu kommen kann, dass er an **Formalitäten scheitert**, ohne zu seiner eigentlichen Verteidigungshandlung vorgedrungen zu sein. Dies schilderte der im Rahmen der Experteninterviews befragte B4 (Frage 43), der dies für eine erhebliche Schwäche des Strafbefehlsverfahrens erachtete: Zum einen müsste der Angeklagte auf den Strafbefehl hin aktiv werden und einen Einspruch schreiben (oder zu Protokoll der Geschäftsstelle geben), um das Eintreten der Rechtskraft zu verhindern. Zum anderen müsste dies in einer sehr kurzen Frist geschehen. Weiterhin müsste der Angeklagte dann auf die Ladung hin erscheinen, und zwar pünktlich, damit sein Einspruch nicht verworfen würde. Anders als bei einer Anklage bestünde beim Strafbefehlsverfahren keine Pflicht, vor Gericht oder vorher bei der Polizei zu erscheinen und sich zu äußern.
- Das Leistungsvermögen des Strafbefehlsverfahrens ist letztlich auch aus **Präventionsaspekten** sehr beschränkt. Ohne die öffentliche Hauptverhandlung wirkt die Strafe weniger spezial-[1997] und nicht generalpräventiv[1998], sodass

---

1996 *Müller*, Das Strafbefehlsverfahren, S. 85; *Schmidt*, Lehrkomm. StPO II § 409 Rn. 12; *Hüls*, Polizeiliche und staatsanwaltschaftliche Ermittlungstätigkeit, S. 156 f.

1997 *Siegmann*, Blutalkohol 1967, 200, 201; *Elobied*, Die Entwicklung des Strafbefehlsverfahrens, S. 212.

1998 *Elobied*, Die Entwicklung des Strafbefehlsverfahrens, S. 212; *Rönnau*, Die Absprache im Strafprozeß, S. 64: Auch die Absprachepraxis könnte mittel- und

eine Legitimation der Straffestsetzung bei schwerwiegender Kriminalität problematisch ist.

- Auch wenn die Anwendungshäufigkeit des Verfahrens im Vergleich der letzten zwanzig Jahre gesunken ist, ist die stetig erfolgte Ausdehnung des Anwendungsbereichs kritisch zu bewerten. Das Strafbefehlsverfahren bedingt Fehlentscheidungen in erheblichem Maße, sodass sich seiner Vorzüge nur in Bagatellverfahren bedient werden sollte. Insofern sollte der **Anwendungsbereich des Verfahrens wieder eingeschränkt** werden. Zum einen ist, wie es etwa in Polen und auch Frankreich der Fall ist, die Freiheitsstrafe aus dem Katalog der zulässigen Rechtsfolgen zu streichen. Zudem sollte auch eine Obergrenze möglicher Geldstrafen eingeführt werden, um besser zu gewährleisten, dass sich die Anwendung des Verfahrens auf die leichte Kriminalität beschränkt. Hier sollte allerdings, anders als in Frankreich, an keine feste Summe, sondern an das Tagessatzsystem angeknüpft werden.[1999]
- Des Weiteren wäre es auch überaus begrüßenswert, das Strafbefehlsverfahren aufgrund seiner hohen Fehleranfälligkeit nach polnischem Vorbild nicht bei solchen Personen anwenden zu können, die auf eine Weise benachteiligt sind, die sie in ihrer Verteidigungsfähigkeit einschränkt. Auch im französischen Recht gibt es noch weitere Regelungen, die auch im deutschen Strafbefehlsverfahren wünschenswert wären. Zum einen betrifft dies die Stellung des Opfers, dem hier die Möglichkeit eingeräumt wird, seinen zivilrechtlichen Anspruch im Wege des **Adhäsionsverfahrens** auch bei Strafbefehlserlass vereinfacht geltend zu machen. Zum anderen kann der französische Richter den Angeschuldigten durch Strafbefehl freisprechen. Auch dies wäre für das deutsche Recht zu überlegen, da einem Freispruch eine symbolische Bedeutung zukommt, die für den Angeschuldigten von großer Bedeutung sein kann. Vorbildcharakter kommt zudem der Begrenzung der Geldstrafe bei Vergehen zu: Diese darf höchstens die Hälfte der für das Vergehen vorgesehenen Strafe erreichen und begrenzt die Anwendung des Verfahrens insoweit begrüßenswerterweise auf geringfügigere Fälle. Da die in Deutschland vorgesehene Geldstrafe allerdings regelmäßig bis zu 360 Tagessätze betragen kann, könnte hier die Grenze bei einem Viertel der Höchstanzahl gezogen werden, um den Anwendungsbereich tatsächlich auf die leichte Kriminalität zu beschränken.[2000]

---

langfristig bei bestimmten Deliktsgruppen zu einer Einbuße an Generalprävention führen.

1999 Siehe unter C. III. 4. c).

2000 Siehe auch 4. Teil A.

3. Teil: Der Strafbefehl im Wirtschaftsstrafrecht

Das Wirtschaftsstrafrecht erregt seit längerer Zeit immer mehr Aufmerksamkeit in Theorie und Praxis. Grund hierfür werden nicht zuletzt die besonders hohen Schadenssummen sein.[2001] Insbesondere Verfahren gegen einflussreiche Unternehmen werden durch die Medien aufmerksam verfolgt.[2002]

Der Begriff des Wirtschaftsstrafrechts selbst ist dabei noch nicht abschließend geklärt.[2003] Regelmäßig wird bei dessen Bestimmung § 74c GVG herangezogen[2004], der regelt, welche Delikte in die Kompetenz der speziell für Wirtschaftsstrafverfahren eingerichteten Strafkammern bei den Landgerichten fallen. Bei einigen der Delikte, beispielsweise beim Betrug, § 263 StGB, und der Untreue, § 266 StGB, ist Voraussetzung für die Zuständigkeit der Wirtschaftsstrafkammer, dass zur Beurteilung des Falles besondere Kenntnisse des Wirtschaftslebens erforderlich sind, § 74c Abs. 1 Nr. 6 GVG.[2005]

Viele der Wirtschaftsdelikte sind zudem in Spezialgesetzen aus dem Nebenstrafrecht geregelt. An dieser Stelle zeigt sich bereits, dass das Wirtschaftsstrafrecht ein interdisziplinäres Rechtsgebiet ist. Daher sind regelmäßig auch besondere Kenntnisse seitens der Staatsanwaltschaften und der weiteren

2001 *Wittig*, Wirtschaftsstrafrecht § 1 Rn. 2 f.; Momsen/Grützner WirtschaftsStrafR-HdB/*Dessecker* Kap. 1 § 1 Rn. 2; allein der materielle Schaden betrug 2019 2,973 (2018: 3.356) Mrd. Euro, *Bundeskriminalamt*, Bundeslagebild Wirtschaftskriminalität 2019, S. 6, abrufbar unter https://www.bka.de/DE/AktuelleInformationen/StatistikenLagebilder/Lagebilder/Wirtschaftskriminalitaet/wirtschaftskriminalitaet_node.html, zuletzt abgerufen am 11.02.2021.

2002 Vgl. *Wittig*, Wirtschaftsstrafrecht § 1 Rn. 2; vgl. *Meinecke*, Prominentenstrafrecht, S. 41 f.

2003 Vgl. zum Meinungsstand Graf/Jäger/Wittig/*Wittig* Einführung Rn. 1 ff.; *Wittig*, Wirtschaftsstrafrecht § 2 Rn.; zum Begriff *Eisenberg/Kölbel*, Kriminologie, § 47 Rn. 1 ff.; *Theile*, Wirtschaftskriminalität und Strafverfahren, S. 27 ff.

2004 *Wittig*, Wirtschaftsstrafrecht § 2 Rn. 2; *Bundeskriminalamt*, Bundeslagebild Wirtschaftskriminalität 2019, S. 4, abrufbar unter https://www.bka.de/DE/AktuelleInformationen/StatistikenLagebilder/Lagebilder/Wirtschaftskriminalitaet/wirtschaftskriminalitaet_node.html, zuletzt abgerufen am 11.02.2021.

2005 *Bussmann/Lüdemann*, Klassenjustiz oder Verfahrensökonomie?, S. 119 stufen ein Delikt dann als Wirtschaftsdelikt ein, wenn der Schaden einen bestimmten Betrag (1000 DM) überschreitet.

Ermittlungsbehörden erforderlich, weshalb es dort auch spezielle Wirtschaftsabteilungen gibt. Bei den Staatsanwaltschaften sind beispielsweise häufig Schwerpunktstaatsanwaltschaften eingerichtet, § 143 Abs. 4 GVG, in denen Personen mit betriebswirtschaftlicher Ausbildung oder Erfahrung tätig sind.[2006]

Neben den vielfältigen Delikten und den bereits erwähnten hohen Schäden sind auch Schädigungen anderer Unternehmen im Wirtschaftsstrafrecht typisch.[2007]

Das Wirtschaftsstrafrecht weist einige Besonderheiten auf, die auch die Art und Weise der Strafverfolgung beeinflussen. Der häufig besonders hohe Ermittlungsaufwand und der große Verfahrensumfang machen diverse Erledigungsstrategien seitens der Strafverfolgungsbehörden erforderlich.[2008] Regelmäßig liegt ein realisierbares Verfahrensziel hier weniger in der vollständigen und lückenlosen Aufarbeitung des Sachverhalts als vielmehr in einer rationellen Verfahrensbearbeitung unter besonderer Berücksichtigung prozessökonomischer Aspekte.[2009] Hier erlangen insbesondere verkürzte Erledigungsarten eine besondere Bedeutung, um die Verfahren möglichst zügig abschließen zu können. Dies birgt grundsätzlich die Gefahr, dass eine schnelle Erledigung einer umfassenden Aufarbeitung des Falles auch dann vorgezogen wird, wenn die Voraussetzungen für eine verkürzte Erledigung eigentlich nicht vorliegen.

A. Strafverfolgung im Wirtschaftsstrafrecht

Von den bei den Gerichten (Amts- und Landgerichte) 2019 erledigten Verfahren lagen etwa 2,3 % der Verfahren im Bereich der Wirtschafts-, Steuerstraf- und Geldwäschedelikte.[2010]

2006 Momsen/Grützner WirtschaftsStrafR-HdB/*v. Döllen* Kap. 3 § 12 Rn. 1.

2007 Momsen/Grützner WirtschaftsStrafR-HdB/*Dessecker* Kap. 1 § 1 Rn. 2.

2008 Momsen/Grützner WirtschaftsStrafR-HdB/*Dessecker* Kap. 1 § 1 Rn. 2; *Bussmann/Lüdemann*, Klassenjustiz oder Verfahrensökonomie?, S. 214 sprechen von einem grundsätzlichen Paradigmenwechsel, da ökonomische Verfahrensprinzipien in Wirtschaftsstrafsachen eindeutig Oberhand gewonnen hätten.

2009 *Bussmann/Lüdemann*, Klassenjustiz oder Verfahrensökonomie?, S. 60, 112.

2010 *Statistisches Bundesamt*, Fachserie 10, Reihe 2.3, 2019, Tabelle 1.3, 3.3 (Deutschland).

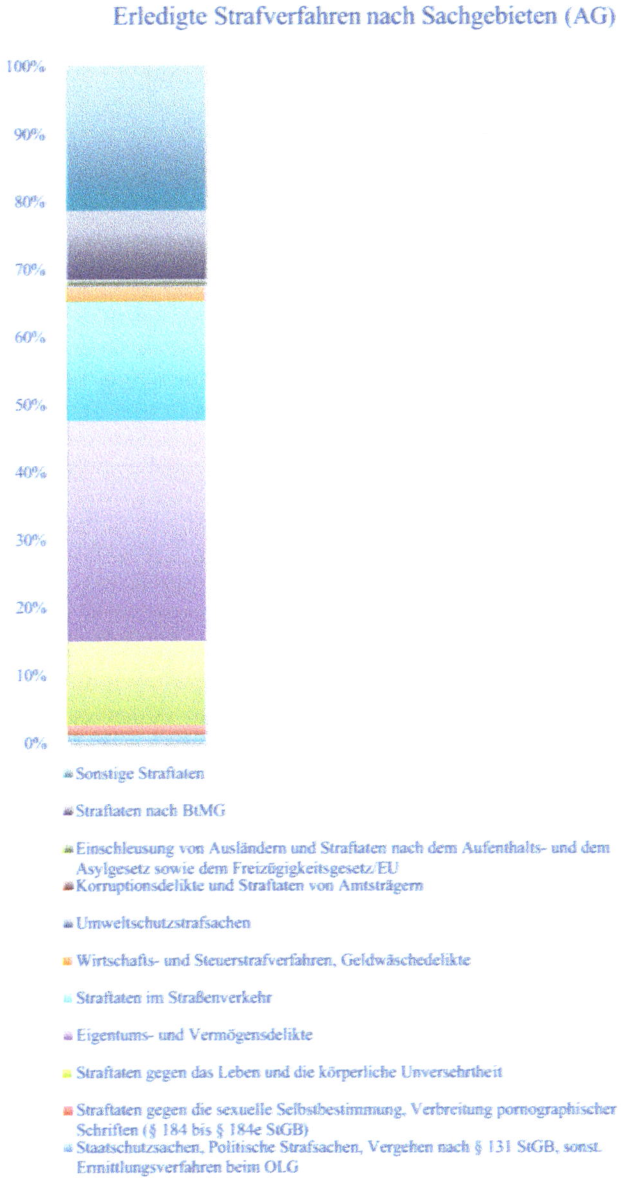

Grafik 5 Erledigte Strafverfahren nach Sachgebieten (AG)

Zu Tabelle 4, siehe 2. Teil B. IV. m. N.

Die Ermittlungen sind hier häufig langwierig und komplex, gerade auch aufgrund der oftmals sehr umfangreichen Beweislage. So sind etwa viele Zeugen zu vernehmen, komplizierte Geldbewegungen nachzuvollziehen oder äußerst umfangreiche Buchhaltungsunterlagen auszuwerten.[2011] Um einen solchen Sachverhalt derart zu erforschen, dass über eine etwaige Anklage entschieden werden kann, sind die bereits erwähnten Schwerpunktstaatsanwaltschaften mit ihrer Spezialkenntnis unentbehrlich.[2012]

Die Statistiken des Statistischen Bundesamtes bezüglich der Verfahrenslänge (von Einleitung der Ermittlungen bis zur Entscheidung der Staats- beziehungsweise Amtsanwaltschaft) der jeweiligen Deliktsbereiche zeigen, dass insbesondere die Wirtschafts- und Steuerstrafsachen sowie Geldwäschedelikte regelmäßig länger dauern als beispielsweise die Erledigung von Verfahren wegen Straßenverkehrsdelikten oder Diebstählen und Unterschlagungen. Die jeweils durchschnittliche Verfahrensdauer von Ermittlungsbeginn bis zur Erledigung durch die Staats- beziehungsweise Amtsanwaltschaft beträgt bei den Betrug- und Untreuesachen 3,8 Monate, bei den Wirtschafts- und Steuerstrafsachen sowie Geldwäschedelikte 7,2 Monate, bei den Straßenverkehrsdelikten im Vergleich dazu 2,8 Monate, bei den Betäubungsmitteldelikten 3,6 Monate und bei Diebstählen und Unterschlagungen 3,5 Monate. Mehr als drei Jahre dauerten bei den Wirtschafts- und Steuerstrafsachen sowie Geldwäschedelikten 3,3 % der Verfahren, bei den Betrugs- und Untreuefälle nur 0,2 %, bei den Betäubungsmitteldelikten nur 0,2 % und bei den Diebstählen und Unterschlagungen 0,3 %; bei den Straßenverkehrsdelikten hingegen gab es kein einziges derart langes Verfahren. Insgesamt lässt sich erkennen, dass Wirtschaftsstrafsachen (Betrug und Untreue nicht dazu gezählt) häufig umfangreicher sind und länger dauern als Verfahren in anderen Bereichen. Dies bestätigt die These, dass es sich regelmäßig um komplizierte Verfahren mit aufwändiger Beweiserhebung handelt.

2011 *Keller/Schmid,* wistra 1984, 201.

2012 Vgl. *Sessar,* ZStW 87 (1975), 1033, 1039.

Verfahrensdauer der von der Staatsanwaltschaft beim Landgericht und von der Amtsanwaltschaft erledigten Ermittlungsverfahren nach ausgewählten Sachgebieten[2013]						
		Betrug und Untreue	Wirtschafts- und Steuerstrafsachen, Geldwäschedelikte	Straßenverkehrsdelikte	Betäubungsmitteldelikte	Diebstahl und Unterschlagung
Insgesamt erledigte Verfahren	Verfahren von …bis einschl. … Monate	971 836	131 377	897 705	429 444	592 451
Verfahrensdauer vom Tag des Eingangs bei der Staats-/Amtsanwaltschaft bis zur Erledigung durch die Staats-/Amtsanwaltschaft	0–12	98,1 %	90 %	99,7 %	97,9 %	99,1 %
	12–24	1,5 %	6,1 %	0,2 %	1,9 %	0,8 %
	24–36	0,3 %	1,9 %	0 %	0,3 %	0,1 %
	Mehr als 36	0,1 %	2,1 %	0 %	0,1 %	0 %
Verfahrensdauer vom Tag der Einleitung des Ermittlungsverfahrens (bei der Einleitungsbehörde) bis zur Erledigung durch die Staats-/Amtsanwaltschaft	0–12	95,5 %	84 %	99 %	95,1 %	96 %
	12–24	3,6 %	9,4 %	0,9 %	4,2 %	3 %
	24–36	0,5 %	3,2 %	0,1 %	0,6 %	0,6 %
	Mehr als 36	0,2 %	3,3 %	0 %	0,2 %	0,3 %
Verfahrensdauer vom Tag der Einleitung des Ermittlungsverfahrens (bei der Einleitungsbehörde) bis zum Eingang bei der Staats-/Amtsanwaltschaft	0–12	98,8 %	95,5 %	99,8 %	98,4 %	98,1 %
	12–24	1 %	2,6 %	0,1 %	1,2 %	1,2 %
	24–36	0,2 %	1,1 %	0 %	0,2 %	0,4 %
	Mehr als 36	0,1 %	0,8 %	0 %	0 %	0,3 %

Die strafrechtlichen Ermittlungen richten sich dabei stets gegen natürliche Personen – eine Strafbarkeit von Unternehmen, wie sie beispielsweise das französische oder italienische Strafrecht kennt, gibt es in Deutschland bislang nicht, auch wenn es entsprechende Bestrebungen in diese Richtung gibt[2014].[2015]

2013 *Statistisches Bundesamt*, Fachserie 10, Reihe 2.6, 2019, Tabellen 3.3.2, 3.4.2, 3.5.2, 3.6.2, 3.7.2 (Deutschland).

2014 Zum Entwurf eines Verbandsanktionengesetzes siehe etwa den Referentenentwurf eines Gesetzes zur Stärkung der Integrität in der Wirtschaft vom 20.04.2020, abrufbar unter https://www.bmjv.de/SharedDocs/Gesetzgebungsverfahren/Dokumente/RefE_Staerkung_Integritaet_Wirtschaft.pdf?__blob=publicationFile&v=1, zuletzt abgerufen am 11.02.2021 und den inhaltsgleichen Regierungsentwurf vom 21.10.2020, BT-Drs. 19/23568; dazu krit. *Rotsch/Mutschler/Grobe*, CCZ 2020, 169; siehe zu früheren Entwürfen z.B. *Köllner*, NZI 2020, 60; *Hoven/Wimmer/Schwarz/Schumann*, NZWiSt 2014, 161.

2015 Momsen/Grützner WirtschaftsStrafR-HdB/*Moldenhauer* Kap. 3 § 11 Rn. 1.

Entsprechend dem Erfordernis von Spezialkenntnissen auf Seiten der Staatsanwaltschaft sind solche auch auf Seiten der Verteidigung notwendig.[2016] Auch die Verteidigungsstrategien werden durch den besonderen Umfang der Beweiserhebung, die die Staatsanwaltschaft bewältigen muss, beeinflusst. In diesem Zusammenhang spielen die Einstellungen aus Opportunitätsgründen regelmäßig eine Rolle. Beispielsweise kommt es in Wirtschaftsstrafverfahren typischerweise vor, dass der Beschuldigte mit einer Hausdurchsuchung überrascht wird und der Verteidiger schnell handeln muss, weil die Existenz eines Unternehmens etwa dadurch gefährdet wird, dass elementare Gegenstände wie Computerfestplatten beschlagnahmt werden und das Unternehmen daher gegebenenfalls nicht weitergeführt werden kann.[2017] Ist die Fortführung des Unternehmens nicht möglich, ist es aus Verteidigerperspektive unter Umständen empfehlenswert, auf das Ergebnis der Ermittlungen zu warten, da Beweisschwierigkeiten die überlasteten Wirtschaftsabteilungen der Staatsanwaltschaft dazu zwingen könnten, den Verfahrensstoff durch eine großzügige Anwendung der Opportunitätseinstellungen zu reduzieren.[2018] Ziel jeder Verteidigung sollte jedoch sein, eine Fortführung des Unternehmens zu ermöglichen[2019]; dabei ist regelmäßig erforderlich, dass mit den Strafverfolgungsbehörden kooperiert wird, wobei der Verteidiger die Initiative ergreifen und das Gespräch suchen sollte.[2020] Durch ein solches Gespräch, zu dem die Staatsanwaltschaft und die Bußgeld- und Strafsachenstellen der Finanzbehörden bei Wirtschafts- und Steuerstraftaten in der Regel bereit sind, zeigt sich meistens, inwieweit eine konsensuale Verfahrenserledigung durch etwa eine Verständigung beziehungsweise Absprache in Betracht kommt; gerade bei den aufwändigen Wirtschafts- und Steuerstrafsachen bieten sich aufgrund der umfangreichen Ermittlungen an vielen Stellen Kooperationen an: So kann etwa erwogen werden, ob das Unternehmen Ressourcen für bestimmte Auswertungen zur Verfügung stellt und im Gegenzug das Geschäftskonto freigegeben wird.[2021]

Die Verteidigung wird zudem regelmäßig anstreben, eine öffentliche Hauptverhandlung zu vermeiden. Denn gerade bei Verfahren gegen große

---

2016 Momsen/Grützner WirtschaftsStrafR-HdB/*v. Döllen* Kap. 3 § 12 Rn. 2.

2017 Momsen/Grützner WirtschaftsStrafR-HdB/*v. Döllen* Kap. 3 § 12 Rn. 3 f.

2018 Momsen/Grützner WirtschaftsStrafR-HdB/v. Döllen Kap. 3 § 12 Rn. 11.

2019 Etwa durch das Treffen einer Absprache, um Rufschäden und Umsatzeinbußen des Unternehmens zu verhindern, Wabnitz/Janovsky/Schmitt WirtschaftsStrafR-HdB/*Dannecker/Bülte*, Kap.1, Rn. 46.

2020 Momsen/Grützner WirtschaftsStrafR-HdB/v. Döllen Kap. 3 § 12 Rn. 12.

2021 Momsen/Grützner WirtschaftsStrafR-HdB/v. Döllen Kap. 3 § 12 Rn. 13.

Unternehmen wird es zu einer besonderen Aufmerksamkeit durch die Öffentlichkeit kommen. Ein öffentliches Verfahren gilt es dann mit Blick auf den Ruf des Unternehmens zu vermeiden.[2022]

Auch für den Beschuldigten ist eine öffentliche Hauptverhandlung insbesondere im Falle einer Medienberichterstattung mit erheblichen psychischen[2023], persönlichen und wirtschaftlichen[2024] Nachteilen verbunden, selbst im Falle eines Freispruchs.[2025] Wegen der entstehenden Prangerwirkung durch die Zugänglichkeit der gerichtlichen Verhandlung für die Öffentlichkeit und die Offenlegung vieler privater Umstände[2026] wird gerade die Hauptverhandlung als besonders belastend empfunden[2027]. Insbesondere an Verfahren gegen Prominente und Politiker besteht ein großes mediales Interesse[2028], sodass es für diese Personen von besonderer Relevanz ist, bereits ein Ermittlungsverfahren so kurz wie möglich zu halten[2029], um einer Rufschädigung und nachteiligen wirtschaftlichen Folgen durch eine breite Berichterstattung zu entgehen.[2030] Dies gilt umso mehr, da die Berichterstattung in den Medien oftmals nicht rein objektiv erfolgt, sondern überspitzt dargestellt oder durch aufmerksamkeitserregende Schlagzeilen, denen die Allgemeinheit oftmals mehr Beachtung schenkt als dem Inhalt des Beitrags, stark inszeniert und der Beschuldigte schlechter dargestellt wird[2031], als es möglicherweise nach dem Stand der derzeitigen Ermittlungen der Fall ist. Zudem ist regelmäßig eine Vorverurteilung zu befürchten[2032], die selbst dann, wenn sie sich im Nachhinein

---

2022 Vgl. *Gerhardt*, ZRP 2009, 247, 250.

2023 Vgl. *Kepplinger*, Medieneffekte, S. 210.

2024 *Lange*, Vorermittlungen, S. 29, 234 f.

2025 Momsen/Grützner WirtschaftsStrafR-HdB/*v. Döllen* Kap. 3 § 12 Rn. 72.

2026 *Pielow*, Öffentliches Strafverfahren, S. 181 ff.

2027 *Pielow*, Öffentliches Strafverfahren, S. 181 ff.; vgl. *Meinecke*, Prominentenstrafrecht, S. 44, etwa wegen der Medienanstürme bei Hauptverhandlungen.

2028 *Pielow*, Öffentliches Strafverfahren, S. 105; *Meinecke*, Prominentenstrafrecht, S. 43 f. bzgl. der Prominenten.

2029 Denn bereits dieses sei dazu geeignet, das Ansehen des Beschuldigten zu mindern, *Pielow*, Öffentliches Strafverfahren, S. 180.

2030 *Lange*, Vorermittlungen, S. 27, 29, 234 f.; dies gilt insb. angesichts der zunehmenden Digitalisierung, siehe dazu *Liesem*, in: Liesem/Rademacher (Hrsg.), Macht der Strategischen Kommunikation, 161 ff.

2031 Vgl. *Hassemer*, in: Oehler, Einfluss der Medien, S. 61, 70; vgl. *Kepplinger*, Medieneffekte, S. 208 f.

2032 *Trentmann*, in: Liesem/Rademacher (Hrsg.), Macht der Strategischen Kommunikation, 175, 181 f.; Beispiele zur Vorverurteilung durch die Presse bei *Gerhardt*, in: Oehler, Einfluss der Medien, S. 37 ff.; siehe auch *Pielow*, Öffentliches

als falsch herausstellt, nachhaltige negative – und gerade für Unternehmen wirtschaftliche – Folgen mit sich bringen kann. Insofern gibt es bei diesen Personengruppen spezifische Belastungen, da gegebenenfalls verschiedene Verfahrensgrundsätze in diesen Fällen stärker tangiert werden. So wird etwa die Unschuld von Beschuldigten mit erhöhtem Bekanntheitsgrad durch die Medienberichterstattung in der Öffentlichkeit bereits im Ermittlungsverfahren viel stärker angezweifelt, als es nach der Unschuldsvermutung der Fall sein dürfte. In dem Zusammenhang könnte der Druck der Öffentlichkeit zudem dazu führen, dass die Strafverfolgungsorgane bei ihren Ermittlungen und der Entscheidung über deren Abschluss die potentielle Reaktion der Öffentlichkeit einfließen lassen. Diese besonderen Belastungen sind auch unter Verhältnismäßigkeitsgesichtspunkten im Strafprozess zu berücksichtigen.

Eine öffentliche Berichterstattung hat zudem auch Auswirkungen auf den Strafprozess selbst: Einer Untersuchung unter Richtern, Staatsanwälten und Verteidigern zufolge sei zwar kein Einfluss auf die Beweislage und die Schuldfrage zu erkennen, ein Einfluss auf die Strafhöhe und die Entscheidung über eine Strafaussetzung zur Bewährung hingegen durchaus möglich, da den Richtern und Staatsanwälten die Medienwirksamkeit ihres Fallen durchaus bewusst sei und sie diese sogar gezielt verfolgten[2033.2034] Dies zeigte auch die Studie von Kepplinger/Zerback, in der 60 % der befragten Richter und Staatsanwälte angaben, über Prozesse, an denen sie beteiligt seien, mehr zu lesen als über andere Prozesse und/oder Medien zu lesen, die sie normalerweise nicht beachteten.[2035] Auch gaben die Befragten an, dass Medienberichte Einfluss auf beispielsweise die Atmosphäre im Gerichtssaal (88 %), die Höhe der Strafe (30 %), die Bewilligung einer Bewährung (24 %), die Anordnung einer Sicherungsverwahrung

Strafverfahren, S. 187 ff.; Beispiele auch bei *Soehring*, Vorverurteilung durch die Presse, S. 160 ff.; vgl. in dem Zusammenhang auch zur Verdachtsberichterstattung Böttger WiStR/*Tsambikakis/Rübenstahl*, Kap. 15 Rn. 274 ff.

2033 *Gerhardt*, in: Oehler, Einfluss der Medien, S. 21.

2034 *Kepplinger*, Medieneffekte, S. 207, 212 f., 214; Momsen/Grützner WirtschaftsStrafR-HdB/*v. Döllen* Kap. 3 § 12 Rn. 105; *Jahn/Gerhardt*, ZRP 2016, 155, 157; *Boehme-Neßler*, ZRP 2009, 228, 230: Die Justiz sei ggü. dem Mediendruck nicht immun; *Gerhardt*, ZRP 2009, 247, 249 f.: Zudem werde durch die bloße Anwesenheit von Journalisten das Klima im Gerichtssaal (negativ) beeinflusst; so auch Bockemühl HdB FA Strafrecht/*Friedrichsen/Gerhardt*, Kap. 39 Rn. 30 ff.; vgl. auch *Meinecke*, Prominentenstrafrecht, S. 278 f. bzgl. der Prominenz als Strafzumessungsaspekt.

2035 *Kepplinger/Zerback*, Publizistik 2009, 216, 225, Tab. 1.

(12 %) oder die Schuldfrage (dies gaben allerdings nur 5 % der Befragten an) haben.[2036]

Sofern eine Einstellung des Verfahrens nach den §§ 153 ff. StPO nicht möglich ist, kann eine diskrete Erledigung im Wege des Strafbefehlsverfahrens in Erwägung gezogen werden, um dem Beschuldigten derartige Unannehmlichkeiten und Rufschädigungen zu ersparen.

B. Der Strafbefehl im Wirtschaftsstrafrecht

Das Strafbefehlsverfahren bietet, wie bereits festgestellt, viele Vorteile, sowohl für die Staatsanwaltschaft, die sich viel Ermittlungsaufwand und eine Sitzungsvertretung in einer Hauptverhandlung sparen kann, als auch für das Gericht, das eine solche nicht durchführen und kein Urteil abfassen muss, sowie für den Beschuldigten, dessen Verfahren ohne die Aufmerksamkeit der Öffentlichkeit schnell erledigt wird.[2037] Diese Vorteile sind gerade in der Erledigung aufwändiger Wirtschaftsstrafverfahren besonders attraktiv.

Im Jahr 2019 wurden beispielsweise bei den Betrugs- und Untreueverfahren 10,9 % der Ermittlungen mit einem Antrag auf Erlass eines Strafbefehls abgeschlossen, Anklage wurde hingegen in nur 6,9 % der Fälle erhoben. Bei den Wirtschafts-, Steuer- und Geldwäschedelikten wurden dagegen mit 8,4 % nur unterdurchschnittlich viele Strafbefehle beantragt, allerdings wurden auch nur 4,6 % der Fälle angeklagt.[2038] Damit wurden jeweils deutlich mehr Strafbefehlsanträge gestellt als Anklagen erhoben. Es zeigt sich mithin durchaus die Tendenz bei der Staatsanwaltschaft, nach Abschluss der Ermittlungen eher ins summarische Verfahren übergehen zu wollen.[2039]

Aufgrund der Komplexität der Verfahren stellt sich aber die zu klärende Frage, ob derartige Wirtschaftsstrafverfahren dem Strafbefehlsverfahren überhaupt zugänglich sein sollten. Denn die Anwendung des Verfahrens erfordert gerade, dass der Sachverhalt einfach gelagert ist.

2036 *Kepplinger/Zerback*, Publizistik 2009, 216, 230, Tab. 6.

2037 Siehe dazu auch unter 1. Teil C. sowie sogleich unter II.

2038 Siehe unter 2. Teil B. I. 2. a), b), IV. Tabelle 2 m.N.

2039 Interessant wäre es auch, zu erfahren, ob in diesem Bereich auch nach Eröffnung des Hauptverfahrens verstärkt versucht wird, ins Strafbefehlsverfahren zu wechseln. In den Statistiken der Gerichte wird leider nicht nach Delikten differenziert, sodass man nicht ersehen kann, ob bei den Wirtschaftsstrafsachen z.B. öfter nach § 408a StPO als bspw. nach § 153a Abs. 2 StPO verfahren wird.

I. Anwendungsbereich

Wie bereits erörtert gibt es das Bestreben, den Anwendungsbereich des Strafbefehlsverfahrens auch auf die Wirtschaftskriminalität zu erweitern. Hierbei ist zum einen die Frage maßgeblich, ob die zulässige Höchstgrenze der Freiheitsstrafe auf zwei Jahre anzuheben ist, sowie die Frage, ob das Verfahren auch vor den Landgerichten zulässig sein soll. Letzteres wird unteren anderem damit begründet, dass auch vor den Wirtschaftsstrafkammern die Anwendung von § 408a StPO möglich sein solle, weil sich oft die Möglichkeit eröffne, nachträglich einen Strafbefehl zu erlassen und dies auch sachgerecht sei – rechtsstaatliche Bedenken seien insofern nicht gegeben, als ein Zustimmungserfordernis bestehe.[2040] Beides ist aus oben dargestellten Gründen abzulehnen.[2041]

Im Übrigen ist das Strafbefehlsverfahren wie festgestellt grundsätzlich bereits nach der derzeitigen Rechtslage auf viele Wirtschaftsdelikte anwendbar, da es sich hierbei in aller Regel um Vergehen handelt. Genannt wurden in diesem Zusammenhang beispielsweise Delikte wie Betrug, § 263 StGB, Computerbetrug, § 263a StGB, Untreue, § 266 StGB, Vorteilsgewährung und Bestechung, §§ 333, 334 StGB, oder das Vorenthalten und Veruntreuen von Arbeitsentgelt, § 266a StGB[2042] – auch § 299 StGB zählt dazu – die, abhängig von ihrer jeweiligen Schwere, auch in die Kompetenz der Amtsgerichte fallen.

Die Anwendung des Strafbefehlsverfahrens eignet sich auch hier insbesondere in den Fällen, in denen aufgrund objektiv erkennbarer Umstände auf das Vorliegen aller objektiven und subjektiven Tatbestandsvoraussetzungen geschlossen werden kann[2043], der Sachverhalt mithin einfach gelagert ist. Zudem wird angeführt, dass eine fehlende einschlägige Vorstrafe für die Anwendung des Strafbefehlsverfahrens sprechen könne[2044], die bei Steuer- und Wirtschaftsdelikten häufig vorliege.[2045] Dass bei nicht vorbestraften Tätern mehr Strafbefehle beantragt werden als bei vorbestraften, merkte im Rahmen der am Amtsgericht Tiergarten durchgeführten Umfrage auch einer der befragten Strafrichter ergänzend an.

2040 *Meyer-Lohkamp*, StraFO 2012, 170, 173.

2041 Siehe unter 2. Teil C. III. 2., 6.

2042 Vgl. *Wittig*, Wirtschaftsstrafrecht § 2 Rn. 23.

2043 *Keller/Schmid*, wistra 1984, 201, 207.

2044 *Ambos*, Jura 1998, 281, 287; vgl. *Kotz*, Die Wahl der Verfahrensart durch den StA, S. 128 ff., 163, 186.

2045 *Böttcher*, in: FS Odersky, 299, 309; vgl. *Blankenburg/Sessar/Steffen*, Die StA im Prozeß strafrechtlicher Sozialkontrolle, S. 292.

II. Die besondere Interessenlage

Die besondere Interessenlage aller Verfahrensbeteiligten gerade in umfangreichen Wirtschaftsstrafverfahren wurde bereits mehrfach betont. Sie liegt einerseits in Hinblick auf den hohen Ermittlungsaufwand und der entsprechend komplexen Beweiserhebung in der Hauptverhandlung auf staatlicher Seite. Im Rahmen der Befragung der Berliner und Bremer Verteidiger betonte auch ein Verteidiger ergänzend, dass sowohl hinter Strafbefehlen als auch hinter Absprachen der Zweck stünde, Verfahren zugunsten der Prozessökonomie und um der unterfinanzierten Justiz Willen schnell zu erledigen. Auf der anderen Seite stehen die Interessen des Beschuldigten, der – gegebenenfalls auch zugunsten seines Unternehmens – ein erhebliches Interesse an einer diskreten, rufschonenden Erledigung haben kann[2046], zumal neben der psychischen Belastung einer Hauptverhandlung auch Geschäftsbeziehungen leiden und andere wirtschaftlich nachteilige Folgen für das Unternehmen eintreten können[2047].

Bei den staatlichen Interessen kommt des Weiteren hinzu, dass eine lange Dauer des Strafverfahrens die Straferwartung senken kann[2048], da das Rechtsstaatsgebot eine angemessene Beschleunigung des Verfahrens fordert[2049] und eine erhebliche Verfahrensverzögerung den Beschuldigten in seinem Recht auf ein rechtsstaatliches, faires Verfahren aus Art. 2 Abs. 1 in Verbindung mit

---

2046 Vgl. dazu auch den Regierungsentwurf eines Gesetzes zur Stärkung der Integrität in der Wirtschaft vom 21.10.2020, BT-Drs. 19/23568, S. 105 f., der in § 50 VerSanG-E die Möglichkeit eines schriftlichen Sanktionsbescheids vorsieht und dabei z.T. auf die Vorschriften des Strafbefehlsverfahrens verweist; dazu krit. *Rotsch/Mutschler/Grobe*, CCZ 2020, 169; auf https://noerr.com/de/newsroom/news/referentenentwurf-zum-verbandssanktionengesetz, zuletzt abgerufen am 11.02.2021, ist zum inhaltsgleichen RefE vom 20.04.2020 kommentiert, dass für den Fall, dass Unternehmen Internal Investigations durchführen, durch den Erlass des Sanktionsbescheids sowohl die öffentl. Hauptverhandlung als auch die öffentl. Bekanntmachung im Zuge einer Sanktionierung entfallen, ein Strafverfahren völlig an der Öffentlichkeit vorbeigeführt werden kann, was für Unternehmen besonders attraktiv sein dürfe; *Bussmann/Lüdemann*, Klassenjustiz oder Verfahrensökonomie?, S. 74 schilderten Verteidiger Fälle, in denen der Angeklagte jede Summe zu zahlen bereit war, um kein öffentliches Aufsehen zu erregen.

2047 *Schmidt-Hieber*, Verständigung, Rn. 217.

2048 BVerfG NJW 1984, 967; BGH wistra 1987, 176; NStZ 1982, 291, 292; *Schmidt-Hieber*, Verständigung, Rn. 218.

2049 BVerfG NJW 1983, 1043; *Landau*, in: FS Hassemer, 1073, 1076 f., 1079 f.; *Laue*, GA 2005, 648, 650 ff., 657 ff.; vgl. *Wohlers*, NJW 2010, 2470, 2471.

Art. 20 Abs. 3 GG verletzt und dies, sofern beispielsweise eine Einstellung nach §§ 153, 153a StPO nicht in Betracht kommt, einen Ausgleich durch die Berücksichtigung im Rechtsfolgenausspruch, etwa bei der Strafzumessung, erfordert.[2050] Auch kann zusätzlicher Zeitdruck in den Fällen entstehen, in denen sich der Beschuldigte in Untersuchungshaft befindet[2051], wodurch sich das Bedürfnis nach einer schnellen Verfahrenserledigung noch verstärken dürfte.

Da sich Personen, die ein Wirtschaftsdelikt begehen, häufig eine effektive Verteidigung leisten können, kann in den Fällen, in denen der Beschuldigte eine Hauptverhandlung vermeiden möchte, der Verteidiger dieses Interesse wahrnehmen, indem er darauf hinwirkt, dass das Verfahren durch Strafbefehl erledigt wird. Umgekehrt könnte man zwar auch erwägen, dass hier gerade eine Gruppe von Angeschuldigten betroffen ist, welche aufgrund der sehr guten anwaltlichen Vertretung entsprechend einspruchsfreudig sein dürfte; allerdings werden Strafbefehle, die ohne eine vorherige Kooperation des Beschuldigten beantragt und erlassen werden im Bereich des Wirtschaftsstrafrechts, wo die Fälle vielfach komplex gelagert sind, nicht die Regel sein.

Die Staatsanwaltschaft dürfte bei derartigen Vorbringen der Verteidiger daher regelmäßig ein Interesse daran haben, ein Geständnisangebot anzunehmen. Entsprechendes gilt auch, wenn die Initiative einer solchen Kooperation beziehungsweise Absprache[2052] von der Staatsanwaltschaft ausgeht.

Gerade aufgrund dieser Interessenlage sind Wirtschaftsstrafverfahren besonders prädestiniert für bereits im Ermittlungsverfahren erfolgende Absprachen zwischen der Staatsanwaltschaft und dem Beschuldigten beziehungsweise seinem Verteidiger.

III. Bevorzugung bestimmter Straftäter

Problematisch ist dabei, dass gerade in der Wirtschaftskriminalität die Täter durch vereinfachte Erledigungen privilegiert werden könnten.[2053] Bei einer

---

2050 BVerfG NJW 1984, 967; vgl. auch *Bussmann/Lüdemann*, Klassenjustiz oder Verfahrensökonomie?, S. 122: Bei Einbeziehung der Rspr. bzgl. der Verfahrenslänge als Strafzumessungsaspekt sei die Aussetzung einer Freiheitsstrafe zur Bewährung bei Wirtschaftsstraftätern angesichts der dort oftmals langen Verfahrensdauer höher.

2051 *Keller/Schmid*, wistra 1984, 201, 202.

2052 Siehe dazu unter IV.

2053 Ähnlich auch *Kotz*, Die Wahl der Verfahrensart durch den StA, S. 120 ff., bei dem sich zeigt, dass Angestellte mehr Strafbefehle erhielten als Arbeiter; vgl. *Meinberg*, Geringfügigkeitseinstellungen von Wirtschaftsstrafsachen, S. 134 ff.

nichtöffentlichen Erledigung könnte bei der Bevölkerung – sofern sie von dem Verfahren erfährt – der Eindruck entstehen, dass besonders wohlhabende und prominente Wirtschaftskriminelle dadurch einen Vorteil erfahren, dass ihr Verfahren durch Strafbefehl erledigt wird, was auf wenig Akzeptanz stoßen dürfte.[2054] Eine negativ generalpräventive, abschreckende Wirkung könnte dabei gegenüber dem Ärgernis über die Privilegierung zurücktreten. Eine Bevorzugung von sehr wohlhabenden und prominenten (Wirtschaftsstraf-) Tätern wird auch im Zusammenhang mit der Einstellung gegen Auflagen nach § 153a StPO thematisiert[2055], wo eine solche Privilegierung teilweise auch angenommen wird[2056], aber auch bezüglich Absprachen, insbesondere solchen im Zusammenhang mit Strafbefehlen und Opportunitätseinstellungen, ist zu vermuten, dass Täter in Wirtschaftsstrafverfahren regelmäßig von einer einvernehmlichen Verfahrensbeendigung profitieren[2057].

Ein Beispiel für ein Wirtschaftsstrafverfahren, das durch Strafbefehl abgeschlossen wurde, ist das Verfahren im Zusammenhang mit der Regensburger Parteispendenaffäre, in dem gegen einen Immobilienunternehmer wegen Vorteilsgewährung in zwei Fällen und Bestechung ermittelt worden ist und ein Strafbefehl über ein Jahr Freiheitsstrafe, deren Vollstreckung zur Bewährung ausgesetzt, sowie eine Geldstrafe festgesetzt wurde; dem Angeklagten wurde von seinen Verteidigern geraten, den Strafbefehl im Interesse seines Unternehmens und um der persönlichen Belastung durch eine Hauptverhandlung zu entgehen, zu akzeptieren.[2058] Aber auch der damalige Oberbürgermeister von Mainz wurde durch Strafbefehl wegen Untreue zu achtzig Tagessätzen à 120 Euro verurteilt, was er akzeptierte, damit es zu keiner Hauptverhandlung kam. Vorgeworfen wurde ihm die Teilnahme an einer Italien-Reise, zu der er von der Überlandwerk Groß-Gerau GmbH (ÜWG) auf deren Kosten (49.000 Euro) eingeladen wurde, obwohl hierfür keine dienstliche Veranlassung bestand.[2059]

---

zur beruflichen Position der Beschuldigten von Wirtschaftsstraftaten in Bezug auf die Verfahrensart.

2054 *Leipold/Wojtech,* ZRP 2010, 243, 244.

2055 Siehe dazu unter D. I. 2.

2056 Allg. zur Privilegierung von Wirtschaftsstraftätern *Bussmann/Lüdemann*, Klassenjustiz oder Verfahrensökonomie?, S. 124; a.A *Kudlich,* ZRP 2015, 10.

2057 *Bussmann/Lüdemann*, Klassenjustiz oder Verfahrensökonomie?, S. 113 sprechen bzgl. informeller Absprachen von einer privilegierten, wirtschaftsstrafrechtlichen Subkultur.

2058 https://www.pnp.de/nachrichten/bayern/Strafbefehl-gegen-Regensburger-Bau unternehmer-2881170.html, zuletzt abgerufen am 11.02.2021.

2059 https://www.faz.net/aktuell/rhein-main/mainz-beutel-akzeptiert-strafbefehl-gel dstrafe-nach-11056906.html, zuletzt abgerufen am 11.02.2021.

Gerade mit Blick auf Strafverfahren mit politischem Bezug[2060] zeigt eine Erledigung durch Strafbefehl unter Umständen, dass die Beteiligung der Öffentlichkeit an der rechtlichen Aufarbeitung nicht – wie eigentlich erforderlich – gegeben ist.[2061] Dies gilt indes aber wohl nicht nur für Verfahren mit politischem Bezug, sondern generell für Strafverfahren gegen prominente oder äußerst wohlhabende[2062] Personen. Das öffentliche Interesse (insbesondere auch durch die Boulevardpresse) ist bei diesen Personengruppen faktisch – wenn auch nicht normativ – erhöht.

Als Beispiel für Verfahren gegen Prominente kann zum einen das Verfahren wegen Steuerhinterziehung gegen Alice Schwarzer, einer deutschen Journalistin und Feministin, herangezogen werden, das nach einer Selbstanzeige durch Strafbefehl abgeschlossen wurde.[2063] Auch in dem Verfahren wegen Verstoßes gegen das BtMG gegen den bekannten TV-Journalisten Michel Friedmann akzeptierte dieser einen Strafbefehl über 150 Tagessätze à 116 Euro[2064], um das Ermittlungsverfahren und die Berichterstattung in den Medien zu beenden.[2065] Ein weiteres prominentes Beispiel[2066] ist das Verfahren gegen Karl-Heinz

---

2060 *Hüls*, Polizeiliche und staatsanwaltschaftliche Ermittlungstätigkeit, S. 148 f. nennt etwa die Bsp. des Verfahrens gegen den ehemaligen SPD-Verkehrsminister Reinhard Klimmt, gegen den im Jahr 2000 ein Strafbefehl wegen Beihilfe zur Untreue erlassen wurde (https://www.welt.de/print-welt/article547121/Klimmt-akzeptiert-Strafbefehl.html, zuletzt abgerufen am 11.02.2021), den Fall des ehemaligen Wirtschaftsministers von Baden-Württemberg, Walter Döring, der 2005 einen Strafbefehl über neun Monate auf Bewährung und eine Geldauflage i.H.v. 20.000 Euro wegen uneidlicher Falschaussage vor dem „FloxTex" Untersuchungsausschusses des Baden-Württembergischen Landtags erhielt (https://taz.de/Exminister-Doering-ist-vorbestraft/!498080/, zuletzt abgerufen am 11.02.2021), und die Parteispendenaffäre der CDU, bei der gegen den früheren Bundesschatzmeister Walther Leisler Kiep wegen uneidlicher Falschaussage vor dem Parteispenden-Untersuchungsausschusses ein Strafbefehl erlassen wurde (https://www.welt.de/politik/article285119/Strafbefehl-gegen-Leisler-Kiep.html, zuletzt abgerufen am 11.02.2021).

2061 *Hüls*, Polizeiliche und staatsanwaltschaftliche Ermittlungstätigkeit, S. 149 f.

2062 Vgl. allein zur Medienaufmerksamkeit nur die Überschrift "Strafbefehl für Millionär", https://www.neuepresse.de/Hannover/Meine-Stadt/Strafbefehl-fuer-Millionaer, zuletzt abgerufen am 11.02.2021.

2063 https://www.sueddeutsche.de/panorama/steuerhinterziehung-strafbefehl-gegen-alice-schwarzer-erlassen-1.3071892, zuletzt abgerufen am 11.02.2021.

2064 https://www.faz.net/aktuell/politik/strafbefehl-friedman-legt-alle-aemter-nieder-1115404.html, zuletzt abgerufen am 11.02.2021.

2065 *Hüls*, Polizeiliche und staatsanwaltschaftliche Ermittlungstätigkeit, S. 148 f.

2066 Vgl. auch das Verfahren wegen Trunkenheitsfahrt gegen die Frau des ehemaligen Bundespräsidenten Bettina Wulff: Strafbefehl über 40 Tagessätze,

Rummenigge, einem ehemaligen deutschen Fußballspieler, gegen den ein Strafbefehl über 140 Tagessätze verhängt wurde, nachdem er zwei geschenkte Rolex-Uhren aus einer Reise von Katar mitgebracht und nicht verzollt hatte.[2067] Auch in dem Fall gegen den damaligen Radsportler Jan Ullrich wurde ein Strafbefehl wegen Körperverletzung und versuchter Nötigung über 180 Tagessätze à vierzig Euro erlassen.[2068]

Auffällig bei diesen Verfahren ist jeweils die relativ hohe Anzahl an Tagessätzen, die darauf hindeuten, dass die Fälle nicht mehr der Bagatellkriminalität zuzuordnen sind.

Relevant in diesem Zusammenhang werden auch Absprachen zwischen Verteidigung und Staatsanwaltschaft. Eine solche wurde beispielsweise zwischen dem ehemaligen Sparkassenpräsidenten und bayerischen Finanzminister Georg Fahrenschon und der Staatsanwaltschaft München wenige Tage vor Prozessbeginn getroffen mit dem Inhalt, dass Fahrenschon einen Strafbefehl wegen Steuerhinterziehung über 140 Tagessätze akzeptierte[2069], sodass auf die Durchführung der Hauptverhandlung verzichtet werden konnte.

Gerade bei Personen, die in der Öffentlichkeit stehen, ist das Ausmaß von Berichterstattung und Rufschädigung[2070] durch die Medien ihrem Bekanntheitsgrad entsprechend erhöht[2071], sodass das Interesse daran, ein Strafverfahren, das regelmäßig bereits mit seiner Einleitung mediale Aufmerksamkeit auf sich zieht[2072], möglichst schnell zu beenden.

---

https://www.stuttgarter-nachrichten.de/inhalt.nach-trunkenheitsfahrt-bettina-wulff-akzeptiert-strafbefehl.1ff52ec3-4abb-403f-b5c9-2efb3431d8a0.html, zuletzt abgerufen am 11.02.2021, wobei hier eine typische Anwendung des Strafbefehlsverfahrens gerade bei den Straßenverkehrsdelikten vorliegt; auch Fußballnationalspieler Marco Reus erhielt wegen jahrelangen Fahrens ohne Führerschein einen Strafbefehl: die Geldstrafe betrug neunzig Tagessätze à 6000 Euro, https://www.faz.net/aktuell/sport/fussball/bundesliga/marco-reus-540-000-euro-wegen-fahren-ohne-fuehrerschein-13328631.html, zuletzt abgerufen am 11.02.2021.

2067 https://www.sueddeutsche.de/sport/wegen-luxus-uhren-aus-katar-rummenigge-zahlt-249-900-euro-strafe-1.1815183, zuletzt abgerufen am 10.04.2021.

2068 https://www.faz.net/aktuell/gesellschaft/kriminalitaet/jan-ullrich-nach-angriff-auf-escort-dame-in-frankfurt-verurteilt-16355736.html, zuletzt abgerufen am 11.02.2021.

2069 https://www.faz.net/aktuell/wirtschaft/georg-fahrenschon-muss-nicht-vor-gericht-wird-aber-dennoch-bestraft-15557718.html, zuletzt abgerufen am 11.02.2021.

2070 *Lange*, Vorermittlungen, S. 29, 234.

2071 *Pielow*, Öffentliches Strafverfahren, S. 105.

2072 *Lange*, Vorermittlungen, S. 27.

IV. Die Bedeutung von Absprachen

Eine schnelle Erledigung der aufwändigen Wirtschaftsverfahren ist also durch Anwendung des Strafbefehlsverfahrens, aber auch durch Opportunitätseinstellungen, insbesondere § 153a StPO, gerade auch im Zusammenhang mit Absprachen zu erreichen.[2073]

1. Absprachen im Allgemeinen

Absprachen[2074] in Strafverfahren haben in der Praxis eine große Bedeutung und sind mittlerweile geläufig.[2075] Sie finden täglich, insbesondere in größeren Verfahren, statt und sind nicht mehr wegzudenken.[2076] Nicht nur im Wirtschaftsstrafrecht[2077], sondern auch in vielen anderen, auch weniger medienwirksamen Verfahren vor den Amts- und Landgerichten wird sich ihrer regelmäßig bedient.[2078]

Auf der einen Seite bieten Absprachen der Verteidigung die Möglichkeit, Verfahren mitzugestalten und so die Interessen des Beschuldigten in besonderem Maße wahrzunehmen.[2079] Vorteile für den Beschuldigten können etwa die Festsetzung einer milderen Strafe, die Berechenbarkeit des Verfahrensausgangs, die Beschleunigungswirkung, geringere Verfahrenskosten, eine geringere psychische Belastung, die Vermeidung negativer Publizität und die Verhinderung beruflicher Nachteile sein.[2080] Aus Sicht des Gerichts und der Staatsanwalt sind

---

2073 Vgl. *Keller/Schmid*, wistra 1984, 201 ff.

2074 Einen umfassenden Überblick über die Verständigungspraxis kann dieser Beitrag nicht leisten; inzwischen gibt es eigens dazu Handbücher, siehe etwa *Sinn/Schößling*, Praxishandbuch zur Verständigung im Strafverfahren; siehe auch *Sauer/Münkel*, Absprachen im Strafprozess.

2075 MüKoStPO/*Jahn/Kudlich* § 257c Rn. 10; auch *Wolter*, GA 1989, 397, 401, sah damals, dass sie immer bedeutsamer wurden; zur historischen Entwicklung *Jahn/Müller*, NJW 2009, 2625 f.

2076 Momsen/Grützner WirtschaftsStrafR-HdB/*v. Döllen* Kap. 3 § 12 Rn. 124; *Landau/Bünger*, ZRP 2005, 268, 269; *Widmaier*, NJW 2005, 1985.

2077 *Siolek*, Verständigung, S. 57; *Geuenich/Höwer*, DStR 2009, 2320; vgl. *Rothe/Szalai*, NJOZ 2013, 1801; *Altenhain/Hagemeier/Haimerl/Stammen*, Absprachen in Wirtschaftsstrafverfahren, S. 75 f., 331; *Hassemer/Hippler*, StV 1986, 360, 361, 363.

2078 MüKoStPO/*Jahn/Kudlich* § 257c Rn. 10.

2079 Momsen/Grützner WirtschaftsStrafR-HdB/*v. Döllen* Kap. 3 § 12 Rn. 124.

2080 *Bussmann/Lüdemann*, Klassenjustiz oder Verfahrensökonomie?, S. 191; *Altenhain/Hagemeier/Haimerl/Stammen*, Absprachen in Wirtschaftsstrafverfahren, S. 71 ff.: Der Angeklagte profitiere am meisten; *Schmuck/Leipner*, StraFo 2012, 95, 96 bzgl. der psychischen Belastung bei Anwesenheit in einer Hauptverhandlung.

hier insbesondere die Beschleunigungswirkung und Verfahrensökonomie, das erheblich geringere Revisionsrisiko sowie die Arbeitsersparnis zu nennen.[2081]

Andererseits verursachen Absprachen aber erhebliche rechtsstaatliche Bedenken[2082]. Zudem bergen sie ein großes Risiko für Fehlentscheidungen[2083], insbesondere mit Blick auf die Festsetzung schuldunangemessener Strafen. Denn hier besteht gerade im Rahmen der Konsensfindung die Gefahr einer zu niedrig bemessenen Strafe, insbesondere in den komplexen Wirtschaftsstrafverfahren.[2084]

Zwar ist grundsätzlich zu fragen, ob auch dann von einer Fehlentscheidung gesprochen werden kann, wenn die Entscheidung das Ergebnis einer Absprache ist, auf die sich die Verfahrensbeteiligten gerade geeinigt haben und mit der alle einverstanden sind.[2085] Unter dem Begriff der Fehlentscheidung[2086] werden in dieser Arbeit, wie bereits dargestellt, alle Entscheidungen von Richter und Staatsanwalt[2087] verstanden, die sowohl zum Nach- als auch zum Vorteil des Verurteilten[2088] von der Sanktion, die in Hinblick auf die Wahrheit, soweit wie sie mit den zur Verfügung stehenden Mitteln nach den Regeln des Strafprozesses ermittelt werden kann[2089], angemessen wäre, tatsächlich oder rechtlich abweichen. An einer Fehlentscheidung mangelt es im Falle einer Absprache daher nicht schon deswegen, weil sie, insbesondere bei zu niedrigen Strafen,

---

2081 *Bussmann/Lüdemann*, Klassenjustiz oder Verfahrensökonomie?, S. 188.

2082 *König*, AnwBl 2010, 382, 385 sieht durch sie sämtliche Prinzipien der Hauptverhandlung relativiert oder sogar aufgehoben.

2083 *Böhme*, Das strafgerichtliche Fehlurteil, S. 214 ff.: 7 von 10 befragten Richtern sehen in Absprachen eine Fehlurteilsgefahr; vgl. auch *Schünemann*, NJW 1989, 1895, 1899: Die Wahrscheinlichkeit, dass ein unschuldiger Angeklagter freigesprochen wird, werde durch eine Absprache verringert.

2084 Siehe dazu unter 3. a).

2085 Vgl. etwa dafür *Drews*, die Königin unter den Beweismitteln, S. 194 ff., 206.

2086 Eine allgemein anerkannte, gängige Definition gibt es nicht, so auch *Böhme*, Das strafgerichtliche Fehlurteil, S. 25.

2087 Zu einem weiten Fehlurteilsverständnis, welches nicht nur Urteile im technischen Sinne einbezieht: *Barton*, in: FS Eisenberg, 15, 17; speziell für die Einbeziehung von fehlerhaften Strafbefehlen in den Fehlentscheidungsbegriff: *Böhme*, Das strafgerichtliche Fehlurteil, S. 48 f.

2088 *Böhme*, Das strafgerichtliche Fehlurteil, S. 47; *Dunkel*, Fehlentscheidungen in der Justiz, S. 56.

2089 Zur prozessordnungsgemäß ermittelten Wahrheit (vgl. auch forensische Wahrheit): *Pfister*, FPPK 2013, 250, 253; *Hellwig*, Justizirrtümer, S. 33 f.; *Börner*, Legitimation durch das Strafverfahren, S. 99 ff.; *Böhme*, Das strafgerichtliche Fehlurteil, S. 31 f.

zu Gunsten des dann Verurteilten ausfällt. Auch bei einer unberechtigten Einstellung, auf die sich die Beteiligten geeinigt haben, ist somit von einer Fehlentscheidung zu sprechen. Denn die zur Ermittlung der Wahrheit zur Verfügung stehenden Mittel der Strafprozessordnung erschöpfen sich nicht in dem Treffen einer Absprache. Auch im Falle einer Entscheidung, die konsensual erging, ist daher von einer Fehlentscheidung zu sprechen, sofern sie von der Sanktion, die in Hinblick auf die ermittelbare Wahrheit angemessen wäre, abweicht.

a) Begrifflichkeiten

Der Begriff der Verständigung wird vom Gesetzgeber nicht bestimmt, weshalb es eine terminologische Uneinheitlichkeit in der Literatur gibt.[2090] Unter Verständigung werden in der Regel zumindest einseitig bindende Absprachen zwischen dem Gericht, der Staatsanwaltschaft und dem Angeklagten über mit dem Urteil zu verhängende Rechtsfolgen verstanden, die unter Beachtung der hierfür vorgesehenen Vorschriften erfolgen.[2091] Es handelt sich dabei um keine vertraglich bindende Vereinbarung, aber typischerweise geht es um eine synallagmatische Verknüpfung von Handlungsbeiträgen.[2092]

Absprachen, die sich im Anwendungsbereich des § 257c StPO befinden – also während der Hauptverhandlung stattfinden –, aber die dort geregelten Vorgaben nicht einhalten, werden vom Verständigungsbegriff hingegen nicht erfasst.[2093] Auch eine Bindungswirkung entfalten derartige Absprachen nicht.[2094]

Sofern vor der Hauptverhandlung – insbesondere auch im Ermittlungsverfahren –konsensual erledigt wird, wird in dieser Arbeit die Terminologie der

---

2090 KK-StPO/*Moldenhauer/Wenske* § 257c Rn. 8.

2091 Vgl. dazu BVerfG NJW 2013, 1058, 1065; Momsen/Grützner WirtschaftsStrafR-HdB/*Moldenhauer* Kap. 3 § 11 Rn. 62; KK-StPO/*Moldenhauer/Wenske* § 257c Rn. 8; auf eine zweiseitige Bindung abstellend OLG Köln NStZ 2015, 53, 54 m.Anm. Schneider; MüKoStPO/*Jahn/Kudlich* § 257c Rn. 60.

2092 BVerfG NStZ 2016, 422, 423 f.; BGH NStZ 2015, 535, 537; KK-StPO/*Moldenhauer/Wenske* § 257c Rn. 8.

2093 *Rönnau*, Die Absprache im Strafprozeß, S. 26; KK-StPO/*Moldenhauer/Wenske* § 257c Rn. 8a; vgl. *Moldenhauer/Wenske,* JA 2019, 698, 699; vgl. *Schünemann*, Gutachten B zum 58. DJT, S. 15: Informell seien Verständigungen, die außerhalb der Hauptverhandlung stattfinden und nicht protokolliert werden.

2094 Vgl. BVerfG NStZ 2016, 422, 423; BGH NStZ 2011, 107; Meyer-Goßner/Schmitt/*Schmitt* § 257c Rn. 4; *Schünemann*, Gutachten B zum 58. DJT, S. 40.

informellen Absprache verwendet, die insoweit als Oberbegriff für alle konsensualen Erledigungsarten außerhalb des § 257c StPO dient.[2095]

Zu differenzieren sind die Verständigung im Sinne des § 257c StPO und Absprachen zudem von der Erörterung, wie sie in den §§ 160b, 202a, 212, 257b StPO vorgesehen ist. Diese erfasst zunächst jedes den Verfahrensgegenstand betreffendes Verhandeln zwischen den Verfahrensbeteiligten, und zwar unabhängig davon, ob es Bezug zu einer Verständigung hat oder beispielsweise lediglich der Organisation dient.[2096]

Bis zum Inkrafttreten des Gesetzes zur Regelung der Verständigung im Strafverfahren vom 29.07.2009[2097] gab es keine formalisierten Regelungen bezüglich solcher Kommunikation zwischen den Verfahrensbeteiligten, die den Ablauf und den Ausgang eines Strafverfahrens beinhaltet und darauf abzielt, ihn in gewisser Weise zur Disposition zu stellen.[2098] Mit diesem Gesetz wurde dann unter anderem die Regelung des § 257c StPO eingeführt, der erstmals Vorgaben für die Verständigung zwischen dem Gericht und den Verfahrensbeteiligten im Rahmen einer Hauptverhandlung macht.

Dennoch finden in der Praxis weiterhin auch informelle Absprachen statt[2099] – außerhalb, aber auch innerhalb der Hauptverhandlung.

b) Die Verständigung nach § 257c StPO

Die Möglichkeit einer Verständigung ist damit in § 257c StPO unter den dort genannten Voraussetzungen gesetzlich anerkannt.[2100] Dem Wortlaut des Abs. 1 nach kann sich das Gericht in geeigneten Fällen mit den Verfahrensbeteiligten über den Fortgang und das Ergebnis des Verfahrens verständigen, sofern die umfangreichen Vorschriften der folgenden Absätze eingehalten werden. Dazu gehören beispielsweise die Regelung über die zulässigen Gegenstände einer

---

2095 Der Begriff wird hier dementsprechend nicht so wie in BVerfG NJW 2013, 1058 verwendet, wo er lediglich rechtswidrige Absprachen in der Hauptverhandlung kennzeichnet.

2096 Momsen/Grützner WirtschaftsStrafR-HdB/*Moldenhauer* Kap. 3 § 11 Rn. 62; siehe zum Begriff KK-StPO/*Wenske* § 257b Rn. 5.

2097 BGBl. 2009 I, S. 2353; siehe zur Gesetzgebungsgeschichte *Krause*, Verständigung im Strafverfahren, S. 9 ff.

2098 Zu den damaligen Voraussetzungen etwa BGH NJW 1998, 86; siehe auch *Weßlau*, ZStW 116 (2004), 150, 168 f.; krit. *Weigend*, NStZ 1999, 57; grds abl. *Schünemann*, in: FS Rieß, 525 ff.

2099 *Ordner*, wistra 2017, 50, 51.

2100 BeckOK StPO/*Eschelbach* § 257c StPO Rn. 1.1.

solchen Vereinbarung und die Pflicht zur Bekanntgabe durch das Gericht[2101]. Gegenstand einer solchen Verständigung nach § 257c Abs. 2 Satz 1 StPO kann als Prozessverhalten der Staatsanwaltschaft unter anderem auch der Antrag auf Erlass eines Strafbefehls nach § 408a StPO sein.[2102] Die Grenzen der Verständigung sind dabei auf das Strafbefehlsverfahren übertragbar.[2103]

Das Bundesverfassungsgericht entschied 2013, dass die Norm einer verfassungsrechtlichen Prüfung standhält. Insbesondere der Schuldgrundsatz und die Pflicht zur Erforschung der materiellen Wahrheit, der Grundsatz des fairen Verfahrens, die Unschuldsvermutung und die Neutralitätspflicht[2104] seien gewahrt.[2105] Dennoch kritisierte es in der Entscheidung, dass die Vorschrift in der Praxis nicht ausreichend beachtet worden sei.[2106] Dies ergab eine 2012 im Auftrag des Bundesverfassungsgerichts durchgeführte empirische Studie, in der herausgefunden werden sollte, ob und inwieweit die Regelungen des 2009 in Kraft getretenen Verständigungsgesetzes von den Tatgerichten umgesetzt werden.[2107] 26,7 % der befragten Richter gaben hierbei an, § 257c StPO bisher in keinem ihrer Verfahren angewandt, sondern ausschließlich informelle Absprachen getroffen zu haben – mithin gab es viele Richter, die die gesetzlichen Regelungen zur Verständigung ignorierten.[2108] Von den Staatsanwälten gaben

---

2101 BVerfG, Beschl. v. 04.02.2020–2 BvR 900/19: Auch ein außerhalb der Hauptverhandlung geführtes Vorgespräch zähle zur Verständigung und müsse zum Gegenstand der Erörterung in der Hauptverhandlung gemacht und protokolliert werden – dies folge aus dem Grundsatz des fairen Verfahrens, Art. 2 Abs. 1 i.V.m. Art. 20 Abs. 3 GG und sei wegen der Mitteilungspflicht in § 243 Abs. 4 StPO geboten.

2102 MüKoStPO/*Eckstein* § 408a Rn. 28, Gegenstand der Verständigung könne richtigerweise aber nicht die Verpflichtung sein, keinen Einspruch einzulegen, Rn. 29.

2103 *Vivell*, Strafbefehlsverfahren nach § 408a, S. 228; vgl. KMR/*Metzger* Vor § 407 Rn. 30 f.; HK/*Kurth* § 407 Rn. 4.

2104 BVerfG NJW 1993, 2229.

2105 BVerfG NJW 2013, 1058 ff.; Besprechungen zum Urteil: *Becker*, JA 2017, 641, 642; *Knauer*, NStZ 2013, 433; *Landau*, NStZ 2014, 425; *Stuckenberg*, ZIS 2013, 212; *Weigend*, StV 2013, 424.

2106 BVerfG NJW 2013, 1058, 1069 auf Basis der Studie von *Altenhain/Dietmeier/May*, Absprachen in Strafverfahren, S. 37: 73,5 % der befragten Amtsrichter gab an, bei mehr als der Hälfte der Absprache informell vorzugehen; *Moldenhauer/Wenske*, JA 2019, 698; vgl. auch *Rothe/Szalai*, NJOZ 2013, 1801, 1802.

2107 In der Studie wurden alle mit dem Erwachsenenstrafrecht befassten Vorsitzenden Richter der Amts- und Landgerichte in NRW befragt, *Altenhain/Dietmeier/May*, Absprachen in Strafverfahren, S. 5.

2108 *Altenhain/Dietmeier/May*, Absprachen in Strafverfahren, S. 36 f.

immerhin 15,6 % eine entsprechende Praxis an, bei den Verteidigern waren es hingegen nur 9,3 %, die bisher nur an informellen Absprachen teilgenommen hatten.

Insgesamt ergab die Studie, dass 58,9 % der Richter, 51,5 % der Staatsanwälte und 68 % der Verteidiger mehr als die Hälfte ihrer Absprachen weiterhin informell führten.[2109] Etwa die Hälfte der Richter und Verteidiger gab bei der Befragung auch an, davon auszugehen, dass das 2009 eingeführte Verständigungsgesetz in mindestens der Hälfte aller Verfahren verletzt wird.[2110] Von den befragten Richtern hielten 64,1 % die Vorschriften über die Verständigung außerdem für eher untauglich; bei den Staatsanwälten waren es mit 46,2 % knapp weniger als die Hälfte, bei den Verteidigern genau die Hälfte (50 %).[2111] Bemängelt wurden dabei insbesondere die Regelung zum „Negativattest" (von 71,8 % der Richter, 52,3 % der Staatsanwälte und 40,3 % der Verteidiger), das Verbot des Rechtsmittelverzichts (von 57,3 % der Richter[2112], 58,5 % der Staatsanwälte und 25,4 % der Verteidiger) sowie die Begrenzung des zulässigen Inhalts von Verständigungen (von 40 % der Staatsanwälte und 43,4 % der Verteidiger) und der Umstand, dass die Regelungen zu viel Zeit in Anspruch nehmen (von 47,3 % der Richter).[2113]

Das 2013 vom Bundesverfassungsgericht festgestellte Vollzugsdefizit der Regelungen des Verständigungsgesetzes wurde in einer von dieser Entscheidung ausgehenden Studie, die das BMJV in Umsetzung der Entscheidung in Auftrag gab, zwischen 2018 und 2020 eingehend und breit angelegt untersucht[2114]: Auch hier wurde festgestellt, dass informelle Absprachen weiterhin Bestandteil der Praxis sind und auch die Vorgaben für eine Verständigung nicht konsequent eingehalten werden.[2115]

2109 *Altenhain/Dietmeier/May*, Absprachen in Strafverfahren, S. 37 f.

2110 *Altenhain/Dietmeier/May*, Absprachen in Strafverfahren, S. 179 f.; vgl. auch S. 80 f.: 78,6 % der Amtsrichter, 84,8 % der StA und 90,7 % der Verteidiger hätten sich mit den Verfahrensbeteiligten in oder außerhalb der Hauptverhandlung schon einmal geeinigt, ohne dass dies als förmliche Verständigung i.S.d. § 257c StPO aufgefasst wurde.

2111 *Altenhain/Dietmeier/May*, Absprachen in Strafverfahren, S. 174 f.

2112 Vgl. auch *Altenhain/Jahn/Kinzig*, Die Praxis der Verständigung im Strafprozess, S. 264, 446.

2113 *Altenhain/Dietmeier/May*, Absprachen in Strafverfahren, S. 176 f.

2114 *Altenhain/Jahn/Kinzig*, Die Praxis der Verständigung im Strafprozess.

2115 *Altenhain/Jahn/Kinzig*, Die Praxis der Verständigung im Strafprozess, S. 530 ff.

Trotz ihrer bestätigten Verfassungsmäßigkeit wird die Vorschrift des § 257c StPO vielfach kritisiert[2116]. Auf die Voraussetzungen dieser Vorschrift soll hier aber nicht weiter eingegangen werden[2117], da sie trotz ihrer praktischen Bedeutsamkeit gerade auch in Wirtschaftsstrafsachen[2118] im Zusammenhang mit Strafbefehlen eine untergeordnete Rolle spielt[2119], zumal ohnehin nur Strafbefehle nach § 408a StPO Verständigungsgegenstand des § 257c StPO sein können.

c) Informelle Absprachen

Die weitaus größere Bedeutung – auch in Hinblick auf das Strafbefehlsverfahren – haben hingegen solche konsensualen Erledigungen, die außerhalb der Hauptverhandlung und bereits im Ermittlungsverfahren getroffen werden. Gerade in Verfahren, in denen schon die Ermittlungen einen erheblichen Umfang aufweisen, wie es insbesondere in den Wirtschaftsstrafsachen der Fall ist, können Absprachen in einem frühen Verfahrensstadium den Ermittlungsbehörden erheblichen Arbeitsaufwand und dem Beschuldigten einschneidende und langwierige Ermittlungsmaßnahmen ersparen.[2120] Aber auch für

---

2116 *AE-ASR*, GA 2019, 1, 49 ff. fordert die Ersetzung durch eine andere Regelung; krit. auch *Malolepszy*, ZStW 126 (2014), 489, 499 ff.; zu Alternativen siehe auch *Göttgen*, Prozessökonomische Alternativen zur Verständigung im Strafverfahren, S. 146 ff.; *Hettinger*, JZ 2011, 292, 298 ff.; für die Abschaffung auch *Stuckenberg*, in: GS Weßlau, 369, 388; BeckOK StPO/*Eschelbach* § 257c Rn. 1.7: Die Behauptung des Gesetzgebers, in der Literatur fänden sich kaum noch Stimmen gegen das Absprachеverfahren (vgl. BT-Drs. 16/12310, S. 7 f.), treffe bis heute nicht zu; vgl. auch *Börner*, ZIS 2018, 178, 182 ff.; vgl. ferner *Rönnau*, ZIS 2018, 167; krit. auch *Moldenhauer/Wenske*, JA 2019, 698, 699.

2117 Weitere Ausführungen zu dieser komplexen und umstrittenen Vorschrift, z.B. *Becker*, JA 2017, 641, 643 ff.; *Sauer/Münkel*, Absprachen im Strafprozess, Rn. 243 ff.; *Geuenich/Höwer*, DStR 2009, 2320, 2321 ff.; *Ceffinato*, Jura 2013, 873, 875 ff.; *König*, NJW 2012, 1915 insb. mit Blick auf die Bedeutung des Geständnisses; Böttger WiStR/*Tsambikakis/Rübenstahl*, Kap. 15 Rn. 323 ff.; zu den Voraussetzungen MüKoStPO/*Jahn/Kudlich* § 257c Rn. 63 ff.; zur Rechtssprechungsübersicht *Metz*, NStZ-RR 2019, 198.

2118 Momsen/Grützner WirtschaftsStrafR-HdB/*Schramm* Kap. 5 § 19 Rn. 173 (bzgl. der Untreue).

2119 *Altenhain/Jahn/Kinzig*, Die Praxis der Verständigung im Strafprozess, S. 212 f., zudem sei die Anwendbarkeit des § 257c StPO im Strafbefehlsverfahren nicht geklärt, Fn. 34.

2120 Die Studie von *Altenhain/Hagemeier/Haimerl/Stammen*, Absprachen in Wirtschaftsstrafverfahren, S. 60 ff., 331 ergab, dass die Arbeitsüberlastung dabei nicht

die Anwaltskanzleien hat eine verfahrensverkürzende Absprache den positiven Effekt, dass die Kanzlei nicht für andere Mandate blockiert ist, weil ein einziges Verfahren sehr viel Aufmerksamkeit und Anwesenheit in der Hauptverhandlung erfordert.[2121] Daher liegt es nahe, dass eine derartige Verfahrensverkürzung von beiden Seiten regelmäßig in Betracht gezogen und oftmals auch favorisiert wird.

Allerdings erregen derartige nicht reglementierte Absprachen erhebliche Bedenken. Von Seiten der Literatur wird den informellen Absprachen – wie auch der formellen Verständigung nach § 257c StPO – vorgeworfen, gegen rechtsstaatliche Grundsätze zu verstoßen.

Zum einen steht die Vereinbarkeit mit dem Legalitätsprinzip in Frage. Dieses ist in den §§ 152 Abs. 2, 170 Abs. 1 StPO normiert und verpflichtet die Strafverfolgungsbehörden dazu, Ermittlungen einzuleiten, wenn der Verdacht einer Straftatbegehung besteht.[2122] Es wird vertreten, dass ein Verstoß gegen dieses Prinzip durch das Treffen einer Absprache dann gegeben sei, wenn die Verfolgung von Straftaten und der staatliche Sanktionsanspruch zur Disposition gestellt werden.[2123] Dies sei beispielsweise dann der Fall, wenn eine Absprache mit dem Inhalt getroffen werde, dass ein Verbrechen nur noch als Vergehen geahndet werden solle.[2124] Zudem beruhe die informelle Absprache nicht auf einer gesetzlichen Grundlage, sondern lediglich auf dem Konsens der Beteiligten.[2125]

---

alleiniges Motiv der Richter und StA für Verständigungen ist: Gewichtiger seien etwa Beschleunigungseffekte – positiv seien Absprachen dabei insb. für den Angeklagten, S. 71 ff.

2121 *Bussmann/Lüdemann*, Klassenjustiz oder Verfahrensökonomie?, S. 75 f.; *Schünemann*, Gutachten B zum 58. DJT, S. 44 f.; vgl. *Schünemann*, NJW 1989, 1895, 1900 f.

2122 MüKoStPO/*Peters* § 152 Rn. 26; *Kühne*, Strafprozessrecht Rn. 305 ff.

2123 *Fahl/Geraats*, JA 2009, 791, 792.

2124 *Küpper/Bode*, Jura 1999, 351, 360; vgl. *Moldenhauer*, Absprachen im Strafverfahren, S. 61; vgl. *Schmidt-Hieber*, Verständigung, Rn. 40; *Weigend*, JZ 1990, 774, 777; etwa um dann nach §§ 153, 153a StPO einzustellen, *Gerlach*, Absprachen, S. 57 f.; so auch *Schünemann*, Gutachten B zum 58. DJT, S. 93; vgl. *Schmidt-Hieber*, NJW 1982, 1017, 1019; *Kintzi*, JR 1990, 309, 315; *Rönnau*, Die Absprache im Strafprozeß, S. 32 f., 80; *Dahs*, NStZ 1988, 153, 155 hält dies, um nach § 153a StPO einstellen zu können grds. für akzeptabel.

2125 Vgl. *Hassemer*, JuS 1989, 890, 892 f.

Allerdings wird ein Verstoß gegen das Legalitätsprinzip überwiegend abgelehnt, da Ausnahmen vom Legalitätsprinzip durchaus vorgesehen seien[2126], insbesondere, um die Funktionsfähigkeit der Strafrechtspflege zu gewährleisten[2127]. Denn eine Absprache könne das Legalitätsprinzip insofern sogar unterstützen, als ein Verfahren, das ansonsten wegen des Verfahrenshindernisses der überlangen Verfahrensdauer, das insbesondere regelmäßig bei den Wirtschaftsstrafsachen vorkomme[2128], eingestellt werden müsse, auf diese Weise zu Ende geführt werden könne.[2129] Es wird vertreten, dass Wirtschaftlichkeitserwägungen eine Ausnahme vom Legalitätsprinzip mithin nur dort begründen können, wo dessen strikte Einhaltung die Strafverfolgungsbehörden aufgrund der großen Masse an Verfahren weitgehend handlungsunfähig mache.[2130]

Es wird auch vertreten, dass die Einschränkung des Legalitätsprinzips durch das Opportunitätsprinzip dann zulässig sei, wenn die Vorgaben der §§ 153 ff. StPO eingehalten werden[2131], wobei bei der Auslegung der Opportunitätseinstellungen kein Raum für derartige wirtschaftliche Erwägungen sei.[2132]

Zudem sei ein Verstoß gegen das Legalitätsprinzip gerade dann nicht gegeben, wenn sich die Absprache nicht auf die Pflicht zum Einschreiten als solche

---

2126 *Gerlach*, Absprachen, S. 55; *Rönnau*, Die Absprache im Strafprozeß, S. 115: Insb. bei Bagatellen gelte faktisch das Opportunitätsprinzip, Absprachen in diesem Bereich seien aber kritisch; *Schünemann*, Gutachten B zum 58. DJT, S. 90 ff. nennt als Argument zudem eine Rechtsanalogie zu § 154 Abs. 1 Nr. 2 StPO.

2127 Vgl. BVerfG NJW 1979, 2349; 1978, 2235, 2236; 1977, 2355, 2356; vgl. *Moldenhauer*, Absprachen im Strafverfahren, S. 62; *Tscherwinka*, Absprachen im Strafprozeß, S. 128 f.; vgl. *Nestler-Tremel*, DRiZ 1988, 288, 290; *Rönnau*, Die Absprache im Strafprozeß, S. 216 f. hält hiergegen, dass die Funktionstüchtigkeit der Strafrechtspflege keine Absprachen fordere, diese aber zu Effektivitätssteigerung beitragen könnten, wenn sie geltendes Recht nicht verletzten.

2128 *Rönnau*, Die Absprache im Strafprozeß, S. 129 f.

2129 *Tscherwinka*, Absprachen im Strafprozeß, S. 130; vgl. *Moldenhauer*, Absprachen im Strafverfahren, S. 62; vgl. *Rönnau*, Die Absprache im Strafprozeß, S. 179; gegen die Einstufung der überlangen Verfahrensdauer als Prozesshindernis *Hanack*, JZ 1971, 705, 715.

2130 Vgl. *Bottke*, JuS 1990, 81, 83; ausf. zu Wirtschaftlichkeitserwägungen im Strafverfahren, i.E. jedoch abl. *Nestler*, JA 2012, 88, 90 ff.; vgl. *Erb*, Legalität und Opportunität, S. 170 f.; vgl. *Kreuzer*, in: Reuband (Hrsg.), Rauschmittelkonsum, 125, 141; *Kühne*, Strafprozessrecht Rn. 308.1; vgl. *Schmidt-Jortzig*, NJW 1989, 129, 130 f.

2131 *Siolek*, Verständigung, S. 114; vgl. *Moldenhauer*, Absprachen im Strafverfahren, S. 62.

2132 *Nestler*, JA 2012, 88, 90, 92.

beziehe.[2133] Letzteres dürfte in der Regel auch nicht der Fall sein, denn zu dem Zeitpunkt, in dem Absprachen getroffen werden, laufen die Ermittlungen bereits.

Eine Verletzung des Legalitätsprinzips durch das Treffen einer Absprache ist daher regelmäßig abzulehnen, da die Ermittlungen bereits eingeleitet und zumindest teilweise durchgeführt wurden und das Einschreiten der Strafverfolgungsbehörden daher nicht Gegenstand der – etwa auf die Beantragung eines Strafbefehls gerichteten – Absprachen ist.

Auch das Schuldprinzip[2134] sowie der Grundsatz der materiellen Gerechtigkeit sollen einer Ansicht zufolge durch das konsensuale Legitimationsmodell leerlaufen.[2135] Das aus der Menschenwürde folgende Schuldprinzip besagt, dass die Strafe schuldangemessen, der Grundsatz der materiellen Gerechtigkeit, dass die verhängte Strafe angemessen hinsichtlich der begangenen Tat sein muss – beides setzt voraus, dass das Fehlverhalten auch tatsächlich festgestellt wird, bevor eine Strafe festgesetzt werden kann[2136] – und gerade nicht nur auf Grundlage einer Absprache erfolgen darf. Es ist unzulässig, wenn das Gericht eine zu geringe Strafe festsetzt, weil der Beschuldigte im Gegenzug hierzu bereit war, ein Geständnis abzulegen.[2137] Denn auch zu geringe Strafen sind ein Verstoß gegen das Schuldprinzip[2138], der zudem von dem Opfer der Tat und der Gesellschaft als ungerecht empfunden wird.[2139] Gerade in Wirtschaftsstrafverfahren liegt jedoch die Vermutung nahe, dass in einem solchen Rahmen oftmals niedrigere Strafen vereinbart werden.[2140] Der Schuldgrundsatz ist durch eine

---

2133 Vgl. *Schmidt-Hieber*, Verständigung, Rn. 40.

2134 BVerfG NJW 2011, 1931, 1938; NJW 2009, 2267, 2289.

2135 *Fornauf*, KritV 2010, 217, 228; *Fischer*, StraFo 2009, 177, 182, 185.

2136 BVerfG NJW 2013, 1058; 1981, 1718, 1721; *Rothe/Szalai*, NJOZ 2013, 1801, 1803; vgl. auch allg. zum Schuldprinzip *Adam/Schmidt/Schumacher*, NStZ 2017, 7 ff.; *Siolek*, Verständigung, S. 134 sieht in dem Zusammenhang einen Verstoß gegen den Zweifelsgrundsatz, wenn wegen der Verständigung Zweifel an der Schuld oder Tatfrage unterdrückt oder vernachlässigt werden, insb. wenn einzelne Vorwürfe nach §§ 154 ff. StPO eingestellt und die restlichen als erwiesen behandelt werden.

2137 BGH NJW 1998, 86; *Fahl/Geraats*, JA 2009, 791, 793; dennoch werde regelmäßig ein Strafnachlass von einem Viertel bis einem Drittel im Gegenzug für ein Geständnis gewährt, *Altenhain/Hagemeier/Haimerl/Stammen*, Absprachen in Wirtschaftsstrafverfahren, S. 161 f., sowie einer Strafe zugestimmt, die für zu niedrig gehalten wurde, S. 164 f., 339 f.

2138 Vgl. BVerfG NJW 1954, 69; vgl. NJW 1984, 604, 605.

2139 *Pohlreich*, Das rechtliche Gehör im Strafverfahren, S. 75 f.

2140 *Altenhain/Hagemeier/Haimerl/Stammen*, Absprachen in Wirtschaftsstrafverfahren, S. 161 f.: Es werde regelmäßig ein Strafnachlass von einem Viertel bis einem

Absprache mithin immer dann verletzt, wenn eine unangemessene Strafhöhe vereinbart, bei Strafbefehlen beantragt, und später im Urteil oder im erlassenen Strafbefehl festgesetzt wird.

Einen weiterer Kollisionspunkt stellt die Unschuldsvermutung[2141] aus Art. 20 Abs. 3 GG, Art. 6 EMRK dar. Hiernach gilt der Beschuldige so lange als unschuldig, bis seine Schuld bewiesen wurde.[2142] Teilweise wird hier ein Verstoß durch eine Absprache angenommen[2143], wenn das Gericht selbst eine solche anstrebt und dabei zum Ausdruck kommt, dass es den Angeklagten für schuldig hält, ohne dass eine Sachverhaltsaufklärung erfolgt.[2144] Zudem kommt es in diesen Fällen zu der Festsetzung einer unzulässigen Verdachtsstrafe.[2145] Teilweise wird ein Verstoß gegen die Unschuldsvermutung aber jedenfalls dann abgelehnt, wenn die Absprache nicht vorschnell und sorglos getroffen und dabei der Stand der Ermittlungen berücksichtigt wurde.[2146]

Sofern im Zeitpunkt der Absprache keine hinreichenden Beweise dafür vorliegen, dass der (bei einer auf einen Strafbefehl gerichteten Absprache im Ermittlungsverfahren) Beschuldigte beziehungsweise der (bei einer Urteilsabsprache während des Hauptverfahrens) Angeklagte schuldig ist, er aber dennoch dadurch

---

Drittel im Gegenzug für ein Geständnis gewährt sowie einer Strafe zugestimmt, die für zu niedrig gehalten wurde, S. 164 f., 339 f.

2141 BVerfG NJW 2017, 1539; 1990, 2741; 1987, 2427.

2142 BVerfG NJW 1990, 2741 m.w.N.; *Kühne*, Strafprozessrecht Rn. 301.

2143 *Hassemer*, JuS 1989, 890, 892; *Rönnau*, Die Absprache im Strafprozeß, S. 176; *Weigend*, JZ 1990, 774, 777.

2144 *Moldenhauer*, Absprachen im Strafverfahren, S. 57 f.; vgl. *Rönnau*, JuS 2018, 114, 116; *Sauer/Münkel*, Absprachen im Strafprozess, Rn. 14, da schlicht nach Aktenlage unter Verzicht auf eine vollständige und vor allem unmittelbare Sachaufklärung durch das Gericht entschieden werde; *Siolek*, Verständigung, S. 131 ist der Auffassung, dass Verständigungen, die gegen die Unschuldsvermutung verstoßen, unwirksam seien, insb. wenn trotz unzureichend geklärter Tat- und Schuldfrage verurteilt oder dem Angeklagten vor Schuldspruchreife eine Verständigung angeboten und/oder eine bestimmte Strafe in Aussicht gestellt wird; *Schünemann*, Gutachten B zum 58. DJT, S. 95 ff. der in dem Fall auch die Besorgnis der Befangenheit der Richter annimmt, S. 97, 111, vgl. auch S. 117 ff.

2145 *Schünemann*, Gutachten B zum 58. DJT, S. 23 f.: 71 % (170) der befragten Richter am AG gaben an, ein Geständnis zu akzeptieren, wenn es vom Verteidiger angeboten werde, auch wenn nach den bisherigen Verfahrensergebnissen die Schuldfrage noch ungeklärt sei, weshalb auch echte Verdachtsstrafen verhängt würden, S. 26.

2146 *Gerlach*, Absprachen, S. 65, 67.

so behandelt wird, dass nicht mehr das Ob der Strafe, sondern nur noch deren Höhe in Frage gestellt wird, ist ein Verstoß gegen die Unschuldsvermutung gegeben. Hier bleibt eine Beurteilung im Einzelfall erforderlich.

Auch der Amtsermittlungsgrundsatz droht im Rahmen einer Absprache verletzt zu werden. Er besagt, dass allein dem Gericht die Erforschung des Sachverhaltes von Amts wegen obliegt, § 244 Abs. 2 StPO – und gerade nicht den Parteien.[2147] Das Gericht muss also alle zur Wahrheitserforschung notwendigen Beweiserhebungen anordnen, wohingegen eine Absprache gerade darauf abzielt, das Verfahren in dieser Hinsicht zu verkürzen.[2148] Problematisch wird dies dann, wenn der richterlichen Entscheidung im Wesentlichen nur ein Geständnis zugrunde liegt, das im Rahmen einer Absprache, etwa im Gegenzug zu einer Strafmilderung, abgelegt wurde.[2149] Gerade in den aufwändigen Wirtschaftsstrafverfahren wird es aber regelmäßig zu einer solchen Situation kommen können.

Das Geständnis, das regelmäßig Inhalt einer Absprache ist[2150], stellt ein Beweismittel dar, das der richterlichen Beweiswürdigung im Sinne des § 261 StPO unterliegt[2151], anderen Beweismitteln gegenüber aber grundsätzlich keinen höheren Stellenwert einnimmt.[2152] Es wird daher vertreten, dass eine Einschränkung des Amtsermittlungsgrundsatzes mit der weiterhin geltenden freien richterlichen Beweiswürdigung zu rechtfertigen, insofern unrichtig sei, als auch die richterliche Beweiswürdigung das Vorhandensein weiterer objektiver Beweismittel erfordere.[2153]

2147 *Moldenhauer*, Absprachen im Strafverfahren, S. 63; KK-StPO/*Krehl* § 244 Rn. 27 ff.

2148 *Rönnau*, JuS 2018, 114, 115; vgl. *Becker*, JA 2017, 641, 642; einen Verstoß gegen § 244 Abs. 2 StPO sieht auch *Fischer*, StraFo 2009, 177, 183.

2149 *Moldenhauer*, Absprachen im Strafverfahren, S. 64 f.; *Peters*, Urteilsabsprachen im Strafprozess, Vergleich, S. 26; *Rönnau*, Die Absprache im Strafprozeß, S. 87, hält es für unzulässig, in einem im Gegenzug für eine Strafmilderung gemachten Geständnis eine Disposition des Beschuldigten über dem ihm durch die Amtsaufklärungspflicht und die Unschuldsvermutung eingeräumten Schutz zu sehen; „Tausche Geständnis gegen Bewährung", *Zierl*, AnwBl 1985, 505; vgl. auch *Hamm*, ZRP 1990, 337, 339; vgl. *Schünemann*, NJW 1989, 1895, 1896.

2150 *Rönnau*, Die Absprache im Strafprozeß, S. 89: Das Geständnis habe eine zentrale Rolle in der Absprachepraxis.

2151 BGH StV 2005, 264, 265; vgl. BGH NJW 1993, 3081.

2152 *Rönnau*, JuS 2018, 114, 115.

2153 *Moldenhauer*, Absprachen im Strafverfahren, S. 146 f., S. 147 FN 818; *Hutzler*, Ausgleich struktureller Garantiedefizite, Rn. 549, 559 f. hingegen ist der Ansicht, dass das Strafbefehlsgeständnis nicht als Beweismittel gewürdigt werden solle

Zur Einhaltung der Amtsaufklärungspflicht ist ein Geständnis zudem stets auf seine Glaubhaftigkeit zu überprüfen.[2154] Wann ein Verstoß gegen den Grundsatz der Amtsaufklärungspflicht vorliegt, wird dabei zum Teil von der Art des Geständnisses abhängig gemacht. So wird überwiegend vertreten, dass für den Fall eines glaubhaften qualifizierten Geständnisses, also einem Geständnis, bei dem der Angeklagte detaillierte Schilderungen macht, keine Verletzung des Grundsatzes vorliegen solle, weil in diesem Fall keine weitere Sachverhaltsaufklärung mehr erforderlich sei.[2155] Bei sogenannten „schlanken" Geständnissen[2156] hingegen, bei denen der Angeklagte lediglich die Ermittlungsergebnisse kurz bestätigt, soll einer überwiegenden Ansicht nach stets ein Verstoß vorliegen, wenn keine weiteren Aufklärungsmaßnahmen ergriffen

---

und daher weder die Unschuldsvermutung noch die freie Beweiswürdigung tangiere.

2154 BGH NJW 1998, 86, 88; *Drews*, die Königin unter den Beweismitteln, S. 240; dass ein Geständnis kein Wahrheitsgarant sein könne, zeige sich in seiner empirisch gefestigten Rolle als Fehlerquelle im Strafverfahren, *Hutzler*, Ausgleich struktureller Garantiedefizite, Rn. 526; zum Geständnis als Fehlerquelle auch *Peters*, Fehlerquellen im Strafprozeß I, S. 521 ff., II, S. 5 ff.; *Rönnau*, Die Absprache im Strafprozeß, S. 88, 145 f.

2155 Vgl. BGH StV 2003, 264, 265 f.; vgl. *Schmidt-Hieber*, NStZ 1988, 302, 304; *Rönnau*, JuS 2018, 114, 115: Tatsächlich aber habe eine kritische Überprüfung zumindest bis vor Kurzem häufig gefehlt; vgl. hierzu auch *Schmidt-Hieber*, Verständigung, Rn. 178; vgl. *Weigend*, JZ 1990, 774, 777; *Landau/Eschelbach*, NJW 1999, 321, 325; *Schünemann*, Gutachten B zum 58. DJT, S. 82 f.; vgl. *Schünemann*, NJW 1989, 1895, 1898; vgl. zum Erfordernis eines qualifizierten Geständnisses bei § 257c StPO auch *Krause*, Verständigung im Strafverfahren, S. 198 f.

2156 Inhaltsleere Formalgeständnisse genügen nicht, vgl. BGH NStZ-RR 2007, 20, 21; NStZ 2006, 634, 635; NJW 2005, 1440, 1442; NJW 2004, 1885, 1886; OLG Celle NStZ-RR 2011, 252, 253; schlanke Geständnisse genügen hingegen für eine Verurteilung, vgl. BGH NJW 2011, 1526, 1527; NJW 1999, 370, 371 f.; dazu *Böhme*, Das strafgerichtliche Fehlurteil, S. 255: Unklar bliebe, was genau die Rspr. unter einem schlanken Geständnis versteht; *Altenhain/Hagemeier/Haimerl/Stammen*, Absprachen in Wirtschaftsstrafverfahren, S. 244 ff., 251: Ob in der Praxis öfter schlanke Geständnisse vorkommen, ließ sich nicht belegen – es sei aber zu vermuten, dass beide gleich oft vorkommen, wobei eine ausführlichere Stellungnahme wohl dann häufiger sei, wenn der Verteidiger die Erklärung abgibt; zu letzterem vgl. auch die nicht auf Wirtschaftsstrafsachen beschränkte Studie von *Altenhain/Dietmeier/May*, Absprachen in Strafverfahren, S. 93 ff., wonach es insg. häufiger keine ausführlichen Geständnisse/Erklärungen gebe.

werden.[2157] Andere hingegen nehmen auch hier einen Verstoß nur dann an, wenn Anhaltspunkte für die Fehlerhaftigkeit der Aussage vorliegen.[2158]

Ob eine Verletzung dieses Grundsatzes letztlich vorliegt, hängt davon ab, ob der Richter im konkreten Fall den Umfang der Aufklärung in unzulässiger Weise zugunsten der Prozessökonomie reduziert hat.[2159] Gerade bei Strafbefehlen darf der Richter den Antrag der Staatsanwaltschaft daher nicht ungeprüft übernehmen und muss unter Umständen ergänzende Beweise erheben. Dies ist jedoch einzelfallabhängig zu bestimmen. In den Wirtschaftsstrafverfahren, in denen ein Geständnis gerade dazu dient, die aufwändigen Ermittlungen überflüssig zu machen, wird ein eher ausführlicheres Geständnis abgegeben werden, allerdings besteht hier die große Gefahr, dass dieses unvollständig ist und strafschärfende Umstände oder ganze Sachverhaltsteile verschwiegen werden. Diese Gefahr ist umso größer, je weniger eigene Ermittlungen die Strafverfolgungsbehörden vornehmen.

Bezüglich des Grundsatzes der Öffentlichkeit, wonach Gerichtsverhandlungen öffentlich durchgeführt werden müssen, § 169 GVG, kommt eine Verletzung in Betracht, wenn eine im Rahmen des Hauptverfahrens getroffene Absprache weder im Rahmen der Hauptverhandlung stattfand[2160] noch ihr wesentlicher Inhalt und das Ergebnis in dieser offengelegt wurden[2161]. Gerade

---

2157 BGH StV 2012, 653, 654; StV 2010, 470; StV 2009, 232, 233; *Gerlach*, Absprachen, S. 61; *Kintzi*, JR 1990, 309, 315; vgl. *Küpper/Bode*, Jura 1999, 351, 360; *Rönnau*, Die Absprache im Strafprozeß, S. 146 f.; vgl. *Böhme*, Das strafgerichtliche Fehlurteil, S. 215: Ein befragter Richter sehe eine abstrakt hohe Fehlurteilsgefahr insb. bei der ungeprüften Hinnahme schlanker Geständnisse durch die Gerichte; *Schünemann*, Gutachten B zum 58. DJT, S. 82 f., 93 ff. nimmt in diesem Fall zudem einen Verstoß gegen die Unschuldsvermutung an.

2158 *Schmidt-Hieber*, Verständigung, Rn. 178; *Schmidt-Hieber*, NStZ 1988, 302, 304; vgl. *Moldenhauer*, Absprachen im Strafverfahren, S. 66 m.w.N.

2159 *Moldenhauer*, Absprachen im Strafverfahren, S. 150; *Siolek*, Verständigung, S. 120 sieht als typischen Fall des Verstoßes gegen die Aufklärungspflicht das Unterlassen möglicher Sachaufklärung außerhalb der §§ 153 ff. StPO, insb. durch Akzeptanz eines unzureichenden Geständnisses.

2160 *Gerlach*, Absprachen, S. 87; *Fahl/Geraats*, JA 2009, 791, 792; *Schünemann*, Gutachten B zum 58. DJT, S. 88 f.; vgl. *Moldenhauer*, Absprachen im Strafverfahren, S. 68 m.w.N.; *Baumann*, NStZ 1987, 157, 158; vgl. *Günter*, DRiZ 1989, 151.

2161 BGH NJW 1998, 86, 88; *Hanack*, StV 1987, 500, 503; *Schmidt-Hieber*, Verständigung, Rn. 192 ff.; *Schmidt-Hieber*, NJW 1982, 1017, 1021; vgl. *Wolfslast*, NStZ 1990, 409, 414 f.; *Rönnau*, Die Absprache im Strafprozeß, S. 167; vgl. *Hassemer*, JuS 1989, 890, 892; vgl. dazu die Studie von *Altenhain/Hagemeier/Haimerl/*

in den Wirtschaftsstraffällen hat der Beschuldigte regelmäßig ein Interesse daran, nicht in den Fokus der Öffentlichkeit zu gelangen, sodass die Gefahr der unzulässigen Umgehung der Öffentlichkeit hier besonders hoch ist. Zwar wird von einer Ansicht vertreten, dass der Öffentlichkeitsgrundsatz nicht verletzt sei, wenn eine Absprache außerhalb der Hauptverhandlung stattfinde, da der Grundsatz außerhalb der Hauptverhandlung gerade nicht gelte.[2162] Andere hingegen gehen davon aus, dass auch Aushandlungsvorgänge dem Öffentlichkeitsgrundsatz unterfallen und daher stets ein Verstoß gegeben sei.[2163]

Ein genereller Verstoß von Absprachen gegen den Öffentlichkeitsgrundsatz ist nicht anzunehmen. Vielmehr kommt es darauf an, ob das Stattfinden und der Inhalt einer Absprache in der Hauptverhandlung transparent dargelegt werden. In diesem Fall erfährt auch die Öffentlichkeit davon, sodass ein Verstoß gegen den Öffentlichkeitsgrundsatz nicht gegeben ist.

Auch der im Rahmen der Hauptverhandlung geltende Unmittelbarkeitsgrundsatz ist möglicherweise tangiert, wenn die Verfahrensbeteiligten eine Absprache über den Verlauf oder den Ausgang des Verfahrens treffen. Der Unmittelbarkeitsgrundsatz besagt, dass sich das Gericht während der Hauptverhandlung einen unmittelbaren Eindruck vom Tatgeschehen zu machen hat, § 261 StPO.[2164] Dazu gehört auch, dass es das tatnächste Beweismittel zur Beweiserhebung heranzieht, § 250 StPO. Ein Verstoß gegen diesen Grundsatz aufgrund einer Absprache wird teilweise dann bejaht, wenn sie außerhalb der Hauptverhandlung getroffen wurde, da die Entscheidung dann nicht mehr aus dem Inbegriff der Hauptverhandlung stamme[2165], sondern lediglich das umgesetzt werde, auf das man sich zuvor geeinigt habe.[2166] Andererseits

---

Stammen, Absprachen in Wirtschaftsstrafverfahren, S. 235, 335: Nur 20,7 % der Befragten gaben an, dass Absprachen immer protokolliert werden, 57,9 %, dass zum Teil und 21,5 %, dass nie protokolliert werde; für eine Wiederholung von Absprachen in der Hauptverhandlung: *Siolek*, Verständigung, S. 165.

2162 *Cramer*, in: FS Rebmann, 145, 149.

2163 *Zuck*, MDR 1990, 18, 19; vgl. *Kintzi*, JR 1990, 309, 315 f.; *Roxin/Schünemann*, Strafverfahrensrecht, § 17 Rn. 23.

2164 *Moldenhauer*, Absprachen im Strafverfahren, S. 71; vgl. *Kintzi*, DRiZ 1994, 325, 330.

2165 *Hassemer*, JuS 1989, 890, 892; vgl. *Rönnau*, Die Absprache im Strafprozeß, S. 155; vgl. *Baumann*, NStZ 1987, 157, 158.

2166 *Rönnau*, JuS 2018, 114, 115 f.; vgl. *Fahl/Geraats*, JA 2009, 791, 792; unter diesem Aspekt wird teils auch ein Verstoß gegen § 261 StPO angenommen, *Peters*, Urteilsabsprachen im Strafprozess, Vergleich, S. 26; *Rönnau*, Die Absprache im Strafprozeß, S. 155 ff., auf S. 170 f. nimmt er unter diesem Aspekt auch eine

wird ein Verstoß auch dann angenommen, wenn das Verfahrensergebnis und nicht lediglich prozessuale Fragen Gegenstand der Absprache oder wenn nicht alle Verfahrensbeteiligten bei der Absprache anwesend sind.[2167] Eine Verletzung des Unmittelbarkeitsgrundsatzes ist jedenfalls dann abzulehnen, wenn das Geständnis selbst in der Hauptverhandlung abgelegt und als Beweismittel Grundlage der Urteilsfindung wurde.[2168]

Ein weiterer wichtiger Verfahrensgrundsatz, der im Rahmen einer Absprache verletzt werden kann, ist der Grundsatz der Selbstbelastungsfreiheit (nemo tenetur se ipsum accusare), der besagt, dass kein Beschuldigter beziehungsweise Angeklagter dazu gezwungen werden darf, an seiner eigenen Überführung aktiv mitzuwirken[2169]. Sofern beispielsweise ein Geständnis im Gegenzug zu einer Strafmilderung eingefordert, gleichzeitig aber angedroht wird, dass im Falle einer Verweigerung eine ungemilderte oder sogar höhere Strafe verhängt wird, nimmt eine Ansicht einen Verstoß gegen diesen Grundsatz an.[2170] Dies dürfte auch für den Fall gelten, dass die Staatsanwaltschaft einen vom Beschuldigten gewollten Strafbefehl nur im Gegenzug zu einem Geständnis beantragt und ihn dabei unter Druck setzt. Eine andere Ansicht sieht eine Verletzung hier nur, wenn das abgelegte Geständnis nicht mehr freiwillig erfolgte, was im Rahmen einer Absprache aber der Fall sein dürfte.[2171]

Verletzung des Mündlichkeitsprinzips an; vgl. *Schünemann*, Gutachten B zum 58. DJT, S. 84 ff.

2167 *Schünemann*, Gutachten B zum 58. DJT, S. 84 ff., 87; vgl. *Moldenhauer*, Absprachen im Strafverfahren, S. 72 f.

2168 Vgl. *Gerlach*, Absprachen, S. 82; vgl. *Cramer*, in: FS Rebmann, 145, 149 bzgl. der Öffentlichkeit.

2169 BVerfG NJW 2013, 1058, 1061; BGH NJW 2007, 3138, 3139 f.; NJW 2018, 1986, 1988; *Rönnau*, JuS 2018, 114, 116; *Kühne*, Strafprozessrecht Rn. 103 ff.; wird u.a. hergeleitet aus den Schweigerechten in der StPO, §§ 114b, 115 Abs. 3, 136 Abs. 1 Satz 2, 136a, 163a Abs. 4 Satz 2, 243 Abs. 4 Satz 1 StPO.

2170 *Rönnau*, JuS 2018, 114, 116; vgl. *Rönnau*, Die Absprache im Strafprozeß, S. 198; *Janke*, Verständigung und Absprachen, S. 161, der einen Verstoß aber nur annimmt, wenn der Druck so groß sei, dass der Angeklagte seine Lage sonst für aussichtslos halte; vgl. *Hassemer*, JuS 1989, 890, 892; *Hutzler*, Ausgleich struktureller Garantiedefizite, Rn. 544 zufolge beinhalte auch das Strafbefehlsverfahren die Gefahr eines impliziten Geständnisdrucks; vgl. auch zum Geständnisdruck *Tscherwinka*, Absprachen im Strafprozeß, S. 37.

2171 *Gerlach*, Absprachen, S. 69 f.

Im Zusammenhang mit dem Grundsatz der Selbstbelastungsfreiheit ist auch das Verbot des § 136a StPO zu beachten[2172], wonach bestimmte Vernehmungsmethoden strikt untersagt sind und zu einem absoluten Beweisverwertungsverbot (Abs. 3) führen. Der Angeklagte darf insbesondere nicht mit einer höheren Strafe für den Fall einer Geständnisverweigerung bedroht werden[2173] oder ihm im Gegenzug für ein Geständnis ein gesetzlich nicht vorgesehener Vorteil[2174] versprochen werden.[2175] Ein solcher gesetzlich nicht vorgesehener Vorteil kann auch in der Beantragung eines Strafbefehls liegen, sofern sich der Fall eigentlich nicht für eine Erledigung im Wege dieses schriftlichen Verfahrens eignet.

Ob ein Verstoß gegen § 136a StPO oder den Grundsatz der Selbstbelastungsfreiheit vorliegt, ist anhand der konkreten Absprachesituation im Einzelfall zu beurteilen.[2176]

Durch Absprachen wird grundsätzlich auch der aus dem Rechtsstaatsprinzip stammende Fairnessgrundsatz[2177] tangiert, Art. 1 Abs. 1, 2 Abs. 2 Satz 2, 20 Abs. 3, 101 Abs. 1 Satz 2, 103 Abs. 1 GG und Art. 6 Abs. 1 Satz 1 EMRK. Dieser

2172 BGH NJW 1998, 86, 88; *Rönnau*, JuS 2018, 114, 116; *Rönnau*, Die Absprache im Strafprozeß, S. 180 ff.; *Moldenhauer*, Absprachen im Strafverfahren, S. 78 ff., 159 ff.

2173 Diesbzgl. ergab die Studie von *Altenhain/Hagemeier/Haimerl/Stammen*, Absprachen in Wirtschaftsstrafverfahren, S. 180 ff., dass 66,9 % der Befragten schon erlebten, dass das Gericht neben der möglichen Strafe bei Kooperation eine Alternativstrafe für den Fall einer streitigen Hauptverhandlung nannte, 27,9 % hielten dieses Vorgehen sogar für typisch; vgl. zur Sanktionsschere auch OLG Stuttgart StV 2007, 232, 234; *Altenhain/Dietmeier/May*, Absprachen in Strafverfahren, S. 123 f., 132 ff.; *Rönnau*, Die Absprache im Strafprozeß, S. 134 f., bzgl. eines Einspruchsverzichts; vgl. *Siolek*, Verständigung, S. 176 ff.

2174 *Rönnau*, Die Absprache im Strafprozeß, S. 194 f.; vgl. *Moldenhauer*, Absprachen im Strafverfahren, S. 80 ff.; vgl. *Seier*, JZ 1988, 683, 688; *Schünemann*, Gutachten B zum 58. DJT, S. 110, etwa durch das Absehen von der Verfolgung einer anderen Tat (§ 154 StPO), wenn ein Geständnis abgelegt oder von der Wahrnehmung der Verteidigungsrecht abgesehen wird.

2175 BGH NJW 1998, 86, 88.

2176 *Gerlach*, Absprachen, S. 70 ff., 80, 198 ff.; die Nennung einer höheren Alternativstrafe für den Fall einer streitigen Hauptverhandlung etwa dürfe nur informativen Charakter besitzen, *Altenhain/Hagemeier/Haimerl/Stammen*, Absprachen in Wirtschaftsstrafverfahren, S. 190; § 136a StPO könne auch nicht dann pauschal abgelehnt werden, wenn die Initative vom Angeklagten ausging, *Rönnau*, Die Absprache im Strafprozeß, S. 189.

2177 BVerfG NJW 2013, 1058, 1060; 2004, 1305, 1308.

besagt, dass das gesamte Strafverfahren fair abzulaufen hat, der Angeklagte also Rechte und Pflichten hat, die gewahrt werden müssen.[2178] Ein Verstoß gegen diesen Grundsatz ist etwa dann anzunehmen, wenn die Verteidigung im Rahmen der Absprache erheblich verschlechtert wird.[2179] Als Beispiel hierfür wird die Situation genannt, dass der Angeklagte im Rahmen einer Absprache durch ein Geständnis in Vorleistung trete; hierbei könne er lediglich darauf vertrauen, dass die andere Seite die Absprache einhalte.[2180] Diese Unsicherheit ist ein Grund dafür, weshalb informelle Verfahrensabsprachen risikoreich für den Beschuldigten sind. Denn sie entfalten, wie bereits festgestellt, keine Bindungswirkung und das Vertrauen der Verfahrensbeteiligten in sie ist auch nicht anderweitig geschützt.[2181] Zwar wird eine Bindungswirkung solcher Absprachen zum Teil aus dem Fairnessgrundsatz hergeleitet.[2182] Allerdings wird dies überwiegend abgelehnt.[2183] Ein Verstoß gegen den Grundsatz des fairen Verfahrens wäre nur dann anzunehmen, wenn sich das Gericht unklar oder irreführend verhält, sodass der Angeklagte über die Bedeutung und die Folgen seines eigenen Prozessverhaltens im Unklaren bleibt oder am Ende sogar zu nachteiligem Verhalten veranlasst wird.[2184] Entsprechendes dürfte auch für das Verhalten der Staatsanwaltschaft gelten, sofern die Absprache bereits im Ermittlungsverfahren getroffen wurde.

2178 Vgl. BVerfG NJW 1978, 151; *Kühne*, Strafprozessrecht Rn. 286.1 ff.

2179 *Gerlach*, Absprachen, S. 89; *Siolek*, Verständigung, S. 140 ff.; vgl. *Landau*, DRiZ 1995, 132, 138.

2180 *Rönnau*, Die Absprache im Strafprozeß, S. 158 f., 211: Daher trage der Angeklagte das Risiko informeller Absprachen; so auch *Rönnau*, wistra 1998, 49, 51; *Schünemann*, Gutachten B zum 58. DJT, S. 115 ff.; vgl. *Rückel*, NStZ 1987, 297, 299.

2181 BGH NStZ 2011, 107, 108; Momsen/Grützner WirtschaftsStrafR-HdB/*Moldenhauer* Kap. 3 § 11 Rn. 61; *Rönnau*, Die Absprache im Strafprozeß, S. 285, hielt auch die damalige (1990) ungeregelte Absprachepraxis für zu risikoreich für den Beschuldigten.

2182 Vgl. *Moldenhauer*, Absprachen im Strafverfahren, S. 53 f., 139; vgl. *Rönnau*, Die Absprache im Strafprozeß, S. 209 ff.

2183 *Rönnau*, wistra 1998, 49, 51 f.; *Satzger*, JA 1998, 98, 101; *Schünemann*, in: FS Rieß, 525, 538; *Moldenhauer*, Absprachen im Strafverfahren, S. 139 f. zufolge widerspreche eine Bindungswirkung § 261 StPO und § 46 Abs. 2 StGB, was der fair-trial-Grundsatz nicht ausgleichen könne.

2184 BGH NStZ 2011, 107, 108.

Auch die Annahme einer faktischen Bindungswirkung[2185] ist abzulehnen.[2186] Eine solche wird zwar teilweise damit begründet, dass ein Vertrauensverhältnis auch ohne Bindungswirkung bestehen könne[2187] und man sich von mühsamen Vorverhandlungen nicht leichtfertig löse, sondern nur, wenn etwas Schwerwiegendes übersehen worden sei.[2188] Zwar ist es naheliegend, dass sich Staatsanwaltschaft und Gericht regelmäßig an Absprachen halten, weil sie ein eigenes Interesse daran haben. Von einer – wie auch immer gearteten – Bindungswirkung zu sprechen, ist allerdings zu weitgehend. Insofern bleibt die Verletzung des Fairnessgrundsatzes durch das Treffen einer Absprache in der Hinsicht möglich.

Aber nicht nur die Verfahrensgrundsätze selbst können durch Absprachen tangiert sein. Teilweise in Zweifel gezogen wird zudem, ob gegen das in Art. 103 Abs. 1 GG verbürgte Recht auf richterliches Gehör verstoßen wird, wenn ein Teil der Beweisaufnahme außerhalb der Hauptverhandlung stattfindet und der Beschuldigte keine Möglichkeit hat, auf die Tatsachenfeststellung Einfluss zu nehmen.[2189] Allerdings dürfte gerade das Gegenteil der Fall sein. Insbesondere im Rahmen einer Absprache ist der Beschuldigte in der Position, Einfluss auf das weitere Verfahren und die Sachverhaltsaufklärung zu nehmen, weshalb ein Verstoß gegen das rechtliche Gehör nicht grundsätzlich anzunehmen ist.[2190] Dies gilt insbesondere dann, wenn auch der Richter an der Absprache beteiligt ist. Gerade im Strafbefehlsverfahren erlangt dieser Umstand eine besondere

---

2185 *Moldenhauer*, Absprachen im Strafverfahren, S. 141 geht trotz nicht erbringbarem Nachweis von dem Bestehen einer solchen Bindungswirkung aus; *Rönnau*, JuS 2018, 114, 116; *Rönnau*, Die Absprache im Strafprozeß, S. 36 f., 194; *Niemöller*, StV 1990, 34, 35; so auch das Ergebnis der Umfrage von *Siolek*, Verständigung, S. 38, 168, 173 f.

2186 *Gerlach*, Absprachen, S. 129 f., 132 f., eine Verbindlichkeit dürfe nur bei den §§ 153 ff. StPO bestehen; *Schünemann*, Gutachten B zum 58. DJT, S. 115 f. sieht hierin jedenfalls auch keinen Ersatz für eine rechtliche Bindung, weil das Vertrauen des Angeklagten immer enttäuscht werden könne, was versch. Entscheidungen zeigten, S. 166 FN 327 m.N.

2187 *Moldenhauer*, Absprachen im Strafverfahren, S. 140; vgl. *Niemöller*, StV 1990, 34, 35.

2188 *Rönnau*, JuS 2018, 114, 116.

2189 *Rönnau*, Die Absprache im Strafprozeß, S. 201; *Siolek*, Verständigung, S. 193 ff. sieht einen Verstoß gegen Art. 103 Abs. 1 GG, wenn eine Vertretung durch den Verteidiger stattfindet und der eigentliche Rechtsträger von seinem Mitwirkungsrecht ausgeschlossen wird.

2190 *Gerlach*, Absprachen, S. 97 ff.

Bedeutung, da die Möglichkeit einer Einflussnahme im Ermittlungsverfahren durch den Beschuldigten nicht vorgesehen ist.

Auch eine Verletzung von Art. 92 GG, der die Rechtsprechung und die Festsetzung einer Strafe dem Richter vorbehält, ist abzulehnen, da der Richter auch bei einer Absprache weiterhin frei entscheiden kann.[2191] Denn bei Absprachen im Sinne des § 257c StPO ist der Richter selbst beteiligt und an Absprachen außerhalb der Hauptverhandlung nicht gebunden.

Letztlich ist bei Absprachen auch ein Verstoß gegen den Gleichbehandlungsgrundsatz des Art. 3 Abs. 1 GG zu erwägen. Eine Ungleichbehandlung könnte etwa darin liegen, dass Angeklagten, die bereit sind, zu verhandeln, ein Strafnachlass gewährt wird, solchen, die ihre Rechte aber ohne eine Absprache durchsetzen wollen, nicht.[2192] Da nicht in allen Fällen Absprachen getroffen werden, stellt sich die Frage, nach welchen Kriterien hier differenziert wird und ob diese Kriterien zulässig sind. Allgemeingültige Maßstäbe, in welchen Fällen Absprachen getroffen werden sollen, existieren nicht.[2193] Die Eignung eines Verfahrens für eine Absprache wird dabei weniger am Inhalt des Falles festgemacht, als vielmehr an dem Umstand, ob der Beschuldigte beziehungsweise der Angeklagte verteidigt wird[2194] oder ob das Verfahren besonders umfangreich ist.[2195] Es ist anzunehmen, dass gerade in sehr komplexen Verfahren eine höhere Strafmilderung angeboten wird.[2196] Dies gilt insbesondere für Wirtschaftsstrafverfahren. Zwar besteht bei der Strafzumessung ein Spielraum; wird die Strafzumessung aber willkürlich vorgenommen, ist ein Verstoß gegen den Gleichbehandlungsgrundsatz anzunehmen.[2197] Zudem wird aufgrund der Tatsache, dass Absprachen vor allem auch in der Wirtschaftskriminalität

---

2191 *Gerlach*, Absprachen, S. 95 f.; *Rönnau*, Die Absprache im Strafprozeß, S. 205; *Siolek*, Verständigung, S. 167: Eine Verletzung komme aber in Betracht, wenn das Gericht sein Strafzumessungsermessen zu sehr aus der Hand gebe.

2192 *Hassemer*, JuS 1989, 890, 892; vgl. *Nestler-Tremel*, DRiZ 1988, 288, 291; vgl. *Siolek*, DRiZ 1989, 321, 326, 329.

2193 *Rönnau*, JuS 2018, 114, 116.

2194 *Gerlach*, Absprachen, S. 93.

2195 *Rönnau*, JuS 2018, 114, 116.

2196 Vgl. *Altenhain/Hagemeier/Haimerl/Stammen*, Absprachen in Wirtschaftsstrafverfahren, S. 161 f.; so auch *Altenhain/Dietmeier/May*, Absprachen in Strafverfahren, S. 116.

2197 *Gerlach*, Absprachen, S. 94 f.; *Siolek*, DRiZ 1989, 321, 329; *Siolek*, Verständigung, S. 198: Es bestehe die Gefahr, dass die praktische Handhabung nicht sachlich zu begründen sei und z.B. der soziale Stand des Angeklagten oder die Deliktsart ausschlaggebend seien.

verbreitet sind, vermutet, dass derartige Gespräche gerade erst ermöglicht werden, wenn der Täter einflussreich oder besonders vermögend ist.[2198] In diesem Zusammenhang wird auch das Problem der Privilegierung bestimmter Täter bezüglich des Treffens von Absprachen im Allgemeinen relevant. Wenn die Staatsanwaltschaft zu einer Absprache nur oder insbesondere dann bereit ist, wenn der Täter verteidigt, besonders einflussreich und das Verfahren besonders komplex ist, werden solche Täter, auf die diese Umstände nicht zutreffen, benachteiligt, da sie keinen derartigen Einfluss auf die staatsanwaltschaftliche Entscheidung nehmen können.

Das Bundesverfassungsgericht stellte fest, dass informelle Absprachen außerhalb des § 257c StPO nicht zulässig sind – dies folge bereits aus dem Wortlaut des § 257c Abs. 1 Satz 1 StPO selbst.[2199] Das Verbot informeller Absprachen, die intransparent und unkontrolliert stattfinden, resultiere aus einer sonst bestehenden Gefährdung des Schuldprinzips, der darin verankerten Wahrheitserforschungspflicht und des fairen Verfahrens.[2200] Der Kontrollfunktion der Öffentlichkeit der Hauptverhandlung komme besondere Bedeutung zu, sodass auch bei einer Verständigung die richterliche Überzeugung aus dem Inbegriff der Hauptverhandlung gebildet werden müsse (§ 261 StPO) und es dem Gesetzgeber maßgeblich darauf angekommen sei, Transparenz gerade im Falle einer Verständigung zu wahren.[2201] Lediglich die gesetzlichen Regelungen zur Verständigung, also insbesondere § 257c StPO, seien als verfassungsgemäß einzustufen.[2202] § 257c StPO sei daher bezüglich des Inhalts von Verständigungen abschließend.[2203] Auch in einer früheren, vor Einführung des § 257c StPO

2198 *Siolek*, DRiZ 1989, 321, 329; vgl. *Rönnau*, Die Absprache im Strafprozeß, S. 206 f.: So könne etwa der soziale Status des Beschuldigten das Ergebnis einer Vereinbarung beeinflussen, sodass hier eine Ungleichbehandlung ohne sachlichen Grund vorliege; vgl. auch *Deal*, StV 1982, 545, 549, der die Zugehörigkeit zur Ober- oder Mittelschicht als Kriterium für die gerichtliche Entscheidung zugunsten einer Absprache benennt; *Schmidt-Hieber*, NJW 1990, 1884, 1885; *Weigend*, JZ 1990, 774, 780; vgl. auch *Schünemann*, Gutachten B zum 58. DJT, S. 48 f.: Die Machtverteilung spiele sowohl für die Aufnahme von Verhandlungen wie auch für das Ergebnis eine Rolle; ähnlich *Olters*, DRiZ 1988, 50, 52, der dabei auf die Art der Kriminalität abstellt.

2199 BVerfG NJW 2013, 1058, 1064.

2200 BVerfG NJW 2013, 1058, 1069.

2201 BVerfG NJW 2013, 1058, 1064 f.; BT-Drs. 16/12310, S. 8, 12.

2202 BVerfG NJW 2013, 1058, 1064.

2203 BVerfG NStZ 2016, 422, 423; BVerfG NJW 2013, 1058, 1064; zust. *Knauer*, NStZ 2013, 433, 435.

getroffenen Entscheidung betonte das Gericht, dass es zwar zulässig sei, zwischen Gericht und Verfahrensbeteiligten eine Verständigung über den Stand und die Aussichten der Verhandlung herbeizuführen, unzulässig hingegen seien Absprachen und ein „Handel mit der Gerechtigkeit".[2204]

Dennoch zeigte sich in der Vergangenheit und auch in einer aktuellen Studie von 2020, dass informelle rechtswidrige Absprachen mit der Einführung des § 257c StPO nicht aus der Praxis verschwunden sind.[2205] Dies dürfte insbesondere für das Ermittlungsverfahren gelten, in dem Absprachen bisher überhaupt nicht geregelt wurden.

2. *Absprachen im Strafbefehlsverfahren*

a) *Praktische Bedeutung*

Insbesondere im Zusammenhang mit dem Strafbefehlsverfahren spielen solche informellen Absprachen eine nicht zu unterschätzende Rolle.[2206]

Denn gewiss werden mehr Absprachen über die Beantragung eines Strafbefehls oder auch eine Verfahrenseinstellung gegen Auflagen nach § 153a StPO getroffen als Verständigungen nach § 257c StPO.[2207] Das Strafbefehlsverfahren wird auch als „Einfallstor" für Absprachen bezeichnet.[2208] Dies hängt zum einen damit zusammen, dass es nur dann beschleunigende Wirkung entfaltet, wenn kein Einspruch eingelegt wird. Insofern bietet es sich von Seiten

---

2204 BVerfG NJW 1987, 2662, 2663; so auch in BVerfG NJW 2013, 1058, 1071; *Weßlau*, ZStW 116 (2004), 150, 168 hält diese Entscheidung nicht für aufschlussreich.

2205 *Altenhain/Jahn/Kinzig*, Die Praxis der Verständigung im Strafprozess, S. 530 f.; dass die überwiegende Zahl von Absprachen nach wie vor informell durchgeführt wird, ergab auch die Studie von *Altenhain/Dietmeier/May*, Absprachen in Strafverfahren, S. 36 ff., in der 2012 untersucht wurde, ob und inwieweit die Regelungen des 2009 in Kraft getretenen Verständigungsgesetzes von den Tatgerichten umgesetzt wurden; vgl. Momsen/Grützner WirtschaftsStrafR-HdB/*Moldenhauer* Kap. 3 § 11 Rn. 60.

2206 Vgl. *Hutzler*, Ausgleich struktureller Garantiedefizite, Rn. 93 f.

2207 *Kudlich*, ZRP 2015, 10.

2208 SK-StPO/*Weßlau/Degener* Vor § 407 ff. Rn. 8; *Hüls*, Polizeiliche und staatsanwaltschaftliche Ermittlungstätigkeit, S. 150; vgl. *Arbeitskreis*, ZRP 1995, 268, 271; *Hutzler*, Ausgleich struktureller Garantiedefizite, Rn. 94 („besonders anfällig" für informelle Absprachen); unverkennbar, dass im Zusammenhang mit dem Erlass eines Strafbefehls ein praktisches Bedürfnis für Absprachen besteht, Gercke u.a. StPO/*Brauer* § 407 Rn. 4; vgl. auch *Landau*, DRiZ 1995, 132, 134; vgl. auch Bockemühl HdB FA Strafrecht/*Bechdolf/Reif*, Kap. 7 Rn. 15.

der Staatsanwaltschaft an, vor der Antragstellung vom Beschuldigten einen Einspruchsverzicht in Aussicht gestellt zu bekommen.[2209] Weiterhin kann die Einfachheit des Verfahrens, die Voraussetzung für die Anwendung des Strafbefehlsverfahrens ist, durch einen Konsens der Verfahrensbeteiligten[2210], insbesondere durch ein Geständnis[2211] des Angeklagten hergestellt werden, das den Sachverhalt aufklärt und weitere Ermittlungen erspArt. Eine Verständigung bereits im Ermittlungsverfahren liegt beim Strafbefehlsverfahren auch deshalb nahe, weil – wie des Öfteren dargestellt – alle Beteiligten grundsätzlich ein Interesse an einer verkürzten Verfahrenserledigung haben.[2212] Eine Ablehnung des Strafbefehlsantrages durch den Richter kommt in der Praxis, wie bereits festgestellt, selten vor – dies solle insbesondere dann gelten, wenn dem Strafbefehl eine Absprache zwischen Staatsanwaltschaft und Beschuldigten beziehungsweise seinem Verteidiger vorausgegangen und damit absehbar sei, dass der Strafbefehl auch rechtskräftig werde.[2213] Verständigungen nach § 257c StPO allerdings spielen im Zusammenhang mit Strafbefehlen eine untergeordnete Rolle[2214], da § 257c StPO seinen Anwendungsbereich erst im Hauptverfahren hat, sodass hier lediglich Strafbefehle nach § 408a StPO Verständigungsgegenstand sein können.

Im Rahmen der Experteninterviews wurden Berliner Staatsanwälten in diesem Zusammenhang gefragt, wie häufig (Frage 14) und bei welchen Beschuldigten beziehungsweise bei welchen Delikten (Fragen 12/13) sich Absprachen/einvernehmliche Lösungen mit dem Ziel eines Strafbefehlsverfahrens anbieten/sinnvoll und interessengerecht erscheinen.

2209 Vgl. *Schmidt-Hieber*, NJW 1982, 1017, 1020; vgl. *Schmidt-Hieber*, Verständigung, Rn. 79; vgl. *Kemme/Dunkel*, StV 2020, 52, 53.

2210 *Elobied*, Die Entwicklung des Strafbefehlsverfahrens, S. 208; *Hutzler*, Ausgleich struktureller Garantiedefizite, Rn. 98: Positiv sei auch, dass es durch die Absprache für den Beschuldigten mehr Transparenz gebe, die die Wahrscheinlichkeit erhöhe, dass der Strafbefehl akzeptiert werde.

2211 Vgl. *Kemme/Dunkel*, StV 2020, 52, 53; vgl. *Schmidt-Hieber*, NJW 1982, 1017, 1020; vgl. *Hutzler*, Ausgleich struktureller Garantiedefizite, Rn. 488.

2212 KMR/*Metzger* Vor § 407 Rn. 28; AnwK-StPO/*Böttger* Vor §§ 407 ff. Rn. 5 f.; vgl. Gercke u.a. StPO/*Brauer* § 407 Rn. 4; *Landau*, DRiZ 1995, 132, 134; vgl. *Rückel*, NStZ 1987, 297, 300.

2213 Momsen/Grützner WirtschaftsStrafR-HdB/*v. Döllen* Kap. 3 § 12 Rn. 85.

2214 *Altenhain/Jahn/Kinzig*, Die Praxis der Verständigung im Strafprozess, S. 212 f., zudem sei die Anwendbarkeit des § 257c StPO im Strafbefehlsverfahren nicht geklärt, Fn. 34.

Genannt wurden hier bezüglich der Deliktsbereiche Massendelikte, also Betrug, Diebstahl – selten Gewaltdelikte – wobei dies weniger am Delikt, als an der konkreten Situation zu messen wäre (B3). B2 nannte Straßenverkehrsdelikte, „Allerweltsdelikte" wie Ladendiebstähle, aber auch im Wirtschaftsbereich würde davon sehr häufig Gebrauch gemacht, etwa bei Insolvenzverschleppungen oder Buchführungsdelikten, also „formale" Delikte, bei denen der Geschäftsführer strafrechtlich verantwortlich wäre. B6 wies darauf hin, dass das Verfahren grundsätzlich in allen Deliktsbereichen in Betracht käme und nannte insbesondere die Betrugstaten, zumal durch die neuen Gesetze auch die Möglichkeit bestünde, bereits im Strafbefehl eine Einziehung vorzunehmen, sodass man zugleich den zivilrechtlichen Ausgleich schaffte. Auch B2 gab weiter an, dass eine solche Lösung immer in Betracht käme, wenn das Delikt passte, die angemessene Strafe im Strafbefehlsverfahren zulässig wäre (so auch B5) und die Vorstrafenlage dem nicht entgegenstünde. Auch B1 schilderte, dass dies von dem Einverständnis und der Einsicht der Beschuldigten und weniger vom Delikt abhinge. Angegeben wurde auch, dass eine solche Lösung auch dann in Betracht käme, wenn die Verteidigung es vorschlüge und man es noch für angemessen erachtete (B2, B1 mit dem Hinweis auf die unter Umständen erhebliche Arbeitsersparnis).

Bezüglich der Täterprofile berichtete B1 von der speziellen Tätergruppe der steuerhinterziehenden Prominenten. Bei diesen Leuten bestünde, wenn sie in der Öffentlichkeit stehen und ein „Saubermann-Image" haben, ein massives Interesse daran, dass es nicht zur öffentlichen Hauptverhandlung kommt. Ein Steuerstrafverfahren würde zwar unter strikter Beachtung des Steuergeheimnisses (§ 30 AO) geführt, aber wenn es zur öffentlichen Hauptverhandlung käme, erlangte die Öffentlichkeit auch dann Kenntnis, wenn es vorher nicht bekannt gemacht worden wäre. Als Steuerstaatsanwalt wäre man in der komfortablen Situation, dass die Verteidiger ein großes Interesse signalisierten, dass es bloß nicht zur Hauptverhandlung kommen sollte und sie sich mit einem Strafbefehl einverstanden erklärten. In diesen Fällen müsste man an sich selbst appellieren, um nicht in eine Erpresserrolle zu kommen und etwa unüblich hohe Strafen zu fordern. Ansonsten böte sich eine Absprache seiner Meinung nach eigentlich für jeden an.

Auf die Frage, ob sich eine Absprache in Bezug auf einen Strafbefehl oft anbietet, gaben die Staatsanwälte an, dass dies weniger oft vorkäme und in diesen Fällen die Initiative dann von der Verteidigung ausginge (B1, B2, B4, B6 schätzte grob 5 % der Fälle). Sofern der Fall für die Erledigung durch einen Strafbefehl geeignet wäre, ginge man auch darauf ein (B4). Als Staatsanwalt benötigte man für einen Strafbefehl aber keine Absprache, sondern könnte diesen einfach beantragen (B1, B4). B2 schloss aber auch nicht aus, dass es durchaus auch dazu kommen könnte, dass der Staatsanwalt auf den Verteidiger zuginge; allerdings würde er selbst sich nicht die Blöße geben, da dies – gerade in Fällen, die nicht offensichtlich für den Strafbefehlsweg prädestiniert wären – so wirken könnte, als hielte er die Beweislage für schlecht.[2215] Allerdings könnte es auf diese Weise durchaus zu einer Freiheitsstrafe kommen, wenn der Verteidiger dies vorschlüge und man so eine ansonsten größere Hauptverhandlung vermeiden könnte.[2216] B3 berichtete, dass dies zwar nicht häufig vorkäme, sich aber anböte, wenn es aus seiner Sicht nachvollziehbare Gründe gäbe, dem Beschuldigten eine Hauptverhandlung nicht zuzumuten, die Sache aber zu gewichtig für eine Einstellung wäre und man den Eindruck hätte, dass eine Geldstrafe oder eine Freiheitsstrafe auf Bewährung angemessen wäre und auch auf den Eindruck aus der Hauptverhandlung verzichtet werden könnte. Bei Prominenten wüsste man, dass die Boulevardpresse erschiene und eine unlautere Berichterstattung erfolgte, die sehr diskreditierend wäre. Auch B5 berichtete von Personen, die von Berufs wegen oder bei einer erwarteten Öffentlichkeitsträchtigkeit eines Verfahrens mehr Interesse daran hätten, dass das Verfahren sehr schnell ginge. Das Zustandekommen einer Absprache hinge aber von mehreren Komponenten ab und wäre letztlich eine Frage nach dem Verteidigungsverhalten des Beschuldigten.

b) Zulässigkeit von auf einen Strafbefehl zielenden Absprachen

Absprachen bezüglich des Strafbefehlsverfahrens werden überwiegend für zulässig erachtet.[2217] Das wirft die Frage auf, wie sich dies mit den Entscheidungen des Bundesverfassungsgerichts verträgt, in denen es Absprachen außerhalb einer Hauptverhandlung und ohne die Einhaltung der Vorgaben aus § 257c StPO für unzulässig erklärt[2218]. Denn Strafbefehle ergehen gerade nichtöffentlich und nicht in einer Hauptverhandlung[2219] (außer bei § 408a StPO). Bei

2215 Antwort auf Frage 35.

2216 Antwort auf Frage 24.

2217 *Vivell*, Strafbefehlsverfahren nach § 408a, S. 227; Momsen/Grützner WirtschaftsStrafR-HdB/*v. Döllen* Kap. 3 § 12 Rn. 85; *Schmidt-Hieber*, NJW 1982, 1017, 1019; KMR/*Metzger* Vor § 407 Rn. 28 ff.; HK/*Kurth* § 407 Rn. 4; die Zulässigkeit von Verfahrensabsprachen grds. ablehnend *Seier*, JZ 1988, 683 ff.; *Siolek*, DRiZ 1989, 321 ff., 330; krit. ggü. Absprachen bei Strafbefehlen auch LR/*Gössel* Vor § 407 Rn. 26; Gercke u.a. StPO/*Brauer* § 407 Rn. 4.

2218 BVerfG NStZ 2016, 422, 423; NJW 2013, 1058, 1064.

2219 MüKoStPO/*Eckstein* § 407 Rn. 30.

Absprachen im Ermittlungsverfahren, die auf die Beantragung eines Strafbefehls gerichtet sind, geht es allerdings nicht um solche, die das Gericht während des Hauptverfahrens außerhalb der Hauptverhandlung mit der Verteidigung trifft.[2220] Sie werden vielmehr von der Verteidigung und der Staatsanwaltschaft getroffen – eine solche Absprache mit dem Inhalt, dass die Staatsanwaltschaft ihre Ermittlungen mit dem Antrag auf Erlass eines Strafbefehls abschließt und auf eine Anklageerhebung verzichtet, verstößt damit nicht gegen die verfassungsgerichtliche Entscheidung.[2221] Und entsprechend verbietet § 257c StPO auch nicht, dass die Verteidigung im Ermittlungsverfahren auf die Staatsanwaltschaft zugeht.[2222] Etwas Anderes könnte nur für Absprachen gelten, die sich auf eine Erledigung nach § 408a StPO beziehen. Denn hier ist auch das Gericht an der Absprache beteiligt, die zudem während des Hauptverfahrens und regelmäßig parallel zur stattfindenden Hauptverhandlung getroffen wird. Diesbezüglich müssten die Voraussetzungen des § 257c StPO eingehalten werden.

Absprachen im Strafbefehlsverfahren seien unter anderem auch deshalb zulässig, weil die Möglichkeit von Absprachen in § 408 Abs. 3 StPO und Nr. 175, 189 RiStBV vorausgesetzt sei.[2223] Zudem entfalte eine Absprache zwischen Staatsanwaltschaft und Verteidigung weder eine Bindungswirkung für das Gericht noch für den Angeklagten.[2224] Schmidt-Hieber sieht dadurch eine gute Möglichkeit, die ansonsten verwehrte Einwirkungsmöglichkeit des Beschuldigten auf das Verfahren zu kompensieren.[2225]

Dabei sind allerdings diejenigen Grundsätze einzuhalten, die die Rechtsprechung in Bezug auf die Zulässigkeit von Absprachen entwickelte[2226]. Angewandt auf Absprachen, die den Erlass eines Strafbefehls zum Inhalt haben, ergeben sich damit unter anderem folgende Voraussetzungen[2227]: Ein etwaiges

2220 MüKoStPO/*Eckstein* § 407 Rn. 30 hält solche verpflichtenden Absprachen mit dem Gericht im nichtöffentlichen Strafbefehlsverfahren für unzulässig.

2221 Derartige Absprachen würden sogar rechtsstaatlichen Schutz zugunsten des Beschuldigten nach sich ziehen, MüKoStPO/*Eckstein* § 407 Rn. 31; vgl. krit. SK-StPO/*Weßlau/Degener* Vor § 407 ff. Rn. 8.

2222 KMR/*Metzger* Vor § 407 Rn. 30.

2223 *Vivell*, Strafbefehlsverfahren nach § 408a, S. 228.

2224 *Vivell*, Strafbefehlsverfahren nach § 408a, S. 228; *Schünemann*, Gutachten B zum 58. DJT, S. 40.

2225 *Schmidt-Hieber*, Verständigung, Rn. 76.

2226 BVerfG NJW 1987, 2662, 2663: kein Handeln mit der Gerechtigkeit; BGH NJW 2005, 1440, 1441; 2004, 2536, 2537 f.; 1998, 86.

2227 BGH NJW 2005, 1440, 1441; NJW 1998, 86; vgl. *Vivell*, Strafbefehlsverfahren nach § 408a, S. 228; vgl. auch *Schmidt-Hieber*, Verständigung, Rn. 74 ff.; für die

Geständnis muss glaubhaft sein. Insbesondere darf es nicht unter Verstoß gegen § 136a StPO erzwungen werden. Ein abgesprochener Einspruchsverzicht nach Erlass des Strafbefehls ist wirksam, da § 410 Abs. 1 Satz 2 StPO auf § 302 Abs. 1 Satz 1 StPO verweist und gerade nicht auch auf dessen Satz 2, der einen Verzicht ausschließt, sofern dem Urteil eine Verständigung vorausgegangen ist; unwirksam hingegen ist ein abgesprochener Verzicht vor Strafbefehlserlass.[2228] Das Stattfinden der Absprache ist in die Akten aufzunehmen (vgl. § 160b Satz 2 StPO). Bei der Absprache selbst haben alle Verfahrensbeteiligten mitzuwirken.[2229] Die Staatsanwaltschaft darf zwar für den Fall eines Geständnisses einen Strafbefehlsantrag, aber keinen ganz bestimmten zusagen, sodass keine Ermessensbindung[2230] entstehen kann. Auch das Gericht darf zuvor keine verbindliche, bestimmte Strafe versprechen.[2231] Insbesondere muss die festgesetzte Strafe am Ende schuldangemessen sein. Ein „Handel mit der Gerechtigkeit" ist unzulässig.[2232] Es darf im Rahmen der Absprache nicht zur Disposition gestellt werden, dass auf die Festsetzung einer schuldangemessenen Strafe bei entsprechender Mitwirkung des Angeklagten verzichtet wird. Auch dem Geständnis darf keine unangemessen hohe strafmildernde Wirkung beigemessen werden, um den Angeklagten zu kooperativem Verhalten zu motivieren. Insbesondere dürfen solche Verfahren nicht per Absprache in ein Strafbefehlsverfahren geleitet werden, die dafür eigentlich nicht geeignet sind. Sei es, weil sich der Tatvorwurf nicht mehr in den Grenzen der leichten Kriminalität bewegt und eine höhere Strafe erfordert, als durch Strafbefehl festgesetzt werden kann, sei es, weil der Sachverhalt noch nicht ausreichend ermittelt wurde, um einen hinreichenden Tatverdacht und eine Schuldüberzeugung des Richters zu begründen.

Vor allem die letzten Punkte werfen bei Absprachen allerdings besondere Probleme auf.[2233]

Beurteilung der Zulässigkeit sind die Regelungen des § 257c StPO zumindest sinngemäß heranzuziehen, vgl. KMR/*Metzger* Vor § 407 Rn. 30 f.; so auch Gercke u.a. StPO/*Brauer* § 407 Rn. 4; wobei § 257c StPO die von der Rspr. entwickelten Grds. weitgehend aufgenommen hat, SK-StPO/*Weßlau/Degener* Vor § 407 ff. Rn. 8; vgl. hierzu auch *Landau/Bünger*, ZRP 2005, 268, 269.

2228 Gercke u.a. StPO/*Brauer* § 407 Rn. 4, § 410 Rn. 8.

2229 BGH NJW 1998, 86.

2230 *Keller/Schmid*, wistra 1984, 201, 207 f.

2231 SSW-StPO/*Momsen* § 408b Rn. 6 plädiert für eine Bindungswirkung.

2232 BVerfG NJW 1987, 2662, 2663; BGH NJW 2005, 1440, 1442; NJW 1998, 86; Gercke u.a. StPO/*Brauer* § 407 Rn. 4.

2233 Zu den Besonderheiten des Strafbefehlsverfahrens siehe unter d); auch *Fezer*, ZStW 106 (1994), 1, 8 hält es für unzulässig, dass ein Konsens die Wahrheitsfindung als Grundlage eines Schuldspruchs ersetzt.

c) Die Bedeutung einer Verteidigung

Zu erwähnen ist im Zusammenhang mit Absprachen die wichtige Rolle der Verteidigung. Denn regelmäßig kann diese bei der Staatsanwaltschaft deutlich mehr erreichen als der Beschuldigte selbst[2234], zumal ein rechtsunkundiger Beschuldigter in der Regel nicht zu derartigen Rechtsgesprächen imstande ist. Die Chance, aktiv auf eine diskrete Erledigung im Wege des Strafbefehlsverfahrens hinzuwirken, hat also in der Regel nur derjenige, der bereits im Ermittlungsverfahren einen Verteidiger hinzugezogen hat.[2235] Dieser wird bezüglich des Treffens von Absprachen damit von der Staatsanwaltschaft privilegiert behandelt. Dies erscheint durchaus bedenklich.[2236]

In diesem Zusammenhang ergab auch die Befragung der Verteidiger, dass die Initiative für auf einen Strafbefehl gerichtete Absprachen im Ermittlungsverfahren „manchmal" von den Strafverteidigern (nach Angabe von 57,8 %; 23,4 % der Verteidiger gaben hier sogar „sehr häufig" bis „häufig" an), und eher „manchmal" bis „selten" von der Staatsanwaltschaft (nach Angabe von 74,6 %; nur 4,8 % der Verteidiger gaben hier „sehr häufig" bis „häufig" an) ausgeht. Auch die Experteninterviews mit den Berliner Staatsanwälten ergaben bei der Frage, ob sich eine Absprache in Bezug auf einen Strafbefehl oft anbietet (Frage 14), dass dies zwar eher seltener vorkäme, die Initiative dann in der Regel aber von der Verteidigung ausginge (B1, B2, B4, B6 schätzt grob 5 % der Fälle). Auch

---

2234 *Bussmann/Lüdemann*, Klassenjustiz oder Verfahrensökonomie?, S. 78 spricht davon, dass Strafverteidiger aufgrund deren Kompetenz die einzigen Personen seien, mit denen sich Richter und StA verständigen können; *Altenhain/Hagemeier/Haimerl/Stammen*, Absprachen in Wirtschaftsstrafverfahren, S. 91: Der Angeklagte werde bei Verständigungsgesprächen herausgehalten, um die Gesprächsatmosphäre nicht zu beeinträchtigen – zudem fehlten ihm juristische Kenntnisse; zu letzterem auch *Altenhain/Dietmeier/May*, Absprachen in Strafverfahren, S. 73; vgl. auch *Meinberg*, Geringfügigkeitseinstellungen von Wirtschaftsstrafsachen, S. 219, dessen Studie ergab, dass 40,6 % der Wirtschaftsdezernenten angaben, dass eine Verteidigung Einfluss im Ermittlungsverfahren auf die Entscheidung der StA hat, während dies bei der allg. StA nur 26,6 %) angaben.

2235 *Martin*, GA 1995, 121, 130 f., bzgl. § 408a StPO, aber auf 407 übertragbar; *Rönnau*, Die Absprache im Strafprozeß, S. 119: Ein Verteidiger sei nötig, da Gericht und StA mangels Vertrauenverhältnisses nicht mit dem Beschuldigten selbst verhandelten; *Hassemer/Hippler*, StV 1986, 360, 362.

2236 *Werle*, JZ 1991, 789, 795; vgl. *Martin*, GA 1995, 121, 130 f.; vgl. kritisch zu Absprachen auch *Kemme/Dunkel*, StV 2020, 52, 53 f.; selbes gilt auch für Richter, vgl. die Studie von *Altenhain/Jahn/Kinzig*, Die Praxis der Verständigung im Strafprozess, S. 145 f., 351 f., 535.

B5 gab bei Frage 32[2237] an, dass die Initiative häufiger von der Verteidigung ausginge, wobei er nicht ausschloss, dass auch die Staatsanwaltschaft den Vorschlag machte.

Ein nicht verteidigter Beschuldigter, der nicht von sich aus mit diesem Begehren auf die Staatsanwaltschaft zugeht, hat mithin kaum Chancen, sich im Wege einer Absprache zu einigen.

Um dieser Ungleichheit entgegenzuwirken wäre es denkbar, dass jeder Beschuldigte darauf hingewiesen werden könnte, dass grundsätzlich die Möglichkeit besteht, auf die Staatsanwaltschaft zuzugehen und mit ihr eine Absprache (unter Einhaltung der Voraussetzungen) darüber zu treffen, dass sein Fall, sofern er für das Strafbefehlsverfahren geeignet ist, durch Strafbefehl erledigt wird, allerdings ist dieser Weg nicht vielversprechend, da die Beschuldigten in vielen Fällen nicht dazu imstande sein werden, den Hinweis umzusetzen. Dies kann zum einen daran liegen, dass bereits dieser Hinweis – beispielsweise aufgrund sprachlicher Probleme – nicht hinreichend verstanden wird. Zum anderen könnte auch die fehlende Erfahrung mit Rechtsgesprächen, die an bestimmte Voraussetzungen gebunden sind, der effektiven Wahrnehmung einer solchen Möglichkeit entgegenstehen. Eine bereits im Ermittlungsverfahren stets vorgeschriebene Pflichtverteidigung, die unter Umständen auf die Erledigung im Wege des Strafbefehlsverfahrens hinwirken soll, wäre allerdings nicht praktikabel. Ebenfalls käme die Regelung einer beim Strafbefehlsverfahren stets erforderlichen Pflichtverteidigung in einem solchen Falle zu spät, da es gerade um ein Aktivwerden noch im Ermittlungsverfahren geht. Letztlich wird man dieses Problem nicht gänzlich lösen können.

d) Die Risiken

Absprachen, die unkontrolliert und außerhalb der Augen der Öffentlichkeit getroffen werden[2238], bergen Risiken, die nicht zuletzt zu Fehlentscheidungen führen können.[2239] Bedenken gegen die Absprachepraxis kommen beispielsweise deshalb auf, weil die Gefahr besteht, dass die Strafhöhe zu niedrig bemessen wird, um Einsprüche zu vermeiden und sich so Arbeit zu ersparen.[2240]

2237 Antwort ursprünglich auf Frage 15.

2238 Die Studie von *Altenhain/Hagemeier/Haimerl/Stammen*, Absprachen in Wirtschaftsstrafverfahren, S. 218 ff. zeigte, dass Verständigungsgespräche meistens nicht innerhalb, sondern vor oder außerhalb der Hauptverhandlung geführt werden.

2239 *Hamm*, in: Dencker/Hamm, Der Vergleich im Strafprozeß, S. 124 ff.

2240 KMR/*Metzger* Vor § 407 Rn. 28; LR/*Gössel* Vor § 407 Rn. 26; Graf StPO/*Temming* § 407 Rn. 4.

Dieses Problem stellt sich beim Strafbefehlsverfahren zwar nicht nur spezifisch im Zusammenhang mit Absprachen, allerdings kann hier ein Zugeständnis bei der Strafhöhe eine verbesserte Verhandlungsposition der Staatsanwaltschaft bedeuten.

Es besteht in diesem Zusammenhang auch die Gefahr, dass der Strafrahmen des § 407 Abs. 2 StPO, der die Anwendbarkeit des Strafbefehlsverfahrens auf weniger schwere Fälle begrenzt, umgangen wird, indem die höchstmögliche Geldstrafe beantragt wird, obwohl diese eigentlich nicht ausreichend ist.[2241] Dasselbe gilt auch für die Aussetzung einer Freiheitsstrafe von bis zu einem Jahr zur Bewährung, nur damit sie noch strafbefehlsfähig ist.[2242]

Dieses Missbrauchspotential ergibt sich aus dem Beurteilungsspielraum, den das Gesetz der Staatsanwaltschaft bei der Entscheidung über die Erforderlichkeit der Hauptverhandlung einräumt; im Rahmen von Absprachen zwischen Verteidigung und Staatsanwaltschaft besteht damit grundsätzlich die Gefahr, dass das Strafbefehlsverfahren trotz komplexer Aktenlage, also in ungeeigneten Fällen und daher missbräuchlich angewandt wird.[2243]

Zulässig ist es hingegen grundsätzlich, wenn die Beantragung eines Strafbefehls von einem Geständnis abhängig gemacht wird, ohne dass Druck aufgebaut wird, um den Beschuldigten zu einem solchen Geständnis zu zwingen[2244]; dies soll sich aus § 408 Abs. 2 StPO ergeben, wonach der Richter eine Hauptverhandlung anzuberaumen hat, wenn er Bedenken gegen den Erlass eines Strafbefehls hegt[2245]. Den Beschuldigten beziehungsweise seinen Verteidiger hingegen vor die Wahl zu stellen, entweder auf einen Einspruch zu verzichten oder eine höhere Anzahl an Tagessätzen zu dulden und etwa ein Hauptverfahren über sich ergehen lassen müssen, wenn kein Geständnis abgelegt wird, um ihn gezielt zu einem bestimmten Verhalten zu drängen, ist nicht zulässig.[2246] Dass

---

2241 *Schmidt-Hieber,* NJW 1982, 1017, 1020; *Keller/Schmid,* wistra 1984, 201, 208; *Rönnau,* Die Absprache im Strafprozeß, S. 134 f.

2242 Vgl. BGH NJW 1981, 692, 693; vgl. *Mösl,* DRiZ 1979, 165, 166 f.; vgl. *Schmidt-Hieber,* NJW 1982, 1017, 1020.

2243 *Sauer/Münkel,* Absprachen im Strafprozess, Rn. 178; vgl. die Aussage eines befragten Richters bei *Böhme,* Das strafgerichtliche Fehlurteil, S. 217 f.

2244 Vgl. OLG Stuttgart StV 2007, 232, 234; *Rönnau,* Die Absprache im Strafprozeß, S. 189 weist darauf hin, dass ein großer Druck auf dem Beschuldigten lasten könne und hält in den meisten Absprachefällen einen Verstoß gegen § 136a Abs. 1 Satz 3 Var. 1 StPO für unvermeidbar, S. 193.

2245 *Schmidt-Hieber,* NJW 1982, 1017, 1020.

2246 *Keller/Schmid,* wistra 1984, 201, 208; bzgl. der Sanktionsschere ergab die Studie von *Altenhain/Hagemeier/Haimerl/Stammen,* Absprachen in

der Beschuldigte nicht durch Täuschung oder ein gesetzeswidriges Versprechen zu einem Geständnis gedrängt werden darf, ergibt sich auch schon aus dem Verbot des § 136a StPO.[2247] Zwar kann ein Geständnis auch in die Strafzumessungserwägungen einfließen und sich auf diese Weise strafmildernd auswirken[2248], abgesehen davon ist die Gewährung eines Strafrabatts allerdings nicht zulässig[2249].

Ein Risiko für den Beschuldigten[2250] ergibt sich zudem aus der bereits erwähnten fehlenden Bindungswirkung von Absprachen außerhalb des § 257c StPO: Dadurch kann es dazu kommen, dass der Beschuldigten mit einem

---

Wirtschaftsstrafverfahren, S. 180 ff., dass 66,9 % der Befragten schon erlebten, dass das Gericht neben der möglichen Strafe bei Kooperation eine Alternativstrafe für den Fall einer streitigen Hauptverhandlung nannte, 27,9 % hielten dieses Vorgehen sogar für typisch; vgl. ähnlich die Studie von *Altenhain/Dietmeier/May*, Absprachen in Strafverfahren, S. 123 f., 132 ff., bei der über 55 % der Verteidiger angaben, erlebt zu haben, dass der Angeklagte nach der Nennung einer Sanktionsschere ein falsches Geständnis ablegte.

2247 Gercke u.a. StPO/*Brauer* § 407 Rn. 4; *Burkhard*, Der Strafbefehl im Steuerstrafrecht, S. 179 ff.; *Rönnau*, Die Absprache im Strafprozeß, S. 193 meint, dass die meisten Absprachen zwangsläufig gegen § 136a StPO verstießen; hiergegen *Burkhard*, Der Strafbefehl im Steuerstrafrecht, S. 181, der die Ursache der Drucksituation in der Anklage und nicht der Absprache sieht.

2248 Grund für die strafmildernde Wirkung des Geständnisses sei das Verhalten des Täters nach Tat, Sch/Sch/*Kinzig* StGB § 46 Rn. 41, 41b; *Keller/Schmid*, wistra 1984, 201, 208; *Hutzler*, Ausgleich struktureller Garantiedefizite, Rn. 521 f.; *Schmidt-Hieber*, in: FS Wassermann, 995, 997 f. spricht von den „Auswirkungen der Tat"; *Rönnau*, Die Absprache im Strafprozeß, S. 82: Zentral bei der Absprachendiskussion sei die Frage, ob ein Geständnis auch mildernd berücksichtigt werden darf, wenn es nicht auf Reue, sondern auf Zweckmäßigkeitserwägung beruht; dies bejahend BGH NJW 1998, 86, 89; *Schmidt-Hieber*, NJW 1982, 1017, 1021; *Schmidt-Hieber*, Verständigung, Rn. 169 ff.; dag. *Schünemann*, Gutachten B zum 58. DJT, S. 110 ff.; *Rönnau*, Die Absprache im Strafprozeß, S. 102: Ein Geständnis sei aber nur ausnahmsweise strafzumessungsrelevant; für eine strafmildernde Berücksichtigung auch eines aus prozesstaktischen Gründen abgelegten Geständnisses *Siolek*, Verständigung, S. 184, 186, auch die Umfrage deutete auf eine entsprechende praktische Handhabung, S. 41.

2249 Vgl. *Schmidt-Hieber*, NJW 1982, 1017, 1020 f.; dennoch werde regelmäßig ein Strafnachlass von einem Viertel bis einem Drittel im Gegenzug für ein Geständnis gewährt, *Altenhain/Hagemeier/Haimerl/Stammen*, Absprachen in Wirtschaftsstrafverfahren, S. 161 f., sowie einer Strafe zugestimmt, die für zu niedrig gehalten wurde, S. 164 f., 339 f.

2250 *Bussmann/Lüdemann*, Klassenjustiz oder Verfahrensökonomie?, S. 93.

Geständnis in Vorleistung tritt, die Staatsanwaltschaft entgegen ihrem Zugeständnis den Strafbefehl aber dennoch nicht beantragt – in diesem Fall kann der Beschuldigte sein Geständnis nicht mehr ungeschehen machen, aber das Verwertungsverbot des § 257c Abs. 4 Satz 3 StPO ist nicht entsprechend anwendbar.[2251]

Mit Blick auf die Verfahrensgrundsätze wird vertreten, dass Absprachen im Zusammenhang mit Strafbefehlen grundsätzlich keinen Verstoß gegen diese darstellen.[2252] Es wird angeführt, dass, da es sich beim Strafbefehlsverfahren um ein schriftliches Verfahren handele, eine solche Absprache keine weitere Durchbrechung des Legalitätsprinzips darstelle und auch nicht gegen den Grundsatz der Unmittelbarkeit verstoße.[2253] Zudem liege auch kein Verstoß gegen den Öffentlichkeitsgrundsatz vor, da das Strafbefehlsverfahren nicht öffentlich sei.[2254] Der Amtsermittlungsgrundsatz sei unberührt, da dieser für das Strafbefehlsverfahren nicht gelte, weil ein Strafbefehl bereits bei hinreichendem Tatverdacht erlassen werden könne und die Amtsaufklärungspflicht keine Wahrheitserforschung um jeden Preis verlange.[2255] Jedenfalls seien selbst dann, wenn die Beantragung eines Strafbefehls im konkreten Fall erwartet werde, die Ermittlungen ordnungsgemäß durchzuführen; zudem müssen sie einen hinreichenden Tatverdacht ergeben.[2256]

Im Ergebnis ist dem im Wesentlichen zuzustimmen. Das Legalitätsprinzip ist insofern gewahrt, als die Staatsanwaltschaft jedenfalls Ermittlungen eingeleitet und bis zur Absprache durchgeführt hat und das Einschreiten der Strafverfolgungsbehörden an sich nicht Gegenstand einer solchen Absprache ist. Bezüglich der Grundsätze der Öffentlichkeit und Unmittelbarkeit liegt in Hinsicht auf das Strafbefehlsverfahren nur deshalb kein Verstoß vor, weil durch einen Einspruch gegen den Strafbefehl eine diese Grundsätze wahrende Hauptverhandlung erzwungen werden kann. Anders als beim rechtlichen Gehör kann die Einspruchsmöglichkeit hier als ausreichend erachtet werden,

---

2251 Vgl. BT-Drs. 16/12310, S. 21; KMR/*Metzger* Vor § 407 Rn. 30; Graf StPO/*Temming* § 407 Rn. 5.

2252 Siehe zu Absprachen und Verfahrensgrundsätzen unter 1 c).

2253 *Burkhard*, Der Strafbefehl im Steuerstrafrecht, S. 189.

2254 *Burkhard*, Der Strafbefehl im Steuerstrafrecht, S. 192.

2255 BGH NJW 1983, 1570, 1571; NJW 1960, 1580, 1582 (keine Wahrheitserforschung um jeden Preis); *Burkhard*, Der Strafbefehl im Steuerstrafrecht, S. 190 f.; Verständigungen im rechtsstaatlichen Verfahren seien ein Mittelweg zwischen Amtsermittlungsgrundsatz und der Verfahrensökonomie, *Wilke*, DStR 2018, 108.

2256 *Hutzler*, Ausgleich struktureller Garantiedefizite, Rn. 190.

weil diese Grundsätze die Hauptverhandlung betreffen und das Risiko einer fehlerhaften Entscheidung vor Strafbefehlserlass nicht auf eine der fehlenden Anhörung vergleichbaren Weise erhöht ist.

Im Zusammenhang mit Absprachen ist ein Verstoß gegen den Öffentlichkeitsgrundsatz einzelfallabhängig zu prüfen und kann nicht grundsätzlich angenommen werden. Ausschlaggebend ist dabei, ob das Stattfinden und der Inhalt einer Absprache transparent dargelegt werden. Ein Verstoß gegen den Unmittelbarkeitsgrundsatz ist dann zu erwägen, wenn im Rahmen eines Hauptverfahrens das Geständnis außerhalb der Hauptverhandlung[2257] und insbesondere nicht gegenüber dem entscheidenden Richter abgelegt wurde. Dass der Amtsermittlungsgrundsatz gänzlich unberührt sei, lässt sich schwerlich sagen, wenn infolge der Absprache auf weitere Ermittlungen verzichtet wird, allerdings kann ein Geständnis im Rahmen der Ermittlungen durchaus ein ausschlaggebendes Beweismittel sein, sodass weitere Ermittlungen bei seiner Richtigkeit, die stets zu prüfen ist, tatsächlich nicht mehr erforderlich sind.

Generell besteht bei Absprachen aber insbesondere die Gefahr, dass auf die weitere Aufklärung des Sachverhalts durch die Staatsanwaltschaft verzichtet wird, wenn seitens der Verteidigung ein (Teil-)Geständnis und ein Einspruchsverzicht in Aussicht gestellt werden. Die Erledigung durch Strafbefehl sollte grundsätzlich aufgrund einer umfassenden Ermittlung des Sachverhaltes und der Umstände, die die Schuld- oder Straffrage betreffen, erfolgen. Ein blindes Vertrauen auf die Richtigkeit der Angaben des Beschuldigten begünstigt die Zugrundelegung eines nicht korrekten oder unvollständigen Sachverhalts und eine darauf basierende Fehlentscheidung. Die Überprüfung der Glaubhaftigkeit des Geständnisses ist daher von großer Bedeutung, um eine angemessene Entscheidung treffen zu können.[2258]

e) Erörterungen

Das Strafbefehlsverfahren eignet sich aufgrund seiner konsensualen Elemente im Übrigen nicht nur für Absprachen, sondern auch für Erörterungen des

---

2257 Vgl. *Gerlach*, Absprachen, S. 82.

2258 *Beneke*, Das falsche Geständnis, S. 109 f.; *Weßlau*, ZStW 116 (2004), 150, 169 zufolge sei ein Geständnis auch Voraussetzung für eine Absprache; vgl. *Böhme*, Das strafgerichtliche Fehlurteil, S. 215: Ein befragter Richter sehe eine abstrakt hohe Fehlurteilsgefahr insb. bei der ungeprüften Hinnahme schlanker Geständnisse durch die Gerichte; vgl. *Siolek*, Verständigung, S. 73; *Schmidt-Hieber*, Verständigung, Rn. 178 hält eine Überprüfung nur bei konkreten Anhaltspunkten für erforderlich.

Verfahrensstandes.[2259] Gegenstand solcher Erörterungen kann beispielsweise die Abwägung zwischen Strafbefehlsantrag und Klageerhebung durch die Staatsanwaltschaft nach § 160b StPO[2260] sein; ebenfalls können auch Erörterungen seitens des Richters vor seiner Entscheidung über den Strafbefehlsantrag nach § 202a StPO, aber auch nach § 212 StPO zur Vorbereitung der Hauptverhandlung nach der Entscheidung im Sinne von § 408 Abs. 3 StPO vorgenommen werden.[2261] Erörterungen sind auch noch während der Hauptverhandlung nach § 257b StPO etwa in Hinblick auf einen Strafbefehl nach § 408a StPO möglich; durch eine Pflichtverteidigerbestellung nach § 408b StPO können Erörterungen (und Absprachen) zudem begünstigt werden.[2262]

Die praktische Bedeutung der Erörterungsvorschriften wird allerdings bezweifelt, da es selbstverständlich sei, dass die Verfahrensbeteiligten während des Verfahrens miteinander reden und Rechtsgespräche führen dürfen[2263] und es auf der Hand liege, dass man solche Gespräche führe, sofern sie zur Förderung des Verfahrens geeignet seien.[2264] Dennoch wird vorgebracht, dass die Vorschriften durch die Pflicht, die Gespräche aktenkundig zu machen, einem transparenten Verhandlungsstil dienen[2265], sodass in keinem Verfahrensstadium ein rechtsfreier Raum entstehen könne[2266]; und auch wenn sich keine Bindungswirkung[2267] entfalte, bleibe der Inhalt der Erörterung wegen des fair trial Grundsatzes nicht völlig folgenlos.[2268]

2259 MüKoStPO/*Eckstein* § 407 Rn. 28; *Keller/Schmid*, wistra 1984, 201, 208.

2260 Meyer-Goßner/Schmitt/*Köhler* § 160b Rn. 6; KMR/*Metzger* Vor § 407 Rn. 30; *Altenhain/Jahn/Kinzig*, Die Praxis der Verständigung im Strafprozess, S. 212 Fn. 34 halten es für diskutabel, ob der Strafbefehl Gegenstand einer Verständigung nach § 160b StPO sein könne.

2261 MüKoStPO/*Eckstein* § 407 Rn. 28.

2262 MüKoStPO/*Eckstein* § 407 Rn. 28.

2263 BGH NStZ 2019, 684, 685; vgl. BeckOK StPO/*Eschelbach* § 257b Rn. 2.3; KK-StPO/*Wenske* § 257b Rn. 2.

2264 *Sauer/Münkel*, Absprachen im Strafprozess, Rn. 93 spricht in dem Zusammenhang von einem rein deklaratorischen Charakter der Vorschrift

2265 BGH NStZ 2019, 684, 685; BeckOK StPO/*Eschelbach* § 257b Rn. 1.

2266 Es wird gelegentlich interessant, wenn keine Absprache zustande kommt und man darüber streitet, ob über eine solche verhandelt wurde. Entscheidend ist im Prinzip die Protokollierung der Gespräche. In der Konsequenz müsste dies dazu führen, dass sämtliche Gespräche zwischen Verteidigung und StA zu Protokoll genommen werden.

2267 MüKoStPO/*Jahn* § 160b Rn. 31 (zu § 160b StPO).

2268 *Sauer/Münkel*, Absprachen im Strafprozess, Rn. 102, 176; vgl. Meyer-Goßner/Schmitt/*Köhler* § 160b Rn. 11.

3. Absprachen speziell in Wirtschaftsstrafverfahren

a) Allgemein

Insbesondere Wirtschaftsstrafverfahren sind für Absprachen besonders prädestiniert.[2269] Das liegt vor allem an der komplexen Rechtsmaterie und ihrem enormen Umfang. Das Einsparungspotential von Kosten und Arbeitsaufwand ist hier überdurchschnittlich hoch. Zum Beispiel sind Sachverständigengutachten insbesondere in großen Wirtschaftsstrafverfahren extrem kostenintensiv, ihr Erkenntniswert im Vergleich dazu aber regelmäßig gering.[2270] Auch die Belastung durch eine öffentliche Hauptverhandlung und verurteilende Medienberichte sind gerade im Bereich der Wirtschaftskriminalität nicht zu unterschätzen, weshalb auf Verteidigerseite ein besonderes Interesse daran besteht, diese zu vermeiden.[2271] In diesem Zusammenhang wird beispielhaft angeführt, dass eine Person, die sich während einer Unternehmenskrise erstmalig strafbar gemacht hat, um die Existenzgrundlage für ihre Familie und die der Angestellten zu retten und der der Eintritt des strafrechtlichen Erfolgs höchst unwillkommen ist, regelmäßig besonders an einer einvernehmlichen Lösung interessiert und insbesondere auch dazu bereit ist, an der Aufklärung des Falles mitzuwirken[2272], wodurch sich eine Absprache über Verfahrensverlauf und -ausgang anbietet. Zudem zeitigen die meisten Wirtschaftsstraftaten hohe Schäden, sodass regelmäßig ein Täter-Opfer-Ausgleich zugunsten der geschädigten Personen, des Unternehmens oder der staatlichen Institutionen,

---

2269 *Schmidt-Hieber*, Verständigung, Rn. 212; *Rönnau*, Die Absprache im Strafprozeß, S. 38 berichtet von einer erhöhten Absprachebereitschaft bei Wirtschafts-, aber auch Betäubungsmittelstrafsachen sowie Verkehrssachen und Bagatellen; vgl. *Schünemann*, NJW 1989, 1895, 1896; *Hassemer/Hippler*, StV 1986, 360, 361; *Nestler-Tremel*, DRiZ 1988, 288, 289 bezeichnet Wirtschafts- und Betäubungsmittelverfahren als Vorreiter der informellen Absprachen.

2270 *Nestler*, JA 2012, 88, 89; *Kühne*, Strafprozessrecht Rn. 281.

2271 Die Studie von *Altenhain/Hagemeier/Haimerl/Stammen*, Absprachen in Wirtschaftsstrafverfahren, S. 66 f. zeigte, dass 74 % der Verteidiger durch eine Absprache die Reduzierung des Medieninteresses erreichen wollten, 12,2 % gaben dies sogar als Hauptgrund für Absprachen an; vgl. Momsen/Grützner WirtschaftsStrafR-HdB/Moldenhauer Kap. 3 § 11 Rn. 50.

2272 *Schmidt-Hieber*, Verständigung, Rn. 213 f. mit dem Hinweis, dass es aber keinen bestimmten Typus von Wirtschaftskriminellen gebe; vgl. auch *Meinberg*, Geringfügigkeitseinstellungen von Wirtschaftsstrafsachen, S. 60, wonach die Schuld i.S.d. §§ 153, 153a StPO gering sein könne, wenn der Täter bspw. aus einer Not- oder Zwangslage heraus agiere.

der sich auch günstig auf die Strafzumessung auswirkt, in Betracht gezogen und zum Gegenstand einer Verständigung gemacht werden kann[2273]. In dem Zusammenhang wird angeführt, dass sich gerade die typischerweise finanzstarken Wirtschaftsstraftäter auch „informelle" Wiedergutmachungen leisten können[2274].

Daher wird es gerade in Wirtschaftsstrafverfahren zu verstärkten Kontakten zwischen Strafverteidiger und Staatsanwaltschaft kommen.[2275] Diese stellen den Ausgangspunkt für die anzunehmende Privilegierung der Täter bezüglich des Treffens von Absprachen in diesem Bereich dar. Je nach Sachverhalt, Wirtschaftsstrafkammer und Staatsanwalt ist die Aufgeschlossenheit gegenüber einer Verständigung unterschiedlich groß.[2276]

Es gibt Schätzungen, dass früher in 30–40 %[2277] – heute in weitaus mehr – aller Strafbefehlsverfahren, insbesondere den Wirtschaftsstrafverfahren und bei der Betäubungsmittelkriminalität, zumindest versucht wird, eine Absprache zu treffen.[2278]

In diesem Zusammenhang wurde von 2004–2006 (vor Einführung des § 257c StPO) auch eine empirische Studie von Altenhain/Hagemeier/Haimerl/Stammen durchgeführt, in der die Praxis der Absprachen in Verfahren vor den Wirtschaftsstrafkammern untersucht wurde.[2279] Dazu wurden zuständige Richter, Staatsanwälte und Verteidiger zu ihren Erfahrungen interviewt.

Die Studie zeigte, dass Absprachen in Wirtschaftsstrafverfahren von 81 % der befragten Juristen als unverzichtbares Instrument zur Verfahrensbewältigung erachtet werden.[2280] Lediglich 0,5 % der Richter, Staatsanwälte und

---

2273 *Schmidt-Hieber*, Verständigung, Rn. 223; vgl. auch die Befragung (2005/6) von je 13 Richtern, StA und Verteidigern in den LG-Bezirken München I und II von *Schöch*, Urteilsabsprachen in der Strafrechtspraxis, S. 128, 139: Mögliche Leistung des Angeklagten im Rahmen von Absprachen sei auch ein Täter-Opfer-Ausgleich bzw. eine Schadenswiedergutmachung (n =15).

2274 *Bussmann/Lüdemann*, Klassenjustiz oder Verfahrensökonomie?, S. 156 f.

2275 *Keller/Schmid*, wistra 1984, 201, 207; *Bussmann/Lüdemann*, Klassenjustiz oder Verfahrensökonomie?, S. 3, 55 f., 80 ff.

2276 Momsen/Grützner WirtschaftsStrafR-HdB/*Moldenhauer* Kap. 3 § 11 Rn. 6.

2277 *Dahs*, NStZ 1988, 153.

2278 *Weßlau*, ZStW 116 (2004), 150, 165; *Landau/Bünger*, ZRP 2005, 268, 269.

2279 Erfasst wurden dabei sämtliche Wirtschaftsstrafkammern in NRW, *Altenhain/Hagemeier/Haimerl/Stammen*, Absprachen in Wirtschaftsstrafverfahren, S. 36; die Ergebnisse sind auch dargestellt bei *Altenhain/Hagemeier/Haimerl*, NStZ 2007, 71 ff.

2280 *Altenhain/Hagemeier/Haimerl/Stammen*, Absprachen in Wirtschaftsstrafverfahren, S. 75 f., 331.

Verteidiger gaben an, noch nie an einer solchen Absprache beteiligt gewesen zu sein; 2004 wurden mit 57,4 % in über der Hälfte der Wirtschaftsstrafverfahren eine Absprache getroffen.[2281]

Als Gründe für das Treffen von Absprachen wurde von 51,6 % der Richter die Arbeitsentlastung beziehungsweise die Vermeidung einer Überlastung genannt, wobei lediglich 3,2 % diesen Aspekt als Hauptgrund für Absprachen angaben. Der überwiegenden Anzahl zufolge wäre dies vielmehr die Ermöglichung einer schnelleren Verfahrenserledigung. Als weitere Gründe für die richterliche Beteiligung an Absprachen wurden vor allem die Abkürzung der Beweisaufnahme (96,8 %), aber auch eine größere Akzeptanz des Urteils (64,5 %), eine unklare Beweislage (48,4 %), die Verringerung der psychischen Belastung des Angeklagten (29 %), in der Person des Angeklagten liegende Gründe wie seine Lebensumstände (38,7 %), die drohende Verhandlungsunfähigkeit des Angeklagten (35,5 %) und hohe Verfahrenskosten (41,9 %) genannt. Als Hauptgründe hierbei wurden die Abkürzung der Beweisaufnahme (48,4 %) und die Beschleunigung des Verfahrens (19,4 %) genannt.[2282]

Die von der Staatsanwaltschaft genannten Gründe waren die Arbeitsentlastung beziehungsweise die Vermeidung einer Überlastung (45,5 %), wobei dies bei nur 18,6 % der Befragten den Hauptgrund für eine Absprache darstellte. 97,7 % der befragten Staatsanwälte gaben die Abkürzung der Beweisaufnahme an, 65,9 % eine unklare Beweislage, 45,5 % die größere Akzeptanz des Urteils, 43,2 % die hohen Verfahrenskosten, 29,5 % eine drohende Verjährung und 38,6 % das Vorliegen einer schwierigen Rechtsfrage. Die von der Staatsanwaltschaft genannten Hauptgründe für Absprachen waren – wie bei den Richtern auch – die Abkürzung der Beweisaufnahme (60,5 %) und die Beschleunigung des Verfahrens (20,9 %).[2283]

2281 *Altenhain/Hagemeier/Haimerl/Stammen*, Absprachen in Wirtschaftsstrafverfahren, S. 53 f.

2282 *Altenhain/Hagemeier/Haimerl/Stammen*, Absprachen in Wirtschaftsstrafverfahren, S. 60 ff.; die Studie von *Altenhain/Dietmeier/May*, Absprachen in Strafverfahren, S. 47 ergab, dass die wichtigsten Gründe für die Richter hier der Zeugen-/Opferschutz waren, gefolgt von der unklaren Beweislage/einer drohenden langwierigen Beweisaufnahme sowie der Arbeitsüberlastung/-entlastung; *Rönnau*, Die Absprache im Strafprozeß, S. 42 ff. nennt als Gründe für Absprachen aus Justizsicht Arbeitsentlastung/Prozessökonomie, darunter den Missbrauch von Verfahrensrechten durch übermäßige Beweisanträgen und Beweisschwierigkeiten, insb. in Wirtschaftsstrafsachen, sowie die Verhinderung von Revisionen.

2283 *Altenhain/Hagemeier/Haimerl/Stammen*, Absprachen in Wirtschaftsstrafverfahren, S. 63 ff.; nach der Studie von *Altenhain/Dietmeier/May*, Absprachen in Strafverfahren, S. 49 waren für die StA die wichtigsten Gründe insb. der

Für die Strafverteidiger hingegen gab es teilweise andere Gründe für eine Absprache: 94 % gaben die Verringerung der psychischen Belastung des Angeklagten an, 88 % das Anstreben des besten Verfahrensergebnisses für den Angeklagten, ebenso viele die Verringerungen finanzieller Einbußen durch die Anwesenheit des Angeklagten in der Hauptverhandlung, 74 % eine unklare Beweislage, ebenso viele die Reduzierung des Medieninteresses, ebenfalls 74 % Gründe, die in der Person des Angeklagten lagen (seine Lebensumstände) und 70 % die Abkürzung der Beweisaufnahme. 58 % gaben das Vorliegen einer schwierigen Rechtsfrage an, 32 % die größere Akzeptanz des Urteils. Die von den Verteidigern genannten Hauptgründe dabei waren das für den Angeklagten beste Verfahrensergebnis (73,5 %), die Verringerung der psychischen Belastung des Angeklagten (30,6 %), ein berechenbares Ergebnis (22,4 %) und die Verringerung finanzieller Einbußen durch Anwesenheit des Angeklagten in der Hauptverhandlung (20,4 %).[2284]

Die Studie zeigte zudem, dass diese Absprachen meistens vor oder außerhalb der Hauptverhandlung geführt werden.[2285]

Daran beteiligt gewesen wären regelmäßig nur der Verteidiger, das Gericht und/oder die Staatsanwaltschaft, nicht hingegen der Angeklagte; als Grund hierfür wurde unter anderem der Umstand angegeben, dass dessen Anwesenheit

---

Zeugen-/Opferschutz, danach die unklare Beweislage/eine drohende langwierige Beweisaufnahme, eine besonders gut geeignete Deliktsgruppe, z.B. BtM-Delikte oder Wirtschaftsstrafsachen, danach die Arbeitsüberlastung/-entlastung.

2284 *Altenhain/Hagemeier/Haimerl/Stammen*, Absprachen in Wirtschaftsstrafverfahren, S. 66 f.; nach der Studie von *Altenhain/Dietmeier/May*, Absprachen in Strafverfahren, S. 50 waren für die Verteidiger die wichtigsten Gründe insb. das Erzielen eines besseren Verfahrensergebnis für den Angeklagten, danach die Verringerung seiner psychischen Belastung, die unklare Beweislage/eine drohende langwierige Beweisaufnahme und eine besonders gut geeignete Deliktsgruppe, z.B. BtM-Delikte oder Wirtschaftsstrafsachen; als Gründe aus Beschuldigtensicht nannte *Rönnau*, Die Absprache im Strafprozeß, S. 52 ff., den Abbau psychischer Belastung, einen unsicheren Ausgang des Verfahrens sowie eine niedrigere Strafe und als Gründe für den Verteidiger Zeitersparnis bei gleichbleibender Honorierung, insb. in Wirtschafts- und Steuerstrafverfahren und die Möglichkeit, dadurch noch andere Mandanten betreuen zu können, S. 55 f.

2285 *Altenhain/Hagemeier/Haimerl/Stammen*, Absprachen in Wirtschaftsstrafverfahren, S. 218 ff.: Nur 6,3 % der Befragten gaben an, dass die Verständigungsgespräche typischerweise innerhalb der Hauptverhandlung, also vollständig in öffentlicher Sitzung, stattfänden; auch die Studie von *Altenhain/Dietmeier/May*,

das Gesprächsklima beeinträchtigte.[2286] Genannt wurden auch die fehlenden juristischen Kenntnisse des Angeklagten.[2287]

Im Rahmen von Absprachen in Wirtschaftsstrafverfahren würde dem Angeklagten im Gegenzug zu einem Geständnis regelmäßig ein Strafrabatt in Aussicht gestellt, der nach Angabe der überwiegenden Anzahl der befragten Richter meistens zwischen einem Viertel und einem Drittel unterhalb der schuldangemessenen Strafe läge.[2288] Die später im Urteil tatsächlich festgesetzte Strafe entspräche in der Regel der Obergrenze, die bei der Absprache in Aussicht gestellt worden wäre oder läge knapp darunter.[2289] Solche Schuldspruchabsprachen wären regelmäßig Gegenstand einer Verständigung – knapp die Hälfte der Befragten gab an, bereits selbst Erfahrungen mit einer derartigen Absprache gemacht zu haben[2290], mehr als vier von fünf der Befragten in entsprechenden Gesprächen zumindest schon einmal den Versuch eines „Feilschens" über das Strafmaß erlebt zu haben[2291]. Dabei gaben sogar insgesamt 41,3 % der Richter und Staatsanwälte – 19,4 % der befragten Richter und 56,8 % der befragten Staatsanwälte – an, schon einmal einer von ihnen für zu niedrig gehaltenen Strafhöhe zugestimmt zu haben.[2292] 57,4 % der Befragten zufolge

---

Absprachen in Strafverfahren, S. 62 ff. ergab, dass ein nicht unerheblicher Teil der Absprachen nicht innerhalb der Hauptverhandlung stattfindet.

2286 *Altenhain/Hagemeier/Haimerl/Stammen*, Absprachen in Wirtschaftsstrafverfahren, S. 83 ff., 87 ff., 91 ff.; *Rönnau*, Die Absprache im Strafprozeß, S. 34 f.

2287 *Altenhain/Hagemeier/Haimerl/Stammen*, Absprachen in Wirtschaftsstrafverfahren, S. 91; *Altenhain/Dietmeier/May*, Absprachen in Strafverfahren, S. 73; vgl. *Rönnau*, Die Absprache im Strafprozeß, S. 34 f.

2288 *Altenhain/Hagemeier/Haimerl/Stammen*, Absprachen in Wirtschaftsstrafverfahren, S. 161 f.; so auch *Altenhain/Dietmeier/May*, Absprachen in Strafverfahren, S. 116.

2289 *Altenhain/Hagemeier/Haimerl/Stammen*, Absprachen in Wirtschaftsstrafverfahren, S. 176.

2290 *Altenhain/Hagemeier/Haimerl/Stammen*, Absprachen in Wirtschaftsstrafverfahren, S. 129 f.

2291 *Altenhain/Hagemeier/Haimerl/Stammen*, Absprachen in Wirtschaftsstrafverfahren, S. 166 f.; vgl. auch *Altenhain/Dietmeier/May*, Absprachen in Strafverfahren, S. 109 f.: 70,5 % der Richter erlebten den Versuch anderer Verfahrensbeteiligter, um die Strafhöhe zu feilschen.

2292 *Altenhain/Hagemeier/Haimerl/Stammen*, Absprachen in Wirtschaftsstrafverfahren, S. 164 f.; vgl. dazu auch *Altenhain/Dietmeier/May*, Absprachen in Strafverfahren, S. 111 ff.

wäre es auch schon vorgekommen, dass ein eigentlich als besonders schwer eingestufter Fall nur noch nach dem Normalstrafrahmen bemessen wurde.[2293]

Dies spricht für die angenommene Privilegierung der Täter in diesem Bereich, denen durch das Treffen und das Aushandeln von Absprachen häufig eine Strafmilderung zuteilwird.

Das Geständnis spielt als Gegenstand von Absprachen eine wichtige Rolle.[2294] Doch obwohl es sowohl in der Schuld- als auch in der Straffrage berücksichtigt wird, findet eine Überprüfung nicht in jedem Falle statt: Dennoch gaben um die 90 % der Befragten an, dass ein Geständnis bei ihnen schon einmal überprüft worden wäre und von diesen 90 % wiederum 31,5 %, dass eine solche Überprüfung immer erfolgte. 68,5 % hingegen gaben an, dass ein im Rahmen einer Absprache abgelegtes Geständnis ihren Erfahrungen nach auch schon einmal nicht überprüft würde. Dies wäre aber nicht die Regel: 70,2 % der Befragten sagten aus, dass das Gericht typischerweise das im Rahmen einer Absprache abgegebene Geständnis überprüfte.[2295]

2293 *Altenhain/Hagemeier/Haimerl/Stammen*, Absprachen in Wirtschaftsstrafverfahren, S. 132: Es gab allerdings große Unterschiede zwischen den Berufsgruppen (Richter 48,4 %, StA 28,6 %, Verteidigern 87,8 %); auch die Studie von *Altenhain/Dietmeier/May*, Absprachen in Strafverfahren, S. 86 ff. ergab, dass 13,9 %, der Richter, 13,2 % der StA und 53,9 % der StV erlebten, dass wegen einer Absprache statt des ursprünglichen Vorsatzes nur noch Fahrlässigkeit angenommen wurde, 18,9 % der Richter, 26,2 % der StA und 69 % der StV erlebten, dass eine Qualifikation dann als Grundtatbestand geahndet wurde, 21,8 % der Richter, 23,9 % der StA und 68,9 % StV, dass ein besonders schwerer Fall zum Normalstrafrahmen verschoben und 42,9 % der Richter, 49,2 % der StA und 81,3 % StV, dass von letzterem auf einen minder schweren Fall erkannt wurde.

2294 Siehe auch die Befragung (2005/6) von je 13 Richtern, StA und Verteidigern in den LG-Bezirken München I und II von *Schöch*, Urteilsabsprachen in der Strafrechtspraxis, S. 128, 139: Die häufigste Grundlage einer Absprache sei 31 der 39 Befragten zufolge ein Geständnis.

2295 *Altenhain/Hagemeier/Haimerl/Stammen*, Absprachen in Wirtschaftsstrafverfahren, S. 252 f., wobei die Studie offenließ, ob das Geständnis regelmäßig ohne ausreichende Überprüfung dem Schuldspruch zugrunde gelegt wird; vgl. dazu auch *Altenhain/Dietmeier/May*, Absprachen in Strafverfahren, S. 99 f.; siehe auch die Befragung (2005/6) von je 13 Richtern, StA und Verteidigern in den LG-Bezirken München I und II von *Schöch*, Urteilsabsprachen in der Strafrechtspraxis, S. 128, 152 ff.: 23,1 % der Befragten zufolge werde das Geständnis mit der Aktenlage verglichen, 25,7 % zufolge finde ein Aktenabgleich und eine Beweiserhebung statt, 17,9 % zufolge werde durch einen Vergleich mit den Akten und Nachfragen beim Angeklagten überprüft und 33,3 % zufolge finde keine Überprüfung statt.

Allerdings findet diese Überprüfung regelmäßig nicht durch eine weitere Beweisaufnahme statt: Auf die Frage nach der Art der Überprüfung antworteten 96,7 % der Richter, sämtliche Staatsanwälte und 95,5 % der Verteidiger, dass zu diesem Zweck Rückfragen an den Angeklagten gestellt werden. Die Heranziehung von Urkundsbeweisen (angegeben von 90 % der Richter, 79,5 % der Staatsanwälte und 65,9 % der Verteidiger), die Vernehmung von Zeugen (angegeben von 73,3 % der Richter, 71,8 % der Staatsanwälte und 52,3 % der Verteidiger) und die Vernehmung von Sachverständigen (angegeben von 36,7 % der Richter, 35,9 % der Staatsanwälte und 15,9 % der Verteidiger) wurden erst danach genannt.[2296] Die Vernehmung von Zeugen und Sachverständigen scheint dabei tatsächlich aber keine Rolle zu spielen.[2297]

Der Umfang der Überprüfung eines im Rahmen einer Absprache abgelegten Geständnisses richtet sich nach richterlicher Angabe dabei vor allem nach der Übereinstimmung mit den Akten (79,3 %), der Ausführlichkeit der Schilderung (58,6 %) und der Übereinstimmung mit der bisherigen Beweisaufnahme (51,7 %).[2298]

Als die am häufigsten vorkommenden Gegenstände einer Absprache wurden von den Befragten das Strafmaß (96 %) und das Geständnis (95,2 %) eingestuft.[2299] Aber auch die Reduzierung der Beweisaufnahme wurde von 57,3 % als typisches Gesprächsthema genannt; daneben würde zudem regelmäßig über die Aussetzung einer Freiheitsstrafe zur Bewährung gesprochen.[2300]

2296 *Altenhain/Hagemeier/Haimerl/Stammen*, Absprachen in Wirtschaftsstrafverfahren, S. 254 f., wobei nach Angabe von StA und Richtern häufiger Maßnahmenkombinationen vorkommen.

2297 *Altenhain/Hagemeier/Haimerl/Stammen*, Absprachen in Wirtschaftsstrafverfahren, S. 255.

2298 *Altenhain/Hagemeier/Haimerl/Stammen*, Absprachen in Wirtschaftsstrafverfahren, S. 256 f.; vgl. zu den ersten beiden Punkten auch die Studie von *Altenhain/Dietmeier/May*, Absprachen in Strafverfahren, S. 102; *Böhme*, Das strafgerichtliche Fehlurteil, S. 256: Die Schwierigkeit der Geständniskontrolle lasse vermuten, dass die bisherigen Anforderungen unzureichend seien, um falsche Geständnisse zu identifizieren.

2299 *Altenhain/Hagemeier/Haimerl/Stammen*, Absprachen in Wirtschaftsstrafverfahren, S. 120 ff., 146; so auch die Studie von *Altenhain/Dietmeier/May*, Absprachen in Strafverfahren, S. 77 f.; *Rönnau*, Die Absprache im Strafprozeß, S. 33 bzgl. Rechtsfolgen.

2300 *Altenhain/Hagemeier/Haimerl/Stammen*, Absprachen in Wirtschaftsstrafverfahren, S. 121 f., 123 f.; *Janke*, Verständigung und Absprachen, S. 51; *Rönnau*, Die Absprache im Strafprozeß, S. 33; *Rückel*, NStZ 1987, 297, 302; *Siolek*, DRiZ

Abgesprochen würde sich ebenfalls regelmäßig mit dem Ziel einer Opportunitätseinstellung, etwa nach den §§ 154 oder 154a StPO – wobei diese von 57,3 % der Befragten als regelmäßiger Inhalt angegeben wurden – aber auch nach den §§ 153 oder 153a StPO.[2301] Auch eine Schadenswiedergutmachung würde regelmäßig thematisiert.[2302] Gespräche über einen Rechtsmittelverzicht hingegen kämen nach Angabe der Befragten heutzutage nicht so häufig vor wie in der früheren Praxis; dies führen die Autoren aber vielmehr darauf zurück, dass ein solcher stillschweigend vorausgesetzt werde.[2303] Die Zulässigkeit des Verzichts auf die Einlegung eines Rechtsmittels regelt § 302 StPO. Gemäß § 410 Abs. 1 Satz 2 StPO gilt § 302 Abs. 1 Satz 1, Abs. 2 StPO auch für Strafbefehle. Voraussetzung hierfür ist allerdings zum einen, dass der Strafbefehl bereits ergangen ist[2304]. Ein wirksamer Einspruchsverzicht kann durch eine Absprache im Ermittlungsverfahren oder eine informelle Absprache außerhalb der Hauptverhandlung und unter Missachtung der Vorschrift des § 257c StPO[2305] mithin nicht getroffen werden. Sofern während einer Hauptverhandlung im Rahmen einer Verständigung nach § 257c StPO ein Strafbefehl nach § 408a StPO vereinbart wird, stellt sich die Frage, ob § 302 Abs. 1 Satz 2 StPO einen Verzicht auch in diesem Falle ausschließt. Dies ist umstritten.[2306]

1989, 321, 326; *Tscherwinka*, Absprachen im Strafprozeß, S. 38 f.; vgl. *Baumann*, NStZ 1987, 157, 158; *Schünemann*, NJW 1989, 1895, 1896 f.

2301 *Altenhain/Hagemeier/Haimerl/Stammen*, Absprachen in Wirtschaftsstrafverfahren, S. 125, 144, wobei darüber gesprochen werde, auch andere Taten als die konkret angeklagte einzustellen, S. 126.

2302 *Altenhain/Hagemeier/Haimerl/Stammen*, Absprachen in Wirtschaftsstrafverfahren, S. 139 f.

2303 *Altenhain/Hagemeier/Haimerl/Stammen*, Absprachen in Wirtschaftsstrafverfahren, S. 196 ff., 199 ff.; zur großen Bedeutung des Rechtsmittelverzichts nach einer Absprache siehe auch die Studie von *Altenhain/Dietmeier/May*, Absprachen in Strafverfahren, S. 166 ff.; dass ein Rechtsmittelverzicht weiterhin vorkommt, zeigt auch die Studie von *Altenhain/Jahn/Kinzig*, Die Praxis der Verständigung im Strafprozess, S. 42 f., 228 f., 441 f.

2304 MüKoStPO/*Eckstein* § 410 Rn. 17; BeckOK StPO/*Cirener* § 302 Rn. 17.

2305 BGH NStZ 2014, 113; BeckOK StPO/*Cirener* § 302 Rn. 25; *Jahn/Müller*, NJW 2009, 2625, 2630.

2306 Siehe zum Streit MüKoStPO/*Eckstein* § 410 Rn. 20 ff. m.w.N.: Gegen die Geltung des § 302 Abs. 1 Satz 2 StPO spreche die fehlende Verweisung in § 410 Abs. 1 Satz 2 StPO – eine Geltung des Verzichtsausschlusses auch im Strafbefehlsverfahren könne auch nicht damit begründet werden, in der fehlenden Verweisung liege eine planwidrige Regelungslücke, sodass eine analoge Anwendung sachgerecht

Bezüglich der Protokollierung von Absprachen antworteten nur insgesamt 20,7 % der Befragten, dass eine solche immer stattfände. 57,9 % gaben an, dass zum Teil und 21,5 %, dass nie protokolliert würde.[2307]

In einer anderen Studie wurden im Zeitraum von 1985 bis 1990 die sechs Wirtschaftsstrafkammern des Landgerichts Hildesheim zu ihrer Absprachepraxis befragt.[2308] Die Umfrage zeigte eine schwankende Bedeutung der Absprachen für deren gerichtliche Erledigungspraxis: Während 1985 noch 52,4 % der Wirtschaftsstrafverfahren mithilfe einer Absprache erledigt worden wären, wären es 1989 sogar 75 % und 1990 immerhin noch 59,1 % gewesen; insgesamt hätte in den befragten Wirtschaftsstrafkammern von 1985-1990 in etwa der Hälfte der erstinstanzlichen Verfahren (49,6 %) eine Absprache stattgefunden.[2309]

Bezüglich des Gegenstands der Absprachen ergab sich aus der Umfrage, dass von den 56 der 113 ausgewerteten Verfahren, in denen eine Absprache stattgefunden hätte, diese in 54 Verfahren die Beschränkung des Prozessstoffs (inklusive der §§ 154 ff. StPO), in 38 Fällen die Beschränkung der Beweisaufnahme, in 54 Verfahren die Einbringung eines Geständnisses, in 33 Fällen das Strafmaß, in 38 Verfahren das Strafmaß im Falle eines Geständnisses und in dreißig Verfahren den Rechtsmittelverzicht betroffen hätte, wobei am häufigsten die Kombination der Beschränkung des Verfahrensstoffs, der Einbringung eines Geständnisses und des Strafmaßes vorgekommen wäre, gefolgt von der Kombination aller hier genannten Gründe beziehungsweise der Kombination aller genannten Gründe ohne das Strafmaß im Falle eines Geständnisses.[2310] In 54 von 56 auf einer Absprache basierenden Wirtschaftsstrafverfahren wäre es zu einer Strafaussetzung zur Bewährung gekommen.[2311]

Als Gründe für das Treffen von Absprachen wurden – ebenso wie in der zuvor dargestellten Studie von Altenhain/Hagemeier/Haimerl/Stammen – von den Richtern insbesondere auch der Umfang und die Schwierigkeit der Beweisaufnahme angegeben; zudem wurden als Gründe die Verfahrensbeschleunigung

---

erscheine: Aufgrund der konsensualen Ausgestaltung des Verfahrens sei auch der Verzicht auf einen Einspruch inbegriffen.

2307 *Altenhain/Hagemeier/Haimerl/Stammen*, Absprachen in Wirtschaftsstrafverfahren, S. 235; vgl. dazu auch *Altenhain/Dietmeier/May*, Absprachen in Strafverfahren, S. 146, 151 ff.

2308 *Siolek*, Verständigung, S. 31 ff.

2309 *Siolek*, Verständigung, S. 33 f., 1986 waren es 31,3 %, 1987 47,1 % und 1988 33,3 %.

2310 *Siolek*, Verständigung, S. 36 f.

2311 *Siolek*, Verständigung, S. 41 f.

sowie der Kosten- und Ermittlungsaufwand genannt – die eigene Arbeitsbelastung wurde von den befragten Richtern in Hildesheim hingegen nicht angegeben[2312].

Die Initiative für entsprechende Gespräche wäre dieser Umfrage zufolge von allen Beteiligten gleichermaßen oft ergriffen worden.[2313] Die Gespräche hätten dabei eher in der Hauptverhandlung stattgefunden oder wären jedenfalls in diese eingeführt worden.[2314]

Alle Kammern gaben weiterhin an, in den vereinbarten Ergebnissen eine vertrauensvolle und regelmäßig verlässliche Grundlage zu sehen, womit sie insoweit zumindest subjektiv von einer faktischen Bindungswirkung der Absprache ausgingen.[2315]

Die Befragung der Berliner und Bremer Strafverteidiger ergab bezüglich der Häufigkeit von Absprachen in Wirtschaftsstrafverfahren ein ähnliches Bild wie die beiden zuvor dargestellten Studien. 29,6 % der befragten Verteidiger gaben an, dass die Aussage, dass Absprachen vor allem in Wirtschaftsstrafsachen angestrebt wurden, „halb zuträfe“. 40,7 % gaben hier an, dass dies „eher“ oder sogar „voll zuträfe“, 29,6 %, dass dies „eher nicht“ oder „nicht“ der Fall wäre. Im Durchschnitt gaben mithin knapp mehr als die Hälfte der befragten Verteidiger an, dass es in Wirtschaftsstrafsachen eher häufiger zu Absprachen käme als in anderen Verfahren. Ein Bremer Verteidiger merkte zudem an, dass ein sehr wohlhabender Beschuldigter anders verteidigt würde: Hier ginge es häufig um Schadensbegrenzung und weniger um die Aufklärung des angeklagten Lebenssachverhalts. Dies könnte sich möglicherweise auch in Form der verstärkten Bestrebung nach Absprachen äußern.

Dass Absprachen vor allem in Wirtschaftsstrafverfahren angestrebt würden, trifft hingegen sechs der Richter zufolge, denen diese Frage ebenfalls

2312 *Siolek*, Verständigung, S. 39 f., 60 ff.

2313 *Siolek*, Verständigung, S. 34 f., lediglich eine Kammer schrieb die Ergreifung der Initiative hauptsächlich der Verteidigung zu; die Aktenanalyse von *Meinberg*, Geringfügigkeitseinstellungen von Wirtschaftsstrafsachen, S. 187 f. ergab hingegen, dass Einstellungsanregungen häufiger von der StA ausgingen – sofern sie vom Beschuldigten ausgingen, war dieser in über 80 % dieser Fälle verteidigt, bei der Befragung der Staatsanwälte gaben aus der Wirtschaftsabteilung die meisten an, dass die Initiative für Einstellungen nach § 153a StPO überwiegend von den Verteidigern ausginge, dicht gefolgt von der StA, S. 218.

2314 *Siolek*, Verständigung, S. 35 f., 155, wobei die Antworten hier nicht einheitlich waren.

2315 *Siolek*, Verständigung, S. 38, 169, 173 f.

gestellt wurde, „nicht zu" (35,3 % der auf diese Fragen antwortenden Richter), drei Richtern zufolge „eher nicht zu", drei zufolge „halb zu" (jeweils 17,6 %) und fünf Richtern zufolge „eher zu" (29,4 %). Bei diesen Ergebnissen ist – wie bereits festgestellt – allerdings zu beachten, dass viele Wirtschaftsstrafverfahren nicht in die Zuständigkeit der Amtsgerichte fallen. Zudem sind in Berlin auch nur wenige Abteilungen für Wirtschaftsstrafverfahren zuständig, worauf im Rahmen der Befragung der Richter ein Strafrichter hinwies. Dies erklärt auch die geringe Anzahl an Antworten, die von nur 42,5 % der insgesamt befragten Richter abgegeben wurden. Insgesamt ist die Aussagekraft bezüglich dieser Frage sehr gering.

In den Experteninterviews mit den Berliner Staatsanwälten wurde zwar ebenfalls nicht explizit angegeben, dass Absprachen in diesem Bereich sehr häufig vorkämen (Frage 32). B3 vermutete in diesem Zusammenhang jedoch, dass die Neigung, Absprachen zu treffen, umso höher wäre, je schwieriger sich die Sach- und Rechtslage gestaltete. B2 gab an, dass Absprachen weniger im Ermittlungsverfahren vorkämen; es käme in Bezug auf das Strafbefehlsverfahren auch häufiger zu Einspruchsrücknahmen oder Beschränkungen auf die Rechtsfolgen, aber weniger durch Absprachen als durch eine klare Positionierung des Gerichts gegenüber den in Wirtschaftsstrafsachen häufig verteidigten Angeklagten. Der in einer Wirtschaftsabteilung tätige B1 berichtete von der Existenz von Absprachen, aber insbesondere auch von der Gerichtspraxis, bei größeren Sachen Gütetermine zu vereinbaren, in denen noch keine Zeugen geladen würden, sondern man schaute, worum es ginge, und sich gegebenenfalls bereits einigte. Das hätte Vorteile für die Beschuldigten, weil jedenfalls die Zeugenkosten noch nicht anfielen. Bezüglich Absprachen gäbe es insbesondere im Bereich der Wirtschaft – sofern ein Verteidiger vorhanden wäre – Möglichkeiten, vorher zu klären, ob ein Strafbefehl rechtskräftig würde; da würde schon öfter um einen Strafbefehl verhandelt, wobei der Richter nicht außen vor gelassen werden dürfte. Wenn man mit dem Verteidiger verhandelte, gäbe es quasi eine spezielle Anhörung zum Strafbefehlsverfahren.[2316] Auch käme es vor, dass man sich dahingehend einigte, teilweise nach § 154 StPO einzustellen und für den Rest einen Strafbefehl zu erwirken. B5 berichtete von der Möglichkeit, mit dem Verteidiger die Möglichkeiten des Verfahrensausgangs zu erörtern und auch über die Möglichkeit eines Strafbefehlsantrags zu sprechen, von der auch gerade in komplizierteren Verfahren häufig Gebrauch gemacht würde. Das wäre aber nicht die Regel.

2316 Antwort auf Frage 5.

Neben der heute normierten formellen Verständigung nach § 257c StPO sind auch die informellen rechtswidrigen Absprachen im Bereich des Wirtschaftsstrafrechts Teil der Praxis, die für alle Beteiligten und auch für die betroffenen Unternehmen allerdings erhebliche Risiken bergen[2317], zu denen insbesondere die aufgrund der fehlenden Bindungswirkung[2318] bestehende Möglichkeit eines abweichenden Verhaltens seitens der Staatsanwaltschaft oder des Gerichts gehört. Zudem besteht die Gefahr des Verzichts auf eine weitere Aufklärung des Sachverhalts und einer darauf basierenden fehlerhaften Entscheidung. Damit einher geht die Gefahr einer zu niedrig bemessenen Strafe sowie die Gefahr der Umgehung der Begrenzung des Strafbefehlsverfahren auf geringfügige Fälle.

Dies betrifft aber nicht nur die Absprachen, die darauf abzielen, das Ermittlungsverfahren mit dem Antrag auf Erlass eines Strafbefehls abzuschließen. Auch Einstellungen nach §§ 153, 153a StPO oder Verfolgungsbeschränkungen nach §§ 154, 154a StPO aus Opportunitätsgründen können Gegenstand einer solchen (risikoreichen) Verständigung sein.[2319]

b) Im Zusammenhang mit Strafbefehlen

In den obigen Darstellungen haben sich bereits die Umstände dafür gezeigt, dass die Vorteile des Strafbefehlsverfahrens gerade in Hinblick auf die Besonderheiten des Wirtschaftsstrafverfahrens besonders attraktiv sind.

Durch die Möglichkeit, ein Geständnis strafmildernd zu berücksichtigen[2320], wird ein – wenn auch nicht strafbefehlsspezifischer – Anreiz geschaffen. Zudem bedürfen die für derartige Verfahren typischen umfangreichen Beweismittel im Falle der Erledigung durch Strafbefehl infolge eines Geständnisses keiner aufwändigen Erhebung, deren Ausgang fraglich ist[2321], mehr, und dem Beschuldigten wird eine – unter Umständen medienwirksame und damit besonders rufschädigende – öffentliche Hauptverhandlung erspart. Daher ist es nicht überraschend, dass es sich insbesondere in diesem Bereich etabliert

---

2317 Momsen/Grützner WirtschaftsStrafR-HdB/*Moldenhauer* Kap. 3 § 11 Rn. 61.

2318 BGH NStZ 2011, 107, 108.

2319 Momsen/Grützner WirtschaftsStrafR-HdB/*Moldenhauer* Kap. 3 § 11 Rn. 76; *Rönnau*, Die Absprache im Strafprozeß, S. 32 berichtet von Einstellungen nach den §§ 154, 154a StPO, wobei hierbei in der Praxis nicht selten das Vorliegen ihrer Voraussetzungen angenommen würde, um ein Geständnis zu honorieren; vgl. auch *Deal*, StV 1982, 545 f.

2320 Gercke u.a. StPO/*Brauer* § 407 Rn. 4.

2321 *Hüls*, Polizeiliche und staatsanwaltschaftliche Ermittlungstätigkeit, S. 150; KMR/*Metzger* Vor § 407 Rn. 13; SK-StPO/*Weßlau/Degener* Vor § 407 ff. Rn. 8.

hat, Absprachen zu treffen, die bezwecken, das Verfahren durch Strafbefehl abzuschließen[2322]. Dies gilt sowohl für Strafbefehle nach § 407 StPO, als auch für solche, die nach Eröffnung des Hauptverfahrens gemäß § 408a StPO[2323] erlassen werden.

Diese Absprachen können sowohl die Frage betreffen, ob ein Strafbefehlsantrag gestellt wird, als auch die Frage nach seinem Inhalt.[2324] Dabei gelten allerdings auch heute schon gewisse Grenzen, die eingehalten werden müssen.[2325]

Gerade in den umfangreichen, komplexen Verfahren der Wirtschaftskriminalität besteht die Gefahr, dass Umstände übersehen werden, die bisher noch nicht Gegenstand der Ermittlungen waren und auf die der Beschuldigte dann erlaubterweise in seinem Geständnis auch nicht hinweist. Dies wird insbesondere problematisch in Hinblick auf die Tatsache, dass die festgesetzte Strafe am Ende schuldangemessen sein muss[2326]. Die bereits angesprochene Gefahr, dass der Strafrahmen des § 407 Abs. 2 StPO, der die Anwendbarkeit des Strafbefehlsverfahrens auf weniger schwere Fälle begrenzt, umgangen wird, indem die höchstmögliche Geld- oder auch Freiheitsstrafe beantragt wird, obwohl diese eigentlich nicht ausreichend ist[2327], ist an dieser Stelle damit besonders hoch.

Einige Risiken von Absprachen im Zusammenhang mit Strafbefehlen wurden bereits aufgezeigt.[2328] Speziell bei abgesprochenen Strafbefehlen in Wirtschaftsstrafverfahren stellen sich diese Probleme allerdings in besonderer Weise. Viele Fälle der Wirtschaftskriminalität sind gerade nicht einfach gelagert und damit nicht für das Strafbefehlsverfahren geeignet.[2329] Eine Absprache mit dem Ziel, den Sachverhalt[2330] derart festzustellen, dass er vermeintlich

---

2322 *Preuß*, ZJS 2017, 176; *Rückel*, NStZ 1987, 297, 300; BeckOK StPO/*Temming* § 407 Rn. 5; *Deiters*, ZStW 130 (2018), 491, 507; Gercke u.a. StPO/*Brauer* § 407 Rn. 4; vgl. *Meyer*, DStR 2005, 1477 f.; *Hutzler*, Ausgleich struktureller Garantiedefizite, Rn. 94.

2323 Ohne entsprechenden Konsens sei die Anwendung von § 408a StPO unzweckmäßig, vgl. KMR/*Metzger* § 408a Rn. 3, 24.

2324 Gercke u.a. StPO/*Brauer* § 407 Rn. 4.

2325 Siehe unter 2. b).

2326 BVerfG NJW 1987, 2662, 2663; BGH NJW 2013, 1058, 1060; NJW 2005, 1440, 1441; NJW 2004, 2536, 2537; NJW 1998, 86; Gercke u.a. StPO/*Brauer* § 407 Rn. 4.

2327 *Schmidt-Hieber*, NJW 1982, 1017, 1020; vgl. *Keller/Schmid*, wistra 1984, 201, 208.

2328 Siehe unter 2. d).

2329 Vgl. *Hüls*, Polizeiliche und staatsanwaltschaftliche Ermittlungstätigkeit, S. 150.

2330 *Deiters*, ZStW 130 (2018), 491, 507.

einfach gelagert ist, um einen Strafbefehl zu beantragen, ist nicht zulässig.[2331] Eine wirksame (öffentliche) Kontrolle gegen die missbräuchliche Anwendung des Strafbefehlsverfahrens gibt es aber auch in diesem Zusammenhang nicht.[2332]

aa) Privilegierung von Wirtschaftsstraftätern

Dadurch besteht auch die Gefahr, dass eine Ungleichbehandlung dadurch entsteht, dass das Strafbefehlsverfahren gerade in den aufwändigen Wirtschaftsstrafverfahren bevorzugt wird und auf diese Weise die oftmals gut situierten Wirtschaftsstraftäter durch die diskrete Erledigung verstärkt privilegiert werden.[2333]

In diesem Zusammenhang führten Bussmann/Lüdemann eine Studie durch, in der sie justizielle Erledigungsstrategien in Wirtschaftsstrafverfahren und allgemeinen Strafverfahren miteinander verglichen, um insbesondere festzustellen, ob es eine unterschiedliche Behandlung von statushohen und statusniedrigen Straftätern gibt.[2334] Dazu befragten sie in ihrer 1993 abgeschlossenen Studie insgesamt 99 Strafrichter, Strafverteidiger, Staatsanwälte und Kriminalpolizisten aus dem allgemeinen Bereich sowie insgesamt 156 Strafrichter, Strafverteidiger, Staatsanwälte, Kriminalpolizisten sowie die Steuerfahndung und Strafsachen- und Bußgeldstellen aus dem Bereich des Wirtschaftsstrafrechts und kamen dabei zu dem Ergebnis, dass eine Privilegierung gut situierter Wirtschaftsstraftäter und damit eine Ungleichbehandlung bestünde.[2335]

2331 SK-StPO/*Weßlau/Degener* Vor § 407 ff. Rn. 8; vgl. *Hüls*, Polizeiliche und staatsanwaltschaftliche Ermittlungstätigkeit, S. 150.

2332 SK-StPO/*Weßlau/Degener* Vor § 407 ff. Rn. 8; *Hüls*, Polizeiliche und staatsanwaltschaftliche Ermittlungstätigkeit, S. 150.

2333 *Elobied*, Die Entwicklung des Strafbefehlsverfahrens, S. 215; vgl. *Weßlau*, ZStW 116 (2004), 150, 157 mit Hinweis auf die im Folgenden dargestellte Studie von *Bussmann/Lüdemann*, Klassenjustiz oder Verfahrensökonomie?, S. 124.

2334 *Bussmann/Lüdemann*, Klassenjustiz oder Verfahrensökonomie?, S. 2, der Vergleich bezog sich dabei auf miteinander vergleichbare Vermögensdelikte, S. 46; vgl. in diesem Zusammenhang auch die vorherigen Studien von *Lüdemann/Bussmann*, KrimJ 1989, 54; siehe auch *Bussmann*, Die Entdeckung der Informalität, S. 27 ff., 79 ff.

2335 *Bussmann/Lüdemann*, Klassenjustiz oder Verfahrensökonomie?, S. 14, 215 f.; auch eine andere empirische Erhebung über Geringfügigkeitseinstellungen von Wirtschaftsstrafsachen zeigt, dass der soziale Status des Beschuldigten Auswirkungen auf die Einstellungspraxis haben kann, *Meinberg*, Geringfügigkeitseinstellungen von Wirtschaftsstrafsachen, S. 134 f., 223 f; siehe auch *Kaiser/Meinberg*, NStZ 1984, 343, 345 f.

Die Gründe hierfür wären mit der bestehenden Absprachepraxis entstanden: Die Studie ergab, dass sich die Beteiligten in Wirtschaftsstrafverfahren häufiger absprächen als in allgemeinen Strafsachen; dies wäre geradezu ein typisches Merkmal für die Verfahrenserledigung im Bereich der Wirtschaftskriminalität.[2336] Zurückzuführen wäre dies unter anderem auf den deutlich engeren Kontakt zwischen Strafverfolgungsbehörden und Verteidigung, was auch damit zusammenhinge, dass die Verfahren hier komplexer wären und damit eine größere Einflussnahmemöglichkeit für die Verteidigung bestünde[2337], wobei die Initiative für eine derartige Kommunikation in allen Verfahrensstadien vor allem von der Verteidigung ausginge.[2338] Dass die Initiative für auf einen Strafbefehl gerichtete Absprachen im Ermittlungsverfahren häufiger von den Strafverteidigern als von der Staatsanwaltschaft ausginge, bestätigte auch die Befragung der Berliner und Bremer Verteidiger. 57,8 % der Verteidiger gaben an, dass die Initiative „manchmal", 23,4 %, dass sie „sehr häufig" bis „häufig" von den Strafverteidigern ausginge und 74,6 % hingegen, dass sie nur „manchmal" bis „selten" von der Staatsanwaltschaft ausginge – nur 4,8 % der Verteidiger gaben hier „sehr häufig" bis „häufig" an. Auch die befragten Berliner Staatsanwälte gaben im Rahmen der Experteninterviews bei der Frage, ob sich eine Absprache in Bezug auf einen Strafbefehl oft anböte (Frage 14), an, dass dies zwar eher seltener vorkäme, die Initiative dann in der Regel aber von der Verteidigung ausginge (B1, B2, B4, B6 schätzte grob 5 % der Fälle). Auch B5 gab bei Frage 32[2339] an, dass die Initiative häufiger von der Verteidigung ausginge, wobei er nicht ausschloss, dass auch die Staatsanwaltschaft den Vorschlag machte.

Diese Einflussnahmemöglichkeit führe Bussmann/Lüdemann zufolge auch dazu, dass in Wirtschaftsstrafsachen zwischen der Justiz und der Verteidigung ein geringeres Machtgefälle herrsche[2340], was die Absprachepraxis ebenfalls fördere.[2341] Genauso spiele hierbei aber auch das regelmäßig herrschende bessere

2336 *Bussmann/Lüdemann*, Klassenjustiz oder Verfahrensökonomie?, S. 3, 45, 54, 127.

2337 Vgl. *Meinecke*, Prominentenstrafrecht, S. 170 f.: Die Verteidigung habe häufig umfangreichere Sachverhaltskenntnisse als die Behörden.

2338 *Bussmann/Lüdemann*, Klassenjustiz oder Verfahrensökonomie?, S. 3, 55 f., 80 ff., 83 ff.

2339 Antwort ursprünglich auf Frage 15.

2340 *Meinberg*, Geringfügigkeitseinstellungen von Wirtschaftsstrafsachen, S. 185.

2341 *Bussmann/Lüdemann*, Klassenjustiz oder Verfahrensökonomie?, S. 3, 59 berichten, dass sich Wirtschaftsstaatsanwälte ggü. Wirtschaftsstrafverteidigern grds. unterlegen fühlten, zudem hätten Wirtschaftsstrafverteidiger einen größeren Einfluss, S. 98, 112, so auch S. 182 f., 155.

Verfahrensklima eine Rolle.[2342] Zudem sei das Verfahrensziel bei den Wirtschaftsstrafsachen weniger die vollständige Aufklärung des Sachverhalts als die ökonomische und die rationelle Verfahrensbearbeitung.[2343]

Aufgrund dieser Tatsachen und des Umstands, dass eine erhöhte Absprachewahrscheinlichkeit gegeben sei, wenn der Täter ein hohes soziales Ansehen genieße, eine gute Bildung erfahren habe, über eine hohe Sprach- und Argumentationskompetenz verfüge, bestimmte Einstellungsmuster habe und einen gehobeneren Lebensstil führe, was bei Wirtschaftsstraftätern regelmäßig der Fall sei, sei mithin zu vermuten, dass Wirtschaftsstrafverfahren häufiger konsensual als kompetitiv durchgeführt werden und damit auch eine schichtspezifische Erledigung bestehe.[2344] Die erhöhte Absprachepraxis in diesem Bereich sei überraschenderweise aber nicht, wie zu vermuten gewesen sei, primär auf den Zeitdruck zurückzuführen.[2345] In diesem Bereich spiele gerade auch der Schutz des Mandanten vor öffentlichem Aufsehen, das seiner Bonität schade, eine besondere Rolle; in diesem Zusammenhang berichteten Verteidiger von Mandanten, die dazu bereit gewesen wären, jede Summe zu zahlen, um einem derartigen Aufsehen zu entgehen.[2346] Auch im Rahmen der Befragung der Berliner und Bremer Verteidiger gab ein Verteidiger an, dass sehr wohlhabende Mandanten insofern anders verteidigt würden, als es bei ihnen insbesondere auf die Schadensbegrenzung und weniger auf die Ermittlung des wahren Sachverhaltes ankäme.[2347] Zudem verfügte ein Wirtschaftsstraftäter neben seinem sozialen Sonderstatus regelmäßig auch über Ressourcen und Handlungskompetenzen, die er in das Kommunikationssystem Strafprozess einbringen könnte[2348]; insbesondere könnte er sich auch gute Verteidiger leisten[2349], welche die einzigen Personen wären, mit denen die Staatsanwaltschaft und die Richter

2342 *Bussmann/Lüdemann*, Klassenjustiz oder Verfahrensökonomie?, S. 3, 68, 157, 170, 182.

2343 *Bussmann/Lüdemann*, Klassenjustiz oder Verfahrensökonomie?, S. 60, 112.

2344 *Bussmann/Lüdemann*, Klassenjustiz oder Verfahrensökonomie?, S. 3, 151 ff., 158, 174.

2345 *Bussmann/Lüdemann*, Klassenjustiz oder Verfahrensökonomie?, S. 6, 166, 182.

2346 *Bussmann/Lüdemann*, Klassenjustiz oder Verfahrensökonomie?, S. 74, 168, 181, 183 f.

2347 Der Umkehrschluss, dass dies bei nicht reichen Mandanten nicht der Fall sein soll, passt allerdings nicht.

2348 *Bussmann/Lüdemann*, Klassenjustiz oder Verfahrensökonomie?, S. 112, 153, 178; vgl. *Meinecke*, Prominentenstrafrecht, S. 170.

2349 *Bussmann/Lüdemann*, Klassenjustiz oder Verfahrensökonomie?, S. 184 f.

aufgrund der vorhandenen erforderlichen Kompetenz bereit wären, Absprachen zu treffen[2350].

Bussmann/Lüdemann berichten über die Beobachtung, dass die Abspracheintensität in jeder Verfahrensstufe im Wirtschaftsstrafrecht höher als im allgemeinen Strafrecht sei und zudem steige, je näher das Hauptverfahren rücke.[2351] Im Ermittlungsverfahren liege dies daran, dass die Verteidigung hier ein Interesse daran habe, im Rahmen einer Absprache etwa bei der Aufklärung leichterer Delikte zu helfen, damit die schwereren durch eine strategische Lenkung der Ermittlungsarbeit nicht entdeckt werden.[2352]

Die Annahme, dass Wirtschaftsstraftäter regelmäßig eine Privilegierung durch Absprachen erfahren, wird durch diese Studie mithin belegt.[2353] Diese Privilegierung bezieht sich dabei zum einen auf das Zustandekommen der Absprache selbst, zum anderen auf den Inhalt, da die Staatsanwaltschaft angesichts des Ermittlungsaufwands in diesem Bereich dazu bereit ist, vermehrt Zugeständnisse zu machen.[2354]

Auch im Rahmen der Befragung der Berliner und Bremer Verteidiger antworteten auf die Frage danach, ob die Verfahren gegen sehr wohlhabende oder auch prominente Wirtschaftsstraftäter häufiger als Verfahren gegen andere Täter im Wege des Strafbefehlsverfahrens erledigt würden, sechs der Verteidiger mit „nichtzutreffend", sechs mit „eher nichtzutreffend", 21 mit „halb zutreffend", 15 mit „eher zutreffend" vier und mit „voll zutreffend". Insgesamt 36,5 % der antwortenden Verteidiger gaben mithin ein „eher zutreffend" beziehungsweise ein „voll zutreffend" an, 40,4 % ein „halb zutreffend", 23 % ein „eher nichtzutreffend" oder ein „nichtzutreffend", sodass eine leicht verstärkte Erledigung solcher Verfahren durch Strafbefehl auch hiernach insgesamt anzunehmen ist.

Von den befragten Richtern des Amtsgerichts Tiergarten gaben neun an, dass dies „nicht zuträfe", einer, dass dies „eher nicht zuträfe", drei, dass dies „halb zuträfe", drei, dass dies „eher zuträfe" und ein Richter, dass dies „voll

2350 *Bussmann/Lüdemann*, Klassenjustiz oder Verfahrensökonomie?, S. 78.
2351 *Bussmann/Lüdemann*, Klassenjustiz oder Verfahrensökonomie?, S. 32 ff.
2352 *Bussmann/Lüdemann*, Klassenjustiz oder Verfahrensökonomie?, S. 34; so auch die Aussage eines befragten Richters bei *Böhme*, Das strafgerichtliche Fehlurteil, S. 216; dazu auch *Beneke*, Das falsche Geständnis, S. 60 f.; Wabnitz/Janovsky/Schmitt WirtschaftsStrafR-HdB/*Dannecker/Bülte*, Kap.1, Rn. 46.
2353 *Bussmann/Lüdemann*, Klassenjustiz oder Verfahrensökonomie?, S. 124.
2354 *Schünemann*, Gutachten B zum 58. DJT, S. 48 f.: Die Machtverteilung spiele sowohl für die Aufnahme von Verhandlungen als auch für das Ergebnis eine Rolle; *Savelsberg*, KrimJ 1987, 193, 204 ff.

zuträfe“, allerdings ist an dieser Stelle (erneut) darauf hinzuweisen, dass die meisten der großen Wirtschaftsstrafsachen vor den Landgerichten erledigt werden und die Richter am Amtsgericht regelmäßig nur Aussagen bezüglich dem weniger schwerwiegenden Teil der Wirtschaftsstrafsachen tätigen können dürften.

Auch den Berliner Staatsanwälten wurde im Rahmen der Experteninterviews die Frage gestellt, ob Verfahren gegen sehr wohlhabende oder auch prominente Wirtschaftsstraftäter häufiger als Verfahren gegen andere Täter im Wege des Strafbefehlsverfahrens erledigt würden und falls ja, warum (Frage 33). B2 verneinte dies, B3 vermutete, ohne selbst in dem Bereich tätig zu sein, eine dahingehende Tendenz. B6 vermutete weniger eine vermehrte Erledigung durch Strafbefehl als durch Einstellungen nach § 153a StPO.[2355] B4 hätte selbst noch kein Verfahren gegen eine gerenell (und nicht nur bezogen auf Wirtschaftsstrafsachen) prominente Person geführt, das mit einem Strafbefehl endete. Er glaubte natürlich, dass kein prominenter Täter gerne von Blitzlichtgewitter begleitet ins Gericht marschierte und dass Verteidiger, die aus verschiedenen Gründen vermutlich immer vorhanden wären, versuchten, ein Strafbefehlsverfahren zu erwirken. Es folgte dann aber keine Sonderbehandlung; wenn der Fall für das Strafbefehlsverfahren geeignet wäre, würde diese Erledigungsart gewählt (so auch B1 und B5). Er als Staatsanwalt würde sich gründlichst überlegen, ob er einen Strafbefehl in einem seiner Meinung nach hierfür ungeeigneten Verfahren beantragte. Prominente besäßen auch eine Vorbildfunktion und es gäbe keinen Grund, anders mit ihnen umzugehen. Auch B1 und B5 gaben an, nicht von einer vermehrten Anwendung des Strafbefehlsverfahrens bei sehr wohlhabenden oder prominenten Wirtschaftsstraftätern auszugehen. Sie schilderten zwar ein in diesen Fällen typisches Interesse daran, das aber nicht stärker sein müsste als in anderen Bereichen. B5 berichtete, dass es neben unterschiedlichen Interessenlagen auf Seiten der Angeklagten auch unterschiedlichen Intellekt und verschiedene Vermögenssituationen gäbe, sodass sich verschieden teure Verteidiger geleistet werden könnten. Ein teurer Verteidiger würde vielleicht so gut bezahlt, dass er jeden Tag herkäme, der Staatsanwaltschaft auf die Nerven ginge und mit ihr im Gespräch bliebe. Und wenn man im Gespräch wäre, wäre man sicher auch eher zu einer Verständigung geneigt. Dass dies aber in einem Strafbefehlsverfahren mündete, würde er nicht sagen; vielmehr fänden solche Sachen auch eher im Hauptverfahren statt. B1 berichtete zudem davon, dass die Beschuldigten im Steuerbereich ganz

2355 Antwort bei Frage 32.

verschieden und darunter sowohl hohe Geistliche als auch Strafrichter wären; auch wären darunter schon prominente Personen gewesen, die auf dem „prominenzabsteigenden Ast" waren und sogar bewusst publik gemacht hätten, dass sie vor Gericht stünden, um noch einmal in die Presse zu kommen. Es gäbe auch die Situation, in der Prominente (Wirtschaftsstraftäter, aber auch prominente Personen generell) eine Hauptverhandlung unbedingt vermeiden wollten, was auch nicht verboten würde, solange es nicht zwingend ausschiede. Dies wäre nach der Rechtsprechung ab einem Hinterziehungsbetrag von einer Million Euro der Fall, da eine Freiheitsstrafe dann nicht mehr zur Bewährung ausgesetzt werden könnte.

Insgesamt scheint es aus Sicht der Staatsanwälte bei sehr wohlhabenden oder auch prominenten Wirtschaftsstraftätern eher keine auffällig häufige Anwendung des Strafbefehlsverfahrens zu geben.

bb) Zuverlässigkeit von Geständnissen

Je aufwändiger die Verfahren sind, umso größer lastet der Druck durch Ermittlungen und die Hauptverhandlung auf den Beschuldigten. Ein empfundener Zwang, ein Geständnis abzulegen, um diesem Druck größtenteils zu entgehen, ist hier besonders naheliegend. Insbesondere dann, wenn die Initiative einer Absprache von der Staatsanwaltschaft ausgeht, ist die Zustimmung des Beschuldigten unter Umständen nicht mehr freiwillig.[2356] Einem Geständnis, durch das sich nicht nur eine Strafmilderung, sondern auch die Wahl der Verfahrensart als Gegenleistung versprochen wird, wird möglicherweise weniger Beweiswert zukommen.[2357] Ergeht die Entscheidung dennoch hauptsächlich auf Grundlage dieses Geständnisses, ist die Gefahr einer Fehlentscheidung besonders hoch.

Die im Rahmen der Experteninterviews befragten Staatsanwälte gaben auf die Frage nach der Zuverlässigkeit von Geständnissen (Frage 18) an, dass Falschgeständnisse – sofern sie überhaupt erlebt wurden – selten wären (B1,

---

2356 *Deiters*, ZStW 130 (2018), 491, 507.

2357 SK-StPO/*Weßlau/Degener* Vor § 407 ff. Rn. 8; *Schünemann*, Gutachten B zum 58. DJT, S. 82; *Drews*, die Königin unter den Beweismitteln, S. 140; dass ein Geständnis kein Wahrheitsgarant sein könne, zeige sich in seiner empirisch gefestigten Rolle als Fehlerquelle im Strafverfahren, *Hutzler*, Ausgleich struktureller Garantiedefizite, Rn. 526; zum Geständnis als Fehlerquelle auch *Peters*, Fehlerquellen im Strafprozeß I, S. 521 ff., II, S. 5 ff.; *Siolek*, Verständigung, S. 73, hält es für denkbar, dass von sich unschuldig fühlenden Angeklagten aufgrund einer Kosten-Nutzen-Analyse prozesstaktische Geständnisse abgelegt werden; vgl. *Siolek*, DRiZ 1989, 321, 328.

B2 berichtete von Fällen, in denen man sich mal nicht sicher sein könnte, ob der Vortrag des Verteidigers exakt zutreffend wäre, wenn der Angeklagte ansetzte, den Sachverhalt abgemildert schildern zu wollen und vom Verteidiger „zurückgepfiffen" würde; B3 und B6 nannten als etwaiges Motiv das „Decken eines Kumpels", B6 schätzte ein Falschgeständnis in einem von 1.000 Fällen), lediglich im Jugendbereich könnte dies häufiger der Fall sein (B1). Suggerierte Geständnisse hätte B1 aber bei Strukturen, wie sie zum Teil in libanesischen Familien bestünden, erlebt, wo es vorkäme, dass zum Beispiel der Sohn für den Vater vorgeschickt würde (ähnlich B4 über türkische Gemeinschaften). B3 und B4 gaben zudem an, dass Geständniswiderrufe, beispielsweise mit der Behauptung, man wäre von der Polizei in die Irre geführt worden, in der Hauptverhandlung sehr selten wären. So etwas käme gegebenenfalls in türkischen Gemeinschaften vor, die zunächst alles intern regelten und später alles widerriefen; gerade im Strafbefehlsverfahren käme dies aber eigentlich nicht vor (B4).

Von den Antworten der Staatsanwälte kann allerdings nicht vorbehaltslos darauf geschlossen werden, dass fehlerhafte Geständnisse nicht häufiger vorkommen, da deren Fehlerhaftigkeit nicht immer entdeckt werden muss. Aussagen lässt sich zumindest, dass es die Tendenz zu geben scheint, dass Geständnisse eher selten falsch und insbesondere selten evident falsch sind.

4. *Zusammenfassung*

Die Ausgestaltung des Strafbefehlsverfahrens führt dazu, dass es durch konsensuale Elemente geprägt[2358] ist. Dadurch, dass alle Verfahrensbeteiligte ein Interesse an den Vorteilen des Verfahrens hegen, liegt es nahe, dass auf eine entsprechende Erledigung hingewirkt wird. Gerade in umfangreichen Verfahren wie im Bereich der Wirtschaftskriminalität erlangt dies eine besondere Bedeutung. So kann das Ablegen eines Geständnisses oder die Erklärung über einen Einspruchsverzicht von der Verteidigung im Gegenzug für die Stellung eines Strafbefehlsantrags und beziehungsweise oder eine Strafmilderung angeboten werden. Letztere kann unter Umständen rechtlich zulässig sein, sofern beispielsweise das Geständnis als Strafzumessungsaspekt mildernd gewertet wird. Ein solches Vorgehen bietet sich insbesondere im Ermittlungsverfahren an, wenn die Staatsanwaltschaft ihre Ermittlungen noch nicht abgeschlossen hat und die Entscheidung über eine Anklage noch nicht gefallen ist. In diesem

2358 *Kemme/Dunkel*, StV 2020, 52, 53; *Fornauf*, KritV 2010, 217, 226; *Prelle*, KritV 2011, 331, 347.

Stadium kann ihr ein Geständnis aufwändigen Ermittlungsaufwand ersparen, während der Beschuldigte davon profitiert, dass die Ermittlungen gegen ihn nicht weitergeführt werden. Gerade bei Geständnissen ist allerdings zu beachten, dass ihnen – obwohl sie dazu geeignet sein können, die Beweislage zu vereinfachen[2359] – möglicherweise kein oder wenig Beweiswert zukommt, wenn sie nur aufgrund einer Absprache abgelegt werden.[2360] Dies erhöht das Risiko für fehlerhafte Strafbefehle.

Aber auch aus Gleichbehandlungsaspekten ist die Absprachepraxis problematisch. Denn wie festgestellt, stellt ein derartiger Umgang mit Absprachen eine Privilegierung von wohlhabenden (Wirtschafts-)Straftätern dar. Beschuldigten, denen weniger aufwändig zu ermittelnde Taten vorgeworfen werden oder die sich keinen Verteidiger leisten können, bleibt es in der Regel von Anfang an verwehrt, durch Gespräche mit der Staatsanwaltschaft derartigen Einfluss auf den Verfahrensablauf und die Strafhöhe zu nehmen.

Absprachen sind auch nach der Einführung des § 257c StPO weiterhin äußerst umstritten, insbesondere aufgrund verfassungsrechtlicher Bedenken. Denn durch die Einigung der Parteien über den Fortgang oder den Ausgang des Verfahrens wird dieses nicht wie vorgesehen durchgeführt, sondern unter Umständen auf eine Weise verkürzt, die wichtige Verfahrensgrundsätze aushebelt. Insbesondere der Schuldgrundsatz und damit eingehergehend die Pflicht zur Erforschung der Wahrheit werden betont, wenn zum Beispiel die Sachverhaltsfeststellungen allein oder überwiegend aufgrund eines Geständnisses des Beschuldigten bestimmt werden, ohne dies tatsächlich nachzuprüfen und darauf aufbauend die Strafzumessung vorgenommen und die Strafe festgesetzt wird.

Dennoch werden Absprachen, die auf eine Erledigung im Wege des Strafbefehlsverfahrens zielen, grundsätzlich für zulässig erachtet. Dabei bergen sie die Gefahr, dass auf die Durchführung einer Hauptverhandlung verzichtet wird, obwohl die Voraussetzungen hierfür eigentlich nicht vorliegen. Gerade in Wirtschaftsstrafverfahren, die regelmäßig komplex gelagert sind, ist diese Gefahr besonders gravierend. Zwar können sich die Voraussetzungen aus dem Geständnis des Beschuldigten ergeben, weil durch seine Schilderungen der Sachverhalt einfach und aufgeklärt erscheint. Allein auf dieser Grundlage in das Strafbefehlsverfahren überzugehen ist allerdings fehlerhaft, wenn das

---

2359 Vgl. *Hutzler*, Ausgleich struktureller Garantiedefizite, Rn. 488, 493.

2360 SK-StPO/*Weßlau/Degener* Vor § 407 ff. Rn. 8; *Drews*, die Königin unter den Beweismitteln, S. 140; vgl. *Hutzler*, Ausgleich struktureller Garantiedefizite, Rn. 97, 526.

Geständnis nicht hinterfragt wird und beispielsweise weitere, noch ungeklärte Fragen offengelassen werden.

Es kann auch dazu kommen, dass auf rechtswidrige Weise beispielsweise der Strafrahmen des § 407 Abs. 2 StPO umgangen wird, weil die Arbeitsersparnis im Einzelfall höher gewichtet wird, als die Erledigung des Verfahrens mit einer aufwändigen Hauptverhandlung – etwa indem die höchstmögliche Strafe beantragt wird, obwohl eine höhere, nicht mehr strafbefehlsfähige Strafe angemessen wäre.

Zwar macht es durchaus Sinn, ähnlich wie im Falle des § 408a StPO, zuvor in Erfahrung zu bringen, ob der Beschuldigte gegen einen Strafbefehl Einspruch einlegen wird.[2361] Denn wenn dies der Fall ist, könnte die Staatsanwaltschaft unter Umständen besser Anklage erheben, da es ohnehin zu einer Hauptverhandlung kommen würde. Dies wäre für den Beschuldigten auch insofern vorteilhafter, als die Regelung des § 411 Abs. 2 Satz 2 i.V.m. § 420 StPO nicht gelten würde und er dadurch in der Lage wäre, effektiver Einfluss auf die Beweiserhebung zu nehmen. Zwar soll die Staatsanwaltschaft gemäß Nr. 175 Abs. 3 Satz 2 RiStBV nicht schon deshalb auf einen Strafbefehlsantrag verzichten, weil ein Einspruch des Angeschuldigten zu erwarten ist. Dennoch ist es durchaus legitim, die Einspruchsbereitschaft des Beschuldigten in Erfahrung zu bringen und dies in die Entscheidung, ob eine Anklage erhoben oder ein Strafbefehlsantrag gestellt werden soll, mit einfließen zu lassen, solange sie nicht das einzige Motiv darstellt.

Bei allen Risiken kann Absprachen ihre beschleunigende Wirkung nicht abgesprochen werden. Sie haben sich in der Praxis etabliert. Vor allem in den aufwändigen Verfahren der Wirtschaftskriminalität ist das praktische Bedürfnis nach derartigen Verfahrensverkürzungen erheblich. Auch aus Realitätsgründen[2362] ist es daher sinnvoller, diese Praxis grundsätzlich zu akzeptieren als sie aus den Strafverfahren gänzlich verbannen zu wollen. Dennoch ist es erforderlich, dass auch für Absprachen außerhalb von § 257c StPO gesetzliche Vorgaben gemacht werden, um einer Missbrauchsgefahr entgegenzuwirken.

Diese Regelungen müssten vor allem darauf gerichtet sein, Absprachen transparent zu gestalten und zu dokumentieren. Es müsste insbesondere klargestellt werden, dass die Wahl der Verfahrensart weder von der Staatsanwaltschaft noch von Beschuldigtenseite zu einem Verhandlungsgegenstand degradiert werden darf. Die Staatsanwaltschaft darf hier keine Drucksituation aufbauen,

---

2361 Vgl. *Keller/Schmid*, wistra 1984, 201, 208.

2362 *Weigend*, NStZ 1999, 57, 63: Die Absprachepraxis sei nicht mehr wegzudenken.

um den Beschuldigten zu einem Geständnis zu zwingen. Ebenso wenig darf ein Geständnis dazu missbraucht werden, einen komplexen Sachverhalt als vermeintlich simpel darzustellen. Weiterhin kann auch hier auf die Voraussetzungen für Absprachen zurückgegriffen werden, die der Bundesgerichtshof schon vor Einführung des § 257c StPO aufstellte[2363] und die teilweise auch in diese Norm aufgenommen wurden. Das bedeutet, dass ein etwaiges Geständnis auf seine Glaubhaftigkeit überprüft werden muss. Insbesondere in der Wirtschaftskriminalität, in der regelmäßig eine komplexe Beweislage besteht, darf nicht darauf verzichtet werden, dennoch in gewissem Umfang Ermittlungen vorzunehmen. Auch ist das Stattfinden der Absprache in den Akten zu dokumentieren (wie es heute auch in § 160b Satz 2 StPO für die Erörterung vorgeschrieben ist). Selbst dort, wo die Vermeidung der Öffentlichkeit besonderen Stellenwert genießt, namentlich bei den Wirtschaftskriminellen, darf auf eine Offenlegung nicht verzichtet werden.

Vor allem muss auch die festgesetzte Strafe am Ende schuldangemessen sein. Dieser Punkt ist, wie bereits angesprochen, gerade in den aufwändigen und komplizierten Wirtschaftsstrafverfahren relevant, da vor allem hier die Gefahr besteht, dass im Rahmen einer Absprache ein Geständnis im Gegenzug zu einem Strafnachlass abgelegt wird, der angesichts des umfangreichen Verfahrens besonders hoch angesetzt wird, um den Täter zu einem Geständnis zu motivieren.[2364] Die Staatsanwaltschaft befindet sich hier regelmäßig in der Situation, vor einer sehr aufwändigen Beweiserhebung zu stehen, sodass auch auf ihrer Seite die Bereitschaft, Zugeständnisse zu machen, um diesen Aufwand zu verringern, groß sein kann. Diese Gefahr könnte durch die soeben angesprochene Transparenzpflicht reduziert werden.

Nach der damaligen Rechtsprechung des Bundesgerichtshofs darf die Staatsanwaltschaft einen Strafbefehlsantrag, aber nicht seinen genauen Inhalt zusagen. Entsprechendes gilt auch für das Gericht, das im Falle seiner Beteiligung zuvor keine verbindliche bestimmte Strafe versprechen darf.

Allerdings wäre es sinnvoll, wenn solche Absprachen eine Bindungswirkung entfalten würden, sofern die Voraussetzungen eingehalten wurden. Eine solche Bindungswirkung ergibt sich, wie bereits festgestellt, in der Regel nicht aus dem Grundsatz des fairen Verfahrens, auch wenn der Beschuldigte auf die Erklärungen vertraut.[2365] Eine generelle Bindungswirkung wäre vor allem aber

2363 BGH NJW 2005, 1440, 1441; 2004, 2536, 2537 f.; 1998, 86.

2364 Vgl. *Fezer*, ZStW 106 (1994), 1, 5.

2365 *Rönnau*, wistra 1998, 49, 51 f.; *Satzger*, JA 1998, 98, 101; *Schünemann*, in: FS Rieß, 525, 538; *Moldenhauer*, Absprachen im Strafverfahren, S. 139 f.; bei richterlicher

deshalb erforderlich, weil ein erlassener Strafbefehl in aller Regel rechtskräftig wird.[2366]

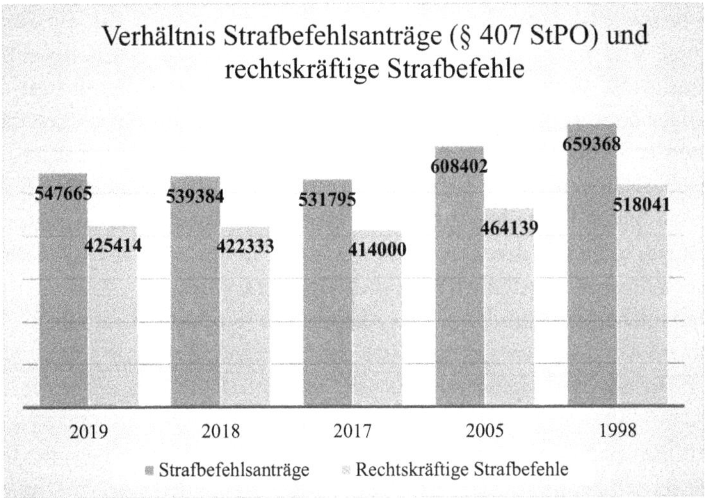

Grafik 9 Verhältnis Strafbefehlsanträge (§ 407 StPO) und rechtskräftige Strafbefehle[2367]
Zu Tabellen 1 und 5, siehe 2. Teil B. IV. jeweils m. N.

Sofern ein Strafbefehl ergeht, der von der getroffenen Absprache zu Lasten des Angeklagten abweicht, kann dies mit einer Endgültigkeit verbunden sein, auch wenn aufgrund der Tatsache, dass Absprachen in der Regel nur mit Verteidigern getroffen werden, davon auszugehen ist, dass durch die vorhandene

---

Beteiligung ergebe sich die Bindungswirkung aber auch aus dem fair trial Grundsatz, sofern keine neuen Umstände vorliegen, § 257c Abs. 4 StPO, Gercke u.a. StPO/*Brauer* § 407 Rn. 4.

2366 SSW-StPO/*Momsen* § 408b Rn. 6; siehe unter 2. Teil B. II. 2. d).

2367 Die Quote der rechtskräftigen Strafbefehle wurde errechnet durch die Anzahl der Strafbefehlsanträge nach § 407 StPO, abzgl. der Verfahren, bei denen statt Strafbefehlserlass nach § 408 Abs. 3 StPO eine Hauptverhandlung anberaumt wurde, ebenso abzgl. der Fälle, in denen Einspruch gegen den von der StA oder des Finanzamts erlassenen Strafbefehl eingelegt wurde und Verfahren, die durch Zurücknahme des Strafbefehlsantrags nach § 411 Abs. 3 StPO erledigt wurden, sowie zzgl. der zurückgenommenen Einsprüche gegen die Strafbefehle von der StA und den Finanzbehörden (Berechnung vgl. *Heinz*, in: FS Müller-Dietz, 271, 303 f.).

Verteidigung die Einspruchsfreudigkeit erhöht ist. Dennoch werden dann vermutlich, wenn der Beschuldigte bereits geständig war, wenige Angriffspunkte im Strafbefehl bestehen.

Die durch eine sowohl für den Beschuldigten als auch für die Staatsanwaltschaft und das Gericht geltende Bindungswirkung geschaffene Sicherheit könnte die Beteiligten und insbesondere den Beschuldigten und dessen Verteidiger dazu motivieren, sich bei einer Absprache an solche gesetzlichen Vorgaben zu halten. Ein derartiger Anreiz wäre vor allem in den Wirtschaftsverfahren, in denen das Bedürfnis nach verfahrensverkürzenden Absprachen auf beiden Seiten besonders groß ist, erforderlich. Regelungen zu Absprachen begünstigen nicht nur den Beschuldigten, sondern fördern in dem Zusammenhang auch, dass Strafbefehle häufig rechtskräftig werden.[2368]

Unter solchen Umständen wären Absprachen durchaus akzeptabel.

Problematisch ist, wie gezeigt, auch der Umstand, dass eine solche Absprache, die für die Beteiligten oftmals sehr vorteilhaft ist, nur einem verteidigten Beschuldigten zugänglich ist. Angesichts der Tatsache, dass nicht in jedem Ermittlungsverfahren grundsätzlich ein Pflichtverteidiger bestellt werden kann und nach derzeitiger Gesetzeslage muss, um die Rechte des Beschuldigten in alle Richtungen, insbesondere auch mit Blick auf vereinfachte Verfahrenserledigungen, zu erschöpfen, kann allerdings lediglich erwogen werden, auch einem nicht verteidigten Beschuldigten diese Möglichkeit zu eröffnen. Die meisten Beschuldigten werden jedoch nicht in der Lage sein, mit der Staatsanwaltschaft ein derartiges Gespräch zu führen, da sie ihre Rechte und Möglichkeiten in der Regel nicht ausreichend kennen.

Das durch die Absprachepraxis geschaffene Risiko für Fehlentscheidungen kann jedenfalls durch die Einführung von entsprechenden Regelungen erheblich reduziert werden. Dennoch bedarf es darüber hinaus auch eines besonnenen Umgangs mit dieser Möglichkeit. Sie darf nicht dazu missbraucht werden, sich unter Aufopferung von Verfahrensgrundsätzen Arbeit zu erleichtern und ein verkürztes Verfahren in grenzwertigen Fällen anzuwenden, für die es eigentlich nicht mehr vorgesehen ist. Dies gilt insbesondere für die größeren Wirtschaftsstrafverfahren. Durch eine zwingend vorgeschriebene transparente Darlegung würde ein verantwortungsbewusster Umgang und eine korrekte Anwendung des Strafbefehlsverfahrens gefördert werden.

2368 SSW-StPO/*Momsen* § 408b Rn. 6 plädiert in diesem Zusammenhang zudem für eine Bindungswirkung.

C. Risiken für Fehlentscheidungen

Die Anwendung des Strafbefehlsverfahrens birgt diverse Risiken für Fehlentscheidungen, insbesondere auch im Zusammenhang mit Absprachen. Durch die häufige Anwendung des Strafbefehls im Wirtschaftsstrafrecht sowie die auch in diesem Bereich herrschende Absprachepraxis werden gerade diese Risiken auch in der Wirtschaftskriminalität problematisch.

I. Realisierung der allgemeinen Risiken des Strafbefehlsverfahrens

Die aufgezeigten allgemeinen Risiken des Strafbefehlsverfahrens und die Gefahr von Fehlentscheidungen, die sie verursachen, realisieren sich in Wirtschaftsstrafverfahren entsprechend ihrer speziellen Charakteristik unter Umständen anders als in anderen Deliktsbereichen. Es stellt sich die Frage, ob beziehungsweise welche dieser Risiken hier besonders hoch sind. Das Strafbefehlsverfahren war grundsätzlich für geringfügige, einfache Sachverhalte gedacht. Dementsprechend könnte es unvertretbar sein, komplexere Wirtschaftsstrafverfahren im Wege des Strafbefehlsverfahrens zu erledigen.

1. Im Zusammenhang mit der Entscheidungsgrundlage

Eine besondere Risikoquelle für Fehlentscheidungen hängt mit dem ermittelten Sachverhalt zusammen. Dieser bildet die Grundlage eines jeden Strafbefehls. Im Ermittlungsverfahren wird die Grundlage eines Verfahrens gelegt; geschehen hier Fehler, ziehen diese sich oftmals durch das gesamte folgende Verfahren.[2369] Gerade in den beweistechnisch oftmals komplizierten und umfangreichen Wirtschaftsstrafverfahren ist die Gefahr der Zugrundelegung eines fehlerhaften und insbesondere unvollständigen Sachverhalts deutlich erhöht. Da im Strafbefehlsverfahren zudem grundsätzlich keine Hauptverhandlung vorgesehen ist, werden die durch die Staatsanwaltschaft (die in großen Wirtschaftsverfahren selbst ermittelt) ermittelten Tatsachen nicht erneut aufgearbeitet.[2370] Aber selbst, wenn Einspruch eingelegt wird, kann die Beweisaufnahme wegen der gemäß § 411 Abs. 2 StPO geltenden Regelung in § 420 StPO unter Umständen unzureichend sein, da der Angeklagte kein förmliches Beweisantragsrecht hat und sich eine eher einseitige Tatsachenermittlung auch

2369 *Dunkel*, Fehlentscheidungen in der Justiz, S. 90.

2370 Auch BVerfG NJW 1984, 604, 605 sieht in der fehlenden Hauptverhandlung eine Quelle für Fehlentscheidungen.

hier fortsetzen kann. Diesem Umstand kann auch eine fachlich spezialisierte Schwerpunktstaatsanwaltschaft nicht entgegenwirken.

Die Staatsanwaltschaft trifft die Entscheidung für oder gegen einen Strafbefehlsantrag unter anderem anhand der Prognose, ob sich die Beweislage in der Hauptverhandlung noch ändern könnte.[2371] Die Entscheidung zugunsten des Strafbefehls impliziert also, dass die Staatsanwaltschaft alle relevanten Beweismittel bereits umfassend auswertete, da sonst in der Hauptverhandlung eine abweichende Entscheidung für möglich gehalten werden müsste. Dies ist bei einer großen Anzahl von Beweismitteln, die in ihrem Umfang regelmäßig nicht überblickt werden können, besonders problematisch. Insbesondere dann, wenn der Bereich der geringfügigen Kriminalität verlassen wird, darf die Prognose zugunsten der Einfachheit des Sachverhaltes nicht leichtfertig gefällt werden. In Wirtschaftsstrafverfahren sind auf einen Strafbefehl gerichtete Absprachen vor allem dort für die Verfahrensbeteiligten interessant, wo durch ein Geständnis viel Ermittlungsaufwand entfällt. Gerade dann, wenn die Grundlage für einen Strafbefehl auf einem Geständnis und gerade nicht auf umfassenden Beweiserhebungen und -auswertungen beruht, ist die Möglichkeit, dass sich im Rahmen einer Beweiserhebung in einer Hauptverhandlung etwas Anderes ergeben könnte, aber umso größer und das Verfahren gerade nicht strafbefehlsgeeignet.

Eine umstrittene Voraussetzung für den Erlass des Strafbefehls, die auch hier für problematisch gehalten wird, ist das Ausreichen eines hinreichenden Tatverdachts; der Richter kann den beantragten Strafbefehl bereits erlassen, wenn das Vorliegen von Schuld weniger wahrscheinlich ist, als es bei einer Überzeugung notwendig wäre.[2372] Im Vergleich zum Normalverfahren ist die Gefahr einer Fehlentscheidung hier vor allem deshalb größer, weil keine weitere Hauptverhandlung samt Beweiserhebung mehr erfolgt, sofern der Angeklagte

---

2371 KK-StPO/*Maur* § 407 Rn. 4; BT-Drs. 10/1313, S. 34.

2372 Sog. Unterwerfungstheorie; BVerwG NJW 1988, 1340; OLG Karlsruhe NJW 1977, 62, 63; BT-Drs. 10/1313, S. 35; Meyer-Goßner/Schmitt/*Schmitt* Vor § 407 Rn. 1; Graf StPO/*Temming* § 407 Rn. 1; *Ranft*, JuS 2000, 633, 636; *Schlüchter*, Das Strafverfahren Rn. 788.5; *Preuß*, ZJS 2017, 176, 178 f.; *Schaal*, in: GS Meyer, 427, 441 ff.; AnwK-StPO/*Böttger* Vor §§ 407 ff. Rn. 2; *Dinter/David*, JA 2012, 281, 282; *Roxin/Schünemann*, Strafverfahrensrecht, § 68 Rn. 7; *Deckers/Kuschnik*, StraFO 2008, 418, 420; *Meyer-Lohkamp*, StraFO 2012, 170, 171; a.A. SK-StPO/*Weßlau/Degener* Vor § 407 ff. Rn. 13 ff.; LR/*Gössel* Vor § 407 Rn. 25; MüKoStPO/*Eckstein* § 407 Rn. 15, § 408 Rn. 14; *Brunner*, Abschlussverfügung der Staatsanwaltschaft, Rn. 195; *Schorn*, Das Strafbefehls- und Strafverfügungsverfahren, S. 25; *Michaelsen*, DRiZ 1952, 133 f.; siehe unter 2. Teil C. I. 1.

keinen Einspruch einlegt. Die Entscheidung ergeht – mangels erneuter Beweiserhebung – damit zum einen auf einer unsichereren Tatsachengrundlage, zum anderen wird nicht gefordert, dass der Richter, dies kompensierend, noch weniger Zweifel haben darf. Gerade bei kompliziert gelagerten Verfahren ist dies umso problematischer, als bereits die Entscheidungsgrundlage des Richters den komplizierten Ermittlungen entsprechend fehleranfälliger ist. Unter Umständen liegt der Sachverhaltsfeststellung auch weitgehend ein wiederum fehleranfälliges Geständnis[2373] zugrunde, ohne dass die Ermittlungen vollständig durchgeführt wurden.

Das Problem der besonders fehleranfälligen Entscheidungsgrundlage stellt sich auch deshalb, weil die begründete Vermutung besteht, dass viele Richter den Strafbefehl – aufgrund der hohen Arbeitsbelastung und der umständlichen Alternativen – ohne eingehende Prüfung antragsgemäß erlassen[2374]. Dieses Problem zieht sich selbst im Falle eines Einspruchs in die folgende Hauptverhandlung, wenn der Richter, bedingt durch den bereits von ihm erlassenen Strafbefehl, voreingenommen ist[2375].

Im Zusammenhang mit den zugrunde gelegten Feststellungen ist die Gefahr für Fehlentscheidungen gerade im Bereich der Wirtschaftsstrafverfahren also besonders hoch. Dies ist zum einen bedingt durch die hohe Fehleranfälligkeit der Entscheidungsgrundlage bei äußerst umfangreichen und komplex gelagerten Verfahren. Diese entsteht etwa durch mangelhafte Ermittlungen, bedingt durch die Fülle an Beweismitteln oder die unüberprüfte Zugrundelegung eines fehlerhaften Geständnisses[2376].

Verstärkt wird die Gefahr rechtskräftig werdender Fehlentscheidungen durch den Umstand, dass Wirtschaftsstraftäter oftmals ein erhebliches

---

2373 SK-StPO/*Weßlau/Degener* Vor § 407 ff. Rn. 8 spricht von einem geringeren Beweiswert beim Zustandekommen i.R.e, Absprache; *Schünemann*, Gutachten B zum 58. DJT, S. 82; dass ein Geständnis kein Wahrheitsgarant sein könne, zeige sich in seiner empirisch gefestigten Rolle als Fehlerquelle im Strafverfahren, *Hutzler*, Ausgleich struktureller Garantiedefizite, Rn. 526; zum Geständnis als Fehlerquelle auch *Peters*, Fehlerquellen im Strafprozeß I, S. 521 ff., II, S. 5 ff.

2374 *Ambos*, Jura 1998, 281, 287, 289; *Eisenberg/Kölbel*, Kriminologie, § 27 Rn. 57; *Hüls*, Polizeiliche und staatsanwaltschaftliche Ermittlungstätigkeit, S. 153 ff.; *Hüls*, KriPoZ 2019, 159, 164; *Kotz*, Die Wahl der Verfahrensart durch den StA, S. 36 f.; vgl. *AE-ASR*, GA 2019, 1, 5 f.; LR/*Gössel* Vor § 407 Rn. 62; siehe dazu unter 2. Teil C. II. 1. a).

2375 Siehe dazu unter 2. Teil C. II. 1. c).

2376 Vgl. *Altenhain/Hagemeier/Haimerl/Stammen*, Absprachen in Wirtschaftsstrafverfahren, S. 252 f.

Interesse daran haben, die durch ein langwieriges Ermittlungsverfahren und eine Hauptverhandlung entstehenden persönlichen sowie wirtschaftlichen Nachteile (gerade auch für das Unternehmen) zu vermeiden. Wird also ein Strafbefehl beantragt und erlassen, ist der Angeklagte stark dazu geneigt, die konkret bestehende Möglichkeit der Umgehung der langwierigen Hauptverhandlung zu nutzen, und zwar selbst dann, wenn der festgestellte Sachverhalt nicht korrekt war.

Gerade bei Strafbefehlen, die ein Verfahren mit einer umfangreichen Beweislage abschließen, wird die Gefahr einer fehlerhaften Entscheidung zudem dadurch erhöht, dass die Staatsanwaltschaft die Prognose über die Nichterforderlichkeit der Hauptverhandlung auf Grundlage einer unzureichenden Auswertung der Beweismittel treffen könnte und dabei verkennt, dass die Hauptverhandlung eigentlich erforderlich und der Fall daher schon nicht strafbefehlsgeeignet ist.[2377]

Die Bereitschaft zur Akzeptanz eines unzutreffenden Sachverhalts[2378] seitens des Angeklagten führt dazu, dass die Entscheidung mangels Einspruchs nicht weiter überprüft wird (obwohl die erneute Beweisaufnahme in der Hauptverhandlung theoretisch auch weniger intensiv ausfallen könnte, §§ 411 Abs. 2 Satz 2, 420 Abs. 4 StPO).

Das Risiko einer Fehlentscheidung ist bei Strafbefehlen im Bereich der Wirtschaftskriminalität mithin erheblich erhöht.

2. *Missbrauchspotential und Absprachen*

Ein besonders großes Risiko ist angesichts der zeit- und arbeitsaufwändigen Ermittlungs- und Hauptverfahren auch das Missbrauchspotential durch die Staatsanwaltschaft. Diese dürfte gerade hier ein besonderes Interesse daran haben, ihre Arbeit zu verringern.[2379] Um die Auswertung einer umfangreichen Beweislage zu umgehen ist ein Geständnis des Beschuldigten oftmals unumgänglich. Daher könnte sie dazu geneigt sein, dem Beschuldigten anzubieten, im Gegenzug zu einer geständigen Aussage einen Strafbefehl zu beantragen.[2380]

2377 Obwohl eigentlich bereits der Umstand, dass die Beweislage kompliziert ist, dazu führen sollte, dass die Staatsanwaltschaft die Beantragung eines Strafbefehls nicht in Betracht zieht.

2378 *Siolek*, Verständigung, S. 73, hält es für denkbar, dass von sich unschuldig fühlenden Angeklagten aufgrund einer Kosten-Nutzen-Analyse prozesstaktische Geständnisse abgelegt werden; vgl. *Siolek*, DRiZ 1989, 321, 328.

2379 Vgl. *Deiters*, ZStW 130 (2018), 491, 507.

2380 Vgl. die Aussage eines befragten Richters bei *Böhme*, Das strafgerichtliche Fehlurteil, S. 244.

Und dies, obwohl sie mangels beendeter Ermittlungen unter Umständen nicht sicher sein kann, ob eine Hauptverhandlung zu einer Verurteilung führen würde[2381].

Gerade in größeren Fällen, bei denen eine Berichterstattung durch die Medien droht, hat der Beschuldigte regelmäßig ein umso größeres Interesse an der Vermeidung einer öffentlichen Hauptverhandlung. Ein Angeklagter, der eine Hauptverhandlung unbedingt vermeiden will, könnte sogar eine unberechtigte Strafe akzeptieren.[2382]

Durch die derart gelagerten Interessen kann es zu einem Ungleichgewicht kommen, wenn die Staatsanwaltschaft den Beschuldigten unter Druck setzt, einen Strafbefehl nur im Gegenzug zu einem Geständnis zu beantragen – da nur sie allein einen solchen Antrag stellen kann, ist sie hier in einer besonders starken Position[2383]. Insofern wirkt es sich auch hier negativ aus, dass der Beschuldigte selbst keine Erledigung im Strafbefehlsverfahren beantragen kann – auch wenn die Verteidigung dies oftmals erfolgreich anregt.

Ebenso kann es aber auch dazu kommen, dass die Verteidigung auf die Staatsanwaltschaft zugeht und – unter Umständen in Erwartung einer zusätzlichen Strafmilderung – ein Geständnis von sich aus anbietet. Dabei ist denkbar, dass die Staatsanwaltschaft sich auf die Beantragung einer zu geringen Strafhöhe einlässt, beispielsweise auch, um ein Verfahren noch durch Strafbefehl abschließen zu können, obwohl die Grenze der zulässigen Sanktion eigentlich überschritten werden müsste – hier droht sogar die Umgehung des in § 407 Abs. 2 StPO vorgesehenen Strafrahmens, indem eine gerade noch zulässige Strafe beantragt wird.[2384] Der Vorschlag einer zu geringen Strafhöhe kann aber ebenfalls von Seiten der Staatsanwaltschaft kommen, um für den Beschuldigten einen Anreiz dafür zu schaffen, sich auf den Strafbefehl einzulassen.[2385]

Dies führt zudem zu der begründeten[2386] Vermutung, dass Wirtschaftskriminelle dadurch privilegiert werden, dass das für sie positive Strafbefehlsverfahren hier mit dem Ziel der Arbeitsersparnis öfter in ungeeigneten Fällen

---

2381 *Elobied*, Die Entwicklung des Strafbefehlsverfahrens, S. 215, 209 Fn. 15.

2382 AlternK-StPO/*Loos* Vor § 407 Rn. 5; vgl. *Siolek*, Verständigung, S. 73.

2383 Vgl. *Eisenberg/Kölbel*, Kriminologie, § 27 Rn. 57; *Deiters*, ZStW 130 (2018), 491, 507.

2384 *Schmidt-Hieber*, NJW 1982, 1017, 1020; vgl. *Keller/Schmid*, wistra 1984, 201, 208.

2385 *Leipold/Wojtech*, ZRP 2010, 243, 244.

2386 Vereinzelt deuteten auch die Angaben der interviewten Staatsanwälte hierauf hin, vgl. die Antwort von B3 auf Frage 32 und die Anwort von B2 auf Frage 14 unter 2. Teil A. II. 2. g).

angewandt wird.[2387] Dies soll insbesondere dadurch zustandekommen, dass sich die finanziell gut situierten Täter von Wirtschaftsdelikten teure Anwälte leisten können[2388], die auf eine entsprechende Absprache hinwirken. Eine Besserstellung solcher Täter ist mithin nicht nur bezüglich des Zustandekommens von Absprachen an sich gegeben, sondern reicht aus bis hin zur Einigung darauf, dass das für die Täter in diesen Fällen vorteilhaftere Strafbefehlsverfahren gewählt wird.

Die Gefahr eines fehlerhaften Strafbefehls bei konsensorientierten Verfahrenserledigungen[2389] durch Absprachen besteht damit in vielerlei Hinsicht. Die Absprachepraxis wird nicht zuletzt auch dadurch bedingt, dass es keine Möglichkeit gibt, die Entscheidung der Staatsanwaltschaft gerichtlich überprüfen zu lassen – hier wäre eine entsprechende Kontrollmöglichkeit wünschenswert.[2390]

3. *Rechtsstaatliche Bedenken*

Die rechtsstaatlichen Bedenken, die das Strafbefehlsverfahren grundsätzlich auslöst[2391], stellen sich in Wirtschaftsstrafverfahren prinzipiell genauso wie in anderen Verfahren, allerdings wird dort, wo das Strafbefehlsverfahren – gerade auch auf eine Absprache hin – angewandt wird, um eine öffentliche Hauptverhandlung und eine Medienberichterstattung zu umgehen, obwohl die Öffentlichkeit an dem entsprechenden Verfahren und seiner rechtlichen Aufarbeitung gerade ein besonderes Interesse hat, ein Verstoß gegen den Verfahrensgrundsatz der Öffentlichkeit[2392] nicht mehr damit zu rechtfertigen sein, dass durch

---

2387 Vgl. *Elobied*, Die Entwicklung des Strafbefehlsverfahrens, S. 215; vgl. *Weßlau*, ZStW 116 (2004), 150, 157 mit Hinweis auf die Studie von *Bussmann/Lüdemann*, Klassenjustiz oder Verfahrensökonomie?, S. 124; vgl. *Kotz*, Die Wahl der Verfahrensart durch den StA, S. 120 ff., bei dem sich zeigt, dass Angestellte mehr Strafbefehle erhielten als Arbeiter; vgl. auch *Meinberg*, Geringfügigkeitseinstellungen von Wirtschaftsstrafsachen, S. 134 ff. zur beruflichen Position der Beschuldigten von Wirtschaftsstraftaten in Bezug auf die Verfahrensart.

2388 *Bussmann/Lüdemann*, Klassenjustiz oder Verfahrensökonomie?, S. 184 f.; vgl. auch unter 2. Teil C. II. 2. h) bb).

2389 *Kemme/Dunkel*, StV 2020, 52, 53 f.; *Eschelbach*, in: FS Stöckel, 199, 203 f.; *Pfister*, FPPK 2013, 250, 251; *Prelle*, KritV 2011, 331, 346; *Fornauf*, KritV 2010, 217, 224 f.

2390 Vgl. *Müller*, Das Strafbefehlsverfahren, S. 323.

2391 *Riklin*, in: FS Jung, 761, 778: In Österreich wurde das Strafbefehlsverfahren wegen dieser Bedenken abgeschafft.

2392 Vgl. *Meyer-Lohkamp*, StraFO 2012, 170, 171.

den Einspruch in das Hauptverfahren übergewechselt werden kann[2393]. Denn zu einem Einspruch wird es im Falle einer einvernehmlichen Absprache gerade nicht kommen.

Auch mit Blick auf das Schuldprinzip sind die Risiken in komplexen Verfahren entsprechend höher, wenn weniger der Schuldnachweis, sondern vielmehr die Beweiserleichterung durch Geständnisse in den Fokus gerückt wird.[2394]

4. *Risikoverringerungen*

Einige der bestehenden Risiken des Strafbefehlsverfahrens dürften im Bereich der Wirtschaftskriminalität allerdings weniger Probleme bereiten und deutlich weniger häufig zu Fehlentscheidungen führen.

Zum einen fallen, sofern der Angeklagte einen Verteidiger hat, was in diesem Bereich in der Regel der Fall ist, die grundsätzlich bestehenden Hürden einer Einspruchseinlegung nicht mehr derartig ins Gewicht. Denn der Verteidiger weiß um die Bedeutung eines Strafbefehls und kann insbesondere auch einschätzen, in welchen Fällen ein Einspruch eingelegt werden sollte und auf welche Weise dies zu erfolgen hat. Daher werden in aller Regel auch keine Verständnisprobleme dazu führen, dass der Strafbefehl rechtskräftig wird. Hinzu kommt, dass bei Wirtschaftskriminellen Sprachprobleme auch eher seltener zu vermuten sind. Auch werden mit Hilfe des Verteidigers Verwechslungen mit einem Bußgeldbescheid, Unkenntnis über die Möglichkeit einer Ersatzfreiheitsstrafe oder Fristversäumnisse in aller Regel nicht vorkommen. Und auch eine eventuell vorhandene fehlende Schuldfähigkeit im Sinne von § 20 StGB, die unerkannt regelmäßig ein Grund für fehlerhafte Strafbefehle darstellt[2395], dürfte im Falle einer Verteidigung öfter erkannt werden. Zudem wird es sogar häufiger dazu kommen, dass der Beschuldigte rechtliches Gehör vor der Entscheidung über einen Strafbefehl erhält, wenn der Verteidiger zuvor mit der Staatsanwaltschaft Gespräche (etwa auch im Rahmen einer Absprache) über das Verfahren führt, der Beschuldigte sich auf diese Weise zum Fall äußern kann und dies die Entscheidung der Staatsanwaltschaft und auch die des Gerichts beeinflusst.

2393 Vgl. BVerfG NJW 1954, 69; *Huber*, JuS 2019, 666, 668.

2394 *Fornauf*, KritV 2010, 217, 225.

2395 *Kemme/Dunkel*, StV 2020, 52, 56 f.; *Dunkel*, Fehlentscheidungen in der Justiz, S. 190 ff., 231 f.; diese Fehlerquelle erkannten auch *Peters*, Fehlerquellen im Strafprozeß I, S. 521 ff., II, S. 118 ff. und *Kiwit*, Fehlurteile im Strafrecht, S. 82 f.

5. Risiken in der Hauptverhandlung

Sollte der Strafbefehl nicht einvernehmlich infolge einer Absprache ergangen sein und legt der Angeklagte Einspruch ein, stellt sich auch hier unter Umständen das Problem des verkürzten Beweisrechts in der Hauptverhandlung.[2396]

Weiterhin kann der Angeklagte, der nicht in die Öffentlichkeit geraten will, was bei Wirtschaftskriminellen regelmäßig ein besonderes Anliegen sein dürfte, die in § 411 Abs. 2 Satz 1 StPO eingeräumte Möglichkeit, sich von seinem Anwalt vertreten zu lassen, wahrnehmen. Dadurch, dass der Angeklagte das Recht auf seine persönliche Anwesenheit nicht wahrnimmt, besteht aber erneut die Gefahr, dass der richterlichen Entscheidung nicht alle relevanten, den Angeklagten persönlich betreffenden Umstände bekannt sind, sodass auch hier die Sanktionsbemessungen erneut fehleranfällig sein könnten.

Und auch § 408a StPO, der faktisch dazu genutzt wird, nach Eröffnung des Hauptverfahrens getroffene Verständigungen verfahrensverkürzend umzusetzen[2397], dürfte mit Blick auf eine verkürzte Beweisaufnahme (zumindest für die vor dem Amtsgericht geführten Wirtschaftsstrafverfahren) besonders attraktiv sein.[2398]

II. Zwischenergebnis

Die Anwendungshäufigkeit des Strafbefehlsverfahrens ist im Wirtschaftsstrafrecht nicht höher als in den anderen Bereichen insgesamt auch. Dennoch realisieren sich die Risiken des Verfahrens hier zum Teil in besonderem Maße. Dies liegt an der Komplexität vieler Wirtschaftsstrafverfahren und der Umsetzung des entsprechend hohen Bedürfnisses aller Verfahrensbeteiligten, die Verfahren zu verkürzen.

Denn es werden viele der Strafbefehle auf Absprachen hin beantragt (und letztlich auch erlassen), was beispielsweise bei den Straßenverkehrsdelikten, in denen das Strafbefehlsverfahren die meiste Anwendung findet, nicht in diesem Umfang der Fall sein dürfte. Dabei liegt die Vermutung nahe, dass in vielen Fällen eigentlich eine Hauptverhandlung erforderlich gewesen wäre und die

---

2396 Vgl. SK-StPO/*Weßlau/Degener* Vor § 407 ff. Rn. 23; vgl. *Hüls*, Polizeiliche und staatsanwaltschaftliche Ermittlungstätigkeit, S. 150, 158.

2397 *Böttcher*, in: FS Odersky, 299, 310 vermutet, dass der Anwendung von § 408a StPO bei Freiheitsstrafen regelmäßig eine Verständigung zugrunde liegt; Radtke/Hohmann/*Alexander* § 408a Rn. 3; auch *Martin*, GA 1995, 121, 130 sieht in der Norm besondere Anreize für Absprachen.

2398 Siehe zu den Risiken des § 408a StPO in Bezug auf Absprachen unter 2. Teil C. VI. 2. a).

einfache Lagerung des Sachverhalts allein aufgrund eines wenig beweisstarken Geständnisses angenommen wird. Dabei kann der Sachverhalt durchaus komplizierter als dargestellt sein, was womöglich nicht durch weitere Ermittlungen überprüft wird, sodass die Absprache mitunter ohne zureichende eigene Ermittlungen der Staatsanwaltschaft ergeht. Es besteht hier wegen der Interessenlage ein stark erhöhtes Missbrauchspotential, insbesondere ein Verzerrungsrisiko, um eine Hauptverhandlung zu umgehen. Und zwar auch in den Fällen, in denen die Öffentlichkeit ein großes Interesse an der Verfolgung des Verfahrens hätte. Auf eine solche Umgehung zielende Absprachen bewirken einen Missbrauch des Verfahrens, der gerade auch im Interesse des Beschuldigten liegt.

In diesem Zusammenhang besteht auch das Risiko, dass die Staatsanwaltschaft die Absprachemöglichkeit dazu ausnutzt, den Beschuldigten unter Druck zu setzen oder eine zu geringe Strafhöhe in Aussicht zu stellen, um dessen Zustimmung zur vereinfachten Verfahrenserledigung auch in solchen Fällen zu erreichen, die möglicherweise nicht für die Erledigung durch Strafbefehl geeignet sind. In dem Fall wird das Strafbefehlsverfahren unzulässigerweise als Instrument zur reinen Arbeitsersparnis zweckentfremdet.

Gerade in größeren Wirtschaftsstrafverfahren werden die Risiken für Fehlentscheidungen bei Strafbefehlen zwar einerseits dadurch reduziert, dass die Angeklagten hier regelmäßig verteidigt werden. Denn mit Hilfe des Verteidigers werden Schwierigkeiten im Umgang mit dem Strafbefehl vermieden. Auf der anderen Seite erhöht eine Verteidigung andere Risiken für eine Fehlentscheidung, die im Zusammenhang mit Absprachen entstehen. Denn Absprachen werden in aller Regel nur dann getroffen, wenn der Beschuldigte einen Verteidiger hat, sodass die Gefahr beispielsweise einer zu geringen Strafffestsetzung regelmäßig in diesen Fällen besteht. Insbesondere droht die Verletzung des Schuldprinzips, wenn ein Geständnis abgelegt wurde und dies als ausreichender Schuldnachweis angesehen wird. Denn Geständnisse können fehler- und lückenhaft sein, sodass eine fehlerhafte Sachverhaltsfeststellung riskiert wird, wenn keine weiteren Ermittlungen zur Überprüfung des Geständnisses durchgeführt werden.

Die Risiken, die das Strafbefehlsverfahren speziell in Wirtschaftsstrafverfahren birgt, entstehen damit insbesondere auch durch die praktische Handhabung.

Die gegenüber dem regulären Verfahren ohnehin stark erhöhte Gefahr für Fehlentscheidungen[2399] ist gerade dort, wo komplexe Verfahren allein durch

2399 Siehe 2. Teil.

Absprachen der Verfahrensbeteiligten vereinfacht werden, nochmals erhöht. Die Verletzung wichtiger Verfahrensgrundsätze kann in Fällen, in denen es um geringfügige Verstöße mit geringen Schäden geht, zugunsten des Strafbefehlsverfahrens aus Gründen der Verhältnismäßigkeit gerechtfertigt werden. Je schwerwiegender ein Vorwurf ist, umso gravierender können die Folgen für den Betroffenen sein. Dies muss in solchen Fällen umso mehr berücksichtigt und sorgfältig gearbeitet werden. Dies gilt von der Erforschung des Sachverhalts bis hin zur Ausfertigung des Urteils. Das Strafbefehlsverfahren selbst, aber gerade auch die derzeitige Praxis können dies nicht leisten. Außerhalb des Bagatellbereichs sind diese Fehlentscheidungsrisiken nicht hinnehmbar.

Die komplexeren Verfahren, also gerade auch viele Wirtschaftsstrafverfahren mit nicht offensichtlicher Beweislage, sind also grundsätzlich nicht für eine Erledigung im Strafbefehlswege geeignet.[2400]

Dennoch zeigen bekannt gewordenen Fälle, dass Wirtschaftsstraftäter Strafbefehle mit sehr hoher Tagessatzanzahl erhalten haben. Dies war beispielsweise im bereits angesprochenen Verfahren gegen Alice Schwarzer der Fall, die wegen Steuerhinterziehung durch Strafbefehl verurteilt wurde. Darin wurden wohl mehr als 100.000 Euro Strafe festgesetzt. Frau Schwarzer hatte zwar eine Selbstanzeige erstattet, allerdings schien diese nicht vollumfänglich korrekt gewesen zu sein, was weitere Ermittlungen ergeben haben sollen[2401] – und was darauf hindeutet, dass es sich hierbei um keinen völlig simpel gelagerten Sachverhalt gehandelt hat.

Insbesondere im Verfahren wegen Steuerhinterziehung gegen den ehemaligen Sparkassenpräsidenten und bayerischen Finanzminister Fahrenschon ist naheliegend, dass es sich nicht um einen einfachen Sachverhalt gehandelt hat. Denn hier stand der Prozessbeginn bereits unmittelbar bevor, was bedeutet, dass die Staatsanwaltschaft die Beantragung eines Strafbefehls bis dahin aufgrund der erforderlichen Hauptverhandlung für unzulässig erachtet hat. Die Beantragung eines Strafbefehls über 140 Tagessätze erfolgte allein wegen einer Absprache.[2402] Es ist davon auszugehen, dass sich dieser Fall eher nicht zur Erledigung im Wege des Strafbefehlsverfahrens eignete; nicht zuletzt deswegen, weil Taten, die mit derart hohen Geldstrafen sanktioniert werden müssen,

---

2400 So auch *Hutzler*, Ausgleich struktureller Garantiedefizite, Rn. 92.

2401 https://www.sueddeutsche.de/panorama/steuerhinterziehung-strafbefehl-gegen-alice-schwarzer-erlassen-1.3071892, zuletzt abgerufen am 11.02.2021.

2402 https://www.faz.net/aktuell/wirtschaft/georg-fahrenschon-muss-nicht-vor-gericht-wird-aber-dennoch-bestraft-15557718.html, zuletzt abgerufen am 11.02.2021.

offensichtlich den Bereich der geringfügigen Kriminalität überschreiten. In diesem Fall ist daher auch eine ungerechtfertigte Privilegierung des Täters durch die Absprache zu vermuten.

D. Einstellungen aus Opportunitätsgründen

Eine vereinfachte Verfahrenserledigung kann aber nicht nur durch die Anwendung des Strafbefehlsverfahrens, sondern auch durch Einstellungen aus Opportunitätsgründen erreicht werden. In Wirtschaftsstrafverfahren erlangen daher auch die §§ 153 ff. StPO eine besondere Bedeutung.[2403] Sowohl das Strafbefehlsverfahren als auch diese Einstellungen sind ursprünglich für den Bereich leichterer Kriminalität vorgesehen gewesen, kommen aber unter unterschiedlichen Voraussetzungen zur Anwendung. Der Strafbefehl dient zur beschleunigten Verurteilung als Alternative zur Anklage. Die Einstellung nach § 153 StPO kommt hingegen schon dann zur Anwendung, wenn die Schuld des Täters nicht bewiesen ist, aber ohnehin nur sehr gering wäre. Die Einstellung nach § 153a StPO kommt grundsätzlich für ähnliche Fälle wie das Strafbefehlsverfahren in Betracht, bei denen die Schuld des Täters nicht besonders schwer schwiegt und das öffentliche Interesse an der Strafverfolgung durch die Erteilung von Auflagen und Weisen gerade auch ohne eine Strafe beseitigen werden kann. In Fällen leichterer (bis mittlerer) Kriminalität ist von der Staatsanwaltschaft und auch von der Verteidigung stets zu erwägen, ob eine dieser verkürzten Erledigungsformen in Betracht kommt. Bei der Entscheidung für eine Verfahrensart ist auch das Verhältnis des Strafbefehlsverfahrens zu den Opportunitätseinstellungen zu berücksichtigen. Sachfremde Erwägungen der Staatsanwaltschaft können bereits hier Fehlentscheidungen zur Folge haben.

I. Opportunitätseinstellungen im Wirtschaftsstrafrecht

Beinahe alle Wirtschaftsstraftaten sind Vergehen und die Verfahren damit grundsätzlich dazu geeignet, aus Opportunitätsgründen eingestellt zu werden; dies gilt – insbesondere für Betrugs- und Untreuefälle – sowohl für eine Einstellung im Ermittlungsverfahren durch die Staatsanwaltschaft wie auch für eine spätere Einstellung durch das Gericht.[2404]

2403 *Keller/Schmid,* wistra 1984, 201 ff. bzgl. den §§ 153a, 154 f. StPO; *Meinberg*, Geringfügigkeitseinstellungen von Wirtschaftsstrafsachen, S. 210 f. bzgl. § 153a StPO.

2404 Momsen/Grützner WirtschaftsStrafR-HdB/*Moldenhauer* Kap. 3 § 11 Rn. 50.

In der Erledigungsstatistik der Staatsanwaltschaft zeigt sich, dass 2019 über die Hälfte aller Ermittlungsverfahren eingestellt wurden – davon 3,4 % der Fälle mit Auflage, 24,6 % ohne Auflage und 28,5 % nach § 170 Abs. 2 StPO.[2405] Von den Betrugs- und Untreuefällen wurden 2,1 % mit Auflage, 29 % ohne Auflage eingestellt, von den Wirtschafts- und Steuerstrafsachen sowie Geldwäschedelikten 3,4 % mit und 20,8 % ohne Auflage.[2406]

Von den in diesem Jahr ins Hauptverfahren gelangten Verfahren wurden dann nochmals 17 % mit Auflagen durch das Gericht eingestellt.[2407]

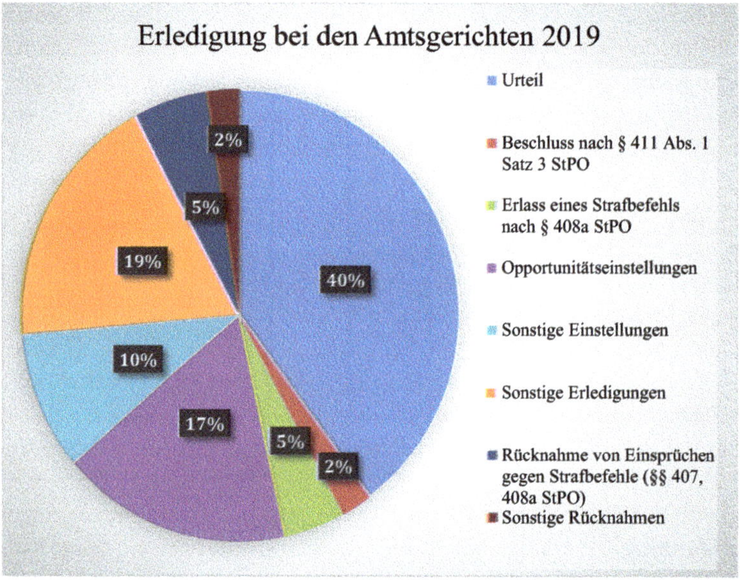

Grafik 6 Erledigung bei den Amtsgerichten 2019[2408]
Zu Tabelle 5, siehe 2. Teil B. IV. m. N.

2405 *Statistisches Bundesamt*, Fachserie 10, Reihe 2.6, 2019, Tabelle 2.2.1.1 und 2.2.1.2 (Deutschland), siehe 2. Teil B. I. 1. a), IV., Tabelle 1 m.N.; siehe auch Grafiken 1, 2 unter II. 1.

2406 *Statistisches Bundesamt*, Fachserie 10, Reihe 2.6, 2019, Tabelle 3 (Deutschland), siehe 2. Teil B IV., Tabelle 2 m.N.

2407 *Statistisches Bundesamt*, Fachserie 10, Reihe 2.3, 2019–2014, 2009, 2005, 2002, Tabelle 1.2, 2.2, (Deutschland), siehe 2. Teil B. II. 2., IV., Tabelle 5 m.N.

2408 Zu den sonstigen Einstellungen zählen hier §§ 205, 206a, 206b StPO, § 37 Abs. 2, ggf. i.V.m. § 38 Abs. 2 BtMG, § 47 JGG; zu den sonstigen Erledigungen die Ablehnung der Eröffnung des Hauptverfahrens, der Aburteilung im beschleunigten Verfahren (§ 417 StPO) und der Entscheidung im vereinfachten Jugendverfahren

Besonders relevant sind bei der Einstellung von Wirtschaftsstrafverfahren das Absehen von der Verfolgung wegen Geringfügigkeit sowie unter Auflagen, §§ 153 und 153a StPO[2409], aber auch die Teileinstellung bei mehreren Taten und die Beschränkung der Verfolgung nach §§ 154, 154a StPO spielen bei der Bekämpfung von Wirtschaftskriminalität eine Rolle.[2410] Insbesondere die drohende schwerwiegende Belastung durch eine Hauptverhandlung und eine verurteilende Medienberichterstattung bewegt die Verteidigung regelmäßig bereits im Ermittlungsverfahren dazu, eine Einstellung aus Opportunitätsgründen zu erwägen und anzustreben.[2411]

Bei Bagatellen, die zudem durch einen Ersttäter begangen worden sind, sprechen Verhältnismäßigkeitserwägungen dafür, eine Sanktionierung zurückhaltend handzuhaben[2412], sodass womöglich nur eine Einstellung des Verfahrens verhältnismäßig ist.

Die Möglichkeit der Verfahrenseinstellungen wird allerdings bereits in ihrer dogmatischen Ausgestaltung kritisiert und insbesondere § 153a StPO vorgeworfen, ein Freikaufverfahren zu sein.[2413] Zumal zu vermuten ist, dass die Einstellungen dazu prädestiniert sind, zur einfachen Bewältigung von Verfahren mit komplexer Beweislage herangezogen zu werden[2414] – ebenso wie das Strafbefehlsverfahren. Dadurch würde die Entstehung von Fehlentscheidungen erheblich begünstigt.

Die potentielle Privilegierung von Wirtschaftsstraftätern wurde bis 1993 empirisch untersucht[2415] und dabei festgestellt, dass in Wirtschaftsstrafverfahren

---

(§ 76 JGG), die Zurückweisung der Privatklage, die Verweisung an höheres Gericht, der Vergleich in der Privatklage, die Verbindung mit einer anderen Sache, die Aussetzung des Verfahrens und sonstige Erledigungsarten; zu den sonstigen Rücknahmen zählen solche der Klage nach § 411 Abs. 3 StPO, der Anklage, des Anträge nach § 417 StPO und § 76 JGG, eines sonstigen Antrags und der Privatklage, Statistisches Bundesamt, Fachserie 10, Reihe 2.3, 2019, Tabelle 2.2.

2409 Momsen/Grützner WirtschaftsStrafR-HdB/*Moldenhauer* Kap. 3 § 11 Rn. 50.

2410 *Keller/Schmid*, wistra 1984, 201, 203 ff. bzgl. den §§ 153a, 154 f. StPO.

2411 Momsen/Grützner WirtschaftsStrafR-HdB/*Moldenhauer* Kap. 3 § 11 Rn. 50.

2412 *Weßlau*, ZStW 116 (2004), 150, 150 f.; vgl. *Wolter*, GA 1989, 397, 399 ff. zum Subsidiaritätsverhältnis der Verfahrensarten; vgl. für § 153 StPO MüKoStPO/*Peters* § 153 Rn. 2.

2413 *Weßlau*, ZStW 116 (2004), 150, 156; vgl. *Schmidhäuser*, JZ 1973, 529 ff., 535; dazu unter 2. a).

2414 *Weßlau*, ZStW 116 (2004), 150, 156.

2415 *Bussmann/Lüdemann*, Klassenjustiz oder Verfahrensökonomie?; vgl. auch *Kunz*, Die Einstellung wegen Geringfügigkeit durch die Staatsanwaltschaft, S. 85 ff.; *Hertwig*, Die Einstellung des Strafverfahrens wegen Geringfügigkeit, S. 209 ff.; *Meinberg*, Geringfügigkeitseinstellungen von Wirtschaftsstrafsachen; dazu auch *Kaiser/Meinberg*, NStZ 1984, 343.

viel öfter gegen Auflagen eingestellt worden sei als bei anderen Verfahren, wobei zuvor oftmals eine entsprechende Absprache stattgefunden habe.[2416] Bussmann/Lüdemann kamen in ihrer Studie zu dem Ergebnis, dass die Täter von Wirtschaftsdelikten privilegiert werden.[2417] Diese Einschätzungen werden durch Einzelfälle, in denen extrem hohe Geldauflagen nach § 153a Abs. 1 Satz 2 Nr. 2 StPO gezahlt wurden, verstärkt.[2418] Denn eine Einstellung nach § 153a StPO kommt eigentlich nur dann in Betracht, wenn bestimmte Auflagen dazu geeignet sind, das öffentliche Interesse an der Strafverfolgung zu beseitigen und die Schwere der Schuld nicht entgegensteht. Sofern aber etwa eine Geldauflage in Millionenhöhe[2419] erforderlich ist, fragt sich, wie die Schuld hier tatsächlich noch gering sein soll.[2420] In diesen Fällen wäre vielmehr – wenn dessen Rahmen überhaupt eingehalten würde, was sehr zweifelhaft ist – das Strafbefehlsverfahren anzuwenden und auf diese Weise zu verurteilen. Dass derartige Fälle dennoch nach § 153a StPO eingestellt werden, obwohl sie dazu offensichtlich nicht mehr geeignet sind, stellt eine Bevorteilung und gleichzeitig auch eine Fehlentscheidung dar.

Die Verfahrenseinstellungen der §§ 153 ff. StPO erzielen gerade auch im Zusammenhang mit Absprachen – sie sind aber auch selbst eine konsensuale Erledigung – eine erhebliche, verfahrensbeschleunigende Wirkung.[2421]

2416 *Weßlau*, ZStW 116 (2004), 150, 157 mit Hinweis auf die Studie von *Bussmann/Lüdemann*, Klassenjustiz oder Verfahrensökonomie?, S. 124; siehe zu deren heutiger Aussagekraft mit Blick auf die aktuelle Statistik unter II. 1.

2417 *Bussmann/Lüdemann*, Klassenjustiz oder Verfahrensökonomie?, S. 124.

2418 *Weßlau*, ZStW 116 (2004), 150, 157; Bsp. bei *Horstmann*, Zur Präzisierung und Kontrolle von Opportunitätsentscheidungen, S. 196 ff.; vgl. *Schmidhäuser*, JZ 1973, 529; *Hanack*, in: FS Gallas, 339, 345 Fn. 23; *Weigend*, in: GS Weßlau, 413, 414; a.A *Kudlich*, ZRP 2015, 10.

2419 Z.B. der VW-Skandal, https://www.zdf.de/nachrichten/wirtschaft/vw-dieselgate-verfahren-vor-einstellung-100.html, zuletzt abgerufen am 11.02.2021; siehe auch das Mannesmann-Verfahren, https://www.sueddeutsche.de/wirtschaft/freikaufaktion-politiker-empoert-ueber-einstellung-des-mannesmann-verfahrens-1.907549, zuletzt abgerufen am 11.02.2021; im Ecclestone-Fall wurde gegen 100 Mio. US-Dollar eingestellt, dazu *Kudlich,* ZRP 2015, 10; *Gaede/Kubiciel*, LTO v. 5.8.2014, https://www.lto.de/recht/hintergruende/h/lg-muenchen-beschluss-5kls405js16174111-einstellung-bestechung-ecclestone/, zuletzt abgerufen am 11.02.2021.

2420 Vgl. auch *Kudlich,* ZRP 2015, 10, 11.

2421 Es gebe Hinweise darauf, dass insb. bei Absprachen in Wirtschaftsstrafsachen die Verfahrenseinstellung und deren Gegenleistung ausgehandelt würden, *Eisenberg/Kölbel*, Kriminologie, § 27 Rn. 85; vgl. *Schünemann*, Gutachten B zum 58. DJT, S. 19.

Allerdings gibt es auch hierbei in Hinblick auf mögliche Fehlentscheidungen entsprechende Bedenken gegen den praktischen Umgang mit Absprachen.

1. Absehen von der Verfolgung wegen Geringfügigkeit, § 153 StPO

a) Regelungsgehalt

Gerade im Bagatellbereich verlangt das Gesetz nicht immer eine vollständige Ermittlung. Hat das Verfahren ein Vergehen zum Gegenstand und wäre die Schuld des Täters als gering anzusehen, kann die Staatsanwaltschaft, wenn kein öffentliches Interesse an der Verfolgung besteht, gemäß § 153 Abs. 1 Satz StPO von der Verfolgung des Delikts absehen und sich auf diese Weise weiteren Verfahrensaufwand ersparen. Wenn das Vergehen mit einer im Mindestmaß erhöhten Strafe bedroht ist und die durch die Tat verursachten Folgen nicht gering sind, ist nach Satz 2 für die Einstellung des Verfahrens allerdings die Zustimmung des für die Eröffnung des Hauptverfahrens zuständigen Gerichts erforderlich. In Abs. 2 regelt § 153 StPO zudem, dass auch das Gericht nach Erhebung der Klage das Verfahren unter den eben genannten Voraussetzungen in jeder Lage mit Zustimmung der Staatsanwaltschaft und des Angeschuldigten einstellen kann.

Die Vorschrift ermöglicht eine Durchbrechung des Legalitätsprinzips und hat die vereinfachte Erledigung von Bagatellstraftaten zum Ziel.[2422] Eine Eintragung in das Bundeszentralregister findet nicht statt.[2423]

Die Schuld des Beschuldigten muss deutlich geringer sein als in vergleichbaren Fällen[2424]. Die Untersuchung von Meinberg ergab, dass als Kriterium für die Feststellung der Schwere der Schuld hauptsächlich die Höhe des Schadens, bei Wirtschaftsstrafsachen zudem das Verhalten des Täters nach der Tat herangezogen wird, wobei bei letzterem auch eine Wiedergutmachung eine wichtige Rolle spiele.[2425] Auch eine – insbesondere bei Wirtschaftsstrafverfahren mögliche – überlange Verfahrensdauer kann hierbei von Bedeutung sein.[2426] In Wirtschaftsstrafverfahren kann die Schuld selbst dann durch beispielsweise eine unklare Rechtslage oder einen vermeidbaren Verbotsirrtum im Sinne des § 17 Satz 2 StGB verringert werden, wenn ein erheblicher

---

2422 Graf/Jäger/Wittig/*Ganter* StPO § 153 Rn. 1.

2423 MüKoStPO/*Peters* § 153 Rn. 14; Momsen/Grützner WirtschaftsStrafR-HdB/*v. Döllen* Kap. 3 § 12 Rn. 77.

2424 KK-StPO/*Diemer* § 153 Rn. 12; Meyer-Goßner/Schmitt/*Schmitt* § 153 Rn. 4; *Meinberg*, Geringfügigkeitseinstellungen von Wirtschaftsstrafsachen, S. 60.

2425 *Meinberg*, Geringfügigkeitseinstellungen von Wirtschaftsstrafsachen, S. 214 f.

2426 BGH NJW 1996, 2739; NStZ 1990, 94; KK-StPO/*Diemer* § 153 Rn. 12.

Vermögensschaden verursacht wurde, der über den Bagatellbereich hinausgeht.[2427] Dass Verfahren mit solchen überdurchschnittlich hohen Schadenssummen eingestellt werden, ist gerade ein besonderes Einstellungsverhalten im Bereich der Wirtschaftskriminalität.[2428]

Das öffentliche Interesse kann aus spezial- oder generalpräventiven Aspekten entgegenstehen.[2429] Umstritten ist hingegen, ob das öffentliche Interesse auch dann angenommen werden kann, wenn der Beschuldigte (oder auch der Verletzte) eine angesehene gesellschaftliche Stellung genießt, das Verfahren daher medienwirksam ist und so in den besonderen Fokus der Öffentlichkeit gelangt[2430] – was gerade in größeren Wirtschaftsstrafverfahren leicht vorkommen kann. Da die Entscheidung für oder gegen eine Einstellung nicht zu begründen ist, hat dieser Streit aber keine praktische Bedeutung, zumal auch nicht überprüfbar ist, ob das Kriterium der Medienwirksamkeit tatsächlich Einfluss auf die Entscheidung gehabt hat.[2431]

Dass die Entscheidung nach § 153 StPO nicht zu begründen ist, macht sie grundsätzlich anfällig für missbräuchliche Anwendungen. Auch das Zustimmungserfordernis des Angeschuldigten nach Anklageerhebung, das deswegen besteht, weil diesem nicht die Möglichkeit genommen werden soll, ein freisprechendes Urteil zu erwirken[2432], stellt diesbezüglich keinen Kontrollmechanismus dar, da dieser in aller Regel ein Interesse auch an einer unberechtigten Einstellung haben wird.

Im Verhältnis zum Strafbefehlsverfahren hat § 153 StPO einen geringeren Anwendungsbereich. Denn hier ist vorausgesetzt, dass die Schuld des Täters so gering ist, dass keine Verurteilung erforderlich ist. Der Strafbefehl hingegen ist für solche Fälle vorgesehen, in denen ein Schuldspruch zu ergehen hat. Auch wenn beide Verfahren grundsätzlich bei allen Vergehen in Betracht kommen, sollte eine Einstellung im konkreten Fall nur erfolgen, wenn eine Verurteilung durch Strafbefehl angesichts der in Frage stehenden geringfügigen Schwere der Schuld für den Beschuldigten unverhältnismäßig belastend erscheint.

2427 Momsen/Grützner WirtschaftsStrafR-HdB/*Moldenhauer* Kap. 3 § 11 Rn. 52.

2428 *Eisenberg/Kölbel*, Kriminologie, § 27 Rn. 84.

2429 BeckOK StPO/*Beukelmann* § 153 Rn. 20; *Meinberg*, Geringfügigkeitseinstellungen von Wirtschaftsstrafsachen, S. 46 ff.

2430 Momsen/Grützner WirtschaftsStrafR-HdB/*Moldenhauer* Kap. 3 § 11 Rn. 53; bejahend bspw. KK-StPO/*Diemer* § 153 Rn. 15; abl. BeckOK StPO/*Beukelmann* § 153 Rn. 21; abl. auch *Meinecke*, Prominentenstrafrecht, S. 301.

2431 Momsen/Grützner WirtschaftsStrafR-HdB/*Moldenhauer* Kap. 3 § 11 Rn. 53.

2432 MüKoStPO/*Peters* § 153 Rn. 49.

b) Absprachen

Die Einstellung nach § 153 StPO kann bei Einhaltung der Voraussetzungen zulässigerweise Gegenstand einer Verständigung im Sinne des § 257c StPO sein.[2433] Aber auch vor und außerhalb der Hauptverhandlung wird regelmäßig eine Einstellungen nach § 153 StPO abgesprochen.[2434] Insbesondere dort, wo die Zustimmung des Angeklagten erforderlich ist – gemäß § 153 Abs. 2 StPO nach Anklageerhebung –, werden Gespräche zwischen den Verfahrensbeteiligten relevant. Im Ermittlungsverfahren ist eine Zustimmung des Beschuldigten für eine Einstellung nach § 153 Abs. 1 StPO hingegen nicht erforderlich. Die Verteidigung wird dennoch regelmäßig ein Interesse daran haben, das Verfahren nach Möglichkeit wegen Geringfügigkeit einzustellen, da in diesem Fall keine weiteren Auflagen oder Weisungen auf den Mandanten zukommen. Daher gibt es auch hier regelmäßig Gesprächsbedarf. Insofern ist auch § 153 StPO anfällig für Fehlentscheidungen. Denn auch hier können die Verfahrensbeteiligten ein größeres Interesse an seiner Anwendung und der schnellen Erledigung als an einer Aufklärung des Sachverhaltes haben. Da bei einer Einstellung nach § 153 StPO auch keine weiteren Aufgaben wie etwa die Überwachung der Erfüllung einer Auflage wie bei § 153a StPO auf die Justizbehörden zukommen, kann eine Entscheidung zugunsten einer solchen Einstellung durch sachfremde Erwägungen beeinflusst sein.

Auf der anderen Seite sind durch die Absprachen regelmäßig ungerechtfertigte Bevorzugungen von Wirtschaftsstraftätern anzunehmen. Besonders relevant werden solche fehleranfälligen Absprachen in Wirtschaftsstrafverfahren aber gerade im Zusammenhang mit der Folgenorm § 153a StPO.

2. Absehen von der Verfolgung unter Auflagen und Weisungen, § 153a StPO

a) Regelungsgehalt und Kritik

Nach § 153a StPO können auch solche Verfahren eingestellt werden, die den Bereich der Bagatellkriminalität verlassen.[2435] Der Anwendungsbereich dieser

---

2433 BVerfG NStZ 2016, 422, 424; Momsen/Grützner WirtschaftsStrafR-HdB/*Moldenhauer* Kap. 3 § 11 Rn. 76; Meyer-Goßner/Schmitt/*Schmitt* § 257c Rn. 13.

2434 Vgl. *Altenhain/Hagemeier/Haimerl/Stammen*, Absprachen in Wirtschaftsstrafverfahren, S. 144, 218 ff.; *Rückel*, NStZ 1987, 297, 298: Gerade die §§ 153, 153a ff. StPO verlangten eine intensive Verständigung bis hin zur verfahrensbeendenden Vereinbarung.

2435 Meyer-Goßner/Schmitt/*Schmitt* § 153a Rn. 2; vgl. *Meinberg*, Geringfügigkeitseinstellungen von Wirtschaftsstrafsachen, S. 119 f., 127.

Norm ist damit etwas größer als derjenige bei § 153 StPO und entspricht eher dem des Strafbefehlsverfahrens[2436]. § 153a Abs. 1 Satz 1 StPO regelt, dass die Staatsanwaltschaft bei einem Vergehen mit Zustimmung des für die Eröffnung des Hauptverfahrens zuständigen Gerichts und des Beschuldigten vorläufig von der Erhebung der öffentlichen Klage absehen und dem Beschuldigten gleichzeitig Auflagen und Weisungen erteilen kann, wenn diese geeignet sind, das öffentliche Interesse an der Strafverfolgung zu beseitigen, und die Schwere der Schuld nicht entgegensteht. Letztere muss im Sinne eines hinreichenden Tatverdachts feststehen.[2437] Die Auflage kann unter anderem die Zahlung eines Geldbetrages zugunsten einer gemeinnützigen Einrichtung oder der Staatskasse sein, § 153a Abs. 1 Satz 2 Nr. 2 StPO.

Nach Abs. 2 kann eine Verfahrenseinstellung unter Erteilung der Auflagen und Weisungen auch nach Anklageerhebung durch das Gericht erfolgen, sofern die Staatsanwaltschaft und der Angeschuldigte zustimmen.

Auch im Falle einer Einstellung nach § 153a StPO hat der Beschuldigte den Vorteil, nicht vorbestraft zu sein; es erfolgt keine Eintragung in das Bundeszentralregister[2438].

Die Vorschrift ist aufgrund ihres Missbrauchspotentials allerdings höchst umstritten.[2439] Denn bezüglich der Beurteilung, wann es sich um eine noch geringe Schuld handelt, macht die Norm keine Angaben, sondern räumt bei dieser Entscheidung einen Beurteilungsspielraum ein. Zudem sieht die StPO keine Begründungspflicht der Einstellungsentscheidung vor.[2440] Gerade im

---

2436 *Schünemann*, Gutachten B zum 58. DJT, S. 22, insb., weil in der Praxis eine faktische Ausdehnung des Anwendungsbereichs des § 153a StPO stattfand und dieser nicht mehr nur auf Fälle geringer Schuld angewandt wird; vgl. auch *Hamm*, in: Dencker/Hamm, Der Vergleich im Strafprozeß, S. 108; vgl. auch *Altenhain/Jahn/Kinzig*, Die Praxis der Verständigung im Strafprozess, S. 179, 189; siehe zum Verhältnis zum Strafbefehlsverfahren unter II.

2437 BVerfG NStZ-RR 1996, 168; MüKoStPO/*Peters* § 153a Rn. 8.

2438 MüKoStPO/*Peters* StPO § 153 Rn. 14; Momsen/Grützner WirtschaftsStrafR-HdB/v. Döllen Kap. 3 § 12 Rn. 77.

2439 *Stuckenberg*, in: GS Weßlau, 369, 375 ff.; *Weigend*, in: GS Weßlau, 413, 414 ff.; *Sauer/Münkel*, Absprachen im Strafprozess, Rn. 10 f.; gewichtige Bedenken bestehen u.a. bzgl. des Gleichheitssatzes (Art. 3 Abs. 1 GG), so etwa *Schmidhäuser*, JZ 1973, 529, 535; *Paschmann*, Die staatsanwaltschaftliche Verfahrenseinstellung wegen Geringfügigkeit, S. 6 ff.; *Rönnau*, Die Absprache im Strafprozeß, S. 118 f. m.w.N.; vgl. *Deiters*, GA 2015, 371 ff.; krit. auch Böttger WiStR/*Tsambikakis/Rübenstahl*, Kap. 15 Rn. 294.

2440 Es gebe keine normative Begründungspflicht, vgl. nur Nr. 89 Abs. 2, 3 RiStBV, *Meinberg*, Geringfügigkeitseinstellungen von Wirtschaftsstrafsachen, S. 92.

Bereich des Wirtschaftsstrafrechts wird eine erhöhte (missbräuchliche) Fehlanwendung der Norm moniert. Denn es werden hier immer wieder immens hohe Geldauflagen angeordnet und die Norm auf diese Weise auch in Fällen angewandt, die angesichts der Schwere der Schuld offensichtlich außerhalb ihres Anwendungsbereichs liegen.[2441] Es wird vorgebracht, dass in einen derartig ungerechtfertigten Genuss einer Verfahrenseinstellung häufig Wirtschaftskriminelle kommen, denen in der Regel ein höherer Sozialstatus zukomme[2442] und die durch die Einstellung ihres Verfahrens privilegiert[2443] werden. Im Rahmen einer von Meinberg durchgeführten Untersuchung dieser Opportunitätskompetenz ist dieser Vorwurf genauer beleuchtet worden: Die Frage nach einer vorteilhafteren Stellung eines „intelligenten und finanzpotenten" Beschuldigten wurde von den befragten Praktikern überwiegend positiv beantwortet; von den Wirtschaftsstaatsanwälten noch öfter (58,7 %) als von den allgemeinen Staatsanwälten (49,5 %).[2444] Aufgrund dieser praktischen, Fehlentscheidungen verursachenden Handhabung wird der Norm vorgeworfen, geradezu ein Freikaufverfahren zu sein.[2445] Auch bei der Untersuchung von Schünemann gaben 32 % der befragten Richter, Staatsanwälte und Strafverteidiger an, dass die Norm auch dann angewandt werde, wenn ihre Voraussetzungen nicht vorliegen: Insofern komme es, gerade auch im wirtschaftsstrafrechtlichen Bereich, zu einer missbräuchlichen Anwendung sowohl zu Gunsten des Beschuldigten, indem sie trotz fehlender geringer Schuld angewandt werde, sowie zu Lasten des Beschuldigten, indem auch bei fehlender Ermittlung eines hinreichenden Tatverdachts eingestellt werde.[2446]

Auch bei der Befragung der Berliner und Bremer Verteidiger hielten sechs der Verteidiger die Aussage, dass Verfahren gegen prominente oder sehr

---

2441 *Rönnau*, Die Absprache im Strafprozeß, S. 122 f.; vgl. *Meinberg*, Geringfügigkeitseinstellungen von Wirtschaftsstrafsachen, S. 119 ff., zudem sei der Schaden durchschn. zwei bis drei Mal höher als bei Strafbefehlen, S. 127; *Roxin/Schünemann*, Strafverfahrensrecht, § 14 Rn. 14; *Schumann*, Der Handel mit der Gerechtigkeit, S. 203 f.

2442 Vgl. *Kaiser/Meinberg*, NStZ 1984, 343, 348.

2443 *Stuckenberg*, in: GS Weßlau, 369, 387.

2444 *Meinberg*, Geringfügigkeitseinstellungen von Wirtschaftsstrafsachen, S. 223 f..; *Kaiser/Meinberg*, NStZ 1984, 343, 346.

2445 *Weßlau*, ZStW 116 (2004), 150, 156; *Schmidhäuser*, JZ 1973, 529 ff., 535; *Arzt*, JZ 1976, 54, 55; *Müller*, ZRP 1975, 49, 55 spricht von einem "Millionärsschutzparagraph" und einer "Oase des kapitalkräftigen Großkriminellen"; *Roxin/Schünemann*, Strafverfahrensrecht, § 14 Rn. 14; vgl. schon *Kramer*, ZRP 1974, 62, 66.

2446 *Schünemann*, Gutachten B zum 58. DJT, S. 19.

wohlhabende Wirtschaftsstraftäter häufiger als Verfahren gegen andere Täter nach den §§ 153 ff. StPO eingestellt werden, für „nichtzutreffend“, acht hielten sie für „eher nichtzutreffend“, 15 für „halb zutreffend“, 18 für „eher zutreffend“ sechs und für „voll zutreffend“.

Danach scheint bei solchen Verfahren eine Tendenz zu häufigeren Einstellungen nach den §§ 153 ff. StPO zu bestehen (45,3 % der antwortenden Verteidiger gaben hier ein „eher zutreffend“ bis „voll zutreffend“ an, 28,3 % ein „halb zutreffend“). Auf dieselbe Frage antworteten von den befragten Richtern hingegen neun, dass dies „nicht zuträfe“, vier, dass dies „halb zuträfe“ und vier, dass dies „eher zuträfe“, allerdings werden die meisten der großen Wirtschaftsstrafsachen vor den Landgerichten erledigt und die Richter am Amtsgericht regelmäßig nur Aussagen bezüglich dem weniger schwerwiegenden Teil der Wirtschaftsstrafsachen tätigen können dürfen.

Der „Alternativ-Entwurf Abgekürzte Strafverfahren“ fordert, die Norm aufzuheben, da ihr unbehebbare rechtsstaatliche[2447] und dogmatische Bedenken entgegenstehen und ihre praktische Handhabung die Glaubwürdigkeit der Strafrechtspflege insgesamt unter anderem dadurch beeinträchtige, dass die Einstellungsmöglichkeit gegen Auflagen dazu missbraucht werde, schwierige Rechtsfragen nicht weiter klären zu müssen und man sich so langwierige, sachlich komplizierte und beweisschwierige Verfahren erspare[2448]; auch werde von Forderungen der Staatsanwaltschaft nach

2447 Vgl. auch die Untersuchung von *Meinberg*, Geringfügigkeitseinstellungen von Wirtschaftsstrafsachen, S. 90: Die Zustimmung des Gerichts sei reine Formsache und das Gericht versuche nicht, Einfluss auf die Auflagengestaltung zu nehmen, sodass Zweifel an der korrigierenden gerichtlichen Einflussnahme auf den staatsanwaltschaftlichen Sanktionsprozess bestehen.

2448 Auch die Studie von *Meinberg*, Geringfügigkeitseinstellungen von Wirtschaftsstrafsachen, S. 164 ff., 194, 205 ergab, dass die Fälle, die nach § 153a StPO eingestellt werden, häufig ermittlungsaufwändig und kompliziert sind und durchschn. über 2 Jahre dauerten – die Norm scheine eine Notbremse bei unvertretbar hoch werdendem Erledigungsaufwand zu sein, S. 205 f., 226 f.; *Stuckenberg*, in: GS Weßlau, 369, 387; *Schünemann*, NJW 1989, 1895, 1896; vgl. *Schünemann*, Gutachten B zum 58. DJT, S. 19 f.; einen Verstoß gegen die Unschuldsvermutung sehen *Deiters*, GA 2015, 371, 373; so auch *Dencker*, JZ 1973, 144, 150; *Vogler*, ZStW 89 (1977), 761, 786; *Roxin/Schünemann*, Strafverfahrensrecht, § 14 Rn. 14 lehnt einen Verstoß gegen die Unschuldsvermutung ab, da § 153a StPO gerade keine Schuldfeststellung voraussetze.

Geständnissen berichtet, die zur Voraussetzung für eine Einstellung gemacht werden[2449].[2450]

Bezüglich des Aufklärungsumfangs berichtete auch Meinberg im Rahmen seiner Studie, dass nicht einmal ein Drittel der Fälle, die nach § 153a StPO eingestellt worden seien, objektiv und subjektiv aufgeklärt gewesen seien[2451] – anders als im Strafbefehlsverfahren, wo dies bei den meisten Fällen der Fall gewesen sei.[2452] Die Beweisnot stellt der Untersuchung zufolge den Grund für mehr als jede sechste dieser Einstellungen dar.[2453] Da das Gericht seine Zustimmung zur Einstellung in der Regel erteilt, bleibt zudem die vorgesehene Kontrolle aus.[2454] Dieser Umgang mit der Norm ist mit Blick auf ergehende Fehlentscheidungen[2455] höchst bedenklich.

Gerade in Wirtschaftsstrafverfahren werden zudem Zahlungsauflagen in sechs- bis siebenstelliger Höhe verhängt – Beträge, die bei Geldstrafen nicht mehr möglich seien und wofür die Bevölkerung wenig Verständnis zeige.[2456]

2449 *Stuckenberg*, in: GS Weßlau, 369, 374.

2450 *AE-ASR*, GA 2019, 1, 22 ff., stattdessen solle eine neue materiell-rechtliche Rechtsfolge der Verwarnung eingeführt werden, die auch im Verfahren ohne Hauptverhandlung verhängt werden kann; für eine Aufhebung auch *Stuckenberg*, in: GS Weßlau, 369, 388; so ebenfalls *Deiters*, GA 2015, 371 ff., 385.

2451 Vgl. auch die Studie von *Altenhain/Jahn/Kinzig*, Die Praxis der Verständigung im Strafprozess, S. 219, die ergab, dass häufig trotz Zweifel am Vorliegen der Voraussetzung Gespräche über eine solche Einstellung geführt werden.

2452 *Meinberg*, Geringfügigkeitseinstellungen von Wirtschaftsstrafsachen, S. 192 f., 228, 235, zudem sei das Entscheidungsverhalten bei § 153a StPO am Grad der Aufklärbarkeit orientiert, S. 127.

2453 *Meinberg*, Geringfügigkeitseinstellungen von Wirtschaftsstrafsachen, S. 93, 109.

2454 *Schünemann*, Gutachten B zum 58. DJT, S. 34: Hinzukäme, dass die Verfahrensbeteiligten über viele Verfahrens hinweg identisch blieben, wodurch sich informelle Absprachen in diesem Bereich ausbreiteten; *Meinberg*, Geringfügigkeitseinstellungen von Wirtschaftsstrafsachen, S. 88 ff.

2455 Vgl. zB. *Deiters*, GA 2015, 371, 373 mit Hinweis auf den Fall des ehemaligen Bundespräsidenten Wulff, der eine ihm angebotene Einstellung nach § 153a StPO ablehnte und anschließend freigesprochen wurde, https://www.sueddeutsche.de/politik/ermittlungsverfahren-gegen-wulff-von-hopp-topp-zu-paragraf-153a-1.1632508, sowie https://www.faz.net/aktuell/politik/inland/nach-freispruch-wulff-eroeffnet-anwaltskanzlei-12825553.html, jeweils zuletzt abgerufen am 11.02.2021.

2456 *AE-ASR*, GA 2019, 1, 23; zudem fehle es bei einer Geldauflage nach § 153a StPO an einer negativ generalpräventiven Wirkung, *Schünemann*, Gutachten B zum 58. DJT, S. 61 f.; solche Beträge finden sich in schon in den 1980er Jahren, siehe *Kunz*, Das strafrechtliche Bagatellprinzip, S. 69 Fn. 80.

Der Verdacht der Privilegierung bestimmter Straftäter auch im Zusammenhang mit der Anwendung von § 153a StPO wird zudem durch viele, in die Aufmerksamkeit der Öffentlichkeit gelangte Verfahren, die gegen Geldauflagen eingestellt wurden, erhärtet[2457]: Beispielhaft zu nennen wäre das wegen Untreue zum Nachteil der CDU geführte Verfahren gegen den ehemaligen Bundeskanzler Dr. Kohl.[2458] Ihm wurde unter anderem vorgeworfen, anonym verbuchte Spenden entgegengenommen und diese Spenden auf Treuhandkonten eingezahlt zu haben. Das Verfahren wurde gegen die Zahlung eines Geldbetrags in Höhe von 150.000 DM zu Gunsten der Staatskasse und weiteren 150.000 DM zu Gunsten einer karitativen Einrichtung eingestellt. Auch im berühmten Mannesmann-Fall erfolgte eine Einstellung[2459] nach der Zurückverweisung durch den Bundesgerichtshof an eine andere Wirtschaftsstrafkammer – mit Geldauflagen gegen die sechs Angeklagten von insgesamt 5,8 Millionen Euro. Der Strafprozess wegen Kinderpornographie gegen den Bundestagsabgeordneten Edathy wurde nach dem zweiten Verhandlungstag gegen 5.000 Euro eingestellt.[2460] Besondere Aufmerksamkeit wurde der Einstellung des Verfahrens gegen Ecclestone geschenkt, da die Geldauflage hier besonders hoch war (100 Millionen US-Dollar).[2461] Aktuellere Beispiele sind weiterhin das Strafverfahren im Anlegerskandal um das Emissionshaus Wölbern Invest wegen Beihilfe zur Untreue gegen Frank M., ehemals Wirtschaftsanwalt und Partner der internationalen Kanzlei Bird & Bird, das gegen die Zahlung einer Geldauflage in Höhe von 20.000 Euro nach § 153a StPO eingestellt wurde.[2462] Auch das Verfahren

---

2457 Vgl. *AE-ASR*, GA 2019, 1, 23 Fn. 47 m.w.N.

2458 LG Bonn NStZ 2001, 375; dazu *Beulke/Fahl*, NStZ 2001, 426; dazu auch *Hamm*, NJW 2001, 1694, 1695.

2459 https://www.sueddeutsche.de/wirtschaft/freikaufaktion-politiker-empoert-ueber-einstellung-des-mannesmann-verfahrens-1.907549, zuletzt abgerufen am 11.02.2021; dazu *Saliger/Sinner*, ZIS 2007, 476 ff.; dazu auch *Götz*, NJW 2007, 419 ff.

2460 https://www.lto.de/recht/nachrichten/n/edathy-prozess-einstellung-gegen-geld auflage-5000-euro-nach-gestaendnis/zuletzt abgerufen am 11.02.2021.

2461 Dazu *Kudlich*, ZRP 2015, 10; *Gaede/Kubiciel*, LTO v. 5.8.2014, https://www.lto.de/recht/hintergruende/h/lg-muenchen-beschluss-5kls405js16174111-einstell ung-bestechung-ecclestone/, zuletzt abgerufen am 11.02.2021.

2462 https://m.faz.net/aktuell/wirtschaft/letztes-strafverfahren-um-woelbern-inv estment-beendet-16633866.html, zum Verfahren gegen andere Beschuldigte siehe etwa https://www.faz.net/aktuell/wirtschaft/woelbern-invest-ein-vergessener-anlegerskandal-gewinnt-an-fahrt-16944237.html, jeweils zuletzt abgerufen am 11.02.2021.

gegen sechs ehemalige HSH-Nordbank-Vorstände wegen Untreue und Bilanzfälschung hatte bundesweit für Aufsehen gesorgt; gegen fünf von ihnen wurde das Verfahren wegen Untreue und Bilanzfälschung mit ihrer Zustimmung gegen eine Zahlungsauflage in Höhe von 4,85 Millionen Euro eingestellt.[2463] Ebenfalls im Strafverfahren wegen Beihilfe zum Bankrott gegen die Ehefrau des früheren Drogeriemarktbetreibers Anton Schlecker erfolgte eine Einstellung nach § 153a StPO gegen Zahlung einer Geldauflage an eine gemeinnützige Organisation in Höhe von 60.000 Euro.[2464] Jüngst wurde auch das Verfahren wegen Marktmanipulation im Rahmen des Dieselskandals gegen die zwei VW-Topmanager Diess und Pötsch gegen Zahlung einer Geldauflage von 4,5 Mio. Euro pro Kopf nach § 153a StPO eingestellt.[2465]

In all diesen Fällen, insbesondere denjenigen mit einer Auflage in Millionenhöhe, ist zu bezweifeln, dass die Schwere der Schuld den Einstellungen jeweils nicht entgegenstand und die Zahlungen dazu geeignet waren, das Interesse der Öffentlichkeit an der Strafverfolgung zu beseitigen. Eher wären hier Strafbefehle in Betracht gekommen, vermutlich wäre aber auch deren Anwendungsbereich nicht eröffnet gewesen. Denn das Strafbefehlsverfahren setzt voraus, dass der Sachverhalt geringfügig und die Beweislage vollständig ist und keiner weiteren Aufklärung bedarf. Ob dem in den genannten Fällen so war, ist auch in Hinblick darauf, dass § 153a StPO häufig angewandt wird, um ein aufwändiges Beweisverfahren gerade nicht durchführen zu müssen, zu bezweifeln. Einhergehend damit ist auch anzunehmen, dass die Täter hier privilegiert wurden,

---

2463 https://m.faz.net/aktuell/wirtschaft/unternehmen/verfahren-gegen-ex-hsh-vorstand-gegen-millionen-zahlung-eingestellt-16224302.html zuletzt abgerufen am 11.02.2021.

2464 https://m.faz.net/aktuell/wirtschaft/unternehmen/verfahren-eingestellt-anton-schleckers-frau-zahlt-60-000-euro-15037343.html, seine Kinder wurden allerdings jeweils zu einer Haftstrafe verurteilt, https://www.lto.de/recht/kanzleien-unternehmen/k/bgh-1str25918-revision-verworfen-strafprozess-schlecker-insolvenz-lars-meike-schlecker/, jeweils zuletzt abgerufen am 11.02.2021.

2465 https://www.zdf.de/nachrichten/wirtschaft/vw-dieselgate-verfahren-vor-einstellung-100.html, zuletzt abgerufen am 11.02.2021. Es sei darauf hingewiesen, dass die Auflagen i.H.v. insg. 9 Mio. Euro durch VW selbst gezahlt wurden, der Konzern mithin offensichtlich ein erhebliches Interesse daran hatte, den Fall zu beenden und der Berichterstattung zu entgehen: https://www.waz-online.de/Wolfsburg/Volkswagen/Strafverfahren-gegen-Diess-und-Poetsch-eingestellt, zuletzt abgerufen am 11.02.2021; dies ist aber nicht unzulässig, MüKoStPO/*Peters* § 153a Rn. 82 m.w.N.

indem von der Staatsanwaltschaft statt des Strafbefehlsverfahrens oder einer Anklage eine Einstellung gegen Auflagen gewählt wurde.

Die Voraussetzungen des § 153a StPO lassen eine äußerst flexible praktische Handhabung zu, indem sie auf die Schwere der Schuld abstellen, die von unterschiedlichen Faktoren abhängig ist; auf diese Weise ist es möglich, dass Aspekte wie eine Schadenskompensation, ein aufwändige Ermittlungen ersparendes Geständnis oder eine fehlende Vorstrafe[2466] dazu führen, dass auch Fälle mit extrem hoher Vermögensschädigung der Anwendung des § 153a StPO unterfallen.[2467] Da bei der Beurteilung der Schwere der Schuld keine Vorgaben etwa bezüglich der Gewichtung verschiedener Umstände existieren, ist es durchaus möglich, nur einzelne dieser soeben beispielhaft genannten Aspekte in den Vordergrund zu stellen und mit ihnen eine geringe Schwere der Schuld zu begründen, obwohl sie diese alleine eigentlich nicht zu begründen vermögen.

Kudlich entgegnet der Kritik der Privilegierung wohlhabender (Wirtschafts-) Straftäter, dass nicht nur Verfahren gegen diese nach § 153a StPO eingestellt werden: Verfahren gegen Kleinkriminelle werden ihm zufolge im Vergleich viel häufiger eingestellt, nur erregen sie kaum öffentliches Interesse, da die Höhe der Geldauflagen vergleichsweise sehr gering sei.[2468] Allerdings erkennt auch er, dass die Höhe der Geldauflage nach § 153a StPO, bei dem gerade keine Verurteilung erfolgt, die einer Geldstrafe durch eine Verurteilung deutlich übersteigen kann. Insbesondere sieht er auch, dass sehr hohe Geldauflagen, wenn man ihnen gegenüberstellt, wie hoch eine entsprechende hypothetische Freiheitsstrafe wäre, den Bereich der leichten und mittleren Kriminalität verlassen, sodass der Anwendungsbereich des § 153a StPO derartige Fälle eigentlich gar nicht umfasst.[2469]

2466 Die Untersuchung von *Meinberg*, Geringfügigkeitseinstellungen von Wirtschaftsstrafsachen, S. 215 f., ergab, dass die Vorstrafenbelastung von 66,5 % der Wirtschaftsstaatsanwälten als Kriterium für eine geringe Schuld genannt wurde, was im Widerspruch zum Ergebnis der Aktenanalyse stehe, wo dies in nur 5,5 % der Fälle als Grund genannt wurde, zumal nur in 31 % der Fälle überhaupt ein Strafregisterauszug angefordert wurde, S. 145, weshalb eine Vorstrafe für eine Einstellung nicht relevant sein dürfe, S. 130 f.

2467 Momsen/Grützner WirtschaftsStrafR-HdB/*Moldenhauer* Kap. 3 § 11 Rn 56.

2468 *Kudlich*, ZRP 2015, 10.

2469 *Kudlich*, ZRP 2015, 10, 11; vgl. auch *Rönnau*, Die Absprache im Strafprozeß, S. 80; vgl. auch *Meinberg*, Geringfügigkeitseinstellungen von Wirtschaftsstrafsachen, S. 245; vgl. zu den hohen Geldauflagen *Dahs*, NStZ 1988, 153, 155.

Insbesondere der letzte Aspekt zeigt deutlich, dass eine Einstellung eigentlich nicht damit begründet werden kann, dass im Gegenzug eine besonders hohe Geldauflage bestimmt wird. Wenn der Fall eine derart hohe Summe erfordert, um eingestellt werden zu können, ist er zum einen nicht mehr vom Anwendungsbereich des § 153a StPO erfasst. Denn diese Fälle sind nicht mehr eher geringfügig, was § 153a StPO für seine Anwendung aber voraussetzt („[…] und die Schwere der Schuld nicht entgegensteht.") Denn bei geringer Schwere der Schuld wären keine immensen Summen nötig, um das öffentliche Interesse an der Strafverfolgung zu beseitigen. Wird ein Verfahren dennoch gegen eine so hohe Summe eingestellt (und handelt es sich damit nicht mehr um einen Fall mit geringer Schwere der Schuld), ist die Einstellung ungerechtfertigt. Was hypothetisch in der Sache im Hauptverfahren herauskommen würde, ist bei dieser Beurteilung nicht relevant. Daher scheint zum anderen die Vermutung, dass solche Täter, die sich diese Summe leisten können, durchaus auch dort die Einstellung des Verfahrens erreichen können und insofern privilegiert sind, wo andere, weniger wohlhabendere Täter, dies nicht könnten, zutreffend zu sein.[2470]

Die Kritik an § 153a StPO unter dem Aspekt der grundsätzlichen Privilegierung von Wirtschaftsstraftätern ist damit berechtigt.

Im Ergebnis ergehen viele Entscheidungen nach § 153a StPO fehlerhaft.

b) Die Bedeutung einer Verteidigung

Die genannte Untersuchung ergab auch, dass ein verteidigter Beschuldigter größere Chancen darauf hätte, dass sein Verfahren nach § 153a StPO eingestellt würde, als wenn er nicht verteidigt wäre: In 52,6 % der Verfahren, die nach § 153a StPO eingestellt worden wären, sei ein Strafverteidiger beteiligt gewesen – anders als in Verfahren, die nach § 153 StPO eingestellt oder durch Strafbefehl erledigt worden wären, in denen nur 39,7 % (Strafbefehl) beziehungsweise 38,3 % (§ 153 StPO) verteidigt gewesen wären.[2471] Als Grund

2470 Diese Privilegierung kann auch nicht etwa dadurch gerechtfertigt werden, dass man anerkennt, dass die Beschuldigten in diesem Falle durchaus bereit sind, eine besonders hohe Summe zu zahlen und die faktische Sanktionswirkung dabei vorhanden sein kann – vgl. hierzu auch *Meinberg*, Geringfügigkeitseinstellungen von Wirtschaftsstrafsachen, S. 235, 232, dessen Studie ergab, dass § 153a StPO mehrheitlich Strafcharakter zugesprochen werde; *Bussmann/Lüdemann*, Klassenjustiz oder Verfahrensökonomie?, S. 120; *Meine*, MschrKrim 1986, 32, 33 f.

2471 *Meinberg*, Geringfügigkeitseinstellungen von Wirtschaftsstrafsachen, S. 182; *Kaiser/Meinberg*, NStZ 1984, 343, 346 f.

hierfür wurde erwogen, dass sich eine Verteidigerbeteiligung regelmäßig komplizierend auf das Verfahren auswirkte und das Strafbefehlsverfahren dann mangels klarer Sach- und Rechtslage nicht in Betracht käme; zudem könnte es auch daran liegen, dass nicht verteidigte Beschuldigte eine derartige Einstellung seltener anregten.[2472]

In diese Richtung gingen auch die Antworten der im Rahmen der Experteninterviews befragten Staatsanwälte. Dass Verfahren gegen prominente/wohlhabende Wirtschaftsstraftäter häufiger als Verfahren gegen andere Täter nach den §§ 153 ff. StPO eingestellt würden (Frage 34), schien eher auf Zustimmung zu stoßen (B3, der aber anmerkte, dass seine Einschätzung nur ein bisschen fundierter wäre als die eines normalen Zeitungslesers). B4 sah den Grund hierfür darin, dass sich solche Personen gute Verteidiger leisteten, wohingegen Normalbürger häufig überhaupt nicht verteidigt wären. Sofern ein minderschweres Delikt begangen wurde und Geld vorhanden wäre, wären die Voraussetzungen von § 153a StPO gegeben, allerdings hinge dies weniger vom Prominentenstatus ab als von dem Umstand, viel Geld zu haben und sich insbesondere gute Verteidiger leisten zu können. In diesen Fällen könnte die Verteidigung ein Angebot machen und die Staatsanwaltschaft das Verfahren bei solchen Geldsummen „schon mal so erledigen"; allerdings wäre der Anteil vermögender Personen bei den Prominenten besonders hoch, wodurch der Anteil an Einstellungen in diesen Bereichen tatsächlich höher wäre. B4 nähme eine solche Einstellung auch lieber vor, wenn ein Verteidiger dabei wäre, von dem man vielleicht auch wüsste, dass er zuverlässig wäre, weil dann davon ausgegangen werden könnte, dass der Verteidiger Druck machte und die Geldauflage auch bezahlt würde, sodass das Verfahren vollständig abgeschlossen werden könnte und keine weitere Arbeit machte, weil Zahlungen in die Länge gezogen würden (Frage 35). Auch B5 bejahte die Frage und führte dazu aus, dass diesbezüglich derjenige privilegiert wäre, der Geld hätte. § 153a StPO würde bei Vorliegen der Voraussetzungen von der Staatsanwaltschaft zunehmend lieber angewandt, um in vertretbarer Zeit zu einem Verfahrensergebnis zu kommen. Das Strafverfahren diente bildlich gesprochen dazu, jemandem nach einer Straftat auf die Finger zu hauen, was zügig geschehen müsste – darauf, ob eine Sache im Strafregister stehen müsste oder ob es nur an den Geldbeutel ginge, käme es weniger an. Auch B6 hatte den Eindruck, dass Verfahren in Wirtschaftsverfahren sehr häufig gegen

2472 *Meinberg*, Geringfügigkeitseinstellungen von Wirtschaftsstrafsachen, S. 182 f., wobei die Komplexität eines Verfahrens einer Einstellung nach § 153a StPO in der Praxis nicht entgegenstehe, S. 164 ff., 194, 205 f., 226 f.

sehr hohe Geldauflagen einstellt würden und dies einem kleinen Freispruch[2473] gleichkäme.[2474] Von einem scheinbaren Freikaufen sprach auch B2, der davon berichtete, immer wieder von exorbitanten Summen zu lesen und nie verstanden zu haben, dass man monate-, jahrelang ohne Führerschein fahren, dann die „Staatssäcke reich machen" und so einem Strafverfahren entgehen könnte, Stichwort Marco Reus.[2475] Das hätte ihn sehr überrascht, um es vorsichtig auszudrücken. Ob solche Fälle häufig vorkämen, könnte er nicht sagen, aber sie blieben im Gedächtnis. Es könnte aber durchaus die Gefahr bestehen, durch das Angebot eines entsprechenden Betrags schwach zu werden und dem Beschuldigten eine quälende Hauptverhandlung zu ersparen. Auch B1 erklärte diesen Umstand mit einer häufig besseren Verteidigung solcher Leute. § 153a käme hier oft vor, aber nicht so oft, wie kolportiert. Es handelte sich dabei aber auch oft um strukturell andere Verfahren, man könnte einen Prominenten mit einem Wohnsitz in Monaco, viel Auslandsbezug und Rechtshilfe, nicht mit einem kleinen Energiesteuerhinterzieher aus Berlin vergleichen.

Das Vorhandensein einer (guten) Verteidigung ist mithin ein wichtiger Aspekt in Hinblick auf die Einstellung nach § 153a StPO.

c) Die Bedeutung eines Geständnisses

Teilweise, insbesondere auch von der Staatsanwaltschaft, wird ein Geständnis als Bedingung für eine Einstellung nach § 153a StPO gesehen – jedenfalls aber wirkt sich ein solches grundsätzlich eher positiv auf die Einstellungsentscheidung aus, nicht zuletzt, weil es strafmildernd berücksichtigt werden kann und das Verfahren durch die Aufklärung erheblich vereinfacht wird.[2476] Die Gefahr einer fehlerhaften Entscheidung besteht aber dann, wenn ein Geständnis völlig ungeprüft zugrunde gelegt wird. Denn aufgrund der Tatsache, dass der Beschuldigte regelmäßig ein Interesse an der Einstellung haben wird, kann er dazu bereit sein, auch unzutreffende Vorwürfe einzuräumen oder bisher noch nicht entdeckte Umstände zu verschweigen. Insofern müssen auch immer objektive Umstände zur Verifizierung des Geständnisses herangezogen werden, um zu verhindern, dass ein Fall fehlerhaft nach § 153a StPO eingestellt wird.

2473 Gemeint ist damit, dass bei einer solchen Einstellung auch keine Eintragung in das Bundeszentralregister erfolgt und der Beschuldigte nicht vorbestraft ist.

2474 Antwort bei Frage 32.

2475 Der Fall Reus wurde allerdings nicht durch § 153a StPO, sondern durch Strafbefehl abgeschlossen: https://www.faz.net/aktuell/sport/fussball/bundesliga/marco-reus-540-000-euro-wegen-fahren-ohne-fuehrerschein-13328631.html, zuletzt abgerufen am 11.02.2021.

2476 *Kaiser/Meinberg*, NStZ 1984, 343, 348 f.

In dem Zusammenhang wies auch einer der im Rahmen der Befragung der Berliner und Bremer Verteidiger befragten Anwälte darauf hin, dass prominente oder sehr wohlhabende Täter zwar bei § 153a StPO bevorzugt würden – allerdings könnte dies nicht nur einen „Promibonus", sondern auch einen „Promimalus" darstellen, weil selbst bei guten Aussichten im Verfahren aufgrund der Kollateralschäden (insbesondere durch die Öffentlichkeit, aber auch durch die lange Verfahrensdauer und die Kosten) lieber eine Geldauflage als das geringere Übel akzeptiert würde. Trotz bestehender Privilegierung darf auch dieser Aspekt nicht außer Acht gelassen werden.

d) Absprachen

Durch die Einstellung nach § 153a StPO ist es möglich, auch Verfahren außerhalb des Bagatellbereichs und damit auch aufwändigere Verfahren zu erledigen, ohne – anders als beim Strafbefehlsverfahren – in Gänze ermitteln[2477] und auch ohne sie in einem langwierigen Hauptverfahren aufarbeiten zu müssen. Anders als bei § 153 StPO ist die Zustimmung des Beschuldigten für eine Einstellung nach § 153a StPO allerdings immer erforderlich.[2478] Aufgrund dieses vorausgesetzten konsensualen Elements liegen Verständigungen nach § 257c StPO[2479] und Absprachen im Ermittlungsverfahren hier besonders nahe.[2480] Schünemann vermutete, dass knapp 16 % der Urteile und 27 % der Einstellungen nach § 153a StPO auf einer informellen Absprache beruhen, wobei dieser Anteil bei den Urteilen in Wirtschaftsstrafsachen sogar 27 % betrage und die tatsächliche Absprachequote bezogen auf alle Deliktstypen bei circa 20–30 % liege[2481].[2482]

2477 Eine Schuldfeststellung im Sinne eines hinreichenden Tatverdachts ist aber auch hier eigentlich erforderlich, BVerfG NStZ-RR 1996, 168, 169; KK-StPO/*Diemer*, § 153a Rn. 11.

2478 MüKoStPO/*Peters* § 153a Rn. 22.

2479 Vgl. BVerfG NStZ 2016, 422, 426; Momsen/Grützner WirtschaftsStrafR-HdB/*Moldenhauer* Kap. 3 § 11 Rn. 76; Meyer-Goßner/Schmitt/*Schmitt* § 257c Rn. 13.

2480 *Rückel*, NStZ 1987, 297, 298: Gerade die §§ 153, 153a ff. StPO verlangten eine intensive Verständigung bis hin zur verfahrensbeendenden Vereinbarung; *Weigend*, NStZ 1999, 57, 58: § 153a StPO setze eine Unterwerfung des Beschuldigten voraus; vgl. *Schmidt-Hieber*, NJW 1982, 1017, 1018; vgl. *Hirsch*, ZStW 92 (1980), 218, 228; *Schünemann*, Gutachten B zum 58. DJT, S. 34, ohne Beschränkung auf das Ermittlungsverfahren.

2481 In *Schünemann*, NJW 1989, 1895, 1896 geht er noch davon aus, dass 10–27 % aller Strafurteile durch Verständigung zustande kommen.

2482 *Schünemann*, Gutachten B zum 58. DJT, S. 18.

Dementsprechend sei es bekannt, dass die Verteidigung mit der Staatsanwaltschaft im Ermittlungsverfahren nicht nur den Abschluss der Ermittlungen durch die Stellung eines Antrags auf Erlass eines Strafbefehls, sondern, wenn möglich, auch die nach § 153a StPO zu erbringenden Auflagen aushandele.[2483] Aufgrund des ähnlichen Anwendungsbereichs wird auch angenommen, dass im Rahmen einer Verständigung oftmals beide Erledigungsformen gleichzeitig diskutiert werden.[2484] In Wirtschaftsstrafverfahren handelt es sich bei der Auflage regelmäßig um die Zahlung eines Geldbetrages, die der Beschuldigte beziehungsweise Angeklagte bereit zu leisten sein muss.[2485] Dabei wird in diesem Zusammenhang ein rechtswidriges Vorgehen und damit ein Missbrauch dadurch vermutet, dass etwa die Höhe der Auflage zum Verhandlungsgegenstand und eine Einstellung seitens der Staatsanwaltschaft allein davon, und von dem Bestreben, sich Arbeit zu ersparen, abhängig gemacht werde.[2486] Ergeht eine Einstellung auf diese Weise und vor dieser Prämisse, ist es höchstwahrscheinlich, dass sie auch über die Sanktionszumessung hinausgehende Fehler aufweist.

Der aufgezeigte Vorwurf der Privilegierung bestimmter Täter, insbesondere Wirtschaftskrimineller, ist gerade mit Blick auf eine vorherige Absprache im Zusammenhang mit § 153a StPO tatsächlich zu vermuten. Gerade auch der Umstand, dass eine Einstellung oftmals dann erfolgt, wenn der Beschuldigte verteidigt ist, stärkt die Annahme, dass sich der Verteidiger regelmäßig um eine Einstellung des Verfahrens bemüht und dabei nicht selten Erfolg hat. Die Risiken der Absprachepraxis bestehen mithin auch im Bereich der Opportunitätseinstellungen.

2483 *Schmidt-Hieber*, NJW 1982, 1017; vgl. *Schünemann*, NJW 1989, 1895, 1896; vgl. *Müller*, NJW 1981, 1801, 1803; bei der Studie von *Meinberg*, Geringfügigkeitseinstellungen von Wirtschaftsstrafsachen, S. 220 f. gaben 84,4 % der Wirtschaftsstaatsanwälte und 69,8 % der allg. StA an, dass über die Bedingungen einer Einstellung verhandelt werde, auch wenn nur etwa die Hälfte aller Befragten diese Verhandlungsebene für begrüßenswert hielten.

2484 *Schünemann*, Gutachten B zum 58. DJT, S. 22; vgl. ferner *Hamm*, in: Dencker/Hamm, Der Vergleich im Strafprozeß, S 106 ff.

2485 Momsen/Grützner WirtschaftsStrafR-HdB/*Moldenhauer* Kap. 3 § 11 Rn. 54.

2486 *Dencker*, JZ 1973, 144, 147 spricht von einem „Feilschen“; *Schmidhäuser*, JZ 1973, 529, 536 von einem Handel; *Arzt*, JZ 1976, 54, 55 von der “Einführung des plea bargaining”.

3. *Teileinstellung bei mehreren Taten und Beschränkung der Verfolgung, §§ 154, 154a StPO*

a) *Regelungsgehalt*

Eine Verfahrensbeschleunigung kann auch dadurch erreicht werden, dass der Verfahrensstoff reduziert wird und weniger schwerwiegende Teile außer Acht gelassen werden. Diese Möglichkeit besteht nach den §§ 154 und 154a StPO.

Die Einstellungen nach den §§ 154 und 154a StPO sind sowohl bei Vergehen als auch bei Verbrechen anwendbar[2487] und haben damit einen weiteren Anwendungsbereich als das Strafbefehlsverfahren oder die §§ 153, 153a StPO

§ 154 Abs. 1 StPO sieht vor, dass die Staatsanwaltschaft von der Verfolgung einer Tat absehen kann, wenn die Strafe, zu der die Verfolgung führen kann, angesichts der (rechtskräftigen oder noch ausstehenden) Bestrafung für eine andere Tat nicht beträchtlich ins Gewicht fällt (Nr. 1) oder wenn ein Urteil wegen dieser Tat in angemessener Frist nicht zu erwarten ist und eine andere (rechtskräftige oder noch ausstehende) Strafe zur Einwirkung auf den Täter und zur Verteidigung der Rechtsordnung ausreichend erscheint (Nr. 2). Dies gilt jeweils auch für Maßregeln der Besserung und Sicherung. Nach Abs. 2 kann die (vorläufige) Einstellung auch auf Antrag der Staatsanwaltschaft durch das Gericht erfolgen.

Anders als die §§ 153 und 153a StPO verlangt § 154 StPO das Vorliegen einer weiteren prozessualen Straftat, hinter der die Sanktionierung der einzustellenden Tat zurückbleibt.[2488]

§ 154a StPO regelt entsprechendes für den Fall, dass die prozessuale Tat aus einzelnen, abtrennbaren Teilen besteht und nur von der Verfolgung eines einzelnen Teils und nicht wie bei § 154 StPO von einer von mehreren prozessualen Taten im Ganzen abgesehen werden soll.[2489]

Gerade in den komplexen Wirtschaftsstrafverfahren können erhebliche Erleichterungen erreicht werden, indem man eine Teileinstellung vornimmt und sich die Strafverfolgung dadurch nur noch auf die relevantesten Teile beschränkt. Dies kann zudem der Gefahr vorbeugen, dass ein Fall nach langwierigen, detaillierten Ermittlungen wegen drohender Verjährungsfristen dann doch im Hauptverfahren nach den §§ 154, 154a StPO eingestellt werden muss und der Ermittlungsaufwand diesbezüglich umsonst war.[2490]

2487 MüKoStPO/*Teßmer* § 154 Rn. 6, § 154a Rn. 3; Momsen/Grützner WirtschaftsStrafR-HdB/*v. Döllen* Kap. 3 § 12 Rn. 81.

2488 MüKoStPO/*Teßmer* § 154 Rn. 6.

2489 MüKoStPO/*Teßmer* § 154 Rn. 9.

2490 *Schmidt-Hieber*, Verständigung, Rn. 221.

b) *Absprachen*

Eine Verständigung über eine solche Teileinstellung bietet sich in diesem Bereich also grundsätzlich ebenfalls an, allerdings ist, anders als bei § 153a StPO, die Zustimmung des Beschuldigten nicht erforderlich, sodass diese Vorschrift für Absprachen von ihren Voraussetzungen her zunächst weniger stark prädestiniert scheint. Dennoch sind derartige Einstellungen in der Praxis häufig Gegenstand von Absprachen.[2491] Die Staatsanwaltschaft kann aber auch von sich aus hiervon Gebrauch machen, wozu sie angesichts der großen Arbeitsbelastung gerade auch der Wirtschaftsabteilungen grundsätzlich geneigt sein wird.[2492] Aufgrund des Interesses der Staatsanwaltschaft an der Verringerung von Ermittlungs- und Verhandlungsaufwand und des Interesses des Beschuldigten daran, dass weniger Tatvorwürfe erhoben werden, besteht auch die Gefahr einer missbräuchlichen Anwendung der §§ 154, 154a StPO. Denkbar wäre etwa, dass sich die Verfahrensbeteiligten im Rahmen einer Absprache darauf einigen, dass auf einen Teil der Anklagevorwürfe verzichtet wird, wenn dafür im Gegenzug die aufrecht erhaltenen Vorwürfe gestanden werden.

Insofern birgt die Möglichkeit der Einstellung nach Opportunität im Zusammenhang mit Absprachen auch hier Risiken für Fehlentscheidungen, wenn der Verfahrensstoff in ungeeigneten Fällen oder in unzulässigem Maße beschränkt wird und infolgedessen eine Entscheidung ergeht, die hinter dem erforderlichen Strafmaß oder dem notwendigen Aufklärungsumfang des Sachverhalts zurückbleibt.

II. Verhältnis zum Strafbefehlsverfahren

1. *Die Zahlen aus der Praxis*

Sowohl das Strafbefehlsverfahren als auch die Einstellungen aus Opportunitätsgründen sind die praktisch wichtigsten Erledigungsarten, mit denen eine Verfahrensbeschleunigung erreicht werden kann. Die Fälle, in denen der Erlass eines Strafbefehls beantragt wird, machen im Vergleich zu allen

---

2491 Was vom BGH gebilligt ist, BGH NJW 2005, 1440, 1442; *Sauer/Münkel*, Absprachen im Strafprozess, Rn. 133 f.; *Altenhain/Hagemeier/Haimerl/Stammen*, Absprachen in Wirtschaftsstrafverfahren, S. 125 f., 146; so auch die Studie von *Altenhain/Dietmeier/May*, Absprachen in Strafverfahren, S. 77 f.; *Rönnau*, Die Absprache im Strafprozeß, S. 32; *Fezer*, ZStW 106 (1994), 1, 5; dabei setze man sich zudem nicht selten über deren Voraussetzungen hinweg, *Cramer*, in: FS Rebmann, 145; vgl. *Landau*, DRiZ 1995, 132, 133.

2492 Momsen/Grützner WirtschaftsStrafR-HdB/*Moldenhauer* Kap. 3 § 11 Rn. 57.

Opportunitätseinstellungen (mit und ohne Auflagen) dabei allerdings einen geringeren Anteil aus, sodass die Entlastung der Justiz – wie bereits erwähnt – insgesamt betrachtet nicht primär durch das Strafbefehlsverfahren, sondern die Einstellungen bedingt ist.[2493]

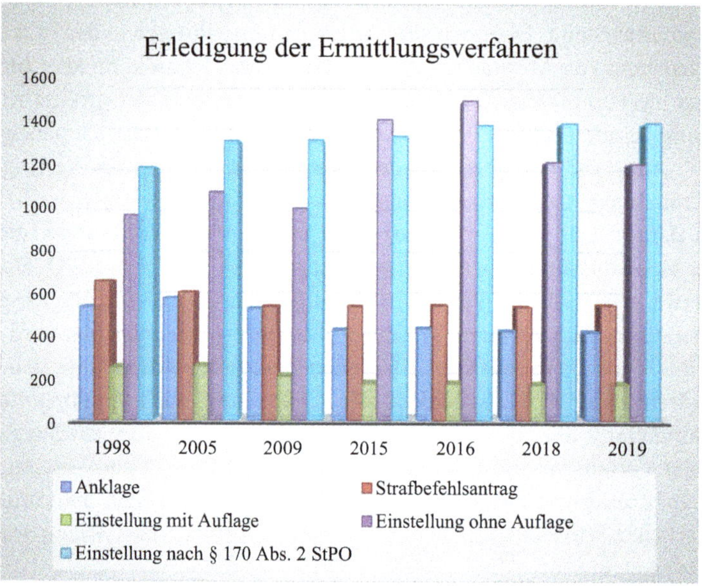

Grafik 1 Erledigung der Ermittlungsverfahren (StA)
Zu Tabelle 1, siehe 2. Teil B. IV. m. N.

Von den 2019 insgesamt 4.938.651 von der Staatsanwaltschaft erledigten Ermittlungsverfahren wurden 3,4 % mit Auflagen[2494] und 24,6 % ohne Auflagen[2495] eingestellt. Dennoch machen die Anträge auf Erlass eines Strafbefehls mit 11,1 % und damit über einer halben Million Fälle immer noch einen ganz beträchtlichen Anteil aus.[2496]

2493 Siehe unter 2. Teil B. I. 1. a), IV., Tabelle 1 m.N.; so auch *Heinz*, in: FS Müller-Dietz, 271, 285.

2494 Meint Einstellungen nach §§ 153a Abs. 1 Satz 2 Nr. 1–7, 153a Abs. 1 Satz 2 StPO, § 37 Abs. 1 Satz 2 BtMG bzw. i.V.m. § 38 Abs. 2 BtMG, § 45 Abs. 3 JGG.

2495 Meint Einstellungen nach §§ 154b Abs. 1–3, 154c, 153c, 154d–f, § 153b Abs. 1 StPO (§ 29 Abs. 5 BtMG) §§ 154 Abs. 1, 153 Abs. 1 StPO, § 45 Abs. 1, 2 JGG, § 31a Abs. 1 BtMG.

2496 *Statistisches Bundesamt*, Fachserie 10, Reihe 2.6, 2019, Tabelle 2.2.1.1 und 2.2.1.2 (Deutschland), siehe 2. Teil B. I. 1. a), IV., Tabelle 1 m.N.

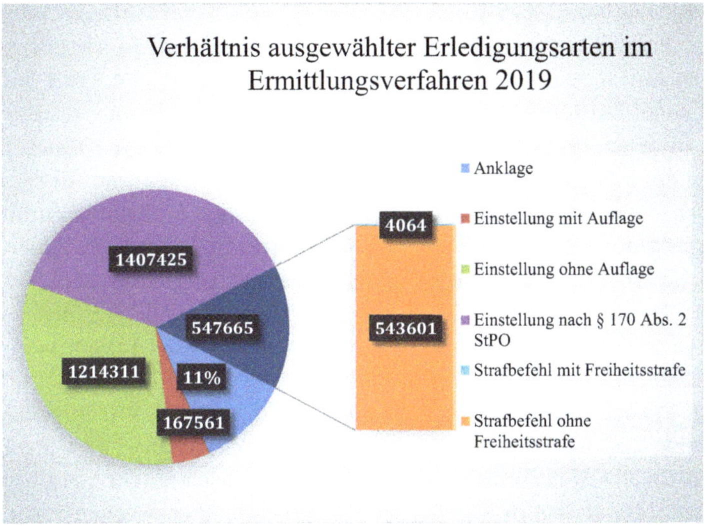

Grafik 2 Verhältnis ausgewählter Erledigungsarten im Ermittlungsverfahren (StA)
Zu Tabelle 1, siehe 2. Teil B. IV. m. N.

Von den 3,4 % der mit Auflagen eingestellten Verfahren wurden allein knapp 3,3 % nach § 153a StPO eingestellt, davon wiederum 87,9 % mit der Auflage, eine Geldzahlung zu leisten, § 153a Abs. 1 Satz 2 Nr. 2 StPO. Von den Einstellungen ohne Auflagen (1.214.311 Fälle) wurde der Großteil nach § 153 Abs. 1 StPO (37,5 %) und § 154 Abs. 1 StPO (28 %) eingestellt.[2497]

Speziell in den Wirtschafts-, Steuer- und Geldwäschedelikten, die 2,7 % der insgesamt zu erledigenden Fälle ausmachen, liegen die Zahlen leicht anders: Hier wurden 2019 in 9,5 % der Fälle Strafbefehle beantragt, in 3,4 % eine Einstellung mit Auflagen und in 20,8 % eine Einstellung ohne Auflagen vorgenommen. Die Betrugs- und Untreuefälle, die regelmäßig auch zur Wirtschaftskriminalität gezählt werden können, machen dazu nochmal einen erheblichen Teil von 19,7 % der insgesamt zu erledigenden Fälle aus. Dabei wurden dort mit 10,9 % überdurchschnittlich viele Strafbefehle beantragt, aber weniger unter Auflagen eingestellt (2,1 %). Die Einstellungen ohne Auflagen betrugen 29 %.

Im Vergleich zu den Straßenverkehrsdelikten, die von allen Deliktsbereichen den größten Teil der insgesamt zu erledigenden Verfahren ausmachen

---

2497 *Statistisches Bundesamt*, Fachserie 10, Reihe 2.6, 2019, Tabelle 2.2.1.1 (Deutschland).

(18,2 %), zeigt sich, dass die meisten Einstellungen mit Auflagen mit 7 % in diesem Bereich zu verorten sind. Bei ihnen werden zudem die mit Abstand meisten Anträge auf Erlass eines Strafbefehls gestellt (20,5 %). Trotz des hohen Anteils der Einstellungen mit Auflagen gibt es hier aber nur relativ wenige Fälle, in denen ohne Auflagen eingestellt wird (13,7 %). Die meisten Einstellungen ohne Auflagen finden bei den Aufenthaltsdelikten statt (61 %), gefolgt von den Betäubungsmitteldelikten (38,2 %) und den Diebstählen und Unterschlagungen (36,8 %). Die Betäubungsmittelkriminalität nimmt zudem einen ebenfalls nicht unerheblichen Teil der insgesamt zu erledigenden Verfahren ein (8,7 %, 429.444 Fälle). Hier wurden in 9,3 % der Fälle Strafbefehle beantragt, in nur 1,6 % der Fälle mit Auflage, aber in 38,2 % der Fälle ohne Auflagen eingestellt.[2498]

Die Einstellungen nach § 153a StPO sind bei den Wirtschaftsdelikten (gemeint sind hier jeweils Betrug, Untreue, Wirtschafts- und Steuerstrafsachen sowie Geldwäschedelikte) damit im Vergleich zu der Gesamtstatistik weniger stark als bei den Aufenthaltsdelikten, deutlich weniger stark als bei den Straßenverkehrsdelikten, etwas weniger stark als bei den Diebstählen und Unterschlagungen und den vorsätzlichen Körperverletzungen, dafür aber stärker als bei den Betäubungsmittelsachen und den Sexualdelikten vertreten. Die Opportunitätseinstellungen ohne Auflagen werden beispielsweise bei den Aufenthaltsdelikten, den Betäubungsmitteldelikten und den Diebstählen und Unterschlagungen öfter angewandt als in der Wirtschaftskriminalität, aber weniger oft bei den Straßenverkehrsdelikten.

Das Strafbefehlsverfahren findet bei diesen Wirtschaftsdelikten prozentual gesehen insgesamt überdurchschnittlich häufig Anwendung (10,7 %). Den Statistiken zufolge werden die vereinfachten Erledigungsformen im Bereich der verfahrensaufwändigen Wirtschaftskriminalität heutzutage also nicht auffallend häufiger als in den übrigen Bereichen angewandt.

Der bereits erwähnten, 1993 abgeschlossenen Untersuchung von Bussmann/Lüdemann zufolge sei in Wirtschaftsstrafverfahren eine Privilegierung gegeben, auch in Hinblick auf Absprachen.[2499] Und obwohl die Umstände auch heute noch stark vermuten lassen, dass sich gerade in den besonders aufwändigen Verfahren um eine (Teil-)Einstellung bemüht wird, wird dies nicht von

2498 Siehe 2. Teil B. I. 2. A), b), IV., Tabelle 2 m.N.

2499 *Bussmann/Lüdemann*, Klassenjustiz oder Verfahrensökonomie?, S. 124, zudem seien in diesem Bereich hohe Einstellungsquoten nach § 153a StPO typisch, S. 119 f.

der heutigen Statistik – soweit ihre Aussagekraft reicht – belegt. Vielmehr zeigt sie, dass Einstellungen in allen Deliktsbereichen sehr präsent sind. Diesen Eindruck äußerte auch einer der im Rahmen der Befragung der Berliner und Bremer Verteidiger befragten Anwälte, demzufolge Einstellungen nach den §§ 153 ff. StPO auch regelmäßig beispielsweise bei Körperverletzungen und Hausfriedensbrüchen vorkämen. Dies wird auf die insgesamt hohe Arbeitsbelastung der Staatsanwaltschaft zurückzuführen sein. Denn nicht nur die Wirtschaftsabteilungen, sondern auch alle anderen Abteilungen, gerade auch solche, die mit einem hohen Vorkommen an Massenkriminalität konfrontiert sind, profitieren natürlich von derartigen Entlastungsmöglichkeiten. Dennoch schmälert dies den Umstand nicht, dass die Einstellungspraxis eben auch im Bereich der Wirtschaftskriminalität stark präsent ist und hier ein besonderes Interesse daran besteht, sodass es durchaus auch zu missbräuchlichen Anwendungen und Privilegierungen durch ungerechtfertigte Einstellungen kommt.

2. *Stufenverhältnis der Anwendung*

Das Strafbefehlsverfahren und die §§ 153, 153a StPO haben grundsätzlich den gleichen Anwendungsbereich, da in beiden Fällen – anders als bei §§ 154, 154a StPO – nur Vergehen Einstellungsgegenstand sein können. Der Vorteil der Opportunitätseinstellungen liegt insbesondere darin, dass sie keinem Urteil gleichstehen, der Beschuldigte infolgedessen nicht vorbestraft ist und keine Eintragung in das Bundeszentralregister erfolgt. Die Einstellungen können schon während des Ermittlungsverfahrens vorgenommen werden und auf diese Weise dem Beschuldigten und den Strafverfolgungsbehörden bereits in einem sehr früheren Prozessstadium Arbeit ersparen. Ähnliches gilt prinzipiell auch für den Antrag auf Erlass eines Strafbefehls, obwohl die Ermittlungen hierfür vollständig abgeschlossen sein müssen, da der Strafbefehlsantrag die Anklage ersetzt und gerade nicht auf die Festsetzung einer Strafe verzichtet, die einen Schuldnachweis erfordert. Zudem hat das Strafbefehlsverfahren den generellen Nachteil, dass es kein Zwischenverfahren im Sinne der §§ 199 ff. StPO gibt und im späteren Verfahren kein förmliches Beweisantragsrecht besteht.[2500]

Auch im Wirtschaftsstrafrecht wird, sofern das Verfahren unter Auflage eingestellt wird, insbesondere § 153a StPO angewandt. Für das Verhältnis der Anwendung von § 153a StPO und dem Strafbefehlsverfahren sah der Gesetzgeber vor, dass die Einstellung, sofern deren Voraussetzungen vorliegen,

2500 *Sauer/Münkel*, Absprachen im Strafprozess, Rn. 695.

gegenüber dem Strafbefehlsverfahren vorrangig anzuwenden sein solle. Dies ergebe sich bereits aus dem Normzusammenhang: Da der Strafbefehlsantrag der öffentlichen Klage gleichstehe, diese aber nur dann zu erheben sei, wenn nach den Ermittlungsergebnissen ein genügender Anlass im Sinne des § 170 Abs. 1 StPO hierfür bestehe, stelle die Anwendung von § 153a StPO den schonenderen (und damit verhältnismäßigen) Eingriff dar, der im Falle einer geringen Schuld und der Eignung der genannten Auflagen und Weisungen, das öffentliche Interesse an der Strafverfolgung zu beseitigen, vorzugswürdig sei; in dem Fall entfalle nämlich der genügende Anlass zur Klageerhebung im Sinne des § 170 Abs. 1 StPO.[2501]

Damit ergibt sich folgendes Stufenverhältnis: Wenn möglich soll zuerst nach § 153a StPO eingestellt werden, falls dies nicht möglich ist, ein Strafbefehlsantrag nach § 407 StPO gestellt (vgl. Nr. 175 Abs. 3 RiStBV), und erst, wenn auch die Voraussetzungen hierfür nicht vorliegen, Anklage erhoben werden.[2502]

Dieses Stufenverhältnis entspricht auch Verhältnismäßigkeitserwägungen[2503], denn es soll immer zunächst die am wenigstens belastende und einfachste Erledigungsart angewandt werden. Insofern ist eine Einstellung nach § 153 StPO, die in den geringfügigsten Fällen möglich ist, vor einer Einstellung nach § 153a StPO zu erwägen. Entscheidet sich die Staatsanwaltschaft für eine Verfahrensart, deren Voraussetzungen im konkreten Fall nicht vorliegen, etwa weil sie eine Einstellung gegen Auflagen vornimmt, um sich eine aufwändige Beweiserhebung zu sparen, die eigentlich erforderlich wäre, um entsprechend Strafbefehl beantragen oder, bei komplexen Sachverhalten, vielmehr Anklage erheben zu können, handelt es sich um eine Fehlentscheidung. In diesem Fall erginge diese aber nicht zu Lasten, sondern zugunsten des Beschuldigten, da er davon profitiert, nicht verurteilt zu werden. Insofern erhält der Beschuldigte hier eine ungerechtfertigte Besserstellung. Sofern die Staatsanwaltschaft etwa einen Strafbefehl erlässt, obwohl aufgrund der Komplexität der Sachlage eine Anklage erforderlich wäre, kann zwar auch dies für den Beschuldigten positiv sein, da keine Hauptverhandlung stattfindet, allerdings kann sich dies auch zu seinen Lasten auswirken, wenn der erhobene Vorwurf unzutreffend und die Strafe zu hoch bemessen ist. Die Entscheidung für eine Verfahrensart ist allerdings weder von der Staatsanwaltschaft zu begründen noch kann hiergegen ein Rechtsbehelf eingelegt werden. Zwar kann eine Verteidigung, sofern

2501 BT-Drs. 10/1313, S. 35.

2502 Siehe auch *Bornheim*, PStR 2000, 32, 34.

2503 MüKoStPO/*Eckstein* § 407 Rn. 65.

vorhanden, bereits im Ermittlungsverfahren eine bestimmte Erledigungsart anregen. Dennoch bleibt das Risiko für den Beschuldigten, dass sein Verfahren nicht auf die angemessene Art erledigt wird.

Bei den Teileinstellungen der §§ 154, 154a StPO besteht zudem die Möglichkeit, sie in Kombination mit dem Strafbefehlsverfahren anzuwenden.[2504] Sofern ein komplexer Fall durch eine Teileinstellung stark vereinfacht wird, kann wiederum grundsätzlich eine Erledigung des reduzierten Verfahrensstoffs durch Strafbefehl erwogen werden – allerdings darf diese Möglichkeit nicht missbräuchlich angewandt werden, nur um auf diese Weise eine Erledigung im Wege des Strafbefehlsverfahrens zu ermöglichen.[2505]

Auch die im Rahmen der Experteninterviews befragten Staatsanwälte berichteten von solchen kombinierten Anwendungen von Opportunitätseinstellung und Strafbefehlsverfahren zur schnellen Erledigung von Verfahren. B1 gab auf die Frage, wie sich komplizierte Sachverhalte im Ermittlungs- und Hauptverfahren am besten handhaben lassen (Frage 9), zunächst eine strukturelle Aufarbeitung mit guter Aktenführung an. Nach näherem Eingehen auf die große Komplexität insbesondere vieler Wirtschaftsstrafverfahren erzählte er dann, dass bei Massenverfahren einige Fälle rausgesucht würden und der Rest etwa nach § 153 StPO eingestellt werden müsste, was manchmal nicht anders ginge, im Ergebnis aber auch sachgerecht wäre. Auch B6 berichtete davon, dass man versuchte, Verfahren in solchen Fällen durch Teileinstellungen von Vorwürfen niedrigeren Gewichts zu verschlanken. Für die weiterverfolgten Taten käme dann auch ein Strafbefehl in Betracht. B4 nannte ebenfalls den Versuch, den Prozessstoff bei umfangreicheren Verfahren frühzeitig einzuschränken und sich auf die schwerwiegendsten Taten zu konzentrieren. B6 berichtete auch davon, dass der Staatsanwalt weitere Tatvorwürfe, die noch auszuermitteln wären, einstellen könnte, wenn ein Einverständnis bestünde, den anderen Teil zu akzeptieren (Antwort auf Frage 8).

3. *Verteidigung und Absprachen*

Dieses Stufenverhältnis der Anwendung vereinfachter Erledigungsformen dürfte aufgrund der eben genannten Vorteile der Einstellungen regelmäßig auch dem Bestreben der Verteidigung entsprechen. Wenn es ihr aufgrund feststehender Tatvorwürfe nicht gelingt, auf eine Verfahrenseinstellung durch die Staatsanwaltschaft hinzuwirken, kann sie im nächsten Schritt versuchen, eine

---

2504 *Sauer/Münkel*, Absprachen im Strafprozess, Rn. 176.

2505 *Schmidt-Hieber*, Verständigung, Rn. 81.

Erledigung durch das gegenüber der Anklage weniger belastende Strafbefehlsverfahren zu erzielen.[2506] Andersherum kann auch etwa ein Einspruch gegen einen bereits erlassenen Strafbefehl aus dem Grunde erfolgen, dass der Verteidiger eine Einstellung des Verfahrens nach § 153 oder § 153a StPO durch das Gericht für möglich erachtet und eine solche vorrangig erreichen will. Dass dies häufig der Fall sei, gab im Rahmen der Befragung ein Bremer Verteidiger auf die Frage nach den Gründen für eine häufige Einspruchseinlegung an. Auch von 3 der befragten Strafrichter des Amtsgerichts Tiergarten wurde angegeben, dass der Grund für einen eingelegten Einspruch meistens in dem Versuch einer Verfahrenseinstellung nach den §§ 153 ff. StPO liege.

In diesem Zusammenhang werden auch Absprachen relevant.[2507] Wenn also sowohl die Staatsanwaltschaft als auch der Beschuldigte beziehungsweise sein Verteidiger ein vorrangiges Interesse daran haben, ein Verfahren nach Möglichkeit einzustellen (woran auch dem Gericht aus Aspekten der Arbeitsbelastung regelmäßig gelegen sein dürfte), könnte man zunächst vermuten, dass mehr Absprachen mit dem Ziel einer Einstellung nach § 153a StPO als mit dem Ziel der Stellung eines Strafbefehlsantrages getroffen werden. Die statistischen Erledigungsquoten der Staatsanwaltschaft legen aber eher die Vermutung nahe, dass mehr Absprachen getroffen werden, die einen Strafbefehlsantrag zum Gegenstand haben, da insgesamt auch mehr Strafbefehle beantragt als Fälle mit Auflage eingestellt werden. Dies deutet darauf hin, dass sich weniger Fälle für die Einstellung nach § 153a StPO als für das Strafbefehlsverfahren eignen. Der verhältnismäßig geringe Anwendungsbereich des § 153a StPO zeigt damit auch, dass es weniger Fälle gibt, in denen sich das Interesse der Öffentlichkeit an der Strafverfolgung durch eine Geldauflage beseitigen lässt. Umso zweifelhafter erscheint es, dass hier regelmäßig (infolge einer Absprache) gegen besonders hohe Summen eingestellt wird.

2506 Graf StPO/*Temming* § 407 Rn. 5.

2507 *Sauer/Münkel*, Absprachen im Strafprozess, Rn. 18 f. sprechen mit Blick auf die Zustimmungserfordernisse beim Strafbefehlsverfahren und den §§ 153 ff. StPO von der Notwendigkeit konsensualer Verfahrensweisen; auch *Dahs*, Hdb. des Strafverteidigers, Rn. 1, 235, 246, 1072 spricht davon, dass Strafverteidigung nicht nur Kampf, sondern auch Kooperation sei und die Vorteile der Einstellungen und des Strafbefehls für den Mandanten genutzt werden können; a.A. *Hamm*, NJW 2006, 2084, 2088 f.

4. *Verteidigung in komplexen Wirtschaftsverfahren*

Im Zusammenhang mit Verteidigungsstrategien im Wirtschaftsstrafrecht wird auf der anderen Seite Verwunderung darüber geäußert, dass zahlreiche Verfahren *trotz* Verteidigerbeteiligung mit einem Strafbefehlsantrag abgeschlossen worden seien[2508]: Denn die Verfahrensstrategien von Staatsanwaltschaft und Verteidigung seien gegenläufig, da die Staatsanwaltschaft nach Möglichkeiten suche, das Verfahren beschleunigt und vereinfacht zu erledigen, während die Verteidiger das Verfahren dadurch bewusst in die Länge ziehen[2509], indem sie etwa besonders viel Beweismaterial, unter anderem auch solches, das aus parallel laufenden Zivilgerichtsverfahren stamme und für das Strafverfahren bedeutungslos sei, vorbringen. Die Fälle, in denen ein Strafbefehl beantragt werde, seien dann regelmäßig solche, in denen eine Kompromissbereitschaft nicht oder kaum mehr vorhanden gewesen sei, was insbesondere bei Steuerstrafverfahren der Fall sei. Bemerkenswert sei aber, dass die Hälfte der Verfahren, in denen der Beschuldigte Einspruch gegen einen Strafbefehl eingelegt habe, dann im Hauptverfahren nach § 153a Abs. 2 StPO durch das Gericht eingestellt werden und von diesen Fällen 71 % der Beschuldigten einen Strafverteidiger hinzugezogen haben.[2510]

Derartige Verteidigungsstrategien mögen zwar vorkommen, sind aber nicht in der Regel anzunehmen. Zwar kann eine Verfahrensverzögerung unter verteidigungsstrategischen Erwägungen sinnvoll sein, allerdings haben auch die verkürzten Verfahrenserledigungen, insbesondere die Einstellungen, Vorzüge, an denen auch der Beschuldigte – wie oftmals aufgezeigt – regelmäßig ein erhebliches Interesse hat. Daher ist es verteidigungsstrategisch wahrscheinlich oftmals sogar sinnvoller, Absprachen mit der Staatsanwaltschaft (oder dem Gericht) zu treffen – beispielsweise im Gegenzug für ein Geständnis, das gerade im Sinne der Staatsanwaltschaft liegt, weil hierdurch die von ihr bestrebte Verfahrenserleichterung eintritt. Dazu kommt, wie bereits aufgezeigt, dass eine Verteidigung im Ermittlungsverfahren in geeigneten – aber auch in hierfür ungeeigneten –Fällen regelmäßig versuchen wird, auf die Beantragung eines Strafbefehls hinzuwirken und es damit gerade nicht verwunderlich ist, dass es

---

2508 *Kaiser/Meinberg,* NStZ 1984, 343, 347.

2509 Auch die Untersuchung von *Meinberg,* Geringfügigkeitseinstellungen von Wirtschaftsstrafsachen, S. 182, 219 f. ergab, dass sich eine Verteidigerbeteiligung verkomplizierend auf das Verfahren auswirkte.

2510 *Kaiser/Meinberg,* NStZ 1984, 343, 347.

in vielen Verfahren, in denen der Beschuldigte verteidigt wird, auch zu einem Strafbefehlsverfahren kommt.

5. *Geständniswirkungen*

In dem Fall, in dem der Beschuldigte geständig sei, bedürfe es Kaiser/Meinberg zufolge aus verfahrensökonomischen Gesichtspunkten keiner Einstellung nach § 153a StPO mehr, da – da nicht mit einem Einspruch zu rechnen sei – das Strafbefehlsverfahren die schnellere Erledigungsmöglichkeit darstelle.[2511]

Geständnisse seien im Zusammenhang mit Strafbefehlen insofern besonders bedeutsam, als fast zwei Drittel aller Strafbefehle ein (Teil-)Geständnis zugrunde liege, was bei den Einstellungen nach § 153a StPO nur in 42 % der Fälle der Fall sei. Dies lasse den vorsichtigen Schluss darauf zu, dass eine Geständnisbereitschaft nicht grundsätzlich einstellungsförderlich wirke, sondern von der Staatsanwaltschaft vielmehr zugunsten einer Anwendung des Strafbefehlsverfahrens genutzt werde – Einstellungen hingegen werden eher dann bevorzugt, wenn gerade keine Geständnisbereitschaft vorliege, da ein Einspruch in diesen Fällen wahrscheinlicher sei.[2512]

Ob diese Untersuchungsergebnisse auch heute so angenommen werden können, ist fraglich. Erstens stellt sich die Frage, aus welchen Gründen das Strafbefehlsverfahren im Falle eines Geständnisses schneller ablaufen soll als eine Einstellung unter Auflagen. Für § 153a StPO benötigt die Staatsanwaltschaft zwar die Zustimmung von Gericht und Angeschuldigtem; letzterer ist aber bereits geständig und wird eine Einstellung unter Auflagen einer Verurteilung regelmäßig vorziehen, und beim Strafbefehlsverfahren ist gerade auch das Gericht beteiligt.

Dass Geständnisse Verfahren grundsätzlich eher strafbefehls- als einstellungsgeeignet machen, ist hingegen keine abwegige Erwägung. Denn sofern der Beschuldigte seine Taten einräumt, liegt es nahe, sie eher zu sanktionieren als von einer Sanktion abzusehen. Dass bei abgesprochenen Strafbefehlen, denen ein Geständnis vorausging, regelmäßig auch auf einen Einspruch verzichtet wird, liegt ebenfalls nahe. In diesem Zusammenhang wurde auch im Rahmen der Befragung der Bremer Verteidiger zwei Mal angegeben, dass nicht oft Einspruch eingelegt würde, weil dem Strafbefehl eine Verständigung

---

2511 *Meinberg*, Geringfügigkeitseinstellungen von Wirtschaftsstrafsachen, S. 185; *Kaiser/Meinberg*, NStZ 1984, 343, 348.

2512 *Meinberg*, Geringfügigkeitseinstellungen von Wirtschaftsstrafsachen, S. 185 f.; *Kaiser/Meinberg*, NStZ 1984, 343, 349.

vorausgegangen beziehungsweise er abgesprochen gewesen wäre. Dennoch kann es durchaus dazu kommen, dass ein auf die Strafhöhe beschränkter Einspruch eingelegt wird, da diese nicht verbindlich abgesprochen werden und es daher theoretisch zu einer negativen Abweichung für den Angeklagten kommen kann.

Dass im Falle eines Geständnisses die Beantragung eines Strafbefehls näherliegt als eine Einstellung, stünde zudem auch mit der Absprachepraxis in Einklang, dass die Verteidigung im Rahmen von Absprachen, die die Beantragung eines Strafbefehls zum Ziel haben, eher ein Geständnis (und einen Einspruchsverzicht) anbietet, bei Absprachen hingegen, die auf eine Einstellung unter Auflagen abzielen, mehr auf die Einflussnahme auf die Auflagenart beziehungsweise -höhe bedacht ist. Da ein Geständnis aber strafmildernd berücksichtigt werden kann, kann es sich insoweit auch einstellungsfördernd auswirken, wobei die Verurteilung durch Strafbefehl wahrscheinlicher ist.

6. *Rechtskraftwirkungen*

Zu beachten ist auch, dass die Wahl der Verfahrensart Auswirkungen auf weitere Verfahren hat. Eine Einstellung nach § 153 Abs. 1 StPO beispielsweise hindert die Staatsanwaltschaft mangels Rechtskraftwirkung nicht daran, das Verfahren jederzeit erneut aufzunehmen, sofern sachliche Gründe hierfür vorliegen.[2513] Insofern hat eine Einstellung nach § 153a StPO demgegenüber den Vorteil, dass hier zumindest ein beschränkter Strafklageverbrauch eintritt, Abs. 1 Satz 5.[2514] Wenn die angeordneten Auflagen erfüllt werden, entsteht hiernach nämlich ein endgültiges Verfahrenshindernis bezüglich der Verfolgung der Tat als Vergehen.[2515] Sofern das Verfahren allerdings wegen Geringfügigkeit durch das Gericht eingestellt wurde, § 153 Abs. 2 StPO, tritt aber auch hier ein beschränkter Strafklageverbrauch ein.[2516]

Der Strafbefehl hingegen wird bei fehlendem Einspruch uneingeschränkt formell und materiell rechtskräftig und steht einem Urteil gleich, § 410 Abs. 3 StPO.[2517] Eine Durchbrechung der Rechtskraft ist lediglich in Ausnahmefällen durch eine Wiederaufnahme möglich, §§ 359 ff., 373a StPO.

2513 BeckOK StPO/*Beukelmann* § 153 Rn. 40 f.

2514 BeckOK StPO/*Beukelmann* § 153 Rn. 41.

2515 Graf/Jäger/Wittig/*Ganter* StPO § 153a Rn. 29.

2516 BGH NStZ 2004, 218; BeckOK StPO/*Beukelmann* § 153 Rn. 42.

2517 BeckOK StPO/*Temming* § 410 Rn. 8.

Insofern haben Verfahrenserledigungen nach § 153a StPO und § 407 StPO gegenüber einer Erledigung nach § 153 Abs. 1 StPO den Vorteil, dass sie eine größere Rechtssicherheit und einen (weitgehend) endgültigen Abschluss des Verfahrens zur Folge haben, was durchaus auch Einfluss auf die staatsanwaltschaftliche Entscheidung bezüglich der Verfahrensart haben könnte.

7. Zusammenfassung

Das Bedürfnis nach einer Verfahrensbeschleunigung besteht aufgrund der hohen Arbeitsbelastung in allen Deliktsbereichen. Im Wirtschaftsstrafrecht bekommt es wegen der dort oftmals sehr aufwändigen Verfahren eine besondere Bedeutung. Sowohl das Strafbefehlsverfahren als auch die Opportunitätseinstellungen sind Wege, Verfahren abzukürzen. Aufgrund ihrer Vorteile gegenüber einem regulären Verfahren werden sie regelmäßig zum Gegenstand von Absprachen, weil alle Verfahrensbeteiligten grundsätzlich ein Interesse an ihrer Anwendung haben. Gerade die Opportunitätseinstellungen sind für den Beschuldigten besonders positiv, da er auf diese Weise nicht vorbestraft ist.

In größeren Wirtschaftsstrafverfahren droht zudem regelmäßig neben der Durchführung einer Hauptverhandlung auch eine (intensive) Medienberichterstattung, die für den Beschuldigten beziehungsweise Angeklagten besonders belastend ist. Daher wird die Verteidigung besonders in diesen, aber auch in allen anderen Fällen, bereits im Ermittlungsverfahren eine Einstellung anregen, sofern diese nicht ausgeschlossen erscheint.[2518] Die Beantragung eines Strafbefehls anzuregen, der ohne Einspruch einem rechtskräftigen Urteil gleichsteht und eine unbeschränkte Rechtskraftwirkung entfaltet, ist zwar in solchen Situationen gegenüber einem Hauptverfahren vorzugswürdig, aber dennoch schwerwiegender als die Beendigung der Ermittlungen durch eine Einstellung. Und auch der Gesetzgeber sah vor, dass eine Einstellung unter Auflagen nach Möglichkeit einem Strafbefehl vorzuziehen ist.

Aus dieser Interessenlage heraus hat sich die Absprachepraxis auch im Bereich der Wirtschaftskriminalität etabliert. Es ist zu vermuten, dass die Täter hier durch vermehrte Einstellungen, denen oftmals eine Absprache vorausging[2519], privilegiert werden. Diese Vermutung wurde 1993 empirisch belegt[2520],

---

2518 Vgl. Momsen/Grützner WirtschaftsStrafR-HdB/*Moldenhauer* Kap. 3 § 11 Rn. 50.

2519 *Weßlau,* ZStW 116 (2004), 150, 157 mit Hinweis auf die Studie von *Bussmann/Lüdemann*, Klassenjustiz oder Verfahrensökonomie?, S. 124.

2520 *Bussmann/Lüdemann*, Klassenjustiz oder Verfahrensökonomie, S. 124; vgl. auch *Kunz*, Die Einstellung wegen Geringfügigkeit durch die Staatsanwaltschaft,

lässt sich anhand der vorhandenen heutigen Statistik aber nicht mehr erkennen. Vielmehr sind in allen Deliktsbereichen hohe Einstellungsquoten zu verzeichnen.

Die Opportunitätseinstellungen ohne Auflagen (28 %), von denen die meisten Fälle § 153 Abs. 1 oder § 154 Abs. 1 StPO betreffen, überwiegen bei den Wirtschaftsstrafsachen (darunter werden an dieser Stelle Betrugs- und Untreuefälle, sowie insgesamt Wirtschafts- und Steuerstraftaten sowie Geldwäschedelikte gefasst) – wie in anderen Deliktsbereichen zumeist auch – die Anzahl der Strafbefehlsverfahren (10,7 %), wohingegen die Einstellungen mit Auflagen, in der Regel § 153a StPO, prozentual den kleinsten Teil (2,3 %), von der Anzahl her aber eine nicht unerhebliche Summe an oftmals besonders aufwändigen Verfahren ausmachen (25.432).[2521] Daraus lässt sich schließen, dass auch mehr Absprachen mit dem Ziel eines Strafbefehls getroffen werden dürften als mit dem Ziel einer Einstellung nach § 153a StPO.

Insbesondere die praktische Handhabung des § 153a StPO wird scharf kritisiert. Die flexible Anwendbarkeit ermöglicht es, viele Fälle hiernach einzustellen. Auch wenn die Statistiken keine grundsätzlich erhöhte Anwendung im Bereich des Wirtschaftsstrafrechts zeigen, so werden hier aber regelmäßig besonders hohe Geldauflagen angeordnet, die teilweise sogar höher sind, als eine Geldstrafe sein könnte. Der Vergleich mit entsprechenden Freiheitsstrafen zeigt dabei, dass diese Fälle nicht mehr im Bereich der leichten oder sogar mittleren Kriminalität liegen und damit eigentlich nicht mehr einstellungsfähig sind.[2522] § 153a StPO unterliegt mithin einem Missbrauchspotential, da auch schwerwiegendere Verfahren gegen entsprechend hohe Summen eingestellt werden können, die allerdings nur besonders wohlhabende Leute zu leisten imstande sind.

Zudem ist davon auszugehen, dass Absprachen in der Regel in Verfahren getroffen werden, in denen ein Verteidiger beteiligt ist, der mit der Staatsanwaltschaft oder dem Gericht entsprechende Rechtsgespräche führen kann. Und gerade finanziell starke (Wirtschafts-)Straftäter können sich einen oder mehrere (gute) Anwälte leisten.

S. 85 ff.; *Hertwig*, Die Einstellung des Strafverfahrens wegen Geringfügigkeit, S. 209 ff., 222, 224; vgl. auch *Meinberg*, Geringfügigkeitseinstellungen von Wirtschaftsstrafsachen, S. 134 ff., 223 f.

2521 Siehe 2. Teil B. IV., Tabelle 2 m.N.

2522 *Kudlich*, ZRP 2015, 10, 11.

Im Ganzen lässt sich also festhalten, dass das Strafbefehlsverfahren in der Wirtschaftskriminalität im Vergleich zu den Einstellungen nach § 153a StPO überwiegt, insgesamt aber am meisten ohne Auflagen im Ermittlungsverfahren wegen Geringfügigkeit nach § 153 Abs. 1 StPO oder nach § 154 Abs. 1 StPO (teil-)eingestellt wird. Mit Blick auf den Umstand, dass sowohl die Anwendung von § 153a StPO oftmals fragwürdig ist und auch das Strafbefehlsverfahren gerade in Bereichen, die die leichte Kriminalität verlassen, aufgrund der bestehenden Risiken nicht angewandt werden sollte, ist anzunehmen, dass die Bestrebungen nach Verfahrensbeschleunigung in Wirtschaftsstrafverfahren regelmäßig zu einer missbräuchlichen Erledigungspraxis führen, die häufig Fehlentscheidungen zur Folge hat.

Das Verhältnis der Anwendungshäufigkeit zwischen dem Strafbefehlsverfahren und den Opportunitätseinstellungen erscheint insgesamt sachlich begründet. Die Ausgestaltung dieser vereinfachten Erledigungsmöglichkeiten führt, wie festgestellt, dazu, dass das Strafbefehlsverfahren insgesamt öfter angewandt wird (11,1 % der staatsanwaltschaftlichen Verfahren im Jahr 2019 wurden durch Strafbefehlsantrag abgeschlossen) als die Einstellung nach § 153a StPO (3,3 %). Noch deutlich mehr wird hingegen ohne Auflagen eingestellt: Im Jahr 2019 waren es 37,5 % nach § 153 StPO und 28 % nach § 154 Abs. 1 StPO.[2523]

Insbesondere das Verhältnis zwischen dem Strafbefehlsverfahren und der Einstellung unter Auflage ist aufgrund der sehr ähnlichen Lagerung der Fälle allerdings schwierig. Grundsätzlich soll, sofern möglich, hier erst eine Einstellung erwogen werden, bevor ein Strafbefehlsverfahren in Betracht gezogen wird, allerdings werden in der Praxis Fälle auf § 153a StPO verlagert, die eigentlich – wenn überhaupt (!) – durch Strafbefehl abzuurteilen wären. Dies gilt insbesondere für solche Fälle, bei denen entweder die Beweislage nicht völlig klar ist und weiter ermittelt werden müsste (wobei eigentlich auch für eine Einstellung nach § 153a StPO die Feststellung der Schuld zumindest im Sinne eines hinreichenden Tatverdachts erforderlich wäre[2524]) oder auch für solche Fälle, in denen eine besonders hohe Geldauflage darauf hinweist, dass das Interesse der Öffentlichkeit an einer Strafverfolgung so hoch ist, dass ein Schuldspruch durch zumindest einen Strafbefehl ergehen müsste. Auch wenn diese Fälle statistisch gesehen nur einen kleinen Teil ausmachen, sollten sie

2523 Siehe 2. Teil B. IV., Tabelle 1 m.N.; *Statistisches Bundesamt*, Fachserie 10, Reihe 2.6, 2019, Tabelle 2.2.1.1 (Deutschland).

2524 BVerfG NStZ-RR 1996, 168, 169; KK-StPO/*Diemer*, § 153a Rn. 11.

weitgehend ausermittelt und im Wege des Strafbefehlsverfahrens erledigt werden.

Zwar ist die Möglichkeit einer Einstellung nach § 153a StPO grundsätzlich begrüßenswert, um mit Blick auf den Verhältnismäßigkeitsgrundsatz solche Verfahren ohne Strafe abzuschließen, in denen es sich um kleinere, insbesondere auch erstmalige Verfehlungen handelt. Um zu verhindern, dass die Norm allerdings, wie bereits dargestellt, missbräuchlich angewandt wird, wäre eine konkrete Begrenzung des Anwendungsbereichs zu fordern. Die gänzliche Abschaffung der Norm, wie der Gesetzesentwurf des Arbeitskreises AE es vorsieht[2525], ist vielleicht zu weitgehend, da es Fälle gibt, in denen eine Erledigung nach § 153a StPO durchaus angemessen erscheint. Es könnte vielmehr bei der Höhe der Geldauflage angesetzt werden und diese etwa auf 5.000 Euro beschränkt werden.[2526] Dies entspräche auch der ursprünglichen Intention, die Norm in leichten Fällen anzuwenden und würde verhindern, dass sich etwa in großen und komplexeren Verfahren umfangreiche Beweisermittlungen erspart werden und auf diese Weise Fehlentscheidungen ergehen. Sofern im Bereich der leichteren (und mittleren) Kriminalität höhere Geldbeträge erforderlich werden, ist der Sachverhalt genau zu ermitteln und auf eine Strafe durch Strafbefehl zu erkennen.

E. Steuerstrafverfahren

Auch im Steuerstrafrecht spielen verkürzte Verfahrenserledigungen eine Rolle. Im Zusammenhang mit Strafbefehlen ergeben sich bei Steuerstraftaten allerdings einige Besonderheiten.

I. Zuständigkeit und Anwendungsbereich

Eine dieser Besonderheiten besteht in der Zuständigkeit. In Steuerstrafverfahren können Strafbefehle nämlich nicht ausschließlich von der Staatsanwaltschaft, sondern auch von der Finanzbehörde beantragt werden, wenn die Ermittlungen der Finanzbehörde genügenden Anlass zur Erhebung der öffentlichen Klage

---

2525 *AE-ASR*, GA 2019, 1, 22.

2526 Zur Erforderlichkeit einer Obergrenze auch *Trentmann*, ZStW 128 (2016), 446, 514 ff., der sich allerdings gegen die Nennung einer bestimmten Tagessatzanzahl ausspricht; *Fezer*, ZStW 106 (1994), 1, 44 schlägt eine Begrenzung auf 30 Tagessätze vor; *Wolter*, GA 1989, 397, 411 eine Begrenzung der erwarteten Strafe auf 180 Tagessätze oder drei Monate Freiheitsstrafe; vgl. ferner *Saliger/Sinner*, ZIS 2007, 476, 482.

bieten und die Strafsache zur Behandlung im Strafbefehlsverfahren geeignet erscheint, §§ 400, 399 Abs. 1 AO.[2527] Eigene Ermittlungen kann die Finanzbehörde gem. § 386 Abs. 2 AO dann durchführen, wenn es sich ausschließlich um eine Steuerstraftat handelt, Nr. 1, oder ein anderer steuerlich relevanter Sachverhalt im Sinne der Nr. 2 vorliegt; in diesen Fällen nimmt sie die Rechte und Pflichten der Staatsanwaltschaft wahr.[2528] Im Rahmen dessen übernehmen die Behörden des Zollfahndungsdienstes und die mit der Steuerfahndung betrauten Dienststellen der Landesfinanzbehörden die Rechte und Pflichten der Polizeibehörden und -beamten, die Beamten der Zoll- und Steuerfahndung fungieren als Ermittlungspersonen der Staatsanwaltschaft, § 404 AO.[2529] Der Antrag auf Erlass eines Strafbefehls wird von der Bußgeld- und Strafsachenstelle (BuStra[2530]) gestellt, Nr. 84 AStBV (St) 2020. Der im Rahmen der Experteninterviews befragte Berliner Staatsanwalt B1 schilderte in dem Zusammenhang, dass diese Anträge die Staatsanwaltschaft durchliefen, die – anders als früher – dazu angehalten wäre, den Anträgen ein Aktenzeichen zuzuteilen, wodurch theoretisch die Verantwortung für den Strafbefehlsinhalt übernommen würde. Die Staatsanwaltschaft überprüfte die Anträge derzeit auf Schlüssigkeit und evidente Fehler, nicht hingegen auf einen hinreichenden Tatverdacht.[2531]

Sofern es zu einer Anklage kommen soll, ist hierfür gemäß § 400 AO die Staatsanwaltschaft zuständig. Diese wird auch dann wieder ausschließlich zuständig, wenn es auf den Antrag hin zur Anberaumung einer Hauptverhandlung gemäß § 408 Abs. 3 Satz 2 StPO kommt oder gegen einen vom Richter erlassenen Strafbefehl Einspruch eingelegt wird, § 406 Abs. 1 AO.[2532] In diesen Hauptverhandlungen nehmen nach § 403 AO aber auch Vertreter der Bußgeld- und Strafsachenstelle als Verfahrensbeteiligte teil.

Der Richter ist auch hier an den Strafbefehlsantrag gebunden und kann den Strafbefehl nicht abweichend erlassen, was auch dann gilt, wenn dieser wegen der Zuständigkeit auch des Finanzamtes von Nichtjuristen (einem Inspektor/Amtsrat bei BuStra) beantragt wurde[2533]. Diesbezüglich wird zum Teil zwar

---

2527 Siehe dazu auch *Dißars*, wistra 1997, 331 ff.

2528 Zu den Befugnissen im Einzelnen *Stahlschmidt*, Steuerstrafrecht § 15 Rn. 25 ff.

2529 MüKoStPO/*Eckstein* § 407 Rn. 18.

2530 Die Bezeichnung ist nicht bundeseinheitlich, siehe *Stahlschmidt*, Steuerstrafrecht § 15 Rn. 15 f.

2531 Antwort auf Frage 2; siehe zu den Interviewergebnissen unter 2. Teil A. II. 2.

2532 KK-StPO/*Maur* § 407 Rn. 31.

2533 Das AG Braunschweig wistra 1992, 234; wistra 1995, 34 hielt den Strafbefehl in diesem Falle sogar zunächst für nichtig und legte die Frage gem. Art. 100 GG

gefordert, dass für förmliche Anträge auf etwa richterliche Untersuchungshandlungen der jeweilige Antragsteller die Befähigung zum Richteramt im Sinne von § 142 Abs. 1 GVG, § 122 Abs. 1 DRiG oder zumindest eine Amtsanwälten vergleichbare Ausbildung[2534] erfahren haben müsse.[2535] Diese Forderung ist auch insofern berechtigt, als das Strafbefehlsverfahren wie gezeigt erhebliche Risiken und Fehleranfälligkeiten birgt. Der Umgang mit ihm sollte nur fachkundigen Personen obliegen, allerdings ergeben sich hier in der Praxis keine Schwierigkeiten, da bei den Finanzämtern die Sachgebietsleiter der Bußgeld- und Strafsachenstellen regelmäßig Beamte des höheren Steuerverwaltungsdienstes mit der Befähigung zum Richteramt sind und die Ausbildung (§ 4 StBAG) der sachbearbeitenden Beamten des gehobenen Steuerverwaltungsdienstes mit der Rechtspflegerausbildung (§ 2 RPflG) vergleichbar ist.[2536]

Das Strafbefehlsverfahren kommt grundsätzlich bei allen Steuerstraftaten in Betracht, da es sich bei diesen um Vergehen handelt.[2537] Dennoch muss es sich auch hier konkret um einfach gelagerte Sachverhalte geringfügiger Kriminalität handeln. Ein Strafbefehl wird nicht mehr beantragt, wenn Steuern in Höhe von über einer Million Euro hinterzogen wurden, weil das Informationsinteresse der Öffentlichkeit in derartigen Fällen besonders groß ist und daher eine öffentliche Hauptverhandlung stattzufinden hat.[2538] Zudem ist die Straferwartung hier häufig so hoch (zwei Jahre Freiheitsstrafe[2539]), dass der Sanktionsrahmen des Strafbefehlsverfahrens überstiegen ist.[2540] Bis zu der Grenze eines Hinterziehungsbetrages von einer Million Euro kommt hingegen regelmäßig eine Geld- oder eine zur Bewährung ausgesetzte Freiheitsstrafe, mithin auch das Strafbefehlsverfahren in Betracht.[2541] Die Finanzbehörden sollen auch dann von einer Erledigung im Wege des Strafbefehlsverfahrens

---

dem BVerfG vor, das die Vorlagen jeweils als unzulässig verwarf, BVerfG wistra 1994, 263, 265; wistra 1996, 225, 227.

2534 *Burkhard*, Der Strafbefehl im Steuerstrafrecht, S. 110 f.

2535 Vgl. MüKoStPO/*Pflaum* § 399 AO Rn. 8 m.N.

2536 MüKoStPO/*Pflaum* § 399 AO Rn. 8.

2537 Graf/Jäger/Wittig/*Heine* AO § 400 Rn. 4.

2538 BGH NJW 2009, 528, 532 f.; Graf/Jäger/Wittig/*Heine* AO § 400 Rn. 5.

2539 BGH StraFo 2017, 242; NJW 2012, 1458, 1460; NJW 2009, 528, 532; Momsen/Grützner WirtschaftsStrafR-HdB/*Cordes* Kap. 11 § 42 Rn. 183.

2540 BGH NJW 2009, 528, 532; MüKoStPO/*Pflaum* § 400 AO Rn. 4; vgl. auch grds. zu DM-Zeiten, *Burkhard*, Der Strafbefehl im Steuerstrafrecht, S. 140 f.

2541 BGH StraFo 2017, 242; NJW 2012, 1458, 1460; NJW 2009, 528, 532; Momsen/Grützner WirtschaftsStrafR-HdB/*Cordes* Kap. 11 § 42 Rn. 183.

absehen, wenn beispielsweise ein besonders schwerer Fall der Steuerhinterziehung (§ 370 Abs. 3 AO) vorliegt oder die Durchführung einer Hauptverhandlung zur vollständigen Aufklärung aller relevanten Umstände oder aus Gründen der Spezial- oder Generalprävention geboten erscheint, Nr. 84 Abs. 3 Satz 2, 3 AStBV (St) 2020.[2542]

II. Vor- und Nachteile im Steuerstrafrecht

Die Interessen an einer Erledigung durch Strafbefehl sind bei Steuerstrafsachen entsprechend anderen Wirtschaftsstrafsachen gelagert.[2543] Auch hier werden die Täter regelmäßig ein Interesse daran haben, dass ihr Verfahren schnell, kostensparend und insbesondere ohne in den Blick der Öffentlichkeit zu geraten erledigt wird.[2544] Letzteres dürfte gerade für prominente Personen[2545], die eine Haftstrafe zu befürchten haben, besonders attraktiv sein.[2546]

Allerdings ist auch hier zu beachten, dass das Strafbefehlsverfahren nur für einfach gelagerte Sachverhalte bestimmt ist. Die Fallgestaltungen im Steuerstrafrecht sind aber oft nicht derart einfach gelagert.[2547] Die Verfahren haben nicht selten eine Dauer von fünf bis sieben Jahren[2548], was diese Aussage zu bestätigen scheint. Daher besteht auch hier die Gefahr, dass sich die oben aufgezeigten Risiken des Strafbefehlsverfahrens verschärft verwirklichen, wenn solche Verfahren verkürzt erledigt werden, die nicht dafür geeignet sind.

Speziell bei Steuer(-straf-)verfahren stellen sich bei der Ermittlung des Sachverhaltes oftmals Schwierigkeiten bezüglich der Feststellung der Höhe des Hinterziehungsbetrages. Denn die Besteuerungsgrundlage ist regelmäßig mangels ordnungsgemäß geführter Bücher[2549] unklar und der Beschuldigte nicht immer

---

2542 MüKoStPO/*Pflaum* § 400 AO Rn. 4.

2543 Siehe dazu unter B. II.; *Singelnstein*, MschrKrim 2015, 48, 49 weist darauf hin, dass die Steuerkriminalität nicht als Teil der Wirtschaftskriminalität zu verstehen sei, da es trotz Überschneidungen strukturelle Unterschiede gebe.

2544 Graf/Jäger/Wittig/*Heine* AO § 400 Rn. 2; Klein/*Jäger* AO § 400 Rn. 1; vgl. *Stahlschmidt*, Steuerstrafrecht § 18 Rn. 36 f.

2545 *Joecks*, Praxis des Steuerstrafrechts, S. 187.

2546 *Burkhard*, Der Strafbefehl im Steuerstrafrecht, S. 241.

2547 *Burkhard*, Der Strafbefehl im Steuerstrafrecht, S. 111.

2548 *Burkhard*, Der Strafbefehl im Steuerstrafrecht, S. 169, daher sei der Strafmilderungsgrund der überlangen Verfahrensdauer auch hier zumindest diskutabel; das BVerfG wistra 1993, 219, 220 bejahte dies für eine Gesamtverfahrenslänge von über 10 Jahren.

2549 *Burkhard*, Der Strafbefehl im Steuerstrafrecht, S. 84, typisch für Schätzungsfälle seien auch solche Fälle, in denen die Buchführung nur aus einer (unvollständigen) Sammlung von Belegen besteht; so auch *Joecks*, wistra 1990, 52, 53.

dazu bereit, seinen Mitwirkungspflichten (§ 90 Abs. 1 AO) nachzukommen.[2550] Im Rahmen des verwaltungsrechtlichen Steuerverfahrens besteht die Möglichkeit, diese Grundlage nach § 162 AO zu schätzen. Auch im Strafverfahren sind Schätzungen unter gewissen Voraussetzungen möglich, wobei bei diesen Schätzungen andere Vorgaben, wie beispielsweise der Grundsatz in dubio pro reo, zu berücksichtigen sind.[2551] Es wird angeführt, dass bei Erlass eines Strafbefehls, der auf einer solchen Schätzung beruhe, zudem besonders zu beachten sei, dass sowohl Sachverhalt als auch Rechenweg im Rahmen des Schätzungsvorgangs umfangreich darzustellen und zu begründen seien.[2552] Damit der Strafbefehl vom Angeklagten auch akzeptiert werde, seien mindestens zwei verschiedene Schätzungsmethoden[2553] anzuführen.[2554]

In der Praxis liegen bei den strafrechtlichen Ermittlungen regelmäßig bereits Schätzungen aus dem verwaltungsrechtlichen Verfahren vor, die nach Nr. 127 Abs. 2 AStBV (St) 2020 auf ihre Übertragbarkeit ins Strafrecht zu prüfen sind. Dabei muss der Strafrichter eigentlich eigene Schätzungen anstellen.[2555] Allerdings wird in der Praxis oftmals nicht, wie erforderlich, zwischen steuerrechtlichen und steuerstrafrechtlichen Schätzungen unterschieden – was besonders problematisch ist, da die Finanzgerichte tendenziell auch gröbere Schätzungen akzeptieren.[2556]

2550 *Gehm*, NZWiSt 2012, 408; *Sauer/Münkel*, Absprachen im Strafprozess, Rn. 588 ff.

2551 BVerfG wistra 1991, 175, 176; *Gehm*, NZWiSt 2012, 408; zu den verschiedenen Schätzungsgrundlagen und -methoden *Stahlschmidt*, Steuerstrafrecht § 19 Rn. 1 ff.

2552 *Burkhard*, Der Strafbefehl im Steuerstrafrecht, S. 93, dies gelte insb. bei Freiheitsstrafen, S. 241, vgl. S. 77 zur Akzeptanzfunktion; zur Umgrenzungsfunktion siehe *Burkhard*, StraFo 2004, 342, 344 ff.; OLG Düsseldorf wistra 1991, 32, 34; allg. zur Notwendigkeit einer ausführlichen Darstellung *Dißars*, wistra 1997, 331, 334.

2553 Siehe hierzu *Gehm*, NZWiSt 2012, 408, 409 f., 413 f., 416: Dabei könne grds. auch im Steuerstrafverfahren auf die Schätzungsmethoden des Besteuerungsverfahrens zurückgegriffen werden, allerdings gilt wegen des dubio pro reo Grundsatzes im Strafrecht ein strengerer Maßstab bzgl. Wahl der Schätzungsmethode und Höhe des Schätzungsergebnisses.

2554 *Burkhard*, Der Strafbefehl im Steuerstrafrecht, S. 93 f., 242 f.

2555 BGH NStZ 2007, 589; NStZ-RR 2005, 209, 211; *Burkhard*, Der Strafbefehl im Steuerstrafrecht, S. 92; *Joecks*, wistra 1990, 52, 54; *Gehm*, NZWiSt 2012, 408, 415; *Sauer/Münkel*, Absprachen im Strafprozess, Rn. 598.

2556 *Gehm*, NZWiSt 2012, 408.

Auch wenn solche Schätzungen als verfassungsrechtlich unbedenklich eingestuft werden[2557], besteht dabei die Gefahr einer fehlerhaften Bemessung und damit ein erhöhtes Risiko für Fehlentscheidungen, insbesondere beim Strafbefehlsverfahren, bei dem gerade nicht im Rahmen einer Hauptverhandlung weitere Aufklärungen erfolgen können.[2558] Je komplizierter der Sachverhalt gelagert ist, desto unsicherer ist auch eine Schätzung und der Fall dann nicht mehr dazu geeignet, um durch Strafbefehl erledigt zu werden. Gerade an Straftaten nach § 370 AO sind erhebliche, negative Folgen wie die Verlängerung der Festsetzungsfrist auf zehn Jahre nach § 169 Abs. 2 Satz 2 AO, die Pflicht, die Hinterziehungsbeträge nach den §§ 235, 238 AO zu verzinsen sowie die in § 71 AO angeordnete persönliche Haftung des Verurteilten geknüpft, weshalb fehlerhafte Entscheidungen für den Verurteilten hier besonders belastend sind.[2559]

Eine unzureichende Prüfung durch den Richter führt zudem dazu, dass die Finanzämter durch die Bußgeld- und Strafsachenstelle einen nicht unerheblichen Einfluss auf die gerichtliche Strafzumessungsentscheidung in Steuerstrafsachen nehmen[2560], was mit Blick auf Art. 92 GG nicht unproblematisch ist.[2561]

Die Risiken des Strafbefehlsverfahrens mit spezifischem Blick auf die typischen Eigenschaften von Steuerstrafverfahren wirken sich damit insbesondere zu Lasten des Beschuldigten aus. Die Beweislage ist in diesen Verfahren häufig nicht einfach und klar, sodass sich eine verkürzte Prüfung ohne weiter aufklärende Hauptverhandlung nachteilig auf die Richtigkeit der Feststellungen und infolgedessen auch auf die Richtigkeit der Entscheidung auswirkt. Das Problem fehlerhafter Feststellungen insbesondere bezüglich des Hinterziehungsbetrags wird speziell in Steuerstrafverfahren insofern verschärft, als hier regelmäßig auf die Erkenntnisse des Besteuerungsverfahrens zurückgegriffen wird. Im Besteuerungsverfahren wird allerdings im Zweifel höher geschätzt, als es im Strafverfahren der Fall sein dürfte. Für den Richter bedeutet es allerdings umso weniger Arbeit, je stärker er sich an den ihm weitergeleiteten Akten des Steuerverfahrens orientiert. Daher ist das Risiko für den Beschuldigten, in diesen Fällen einer Fehlentscheidung zu unterliegen, nicht unerheblich.

2557 Vgl. BGH NStZ 2007, 589; Klein/*Rüsken* AO § 162 Rn. 1.

2558 Zum Risiko fehlerhafter Schätzungen siehe auch 2. Teil C. II. 2. c), d).

2559 *Sauer/Münkel*, Absprachen im Strafprozess, Rn. 581 f.

2560 *Burkhard*, Der Strafbefehl im Steuerstrafrecht, S. 163.

2561 Siehe dazu auch oben unter 2. Teil C. II. 1. a).

III. Einstellungsmöglichkeiten

Auch die Finanzbehörde hat die Möglichkeit, Verfahren entweder mangels hinreichenden Tatverdachts nach § 170 Abs. 2 StPO oder aus Opportunitätsgründen einzustellen.[2562] Gemäß den §§ 398, 399 AO kann sie eine Einstellung wegen Geringfügigkeit auch ohne Zustimmung des für die Eröffnung des Hauptverfahrens zuständigen Gerichts vornehmen, wenn die Schuld des Täters als gering anzusehen wäre und kein öffentliches Interesse an der Verfolgung besteht (Pendant zu § 153 StPO). Zudem ist eine Einstellung nach § 153 Abs. 1 Satz 2 StPO, anders als bei § 398 AO, mit Zustimmung des Gerichts auch bei nicht nur geringer Schuld möglich.[2563] Nach § 398a AO ist zudem ein Absehen von der Strafverfolgung in besonderen Fällen möglich, wenn nach einer Selbstanzeige keine Straffreiheit eintritt, weil etwa der Hinterziehungsbetrag höher als 25.000 Euro war (§ 371 Abs. 2 Satz 1 Nr. 3 AO), aber bestimmte Zinsen entrichtet werden und ein Geldbetrag an die Staatskasse gezahlt wird.

Eine Einstellung kann bei Vorliegen der Voraussetzungen auch nach § 153a StPO erfolgen, wobei die Höhe des Steuerschadens hierbei ein wichtiges Kriterium ist.[2564]

Bezüglich des Verhältnisses zwischen Einstellungen und Strafbefehlsverfahren wird angeführt, dass die Erledigung durch Strafbefehl von der Staatsanwaltschaft für noch effektiver als eine Einstellung nach § 153a StPO gehalten werde, weil hier keine Zustimmung des Beschuldigten eingeholt oder die Einhaltung der Auflagen überwacht werden müsse.[2565] Allerdings darf nicht übersehen werden, dass die Beantragung und der Erlass eines Strafbefehls nur dann zu einer schnellen Verfahrenserledigung führt, wenn der Angeklagte auf einen Einspruch verzichtet. Andernfalls muss eine Hauptverhandlung durchgeführt werden, sodass der Erledigungsaufwand nicht verringert wird. Daher ist auch im Strafbefehlsverfahren eine (nachträgliche) Zustimmung beziehungsweise Akzeptanz durch den Angeklagten erforderlich. Insofern beinhalten beide Verfahrenserledigungen konsensuale Elemente, sodass die Beantragung eines Strafbefehls wegen der anfänglich nicht erforderlichen Zustimmung nur zunächst zügiger verlaufen kann. Sofern auch keine vorherige Absprache mit

---

2562 MüKoStPO/*Eckstein* § 407 Rn. 18.

2563 *Stahlschmidt*, Steuerstrafrecht § 18 Rn. 9.

2564 *Stahlschmidt*, Steuerstrafrecht § 18 Rn. 22; *Bornheim*, PStR 2000, 32, 34; *Püschel/Tsambikakis*, PStR 2007, 232, allgemein zu den Vor- und Nachteilen der Einstellung nach § 153a StPO im Steuerstrafrecht S. 234 ff.

2565 *Kaiser/Meinberg*, NStZ 1984, 343, 347.

dem Beschuldigten getroffen wurde, ist hierbei sogar erforderlich, dass der Sachverhalt und alle für die Schuld- und Straffrage erforderlichen Umstände vollständig ermittelt worden sind. Das Strafbefehlsverfahren dürfte daher nicht grundsätzlich schneller verlaufen als eine Einstellung nach § 153a StPO.

Auch hier verhält es sich so, dass, sofern eine Einstellung nicht möglich ist, eine Verfahrenserledigung durch Strafbefehl in Betracht kommt.[2566]

IV. Statistik

In den Bußgeld- und Strafsachenstellen der Finanzämter bundesweit wurden im Jahr 2019 insgesamt 54.369 Strafverfahren wegen Steuerstraftaten bearbeitet. 21.014 Verfahren wurden mangels hinreichenden Tatverdachts nach § 170 Abs. 2 StPO eingestellt, 7.706 wegen Geringfügigkeit. In 5.608 Fällen wurde ein Antrag auf Erlass eines Strafbefehls gestellt.[2567] Es gab 15.352 Einstellungen von Steuerstrafverfahren durch die Bußgeld- und Strafsachenstellen gegen Auflagen nach § 153a StPO. Hierbei wurden Geldauflagen in Höhe von 364 Millionen Euro festgesetzt. Zudem gab es 170 Abgaben an andere Bußgeld- und Strafsachenstellen und 6.180 Abgaben an die Staatsanwaltschaft.

Bei der Staatsanwaltschaft und den Gerichten ergingen in diesem Jahr dabei 1.404 Einstellungen gegen Auflagen, 5.236 Strafbefehle, 55 Freisprüche und 1.563 Urteile mit Straf- beziehungsweise Bußgeldfestsetzung. Von der Verfolgung wurde in 66 besonderen Fällen abgesehen, zudem gab es 3.383 sonstige Einstellungen. 11.116 Strafverfahren wurden dabei auf Grundlage von Ermittlungen der Steuerfahndung eingeleitet. Die Höhe der durch die Gerichte verhängten Geldstrafen betrug bundesweit insgesamt 17,7 Millionen Euro, Freiheitsstrafen wurden über insgesamt 1.234 Jahre festgesetzt.[2568]

Strafbefehlsanträge wurden damit in 10,3 % der Fälle gestellt, eingestellt gegen Auflage wurde in 26,7 %. Wegen Geringfügigkeit ohne Auflagen eingestellt wurden 14,2 % der Fälle. Während der prozentuale Anteil der Strafbefehlsanträge etwa dem sonst auch bestehenden Durchschnitt entspricht, ist das Verhältnis der

---

2566 *Meyer*, DStR 2005, 1477, 1482; siehe zum Verhältnis auch oben unter D. II. 1., 2.

2567 Vgl. dazu die Untersuchung von *Meinberg*, Geringfügigkeitseinstellungen von Wirtschaftsstrafsachen, S. 101: Strafbefehle kämen insb. bei Steuerdelikten häufig vor, wobei sie weniger von der StA als von den Finanzbehörden veranlasst würden, S. 105.

2568 Monatsbericht des BMF Oktober 2020, https://www.bundesfinanzministerium.de/Monatsberichte/2020/10/Inhalte/Kapitel-3-Analysen/3-5-verfolgung-von-steuerstraftaten-pdf.pdf?__blob=publicationFile&v=5, zuletzt abgerufen am 11.02.2021.

Einstellungen mit und ohne Auflagen hier umgekehrt zu der Erledigungsstatistik der Staatsanwaltschaft in den übrigen Deliktsbereichen: Normalerweise werden um die 25 % ohne und nur um die 3,5 % mit Auflagen eingestellt. Dies zeigt auch, dass es sich bei Steuerstraftaten häufig nicht um reine Bagatellen handelt.

Die Einstellungen nach § 170 Abs. 2 StPO waren hingegen mit 36,5 % im Steuerbereich deutlich höher, denn insgesamt wurden 2019 nur 28,5 % der Ermittlungsverfahren der Staatsanwaltschaft mangels hinreichenden Tatverdachts eingestellt.

93,2 % der Strafbefehle wurden antragsgemäß erlassen, was die Befürchtung belegt, dass die Richter (wie in anderen Bereichen auch) den Strafbefehlsantrag und den Akteninhalt nicht nochmals grundlegend prüfen. Speziell in Steuerstrafverfahren werden somit in der Regel die Schätzungen aus den Steuerverfahren übernommen, obwohl hier verschiedene Maßstäbe anzulegen wären.

V. Absprachen

Wie andere Wirtschaftsstrafverfahren auch[2569] sind Steuerstrafverfahren häufig äußerst umfangreich und ihre vollständige Aufklärung im Sinne von § 244 Abs. 2 StPO nicht realisierbar, sodass Verfahrensverkürzungen, insbesondere auch in Form von Absprachen, für die Verfahrensbeteiligten eine Möglichkeit darstellen, eine schnelle, erleichterte Erledigung herbeizuführen.[2570] Da bereits die Ermittlungsverfahren nicht selten drei bis fünf Jahre dauern, werden solche Absprachen auch in diesem Bereich als geeignetes Instrument für eine Beschleunigung und Verkürzung angesehen, und zwar unabhängig von ihrer Zulässigkeit im Einzelfall.[2571] Auch hier kann sich eine Absprache in einem

---

2569 *Singelnstein*, MschrKrim 2015, 48, 49 weist darauf hin, dass die Steuerkriminalität nicht als Teil der Wirtschaftskriminalität zu verstehen sei, da es trotz Überschneidungen strukturelle Unterschiede gebe.

2570 *Burkhard*, Der Strafbefehl im Steuerstrafrecht, S. 174; *Eich*, Die tatsächliche Verständigung, S. 75 f.; vgl. *Hanack*, StV 1987, 500, 501; vgl. *Widmaier*, StV 1986, 357 f.; *Altenhain/Hagemeier/Haimerl/Stammen*, Absprachen in Wirtschaftsstrafverfahren, S. 86: 50,4 % der Befragten hätten bereits ein Verständigungsgespräch bzgl. einer zur Verhandlung anstehenden Steuerstraftat unter Anwesenheit eines Vertreters der Finanzbehörde geführt; vgl. *Geuenich/Höwer*, DStR 2009, 2320.

2571 *Burkhard*, Der Strafbefehl im Steuerstrafrecht, S. 174; *Eich*, Die tatsächliche Verständigung, S. 76; im Rahmen der Vernehmung vor Antragstellung (§ 163a Abs. 1 S. 1 StPO) oder einer gesonderten Erörterung (§ 160b StPO) könne versucht werden, eine Verständigung herbeizuführen, MüKoStPO/*Pflaum* § 400 AO Rn. 6; vgl. krit. *Harms*, in: GS Schlüchter, 451, 467 f.

frühen Verfahrensstadium anbieten.[2572] Auch wenn in diesem Zusammenhang regelmäßig ein Geständnis von dem Beschuldigten eingefordert wird[2573], ist aber nicht davon auszugehen, dass die Staatsanwaltschaft bei Steuerstrafverfahren nur dann einen Strafbefehl zusagt, wenn sie im Gegenzug ein Geständnis erhält[2574].

Ein Beschuldigter, der nicht verteidigt wird, hat auch hier in aller Regel keine Chance, eine Absprache mit der BuStra zu treffen, da diese regelmäßig nicht dazu bereit ist, mit ihm zu verhandeln.[2575] Eine Verteidigung ist für derartige Gespräche mit der Ermittlungsbehörde daher regelmäßig faktisch zwingend.

Trotz der oben aufgezeigten generellen Risiken von Absprachen[2576] plädiert Burkhard in Bezug auf die Wirtschafts- und Steuerstrafverfahren dafür, sich häufiger die Möglichkeit zu Nutze zu machen, eine Absprache zu treffen, die auf die Beantragung eines Strafbefehls zielt.[2577] Dies ist jedenfalls so lange kritisch zu sehen, wie es für Absprachen außerhalb einer Hauptverhandlung keine gesetzlichen Regelungen gibt und sie unkontrolliert getroffen und missbräuchlich angewandt werden können – und das Bundesverfassungsgericht sie zudem während des Hauptverfahrens außerhalb des § 257c StPO für unzulässig erachtet[2578].

Denn Absprachen bergen, wie bereits festgestellt, mangels Bindungswirkung Risiken für den Beschuldigten, insbesondere wenn er mit einem Geständnis

---

2572 *Rönnau*, Die Absprache im Strafprozeß, S. 146; *Burkhard*, Der Strafbefehl im Steuerstrafrecht, S. 175; *Bussmann/Lüdemann*, Klassenjustiz oder Verfahrensökonomie?, S. 102 f.: Der Beschuldigte von Steuerstraftaten sei dabei insofern begünstigt, als eine doppelte Aushandlungschance bestehe, da zwei unabhängige Instanzen an den Verfahren beteiligt seien.

2573 *Burkhard*, Der Strafbefehl im Steuerstrafrecht, S. 175; ähnlich *Rönnau*, Die Absprache im Strafprozeß, S. 92, 135: Nicht selten ließe sich StA nur bei einem Geständnis auf einen Strafbefehl ein; so auch *Schmidt-Hieber*, Verständigung, Rn. 82.

2574 *Burkhard*, Der Strafbefehl im Steuerstrafrecht, S. 179; *Sessar*, ZStW 87 (1975), 1033, 1034 vermutet, dass es Fälle gibt, in denen sich die Staatsanwaltschaft als Gegenleistung für ein Geständnis auf einen Strafbefehl einlässt; in diesem Sinne auch *Rönnau*, Die Absprache im Strafprozeß, S. 135.

2575 *Burkhard*, Der Strafbefehl im Steuerstrafrecht, S. 182, 193; vgl. *Bussmann/Lüdemann*, Klassenjustiz oder Verfahrensökonomie?, S. 78.

2576 Siehe etwa unter B. IV. 1. c), 2. d).

2577 *Burkhard*, Der Strafbefehl im Steuerstrafrecht, S. 241.

2578 BVerfG NJW 2013, 1058, 1064.

in Vorleistung tritt.[2579] Zudem werden abgesprochene Strafbefehle nicht weiter gerichtlich überprüft, da in diesen Fällen die Einlegung eines Rechtsbehelfs fernliegt[2580] und zudem auch derselbe Richter über einen Einspruch entscheiden würde[2581]. Dass nicht oft Einspruch eingelegt werde, weil dem Strafbefehl eine Verständigung vorausgegangen sei beziehungsweise er abgesprochen gewesen sei, bestätigten auch zwei der befragten Strafverteidiger aus Bremen.

Läuft parallel zum Strafverfahren auch ein Besteuerungsverfahren[2582], ist bei einer strafrechtlichen Absprache mit der Finanzbehörde dabei zu beachten, dass diese nicht nur ein Interesse an der Erledigung des Strafverfahrens, sondern auch des Besteuerungsverfahrens hat; daher kann sie zu einer Absprache eher geneigt sein, wenn der Beschuldigte dazu bereit ist, auch zur Beendigung des Besteuerungsverfahrens beizutragen.[2583]

Von den Absprachen zu unterscheiden ist an dieser Stelle die tatsächliche Verständigung im Steuerverfahren. Diese kann im Rahmen des Besteuerungsverfahrens bei der Sachverhaltsermittlung durchgeführt werden und betrifft ausschließlich die Vereinbarung des Steuerpflichtigen mit der Finanzbehörde über Tatsachen[2584]. Sie bietet sich insbesondere dann an, wenn der Beschuldigte die Bücher nicht oder nicht vollständig führte und auch keine sonstigen Unterlagen vorliegen, anhand derer man eine Berechnungsgrundlage ermitteln kann, also insbesondere in Fällen, in denen die Berechnungsgrundlage geschätzt

---

2579 Siehe auch unter B. IV. 2. d); a.A. *Burkhard*, Der Strafbefehl im Steuerstrafrecht, S. 209.

2580 *Burkhard*, Der Strafbefehl im Steuerstrafrecht, S. 209, außer bei gescheiterten Absprachen; vgl. *Siolek*, Verständigung, S. 74 f.; vgl. *Hamm*, in: Dencker/Hamm, Der Vergleich im Strafprozeß, S. 131 ff.

2581 Siehe unter 2. Teil C. II. 1. c).

2582 Zum Grundsatz der Parallelität von Besteuerungs- und Steuerstrafverfahren und den verschiedenen Rechten und Pflichten des Beschuldigten siehe *Stahlschmidt*, Steuerstrafrecht § 17 Rn. 1 ff.

2583 *Schmidt-Hieber*, Verständigung, Rn. 226 f., sog. Gesamtbereinigung; zur sog. „kooperativen Gesamtbereinigung" auch *Seer*, Verständigungen im Steuerverfahren, S. 24; vgl. *Geuenich/Höwer*, DStR 2009, 2320, 2321.

2584 BFH NJW 2009, 1230, 1231; NVwZ 1985, 863; *BMF*, DStR 2008, 1589; *Wilke*, DStR 2018, 108, 109; *Burkhard*, Der Strafbefehl im Steuerstrafrecht, S. 182; *Eich*, Die tatsächliche Verständigung, S. 5; vgl. *Haas/Müller*, Steuerstrafverfahren, § 2 Rn. 259; *Seer*, BB 2015, 214.

werden muss.[2585] Voraussetzung ihrer Anwendung ist unter anderem, dass die Tatsachen nur mit einem unvertretbar hohen Aufwand zu ermitteln sind.[2586]

Es handelt sich bei der tatsächlichen Verständigung um eine Schaffung durch richterliche Rechtsfortbildung[2587], die kompensiert, dass die im Zivilrecht zulässigen Vergleiche nicht in das Steuerverfahren übernommen werden können.[2588] Durch die tatsächliche Verständigung wird der Amtsermittlungsgrundsatz des Finanzamts im Sinne von § 88 Abs. 1 Satz 2 AO eingeschränkt und das Beweismaß reduziert.[2589] Unzulässig ist sie allerdings dann, wenn sie zu einem offensichtlich unzutreffenden Ergebnis führt.[2590]

Auch wenn eine steuerrechtliche Bindungswirkung derartiger Verständigungen anerkannt ist[2591], ist eine Bindung des Strafrichters hieran nicht gegeben: Dieser muss sich vielmehr unabhängig einen Eindruck von der Tat verschaffen.[2592] Dies gilt auch für anderweitige rechtskräftige steuerrechtliche Entscheidungen.[2593] Daher ist es in jedem Fall ratsam, den Richter in eine strafrechtliche Absprache einzubeziehen, insbesondere wenn im Besteuerungsverfahren folgenreiche Mitwirkungshandlungen unternommen werden, die

---

2585 BFH NVwZ 1985, 863; *Burkhard*, Der Strafbefehl im Steuerstrafrecht, S. 194; vgl. *Wilke*, DStR 2018, 108, 109.

2586 *Gehm*, NZWiSt 2012, 408, 416; *Burkhard*, Der Strafbefehl im Steuerstrafrecht, S. 195, 197; vgl. *Joecks*, Praxis des Steuerstrafrechts, S. 192; auch zu den weiteren Voraussetzungen *Stahlschmidt*, Steuerstrafrecht § 21 Rn. 5 ff.

2587 *Eich*, Die tatsächliche Verständigung, S. 11 ff.; *Seer*, BB 2015, 214.

2588 *Burkhard*, Der Strafbefehl im Steuerstrafrecht, S. 182, die Zulässigkeit solcher Verständigungen ist in der Literatur allerdings umstritten, vgl. S. 183 ff. m.w.N.

2589 *Wilke*, DStR 2018, 108, 109; *Dannecker*, in: FS Schmitt Glaeser, 371, 379.

2590 BFH NJW 2009, 1230, 1231; NVwZ 1985, 863, 864; *BMF*, DStR 2008, 1589; *Dannecker*, in: FS Schmitt Glaeser, 371, 380; *Wilke*, DStR 2018, 108, 109.

2591 BFH NJW 2009, 1230, 1231; NVwZ 1985, 863; *Gehm*, NZWiSt 2012, 408, 416; *Burkhard*, Der Strafbefehl im Steuerstrafrecht, S. 194 f., 197.

2592 BFH DB 1963, 984; BGH wistra 1992, 147; *Eich*, Die tatsächliche Verständigung, S. 68, 83; *Burkhard*, Der Strafbefehl im Steuerstrafrecht, S. 198 f.; *Wilke*, DStR 2018, 108, 111 zur unabhängigen Prüfung; ebenso *Harms*, in: GS Schlüchter, 451, 455; vgl. *Blumers*, DB 1983, 1571, 1572; *Schmidt*, DStR 1998, 1733, 1734, 1737; *Rönnau*, Die Absprache im Strafprozeß, S. 157 zur Bindungswirkung von Absprachen im Allgemeinen; *Sauer/Münkel*, Absprachen im Strafprozess, Rn. 598, 605; *Haas/Müller*, Steuerstrafverfahren, § 2 Rn. 255; *Bruschke*, DStR 2010, 2611, 2614; *Stahlschmidt*, Steuerstrafrecht § 21 Rn. 25: Allerdings ließe sich eine gewisse faktische Bindungswirkung nicht leugnen.

2593 *Burkhard*, Der Strafbefehl im Steuerstrafrecht, S. 112 ff.

eine positive Auswirkung auch auf das Strafbefehlsverfahren haben sollen.[2594] Aufgrund der Tatsache, dass steuerliche und steuerstrafrechtliche Schätzungen nach verschiedenen Regeln vorgenommen werden (etwa bezüglich der Feststellungs- und Beweislast oder des im Strafrecht geltenden Zweifelsgrundsatzes, während im Steuerrecht in dubio pro fisco entschieden wird) und sich damit unterscheiden können[2595], liegt auch kein Widerspruch vor, wenn es dazu kommt, dass in steuerlicher Hinsicht höhere Nachzahlungen festgesetzt als der strafrechtlichen Verurteilung zugrunde gelegt werden.[2596]

Da die tatsächliche Verständigung eine andere Intention verfolgt als ein strafrechtliches Geständnis – hierbei geht es vielmehr um eine zweckmäßige Lösung und nicht um ein Eingeständnis eines strafrechtlich relevanten Fehlverhaltens[2597] –, kann ihr Inhalt also nicht ohne Weiteres im Strafverfahren als solches gewertet werden.[2598]

Unter Umständen kann sich die Vornahme einer tatsächlichen Verständigung im Besteuerungsverfahren aber auch strafmildernd für das Strafverfahren auswirken.[2599] Daher kann es für den Beschuldigten durchaus sinnvoll sein, gegebenenfalls auch in einem zum Strafverfahren parallel geführten Steuerverfahren bei einer tatsächlichen Verständigung mitzuwirken.[2600]

VI. Zusammenfassung

Auch bei Steuerstrafverfahren ist die Beweislage oftmals kompliziert und umfangreich und daher aufwändig zu ermitteln. Daher besteht auch hier das Bedürfnis nach vereinfachenden Verfahrenserledigungen. Sowohl die Einstellungen unter Auflagen als auch die Beantragung von Strafbefehlen werden auch

---

2594 Vgl. *Schmidt-Hieber*, Verständigung, Rn. 228.

2595 BVerfG wistra 1991, 175, 176; BGH NJW 1953, 872, 874; *Burkhard*, Der Strafbefehl im Steuerstrafrecht, S. 84 ff., 87 f., 93 ff.; *Haas/Müller*, Steuerstrafverfahren, § 2 Rn. 255; *Stahlschmidt*, Steuerstrafrecht § 19 Rn. 1 ff.

2596 *Dannecker*, in: FS Schmitt Glaeser, 371, 384 f.; *Burkhard*, Der Strafbefehl im Steuerstrafrecht, S. 245.

2597 *Burkhard*, Der Strafbefehl im Steuerstrafrecht, S. 178; *Eich*, Die tatsächliche Verständigung, S. 67.

2598 *Wilke*, DStR 2018, 108, 113; *Bruschke*, DStR 2010, 2611, 2614.

2599 *Burkhard*, Der Strafbefehl im Steuerstrafrecht, S. 170 ff.; *Wilke*, DStR 2018, 108, 114; *Dannecker*, in: FS Schmitt Glaeser, 371, 384; a.A. *Eich*, Die tatsächliche Verständigung, S. 89 f.

2600 Vgl. *Wilke*, DStR 2018, 108, 112 f.; vgl. *Stahlschmidt*, Steuerstrafrecht § 21 Rn. 1; vgl. *Seer*, BB 2015, 214, 217.

hier regelmäßig angewandt. Bei Steuerstrafverfahren besteht dabei die Besonderheit, dass neben der Staatsanwaltschaft hierzu auch die Finanzbehörde befugt ist.

Allerdings ergeben sich bei der Anwendung des Strafbefehlsverfahrens im Steuerstrafrecht zusätzliche Risiken, die mit der Eigenart dieser Verfahren zusammenhängt und sich insbesondere zu Lasten des Beschuldigten auswirken können. Beispielsweise kommt das ermittelnde Finanzamt oder auch die Staatsanwaltschaft regelmäßig in die Situation, die Berechnungsgrundlage schätzen zu müssen. Dabei besteht nicht nur das Risiko einer fehlerhaften Schätzung an sich, sondern zudem das Problem, dass oftmals steuerrechtliche Schätzungsergebnisse im Strafverfahren übernommen werden, obwohl hier andere Maßstäbe anzulegen wären, sodass die zugrunde zu legenden Hinterziehungsbeträge durchaus voneinander abweichen können und müssen. Dieses Problem stellt sich auch im Zusammenhang mit der im Steuerrecht bestehenden Möglichkeit der tatsächlichen Verständigung, in deren Rahmen Schätzungsgrundlagen vereinbart werden, die der Strafrichter eigentlich noch einmal nach strafrechtlichen Maßstäben prüfen müsste. Hierbei besteht die begründete Gefahr, dass dies regelmäßig nicht im erforderlichen Umfang geschieht, da 93,2 % der von der Finanzbehörde beantragten Strafbefehle antragsgemäß erlassen werden.

Relevant wird dabei insbesondere der Umstand, dass der Grundsatz der Selbstbelastungsfreiheit (nemo tenetur se ipsum accusare) im Steuerrecht, anders als im Strafrecht nicht gilt, eine Aktenweitergabe dennoch möglich ist. Hier besteht für den Beschuldigten die Gefahr, dass die Richter die steuerrechtlichen Ergebnisse nicht ausreichend nach strafrechtlichen Maßstäben korrigieren. Insbesondere ist zu beachten, dass eine tatsächliche Verständigung, in der der Beschuldigte sich für das Strafverfahren selbst belastet, keine Bindung im Strafrecht hat und daher auch nicht ungeprüft übernommen werden darf. In dem Zusammenhang kann sich auch im Steuerverfahren ein größerer Druck für den Beschuldigten ergeben, weil eine solche Verständigung sich unter Umständen auch strafmildernd im Steuerstrafverfahren auswirken kann. Der Umstand, dass eine Aktenweitergabe trotz der Selbstbelastungsfreiheit möglich ist, ist zwar kein spezifisches Problem des Strafbefehlsverfahrens in diesem Bereich, sondern stellt sich auch dann, wenn seitens der Staatsanwaltschaft eine Anklage erwogen wird, allerdings führt die regelmäßig weniger intensive Prüfung des Antrags durch die Richter beim Strafbefehlsverfahren hier dazu, dass für den Beschuldigten die große Gefahr besteht, dass sein Recht, sich selbst nicht belasten zu müssen, unzureichend beachtet wird.

Die Risiken des Strafbefehls in Steuerstrafverfahren, auch in Hinblick auf Absprachen, die auf die Beantragung eines Strafbefehls abzielen, sind mithin für den Beschuldigten größer als für die Steuerbehörden, sodass das Verfahren auch in diesem Bereich nicht leichtfertig angewandt werden sollte.

Zudem sind die Sachverhalte, wie es auch in Wirtschaftsstrafverfahren regelmäßig der Fall ist, oftmals zu kompliziert für das Strafbefehlsverfahren, was nicht nur durch die regelmäßige Notwendigkeit von Schätzungen deutlich wird. Auch die häufig lange Verfahrensdauer deutet darauf hin, dass es sich nicht um einfache Sachverhalte handelt, die im Wege des Strafbefehlsverfahrens erledigt werden sollten. Und auch Absprachen mit dem Ziel, dass ein Strafbefehl in solchen kompliziert gelagerten Fällen beantragt wird, sind daher äußerst problematisch. Zwar können Absprachen, im Rahmen derer ein Geständnis abgelegt wird, möglicherweise verhindern, dass die strafrechtlichen Schätzungen fehlerhaft ausfallen beziehungsweise zu hohe Schätzungen aus dem Steuerverfahren übernommen werden, allerdings kann auch ein erhöhter Druck auf dem Beschuldigten lasten, wenn die Verfolgungsbehörde etwa nur dann zu einer Absprache bereit ist, wenn der Beschuldigte auch im Besteuerungsverfahren kooperiert. Da sich seine Aussagen zwecks Glaubhaftigkeit in beiden Verfahren nicht widersprechen sollten, kann es auf diese Weise theoretisch dazu kommen, dass auch der strafrechtlich festgesetzte Hinterziehungsbetrag möglicherweise höher ausfällt als er nach rein strafrechtlichen Regeln geschätzt werden dürfte. Abgesehen davon, dass Absprachen ohnehin Risiken bergen, wird dieses Risiko dort verschärft, wo das fehleranfällige Strafbefehlsverfahren auf Fälle angewandt wird, denen es nicht gerecht werden kann und in denen sich seine Risiken in erheblichem Umfang verwirklichen und zu Fehlentscheidungen führen.

F. Zusammenfassung

Auch im Wirtschaftsstrafrecht werden von der Staatsanwaltschaft mehr Strafbefehlsanträge gestellt als Anklagen erhoben. Und auch wenn in anderen Deliktsbereichen prozentual gesehen mehr Strafbefehle beantragt werden, ist das Wirtschaftsstrafrecht ein wichtiger Anwendungsbereich.

Wirtschaftsstrafverfahren, aber auch Steuerstrafverfahren, sind regelmäßig charakterisiert durch ihre Komplexität, insbesondere aufgrund vieler Beweismittel und des entsprechend hohen Ermittlungsaufwands und Verfahrensumfangs. Die Strafverfolgungsbehörden müssen daher Erledigungsstrategien haben, um derart umfangreiche Verfahren in den Griff zu bekommen.[2601] Insbesondere die Möglichkeit, Verfahren verkürzen zu können, erlangt hier eine besondere Bedeutung.

2601 Momsen/Grützner WirtschaftsStrafR-HdB/*Dessecker* Kap. 1 § 1 Rn. 2.

Das Interesse an verkürzten, diskreten Verfahrenserledigungen besteht aber auch auf Seiten der Verteidigung. Gerade in größeren Wirtschaftsstrafverfahren gegen Unternehmen, bei denen das Interesse der Öffentlichkeit groß und daher auch eine Medienberichterstattung zu erwarten ist, hat der Beschuldigte regelmäßig ein erhebliches Interesse daran, zu vermeiden, dass es zu einer Hauptverhandlung kommt. Denn selbst im Falle eines Freispruchs ist diese mit erheblichen Belastungen für den Angeklagten verbunden.[2602]

Die praktisch wichtigsten Erledigungsarten, mit denen eine Verfahrensbeschleunigung erreicht werden kann, sind das Strafbefehlsverfahren und die Einstellungen aus Opportunitätsgründen.

Das Strafbefehlsverfahren bietet aber nicht nur die Vorteile einer diskreten, schnellen und kostengünstigen Verfahrenserledigung. Vielmehr birgt es auch erhebliche Risiken für Fehlentscheidungen, die sich aus dem schriftlichen Charakter des Verfahrens sowie der praktischen Handhabung ergeben. Als Beispiel zu nennen ist hier die Regensburger Parteispendenaffäre, im Rahmen derer ein Immobilienunternehmer einen Strafbefehl wegen Vorteilsgewährung in zwei Fällen und Bestechung über ein Jahr Freiheitsstrafe, ausgesetzt zur Bewährung, sowie eine Geldstrafe erhalten hat. Die Anwälte des Unternehmers sagten öffentlich aus, dass sie den Strafbefehl bezüglich der rechtlichen Würdigung für falsch hielten, ihrem Mandanten jedoch geraten hätten, den Strafbefehl aufgrund der persönlichen Belastungen einer Hauptverhandlung und im Interesse seines Unternehmens zu akzeptieren.[2603]

Gerade im Wirtschaftsstrafrecht realisieren sich diese Gefahren für Fehlentscheidungen bei den komplexen Verfahren in besonderem Maße, vor allem bedingt durch den praktischen Umgang mit dieser Erledigungsform. Denn aufgrund der besonderen Interessenlage und dem Umstand, dass der Strafbefehl durch einen Einspruchsverzicht akzeptiert werden muss, können die Verfahrensbeteiligten grundsätzlich dazu geneigt sein, sich dahingehend abzusprechen, dass der Fall durch Strafbefehl abgeschlossen werden soll. Dabei kann ein vom Beschuldigten abgelegtes Geständnis ausschlaggebend dafür sein, dass der Sachverhalt von der Staatsanwaltschaft als einfach gelagert – und damit strafbefehlsfähig – eingestuft wird[2604], obwohl die eigentlich erforderlichen gründlichen Ermittlungen ergeben würden, dass dies gerade nicht der

2602 Momsen/Grützner WirtschaftsStrafR-HdB/*v. Döllen* Kap. 3 § 12 Rn. 72.

2603 https://www.pnp.de/nachrichten/bayern/Strafbefehl-gegen-Regensburger-Bau unternehmer-2881170.html, zuletzt abgerufen am 10.04.2021.

2604 Vgl. *Schmidt-Hieber*, NJW 1982, 1017, 1020; vgl. ferner *Kemme/Dunkel*, StV 2020, 52, 53; vgl. *Hutzler*, Ausgleich struktureller Garantiedefizite, Rn. 475 ff.

Fall ist. Derartige umfangreiche Beweiserhebungen werden regelmäßig gerade versucht zu umgehen, etwa in dem der Beschuldigte bei der Aufklärung des Falles durch ein Geständnis mitwirkt. Da das reine Verlassen auf ein Geständnis aber eine höchst unsichere Methode der Sachverhaltsaufklärung ist, werden hier Fehlentscheidungen aufgrund einer fehlerhaften oder unvollständigen Sachverhaltsfeststellung häufiger vorkommen als in Deliktsbereichen, in denen die Sachverhalte weniger komplex gelagert sind und Geständnisse mit wenig Aufwand zuverlässig überprüft werden können.

Solche informellen Absprachen bergen also Fehlentscheidungen begünstigende, erhebliche Nachteile. Bei auf diese Weise zustande gekommenen, durch eine Gegenleistung motivierten Geständnissen muss deren Beweiswert gerade auch bezüglich der Vollständigkeit in besonderem Maße in Frage gestellt werden; jedenfalls ist die Gefahr einer Fehlentscheidung, sofern der Strafbefehlsantrag maßgeblich auf dieses gestützt ist, erheblich erhöht.

Aber auch die Gefahr des Missbrauchs durch die Absprachepraxis ist erheblich. Dadurch, dass die Staatsanwaltschaft bezüglich seiner Anwendung einen Spielraum hat, kann sie, um sich Arbeit zu ersparen, das Strafbefehlsverfahren auch in solchen Fällen anwenden, die eigentlich nicht mehr dafür geeignet sind – sei es, weil die Voraussetzungen nicht vorliegen, sei es, weil die nach § 407 Abs. 2 StPO zulässigen Rechtsfolgen überschritten werden müssten. Die Anwendung eines summarischen Verfahrens, in dem insbesondere die Aufklärungsintensität gegenüber dem Normalverfahren verringert ist, führt dazu, dass den Entscheidungsträgern besonders leicht Fehler unterlaufen können, die durch eine Hauptverhandlung vermieden werden könnten. Zudem besteht der begründete Verdacht, dass finanziell starke und prominente Täter, die Wirtschaftsdelikte begehen, dadurch bevorzugt werden, dass die Verfahren gegen sie diskret durch Strafbefehl erledigt werden[2605], zumal sie häufig einen Verteidiger haben und Absprachen in aller Regel nur in Fällen mit Verteidigerbeteiligung vorkommen. Das Risiko von Verzerrungen, um Hauptverhandlungen zu entgehen, ist groß. Daher wären gesetzlich festgeschriebene Regeln und die Kontrolle ihrer Einhaltung für solche Absprachen erforderlich[2606], um die Gefahr hierdurch bedingter fehlerhafter Entscheidungen zu verringern.

2605 Vgl. *Weßlau,* ZStW 116 (2004), 150, 157; *Elobied,* Die Entwicklung des Strafbefehlsverfahrens, S. 215; vgl. zur allg. Privilegierung *Bussmann/Lüdemann*, Klassenjustiz oder Verfahrensökonomie?, S. 124.

2606 Kontrolle existiert nicht, vgl. SK-StPO/*Weßlau/Degener* Vor § 407 ff. Rn. 8; so auch *Hüls*, Polizeiliche und staatsanwaltschaftliche Ermittlungstätigkeit, S. 150 bzgl. der Kontrolle der Öffentlichkeit.

Aufgrund der Fehleranfälligkeit und des Missbrauchspotentials des Strafbefehlsverfahrens ist seine Anwendung nur in geringfügigen Sachverhalten zu rechtfertigen. Da aber gerade in der Wirtschaftskriminalität oftmals hohe Schadenssummen verursacht werden, ist der Bereich der Bagatellkriminalität hier regelmäßig verlassen. Eine Erledigung durch Strafbefehl ist auch nicht angemessen, wenn die Verfahren – was in der Wirtschaftskriminalität regelmäßig der Fall ist – komplex sind und sollte dort – entgegen der derzeitigen Praxis – nicht durch Absprachen ermöglicht werden. Denn hierdurch besteht die sehr reale Gefahr, dass Sachverhalte nicht korrekt festgestellt und Entscheidungen getroffen werden, die sowohl die Schuldbeurteilung als auch die Straffestsetzung nicht angemessen durchführen. Bei Steuerstrafverfahren erhöht sich zudem das Risiko von Fehlentscheidungen dadurch, dass oftmals Schätzungen der Berechnungsgrundlage vorgenommen werden müssen, die fehlerhaft und beziehungsweise oder gegebenenfalls nur sporadisch überprüft aus dem Steuerverfahren übernommen sind.

Neben dem Strafbefehlsverfahren sind auch die Opportunitätseinstellungen eine Möglichkeit, (Wirtschaftsstraf-)Verfahren zu verkürzen und Hauptverhandlungen zu vermeiden. Diese sind dem Strafbefehlsverfahren entsprechend dem gesetzgeberischen Willen nach Möglichkeit vorzuziehen. Im Vergleich zu den Einstellungen nach § 153a StPO überwiegt das Strafbefehlsverfahren in der Wirtschaftskriminalität statistisch betrachtet, insgesamt wird aber am meisten im Ermittlungsverfahren und ohne Auflagen wegen Geringfügigkeit nach § 153 Abs. 1 StPO oder nach § 154 Abs. 1 StPO (teil-)eingestellt.

Insbesondere die Einstellung unter Auflagen nach § 153a StPO ist aber im Zusammenhang mit Absprachen äußerst problematisch, da auch hier eine missbräuchliche Anwendung und damit eine deutlich erhöhte Gefahr fehlerhafter Entscheidungen droht. Denn gerade in Wirtschaftsstrafverfahren werden regelmäßig hohe Geldauflagen angeordnet, deren Höhe allein zeigt, dass der Fall eine Schwere aufweist, durch die er nicht mehr einstellungsgeeignet ist. Auch hier werden finanziell starke Wirtschaftsstraftäter bevorzugt, die dadurch das unberechtigte Privileg einer Verfahrenseinstellung erhalten. Und dadurch, dass eine Einstellung im Rahmen einer Absprache regelmäßig gegen ein Geständnis vorgenommen wird, ist auch hier nicht gewährleistet, dass für die Entscheidung eine zuverlässige Grundlage vorhanden und die Entscheidung korrekt ist. Zudem darf in diesem Zusammenhang, worauf einer der im Rahmen der Befragung der Berliner und Bremer Verteidiger befragten Anwälte hinwies, auch nicht übersehen werden, dass es unter Umständen auch dazu kommen kann, dass selbst bei guten Aussichten im Verfahren aufgrund der Kollateralschäden (insbesondere durch die Öffentlichkeit, aber auch durch die lange Verfahrensdauer und die Kosten) von den Wirtschaftsstraftätern lieber eine Geldauflage als das geringere Übel akzeptiert werden könnte, was zwar einerseits die Vorzüge einer diskreten Verfahrenseinstellung herbeiführt, auf der anderen Seite aber im Falle einer Unschuld auch eine Fehlentscheidung darstellt, die nicht hingenommen werden sollte.

Aufgrund der oftmals gegen sehr hohe Geldauflagen erfolgenden Anwendung von § 153a StPO und des Umstands, dass das Strafbefehlsverfahren trotz der bestehenden Risiken in Bereichen, die die leichte Kriminalität verlassen, angewandt wird, zeigt sich, dass das Bestreben nach Verfahrensbeschleunigung in Wirtschaftsstrafverfahren regelmäßig zu einer missbräuchlichen Erledigungspraxis führt.

Mithin werden Fehlentscheidungen im Bereich der Wirtschafts- und auch der Steuerstrafverfahren in besorgniserregendem Maße begünstigt.

4. Teil: Reformvorschläge

Das Strafbefehlsverfahren ist angesichts seiner strukturellen Schwächen und der dadurch bedingten Risiken für Fehlentscheidungen reformbedürftig. Die erforderlichen Änderungen, die im Laufe des Textes vorgeschlagen wurden[2607], um die Gefahr fehlerhafter Entscheidungen zu reduzieren, sollen an dieser Stelle nochmals zusammengefasst und harmonisiert werden.

A. Der Anwendungsbereich und die Rechtsfolgen

Die Anwendung des Strafbefehlsverfahrens sollte gegenüber Heranwachsenden ausgeschlossen werden. Denn im schriftlichen Verfahren ohne persönlichen Eindruck können die Voraussetzungen des § 105 Abs. 1 JGG nicht zuverlässig geprüft werden, wodurch gerade auch jüngeren, (noch) nicht verantwortungsbewussten und leichtsinnigen Beschuldigten das Risiko einer Fehlentscheidung aufgebürdet wird. Selbst für die Fälle, in denen ein junger Beschuldigter einen Strafbefehl bevorzugt, greift der Erziehungsgedanke vermutlich nicht.[2608]

Auch im Rahmen des Strafbefehlsverfahrens sollte die adhäsionsweise Geltendmachung von zivilrechtlichen Schadensersatzansprüchen möglich sein, um dem Opfer einen zusätzlichen Zivilprozess samt ihm obliegender Beweislast und den Kosten hierfür nicht aufzubürden und eine mehrfache Beanspruchung der Justiz zu vermeiden.[2609] Zu diesem Zweck ist das Opfer bereits über die Beantragung eines Strafbefehls zu informieren.[2610] Voraussetzung ist jedoch, dass es sich tatsächlich um beweisklare und sehr einfach gelagerte Sachverhalte handelt, da diese Möglichkeit eine zusätzliche Belastung für den Verurteilten darstellt. Zudem müsste der Sachverhalt im Strafbefehl deutlich ausführlicher geschildert und die Sachverhaltsgrundlage durch eine Anhörung zuverlässiger gemacht werden, um dem Opfer nicht aufgrund einer schwachen Sachverhaltsgrundlage eine starke Rechtsposition einzuräumen.

2607 Siehe auch zu etwaigen Literaturnachweisen jeweils an den entsprechenden Stellen.

2608 Siehe 1. Teil B. III. 2.

2609 Siehe 1. Teil B. III. 3., 2. Teil C. IX. 3., 4.

2610 *Peter*, Verbesserung der Stellung des Opfers im Strafverfahren, S. 279 f.

Bezüglich der Rechtsfolgen ist § 407 Abs. 2 Satz 2 StPO, also die Möglichkeit der Festsetzung einer (zur Bewährung ausgesetzten einjährigen) Freiheitsstrafe, aufzuheben. Die Rechtsfolge zu risikobehaftet, da zwischen dem Mandanten und dem nach § 408b StPO bestellten Pflichtverteidiger unter Umständen kein Kontakt hergestellt werden kann und die Prognoseentscheidungen nach §§ 47 und 56 StGB mangels persönlichen Eindrucks fehleranfällig sind. Zudem sind kurze Freiheitsstrafen unter Resozialisierungsaspekten ohnehin eher schädlich als nützlich und Verstöße, die eine Sanktionierung von einem Jahr Freiheitsstrafe (auf Bewährung) erfordern, nicht mehr im Bereich der geringfügigen Kriminalität angesiedelt.[2611]

Die Geldstrafe ist auf 85 Tagessätze zu begrenzen. Auf diese Weise wird das Strafbefehlsverfahren auf die Fälle geringfügiger Kriminalität beschränkt, ohne stark an Entlastungswirkung einzubüßen, da letztere im Bereich bis zu neunzig Tagessätzen stattfindet. Zudem ist der Täter dann nicht vorbestraft (erst ab einer Anzahl von über neunzig Tagessätzen erfolgt eine Eintragung in das Führungszeugnis, § 32 Abs. 2 Nr. 5a BZRG) und auch die Möglichkeit der Ersatzfreiheitsstrafe[2612] sowie die Anwendung bei (komplexen) Wirtschaftsstrafverfahren sind angemessen begrenzt.[2613] Dies folgt auch dem Gedanken der französischen Regelung, den Strafrahmen der einzelnen Delikte beim Strafbefehl nicht voll ausschöpfen zu können, sondern sich auf den unteren Bereich zu beschränken.[2614]

Bei der Verwarnung mit Strafvorbehalt sollte aufgrund der Geringfügigkeit dieser Rechtsfolge und der unter Umständen besonders negativen Auswirkung einer Eintragung im Bundeszentralregister auf letztere verzichtet werden.[2615]

Zusätzlich eingeführt werden könnte auch die Möglichkeit, im Strafbefehl freizusprechen, sofern die Symbolik, die für den Täter von besonderer Bedeutung sein kann, nicht verwehrt werden soll.[2616] Als zwingend erforderlich erscheint diese Änderung allerdings nicht, da das Gericht den Erlass eines Strafbefehls in diesen Fällen ablehnen kann.

Insgesamt sollte das Strafbefehlsverfahren in seinem Anwendungsbereich nicht weiter ausgedehnt, sondern eingeschränkt werden, da es aufgrund seiner Fehleranfälligkeit und auch seines begrenzten Leistungsvermögens mit Blick

---

2611 Siehe 2. Teil C. III. 1 a) dd).

2612 In diesen Fällen bestünde dann zwar weiterhin das Problem der kurzen Freiheitsstrafen, auf die grundsätzliche Zulässigkeit von Ersatzfreiheitsstrafen kann hier allerdings nicht eingegangen werden, z.B. krit.: *Treig/Pruin*, in: Maelicke/Suhling (Hrsg.), Das Gefängnis auf dem Prüfstand, 313.

2613 Siehe 2. Teil C. III. 4. c).

2614 Siehe 2. Teil C. IX. 4., E.

2615 Siehe 2. Teil C. III. 5; vgl. *AE-ASR*, GA 2019, 1, 29.

2616 Siehe 2. Teil C. IX. 3., 4.

auf Präventionsaspekte nicht als Regelverfahren geeignet ist, zu dem es zu werden droht, würde etwa auch in (mittelschweren) Verfahren vor den Land- und Oberlandesgerichten durch Strafbefehl abgeurteilt werden können.[2617]

B. Das Ermittlungsverfahren

Im Ermittlungsverfahren sollten die Staatsanwaltschaft und die ermittelnden Polizeibeamten dazu verpflichtet werden, Informationen über die Sprachkenntnisse des Beschuldigten, seine persönlichen und wirtschaftlichen Verhältnisse sowie etwaige Schuldunfähigkeitsgründe (etwa bei psychischen Auffälligkeiten) einzuholen – sofern deren Ermittlung nicht an gesetzliche Grenzen stößt[2618] – und in der Akte zu dokumentieren. Auf diese Weise würden drei schwerwiegende Fehlerquellen reduziert werden, da zum einen erforderliche Übersetzungen in eine andere oder eine leichte Sprache veranlasst und dadurch Einsprüche auch solchen Personen ermöglicht würden, die die deutsche Sprache nicht (ausreichend) beherrschen und zum anderen eine korrekte Bemessung der Höhe der Geldstrafe erfolgen und letztlich auch eine Schuldunfähigkeit nach § 20 StGB besser erkannt werden könnte.[2619] Zu den für eine angemessene Strafbemessung erforderlichen gründlichen Ermittlungen zählt zudem auch stets die Einholung eines Auszugs aus dem Bundeszentralregister.[2620]

C. Prüfung des Antrags und Erlass des Strafbefehls

Für die richterliche Entscheidung zugunsten eines Strafbefehls ist eine aufgrund der Aktenlage gewonnene Überzeugung zu fordern. Mit Blick auf das Schuldprinzip, den Zweifelsgrundsatz und die Gleichstellung mit einem Urteil

---

2617 Siehe 2. Teil C. III. 1. a) dd), 4. c), 6., VII.

2618 Beispielsweise können Beschuldigte nicht gezwungen werden, ihre wirtschaftlichen Verhältnisse anzugeben. Da dies aber eine besonders schwerwiegende Fehlerquelle des Strafbefehlsverfahrens darstellt, müssen dennoch zumindest alle diesbezüglich möglichen Ermittlungen unternommen werden, um wenigstens einen Ansatz für Schätzungen zu erhalten.

2619 Siehe jeweils unter 2. Teil C. II. 2. c), d), IV. 1. a) cc), VIII. 1. a), b); zudem könnten der Rechtsbehelfsbelehrung die Kontaktdaten von Übersetzern beigefügt werden; auch haben die Gerichte nach der hier vertretenen Ansicht ein Schriftstück zu übersetzen, wenn es einen Einspruch darstellen könnte, vgl. zu letzterem auch *Böhm*, NJW 2016, 306; vgl. KK-StPO/*Maur* § 410 Rn. 3.

2620 Vgl. unter 2. Teil C. II. 2. c).

in § 410 Abs. 3 StPO ist ein hinreichender Tatverdacht für den Strafbefehlserlass unzureichend.[2621]

Vor Erlass des Strafbefehls ist der Beschuldigte anzuhören. Zum einen kann nur auf diese Weise das in Art. 103 Abs. 1 GG, Art. 6 EMRK verbürgte vorherige rechtliche Gehör gewährt werden. Zum anderen würde auf diese Weise die Entscheidungsgrundlage mangels rein einseitiger Ermittlung zu Lasten des Beschuldigten zuverlässiger.[2622] Es bedürfte weniger Schätzungen nach § 40 Abs. 3 StGB, wenn sich der Beschuldigten zu seinen persönlichen und wirtschaftlichen Verhältnissen äußern würde.[2623] Eine persönliche Anhörung ist dabei einer schriftlichen vorzuziehen, insbesondere weil auf diese Weise auch die Erkennung einer etwaigen Schuldunfähigkeit oder von Sprachproblemen ermöglicht würde. Die Anhörung könnte entweder durch die Staatsanwaltschaft vor Stellung des Strafbefehlsantrags stattfinden und durch Aufnahme in die Akten Eingang in die richterliche Entscheidung finden, wobei darauf zu achten wäre, dass die Anhörung nicht nur aus formalen Gründen vorzunehmen wäre, sondern die Äußerungen des Beschuldigten überprüft und berücksichtigt werden müssten, oder aber durch den Richter selbst erfolgen. Durch eine Anhörung durch die Staatsanwaltschaft würde die Entscheidungsgrundlage bereits vor Beantragung des Strafbefehls zuverlässiger werden. Dies gilt insbesondere auch dann, wenn man dem Richter nicht die Kompetenz einräumt, vom Strafbefehlsantrag abzuweichen. Bei einer vorherigen persönlichen Anhörung ist zudem anzunehmen, dass die Zahl der Einsprüche verringert würde.[2624]

Die Einführung einer solchen Anhörung ist zwar in Hinblick auf die Gewährung rechtlichen Gehörs und der Reduzierung von Fehlerrisiken dringend erforderlich, allerdings bestehen hier Zweifel an der praktischen Umsetzbarkeit. Eine persönliche Anhörung würde das Strafbefehlsverfahren, auf dessen Effektivität die Justiz angewiesen ist, umständlicher und ressourcenaufwändiger

---

2621 Siehe 2. Teil C. I. 1. d).

2622 Aber auch weitere Einflussnahmerechte des Verteidigers auf die Ermittlungen (z.B. die Beantragung einer bestimmten Beweiserhebung) würden diese von einer einseitigen Vorgehensweise zu einer umfassenderen ausweiten; siehe zur Bedeutung einer frühen Verteidigerbeteiligung im Strafverfahren *Dahs*, Hdb. des Strafverteidigers, Rn. 234 f., 246 f.

2623 Insbesondere wenn ein Beschuldigter sich diesbezüglich nicht gegenüber den ermittelnden Polizeibeamten geäußert hat; die Anhörung vor der Staatsanwaltschaft verdeutlicht aber womöglich den Ernst der Lage und fördert die Aussagebereitschaft der Beschuldigten.

2624 Siehe unter 2. Teil C. I. 3.

machen. Insbesondere wenn der Beschuldigte nicht erscheint, würde es einen erheblichen Mehraufwand bedeuten, ihn zwangsweise vorführen zu lassen. Alternativ könnte daher eine schriftliche Anhörung erwogen werden, die jedoch weniger gut zur Vermeidung von Fehlentscheidungen geeignet ist. Eine weitere Möglichkeit bestünde darin, dass die Polizei den Akten ausreichend ausführliche Beschuldigtenprofile und detaillierte Eindrucksvermerke beifügt; letzteres ist auch im Jugendstrafrecht (§ 43 JGG) üblich. Zu diesem Zweck wäre die Anhörung nach § 163a StPO jedoch stets persönlich durchzuführen. Der zusätzliche Aufwand (die nachzuweisende ernsthafte Bemühung um die Erlangung der Daten im Rahmen des ohnehin durch sie geführten Ermittlungsverfahrens) wäre für die Polizeibeamten geringer als für die Staatsanwaltschaft. Zur Vermeidung insbesondere fehlerhafter Sanktionsbemessungen wäre dies aber nicht gleich geeignet wie eine Anhörung durch die den Strafbefehl beantragenden Staatsanwaltschaft, da solche Vermerke den persönlichen Eindruck durch die entscheidende Staatsanwaltschaft nicht ersetzen können. Zudem besitzt die Staatsanwaltschaft eine größere Autorität, sodass die Aussagebereitschaft bei einer staatsanwaltschaftlichen Anhörung höher und damit der Erfolg der Anhörung größer sein wird, zumal der Beschuldigte – anders als bei der Polizei – auch dazu verpflichtet ist, auf Ladung der Staatsanwaltschaft zu erscheinen, § 163a Abs. 3 Satz 1 StPO.

Überlegt wurde auch, ob man, um das Anhörungsrecht des Beschuldigten zu wahren, ohne die Entlastungswirkung des Strafbefehlsverfahrens zu schmälern, eine Anhörung zumindest in schwerwiegenden Fällen durchführt, in denen eine Geldstrafe von über 180 Tagessätzen oder eine Freiheitsstrafe beantragt wird.[2625] Angesichts der in diesen Fällen drohenden erheblichen (aber womöglich fehlerhaften) Folgen wäre es tatsächlich erforderlich, eine persönliche Anhörung jedenfalls in diesen Verfahren durchzuführen, sofern man die Geldstrafe nicht ohnehin auf 85 Tagessätze begrenzt.

Darüber hinaus sollte in Verfahren mit derart hohen anvisierten Rechtsfolgen (sofern diese, anders als hier gefordert, weiter zulässig bleiben) zudem eine Zustimmungspflicht[2626] des Angeklagten erwogen werden. Auf diese Weise würde auch den höheren Ersatzfreiheitsstrafen entgegengewirkt werden.

Unter Berücksichtigung des Aufwands einer Anhörung, der nicht zum Gedanken der schnellen Verfahrenserledigung passt, und der großen Bedeutung der Vermeidung von Fehlentscheidungen wird die mündliche Anhörung durch

---

2625 *Loos*, in: FS Küper, 313, 327.

2626 Womit auch eine Art Anhörung stattfinden würde.

die Staatsanwaltschaft vor Strafbefehlsantrag vorgeschlagen.[2627] Dadurch wird nicht das gerichtliche Verfahren, sondern der Abschluss der Ermittlungen in die Länge gezogen. Der Vortrag des Beschuldigten kann auf diese Weise Eingang in den Strafbefehlsantrag und insbesondere die beantragte Rechtsfolge finden.

Durch die Möglichkeit des Richters, von der beantragten Strafhöhe leicht abzuweichen, erlangt die Bedeutung rechtlichen Gehörs durch den Richter zudem insofern Bedeutung, als dieser das in die Akte aufgenommene Vorbringen des Beschuldigten auch in seine Strafzumessungsüberlegungen und in die Entscheidung über den Erlass des Strafbefehls einfließen lassen kann. Das Risiko fehlerhafter Entscheidungen ist durch das (faktische) Fehlen einer vorherigen Anhörung derzeit derart hoch, dass auch ein entsprechend hoher Aufwand in Kauf genommen werden muss, um dieses Fehlerpotential zu verringern. Und auch der Umstand, dass ein Beschuldigter nicht zur Aussage gezwungen werden kann, rechtfertigt keine andere Beurteilung, zumal auf diesem Wege gerade denjenigen die Chance zur Verteidigung eingeräumt wird, die diese unter derzeitigen Umständen aufgrund des fehlenden Verständnisses des Strafbefehls nicht wahrnehmen können.

Insbesondere darf auch nicht unberücksichtigt bleiben, dass durch eine vorherige persönliche Anhörung ein Rückgang der Einspruchsquote zu erwarten wäre. Insofern ließe sich der anfängliche Mehraufwand wieder relativieren.

Mit Blick auf den Umstand, dass eine vorherige Anhörung – als eine Art Zwischenverfahren – dazu beiträgt, schwerwiegende Fehlerquellen des Strafbefehlsverfahrens zu reduzieren und der Wahrung der Rechte des Beschuldigten (insbesondere desjenigen auf rechtliches Gehör) dient, sollte dieser Mehraufwand mithin betrieben werden.[2628]

2627 Auch die Antwort des StA B1 auf Frage 39 zeigt, dass eine Anhörung an dieser Stelle Fehler reduzieren kann: „[…] Also eins kann ich Ihnen wirklich sagen, dass Leute nach Papierform immer ganz anders sind, als wenn Sie sie in der Hauptverhandlung erleben. Das ist für mich eigentlich auch die größte Schwäche des Strafbefehlsverfahrens. […] aber Sie haben, wenn Sie reingehen ins Gericht, immer wen ganz anders dasitzen als das, was Sie nach Aktenlage erwarten."

2628 Siehe auch *Maleika*, Freiheitsstrafe und Strafbefehl, S. 196: Durch Beteiligung des Angeschuldigten vor Strafbefehlserlass würde das Verfahren langwieriger und komplizierter, aber dies sei vertretbar, da der Zweck (schnelle Erledigung kleiner und mittlerer Massenkriminalität) weiter gewährleistet sei und die Effektivität des Verfahrens in erster Linie durch den Verzicht auf die Hauptverhandlung entstünde.

Des Weiteren sollte auch klargestellt werden, dass der Strafrichter das Recht zur eigenen Beweiserhebung hat.[2629]

Die Bindung des Richters an den Antrag der Staatsanwaltschaft sollte aufgehoben werden. Bei einer Abweichung von etwa 15–20 % oder der ergänzenden Anordnung der Nebenstrafe oder einer Nebenfolge besteht auch nicht die Gefahr eines echten Abwesenheitsurteils. Der Richter hätte diese Entscheidung zu begründen und der Staatsanwaltschaft wäre ein Einspruchsrecht zuzugestehen. Auf diese Weise könnten die Richter auch zu einer genaueren Prüfung des Strafbefehlsantrags motiviert werden, da ihnen ein größerer Entscheidungsspielraum zukäme.[2630]

Eine Begründung ist nicht nur im Falle einer Abweichung, sondern beim Erlass jedes Strafbefehls erforderlich. Diese Begründung kann kürzer als die eines Urteils ausfallen, muss aber eine ausreichende Sachverhaltsdarstellung beinhalten und das Nachvollziehen der wesentlichen richterlichen Subsumtion und Strafbemessung ermöglichen. Dadurch ist der positive Effekt zu erwarten, dass Strafbefehle nicht mehr ohne eingehende Prüfung erlassen werden können und der Angeklagte dazu in der Lage wäre, fundiert über eine Einspruchseinlegung entscheiden zu können.[2631]

Durch den Erhalt einer zuverlässigeren Entscheidungsgrundlage durch eine Anhörung ist in Zusammenhang mit einer Abweichungsmöglichkeit und einer Begründungspflicht zudem zu erwarten, dass die häufig mangelhafte richterliche Prüfung der Strafbefehlsanträge[2632] verbessert würde.

Der Antrag auf Erlass eines Strafbefehls sollte auch vom Beschuldigten gestellt werden können. Dabei ist von diesem aber keine Einlassung zur Sache, sondern lediglich ein Antrag im Sinne einer Anregung zu fordern. Dadurch würde seine Position gegenüber der Staatsanwaltschaft gerade in Absprachesituationen gestärkt. Letzterer müsste in diesem Fall aber ein Einspruchsrecht zugebilligt werden.[2633]

2629 *Fezer*, in: FS Baumann, 395, 404; für einen Verweis auf § 202 StPO: *Kirch*, Das Strafbefehlsverfahren nach dem StVÄG 1987, S. 92; siehe auch *AE-ASR*, GA 2019, 1, 93 f.

2630 Siehe unter 2. Teil C. II. 1. b) aa) (1).

2631 Siehe 2. Teil C. I. 4.

2632 Siehe 2. Teil C. II. 1. a).

2633 Siehe 2. Teil C. I. 5.

Die Entscheidung der Staatsanwaltschaft über einen Strafbefehlsantrag müsste dahingehend ermessensreduziert sein, dass diese dazu verpflichtet ist, bei Vorliegen eines einfachen Sachverhalts einen Strafbefehlsantrag zu stellen. Zudem müsste die Entscheidung durch einen entsprechenden Antrag (siehe soeben) beziehungsweise einen Widerspruch des Beschuldigten zwischen Antragstellung und Erlass gerichtlich überprüfbar sein. Dadurch würde auch die Prognoseentscheidung, ob eine Hauptverhandlung entbehrlich ist, überprüft. Auf diese Weise würde das Missbrauchspotential verringert werden.[2634]

Die Rechtsbehelfsbelehrung ist zu ergänzen. Erforderlich ist nicht nur der Hinweis auf die Möglichkeit der Ersatzfreiheitsstrafe, sondern eine kurze Erläuterung sowohl dieser als auch der Möglichkeit, stattdessen (gemäß Art. 293 EGStGB in Verbindung mit dem jeweiligen Landesrecht) gemeinnützige Arbeit leisten zu können. Hinzuweisen wäre auch darauf, dass bei den Verkehrsdelikten Punkte im Fahreignungsregister (FAER) eingetragen werden können sowie darauf, dass – sofern nicht wie gefordert eine Beschränkung der Geldstrafe auf 85 Tagessätze erfolgt – ab einer Höhe von mehr als neunzig Tagessätzen eine Eintragung in das Führungszeugnis vorgenommen wird und die Vorstrafe des Täter dann hieraus ersichtlich ist; dasselbe gilt etwa für etwaige Berufsausübungshindernisse wie § 25 JArbschG. Ein Hinweis auf kostenlose Rechtsberatungsprojekte[2635] (soweit vorhanden) würde die Verteidigungsmöglichkeiten des Angeklagten erweitern. Ebenso würde es die Wahrnehmung seiner Rechte vereinfachen, wenn ein Einspruchsformular mitgeschickt würde, so wie es etwa auch bei der schriftlichen Äußerung nach § 163a StPO[2636] der Fall ist.

Die Rechtsbehelfsbelehrung müsste zudem, sofern sich entsprechende Anhaltspunkte im Rahmen des Ermittlungsverfahrens und/oder der Anhörung ergeben, übersetzt oder in einfacher Sprache verfasst werden.

2634 Siehe 2. Teil C. II. 2. b).

2635 In Berlin wäre dies derzeit das Rechtsberatungsprojekt für Strafbefehlsempfänger der Vereinigung Berliner Strafverteidiger e.V. und der Law Clinic der Freien Universität Berlin, https://www.strafbefehlsberatung.de/, zuletzt abgerufen am 11.02.2021; vgl. auch die schweizerische Hilfestellung auf https://ordonnance-penale.ch/index.php, zuletzt abgerufen am 10.04.2021.

2636 Ein solches Schreiben ist im Anhang abgedruckt.

Bezüglich der Frist sollte auf deren Wahrung auch durch Einspruchseinlegung per Fax sowie auf die Möglichkeit einer Wiedereinsetzung in den vorigen Stand nach den §§ 44 ff. StPO hingewiesen werden, die insbesondere bei einer Fristversäumnis aufgrund krankheitsbedingten persönlichen Unvermögens besteht.[2637]

Die Möglichkeit der Ersatzzustellung sollte auch beim Strafbefehlsverfahren beibehalten werden. Bezüglich des Fristbeginns wäre hier allerdings auf den Zeitpunkt der von Amts wegen nachzuweisenden tatsächlichen Kenntnisnahme abzustellen, damit dem Angeklagten die volle Einspruchsfrist zur Verfügung steht[2638]. Zudem ist auch bei einer Zustellung nach § 145a StPO zur Vermeidung von Missverständnissen darauf zu achten, immer sowohl an den Verteidiger als auch an den Angeklagten zuzustellen.[2639]

D. Das Einspruchsverfahren

Die Einspruchsfrist ist auf dreißig Tage zu verlängern. Dies ist erforderlich, um dem Angeklagten eine angemessene Zeit zur Verfügung zu stellen, in der er etwa den Strafbefehl überdenken und anwaltlichen Rat einholen kann, und um dem Verteidiger die Zeit für eine gründliche Prüfung und ausführliche Besprechungen mit dem Mandanten einzuräumen. Auf diese Weise würde es auch psychisch kranken Menschen erleichtert, die Frist einzuhalten.[2640]

Um zu gewährleisten, dass ein Angeklagter einen fehlerhaften Strafbefehl nicht aus Unvermögen, sich zu verteidigen, akzeptiert und sich bestmöglich dagegen zur Wehr setzen kann, wäre es grundsätzlich erforderlich, eine generelle Pflichtverteidigung im Strafbefehlsverfahren einzuführen. Angesichts der gegenüber dem regulären Verfahren stark erhöhten Anfälligkeit für Fehler auch in Zusammenhang mit den häufigen Schwierigkeiten beim Umgang mit dem Strafbefehl durch die Angeklagten wäre an dieser Stelle eine fachkompetente Überprüfung der Strafbefehle sowie eine fachkundige Unterstützung beim Formulieren der – gegebenenfalls auf die Höhe der Tagessätze beschränkten – Einsprüche erforderlich,

2637 Siehe 2. Teil C. IV. 1. a) ee) (2).

2638 EuGH NJW 2020, 1873, 1875; EuGH NJW 2016, 303, 306 = StV 2016, 205, 209; a.A. bzgl. des Fristbeginns *Kulhanek*, JR 2016, 208, 210; die Umsetzung durch die §§ 44 ff. StPO wird hier als unzureichende Umsetzung dieser Entscheidung angesehen; siehe 2. Teil C. IV. 1. a) bb) (3), (5).

2639 Siehe 2. Teil C. IV. 1. a) bb) (3).

2640 Siehe 2. Teil C. IV. 1. a) aa) (2), (3), bb) (3).

um das Risiko fehlerhafter rechtskräftiger Entscheidungen zu reduzieren. Dies gilt insbesondere mit Blick auf die Akteneinsicht, die (nur) durch den Verteidiger erwirkt werden kann. Die Fälle, in denen Verständnisschwierigkeiten, psychische Erkrankungen, Suchtprobleme oder andere persönliche Einschränkungen von der Einlegung eines Einspruchs abhalten, würden erheblich reduziert werden können. Auf diese Weise würde auch das Problem entschärft, dass die Kosten für einen Anwalt nicht selten höher sind als die im Strafbefehl festgesetzte Geldstrafe.

Eine Pflichtverteidigung wäre bereits im Ermittlungsverfahren hilfreich, um gegebenenfalls mit der Staatsanwaltschaft eine auf einen Strafbefehl gerichtete Absprache zu treffen, da das Strafbefehlsverfahren auch Vorteile für den Angeklagten bieten kann; allerdings ist eine generelle Pflichtverteidigung in sämtlichen Ermittlungsverfahren schlechthin unpraktikabel. Der Zeitpunkt der Pflichtverteidigung wäre daher auf den Erlass des Strafbefehls zu legen. Derzeit ist eine Pflichtverteidigung nur für die (wenigen) Fälle der Festsetzung einer zur Bewährung ausgesetzten einjährigen Freiheitsstrafe (§§ 407 Abs. 2 Satz 2, 408b StPO) und nur für die Einlegung des Einspruchs, nicht für die folgende Hauptverhandlung vorgesehen. In dieser wird eine Pflichtverteidigung bisher nur nach den üblichen Regelungen der §§ 140 ff. StPO beigeordnet, also beispielsweise, wenn wegen der Schwere der Tat, der zu erwartenden Rechtsfolge oder der Schwierigkeit der Sach- und Rechtslage die Mitwirkung eines Verteidigers geboten erscheint oder der Beschuldigte sich nicht selbst verteidigen kann, § 140 Abs. 2 StPO; die Schwere der Tat und der zu erwartenden Rechtsfolge dürfte beim Strafbefehl (außer in den Fällen der Freiheitsstrafe, die nach der hier vertretenen Ansicht nicht mehr zulässig sein sollte) aber gerade nicht vorliegen.

Mit Blick auf die hohe Anzahl der Strafbefehle würde eine zwingend vorgeschriebene Pflichtverteidigung in jedem Strafbefehlsverfahren von Erlass des Strafbefehls an bis einschließlich zu dem in der Hauptverhandlung gefällten Urteil allerdings erhebliche Kosten verursachen und Verteidigerkapazitäten in Anspruch nehmen, sodass die Möglichkeit einer Realisierung dieses Vorschlags fraglich erscheint. Angesichts der vielfältigen Vorzüge eines solchen Verteidigungsmodells sollte eine institutionalisierte Pflichtverteidigung nach Art der amerikanischen Public Defender Offices erwogen werden.

Sofern der Beschuldigte vor Strafbefehlsantrag allerdings von der Staatsanwaltschaft – wie hier gefordert – angehört wird, ist der Verzicht auf eine generelle Pflichtverteidigung weniger folgenreich, da auf diese Weise bereits die Entscheidungsgrundlage zuverlässiger ermittelt und damit das Risiko für Fehlentscheidungen zumindest reduziert würde.

In jedem Falle sollte eine Pflichtverteidigung aber für die Fälle psychischer Auffälligkeiten, erheblicher Sprachschwierigkeiten und sozialer und finanzieller Schwächen vorgeschrieben werden, die im Ermittlungsverfahren geprüft werden müssten, sowie für Fälle des Migrationsrechts.[2641]

Ein wichtiger Punkt im Rahmen der Reformierung des Strafbefehlsverfahrens ist auch die Einführung einer personellen Trennung: Im Verfahren nach dem Einspruch sollte ein anderer Strafrichter als derjenige, der den Strafbefehl erlassen hat, entscheiden. Dadurch würde die Gefahr einer Voreingenommenheit reduziert. Zwar besteht diese Gefahr aufgrund der Entscheidung im Zwischenverfahren auch im regulären Verfahren, allerdings ist hier mit Blick auf die besonderen Fehlerrisiken des schriftlichen Strafbefehlsverfahrens und dem Umstand, dass der Richter eine Entscheidung getroffen hat, die ohne Einspruch in Rechtskraft erwachsen wäre, eine abweichende Regelung besonders erforderlich.[2642]

Die Möglichkeit, über einen auf die Höhe der Tagessätze beschränkten Einspruch durch Beschluss zu entscheiden, § 411 Abs. 1 Satz 3 StPO, sollte auch für einen Einspruch, der auf die Dauer der Entziehung der Fahrerlaubnis beschränkt ist, gelten.[2643]

Die auf den Einspruch folgende Hauptverhandlung sollte durch die Abschaffung der vereinfachten Beweisaufnahme in § 411 Abs. 2 Satz 2 StPO effektiver ausgestaltet werden. Auch hier sollten Beweisanträge gestellt werden können, bei deren Ablehnung der Richter entgegen § 420 Abs. 4 StPO an § 244 Abs. 3–5 StPO gebunden ist, um bereits die abstrakte Gefahr einer fehlenden Einflussnahmemöglichkeit auf die Beweisaufnahme zu reduzieren und eine erschöpfende Sachverhaltsaufklärung zu gewährleisten, um dadurch die Gefahr fehlerhafter Entscheidungen zu verringern. Auch die Verlesungsmöglichkeiten in § 420 Abs. 1–3 StPO und die dadurch erhöhte Anfälligkeit der Beweiswürdigung für Fehler sind abzuschaffen. Insbesondere das Selbstleseverfahren nach § 249 Abs. 2 StPO ohne Verteidigung stellt für den juristisch unerfahrenen Angeklagten ein großes Risiko dar.

Infolge der Streichung der verkürzten Beweisaufnahme ist ebenfalls die Abschaffung der Berufungsmöglichkeit aus prozessökonomischen Gründen sinnvoll. Da – nach dem hier unterbreiteten Vorschlag – der Beschuldigte vor Strafbefehlserlass anzuhören ist, ein anderer Richter über die Hauptverhandlung nach einem Einspruch entscheidet und § 411 Abs. 2 Satz 2 StPO abgeschafft wird,

2641 Siehe 2. Teil C. IV. 1. a) cc) (1), dd), b), VIII. 2.

2642 Siehe 2. Teil C. II. 1. c).

2643 Siehe 2. Teil C. IV. 1. c).

liegt eine vollwertige Tatsacheninstanz[2644] vor. In diesem Fall kann zur Einsparung von Ressourcen auf die Durchführung einer erneuten Hauptverhandlung in geringfügigen Fällen verzichtet werden. Die Rechte des Beschuldigten dürfen an dieser Stelle aber nur dann verkürzt werden[2645], wenn das Strafbefehlsverfahren zudem in seinem Anwendungsbereich wieder beschränkt wird und eine umfassende Sachverhaltsaufklärung tatsächlich gewährleistet ist.[2646]

Im Hauptverfahren nach einem Einspruch sollte ein Verbot der reformatio in peius eingeführt werden, lediglich der Wegfall der Geständniswirkung sollte strafschärfend berücksichtigt werden können. Es obliegt der Staatsanwaltschaft, im Ermittlungsverfahren gründlich vorzugehen und einen Strafbefehl nur dann zu beantragen, wenn sie ein abweichendes Ergebnis in einer Hauptverhandlung für ausgeschlossen hält. Sofern sie (oder faktisch die Polizei) dieser Aufgabe nicht fehlerfrei nachkommt, sollte dies dem Angeklagten nicht zum Nachteil gereichen und ihn womöglich von der Einlegung eines Einspruchs abhalten.[2647]

Die Anwesenheit des Angeklagten in der Hauptverhandlung nach einem Einspruch gegen einen Strafbefehl sollte nicht zwingend, sondern nur grundsätzlich erforderlich sein und den bestehenden Regeln zur Abwesenheit des Angeklagten (§§ 232 ff. StPO) in der Hauptverhandlung folgen. Die Möglichkeit des Angeklagten, sich gemäß § 411 Abs. 2 Satz 1 StPO in der Hauptverhandlung von einem Verteidiger vertreten zu lassen, sollte daneben beibehalten werden, da durch die Vertretung bei nachgewiesener Vertretungsvollmacht die Wahrung der Rechte und Interessen des Angeklagten ausreichend gewährleistet ist.[2648]

E. Strafbefehle nach eröffnetem Hauptverfahren

§ 408a StPO sollte abgeschafft werden. Zum einen bestehen Bedenken bezüglich der Einhaltung der Voraussetzungen und der Prädestinierung für Absprachen, da die Beschleunigungswirkung ohne Einspruchsverzicht des Angeklagten nicht erreicht wird, sondern im Gegenteil ein erheblicher Mehraufwand entsteht. Zum anderen ist das Hauptverfahren eröffnet worden, weil die Durchführung einer Hauptverhandlung gerade notwendig war. Dass letztere dazu führt,

2644 *Müller*, Das Strafbefehlsverfahren, S. 336 f., 338 f.
2645 LR/*Gössel* Vor § 407 Rn. 65; *Kirch*, Das Strafbefehlsverfahren nach dem StVÄG 1987, S. 113 ff., 118.
2646 Siehe 2. Teil C. IV. 2. a).
2647 Siehe 2. Teil C. V. 1.
2648 Siehe 2. Teil C. V. 3.

dass der Sachverhalt zu einem Zeitpunkt aufgeklärt ist, ist gerade ihr Ziel. In diesem Moment dann auf die weitere Durchführung des Hauptverfahrens zu verzichten, umgeht gleichsam die Verkündung eines Urteils, das den regulären Abschluss einer Hauptverhandlung darstellt. Für den Fall, dass noch keine Verhandlung stattgefunden hat, ist diese entsprechend der vorherigen Entscheidung gegen einen Strafbefehl konsequenterweise weiter erforderlich.[2649]

F. Absprachen und vereinfachte Verfahrensarten

Absprachen auch außerhalb des Anwendungsbereichs des § 257c StPO sollten, gerade auch mit Blick auf das Strafbefehlsverfahren[2650] und die Opportunitätseinstellungen, grundsätzlich zulässig sein, müssen aber gesetzlich geregelt und gerichtlich überprüfbar werden. In dem Fall könnten sie eine Bindungswirkung entfalten und wären für den Beschuldigten weniger risikobehaftet. Zudem würden ungerechtfertigte Privilegierungen reduziert. Bei der Ausgestaltung der Regelungen müssen insbesondere die Aufklärung des Sachverhalts durch die Überprüfung der Geständnisse und die transparente Dokumentation der Absprachen gewährleistet werden. Auf diese Weise wäre das Missbrauchspotential zu verringern.[2651]

Der Anwendungsbereich des § 153a StPO ist durch die Beschränkung der zulässigen Höhe der Geldauflage auf 5.000 Euro zu reduzieren. Dadurch könnte die Norm insbesondere nicht mehr auf komplexe Wirtschaftsstrafverfahren angewandt werden, wodurch auch die hier bestehende Privilegierung verringert würde. Auch hier sind Geständnisse stets zu überprüfen.[2652]

G. Die Rechtskraft

Die zusätzliche Wiederaufnahmemöglichkeit in § 373a StPO ist zu streichen. Der durch Strafbefehl Verurteilte steht ansonsten trotz der Gleichstellung des Strafbefehls mit einem Urteil, § 410 Abs. 3 StPO, schlechter als der durch Urteil Verurteilte und dies, obwohl die Entscheidung bereits unter erleichterten Bedingungen ergehen konnte.[2653]

2649 Siehe 2. Teil C. VI. 5.

2650 Vgl. dazu den Gesetzesvorschlag bei *Siolek*, Verständigung, S. 284; vgl *Schünemann*, Gutachten B zum 58. DJT, S. 146 ff. zur Vereinbarkeit mit Verfassungsprinzipien, vgl. S. 158 ff. zur Wiederherstellung des Gesetzesgehorsams.

2651 Siehe 3. Teil B. IV., C. I. 2.

2652 Siehe 3. Teil D. II. 7., B. IV. 1. c), 2. d).

2653 Siehe 2. Teil C. IV. 2. b), IX. 2.

Überblick über die wichtigsten vorgeschlagenen Änderungen:

Ermittlungsverfahren	• Pflicht zur Ermittlung von Sprachkenntnissen, persönlichen und wirtschaftlichen Verhältnissen und Schuldfähigkeit; Auszug aus BZR • Regelung von Absprachen
Strafbefehlsantrag und Rechtsfolgen	• Keine Freiheitsstrafen, Geldstrafen bis 85 Tagessätze • Ausschluss bei Heranwachsenden, Adhäsion möglich • Ermessensreduktion, gerichtliche Überprüfbarkeit (auf Antrag/Widerspruch des Beschuldigten) • Antragsberechtigt ist auch der Beschuldigte • Persönliche Anhörung durch die StA
Richterliche Prüfung	• Überzeugung erforderlich
Erlass des Strafbefehls	• Rechtsbehelfsbelehrung ergänzen • Abweichungskompetenz und Begründungspflicht • ggf. Bestellung eines Pflichtverteidigers (insbesondere bei Sprachschwierigkeiten, psychischen Auffälligkeiten, sozialen und finanziellen Schwächen und im Migrationsrecht)
Einspruch	• Frist: 30 Tage • Fristbeginn bei Ersatzzustellung mit tatsächlicher Kenntnisnahme • Beschlussentscheidung bei Einspruchsbeschränkung auf die Dauer der Fahrerlaubnisentziehung möglich
Hauptverhandlung	• Personelle Trennung • Streichung der verkürzten Beweiserhebung (§ 411 Abs. 2 Satz 2 StPO) • Grundsätzlich Verbot der reformatio in peius • Abschaffung von § 408a StPO
Rechtskraft	• Abschaffung von § 373a StPO

Anhang

I. Empirische Studie

1. Fragebogen Strafverteidiger

<u>Fragebogen Strafverteidiger</u>

Hinweis: Es gibt sowohl Multiple-Choice-Fragen als auch skalierte Antwortmöglichkeiten.[2654]

Frist

1) Bei drohendem Ablauf der Einspruchsfrist gegen Strafbefehle werden schnell Gesprächstermine vergeben. *Sehr häufig - Häufig - Manchmal - Selten - Nie*
2) Aus welchen Gründen wird die Einspruchsfrist nicht eingehalten? (Mehrfachantworten möglich) *A Urlaubsbedingte Abwesenheit - B Berufsbedingte Abwesenheit -C Krankenhausaufenthalt - D Strafbefehl wurde nicht verstanden - E anderer*

   Grund: ______
3) In den letzten drei Jahren wurden Wiedereinsetzungsanträge nach Fristablauf gestellt. *Sehr häufig - Häufig - Manchmal - Selten - Nie*
4) Für den Fall, dass regelmäßig Wiedereinsetzungsanträge gestellt werden, sind diese erfolgreich. *Sehr häufig - Häufig - Manchmal - Selten - Nie*

Verständnis der Mandanten

5) Meine Mandanten erkennen den zugestellten Strafbefehl als solchen. *Sehr häufig - Häufig - Manchmal - Selten - Nie*
6) Meine Mandanten können die Folgen des Strafbefehls einschätzen, wenn sie diesen als solchen erkennen. *Sehr häufig - Häufig - Manchmal - Selten - Nie*
7) Meine Mandanten erkennen den Strafbefehl aufgrund sprachlicher Schwierigkeiten nicht als solchen. *Sehr häufig - Häufig - Manchmal - Selten - Nie*
8) Strafbefehle werden mit einer Übersetzung erlassen, wenn dies notwendig ist. *Sehr häufig - Häufig - Manchmal - Selten - Nie*
9) Strafbefehle werden in die richtige Sprache übersetzt. *Sehr häufig - Häufig - Manchmal - Selten - Nie*

2654 Die jeweiligen Antwortmöglichkeiten sind in diesem Dokument kursiv gedruckt.

Anhörung

10) Es kommt vor, dass der Angeschuldigte vor Erlass des Strafbefehls durch den Richter im Rahmen von Nachermittlungen i.S.v. § 202 StPO angehört wird. *Sehr häufig - Häufig - Manchmal - Selten - Nie*

11) Strafbefehle werden beantragt, ohne dass zuvor eine Anhörung nach § 163a StPO erfolgte. *Sehr häufig - Häufig - Manchmal - Selten - Nie*

Richtigkeit des Strafbefehls

12) Der im Strafbefehl ermittelte Sachverhalt ist zutreffend. *Sehr häufig - Häufig - Manchmal - Selten - Nie*

13) Im Falle einer Geldstrafe war die Tagessatzhöhe juristisch korrekt anhand der finanziellen Situation des Beschuldigten ermittelt. *Sehr häufig - Häufig - Manchmal - Selten - Nie*

Häufige Empfänger

14) Strafbefehle werden vermehrt an sozial schwache Personen geschickt. *Sehr häufig - Häufig - Manchmal - Selten - Nie*

15) Strafbefehle werden vermehrt an Personen mit ausländisch klingendem Namen oder Migrationshintergrund geschickt. *Sehr häufig - Häufig - Manchmal - Selten - Nie*

16) Frauen bekommen überdurchschnittlich oft Strafbefehle in Relation zu ihrem Anteil an der Kriminalität. *Trifft voll zu - 3 Zwischenschritte - Trifft nicht zu*

Einspruchsverhalten

17) Ich lege Einspruch gegen einen Strafbefehl ein. *Sehr häufig - Häufig - Manchmal - Selten - Nie*

18) Wenn ich oft Einspruch einlege, liegt das daran, dass *die Tagessatzhöhe falsch berechnet wurde - der Sachverhalt nichtzutreffend ist - anderer Grund: ______*

19) Wenn ich nicht oft Einspruch einlege, liegt das daran, dass *die Gefahr einer Verschlechterung zu hoch ist - Sachverhalt und Strafe angemessen ermittelt wurden - anderer Grund: ______*

20) Die Einsprüche sind erfolgreich. *Sehr häufig - Häufig - Manchmal - Selten - Nie*

21) Im Falle nicht erfolgreicher Einsprüche fällt die Strafe im Urteil höher aus als im Strafbefehl beantragt. *Sehr häufig - Häufig - Manchmal - Selten - Nie*

22) Ich nehme Einsprüche zurück. *Sehr häufig - Häufig - Manchmal - Selten - Nie*

23) Wenn ich einen Einspruch zurücknehme, liegt das daran, dass (Mehrfachantworten möglich) *das Risiko einer Straferhöhung zu groß wurde - die Verfahrenskosten steigen - anderer Grund: ______*

Absprachen

24) Strafverteidiger versuchen, bereits im Ermittlungsverfahren durch eine Absprache mit der StA auf die Beantragung eines Strafbefehls hinzuwirken. *Sehr häufig - Häufig - Manchmal - Selten - Nie*

25) Die StA versucht, bereits im Ermittlungsverfahren durch eine Absprache mit der Verteidigung auf die Beantragung eines Strafbefehls im Gegenzug zu einem Geständnis hinzuwirken. *Sehr häufig – Häufig – Manchmal – Selten – Nie*

26) Absprachen werden vor allem in Wirtschaftsstrafverfahren angestrebt. *Trifft voll zu – 3 Zwischenschritte – Trifft nicht zu*

Beschleunigte Verfahren gegen Wirtschaftskriminelle

27) Die Verfahren gegen prominente/wohlhabende Wirtschaftsstraftäter werden häufiger als Verfahren gegen andere Täter im Wege des Strafbefehlsverfahrens erledigt. *Trifft voll zu – 3 Zwischenschritte – Trifft nicht zu*

28) Die Verfahren gegen prominente/wohlhabende Wirtschaftsstraftäter werden häufiger als Verfahren gegen andere Täter nach den §§ 153 ff. StPO eingestellt. *Trifft voll zu – 3 Zwischenschritte – Trifft nicht zu*

Beweisanträge in der Hauptverhandlung nach Einspruch

29) In der auf den Einspruch folgenden Hauptverhandlung gehen die Richter Beweisanträgen nach. *Sehr häufig – Häufig – Manchmal – Selten – Nie*

30) Das Recht auf Beweisantragsstellung läuft in der auf den Einspruch folgenden Hauptverhandlung leer. *Sehr häufig – Häufig – Manchmal – Selten – Nie*

31) Die Richter sind aufgrund des von ihnen bereits erlassenen Strafbefehls voreingenommen. *Sehr häufig – Häufig – Manchmal – Selten – Nie*

Freiheitsstrafen

32) Viele der Freiheitsstrafen infolge von Strafbefehlen sind Ersatzfreiheitsstrafen. *Sehr häufig – Häufig – Manchmal – Selten – Nie*

33) Vor einem auf Freiheitsstrafe lautenden Strafbefehl wird der Angeklagte angehört. *Sehr häufig – Häufig – Manchmal – Selten – Nie*

§ 408a StPO

34) Der wichtige Grund i.S.v. § 408a StPO ist wegen einer Absprache gegeben. *Sehr häufig – Häufig – Manchmal – Selten – Nie*

35) Vor einem Antrag auf Strafbefehlserlass nach § 408a StPO wird von der StA die Voraussetzung der „Nichterforderlichkeit der Hauptverhandlung" ausreichend geprüft. *Sehr häufig – Häufig – Manchmal – Selten – Nie*

36) Ein ausbleibender Angeklagter legt Einspruch gegen einen nach § 408a StPO erlassenen Strafbefehl ein. *Sehr häufig – Häufig – Manchmal – Selten – Nie*

Sonstige Folgen für den Empfänger (nur in Berlin gefragt)

37) Strafbefehle haben folgende Auswirkungen auf laufende Bewährungen: *Keine – Strafe wird daraufhin oftmals vollstreckt – andere Auswirkung: ______*

Ihre Einschätzung

38) Die Möglichkeit, dass die Richter im Zwischenverfahren von sich aus ins Strafbefehlsverfahren übergehen können, würde ich begrüßen. *Trifft voll zu – 3 Zwischenschritte – Trifft nicht zu*

39) Durch Strafbefehl sollten Freiheitsstrafen von bis zu zwei Jahren, ausgesetzt zur Bewährung, verhängt werden können. *Trifft voll zu – 3 Zwischenschritte – Trifft nicht zu*
40) In der auf den Einspruch folgenden Hauptverhandlung sollte ein anderer Strafrichter oder das Schöffengericht entscheiden. *Trifft voll zu – 3 Zwischenschritte – Trifft nicht zu*
41) Die Richter sollten bei Strafbefehlserlass von der beantragten Rechtsfolge leicht abweichen dürfen. *Trifft voll zu – 3 Zwischenschritte – Trifft nicht zu*
42) Freifeld für weitere Anmerkungen

2. Fragebogen Gerichte

Fragebogen Gerichte

Hinweis: Es gibt sowohl Multiple-Choice-Fragen als auch skalierte Antwortmöglichkeiten.

Prüfung

1) Wie viel Zeit steht Ihnen durchschnittlich pro Strafbefehl zur Verfügung? *Mehr als 25 Minuten – weniger als 25 Minuten*
2) Die Zeit, die für die Prüfung eines Strafbefehls zur Verfügung steht, ist *mehr als genug – ausreichend – zu knapp – völlig unzureichend*
3) Bei mehr zur Verfügung stehender Zeit würden die Strafbefehle tiefgehender geprüft. *Trifft voll zu – 3 Zwischenschritte – Trifft nicht zu*
4) Die Strafbefehle können so erlassen werden, wie von der Staatsanwaltschaft beantragt. *Sehr häufig – Häufig – Manchmal – Selten – Nie*
5) Es kommt vor, dass ich eine Abweichung von der im Strafbefehl beantragten Strafhöhe für angemessen erachte. *Sehr häufig – Häufig – Manchmal – Selten – Nie*
6) Wenn ich eine Abweichung für angemessen erachte, beträgt diese meistens *weniger als 15 %–15 bis 20 % – über 20 %*
7) Die Kommunikation mit der Staatsanwaltschaft und die Verständigung auf eine abgeänderte Rechtsfolge sind umständlich. *Trifft voll zu – 3 Zwischenschritte – Trifft nicht zu*
8) Die Möglichkeit, bei der Staatsanwaltschaft einen abgeänderten Strafbefehlsantrag anzuregen, wird in Anspruch genommen. *Sehr häufig – Häufig – Manchmal – Selten – Nie*
9) Der Angeschuldigte wird vor Strafbefehlserlass im Rahmen von Nachermittlungen i.S.v. § 202 StPO angehört. *Sehr häufig – Häufig – Manchmal – Selten – Nie*

10) Strafbefehle werden beantragt, ohne dass zuvor eine Anhörung nach § 163a StPO erfolgte. *Sehr häufig – Häufig – Manchmal – Selten – Nie*

11) Der Angeschuldigte wird vor Erlass eines Strafbefehls, der auf Freiheitsstrafe lautet, angehört. *Sehr häufig – Häufig – Manchmal – Selten – Nie*

12) Wenn der Strafbefehl nur noch bei richterlicher Überzeugung und nicht mehr schon bei hinreichendem Tatverdacht erlassen werden könnte, würde es vermehrt zur Anberaumung einer Hauptverhandlung kommen. *Trifft voll zu – 3 Zwischenschritte – Trifft nicht zu*

Einsprüche

13) Gegen die von mir erlassenen Strafbefehle wird Einspruch eingelegt. *Sehr häufig – Häufig – Manchmal – Selten – Nie*

14) Aus welchen Gründen werden die meisten Einsprüche eingelegt? – *Beschränkt auf die Tagesatzhöhe – (vermeintlich) falsche Sachverhaltsfeststellung – anderer Grund: ______*

15) Es gibt eine nach Bezirken verschieden hohe Einspruchsquote. *Trifft voll zu – 3 Zwischenschritte – Trifft nicht zu*

16) In folgenden Bezirken wird vermehrt Einspruch eingelegt: *Charlottenburg-Wilmersdorf, Friedrichshain-Kreuzberg, Lichtenberg, Marzahn-Hellersdorf, Mitte, Neukölln, Pankow, Reinickendorf, Spandau, Steglitz-Zehlendorf, Tempelhof-Schöneberg, Treptow-Köpenick*

Hauptverhandlung nach Einspruch

17) In der Hauptverhandlung nach einem Einspruch kann der im Strafbefehl erhobene Vorwurf aufrechterhalten werden. *Sehr häufig – Häufig – Manchmal – Selten – Nie*

18) Im Urteil nach der Hauptverhandlung fällt die Strafe höher aus, als im Strafbefehl beantragt. *Sehr häufig – Häufig – Manchmal – Selten – Nie*

19) Im Urteil nach der Hauptverhandlung wird die Strafe herabgesetzt. *Sehr häufig – Häufig – Manchmal – Selten – Nie*

20) Im Urteil nach der Hauptverhandlung wird ein für den Angeklagten günstigerer Sachverhalt zugrunde gelegt. *Sehr häufig – Häufig – Manchmal – Selten – Nie*

21) Im Urteil nach der Hauptverhandlung wird freigesprochen. *Sehr häufig – Häufig – Manchmal – Selten – Nie*

22) Die Hauptverhandlung nach Einspruch kann beschleunigt durchgeführt werden, weil Beweisanträge am Maßstab von § 244 Abs. 2 StPO zu messen sind. *Trifft voll zu – 3 Zwischenschritte – Trifft nicht zu*

Empfänger

23) Strafbefehlsempfänger sind verteidigt. *Sehr häufig – Häufig – Manchmal – Selten – Nie*

24) In welche Bezirke werden vermehrt Strafbefehle geschickt? *Charlottenburg-Wilmersdorf, Friedrichshain-Kreuzberg, Lichtenberg, Marzahn-Hellersdorf, Mitte, Neukölln, Pankow, Reinickendorf, Spandau, Steglitz-Zehlendorf, Tempelhof-Schöneberg, Treptow-Köpenick*
25) Strafbefehle werden vermehrt bei sozial schwachen Personen beantragt. *Trifft voll zu – 3 Zwischenschritte – Trifft nicht zu*
26) Strafbefehle werden vermehrt bei Personen mit ausländisch klingendem Namen oder Migrationshintergrund beantragt. *Trifft voll zu – 3 Zwischenschritte – Trifft nicht zu*

Beschleunigte Verfahren gegen Wirtschaftskriminelle

27) Die Verfahren gegen prominente/wohlhabende Wirtschaftsstraftäter werden häufiger als Verfahren gegen andere Täter im Wege des Strafbefehlsverfahrens erledigt. *Trifft voll zu – 3 Zwischenschritte – Trifft nicht zu*
28) Die Verfahren gegen prominente/wohlhabende Wirtschaftsstraftäter werden häufiger als Verfahren gegen andere Täter nach den §§ 153 ff. StPO eingestellt. *Trifft voll zu – 3 Zwischenschritte – Trifft nicht zu*

Absprachen

29) Strafverteidiger und StA versuchen, bereits im Ermittlungsverfahren durch eine Absprache auf die Beantragung eines Strafbefehls hinzuwirken. *Sehr häufig – Häufig – Manchmal – Selten – Nie*
30) Absprachen werden vor allem in Wirtschaftsstrafverfahren angestrebt. *Trifft voll zu – 3 Zwischenschritte – Trifft nicht zu*

Übersetzung

31) Strafbefehle werden mit einer Übersetzung erlassen, wenn dies erforderlich ist. *Sehr häufig – Häufig – Manchmal – Selten – Nie*

§ 408a StPO

32) Der wichtige Grund i.S.v. § 408a StPO ist wegen einer Absprache gegeben. *Sehr häufig – Häufig – Manchmal – Selten – Nie*
33) Ein ausgebliebener Angeklagter legt in der Regel Einspruch gegen einen nach § 408a StPO erlassenen Strafbefehl ein. *Trifft voll zu – 3 Zwischenschritte – Trifft nicht zu*
34) Gestellt wird der Antrag nach § 408a StPO meistens – *mündlich – schriftlich – beides gleich oft*
35) Wenn der Antrag nach § 408a StPO schriftlich gestellt wird, geschieht dies durch ein Formular, das in der Hauptverhandlung von der StA ausgefüllt wird. *Trifft voll zu – 3 Zwischenschritte – Trifft nicht zu*
36) In diesem Formular wird der Prüfungspunkt „Nichterforderlichkeit der Hauptverhandlung" gesondert angeführt. *Trifft voll zu – 3 Zwischenschritte – Trifft nicht zu*

37) Das Verfahren nach § 408b StPO ist umständlich. Die Anberaumung einer Hauptverhandlung nach § 408 Abs. 3 StPO ist effektiver als die Bestellung eines Verteidigers. *Trifft voll zu – 3 Zwischenschritte – Trifft nicht zu*

Ihre Einschätzung

38) Die Möglichkeit, dass Richter im Zwischenverfahren von sich aus ins Strafbefehlsverfahren übergehen können, würde ich begrüßen. *Trifft voll zu – 3 Zwischenschritte – Trifft nicht zu*

39) Durch Strafbefehl sollten Freiheitsstrafen von bis zu zwei Jahren, ausgesetzt zur Bewährung, verhängt werden können. *Trifft voll zu – 3 Zwischenschritte – Trifft nicht zu*

40) Freifeld für weitere Anmerkungen

3. Leitfaden/Interviewfragen Staatsanwälte

Leitfaden/Fragen

1) Wofür sind Sie bei der StA zuständig und wie viele Jahre Erfahrung haben Sie in der aktuellen/in früheren Positionen?
2) Wie viele Strafbefehlsfälle pro Monat bearbeiten Sie in etwa?
3) Wie kommt ein Strafbefehl in der Regel zustande? Wer ist daran beteiligt, wie ist der Ablauf? Können Sie polizeiliche Ermittlungen in der Regel überwachen?
4) Bekommt der den Strafbefehl beantragende Staatsanwalt am Ende den Ausgang des Verfahrens mitgeteilt?
5) Ist es vor jeder Beantragung eines Strafbefehls üblich, den Beschuldigten anzuhören?

(Wie oft ordnen Sie eine Anhörung an?)

6) Kommt es häufig vor, dass Beschuldigte die ihnen gem. § 163a StPO eingeräumte Anhörungsmöglichkeit nicht wahrnehmen?
7) Legen Angeklagte, die zuvor nicht angehört wurden, häufiger Einspruch ein?
8) Gibt es ein verkürztes Ermittlungsverfahren für Strafbefehle bzw. ergeben sich im Ermittlungsverfahren erfahrungsgemäß Beschleunigungseffekte, wenn sich ein Fall für die Erledigung durch Strafbefehl eignet?
9) Wie lassen sich komplizierte Sachverhalte im Ermittlungs- und Hauptverfahren am besten handhaben?
10) Wieviel Prozent der Strafbefehle muss Ihrer Erfahrung nach übersetzt werden?
11) Haben Sie erlebt, dass der Angeklagte den Strafbefehl nicht verstand, obwohl eine Übersetzung in eine Fremdsprache nicht erforderlich war?
12) Bei welchen Beschuldigtenprofilen erscheint Ihnen eine einvernehmliche Lösung, die auf die Beantragung eines Strafbefehls zielt, sinnvoll/ interessengerecht?

13) Erscheint Ihnen eine einvernehmliche Lösung, die auf die Beantragung eines Strafbefehls zielt, in bestimmten Deliktsbereichen geeigneter als in anderen?
14) Bietet sich eine Absprache in Bezug auf einen Strafbefehl oft an?
15) Versuchen Sie, einen Angeklagten davon zu überzeugen, mit einem Strafbefehl einverstanden zu sein, und falls ja, wie?
16) Haben Sie die Erfahrung gemacht, dass der Beschuldigte/sein Verteidiger ein Geständnis im Gegenzug für die Erledigung des Verfahrens durch Strafbefehl angeboten hat?
17) Wo sehen Sie die Grenzen, denen Absprachen im Zusammenhang mit Strafbefehlen unterliegen?
18) Wie oft erleben Sie, dass der Beschuldigte geständig ist und wie zuverlässig sind Ihrer Erfahrung nach solche Geständnisse?
19) Nach Nr. 175 Abs. 3 RiStBV soll auf einen Strafbefehlsantrag nicht schon deshalb verzichtet werden, weil ein Einspruch des Angeschuldigten zu erwarten ist. Kommen Fälle, in denen nicht mit einem Einspruch gerechnet wird, häufig vor, und wenn ja, warum?
20) Erzählen Sie beispielhaft aus Ihrer Erfahrung, in welchen Fällen Sie eine Hauptverhandlung nicht für erforderlich gehalten haben.
21) Enthält der Bericht der Polizei manchmal eine Empfehlung für oder gegen einen Strafbefehl?
22) Konnten Sie beobachten, dass die Voraussetzungen für die Beantragung eines Strafbefehls häufiger bei bestimmten Personen vorliegen?
23) Was sind die Gründe dafür, dass das Strafbefehlsverfahren bei manchen Delikten besonders häufig zur Anwendung kommt (z.B. Straßenverkehrsdelikte)?
24) Wann würden Sie einen Strafbefehl beantragen, obwohl Sie eine Freiheitsstrafe für angebracht halten?
25) Wie hoch ist Ihrer Erfahrung nach der Anteil der Strafbefehlsanträge, infolge derer es letztlich zu rechtskräftigen Strafbefehlen kommt?
26) Warum werden nach Ihrer Erfahrung die meisten Einsprüche eingelegt?
27) Wie viele der Einsprüche sind erfolgreich? Was sind die Hauptgründe für erfolgreiche Einsprüche?
28) Strafbefehle in Hamburg zeigen, dass fehlerhafte Entscheidungen auf unzureichenden Beweisaufnahmen beruhen. Haben Sie hier Kenntnisse über ähnliche Fälle?
29) Kommt es vor, dass die Strafe im Urteil höher ausfällt als im Strafbefehl zuvor beantragt und falls ja, warum?
30) Unter welchen Voraussetzungen kommen Strafbefehle nach § 408a StPO zustande und wie ist der Ablauf?
31) Wie verhält es sich mit Absprachen bei § 408a StPO?
32) Werden Absprachen häufiger in Wirtschaftsstrafverfahren angestrebt?

33) Werden Verfahren gegen prominente/wohlhabende Wirtschaftsstraftäter häufiger als Verfahren gegen andere Täter im Wege des Strafbefehlsverfahrens erledigt und falls ja, warum?
34) Werden Verfahren gegen prominente/wohlhabende Wirtschaftsstraftäter häufiger als Verfahren gegen andere Täter nach den §§ 153 ff. StPO eingestellt und falls ja, warum?
35) Macht es (im gesamten Verfahren und insb. im Ermittlungsverfahren) einen Unterschied, ob der Beschuldigte verteidigt ist oder nicht? Wird häufiger ein Strafbefehl bei verteidigten Beschuldigten beantragt?
36) Inwiefern haben Strafbefehle Auswirkungen auf laufende Bewährungen und umgekehrt?
37) Wie oft hat das Gericht den Erlass eines Strafbefehls Ihrer Erfahrung nach abgelehnt?
38) Wie verhält es sich mit Strafbefehlsanträgen, bei denen das Gericht mit der beantragten Rechtsfolge nicht einverstanden ist? Regt dieses oft die Beantragung eines abgeänderten Strafbefehls bei der StA an und kann hierauf regelmäßig eingegangen werden?
39) Gibt Ihrer Ansicht nach das Bedürfnis, durch Strafbefehl auch eine Freiheitsstrafe von bis zu zwei Jahren verhängen zu können?
40) Würden Sie es begrüßen, Freiheitsstrafen durch Strafbefehl beantragen zu können, die nicht zur Bewährung ausgesetzt sind, wie es zum Beispiel in der Schweiz (bis zu sechs Monate Freiheitsstrafe) der Fall ist?
41) Wie geht man in der Staatsanwaltschaft mit dem Risiko von Fehlentscheidungen im Zusammenhang mit Strafbefehlen um? Kennen Sie Fälle, in denen die Entscheidung fehlerhaft war?
42) Haben Sie den Eindruck, dass die durch Strafbefehl verfolgten Verstöße mit den Jahren tendenziell schwerwiegender werden und wenn ja, was halten Sie davon?
43) Welche Möglichkeiten zur Verbesserung des Verfahrens sehen Sie?
44) Alles in allem – hätten Sie noch etwas zu ergänzen?

Dank zum Abschluss

II. Unterlagen aus dem Beratungsprojekt

1. Auswertung Beratungsprotokolle

Statistische Erhebung im Beratungsprojekt der FU Law Clinic
Zeitraum der Erhebung: April 2019–September 2020
Anzahl der ausgewerteten Fragebögen: 75

Fragen

1) Wie viele der Beratungen beziehen sich auf Strafbefehle?
2) Für welche Delikte wurde der Strafbefehl (besonders) beantragt?
3) Welche Rechtsfolge wurde beantragt? (Freiheits-, Geldstrafe etc.)
4) Wie hoch waren jeweils die Anzahl und die Höhe der Tagessätze bei Geldstrafen/die Höhe der Freiheitsstrafe (auch im Durchschnitt)?
5) Wird Einspruch eingelegt?
6) Wenn ja, warum wird er eingelegt?
7) Wird ein auf die Höhe der Tagessätze beschränkter Einspruch einlegt?
8) Wurde der Strafbefehl in der Hauptverhandlung erlassen (§ 408a StPO)?
9) Warum suchen die Personen das Projekt auf (Sprachschwierigkeiten, Anwalt zu teuer, Empfehlung etc.)?
10) Gab es Probleme, weil die Frist zu kurz war (Urlaub, berufsbedingte Abwesenheit etc.)?
11) Erkannten die Strafbefehlsempfänger das Schreiben als Strafbefehl?
12) Konnten sie die Folgen eines Strafbefehls abschätzen?
13) War der ermittelte Sachverhalt zutreffend?
14) Ist der Strafbefehlsempfänger eher sozial schwach?
15) Wurde der Strafbefehl mit Übersetzung erlassen? (War dies erforderlich?)
16) In welchem Bezirk wohnt der Strafbefehlsempfänger?
17) Hat er einen ausländisch klingenden Namen?
18) Wurde bei Fristversäumnis dazu geraten, Antrag auf Wiedereinsetzung in den vorigen Stand zu beantragen? Wenn ja, wieso?
19) Wie viele Strafbefehle wurden bereits ohne Einspruch rechtskräftig?
20) Gab es einen Hinweis auf das Beratungsprojekt in der Rechtsbehelfsbelehrung?
21) Wie viele Strafbefehle ergehen jeweils gegen Männer bzw. Frauen?
22) Wurde bei den Verkehrsdelikten in der Belehrung darauf hingewiesen, dass Punkte im Fahreignungsregister (FAER) eingetragen werden?

2. Erklärung zur Rechtsberatung

Rechtsberatung Vereinigung Berliner Strafverteidiger e. V.
und
Law Clinic Freie Universität Berlin
Köpenicker Straße 175, 10997 Berlin

Erklärung zur Rechtsberatung

(bitte jedem Ratsuchenden vor der Beratung aushändigen und unterschriebenes Exemplar vor der Beratung im entsprechenden Ordner archivieren — Ratsuchender erhält auf Nachfrage eine Kopie!)

Name: ____________________________________

Ich wurde darüber aufgeklärt, dass

- mir durch die heutige Rechtsberatung keine Kosten entstehen.
- die durchgeführte Beratung nur eine erste Orientierung hinsichtlich der Sach- und Rechtslage und des anzuratenden weiteren Vorgehens bieten kann, da dem Rechtsanwalt/der Rechtsanwältin die Strafakte nicht vorliegt
- ein über die durchgeführte Beratung hinausgehendes Mandatsverhältnis durch die Beratung nicht zustande kommt.

Berlin, den ________________________________

____
Unterschrift

3. Protokoll Rechtsberatung

Protokoll Rechtsberatung

Datum:
Az. Strafbefehl/falls nicht vorliegend, unser Az.:
Uhrzeit Beginn der Beratung:
Uhrzeit Ende der Beratung:
Beratender Rechtsanwalt/Rechtsanwältin:
Teilnehmende/r Student/-in:
Strafbefehl lag vor: ja / nein (bitte entsprechend streichen)
Umschlag bzw. Zustelldatum lag vor bzw. ist bekannt: ja / nein
Zustelldatum:
Ratsuchender spricht ausreichend Deutsch: ja / nein
ggfalls Staatsangehörigkeit (nur wenn SB nicht vorliegt o. dort k. A.):

Ablauf Beratung (Stichpunkte!):

Ergebnis der Beratung:

Einspruch wird
- nicht
- unbeschränkt
- auf Tagessatzhöhe beschränkt
- auf Rechtsfolgenausspruch beschränkt
- auf Einziehungsentscheidung beschränkt

eingelegt.

Wenn kein Einspruch eingelegt, warum?

Sonstiges/Anmerkungen:

Unterschrift RA/RAin Unterschrift Student/-in

4. Einspruchsformular

Absender:

____
____
____

An das

Amtsgericht Tiergarten

10548 Berlin

per Fax: 030 -__________________

In der Strafsache
gegen ____________________________________
Az.: ______________________________________

wird gegen den Strafbefehl vom _______________________ zugestellt am
____

Einspruch eingelegt.

Der Einspruch wird nicht / auf die Tagessatzhöhe (Unterlagen zu den Einkommensverhältnissen anbei bzw. werden nachgereicht) / auf den Rechtsfolgenausspruch / auf die Einziehungsentscheidung (nichtzutreffendes bitte streichen!) beschränkt.

Berlin, den ______________________

____

Unterschrift

III. Anhörungsbogen

Der Polizeipräsident in Berlin
Dir 1 K 33

Berlin

Der Polizeipräsident in Berlin, 13437 Berlin, Am Nordgraben 7

Herrn

Vorgangs-Nr.
Dienststelle
Anschrift

Bearbeiter
Zimmer / Etage
Vermittlung
Telefon
Fax
E-Mail
Datum
Internet www.polizei.berlin.de

Belehrung / schriftliche Äußerung im Strafverfahren

Sehr geehrter Herr

Sie werden beschuldigt, folgende Straftat begangen zu haben:

Tatvorwurf Verstoß Waffengesetz · Waffengesetz (Owi)

Tatzeit
Tatort
Tatörtlichkeit Gehweg - keine Räumlichkeiten möglich

Gemäß § 163a Absatz 1 der Strafprozessordnung (StPO) erhalten Sie hiermit Gelegenheit, sich zu dieser Beschuldigung schriftlich zu äußern. Mit Ihren Angaben können Sie die gegen Sie vorliegenden Verdachtsgründe beseitigen und die zu Ihren Gunsten sprechenden Tatsachen geltend machen.

Nach § 136 Absatz 1 StPO können Sie zu Ihrer Entlastung einzelne Beweiserhebungen beantragen. Außerdem können Sie jederzeit, auch schon vor Ihrer schriftlichen Äußerung, einen von Ihnen zu wählenden Verteidiger befragen. Unter den Voraussetzungen des § 140 Absatz 1 und 2 StPO können Sie die Bestellung eines Verteidigers nach Maßgabe des § 141 Absatz 1 und 3 StPO beanspruchen.

Wenn Sie sich schriftlich äußern möchten, benutzen Sie bitte den umseitigen/beiliegenden Äußerungsbogen und senden mir diesen mit Angabe der obigen Vorgangsnummer umgehend ausgefüllt zurück.
Sämtliche Angaben – auch zu Ihren beruflichen und wirtschaftlichen Verhältnissen – sind freiwillig.

Wenn ich innerhalb von zwei Wochen nach Zugang dieses Schreibens keine Nachricht von Ihnen erhalte, gehe ich davon aus, dass Sie sich nicht zur Beschuldigung äußern wollen.

Mit freundlichen Grüßen
Im Auftrag

Kriminalhauptkommissar

Pol. 3915 (K615) Beschuldigtenschreiben (schriftliches Gehör)
Stand: 13.12.2014

Äußerungsbogen

Der Polizeipräsident in Berlin

Bitte im **ORIGINAL**
an die nebenstehende Dienststelle
zurücksenden!

Vorgangs-Nummer

Name, Vorname des Beschuldigten

Ich habe die beiliegende Belehrung zur Kenntnis genommen.

Erwerbstätig: zur Tatzeit ☐ JA ☐ NEIN gegenwärtig ☐ JA ☐ NEIN

Ausgeübter Beruf zur Tatzeit gegenwärtig

Stellung im Beruf:

Arbeitgeber:

wirtschaftliche Verhältnisse:

Angaben zur Sache (sofern erforderlich, Beiblatt verwenden)

Ort · Datum

Unterschrift

IV. Französische Normen zum Strafbefehl

Code de procédure pénale[2655]:

Titre II: Du jugement des délits (Articles 381 à 520-1)
Chapitre Ier: Du tribunal correctionnel (Articles 381 à 495-25)
Section 7: De la procédure simplifiée (Articles 495 à 495-6)

Article 495

I.-Le procureur de la République peut décider de recourir à la procédure simplifiée de l'ordonnance pénale pour les délits mentionnés au II du présent article lorsqu'il résulte de l'enquête de police judiciaire que les faits reprochés au prévenu sont simples et établis, que les renseignements concernant la personnalité, les charges et les ressources de celui-ci sont suffisants pour permettre la détermination de la peine, qu'il n'apparaît pas nécessaire, compte tenu de la faible gravité des faits, de prononcer une peine d'emprisonnement ou une peine d'amende d'un montant supérieur à celui fixé à l'article 495-1 et que le recours à cette procédure n'est pas de nature à porter atteinte aux droits de la victime.

II. – La procédure simplifiée de l'ordonnance pénale est applicable aux délits mentionnés à l'article 398-1 du présent code, à l'exception des délits d'atteintes volontaires et involontaires à l'intégrité des personnes.

Cette procédure est également applicable au délit de diffamation prévu à l'article 32 de la loi du 29 juillet 1881 sur la liberté de la presse et au délit d'injure prévu aux deuxième à quatrième alinéas de l'article 33 de la même loi, sauf lorsque sont applicables les dispositions de l'article 42 de ladite loi ou de l'article 93-3 de la loi n° 82-652 du 29 juillet 1982 sur la communication audiovisuelle.

III.-La procédure simplifiée de l'ordonnance pénale n'est pas applicable:

1° Si le prévenu était âgé de moins de dix-huit ans au jour de l'infraction;

2° Si la victime a fait directement citer le prévenu avant qu'ait été rendue l'ordonnance prévue à l'article 495-1 du présent code;

3° Si le délit a été commis en même temps qu'un délit ou qu'une contravention pour lequel la procédure d'ordonnance pénale n'est pas prévue.

2655 https://www.legifrance.gouv.fr/codes/texte_lc/LEGITEXT000006071154/2021-04-23/, version en vigueur au 23 avril 2021, zuletzt abgerufen am 23.04.2021.

Article 495-1

Le ministère public qui choisit la procédure simplifiée communique au président du tribunal le dossier de la poursuite et ses réquisitions.

Le président statue sans débat préalable par une ordonnance pénale portant relaxe ou condamnation à une amende ainsi que, le cas échéant, à une ou plusieurs des peines complémentaires encourues, ces peines pouvant être prononcées à titre de peine principale. Le montant maximal de l'amende pouvant être prononcée est de la moitié de celui de l'amende encourue sans pouvoir excéder 5 000 €. Les peines prévues aux articles 131-5 à 131-8-1 du code pénal peuvent être prononcées; la peine de travail d'intérêt général ne peut toutefois être prononcée que si la personne a déclaré, au cours de l'enquête, qu'elle accepterait l'accomplissement d'un tel travail.

S'il estime qu'un débat contradictoire est utile ou qu'une peine d'emprisonnement devrait être prononcée, le juge renvoie le dossier au ministère public.

Article 495-2

L'ordonnance mentionne les nom, prénoms, date et lieu de naissance et domicile du prévenu, la qualification légale, la date et le lieu du fait imputé, la mention des textes applicables et, en cas de condamnation, la ou les peines prononcées.

L'ordonnance pénale doit être motivée, au regard notamment des dispositions du I de l'article 495.

Article 495-2-1

Lorsque la victime des faits a formulé au cours de l'enquête de police une demande de dommages et intérêts ou de restitution valant constitution de partie civile conformément au deuxième alinéa de l'article 420-1, le président statue sur cette demande dans l'ordonnance pénale. S'il ne peut statuer sur cette demande pour l'une des raisons mentionnées au dernier alinéa du même article 420-1, il renvoie le dossier au ministère public aux fins de saisir le tribunal sur les intérêts civils. L'article 495-5-1 est alors applicable.

Article 495-3

Dès qu'elle est rendue, l'ordonnance pénale est transmise au ministère public qui, dans les dix jours, peut soit former opposition par déclaration au greffe du tribunal, soit en poursuivre l'exécution.

Cette ordonnance est portée à la connaissance du prévenu par lettre recommandée avec demande d'avis de réception. Elle peut également être portée à la connaissance du prévenu par le procureur de la République, directement ou par l'intermédiaire d'une personne habilitée; ce mode de notification est obligatoire si l'ordonnance prononce la peine de jour-amende ou la peine de travail d'intérêt général.

Le prévenu est informé qu'il dispose d'un délai de quarante-cinq jours à compter de cette notification pour former opposition à l'ordonnance, que cette opposition peut être limitée aux dispositions civiles ou pénales de l'ordonnance lorsqu'il a été statué sur une demande présentée par la victime et qu'elle permettra que l'affaire fasse l'objet d'un débat contradictoire et public devant le tribunal correctionnel, au cours duquel il pourra être assisté par un avocat, dont il pourra demander la commission d'office. Le prévenu est également informé que le tribunal correctionnel, s'il l'estime coupable des faits qui lui sont reprochés, aura la possibilité de prononcer contre lui une peine d'emprisonnement si celle-ci est encourue pour le délit ayant fait l'objet de l'ordonnance.

En l'absence d'opposition, l'ordonnance est exécutée suivant les règles prévues par le présent code pour l'exécution des jugements correctionnels.

Toutefois, s'il ne résulte pas de l'avis de réception que le prévenu a reçu la lettre de notification, l'opposition reste recevable jusqu'à l'expiration d'un délai de trente jours qui court de la date à laquelle l'intéressé a eu connaissance, d'une part, de la condamnation, soit par un acte d'exécution, soit par tout autre moyen, d'autre part, du délai et des formes de l'opposition qui lui sont ouvertes.
Le comptable public compétent arrête le recouvrement dès réception de l'avis d'opposition à l'ordonnance pénale établi par le greffe.

Article 495-3-1

Lorsqu'il est statué sur les intérêts civils, l'ordonnance pénale est portée à la connaissance de la partie civile selon l'une des modalités prévues au deuxième alinéa de l'article 495-3. La partie civile est informée qu'elle dispose d'un délai de quarante-cinq jours à compter de cette notification pour former opposition aux dispositions civiles de l'ordonnance.

Article 495-4

En cas d'opposition formée par le ministère public ou par le prévenu, l'affaire est portée à l'audience du tribunal correctionnel. En cas d'opposition formée par le prévenu sur les seules dispositions civiles ou par la partie civile, le tribunal statue conformément à l'avant-dernier alinéa de l'article 464. Le jugement rendu par défaut, sur l'opposition du prévenu, est susceptible d'opposition dans les conditions prévues aux articles 489 à 494-1.

Jusqu'à l'ouverture des débats, le prévenu peut renoncer expressément à son opposition. L'ordonnance pénale reprend alors sa force exécutoire et une nouvelle opposition n'est pas recevable.

Article 495-5

L'ordonnance pénale, à laquelle il n'a pas été formé opposition ou qui n'a pas été portée par le ministère public à l'audience du tribunal correctionnel, a les effets d'un jugement passé en force de chose jugée.

Cependant, l'ordonnance pénale statuant uniquement sur l'action publique n'a pas l'autorité de la chose jugée à l'égard de l'action civile en réparation des dommages causés par l'infraction.

Article 495-5-1

Lorsque la victime de l'infraction est identifiée et qu'elle n'a pu se constituer partie civile dans les conditions prévues à l'article 495-2-1 ou lorsqu'il n'a pas été statué sur sa demande formulée conformément à l'article 420-1, le procureur de la République doit l'informer de son droit de lui demander de citer l'auteur des faits à une audience du tribunal correctionnel statuant conformément à l'avant-dernier alinéa de l'article 464, dont elle est avisée de la date pour lui permettre de se constituer partie civile. Le tribunal statue alors sur les seuls intérêts civils, au vu du dossier de la procédure qui est versé au débat.

Article 495-6

Les dispositions de la présente section ne font pas échec aux droits de la partie lésée de citer l'auteur des faits devant le tribunal correctionnel.

Le tribunal statue uniquement sur les intérêts civils si l'ordonnance pénale a acquis la force de chose jugée. A cette audience, le tribunal est composé du seul président siégeant à juge unique.

Titre III: Du jugement des contraventions (Articles 521 à 549)
Chapitre II: De la procédure simplifiée (Articles 524 à 528-2)

Article 524

Toute contravention de police même commise en état de récidive, peut être soumise à la procédure simplifiée prévue au présent chapitre.

Cette procédure n'est pas applicable:

1° (Abrogé)
2° Si le prévenu, auteur d'une contravention de la cinquième classe, était âgé de moins de dix-huit ans au jour de l'infraction.

Cette procédure ne peut plus être poursuivie lorsque la victime du dommage causé par la contravention a fait citer directement le prévenu avant qu'ait été rendue l'ordonnance prévue à l'article 525.

Article 525

Le ministère public qui choisit la procédure simplifiée communique au juge compétent du tribunal de police le dossier de la poursuite et ses réquisitions.

Le juge statue sans débat préalable par une ordonnance pénale portant soit relaxe, soit condamnation à une amende ainsi que, le cas échéant, à une ou plusieurs des peines complémentaires encourues.

S'il estime qu'un débat contradictoire est utile, le juge renvoie le dossier au ministère public aux fins de poursuite dans les formes de la procédure ordinaire.

Article 526

L'ordonnance contient les nom, prénoms, date et lieu de naissance et domicile du prévenu, la qualification légale, la date et le lieu du fait imputé, la mention des textes applicables et, en cas de condamnation, le montant de l'amende ainsi que la durée de la contrainte judiciaire.

Le juge n'est pas tenu de motiver l'ordonnance pénale.

Article 527

Le ministère public peut, dans les dix jours de l'ordonnance, former opposition à son exécution par déclaration au greffe du tribunal.

Si, à l'expiration du délai prévu à l'alinéa précédent, le ministère public n'a pas fait opposition, l'ordonnance pénale est notifiée au prévenu selon les modalités prévues au deuxième alinéa de l'article 495-3 et exécutée suivant les règles prévues par le présent code pour l'exécution des jugements de police.

Le prévenu peut, dans un délai de trente jours à compter de la date d'envoi de la lettre ou de la date à laquelle le procureur de la République a porté l'ordonnance à sa connaissance, former opposition à l'exécution de celle-ci.

A défaut de paiement ou d'opposition dans le délai ci-dessus, l'amende et le droit fixe de procédure sont exigibles.

Toutefois, s'il ne résulte pas de l'avis de réception que le prévenu a reçu la lettre de notification, l'opposition reste recevable jusqu'à l'expiration d'un délai de trente jours qui courent de la date à laquelle l'intéressé a eu connaissance, d'une part, de la condamnation, soit par un acte d'exécution, soit par tout autre moyen, d'autre part, du délai et des formes de l'opposition qui lui est ouverte.

Le comptable public compétent arrête le recouvrement dès réception de l'avis d'opposition à l'ordonnance pénale établi par le greffe.

Article 528

En cas d'opposition formée par le ministère public ou par le prévenu, l'affaire est portée à l'audience du tribunal de police dans les formes de la procédure ordinaire. Le jugement rendu par défaut, sur l'opposition du prévenu, est susceptible d'opposition dans les conditions prévues aux articles 489 à 494-1.

Jusqu'à l'ouverture des débats, le prévenu peut renoncer expressément à son opposition. L'ordonnance pénale reprend alors sa force exécutoire et une nouvelle opposition est irrecevable.

Article 528-1

L'ordonnance pénale à laquelle il n'a pas été formé opposition a les effets d'un jugement passé en force de chose jugée.

Cependant, elle n'a pas l'autorité de la chose jugée à l'égard de l'action civile en réparation des dommages causés par l'infraction.

Article 528-2

Les dispositions du présent chapitre ne font pas échec au droit de la partie lésée de citer directement le contrevenant devant le tribunal de police, dans les conditions prévues par le présent code.

Lorsque la citation est délivrée après qu'une ordonnance pénale a été rendue sur les mêmes faits, le tribunal de police statue:

Sur l'action publique et sur les intérêts civils si l'ordonnance pénale a fait l'objet d'une opposition dans les délais prévus à l'article 527 et au plus tard à l'ouverture des débats;

Sur les intérêts civils seulement si aucune opposition n'a été formée ou si le prévenu a déclaré expressément, au plus tard à l'ouverture des débats, renoncer à son opposition ou à son droit d'opposition. Il en est de même s'il est établi que l'ordonnance pénale a fait l'objet d'un paiement volontaire.

Literaturverzeichnis

Abegg, Julius Friedrich Heinrich: Der Entwurf einer Strafprozeß-Ordnung für den Preußischen Staat vom Jahre 1865. Mit Berücksichtigung der neusten deutschen Strafprozeß-Ordnungen und Entwürfe, Leipzig 1865; zit.: *Abegg*, Der Entwurf einer Strafprozessordnung.

Adam, Jürgen/Schmidt, Karsten/Schumacher, Jörg: Nulla poena sine culpa – Was besagt das verfassungsrechtliche Schuldprinzip?, NStZ 2017, 7–13; zit.: *Adam/Schmidt/Schumacher*, NStZ 2017.

Adler, Georg: Kognitive Beeinträchtigung und Alltagsfunktion bei an Schizophenie erkrankten Patienten: Entscheidende Faktoren für den Langzeitverlauf, Psychoneuro 2008, 457–460; zit.: *Adler*, Psychoneuro 2008.

Albrecht, Anna H.: Schweigen ist Silber, Reden ist Gold – Ausgleichs- und Rügemöglichkeiten bei belehrungsfehlerbedingtem Unterlassen einer günstigen Beschuldigteneinlassung, ZStW 131 (2019), 97–130; zit.: *Albrecht*, ZStW 131 (2019).

Albrecht, Hans-Jörg: Strafzumessung und Vollstreckung bei Geldstrafen: Unter Berücksichtigung des Tagessatzsystems: Die Geldstrafe im System strafrechtlicher Sanktionen, Berlin 1980; zit.: *Albrecht*, Strafzumessung und Vollstreckung von Geldstrafen.

Albrecht, Peter-Alexis: Jugendstrafrecht: Ein Studienbuch, München 1987; zit.: *Albrecht*, Jugendstrafrecht.

Alsberg, Max (Hrsg.): Der Beweisantrag im Strafprozess, 7. Auflage, Köln 2019; zit.: Alsberg/*Bearbeiter*, Der Beweisantrag im Strafprozess.

Altenhain, Karsten/Dietmeier, Frank/May, Markus: Die Praxis der Absprachen in Strafverfahren, Baden-Baden 2013; zit.: *Altenhain/Dietmeier/May*, Absprachen in Strafverfahren.

Altenhain, Karsten/Hagemeier, Ina/Haimerl, Michael/Stammen, Karl-Heinz: Die Praxis der Absprachen in Wirtschaftsstrafverfahren, Baden-Baden 2007; zit.: *Altenhain/Hagemeier/Haimerl/Stammen*, Absprachen in Wirtschaftsstrafverfahren.

Altenhain, Karsten/Hagemeier, Ina/Haimerl, Michael: Die Vorschläge zur gesetzlichen Regelung der Urteilsabsprachen im Lichte aktueller rechtstatsächlicher Erkenntnisse, NStZ 2007, 71–79; zit.: *Altenhain/Hagemeier/Haimerl*, NStZ 2007.

Altenhain, Karsten/Jahn, Matthias/Kinzig, Jörg: Die Praxis der Verständigung im Strafprozess: Eine Evaluation der Vorschriften des Gesetzes zur Regelung der Verständigung im Strafverfahren vom 29. Juli 2009, Baden-Baden 2020; zit.: *Altenhain/Jahn/Kinzig*, Die Praxis der Verständigung im Strafprozess.

Ambos, Kai: Verfahrensverkürzung zwischen Prozeßökonomie und „fair trial" Eine Untersuchung zum Strafbefehlsverfahren und zum beschleunigten Verfahren, Jura 1998, 281–293; zit.: *Ambos*, Jura 1998.

Anders, Ralf Peters: Beweiserhebungskontrollen des Tatgerichts und Autonomie der Verteidigung durch Präsentation von Entlastungsbeweisen in der Hauptverhandlung des Strafprozesses, Berlin 1998; zit.: *Anders*, Beweiserhebungskontrollen.

Arbeitskreis deutscher und schweizerischer Strafrechtslehrer (Arbeitskreis AE): Alternativ-Entwurf: Novelle zur Strafprozeßordnung: Strafverfahren mit nichtöffentlicher Hauptverhandlung, bearbeitet von Baumann, Jürgen/ Brauneck, Anne-Eva/Calliess, Rolf-Peter/Eser, Albin/Kaufmann, Armin/ Klug, Ulrich/Lenckner, Theodor/Quensel, Stephan/Rolinski, Klaus/Roxin, Claus/Schüler-Springorum, Horst/Schultz, Hans/Stree, Walter, Tübingen 1980; zit.: *Alternativ-Entwurf*, Novelle zur Strafprozeßordnung 1980.

Arzt, Gunther: Offener oder versteckter Rückzug des Strafrechts vom Kampf gegen Ladendiebstahl?, JZ 1976, 54–58; zit.: *Arzt*, JZ 1976.

Asbrock, Bernd: Entlastung der Justiz zu Lasten des Rechtsstaats?, ZRP 1992, 11–15; zit.: *Asbrock*, ZRP 1992.

Atteslander, Peter: Methoden der empirischen Sozialforschung, 13. Auflage, Berlin 2010; zit.: *Atteslander*, Methoden der empirischen Sozialforschung.

Bandilla, Wolfgang/Hassemer, Raimund: Zur Abhängigkeit strafrichterlicher Beweiswürdigung vom Zeitpunkt der Zeugenvernehmung im Hauptverfahren, StV 1989, 551–554; zit.: *Bandilla/Hassemer*, StV 1989.

Bandisch, Günter: Strafrechtsausschuß, AnwBl 1991, 311–317; zit.: *Bandisch*, AnwBl 1991.

Bandisch, Günter: Zum Entwurf eines Kriminalitätsbekämpfungsgesetzes der Fraktion der CDU/CSU und FDP vom 4.1.1994, StV 1994, 153–159; zit.: *Bandisch*, StV 1994.

Bartels, Corinna: Das Strafbefehlsverfahren bei Heranwachsenden in Theorie und Praxis, Hamburg 2007; zit.: *Bartels*, Das Strafbefehlsverfahren bei Heranwachsenden.

Barton, Stephan: „Das Fehlurteil gibt es nicht" – gibt es doch!, in: Goeckenjan, Ingke/Puschke, Jens/Singelnstein, Tobias (Hrsg.), Für die Sache – Kriminalwissenschaften aus unabhängiger Perspektive: Festschrift für Ulrich Eisenberg zum 80. Geburtstag, Berlin 2019, 15–29; zit.: *Barton*, in: FS Eisenberg.

Basdorf, Clemens: Strafverfahren gegen der deutschen Sprache nicht mächtige Beschuldigte, in: Geppert, Klaus/Dehnicke, Diether (Hrsg.),

Gedächtnisschrift für Karlheinz Meyer, Berlin 1990, 19–35; zit.: *Basdorf*, in: GS Meyer.

Baumann, Jürgen: Von der Grauzone zur rechtsstaatlichen Regelung: Ein Vorschlag zur Einführung des Rechtsgesprächs in § 265 StPO, NStZ 1987, 157–162; zit.: *Baumann*, NStZ 1987.

Becker, Christian: Transparenz in Muschelhausen? – Die strafprozessuale Verständigung seit der Entscheidung BVerfGE 133, 168, JA 2017, 641–647; zit.: *Becker*, JA 2017.

Beneke, Bernhard: Das falsche Geständnis als Fehlerquelle im Strafverfahren unter kriminologischen, speziell kriminalpsychologischen Aspekten, Frankfurt am Main 1990; zit.: *Beneke*, Das falsche Geständnis.

Benz, Heribert: Reform der Rechtsmittel in Strafsachen, ZRP 1977, 58–61; zit.: *Benz*, ZRP 1977.

Bertram, Günter: Entwurf eines Zweiten Gesetzes zur Entlastung der Rechtspflege (Strafrecht) 1995, ZRP 1996, 46–48; zit.: *Bertram*, ZRP 1996.

Berz, Ulrich: Zur Reform des Strafverfahrens, in: Schwind, Hans-Dieter/Berz, Ulrich/Geilen, Gerd/Herzberg, Rolf Dietrich/Warda, Günter (Hrsg.), Festschrift für Günter Blau zum 70. Geburtstag am 18. Dezember 1985, Berlin 1985, 51–66; zit.: *Berz*, in: FS Blau.

Beulke, Werner/Fahl, Christian: Untreue zum Nachteil der CU durch Dr. Kohl, zugleich Anmerkung zu LG Bonn, Beschl. v. 28.2.2001–27 AR 2/01, NStZ 2001, 426–429; zit.: *Beulke/Fahl*, NStZ 2001.

Bielitz, Gustaf Alexander: Darstellung der Verfassung und Verwaltung der Polizei in Preußen, Leipzig 1841; zit.: *Bielitz*, Verfassung und Verwaltung der Polizei in Preußen.

Blankenburg, Erhard/Sessar, Klaus/Steffen, Wiebke: Die Staatsanwaltschaft im Prozeß strafrechtlicher Sozialkontrolle, Berlin 1978; zit.: *Blankenburg/Sessar/Steffen*, Die StA im Prozeß strafrechtlicher Sozialkontrolle.

Blankenheim, Manuela: Zustellung des Strafbefehls an Nichtseßhafte, MDR 1992, 926–928; zit.: *Blankenheim*, MDR 1992.

Blumers, Wolfgang: Aussetzung des Strafverfahrens nach § 396 AO am Beispiel Spenden, BD 1983, 1571–1573; zit.: *Blumers*, DB 1983.

BMJV: Bericht des BMJ über die Auswirkungen des Rechtspflegeentlastungsgesetzes, StraFo 1995, 104–105; zit.: Bericht des *BJM*, StraFo 1995.

Bockemühl, Jan (Hrsg.): Handbuch des Fachanwalts Strafrecht, 8. Auflage, Hürth 2021; zit.: Bockemühl HdB FA Strafrecht/*Bearbeiter*.

Bode, Hans Jürgen: Verständigung im Strafprozeß, DRiZ 1988, 281–288; zit.: *Bode*, DRiZ 1988.

Boehme-Neßler, Volker: Die Öffentlichkeit als Richter? – Litigation-PR als Herausforderung für das Recht, ZRP 2009, 228–231; zit.: *Boehme-Neßler*, ZRP 2009.

Bögelein, Nicole: Deutungsmuster von Strafe: Eine strafsoziologische Untersuchung am Beispiel der Geldstrafe, Wiesbaden 2016; zit.: *Bögelein*, Deutungsmuster von Strafe.

Bögelein, Nicole: Ersetzt Freiheit Geld? Ein empirischer Blick auf die Ersatzfreiheitsstrafe, in: Meier, Bernd-Dieter/Leimbach Katharina (Hrsg.), Gefängnisse im Blickpunkt der Kriminologie: Interdisziplinäre Beiträge zum Strafvollzug und der Wiedereingliederung, Berlin 2020, 127–137; zit.: *Bögelein*, in: Meier/Leimbach (Hrsg.), Gefängnisse im Blickpunkt der Kriminologie.

Bögelein, Nicole/Glaubitz, Christoffer/Neumann, Merten/Kamieth, Josefine: Bestandsaufnahme der Ersatzfreiheitsstrafe in Mecklenburg-Vorpommern, MschrKrim 2019, 282–296; zit.: *Bögelein/Glaubitz/Neumann/Kamieth,* MschrKrim 2019.

Böhm, Alexander/Feuerhelm, Wolfgang: Einführung in das Jugendstrafrecht, 4. Auflage, München 2004; zit.: *Böhm/Feuerhelm*, Einführung in das Jugendstrafrecht.

Böhm, Alexander: Gemeinnützige Arbeit als Strafe, ZRP 1998, 360–365; zit.: *Böhm*, ZRP 1998.

Böhm, Michael: Anmerkung zu EuGH, Urt. v. 15.10.2015 – C-216/14 (Gavril Covaci), NJW 2016, 306–307; zit.: *Böhm*, NJW 2016.

Böhm, Michael: Die strafrechtliche Abwesenheitsverhandlung im Berufungsverfahren: Zur jüngsten Umsetzung europarechtlicher Vorgaben im Strafverfahrens- und Rechtshilferecht, NJW 2015, 3132–3136; zit.: *Böhm*, NJW 2015.

Böhme, Toni: Das strafgerichtliche Fehlurteil – Systemimmanenz oder vermeidbares Unrecht?: Eine Untersuchung zu den Ursachen von Fehlurteilen im Strafprozess und den Möglichkeiten ihrer Vermeidung, Baden-Baden 2018; zit.: *Böhme*, Das strafgerichtliche Fehlurteil.

Boltz, Horst-Joachim: Beschleunigungsnovelle zur Strafprozeßordnung, ZRP 1974, 34–35; zit.: *Boltz*, ZRP 1974.

Bommer, Felix/Deiters, Mark/Eser, Albin/Frister, Helmut/Gleß, Sabine/Jahn, Matthias/Jung, Heike/Meier, Bernd-Dieter/Rengier, Rudolf/Roxin, Claus/Schmoller, Kurt/Schöch, Heinz/Stuckenberg, Carl-Friedrich/Verrel, Torsten/Weigend, Thomas: Alternativ-Entwurf Abgekürzte Strafverfahren im Rechtsstaat (AE-ASR): Entwurf eines Arbeitskreises deutscher, österreichischer und schweizerischer Strafrechtslehrer (Arbeitskreis AE), GA 2019, 1–128; zit.: *AE-ASR*, GA 2019.

Börner, René: „Fair Trial“ aus der Perspektive der Verteidigung unter besonderer Berücksichtigung der Verfahrensabsprache, ZIS 2018, 178–184; zit.: *Börner*, ZIS 2018.

Börner, René: Legitimation durch Strafverfahren: Die normative Kraft des Misstrauens, Berlin 2014; zit.: *Börner*, Legitimation durch Strafverfahren.

Bornheim, Wolfgang: Strategien zur Verfahrenseinstellung, PStR 2000, 32–35; zit.: *Bornheim*, PStR 2000.

Böttcher, Reinhard/Mayer, Elmar: Änderungen des Strafverfahrens durch das Entlastungsgesetz, NStZ 1993, 153–158; zit.: *Böttcher/Mayer*, NStZ 1993.

Böttcher, Reinhard: Der Strafbefehl auf dem Vormarsch?, in: Böttcher, Reinhard/Hueck, Götz/Jähnke, Burkhard (Hrsg.), Festschrift für Walter Odersky zum 65. Geburtstag am 17. Juli 1996, Berlin 1996, 299–316; zit.: *Böttcher*, in: FS Odersky.

Böttger, Marcus (Hrsg.): Wirtschaftsstrafrecht in der Praxis, 2. Auflage, Bonn 2015; zit.: Böttger WiStR/*Bearbeiter*.

Bottke, Wilfried: Grundlagen des polizeilichen Legalitätsprinzips, JuS 1990, 81–86; zit.: *Bottke*, JuS 1990.

Brackert, Gesine/Staechelin, Gregor : Die Reichweite der im Strafbefehlsverfahren erfolgten Pflichtverteidigerbestellung, StV 1995, 547–552; zit.: *Brackert/Staechelin*, StV 1995.

Brodowski, Dominik: Anmerkung zu EuGH, Urt. v. 15.10.2015 – C-216/14 (AG Laufen), StV 2016, 210–211; zit.: *Brodowski*, StV 2016.

Brunner, Raimund: Abschlussverfügung der Staatsanwaltschaft: Eine Anleitung für Klausur und Praxis, 14. Auflage, München 2019; zit.: *Brunner*, Abschlussverfügung der Staatsanwaltschaft.

Bruns, Hans-Jürgen: Strafzumessungsrecht: Gesamtdarstellung, 2. Auflage, Köln 1974; zit.: *Bruns*, Strafzumessungsrecht.

Bruschke, Gerhard: Konfliktlösung durch eine tatsächliche Verständigung mit dem Finanzamt, DStR 2010, 2611–2615; zit.: *Bruschke*, DStR 2010.

Bundesministerium der Finanzen: Tatsächliche Verständigung über den der Steuerfestsetzung zugrunde liegenden Sachverhalt, DStR 2008, 1589–1591; zit.: *BMF*, DStR 2008.

Burhoff, Detlef: Der Strafbefehl im Steuerstrafverfahren, PStR 1999, 52–56; zit.: *Burhoff*, PStR 1999.

Burkhard, Jörg: Der Strafbefehl im Steuerstrafrecht, Frankfurt am Main 1997; zit.: *Burkhard*, Der Strafbefehl im Steuerstrafrecht.

Burkhard, Jörg: Umgrenzungs-, Informations- und Akzeptanzfunktion im Strafbefehl im Steuerstrafrecht, StraFo 2004, 342–348; zit.: *Burkhard*, StaFo 2004.

Busch, Richard: Begründung, Anfechtung und Revisibilität der Verwerfungsurteile der §§ 329 I und 412 I StPO, JZ 1963, 457–462; zit.: *Busch*, JZ 1963.

Bussmann, Kai-D./Lüdemann, Christian: Klassenjustiz oder Verfahrensökonomie?: Aushandlungsprozesse in Wirtschafts- und allgemeinen Strafverfahren, Bamberg 1995; zit.: *Bussmann/Lüdemann*, Klassenjustiz oder Verfahrensökonomie?.

Bussmann, Kai-D.: Die Entdeckung der Informalität: Über Aushandlungen in Strafverfahren und ihre juristische Konstruktion, Baden-Baden 1991; zit.: *Bussmann*, Die Entdeckung der Informalität.

Ceffinato, Tobias: Die Regelung zur Verständigung im Strafprozess im Lichte der Rechtsprechung der Bundesgerichte, JA 2013, 873–882; zit.: *Ceffinato*, JA 2013.

Christl, Erik: Europäische Mindeststandards für Beschuldigtenrechte – Zur Umsetzung der EU-Richtlinien über Sprachmittlung und Information im Strafverfahren, NStZ 2014, 376–383; zit.: *Christl*, NStZ 2014.

Ciernak, Jürgen/Zimmermann, Georg: Aus der Rechtsprechung des BGH zum Strafverfahrensrecht – 3. Teil, NStZ-RR 2011, 225–237; zit.: *Ciernak/Zimmermann*, NStZ 2011.

Cordier, Franz: Umstellung von Verkehrsstraftaten auf Ordnungswidrigkeiten, NJW 1961, 393–395; zit.: *Cordier*, NJW 1961.

Cornel, Heinz: Gemeinnützige Arbeit zur Abwendung der Vollstreckung von Ersatzfreiheitsstrafen und als selbständige Sanktion, in: Prittwitz, Cornelius/Baurmann, Michael/Günther, Klaus/Kuhlen, Lothar/Merkel, Reinhard/Nestler, Cornelius/Schulz, Lorenz (Hrsg.), Festschrift für Klaus Lüderssen Zum 70. Geburtstag am 2. Mai 2002, Baden-Baden 2002, 821–834; zit.: *Cornel*, in: FS Lüderssen.

Cramer, Peter/Freund, Georg/Grasnick, Walter/Graul, Eva/Langer, Winrich/Meurer, Dieter/Scheffler, Uwe/Schlüchter, Ellen/Schulz, Joachim: Stellungnahme zum Vorentwurf eines 2. Rechtspflegeentlastungsgesetzes, ZRP 1995, 268–272; zit.: *Arbeitskreis*, ZRP 1995.

Cramer, Peter: Absprachen im Strafprozeß, in: Eyrich, Heinz/Odersky, Walter/Säcker, Franz Jürgen (Hrsg.), Festschrift für Kurt Rebmann zum 65. Geburtstag, München 1989, 145–159; zit.: *Cramer*, in: FS Rebmann.

Crohne: Vereinfachte Verfahrensarten. Schnellverfahren und Strafbefehl, in: Gürtner, Franz (Hrsg.), Das kommende deutsche Strafverfahren, Bericht der amtlichen Strafprozeßkommission, Berlin 1938, 453–459; zit.: *Crohne*, Vereinfachte Verfahrensarten.

Dahs, Hans: Absprachen im Strafprozeß – Chancen und Risiken –, NStZ 1988, 153–159; zit.: *Dahs*, NStZ 1988.

Dahs, Hans: Das Verbrechensbekämpfungsgesetz vom 28. 10. 1994 – ein Produkt des Superwahljahres, NJW 1995, 553–557; zit.: *Dahs*, NJW 1995.

Dahs, Hans: Handbuch des Strafverteidigers, 8. Auflage 2015; zit.: *Dahs*, Hdb. des Strafverteidigers.

Dannecker, Gerhard: Absprachen im Besteuerungs- und im Steuerverfahren, in: Horn, Hans-Detlef (Hrsg.), Recht im Pluralismus: Festschrift für Walter Schmitt Glaeser zum 70. Geburtstag, Berlin 2003, 371–393; zit.: *Dannecker*, in: FS Schmitt Glaeser.

Deal, Detlef: Der strafprozessuale Vergleich, StV 1982, 545–552; zit.: *Deal*, StV 1982.

Deckers, Rüdiger/Kuschnik, Bernd: Darf trotz Abwesenheit und Unkenntnis des Angeklagten nach § 408a StPO von der Hauptverhandlung in das Strafbefehlsverfahren gewechselt werden?, StraFo 2008, 418–420; zit.: *Deckers/Kuschnik*, StraFo 2008.

Deckers, Rüdiger: Fehlervermeidung bei Staatsanwaltschaft und Polizei, StraFo 2015, 265–268; zit.: *Deckers*, StraFo 2015.

Deiters, Mark: Abgekürzte Strafverfahren, ZStW 130 (2018), 491–512; zit.: *Deiters*, ZStW 130 (2018).

Deiters, Mark: Plädoyer für die Abschaffung des § 153a StPO und die Einführung eines neuen abgekürzten Verfahrens, GA 2015, 371–386; zit.: *Deiters*, GA 2015.

Dencker, Friedrich/Hamm, Rainer: Der Vergleich im Strafprozeß, Frankfurt am Main 1988; zit.: *Bearbeiter*, in: Dencker/Hamm, Der Vergleich im Strafprozeß.

Dencker, Friedrich: Die Bagatelldelikte im Entwurf eines EGStGB, JZ 1973, 144–151; zit.: *Dencker*, JZ 1973.

Deutscher Richterbund: Entlastungsgesetz inakzeptabel, DRiZ 1991, 293–296; zit.: *DRB*, DRiZ 1991.

Diekmann, Andreas: Empirische Sozialforschung: Grundlagen, Methoden, Anwendungen, 17. Auflage, Hamburg 2007; zit.: *Diekmann*, Empirische Sozialforschung.

Dinter, Lasse/David, Daniel: Das Strafbefehlsverfahren in der mündlichen Prüfung des Assessorexamens, JA 2012, 281–285; zit.: *Dinter/David*, JA 2012.

Dißars, Ulf-Christian: Der Antrag auf Erlaß eines Strafbefehls als Abschluß eines Steuerstrafverfahrens, wistra 1997, 331–335; zit.: *Dißars*, wistra 1997.

Dolde, Gabriele: Vollzug von Ersatzfreiheitsstrafen – ein wesentlicher Anteil im Kurzstrafenvollzug, ZfStrVo 1999, 330–335; zit.: *Dolde*, ZfStrVo 1999.

Dolde, Gabriele: Zum Vollzug von Ersatzfreiheitsstrafen: Eindrücke aus einer empirischen Erhebung, in: Feuerhelm, Wolfgang/Schwind, Hans-Dieter/Bock, Michael (Hrsg.), Festschrift für Alexander Böhm zum 70. Geburtstag am 14. Juni 1999, Berlin 1999, 581–596; zit.: *Dolde*, in: FS Böhm.

Döring, Nicola/Bortz, Jürgen: Forschungsmethoden und Evaluation in den Sozial- und Humanwissenschaften, 5. Auflage, Berlin 2016; zit.: *Döring/ Bortz*, Forschungsmethoden und Evaluation.

Dreier, Horst (Hrsg.): Grundgesetz Kommentar, Band III, Artikel 83–146, 3. Auflage, Tübingen 2018; zit.: Dreier GG/*Bearbeiter*.

Drews. Frauke: Die Königin unter den Beweismitteln?: Eine interdisziplinäre Untersuchung des (falschen) Geständnisses, Berlin 2013; zit.: *Drews*, die Königin unter den Beweismitteln.

Dunkel, Barbara: Fehlentscheidungen in der Justiz: Systematische Analyse von Wiederaufnahmeverfahren in Strafverfahren im Hinblick auf Häufigkeit und Risikofaktoren, Baden-Baden 2018; zit.: *Dunkel*, Fehlentscheidungen in der Justiz.

Ebermayer: Die Strafdrohung des § 9 b des Preuß. BelZustG., LZ 1915, 806–808; zit.: *Ebermayer*, LZ 1915.

Ebert, Andreas: Der Tatverdacht im Strafverfahren unter spezieller Berücksichtigung des Tatnachweises im Strafbefehlsverfahren, Frankfurt am Main 2000; zit.: *Ebert*, Der Tatverdacht im Strafverfahren.

Eich, Andreas: Die tatsächliche Verständigung im Steuerverfahren und Steuerstrafverfahren: Zulässigkeit, Rechtsnatur, Auswirkungen, Strategien, Köln 1992; zit.: *Eich*, Die tatsächliche Verständigung.

Eisenberg, Ulrich/Kölbel, Ralf: Beck'scher Kurz Kommentar zum Jugendgerichtsgesetz, 21. Auflage, München 2020; zit.: Eisenberg/Kölbel JGG.

Eisenberg, Ulrich/Kölbel, Ralf: Kriminologie, 7. Auflage, Tübingen 2017; zit.: *Eisenberg/Kölbel*, Kriminologie.

Eisenberg, Ulrich: Beweisrecht der StPO, Spezialkommentar, 10. Auflage, München 2017; zit.: *Eisenberg*, Beweisrecht der StPO.

Elobied, Tarig: Die Entwicklung des Strafbefehlsverfahrens von 1846 bis in die Gegenwart, Berlin 2010; zit.: *Elobied*, Die Entwicklung des Strafbefehlsverfahrens.

Enescu, Raluca: Penal Orders and the Risk of Wrongful Convictions, Bergen Journal of Criminal Law and Criminal Justice, Vol. 7 (2) 2019, 3–20; zit.: *Enescu*, BJCLCJ 2019.

Enescu, Raluca: Penal orders and the role of prosecutors in switzerland, JLS 2020, 125–141; zit.: *Enescu*, JLS 2020.

Engelbrecht, Andreas: Die Auswirkungen des Ersten Gesetzes zur Modernisierung der Justiz (1. Justizmodernisierungsgesetz – JuMoG) auf das verkehrsrechtliche Mandat, DAR 2004, 494–499; zit.: *Engelbrecht*, DAR 2004.

Erb, Volker/Esser, Robert/Franke, Ulrich/Graalmann-Scheerer, Kirsten/Hilger, Hans/Ignor, Alexander (Hrsg.): Löwe–Rosenberg, Die Strafprozeßordnung und das Gerichtsverfassungsgesetz, Großkommentar, Achter Band, §§ 374–448, 26. Auflage, Berlin 2009; zit.: LR/*Bearbeiter*.

Erb, Volker/Esser, Robert/Franke, Ulrich/Graalmann-Scheerer, Kirsten/Hilger, Hans/Ignor, Alexander (Hrsg.): Löwe–Rosenberg, Die Strafprozeßordnung und das Gerichtsverfassungsgesetz, Großkommentar, Fünfter Band, §§ 151–212b, 26. Auflage, Berlin 2008; zit.: LR/*Bearbeiter*.

Erb, Volker: Legalität und Opportunität: Gegensätzliche Prinzipien der Anwendung von Strafrechtsnormen im Spiegel rechtstheoretischer, rechtsstaatlicher und rechtspolitischer Überlegungen, Berlin 1999; zit.: *Erb*, Legalität und Opportunität.

Erbe, Joachim: Zum Wesen des Strafbefehls, Berlin 1980; zit.: *Erbe*, Zum Wesen des Strafbefehls.

Eschelbach, Ralf: Wiederaufnahmefragen, in: Jahn, Matthias/Kudlich, Hans/Streng, Franz (Hrsg.), Strafrechtspraxis und Reform, Festschrift für Heinz Stöckel zum 70. Geburtstag, Berlin 2010, 199–224; zit.: *Eschelbach*, in: FS Stöckel.

Eser, Albin (Hrsg.): Schönke/Schröder Strafgesetzbuch Kommentar, 30. Auflage, München 2019; zit.: Sch/Sch/*Bearbeiter* StGB.

Eser, Albin: Das rechtliche Gehör im Strafbefehls- und Strafverfügungsverfahren, JZ 1966, 660–669; zit.: *Eser*, JZ 1966.

Esser, Robert: Anmerkung zu OLG Stuttgart, Beschl. v. 30.1.2006–1 Ss 5/06, StV 2007, 235–238; zit.: *Esser*, StV 2007.

Fahl, Christian/Geraats, Martin: Absprachen im Strafprozess, JA 2009, 791–797; zit.: *Fahl/Geraats*, JA 2009.

Falck: Der Krieg und die Staatsanwaltschaft, DJZ 1915, 374–376; zit.: *Falck*, DJZ 1915.

Feest, Johannes: Definitionsmacht, Renitenz und Abolitionismus: Texte rund um das Strafvollzugsarchiv, Wiesbaden 2020; zit.: *Feest*, Definitionsmacht, Renitenz und Abolitionismus.

Ferber, Sabine: Stärkung der Opferrechte im Strafverfahren – Das 3. Opferrechtsreformgesetz, NJW 2016, 279–282; zit.: *Ferber*, NJW 2016.

Fezer, Gerhard: Vereinfachte Verfahren im Strafprozeß, ZStW 106 (1994), 1–59; zit.: *Fezer*, ZStW 106 (1994).

Fezer, Gerhard: Zur Zukunft des Strafbefehlsverfahrens, in: Arzt, Gunther/Fezer, Gerhard/Weber, Ulrich/Schlüchter, Ellen/Rössner, Dieter (Hrsg.), Festschrift für Jürgen Baumann zum 70. Geburtstag 22. Juni 1992, Bielefeld 1992, 395–406; zit.: *Fezer*, in: FS Baumann.

Fischer, Thomas: Absprache-Regelung: Problemlösung oder Problem?, StraFo 2009, 177–188; zit.: *Fischer*, StraFo 2009.

Fleischer, Wolfgang: Die Strafzumessung bei Geldstrafen: Darstellung des Sanktionsmittels Geldstrafe und dessen empirische Überprüfung nach Einführung des Tagessatzsystems, Gießen 1983; zit.: *Fleischer*, Die Strafzumessung bei Geldstrafen.

Fornauf, Marc: Die Unabhängigkeit der Dritten Gewalt im rechtsstaatlichen Strafrecht, KritV 2010, 217–232; zit.: *Fornauf*, KritV 2010.

Freisler, Roland: Die Vereinfachungsverordnung als Mittel der Schlagkraftsteigerung der Strafrechtspflege und ihr Stand in der Strafverfahrenserneuerung, DJ 1939, 1537–1545; zit.: *Freisler*, DJ 1939.

Freund, Georg: Der Zweckgedanke im Strafrecht?, GA 1995, 4–22; zit.: *Freund*, GA 1995.

Freund, Georg: Die Tatfrage als Rechtsfrage: „Persönliche Gewißheit", „objektive Schuldwahrscheinlichkeit" und rechtsgenügender Beweis, in: Eser, Albin/Goydke, Jürgen/Maatz, Kurt Rüdiger/Meurer, Dieter (Hrsg.), Festschrift für Lutz Meyer-Gossner zum 65. Geburtstag, München 2001, 409–429; zit.: *Freund*, in: FS Meyer-Goßner.

Friedlaender, Max: Das Verfahren bei amtsrichterlichen Strafbefehlen nach der Reichsstrafprozeßordnung, ZStW 18 (1898), 495–533; zit.: *Friedlaender*, ZStW 18 (1898).

Frohn, Hansgeorg: Strafverteidigung und rechtliches Gehör – Verfassungsrechtliche Anmerkungen zur Strafverfahrensreform –, GA 1984, 554–571; zit.: *Frohn*, GA 1984.

Froschauer, Ulrike/Lueger, Manfred: Das qualitative Interview: Zur Praxis interpretativer Analyse sozialer Systeme, 2. Auflage, Wien 2020; zit.: *Froschauer/Lueger*, Das qualitative Interview.

Fuhse, Ekkehard: Ist das Schöffengericht durch § 25 Nr. 2 GVG gehindert, Strafbefehle zu erlassen, Erledigungen im beschleunigten Verfahren vorzunehmen, kann es bei Straferwartung unter 2 Jahren Freiheitsstrafe angerufen werden? – Zugleich Besprechung von OLG Oldenburg NStZ 1994, 449 –, NStZ 1995, 165-167; zit.: *Fuhse*, NStZ 1995.

Fuß, Susanne/Karbach, Ute: Grundlagen der Transkription: Eine praktische Einführung, 2. Auflage, Opladen/Toronto 2019; zit.: *Fuß/Karbach*, Grundlagen der Transkription.

Galeazzi, Christina: Der Zivilkläger im Strafbefehls- und im abgekürzten Verfahren, Zürich u.a. 2016; zit.: *Galeazzi*, Der Zivilkläger im Strafbefehlsverfahren.

Gehm, Matthias H.: Problemfeld Schätzung im Steuer- und Steuerstrafverfahren, NZWiSt 2012, 408–416; zit.: *Gehm*, NZWiSt 2012, 408.

Geis, Mark: Überzeugung beim Strafbefehlserlaß?, Frankfurt am Main 2000; zit.: *Geis*, Überzeugung beim Strafbefehlserlass?.

Geppert, Klaus: Der Grundsatz der Unmittelbarkeit im deutschen Strafverfahren, Berlin 1979, zit.: *Geppert*, Der Grundsatz der Unmittelbarkeit im deutschen Strafverfahren.

Gercke, Björn/Julius, Karl-Peter/Temming, Dieter/Zöller, Mark. A. (Hrsg.): Strafprozessordnung, 6. Auflage, Heidelberg 2019; zit.: Gercke u.a. StPO/*Bearbeiter.*

Gerhardt, Rudolf: Der Einfluß der Medien auf das Strafverfahren aus medialer Sicht, in: Oehler, Dietrich/Jahn, Friedrich-Adolf/Gerhardt, Rudolf/Burgstaller, Manfred/Hassemer, Winfried. (Hrsg.), Der Einfluß der Medien auf das Strafverfahren, Vortragsveranstaltung vom 9. und 10. Juni 1989, München 1990, 19–45; zit.: *Gerhardt*, in: Oehler, Einfluss der Medien.

Gerhardt, Rudolf: Die Richter und das Medienklima: Welchen Einfluss hat die Gerichtsberichterstattung in den Medien auf das Strafverfahren und das Urteil?, ZRP 2009, 247–250; zit.: *Gerhardt*, ZRP 2009.

Gerlach, Götz: Absprachen im Strafverfahren, Frankfurt am Main 1992; zit.: *Gerlach*, Absprachen.

Geuenich, Marcus/Höwer, Britta: Die neue gesetzliche Normierung strafrechtlicher Verständigungen – Berührungspunkte und Parallelen zu steuerlichen Absprachen, DStR 2009, 2320–2324; zit.: *Geuenich/Höwer*, DStR 2009.

Gietl, Andreas: Der Zustellungsbevollmächtigte im Strafbefehlsverfahren gegen EU-Ausländer: Eine Betrachtung der Probleme nach europäischem und nationalem Recht, StV 2017, 263–267; zit.: *Gietl*, StV 2017.

Gilliéron, Gwladys: Fallstricke für die Wahrheitsfindung in summarischen Verfahren, in: Barton, Stephan/Dubelaar, Marieke/Kölbel, Ralf/Lindemann, Michael (Hrsg.), „Vom hochgemuten, voreiligen Griff nach der Wahrheit“: Fehlurteile im Strafprozess, Baden-Baden 2018, 59–77; zit.: *Gilliéron*, in: Barton u.a. (Hrsg.), Vom hochgemuten, voreiligen Griff nach der Wahrheit.

Gilliéron, Gwladys: Strafbefehlsverfahren und plea bargaining als Quelle von Fehlurteilen, Zürich u.a. 2010; zit.: *Gilliéron*, Strafbefehlsverfahren und plea bargaining.

Glaser, Julius: Handbuch des Strafprozesses, Band 1: Karl Binding (Hrsg.), Systematisches Handbuch der Deutschen Rechtswissenschaft, neunte Abtheilung, vierter Theil, erster Band, Leipzig 1883; zit.: *Glaser*, Handbuch Bd. 1.

Gless, Sabine: Der Strafbefehl – in der Schweizerischen Strafprozessordnung, in: Heer, Marianne (Hrsg.), Schweizerische Strafprozessordnung und Schweizerische Jugendstrafprozessordnung, Bern 2010, 41–62; zit.: *Gless*, in: Heer (Hrsg.), Schweizerische Strafprozessordnung.

Gössel, Karl Heinz: Über die Pflicht zur Ermittlung der materiell-objektiven Wahrheit und die Zuständigkeiten zur Eröffnung eines Strafverfahrens und zu dessen Durchführung, in: Eser, Albin/Goydke, Jürgen/Maatz, Kurt Rüdiger/Meurer, Dieter (Hrsg.), Festschrift für Lutz Meyer-Gossner zum 65. Geburtstag, München 2001, 187–205; zit.: *Gössel*, in: FS Meyer-Goßner.

Gössel, Karl Heinz: Überlegungen zur Beschleunigung des Strafverfahrens, GA 1979, 241–251; zit.: *Gössel*, GA 1979.

Göttgen, Martin: Prozessökonomische Alternativen zur Verständigung im Strafverfahren, Berlin 2019; zit.: *Göttgen*, Prozessökonomische Alternativen zur Verständigung im Strafverfahren.

Götz, Heinrich: Strafprozessuale und aktienrechtliche Anmerkungen zum Mannesmann-Prozess, NJW 2007, 419–422; zit.: *Götz*, NJW 2007.

Graf, Jürgen (Hrsg.): Beck'scher Online-Kommentar: Ordnungswidrigkeitengesetz, 29. Edition, Stand 01.01.2021; zit.: BeckOK OWiG/*Bearbeiter*.

Graf, Jürgen (Hrsg.): Beck'scher Online-Kommentar: Strafprozessordnung mit RiStBV und MiStra, 39. Edition, Stand 01.01.2021; zit.: BeckOK StPO/*Bearbeiter*.

Graf, Jürgen Peter (Hrsg.): Strafprozessordnung mit Gerichtsverfassungsgesetz und Nebengesetzen, Kommentar, 3. Auflage, München 2018; zit.: Graf StPO/*Bearbeiter*

Graf, Jürgen Peter/Jäger, Markus/Wittig, Petra (Hrsg): Beck'scher Kurz Kommentar zum Wirtschafts- und Steuerstrafrecht, 2. Auflage, München 2017; zit.: Graf/Jäger/Wittig/*Bearbeiter*.

Granderath, Reinhard: Opferschutz – totes Recht?, NStZ 1984, 399–401; zit.: *Granderath*, NStZ 1984.

Greßmann, Michael: Strafbefehlsverfahren mit Auslandsberührung, NStZ 1991, 216–220; zit.: *Greßmann*, NStZ 1991.

Gribbohm, Günter: Buchbesprechung zum Alternativ-Entwurf, Novelle zur Strafprozeßordnung, ZRP 1982, 55; zit.: *Gribbohm*, ZRP 1982.

Groth, Klaus-Ulrich: Ein Dogma fällt – das BVerfG zur Rechtskraft des Strafbefehls, MDR 1985, 716–718; zit.: *Groth*, MDR 1985.

Gruchmann, Lothar: Justiz im Dritten Reich 1933–1940: Anpassung und Unterwerfung ni der Ära Gürtner, 3. Auflage, München 2001; zit.: *Gruchmann*, Justiz im Dritten Reich.

Gruchmann, Lothar: Nationalsozialistisches Herrschaftssystem und demokratischer Rechtsstaat, Rautenberg 1962; zit.: *Gruchmann*, Nationalsozialistisches Herrschaftssystem und demokratischer Rechtsstaat.

Günter, Hans-Helmut: Der Gesetzgeber muß notfalls Konsequenzen ziehen, DRiZ 1989, 151–152; zit.: *Günter*, DRiZ 1989.

Gusy, Christoph: Verfassungsfragen des Strafprozeßrechts, StV 2002, 153–160; zit.: *Gusy*, StV 2002.

Haas, Peter/Müller, Ulrike: Steuerstrafrecht und Steuerstrafverfahren: Strategien und Praxis der Steuerstrafverteidigung, Wiesbaden 2009; zit.: *Haas/Müller*, Steuerstrafverfahren.

Häberlin, Carl Franz Wolff Jérôme: Sammlung der neuen deutschen Strafprozessordnungen mit Einschluss der französischen und belgischen so wie der Gesetze über Einführung des mündlichen und öffentlichen Strafverfahrens mit Schwurgerichten, Greifswald 1852; zit.: *Häberlin*, Sammlung der neuen deutschen Strafprozessordnungen.

Hahn, Carl: Die gesamten Materialien zur Strafprozeßordnung und dem Einführungsgesetz zu derselben vom 1. Februar 1877, Erste Abteilung, Berlin 1880; zit.: *Hahn*, Gesamte Materialien zur Strafprozessordnung, Abt. I.

Hahn, Carl: Die gesamten Materialien zur Strafprozeßordnung und dem Einführungsgesetz zu derselben vom 1. Februar 1877, Zweite Abteilung, Berlin 1881; zit.: *Hahn*, Gesamte Materialien zur Strafprozessordnung, Abt. II.

Hahn, Carl: Strafprozeßordnung vom 1. Februar 1877 und Gerichtsverfassungsgesetz vom 27. Januar 1877 mit den Einführungsgesetzen, Berlin, 1877; zit.: *Hahn*, Strafprozessordnung.

Haisch, Jochen: Informationsbewertung und Strafurteil durch Juristen und Laien: Zum technologischen Gebrauch sozialwissenschaftlicher Theorien, Mannheim 1973; zit.: *Haisch*, Informationsbewertung und Strafurteil.

Hamdan, Stephanie: Absprachen im französischen Strafverfahren?: Das Verfahren der »Comparution sur reconnaissance préalable de culpabilité«, Baden-Baden 2018; zit.: *Hamdan*, Absprachen im französischen Strafverfahren.

Hamm, Rainer: Absprachen im Strafverfahren?, ZRP 1990, 337–342; zit.: *Hamm*, ZRP 1990.

Hamm, Rainer: Ist Strafverteidigung noch Kampf?, NJW 2006, 2084–2089, zit.: *Hamm*, NJW 2006.

Hamm, Rainer: Was wird aus der Hauptverhandlung nach Inkrafttreten des Verbrechensbekämpfungsgesetzes?, StV 1994, 456–459; zit.: *Hamm*, StV 1994.

Hamm, Rainer: Wie man in richterlicher Unabhängigkeit vor unklaren Gesetzeslagen kapituliert, NJW 2001, 1694–1696; zit.: *Hamm*, NJW 2001.

Hanack, Ernst-Walter: Das Legalitätsprinzip und die Strafrechtsreform: Bemerkungen zu § 153a des Entwurfs für ein Erstes Gesetz zur Reform des Strafverfahrensrechts vom 13.4.1972, in: Lackner, Karl/Leferenz, Heinz/Schmidt, Eberhard/Welp, Jürgen/Wolff, Ernst Amadeus (Hrsg.), Festschrift für Wilhelm Gallas zum 70. Geburtstag am 22. Juli 1973, Berlin 1973, 340–364; zit.: *Hanack*, in: FS Gallas.

Hanack, Ernst-Walter: Prozeßhindernis des überlangen Strafverfahrens?, JZ 1971, 705–715; zit.: *Hanack*, JZ 1971.

Hanack, Ernst-Walter: Rechtliches Gehör, Vollstreckbarkeit und Verhaftung beim Widerruf der Strafaussetzung zur Bewährung, JA 1966, 43–52; zit.: *Hanack*, JZ 1996.

Hanack, Ernst-Walter: Vereinbarungen im Strafprozeß, ein besseres Mittel zur Bewältigung von Großverfahren?, StV 1987, 500–504; zit.: *Hanack*, StV 1987.

Hannich, Rolf (Hrsg.): Karlsruher Kommentar zur Strafprozessordnung mit GVG, EGGVG und EMRK, 8. Auflage, München 2019; zit.: KK-StPO/*Bearbeiter*.

Hannich, Rolf (Hrsg.): Karlsruher Kommentar zur Strafprozessordnung mit GVG, EGGVG und EMRK, 6. Auflage, München 2008; zit.: KK-StPO 6. Aufl./*Bearbeiter*.

Harms, Monika: Die Stellung des Finanzbeamten im Steuerstrafverfahren: Gesetzliche Aufgaben, Zuständigkeiten und praktische Bedeutung: Zustandsbeschreibung und Kritik, in: Duttge, Gunnar/Geilen, Gerd/Meyer-Goßner, Lutz/Warda, Günter (Hrsg.), Gedächtnisschrift für Ellen Schlüchter, Köln u.a. 2002, 451–472; zit.: *Harms*, in: GS Schlüchter.

Hartung, Fritz: Das zweite Gesetz zur Sicherung des Straßenverkehrs, NJW 1965, 86–91; zit.: *Hartung*, NJW 1965.

Hassemer, Raimund/Hippler, Gabriele: Informelle Absprachen in der Praxis des deutschen Strafverfahrens, StV 1986, 360–363; zit.: *Hassemer/Hippler*, StV 1986.

Hassemer, Winfried: Der Einfluß der Medien auf das Strafverfahren aus strafrechtlicher Sicht, in: Oehler, Dietrich/Jahn, Friedrich-Adolf/Gerhardt, Rudolf/Burgstaller, Manfred/Hassemer, Winfried (Hrsg.), Der Einfluß der Medien auf das Strafverfahren, Vortragsveranstaltung vom 9. und 10. Juni 1989, München 1990, 61–74; zit.: *Hassemer*, in: Oehler, Einfluss der Medien.

Hassemer, Winfried: Kennzeichen und Krisen des modernen Strafrechts, ZRP 1992, 378–383; zit.: *Hassemer*, ZRP 1992.

Hassemer, Winfried: Pacta sunt servanda – auch im Strafprozeß? – BGH NJW 1989, 2270, JuS 1989, 890–895; zit.: *Hassemer*, JuS 1989.

Hausel, Uwe: Ungenutztes Beschleunigungspotential des Straf(-befehls-)verfahrens?, ZRP 1994, 94–96; zit.: *Hausel*, ZRP 1994.

Heger, Martin: Die Rolle des Opfers im Strafverfahren, JA 2007, 244–248; zit.: *Heger*, JA 2007.

Heghmanns, Michael: Die prozessuale Rolle der Staatsanwaltschaft, GA 2003, 433–450; zit.: *Heghmanns*, GA 2003.

Heintschel-Heinegg, Bernd von (Hrsg.): Beck'scher Online-Kommentar: Strafgesetzbuch, 49. Edition, Stand 01.02.2021; zit.: BeckOK StGB/*Bearbeiter*.

Heintschel-Heinegg, Bernd von/Bockemühl, Jan (Hrsg.): Kleinknecht Müller Reitberger – KMR – StPO Kommentar zur Strafprozessordnung, 104. Ergänzungslieferung 2021; zit.: KMR/*Bearbeiter*.

Heintschel-Heinegg, Bernd von (Hrsg.): Münchener Kommentar zum Strafgesetzbuch, Band 2, §§ 38–79b StGB, 4. Auflage, München 2020; zit.: MüKoStGB/*Bearbeiter*.

Heinz, Wolfgang: Der Strafbefehl in der Rechtswirklichkeit, in: Britz, Guido/Jung, Heike/Koriath, Heinz/Müller, Egon (Hrsg.), Festschrift für Heinz Müller-Dietz zum 70. Geburtstag, München 2001, 271–313; zit.: *Heinz*, in: FS Müller-Dietz.

Heinz, Wolfgang: Die Abschlußentscheidungen des Staatsanwalts aus rechtstatsächlicher Sicht, in: Geisler, Claudius (Hrsg.) Das Ermittlungsverhalten der Polizei und die Einstellungspraxis der Staatsanwaltschaften, Wiesbaden 1999, 125 – 206; zit.: *Heinz*, in: Geisler (Hrsg.), Das Ermittlungsverhalten der Polizei und die Einstellungspraxis der Staatsanwaltschaften.

Hellwig, Albert: Justizirrtümer, Minden 1914; zit.: *Hellwig*, Justizirrtümer.

Hepp: Rückblick auf die Strafprozeßgesetzgebung der letzten fünf Jahre vor Einführung der Geschworenengerichte in Deutschland, GS 3 (1851), 271–296; zit.: *Hepp*, GS 3.

Herdegen, Gerhard: Aufklärungspflicht – Beweisantragsrecht – Beweisantrag – Beweisermittlungsantrag, in: Geppert, Klaus/Dehnicke, Diether (Hrsg.), Gedächtnisschrift für Karlheinz Meyer, Berlin 1990, 187–207; zit.: *Herdegen*, in: GS Meyer.

Herdegen, Gerhard: Da liegt der Hase im Pfeffer – Bemerkungen zur Reform des Beweisantragsrechts, NJW 1996, 26–29; zit.: *Herdegen*, NJW 1996.

Herrmann, Joachim: Überlegungen zur Reform der notwendigen Verteidigung, StV 1996, 396–405; zit.: *Herrmann*, StV 1996.

Hertwig, Volker: Die Einstellung des Strafverfahrens wegen Geringfügigkeit: Eine empirische Analyse der Handhabung der §§ 153, 153a StPO in der staatsanwaltschaftlichen und gerichtlichen Praxis, Göttingen 1982; zit.: *Hertwig*, Die Einstellung des Strafverfahrens wegen Geringfügigkeit.

Herzler, Jürgen: Das Beschleunigte Strafverfahren – ein notwendiger Schritt auf dem richtigen Weg, NJ 2000, 399–406; zit.: *Herzler*, NJ 2000.

Herzog, Felix: Schlanke Justiz: Wie die Strafrechtspflege durch ihre „weitere Entlastung" in einen effizienten Strafverwaltungsbetrieb verwandelt werden soll, StV 1995, 372–376; zit.: *Herzog*, StV 1995.

Herzog, Felix: Wider den „kurzen Prozeß", ZRP 1991, 125–129; zit.: *Herzog*, ZRP 1991.

Hettinger, Michael: Die Absprache im Strafverfahren als rechtsstaatliches Problem, JZ 2011, 292–301; zit.: *Hettinger*, JZ 2011.

Hippel, Robert von: Der deutsche Strafprozess, Marburg 1941; zit.: *v. Hippel*, Der deutsche Strafprozess.

Hippel, Robert von: Der Entwurf eines Gesetzes über den Rechtsgang in Strafsachen, ZStW 41 (1920), 325–372; zit.: *v. Hippel*, ZStW 41 (1920).

Hippel, Robert von: Tagesfragen, ZStW 42 (1921), 279–293; zit.: *v. Hippel*, ZStW 42 (1920).

Hirsch, Hans Joachim: Zur Behandlung der Bagatellkriminalität in der Bundesrepublik Deutschland – Unter besonderer Berücksichtigung der Stellung der Staatsanwaltschaft –, ZStW 92 (1980), 218–254; zit.: *Hirsch*, ZStW 92 (1980).

Hirschberg, Max: Das Fehlurteil im Strafprozeß: Zur Pathologie der Rechtsprechung, Stuttgart 1960; zit.: *Hirschberg*, Das Fehlurteil im Strafprozeß.

Hofmański, Piotr: Absprachen im polnischen Strafverfahren, ZStW 166 (2004), 113–119; zit.: *Hofmański*, ZStW 116 (2004).

Hohendorf, Andreas: § 153a I StPO als Radikalmittel zur Bewältigung der „Massen-Bagatellkriminalität"?, NJW 1987, 1177–1180; zit.: *Hohendorf*, NJW 1987.

Hohendorf, Andreas: Die neue Strafrichterzuständigkeit des § 25 Nr. 2 GVG, NJW 1995, 1454–1458; zit.: *Hohendorf*, NJW 1995.

Hohendorf, Andreas: Probleme bei der Pflichtverteidigerbestellung nach § 408b StPO, MDR 1993, 597–598; zit.: *Hohendorf*, MDR 1993.

Hohendorf, Andreas: Zuständigkeit des Schöffengerichts zum Erlaß eines Strafbefehls, wistra 1994, 294–295; zit.: *Hohendorf*, wistra 1994.

Hohenstatt, Klaus-Stefan/Stamer, Katrin/Hinrichs, Lars: Background Checks von Bewerbern in Deutschland: Was ist erlaubt?, NZA 2006, 1065–1070; zit.: *Hohenstatt/Stamer/Hinrichs*, NZA 2006.

Holmberg, Lars: Discretionary Leniency and Typological Guilt: Results from a Danish Study of Police Discretion, JScandCrime 1 (2000), 179–194; zit.: *Holmberg*, JScandCrime 1 (2000).

Holtzendorff, Franz von (Hrsg.): Handbuch des deutschen Strafprozeßrechts, Zweiter Band, Berlin 1879; zit.: v. Holtzendorff, HdB des deutschen Strafprozeßrechts/*Bearbeiter.*

Hörnle, Tatjana: Straftheorien, 2. Auflage, Tübingen 2017: zit.: *Hörnle*, Straftheorien.

Horstmann, Markus: Zur Präzisierung und Kontrolle von Opportunitätseinstellungen, Berlin 2002; zit.: *Horstmann*, Zur Präzisierung und Kontrolle von Opportunitätseinstellungen.

Hoven, Elisa/Wimmer, Renate/Schwarz, Thomas/Schumann, Stefan: Der nordrhein-westfälische Entwurf eines Verbandsstrafgesetzes – Kritische Anmerkungen aus Wissenschaft und Praxis Teil 1, NZWiSt 2014, 161–165; zit.: *Hoven/Wimmer/Schwarz/Schumann*, NZWiSt 2014.

Huber, Ernst Rudolf: Verfassungsrecht des Großdeutschen Reiches, 2. Auflage, Hamburg 1939; zit.: *Huber*, Verfassungsrecht.

Huber, Michael: Grundwissen – Strafprozessrecht: Verfahren bei Strafbefehlen, JuS 2019, 666–668; zit.: *Huber*, JuS 2019.

Hüls, Silke: Abgekürzte Strafverfahren Zum Alternativ-Entwurf abgekürzte Strafverfahren im Rechtsstaat (AE-ASR) 2019, KriPoZ 2019, 159–166; zit.: *Hüls*, KriPoZ 2019.

Hüls, Silke: Polizeiliche und staatsanwaltschaftliche Ermittlungstätigkeit: Machtzuwachs und Kontrollverlust, Berlin 2007; zit.: *Hüls*, Polizeiliche und staatsanwaltschaftliche Ermittlungstätigkeit.

Hünerfeld, Peter: Kleinkriminalität und Strafverfahren, ZStW 90 (1978), 905–926; zit.: *Hünerfeld*, ZStW 90 (1978).

Hupka, Jan/Kämper, Steffen: Die Zustellung im Zivilverfahren, JA 2012, 448–452; zit.: *Hupka/Kämper*, JA 2012.

Hutzler, Doris: Ausgleich struktureller Garantiedefizite im Strafbefehlsverfahren: Eine Analyse der zürcherischen, schweizerischen und deutschen Regelungen, unter besonderer Berücksichtigung der Geständnisfunktion, Baden-Baden/Zürich 2010; zit.: *Hutzler*, Ausgleich struktureller Garantiedefizite.

Ignor, Alexander/Matt, Holger: Integration und Offenheit im Strafprozeß – Vorschläge zu einer Reform des Strafverfahrens, StV 2002, 102–108; zit.: *Ignor/Matt*, StV 2002.

Ikeda, Kimihiro: Zur Erledigung von Strafverfahren ohne Hauptverhandlung im japanischen Recht, ZStW 130 (2018), 438–446; zit.: *Ikeda*, ZStW 130 (2018).

Jahn, Matthias/Müller, Martin: Das Gesetz zur Regelung der Verständigung im Strafverfahren – Legitimation und Reglementierung der Absprachenpraxis, NJW 2009, 2625–2631; zit.: *Jahn/Müller*, NJW 2009.

Jahn, Matthias/Gerhardt, Rudolf: Prominentenstrafrecht – Mediale Ausschlachtung und ihre Grenzen, ZRP 2016, 155–157; zit.: *Jahn/Gerhardt*, ZRP 2016.

Jahn, Matthias: Verfassungsrechtliche Grundlagen des Beweisantragsrechts der Verteidigung im deutschen Strafprozess, in: Herzog, Felix/Neumann, Ulfrid u.a. (Hrsg.), Festschrift für Winfried Hassemer, Heidelberg 2010, 1029–1040; zit.: *Jahn*, in: FS Hassemer.

Janke, Alexander: Verständigung und Absprachen im Strafverfahren, Aachen 1997; zit.: *Janke*, Verständigung und Absprachen.

Janssen, Helmut: Die Praxis der Geldstrafenvollstreckung: Eine empirische Studie zur Implementation kriminalpolitischer Programme, Frankfurt am Main 1994; zit.: *Janssen*, Die Praxis der Geldstrafenvollstreckung.

Jasiński, Wojciech/Kremens, Karolina, Criminal law in Poland, Croydon, UK, 2019; zit.: *Jasiński/Kremens*, Criminal law in Poland.

Jehle, Jörg-Martin: Was und wie häufig sind Fehlurteile?, FPPK 2013, 220–229; zit.: *Jehle*, FPPK 2013.

Jescheck, Hans-Heinrich/Weigend, Thomas: Lehrbuch des Strafrechts: Allgemeiner Teil, Fünfte Auflage, Berlin 1996; zit.: *Jescheck/Weigend*, Strafrecht AT.

Joecks, Wolfgang: Praxis des Steuerstrafrechts, Berlin. u.a. 1998; zit.: *Joecks*, Praxis des Steuerstrafrechts.

Joecks, Wolfgang: Steuerliche Schätzungen im Strafverfahren, wistra 1990, 52–57; zit.: *Joecks*, wistra 1990.

Joecks, Wolfgang: Strafprozessordnung – Studienkommentar –, 4. Auflage, München 2015; zit.: Joecks StPO.

Julius, Karl-Peter/Gercke, Björn/Kurth, Hans-Joachim/Lemke, Michael/Pollähne, Helmut/Rautenberg, Erardo Christoforo/Temming, Dieter/Woynar, Ines/Zöller, Mark A. (Hrsg.): Strafprozessordnung, 4. Auflage, Heidelberg u.a. 2009; zit.: HK/*Bearbeiter*.

Kahneman, Daniel: Schnelles Denken, Langsames Denken, 16. Auflage, München 2015; zit.: *Kahneman*, Schnelles Denken, Langsames Denken.

Kaiser, Günther/Meinberg, Volker: „Tuschelverfahren“ und „Millionärsschutzparagraph“?: Empirische Erkenntnisse zur Einstellung nach § 153a I StPO am Beispiel Wirtschaftskriminalität, NStZ 1984, 343–350; zit.: *Kaiser/Meinberg*, NStZ 1984.

Kallus, Wolfgang K.: Erstellung von Fragebogen, 2. Auflage, Wien 2016; zit.: *Kallus*, Erstellung von Fragebogen.

Keller, Rolf/Schmid, Wolfgang: Möglichkeiten einer Verfahrensbeschleunigung in Wirtschaftsstrafsachen, wistra 1984, 201–209; zit.: *Keller/Schmid*, wistra 1984.

Kemme, Stefanie/Dunkel, Barbara: Strafbefehl und Fehlurteil – Erkenntnisse zu einer wenig beachteten Verbindung, StV 2020, 52–59; zit.: *Kemme/Dunkel*, StV 2020.

Kepplinger, Hans Mathias/Zerback, Thomas: Der Einfluss der Medien auf Richter und Staatsanwälte: Art, Ausmaß und Entstehung reziproker Effekte, Publizistik 2009, 216–239; zit.: *Kepplinger/Zerback*, Publizistik 2009.

Kepplinger, Hans Mathias: Medieneffekte, Wiesbaden 2010; zit.: *Kepplinger*, Medieneffekte.

Kern, Eduard: Geschichte des Gerichtsverfassungsrechts, München u.a. 1954; zit.: *Kern*, Geschichte des Gerichtsverfassungsrechts.

Kern, Eduard: Strafverfahrensrecht: Ein Studienbuch, 8. Auflage, München u.a. 1967; zit.: *Kern*, Strafverfahrensrecht.

Kienzerle, Ruth Anthea: Anmerkung zu OLG Karlsruhe, Beschl. v. 29.03.2019–3 Ws 66/19, FD-StrafR 2019, 422118; zit.: *Kienzerle*, FD-StrafR 2019.

Kintzi, Heinrich: Möglichkeiten der Vereinfachung und Beschleunigung von Strafverfahren de lege ferenda, DRiZ 1994, 325–334; zit.: *Kintzi*, DRiZ 1994.

Kintzi, Heinrich: Verständigungen im Strafrecht – Überlegungen zu den Thesen und dem Gutachten der Großen Strafrechtskommission –, JR 1990, 309–316; zit.: *Kintzi*, JR 1990.

Kirch, Hermann Josef: Das Strafbefehlsverfahren nach dem Strafverfahrensänderungsgesetz 1987 – Kritische Anmerkungen –, Köln 1987; zit.: *Kirch*, Das Strafbefehlsverfahren nach dem StVÄG 1987.

Kirchner, Hildebert: Abkürzungsverzeichnis der Rechtssprache, 9. Auflage, Berlin 2018; zit.: *Kirchner*, Abkürzungsverzeichnis der Rechtssprache.

Kiwit, Walter: Fehlurteile im Strafrecht: Entstehung, Gesetzmäßigkeiten und Möglichkeiten zur Vermeidung untersucht an Wiederaufnahmeverfahren im Oberlandesgerichtsbezirk Hamm aus der Zeit von 1950 bis 1958, Münster 1964; zit.: *Kiwit*, Fehlurteile im Strafrecht.

Kłak, Czesław Paweł: Postępowanie nakazowe w polskim procesie karnym a ochrona praw człowieka, Warszawa 2008; zit.: *Kłak*, Postępowanie nakazowe w polskim procesie karnym a ochrona praw człowieka.

Kłak, Czesław Paweł: Problematyka dowodowa posiedzenia nakazowego w polskim procesie karnym, „Palestra“ 2006, Nr. 7–8; zit.: *Kłak*, Problematyka dowodowa posiedzenia nakazowego w polskim procesie karnym, „Palestra“ 2006, Nr. 7–8.

Klein, Franz/Orlopp, Gerd (Hrsg.): Abgabenordnung einschließlich Steuerstrafrecht, Kommentar, 15. Auflage, München 2020; zit.: Klein/*Bearbeiter* AO.

Kleinknecht, Theodor/Meyer, Karlheinz (Hrsg.): Beck'scher Kurz Kommentar zur Strafprozessordnung. Gerichtsverfassungsgesetz, Nebengesetze und ergänzende Bestimmungen, 36. Auflage, München 1983; zit.: Kleinknecht/Meyer StPO.

Kleinknecht, Theodor: Anmerkung zu BayObLG, Beschl. v. 14.7.1976–RReg. 2 St 85/76, JR 1977, 479–480; zit.: *Kleinknecht*, JR 1977.

Knauer, Christoph (Hrsg.): Münchener Kommentar zur Strafprozessordnung, Band 3/1, §§ 333–499 StPO, 1. Auflage, München 2019; zit.: MüKoStPO/*Bearbeiter.*

Knauer, Christoph (Hrsg.): Münchener Kommentar zur Strafprozessordnung, Band 3/2, GVG, EGGVG, EMRK, EGStPO, EGStGB, ZSHG, StrEG, JGG, G 10, AO, 1. Auflage, München 2018; zit.: MüKoStPO/*Bearbeiter.*

Knauer, Christoph: Die Entscheidung des BVerfG zur strafprozessualen Verständigung (Urteil vom 19. 3. 2013–2 BvR 2628/10–2 BvR 2883/10, 2 BvR 2155/11, NStZ 2013, 295) – Paukenschlag oder Papiertiger?, NStZ 2013, 433–436; zit.: *Knauer*, NStZ 2013.

Knauer, Christoph: Anträge auf Beweiserhebungen in der neueren Rechtsprechung des Bundesgerichtshofs, StraFo 2012, 473–482; zit.: *Knauer*, StraFo 2012.

Koch, Karsten: Das Zwischenverfahren im Strafprozeß – Mauerblümchen oder verborgener Schatz?, StV 2002, 222–225; zit.: *Koch*, StV 2002.

Koch, Wolf-Peter: Die Reform des Strafverfahrensrechts im Dritten Reich unter besonderer Berücksichtigung des StVO-Entwurfs 1939: Ein Beitrag zur Strafrechtsgeschichte, Erlangen 1972; zit.: *Koch*, Die Reform des Strafverfahrens im Dritten Reich.

Kohlhaas, Max: Die praktische Strafrechtsarbeit: C. Strafbefehlsantrag und Strafbefehl, JuS 1966, 403–407; zit.: *Kohlhaas*, JuS 1966.

Köllner, Rolf. E.: Entwurf eines Verbandssanktionengesetzes: Staatsanwalt und Strafjustiz als ultimative Herrscher der Compliance und internen Untersuchungen?, NZI 2020, 60–64; zit.: *Köllner*, NZI 2020.

Kolneder-Zecher, Ulrike/Mertens, Christoph/Schlothauer, Reinhold/Wächtler, Hartmut/Weider, Hans-Joachim: Erklärung des 15. Strafverteidigertages vom 26.-28. 4. 1991 in Berlin und erste Stellungnahme der Strafverteidigervereinigung zu den Beschlüssen der Konferenz der Justizminister und -senatoren vom 24. 4. 1991 zur „Straffung des Strafverfahrens“, StV 1991, 280–282; zit.: *Stellungnahme*, StV 1991.

König, Peter/Seitz, Helmut: Die straf- und strafverfahrensrechtlichen Regelungen des Verbrechensbekämpfungsgesetzes, NStZ 1995, 1–6; zit.: *König/Seitz*, NStZ 1995.

König, Stefan: Das Geständnis im postmodernen, konsensualen Strafprozess, NJW 2012, 1915–1919; zit.: *König*, NJW 2012.

König, Stefan: Die Hauptverhandlung – noch Kerngeschehen im Strafprozess?, AnwBl 2010, 382–386; zit.: *König*, AnwBl 2010.

Kotz, Peter: Die Wahl der Verfahrensart durch den Staatsanwalt: Empirische Untersuchung zu den Faktoren, die die Erhebung der öffentlichen Klage, den Antrag auf Erlaß eines Strafbefehls und die vorläufige Verfahrenseinstellung unter Anordnung von Auflagen oder Weisungen beeinflussen, Frankfurt am Main 1983; zit.: *Kotz*, Die Wahl der Verfahrensart durch den StA.

Kramer, Bernhard: Grundlagen des Strafverfahrensrechts: Ermittlung und Verfahren, 8. Auflage, Stuttgart 2014; zit.: *Kramer*, Grundlagen des Strafverfahrensrechts.

Kramer, Helmut: Ladendiebstahl und Privatjustiz, ZRP 1974, 62–66; zit.: *Kramer*, ZRP 1974.

Krause, Inken: Verständigung im Strafverfahren – zwei Jahre nach Inkrafttreten des Verständigungsgesetzes, Hamburg 2013; zit.: *Krause*, Verständigung im Strafverfahren.

Krekeler, Wilhelm/Löffelmann, Markus/Sommer, Ulrich (Hrsg.): AnwaltKommentar Strafprozessordnung, 2. Auflage, Bonn 2010; zit.: AnwK-StPO/*Bearbeiter*.

Kreutz, Marcus: Pflichtverteidigerbestellung nach § 408b StPO, AnwBl 2002, 212–215; *Kreutz*, AnwBl 2002.

Kreuzer, Arthur: Polizeiliche Drogenkontrolle: Über die Wechselbeziehung zwischen polizeilicher Strafverfolgung und Drogenscene, in: Reuband, Karl-Heinz (Hrsg.)., Rauschmittelkonsum: Soziale Abweichung und institutionelle Reaktion, Wiesbaden 1976, 125–153; zit.: *Kreuzer*, in: Reuband (Hrsg.), Rauschmittelkonsum.

Kropp, Christian: Erweiterungen des schriftlichen Einspruchsverfahren bei Strafbefehlen, ZRP 2007, 46–47; zit.: *Kropp*, ZRP 2007.

Krüger, Ralf: Die Übernahme der Verfolgung von Ordnungswidrigkeiten durch die Staatsanwaltschaft, NJW 1969, 1336–1337; zit.: *Krüger*, NJW 1969.

Krüger, Wolfgang/Rauscher, Thomas (Hrsg.): Münchener Kommentar zur Zivilprozessordnung mit Gerichtsverfassungsgesetz und Nebengesetzen, Band 1, §§ 1–354, 6. Auflage, München 2020; zit.: MüKoZPO/*Bearbeiter*.

Kruk, Ewa: Postępowanie nakazowe jako wyraz dopuszczalnych uproszczeń niektórych instytucji procesowych, „Roczniki Nauk Prawnych KUL“ 2018, t. XXVIII, nr 3., S. 95 – 96; zit.: *Kruk*, Postępowanie nakazowe jako wyraz dopuszczalnych uproszczeń niektórych instytucji procesowych, „Roczniki Nauk Prawnych KUL“ Band XXVIII.

Kruse, Jan: Qualitative Interviewforschung: Ein integrativer Ansatz, 2. Auflage, Weinheim/Basel 2015; zit.: *Kruse*, Qualitative Interviewforschung.

Kuckartz, Udo: Qualitative Inhaltsanalyse. Methoden, Praxis, Computerunterstützung, 4. Auflage, Weinheim 2018; zit.: *Kuckartz*, Qualitative Inhaltsanalyse.

Kudlich, Hans (Hrsg.): Münchener Kommentar zur Strafprozessordnung, Band 1, §§ 1–150 StPO, 1. Auflage, München 2014; zit.: MüKoStPO/*Bearbeiter*.

Kudlich, Hans: Ecclestone, Verständigungsgesetz und die Folgen – Reformbedarf für § 153a StPO?, ZRP 2015, 10–13; zit.: *Kudlich*, ZRP 2015.

Kudlich, Hans: Unzulässigkeit eines mißbräuchlichen Hilfsbeweisantrags – BGHSt 40, 287, JuS 1997, 507–511; zit.: *Kudlich*, JuS 1997.

Kühne, Hans-Heiner: Strafprozessrecht: Eine systematische Darstellung des deutschen und europäischen Strafverfahrensrechts, 9. Auflage, Heidelberg 2015; zit.: *Kühne*, Strafprozessrecht.

Kulhanek, Tobias: Anmerkung zu EuGH, Urt. v. 14. 5. 2020 – C-615/18 (UY), JR 2020, 673–677; zit.: *Kulhanek*, JR 2020.

Kulhanek, Tobias: Anmerkung zu EuGH, Urt. v. 15.10.2015 – Az. C-216/14 (Gavril Covic), JR 2016, 208–213; zit.: *Kulhanek*, JR 2016.

Kulhanek, Tobias: Anmerkung zu OLG München, Beschl. v. 8.4.2016–3 Ws 249/16, NStZ-RR 2016, 249; zit.: *Kulhanek*, NStZ-RR 2016.

Kunz, Karl-Ludwig: Das strafrechtliche Bagatellprinzip: Eine strafrechtsdogmatische und kriminalpolitische Untersuchung, Berlin 1984, zit.: *Kunz*, Das strafrechtliche Bagatellprinzip.

Kunz, Karl-Ludwig: Die Einstellung wegen Geringfügigkeit durch die Staatsanwaltschaft (§§ 153 Abs. 1, 153a Abs. 1 StPO): Eine empirische Untersuchung kriminalpolitischer Absicht, Königstein 1980: zit.: *Kunz*, Die Einstellung wegen Geringfügigkeit durch die Staatsanwaltschaft.

Kunz, Karl-Ludwig: Strafrechtliche Sanktionen in der Schweiz: Gesetz und Vollzug, ZStW 131 (2019), 540–554; zit.: *Kunz*, ZStW 131 (2019), 540.

Küper, Wilfried: Kontumazialverfahren, Anordnung des persönlichen Erscheinens und Abwesenheitsverhandlung, Anmerkung zu OLG Hamburg, Urt. v. 22.5.1968, NJW 1968, 1687, NJW 1969, 493–494; zit.: *Küper*, NJW 1969.

Küpper, Georg/Bode, Karl-Christoph: Absprachen im Strafverfahren (1. Teil) – Bilanz einer zehnjährigen Diskussion –, Jura 1999, 351–362; zit.: *Küpper/ Bode*, Jura 1999.

Lackner, Karl/Kühl, Kristian (Hrsg.): Strafgesetzbuch Kommentar, 29. Auflage, München 2018; zit.: Lackner/Kühl/*Bearbeiter* StGB.

Landau, Herbert/Bünger, Ralph: Urteilsabsprache im Strafverfahren (Erwiderung zu ZRP 2005, 235), ZRP 2005, 268–273; *Landau/Bünger*, ZRP 2015.

Landau, Herbert/Eschelbach, Ralf: Absprachen zur strafrechtlichen Hauptverhandlung, NJW 1999, 321–326; zit.: *Landau/Eschelbach*, NJW 1999.

Landau, Herbert: Das Urteil des Zweiten Senats des BVerfG zu den Absprachen im Strafprozess vom 19. März 2013, NStZ 2014, 425–431; zit.: *Landau*, NStZ 2014.

Landau, Herbert: Die Ambivalenz des Beschleunigungsgebots, in: Herzog, Felix/Neumann, Ulfrid u.a. (Hrsg.), Festschrift für Winfried Hassemer, Heidelberg 2010, 1073–1087; zit.: *Landau*, in: FS Hassemer.

Landau, Herbert: Verfahrensabsprachen im Ermittlungsverfahren, DRiZ 1995, 132–141; zit.: *Landau*, DRiZ 1995.

Lange, Nicole: Vorermittlungen: Die Behandlung des staatsanwaltschaftlichen Vorermittlungsverfahrens unter besonderer Berücksichtigung von Abgeordneten, Politikern und Prominenten, Frankfurt am Main 1999; zit.: *Lange*, Vorermittlungen.

Laue, Christian: Das öffentliche Interesse an der Beschleunigung des Strafverfahrens, GA 2005, 648–663; zit.: *Laue*, GA 2005.

Leipold, Klaus/Wojtech, Michael: Strafbefehl bis zu zwei Jahren Freiheitsstrafe, ZRP 2010, 243–245; zit.: *Leipold/Wojtech*, ZRP 2010.

Leßner, Johanna: Betrug als Wirtschaftsdelikt: Eine dogmatich-empirische Untersuchung anhand einer Aktenanalyse von 1696 Betrugsverfahren in der Bundesrepublik Deutschland aus den Jahren 1974–1979, Pfaffenweiler 1984; zit.: *Leßner*, Betrug als Wirtschaftsdelikt.

Liesem, Kerstin: Der Verdacht: Strategische Kommunikation der Justiz im Strafverfahren, in: Liesem, Kerstin/Rademacher, Lars (Hrsg.), Die Macht der Strategischen Kommunikation: Medienethische Perspektiven der Digitalisierung, Baden-Baden 2018, 161–173; zit.: *Liesem*, in: Liesem/Rademacher (Hrsg.), Macht der Strategischen Kommunikation.

Liman, Paul: Der Preußische Strafprozeß. Enthaltend: Die Verordnung vom 3. Januar 1849, das Gesetz vom 3. Mai 1952 und die Criminalordnung für die Preuß. Staaten., Berlin 1859; zit.: *Liman*, Der Preußische Strafprozeß.

Lisken, Hans. F.: Zur „Rechtsmittelreform“ im Strafprozeß – Anmerkungen zum „Diskussionsentwurf 75“ –, DRiZ 1976, 197–202; zit.: *Lisken*, DRiZ 1976.

Liszt, Franz von: Der Zweckgedanke im Strafrecht, ZStW 3 (1883), 1–47; zit.: *v. Liszt*, ZStW 3 (1883).

Loos, Fritz/Radtke, Henning: Das beschleunigte Verfahren (§§ 417-420 StPO) nach dem Verbrechensbekämpfungsgesetz – im Anschluß an NStZ 1995, 569 –, NStZ 1996, 7–14; zit.: *Loos/Radtke*, NStZ 1996.

Loos, Fritz: Bemerkungen zum Prinzip „in dubio pro reo“ im Strafbefehlsverfahren, in: Hettinger, Michael/Zopfs, Jan/Hillenkamp, Thomas/Köhler, Michael/Rath, Jürgen/Streng, Franz/Wolter, Jürgen (Hrsg.), Festschrift für Wilfried Küper zum 70. Geburtstag, Heidelberg 2007, 313–328; zit.: *Loos*, in: FS Küper.

Lucas: Ueber den richterlichen Strafbefehl nach dem Gesetz v. 21. Oktober 1917 und über seine Zukunft, DStrZ 1918, 2–7; zit.: *Lucas*, DStrZ 1918.

Lüdemann, Christian/Bussman, Kai-D.: Diversionschancen der Mächtigen?: Eine empirische Studie über Absprachen im Strafprozeß, KrimJ 1989, 54–72; zit.: *Lüdemann/Bussmann*, KrimJ 1989.

Lüttger, Hans: Der „genügende Anlaß“ zur Erhebung der öffentlichen Klage, GA 1957, 193–218; zit.: *Lüttger*, GA 1957.

Lutz, Hans-Joachim: Wie weit reicht die Verteidigerbestellung gem. § 408b StPO?, NStZ 1998, 395–396; zit.: *Lutz*, NStZ 1998.

Maleika, Elke: Freiheitsstrafe und Strafbefehl: Eine unmögliche Kombination?, Aachen 2000; zit.: *Maleika*, Freiheitsstrafe und Strafbefehl.

Malolepszy, Maciej: Abschied von der Suche nach der Wahrheit im deutschen und polnischen Strafverfahren: Eine parallele Tendenz?, ZStW 126 (2014), 489–508; zit.: *Malolepszy*, ZStW 126 (2014).

Mansperger, Jürgen: Absehen von Strafe auch im Strafbefehlsverfahren?, NStZ 1984, 258; zit.: *Mansperger*, NStZ 1984.

Martin, Sigmund P.: Freiheitsstrafe beim Ausbleiben des Angeklagten? – Prozessuale Probleme des Strafbefehlsverfahrens nach dem Rechtspflegeentlastungsgesetz, GA 1995, 121–134; zit.: *Martin*, GA 1995.

Mattes, Heinz: Untersuchungen zur Lehre von den Ordnungswidrigkeiten, Erster Halbband, Geschichte und Rechtsvergleichung, Berlin 1977; zit.: *Mattes*, Untersuchungen Bd. I.

Maunz, Theodor/Dürig, Günter/Herzog, Roman/Scholz, Rupert/Herdegen, Matthias/Klein, Hans H. (Hrsg.): Grundgesetz Kommentar, Band VI, Art. 87a–106b, 93. Ergänzungslieferung, München 2020; zit.: Maunz/Dürig/*Bearbeiter* GG.

Maunz, Theodor/Dürig, Günter/Herzog, Roman/Scholz, Rupert/Herdegen, Matthias/Klein, Hans H. (Hrsg.): Grundgesetz Kommentar, Band I, Art. 1–5, 93. Ergänzungslieferung, München 2020; zit.: Maunz/Dürig/*Bearbeiter* GG.

Mavany, Markus: „Hidden champion" des Strafverfahrens – das Zwischenverfahren, JA 2015, 488–494; zit.: *Mavany*, JA 2015.

Mayer, Hellmut: Das Strafbefehlsverfahren, GS 96 (1928), 397–435; zit.: *Mayer*, GS 96.

Mayer, Hellmut: Der amtsrichterliche Strafbefehl (Fortsetzung von Ger.S. Bd. 98 S. 330 ff. und Schluß), GS 99 (1930), 36–129; zit.: *Mayer*, GS 99.

Mayer, Hellmut: Der amtsrichterliche Strafbefehl, GS 98 (1929), 330–345; zit.: *Mayer*, GS 98.

Mayer, Horst Otto: Interview und schriftliche Befragung: Grundlagen und Methoden empirischer Sozialforschung, 6. Auflage, München 2013; zit.: *Mayer*, Interview und schriftliche Befragung.

Mayer, Marco: Die Zustellungsvollmacht im Strafprozessrecht, NStZ 2016, 76–82; zit.: *Mayer*, NStZ 2016.

Mayer, Markus: Anmerkung zu OLG Karlsruhe, Beschl. v. 03.05.1991–1 Ws 81/91, NStZ 1992, 605–606; zit.: *Mayer*, NStZ 1992.

Meier, Bernd-Dieter: Strafrechtliche Sanktionen, 5. Auflage, Berlin 2019; zit.: *Meier*, Strafrechtliche Sanktionen.

Meinberg, Volker: Geringfügigkeitseinstellungen von Wirtschaftsstrafsachen: Eine empirische Untersuchung zur staatsanwaltschaftlichen Verfahrenserledigung nach § 153a Abs. 1 StPO, Freiburg 1985; zit.: *Meinberg*, Geringfügigkeitseinstellungen von Wirtschaftsstrafsachen.

Meine, Hans-Gerd: Das Strafmaß beim Unterstützungsbetrug und beim Investitionszulagenbetrug: Eine Untersuchung von Verurteilungen in Hamburg in den Jahren 1980–1983, MschrKrim 1986, 32–40; zit.: *Meine*, MschrKrim 1986.

Meinecke, Fabian: Prominentenstrafrecht: Funktionsträger aus Politik und Wirtschaft im Strafverfahren, Baden-Baden 2016; zit.: *Meinecke*, Prominentenstrafrecht.

Meliá, Manuel Cancio: Erledigung von Strafverfahren ohne Hauptverhandlung: erste Schritte in Spanien, ZStW 130 (2018), 476–490; zit.: *Meliá*, ZStW 130 (2018).

Mertens, Peter: Anmerkung zu OLG München, Beschl. v. 03.12.1987–2 Ws 1132/87 K, NStZ 1988, 473; zit.: *Mertens*, NStZ 1988.

Metz, Jochen: Nebenklage und Adhäsionsantrag im Strafbefehlsverfahren, JR 2019, 67–75; zit.: *Metz*, JR 2019.

Metz, Jochen: Rechtssprechungsübersicht zur Verständigung im Strafverfahren – 2. Teil, NStZ-RR 2019, 198–201; zit.: *Metz*, NStZ-RR 2019.

Meurer, Dieter: Der Strafbefehl, JuS 1987, 882–887; zit.: *Meurer*, JuS 1987.

Meyer, Dieter: Der Entschädigungsausspruch im Strafbefehlsverfahren, MDR 1992, 219–220; zit.: *Meyer*, MDR 1992.

Meyer, Ingeborg M.: Erledigung von Steuerstrafverfahren außerhalb einer Hauptverhandlung – Praxishinweise, DStR 2005, 1477–1483; zit.: *Meyer*, DStR 2005.

Meyer-Goßner, Lutz/Schmitt, Bertram (Hrsg.): Beck'scher Kurz Kommentar zur Strafprozessordnung. Gerichtsverfassungsgesetz, Nebengesetze und ergänzende Bestimmungen, 63. Auflage, München 2020; zit.: Meyer-Goßner/Schmitt/*Bearbeiter.*

Meyer-Goßner, Lutz: Änderungen der Strafprozeßordnung durch das Rechtspflegeentlastungsgesetz, NJW 1993, 498–501; zit.: *Meyer-Goßner*, NJW 1993.

Meyer-Goßner, Lutz: Das Strafverfahrensänderungsgesetz 1987, NJW 1987, 1161–1169; zit.: *Meyer-Goßner*, NJW 1987.

Meyer-Goßner, Lutz: Entlastung der Strafrechtspflege – Ein ungewöhnlicher Vorschlag –, NStZ 1992, 167–169; zit.: *Meyer-Goßner*, NStZ 1992.

Meyer-Lohkamp, Jes: „Bloß keine Hauptverhandlung!" – Prozessvermeidung durch Strafbefehl, StraFo 2012, 170–173; zit.: *Meyer-Lohkamp*, StraFo 2012.

Michaelsen: Hauptverhandlung bei Bedenken gegen den Erlaß des Strafbefehls, DRiZ 1952, 133–134; zit.: *Michaelsen*, DRiZ 1952.

Mitsch, Wolfgang: Der Strafklageverbrauch des rechtskräftigen Strafbefehls – Besprechung von BGH, Beschl. v. 3. 5. 2012–3 StR 109/12 –, NZV 2013, 63-67; zit.: *Mitsch*, NZV 2013.

Moldenhauer, Gerwin M.: Eine Verfahrensordnung für Absprachen im Strafverfahren durch den Bundesgerichtshof?, Frankfurt am Main 2004; zit.: *Moldenhauer*, Absprachen im Strafverfahren.

Moldenhauer, Gerwin/Wenske, Marc: Aktuelle Entwicklungen der Rechtsprechung zur Verständigung, JA 2019, 698–703; zit.: *Moldenhauer/Wenske*, JA 2019.

Momsen, Carsten/Grützner, Thomas (Hrsg.): Wirtschafts- und Steuerstrafrecht: Handbuch für die Unternehmens- und Anwaltspraxis, 2. Auflage, München 2020; zit.: Momsen/Grützner WirtschaftsStrafR-HdB/*Bearbeiter.*

Momsen, Carsten/Washington, Sarah Lisa: Wahrnehmungsverzerrungen im Strafprozess – die Beweisprüfung im Zwischenverfahren der StPO und US-amerikanische Alternativen, in: Goeckenjan, Ingke/Puschke,

Jens/Singelnstein, Tobias (Hrsg.), Für die Sache – Kriminalwissenschaften aus unabhängiger Perspektive: Festschrift für Ulrich Eisenberg zum 80. Geburtstag, Berlin 2019, 453–474; zit.: *Momsen/Washington*, in: FS Eisenberg.

Momsen, Carsten: Verfahrensfehler und Rügeberechtigung im Strafprozeß: Die Strukturen der Revisionsberechtigung unter besonderer Berücksichtigung des Begriffs „Rechtsnormen, die lediglich zugunsten des Angeklagten gegeben sind" in § 339 StPO, Frankfurt am Main 1997; zit.: *Momsen*, Verfahrensfehler und Rügeberechtigung.

Montenbruck, Axel: Deutsche Straftheorie: Ein Lehrbuch, 3. Auflage, Berlin 2018; zit.: *Montenbruck*, Deutsche Straftheorien.

Mösl, Albert: Tendenzen der Strafzumessung in der Rechtsprechung des Bundesgerichtshofs, DRiZ 1979, 165–169; zit.: *Mösl*, DRiZ 1979.

Mosters: Der amtsrichterliche Strafbefehl im künftigen Strafprozeß, DRiZ 1930, 248–249; zit.: *Mosters*, DRiZ 1930.

Müller, Egon: Strafverteidigung, NJW 1981, 1801–1807; zit.: *Müller*, NJW 1981.

Müller, Ingo: Rechtsstaat und Strafverfahren, Frankfurt am Main 1980; zit.: *Müller*, Rechtsstaat und Strafverfahren.

Müller, Klaus Jochen: Das Strafbefehlsverfahren (§§ 407 ff. StPO): Eine dogmatisch-kriminalpolitische Studie zu dieser Form des schriftlichen Verfahrens unter besonderer Berücksichtigung des geschichtlichen Entwicklung – zugleich ein Beitrag zum StVÄG 1987, Frankfurt am Main 1993; zit.: *Müller*, Das Strafbefehlsverfahren.

Müller, Rudolf: Begünstigung der Steuer- und Wirtschaftsstraftäter durch den Staat?: Untergraben Gesetzgeber, Finanz- und Justizverwaltung die Rechtstreue der Bevölkerung?, ZRP 1975, 49–56; zit.: *Müller*, ZRP 1975.

Münchbach, Werner: Richterliche Unabhängigkeit contra Vorgabe von Erledigungszahlen, NJW 2020, 3282–3288; zit.: *Münchbach*, NJW 2020.

Nagrecha, Mitali/Bögelein, Nicole: Criminal-Legal System Actors' Practices and Views on Day Fines, KrimOJ 2019, 267–283; zit.: *Nagrecha/Bögelein*, KrimOJ 2019.

Naucke, Wolfgang: Anmerkung zu AG Bremerhaven, Beschl. v. 28.11.1966–4 Qs 86/66, JZ 1967, 371–375; zit.: *Naucke*, JZ 1967.

Nestler, Nina: Strafverfahren zwischen Wirtschaftlichkeit und Legalitätsprinzip, JA 2012, 88–96; zit.: *Nestler*, JA 2012.

Nestler-Tremel, Cornelius: Der Handel um die Funktionstüchtigkeit der Strafrechtspflege, DRiZ 1988, 288–296; zit.: *Nestler-Tremel*, DRiZ 1988.

Neumann, Sybille/Berg, Oliver: Einführung in das französische Recht, Baden-Baden 2020; zit.: *Neumann/Berg*, Einführung in das französische Recht.

Neumann, Ulfrid: Zum Entwurf eines Verbrechensbekämpfungsgesetzes, StV 1994, 273–276; zit.: *Neumann*, StV 1994.

Neumann, Ulfrid: Zur Frage der Rechtskraft von Strafbefehlen, NJW 1984, 779-780; zit.: *Neumann*, NJW 1984.

Niemöller, Martin: Absprachen im Strafprozeß, StV 1990, 34–38; zit.: *Niemöller*, StV 1990.

Oehen, Moritz: Der Strafkläger im Strafbefehls- und im abgekürzten Verfahren, Berlin/Bern 2019; zit.: *Oehen*, Der Strafkläger im Strafbefehls- und im abgekürzten Verfahren.

Olters, Günther: Amtsführung der Richter und Staatsanwälte aus der Sicht der Verfahrensbeteiligten, DRiZ 1988, 50–53; zit.: *Olters*, DRiZ 1988.

Oppler: Die BRVO. vom 7. Oktober 1915 zur Entlastung der Strafgerichte, DRiZ 1915, 667–670; zit.: *Oppler*, DRiZ 1915.

Ordner, Jakob: Die Verständigungseignung von vermögensabschöpfenden Rechtsfolgen, wistra 2017, 50–57; zit.: *Ordner*, wistra 1997.

Orlandi, Renzo: Absprachen im italienischen Strafverfahren, ZStW 116 (2004), 120–128; zit.: *Orlandi*, ZStW 116 (2004).

Oske, Ernst-Jürgen: Das rechtliche Gehör im Strafbefehls- und Strafverfügungsverfahren, MDR 1968, 884–886; zit.: *Oske*, MDR 1968.

Ostendorf, Heribert/Brüning, Janique: Die gerichtliche Überprüfbarkeit der Voraussetzung von „Gefahr im Verzug" – BVerfG, NJW 2001, 1121, JuS 2001, 1063–1067; zit.: *Ostendorf/Brüning*, JuS 2001.

Ostendorf, Heribert/Drenkhahn, Kirstin: Jugendstrafrecht, 10. Auflage, Baden-Baden 2020; zit.: *Ostendorf/Drenkhahn*, Jugendstrafrecht.

Ostler, Fritz: § 411 Abs. 3 StPO – „klarer Wortlaut" und wirklicher Sinn, NJW 1968, 486–487; zit.: *Ostler*, NJW 1968.

Paschmann, Norbert: Die staatsanwaltschaftliche Verfahrenseinstellung wegen Geringfügigkeit nach §§ 153, 153a StPO – Entscheidungsgrenzen und Entscheidungskontrolle, Frankfurt am Main 1988; zit.: *Paschmann*, Die staatsanwaltschaftliche Verfahrenseinstellung wegen Geringfügigkeit.

Paulsen: Erweiterte Zulässigkeit des Strafbefehls, DJZ 1906, 369–371; zit.: *Paulsen*, DJZ 1906.

Pawlik, Michael: Person, Subjekt, Bürger: Zur Legitimation von Strafe, Berlin 2004; zit.: *Pawlik*, Zur Legitimation von Strafe.

Peter, Frank K.: Verbesserung der Stellung des Opfers im Strafverfahren unter Berücksichtigung der Auswirkungen auf die Rechte des Beschuldigten,

Hamburg 2014; zit.: *Peter*, Verbesserung der Stellung des Opfers im Strafverfahren.

Peters, Julia: Urteilsabsprachen im Strafprozess: Die deutsche Regelung im Vergleich mit Entwicklungen in England & Wales, Frankreich und Polen, Göttingen 2011; zit.: *Peters*, Urteilsabsprachen im Strafprozess, Vergleich.

Peters, Karl: Der neue Strafprozeß: Darstellung und Würdigung, Karlsruhe 1975; zit.: *Peters*, Der neue Strafprozess.

Peters, Karl: Empfiehlt es sich, das Rechtsmittelsystem in Strafsachen, insbesondere durch Einführung eines Einheitsrechtsmittels, grundlegend zu ändern?, Gutachten C für den 52. Deutschen Juristentag, in: Ständige Deputation des deutschen Juristentages (Hrsg.), Verhandlungen des zweiundfünfzigsten deutschen Juristentages, Wiesbaden 1978, C 7–C 101; zit.: *Peters*, Gutachten C zum 52. DJT.

Peters, Karl: Fehlerquellen im Strafprozeß: Eine Untersuchung der Wiederaufnahmeverfahren in der Bundesrepublik Deutschland, 1. Band – Einführung und Dokumentation, Karlsruhe 1970; zit.: *Peters*, Fehlerquellen im Strafprozeß I.

Peters, Karl: Fehlerquellen im Strafprozeß: Eine Untersuchung der Wiederaufnahmeverfahren in der Bundesrepublik Deutschland, 2. Band – Systematische Untersuchungen und Folgerungen, Karlsruhe 1972; zit.: *Peters*, Fehlerquellen im Strafprozeß II.

Pettersson, Paul: Racial Profiling – Eine Systematisierung anhand des Verfassungsrechts, ZAR 2019, 301–308; zit.: *Pettersson*, ZAR 2019.

Pfeiffer, Gerd (Hrsg.): Karlsruher Kommentar zur Strafprozeßordnung und zum Gerichtsverfassungsgesetz mit Einführungsgesetz, 2. Auflage, München 1987; zit.: KK-StPO 2. Aufl./*Bearbeiter*.

Pfeiffer, Gerd: Strafprozessordnung Kommentar, 5. Auflage, München 2005; zit.: *Pfeiffer*, StPO.

Pfister, Wolfgang: Deal und Fehlurteil, FPPK 2013, 250–257; zit.: *Pfister*, FPPK 2013.

Pick, Alexander: Reduktion des Tatvorwurfs bei nichtdeutschen Beschuldigten: Ein Erklärungsversuch aus polizeilicher Sicht, Kriminalistik 1994, 617–622; zit.: *Pick*, Kriminalistik 1994.

Pick: Zur Auslegung des § 408 StPO, JR 1927, 246–249; zit.: *Pick*, JR 1927.

Pielow, Tobias: Öffentliches Strafverfahren – Öffentliche Strafen, Tübingen 2018; zit.: *Pielow*, Öffentliches Strafverfahren.

Pohlreich, Erol: Das rechtliche Gehör im Strafverfahren, Tübingen 2016; zit.: *Pohlreich*, Das rechtliche Gehör im Strafverfahren.

Prelle, Miriam: Opportunität und Konsens: Verfahrensförmige Normsuspendierung als Hilfe für die Überlast im Kriminaljustizsystem?, KritV 2011, 331–364; zit.: *Prelle*, KritV 2011.

Preuß, Tamina: Das Strafbefehlsverfahren: Ein Überblick über prüfungsrelevante Fragestellungen, ZJS 2017, 176–187; zit.: *Preuß*, ZJS 2017.

Priebe, Klaus: Zur Kodifizierung der „Bagatellkriminalität" in Deutschland und Europa: Eine rechtsvergleichende Studie zur Behandlung eigentums- und vermögensrechtlicher Delikte in Deutschland, der Schweiz, Österreich und der ehemaligen Deutschen Demokratischen Republik, Grasberg 2005; zit.: *Priebe*, Zur Kodifizierung der Bagatellkriminalität.

Prinz, Felix: Diebstahl – §§ 242 ff. StPO: Reformdiskussion und Gesetzgebung seit 1870, Baden-Baden 2002; zit.: *Prinz*, Diebstahl.

Püschel, Christof/Tsambikakis, Michael: Verfahrenseinstellung nach § 153a StPO: Chancen und Risiken, PStR 2007, 232–239; zit.: *Püschel/Tsambikakis*, PStR 2007.

Püschel, Christof: Fehlerquellen in der Sphäre von Staatsanwaltschaft und Polizei, StraFo 2015, 269–278; zit.: *Püschel*, StraFo 2015.

Putzke, Holm/Putzke, Christina: Der richterlich verfügte Strafbefehl im Zwischenverfahren – ein Reformvorschlag, JR 2019, 319–325; zit.: *Putzke/Putzke*, JR 2019.

Putzke, Holm: Der Richtervorbehalt als Garantie der Unschuldsvermutung, StraFo 2016, 1–11; zit.: *Putzke*, StraFo 2016.

Quentel: Zur Neuordnung der Strafgerichtsbarkeit, DStrZ 1922, 281–284; zit.: *Quentel*, DStrZ 1922.

Radtke, Henning/Hohmann, Olaf (Hrsg.): Strafprozessordnung Kommentar, München 2011; zit.: Radtke/Hohmann/*Bearbeiter*.

Ranft, Otfried: Grundzüge des Strafbefehlsverfahrens, JuS 2000, 633–640; zit.: *Ranft*, JuS 2000.

Ransiek, Andreas: Zur Urteilsabsprache im Strafprozess: ein amerikanischer Fall, ZIS 2008, 116–122; zit.: *Ransiek*, ZIS 2008.

Rau, Ingo/Zschieschack, Frank: Reaktionsmöglichkeiten der Staatsanwaltschaft auf „verfassungswidrige" Strafbefehle, JuS 2005, 802–806; zit.: *Rau/Zschieschack*, JuS 2005.

Reh, Nicole: Praxisprobleme im Umgang mit dem neuen Recht der Vermögensabschöpfung aus staatsanwaltschaftlicher Sicht, NZWiSt 2018, 20–25; zit.: *Reh*, NZWiSt 2018.

Reisser, Jutta: Die Verfassungswidrigkeit der Kostenentscheidung zu Lasten des Angeklagten beim erfolgreichen, auf den Rechtsfolgenausspruch beschränkten Einspruch gegen einen Strafbefehl, MDR 1990, 880–884; zit.: *Reisser*, MDR 1990.

Rieß, Peter/Hilger, Hans: Das neue Strafverfahrensrecht – Opferschutzgesetz und Strafverfahrensänderungsgesetz 1987, NStZ 1987, 204–209; zit.: *Rieß/Hilger*, NStZ 1987.

Rieß, Peter: Der Beschuldigte als Subjekt des Strafverfahrens in Entwicklung und Reform der Strafprozeßordnung, in: Bundesministerium der Justiz (Hrsg.), Vom Reichsjustizamt zum Bundesministerium der Justiz: Festschrift zum 100jährigen Gründungstag des Reichsjustizamtes am 1. Januar 1877, Köln 1977, 373–441; zit.: *Rieß*, in: FS Reichsjustizamt.

Rieß, Peter: Die Durchführung der Hauptverhandlung ohne Angeklagten: Zugleich ein Beitrag zum neuen § 231 a StPO, JZ 1975, 265–272; zit.: *Rieß*, JZ 1975.

Rieß, Peter: Einige Überlegungen zum strafprozessualen Zwischenverfahren, in: Kühne, Hans-Heiner/Jung, Heike/Kreuzer, Arthur/Wolter, Jürgen (Hrsg.), Festschrift für Klaus Rolinski zum 70. Geburtstag am 11. Juli 2002, 239–251; zit.: *Rieß*, in: FS Rolinski.

Rieß, Peter: Möglichkeiten und Grenzen einer Reform des Rechts der Wiederaufnahme im Strafverfahren, NStZ 1994, 153–159; zit.: *Rieß*, NStZ 1994.

Rieß, Peter: Prolegomena zu einer Gesamtreform des Strafverfahrensrechts, in: Hassenpflug, Helwig (Hrsg.), Festschrift für Karl Schäfer zum 80. Geburtstag am 11. Dezember 1979, Berlin 1979, 155–221; zit.: *Rieß*, in: FS Schäfer.

Rieß, Peter: Reflexionen zur Lage der Strafjustiz – Ein Beitrag zu den Beratungen der strafrechtlichen Abteilung des 60. Deutschen Juristentages –, NStZ 1994, 409–414; zit.: *Rieß*, NStZ 1994.

Rieß, Peter: Statistische Beiträge zur Wirklichkeit des Strafverfahrens, in: Hamm, Rainer (Hrsg.), Festschrift für Werner Sarstedt zum 70. Geburtstag, Berlin 1981, 253–328; zit.: *Rieß*, in: FS Sarstedt.

Rieß, Peter: Vereinfachte Verfahrensarten für die kleinere Kriminalität, in: Schreiber, Hans-Ludwig (Hrsg.), Strafprozeß und Reform Eine kritische Bestandsaufnahme, Darmstadt 1979, 113–149; zit.: *Rieß*, in: Schreiber (Hrsg.), Strafprozeß und Reform.

Rieß, Peter: Vereinfachte Verfahrensvorschriften für den Einzelrichter in Strafsachen, JR 1975, 224–229; zit.: *Rieß*, JR 1975.

Rieß, Peter: Zur Entwicklung der Geschäftsbelastung in der ordentlichen Gerichtsbarkeit, DRiZ 1982, 201–215; zit.: *Rieß*, DRiZ 1982.

Rieß, Peter: Zweifelsfragen zum neuen Strafbefehlsverfahren, JR 1988, 133–136; zit.: *Rieß*, JR 1988.

Riklin, Franz: Der Strafbefehl im deutschen und im schweizerischen Strafprozessrecht – eine rechtsvergleichende Betrachtung, in: Müller-Dietz, Heinz/Müller, Egon/Kunz, Karl-Ludwig/Radtke, Henning/Britz, Guido/Momsen, Carsten/Koriath, Heinz (Hrsg.), Festschrift für Heike Jung zum 65. Geburtstag am 23. April 2007, Baden-Baden 2007, 761–779; zit.: *Riklin*, in: FS Jung.

Riklin, Franz: Die Strafprozessrechtsreform in der Schweiz, GA 2006, 495–514; zit.: *Riklin*, GA 2006.

Ring, Bernhard J. L.: Vereinfachung und Beschleunigung von Zivil- und Strafverfahren, ZRP 2017, 24–26; zit.: *Ring*, ZRP 2017.

Risse, Jörg: Der Homo iuridicus – ein gefährliches Trugbild: Wie Heuristiken richterliche Entscheidungen beeinflusse, NJW 2018, 2848–2853; zit.: *Risse*, NJW 2018.

Rönnau, Thomas: Das deutsche Absprachemodell auf dem Prüfstand – zwischen Pest und Cholera, ZIS 2018, 167–177; zit.: *Rönnau*, ZIS 2018.

Rönnau, Thomas: Die Absprache im Strafprozeß: Eine rechtssystematische Untersuchung der Zulässigkeit von Absprachen nach dem geltenden Strafprozeßrecht, Baden-Baden 1990h; zit.: *Rönnau*, Die Absprache im Strafprozeß.

Rönnau, Thomas: Die neue Verbindlichkeit bei den strafprozessualen Absprachen: Anmerkungen zum Urteil des BGH vom 28.8.1997–4 StR 240/97 – (wistra 1997, 341), wistra 1998, 49–53; zit.: *Rönnau*, wistra 1998.

Rönnau, Thomas: Grundwissen – Strafprozessrecht: Verständigung im Strafverfahren, JuS 2018, 114–118; zit.: *Rönnau*, JuS 2018.

Rothe, Manuel/Szalai, Stephan: Der Deal im Strafprozess – Sunlight is the best disinfectant?, NJOZ 2013, 1801–1807; zit.: *Rothe/Szalai*, NJOZ 2013.

Rotsch, Friederike/Mutschler, Magnus M./Grobe, Tony: Der Regierungsentwurf zum Verbandssanktionengesetz – kritische Analyse und Ausblick, CCZ 2020, 169–182; zit.: *Rotsch/Mutschler/Grobe*, CCZ 2020.

Roxin, Claus/Greco, Luís: Strafrecht Allgemeiner Teil, Band I, Grundlagen, Der Aufbau der Verbrechenslehre, 5. Auflage 2020; zit.: *Roxin/Greco*, Strafrecht AT I.

Roxin, Claus/Schünemann, Bernd: Strafverfahrensrecht: Ein Studienbuch, 29. Auflage, München 2017; zit.: *Roxin/Schünemann*, Strafverfahrensrecht.

Roxin, Claus: Die Reform der Hauptverhandlung im deutschen Strafprozeß, in: Lüttger, Hans (Hrsg.), Probleme der Strafprozeßreform, Berliner Gastvorträge, Berlin 1975, 52–72; zit.: *Roxin*, in: Lüttger, Probleme der Strafprozeßreform.

Rückel, Christoph: Verteidigertaktik bei Verständigungen und Vereinbarungen im Strafverfahren, NStZ 1987, 297–304; zit.: *Rückel*, NStZ 1987.

Rüping, Hinrich: Der Schutz der Menschenrechte im Strafverfahren – Wesentliche Erfordernisse eines gerechten Strafverfahrens –, ZStW 91 (1979), 351–363; zit.: *Rüping*, ZStW 91 (1979).

Sachs, Michael (Hrsg.): Grundgesetz Kommentar, 9. Auflage, München 2021; zit.: Sachs GG/*Bearbeiter*.

Saliger, Frank/Sinner, Stefan: Abstraktes Recht und konkreter Wille: Anmerkungen zur Einstellung des „Mannesmann"-Verfahrens nach § 153a StPO, ZIS 2007, 476–482; zit.: *Saliger/Sinner*, ZIS 2007.

Šarčević, Edin: Der Rechtsstaat: Modernität und Universalitätsanspruch der klasisschen Rechtsstaatstheorien – eine Bilanz der Rechtsstaatslehren zwischen aufgeklärtem Liberalismus und Nationalsozialismus, Leipzig 1996; zit.: Šarčević, Der Rechtsstaat.

Satzger, Helmut/Schluckebier, Wilhelm/Widmaier, Gunter (Hrsg.): Strafprozessordnung mit GVG und EMRK, Kommentar, 4. Auflage, Köln 2020; zit.: SSW-StPO/*Bearbeiter*.

Satzger, Helmut: Besprechung zu BGH, Urt. v. 28. 8. 1997–4 StR 240/97 (LG Dortmund), JA 1998, 98–102; zit.: *Satzger*, JA 1998.

Sauer, Dirk/Münkel, Sebastian: Absprachen im Strafprozess, 2. Auflage, München 2014; zit.: *Sauer/Münkel*, Absprachen im Strafprozess.

Savelsberg, Joachim J.: Von der Genese zur Implementation von Wirtschaftsstrafrecht. Klassen-, schicht- und sektorspezifische Aushandlungsprozesse?, KrimJ 1987, 193–211; zit.: *Savelsberg*, KrimJ 1987.

Schaal, Hans-Jürgen: Hinreichender Tatverdacht oder richterliche Überzeugungsbildung für den Strafbefehl, in: Geppert, Klaus/Dehnicke, Diether (Hrsg.), Gedächtnisschrift für Karlheinz Meyer, Berlin 1990, 427–443; zit.: *Schaal*, in: GS Meyer.

Schäfer, Gerhard/Sander, Günther M./Gemmeren, Gerhard van: Praxis der Strafzumessung, 6. Auflage, München 2017; zit.: *Schäfer/Sander/van Gemmeren*, Praxis der Strafzumessung.

Schaffstein, Friedrich/Beulke, Werner: Jugendstrafrecht: Eine systematische Darstellung, 14. Auflage, Stuttgart 2002; zit.: *Schaffstein/Beulke*, Jugendstrafrecht.

Scheffler, Uwe/Matthies, Kamila: Das polnische Strafbefehlsverfahren im Vergleich mit dem deutschen Recht, in: Wolf, Gerhard: Kriminalität im Grenzgebiet, Band 7: Das Strafverfahrensgesetzbuch der Republik Polen (Kodeks postepowania karnego), Berlin 2003, 179–198; zit.: *Scheffler/Matthies*, in: Wolf, Kriminalität im Grenzgebiet.

Scheffler, Uwe: Kurzer Prozeß mit rechtsstaatlichen Grundsätzen?, NJW 1994, 2191–2195; zit.: *Scheffler*, NJW 1994.

Scheffler, Uwe: Strafprozeßrecht, quo vadis?, GA 1995, 449–467, zit.: *Scheffler*, GA 1995.

Schellenberg, Frank: Der Strafbefehl nach § 408a StPO in der Praxis NStZ 1994, 370–375; zit.: *Schellenberg*, NStZ 1994.

Schellenberg, Frank: Zur Verhängung von Freiheitsstrafen im Strafbefehlsweg NStZ 1994, 570–572; zit.: *Schellenberg*, NStZ 1994.

Schliemann, Harald: Effektivierung des Strafverfahrens oder Angriff auf den Rechtsstaat?, ZRP 2007, 73–75; zit.: *Schliemann*, ZRP 2007.

Schlothauer, Reinhold: Vereinfachte Beweisaufnahme nach dem Verbrechensbekämpfungsgesetz auch in der Berufungsinstanz?, StV 1995, 46–47; zit.: *Schlothauer*, StV 1995.

Schlüchter, Ellen: Das Strafverfahren, 2. Auflage, Köln 1983; zit.: *Schlüchter*, Das Strafverfahren.

Schlüchter, Ellen: Weniger ist mehr: Aspekte zum Rechtspflegeentlastungsgesetz, Baden-Baden 1992; zit.: *Schlüchter*, Weniger ist mehr, S. 59.

Schmid, Michael J.: Die öffentliche Zustellung im Strafverfahren, MDR 1978, 96–99; zit.: *Schmid*, MDR 1978.

Schmidhäuser, Eberhard: Freikaufverfahren mit Strafcharakter im Strafprozeß?, JZ 1973, 529–536; zit.: *Schmidhäuser*, JZ 1973.

Schmidt, Eberhard: Lehrkommentar zur Strafprozeßordnung und zum Gerichtsverfassungsgesetz, Teil II: Erläuterungen zur Straprozeßordnung und zum Einführungsgesetz zur Strafprozeßordnung, Göttingen 1957; zit.: *Schmidt*, Lehrkomm. StPO II.

Schmidt, Eberhard: Zur Theorie der Kriegsnotgesetze, ZStW 37 (1916), 69–100; zit.: *Schmidt*, ZStW 37 (1916).

Schmidt, Stefan: Tatsächliche Verständigung im Steuerverfahren und ihre Auswirkungen auf das Steuerstrafverfahren, DStR 1998, 1733–1737; zit.: *Schmidt*, DStR 1998.

Schmidt-Hieber, Werner: Absprachen im Strafprozeß – Privileg des Wohlstandskriminellen?, NJW 1990, 1884–1888; zit.: *Schmidt-Hieber*, NJW 1990.

Schmidt-Hieber, Werner: Die gescheiterte Verständigung, NStZ 1988, 302–304; zit.: *Schmidt-Hieber*, NStZ 1988.

Schmidt-Hieber, Werner: Hinweise auf die strafmildernde Wirkung eines Geständnisses?, in: Broda, Christian/Deutsch, Erwin/Schreiber, Hans-Ludwig/Vogel, Hans-Jochen (Hrsg.), Festschrift für Rudolf Wassermann zum sechzigsten Geburtstag, Darmstadt 1985, 995–1005; zit.: *Schmidt-Hieber*, in: FS Wassermann.

Schmidt-Hieber, Werner: Vereinbarungen im Strafverfahren, NJW 1982, 1017–1021; zit.: *Schmidt-Hieber*, NJW 1982.

Schmidt-Hieber, Werner: Verständigung im Strafverfahren: Möglichkeiten und Grenzen für die Beteiligten in den Verfahrensabschnitten, München 1986; zit.: *Schmidt-Hieber*, Verständigung.

Schmidt-Jortzig, Edzard: Möglichkeiten einer Aussetzung des strafverfolgerischen Legalitätsprinzips bei der Polizei, NJW 1989, 129–138; zit.: *Schmidt-Jortzig*, NJW 1989.

Schmuck, Markus/Leipner, Mirjam: § 411 Abs. 2 Satz 1 StPO und Befangenheitsantrag, StraFo 2012, 95–99; zit.: *Schmuck/Leipner*, StraFo 2012.

Schneider, Hartmut (Hrsg.): Münchener Kommentar zur Strafprozessordnung, Band 2, §§ 151–332 StPO, 1. Auflage, München 2016; zit.: MüKoStPO/*Bearbeiter*.

Schnell, Rainer/Hill, Paul. B./Esser, Elke: Methoden der empirischen Sozialforschung, 11. Auflage, Berlin 2018; zit.: *Schnell/Hill/Esser*, Methoden der empirischen Sozialforschung.

Schnell, Rainer: Survey-Interviews: Methoden standardisierter Befragungen, 2. Auflage, Wiesbaden 2019; zit.: *Schnell*, Survey-Interviews.

Schöch, Gabriele: Urteilsabsprachen in der Strafrechtspraxis, Berlin 2007; zit.: *Schöch*, Urteilsabsprachen in der Strafrechtspraxis.

Schöch, Heinz: Empfehlen sich Änderungen und Ergänzungen bei den strafrechtlichen Sanktionen ohne Freiheitsentzug?, Gutachten C für den 59. Deutschen Juristentag, in: Ständige Deputation des deutschen Juristentages (Hrsg.), Verhandlungen des neunundfünftzigsten deutschen Juristentages, Hannover 1992, Band I (Gutachten), Teil C, C 11–C 138; zit.: *Schöch*, Gutachten C zum 59 DJT.

Scholz, Heinrich: Der amtsrichterliche Strafbefehl nach der Reichsstrafprozssordnung vom 1. Februar 1877 mit Berücksichtigung des dem Reichstage am 26. März 1909 vorgelegten Entwurfes einer Strafprozessordnung, Dessau 1913; zit.: *Scholz*, Der amtsrichterliche Strafbefehl.

Schorn, Hubert: Das Strafbefehls- und Strafverfügungsverfahren, Frankfurt am Main 1962; zit.: *Schorn*, Das Strafbefehls- und Strafverfügungsverfahren.

Schrader, Henning: Wiedereinsetzung und Rechtsmittelbelehrung (§§ 35a, 45 StPO), NStZ 1987, 447–448; zit.: *Schrader*, NStZ 1987.

Schroeder, Friedrich-Christian: Grenzen der Rationalisierung des Strafverfahrens, NJW 1983, 137–142; zit.: *Schroeder*, NJW 1983.

Schubert, Werner/Regge, Jürgen/Rieß, Peter/Schmid, Werner (Hrsg.): Quellen zur Reform des Straf- und Strafprozeßrechts, I. Abteilung, Weimarer Republik (1918–1932), Band 4: Von dem Entwurf eines Gesetzes über den Rechtsgang in Strafsachen (1919/20) bis zu der Verordnung über Gerichtsverfassung und Strafrechtspflege (lex Emminger) vom 4. 1. 1924, Berlin 1999; zit.: *Schubert/Regge/Rieß/Schmid*, Quellen, Abt. I, Bd. 4.

Schumann, Karl F./Winter, Gerd: Zur Analyse der Hauptverhandlung im Strafprozeß, in: Friedrichs, Jürgen (Hrsg.), Teilnehmende Beobachtung abweichenden Verhaltens, Stuttgart 1973, 174–212; zit.: *Schumann/Winter*, in: Friedrichs (Hrsg.), Teilnehmende Beobachtung abweichenden Verhaltens.

Schumann, Karl F.: Der Handel mit der Gerechtigkeit: Funktionsprobleme der Strafjustiz und ihre Lösungen – am Beispiel des amerikanischen plea bargaining, Frankfurt am Main 1977; zit.: *Schumann*, Der Handel mit der Gerechtigkeit.

Schünemann, Bernd: Absprachen im Strafverfahren? Grundlagen, Gegenstände und Grenzen, Gutachten B für den 58. Deutschen Juristentag, in: Ständige Deputation des deutschen Juristentages (Hrsg.), Verhandlungen des achtundfünftzigsten deutschen Juristentages, München 1990, Band I Gutachten, B 1–B 178; zit.: *Schünemann*, Gutachten B zum 58. DJT.

Schünemann, Bernd: Die Absprachen im Strafverfahren: Von ihrer Gesetz- und Verfassungswidrigkeit, von der ihren Versuchungen erliegenden Praxis und vom dogmatisch gescheiterten Versuch des 4. Strafsenats des BGH, sie im geltenden Strafprozeßrecht zu verankern, in: Hanack, Ernst-Walter/Hilger, Hans/Mehle, Volkmar/Widmaier, Gunter (Hrsg.), Festschrift für Peter Rieß zum 70. Geburtstag am 4. Juni 2002, Berlin 2002, 525–546; zit.: *Schünemann*, in: FS Rieß.

Schünemann, Bernd: Die Verständigung im Strafprozeß – Wunderwaffe oder Bankrotterklärung der Verteidigung?, NJW 1989, 1895–1903; *Schünemann*, NJW 1989.

Schünemann, Bernd: Wohin treibt der deutsche Strafprozess?, ZStW 114 (2002), 1–62; zit.: *Schünemann*, ZStW 114 (2002).

Seer, Roman: Verständigungen an der Schnittstelle von Steuer- und Steuerstrafverfahren, BB 2015, 214–220; zit.: *Seer*, BB 2015.

Seer, Roman: Verständigungen im Steuerverfahren, Köln 1996; zit.: *Seer*, Verständigung im Steuerverfahren.

Seibert, Claus: Fehler bei der Strafzumessung, MDR 1952, 457–460; zit.: *Seibert*, MDR 1952.

Seier, Jürgen: Der strafprozessuale Vergleich im Lichte des § 136a StPO, JZ 1988, 683–688; zit.: *Seier*, JZ 1988.

Seifert, Martin : Zustellungsvollmacht, Strafbefehlsverfahren und der fair trial-Grundsatz, StV 2018, 123–128; zit.: *Seifert*, StV 2018.

Sessar, Klaus: Empirische Untersuchungen zu Funktion und Tätigkeit der Staatsanwaltschaft, ZStW 87 (1975), 1033–1062; zit.: *Sessar*, ZStW 87 (1975).

Seuffert, Hermann: Die Strafprozessnovelle, DJZ 1986, 85–91; zit.: *Seuffert*, DJZ 1986.

Siegismund, Eberhard/Wickern, Thomas: Das Gesetz zur Entlastung der Rechtspflege – ein Überblick über die Änderungen der Strafprozeßordnung, des Gerichtsverfassungsgesetzes, des Jugendgerichtsgesetzes und des Strafgesetzbuches (Teil 1), wistra 1993, 81–93; zit.: *Siegismund/Wickern*, wistra 1993.

Siegismund, Eberhard/Wickern, Thomas: Das Gesetz zur Entlastung der Rechtspflege – ein Überblick über die Änderungen der Strafprozeßordnung, des Gerichtsverfassungsgesetzes, des Jugendgerichtsgesetzes und des Strafgesetzbuches (Teil 2), wistra 1993, 136–141; zit.: *Siegismund/Wickern*, wistra 1993.

Siegmann, Heinz: Strafbefehlsverfahren und Alkoholdelikte, Blutalkohol 1967, 200–203; zit.: *Siegmann*, Blutalkohol 1967.

Singelstein, Tobias: Steuerhinterziehung: steigende Moral, weniger Verfahren, mehr Verurteilte?, MschrKrim 2015, 48–68; zit.: *Singelnstein*, MschrKrim 2015.

Sinn, Arndt/Schößling, Christian (Hrsg.): Praxishandbuch zur Verständigung im Strafverfahren, Berlin 2017; zit.: *Sinn/Schößling*, Praxishandbuch zur Verständigung im Strafverfahren.

Siolek, Wolfgang: Verständigung im Strafverfahren – eine verfassungswidrige Praxis?, DRiZ 1989, 321–330; zit.: *Siolek*, DRiZ 1989.

Siolek, Wolfgang: Verständigung in der Hauptverhandlung, Baden-Baden 1993; zit.: *Siolek*, Verständigung.

Soehring, Claas-Hendrik: Vorverurteilung durch die Presse: Der publizistische Verstoß gegen die Unschuldsvermutung, Baden-Baden 1999; zit.: *Soehring*, Vorverurteilung durch die Presse.

Sommerfeld, Michael/Guhra, Emanuel: Zur „Entschädigung des Verletzten“ im „Verfahren bei Strafbefehlen“, NStZ 2004, 420–424; zit.: *Sommerfeld/Guhra*, NStZ 2004.

Sommerfeld, Michael: Die Adhäsionsentscheidung im Strafbefehl bald doch möglich!(?), ZRP 2008, 258–261; zit.: *Sommerfeld*, ZRP 2008.

Spiekermann, Monika: Der Mißbrauch des Beweisantragsrechts, Berlin 2001; zit.: *Spiekermann*, Der Missbrauch des Beweisantragsrechts.

Stahlschmidt, Michael: Steuerstrafrecht, 2. Auflage, Baden-Baden 2020; zit.: *Stahlschmidt*, Steuerstrafrecht.

Staudinger, Wolfgang: Das (gescheiterte) Strafbefehlsverfahren, JA 2021, 159–161; zit.: *Staudinger*, JA 2021.

Staudinger, Wolfgang: Welche Folgen hat die Unschuldsvermutung im Strafprozess?: Eine Untersuchung de lege lata und de lege ferenda, Baden-Baden 2015; zit.: *Staudinger*, Welche Folgen hat die Unschuldsvermutung im Strafprozess?.

Steffen, Wiebke: Analyse polizeilicher Ermittlungstätigkeit aus der Sicht des späteren Strafvefahrens, Wiesbaden 1976; zit.: *Steffen*, Analyse polizeilicher Ermittlungstätigkeit.

Stoll, Mirjam: Beschleunigungsstrategien der Strafjustiz Eine empirische Studie zum Strafbefehlsverfahren in der Schweiz, Opladen u.a. 2018; zit.: *Stoll*, Beschleunigungsstrategien der Strafjustiz.

Streng, Franz: Jugendstrafrecht, 5. Auflage, Heidelberg 2020; zit.: *Streng*, Jugendstrafrecht.

Stuckenberg, Carl-Friedrich: Anmerkung zu BVerfG, Urt. v. 19.3.2013–2 BvR 2628/10, 2 BvR 2883/10, 2 BvR 2155/11, ZIS 2013, 212–219; zit.: *Stuckenberg*, ZIS 2013.

Stuckenberg, Carl-Friedrich: Gründe für die Abschaffung des § 153a StPO, in: Herzog, Felix/Schlothauer, Reinhold/Wohlers, Wolfgang (Hrsg.), Rechtsstaatlicher Strafprozess und Bürgerrechte: Gedächtnisschrift für Edda Weßlau, Berlin 2016, 369–389; zit.: *Stuckenberg*, in: GS Weßlau.

Taubald, Claudia: Konsensuale Erledigung von Strafverfahren in Deutschland und Frankreich, 2009; zit.: *Taubald*, Konsensuale Erledigungen in Deutschland und Frankreich.

Theile, Hans: Wirtschaftskriminalität und Strafverfahren: Systemtheoretische Überlegungen zum Regulierungspotential des Strafrechts, Tübingen 2009; zit.: *Theile*, Wirtschaftskriminalität und Strafverfahren.

Thommen, Marc: Kurzer Prozess – fairer Prozess?: Strafbefehls- und abgekürztes Verfahren zwischen Effizienz und Gerechtigkeit, Baden-Baden/Bern 2013; zit.: *Thommen*, Kurzer Prozess – fairer Prozess?.

Thuma, Robert: Das Strafbefehlsvefahren im geltenden und künftigen Recht, Tübingen 1953; zit.: *Thuma*, Das Strafbefehlsverfahren im geltenden und künftigen Recht.

Tiedemann, Klaus: 13 Thesen zu einem modernen menschrechtsorientierten Strafprozeß, ZRP 1992, 107–109; zit.: *Tiedemann*, ZRP 1992.

Tiemer, Carsten: Die Verteidigerbestellung im Strafbefehls- und im beschleunigten Verfahren gemäß §§ 408b, 418 Abs. 4 StPO, Göttingen 1998;

zit.: *Tiemer*, Die Verteidigerbestellung im Strafbefehls- und im beschleunigten Verfahren.

Treig, Judith/Pruin, Ineke: Ersatzfreiheitsstrafe in Deutschland: Rechtliche Grundlagen und rechtstatsächliche Entwicklung, Forum Strafvollzug 2018, 10–15; zit.: *Treig/Pruin*, Forum Strafvollzug 2018.

Treig, Judith/Pruin, Ineke: Kurze Freiheitsstrafen und Ersatzfreiheitsstrafen als Herausforderung an den Strafvollzug – Möglichkeiten und Grenzen, in: Maelicke, Bernd/Suhling, Stefan (Hrsg.), Das Gefängnis auf dem Prüfstand: Zustand und Zukunft des Strafvollzugs, Wiesbaden 2018, 313–349; zit.: *Treig/Pruin*, in: Maelicke/Suhling (Hrsg.), Das Gefängnis auf dem Prüfstand.

Trentmann, Christian: § 153a StPO und das öffentliche Interesse an der Strafverfolgung – Zum Vorwurf der Irrationalität und Paradoxie von Verfahrenseinstellungen gegen Geldauflage anlässlich des Falls Edathy, ZStW 128 (2016), 446–517; zit.: *Trentmann*, ZStW 128 (2016).

Trentmann, Christian: Zum Wesen und Unwesen von Litigation-PR: Einblicke in Theorie, Praxis und Problemlagen von nichtstaatlicher Rechtskommunikation bei juristischen Streitigkeiten, in: Liesem, Kerstin/Rademacher, Lars (Hrsg.), Die Macht der Strategischen Kommunikation: Medienethische Perspektiven der Digitalisierung, Baden-Baden 2018, 175–192; zit.: *Trentmann*, in: Liesem/Rademacher (Hrsg.), Macht der Strategischen Kommunikation.

Tscherwinka, Ralf: Absprachen im Strafprozeß, Frankfurt am Main 1995; zit.: *Tscherwinka*, Absprachen im Strafprozeß.

Uhlig, Eberhard: Möglichkeiten zur Eindämmung und besseren Bewältigung der Verfahrensflut, DRiZ 1983, 407–409; zit.: *Uhlig*, DRiZ 1983.

Ulsenheimer, Klaus: Zur Rücknahme des Eröffnungsbeschlusses bei Wegfall des Tatverdachts, NStZ 1984, 440–445; zit.: *Ulsenheimer*, NStZ 1984.

Vent, Helmut: Zur Frage der Korrektur eines rechtswidrigen, aber rechtskräftigen Strafbefehls, JR 1980, 400–404; zit.: *Vent*, JR 1980.

Verfasser unbekannt: Die „Vorüberlegung zu einer Neugestaltung des Strafbefehlsverfahrens" aus dem Bundesministerium der Justiz, StV 1982, 495–499; zit.: *(Verf. unbek.)* StV 1982.

Vitu, André: Die Grundzüge des französischen Strafverfahrens, in: Jung, Heike (Hrsg.), Der Strafprozeß im Spiegel ausländischer Verfahrensordnungen: Frankreich, Österreich, Schweiz, UdSSR, USA, Berlin 1990, 7–46; zit.: *Vitu*, in: Jung (Hrsg.), Der Strafprozess im Spiegel ausländischer Verfahrensordnungen.

Vivell, Alexander: Das Strafbefehlsverfahren nach Eröffnung des Hauptverfahrens (§ 408a StPO): Eine kritische Untersuchung und Analyse, Frankfurt am Main 2006; zit.: *Vivell*, Strafbefehlsverfahren nach § 408a.

Vogler, Theo: Straf- und strafverfahrensrechtliche Fragen in der Spruchpraxis der Europäischen Kommission und des Europäischen Gerichtshofs für Menschenrechte, ZStW 89 (1977), 761–795; zit.: *Vogler*, ZStW 89 (1977).

Volbert, Renate: Falsche Geständnisse: Über die möglichen Auswirkungen von Voreinstellung, Vernehmung und Verständigung, FPPK 2013, 230–239; zit.: *Volbert*, FPPK 2013.

Vorwerk, Volkert/Wolf, Christian (Hrsg.): Beck'scher Online-Kommentar: Zivilprozessordnung, 40. Edition, Stand 01.03.2021; zit.: BeckOK ZPO/*Bearbeiter*.

Wabnitz, Heinz-Bernd/Janovsky, Thomas/Schmitt, Lothar (Hrsg.): Handbuch Wirtschafts- und Steuerstrafrecht, 5. Auflage, München 2020; zit.: Wabnitz/Janovsky/Schmitt WirtschaftsStrafR-HdB/*Bearbeiter*.

Wächtler, Hartmut: Der autoritäre Strafprozeß – das beschleunigte Verfahren neuer Art im Entwurf eines sogenannten Kriminalitätsbekämpfungsgesetzes von CDU/CSU und FDP, StV 1994, 159–161; zit.: *Wächtler*, StV 1994.

Wassermann, Rudolf (Hrsg.): Reihe Alternativkommentare, Kommentar zur Strafprozeßordnung, Band 3, §§ 276–477, Berlin 1996; zit.: AlternK-StPO/*Bearbeiter*.

Weigend, Thomas: Abgesprochene Gerechtigkeit – Effizienz durch Kooperation im Strafverfahren? –, JZ 1990, 774–782; *Weigend*, JZ 1990.

Weigend, Thomas: Anmerkung zu BVerfG, Urt. v. 19.03.2013–2 BvR 2628/10, StV 2013, 424–427; zit.: *Weigend*, StV 2013.

Weigend, Thomas: Eine Prozeßordnung für abgesprochene Urteile? Anmerkungen zu den Entscheidungen BGHSt 43, 195 und BGH, NStZ 1999, 92, NStZ 1999, 57–63; zit.: *Weigend*, NStZ 1999.

Weigend, Thomas: Strafzumessung durch den Staatsanwalt?: Lösbare und unlösbare Probleme bei der Verfahrenseinstellung unter Auflagen (§ 153a StPO), KrimJ 1984, 8–38; zit.: *Weigend*, KrimJ 1984.

Weigend, Thomas: Verfahrenseinstellung nach § 153a StPO: praktikabel, aber nicht legitim, in: Herzog, Felix/Schlothauer, Reinhold/Wohlers, Wolfgang (Hrsg.), Rechtsstaatlicher Strafprozess und Bürgerrechte: Gedächtnisschrift für Edda Weßlau, Berlin 2016, 413–425; zit.: *Weigend*, in: GS Weßlau.

Weimar, Robert: Psychologische Strukturen richterlicher Entscheidung, Basel 1969; zit.: *Weimar*, Psychologische Strukturen richterlicher Entscheidung.

Weiß, Udo: Bedienstete der Ermittlungsbehörden als Zustellungsbevollmächtigte i.S.v. § 132 I 1 Nr. 2 StPO? Zugleich Besprechung von LG Berlin, Beschluss vom 3. 11. 2011–526 Qs 22/11 –, NStZ 2012, 305–308; zit.: *Weiß*, NStZ 2012.

Werle, Gerhard: Aufbau oder Abbau des Rechtsstaats?, JZ 1991, 789–797; zit.: *Werle*, JZ 1991.

Wernicke, Adolf: Zur Konstruktion des amtsrichterlichen Strafbefehls unter teilweiser Berücksichtigung der polizeilichen Strafverfügung und des Strafbescheids der Verwaltungsbehörden, Breslau 1901; zit.: *Wernicke*, Zur Konstruktion des amtsrichterlichen Strafbefehls.

Werny, Karl: Die Berufung gegen Urteile nach § 412 StPO und die Änderung des § 328 StPO, NJW 1988, 187–188; zit.: *Werny*, NJW 1988.

Wessels, Johannes/Beulke, Werner/Satzger, Helmut: Strafrecht Allgemeiner Teil: Die Straftat und ihr Aufbau, 50. Auflage, Heidelberg 2020; zit.: *Wessels/Beulke/Satzger*, StrafR AT.

Wessels, Johannes: Die Aufklärungsrüge im Strafprozeß, JuS 1969, 1–10; zit.: *Wessels*, JuS 1969.

Weßlau, Edda: Absprachen im Strafverfahren, ZStW 116 (2004), 150–171; zit.: *Weßlau*, ZStW 116 (2004).

Widmaier, Gunter: Der strafprozessuale Vergleich, StV 1986, 357–359; zit.: *Widmaier*, StV 1986.

Widmaier, Gunter: Die Urteilsabsprache im Strafprozess – ein Zukunftsmodell?, NJW 2005, 1985–1987; zit.: *Widmaier*, NJW 2005.

Wilde, Frank: Die Geldstrafe – ein unsoziales Rechtsinstitut?, MschrKrim 2015, 348–364; zit.: *Wilde*, MschrKrim 2015.

Wilke, Anna: Die Auswirkungen der tatsächlichen Verständigung im Steuerrecht auf das parallel geführte Steuerstrafverfahren, DStR 2018, 108–115; zit.: *Wilke*, DStR 2018.

Wittig, Petra: Wirtschaftsstrafrecht, 5. Auflage, München 2020; zit.: *Wittig*, Wirtschaftsstrafrecht.

Wohlers, Wolfgang: Das Strafverfahren in den Zeiten der „Eilkrankheit", NJW 2010, 2470–2475; zit.: *Wohlers*, NJW 2010.

Wohlers, Wolfgang: Vorbefassung durch Erlass des Eröffnungsbeschlusses, in: Heinrich, Manfred/Jäger, Christian/Achenbach, Hans/Amelung, Knut/Bottke, Wilfried/Haffke, Bernhard/Schünemann, Bernd/Wolter, Jürgen (Hrsg), Strafrecht als Scienta Universalis: Festschrift für Claus Roxin zum 80. Geburtstag am 15. Mai 2011, Berlin 2011, 1313–1327; zit.: *Wohlers*, in: FS Roxin.

Wolfslast, Gabriele: Absprachen im Strafprozeß, NStZ 1990, 409–416; zit.: *Wolfslast*, NStZ 1990.

Wolter, Jürgen (Hrsg.): Systematischer Kommentar zur Strafprozessordnung mit GVG und EMRK, Band VIII: §§ 374–495 StPO, 4. Auflage, Köln 2013; zit.: SK-StPO/*Bearbeiter* (4. Aufl.).

Wolter, Jürgen (Hrsg.): Systematischer Kommentar zur Strafprozessordnung mit GVG und EMRK, Band VIII: §§ 374–500, 5. Auflage, Köln 2020; zit.: SK-StPO/*Bearbeiter.*

Wolter, Jürgen (Hrsg.): Systematischer Kommentar zur Strafprozessordnung mit GVG und EMRK, Band VII: §§ 333–373a, 5. Auflage, Köln 2018; zit.: SK-StPO/*Bearbeiter.*

Wolter, Jürgen: Informelle Erledigungsarten und summarische Verfahren bei geringfügiger und minderschwerer Kriminalität – Ein Beitrag zur Gesamtreform des Strafverfahrens mit Gesetzesvorschlägen –, GA 1989, 397–429; zit.: *Wolter,* GA 1989.

Wolter, Jürgen: Strafverfahrensrecht und Strafprozeßreform, GA 1985, 49–92; zit.: *Wolter,* GA 1985.

Zähres, G.: Erlass eines Strafbefehls gem. § 408a StPO in der gem. § 408 III 2 StPO anberaumten Hauptverhandlung?, NStZ 2002, 296-297; zit.: *Zähres,* NStZ 2002.

Zierl, Gerhard: Der Vergleich im Strafverfahren – Oder „Tausche Geständnis gegen Bewährung“, AnwBl 1985, 505; zit.: *Zierl,* AnwBl 1985.

Zuck, Rüdiger: Der Deal, MDR 1990, 18–19; zit.: *Zuck,* MDR 1990.

Zündorf, Philipp: Anmerkung zu EuGH, 5. Kammer v. 22.3.2017 – C-124/16, C-188/16 ua., JR 2017, 488–491; zit.: *Zündorf,* JR 2017.

Zündorf, Philipp: Anmerkung zu EuGH, Urt. v. 15.10.2015 – C-216/14, NStZ 2017, 41–43; zit.: *Zündorf,* NStZ 2017.

Internetquellenverzeichnis

Alwart, Heiner: Stellungnahme zu Entwürfen von Gesetzen zur Änderung des Strafgesetzbuches sowie zur Änderung des Gesetzes über Ordnungswidrigkeiten –Straffreiheit für Fahren ohne Fahrschein (19/1115) sowie Schwarzfahren als Ordnungswidrigkeit (19/1690), URL: /www.bundes tag.de/blob/576444/ddc88dc81e968a94e7be31751fc608e9/alwart-data.pdf (Stand 11.02.2021); zit.: *Alwart,* Stellungnahme.

Bundesfinanzministerium: Monatsbericht Oktober 2020, Verfolgung von Steuerstraftaten und Steuerordnungswidrigkeiten im Jahr 2019, URL: https:// www.bundesfinanzministerium.de/Monatsberichte/2020/10/Inhalte/Kapi tel-3-Analysen/3-5-verfolgung-von-steuerstraftaten-pdf.pdf?__blob=publ icationFile&v=5 (Stand 11.02.2021); zit.: Monatsbericht des BMF Oktober 2020.

Bundeskriminalamt: Bundeslagebild Wirtschaftskriminalität 2019, URL: https://www.bka.de/DE/AktuelleInformationen/StatistikenLagebilder/Lagebilder/Wirtschaftskriminalitaet/wirtschaftskriminalitaet_node.html (Stand 11.02.2021); zit.: *Bundeskriminalamt*, Bundeslagebild Wirtschaftskriminalität 2019.

Gaede, Karsten/Kubiciel, Michael: Klug oder frech?, LTO v. 05.08.2014, URL: https://www.lto.de/recht/hintergruende/h/lg-muenchen-beschluss-5kls40 5js16174111-einstellung-bestechung-ecclestone/(Stand 11.02.2021); zit.: *Gaede/Kubiciel*, LTO v. 5.8.2014.

Jäger, Markus: Stellungnahme zu dem Gesetzentwurf der Fraktion DIE LINKE, „Entwurf eines Gesetzes zur Änderung des Strafgesetzbuchs und weiterer Gesetze – Aufhebung der Ersatzfreiheitsstrafe" (BT-Drucks. 19/1689) für die öffentliche Anhörung im Ausschuss für Recht und Verbraucherschutz des Deutschen Bundestages am 3. April 2019, URL: https://www.bundestag.de/resource/blob/633238/e417e8adc399b3f43899235cedc12218/jaeger-data.pdf (Stand: 11.02.2021); zit.: *Jäger*, Stellungnahme zum Gesetzesentwurf der Fraktion DIE LINKE.

Killias, Martin, Gilliéron, Gwladys/Dongois, Nathalie: Erreurs judiciaires en Suisse de 1995 à 2004 (Wrongful convictions in Switzerland in a comparative perspective), No. 100012-105817, Rapport au Fonds National Suisse de la Recherche Scientifique, Zurich 2007, URL: https://www.ius.uzh.ch/dam/jcr:ffffffff-e941-0562-0000-00002efa9a6c/Erreurs_judiciaires_rapport_FNS.pdf (Stand 06.04.2021); zit.: *Killias/Gilliéron/Dongois*, Erreurs judiciaires en Suisse.

Ministère de la justice: Les chiffres-clés de la Justice 2020, Paris 2020, URL: http://www.justice.gouv.fr/art_pix/Chiffres%20Cles%202020_V2.pdf (Stand 23.04.2021); zit.: *Ministère de la Justice*, Les chiffres clés de la justice 2020.

PwC: Gutachten PEBB§Y-Fortschreibung 2014, Fortschreibung der Basiszahlen zur Personalbedarfsbemessung für die Ordentliche Gerichtsbarkeit und die Staatsanwaltschaften, URL: https://www.drb.de/fileadmin/DRB/pdf/Belastung/150410_PEBBSY_Hauptband.pdf (Stand 11.02.2021); zit.: Gutachten PEBB§Y-Fortschreibung 2014.

Statistisches Bundesamt (Destatis): Fachserie 10, Reihe 2.3, Rechtspflege, Strafgerichte 2019, URL: https://www.destatis.de/DE/Themen/Staat/Justiz-Rechtspflege/Publikationen/Downloads-Gerichte/strafgerichte-2100230197004.pdf;jsessionid=F35609F3EBECC1093225DDFA5F4BAC2E.internet8721?__blob=publicationFile, erschienen am 07.08.2020 (Stand 11.02.2021); zit.: *Statistisches Bundesamt*, Fachserie 10, Reihe 2.3, 2019.

Statistisches Bundesamt (Destatis): Fachserie 10, Reihe 2.3, Rechtspflege, Strafgerichte 2018, URL: https://www.statistischebibliothek.de/mir/servlets/MCRFileNodeServlet/DEHeft_derivate_00053164/2100230187004.pdf, erschienen am 23.10.2019 (Stand 11.02.2021); zit.: *Statistisches Bundesamt*, Fachserie 10, Reihe 2.3, 2018.

Statistisches Bundesamt (Destatis): Fachserie 10, Reihe 2.3, Rechtspflege, Strafgerichte 2017, URL: https://www.statistischebibliothek.de/mir/servlets/MCRFileNodeServlet/DEHeft_derivate_00039699/2100230177004_korr14112018.pdf, erschienen am 24.07.2018 (Stand 11.02.2021); zit.: *Statistisches Bundesamt*, Fachserie 10, Reihe 2.3, 2017.

Statistisches Bundesamt (Destatis): Fachserie 10, Reihe 2.3, Rechtspflege, Strafgerichte 2016, URL: https://www.statistischebibliothek.de/mir/servlets/MCRFileNodeServlet/DEHeft_derivate_00032945/2100230167004.pdf, erschienen am 08.09.2017 (Stand 11.02.2021); zit.: *Statistisches Bundesamt*, Fachserie 10, Reihe 2.3, 2016.

Statistisches Bundesamt (Destatis): Fachserie 10, Reihe 2.3, Rechtspflege, Strafgerichte 2015, URL: https://www.statistischebibliothek.de/mir/servlets/MCRFileNodeServlet/DEHeft_derivate_00030944/2100230157004.pdf, erschienen am 27.09.2016 (Stand 11.02.2021); zit.: *Statistisches Bundesamt*, Fachserie 10, Reihe 2.3, 2015.

Statistisches Bundesamt (Destatis): Fachserie 10, Reihe 2.3, Rechtspflege, Strafgerichte 2014, URL: https://www.statistischebibliothek.de/mir/servlets/MCRFileNodeServlet/DEHeft_derivate_00018377/2100230147004.pdf, erschienen am 03.12.2015 (Stand 11.02.2021); zit.: *Statistisches Bundesamt*, Fachserie 10, Reihe 2.3, 2014.

Statistisches Bundesamt (Destatis): Fachserie 10, Reihe 2.3, Rechtspflege, Strafgerichte 2009, URL: https://www.statistischebibliothek.de/mir/servlets/MCRFileNodeServlet/DEHeft_derivate_00006742/2100230097004.pdf, erschienen am 04.10.2010 (Stand 11.02.2021); zit.: *Statistisches Bundesamt*, Fachserie 10, Reihe 2.3, 2009.

Statistisches Bundesamt (Destatis): Fachserie 10, Reihe 2.3, Rechtspflege, Strafgerichte 2005, URL: https://www.statistischebibliothek.de/mir/servlets/MCRFileNodeServlet/DEHeft_derivate_00006738/2100230057004.pdf, erschienen am 26.02.2007 (Stand 11.02.2021); zit.: *Statistisches Bundesamt*, Fachserie 10, Reihe 2.3, 2005.

Statistisches Bundesamt (Destatis): Fachserie 10, Reihe 2.3, Rechtspflege, Strafgerichte 2002, URL: https://www.statistischebibliothek.de/mir/servlets/MCRFileNodeServlet/DEHeft_derivate_00006735/2100230027004.pdf, erschienen im September 2003 (Stand 11.02.2021); zit.: *Statistisches Bundesamt*, Fachserie 10, Reihe 2.3, 2002.

Statistisches Bundesamt (Destatis): Fachserie 10, Reihe 2.6, Rechtspflege, Staatsanwaltschaften 2019, URL: https://www.destatis.de/DE/Themen/Staat/Justiz-Rechtspflege/Publikationen/Downloads-Gerichte/staatsanwaltschaften-2100260197004.pdf;jsessionid=F35609F3EBECC1093225DDFA5F4BAC2E.internet8721?__blob=publicationFile, erschienen am 21.08.2020 (Stand 11.02.2021); zit.: *Statistisches Bundesamt*, Fachserie 10, Reihe 2.6, 2019.

Statistisches Bundesamt (Destatis): Fachserie 10, Reihe 2.6, Rechtspflege, Staatsanwaltschaften 2018, URL: https://www.statistischebibliothek.de/mir/servlets/MCRFileNodeServlet/DEHeft_derivate_00054630/2100260187004.pdf, erschienen am 22.08.2019 (Stand 11.02.2021); zit.: *Statistisches Bundesamt*, Fachserie 10, Reihe 2.6, 2018.

Statistisches Bundesamt (Destatis): Fachserie 10, Reihe 2.6, Rechtspflege, Staatsanwaltschaften 2017, URL: https://www.statistischebibliothek.de/mir/servlets/MCRFileNodeServlet/DEHeft_derivate_00040935/2100260177004.pdf, erschienen am 27.09.2018 (Stand 11.02.2021); zit.: *Statistisches Bundesamt*, Fachserie 10, Reihe 2.6, 2017.

Statistisches Bundesamt (Destatis): Fachserie 10, Reihe 2.6, Rechtspflege, Staatsanwaltschaften 2016, URL: https://www.statistischebibliothek.de/mir/servlets/MCRFileNodeServlet/DEHeft_derivate_00033159/2100260167004.pdf, erschienen am 25.10.2017 (Stand 11.02.2021); zit.: *Statistisches Bundesamt*, Fachserie 10, Reihe 2.6, 2016.

Statistisches Bundesamt (Destatis): Fachserie 10, Reihe 2.6, Rechtspflege, Staatsanwaltschaften 2015, URL: https://www.statistischebibliothek.de/mir/servlets/MCRFileNodeServlet/DEHeft_derivate_00029074/2100260157004_korr13122016.pdf, erschienen am 02.11.2016 (Stand 11.02.2021); zit.: *Statistisches Bundesamt*, Fachserie 10, Reihe 2.6, 2015.

Statistisches Bundesamt (Destatis): Fachserie 10, Reihe 2.6, Rechtspflege, Staatsanwaltschaften 2014, URL: https://www.statistischebibliothek.de/mir/servlets/MCRFileNodeServlet/DEHeft_derivate_00018379/2100260147004.pdf, erschienen am 30.09.2015 (Stand 11.02.2021); zit.: *Statistisches Bundesamt*, Fachserie 10, Reihe 2.6, 2014.

Statistisches Bundesamt (Destatis): Fachserie 10, Reihe 2.6, Rechtspflege, Staatsanwaltschaften 2009, URL: https://www.statistischebibliothek.de/mir/servlets/MCRFileNodeServlet/DEHeft_derivate_00006751/2100260097004.pdf, erschienen am 17.06.2010 (Stand 11.02.2021); zit.: *Statistisches Bundesamt*, Fachserie 10, Reihe 2.6, 2009.

Statistisches Bundesamt (Destatis): Fachserie 10, Reihe 2.6, Rechtspflege, Staatsanwaltschaften 2005, URL: https://www.statistischebibliothek.de/mir/servlets/MCRFileNodeServlet/DEHeft_derivate_00006787/2100260057004.pdf, erschienen am 23.02.2007 (Stand 11.02.2021); zit.: *Statistisches Bundesamt*, Fachserie 10, Reihe 2.6, 2005.

Statistisches Bundesamt (Destatis): Fachserie 10, Reihe 3, Rechtspflege, Strafverfolgung 2019, URL: https://www.destatis.de/DE/Themen/Staat/Justiz-Rechtspflege/Publikationen/Downloads-Strafverfolgung-Strafvollzug/strafverfolgung-2100300197004.pdf?__blob=publicationFile, erschienen am 29.10.2020 (Stand 11.02.2021); zit.: *Statistisches Bundesamt*, Fachserie 10, Reihe 3, 2019.

Statistisches Bundesamt (Destatis): Fachserie 10, Reihe 3, Rechtspflege, Strafverfolgung 2015, URL: https://www.statistischebibliothek.de/mir/servlets/MCRFileNodeServlet/DEHeft_derivate_00030947/2100300157004.pdf, erschienen am 09.02.2017 (Stand 11.02.2021); zit.: *Statistisches Bundesamt*, Fachserie 10, Reihe 3, 2015.

Statistisches Bundesamt (Destatis): Fachserie 10, Reihe 3, Rechtspflege, Strafverfolgung 2010, URL: https://www.statistischebibliothek.de/mir/servlets/MCRFileNodeServlet/DEHeft_derivate_00006769/2100300107004.pdf, erschienen am 12.10.2011 (Stand 11.02.2021); zit.: *Statistisches Bundesamt*, Fachserie 10, Reihe 3, 2010.

Statistisches Bundesamt (Destatis): Fachserie 10, Reihe 3, Rechtspflege, Strafverfolgung 2005, URL: https://www.statistischebibliothek.de/mir/servlets/MCRFileNodeServlet/DEHeft_derivate_00006764/2100300057004.pdf, erschienen am 18.05.2007 (Stand 11.02.2021); zit.: *Statistisches Bundesamt*, Fachserie 10, Reihe 3, 2005.

Statistisches Bundesamt (Destatis): Fachserie 10, Reihe 3, Rechtspflege, Strafverfolgung 1998, URL: https://www.statistischebibliothek.de/mir/servlets/MCRFileNodeServlet/DEHeft_derivate_00056011/FS-10-3-1998.pdf, erschienen im Juni 2000 (Stand 11.02.2021); zit.: *Statistisches Bundesamt*, Fachserie 10, Reihe 3, 1998.

Statistisches Bundesamt (Destatis): Fachserie 10, Reihe 3, Rechtspflege, Strafverfolgung 1988, URL: https://www.statistischebibliothek.de/mir/servlets/MCRFileNodeServlet/DEHeft_derivate_00056001/FS-10-3-1988.pdf, erschienen im August 1990 (Stand 11.02.2021); zit.: *Statistisches Bundesamt*, Fachserie 10, Reihe 3, 1988.

Statistisches Bundesamt (Destatis): Rechtspflege, Bestand der Gefangenen und Verwahrten in den deutschen Justizvollzugsanstalten nach ihrer Unterbringung auf Haftplätzen des geschlossenen und offenen Vollzuges, Januar bis Juni 2020, URL: https://www.destatis.de/DE/Themen/Staat/Justiz-Rechtspflege/Publikationen/Downloads-Strafverfolgung-Strafvollzug/bestand-gefangene-verwahrte-xlsx-5243201.xlsx?__blob=publicationFile, erschienen am 07.08.2020 (Stand 11.02.2021); zit.: *Statistisches Bundesamt*, Rechtspflege, Bestand der Gefangenen und Verwahrten in den deutschen Justizvollzugsanstalten nach ihrer Unterbringung auf Haftplätzen des geschlossenen und offenen Vollzuges.

Statistisches Bundesamt (Destatis): Statistisches Jahrbuch, Deutschland und Internationales, 2019, URL: https://www.destatis.de/DE/Themen/Querschnitt/Jahrbuch/statistisches-jahrbuch-2019-dl.pdf?__blob=publicationFile, erschienen im Oktober 2019 (Stand 11.02.2021); zit.: *Statistisches Bundesamt*, Statistisches Jahrbuch 2019.

Statistisches Bundesamt (Destatis): Statistisches Jahrbuch, Deutschland und Internationales, 2018, URL: https://www.statistischebibliothek.de/mir/servlets/MCRFileNodeServlet/DEAusgabe_derivate_00001636/StatistischesJahrbuch2018.pdf, erschienen im Oktober 2018 (Stand 11.02.2021); zit.: *Statistisches Bundesamt*, Statistisches Jahrbuch 2018.

Statistisches Bundesamt (Destatis): Statistisches Jahrbuch, Deutschland und Internationales, 2005, URL: http://www.digizeitschriften.de/dms/img/?PID=PPN635628112_2005|LOG_0021&physid =PHYS_0258#navi, erschienen im September 2005 (Stand 11.02.2021); zit.: *Statistisches Bundesamt*, Statistisches Jahrbuch 2005.

Statistisches Bundesamt (Destatis): Statistisches Jahrbuch, Deutschland und Internationales, 2000, URL: http://www.digizeitschriften.de/dms/img/?PID=PPN635628112_2000%7CLOG_0031, erschienen im September 2000 (Stand 11.02.2021); zit.: *Statistisches Bundesamt*, Statistisches Jahrbuch 2000.

Statistisches Bundesamt (Destatis): Statistisches Jahrbuch, Deutschland und Internationales, 1991, URL: http://www.digizeitschriften.de/dms/img/?PID=PPN635628112_1991%7CLOG_0028, erschienen im September 1991 (Stand 11.02.2021); zit.: *Statistisches Bundesamt*, Statistisches Jahrbuch 1991.

Statistisches Jahrbuch des Kantons Basel-Stadt 2020, 19 Kriminalität und Strafrecht: Polizei, Gerichte, Strafvollzug, Rechtsmedizin, Opferhilfe, URL: https://www.google.com/url?sa=t&rct=j&q=&esrc=s&source=web&cd=&ved=2ahUKEwiMz_ma3_DvAhXEgv0HHeKiDbgQFjAAegQIAhAD&url=https%3A%2F%2Fwww.statistik.bs.ch%2Fdam%2Fjcr%3Af58cd923-f89e-4d79-ba5b-8a28b50046de%2FKap19.pdf&usg=AOvVaw3L9bC8UPKWJ3lU9gLhYKr8 (Stand 09.04.2021); zit.: Statistisches Jahrbuch des Kantons Basel-Stadt 2020.

Statistisches Landesamt Baden-Württemberg: Statistische Berichte Baden-Württemberg, Rechtspflege, 2019, URL: https://www.statistik-bw.de/Service/Veroeff/Statistische_Berichte/325519001.pdf, erschienen am 11.09.2020 (Stand 11.02.2021); zit.: *Statistisches Landesamt Baden-Württemberg*, Statistische Berichte Baden-Württemberg, Rechtspflege, 2019.

Statistisches Landesamt Baden-Württemberg: Statistische Berichte Baden-Württemberg, Rechtspflege, 2018, URL: https://www.statistik-bw.de/Service/Veroeff/Statistische_Berichte/325518001.pdf, erschienen am 09.10.2019 (Stand 11.02.2021); zit.: *Statistisches Landesamt Baden-Württemberg*, Statistische Berichte Baden-Württemberg, Rechtspflege, 2018.

Statistisches Landesamt Baden-Württemberg: Statistische Berichte Baden-Württemberg, Rechtspflege, 2017, URL: https://www.statistischebibliothek.de/mir/servlets/MCRFileNodeServlet/BWHeft_derivate_00015168/3255_17001.pdf, erschienen am 17.12.2018 (Stand 11.02.2021); zit.: *Statistisches Landesamt Baden-Württemberg*, Statistische Berichte Baden-Württemberg, Rechtspflege, 2017.

Stöver, Heino/Plenert, Maximilian: Entkriminalisierung und Regulierung: Evidenzbasierte Modelle für einen alternativen Umgang mit Drogenhandel und -konsum, Juni 2013, URL: http://library.fes.de/pdf-files/iez/10159.pdf (Stand: 11.02.2021); zit.: *Stöver/Plenert*, Entkriminalisierung und Regulierung.

Sydow, Olav: Strafbefehl ist kein Bußgeldbescheid, sondern strafgerichtliche Verurteilung, URL: https://www.rug-anwaltsblog.de/2012/12/05/strafbefehl-ist-kein-busgeldbescheid-sondern-strafgerichtliche-verurteilung/(Stand 11.02.2021); zit.: *Sydow*, Strafbefehl ist kein Bußgeldbescheid.

Verzeichnis weiterer Quellen

Deutscher Bundestag, 4. Wahlperiode, 12. Ausschuß, Protokoll Nr. 83: Stenographisches Protokoll, 83. Sitzung des Rechtsausschusses am Freitag, den 14. Februar 1964, 9,00 Uhr, Bonn, Bundeshaus; zit.: Sten. Protokoll des Rechtsausschusses, 83. Sitzung vom 14.02.1964.

Drucksachen zu den Verhandlungen des Bundesrats des Deutschen Reichs, Jahrgang 1915, Band I, von Nr. 1–200; zit.: BR-Drs. 144/1915.

Entwurf einer Strafprozeß-Ordnung für den preußischen Staat nebst motivierenden Anmerkungen, Berlin 1865; zit.: Entwurf einer Strafprozeß-Ordnung für den preußischen Staat nebst motivierenden Anmerkungen.

Motive zu dem Entwurfe einer Deutschen Strafprozeßordnung: nach den Beschlüssen der von dem Bundesrath eingesetzten Kommission – Berlin 1873; zit.: Motive zu dem Entwurfe einer Deutschen Strafprozeßordnung.

OECD (Hrsg.): PISA 2018 Ergebnisse (Band I): Was Schülerinnen und Schüler wissen und können, 2019; zit.: *OECD*, PISA Studie 2018.

Reichs-Justizamt (Hrsg.): Protokolle der Kommission für die Reform des Strafprozesses, Erster Band, Erste Lesung, Berlin 1905; zit.: Protokolle der Kommission für die Reform des Strafprozesses I.

Vollständige Materialien zu der Verordnung vom 3. Januar 1849 und dem Gesetze vom 3. Mai 1852, betreffend die Einführung des mündlichen und öffentlichen Verfahrens mit Geschworenen in Untersuchungssachen. (Motive, Kommissionsberichte und Kammer-Verhandlungen.), Berlin 1852; zit.: Kommissionsbericht der ersten Kammer, Vollständige Materialien.

Unveröffentlichte Quellen

Statistisches Bundesamt, Wiesbaden: Staatsanwaltschaften 1998, erschienen im Juni 2001; zit.: *Statistisches Bundesamt*, Fachserie 10, Reihe 2.6, 1998.

Statistisches Bundesamt, Wiesbaden: Strafgerichte 1988, erschienen im März 1990; zit.: *Statistisches Bundesamt*, Fachserie 10, Reihe 2.3, 1988.

Statistisches Bundesamt, Wiesbaden: Strafgerichte 1998, erschienen im August 1999; zit.: *Statistisches Bundesamt*, Fachserie 10, Reihe 2.3, 1998.

Statistisches Landesamt Baden-Württemberg: Strafverfolgungsstatistik, Verurteilungen durch Strafbefehl/Urteil zu Freiheitsstrafe bis einschl. 1 Jahr auf Bewährung, Berichtszeitraum 2019; zit.: *Statistisches Landesamt Baden-Württemberg*, Strafverfolgungsstatistik, Verurteilungen durch Strafbefehl/Urteil zu Freiheitsstrafe bis einschl. 1 Jahr auf Bewährung, 2019.

Statistisches Landesamt Baden-Württemberg: Strafverfolgungsstatistik, Verurteilungen durch Strafbefehl/Urteil zu Geldstrafe nach Anzahl der Tagessätze, Berichtszeitraum 2019; zit.: *Statistisches Landesamt Baden-Württemberg*, Strafverfolgungsstatistik, Verurteilungen durch Strafbefehl/Urteil zu Geldstrafe nach Anzahl der Tagessätze, 2019.

www.ingramcontent.com/pod-product-compliance
Ingram Content Group UK Ltd.
Pitfield, Milton Keynes, MK11 3LW, UK
UKHW021123041026
8980IPUK00026B/175

9 783631 897119